lonely planet

Norvège

Anthony Ham,
Miles Roddis, Kari Lundgren

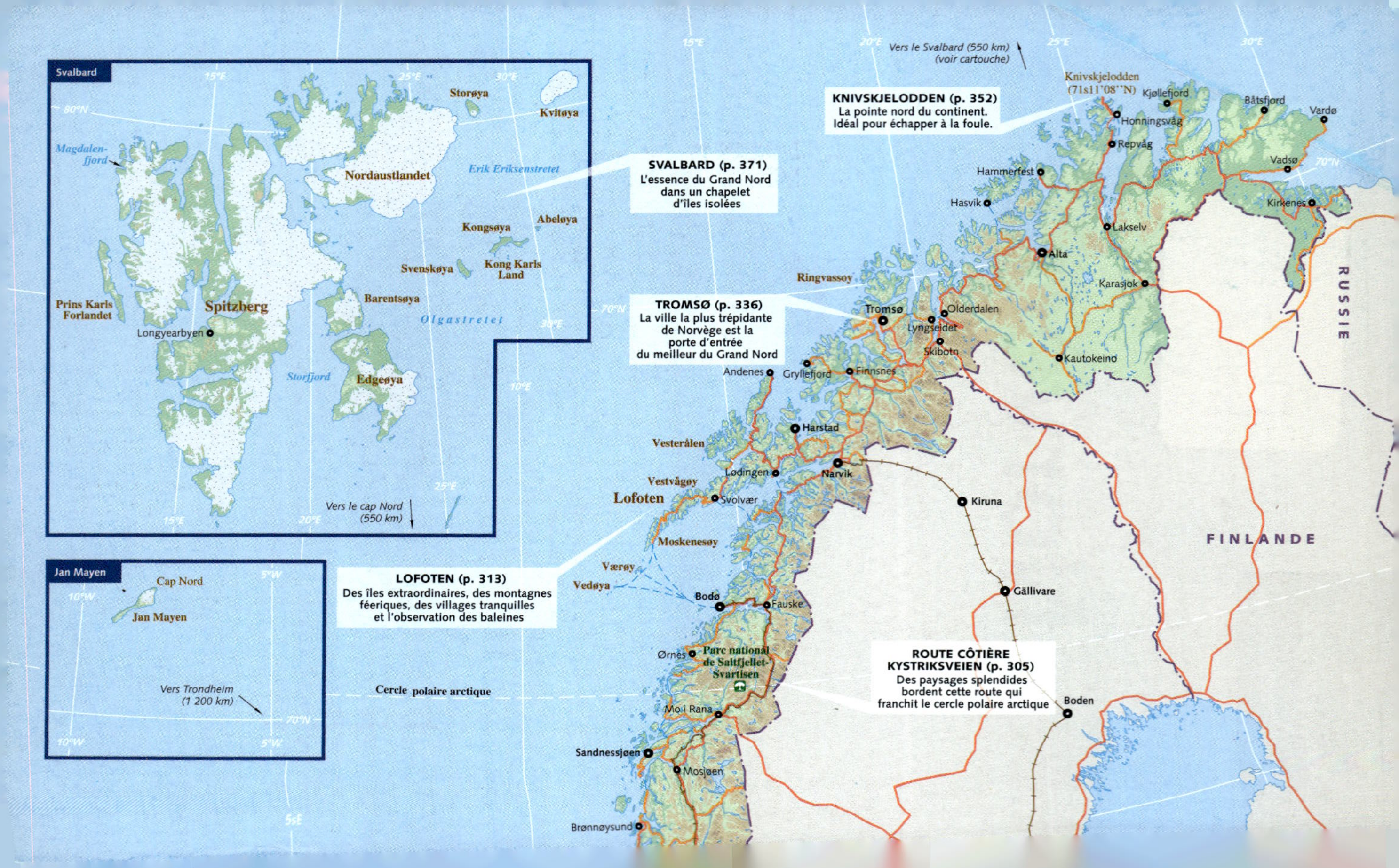

RUSSIE
FINLANDE
KNIVSKJELODDEN (p. 352)
La pointe nord du continent.
Idéal pour échapper à la foule.
SVALBARD (p. 371)
L'essence du Grand Nord
dans un chapelet
d'îles isolées
TROMSØ (p. 336)
La ville la plus trépidante
de Norvège est la
porte d'entrée
du meilleur du Grand Nord
LOFOTEN (p. 313)
Des îles extraordinaires, des montagnes
féeriques, des villages tranquilles
et l'observation des baleines
ROUTE CÔTIÈRE
KYSTRIKSVEIEN (p. 305)
Des paysages splendides
bordent cette route qui
franchit le cercle polaire arctique
Vers le Svalbard (550 km)
(voir cartouche)
Knivskjelodden
(71s11'08''N)
Kjøllefjord
Honningsvåg
Båtsfjord
Vardø
Vadsø
Kirkenes
Repvåg
Hammerfest
Hasvik
Lakselv
Alta
Karasjok
Kautokeino
Ringvassoy
Tromsø
Olderdalen
Lyngseidet
Skibotn
Andenes
Gryllefjord
Finnsnes
Harstad
Vesterålen
Lødingen
Narvik
Kiruna
Vestvågøy
Lofoten
Svolvær
Moskenesøy
Værøy
Vedøya
Bodø
Fauske
Gällivare
Ørnes
Parc national
de Saltfjellet-
Svartisen
Cercle polaire arctique
Boden
Mo i Rana
Sandnessjøen
Mosjøen
Brønnøysund
Svalbard
Storøya
Kvitøya
Magdalen-
fjord
Nordaustlandet
Erik Eriksenstretet
Kongsøya
Abeløya
Svenskøya
Kong Karls
Land
Barentsøya
Prins Karls
Forlandet
Spitzberg
Longyearbyen
Olgastretet
Storfjord
Edgeøya
Vers le cap Nord
(550 km)
Jan Mayen
Cap Nord
Jan Mayen
Vers Trondheim
(1 200 km)

Vers Jan Mayen (voir cartouche)
MER DE NORVÈGE
SUÈDE
GOLFE DE BOTNIE
MER BALTIQUE
MER DU NORD
Skagerrak
CATHÉDRALE DE NIDAROS (p. 279)
L'édifice le plus sacré de Norvège et le joyau de la jolie ville de Trondheim
ÅLESUND (p. 264)
Une architecture Art nouveau dans un cadre somptueux
GEIRANGERFJORD (p. 261)
Sans doute le plus beau fjord du monde
LIGNE FERROVIAIRE FLÅMSBANA (p. 236)
Un plongeon en train au départ de la Hardangervidda, au bord du paisible Aurlandsford
BERGEN (p. 193)
La plus belle ville de Norvège et son quartier portuaire de Bryggen
PREIKESTOLEN (p. 233)
Un panorama vertigineux, au-dessus du Lysefjord
RØROS (p. 173)
Les maisons de bois colorées confèrent une beauté saisissante à cet ancien village de mineurs inscrit au Patrimoine mondial
PARC NATIONAL DU JOTUNHEIMEN (p. 187)
Le toit de la Norvège, ses glaciers, ses sentiers de randonnée et l'une des plus belles routes du pays
OSLO (p. 90)
Musées, restaurants et vie nocturne distinguent cette capitale animée
ÉGLISE EN BOIS DEBOUT DE HEDDAL (p. 153)
Près de Notodden, cette étonnante église est la plus grande du genre en Norvège
ALTITUDE
1 800 m
1 500 m
1 200 m
900 m
600 m
300 m
0
LÉGENDE
Autoroute à péage
Autoroute
Route principale
Route secondaire
Petite route
0
100 km
65°N
60°N
5°E
10°E
20°E
Rørvik
Namsos
Grong
Steinkjer
Verdalsøra
Levanger
Stjørdal
Trondheim
Heimdal
Orkanger
Kristiansund
Ånge
Molde
Sunndalsøra
Åndalsnes
Ålesund
Spjelkavik
Ørsta
Stranda
Volda
Røros
Parc national de Dovrefjell-Sunndalsfjella
Tynset
Dombås
Geirangerfjord
Galdhøppigen (2 469 m)
Parc national du Jotunheimen
Florø
Førde
Koppang
Trysil
Sogndal
Øvre Årdal
Lillehammer
Rena
Flåm
Moelv
Elverum
Hamar
Gjøvik
Voss
Ligne ferroviaire Oslo-Bergen
Gol
Geilo
Bergen
Hardangerfjord
Råholt
Jevnaker
Kongsvinger
Hønefoss
Lillestrøm
OSLO
Odda
Rjukan
Hokksund
Lervik
Ski
Sauda
Kongsberg
Drammen
STOCKHOLM
Mysen
Notodden
Haugesund
Kopervik
Horten
Moss
Sarpsborg
Skudeneshavn
Tønsberg
Halden
Jørpeland
Canal du Telemark
Skien
Stavanger
Preikestolen (604 m)
Porsgrunn
Sandefjord
Sandnes
Larvik
Fredrikstad
Bryne
Kragerø
Risør
Evje
Egersund
Arendal
Vennesla
Flekkefjord
Grimstad
Lyngdal
Kristiansand
Mandal

Sur la route

ANTHONY HAM AUTEUR-COORDINATEUR

Cette photo a été prise par un froid matin d'été au sommet des collines arides proches de Røros (p. 173), dans le centre du pays. Je suis tombé sous le charme de cet ancien village minier, qui possède tous les atouts de la Norvège rurale. J'aime particulièrement l'ambiance douillette de ses maisons en bois, ses rues en pente et la sensation qu'il conserve son caractère au fil des ans.

KARI LUNDGREN

Enfants, mon frère et moi avons visité le musée du Navire polaire *Fram* (p. 104) un nombre incalculable de fois. Toutefois, l'exaltation ressentie à la barre du navire autrefois commandé par Roald Amundsen et Fridtjof Nansen ne s'est jamais atténuée. Chaque fois, je découvre quelque chose de nouveau, une anecdote amusante.

MILES RODDIS

Nous avions planté notre tente dans un camping sommaire. Quelle vue sur la rive du Nordfjord, en direction de Briksdalsbreen (p. 249) ! Après avoir dîné d'un poisson grillé pêché dans le lac, j'ai allumé mon ordinateur et rédigé mes notes du jour, inspiré par le paysage somptueux.

Voir les biographies complètes des auteurs, p. 432

ACTIVITÉS ET EXCURSIONS

La Norvège exerce une fascination très particulière, que peu d'autres destinations sauraient susciter. L'air vivifiant des étendues sauvages est propice à la pratique de multiples activités. Un long week-end d'été à Bergen permettra aux visiteurs disposant de peu de temps de découvrir des endroits enchanteurs. Quant aux îles Lofoten, elles constituent sans doute le joyau du pays.

Activités saisonnières

L'été, les possibilités de conjuguer aventure et découverte de la beauté sauvage du pays ne manquent pas. En hiver, explorer la Norvège à ski ou en traîneau à chiens vous laissera des souvenirs impérissables. Pour une présentation des activités, reportez-vous p. 387.

7

4

❶ Rallarvegen à vélo (été)
Cette descente exaltante (p. 192) rivalise avec la fameuse ligne de chemin de fer qui relie Finse à Flåm, au bord de l'Aurlandsfjord. Elle offre l'avantage de pouvoir s'arrêter à loisir pour souffler – et vérifier ses freins.

❷ Randonnée en montagne (été)
En été, le choix de randonnées est illimité, du superbe parc national du Jotunheimen (photo ; voir l'encadré p. 188), souvent très fréquenté, aux sentiers plus tranquilles du parc national des Rondane (p. 183), sans oublier la beauté austère de la Hardangervidda (voir p. 191) ni les étendues sauvages du parc national de Dovrefjell-Sunndalsfjella (p. 180), royaume des bœufs musqués.

❸ Randonnée sur glaciers (été)
Source d'émerveillement, la randonnée sur glaciers compte au nombre des activités les plus mémorables. Le glacier de Hardangerjøkulen sur la Hardangervidda, le Folgefonna (p. 222) et le Briksdalsbreen (p. 249) combinent majesté et facilité d'accès.

❹ Rafting (été)
De mi-juin à mi-août, les rapides tourbillonnants et les eaux glacées du centre de la Norvège sont propices au rafting. La petite ville de Sjoa (voir l'encadré p. 185) est connue des amateurs du monde entier.

❺ Parachute ascensionnel (été)
Avec son arrière-pays montagneux sillonné de fjords, Voss (voir l'encadré p. 212) est la capitale norvégienne de l'aventure, l'endroit idéal pour s'envoler en parachute ascensionnel ou pour s'élancer vers la terre ferme lors d'un saut à l'élastique.

❻ Ski (toute l'année)
Le ski de fond est quasi un sport national. C'est à Trysil (p. 172) que se trouvent les pistes les plus longues. On peut skier en été à Stryn (p. 252) et à Folgefonna (p. 222). En hiver, préférez les pistes de Holmenkollen (p. 108) et de Lillehammer (p. 165).

❼ Traîneau à chiens (hiver)
Pour explorer le nord glacial du pays, rien n'est plus approprié que le traîneau à chiens, à la fois écologique et délicieusement archaïque. Le Svalbard (p. 371), le parc national d'Øvre Dividal (p. 344) et Karasjok (p. 369) sont des destinations de choix.

Un long week-end d'été

Bergen dispute à Stockholm le titre de ville la plus séduisante de Scandinavie. Elle profite en outre de la beauté des fjords occidentaux, qui se déploient à ses portes. Desservie par de nombreux vols, elle constitue une destination idéale pour un week-end. Visitez ne serait-ce que la moitié des lieux décrits ici, et vous serez conquis !

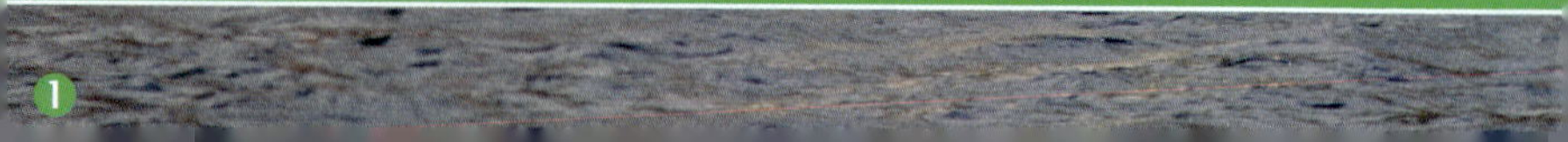

1

❶ Bryggen, Bergen

Le quartier de Bryggen (p. 197), dont les maisons de bois le long du quai sont classées au Patrimoine mondial de l'Unesco, forme avec son emplacement les principaux atouts de Bergen. Ce musée vivant, au charme suranné, évoque l'âge d'or de la cité. À proximité, le marché de Torget (p. 206) est renommé pour son poisson frais.

❷ Ålesund

Quelques compagnies aériennes permettent d'arriver à Bergen et de repartir d'Ålesund (p. 264), une jolie ville qui mérite la visite. Ses façades Art nouveau du début du XXe siècle et sa situation en bord de mer en font l'un des lieux emblématiques du pays.

❸ Ulvik

Nichée dans un recoin éloigné du Hardangerfjord, Ulvik (p. 217) conserve une ambiance paisible. Le panorama est époustouflant et l'office du tourisme local propose un éventail de circuits dans le Hardangerfjord.

❹ Eidfjord

Eidfjord (p. 218) offre le meilleur du Hardangerfjord, de la ferme de Kjeåsen aux tombes vikings, du Hardangervidda Natursenter à la cascade de Vøringfoss. Les parois rocheuses et les vues de ce spectaculaire réseau de fjords complètent un tableau qui frise la perfection.

❺ Nærøyfjord et Flåmsbana

Depuis Bergen, l'excursion "Norway in a Nutshell" (la Norvège dans une coquille de noix ; p. 203) concentre un grand nombre de sites en un jour. Après une lente remontée en bateau du Nærøyfjord (p. 239), vous suivrez la ligne ferroviaire de Flåmsbana (p. 236), l'une des plus impressionnantes du monde.

❻ Stalheim Hotel

Le "Norway in a Nutshell" fait halte au Stalheim Hotel (p. 215), qui jouit d'une vue époustouflante. Vous en apprécierez le charme en passant la nuit sur place et en contemplant l'ombre qui envahit la vallée quand le soleil embrase les pics enneigés.

Îles Lofoten

"Paysage de conte de fées"...
Nulle autre expression ne saurait mieux évoquer la beauté surnaturelle des îles Lofoten. Certes, les fjords de la Norvège occidentale sont plus connus.
Mais c'est pourtant cet archipel magique, baigné en été de la cristalline lumière du Nord, qui nous a le plus stupéfiés.

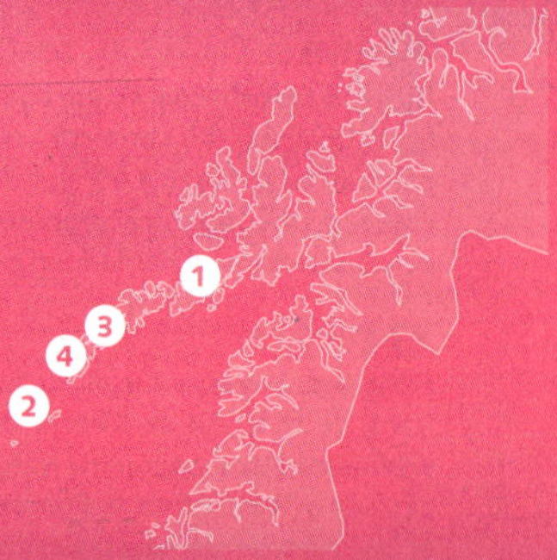

❸

❶ Austvågøy

Première escale dans les Lofoten pour la plupart des visiteurs, Austvågøy (p. 315) est une charmante introduction à la beauté de l'archipel. Avec le chenal de Raftsund et le Trollfjord – d'une étroitesse vertigineuse – en toile de fond, les délicieux villages de Kabelvåg et de Henningsvær forment des bases idéales.

❷ Værøy

Hautes falaises, petits villages reculés et importantes colonies d'oiseaux de mer… Værøy (p. 325), dans le sud des Lofoten, rivalise de splendeur avec Moskenesøy.

❸ Flakstadøy

Isolée, rocheuse et venteuse, la côte sud constitue le grand attrait de la bourgade de Flakstadøy (p. 321). La beauté surannée de Nusfjord, tout comme les vagues propices au surf et les plages de sable blanc de Ramberg et de Flakstad font aussi de la côte nord une destination séduisante.

❹ Moskenesøy

Des paysages féeriques et des formations géologiques sculptées par les glaciers confèrent à Moskenesøy (p. 322) une beauté irréelle. Le village d'Å est le cœur de l'île. Le Reinefjord et les alentours de Vindstad se révèlent particulièrement pittoresques.

Un bateau de pêche en route vers les pics glaciaires des îles Lofoten

Sommaire

COUPS DE CŒUR

Afin de faciliter le repérage de nos meilleures adresses, nous les signalons par le picto suivant ▼

Svalbard
Jan Mayen
LE SVALBARD p. 371
LE GRAND NORD p. 334
LE NORDLAND p. 293
LE TRØNDELAG p. 277
LES FJORDS DE L'OUEST p. 235
LE CENTRE p. 164
BERGEN ET LES FJORDS DU SUD-OUEST p. 193
LE SUD p. 130
OSLO p. 90

Destination Norvège

QUELQUES CHIFFRES

Population : 4,7 millions d'habitants

PNB brut/réel par habitants : 54 465/46 300 dollars US (2e du monde)

Inflation : 2,3%

Taux de chômage : 3,5%

Espérance de vie : 82,46 ans (femmes) et 77,04 ans (hommes)

Valeur du fonds de pension norvégien financé par les revenus du pétrole : 300 milliards de dollars US

Dette extérieure : 0

Population d'ours polaires : environ 3 000

Congé parental avec 100% du salaire pour les mères/pères : 42/5 semaines

Index de développement humain de l'ONU : 2e au rapport 2007/2008

La Norvège, de par ses merveilles naturelles et ses richesses, suscite l'envie de bien des nations.

Le royaume compte parmi les plus beaux pays de la planète, mais semblable patrimoine fait peser de lourdes responsabilités sur les habitants, réputés profondément respectueux de la nature. L'amour que ce peuple porte à son environnement participe de l'identité nationale. Autrefois, cette spécificité s'exprimait par le choix de nombreux Norvégiens d'aller s'installer dans des fermes isolées, en pleine nature. C'est ainsi que furent colonisées les parties les plus reculées du territoire. Aujourd'hui, on assiste à un mouvement irrévocable vers les villes, elles aussi remarquables, à l'instar de Bergen, Trondheim, Stavanger et Tromsø. Si l'exode rural a modifié les relations entre la population et son milieu naturel, il n'a pas rendu caduque cette vérité énoncée par Henrik Ibsen : le grand poète et auteur dramatique norvégien affirmait que, pour comprendre ses compatriotes, il fallait d'abord apprivoiser leur environnement magnifique mais rude, car, peut-être plus que d'autres, les Norvégiens sont des gens profondément attachés à la terre.

Désormais, la nature est avant tout un espace de détente, où l'on va se ressourcer, et que l'on explore avec ferveur. Pour s'en rendre compte, il suffit de pénétrer dans les parcs nationaux, symboles du désir national de protection du milieu naturel et vitrines de paysages somptueux, de joyaux irréels. Soucieux de leur empreinte écologique, les Norvégiens s'inquiètent des conséquences du réchauffement climatique sur leurs glaciers et sur l'écosystème de l'Arctique. Ils se préoccupent aussi de l'exploitation et de l'exportation de leurs vastes ressources de pétrole, qui contribuent au recul des glaciers et à la destruction des habitats naturels au niveau mondial.

Conscients d'avoir le privilège de vivre dans l'un des pays les plus riches du monde, les Norvégiens ont développé une forte conscience sociale. Ils se font un devoir de réduire leurs émissions de gaz à effet de serre et d'utiliser les immenses revenus du pétrole pour promouvoir des fonds éthiques en dehors de leurs frontières. En outre, le budget de leurs aides aux pays étrangers a de quoi faire rougir certains membres du G8. La politique intérieure n'est pas simple. Le débat sur l'immigration y est aussi vif que dans d'autres pays européens. La crainte de voir se perdre les valeurs de leur culture traditionnelle est bien présente. Par ailleurs, d'aucuns s'inquiètent des "dangers" qu'il y a à vivre en bénéficiant du système de protection sociale probablement le plus généreux d'Europe. Le royaume est également divisé sur le problème de son adhésion (ou non) à l'Union européenne. Le pays doit-il faire cavalier seul ? Devrait-il se joindre aux Vingt-Sept pour participer à la construction d'une Europe plus unie et plus prospère ?

Vous ne croiserez pas beaucoup de Norvégiens enclins à se plaindre de leur sort. En revanche, vous en rencontrerez souvent s'interrogeant sur leur place dans le monde.

Mise en route

Par sa géographie et par sa taille, la Norvège exige une préparation rigoureuse – sans même évoquer le Svalbard, Lindesnes, au sud, est à 2 518 km du cap Nord (Nordkapp), dans le Grand Nord. Vous ferez en outre des économies – ce royaume scandinave est loin d'être bon marché – et anticiperez le plaisir du voyage. Bergen et les fjords, ou le Nord arctique ? Les îles Lofoten, ou le Jotunheimen ? Aussi nombreux et difficiles soient-ils, ces choix devront impérativement être faits avant le départ.

QUAND PARTIR

Pour plus de détails, reportez-vous à la rubrique *Climat*, p. 394.

La météo est le premier facteur à prendre en considération. La principale saison touristique, de mi-juin à mi-août, coïncide avec la période des vacances scolaires. Les transports publics sont alors fréquents, les offices du tourisme et les sites touristiques ferment plus tard, et de nombreux hôtels consentent des réductions.

Plus généralement, c'est de mai à septembre que la Norvège est la plus belle, en particulier à la fin du mois de mai : la végétation s'épanouit, les arbres fruitiers sont en fleurs (surtout dans le Hardangerfjord ; p. 216), les journées s'allongent et la plupart des auberges de jeunesse, campings et sites touristiques échappent à l'affluence. Les randonneurs (voir p. 388) noteront que de nombreux sentiers et refuges n'ouvrent que fin juin ou début juillet. Les petites routes de montagne restent souvent impraticables jusqu'à juin.

Au nord du cercle polaire arctique, le véritable soleil de minuit est visible au moins un jour par an. Au cap Nord, il brille du 13 mai au 29 juillet. Pour connaître les dates où l'observer dans d'autres lieux, reportez-vous p. 67.

À chaque saison ses températures extrêmes : le thermomètre dépasse souvent 30°C en été et descend au-dessous de -30°C en hiver. À l'exception des inconditionnels du ski (p. 390) et des amateurs d'aurore boréale (voir l'encadré, p. 67), les longs hivers glacés découragent la plupart des visiteurs : les transports publics sont rares, beaucoup d'auberges de jeunesse et de campings ferment, et les sites, les musées et les offices du tourisme pratiquent des horaires restreints ou font relâche.

N'OUBLIEZ PAS...

- Votre carte d'identité ou votre passeport (voir p. 396).
- De bonnes chaussures de marche – vous n'irez pas loin en sandales !
- Une veste, un pull ou un anorak (coupe-vent) peu encombrant – même en été.
- Un "sac à viande", un sac de couchage chaud et léger et/ou des draps – payants dans la plupart des auberges de jeunesse et des bungalows.
- Un forfait ferroviaire quelconque (p. 409) – pourquoi payer le plein tarif quand on peut l'éviter ?
- Une patience infinie au volant – on progresse souvent lentement en voiture (voir p. 420).
- Une petite paire de jumelles pour admirer les paysages et observer les animaux.
- Un antimoustique.
- Un masque de sommeil – pour les nuits estivales.

QUELQUES PRIX

Un café et un gâteau 55 NOK

Entrée de musée (adulte) 40-80 NOK

Billet de train aller Oslo-Bergen (aller) 298-728 NOK

Circuit "Norway in a Nutshell" depuis Bergen 820 NOK

Location d'une voiture pour une journée 500 NOK

En Norvège, l'année est marquée par une succession ininterrompue de manifestations. Pour ne rien manquer, consultez le calendrier des fêtes et festivals norvégiens, p. 22.

COÛT DE LA VIE

La Norvège est un pays cher. Si vous dormez sous la tente, préparez vos propres repas et voyagez en transports en commun avec des billets à prix réduit, 300 NOK suffisent par personne et par jour. En préférant les auberges de jeunesse avec le petit déjeuner compris (ou pris à la boulangerie), en déjeunant dans des restaurants bon marché et en achetant de quoi dîner au supermarché, comptez 400, voire 500 NOK par jour.

Pour un séjour en hôtel (avec le buffet compris au petit déjeuner), des déjeuners légers et des dîners dans des restaurants raisonnables, vous débourserez au moins 750 NOK par personne et par jour si vous voyagez à deux, 900 NOK si vous êtes seul. En ajoutant les transports, les visites et l'alcool (les boîtes de nuit demandent 70 NOK ou plus), il vous sera difficile de ne pas dépasser 1 000 NOK, ou 1 500 NOK si vous louez une voiture. Pour un aperçu des tarifs des hébergements, reportez-vous p. 397. Vous trouverez d'autres conseils pour limiter vos frais dans l'encadré ci-dessous.

LIVRES À EMPORTER

Voici une petite sélection de livres qui vous aideront à préparer votre voyage ou vous distrairont durant les longues croisières au fil des fjords. Le chapitre *Culture* évoque plus en détail la littérature (p. 48), la musique (p. 52) et le cinéma (p. 56).

Le Passage du Nord-Ouest (Phébus, 1999), de F. L. McClintock et Roald Admundsen, est le récit fascinant d'expéditions "jusqu'au bout du monde". Pour découvrir l'univers des grands explorateurs norvégiens de la fin du XIXe et du début du XXe siècle.

Dans *L'Expédition du Kon-Tiki* (Albin Michel, 2000), Thor Heyerdahl (1914-2002), navigateur, archéologue et anthropologue norvégien, raconte son incroyable traversée du Pacifique à bord d'un radeau de troncs de balsa en 1947, avec cinq coéquipiers. Son but : prouver que le Pacifique sud aurait pu être peuplé par des migrants venus d'Amérique du Sud plutôt que d'Asie. Ce récit passionnant a connu un succès planétaire.

Dans *Insolite Nordland* (Gaïa, 2007), le photographe Rune Johansen rend hommage à sa terre d'origine, le nord de la Norvège, au fil de clichés d'habitants, mais aussi de paysages et d'intérieurs, souvent originaux, voire farfelus.

LA NORVÈGE POUR LES VOYAGEURS À PETIT BUDGET

La Norvège est un pays onéreux. Voici quelques astuces pour ménager ses économies :

- Bien prévoir ses repas (voir p. 57).
- Préférer le camping (p. 399) – les emplacements sont bon marché et il est possible de planter la tente en pleine nature.
- Prévoir une carte d'étudiant ou senior (p. 393) – pour bénéficier de réduction, si on y a droit.
- Acheter à l'avance des billets *minipris* (p. 415) ou des forfaits (p. 409) de train ou de bus.
- Traverser la frontière suédoise pour louer une voiture (p. 420).
- Adhérer à Hostelling International (HI ; p. 398), au Den Norske Turistforening (DNT ; p. 400) ou à un autre réseau d'auberges de jeunesse (p. 398) – pour profiter de réductions sur les hébergements.

Rêves arctiques. Imagination et désir dans un pays nordique (Albin Michel, 2000), de Barry Lopez, est un voyage envoûtant dans les régions arctiques, émaillé de nombreuses références à la culture des Samis.

Drames contemporains (LGF, 2005) réunit les douze dernières pièces de Henrik Ibsen (1828-1906), le plus célèbre auteur dramatique norvégien : *Les Piliers de la société, Une maison de poupée, Les Revenants, Un ennemi du peuple, Le Canard sauvage, Rosmersholm, La Dame de la mer, Hedda Gabler, Solness le Constructeur, Le Petit Eyolf, John Gabriel Borkman* et *Quand nous nous réveillerons d'entre les morts.*

Les Gens de Hellemyr (Gaïa, 2003 et 2004), trilogie d'Amalie Skram, compose une formidable fresque réaliste de la Norvège de la fin du XIXe siècle. L'action se déroule tour à tour dans la campagne reculée et dans la ville de Bergen.

SITES INTERNET

La Norvège a pleinement exploité l'Internet. Voici quelques-uns de nos sites préférés. Vous en trouverez des centaines d'autres au fil de ce guide. Les sites des offices du tourisme sont généralement bien conçus.

Norvège (www.norvege.no). Le site officiel de la Norvège en France est une mine d'informations, dans des domaines aussi bien pratiques que culturels.

Visit Norway (www.visitnorway.fr). Le site officiel du tourisme norvégien. Très complet.

Évasion au cœur de la Norvège (www.norvege-fr.com). De nombreuses informations pratiques et culturelles et des forums.

Norway Guide (www.norwayguide.no en anglais). Cet excellent site fourmille d'informations détaillées sur les grands attraits touristiques de la Norvège.

Lonely Planet (www.lonelyplanet.fr). Une présentation synthétique de la Norvège dans la rubrique *Destinations*, le forum pour poser toutes vos questions sur le pays et une newsletter pour vous tenir informé de l'actualité du voyage.

TOURISME RESPONSABLE

Un simple voyage peut sembler sans conséquence pour l'environnement. Toutefois, souvenez-vous que des millions de voyageurs se rendent en Norvège chaque année. Il est du devoir de chacun de préserver la nature, qui demeure l'un des grands attraits du pays.

Que faire pour limiter votre empreinte environnementale ? Pour commencer, profitez de l'excellent réseau de transports publics. Le réseau ferroviaire est développé dans le Sud et le Centre, surtout entre les grands centres urbains. Ailleurs, les bus prennent le relais. Pour des informations générales sur le train et le bus, consultez le chapitre *Transports* (p. 405). Le ferry côtier de Hurtigruten (p. 410) permet de limiter l'usage de la voiture.

Le géotourisme est une initiative du Centre pour les destinations durables de *National Geographic*. La Charte du géotourisme s'impose comme l'une des initiatives les plus prometteuses de ces dernières années. Reportez-vous à l'encadré p. 86.

Faire le bon choix

Préférez les établissements et les restaurants respectueux de l'environnement (voir p. 21). Les activités non polluantes ne manquent pas en Norvège (voir p. 387) : randonnée, rafting, ski, vélo et traîneau à chiens vont dans le sens du tourisme durable. Pour la randonnée, vous trouverez dans l'encadré p. 390 des conseils pour limiter les traces de votre passage. La plupart des offices du tourisme louent des vélos à des prix raisonnables.

Programmes de compensation des émissions de carbone

La circulation aérienne est le plus gros contributeur au changement climatique même si, ramenées au kilomètre, les émissions produites par

DES TRAJETS TOURISTIQUES

En Norvège, les trajets sont un bonheur en soi. Les routes sont souvent d'une rare beauté, au point que certaines ont été classées "routes touristiques nationales" (voir l'encadré, p. 418).

- Train Oslo-Bergen (p. 211)
- Norway in a Nutshell (p. 204)
- Ferry côtier de Hurtigruten (p. 410)
- Vallée de Romsdalen en train (p. 180)
- Peer Gynt Vegen (voir l'encadré, p. 170)
- Route du Sognefjell (p. 187)
- Route de l'Arctique (p. 294)
- Route côtière Kystriksveien (p. 305)
- E 10 au fil des Lofoten (p. 313)
- Senja (p. 343)

DES PAYSAGES SAUVAGES

Voici quelques idées qui raviront les amateurs de nature sauvage :

- Svalbard (p. 371) – le Nord arctique à l'état pur.
- Parc national de Møysalen (p. 333) – des paysages immaculés de hauteurs côtières.
- Hardangervidda (p. 190) – des hauts plateaux d'une beauté saisissante.
- Parc national des Rondane (p. 183) – des montagnes aux formes surnaturelles.
- Parc national de Dovrefjell-Sunndalsfjella (p. 180) – des paysages somptueux, royaume des bœufs musqués et de nombreuses espèces d'oiseaux.
- Parc national du Femundsmarka (p. 177) des forêts et des lacs offrant un aperçu de la Suède.
- Jostedalsbreen (p. 246) – la plus grande calotte glaciaire du continent européen. Somptueux.
- Parc national du Jotunheimen (p. 187) – le toit de la Norvège, où des sentiers serpentent entre les glaciers et les sommets enneigés.
- Parc national de Saltfjellet-Svartisen (p. 299) – des paysages de champs de glace, de sommets et de lande.
- Parc national d'Øvre Dividal (p. 344) – une somptueuse région frontalière parsemée de lacs et de forêts, qu'aucune route ne traverse.

AVEC DES ENFANTS

Les paysages norvégiens (et les trolls !) semblent souvent tout droit sortis d'une imagination enfantine. Ils raviront les petits autant que les grands. Certains sites et activités sont destinés en priorité aux plus jeunes.

- Kristiansand Dyrepark (p. 144)
- Hunderfossen Familiepark (p. 170), près de Lillehammer
- Parc de l'Atlantique (p. 265), Ålesund
- Safaris d'observation des bœufs musqués et des élans (p. 181)
- Rafting, Sjoa (voir l'encadré, p. 185)
- Légende de Seljord (voir l'encadré, p. 160)
- Traîneau à chiens (p. 391) et visite d'un camp de tentes sami (p. 175), Røros
- Musée d'Art enfantin (p. 109), Oslo
- Musée des Enfants (p. 228), Stavanger
- Soleil de minuit (p. 67)

un conducteur d'automobile équivalent à celle d'un passager d'avion. Le problème ne se limite pas aux quantités d'émissions de carbone et d'autres gaz à effet de serre comme la vapeur d'eau : l'altitude de vol accentue par ailleurs l'effet sur le changement climatique.

Pratiquement toute forme de circulation motorisée génère une production de CO_2. D'où l'idée de calculer les émissions et de les "compenser" en investissant par exemple dans le développement des énergies renouvelables ou dans des programmes de reforestation. Certains programmes ne compensent que les émissions de l'aviation, tandis que d'autres permettent de calculer les émissions dont sont responsables certains trains, les voitures ou les ferries. Pour en savoir plus sur les voyages et le changement climatique et trouver des adresses de programmes de compensation, reportez-vous à l'encadré p. 406.

Dans tous les cas, mieux vaut limiter les émissions de gaz à effet de serre durant votre voyage, plutôt que de devoir les compenser !

Organisations de tourisme responsable

Menu arctique (www.arktiskmeny.no). Environ 40 restaurants, souvent familiaux, s'engagent à employer des ingrédients locaux et naturels. Voir p. 295.

Den Norske Turistforening (DNT ; www.turistforeningen.no). Le club alpin norvégien promeut le respect de l'environnement auprès des voyageurs explorant les régions sauvages de la Norvège.

Miljøfyrtårn (www.eco-lighthouse.com). Une certification environnementale pour les PME – liste disponible sur demande.

Miljømerking (www.ecolabel.no). Un système d'accréditation des pratiques respectueuses de l'environnement, créé par le Conseil nordique des ministres. Vous trouverez sur la page consacrée à la Norvège 23 hôtels (surtout haut de gamme) appliquant ces normes strictes – tous arborent un logo en forme de cygne.

Centre pour les destinations durables de National Geographic (www.nationalgeographic.com/travel/sustainable/index.html). Pour découvrir l'implication de la Norvège dans le programme de géotourisme, cliquez sur le lien "Programs for Places".

Save Our Snow (www.saveoursnow.com). Un annuaire des initiatives écologiques dans les stations de ski.

Vossafjell (www.vossafjell.com). Des activités et des programmes s'inscrivant dans le cadre du géotourisme dans l'ouest de la Norvège.

World-Wide Opportunities on Organic Farms (www.wwoof.fr). Contre quelques heures de travail, vous saurez tout sur la biodynamique et la culture biologique.

Calendrier des fêtes et festivals

En Norvège, l'année est ponctuée de fêtes et de festivals. Nous avons recensé les principaux, qui attirent un public national ou international. Des dizaines de manifestations locales sont présentées dans les chapitres régionaux.

JANVIER-FÉVRIER

RØROSMARTNAN 2e-dernière semaine de février

La plus grande fête hivernale remonte à 1644. Elle se déroule du mardi au samedi et se prolonge aujourd'hui à Røros (p. 175) par des manifestations culturelles, des spectacles et des marchés en plein air.

MARS-AVRIL

PÂQUES SAMIES

Pâques marque la fin de la nuit polaire pour les Samis de Kautokeino (p. 367). Des courses de rennes, le Grand Prix sami et des manifestations traditionnelles font partie des festivités.

VINTERFESTUKA mars

Après un long hiver, Narvik (p. 303) accueille ce festival culturel d'une semaine, qui s'accompagne de concerts et de gastronomie locale, alors que chacun scrute l'horizon pour voir apparaître le soleil.

FESTIVAL DE SKI DE HOLMENKOLLEN mi-mars

Des amateurs de ski nordique et de saut à ski viennent du monde entier pour participer à des compétitions et assister à des manifestations culturelles à la périphérie d'Oslo (p. 110).

MAI

JOUR DE LA CONSTITUTION 17 mai

Célébré avec une ferveur particulière à Oslo (p. 110), où les habitants se rendent au Palais royal vêtus de costumes régionaux.

FESTIVAL DE JAZZ NOCTURNE (NATTJAZZ) fin mai

L'importante population estudiantine de Bergen (p. 204) fait de cet excellent festival un événement joyeux.

FESTIVAL INTERNATIONAL DE BERGEN fin mai-juin

L'un des plus grands événements culturels du pays, ce festival se déroule à Bergen (p. 203) durant deux semaines et s'accompagne de danses, de concerts et de spectacles folkloriques.

JUIN-JUILLET

FESTIVAL VIKING début juin

L'île Karmøy (p. 224) retrouve ses racines vikings à grand renfort de banquets, de processions et de contes.

FESTIVAL MÉDIÉVAL juin

Les costumes d'époque et les chants grégoriens dans la cathédrale au toit de verre de Hamar (p. 171) sont les points forts de ce festival prisé.

MARATHON DU SOLEIL DE MINUIT juin

Seule la Norvège pouvait imaginer un marathon en pleine nuit. Pour participer à la course de 42 km la plus septentrionale du monde, rendez-vous à Tromsø (p. 339). La ville organise aussi en janvier le semi-marathon de la Nuit polaire.

MOLDE JAZZ mi-juin

Avec 100 000 spectateurs, des artistes internationaux et des concerts de qualité, le festival de jazz de Molde (p. 271) est l'un des plus courus du pays.

SEMAINE DES SPORTS EXTRÊMES fin juin

Les amateurs de sports d'aventure arrivent (p. 214) du monde entier pour une semaine de saut en chute libre, de parapente, de parachute ascensionnel et de sauts extrêmes à Voss. Des concerts de groupes locaux et étrangers chauffent l'ambiance.

FESTIVAL DE JAZZ DE KONGSBERG fin-juin à début juillet

Second grand festival de jazz du pays, celui de Kongsberg (p. 152) dure quatre jours et attire de grands noms de la scène internationale. Il a lieu après celui de Molde, pour le plus grand bonheur des amateurs de jazz.

JOURS FÉRIÉS

- Nouvel An (Nyttårsdag) 1er janvier
- Jeudi saint (Skjærtorsdag) mars-avril
- Vendredi saint (Langfredag) mars-avril
- Lundi de Pâques (Annen Påskedag) mars-avril
- Fête du Travail (Første Mai, Arbeidetsdag) 1er mai
- Jour de la Constitution (Nasjonaldag) 17 mai
- Ascension (Kristi Himmelfartsdag) mai-juin, 40e jour après Pâques
- Lundi de Pentecôte (Annen Pinsedag) mai-juin, 8e lundi après Pâques
- Noël (Første Juledag) 25 décembre
- Lendemain de Noël (Annen Juledag) 26 décembre

FJELLFESTIVALEN début juillet

Åndalsnes (p. 259) accueille le plus important rassemblement d'alpinistes et de grimpeurs d'Europe du Nord, qui se racontent leurs ascensions et vont escalader les falaises abruptes.

FÊTE DE SAINT OLAV fin juillet

Commémorée dans tout le pays, la fête du saint préféré des Norvégiens est célébrée avec un faste particulier à Trondheim (p. 285), avec des processions, des marchés médiévaux, des costumes vikings et des concerts, et à Stiklestad (p. 290) avec une splendide fête historique de quatre jours.

AOÛT

RAUMA ROCK début août

Le plus important rassemblement pop du centre de la Norvège a lieu pendant deux jours à Åndalsnes (p. 259) avec toutes sortes de concerts, du rock indé au hard-rock.

FESTIVAL DE BLUES DE NOTODDEN début août

Notodden (p. 153) se réveille pour ce festival de blues exceptionnel.

FESTIVAL INTERNATIONAL DE MUSIQUE DE CHAMBRE début août

Stavanger (p. 228) accueille ce formidable festival. Certains concerts ont lieu dans la cathédrale de la ville.

FESTIVAL DE MUSIQUE DES PAYS NORDIQUES début à mi-août

Pendant dix jours, la musique envahit Bodø (p. 311) – orchestres symphoniques, trios de jazz, groupes de folk et de rock.

JAZZ INTERNATIONAL À OSLO août

Au nombre des excellents festivals de jazz norvégiens, celui-ci offre à Oslo (p. 110) six jours de musique live.

FESTIVAL BLUES & ROOTS DE VOSS fin août

Si vous êtes dans les fjords occidentaux en août, rendez-vous à Voss (p. 214) pour l'un des meilleurs festivals de musique du pays.

SEPTEMBRE

FESTIVAL DE DYRSKU'N 2e week-end de septembre

Quelque 60 000 visiteurs viennent chaque année à Seljord (p. 160) pour le plus grand marché traditionnel du pays et les présentations de bétail.

FESTIVAL DE JAZZ DE LILLEHAMMER mi-septembre

Lillehammer (p. 165), ancienne ville olympique, célèbre la fin de l'été avec le dernier grand festival de jazz de l'année.

OCTOBRE-DÉCEMBRE

FESTIVAL INTERNATIONAL DU FILM DE BERGEN mi à fin octobre

Lors du principal festival de cinéma de Norvège, Bergen (p. 204) devient un paradis des cinéphiles, avec des films sous-titrés dans toutes les salles.

UKA octobre-novembre

Le plus important festival culturel du pays offre trois semaines de concerts, de théâtre et de festivités, animées par les 25 000 étudiants de Trondheim (p. 285).

Itinéraires

LES GRANDS CLASSIQUES

UN CONDENSÉ DE NORVÈGE

Deux semaines

Après deux ou trois jours consacrés à la découverte des nombreux musées et galeries d'**Oslo** (p. 90), prenez le train Oslo-Bergen, sur l'une des lignes ferroviaires les plus spectaculaires du monde. À partir d'Oslo, la voie grimpe doucement à travers forêts, plateaux et stations de ski jusqu'au vaste **plateau de la Hardangervidda** (p. 190), à la beauté aride. À Myrdal, empruntez le train de Flåmsbana pour descendre jusqu'à **Flåm** (p. 236), d'où des bateaux de croisière remontent l'incomparable **Nærøyfjord** (p. 239), porte d'entrée du vaste réseau de fjords du **Sognefjord** (p. 236). Passez par Gudvangen pour rejoindre **Voss** (p. 212), où les amateurs de sports extrêmes auront l'embarras du choix.

Voss donne accès aux somptueux paysages du **Hardangerfjord** (p. 216), où **Ulvik** (p. 217) et **Eidfjord** (p. 218) comptent parmi les localités les plus séduisantes situées en bord de fjord. Bien plus au sud, **Stavanger** (p. 225), l'une des plus belles villes du royaume, constitue une base pratique pour des excursions dans le **Lysefjord** (p. 232), comme l'ascension du vertigineux Preikestolen (la Chaire). Le retour vers le nord, avec un éventuel détour par **Rosendal** (p. 222) et la charmante **Utne** (p. 221), conduit à **Bergen** (p. 194), une cité superbe aux fabuleuses maisons en bois et à l'ambiance cosmopolite.

Le trajet d'Oslo à Bergen peut se faire en deux jours au cours du circuit "Norway in a Nutshell". Cependant, mieux vaut lui consacrer une semaine, car l'on traverse une campagne splendide en train, en ferry et en bus. Ajoutez une autre semaine pour Stavanger, le Lysefjord et le Hardangerfjord avant de retourner à Oslo, soit un parcours de 1 700 km.

LE CŒUR DE LA NORVÈGE

10 jours à deux semaines

Les étendues montagneuses de la Norvège centrale sont tout simplement époustouflantes. À condition de louer une voiture, vous pourrez sillonner les petites routes tranquilles de la région à l'infini. Les cyclistes chevronnés suivront quasi le même itinéraire pour un périple plus lent et tout aussi splendide. Un court trajet en train ou en bus mène d'**Oslo** (p. 90) à **Lillehammer** (p. 165). La ville, qui a accueilli les Jeux olympiques d'hiver en 1994 et en conserve de nombreux équipements, demeure l'une des destinations les plus plaisantes du Centre. Plus au nord, **Ringebu** (p. 183) possède une ravissante église en bois debout (*stavkirke*). Si vous êtes motorisé, empruntez la Rv 27 qui passe près des montagnes escarpées du **parc national des Rondane** (p. 183), avant de continuer au nord-ouest vers **Røros** (p. 173), un ravissant village doté de maisons en bois peintes au charme suranné, inscrit au Patrimoine mondial de l'Unesco. De Røros, un détour facile vers le nord conduit à **Trondheim** (p. 278), une délicieuse cité côtière.

Redescendez vers le sud via **Oppdal** (p. 178) et **Dombås** (p. 179), toutes deux proches du **parc national de Dovrefjell-Sunndalsfjella** (p. 180), où l'on peut observer des bœufs musqués en été. De Dombås, envisagez une excursion en train ou par l'E 136, jusqu'au cœur du **Romsdalen** (p. 180) aux falaises rocheuses. Reprenez la route principale vers le sud pour rejoindre **Otta** (p. 181), où l'E 15 file vers l'ouest jusqu'à **Lom** (p. 184), point de départ de la **route du Sognefjell** (p. 187) qui traverse le somptueux **parc national du Jotunheimen** (p. 187). De Turtagrø, suivez la belle route qui grimpe jusqu'à **Øvre Ardal** (p. 188), puis serpentez le long de la **Jotunheimvegen** (p. 189) avant d'emprunter la paisible **Peer Gynt Vegen** (voir l'encadré, p. 170) pour regagner Lillehammer.

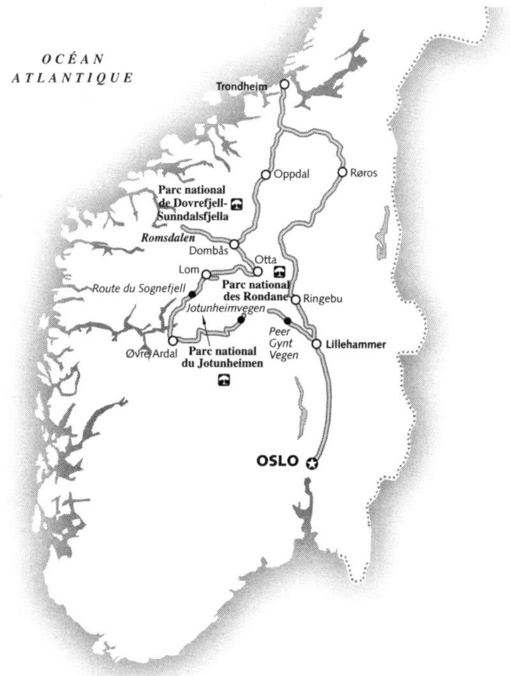

Vous pouvez parcourir cet itinéraire de 1 600 km en 10 jours, mais comptez deux semaines si vous souhaitez vous attarder un peu, notamment à Røros et à Trondheim. Des bus et des trains desservent les principaux axes nord-sud, mais vous aurez besoin d'une voiture pour explorer les routes secondaires.

VOYAGES THÉMATIQUES

LES SITES INSCRITS AU PATRIMOINE MONDIAL DE L'UNESCO

La Norvège entière mériterait de figurer au patrimoine mondial ! La visite des six sites choisis par l'Unesco permet de traverser de larges pans du nord et de l'ouest du pays.

Premier site norvégien inscrit en 1979, Bryggen compte 58 splendides maisons de négoce anciennes près du port de **Bergen** (p. 194). Aussi incroyable que cela puisse paraître aujourd'hui, la décision de l'Unesco intervint à une époque où cet inestimable patrimoine culturel et architectural était menacé de démolition (voir l'encadré, p. 200).

Bryggen est le plus accessible – et donc le plus fréquenté – des sites norvégiens de l'Unesco. Il est suivi de près par deux fjords occidentaux : le **Geirangerfjord** (p. 261) et le **Nærøyfjord** (p. 239). Les photos de ces fjords, que beaucoup de voyageurs placent parmi leurs préférés, ont fait le tour du monde.

L'**église en bois debout d'Urnes** (p. 245), qui se dresse au cœur des fjords occidentaux, vous sera sans doute tout aussi familière. Datant du XIIe siècle, elle constitue non seulement l'une des plus anciennes églises de ce type en Norvège, mais aussi l'une des plus belles. Bâtie au bord du Lusterfjord, elle possède les ornementations et les fantaisies architecturales qui ont fait la renommée des *stavkirker*.

Peu de localités norvégiennes sont aussi pittoresques que l'ancien village minier de **Røros** (p. 173), à l'est des hauts sommets qui dominent l'intérieur du royaume. Peintes de couleurs vives, ses maisons en bois à flanc de colline incarnent les particularités de l'architecture norvégienne rurale. Contrairement à de nombreux villages norvégiens, Røros conserve son ambiance du XVe siècle, mâtinée d'une atmosphère bohême et d'un charme rugueux hérité de siècles d'activité minière, dont les vestiges constituent les plus étonnantes curiosités.

Au nord, la liste des sites classés se poursuit avec les **Vesterålen** (p. 326), que l'on nomme aussi archipel de Vega. Ce groupe d'îles rarement visité, juste en deçà du cercle polaire arctique, a été sélectionné avant tout pour le patrimoine culturel de ses villages de pêcheurs. Le temps semble ici suspendu et l'endroit, ignoré du tourisme de masse, un atout de poids et une rareté en Norvège.

Bien plus loin au nord, un long et superbe trajet mène à **Alta** (p. 345), où vous attend une stupéfiante collection de milliers de peintures et de gravures rupestres. L'habileté artistique et une représentation naïve du monde se combinent pour former une fascinante leçon d'histoire sur la vie des anciens. Avec des peintures qui remontent jusqu'à 4200 av. J.-C., ce musée en plein air présente tous les aspects de la vie à l'âge de la pierre – les scènes de chasse et les symboles de fertilité côtoient ici des rennes et des bateaux surchargés.

LE NORD ARCTIQUE

Depuis des siècles, le Grand Nord fascine les explorateurs. Monde dépourvu d'horizon, apparemment sans fin, cette immensité glacée inspire l'admiration réservée aux grands espaces déserts. Bienvenue dans le Nord arctique norvégien, un territoire d'une beauté rare et sauvage qui bouleverse l'âme et l'esprit.

De nombreux itinéraires relient le Sud et cette région fabuleuse, du **ferry côtier de Hurtigruten** (p. 410) aux superbes routes telles la **route de l'Arctique** (p. 294), à l'intérieur des terres, ou la **Kystriksveien** (p. 305), qui suit la côte. Quel que soit celui choisi, un détour par les **îles Lofoten** (p. 313) offre un avant-goût de la splendeur qui vous attend au nord du cercle polaire arctique.

Des itinéraires moins touristiques mènent à l'archipel des **Vesterålen** (p. 326), dont les paysages sont encore plus sauvages que ceux des Lofoten. Le village d'artistes de Nyksund et l'observation des baleines au large de Stø comptent parmi les attraits de l'archipel.

Si la solitude des îles vous pèse, rendez-vous à **Tromsø** (p. 336), ville universitaire et l'une des plus animées du pays. Son musée polaire fait revivre l'esprit de l'exploration du Grand Nord et les sommets alentour offrent l'opportunité de pratiquer de nombreuses activités en hiver comme en été. Tromsø est également une base idéale pour une excursion à **Karlsøy** (p. 343), au large, ou dans les **Alpes de Lyngen** (p. 343), escarpées et superbes, qui englobent de nombreux glaciers et sommets découpés. **Senja** (p. 343) peut se visiter dans la journée, mais mieux vaut lui consacrer deux jours pour savourer la quiétude de la nuit dans le Nord norvégien.

La sensation propre à l'Arctique d'un monde sans limite imprègne les forêts et les lacs du **parc national d'Øvre Dividal** (p. 344). Ne manquez pas les gravures et peintures rupestres d'**Alta** (p. 345).

Point le plus septentrional de la Norvège continentale, le **cap Nord** (Nordkapp ; p. 352) est devenu une destination courue. Plus à l'est, la **péninsule de Nordkyn** (p. 356) invite à l'exploration, tandis que **Tana Bru** (p. 357), non loin, est l'un des meilleurs endroits du monde pour la pêche au saumon.

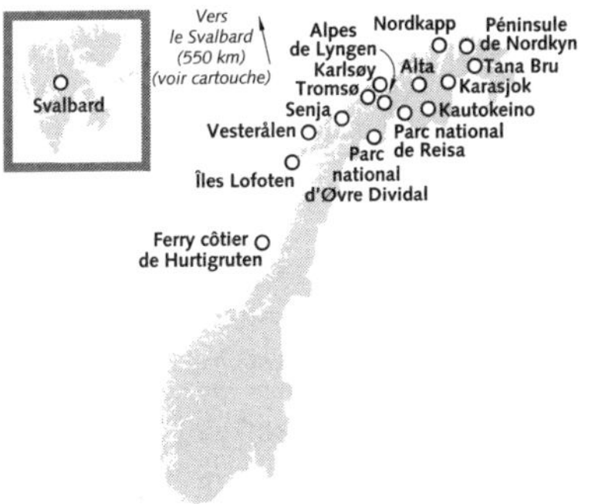

Toutefois, l'Arctique norvégien ne se limite pas aux paysages et aux activités. Pour en saisir d'autres aspects, rendez-vous dans le Finnmark intérieur, la patrie des Samis. De longue date centre de la culture samie, **Kautokeino** (p. 366) possède un centre culturel et un musée qui constituent une excellente introduction à la région. Les randonnées dans le **parc national de Reisa** (p. 368) sont réservées aux marcheurs expérimentés. **Karasjok** (p. 369), capitale incontestée des Samis norvégiens, possède des sites fascinants du patrimoine sami.

Enfin, faites fi des difficultés d'accès et du coût du trajet pour apprécier le **Svalbard** (p. 371), qui demeure un lieu unique, avec son ambiance de bout du monde. Cet ancien centre de la chasse à la baleine abrite de nombreuses espèces animales, dont des rennes, des ours polaires et quelques baleines intrépides, sans oublier de mémorables glaciers, des icebergs et des champs de glace. La plus belle récompense reste sans doute le Magdalenefjord, où les eaux turquoise se jettent dans l'océan Arctique.

Histoire

La Norvège incarne aujourd'hui l'image d'un pays modèle et paisible. Pourtant, son passé fut des plus troublés et sa pacification compta au nombre des grandes épopées de l'humanité. L'histoire du royaume, pleine de personnages picaresques, s'articule autour de grands thèmes récurrents : la lutte contre des éléments hostiles, l'avance technique et le caractère aventureux des Vikings, l'influence du christianisme et l'éternel combat pour être reconnu en tant que pays souverain et indépendant.

LES TÉNÈBRES GLACÉES

Royaume de neige et de glace peu peuplé, littoral riche et conditions climatiques extrêmes… Ces caractéristiques qui marquent l'esprit des visiteurs étaient déjà présentes à l'aube de la civilisation scandinave. Depuis des milliers d'années, la présence humaine semble s'éclipser devant la géographie et le climat de la Norvège, qui sont peut-être les vrais héros de l'histoire du pays.

Durant la dernière période glaciaire, la Norvège était à peine habitable. Pour autant, c'était un paradis comparée au nord de la Russie. À la fonte des glaces, il y a quelque 11 000 ans, c'est donc de l'est qu'arriva la première grande migration durable. C'est ainsi que les Komsa, qui allaient plus tard devenir les Samis (p. 42), s'installèrent dans la région arctique dans le nord de la Norvège.

On sait peu de choses sur les Nøstvet-Økser, un peuple de chasseurs-cueilleurs nomades, qui parlaient une langue germanique ancienne, ancêtre des langues scandinaves actuelles.

Avec le réchauffement du climat, la Norvège devint un territoire de plus en plus hospitalier. Les Nøstvet-Økser commencèrent à arriver du centre de l'Europe. Ils se répartirent le long des côtes méridionales, attirés par la relative abondance du poisson, des phoques et du gibier. Les rennes suivirent le recul des glaciers, remontant dans les terres septentrionales encore prises par les glaces et entraînant derrière eux les chasseurs qui furent les premiers hommes à traverser les étendues montagneuses. Leur présence se limitait à des campements saisonniers itinérants : sur cette terre déserte couverte de glaciers et d'étendues gelées, les installations humaines étaient rares.

Des cultures sédentaires s'enracinèrent au cours des millénaires qui suivirent, tant et si bien qu'à la fin de l'Empire romain Rome fournissait tissus, outils en fer et poteries à la Norvège. Les lames permirent de défricher des terres pour les cultures, les haches métalliques de construire des bateaux plus grands. Le radoucissement du climat rendit possible la construction d'abris permanents en pierre et en terre. Dès le Ve siècle, les Norvégiens surent fondre le minerai de fer qu'ils trouvaient dans les zones marécageuses du Sud. Ils s'étaient lancés dans l'incessante lutte visant à apprivoiser leur environnement.

CHRONOLOGIE

12000 av. J.-C.

La Norvège émerge sous sa forme actuelle à la fin de la dernière ère glaciaire.

9000 av. J.-C.

Les Komsa, des chasseurs ancêtres des Samis, arrivent dans le nord de la Scandinavie. Ils fondent les premiers peuplements humains permanents dans la zone arctique norvégienne, où les Samis demeurent de nos jours.

2500 av. J.-C.

Les porteurs de la culture dite des "haches naviformes" arrivent dans le sud de la Norvège via la Suède. Ils échangent de l'ambre contre des métaux, notamment contre du bronze en provenance du reste de l'Europe.

L'ÂGE DES VIKINGS

Rares sont les peuples à avoir autant nourri l'imagination que les Vikings. Immortalisés dans plusieurs bandes dessinées, dont *Astérix* et *Hägar Dünor*, ils étaient les guerriers les plus craints d'Europe. Si son histoire a pris fin, ce peuple de marins tourné vers le large et les terres lointaines reste l'ancêtre de la Norvège moderne. Mais qui étaient ces hommes qui arrivèrent sur leurs drakkars et dominèrent l'Europe pendant cinq siècles ?

Le nom "Viking" vient de *vik*, mot du vieux norrois qui désignait une baie ou une anse – lieu où les drakkars restaient au mouillage lors des raids.

Conquêtes et expansion

Les surfaces cultivables augmentant moins vite que la population, les habitants de la Norvège firent leur apparition sur les côtes anglaises vers 780. Lorsque, au retour des bateaux, les hommes déballèrent les marchandises qu'ils rapportaient tout en racontant que le littoral n'était guère défendu, les Vikings commencèrent à échafauder des plans pour conquérir le monde. Le premier raid dévasta le monastère de Saint-Cuthbert, sur l'île de Lindisfarne, en 793. Très vite, les Vikings furent présents dans toute l'Angleterre, en Irlande puis dans toute l'Europe, ne pensant qu'à se battre et à capturer des esclaves qu'ils ramèneraient dans leurs formidables navires.

Les Vikings attaquaient avec une flotte nombreuse. Ils terrorisaient, tuaient, réduisaient en esclavage, assimilaient ou déportaient les populations qui leur barraient la route. Les côtes irlandaises, bretonnes et normandes, la Russie jusqu'à la Volga, l'Espagne sous domination arabe – Séville fut mise à sac en 844 – et le Moyen-Orient – ils allèrent jusqu'à Bagdad – tombèrent sous l'influence des Vikings. Bien défendue, Constantinople résista. Six fois attaquée, elle repoussa six fois les assauts. En dépit de ces rares contretemps, les Vikings et leurs incursions meurtrières firent de la Scandinavie, terre obscure à la lisière nord de l'Europe, un empire tout puissant.

Les Vikings. Histoire, mythes, dictionnaire (Robert Laffont, 2008) est un ouvrage très complet de Régis Boyer publié dans la collection Bouquins et divisé en trois parties. Il s'achève par un dictionnaire, composé de plus de 200 articles aux thèmes variés.

Malgré leur emprise sur des contrées lointaines, les Vikings étaient ancrés dans cette terre d'où ils lançaient leurs offensives et vers laquelle ils revenaient. Le pays bénéficia de leurs butins. L'émigration libéra des terres arables et favorisa l'émergence d'une nouvelle classe de marchands, tandis que les esclaves capturés vinrent grossir les rangs de la main-d'œuvre

L'EMPREINTE DES VIKINGS

Tønsberg (p. 131), Kaupang (Larvik ; p. 133), Spangereid (voir l'encadré, p. 148), Eidfjord (p. 218), Kinsarvik (p. 220), Haugesund (p. 223), l'île de Karmøy (p. 224), Balestrand (p. 242), Giske (p. 269) et Leka (p. 292) conservent des traces de la présence viking en Norvège. Le musée des Bateaux vikings (p. 104) d'Oslo et le Musée viking Lofotr (p. 321) de Vestvågøy comptent parmi les plus beaux musées consacrés aux Vikings.

787

La première trace écrite évoquant la navigation norroise date de 787. Elle figure dans la *Chronique anglo-saxonne*, où il est question de l'arrivée de trois navires pilotés par des marins décrits comme des hommes du Nord.

793

Le pillage du monastère de Saint-Cuthbert sur l'île de Lindisfarne, au large des côtes du Northumberland en Angleterre, inaugure l'âge des Vikings.

872

Harald Ier Hårfager (à la Belle Chevelure) terrasse les autres chefs vikings à la bataille de Hafrsfjord et unifie la Norvège. Quelque 20 000 personnes vont se réfugier en Islande.

agricole. Des paysans norvégiens traversèrent l'Atlantique pour s'établir aux îles Féroé, en Islande et au Groenland aux IX et Xe siècles. Le monde semblait alors appartenir aux Vikings.

Les jours de la semaine en anglais seraient un lointain souvenir des principaux dieux vikings : le mardi, *Tuesday*, serait le jour de Tyr ; le mercredi, *Wednesday*, celui d'Odin ; le jeudi, *Thursday*, celui de Thor ; et le vendredi, *Friday*, celui de Freyr.

Harald à la Belle Chevelure

Harald Ier Hårfager ("à la Belle Chevelure"), fils de Halfdan le Noir, fut bien plus que le dernier des grands conquérants vikings. Tandis que la plupart des autres chefs vikings se firent un nom en allant conquérir des terres lointaines, Harald à la Belle Chevelure entreprit ce que nul n'avait réussi avant lui, en unifiant les tribus guerrières autonomes qui formaient la nation viking.

Il eut son heure de gloire en 872 à Hafrsfjord, près de Haugesund, lorsqu'il remporta une victoire décisive en mer, fait inhabituel dans une guerre civile. Une fois la poussière retombée, la Norvège était un pays unifié.

Le règne d'Harald Hårfager fut si haut en couleur et si plein de péripéties que l'auteur islandais Snorri Sturluson en fit la chronique pour la postérité dans la *Heimskringla*, la saga des rois de Norvège. Selon lui, Harald mortifié aurait unifié la Norvège pour une dame qui se refusait à lui, ce seigneur dont le royaume était encore plus petit que le minuscule Danemark. Par le jeu d'alliances multiples et de traités commerciaux, il forma des confédérations et étendit sa domination jusqu'au Trøndelag actuel. C'était aussi un fin stratège en matière de politique étrangère. Il envoya l'un de ses fils, Haakon, grandir à la cour du roi Athelstan d'Angleterre. La fin ne dit pas si la belle fut assez impressionnée pour céder à Harald, qui mourut de la peste noire à Avaldsnes, sur l'île de Karmøy (p. 224), vers 930.

L'*"Histoire des rois de Norvège* (Gallimard, 2000), rédigé au XIIIe siècle par l'Islandais Snorri Sturluson, raconte notamment l'épopée d'Harald à la Belle Chevelure.

Cet homme capable d'unifier un pays eut plus de difficultés avec sa propre famille. Il épousa successivement dix femmes dont il eut de trop nombreux héritiers, ce qui compliqua singulièrement les affaires de succession. Erik, son fils cadet et le seul enfant qu'il eut avec Ragnhild la Puissante, fille du roi du Danemark Erik du Jylland, finit par prendre le dessus. Impitoyable, il élimina tous ses aînés sauf Haakon (à l'abri en Angleterre). Puis il se mit à dilapider l'héritage que son père avait eu tant de mal à réunir. Son règne fut marqué par une prodigieuse bêtise politique. Haakon revint finalement d'Angleterre pour mettre bon ordre à cette situation déplorable et devint le roi Haakon den Gode ("le Bon"). Erik, obligé de fuir en Angleterre, en profita pour s'emparer du trône de York, devenant Erik Hache sanglante.

Le christianisme et le déclin des Vikings

Les Vikings léguèrent aux Norvégiens leur amour de la mer ainsi que leur ancrage dans la chrétienté, qui aujourd'hui fait partie de l'identité nationale. Vers la fin de l'ère viking, le passage du panthéon viking à un dieu unique ne s'accomplit pas sans heurts.

Baptisé durant son enfance en Angleterre, Haakon le Bon revint avec la foi, accompagné d'un évêque et de missionnaires. Si le christianisme connut un

995

Olav II Haraldsson fait édifier la première église chrétienne de Norvège à Mosterhamn, sur l'île de Bømlo, dans la région de Hardanger. Il permet ainsi l'expansion du christianisme dans l'ouest du pays.

997

Trondheim est fondée à l'embouchure de la Nidelva. Première grande ville du pays, elle devient aussi la capitale du jeune royaume.

Vers l'an 1000

Près de cinq siècles avant Christophe Colomb, Leif Eriksson, fils d'Erik le Rouge, explore la côte du continent nord-américain, qu'il baptise Vinland, le "pays de la Vigne".

certain succès dans un premier temps, la plupart des Vikings restèrent loyaux à Thor, à Odin et à Freyr. Les religieux parvinrent à substituer au nom des dieux ancestraux ceux de saints catholiques, sans toutefois mettre un terme aux pratiques païennes et aux sacrifices sanglants. Quand Haakon le Bon fut vaincu et périt en 960, le christianisme faillit disparaître de Norvège.

Il connut un renouveau sous le règne d'Olav Ier Tryggvesson. Comme tout bon Viking, Olav décida que seul l'usage de la force parviendrait à convertir son peuple à la "vérité". Malheureusement pour lui, celle qui devait devenir

Dans *Les dieux des Vikings* (Ouest-France, 1996), Jean Renaud offre une présentation détaillée de la mythologie nordique. L'auteur fait revivre sous sa plume les divinités imaginées par les Vikings.

LES CLEFS DE LA DOMINATION DU MONDE

Comme celle de beaucoup d'empires dominateurs, la puissance des Vikings était assise sur les piliers jumeaux que sont tradition et innovation. La première se traduisait par la croyance fanatique d'avoir les dieux avec soi, la seconde par une maîtrise des océans reposant sur des technologies ayant plusieurs siècles d'avance sur leur temps.

Les Vikings tenaient avant tout leur force du dieu Odin (Oðinn), le Père de tous, époux de Frigg. Odin et Frigg eurent un fils, Thor (Þór), le dieu du Tonnerre. Les Vikings croyaient que s'ils mourraient au combat le tout-puissant Odin les emporterait dans un paradis appelé Valhalla, où les hommes pourraient guerroyer tout le jour et être servis par de très belles femmes.

Avec une telle vision de l'au-delà, comment s'étonner que les guerriers aient préféré périr au champ de bataille plutôt que vieux dans leur lit ? Cela contribuerait à expliquer leur bravoure, puisque trépasser ou repartir avec le butin semblent avoir été à leurs yeux deux alternatives aussi enviables l'une que l'autre. Leurs ennemis n'avaient guère de chance face à ces combattants qui n'avaient cure de mourir et privilégiaient les valeurs viriles que sont la force, l'habileté à manier les armes, l'héroïsme et le sacrifice de soi.

On le sait moins, mais les Vikings étaient autant des ingénieurs compétents que des soldats téméraires. Leurs navires étaient rapides, faciles à manœuvrer et capables d'effectuer de longues traversées dans des conditions extrêmes. Les drakkars dépassaient les 30 m de longueur, étaient munis d'une quille solide, avaient une coque flexible et de grandes voiles carrées, et pouvaient atteindre 12 nœuds (22 km/h). Grâce à leur flotte, ils purent entamer et poursuivre leurs conquêtes sans rencontrer une grande résistance pendant plus de 200 ans.

Toutefois, ce sont les instruments de navigation que les Vikings utilisaient durant leurs voyages sur des mers inconnues qui retiennent le plus l'attention. Les sagas norroises évoquent un mystérieux objet appelé *solarsteinn* (pierre de Soleil), qui permettait de s'orienter même par temps couvert ou quand le soleil était couché, lorsqu'il n'était pas possible de se repérer avec les étoiles.

On sait aujourd'hui que cette "pierre de Soleil" était un cristal de cordiérite, roche présente en Scandinavie et connue pour ses propriétés polarisantes. Quand on la fait tourner et qu'on l'observe d'en dessous, on voit la lumière qui la traverse prendre une coloration bleutée si l'axe le plus long du cristal est orienté vers la source de lumière solaire. De nos jours, les avions qui survolent les pôles, ne pouvant employer les outils de navigation sensibles au magnétisme, utilisent un compas qui leur permet de déterminer la position du soleil en faisant passer les rayons au travers d'une lentille polarisante.

1024

Olav II Haraldsson fonde l'Église de Norvège et instaure le christianisme comme religion d'État – statut qu'il conserve de nos jours.

1030

Exilé par Knud Ier (Canute), roi d'Angleterre, du Danemark et de la Norvège en 1028, Olav II Haraldsson revient dans son pays mais meurt lors d'un soulèvement populaire à la bataille de Stiklestad, à Trøndelag.

1049

Harald III Hårdråde (dit le Sévère), demi-frère de saint Olav, fonde Oslo. Il prend la ville pour base navale et lance des attaques maritimes dans toute la Méditerranée.

La saga de saint Óláf (Payot, 2007), écrite par Snorri Sturluson et traduite en français par Régis Boyer, est considérée comme le joyau des sagas des rois de Norvège.

sa femme, la reine Sigrid de Suède, refusa la conversion. Le contrat de mariage fut annulé et Sigrid épousa le roi païen Svein à la Barbe fourchue du Danemark. Ensemble, ils organisèrent la mort d'Olav au cours d'une grande bataille navale qui eut lieu dans la Baltique, et s'emparèrent de la Norvège.

C'est le roi Olav II Haraldsson, lui aussi converti en Angleterre, qui parvint à cimenter le christianisme dans le pays. Olav II s'allia au roi Ethelred et, avec ses hordes vikings, sauva Londres d'une offensive danoise conduite par le roi Svein à la Barbe fourchue en détruisant le pont de Londres. Réussissant là où son prédécesseur avait échoué, Olav II imposa le christianisme. En 1023, il fit ériger une croix en pierre, qui est toujours debout, à Voss (p. 212). En 1024, il fonda l'Église de Norvège. Après l'invasion du roi Knud Ier (Canute) en 1028, Olav II mourut à la bataille de Stiklestad en 1030. Pour les chrétiens, il était mort en martyr, aussi fut-il canonisé. La grande cathédrale de Nidaros (p. 279), à Trondheim, est dédiée à saint Olav – jusqu'à la Réforme, elle accueillit des pèlerins de toute l'Europe (voir l'encadré, p. 283). Toutefois, la plus grande réussite d'Olav II est sans doute d'avoir su forger une identité propre et durable pour le royaume indépendant de Norvège.

Ses successeurs ne se distinguèrent guère, à l'exception de Harald III Hårdråde (dit le Sévère), demi-frère de saint Olav, connu pour sa cruauté. Harald III fit des incursions sur tous les littoraux méditerranéens, dans ce qui fut le dernier sursaut des Vikings. Il périt en 1066 lors d'une offensive mal préparée, mettant fin à la réputation d'invincibilité de son peuple. *La Saga du roi Harald* de Snorri Sturluson s'inspire de sa vie avec une grande liberté.

Les petits pourront apprendre en s'amusant en feuilletant *Vikings. Un livre-rébus pour découvrir la vie au temps des Vikings et lire les mots et les images* (Gallimard Jeunesse, 2006).

LA FIN DE L'INDÉPENDANCE

Les Vikings disparurent rapidement. Pour autant, leur politique expansionniste et l'avènement du christianisme avaient planté des graines qui allaient germer, pour le meilleur et pour le pire. Comme sa sphère d'influence diminuait, la Norvège vit ses voisins se faire de plus en plus menaçants. La puissance d'hier dut lutter pour préserver son indépendance.

Périls lointains, péril en la demeure

En 1107, Sigurd Ier partit pour la Terre sainte avec 60 navires. Trois ans plus tard, il s'emparait de Sidon (actuelle Sayda, au Liban). Toutefois, ces lointaines conquêtes masquaient de graves dissensions internes. Sigurd mourut en 1130, et le XIIe siècle fut une succession de guerres civiles. La victoire revint au roi Sverre, ancien homme d'église devenu guerrier, qui prépara l'âge d'or de la Norvège. Profitant de ses liens avec l'étranger et du commerce entre les villes côtières et la Ligue hanséatique (voir p. 194), Bergen devint la capitale. Peut-être séduits par le boom économique norvégien, le Groenland (1261) et l'Islande (1262) décidèrent de faire allégeance au royaume.

Mais la Norvège perdait son statut de grande puissance internationale et se refermait sur elle-même. Haakon V fit construire des forteresses de brique et

1066	1261	1319
L'âge des Vikings s'achève à la mort d'Harald III, qui est tué par le roi Harold d'Angleterre à la bataille de Stamford Bridge, lors d'une incursion malheureuse sur les terres de ce dernier.	Le Groenland rejoint le royaume de Norvège, suivi un an plus tard par l'Islande. L'influence de la Norvège sur le nord de l'Europe est grandissante.	Magnus, successeur du roi Haakon V de Norvège, devient roi de Suède et unifie les deux royaumes. Cela marque la fin de l'indépendance norvégienne et de la lignée d'Harald à la Belle Chevelure, et le début de deux siècles de déclin.

de pierre, à Vardø, pour protéger le Nord de la convoitise russe, et à Akershus, en 1308, pour défendre le port d'Oslo. Rapidement, Oslo remplaça Bergen en tant que capitale. En 1319, l'union de la Norvège à la Suède par le petit-fils de Magnus, Haakon V, inaugura pour le royaume deux siècles de déclin. Sa grandeur perdue, la Norvège devint une simple province scandinave.

En août 1349, l'épidémie de peste noire qui décima un tiers de la population européenne arriva en Norvège via Bergen, à bord d'un navire anglais. Les terres furent laissées en friche, les villes furent ruinées, le commerce périclita. Le pays perdit 65% de sa richesse ; 80% des nobles périrent. Les survivants durent se mettre aux travaux des champs et la structure du pouvoir en fut à jamais altérée. L'égalitarisme si profondément ancré dans la pensée norvégienne trouve précisément ses fondements dans cette sombre période.

En 1387, la Norvège perdit le contrôle de l'Islande. Dix ans plus tard, la reine Marguerite Valdemarsdotter forma l'Union de Kalmar, réunissant la Suède, la Norvège et le Danemark. Erik de Poméranie en devint le roi. La Norvège ne suscita guère d'intérêt au début du XVe siècle, quand les liens commerciaux avec l'Islande furent rompus et que les colonies du Groenland disparurent mystérieusement, sans laisser de traces.

En 1469, les îles Orcades et Shetland furent mises en gage auprès de la Couronne écossaise par le roi dano-norvégien Christian Ier, qui avait besoin d'argent pour constituer la dot de sa fille – mesure qui devait être temporaire. Trois ans plus tard, les Écossais annexaient les deux groupes d'îles.

La Norvège n'était plus que l'ombre d'elle-même. Après ces bouleversements, seule la force de la foi chrétienne semblait résister. Mais la religion nationale allait considérablement évoluer. En 1537, la Réforme vint instaurer le protestantisme luthérien à la place du catholicisme. Il ne restait pour ainsi dire rien de la Norvège des Vikings.

Le mystère de l'effondrement, puis de la disparition de la société viking au Groenland s'éclaircit en lisant *Effondrement* (Gallimard, 2006), de Jared Diamond.

Danemark et Suède : les ennemis

En discutant avec des Norvégiens, on s'aperçoit vite qu'ils ne portent pas tous leurs voisins danois et suédois dans leur cœur. En voici les raisons.

Plusieurs conflits entre l'Union danoise et la Couronne de Suède se réglèrent par les armes sur le sol norvégien. Après une guerre de sept ans (1563-1570), suivit la guerre de Kalmar (1611-1614). Trondheim fut prise et reprise plusieurs fois. Lors de la guerre de Kalmar, l'invasion de la Norvège fut organisée depuis l'Écosse (voir l'encadré, p. 182).

Durant deux autres conflits du milieu du XVIIe siècle, la Norvège perdit une bonne partie de son territoire au profit de la Suède. Les guerres nordiques qui accompagnèrent l'expansion de l'Empire suédois marquèrent le début du XVIIIe siècle. En 1716, les Suédois occupaient Christiania (Oslo). Ils furent finalement défaits en 1720, ce qui mit fin à plus de 150 ans de batailles.

En 1720, les tentatives visant à réinstaurer des échanges avec le Groenland en fondant des compagnies de commerce à Bergen furent étouffées par les

Les sociétés scandinaves de la Réforme à nos jours (PUF, 1992) de Jean-François Battail, Vincent Fournier et Régis Boyer met en avant les différences fondamentales existant entre les quatre pays de langues scandinaves – la Suède, le Danemark, la Norvège et l'Islande – et les singularités de chacun.

1349

La peste noire gagne Bergen. Elle se propage très vite dans tout le pays, modifiant à jamais son tissu social.

1469

Les îles Orcades et Shetland, ainsi que l'île de Man, sont vendues à l'Écosse. C'est la fin de plusieurs siècles d'expansion norvégienne.

1537

La Réforme qui traverse l'Europe et provoque la séparation des Églises catholiques et protestantes arrive en Norvège. Le protestantisme luthérien supplante le catholicisme jusque-là dominant.

mesures protectionnistes imposées par le Danemark, qui réfréna ainsi toute velléité d'indépendance économique. La Norvège se trouva fort dépourvue pour faire face au refroidissement climatique qui sévit de 1738 à 1742. L'absence de récolte provoqua une famine qui causa la mort de milliers de personnes. Un tiers du bétail périt.

Pendant les guerres napoléoniennes, l'Angleterre imposa un blocus à la Norvège, alors rattachée au Danemark, contraignant les Danois à se rendre le 14 janvier 1814. Le traité de Kiel qui s'ensuivit offrit la Norvège à la Suède afin de réunir les deux couronnes. Las de voir leur pays aux mains des étrangers, des paysans, des marchands et des hommes politiques se réunirent à Eidsvoll Verk en avril 1814 pour rédiger une Constitution et élire un roi norvégien. Mais la Suède contraignit le monarque, Christian Frédéric, à s'incliner devant celui qu'elle avait choisi, Charles-Jean. Un accord prévoyant le retour du pouvoir à la Suède permit d'éviter une guerre. La Constitution, de courte durée, montra le rejet des tutelles étrangères par les Norvégiens.

L'INDÉPENDANCE RECOUVRÉE

Après des siècles d'inféodation aux pays voisins, la puissance d'antan de la Norvège était un lointain souvenir. Mais la force vitale du pays n'était pas anéantie. Le peuple était déterminé à redevenir maître de son destin, même s'il fallut près d'un siècle après la première Constitution – sans parler des neuf autres écoulés depuis l'unification réalisée par Harald à la Belle Chevelure.

Ils ont vaincu le pôle (Presse de la Renaissance, 2008) réunit les récits de deux grands explorateurs, le Norvégien Roald Amundsen et le Britannique Robert Falcon Scott, qui conquirent l'un après l'autre le pôle Sud, en décembre 1911 et en janvier 1912. Présentation de Chantal Edel.

Un départ confiant

Au XIXe siècle, comme stimulés par l'esprit de la Constitution de 1814, les Norvégiens recouvrèrent la conscience de leur identité culturelle. Cette renaissance s'exprima par une grande créativité musicale et artistique dont les chefs de file furent le poète et auteur dramatique Henrik Ibsen (p. 50), le compositeur Edvard Grieg (p. 50) et le peintre Edvard Munch (p. 51). La langue joua un rôle majeur et l'on assista au développement d'un dialecte norvégien, le landsmål (ou nynorsk). La première ligne de chemin de fer fut achevée en 1854 entre Oslo et Eidsvoll. Le commerce international reprit, notamment grâce au développement de la pêche et de la chasse à la baleine.

Mais la Norvège restait très pauvre. Entre 1825 et 1925, plus de 750 000 Norvégiens émigrèrent aux États-Unis et au Canada, sans que cette hémorragie ne mette un terme à la fierté nationale retrouvée.

Le référendum organisé en 1905 eut le résultat escompté. Presque personne ne souhaitait rester uni à la Suède. Le roi de Suède, Oscar II, fut contraint de reconnaître la souveraineté norvégienne, d'abdiquer et de réinstaurer la monarchie constitutionnelle en confiant le trône de Norvège à Haakon VII – les descendants de ce dernier sont toujours à la tête du pays, les décisions relatives aux questions de succession étant soumises à l'autorité du Parlement (Storting). Oslo devint la capitale du royaume de Norvège.

1720

Au terme de près de 150 ans de bataille sur le sol norvégien (la guerre de sept ans, la guerre de Kalmar et les guerres nordiques), la Suède est finalement vaincue. Son influence et celle du Danemark restent fortes sur les affaires de la Norvège.

1814

Après la défaite danoise devant Napoléon, la Norvège est cédée à la Suède dans le cadre de l'union des Couronnes. Les Norvégiens affichent leur désaccord et rédigent leur première Constitution.

1905

Les Norvégiens votent à une large majorité pour l'indépendance et contre l'union avec la Suède. La Norvège devient une monarchie constitutionnelle indépendante dirigée par le roi Haakon VII, dont les descendants occupent toujours le trône.

Redevenue indépendante, la Norvège ne tarda pas à montrer au monde qu'elle méritait sa place dans la communauté internationale. En 1911, l'explorateur norvégien Roald Amundsen atteignait le pôle Sud. Deux ans plus tard, les Norvégiennes étaient les premières Européennes à obtenir le droit de vote. Des centrales hydroélectriques furent construites dans tout le pays et de nouvelles industries prospérèrent, devenant le moteur d'une économie exportatrice toujours plus forte.

Sortie presque indemne de la Première Guerre mondiale – exception faite de quelques navires marchands coulés par les Allemands –, la Norvège restée neutre reprit confiance en elle. En 1920, le Parlement se prononça en faveur de l'adhésion à la jeune Société des Nations, une décision à laquelle s'opposait un Parti travailliste proche des communistes, toujours plus militant et révolutionnaire, qui obtint la majorité parlementaire dès 1927. Les années 1920 amenèrent leur lot de progrès, dont le développement des bateaux-usines, qui permirent de préparer en mer les baleines pêchées autour de Svalbard et en Antarctique. Pour en savoir plus sur cette industrie, reportez-vous p. 87.

Mais le vent tournait. À la fin des années 1920, la Grande Dépression mit presque le pays à genoux. En décembre 1932, le taux de chômage atteignait les 42%. Les paysans furent durement frappés par la récession économique.

La Norvège en guerre

La Norvège avait mal choisi son moment pour affirmer son indépendance. Les menaces de guerre se précisaient en Europe et le pays, épargné par la boucherie de la Première Guerre mondiale, ne le serait pas par la seconde.

Dès le début des années 1930, le fascisme s'était répandu en Europe. Et la Norvège fut prise dans la tourmente. En 1933, l'ancien ministre de la Guerre, Vidkun Quisling, forma le Parti du rassemblement national (Nasjonal Samling), pronazi. Les Allemands envahirent le pays le 9 avril 1940, forçant le roi Haakon et sa famille à l'exil (voir l'encadré, p. 173), tandis que les forces britanniques, françaises, polonaises et norvégiennes livraient avec l'énergie du désespoir un combat d'arrière-garde. L'organisation de la résistance norvégienne pendant l'occupation nazie fait l'objet de l'encadré p. 102.

Six villes du Sud furent entièrement brûlées. Malgré quelques victoires alliées, les Britanniques isolés finirent par abandonner l'Arctique norvégien à son triste sort. À Oslo, les Allemands instaurèrent un gouvernement fantoche présidé par Vidkun Quisling en 1942.

Après s'être battus pour recouvrer leur indépendance, les Norvégiens refusèrent l'occupation allemande. La résistance norvégienne se distingua dans des actes de sabotage, souvent menés avec l'aide de courageux pêcheurs des Shetland qui faisaient passer des armes sur la côte occidentale du pays. L'une de leurs plus grandes prouesses fut l'assaut conduit, en février 1943, contre l'usine de fabrication d'eau lourde de Vemork, qui collaborait à un programme de fabrication d'une bombe atomique allemande (voir l'encadré, p. 155).

Churchill contre Hitler. Norvège 1940 : la victoire fatale (Tallandier, 2002), un ouvrage très bien documenté de François Kersaudy, revient sur le premier affrontement de la Seconde Guerre mondiale entre l'Allemagne et les Alliés, qui pourrait bien être le plus étonnant de toute la guerre.

1911

L'explorateur Roald Amundsen est le premier à atteindre le pôle Sud, lançant la grande époque des explorateurs norvégiens s'aventurant jusqu'au bout du monde.

1920

Avec la signature du traité du Svalbard, le territoire norvégien s'étend pour la première fois depuis des siècles. La même année, le Parlement vote en faveur de l'adhésion à la toute nouvelle Société des Nations.

1940

Le 9 avril, l'Allemagne nazie envahit la Norvège. Elle est accueillie par Vidkun Quisling, ancien ministre de la Guerre pronazi. Le roi Haakon part en exil. Il se réfugie au Royaume-Uni puis à Washington, où il vivra jusqu'à la fin de la guerre.

La population paya très cher ces actes de bravoure et l'on dénombre parmi les victimes civiles 630 juifs norvégiens, envoyés dans des camps de concentration en Europe centrale. Les prisonniers de guerre serbes et russes furent contraints de travailler sur des chantiers de construction en Norvège. Beaucoup moururent de froid et de faim. Un grand nombre d'ouvriers périrent pendant la construction de la route de l'Arctique qui traverse le Saltfjellet – d'où son surnom de *blodveien* (route du Sang).

La région du Finnmark et sa population furent particulièrement touchées par la guerre. À Altafjorden et ailleurs, les Allemands construisirent des bases sous-marines d'où ils lançaient leurs attaques sur les convois en route pour Mourmansk et Arkhangelsk, en Russie, afin d'empêcher que les Soviétiques ne soient ravitaillés en armes.

Au début de 1945, devant faire face sur deux fronts, les Allemands adoptèrent une politique de la terre brûlée au Finnmark pour ralentir la progression russe. Le nord du pays fut dévasté, ses champs, forêts, villes et villages furent réduits en cendres. À la Libération, Quisling fut condamné à mort et exécuté. Les autres collaborateurs furent emprisonnés.

Les années pétrole

Dans l'immédiat après-guerre, les victoires électorales du Parti communiste, qui prit part à un gouvernement de coalition, firent craindre à certains de voir la Norvège s'allier au bloc communiste. Ce qu'elle ne fit pas. En 1945, le royaume dévoila clairement sa position en devenant membre fondateur des Nations unies. Conscient de sa proximité géographique avec la Russie, le pays renonça à sa neutralité pour devenir membre de l'OTAN en 1949. Les acrimonies passées enterrées, la Norvège se rapprocha de ses voisins scandinaves pour former le Conseil nordique en 1952.

Le pays, exsangue, avait un énorme besoin d'argent pour se reconstruire, particulièrement dans la zone arctique. Il misa d'abord sur la flotte des baleiniers et une marine marchande de plus en plus prospère pour fournir une partie des fonds nécessaires. La Norvège parvint à surmonter ses difficultés, mais le rationnement fut maintenu jusqu'en 1952.

À la fin des années 1960, la situation changea du jour au lendemain avec la découverte de pétrole en mer du Nord. L'économie décolla, transformant l'un des pays les plus pauvres d'Europe en l'un des plus riches. Pour en savoir plus sur le boom de l'or noir en Norvège, reportez-vous à l'encadré p. 41.

Le pétrole ayant radicalement changé la donne, les gouvernements socialistes qui se succédèrent – et quelques gouvernements conservateurs, plus éphémères – utilisèrent la manne pour mettre en place l'un des systèmes de protection sociale les plus complets qui soient : soins médicaux et éducation jusqu'aux niveaux supérieurs gratuits, retraites et allocations chômage généreuses. La Norvège est, selon son gouvernement, la démocratie sociale la plus égalitaire d'Europe occidentale.

1945

Le 7 mai, les derniers bataillons étrangers (russes) sur le sol norvégien quittent la zone arctique. Les Norvégiens doivent faire face aux destructions causées par l'armée allemande lors de sa retraite.

1946

Trygve Lie devient le premier secrétaire général des Nations unies. L'appartenance de la Norvège à l'ONU permettra au pays de jouer un rôle de médiateur dans les conflits internationaux, y compris au Proche-Orient et à Sri Lanka.

1949

La Norvège devient membre de l'OTAN et aligne sa politique étrangère sur celle des États-Unis. À l'Ouest, certains craignaient pourtant de la voir se rapprocher de l'Union soviétique en raison de sa fibre sociale.

OÙ EN EST LA NORVÈGE ?

Stable, opulente et membre respecté de la communauté internationale, la Norvège n'en est pas moins à un carrefour de son histoire. Les Norvégiens continuent de s'interroger pour savoir s'ils doivent ou non rejoindre l'Union européenne (UE) – un bref regard sur son histoire permet de comprendre la réticence du royaume à s'allier avec d'autres pays. Après avoir remporté une faible majorité en 1972, les opposants à l'adhésion se sont à nouveau imposés en 1994, malgré l'action du gouvernement en faveur du "oui". Pour l'heure, la Norvège s'intéresse donc de l'extérieur à ce qui se passe à l'intérieur de l'Union. Elle ne peut pas bénéficier des avantages des pays membres – ce qui ferait perdre chaque année quelque 180 millions de dollars US au pays selon le gouvernement –, ni s'acquitter pleinement de ses responsabilités dans le monde. De nombreux habitants frémissent d'indignation à l'idée que des directives venant de Bruxelles (ou d'ailleurs) puissent avoir des répercussions sur leur vie quotidienne. D'autres, surtout dans les villes et dans le Sud, reconnaissent que la Norvège ne peut éternellement persister dans son isolement. Selon de récents sondages, une très faible majorité se prononcerait aujourd'hui en faveur de l'adhésion.

La question de l'immigration (voir p. 45) est également bien présente sur la scène politique norvégienne. Dans cet ancien pays d'émigrants, 8,9% des habitants sont désormais d'origine étrangère. Le malaise suscité par ce bouleversement démographique menace de révolutionner le paysage politique national. Le Parti travailliste conserve le pouvoir – qu'il a presque toujours eu depuis que la Norvège est repassée maître de son destin –, mais il a dû s'allier en 2005 avec les socialistes et le Parti du centre pour former une alliance rouge et verte. De nombreux signaux montrent un virage à droite de la base. Lors du scrutin de 2005, le Parti du progrès (Fremskrittspartiet), populiste, a enregistré un score de 22% après avoir fait campagne contre l'immigration et l'adhésion à l'UE. Un score qui a fait naître des inquiétudes sur le devenir de la tolérance et de l'égalitarisme, pourtant des valeurs fortes du pays. Certains redoutent une possible altération de leur qualité de vie. Une étude récente a montré que les Norvégiens travaillent en moyenne moins de 160 jours par an. Le pays pourra-t-il rester compétitif dans un monde globalisé sans remettre en question ce mode de vie ?

Il y a enfin le problème du pétrole, cet or noir qui a permis au pays de devenir ce qu'il est. Certes, le royaume a moins de raison de redouter l'avenir et l'épuisement des gisements que d'autres pays producteurs, grâce à d'abondantes réserves de gaz naturel et un portefeuille de valeurs appelé Fonds du pétrole, qui dépasse déjà les 300 milliards de dollars US (voir l'encadré, p. 41) – de quoi garantir le confort des générations futures. Pour autant, les Norvégiens avouent sans ambages se sentir coupables d'être riches. Ils craignent que leurs louables efforts pour la sauvegarde de l'environnement ne soient à jamais sapés par leurs exportations de pétrole. Certes, ce sentiment de culpabilité est un peu atténué par l'idée que la Norvège compte aussi au nombre des principaux contributeurs à l'aide internationale – ramenée à la population. Les doutes sur la place de la Norvège dans le monde n'en font pas moins passer une ombre sur les visages habituellement radieux des Norvégiens. Autant d'inquiétudes qui naissent peut-être du fait que, pour la première fois depuis la période viking, la Norvège est en position de force et doit faire face aux différents problèmes en toute indépendance.

Fin des années 1960

La Norvège devient l'un des pays les plus riches du monde après la découverte de gisements de pétrole. Les revenus de l'or noir financent un système de protection sociale et une politique d'aide étrangère généreux.

1994

Les Norvégiens se prononcent contre l'adhésion à l'UE. Le "non" (52%) reflète les craintes du monde rural, la volonté des pêcheurs de défendre leurs intérêts et l'angoisse d'une part de la population de devoir renoncer à la souveraineté nationale.

2005

Une coalition rouge et verte remporte les élections parlementaires, délogeant la coalition dirigée par les conservateurs qui avait pris le pouvoir en 2001.

Culture et société

LES NORVÉGIENS

L'indépendance farouche des Norvégiens et leur désir de participer à la vie du monde aboutissent parfois à des contradictions. C'est ainsi que l'on rencontre des écologistes convaincus, ardents défenseurs de la position controversée de leur gouvernement sur la chasse à la baleine, car, pour eux, plus que les animaux, ce sont l'industrie traditionnelle et la liberté d'action de leur pays qui sont menacées. Pour beaucoup, partagés entre la crainte de perdre leur souveraineté et la volonté d'assumer leurs responsabilités conjointement avec leurs voisins du Sud et de l'Est, la question de l'adhésion à l'Union européenne (UE) est source d'angoisse. Vous n'en croiserez pas moins de nombreux Norvégiens polyglottes, ayant voyagé et se montrant accueillants envers les touristes.

Les Norvégiens aiment les grands espaces et prennent très au sérieux l'*allemansretten* (littéralement "droit de chaque homme"), une loi ancienne qui garantit à tous l'accès aux zones sauvages. Même pendant les longs hivers, ils chaussent leurs skis de fond pour s'enfoncer dans la nature. Il ne faudrait pas en conclure que l'été n'est pas le bienvenu. Son arrivée est saluée avec d'autant plus de joie, voire de vénération, que la belle saison risque fort de ne pas durer plus de deux mois. Les Norvégiens sont généralement affables, et, l'été, leur bonne humeur est telle qu'elle en devient contagieuse.

La société norvégienne est marquée par un fort courant égalitaire et une conscience profonde de l'histoire du pays. Il est mal vu de faire étalage de ses richesses, probablement parce que les plus âgés se souviennent des temps difficiles où le pays était encore pauvre. Certains déplorent la perte du mode de vie de jadis où la solidarité était plus forte qu'aujourd'hui. Néanmoins, la plupart des citoyens s'accordent avec l'évaluation de la communauté internationale qui désigne la Norvège comme le pays le plus agréable à vivre du monde.

MODE DE VIE

La Norvège occupe régulièrement le premier rang de l'Indice de développement humain, qui vise à évaluer le niveau de développement des pays, sans s'en tenir aux seuls critères économiques.

Travail et vie de famille

Pour ceux qui jugent un gouvernement à l'aune de sa politique familiale, la Norvège est probablement le meilleur pays du monde pour fonder une

CONGÉS PARENTAUX EN NORVÈGE

Congé de maternité Un congé minimal de 6 semaines, avec salaire à taux plein, est obligatoire. Il peut être étendu à 42 semaines (il s'agit du plus long d'Europe) ou à 12 mois payés à 80%.

Congé de paternité Le congé minimal de 4 semaines doit bientôt être porté à 5 semaines. Si ces semaines ne sont pas prises, elles sont perdues pour les deux parents.

Autres droits Chaque parent a le droit de prendre une année sabbatique supplémentaire (non rémunérée) assortie de la garantie de retrouver son emploi (une durée portée à 3 ans pour les fonctionnaires), ou de travailler à temps partiel sans perte de salaire pendant un maximum de 2 ans.

Prestations sociales Une aide de plus de 33 000 NOK est allouée à la naissance d'un enfant. Elle est complétée par des allocations pendant toute l'enfance.

NIVEAU DE VIE : RENCONTRE AVEC DEUX HABITANTS

La pénurie fut longtemps l'un des moteurs de l'histoire de la Norvège. Elle conduisit les Vikings au pillage et fit partir un grand nombre d'immigrants vers les États-Unis – d'aucuns suggère aussi qu'elle engendra chez Munch un tel désarroi qu'il peignit *Le Cri*. Avec la découverte du pétrole en 1969, les Norvégiens connurent la richesse du jour au lendemain. Ce qui n'alla pas sans poser des problèmes dans une nation résolument égalitaire.

Quels furent les effets de cette nouvelle manne sur le pays ? Deux personnes nous livrent leur opinion sur les changements qu'elles ont pu observer au cours des 50 dernières années. Kate Waagaard (1935) vient de Nes i Ådal, dans la région de Valdres, au nord d'Oslo. Finn Skoien (1936) est de Hønefoss, également dans le comté de Valdres.

Les choses vont-elles mieux ? On dépense davantage, c'est certain. La qualité de vie s'est améliorée, le niveau de vie est plus élevé et le chômage est bas. Les Norvégiens ont bien plus d'argent qu'avant. Ils se construisent des bungalows, partent en vacances, mangent plus – mais les prix augmentent aussi. (Finn)

Les gens sont davantage prêts à ouvrir leur porte-monnaie et ont beaucoup plus à montrer. La première fois que je suis allée en Angleterre, après la guerre, c'était pour aller cueillir des baies pendant l'été. C'était un beau voyage pour moi, mais aujourd'hui les gens vont sous les tropiques, aux Maldives par exemple. (Kate)

Quels changements avez-vous remarqués au quotidien ? Les voitures. C'était rare de voir un 4x4. Ce n'est plus le cas aujourd'hui. Les barques ont été remplacées par des vedettes Riva (qui coûtent au moins 500 000 $US). (Finn)

Un *hytte* (bungalow en bois ou cabanon) est devenu une vraie maison, avec plusieurs salles de bains et tout le confort. Les services téléphoniques sont bien meilleurs. Avant, il fallait des années pour avoir le téléphone. (Kate)

Propos recueillis par Kari Lundgren

famille. Au début des années 1970, la principale ambition de la politique sociale était l'instauration d'un salaire maternel destiné à garantir le droit des femmes à rester chez elles sans devenir financièrement dépendantes de leur mari. Cette politique est toujours en place et son champ d'action s'est même élargi puisqu'elle englobe aujourd'hui les congés (jusqu'à cinq semaines par an) et un système de crèches et de garderies largement financé par l'État.

Ce soutien inégalé à la famille est peut-être ce qui vaut à la Norvège un des taux de fertilité les plus élevés du monde occidental (1,81 enfant par famille). Un autre effet de cette politique est la grande ouverture du milieu professionnel aux enfants. Comme l'a dit une mère norvégienne à la BBC en 2006, "les employeurs font ici preuve d'une tolérance inconnue ailleurs. Il n'est pas rare qu'une téléconférence soit interrompue parce qu'on entend les cris d'un bébé en arrière-plan".

Le profil des familles a toutefois évolué ces dernières années. L'âge moyen (28,6 ans) des mères à la naissance de leur premier enfant recule, le nombre des mariages est en baisse (5,5 pour 1 000), les unions libres sont en hausse (près de 50% des enfants naissent dans des couples non mariés) et les mères célibataires sont de plus en plus nombreuses (environ un quart des enfants grandissent dans une famille monoparentale).

Pris en compte par le système de protection sociale, cet état de fait révèle un recul visible de la famille nucléaire, fondement de la société traditionnelle. Les changements sont en partie imputables à l'élévation des revenus qui offrent plus de choix (54 465 $US per capita en 2006, ce qui place la Norvège au deuxième rang mondial) et en partie au déclin de la fréquentation des églises chez les jeunes. L'impact le plus remarquable de cette évolution ne se manifeste pas au niveau de la famille immédiate :

celle-ci s'est diversifiée mais n'a pas été remplacée. Les couples où les deux parents travaillent et ont deux enfants restent la norme. C'est plutôt au niveau de la famille élargie que la situation s'est transformée, et notamment vis-à-vis de la responsabilité des personnes âgées, qui a été transférée des membres de la famille à l'État.

La population de la Norvège vieillit. L'âge officiel de la retraite est de 67 ans. L'espérance de vie étant proche de 80 ans, les Norvégiens bénéficient en moyenne d'une pension pendant 13 ans. Grâce au Fonds de pension gouvernemental (voir l'encadré, p. 41), le gouvernement norvégien n'a pas à se demander comment financer les retraites alors que les cotisations diminuent.

Si le taux marginal d'imposition est de 28%, les Norvégiens sont imposés dans la pratique à hauteur d'environ 36% pour les revenus moyens et de 49,3% pour les hauts revenus.

Éducation

L'instruction est obligatoire depuis 1889. Les écoles publiques sont financées par l'État et tout est fait pour limiter le développement des écoles privées. Les élèves du secondaire ont le choix entre les filières classique et professionnelle. Beaucoup de jeunes choisissent d'étudier dans des villes éloignées de chez eux et de quitter le foyer familial pour prendre leur indépendance. Toute la scolarité est gratuite, y compris à l'université.

Des mesures ont été prises pour préserver le patrimoine culturel sami (p. 42). Les jeunes Samis étudient leur culture et peuvent suivre des cours dans leur langue. Les étudiants dont le norvégien n'est pas la langue maternelle ont la possibilité de s'inscrire dans des programmes spéciaux et bénéficient d'une aide financière.

La Norvège compte six grandes universités généralistes, à Oslo (la plus ancienne), Bergen, Trondheim, Tromsø, Ås et Stavanger, ainsi qu'une quarantaine d'instituts universitaires régionaux spécialisés.

Culture traditionnelle

En dehors des vestiges encore visibles dans les zones rurales, c'est dans les très beaux musées consacrés aux arts et traditions populaires et au cours de spectacles folkloriques (par exemple à Bergen ; voir p. 210) que l'on peut apprécier les traditions culturelles norvégiennes (voir l'encadré, p. 42).

Le *bunad*, un costume régional élaboré, n'a pas encore complètement disparu. Chaque région a le sien, caractérisé par des couleurs ou des motifs originaux. On le portait encore quotidiennement dans les régions les plus traditionnelles, comme le Setesdal et certaines parties du Telemark après la Seconde Guerre mondiale. Aujourd'hui, on ne le sort plus guère qu'à l'occasion des mariages ou d'autres festivités.

Les broderies complexes des vêtements étaient traditionnellement l'œuvre des bergères et laitières qui accomplissaient ces travaux d'aiguille tout en gardant leurs bêtes. De nos jours, seules quelques couturières et brodeuses chevronnées sont encore capables de réaliser ces petits chefs-d'œuvre. L'achat d'un *bunad* exige de casser sa tirelire. Le musée des Arts et Traditions populaires d'Oslo possède une belle collection de ces mémorables habits d'antan. Le 17 mai, jour de la fête nationale, des hommes et des femmes originaires de toutes les régions du pays viennent à Oslo, arborant leurs couleurs locales.

ÉCONOMIE

L'économie de la Norvège est l'une des plus performantes d'Europe. Le taux de croissance annuel passe rarement au-dessous des 3%. La cherté du pétrole, l'énorme excédent de la balance commerciale et du budget, un taux de chômage négligeable et l'absence de dette extérieure suggèrent que cette période faste a toutes les chances de durer.

FAIRE SON BAS DE LAINE

Pour la plupart des pays disposant d'importantes réserves de pétrole, l'épuisement des ressources pétrolières est source d'inquiétude. Mais pas pour la Norvège.

Quand les caisses se remplirent rapidement grâce aux revenus du pétrole dans les années 1970, les autorités commencèrent par développer les infrastructures du pays, puis affectèrent une partie des profits au remboursement de la dette extérieure, qui fut soldée en 1995. L'année suivante, en 1996, le gouvernement lançait le Fonds pétrolier norvégien. Dans quel but ? Garantir le bien-être des générations futures. Et surtout épargner suffisamment pour financer les dépenses de santé et les retraites d'une population vieillissante. Rebaptisé en 2006 Fonds de pension gouvernemental, cette épargne constitue la réserve publique la plus importante d'Europe, grâce à une valeur dépassant les 300 milliards de dollars US. Selon certaines projections, elle devrait tripler durant la prochaine décennie, permettant ainsi de constituer une réserve de 180 000 $US par habitant.

Il ne s'agit pas d'un simple fonds d'investissement. Ses gestionnaires ont l'obligation d'investir à l'étranger, afin d'éviter toute surchauffe de l'économie nationale. La Norvège est de ce fait l'un des plus gros investisseurs au niveau mondial. En 2007, Henrik Syse, directeur du conseil de gestion du fonds à la Banque centrale de Norvège, expliquait à l'*International Herald Tribune* (IHT) : "Nous possédons en quelque sorte une part du monde."

Par ailleurs, les gestionnaires ont l'obligation de choisir leurs investissements en se conformant à un code éthique strict. Ce qui exclut les entreprises et les pays accusés de violation des droits de l'homme, de même que les sociétés, minières ou autres, qui nuisent à l'environnement. Commentant cette politique d'investissements socialement responsables, Gro Nystuen, juriste et spécialiste des droits de l'homme qui supervise le conseil éthique chargé d'approuver les investissements, donna l'explication suivante à l'IHT : "Les Norvégiens culpabilisent d'être aussi riches. Notre travail est de les aider à se sentir moins coupables."

Toutefois, un nombre croissant de Norvégiens commence à se demander si une partie de la manne pétrolière ne devrait pas être utilisée dès maintenant pour améliorer les infrastructures souvent vieillissantes du pays, en particulier le réseau routier et le système de santé. Selon Bernt Aardal, directeur de recherches à l'Institut de recherches sociales d'Oslo, la montée de l'inquiétude s'explique par "l'insatisfaction devant des attentes toujours plus grandes. Il y a toujours des problèmes non résolus dans une société. Et pendant que les réserves s'accumulent, la tolérance nécessaire pour vivre avec ces problèmes s'amenuise".

De plus, le succès du Fremskrittspartiet a suscité de nombreuses interrogations. Seul parti à critiquer la gestion du fonds, ce dernier (connu pour sa position anti-immigration) est devenu le second parti au Parlement après les élections de 2005.

Il n'en fut pas toujours ainsi. À la fin du XIXe siècle, la Norvège était l'un des pays les plus pauvres d'Europe. Les rigueurs de la situation économique provoquèrent alors une vague d'émigration sans précédent vers les États-Unis (voir p. 47). Le contexte s'améliora peu à peu, mais, en 1950, les revenus des Norvégiens (aujourd'hui seconds derrière ceux des Luxembourgeois) étaient inférieurs de moitié à ceux des Américains et arrivaient derrière ceux des Argentins et des Vénézuéliens. C'est avec la découverte du pétrole vers la fin des années 1960 que l'économie du pays entra dans une période de croissance rapide. Pour savoir comment les Norvégiens ont vécu l'avènement de cette prospérité, reportez-vous à l'encadré p. 39.

La Norvège est le troisième exportateur mondial de pétrole, qui représente 36% des revenus de l'État. Les autres grandes industries du pays sont l'agriculture, la pêche, l'hydroélectricité et le tourisme. Dans le contexte de ce boom économique durable où le chômage est inconnu, le gouvernement, responsable de quelque cinq millions de citoyens, dispose donc plus que jamais des moyens de garantir leur bien-être en investissant dans la santé, l'instruction et les services sociaux.

Une étude de 2007 montre qu'il y a plus de millionnaires par habitant en Norvège que dans n'importe quel autre pays du monde : 55 000, soit 1 pour 85 Norvégiens !

LES PLUS BEAUX MUSÉES DES ARTS ET TRADITIONS POPULAIRES DE NORVÈGE

Musée populaire de Maihaugen (p. 167), Lillehammer
Musée des Arts et Traditions populaires de Norvège (p. 104), Oslo
Setesdalsmuseet (p. 162), Setesdal
Musée des Arts et Traditions populaires du Hardanger (p. 221), Utne
Musée des Arts et Traditions populaires de la vallée de Romsdalen (p. 269), Molde
Musée des Arts et Traditions populaires du Trøndelag (p. 281), Trondheim

POPULATION

La Norvège a l'une des densités de population les plus faibles d'Europe (environ 12 habitants au km^2, contre 246 au Royaume-Uni). Bien que la société reste fidèle à ses racines rurales et à la vie dans des fermes isolées, un mouvement irréversible s'est amorcé vers les villes. Aujourd'hui, 47,3% de la population vit en zone urbaine (comparé à 23,4% en 1975), un pourcentage qui devrait atteindre les 55,9% d'ici à 2015.

La population nordique

La majorité de la population, de souche nordique, descend de tribus d'Europe centrale et du Nord qui migrèrent vers le nord il y a environ 8 000 ans (voir p. 28). Le stéréotype de l'homme du Nord, grand blond aux yeux bleus, n'est pas tout à fait infondé puisque près de 70% des Norvégiens ont les yeux bleus, un pourcentage inégalé en dehors de la Scandinavie.

Récit de la vie des Lapons (L'Harmattan, 2000), de Johan Turi, publié pour la première fois en 1910, fut l'un des premiers textes littéraires écrit en same. Un Sami raconte l'histoire de son peuple et de sa culture au début du XXe siècle.

Les Samis

Les 40 000 Samis de Norvège (autrefois appelés Lapons) forment la plus grande minorité ethnique du pays et peuvent légitimement se revendiquer comme ses plus anciens habitants. Aujourd'hui, ils vivent surtout dans les régions les plus septentrionales du Finnmark. On trouve aussi de petits groupes dans le Nordland, au Trøndelag et dans les autres régions du centre de la Norvège. Ce peuple robuste, autrefois nomade, vit depuis des siècles dans le nord de la Scandinavie et le nord-ouest de la Russie. Les Samis, au nombre de 60 000 personnes au total, sont répartis dans quatre pays : la Norvège, la Suède, la Finlande et la Russie (voir carte ci-contre). Ils désignent leurs terres du nom de Sápmi, ou Samiland.

Autrefois principale ressource de l'économie samie, la garde des troupeaux de rennes, modernisée avec succès dans les années 1980 et 1990, reste une importante source de revenus. Les jeunes Samis sont aussi pêcheurs, agriculteurs, commerçants, petits industriels et fabricants d'objets artisanaux. Pour en savoir plus sur la culture samie, reportez-vous à l'encadré p. 359. Vous pourrez par ailleurs visiter les musées samis de Vájjat Sámi et de Ceavccageadge (p. 358), entre Tana Bru et Vadsø, ainsi que le parc Sápmi et le Musée national sami (p. 369) de Karasjok. Pour découvrir la musique samie d'aujourd'hui, voir p. 53.

ORGANISATIONS POLITIQUES

Le Parlement sami de Norvège a tenu sa première session en 1989 (reportez-vous à l'encadré, p. 44 et p. 369). Il se réunit à Karasjok. Ses 43 représentants, élus pour quatre ans, viennent des communautés samies de tout le pays. La première mission du Parlement est la protection de la langue et de la culture samies.

Les Samis de Norvège appartiennent aussi au **Conseil saami** (Saami Council ; www.saamicouncil.net), fondé en 1956 pour faciliter la coopération entre les organisations politiques de Norvège, de Suède, de Finlande et de Russie.

AIRES CULTURELLES ET LINGUISTIQUES DES SAMIS

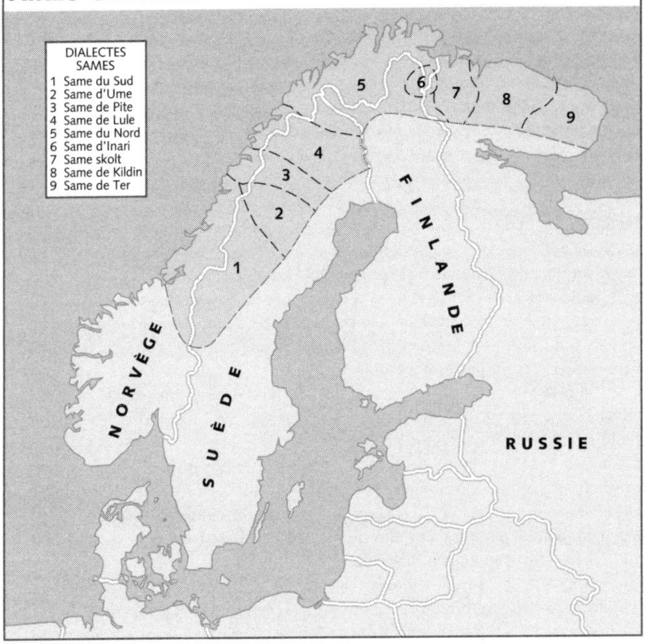

Pour être officiellement recensé comme Sami, il faut avoir le same pour langue maternelle, se revendiquer membre de la communauté samie et vivre selon les traditions, ou avoir un parent qui satisfasse à l'une de ces conditions.

En 1980, à Tromsø, le conseil a adopté les principes suivants comme base de son programme politique :

> "Nous, les Samis, formons un peuple unique, qui ne saurait être divisé par des frontières nationales. Nous avons notre histoire, nos traditions, notre culture et notre langue. Nous avons hérité de nos ancêtres le droit de vivre sur des territoires, d'avoir accès à l'eau et d'avoir nos propres activités économiques. Nous avons un droit inaliénable à préserver et à développer nos activités économiques et nos communautés, en accord avec notre mode de vie, et nous préserverons nos territoires, nos ressources naturelles et l'héritage de notre nation pour les générations futures."

Publié pour la première fois en 1890, *Chez les Lapons* (Imaginaire, 2007), de Rémy de Gourmont (1858-1915), offre une synthèse amusante des connaissances dont l'on disposait sur la Laponie en France au XIXe sècle.

Les Samis norvégiens sont aussi membres du **conseil de l'Arctique** (Arctic Council ; www.arctic-council.org/saami.html) et du Conseil mondial des peuples indigènes (WCIP, World Council of Indigenous Peoples), qui encouragent la solidarité et l'échange d'informations entre les peuples indigènes des différents pays membres. L'**Institut nordique sami** (☎ 78 48 80 00 ; www.nsi.no) de Kautokeino fut fondé en 1974 afin de promouvoir la langue same, la culture et l'instruction, et de favoriser la recherche, les activités économiques et la protection de l'environnement. Il est financé par le Conseil nordique des ministres.

RELIGION SAMIE

La pensée religieuse samie, de type animiste, se fondait sur la relation entre la nature et les archétypes divins qui en procédaient. Dans les sites associés à des puissances particulières, des formations rocheuses remarquables,

LE PEUPLE SAMI : HISTOIRE D'UNE LUTTE

Les Samis auraient quitté la Sibérie pour venir en Norvège il y a très longtemps. La première trace écrite de leur peuple fut retrouvée dans un texte de l'historien romain Tacite, datant de l'an 98. En 555, le Grec Procope mentionne la Scandinavie sous le nom de Thul (Extrême Nord), et ses habitants sous celui de Skridfinns. Il les décrit comme des chasseurs, éleveurs de rennes, se déplaçant à skis. Au Moyen Âge, les sagas islandaises attestent de l'existence d'échanges commerciaux entre les peuples du Nord et les Samis. Le marchand Ottar, qui "habitait plus au nord qu'aucun homme du Nord", sert à la cour du roi des Anglo-Saxons Alfred le Grand (849-899) et écrit de longs récits sur son pays natal et son peuple.

Au Moyen Âge, les Samis vivent de la chasse et se regroupent en petites communautés nomades appelées *siida*. Aux XVIIe et XVIIIe siècles, des paysans nordiques viennent coloniser le Nord. Beaucoup choisissent d'embrasser le mode de vie des Samis, mieux adapté aux conditions locales. Ils adoptent aussi leurs vêtements, leur régime alimentaire, leurs coutumes et leurs traditions.

Vers 1850, l'activité des missionnaires devient une menace sévère pour les traditions samies. Des mesures sont prises pour interdire l'emploi du same dans les écoles. En 1902, la vente de terres à toute personne qui ne parle pas le norvégien est déclarée illégale ; la loi est appliquée avec zèle. Après la Seconde Guerre mondiale, la politique officielle change du tout au tout. La promotion de la diversité culturelle du pays est désormais à l'honneur. En 1960, toutes les sphères gouvernementales admettent le droit des Samis à conserver et à développer leurs propres valeurs culturelles et leurs langues. Les Samis sont considérés comme des citoyens norvégiens à part entière, mais aussi comme une minorité ethnique et un peuple distinct. Leur statut juridique s'en trouve considérablement amélioré. Par ailleurs, deux commissions gouvernementales sont fondées : la Samekulturutvalget, chargée des affaires culturelles samies, et la Samerettsutvalget, responsable de la définition juridique du statut sami et du droit de propriété des ressources.

En 1988, un amendement à la Constitution stipule : "Il est de la responsabilité des autorités de l'État de créer les conditions nécessaires pour que le peuple sami conserve et développe sa langue, sa culture et son mode de vie." L'amendement prévoit la fondation d'un Parlement sami formé de 39 membres élus, le **Sameting** (www.samediggi.no), chargé de conseiller le Parlement national sur les questions relatives aux Samis – la Finlande et la Suède ont des groupes parlementaires similaires.

Début 1990, une loi donne le même statut légal au same qu'au norvégien. Quelques mois plus tard, la Norvège ratifie la proposition n°169 du Bureau international du travail, qui garantit le droit des peuples indigènes.

La plupart des partis politiques, toutes tendances confondues, sont en faveur des droits des Samis. Pour autant, le combat du peuple sami continue. Le Fremskrittspartiet, parti d'extrême droite qui a remporté 22,1% des voix aux élections parlementaires de 2005, demande la dissolution du Parlement sami.

les gens venaient faire des offrandes à leurs dieux et à leurs ancêtres pour s'assurer de la réussite de la chasse ou d'autres entreprises. Les chamans s'occupaient d'intercéder auprès des dieux et de soigner, utilisant des tambours et des figurines pour entreprendre les voyages en dehors de leur corps qui les conduiraient dans l'au-delà où ils trouveraient le soutien des ancêtres. Comme presque tous les peuples indigènes de l'hémisphère Nord, les Samis considéraient l'ours, la plus puissante des créatures de la nature, comme un animal sacré.

Dans les temps anciens, chanter les *joik* (qui s'écrit aussi *yoik* ; littéralement, le "chant des plaines") était l'un des temps forts de la vie religieuse. Ces mantras personnels étaient si puissants et revêtaient une telle signification que les premiers missionnaires chrétiens, y voyant une grave menace à leur œuvre civilisatrice, les interdirent en prétextant qu'il s'agissait de chants maléfiques. Même si les Samis sont aujourd'hui essentiellement chrétiens, des rites de la religion ancienne connaissent un renouveau.

SPORT

Le ski est profondément ancré dans l'âme norvégienne. Et cela n'est pas uniquement dû au fait qu'il fut pendant des milliers d'années le seul moyen pratique de se déplacer en hiver dans le pays. Naturellement, la Norvège tient une place de choix dans le domaine des sports d'hiver. Aux Jeux olympiques d'hiver de 1998, elle arriva au 2e rang pour le nombre de médailles, égalant sa récolte de 1994 où elle avait été pays hôte. Ce succès se transforma en véritable domination en 2002, quand elle se hissa au 1er rang. Ainsi, personne ne comprit ce qui se passa en 2006, quand elle termina 13e, avec seulement deux médailles d'or. Naturellement, les médias firent de cette chute brutale une tragédie nationale. Parmi les légendes olympiques du pays, citons Sonja Henie, qui remporta l'or en 1928, 1932 et 1936 en patinage artistique, Johann Koss, patineur de vitesse, qui s'adjugea trois médailles d'or à Hamar en 1994, et Bjoern Daehli, skieur de fond qui remporta sa septième médaille d'or aux jeux de 1998, devenant l'athlète le plus médaillé de toute l'histoire des jeux d'hiver.

L'hiver, de grandes compétitions de saut à ski se déroulent à Holmenkollen (p. 108), près d'Oslo, et sur les pistes olympiques de Hamar (p. 171) et de Lillehammer (p. 165).

Le football est un sport très suivi en hiver. Après avoir été brièvement classée seconde par la FIFA en 1993, l'équipe masculine était retombée au 35e rang en juillet 2007. L'échec de l'équipe nationale, incapable de se qualifier pour la Coupe du monde en 2002 et 2006, est vécu comme une malédiction. Les plus célèbres footballeurs jouant à l'étranger sont Ole Gunnar Solskjær, Tore Andre Flo et John Carew. Rosenberg, qui joue à Trondheim, a remporté 13 victoires dans le Championnat de Norvège entre 1992 et 2004, puis en 2006.

L'équipe nationale féminine s'illustre avec plus de succès sur la scène internationale, puisqu'elle a remporté la Coupe du monde féminine en 1995 et la médaille d'or aux Jeux olympiques de Sydney en 2000. Elle se classe aujourd'hui au 4e rang mondial. Ses deux sportives les plus célèbres sont Heidi Stoere, qui a joué 151 fois pour la Norvège entre 1980 et 1997, et Bente Nordby, gardienne de but qui détourna un penalty de la superstar américaine Mia Hamm, empêchant ainsi l'équipe adverse de remporter la victoire.

Le mot "slalom" vient de deux mots norvégiens, *sla låm*, qui signifient littéralement "pente chemin", et désignent une ancienne compétition de ski nordique dont le tracé par monts et par vaux obligeait à contourner des bosquets !

IMMIGRATION

Ces dernières années, la Norvège est devenue une société de plus en plus multiculturelle. Pour autant, une politique complexe en matière d'immigration envoie de nombreux messages contradictoires (voir p. 37). L'immigration fait l'objet d'un contrôle strict. Seules les personnes ayant obtenu le statut de réfugié accordé par les Nations unies sont autorisées à émigrer en Norvège, ce qui exclut les demandeurs d'asile. Compte tenu de la richesse du pays, une telle politique peut surprendre et l'on pourrait reprocher à la Norvège de vouloir maintenir l'homogénéité de sa société. Mais, force est de reconnaître que peu de nations contribuent autant à l'aide étrangère et aux programmes d'aide en faveur des réfugiés.

Malgré sa stratégie limitative, la Norvège comptait au dernier recensement 415 000 immigrés, représentant 8,9% de sa population – les étrangers ne formaient que 1,4% de la population norvégienne en 1950. Plus de la moitié des immigrés présents dans le royaume viennent de pays non occidentaux, et notamment du Pakistan, de Somalie, de Bosnie, du Kosovo, du Vietnam, de Sri Lanka et de Turquie. En 2006, le chiffre record de 45 800 immigrants sont arrivés en Norvège, soit 30% d'augmentation par rapport à l'année précédente. Un quart des immigrés vivent à Oslo, qui est certainement la ville la plus cosmopolite du pays, avec 20% d'habitants nés en dehors des

A PRAIRIE HOME COMPANION

La voix officieuse de la culture norvégienne américaine est l'émission de radio intitulée *A Prairie Home Companion (PHC).* Elle fut diffusée pour la première fois en 1974 dans le Minnesota, État à forte population d'origine norvégienne. C'est aujourd'hui l'une des émissions les plus suivies du réseau américain National Public Radio, un véritable rituel de deux heures, que trois millions d'auditeurs en Norvège – soit les deux tiers de la population – ne manqueraient pour rien au monde le samedi soir.

Effets sonores amusants, interludes à l'ancienne et musique folklorique servent de cadre à des sketchs mettant en scène des personnages comme Guy Noir Private Eye et deux cowboys cultivés, Dusty et Lefty ; on trouve aussi de fausses publicités et le Ketchup Advisory Board (commission consultative du ketchup). L'émission consacrée chaque année aux histoires drôles fait des gorges chaudes des Norvégiens et *PHC* ne dédaigne pas un peu d'humour scatologique.

Le clou de l'émission, qui va droit au cœur des Norvégiens, est la séquence "Les informations hebdomadaires de Lake Wobegon" (le livre est un best-seller), minuscule bourgade imaginaire du Minnesota, battue par les vents et ensevelie sous la neige, où "toutes les femmes sont fortes, tous les hommes sont beaux et tous les enfants sont au-dessus de la moyenne". Les paysans norvégiens célibataires et taciturnes observent le monde depuis le Chatterbox Café. Les villageois pêchent sous la glace, mangent du *lutefisk* (morue séchée) et remplissent l'église de Notre-Dame-des-Responsabilités-Permanentes. Le site le plus connu de la ville est le monument au Norvégien inconnu et sa principale organisation civique, les Fils de Knute. L'authenticité de *PHC* est d'autant plus remarquable que Garrison Keillor, créateur et présentateur de l'émission qui rédige presque tous les textes, est d'origine… écossaise.

Pour tout savoir sur l'actualité de Lake Wobegon, connectez-vous sur http ://prairiehome.publicradio.org/.

La Norvège s'enorgueillit d'avoir le taux d'instruction le plus élevé du monde chez ses immigrants : 40% d'entre eux sont détenteurs de diplômes d'études supérieures. Par ailleurs, il y a peu de différence entre les immigrants occidentaux et les autres.

frontières nationales. Cela est particulièrement visible dans le quartier de Grønland, derrière la gare ferroviaire Oslo S.

Si beaucoup d'immigrants non occidentaux sont arrivés en Norvège avec le statut de réfugié, la situation évolue. Aujourd'hui, l'immigration résulte aussi du regroupement familial et de la nécessité de faire venir des travailleurs, notamment de Pologne. En effet, la quasi-absence de chômage provoque une pénurie de main-d'œuvre.

En Norvège comme dans de nombreux pays, les débats sont souvent marqués par une forme d'anxiété face à la mixité culturelle, la plupart des Norvégiens étant partagés entre leur désir traditionnel d'équité et leur perception des changements rapides de leur société. Le premier meurtre raciste en Norvège a été commis en 2001 sur un jeune métis poignardé devant chez lui à Oslo. Ce crime incita 40 000 Norvégiens à manifester dans les rues de la capitale. En 2004, le Premier ministre Kjell Magne Bondevik éveilla aussi des protestations quand il rejeta un projet de conversion des églises désaffectées en mosquées, arguant que ce n'était pas "la solution la plus naturelle". En 2005, le Fremskrittspartiet, parti d'extrême droite en faveur d'une forte réduction de l'immigration, est devenu la deuxième formation politique du Parlement norvégien. Sa présentation des immigrants comme les responsables de l'augmentation de la criminalité fut dénoncée comme xénophobe par tous les autres partis.

Certaines enquêtes d'opinion donnent des résultats difficiles à interpréter. Selon un sondage récent, 41% des Norvégiens seraient d'accord avec l'affirmation selon laquelle "la plupart des immigrants abusent du système de prestations sociales", alors que 63% penseraient que "la plupart des immigrants contribuent à l'enrichissement de la vie culturelle de la Norvège" et que 86% répondraient que "tous les immigrants en Norvège devraient avoir les mêmes droits à l'emploi que les Norvégiens".

Émigration

Pour aborder la question du multiculturalisme en Norvège, il convient aussi de s'intéresser à l'émigration norvégienne. Au XIXe siècle et au début du XXe siècle, 800 000 Norvégiens se sont installés aux États-Unis et au Canada. On rencontre des gens d'origine norvégienne dans le monde entier. Ils sont particulièrement nombreux dans le Minnesota et les États voisins. Si vos ancêtres étaient norvégiens, le site **Cyndi's List** (la Liste de Cindy ; www.cyndislist.com/norway.htm) vous donnera de nombreux liens qui vous aideront à compléter votre arbre généalogique.

On peut également s'informer au **musée des Émigrants norvégiens** (p. 171 ; Norsk Utvandrermuseum ; ☎ 62 57 48 50 ; www.museumsnett.no/emigrantmuseum) de Hamar et au **Centre norvégien de l'émigration** (p. 225 ; ☎ 51 53 88 60 ; www.emigrationcenter.com) de Stavanger, qui donne une longue liste de liens sur la page Contacts de son site.

RELIGION

Environ 83% de la population norvégienne appartient officiellement à l'Église de Norvège. Les 17% restants, dont beaucoup vivent à Oslo, sont des chrétiens de diverses obédiences. Le pays compte environ 40 000 catholiques, 75 000 musulmans (habitant Oslo à 85%) et 1 500 juifs.

Pour de plus amples détails sur la religion samie, voir p. 43 ; pour une vision de la présence musulmane en Norvège, reportez-vous p. 45.

Christianisme

Le christianisme est arrivé en Norvège au premier millénaire. L'un des premiers rois du pays, Olav II, a été canonisé par le pape. Le christianisme tel qu'on le pratique encore aujourd'hui a été très influencé par la Réforme et les doctrines de Luther ont été officiellement adoptées en 1537.

Héros et dieux du Nord (Flammarion, 1999) est un beau guide iconographique de Régis Boyer. Pour découvrir la mythologie nordique, souvent méconnue en France.

Aujourd'hui, l'Église de Norvège désigne l'Église protestante évangélique luthérienne. La Constitution norvégienne garantit que "tous les habitants du Royaume auront le droit d'exercer librement leur religion. L'évangélisme luthérien restera la religion officielle de l'État. Les habitants professant cette foi ont l'obligation d'élever leurs enfants dans la même obédience". Dans ce contexte, peut-on vraiment parler de liberté de culte ?

Comme en Angleterre, le roi de Norvège est également à la tête de l'Église. Le souverain Olav V a spectaculairement fait exercice de ses pouvoirs en 1961, en nommant la première femme prêtre du pays. En 1993, Harald V a ratifié la nomination de la première femme évêque. Dans les années 1970, un évêque et quelques prêtres ont présenté leur démission à la suite du vote par le Parlement (Storting) d'une loi, approuvée par le roi, légalisant l'avortement.

La plupart des Norvégiens se rendent environ deux fois par an à l'église. L'Église de Norvège finance des missions dans le monde entier. Près de 5 000 Norvégiens quittent officiellement leur Église chaque année et demandent la séparation de l'Église et de l'État.

ÊTRE UNE FEMME EN NORVÈGE

Selon l'Indicateur sexo-spécifique de développement humain des Nations unies, la Norvège serait deuxième après l'Islande sur la liste des pays où il fait bon être une femme. Non seulement les Norvégiennes bénéficient de multiples prestations sociales (voir p. 38), mais près de 80% d'entre elles travaillent, un chiffre bien supérieur à la moyenne des pays de l'UE (60% selon l'OCDE). Près de 79% des femmes mariées et mères d'enfants de moins de six ans ont un emploi rémunéré, pour plus de la moitié à temps partiel. Lors du scrutin de 1993, les trois dirigeants des grands partis étaient des dirigeantes. À la suite des élections de 2005, 37,9% des députés élus au Parlement étaient des femmes. Ce pourcentage place la Norvège au 5e rang mondial derrière le Rwanda (48,8%), la Suède (47,3%), le Costa Rica (38,6%) et la Finlande (38%). L'espérance de vie moyenne des Norvégiennes est de 82,46 ans. Il s'agit de l'une des plus élevées du monde.

Malgré ces chiffres positifs, tout n'est pas rose et l'égalité entre les sexes n'est pas encore atteinte. Les Norvégiennes sont, à travail égal, moins bien rémunérées. Leurs revenus annuels (33 034 $US) restent bien inférieurs à ceux des hommes (43 950 $US), malgré une législation qui fait de l'égalité des salaires une obligation.

En mars 2002, le gouvernement a annoncé que les femmes devaient représenter 40% des membres des comités d'administration des entreprises. La législation tarde à changer les choses et, pour l'instant, les femmes ne forment toujours que 9% des membres des comités d'administration des sociétés cotées en Bourse. Dans les universités, moins de 25% des postes de cadres sont occupés par des femmes ; seulement 23% des directeurs généraux sont des directrices. Les violences conjugales demeurent un grave problème. Selon une étude de 2004, une femme sur six aurait souffert de brutalités domestiques en Norvège.

La situation des femmes immigrées a fait l'objet de nombreuses controverses, notamment en ce qui concerne la question de l'excision. En 2007, la Norvège a déclaré qu'elle interdirait aux familles d'immigrés de partir à l'étranger si les autorités avaient des raisons de penser que le but du voyage était la mutilation des petites filles ou des femmes. Cette prise de position gouvernementale reçut un large soutien quand l'opinion publique apprit qu'au moins 185 fillettes nées en Norvège avaient été excisées dans un village somalien.

ARTS

L'architecture norvégienne est abordée en détail p. 80.

Littérature

Le grand texte de Snorri Sturluson a été traduit en français sous le titre *L'Edda. Récits mythologiques nordiques* (Gallimard, 1991). *L'Edda poétique* (Fayard, 1992), de Régis Boyer, est un ouvrage très complet sur la mythologie nordique. L'auteur cite et analyse de larges extraits des principaux textes fondamentaux.

LITTÉRATURE MÉDIÉVALE

Si on la fait remonter aux vieilles sagas islandaises et vikings, la littérature norvégienne est plus que millénaire. Les deux grands genres médiévaux sont la poésie scaldique – les scaldes étaient les poètes de la cour de Norvège aux IXe et Xe siècles dont les compositions, complexes et métaphoriques, étaient fondées sur l'allitération – et la poésie eddique – d'après l'*Edda*, titre du plus important recueil de littérature médiévale islandaise. L'*Edda*, qui associe motifs chrétiens et préchrétiens, est notre plus importante source d'informations pour connaître les mythologies nordiques. Il fallut attendre le XIIIe siècle pour que l'Islandais Snorri Sturluson les transcrive, bien après la christianisation de la Norvège et de l'Islande. Ces épopées, qui racontent les origines, l'histoire et la fin du monde, comportent des instructions sur l'écriture de la poésie et plusieurs aphorismes dénués de liens attribués au dieu Odin. Outre ce texte fondateur, les sagas légendaires et héroïques et la poésie didactique viennent enrichir le corpus des poésies eddiques.

L'ÂGE D'OR

La fin du XIXe siècle et le début du XXe siècle marquèrent l'âge d'or de la littérature norvégienne. Aujourd'hui, Henrik Ibsen (1828-1906 ; voir l'encadré p. 50) est sans conteste l'écrivain norvégien le plus célèbre. Mais c'est Bjørnstjerne Bjørnson (1832-1910) qui devint en 1903 le premier auteur du pays à recevoir le prix Nobel. Néoromantique, Bjørnson s'illustra dans la littérature, le théâtre, la presse et la politique. Après quelques récits paysans,

CONTES ET LÉGENDES

La tradition des contes et légendes de Norvège est bien vivante.

Créatures mythiques

La plus norvégienne de toutes les créatures surnaturelles de Norvège est le troll, apparu à la fin de la dernière glaciation. Les trolls vivent dans les forêts obscures, près de lacs éclairés par la lune, dans les fjords profonds, sur les pics enneigés et dans le rugissement des cascades. Ce sont des créatures de l'ombre et de la nuit ; un troll exposé directement à la lumière du soleil est immédiatement pétrifié.

Les **trolls** peuvent vivre plusieurs centaines d'années. Ils diffèrent par leur taille et leur apparence, mais ils ont presque tous quatre doigts et un pouce aux mains et aux pieds, un long nez crochu et une queue en broussaille. Certains ont plusieurs têtes et jusqu'à trois yeux par tête. Curieusement, ils se plaisent à harceler les boucs et ont une violente aversion pour les cloches des églises. Malgré leur grande impatience et leur très mauvais caractère, ils sont plutôt arrangeants avec les humains.

Le **géant** est un peu comme un troll, en plus grand. Selon la légende, le monde fut créé à partir du corps du géant Ymir du Jotunheimen (la maison des géants), après que le dieu nordique Odin l'eut tué.

Les **elfes**, qui vivent normalement au bord de l'eau, au plus profond des forêts, peuvent être bons ou mauvais. Ils ne sortent qu'une fois le soleil couché. On dit que les clairières où ils passent les nuits à festoyer et à danser se reconnaissent aux cercles où l'herbe pousse bien dru.

Autres créatures fort discrètes, les **trolles**, qui volent le lait du bétail dans les prairies d'estive, l'effrayant **fantôme des mers**, un pêcheur sans tête qui annonce les noyades avec un gémissement qui revient hanter ceux qui l'ont entendu, et les **vetter** (esprits domestiques ou dieux lares), qui sont les gardiens des côtes les plus sauvages. La mythologie viking comptait aussi des serpents, dont au moins un est encore connu de nos jours, le mystérieux Selma (voir p. 160). Pour en savoir plus sur les personnages des contes de Norvège, reportez-vous à l'encadré (p. 109).

Contes

Les vallées de l'ouest et du nord de la Norvège sont d'inépuisables réservoirs d'histoires folkloriques, de sagas et de mythes, dont beaucoup entreprennent d'expliquer les bizarreries de la géographie.

Selon un conte, une géante qui vivait seule sur une île se mit à hurler en appelant par-delà les eaux, sur la terre ferme, un géant du nom de Blåmann (homme bleu) pour lui demander de l'épouser. Il accepta, pourvu qu'elle apporte son île avec elle. Malheureusement, quand elle eut fini de préparer son bagage, le soleil se leva et elle fut pétrifiée tout comme Blåmann, qui l'avait trop longtemps attendue. L'île fut appelée Gygrøy (île de la Géante), puis les pêcheurs la rebaptisèrent Landegode (Bonne terre), pour ne pas risquer d'offenser la géante. La silhouette caractéristique de Landegode accompagne les passagers du ferry entre Bodø et Kjerringøy ; le malheureux Blåmann est devenu une calotte glaciaire.

Une autre légende nous parle de Hestmannen (le cavalier), qui voulut tuer la princesse Lekamøya de sa flèche quand elle refusa de l'épouser. Son père, le roi de Sømna, ayant jeté son chapeau pour s'amuser, créa un pic en forme de chapeau du nom de Torghatten, qui semble avoir été percé de part en part, sur l'île de Torget au sud de Brønnøysund. Hestmannen est lui un pic sur l'île de Hestmanna, plus au nord, près de Mo i Rana.

il se tourna vers les drames historiques (*Entre les combats*, 1857). Préoccupé par les problèmes sociaux, moraux et politiques, il exalta autant le patriotisme que la religion. Il est l'auteur de l'hymne national. Vous pourrez le découvrir en français dans *De Christiana à Oslo : douze nouvelles norvégiennes* (L'Élan, 2005). Sa maison, à Aulestad (p. 170), est ouverte au public.

Knut Hamsun (1859-1952) reçut le prix Nobel en 1920. Parmi ses grands romans, citons *La Faim* (LG-F, 1989), roman autobiographique qui le rendit célèbre, *L'Éveil de la glèbe* (LG-F, 1999) et *Vagabonds* (Grasset, 1986).

Contes norvégiens. Le château de Soria (École des loisirs, 2002) permet à petits et grands de découvrir l'univers des trolls à travers sept contes traditionnels collectés par Nils Ahl.

LES GRANDS HOMMES

La société norvégienne du XXe siècle a notamment été marquée par plusieurs Prix Nobel de littérature (p. 48) et par les performances de sportifs et de sportives remarquables (p. 45). Au XIXe siècle, trois figures ont dominé le paysage culturel du pays : Henrik Ibsen, poète et auteur dramatique, le compositeur Edvard Grieg et le peintre Edvard Munch. Ils exercèrent leur art alors que la Norvège forgeait le chemin qui la mènerait à l'indépendance, confiante en sa jeune identité nationale et repoussant les limites de sa créativité. Plus que des artistes, Ibsen, Grieg et Munch furent l'expression même de l'âme norvégienne.

Henrik Ibsen

Né à Skien, Henrik Johan Ibsen (1828-1906) est devenu le "père du théâtre moderne". Il incarne pour les Norvégiens la prise de conscience de l'identité nationale. Ils sont très fiers d'Ibsen. Pourtant, l'homme de lettres vécut un exil désenchanté entre 1864 et 1891, critiquant l'étroitesse d'esprit de ses contemporains. En 1863, il publia *Les Prétendants à la couronne* (Porte-Glaive, 1995), dont l'action se situe dans la Norvège du XIIIe siècle et où le roi Haakon Haakonsson exprime ses rêves anachroniques d'unité nationale. Son plus grand succès populaire reste *Peer Gynt* (Flammarion, 2006), écrit en 1867, qui le propulsa sur la scène internationale. Dans cette inoubliable épopée, un héros vieillissant revient vers ses racines norvégiennes après avoir erré de par le monde, et doit affronter son âme.

Ses pièces les plus connues sont *Une maison de poupée* (1879 ; LG-F, 1990), la très provocante pièce *Les Revenants* (1881 ; Les Cygnes, 2007), *Un ennemi du peuple* (1882 ; Librairie théâtrale, 1992), *Hedda Gabler* (1890 ; Flammarion, 2006) et sa dernière œuvre, semi-autobiographique, *Quand nous nous réveillerons d'entre les morts* (1899 ; Actes Sud-Papiers, 2005).

Toute sa vie durant, Ibsen fut bien plus qu'un chroniqueur de la société norvégienne. Il se voyait d'ailleurs comme le reflet de son époque, disant : "Celui qui souhaite me comprendre doit connaître la Norvège. L'environnement magnifique mais difficile dans lequel vivent les gens du Nord les force à ne compter que sur eux-mêmes. C'est pourquoi ils sont portés à l'introspection, sont sérieux, méditatifs, doutent et souvent perdent la foi. Quand viennent les longs hivers obscurs, avec leurs épais brouillards qui enveloppent les maisons, comme ils se languissent du soleil !"

La visite des musées consacrés à l'auteur et à son œuvre vous rendra incollable :

- Musée Ibsen (p. 96), Oslo
- Musée Ibsenhuset (p. 140), Grimstad
- Henrik Ibsenmuseet (p. 154), Skien

Edvard Grieg

Le célèbre pianiste et compositeur Edvard Grieg (1843-1907) fut si déçu de sa première symphonie qu'il écrivit en travers de la partition qu'elle ne devait jamais être jouée ! Fort heureusement, ce vœu fut ignoré. Grieg fut très influencé par la musique et les chants folkloriques. Sa première grande œuvre, *Concerto pour piano et orchestre en la mineur* (1868), incarne la Norvège mieux qu'aucune autre, antérieure ou postérieure.

Histoire de la littérature norvégienne (Presses universitaires de Caen, 2007) est un ouvrage illustré et exhaustif d'Éric Eydoux, l'un des grands spécialistes de la Norvège en France.

L'élitisme, le goût des valeurs germaniques et l'idéalisation du milieu rural conduisirent cet écrivain très controversé à soutenir les nazis pendant la Seconde Guerre mondiale. La réputation de cet écrivain auparavant adulé dans son pays en sera à jamais ternie. De très nombreux romans de Hnut Hamsun sont disponibles en français.

Sigrid Undset (1882-1949), grande dame de la littérature norvégienne, fut saluée par le prix Nobel de littérature en 1928. Elle s'intéressa avant tout au sort des femmes pauvres et de la classe moyenne. Elle publia entre 1920 et 1922 la trilogie intitulée *Christine Lavransdatter* (Stock, 2007), dont l'intrigue se déroule dans la Scandinavie du XIVe siècle et qui fut portée à

Deux ans après ce concerto, Grieg, encouragé par des maîtres comme Franz Liszt, collabora avec Bjørnstjerne Bjørnson, dont il mit la poésie et les textes en musique. Les fruits de ce travail, *À la porte d'un monastère du Sud, Bergliot* et *Sigurd Jorsalfar*, firent de Grieg la voix musicale du pays. Il travailla ensuite avec Henrik Ibsen, composant une musique inspirée sur l'inoubliable roman *Peer Gynt*. Cet opéra fut salué par la critique internationale et devint l'œuvre classique norvégienne la plus connue de tous les temps. En France, Actes Sud Junior a publié le livre accompagné d'un CD audio sous le titre *Peer Gynt, une suite symphonique* (2003).

En 1885, Grieg avait déjà composé un répertoire extraordinaire, qui comprenait notamment *Ballade en ré mineur, Dans la halle du roi de la montagne, Danses norvégiennes pour piano* et *Au temps de Holberg*, une suite dans le style ancien. Il s'installa avec son épouse Nina dans leur résidence de Troldhaugen, sur la côte près de Bergen, d'où il s'absentait souvent pour aller donner des concerts dans toute l'Europe. Selon son biographe, Aimer Grøvald, il était impossible d'écouter Grieg sans ressentir une légère brise rafraîchissante s'élevant des eaux bleues, sans percevoir les glaciers grandioses et sans se souvenir des montagnes des fjords norvégiens.

Pour mieux comprendre Grieg et sa musique, découvrez :

- Troldhaugen (p. 201), Bergen
- Les concerts en plein air (p. 209), Bergen
- Le Grieghallen (p. 209), Bergen

Edvard Munch

Edvard Munch (1863-1944), artiste à l'âme torturée, est le peintre norvégien le plus connu du monde. Sa mère et sa sœur moururent de la tuberculose et sa plus jeune sœur souffrit très tôt de troubles mentaux. Sa première grande toile, *L'enfant malade*, est un portrait de sa sœur Sophie peu avant sa mort. En 1890, il peignit *Nuit*, montrant une figure solitaire devant une fenêtre sombre. L'année suivante, il termina *Mélancolie* et commença une série de croquis qui allaient donner naissance au *Cri*, sa toile la plus connue, sur un fond de ciel rougeoyant aux couleurs inspirées de l'irruption du Krakatoa en 1883. On dit longtemps qu'elle représentait les tourments intimes de l'artiste, mais cette interprétation semble de plus en plus contestée.

En 1892, Munch entreprit une suite poétique empreinte d'une profonde anxiété portant sur des thèmes existentiels et intitulée *Frise de la vie – Poème sur la vie, l'amour et la mort*. Par-delà ses toiles, son obsession pour l'obscurité et le malheur marqua toute sa vie. L'alcoolisme, une instabilité émotionnelle chronique et une tragique histoire d'amour aboutirent en 1907 à *La Mort de Marat*, puis, un an plus tard, à son internement dans un asile de Copenhague.

À sa sortie de clinique, Munch s'installa sur la côte à Kragerø. Il apparut que ses œuvres seraient désormais très différentes, plus ensoleillées, davantage porteuses d'espoir, montrant l'homme en harmonie avec la nature.

Quelques lieux pour admirer les toiles de Munch :

- Galerie nationale, Oslo (p. 95)
- Musée Munch, Oslo (p. 106)
- Musée des Beaux-Arts de Bergen (p. 200)

l'écran (voir p. 55). Bon nombre de ses romans ont été traduits en français, dont *Vigdis la farouche* (Stock, 1996), *La Femme fidèle* (Gallimard, 1982) et *Olav Audunsson* (Stock, 2008). La maison de Sigrid Undset à Lillehammer (p. 167) a été transformée en musée.

LITTÉRATURE CONTEMPORAINE

Parmi les auteurs actuels les plus lus à l'étranger, il convient de citer Jostein Gaarder (1952), qui se fit connaître avec *Le Monde de Sophie* (Seuil, 1995), roman se voulant une introduction à la philosophie. On pourra notamment découvrir en français *Le Mystère de la patience* (Seuil, 1999), *Maya* (Seuil,

Sigrid Undset. Une biographie (Éditions des Femmes, 1991), de Gidske Anderson, est disponible en français.

2001) et pour les enfants *La Belle aux oranges* (Seuil Jeunesse, 2003) ou *Le Petit Frère tombé du ciel* (Seuil, 1997).

Citons encore Jan Kjærstad (1953), auteur d'*Aléa* (Gallimard, 1996) ; Lars Saabye Christensen (1953), dont *Le Modèle* (Jean-Claude Lattès, 2007), *Herman* (Lattès, 2005), *Sur la touche* (Thierry Magnier, 2007) et *Le Demi-Frère* (Lattès, 2004) sont disponibles en français ; et Erik Fosnes Hansen (1965) et Dag Solstad (1941), seul auteur norvégien à avoir obtenu trois fois le Prix de la critique littéraire norvégienne, dont on lira en français *Pudeur et dignité* (Les Allusifs Éditions, 2008).

Herbjørg Wassmo (1942) jouit également d'une grande popularité. Le *Livre de Dina* (Gaïa, 2002), dont l'action se déroule dans la Norvège du XIXe siècle, a été porté à l'écran par Ole Bornea sous le titre *Dina* (2003, avec Gérard Depardieu). Salué par la critique, *La Véranda aveugle* (Actes Sud, 2001) se passe pendant et après la Seconde Guerre mondiale.

Chez les auteurs de polars, on pourra mentionner Gunnar Staalesen (1947), dont de nombreux romans comme *Anges déchus* (Gallimard, 2008), *Le Loup dans la bergerie* (Gallimard, 2004) et *Le Roman de Bergen* (Gaïa, 2007) ont été traduits en français ; Jo Nesbo (1960), auteur notamment de *Rouge-Gorge* (Gaïa, 2004), des *Cafards* (Gaïa, 2003) et du *Bonhomme de neige* (Gallimard, 2008) ; Anne Holt (1958), lauréate en 1994 du prix Riverton du meilleur roman policier de l'année pour *Bienheureux ceux qui ont soif* (Points, 2002) ; et Karin Fossum (1954), qui a notamment signé *Ne te retourne pas* (Points, 2003), *L'Œil d'Ève* (Points, 2001) et *Celui qui a peur du loup* (Lattès, 2005).

Åsne Seierstad (1970) a reçu de nombreuses récompenses pour son travail réalisé dans des pays en guerre. Best-seller international, *Le Libraire de Kaboul* (Lattès, 2003) nous livre à travers l'histoire d'une famille la chronique saisissante d'un Afghanistan aux multiples facettes. Mais ce roman est aussi l'objet d'une controverse, le libraire qui l'a inspiré accusant l'auteur d'avoir abusé de l'hospitalité de sa famille pour écrire son récit.

Pour découvrir la vie et l'œuvre d'Edvard Grieg, procurez-vous *Edvard Grieg, le Chopin du Nord* (L'Âge d'homme, 2003), de Jean-Luc Caron.

Musique

MUSIQUE CLASSIQUE

Le XIXe siècle fut extraordinairement riche pour la musique norvégienne. Ce fut le siècle d'Edvard Grieg (1843-1907 ; reportez-vous à l'encadré, p. 50), l'un des plus grands compositeurs de toute l'histoire de la musique. Le violoniste virtuose Ole Bull (1810-1880), qui connut d'abord la célébrité à Paris, marqua aussi le siècle. Par ses critiques, il aurait encouragé les carrières d'Edvard Grieg et de Henrik Ibsen. Par ailleurs, il introduisit le violon Hardanger dans les salles de concert de Bergen et éveilla en Europe un intérêt pour la musique folklorique norvégienne.

Des contemporains de Grieg et de Bull, dont Halfdan Kjerulf (1815-1868) et Johan Svendsen (1840-1911), se distinguèrent aussi par leurs œuvres. Parmi les compositeurs plus récents, David Monrad Johansen (1888-1970), Geirr Tveitt (1908-1981), Fartein Valen (1887-1952), Pauline Hall (1890-1969) et **Ketil Bjørnstad** (www.ketilbjornstad.com), né en 1952, ont écrit des pièces remarquables. Il existe d'excellents orchestres philharmoniques à Oslo, Bergen (depuis 1765), Trondheim et Stavanger. La troupe de l'Opéra de Norvège (fondée en 1958) est basée à Oslo. Les compositions norvégiennes modernes, comme celles de Johan Kvandal (1919-1999) et de Ragnar Søderlind (1945), portent clairement l'empreinte de la musique traditionnelle norvégienne.

JAZZ CONTEMPORAIN ET MUSIQUE FOLKLORIQUE

À voir le nombre de festivals de jazz (voir p. 22) programmés sur le territoire, on peut en déduire que le jazz se porte bien en Norvège. Les affiches des festivals de Molde, Kongsberg, Oslo, Bergen, Lillehammer et Arendal comptent parmi les plus belles du monde. Outre le saxophoniste Jan Garbarek, qui s'impose comme l'un des grands noms de la scène nationale, Karin Krog, Bugge Wesseltoft, Nils Petter Molvær, Silje Nergaard, Solveig Slettahjell, Espen Larsen et Sidsel Endresen jouissent aussi d'une certaine célébrité.

La musique folklorique est un autre pilier de la musique norvégienne. Le violon Hardanger, qui doit ses sonorités singulières aux quatre ou cinq cordes sympathiques tendues sous les quatre cordes habituelles, est considéré comme l'instrument national norvégien. Tore Bruvoll et Jon Anders Halvorsen (*Nattsang*, 2005), qui interprètent les chants traditionnels du Telemark, comptent parmi les plus grands artistes folkloriques. Citons aussi le groupe Bukkene Bruse (*Spel*, 2005), dont la musique est très marquée par la présence du violon Hardanger ; Rusk (*Rusk*, 2004 et *Rusk* 2, 2006), dont le répertoire très étendu comprend des musiques du sud-est du pays ; Sigrid Moldestad et Liv Merete Kroken (*Spindel*, 2001), dont le violon traditionnel témoigne de leur formation classique ; et Sinikka Langeland, dont *Runoja* (2002) s'inspire de la musique runique ancienne.

La musique ensorcelante des Samis connaît un renouveau. Des musiciens samis comme Aulu Gaup, Mari Boine Persen et Nils Aslak Valkeapääs ont interprété en concert, enregistré et fait connaître auprès d'un large public des versions traditionnelles et modernes des *joik* traditionnels (chants à vocation spirituelle). Boine a su se faire un nom en dehors des frontières norvégiennes. Pour en savoir plus sur le rôle de la musique dans la culture samie, reportez-vous p. 44.

Jazz Basen (www.jazzbasen.no/index_eng.html en anglais) est *le* site du jazz en Norvège. Vous y trouverez tous les festivals et une longue liste de musiciens talentueux à suivre.

VARIÉTÉ, MUSIQUE ÉLECTRONIQUE ET HEAVY METAL

Le groupe norvégien A-ha a connu son heure de gloire dans les années 1980. Les membres, qui n'ont rien perdu de leur voix, ont sorti leur huitième album studio, *Analogue*, en 2006. Le guitariste et clavier Magne Furuholmen ne réserve pas ses talents à la musique ; voir l'encadré p. 55.

La Bergen Wave (vague de Bergen) a contribué à inscrire la Norvège sur la carte du monde de la musique électronique du début du XXIe siècle. **Röyksopp** (www.royksopp.com) a fait une entrée fracassante sur la scène internationale avec son premier album, *Melody A.M.*, en 2001. Depuis, le groupe

RENCONTRE AVEC ESPEN LARSEN, MUSICIEN DE JAZZ

Quelques titres d'albums d'Espen Larsen : *Alone Together, Jazzsnadder* et *Hope.*

Quelle est la capitale du jazz en Norvège ? Je dirais Oslo, qui compte plusieurs salles de jazz. Le Cosmopolite est un lieu magnifique, et le hr.Nilsen.Oslo (une autre salle) accueille son propre festival de jazz.

Qui sont les musiciens de jazz norvégiens les plus connus ? En dehors de la Norvège, je suppose que c'est le saxophoniste Jan Garbarek, suivi de près par Bugge Wesseltoft, pianiste, clavier et propriétaire du label Jazzland (parrainé par Universal). Chez les plus jeunes, j'imagine que Jaga Jazzist est assez connu.

Qui sont les jeunes jazzmen norvégiens les plus prometteurs ? Ils sont trop nombreux pour qu'on puisse les citer tous. J'aimerais que Solveig Sletthhjell et le Slow Motion Orchestra soient plus connus en dehors du pays. Come Shine est aussi une formation magnifique, conduite par un grand chanteur.

Quels sont vos festivals de musique norvégiens préférés ? Le Festival de jazz de Kongsberg, le Canal Street Jazz & Blues Festival (Arendal), le May Jazz Festival (Stavanger), Vossajazz (Voss), le Night Jazz Festival (Bergen) et le Festival international de jazz de Molde (Moldejazz).

RENCONTRE AVEC BERNT ERIK PEDERSEN, ÉDITEUR DE LA REVUE MUSICALE *DAGSAVISEN*

Quelle est la capitale norvégienne de la musique ? Il n'y a pas de rivalité : aucune ville norvégienne ne peut égaler Oslo pour le nombre de formations, de salles, de clubs, de bars, de labels, de boutiques spécialisées, de médias, pour tout ce qui fait d'une ville un lieu vivant dans le domaine de la musique. Côté concerts, Oslo est l'égale des autres grandes capitales européennes. Elle accueille presque chaque soir des vedettes internationales. En ce qui concerne les innovations, je dirais que Tromsø est aujourd'hui la ville la plus influente en Norvège. La révolution house/techno/électronique est venue de Tromsø. Toutefois, malgré l'influence énorme de la ville sur la musique norvégienne, les principaux musiciens sont maintenant partis ailleurs.

Quels sont vos festivals de musique préférés en Norvège ? L'Øya-festival d'Oslo (http://oyafestivalen.com) ; il ne faut pas rater ce bon mélange de musique mainstream et de groupes underground, norvégiens et internationaux. Le nouveau festival Hove d'Arendal est très bien pour le rock alternatif. Et NuMusic à Stavanger est un excellent festival novateur pour l'électro, le hip-hop, le noise, etc. Les touristes qui viennent en dehors de l'été trouveront toujours quelque chose à écouter, surtout début novembre au festival de la world music à Oslo.

Si vous deviez choisir cinq musiciens norvégiens, dans n'importe quel genre et n'importe quelle période, quels seraient-ils ? Röyksopp, Radka Toneff, Geir Jenssen connu sous le pseudo de Biosphere, deLillos et Lasse Marhaug.

En matière de musique électronique, qui sont les héritiers norvégiens de Röyksopp ? J'en suis récemment arrivé à la conclusion que Hans-Petter Lindstrøm est un génie. Ses morceaux sont propres, nets et émerveillés. Beaucoup de créateurs de dance music sont sous l'influence du post-disco du début des années 1980 ; rares sont ceux qui lui donnent un son aussi frais et contemporain que Lindstrøm. C'est un musicien à suivre !

Quels sont les jeunes jazzmen les plus prometteurs de Norvège ? Le pianiste/clavier (entre autres !) Morten Qvenild a ce toucher magique qui fait que quand il appuie sur des touches, son son transcende tous les autres. Son jeu a une intensité dramatique qui exprime remarquablement la mélancolie. Il se produit essentiellement avec The Country, Susanna & The Magical Orchestra et le Slow Motion Quintet de Solveig Slettahjells. Il y a beaucoup de formations et de groupes très intéressants qui évoluent aux frontières, de moins en moins nettes, entre le jazz, l'impro, le noise, l'électro, l'avant-rock et la musique contemporaine : Arve Henriksen, Lasse Marhaug, Puma, Paal Nissen-Love et la plupart des artistes du label Rune Grammofon.

Qui sera, selon vous, les prochains A-ha ou Kings of Convenience, qui offriront à la Norvège un tube international ? Thomas Dybdahl, peut-être, un chanteur compositeur de rock influencé par la soul. Mais ce n'est pas vraiment un fabricant de tubes.

Le paysage norvégien a-t-il joué un rôle déterminant dans l'orientation prise par la musique norvégienne ? Et si c'est le cas, comment ? La nature a sans aucun doute façonné les mentalités norvégiennes et par conséquent la musique. La Norvège est un pays froid et peu peuplé à la limite de l'Europe, où la nature peut être presque hostile. Cela fait des gens – et peut-être plus encore des artistes et des musiciens – des outsiders individualistes et mélancoliques. Des artistes norvégiens internationalement reconnus aussi différents que A-ha, Röyksopp, Jan Garbarek, Geir Jenssen ou Mari Boine partagent tous une sorte de spleen diffus.

Propos recueillis par Anthony Ham

n'a jamais quitté les hit-parades des pistes de danse. La Bergen Wave ne s'est pas arrêtée à la musique électronique. Elle a également donné naissance à des groupes mondialement connus comme le groupe pop **Kings of Convenience** (www.kingsofconvenience.com) et **Ephemera** (www.ephemera.no).

Oslo a récemment repris le flambeau avec la sortie de *Sunkissed*, produit par le label **Small Town Super Sound** (www.smalltownsupersound.com) et mixé par G-Ha et Olanskii – on n'avait rien vu de tel en dance depuis l'arrivée de Röyksopp. D'autres artistes électro font sensation comme Kim Hiortøy, Magnet (alias Even Johansen ; www.homeofmagnet.com) et Bjorn Torske.

SUCCÈS AU BOX-OFFICE

- *Neuf Vies* (1957, d'Arne Skouen). Nominé aux Oscars, ce film est considéré par beaucoup comme le meilleur film norvégien.
- *La Persécution* (1981, d'Anja Breien). Récompensé en 1982 à la Mostra de Venise.
- *Le Passeur* (1987, de Nils Gaup). Nominé aux Oscars dans la catégorie du meilleur film étranger.
- *Les Naufragés de l'île aux pirates* (1990, de Nils Gaup). Financée par les studios Disney, l'histoire d'un Robinson Crusoé norvégien du XIXe siècle embarqué pour les mers du Sud.
- *Frida. Le cœur sur la main* (1991, de Berit Nesheim). Le bouleversant portrait d'une adolescence.
- *Trond Halbo* (1994, de Marius Holst). *Croix de bois, croix de fer* a été distingué en 1995 au Festival du film de Berlin pour sa représentation de l'enfance aujourd'hui à Oslo.
- *Kristin Lavransdatter* (1995, de Liv Ullmann). D'après le roman de Sigrid Undset dont l'action se situe dans la Norvège du XIVe siècle.
- *Norway of Life* (*The Bothersome Man*) (2006, de Jens Lien). Lorsque le royaume des morts ressemble étrangement à celui des vivants... et vice-versa. Grand prix du Festival du film fantastique de Gérardmer 2007.

La jeune chanteuse pop Maria Mena, révélée par l'album *White Turns Blue* (sorti en 2004 sous le titre *Mellow* en Norvège), commence à faire parler d'elle sur la scène internationale.

Le metal norvégien reste très en vogue et, là encore, Bergen tend à donner le *la*. On y trouve notamment la salle Hulen (p. 210), presque un mythe pour les fans de heavy metal européens. Vous pourrez aussi découvrir le Garage (p. 210), un autre espace consacré au heavy metal où l'ancien rocker Denis vous dira tout ce que vous voulez savoir sur le rock norvégien.

Norwegian Black Metal (www.norsksvartmetall.com) vous dira tout ce qu'il y a à savoir sur la variante norvégienne du heavy métal.

Peinture et sculpture

La Norvège du XIXe siècle a donné naissance à deux talents extraordinaires, en les personnes du peintre Edvard Munch (voir l'encadré, p. 51) et du sculpteur Gustav Vigeland (reportez-vous p. 102).

Au début du XXe siècle, Matisse inspira plusieurs artistes norvégiens dont Axel Revold, Per Krohg, Alf Rolfsen et Henrik Sørensen, que l'on désigne collectivement du nom de "frères en fresque". Après la guerre, les sombres forêts de Jakob Weidemann, les toiles constructivistes de Gunnar S. Gundersen et les sculptures non figuratives d'Arnold Haukeland et d'Åse Texmon Rygh ont marqué le monde artistique.

Parmi les artistes contemporains norvégiens, Olav Jensen, Anne Dolven, Ørnulf Opdahl, Bjørn Tufta, Håvard Vikhagen, Odd Nerdrum et Andres Kjær ont créé l'émoi en retournant à l'abstraction et à l'expressionnisme et en

CHANTEUR, MAIS AUSSI...

Magne Furuholmen est surtout connu comme guitariste et clavier du groupe A-ha, mais cet artiste doué a un talent secret. Pour la première fois, une exposition lui a été consacrée à Londres en 2007. Il exposait 40 monoprints qui, selon les termes du catalogue, sont une expérience, "un jeu constant avec les structures de la langue". Il a également exposé dans plusieurs villes européennes et au centre d'art Henie-Onstad d'Oslo. Ses sculptures, gravures sur bois et compositions visuelles faites avec différents modes d'expression témoignent de sa virtuosité. Son œuvre la plus connue est la sculpture représentant des vases bleus, dans le jardin public au nord-est de l'office du tourisme de Bergen.

prenant pour normes de dures interprétations des paysages norvégiens. Les sculpteurs Bård Breivik, Per Inge Bjørlo et Per Barclay sont particulièrement dignes d'intérêt.

La Galerie nationale (p. 95) d'Oslo, le musée des Beaux-Arts du Rogaland (p. 228) et le musée des Beaux-Arts de Bergen (p. 200) offrent un excellent panorama de l'art norvégien. Les plus belles collections d'œuvres contemporaines sont celles présentées à Oslo, au musée national d'Art contemporain (p. 96), au musée Astrup Fearnley (p. 95) et au centre d'art Henie-Onstad (p. 106).

Théâtre et danse

Les chants et les danses folkloriques connaissent un certain renouveau. De multiples festivals permettent de découvrir rondos, *pols*, *reinlenders*, polkas et mazurkas. Dans tout le pays, des troupes de *leikarringer* (danseurs folkloriques) travaillent et s'entraînent pour remporter les *kappleiker* (concours), sous les yeux d'un public nombreux. L'été, Bergen (p. 193) est une destination de choix pour assister à des spectacles folkloriques.

Oslo, Bergen et les autres grandes villes accueillent des compagnies de théâtre, d'opéra et de danse. Des spectacles classiques sont organisés à Bergen en été, parfois en extérieur, dans de très beaux sites. Ailleurs, la programmation se concentre sur l'hiver, quand les activités d'extérieur sont plus limitées.

Pour découvrir Henrik Ibsen, le plus grand dramaturge norvégien, reportez-vous à l'encadré p. 50.

Cinéma

Le cinéma norvégien a mis plus de temps que les cinémas danois et suédois à trouver une reconnaissance à l'étranger. Aujourd'hui, il est acclamé dans le monde entier. Au milieu des années 1980, Ola Solum et Nils Gaup ont ouvert la voie, le premier avec *Orions Belte* (*La Ceinture d'Orion*, 1985), le second avec *Veiviseren* (*Le Passeur*, 1987), nominé aux Oscars dans la catégorie du meilleur film étranger. Parmi les cinéastes contemporains les plus remarqués, citons Hans Petter Moland, Berit Nesheim, Pål Sletaune, Erik Skoldbjærg, Peter Næss et Harald Zwart. Les courts-métrages norvégiens se distinguent régulièrement dans les festivals internationaux.

Le film (italien) du réalisateur russe Nikita Mikhalkov, *Les Yeux noirs* (1987), a été tourné en Norvège au cœur des paysages spectaculaires de la région de Kjerringøy, dans le Nordland, et l'adaptation d'*Une journée d'Ivan Denissovitch* (1971) par Caspar Wrede, à Røros.

Cuisine norvégienne

La cuisine norvégienne *peut* être excellente. Le poisson, les fruits de mer et des spécialités locales comme le renne sont incontestablement les plats les plus appréciés. La plupart des villes de taille moyenne comptent de bons restaurants. Seul problème, et pas des moindres : leurs prix prohibitifs ! Un repas au restaurant est un luxe pour les voyageurs au budget modéré et de nombreux visiteurs se contenteront des fast-foods, au moins pour le déjeuner. Les étrangers ne sont pas les seuls à souffrir : des enquêtes ont démontré que Pizza Grandiosa, une marque de pizzas surgelées, est le plat national des Norvégiens.

Bien manger sans déséquilibrer son budget requiert un peu de malice. La plupart des hôtels et certaines auberges de jeunesse offrent de copieux buffets au petit déjeuner qui permettent de bien commencer la journée et de se contenter d'un déjeuner léger. Certains hôtels proposent aussi de formidables buffets au dîner. Habituellement chers, ils n'en présentent pas moins un bon rapport qualité/prix. Une règle d'or : pensez en couronnes et cessez de convertir les prix. Sinon, vous risquez de revenir squelettique !

Le site Internet Évasion au cœur de la Norvège (www.norvege-fr.com/recettes) propose des recettes norvégiennes faciles à réaliser.

SPÉCIALITÉS LOCALES

Viande

Les Norvégiens aiment la viande. Les espèces locales entrent dans la composition de certains de leurs plats les plus mémorables. Le renne rôti (*reinsdyrstek*), l'une des meilleures viandes rouges, est un délice pour les carnivores qui devront faire abstraction de son prix (à partir de 275 NOK). Si vous avez la chance d'être invité à un mariage sami, vous savourerez peut-être un ragoût traditionnel de renne (*bidos*). L'élan (*elg*), également apprécié, est servi sous des formes diverses, y compris en grillade.

Les cuisiniers norvégiens préparent aussi de savoureux *bankebiff* (tranches ou morceaux de bœuf mijotés en sauce), *dyrestek* (gibier rôti) et *lammebog* (épaule d'agneau). Compte tenu du climat, les viandes sont souvent fumées, comme le *spekemat* (agneau, bœuf, porc ou renne fumé, souvent accompagné d'œufs brouillés). Parmi les autres spécialités figurent le *kjøttpålegg* (tranches de viande froide), le *fårikål* (ragoût d'agneau au chou), le *syltelabb* (pieds de porc salés et bouillis), le *lapskaus* (épais ragoût de viande, de pommes de terre, d'oignons et d'autres légumes) et le *pytt i panne* (des œufs avec des dés de pommes de terre et de viande).

FAITES VOYAGER VOS PAPILLES

La Norvège possède sa part d'étrangetés culinaires, que les plus intrépides souhaiteront peut-être goûter :

- fromage brun – le *gudbrandsdalsost*, fait avec du petit-lait de chèvre et/ou de vache, possède un goût légèrement sucré malgré sa couleur caramel peu engageante.
- boulettes de morue, de maquereau ou de colin – un plat familial, particulièrement apprécié des plus âgés.
- langues de morue – énormément, et exclusivement, appréciées dans les Lofoten.
- truite fermentée – certains Norvégiens en raffolent ; les auteurs de ce guide se sont fait un plaisir de leur céder leur part !

NOURRITURE EN TUBE

Un Parisien commande un café crème, un Londonien, des *kippers* (harengs fumés), un New-Yorkais, un bagel, et un Tokyoïte, du riz. Chacun son petit déjeuner ! Pour les Norvégiens, il se présente en tube.

Sur les buffets dressés le matin dans les hôtels, le fromage fondu et le *kaviar* (crème d'œufs de cabillaud sucrés et fumés) sont présentés depuis des décennies dans des tubes. Deux marques sont très prisées : Mills, implantée à Trondheim et renommée pour son *kaviar*, et Kavli, plus ancienne, installée à Bergen. Fondée en 1893, cette fabrique de produits laitiers exporte du fromage aux États-Unis depuis le début des années 1920. Elle a lancé son premier tube de fromage fondu Primula en 1924 – un procédé alors révolutionnaire ! Kavli fabrique aujourd'hui des fromages aromatisés au bacon, au jambon, au salami, à la crevette et à la tomate, et des parfums *mexicana* ou *jalapeño*, tous dans le tube habituel.

Les deux produits peuvent se consommer seuls et font partie de tout *frokost* (petit déjeuner) plantureux. Le *kaviar* est particulièrement apprécié avec du fromage Norvegia ou des tranches d'œuf dur.

En 2000, des chefs norvégiens sont arrivés en troisième place lors d'un concours de cuisine international appelé les "Olympiades culinaires". Avec 4 médailles d'or, la Norvège a été battue par la Suède et Singapour.

Poisson

Le saumon figure au nombre des grandes spécialités du pays. Contrairement à d'autres plats norvégiens, coûteux et sans grand intérêt, le saumon (*laks* ; grillé ou fumé, auquel cas on le nomme *røykelaks*) demeure très abordable, à condition de choisir du poisson d'élevage – le saumon sauvage est beaucoup plus cher. La qualité est toujours irréprochable. Excellent, le *gravat laks* est du saumon mariné dans du sucre, du sel, du cognac et de l'aneth, servi avec une sauce crémeuse.

D'autres poissons d'eau douce sont également délicieux, tels la truite (uniquement dans le Sud), la perche, l'omble chevalier, l'ombre arctique, la daurade, la tanche et l'anguille.

Morue (*torsk* ou *bacalao* ; souvent séchée), crevettes crues ou cuites, sprat, aiglefin, maquereau, capelan, lançon, lingue, sébaste et lieu noir comptent parmi les produits de la mer les plus courants. Vilain et sympathique, le poisson-chat est délectable, de même que la blennie. Le hareng (autrefois le plat des pauvres, aujourd'hui servi mariné avec oignons et moutarde ou en sauce tomate) est toujours proposé par endroits, mais devient plus rare du fait de la surpêche. Les Norvégiens raffolent de la *fiskesuppe*, une soupe de poisson claire et crémeuse.

Parmi les autres plats à goûter, signalons les *fiskebolle* (boulettes de poisson), la *fiskegrateng* (marmite de poisson), les *gaffelbitar* (filets de sprat ou de hareng sucrés et salés), le *klippfisk* (morue salée et séchée), la *sildesalat* (salade de hareng, de concombre, d'oignons, etc.) et le *spekeslid* (hareng salé, souvent servi avec des betteraves, des pommes de terre et du chou marinés).

Autres spécialités

Les pommes de terre figurent à presque tous les repas et la plupart des restaurants les servent avec tous les plats – bouillies, rôties ou frites. Les autres légumes ne varient guère : chou (souvent en ragoût), navet, carotte, rutabaga, chou-fleur et broccoli.

La région du Hardangerfjord est le verger de la Norvège : fraises, prunes, cerises, pommes et autres fruits y poussent en abondance. Fraises sauvages, mûres, groseilles et framboises comptent parmi les fruits préférés des Norvégiens, de même que les airelles, qui poussent dans les landes, les myrtilles, qui prospèrent dans les marais, les canneberges et les raisins de corneille. Les délicates plaquebières (*moltebær*), couleur ambre, sont particulièrement prisées. La plante pousse dans les terrains marécageux et ne donne qu'un fruit par tige ; certains bosquets sont jalousement protégés. Une glace nappée de confiture de plaquebière tiède est un régal !

Les fromages norvégiens ont acquis une réputation internationale grâce au jarlsberg, un fromage doux à pâte blanche et au goût fruité, produit pour la première fois dans le domaine Jarlsberg à Tønsberg en 1860. Les gourmands se régaleront des pâtisseries à la crème, présentes partout.

Découvrez *Les recettes vikings* (Gisserot, 2008), réunies par Vanessa Lancelot.

BOISSONS

Si la Norvège possède une boisson nationale, c'est incontestablement le café, que l'on boit dans tout le pays en telles quantités que l'on peut s'étonner du calme des habitants ! Il est généralement consommé noir et fort, mais n'hésitez pas à demander du lait et/ou du sucre.

Thés et tisanes sont également disponibles partout, de même que les habituels sodas et eaux minérales – bien moins chers dans les supermarchés qu'ailleurs.

Boissons alcoolisées

La bière arrive en seconde place après le café. Les succursales de Vinmonopolet (affectueusement surnommé "pole"), le magasin d'État qui détient le monopole sur la vente des vins et des alcools, la vendent en gros à des prix très raisonnables.

Dans les bars, la bière est habituellement servie dans des verres de 400 ml (à partir de 55 NOK) ou de 500 ml (à partir de 65 NOK). La bière norvégienne standard est la pils blonde, à 4° environ et toujours brassée selon la règle sur la pureté allemande datant du XVIe siècle. Les marques les plus appréciées sont les blondes Ringsnes dans le sud et Mack au nord. La Munkholm est une bière sans alcool assez agréable. Sachez que, lors d'une sortie entre amis, chacun paie habituellement ses propres consommations, ce qui n'a rien d'étonnant au vu des prix…

La Norvège ne possède pas de tradition vinicole, mais les Norvégiens boivent de plus en plus souvent du vin au repas. Selon une étude récente, le vin représente un tiers de la consommation d'alcool, contre 12% en 1974. Les bons restaurants possèdent souvent une longue carte des vins avec des crus de toute l'Europe (notamment d'Espagne, de France, d'Allemagne et d'Italie), ainsi que d'Australie, du Chili, d'Afrique du Sud et de Californie. Dans certaines villes, surtout à Bergen et à Oslo, les bars à vins font fureur.

PLATS DE FÊTE

La nourriture tient une place importante dans les fêtes norvégiennes, en particulier à Noël quand on prépare les plats suivants : le *rømmegrøt* (un délicieux porridge à la crème aigre), la *rupa* (perdrix ou grouse), le *lutefisk* (plat glutineux de morue séchée ou stockfisch trempé dans une solution à la soude, au goût très particulier), les *pinneribbe* (côtelettes de mouton cuites à la vapeur sur des branches de bouleau ou de genièvre) et le porc rôti, un héritage de la tradition viking de sacrifier un cochon à cette époque de l'année. Des brioches aux raisins et divers biscuits, dont

LES MEILLEURS CAFÉS DE NORVÈGE

Les Norvégiens boivent plus de café que tout autre peuple au monde. Visitez ces cafés pour en comprendre la raison :

Stockfleths (p. 113), Oslo
Åpent Bakerei (p. 113), Oslo
Det Lille Kaffe Kompaniet (p. 209), Bergen
Dromedar Kaffebar (p. 209), Bergen
Café Det Lindvedske Hus (p. 139), Arendal
Bacalao (p. 317), Svolvær

L'AQUAVIT

Alcool national, l'aquavit (ou *akevitt*) est un emblème puissant de la culture norvégienne, fait d'alcool de pommes de terre et de cumin. Son nom provient du latin *aqua vitae*, "eau de vie". Si le cumin reste un ingrédient indispensable, des distilleries modernes augmentent la saveur épicée avec un mélange d'orange, de coriandre, d'anis, de fenouil, de sucre et de sel. La mixture vieillit ensuite de 3 à 5 ans dans des fûts de chêne de 500 litres, auparavant utilisés pour la maturation du sherry.

La version la plus appréciée est le *Linje Aquavit*, ou "aquavit de ligne," nom qui faisait référence à l'origine aux fûts qui avaient franchi l'Équateur. Autrefois, des bateaux transportaient des tonneaux d'aquavit pour les vendre à l'étranger et les invendus étaient rapportés en Norvège. Lorsque l'on s'aperçut que le voyage et le temps avaient amélioré la qualité de l'alcool, ces invendus devinrent très hautement prisés. Aujourd'hui, les bouteilles de *Linje Aquavit* portent la mention du nom du navire, de son itinéraire et de la durée de vieillissement en mer.

des *strull*, des *krumkake* et des *goro*, font le bonheur des enfants. Le *gløgg*, boisson typique de Noël, est une sorte de grog amélioré : alcoolisé ou non, il est parfumé d'un mélange de cannelle, de raisins secs, d'amandes, de gingembre, de clous de girofle, de cardamome et d'autres épices. Certains préfèrent la *julaøl*, ou "bière de fête", qui date de l'époque viking et accompagnait les sacrifices païens. À l'instar du *lutefisk*, elle ne séduit pas tous les palais. Les buveurs impénitents célèbrent la saison à grand renfort d'aquavit, l'eau-de-vie nationale (voir l'encadré ci-dessus).

ÉTABLISSEMENTS

Les hôtels offrent souvent un buffet pantagruélique permettant de composer un petit déjeuner anglais, américain, continental ou scandinave. Sinon, les boulangeries vendent des pains, des pâtisseries, des sandwichs et des bagels à prix raisonnables.

Paradis du poisson frais, les marchés de poisson, notamment ceux de Bergen, de Trondheim et de Kristiansand, sont parfaits pour se composer un repas : achetez un plat à emporter et installez-vous au bord de l'eau pour le savourer.

Toutes les localités du pays possèdent au moins un restaurant. Bien que le déjeuner soit habituellement léger et que le dîner constitue le repas principal, de nombreuses enseignes, surtout dans les grandes villes, proposent un menu moins cher à midi (70 NOK environ), souvent roboratif et copieux. Il est parfois appelé *dagens rett* (menu du jour).

Dans un restaurant à prix modérés, comptez 80-150 NOK pour un repas. Les établissements plus haut de gamme offrent une qualité supérieure, mais les plats coûtent rarement moins de 180 NOK et souvent beaucoup plus. Si vous en avez les moyens, choisissez un menu de 3 à 5 plats (250-695 NOK) – généralement excellent.

Repas économiques

Si votre budget est serré, faites des courses dans les supermarchés, derniers bastions des prix raisonnables. Les heures d'ouverture sont indiquées en deuxième de couverture. Outre les habituels produits emballés, certains supermarchés possèdent un rayon traiteur abordable où vous trouverez des salades, des poulets rôtis et des viandes fumées ou séchées pour faire un sandwich. Rimi, Spar, Co-op et Rema 1000 font partie des principales chaînes de supermarchés, présentes dans tout le pays.

Des salades et d'autres en-cas sont également en vente dans les supérettes et les stations-service. Le hot-dog (*pølse*), l'un des snacks favoris des

LES MEILLEURS RESTAURANTS DE NORVÈGE

- Bagatelle (p. 113 ; Oslo) – Le seul restaurant du pays salué par deux étoiles au Michelin. Un entretien avec le chef, Eyvind Hellstrøm, est rapporté dans l'encadré p. 113.
- Fossheim Turisthotell (p. 186 ; Lom) – Créé par le chef renommé Arne Brimi, dont l'art dans la préparation de la truite sauvage, du renne, de l'élan et de la perdrix a été préservé.
- Enhjørningen (p. 207 ; Bergen) – Des poissons d'une fraîcheur inégalable, dans le charmant quartier de Bryggen, à Bergen.
- Finnegaards Stuene (p. 207 ; Bergen) – Un nouveau venu sur la scène culinaire norvégienne, privilégiant la qualité à l'ancienne et les plats traditionnels.

Norvégiens, existe en diverses versions. Garniture et sauce sont comprises dans le prix, qui souvent ne dépasse pas 35-45 NOK, avec une boisson. Les stations-service offrent un choix limité de paninis et de sandwichs à des prix comparables. Les *gatekjøkken* (camionnettes ou kiosques de restauration) vendent des hot-dogs, des burgers, des frites, des parts de pizza et, parfois, des sandwichs et des *fish and chips*.

Sur la côte, les marchés de poisson (p. 60) pratiquent des prix intéressants. Dans les endroits touristiques, ils proposent des en-cas et des plats à emporter, comme les boulettes de poisson, et des assiettes de saumon ou d'autres poissons.

La pizza occupe une place prépondérante dans l'alimentation norvégienne. Peppe's Pizza, la meilleure chaîne de pizzerias du pays, concocte des pizzas originales (à partir de 159 NOK), suffisamment grandes pour rassasier deux personnes. Au déjeuner, ses buffets sont d'un excellent rapport qualité/prix. Dolly Dimple's est une chaîne similaire.

Tous les jeudis de septembre à mai, de nombreux restaurants de Bergen servent du *raspeballer*, un copieux repas traditionnel de viande salée, de pommes de terre et de purée de navets – particulier au niveau du goût, mais parfaitement adapté aux rigueurs de l'hiver.

VÉGÉTARIENS

Bien que les Norvégiens soient rarement végétariens, la plupart des restaurants servent aussi des plats sans viande : omelette au fromage et aux oignons, pâtes à la crème, salades imaginatives (souvent avec du fromage) et crêpes variées. Les pommes de terre, présentes sur toutes les cartes, vous éviteront de ressortir affamé. En général, plus une ville est importante, plus elle offre de choix aux végétariens. Oslo, Bergen, Stavanger et Trondheim comptent des restaurants végétariens et nombre de leurs cafés proposent des plats sans viande. Dans les grandes villes, des restaurants de tapas préparent des assiettes de légumes et les pizzerias concoctent toujours au moins une pizza végétarienne.

AVEC DES ENFANTS

Les Norvégiens s'enorgueillissent de leurs politiques et attitudes en faveur de la famille et des enfants (voir p. 38). Celles-ci se retrouvent dans les restaurants. Même dans les établissements les plus luxueux, les enfants sont bien accueillis et les Norvégiens sortent volontiers en famille. De nombreux restaurants proposent des menus enfants avec de plus petites portions et des prix moindres. Sinon, il vous suffira de commander une assiette moins copieuse.

Des chaises hautes sont généralement à disposition, et on vous indiquera où changer votre bébé si les toilettes ne sont pas équipées.

Pour de plus amples informations sur le voyage en Norvège avec des enfants, reportez-vous p. 395.

LES PROBLÈMES D'ALCOOL

La Norvège est l'un des rares pays du monde où la population a voté *en faveur* de la prohibition (dans un référendum en 1919). L'interdiction est demeurée en vigueur jusqu'en 1927, époque à laquelle la moitié de la population était impliquée dans le trafic ou la distillation clandestine. Si le système de monopole d'État (les magasins de spiritueux Vinmonopolet) a constitué une alternative à la prohibition, il n'a eu que peu d'impact sur les distilleries illégales. Sachez que si l'on vous offre un petit verre d'alcool maison, les effets peuvent être redoutables !

La vente d'alcool est strictement limitée ; quelques villes ont même instauré une quasi-prohibition. Dans certains endroits, dont des parties du Telemark, boire de la bière en public peut valoir une amende de 2 000 NOK et/ou de la prison ! Jusqu'à présent, aucun touriste n'a été inquiété.

L'attitude des Norvégiens à l'égard de l'alcool frise la paranoïa, d'autant que leur consommation est parmi les plus basses d'Europe. De 3,4 l par personne et par semaine en 1960, elle est certes passée à 6,2 l ces dernières années, mais cela représente moitié moins que ce qui est consommé en Allemagne ou au Royaume-Uni. Cependant, un nouveau phénomène est récemment apparu : les jeunes de 15 à 20 ans auraient doublé leur absorption d'alcool entre 1995 et 2001. Au-delà des statistiques, les parents et le gouvernement s'inquiètent de la nouvelle mode de la "biture express". Un jeune barman nous expliquait que, compte tenu du prix prohibitif des boissons, les jeunes Norvégiens s'approvisionnent au Vinmonopolet, boivent à la maison (la "répète" en argot) jusqu'à minuit, puis continuent dans les bars. L'âge légal est fixé à 18 ans pour la bière et le vin et à 20 ans pour les alcools forts.

À TABLE

Les Norvégiens commencent la journée par un café (incontournable), un œuf dur et du pain ou une biscotte (généralement Ryvita) couvert de fromage, de concombre, de tomate et de hareng mariné.

Au déjeuner, ils se contentent habituellement d'un sandwich ou d'une tranche de pain avec des sardines, des crevettes, du jambon, des olives, du concombre ou un œuf. En milieu d'après-midi, ils font souvent une pause pour un café accompagné de gaufres à la crème et à la confiture. Contrairement aux célèbres gaufres belges, les gaufres norvégiennes, en forme de fleur, sont tendres et parfumées à la cardamome.

Le repas principal se prend entre 16h et 18h. Habituellement seul repas chaud de la journée, il comprend une viande, du poisson ou des pâtes, des pommes de terre bouillies, quelques légumes et parfois une salade. En été, les Norvégiens profitent des longues journées et dînent beaucoup plus tard.

LES MOTS À LA BOUCHE

Les cartes vous semblent incompréhensibles ? Reportez-vous p. 422 pour apprendre quelques mots élémentaires de norvégien.

Quelques expressions utiles

Une table pour..., s'il vous plaît.
Et bord til..., takk. — et boo-rr til... tuhk

Puis-je voir la carte, s'il vous plaît ?
Kan jeg få menyen, takk. — kuhn yay for me-nü-yön tuhk

Je voudrais le plat du jour, s'il vous plaît.
Jeg vil gjerne ha dagens rett, takk. — yay vil ya-rrnö hah dah-göns rret takk

Qu'est-ce que cela comprend ?
Hva inkluderer det ? — vah in-kloo-de-rre rde ?

Le service est-il compris ?
Er bevertninga iberegnet ? — arr bö-vart-ning-uh ee-bö-rray-nöt ?

Pas trop épicé, s'il vous plaît.
Ikke for sterkt krydra, takk. ik-kö fo shtarrkt krrüd-drruh tuhk
Je ne mange pas de viande.
Jeg spiser ikke kjøtt. yay spi-sörr ik-kö cher-t
Je ne mange pas de poulet, ni de poisson, ni de jambon.
Jeg spiser verken kylling eller fisk eller skinke.
yay spee-sörr varr-kön chül-ling el-lörr fisk el-lö shing-kö

Glossaire

VIANDE ET VOLAILLE

kjøtt viande
kylling poulet
oksekjøtt bœuf
pølse saucisse
sauekjøtt mouton/agneau
skinke jambon
svinekjøtt porc

LÉGUMES

grøn(n)saker légumes
løk oignon
potet pomme de terre
sopp champignon

POISSONS

brisling sprat/sardine
fisk poisson
hellefisk flétan
lysing colin
makrell maquereau
reker crevette
sild hareng
torsk morue
tunfisk thon

FRUITS

appelsin orange
banan banane
druer raisin
eple pomme
frukt fruit
jordbær fraise

LAITAGES

fløte crème
ost fromage
smør beurre

DESSERTS, GÂTEAUX ET BISCUITS

goro sorte de biscuit
is glace
kake gâteau
krumkake sorte de biscuit
pannekake crêpe
shillingsboller petit gâteau rond
sjokolade chocolat
strull sorte de biscuit
syltetøy confiture

BOISSONS

hvitvin vin blanc
jus jus de fruits
kaffe café
melk lait
øl bière
rødvin vin rouge
te thé
vann eau

Environnement

Aux yeux du monde, la Norvège et l'environnement forment un couple modèle, même s'il n'est pas interdit d'imaginer l'existence de secrets inavouables – comme dans les couples. L'histoire de ce pays, salué pour sa promotion du développement durable tout en étant l'un des plus grands producteurs mondiaux de pétrole, est fascinante. Le royaume possède quelques-uns des plus beaux paysages de la planète et des formations géologiques remarquables. Il s'impose en outre comme un exemple à suivre en ces temps d'incertitude quant au devenir de la planète.

GÉOGRAPHIE ET GÉOLOGIE

La partie continentale du pays s'étend sur 2 518 km, de Lindesnes au sud jusqu'au cap Nord dans le Nord arctique ; elle mesure 6,3 km de largeur en son point le plus étroit. C'est en Norvège, pays d'une superficie de 385 155 km^2, que s'élèvent les plus hautes montagnes d'Europe du Nord. Mais les chiffres ne disent rien de la spectaculaire beauté de paysages dont le secret repose sur la diversité des reliefs, des glaciers de montagne aux fjords profonds, des vastes espaces comme la toundra aux plaines du Grand Nord.

La côte

Le littoral norvégien semble s'enrouler autour de la Scandinavie tel un bouclier protecteur qui l'isolerait des rigueurs glaciales de l'Arctique. Il paraît le fruit de contraintes multiples qui auraient façonné ses îles et ses fjords – ces longues vallées marines qui pénètrent dans les terres –, créant de profondes fissures bordées de hautes falaises. Les géologues pensent que les îles au large de la côte nord de la Norvège étaient autrefois rattachées à la plaque nord-américaine, tant leur géologie se rapproche de celle du Groenland.

Certaines îles, notamment les Lofoten et les Vesterålen, sont essentiellement formées de granit et de gneiss. Plus au nord, l'archipel du Svalbard est géologiquement indépendant du reste de l'Europe puisqu'il se situerait sur une plaque tectonique très avant dans la région polaire. Alors que la couverture de glace est menacée ailleurs en Norvège, le Svalbard connaît encore une glaciation impressionnante. Les couches de ses roches sédimentaires renferment des fossiles et du charbon.

Quelle qu'ait été l'évolution géologique de la Norvège, le processus s'est avéré bénéfique. En mer du Nord, deux vallées axiales formées de couches sédimentaires du haut jurassique contiennent de riches réserves de pétrole et de gaz. Grâce à leur exploitation, la Norvège est aujourd'hui l'un des plus grands exportateurs de produits pétroliers au monde.

PLUS GRANDS, PLUS HAUTS

- Le Jostedalsbreen (p. 246) forme la plus haute calotte glaciaire d'Europe continentale.
- Le Sognefjord (p. 236) s'étire sur 203 km et atteint 1 308 m de profondeur. Deuxième plus long fjord du monde (après le Scoresby Sund au Groenland), il est aussi second par sa profondeur (après celui de Skelton en Antarctique). Avec 179 km de longueur, le Hardangerfjord (p. 216) est le deuxième réseau de fjords de Norvège et le troisième plus long de la planète.
- Le Galdhøpiggen (p. 187 ; 2 469 m) est le point culminant de l'Europe du Nord.
- Le plateau de la Hardangervidda (p. 190), qui s'élève à 900 m au-dessus du niveau de la mer, est le plus grand et le plus haut d'Europe.

L'intérieur des terres

Au nord, fjords, plateaux, massifs montagneux et paysages arctiques dominent l'intérieur du pays. Pour plus de détails sur ces différents milieux, reportez-vous p. 82.

En Norvège, 99,3% de l'électricité est d'origine hydroélectrique. Le pays ne possède pas de centrale nucléaire et seulement 0,4% de l'énergie vient des énergies fossiles.

CHUTES D'EAU

La Norvège possède des chutes et des torrents glaciaires parmi les plus hauts du monde, ce qui ne saurait surprendre pour un pays montagneux au climat humide. Certains spécialistes affirment que le torrent glaciaire d'Utigårdsfossen, qui est alimenté par le glacier du Jostedalsbreen (difficilement accessible aux touristes) et se déverse à Nesdalen et dans le Lovatnet, forme les troisièmes plus hautes chutes du monde – avec un dénivelé de quelque 800 m, dont 600 m en une seule chute. D'autres chutes norvégiennes comptent parmi les dix plus hautes de la planète : Mongefossen (774 m, mais aujourd'hui tarie en raison d'installations hydroélectriques) dans le Romsdal, Espelandsfossen (703 m) dans le Hardangerfjord, Mardalsfossen (655 m) à Eikesdal et Tyssestrengene (647 m, succession de cascades, p. 222), près d'Odda. Vøringsfossen (p. 220) est l'un des sites naturels les plus visités du pays.

GLACIERS

Est-ce par leur démesure, par cette impression qu'ils donnent que le monde est en mouvement, ou parce qu'ils sont devenus un baromètre révélateur de la santé de l'environnement ? En tout cas, peu de formations géologiques inspirent autant de respect que les glaciers, particulièrement marquants en Norvège, où ils couvrent quelque 2 600 km^2 (soit 1% du territoire national). On est pourtant bien loin de la dernière glaciation, où le pays n'était qu'un vaste champ de glace. L'essentiel de cette glace a fondu il y a environ 8 800 ans, laissant derrière elle les fjords (voir p. 82) et quelques pics et vallées glaciaires. L'archipel du Svalbard constitue une exception notable.

Glaciers, splendeurs et menaces (Glénat, 2007) est un beau livre illustré de superbes photos qui permet de découvrir la beauté des glaciers de la planète et de comprendre les menaces que représente le bouleversement climatique.

Les glaciers, source d'émerveillement pour les touristes, jouent un rôle majeur dans l'économie du pays : l'électricité norvégienne provient à 15% des bassins hydrographiques qu'ils alimentent.

La prise de conscience des conséquences du réchauffement climatique a conduit à une inquiétude croissante face au recul des glaciers et à la diminution de la calotte glaciaire dans l'Arctique. Au XXe siècle, certains glaciers norvégiens ont reculé de 2,5 km. Le glacier d'Austre Brøggerbreen, au Svalbard, figure parmi ceux qui fondent le plus vite au monde : il a perdu depuis 1977 15,30 m d'épaisseur. Il est suivi de près par le Midre Lovenbreen (12,30 m), également au Svalbard, et le Hellstugubreen (11,70 m), dans le Centre. En 2006, la Norvège a connu le quatrième été le plus chaud de son histoire, alors que les températures avaient déjà été supérieures à la moyenne en 2002 et 2003. D'où une accélération de la fonte des glaciers – ceux de l'intérieur des terres étant beaucoup plus menacés que les glaciers côtiers. Quelques glaciers norvégiens ont néanmoins progressé au cours des dernières décennies. Ainsi, l'épaisseur de la couche de glace du Nigardsbreen a augmenté de 13,80 m entre 1977 et 2007. Toutefois, de telles exceptions ne sauraient en rien occulter un avenir plutôt sombre.

Le Jostedalsbreen (p. 246) forme la plus haute calotte glaciaire d'Europe continentale. Il alimente quelques-uns des plus grands glaciers du pays, dont le Nigardsbreen (p. 248), le Briksdalsbreen (p. 249) et le Bødalsbreen (p. 250). Le Folgefonna (p. 222) est également spectaculaire. Si l'ascension d'un glacier vous tente ou si vous souhaitez approfondir vos connaissances sur ces formations géologiques dans l'un des musées qui leur sont consacrés, reportez-vous p. 389.

Les chutes de rocs sont rares dans les fjords norvégiens, mais la menace est toujours présente. En 1934, dans le Tafjord, des blocs de pierre provoquèrent en tombant la formation d'une vague de 62 m, qui détruisit les villages des rives du fjord.

Spitzberg. Vision d'un baladin des glaces (Transboréal, 2003) d'Emmanuel Hussenet réunit des photos de toute beauté. Pour découvrir en images la plus grande île du Svalbard.

FAUNE ET FLORE

En comparaison de ses voisins, la Suède et la Finlande, la Norvège possède une faible population d'animaux sauvages. Une situation qui résulte d'une répartition lâche du peuplement qui restreint l'habitat faunique et donc le nombre d'animaux. Le pays a toutefois de quoi séduire les amateurs, qui pourront notamment observer des rennes, des élans, des lemmings et des bœufs musqués.

Animaux

MAMMIFÈRES TERRESTRES

Avec un minimum d'organisation, les occasions d'observer les grands mammifères terrestres norvégiens ne manquent pas.

Les élans (*elg*) sont assez communs des forêts de l'extrême Sud au sud du Finnmark, mais ils évitent les humains et les routes – ce qui est prudent vu le goût des Norvégiens pour leur viande. Pour participer à un safari d'observation, rendez-vous à Oppdal (voir p. 178), Dombås (p. 179), Evje (voir l'encadré, p. 161) ou Hovden (p. 162).

La chasse conduisit les bœufs musqués (*moskus-okse*), à l'allure préhistorique, au bord de l'extinction. Réintroduits depuis le Groenland dans le parc national de Dovrefjell-Sunndalsfjella dans les années 1940, ils ont depuis étendu leur territoire jusqu'au parc national du Femundsmarka, près de Røros. Pour les découvrir ou trouver un safari en été, reportez-vous p. 181.

De grandes hardes de rennes (*reinsdyr*) vivent dans le Centre, souvent au-dessus de la limite forestière, parfois jusqu'à 2 000 m. Le plus grand troupeau d'Europe (quelque 7 000 têtes) est installé sur le plateau de la Hardangervidda, où l'on a le plus de chance de voir ces ruminants. On les rencontre aussi dans le Jotunheimen, le Dovrefjell et l'intérieur des terres du Trøndelag. Les rennes sont domestiqués au Finnmark, où les Samis les mènent sur la côte au début de l'été et les ramènent dans les terres en hiver. Plus petit, le caribou du Svalbard (*svalbardrein*) n'est présent que dans l'archipel du Svalbard.

Parmi les petits mammifères, plus difficiles à voir, citons : le lièvre arctique (*hare*), le hérisson (*pinnsvin*, surtout dans le sud du Trøndelag), le castor (*bever*, dans le Sud), le blaireau (*grevling*), la loutre (*oter*), le glouton (*jerv*), la martre (*skogmår*), la belette (*vesel*) et l'hermine (*røyskatt*).

Les lemmings (*lemen*) sont présents dans environ un tiers des régions montagneuses du pays. On les trouve surtout autour de 800 m dans le Sud, un peu plus bas dans le Nord. Mesurant jusqu'à 10 cm, ils ont un poil brun orangé et noir très doux, des yeux brillants, une queue courte et des incisives supérieures proéminentes. Quand on les croise en montagne, ils ont tendance à ne pas apprécier la rencontre. Ils se fâchent, sifflent, glapissent et tentent d'attaquer.

MAMMIFÈRES MARINS

Les eaux marines autour de la Norvège forment d'excellentes zones de pêche, grâce à des conditions estivales propices à la croissance du plancton. L'abondance de nourriture attire les poissons et les baleines qui se nourrissent de plancton, et d'autres créatures marines friandes de poissons.

Les petits rorquals (*minkehval*) font partie des rares cétacés à ne pas être menacés. Longs de 7 à 10 m, ils pèsent entre 5 et 10 tonnes. Ils appartiennent au sous-ordre des mysticètes, caractérisés par une tête énorme et des fanons. Ils migrent entre les Açores et le Svalbard.

Entre Ålesund et Varangerhalvøya, on rencontre des baleines à bosse (*knolhval*). Elles ont des dents, mesurent jusqu'à 15 m et pèsent jusqu'à 30 tonnes.

Parmi les baleines les plus agiles, elles se distinguent aussi par leur production sonore : leur chant grave se fait entendre à des centaines de kilomètres.

Grands prédateurs marins, les orques (spekkhogger) atteignent 7 m et pèsent 5 tonnes. On en recense 1 500 au large des côtes norvégiennes, évoluant par groupe de deux ou trois. Ils se nourrissent de phoques, de dauphins, de tortues et d'autres cétacés parfois plus grands qu'eux, comme les petits rorquals.

Les globicéphales (*grindhval*), dotés de longues nageoires, font environ 6 m de longueur. Ils se déplacent en bancs de plusieurs centaines d'individus, parfois jusqu'au cap Nord. Les bélougas (*hvithval*) mésurent jusqu'à 4 m et vivent surtout dans l'océan Arctique.

Les narvals gris et blanc (*narhval*) atteignent 3,50 m. On les reconnaît à la défense spiralée caractéristique des mâles qui peut atteindre 3 m de longueur et qui était très recherchée au Moyen Âge. Il s'agit en fait non d'une défense mais d'une incisive gauche. Les narvals vivent surtout dans l'océan Arctique. Ils font parfois une incursion en eau douce, remontant les rivières.

Pour découvrir d'autres espèces de cétacés, reportez-vous p. 71. Pour les meilleurs sites d'observation des baleines, voir p. 387.

On trouve aussi en Norvège des grands dauphins, des lagénorhynques à bec blanc, des lagénorhynques à flancs blancs de l'Atlantique et des dauphins communs. Différentes espèces de phoques se montrent couramment à proximité du rivage dans tout le pays et dans certains fjords. Les principales sont le phoque commun ou veau marin (*steinkobbe*), le phoque gris (*havert*), le phoque marbré (*ringsel*), le phoque du Groenland (*grønlandssel*), le phoque à capuchon (*klappmyss*) et le phoque barbu (*blåsel*). Beaucoup plus gros, le morse (*hvalross*) ne fréquente en Norvège que le Svalbard. Il peut atteindre 4 m et peser jusqu'à 1 450 kg. Ses longues canines mesurent jusqu'à 1 m chez le mâle. Il était autrefois chassé pour son ivoire et sa graisse. Sa population augmente depuis 1952, année où il fut déclaré protégé. Elle atteint aujourd'hui 1 000 individus.

POISSONS

Des siècles de pêche ont sérieusement mis à mal les espèces qui assuraient autrefois un revenu régulier à l'économie norvégienne. Victimes de la surpêche, harengs (*sild*), flétans (*hellefisk*) et colins (*lysing*) ne sont plus abondants, même si leur situation s'est améliorée ces dernières années. Les saumons (*laks*) sont les plus répandus des poissons d'eau douce. La communauté des pêcheurs à la ligne veille au bon renouvellement des populations. Toutefois, des maladies issues des élevages ont parfois contaminé les espèces sauvages, créant de sérieux problèmes dans certaines régions. Pour la protection des saumons, reportez-vous à l'encadré p. 388 ; pour connaître l'impact de l'industrie de la pêche sur l'environnement en Norvège, voir p. 74. Vous pourrez aussi visiter le Centre du saumon sauvage (p. 240), à Lærdalsøyri.

Une Histoire de la chasse à la baleine (Vulbert, 2007) de Daniel Robineau est un petit livre d'histoire bien documenté.

OISEAUX

La Norvège est une destination de choix pour les ornithologues. C'est sur le littoral que se concentre la plus riche avifaune. Des millions d'oiseaux marins nichent à flanc de falaise et se nourrissent de poissons et d'autres créatures marines. Les espèces les plus prolifiques sont les fous de bassan (*havsule*), les pingouins torda (*alke*), les macareux (*lundefugl*), les guillemots (*lomvi* et *teist*), les fulmars boréaux (*havhest*), les mouettes tridactyles (*krykkje*), les labbes ou skuas (*tjuvjo* et *fjelljo*) et les mergules nains (*alkekonge*). Parmi les nombreux oiseaux aquatiques de Norvège, les espèces les plus communes sont probablement les plongeons arctiques (*storlom*), les plongeons catmarins

PHÉNOMÈNES ARCTIQUES

Aurore boréale

Peu de phénomènes lumineux ont un pouvoir hypnotique aussi fort que les aurores boréales. Elles se manifestent sous diverses formes : piliers, raies, fouets ou halos de lumière vibrante. Les plus mémorables font voir d'évanescents rideaux ondoyant dans la brise. Le plus souvent, elles prennent dans l'Arctique une coloration d'un vert très pâle ou d'un rose léger ; en période d'activité intense, elles deviennent jaune vif ou écarlate.

Les aurores boréales visibles, ou lumières nordiques, se produisent quand des particules solaires chargées électriquement, appelées vent solaire, sont déviées par le champ magnétique terrestre vers les régions polaires. L'incurvation du champ forme un cône rejoignant les pôles magnétiques. Les particules chargées, rencontrant les molécules des couches supérieures de l'atmosphère, entrent en collision avec leurs atomes d'azote, d'hydrogène et d'oxygène. En perdant leur excitation, les atomes émettent des photons, particules lumineuses qui produisent la lumière des aurores. Dans les périodes de grande activité, une tempête peut à elle seule produire un trillion de watts d'électricité et un courant d'un million d'ampères.

Les Inuits nomment cette lumière *arsarnerit* (jouer avec une balle), car leur mythologie attribue ces manifestations aux ancêtres jouant dans le ciel avec un crâne de morse. Ils leur accordent par ailleurs un sens spirituel. Ils y voient les cabrioles des fœtus, un cadeau des défunts pour éclairer les longues nuits polaires ou encore des réserves d'événements, passés et futurs. Dans le folklore norvégien, les lumières sont tenues par de vieilles filles ou de jeunes vierges mortes qui dansent et tissent. On a longtemps imaginé qu'elles étaient un mauvais présage et un signe de la colère divine. Les imprudents qui se moquaient de ces superstitions encourraient les foudres de Dieu.

C'est entre octobre et mars qu'on a le plus de chance d'assister à ces phénomènes en Norvège, mais il est parfois possible d'en voir dès le mois d'août. Le Svalbard est trop au nord pour permettre d'y déceler une activité particulièrement intense.

Soleil de minuit et nuit polaire

Parce que la Terre est inclinée sur son axe, les régions polaires arctiques sont toujours face au Soleil au moment du solstice d'été et lui tournent le dos quand arrive celui d'hiver. Les cercles polaires arctique et antarctique, respectivement à 66° 33' de latitude nord et sud, sont la limite méridionale où le soleil ne se couche pas le jour le plus long de l'année.

La moitié nord de la Norvège continentale, le Svalbard et l'île Jan Mayen sont au nord du cercle arctique ; même dans le sud du pays, le soleil d'été n'est jamais bien loin sous l'horizon. Entre fin mai et mi-août, il ne fait jamais vraiment nuit nulle part dans le pays. À Trondheim, par exemple, les premières étoiles ne sont pas visibles avant la mi-août.

Inversement, les hivers sont très sombres et très longs. Seules quelques heures de crépuscule viennent interrompre l'interminable et éprouvante obscurité de la nuit polaire. Dans le Svalbard,

(*smålom*), les grèbes esclavons (*horndykker*), les râles des genêts (*åkerrikse*) et l'emblème national du pays, le cingle plongeur (*fossekall*), qui s'alimente en plongeant dans les ruisseaux de montagne.

La Norvège compte au moins quatre espèces de rapaces nocturnes : le hibou des marais (*jordugle*), la chevêchette d'Europe (*spurveugle*), le harfang des neiges (*snøugle*) et le grand duc d'Europe (*hubro*).

Le plus spectaculaire des rapaces de Norvège est le pygargue à queue blanche (*havørn*), le plus grand rapace d'Europe du Nord, d'une envergure de 2,50 m. Au moins 500 couples nichent sur les côtes du Nordland, du Troms et du Finnmark. Les aigles royaux (*kongeørn*) sont tout aussi nombreux dans les régions montagneuses. En revanche, il n'y aurait pas plus de 30 couples de balbuzards pêcheurs (*fiskeørn*), des oiseaux rares qui ne se laissent apercevoir que dans les forêts profondes du Stabbursdalen (p. 356) et dans le parc national d'Øvre Pasvik (p. 365).

on n'aperçoit pas le moindre rayon de lumière pendant plus d'un mois. Durant cette période, beaucoup souffrent du blues hivernal, ou désordre affectif saisonnier. On peut en minimiser les effets en s'exposant pendant 45 min après le réveil sous des lampes spéciales qui reproduisent le spectre solaire. Il n'est pas surprenant que la plupart des peuples nordiques accueillent par divers rituels le retour du Soleil au-dessus de l'horizon.

Ville/région	Latitude	Soleil de minuit	Nuit polaire
Bodø	67° 18′	4 juin-8 juillet	15-28 décembre
Svolvær	68° 15′	28 mai-14 juillet	5 décembre-7 janvier
Narvik	68° 26′	27 mai-15 juillet	4 décembre-8 janvier
Tromsø	69° 42′	20 mai-22 juillet	25 novembre-17 janvier
Alta	70° 00′	16 mai-26 juillet	24 novembre-18 janvier
Hammerfest	70° 40′	16 mai-27 juillet	21 novembre-21 janvier
Cap Nord	71° 11′	13 mai-29 juillet	18 novembre-24 janvier
Longyearbyen	78° 12′	20 avril-21 août	26 octobre-16 février

Fata Morgana

Si l'aurore boréale inspire des merveilles, la Fata Morgana peut sérieusement perturber les sens. Il s'agit d'un phénomène optique par lequel, dans la clarté et la pureté de l'air de l'Arctique, des objets lointains apparaissent nets et amplifiés. Il en résulte une perte de la perception de la profondeur, ce qui donne au monde une étrange qualité bidimensionnelle et rend impossible l'évaluation des distances. Les premiers explorateurs traçaient méticuleusement des cartes, repérant avec précision îles, caps et montagnes… que nul ne revoyait jamais. Dans son ouvrage énigmatique, *Arctic Dreams* (Rêves arctiques), Barry Lopez cite un exemple amusant de l'effet de la distorsion des distances. Il raconte comment un explorateur suédois achevait la rédaction de la description d'un cap découpé bordé de deux glaciers étonnamment symétriques dans son carnet de notes, quand il s'aperçut qu'il regardait un morse.

Ces images seraient produites par des reflets sur l'eau, la glace ou la neige, qui, associés à des inversions thermiques, créeraient l'illusion d'être en présence d'objets solides aux contours bien définis, alors qu'ils ne sont qu'illusoires. Par temps clair, au large des côtes les plus reculées des îles Lofoten et Vesterålen, du nord de la Finlande et du Svalbard, on voit des montagnes à l'envers et des archipels fantasmatiques aux nombreuses îles et aux côtes déchiquetées. Il est bien difficile, même avec une carte sous les yeux, de se convaincre qu'en réalité il n'y a rien !

Voir des bateaux, de grandes villes et des forêts à des endroits où leur présence est de toute évidence impossible peut également se révéler perturbant. En mer, l'horizon est à moins de 18 km, mais, dans l'Arctique, il est fréquent d'entendre parler d'îles et de reliefs vus à des centaines de kilomètres.

ESPÈCES EN DANGER

Des siècles de chasse et d'empiètement humain sur leur habitat ont conduit de nombreuses espèces animales au bord de l'extinction. Pour certaines, l'interdiction de la chasse a heureusement permis une amélioration de leur condition.

Les ours bruns (*bjørn*) sont persécutés depuis des siècles. La seule population de Norvège se trouve dans le parc national d'Øvre Pasvik (p. 365), dans l'est du Finnmark.

En Norvège, les ours polaires (*isbjørn*), les plus gros carnivores terrestres, ne fréquentent que l'archipel du Svalbard. Ils passent le plus clair de leur temps en groupe ou sur des blocs de glace à la dérive. Grâce à l'interdiction de les chasser, entrée en vigueur en 1973, leur population atteint aujourd'hui quelque 3 000 individus. À moins de faire une croisière dans le Svalbard, il est extrêmement difficile de les voir. Bien qu'ils pèsent jusqu'à 720 kg et mesurent jusqu'à 2,50 m, ils sont vifs et agiles – notamment

Pour tout savoir sur les espèces d'oiseaux visibles en Norvège, consultez le site Internet : www.oiseaux.net

LES MEILLEURS SITES POUR OBSERVER LES OISEAUX

Parc national du Femundsmarka (p. 177). Faucons.
Marais de Fokstumyra (p. 180). Plus de 100 espèces d'oiseaux nichent dans ces marais.
Gjesvær (p. 354). Au large, colonies de macareux, de skuas, de pingouins torda, de mouettes tridactyles, de fous de bassan et de pygargues à queue blanche.
Parc national d'Øvre Pasvik (p. 365). Durbecs des sapins, sizerins blanchâtres, harles piettes et balbuzards pêcheurs.
Runde (p. 264). Près d'Ålesund, 350 000 couples d'oiseaux marins nicheurs selon les estimations.
Stabbursnes (p. 356). Oiseaux des zones humides, dont quelques espèces exotiques, et des balbuzards.
Svalbard (p. 378). Macareux, mergules nains, bécasseaux violets, guillemots de Brünnich.

Selon des scientifiques travaillant avec le gouvernement américain, les deux tiers des ours polaires (aujourd'hui 22 000) auront disparu d'ici à 2050 en raison de la fonte des glaces.

grâce à la présence de poils sous leur voûte plantaire qui facilitent leurs déplacements sur la glace et la neige tout en les protégeant contre le froid. Les ours polaires se nourrissent essentiellement de phoques, de baleines échouées, de poissons et d'oiseaux. Ils ne s'attaquent que rarement aux rennes et aux autres mammifères terrestres – comme les humains ! Le lait des ourses contient 30% de matières grasses. Il s'agit du lait le plus riche de tous les mammifères carnivores terrestres, ce qui garantit une rapide croissance des petits et leur survie malgré le froid extrême. Pour en savoir plus sur les ours polaires, reportez-vous à l'encadré p. 375.

Comme partout, les loups (*ulv*) ont souvent mauvaise réputation auprès des paysans, des gardiens de troupeaux de rennes et des chasseurs. Seuls quelques individus subsistent dans le pays, dans la région de Hamar et au Finnmark. Très rare, le lynx solitaire qui vit dans les forêts est le seul gros félin d'Europe du Nord.

Après des années de chasse en Atlantique nord et dans l'océan Arctique, les populations de plusieurs espèces de baleines ont malheureusement atteint des effectifs si faibles que leur survie en est menacée. En dehors des petits rorquals, rien n'indique que les autres cétacés puissent voir leur nombre croître dans cette zone.

Le rorqual boréal (*seihval*), une espèce de baleine à fanons menacée, nage au large du Finnmark ; son arrivée coïncide avec celle du lieu noir (*sei* en norvégien, d'où son nom), qui vient se nourrir de plancton, abondant à la belle saison. Il atteint 18 m pour environ 30 tonnes ; à la naissance, les petits font déjà 5 m. Au fil de sa migration annuelle, on le trouve au large du nord-ouest de l'Afrique et du Portugal (en hiver), puis au niveau de la Norvège et du sud de la mer de Barents (en été).

Le rorqual commun (*finhval*) fait jusqu'à 24 m et 80 tonnes. Ce cétacé fut particulièrement visé par le harpon explosif, inventé par le Norvégien Svend Føyn en 1864. En l'absence de réglementation, les baleiniers n'en laissèrent que quelques milliers en Atlantique nord. Cet animal migrateur passe l'hiver entre l'Espagne et le sud de la Norvège et l'été dans le nord du pays.

Le cachalot (*spermsetthval*), qui peut mesurer 19 m pour 50 tonnes, se reconnaît à son énorme tête carrée. Il se nourrit essentiellement de calmars et de poissons et vit en groupes de 15 à 20 individus. Sa population a beaucoup décliné du fait de l'exploitation de l'huile de baleine et du précieux ambre gris qu'il produit sous forme de concrétion intestinale. Les bancs de poissons au large des Vesterålen attirent bon nombre de cachalots, que l'on observe depuis les bateaux de croisière.

Le plus gros animal de la planète est un animal marin. La baleine bleue (*blåhval*) atteint 28 m pour 110 tonnes. Elle pourrait vivre 80 ans mais dépasse rarement 50 ans. Chassée pour son huile, l'espèce a finalement été protégée, mais bien trop tard, par la Commission internationale de la

LA VÉRITÉ SUR LES LEMMINGS

Rares sont les créatures à avoir été autant calomniées que l'humble lemming. Nous avons tous entendu des histoires racontant comment d'innombrables lemmings se seraient suicidés collectivement en plongeant du haut d'une falaise. Il se trouve également des gens pour affirmer que leur morsure est mortelle et qu'ils véhiculent des maladies.

Est-ce bien tout ce qu'il faut savoir sur les lemmings ? Eh bien, non. D'abord, même s'ils peuvent avoir un comportement agressif et se montrer féroces (parfois sans être menacés ni traqués), rien n'indique que leur morsure soit plus dangereuse que celle des autres rongeurs.

Et pour ce qui est de leur tendance suicidaire, on sait que tous les 5 à 20 ans, les lemmings entreprennent une migration massive quand, à la suite d'une saison de reproduction particulièrement féconde, la colonie est surpeuplée. L'accroissement du nombre d'individus décime la végétation, et le manque de nourriture les pousse à quitter les régions d'altitude pour trouver des zones moins peuplées. Ce phénomène s'est produit pour la dernière fois en 2001. Lors de ces déplacements, beaucoup finissent écrasés sur les routes ou dévorés par les prédateurs et les animaux domestiques. On constate que dans les deux ans qui suivent un accroissement de la population de lemmings, on assiste souvent à une augmentation des populations de prédateurs, renards, busards et hiboux.

Bien souvent, les rongeurs se dirigent massivement vers la mer et arrivent en haut d'une falaise. Quand la poussée du nombre s'accroît, les premiers sont précipités dans le vide. Il arrive aussi que le mauvais temps, quand ils traversent des fjords ou des lacs, provoque des noyades en masse. Même s'il s'agit d'un phénomène tragique, rien n'indique des tendances suicidaires !

Tous les lemmings ne participent pas à l'exode qui les conduit à une mort presque certaine. Les individus les plus malins et les plus agressifs, qui restent dans les collines et gardent leur territoire, engraissent et coulent des jours heureux. Ils se reproduisent et passent l'hiver sous la neige. Dès 15 jours, les jeunes femelles sont aptes à concevoir. La plupart font deux portées d'au moins cinq petits par an, assurant ainsi la survie de l'espèce.

chasse à la baleine en 1967. Elles étaient entre 6 000 et 9 000 avant 1864 ; il n'en resterait aujourd'hui que quelques centaines dans les océans du globe – malgré le nombre de 11 000 avancé par certaines "estimations" norvégiennes. Des observations récentes suggèrent que quelques baleines bleues sont de retour dans l'Atlantique du nord-est.

Grâce à une alimentation riche, l'ours polaire a un foie qui contient assez de vitamine D pour tuer l'humain qui serait assez bête pour le manger.

La baleine franche du Groenland (*grønlandshval*) avait quasi disparu à la fin du XIXe siècle, car ses fanons étaient alors utilisés pour la fabrication de corsets, d'éventails et de fouets et parce qu'elle ne nage pas vite et flotte quand elle est morte. Quelque 25 000 baleines franches vivaient au large du Svalbard en 1679. Il n'en reste qu'une poignée en Norvège, tandis que la population est à un seuil critique au niveau mondial.

La Norvège tient un point de vue controversé sur la chasse à la baleine commerciale ; reportez-vous p. 87.

PARCS NATIONAUX ET RÉSERVES NATURELLES

La plus longue baleine bleue jamais capturée fut peut-être aussi le plus gros animal de l'histoire : elle mesurait 33,58 m de longueur et 50 personnes tenaient sur sa langue.

Au dernier recensement, la Norvège comptait 37 parcs nationaux (dont sept au Svalbard) et 15% du pays était en zones protégées. Huit parcs nationaux ont été créés depuis 2003. Dans certains cas, leur mission consiste non pas à protéger un animal ou un milieu particulier, mais simplement à interdire le développement dans des régions demeurées sauvages. De ce fait, les limites des parcs ne coïncident pas toujours avec des paysages ou des écosystèmes remarquables : elles se contentent parfois de suivre les contours de zones inhabitées. L'accent est davantage mis sur la protection que sur la gestion de l'interaction entre l'homme et son environnement, mais il existe néanmoins quelques centres d'interprétation. Vous trouverez p. 73 la liste des parcs nationaux de Norvège. Tous figurent sur la carte des parcs nationaux (p. 72).

PARCS NATIONAUX

Les parcs norvégiens demeurent assez modestes et peu développés. Ils échappent ainsi à l'afflux de touristes et aux hébergements qui, en saison estivale, font de nombreux parcs des zones urbaines transplantées à la campagne. Certains parcs, comme le Jotunheimen, souffrent certes de l'augmentation de la fréquentation, mais dans la plupart l'érosion, la pollution et l'impact négatif sur la faune et la flore sont réduits au minimum.

Les parcs nationaux, les réserves naturelles et les autres zones protégées sont régis par une législation assez stricte. En général, les parcs sont

PRINCIPAUX PARCS NATIONAUX

Parcs national	Caractéristiques	Surface	Activités	Meilleure période	Page
Ånderdalen	tourbières, pins côtiers et forêts de bouleaux (certains arbres ont plus de 500 ans)	125 km²	-	juil-août	
Blåfjella-Skjækerfjella	forêt primaire d'épicéas	1 924 km²	observation des oiseaux	mai-sept	
Børgefjell	végétation alpine	1 447 km²	observation des oiseaux	juin-août	
Dovrefjell-Sunndalsfjella	bœufs musqués, rennes, Snøhetta (2 286 m)	4 367 km²	randonnée, escalade, safaris, ornithologie	mai-sept	p. 180
Femundsmarka	glaciers, hauts plateaux, bœufs musqués, rennes	390 km²	randonnée, sorties en bateau	mi-juin à août	p. 177
Folgefonna	glaciers	545 km²	randonnée, ski d'été	mai-sept	p. 222
Forlandet	aire de reproduction morses et phoques, oiseaux marins	640 km²	observation des oiseaux	juil-août	p. 383
Forollhogna	rennes sauvages	1 062 km²	-	juil-août	
Hallingskarvet	rennes sauvages	450 km²	randonnée	juil-août	
Hardangervidda	vaste haut plateau, la plus grande harde de rennes d'Europe	3 422 km²	ski nordique, randonnée	juin-août	p. 190
Jostedalsbreen	calotte glaciaire du Jostedalsbreen (487 km²), glaciers	1310 km²	randonnée, escalade sur glaciers, cerf-volant, sorties en bateau	juin-août	p. 246
Jotunheimen	les plus hauts sommets de Norvège	1 145 km²	randonnée	juil-août	p. 187
Lierne	montagnes, lynx, gloutons, ours	333 km²	observation des oiseaux	juil-août	
Møysalen	dernière zone sauvage des Lofoten, pic Møysalen (1 262 m)	51,2 km²	-	juil-août	p. 333
Nordvest Spitzbergen	champ de glace de Kongsbreen, Magdalenefjord, sites archéologiques, reproduction des caribous et mammifères marins	9 914 km²	randonnée, kayak	juil-août	p. 383
Øvre Anarjåkka	pins et bouleaux, tourbières, paysages lacustres	1 399 km²	-	juil-août	
Øvre Dividal	parc sauvage, bruyère et rhododendrons arctiques, gloutons	743 km²	randonnée, traîneau à chiens		p. 345
Øvre Pasvik	forêt boréale, dernier habitat des ours bruns en Norvège	119 km²	randonnée		p. 365
Rago	hauts pics, vallées encaissées et chutes, voisin de parcs nationaux suédois	167 km²	randonnée	juil-août	p. 301
Reisa	spectaculaires gorges de Reisa, chutes, vie sauvage	803 km²	randonnée	juin-août	p. 368
Rondane	rennes, massif des Rondane, sites archéologiques	963 km²	randonnée, safaris	juin-août	p. 183
Saltfjellet-Svartisen	sur le cercle polaire, landes d'altitude, champs de glace, sites archéologiques samis	2 105 km²	randonnée	juil-août	p. 299
Sør Spitsbergen	le plus vaste parc de Norvège, 65% de surface glacée, aire de reproduction des oiseaux marins	13 282 km²		juil-août	
Stabbursdalen	pinède la plus au nord du monde	98 km²	randonnée	juil-août	p. 356

ENTRETIEN AVEC HENRIETTE WESTHRINS, SECRÉTAIRE D'ÉTAT CHARGÉE DE L'ENVIRONNEMENT

La Norvège a été saluée pour son travail en matière de protection de l'environnement. Mérite-t-elle ces félicitations ? Oui et non : la Norvège dispose d'une vaste superficie pour peu d'habitants, aussi lui est-il plus facile qu'à d'autres de prendre soin de son environnement. Toutefois, pris individuellement, on constate que chaque Norvégien laisse une empreinte écologique similaire à celle des autres Européens. Tous les chiffres liés à l'écologie en Norvège sont sur notre site (www.regjeringen.no). Vous pourrez consulter les rapports réalisés sur notre bilan en matière d'environnement et les indicateurs concernant le développement durable. Les sites d'ONG comme le WWF (www.wwf.no) méritent aussi une visite. Nous faisons déjà beaucoup, mais nous devons faire beaucoup plus.

En matière de politique environnementale, dans quel domaine le gouvernement norvégien doit-il faire des progrès ? Je veux réduire nos émissions de CO_2 et faire de la Norvège un pays ayant un impact neutre sur le climat, enrayer la perte de la diversité biologique et mettre un terme aux rejets de produits toxiques rémanents. Je veux améliorer l'environnement urbain : réduire la pollution et le bruit, protéger les espaces verts et multiplier les pistes cyclables.

Et pour quels domaines le gouvernement norvégien mérite-t-il des louanges ? Pour notre nouveau plan de gestion de la mer de Barents, qui implique une gestion de la biodiversité fondée sur les écosystèmes, une surveillance et un contrôle stricts des rejets et la création de zones où toute exploration pétrolière sera interdite jusqu'à ce que nous ayons accru nos connaissances. Pour le fait qu'en Norvège tout le monde peut marcher librement en pleine nature sans se soucier des titres de propriété et qu'à de rares exceptions près les véhicules à moteur ne peuvent pas circuler en dehors des routes. Pour nos objectifs plus ambitieux que ceux définis par le traité de Kyoto et pour les efforts que nous faisons pour capturer et stocker le CO_2.

Comment la Norvège assume-t-elle la contradiction entre sa position de premier producteur mondial de pétrole et son désir de se montrer un citoyen modèle en matière d'environnement ? L'extraction de pétrole et de gaz représente environ un cinquième de nos émissions de CO_2 et un peu plus d'un cinquième de notre PNB. Oui, la moyenne des émissions de CO_2 par habitant en Norvège est supérieure à celle des autres pays de l'UE. Mais notre politique proscrit toute gabegie et consommation excessive. L'ère du pétrole sera bientôt terminée, et nous plaçons les revenus dans un fonds d'investissement en vue de l'avenir. Nous n'en utilisons que 4% pour notre budget annuel. Les richesses issues de nos exportations indirectes d'émissions de CO_2 nous imposent d'avoir des objectifs ambitieux dans le domaine climatique.

La Norvège souhaite devenir "carboneutre" et ramener ses émissions de gaz à effet de serre à zéro d'ici à 2050. Quelles sont les mesures prises par le gouvernement norvégien pour atteindre ces objectifs ? Nous avons des objectifs de réduction des émissions au niveau national et international. Notre feuille de route indique ce qui est réalisable dans les prochaines années dans l'industrie, les transports, la construction et dans tous les autres secteurs de la société norvégienne. Si nous pouvons également faire avancer les choses en finançant la réduction des émissions dans d'autres pays, nous le ferons. Le système de crédits pour les émissions de gaz à effet de serre n'est pas une échappatoire. C'est une façon efficace d'effectuer un transfert de technologie vers les pays pauvres tout en réduisant les émissions au niveau mondial. Le gouvernement a nommé une commission pour réfléchir aux moyens de réduire sérieusement nos émissions. Elle a conclu que les changements nécessaires n'étaient pas très coûteux. Vous pourrez lire ses conclusions en consultant l'édition 2006 de *Natural Resources and the Environnement* (Ressources naturelles et environnement), sur www.ssb.no/english/subjects/01/sa_nrm en anglais.

accessibles librement et gratuitement. Toutefois, les automobilistes doivent presque toujours acquitter un péage pour emprunter les routes d'accès. Il est interdit de jeter des ordures, de cueillir des plantes, de prélever des minéraux ou des fossiles, de chasser, de déranger les animaux et de circuler à bord d'un véhicule à moteur en dehors des routes. Pour un tourisme responsable, l'encadré p. 390 rappelle quelques principes à suivre lors d'une randonnée.

Le tourisme représente-t-il une menace à long terme pour les fjords ? Nous avons 2 650 km de côtes. Si nous ajoutons les fjords, les baies et les îles, on obtient 83 300 km. Il y a donc beaucoup d'espace et un grand nombre de fjords. Dans quelques-uns, on assiste parfois à la formation de files de bateaux de croisière et de voitures, qui accroissent la pollution de l'air, mais pas dans des proportions susceptibles de provoquer des dégâts à long terme. Nous avons déjà imposé des restrictions et vous ne verrez pas de gros hôtels en béton au bord de chaque plage. Nous avons durci les lois de protection du littoral, en interdisant les constructions à moins de 100 m de l'océan afin de protéger les accès à la mer.

En 1998, un rapport du WWF présentait les Norvégiens comme le peuple le plus destructeur pour la nature, notamment au vu de sa consommation de poissons. La situation s'est-elle améliorée ? Autant que je sache, ce rapport a ensuite été corrigé et la Norvège a été mieux notée. Certains des chiffres utilisés étaient faux – au sujet des poissons, du climat et de l'eau –, d'autres, mal interprétés. Il est exact que nous consommons beaucoup d'eau, mais, à la différence de nombreux pays, nous n'utilisons qu'une infime partie des précipitations annuelles. Nous consommons beaucoup d'électricité, mais elle provient à 99,9% d'énergies renouvelables. Nous prélevons environ 2,5 millions de tonnes de ressources halieutiques, alors que la prise mondiale se situe autour de 85 millions. Oui, c'est proportionnellement plus que la part qui nous revient, ramenée à la population mondiale. Mais cela tient à la longueur de notre littoral. Les poissons ignorent les frontières ; nous devons donc coopérer avec nos voisins et définir des quotas, notamment pour le cabillaud, le hareng et le maquereau, victimes de la surpêche. Fixer des quotas qui permettent la reproduction des espèces fait partie de nos priorités.

Le WWF ne s'est pas contenté de regarder ce que chaque pays fait à l'intérieur de ses frontières, il s'est aussi penché sur l'empreinte écologique mondiale. Comme les autres pays riches, la Norvège importe beaucoup et utilise de nombreuses ressources produites à l'étranger. En l'absence de politique de défense de l'environnement dans les pays producteurs, l'impact sur leur environnement nous sera imputé. La Norvège est capable de consommer en réduisant son impact et de mener des campagnes pour l'adoption de textes de protection de l'environnement plus contraignants. Le gouvernement s'efforce de faire les deux. Nous n'avons cessé de demander l'adoption de conventions internationales plus rigoureuses.

Quel est le plus grand défi écologique à relever pour la Norvège ? Le réchauffement climatique représente une sérieuse menace pour la planète et donc pour la Norvège. Une grande partie de nos territoires étant située dans l'Arctique, nous sommes particulièrement inquiets. En tant que pays producteur de pétrole, la Norvège a plus de responsabilités que beaucoup d'autres.

Quel conseil donneriez-vous aux voyageurs en route pour la Norvège désireux de réduire au minimum leur empreinte écologique ? Venez en ferry ou en train. La plupart des touristes utilisent déjà les transports en commun, mais si vous êtes en bonne condition physique et prêt à relever le défi, randonnez dans les collines et les montagnes, louez un vélo ou un kayak et explorez la Norvège à la force des muscles. Vous profiterez de nos merveilleux paysages sans rien devoir à personne. Achetez-vous des cartes ou affiliez-vous au **DNT** (www.turistforeningen.no) ; en suivant le balisage rouge en "T", vous irez de refuge en refuge dans nos montagnes.

La Norvège a une fiscalité plus ciblée que d'autres pays. Pouvez-vous expliquer ce choix ? La Norvège a introduit des taxes sur les émissions de CO_2, les pesticides et les déchets. Nous avons un système de consigne obligatoire pour les bouteilles, les boîtes de conserve et tous les appareils électriques. Je crois que partager collectivement la responsabilité afin d'atteindre nos objectifs est l'une de nos spécificités et l'un de nos plus grands atouts.

Propos recueillis par Anthony Ham

Pour de plus amples renseignements sur les parcs, contactez les offices du tourisme et la **Direction de la gestion de la nature** (Direktoratet for naturforvaltning ; ☎ 73 58 05 00 ; www.dirnat.no), à Trondheim.

ÉCOLOGIE

La Norvège est souvent présentée comme un pays modèle en matière d'écologie. Ces louanges sont pour la plupart méritées, même si le bilan environnemental du royaume n'est pas exempt de contradictions. Les autorités norvégiennes se sont engagées à réduire les émissions de gaz à effet de serre dans des proportions inédites et le magazine *National Geographic Traveler* a placé en 2004 les fjords norvégiens au premier rang de 115 grandes destinations touristiques selon des critères de développement durable. Mais la Norvège est aussi l'un des principaux exportateurs de pétrole de la planète et un acteur majeur dans l'industrie de la pêche.

La Norvège est exemplaire pour sa gestion de l'environnement au niveau local. Le traitement des déchets industriels est strictement réglementé, le recyclage est ici presque universel et l'on ne voit guère de détritus le long des routes. La propreté est une priorité autant en milieu urbain que rural.

Et, pourtant, du fait de la destruction de leur habitat, 1 000 espèces végétales et animales sont menacées (voir p. 69). Même si de nombreux animaux sont aujourd'hui protégés, la chasse et la pêche sportives restent particulièrement populaires en Norvège. La position du pays concernant la chasse à la baleine et au phoque a provoqué la colère de la communauté internationale et abouti à des boycotts des produits norvégiens.

Changement climatique

Le réchauffement climatique n'est évidemment pas un problème spécifique à la Norvège, mais peu de pays se sont autant engagés pour tenter de limiter les dégâts. En 2007, le gouvernement norvégien a promis d'"être sur le devant de la scène internationale dans l'effort visant à réduire l'impact de l'homme sur le climat". Il a exprimé sa volonté de devenir "carboneutre" et de supprimer toute émission de gaz à effet de serre d'ici à 2050. La stratégie employée consiste essentiellement à compenser ses 54 millions de tonnes d'émissions annuelles par l'achat de droits d'émission sur les marchés internationaux. Le gouvernement a également accepté de réduire les émissions de 30% avant 2030. Ces engagements ne doivent pas faire oublier que le Norvégien moyen émet actuellement 11 tonnes de gaz à effet de serre chaque année, un chiffre en accord avec ceux des autres pays développés, mais équivalant à trois ou quatre fois la moyenne mondiale. Certains mouvements écologistes ont taxé la Norvège d'hypocrisie, Greenpeace soutenant que "la Norvège devrait assumer la responsabilité des 500 millions de tonnes d'émissions provoquées par ses exportations de pétrole et de gaz".

La menace qui pèse sur les glaciers témoigne de manière inquiétante de l'évolution du climat en Norvège ; voir p. 65. D'autres signes sont encourageants. Une étude approfondie de la flore arctique du Svalbard, menée par l'université d'Oslo, suggère que les plantes résistent mieux qu'on ne le craignait, s'adaptant pour survivre aux grands changements climatiques des 20 000 dernières années.

Pêche et ressources marines

Dans un contexte de déclin des populations piscicoles, la position de la Norvège sur la chasse aux mammifères marins et les droits de pêche est particulièrement controversée.

PÊCHE COMMERCIALE

En 1998, un prérapport du World Wildlife Fund (WWF) a montré que l'impact des Norvégiens sur l'environnement était trois ou quatre fois supérieur à celui du citoyen moyen à l'échelle mondiale et que nul autre peuple n'était aussi destructeur pour l'environnement. Cette estimation se fondait essentiellement sur la consommation de poissons marins et sur une moyenne nationale de 250 kg de poisson pêchés par habitant et par an – un chiffre plus de dix fois supérieur à la moyenne mondiale. Pour connaître la réponse du gouvernement norvégien, reportez-vous à l'interview p. 75.

(Suite à la page 85)

Architecture et paysages

La ferme de Kjeåsen (p. 218), au bord de l'Eidfjord, jouit d'une vue splendide

ANDERS BLOMQVIST

Architecture traditionnelle

Les splendides paysages norvégiens ont de toute évidence inspiré nombre d'architectes, confrontés à la nécessité de bâtir des ouvrages capables de résister aux rigueurs du climat. Le résultat est souvent saisissant : maisons rustiques aux toits herbeux construites sur un modèle vieux de deux mille ans, églises en bois debout (*stavkirker*), immenses édifices religieux ou adaptations créatives de symboles samis et de formations géologiques arctiques.

Le bois et la pierre sont omniprésents dans l'architecture traditionnelle, comme en témoigne l'ancienne cité minière de Røros (p. 171), où de nombreuses maisons en bois colorées datent des XVIIe et XVIIIe siècles. Dans l'extrême Nord, où ces deux matériaux étaient plus rares, les premiers Samis nomades bâtirent leurs demeures en tourbe, un excellent isolant contre le froid. Dans les villes, ce style rural au charme rustique a laissé la place à une esthétique plus moderne, avec des lignes épurées et un minimalisme résolu.

Pour un aperçu des principaux styles architecturaux nationaux, visitez le musée Maihaugen (p. 167), à Lillehammer, ou l'un des superbes musées des arts et traditions populaires du pays.

LES ÉGLISES EN BOIS DEBOUT

Les églises en bois debout (*stavkirker*) sont sans conteste le plus célèbre apport norvégien à l'architecture. Fruits d'une imagination apparemment fantasque, elles s'adaptent parfaitement aux conditions locales. Apparus à la fin de l'ère viking et grandement restaurés, ces sanctuaires

top 10 ARCHITECTURE

- **Cathédrale arctique (p. 337), Tromsø**
- **Art nouveau, Ålesund (p. 265)**
- **Bryggen (p. 197), Bergen**
- **Église en bois debout de Heddal, (p. 153)**
- **Maisons de mineurs (p. 174), Røros**
- **Cathédrale de Nidaros (p. 279), Trondheim**
- **Parlement sami (p. 369), Karasjok**
- **Cathédrale de Stavanger (p. 225)**
- **Église en bois debout d'Urnes (p. 245)**
- **Vikingskipet (patinoire du Bateau viking ; p. 171), Hamar**

Cathédrale de Stavanger (p. 225)

ANDERS BLOMQVIST

Vieille ferme au toit herbeux au musée Sunnmøre (p. 264), Ålesund

© ROLF RICHARDSON / ALAMY

travaillés figurent parmi les plus anciens édifices en bois de la planète. Tirant leur nom de leurs piliers verticaux, ils se distinguent également par leurs sculptures détaillées – les pignons en tête de dragon rappellent les proues des bateaux vikings – et par leurs silhouettes élancées. Sur les 500 ou 600 églises qui existaient autrefois, il n'en reste que 28 et seules 20 ont conservé la plupart de leurs éléments d'origine. Parmi les plus belles, citons celles de Heddal (p. 153), de Ringebu (p. 183), de Fantoft (p. 202) près de Bergen et la plus ancienne de toutes, celle d'Urnes (p. 245), inscrite au Patrimoine mondial de l'Unesco. L'index de cet ouvrage en répertorie d'autres. Pour en apprendre davantage sur la construction des églises en bois debout, reportez-vous à l'encadré p. 242.

Église en bois debout du XIIIe siècle, Ringebu (p. 183)

JON DAVISON

Architecture contemporaine

Au lendemain de la Seconde Guerre mondiale, la nécessité d'une reconstruction rapide a favorisé une architecture fonctionnelle (souvent appelée *funkis* en langue vernaculaire) au détriment de la cohérence stylistique. Le meilleur exemple en est le l'hôtel de ville d'Oslo (p. 97), édifié en briques rouges dans les années 1950. Avec le temps, le style évolua en accordant plus d'importance à l'esthétique dans le renouveau urbain (comme en témoigne le quartier de Grünerløkka, à Oslo), et l'architecture s'harmonisa de nouveau avec l'environnement et l'histoire du pays.

Les architectes norvégiens ont excellé dans cette dernière phase, notamment dans le Nord arctique. La Cathédrale arctique (p. 337) de Tromsø, conçue par Jan Inge Hovig en 1964, fait penser aux crevasses glaciaires et aux aurores boréales. Tout aussi remarquable, le Parlement sami (p. 369), à Karasjok, donne une impression de robustesse et d'authenticité grâce à l'emploi de matériaux arctiques (bouleau, pin et chêne). L'éclairage suggérant le ciel nocturne de l'Arctique et la structure en forme de *gamma* (tente) samie sont extraordinaires. Cette interprétation créative des constructions traditionnelles se retrouve également dans la patinoire du Bateau viking (p. 171), à Hamar.

La structure de la Cathédrale arctique de Tromsø (Ishavaskaredralen ; p. 337) évoque une aurore boréale
CHRISTIAN ASLUN

La cathédrale de Nidaros (p. 279), à Trondheim, fut édifiée sur la tombe de saint Olav

WAYNE WALTON

LES INFLUENCES ÉTRANGÈRES

Des influences étrangères sont venues se mêler aux styles architecturaux typiques de la Norvège. Ainsi l'Art nouveau (*Jugendstil* en norvégien) a-t-il inspiré les quartiers portuaires d'Ålesund (p. 264). Construits au début du XXe siècle, les bâtiments sont ornés de symboles tirés de la mythologie norvégienne et facilement reconnaissables, comme les tourelles, les esprits et les gargouilles. D'autres courants étrangers, essentiellement anglo-saxons, se retrouvent dans la plupart des grands édifices religieux. La cathédrale de Nidaros (p. 279), à Trondheim, de style gothique, et celle de Stavanger (p. 225), de style roman, témoignent des influences qui prévalaient en Europe à l'époque de leur construction.

Maison de négoce, port d'Ålesund (p. 264)

JON ARNOLD IMAGES LTD / ALAMY

Paysages typiques

LES FJORDS

Paysage norvégien par excellence, le fjord compte au nombre des formations géologiques les plus étonnantes de la planète. La côte norvégienne est découpée par ces criques caractérisées par des falaises abruptes et une eau d'un bleu profond, où des fermes isolées viennent se percher sur des saillies boisées. Le réseau de fjords est si vaste – et chaque fjord d'une telle richesse – que l'on pourrait passer des mois à l'explorer sans jamais se lasser de tant de beauté.

top 10 FJORDS

Eidfjord (p. 218)
Le bras le plus spectaculaire du Hardangerfjord

Geirangerfjord (p. 261)
Vertigineux : l'un des sites emblématiques de la Norvège

Hardangerfjord (p. 216)
Collines vallonnées et charmants villages sur les rives du fjord

Jøssingfjord (p. 149)
Moins grandiose mais très escarpé, dans les plaines du Sud

Lysefjord (p. 233)
Falaises abruptes, croisières et points de vue étourdissants

Magdalenefjord (p. 383)
Un fjord reculé, peu visité, dans le Svalbard

Nærøyfjord (p. 239)
L'un des fjords les plus étroits et les plus jolis du pays

Sognefjord (p. 236)
Le plus long réseau de fjords de Norvège, et l'un des plus beaux

Trollfjord (p. 315)
Un fjord incroyablement profond, dans les Lofoten

Vestfjord (p. 313)
Baies abritées et ravissants villages, entre les Lofoten et le continent

Chute se jetant dans le Trollfjord (p. 315), Lofoten
WAYNE WALTON

Eaux parsemées de blocs de glace et glaciers du Magdalenefjord (p. 383), Svalbard GRAEME CORNWALLIS

L'image de la Norvège est si intimement liée à celle des fjords que l'on oublie facilement qu'il s'agit d'un phénomène géologique relativement récent. Si l'histoire géologique du pays remonte à 1,8 milliard d'années, les fjords ne sont apparus que bien plus tard. Durant les périodes glaciaires, les hauts plateaux du centre du pays ont reculé d'au moins 700 m sous la pression d'une couverture glaciaire atteignant jusqu'à 2 000 m d'épaisseur. Le mouvement de cette glace, tirée par la gravité dans les anciens lits des rivières, a creusé les fjords et les vallées, et formé les montagnes environnantes en sculptant les pics acérés et en découpant les hautes falaises de roche nue. Les fjords ont acquis leur aspect actuel après la dernière glaciation (il y a environ 10 000 ans), quand le réchauffement climatique a provoqué une élévation du niveau de la mer et qu'elle a envahi les nouvelles vallées créées par la fonte des glaciers. On pense que le niveau de la mer se serait alors élevé de 100 m, donnant naissance à des fjords d'une stupéfiante profondeur.

Les fjords norvégiens ont toujours suscité l'admiration. En 1870, les membres de clubs londoniens vinrent se procurer la fameuse glace bleue qui rafraîchirait leurs boissons et garantirait leur excentricité. Plus récemment, en 2004, le magazine *National Geographic Traveler* a élu les fjords de Norvège première destination touristique écologique du monde. L'année suivante, l'Unesco a inscrit le Geirangerfjord et le Nærøyfjord sur la liste du Patrimoine mondial, les qualifiant de "fjords classiques, superbement développés" et les classant "parmi les régions de fjords les plus exceptionnelles de la planète". D'innombrables voyageurs viennent sur les rives ou arpentent les étroits sentiers à des centaines de mètres au-dessus de la mer, émerveillés par le silence et le spectacle fascinant offert par ces cathédrales de roche et de glace.

LE NORD ARCTIQUE

À la majesté des fjords le Nord arctique oppose son mystère. Du Svalbard (p. 371), équidistant du pôle Nord et du cap Nord (Nordkapp), à la superbe route de l'Arctique (p. 294), qui relie le Sud à la Norvège arctique, le Grand Nord abonde en phénomènes étranges et fascinants.

Ours polaire (*isbjørn*) sur un bloc de glace, Svalbard (p. 371)

JONATHAN CHEST

La première chose qui frappe est l'horizon sans fin d'un paysage à la beauté austère. Dans sa forme extrême, cette impression vertigineuse d'un monde sans limite est appelée *Fata Morgana* (voir l'encadré, p. 68) – une perte de toute notion de distance et de perspective. En hiver, vous serez peut-être plus subjugué par les aurores boréales (voir l'encadré, p. 67), ou lumières du Nord, qui évoquent une danse de spectres colorés. Le soleil de minuit et l'interminable nuit polaire (voir l'encadré, p. 67), qui peuvent sembler déroutants, ajoutent de la magie à un séjour norvégien. La Norvège arctique doit aussi une grande partie de son attrait aux Samis (p. 42), un peuple d'éleveurs de rennes, fier de ses traditions. Quoi de plus mystérieux qu'un peuple choisissant de vivre dans un environnement aussi inhospitalier ? La région compte aussi la seule population d'ours polaires d'Europe, au Svalbard, des toundras parsemées de lichens et une architecture parfaitement adaptée à l'environnement (p. 80). Les plus belles destinations de la Norvège arctique sont présentées p. 26.

LES ÉTENDUES MONTAGNEUSES

Si la Norvège vous semble spectaculaire, imaginez à quoi elle ressemblait il y a 450 millions d'années, lorsque la chaîne calédonienne, qui traverse tout le pays, était aussi haute que celle de l'Himalaya ! Au fil des millénaires, la glace et l'eau ont érodé cette chaîne jusqu'à sa forme actuelle, qui couvre plus de la moitié de la Norvège continentale et englobe certains des plus vastes glaciers et champs de glace d'Europe. Si les hauts plateaux font le bonheur des touristes et des sportifs, ils favorisent moins les agriculteurs, auxquels ils n'offrent que 3% de sols cultivables. Les plus hautes montagnes du pays se situent dans le parc national du Jotunheimen (p. 187), où le Galdhøpiggen s'élève à 2 469 m. Non loin, le Glittertind (2 465 m) fut longtemps le point culminant de la Norvège, avant que le glacier au sommet ne rétrécisse année après année. Pour un itinéraire comprenant les plus beaux sites des hautes terres, reportez-vous p. 25.

UNE SÉRIEUSE MENACE POUR L'ENVIRONNEMENT : LES VENTS DES ÉLANS

Réchauffement climatique. Carburants fossiles. Pets d'élans… Cela ne fait certes pas très sérieux, mais il faut savoir qu'un élan ballonné peut faire plus de dégâts qu'une berline.

Selon un article paru dans le *Times* en août 2007, les pets et les rots émis chaque année par un seul élan adulte dégagent l'équivalent en méthane de 2 100 kg de CO_2, soit environ ce que rejette une voiture en 13 000 km. Reidar Andersen, scientifique en poste à l'université technique de Trondheim, exprime les choses un peu différemment : "Tuez un élan, et vous compenserez l'équivalent de 36 vols entre Oslo et Trondheim." On estime à 120 000 individus la population d'élans sauvages vivant dans les vastes espaces norvégiens et les autorités ont fixé à 35 000 le quota de chasse pour 2007. Cela fait certes beaucoup de méthane, mais cela n'autorise pas pour autant à négliger le stress imposé à cette malheureuse population par ailleurs innocente !

(Suite de la page 76)

Force est de reconnaître que leurs intérêts économiques comptent autant que leur conscience écologique dans la manière dont les Norvégiens abordent la diminution critique des populations de poissons dans leurs eaux territoriales. Depuis toujours, les eaux côtières nationales, très poissonneuses, forment l'épine dorsale de l'économie norvégienne. La pêche est aujourd'hui encore au deuxième rang des produits d'exportation, et elle était l'une des rares ressources commerciales du pays avant l'ère du pétrole. Un contexte bien utile pour comprendre la politique nationale en matière de gestion de la vie marine.

Pêche et aquaculture restent les fondements de l'économie des régions littorales. Près de 22 000 personnes travaillent sur les bateaux de pêche, auxquelles s'ajoutent les employés des multiples industries secondaires – chantiers navals, alimentation des poissons, conditionnement, fabrication du matériel de pêche, transport, etc. Avec une prise annuelle comprise entre 2,5 et 3 millions de tonnes, la Norvège se classe au 10e rang mondial des pays pêcheurs et au 1er rang des exportations de poissons.

La présence des eaux chaudes du Gulf Stream constitue un facteur déterminant pour le succès de la pêche au large des côtes norvégiennes. Celle-ci varie d'année en année ; plus le volume d'eau chaude est important, plus il y a de plancton dans le Grand Nord et plus il y a de nourriture pour les poissons et les mammifères marins.

Jusqu'à il y a encore 25 ans, la pêche en eau profonde n'était pratiquement pas réglementée. Durant les années 1960, des conditions marines optimales, associées au développement des radars et à leur utilisation pour localiser les bancs de harengs et autres poissons à haute valeur marchande, permirent aux pêcheurs norvégiens de rapporter des prises fabuleuses. Mais cette pêche miraculeuse ne pouvait durer indéfiniment. Vers la fin des années 1970, les stocks de harengs étaient quasi épuisés. De plus, la surpêche avait mis à mal les populations de morues de tout l'Atlantique nord.

La menace de voir des dizaines de milliers de personnes perdre leur source de revenus obligea le gouvernement à réagir. Le 1er janvier 1977, la Norvège créa une zone économique de 200 miles nautiques au large de ses côtes, puis l'étendit quelques mois plus tard à l'archipel du Svalbard et, en 1980, à Jan Mayen. Le pays a conclu des accords avec l'UE, la Russie, les îles Féroé, l'Islande, le Groenland et la Pologne pour fixer des quotas.

Trente ans plus tard, grâce à la mise en place de mesures de protection comprenant des quotas draconiens, l'industrie du hareng a retrouvé sa prospérité. Des dispositions ont été prises pour réglementer la pêche à la morue, mais il faudra des années avant que les réserves ne se reconstituent, si elles le font.

Pour suivre les débats sur la chasse à la baleine, consultez les sites de Greenpeace (www.greenpeace.org/france), de la Société pour la conservation des baleines et des dauphins (www.wdcs.org), de l'Alliance du Grand Nord (www.highnorth.no), du ministère norvégien de la Pêche (www.regjeringen.no/en), de la Commission internationale de la chasse à la baleine (www.iwcoffice.org) et le site officiel de la Norvège en France (www.norvege.no).

L'aquaculture, qui prospère depuis une bonne vingtaine d'années, est née pour compenser la perte des stocks de poissons sauvages. Elle est surtout spécialisée dans le saumon de l'Atlantique et la truite de mer.

Des expériences ont aussi été menées sur l'omble chevalier, le flétan, le poisson-chat et la coquille Saint-Jacques. Quelque 500 000 tonnes de poisson sont aujourd'hui produites chaque année. Les exportations de saumons et de truites représentent 55% de la valeur totale des exportations piscicoles.

Cette alternative à la pêche en haute mer peut néanmoins engendrer des conséquences néfastes. Le principal danger est que les maladies touchant les poissons d'élevage se propagent aux populations sauvages. Une réglementation de plus en plus stricte vise à réduire les risques que des poissons d'élevage s'échappent et contaminent des animaux sauvages. Mais il y en a toujours pour passer au travers des mailles du filet et le problème demeure.

GÉOTOURISME : RENCONTRE AVEC BJØRN KRAG INGUL

Le géotourisme, une initiative du **Centre pour les destinations durables de *National Geographic*** (NGCSD ; www.nationalgeographic.com/travel/sustainable/index.html), est l'une des meilleures idées proposées dans le domaine du tourisme durable ces dernières années. La pièce maîtresse de ce programme est la Charte du géotourisme, dont la Norvège est actuellement l'un des trois pays signataires.

La déclaration de principes de la Charte du géotourisme s'organise autour de 13 engagements, visant non seulement la préservation de l'environnement, mais aussi celle de la diversité culturelle, historique et naturelle, en veillant à y associer les populations. En Norvège, l'organisme d'État **Innovation Norway** (www.innovasjonnorge.no/Om-oss/innovation-norway/ ou www.innovasjonnorge.no/reiseliv) est chargé de l'application de la charte. Nous avons rencontré Bjørn Krag Ingul, conseiller en chef du programme de géotourisme.

Quels sont les premiers projets mis en place sous l'égide de la Charte du géotourisme ? Nous avons réalisé un guide expliquant ce qu'est le géotourisme et comment le mettre en œuvre au niveau local, et nous travaillons actuellement sur un grand programme éducatif à l'intention des professionnels du tourisme en Norvège, destiné à augmenter le niveau de qualification dans ce secteur. À l'automne 2007, nous avons lancé un concours national de développement de produits, pour lequel le respect des principes du géotourisme était l'un des principaux critères pour recevoir de l'argent. Nous subventionnons également des cours à l'intention de quelque 600 cuisiniers pour leur apprendre à travailler avec des ingrédients produits localement. Nous finançons par ailleurs deux projets pilotes, l'un dans la région de Geiranger et du Nærøyfjord, l'autre avec les Historical Hotels et la société Good Life. Ces deux programmes visent à mettre en œuvre les principes du géotourisme dans cette région et ces entreprises. Mais le concept est encore nouveau en Norvège et il faudra du temps pour le faire connaître.

Les touristes pourront-ils être associés d'une manière ou d'une autre ? Ils peuvent bien sûr choisir de s'inscrire dans les activités proposées ; certaines sociétés fournissent en outre des directives précises et demandent aux touristes de se plier aux règles de respect de l'environnement.

L'activité touristique actuelle est-elle plutôt positive ou négative pour les fjords ? Je pense que les fjords peuvent accueillir un plus grand nombre de visiteurs. La menace serait que l'activité devienne incontrôlable, surtout en ce qui concerne les croisières : un trop grand nombre de bateaux pourrait devenir problématique si les flux n'étaient pas bien gérés.

Si vous deviez donner un conseil aux touristes en matière de respect de l'environnement durant leur séjour en Norvège, quel serait-il ? De se documenter sur la région avant d'arriver, de se renseigner sur la culture et l'histoire et de voir quelles sont les activités proposées une fois sur place. Il faut bien sûr ne laisser aucun détritus, ni polluer de manière inconsidérée.

Propos recueillis par Anthony Ham

CHASSE AU PHOQUE

La chasse au phoque est devenue une grande cause pour les amis des animaux et les défenseurs de l'environnement du monde entier. En Norvège, elle concerne uniquement deux espèces : le phoque du Groenland et le phoque à capuchon. Son but officiel, à savoir le contrôle d'une population en expansion, vise essentiellement à satisfaire les pêcheurs qui considèrent comme des concurrents ces mammifères marins consommant jusqu'à 2,5 kg de poisson par jour.

La chasse aux phoques est aussi une source de revenus en Norvège comme dans d'autres pays des rivages de l'Atlantique nord. Elle reste une activité à une petite échelle, mais on lui reproche sa cruauté. L'animal est chassé pour sa fourrure et sa viande. Pour apaiser les opposants, la législation stipule que les chasseurs n'ont droit qu'à deux armes, un fusil et un *hakapik*, ou gaffe. Le premier est destiné aux adultes, le second aux petits, qu'il est interdit de chasser avant qu'ils ne soient sevrés. Les chasseurs ont l'obligation de suivre des cours et de réussir des tests de tir avant l'ouverture de chaque saison.

CHASSE À LA BALEINE

Concernant l'environnement en Norvège, aucune question ne soulève autant d'indignation et de ferveur chez les écologistes du monde entier que la chasse à la baleine dans l'Atlantique nord.

En 1986, à la suite d'une campagne mondiale exprimant l'inquiétude de la communauté internationale au sujet des populations baleinières sur la planète, la Commission internationale de la chasse à la baleine (IWC) a imposé un moratoire. Celui-ci a été en grande partie respecté, mais deux éléments importants sont venus le remettre en question ces dernières années.

Le premier fut la décision des trois grands pays chasseurs, la Norvège, le Japon et l'Islande, de reprendre leurs activités ou, pour ce qui est du Japon et de l'Islande, de se retirer de l'IWC et de se remettre à chasser à plein régime si le moratoire n'était pas remplacé par un plan de gestion limitant la chasse mais l'autorisant.

La Norvège a recommencé à chasser les petits rorquals en 1993 au mépris de l'interdiction internationale. Le pays se présente en faveur de la protection des espèces menacées, mais les autorités affirment que la population de petits rorquals, évaluée à quelque 100 000 individus dans l'Atlantique du nord-est, peut supporter des prélèvements limités. À la suite d'un vote à l'unanimité, le gouvernement norvégien a fixé en 2006 un quota de captures de 1 052 animaux, ce qui représente une augmentation de 30% par rapport à celui de l'année précédente et plus de la moitié du nombre de petits rorquals tués chaque année par la Norvège avant le moratoire. Greenpeace, qui depuis des décennies lutte contre la chasse à la baleine, a jugé que l'augmentation des quotas était une "provocation insensée à l'égard de la communauté internationale".

Le second élément fut l'adhésion à l'IWC de pays nouvellement impliqués dans cette activité, comme la Mauritanie, la Côte d'Ivoire, la Grenade, le Tuvalu et même la Mongolie et le Mali, pourtant dépourvus de côtes. La majorité s'en trouve modifiée. En 2000, 55 voix s'étaient exprimées en faveur de la chasse pour 9 contre ; aujourd'hui, presque 50% des 73 membres se prononcent pour la chasse, sachant qu'une majorité de 75% est requise pour que l'IWC change de politique. Le Japon n'a apporté aucun démenti aux allégations selon lesquelles les votes en faveur de la reprise de la chasse auraient été récompensés par des aides au développement.

La Norvège considère que le moratoire a vécu et n'est plus nécessaire. Faisant fi des données historiques qui indiquent que les baleiniers de la région ont pratiquement provoqué l'extinction de leurs proies, elle avance que les chasseurs sont aujourd'hui mieux informés, qu'ils disposent de plus de recul, adhèrent à un système de quotas raisonné et utilisent des méthodes plus humaines. Elle affirme soutenir uniquement les entreprises traditionnelles familiales et n'avoir aucune intention de reprendre la pêche industrielle. De nombreux Norvégiens voient dans les écologistes des citadins entretenant un rapport sentimental avec les animaux, fondé sur un anthropomorphisme peu réaliste qui les amène à projeter des émotions humaines chez les mammifères marins. Le Japon et la Norvège ont repris le commerce de la viande de baleine en 2004. L'industrie vit surtout des exportations et non de la consommation intérieure, même si la viande de baleine a droit de cité sur les étals des marchés aux poissons, notamment à Bergen.

Les baleines de Norvège sont aussi menacées par la pollution chimique, en particulier par les PCB, que l'on soupçonne d'endommager les systèmes immunitaires et reproductifs des cétacés et dont on sait qu'ils ont déjà occasionné de nombreux décès à la suite d'infections virales.

Le point de vue de la Norvège sur la chasse à la baleine est bien présenté au musée de la Baleine (p. 133) de Sandefjord, sur la côte sud du pays.

Exploitation forestière

L'industrie forestière norvégienne compte parmi les plus durables du monde – sachant qu'aucune exploitation forestière n'est entièrement neutre pour l'environnement. L'essentiel des dégâts visibles dans les forêts est imputable au défrichage pour l'agriculture et à la surexploitation du bois de construction entre le XVIIIe et le XXe siècle. Plus de 1 000 espèces vivant en milieu forestier n'en sont pas moins menacées par la perte de leur habitat. Les régions officiellement protégées n'englobent même pas 1% des forêts, un chiffre bien inférieur à la norme internationale de 5%. Les forêts anciennes sont très rares.

La forêt ancienne de Trillemarka-Rollagsfjell couvre 205 km^2 à quelque 100 km à l'ouest d'Osloa. Elle a éveillé l'intérêt des écologistes qui ont demandé au gouvernement d'en faire une réserve destinée à protéger les espèces menacées, tant végétales qu'animales – comme le pic peichette, le pic tridactyle, le mésangeai imitateur et l'aigle royal.

Aujourd'hui, les forêts norvégiennes réservées à la culture couvrent environ 25% du pays. De nombreuses petites entreprises, surtout dans l'Est, coupent quelque 8,5 millions de m^3 par an. Les coupes à blanc, pratiquées dans quelques zones, restent exceptionnelles. En général, les exploitants pratiquent un abattage sélectif, de manière à réduire l'érosion des sols et à éviter de dégrader les paysages. De plus, les parcelles coupées sont immédiatement remises en culture. Environ 50 millions de jeunes arbres sont plantés chaque année.

Zones sauvages

La Norvège possède l'une des densités de population les plus faibles d'Europe. Mais, en raison d'une répartition lâche du peuplement, qui privilégie les fermes isolées au détriment des villages, même les zones les plus retirées sont habitées. Ce type d'implantation unique en Europe explique le caractère rural d'une large proportion de la population. Ce facteur, associé à un amour de l'air pur et des loisirs de plein air, a permis à la majorité des Norvégiens de rester en contact avec la nature.

Malgré les apparences, les zones véritablement sauvages sont donc très peu nombreuses. L'activité humaine a fortement modifié le milieu naturel norvégien. Des routes quadrillent le paysage, reliant les maisons et fermes isolées ou les zones d'exploitation forestière aux régions plus peuplées. À l'exception de deux fleuves, tous les grands cours d'eau sont équipés de barrages hydroélectriques. Beaucoup de familles norvégiennes possèdent une résidence secondaire près d'un lac, dans une station de ski ou dans une région appréciée pour la beauté de son environnement. Même les paysages apparemment vierges du Finnmark et les immenses péninsules qui s'avancent dans l'océan Arctique servent de pâturages aux troupeaux de rennes. La vraie nature sauvage ne subsiste plus que sur les glaciers d'altitude et dans les parcs nationaux, ainsi que dans quelques parcelles boisées le long de la frontière suédoise, dans des zones éparses de la Hardangervidda et dans une grande partie du Svalbard.

Recyclage

Les Norvégiens pratiquent avec enthousiasme le tri des déchets ménagers et le recyclage. Les voyageurs sont incités à en faire autant. Le système de consigne mis en place pour les bouteilles en verre est un succès : environ 96% des bouteilles de bière et de soda sont maintenant rendues. Les supermarchés paient les canettes en aluminium et les bouteilles en plastique rapportées, généralement entre 1 et 1,50 NOK. Le prix des véhicules vendus en Norvège comprend une écotaxe pour leur recyclage, qui garantit leur transformation en fin de vie.

Toutefois, la quantité moyenne de déchets ménagers a presque doublé depuis le début des années 1970, pour atteindre 375 kg par personne. Cette augmentation a coïncidé avec les glorieuses années de l'ère du pétrole en Norvège. Les autorités et les citoyens ont tout d'abord tardé à réagir. En 1992, seulement 9% des déchets ménagers étaient recyclés. Depuis, les chiffres sont devenus une source de fierté nationale. Environ 50% des déchets ménagers et les deux tiers des déchets industriels sont aujourd'hui recyclés. La Norvège est un leader mondial pour le recyclage des produits électriques et électroniques. Mais le méthane issu des déchets ménagers représente encore 7% des émissions de gaz à effet de serre et les Norvégiens consomment plus de 130 000 tonnes d'emballages en plastique chaque année.

Oslo

Entourée d'un "fjord" et de kilomètres de forêts, la capitale norvégienne est une ville plaisante, au séduisant mélange de bâtiments anciens, modernes et classiques des années 1960. D'une taille idéale pour être exploré à pied, le centre-ville offre d'excellents musées et une vie nocturne animée, auxquels s'ajoute la proximité de nombreuses activités de plein air.

Très diversifiés, les musées comblent toutes les curiosités des visiteurs, qu'ils souhaitent admirer *Le Cri*, saisissant portrait d'Edvard Munch à la Galerie nationale, éprouver les sensations du saut à ski au musée du Ski de Holmenkollen, ou découvrir l'histoire et la culture du pays dans les superbes musées des Bateaux vikings, du Navire polaire *Fram* ou des Arts et Traditions populaires de Norvège à Bygdøy. Centre cosmopolite, Oslo compte un nombre croissant de cafés, de bars et de restaurants haut de gamme. En soirée, le choix s'étend des représentations d'opéra de haut niveau aux concerts de jazz ou de rock indé.

Nombre d'habitants de la capitale, passionnés de randonnée, de ski et de voile, apprécient la facilité avec laquelle on peut s'échapper de l'agitation urbaine. Située au bout de l'Oslofjord (qui n'est pas un fjord mais n'en reste pas moins joli), Oslo est l'une des plus vastes capitales européennes (450 km^2), mais aussi la moins peuplée. Elle est la seule où l'on peut s'adonner au vélo, à la randonnée, au patinage, au kayak, à la voile et au ski sans quitter la ville, ou en empruntant le train sur une courte distance.

À NE PAS MANQUER

- Une promenade le long de Karl Johans gate pour prendre un café au **Grand Café** (p. 112), comme le faisait jadis Henrik Ibsen
- Une flânerie dans le **centre-ville** (p. 95) en dégustant une glace.
- Une excursion dans la **Nordmarka** (p. 107) pour cueillir des myrtilles en été et faire du ski en hiver
- La visite du **musée Munch** (p. 106), puis le tour des **cafés et des bars de Grünerløkka** (p. 114)
- Les œuvres de Gustav Vigeland, le sculpteur favori des Norvégiens, dans **le parc Vigeland** (p. 101)
- Les bateaux et les cartes des musées des Bateaux vikings, du *Kon-Tiki* et du Navire polaire *Fram* à **Bygdøy** (p. 103)
- Un repas impromptu de crevettes sur les quais d'**Aker Brygge** (p. 114)

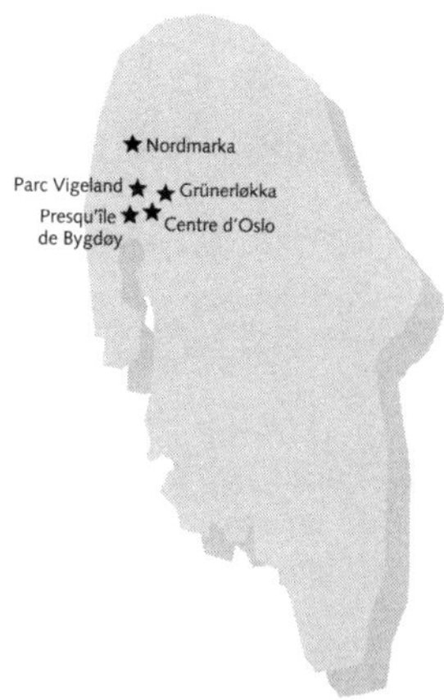

- 548 000 HABITANTS
- POINT CULMINANT : FJELLSJØKAMPEN (812 m)

HISTOIRE

Le nom Oslo provient de deux mots de vieux norrois : *ás*, divinité, et *lo*, prairie. Il peut se traduire par “champ des dieux”.

La ville fut fondée en 1049 par le roi Harald Hårdråde (dit le Sévère ; voir p. 32), dont le fils Olav Kyrre (dit le Tranquille) construisit une cathédrale et établit un évêché. À la fin du XIIIe siècle, le roi Haakon V instaura une présence militaire en la forteresse Akershus (Akershus Festning ; voir p. 100), dans l'espoir de contrecarrer la menace suédoise à l'Est. Après que l'épidémie de peste bubonique eut décimé la moitié de sa population au milieu du XIVe siècle, la Norvège s'allia au Danemark et, de 1397 à 1624, Copenhague géra la politique et la défense norvégiennes. Oslo sombra dans l'oubli, avant d'être dévastée par un incendie en 1624. Le roi Christian IV la fit rebâtir sur un site mieux protégé et la baptisa Christiania en son honneur.

Pendant trois siècles, la cité fut un bastion défensif. En 1814, les auteurs de la première Constitution norvégienne en firent la capitale officielle du nouveau royaume. Leurs efforts furent anéantis par la Suède, qui unifia les deux pays sous sa domination. En 1905, après la dissolution de cette union, Christiania commença à prospérer en tant que capitale de la Norvège moderne. La ville reprit son nom d'origine, Oslo, en 1925.

ORIENTATION

La gare ferroviaire centrale (Oslo Sentralstasjon ou Oslo S) se situe à l'extrémité est du centre-ville, non loin de la gare routière Galleri Oslo, au nord-est. D'Oslo S, l'artère principale, Karl Johans gate, constitue un axe majestueux qui part vers l'ouest à travers le cœur de la ville, jusqu'au Palais royal. La plupart des sites, dont le port et la forteresse Akershus, se tiennent à un quart d'heure à pied de Karl Johans gate, de même que la plupart des hôtels et des pensions. Nombre des sites excentrés, tels le parc Vigeland et le musée Munch, sont à une courte distance en bus ou tramway. La traversée du port en ferry jusqu'à la presqu'île de Bygdøy prend à peine 10 minutes.

Cartes

Les offices du tourisme distribuent une carte détaillée et gratuite de la ville. Au verso, figurent un plan du T-bane (métro) et une carte de Holmenkollen.

RENSEIGNEMENTS

Accès Internet

Arctic Internet Café (carte p. 98 ; ☎ 22 17 19 40 ; Oslo S ; 35/60 NOK 30 min/heure ; 🕒 8h-24h)
Deichmanske Bibliotek (bibliothèque municipale ; carte p. 98 ; ☎ 22 43 29 00 ; Arne Garborgs plass ; accès gratuit 1 heure, Wi-Fi illimité ; 🕒 10h-18h lun-ven, 9h-14h sam juin-août ; 10h-19h lun-ven, 10h-16h sam sept-mai)
IT-Palasset (carte p. 95 ; ☎ 22 46 21 12 ; www.it-palasset.no ; Majorstua T-bane, Sørkedalsveien 1 ; 60 NOK/heure ; 🕒 10h-24h lun-ven, 11h-24h sam-dim)
Use-It (carte p. 98 ; ☎ 22 41 51 32 ; Møllergata 3 ; accès gratuit ; 🕒 9h-18h lun-ven, 11h-17h sam juin-août ; horaires réduits le reste de l'année)

WI-FI

De nombreux cafés d'Oslo proposent un accès Wi-Fi à leurs clients. L'office du tourisme en possède la liste.
Kaffe & Krem (carte p. 98 ; ☎ 22 83 25 10 ; Haakon VII gate)
Nobel Peace Center (carte p. 98 ; 🕒 48 30 10 00 ; Aker Brygge). Dans un lieu emblématique.
QBA (carte p. 95 ; ☎ 22 35 24 60 ; Olaf Ryesplass 4 ; Grünerløkka)
Tea Lounge (carte p. 95 ; Thorvold Meyersgate 33 ; Grünerløkka). Un bar recommandé.

Agence de voyages

Kilroy Travels (carte p. 98 ; ☎ 02633 ; www.kilroytravels.no ; Nedre Slottsgate 23 ; 🕒 10h-18h lun-jeu, 10h-17h ven, 11h-15h sam). S'adresse principalement aux jeunes et aux étudiants. Billets sur liste d'attente à prix réduits.

Argent

Des banques dotées de DAB bordent Karl Johans gate. L'office du tourisme et la poste d'Oslo S changent des espèces (uniquement en couronnes norvégiennes) à un taux moins avantageux – habituellement 3% de moins que les banques. **Forex** (carte p. 98 ; ☎ 22 41 30 60 ; www.forex.no ; Fridtjof Nansens plass 6 et Oslo S ; 🕒 9h-18h lun-ven) est le principal établissement de change de Scandinavie.

Bibliothèques

Deichmanske Bibliotek (carte p. 98 ; ☎ 22 43 29 00 ; 4 Arne Garborgs plass ; 🕒 10h-18h lun-ven, 9h-14h sam juin-août ; 10h-19h lun-ven, 10h-16h sam sept-mai). La plus grande bibliothèque publique du pays. Salle de lecture avec journaux et magazines étrangers.
Bibliothèque nationale (Nasjonalbiblioteket ; carte p. 98 ; ☎ 81 00 13 00 ; www.nb.no ; Drammensveien 42 ;

OSLO EN...

Deux jours

Commencez la journée par une rapide promenade dans le centre-ville en passant par le beau **Stortinget** (Parlement ; p. 97), le **Théâtre national** (p. 117) et la **cathédrale d'Oslo** (p. 96), tous trois dans Karl Johans gate, une rue piétonne animée. Faites une pause au **Grand Café** (p. 112), le repaire favori de Henrik Ibsen, avant de visiter la **Galerie nationale** (p. 95) voisine, dans Universitetsgata, pour avoir un bon aperçu de l'œuvre d'Edvard Munch. Les bibliophiles remonteront Henrik Ibsensgate jusqu'au **musée Ibsen** (p. 96).

Pour déjeuner, achetez des crevettes aux bateaux de pêche amarrés aux quais d'**Aker Brygge** (p. 114), puis choisissez une pâtisserie chez **Pascal** (p. 114) avant de visiter le **Nobel Peace Center** (p. 96). À Aker Brygge, prenez un ferry pour **Bygdøy** (p. 103) et passez l'après-midi à découvrir les exploits des grands explorateurs norvégiens au **musée du Navire polaire *Fram*** ou **des Bateaux vikings** (p. 104). Sinon, rendez-vous au **musée des Arts et Traditions populaires** (p. 114) qui regroupe en plein air des bâtiments et des objets de tout le pays.

Le soir, explorez les bars, les cafés et les restaurants de **Grünerløkka** (p. 114) et/ou profitez de la vue et du service attentif du **Holmenkollen Park Hotel** (p. 112).

Quatre jours

Suivez l'itinéraire de deux jours, puis visitez le **château médiéval Akershus** (p. 100) et le **musée norvégien de la Résistance** (p. 101). Vous pourrez ensuite flâner parmi les puissantes statues de Gustav Vigeland dans le **parc Vigeland** (p. 101), et faire un tour au **musée Vigeland** (p. 102).

Les plus sportifs prévoieront un après-midi de marche, de ski ou de vélo dans la **Nordmarka** (p. 107). Vous pourrez aussi prendre le T-bane jusqu'à **Frognerseteren** (p. 115) pour savourer un gâteau aux pommes en admirant le panorama. Au retour, le **tremplin de ski** et le **musée du Ski de Holmenkollen** (p. 106) méritent une halte.

Dînez dans un restaurant sur le port à **Aker Brygge** (p. 114) ou, pour les plus gastronomes, au **Bagatelle** (p. 113), salué par deux étoiles au Michelin.

Une semaine

En une semaine, vous disposerez d'assez de temps pour découvrir quelques musées plus pointus (ou bizarres), flâner au-delà de Karl Johans gate et faire une excursion d'une journée.

Le **musée d'Histoire** (p. 96) et le **musée Munch** (p. 106) figurent en tête de liste. Quant au **musée Astrup Fearnley** (p. 95), il offre une vision variée de l'art contemporain occidental. Par beau temps, les familles apprécieront un trajet en ferry et un pique-nique parmi les ruines du XIIe siècle à **Hovedøya** (p. 108). Les curieuses demeures du XVIIIe siècle du **quartier de Damstredet** (p. 101), les bazars de **Grønland** (p. 114) et le quartier branché de **Gamlebyen** (p. 101) sont tous à 10 min du centre-ville.

La **forteresse d'Oscarsborg** (p. 120) à Drøbak et les rues pavées de Gamlebyen, l'ancien quartier de **Fredrikstad** (p. 122), constituent de belles excursions.

⌚ 8h30-15h lun-ven mai-sept ; 8h30-15h45 lun-ven sept-mai). La plus vaste collection du monde de documents de et sur Henrik Ibsen.

Consigne

Oslo S possède des casiers de tailles diverses (20-30 NOK/24 heures).

Laveries

A Snarvask (carte p. 95 ; ☎ 22 37 57 70, 41 42 92 53 ; Thorvald Meyersgate 18 ; lavage/séchage 35/30 NOK ; ⌚ 10h-19h lun-ven, 10h-15h sam)

Laverie Selva (carte p. 98 ; ☎ 41 64 08 33 ; Ullevålsveien 15 ; lavage 40-90 NOK, séchage 30 NOK ; ⌚ 8h-21h)

Librairies

Ark Bokhandel (carte p. 98 ; ☎ 22 47 32 00 ; www.ark.no ; Øvre Slottsgate 23-25 ; ⌚ fermé dim). Un bon choix d'ouvrages en anglais et de papeterie. Succursales dans toute la ville.

Bjørn Ringstrøms Antikvariat (carte p. 98 ; ☎ 22 20 00 13 ; www.ringstrom-antikvariat.no ; Ullevålsveien 1 ; ⌚ fermé dim). Livres d'occasion et de collection et CD.

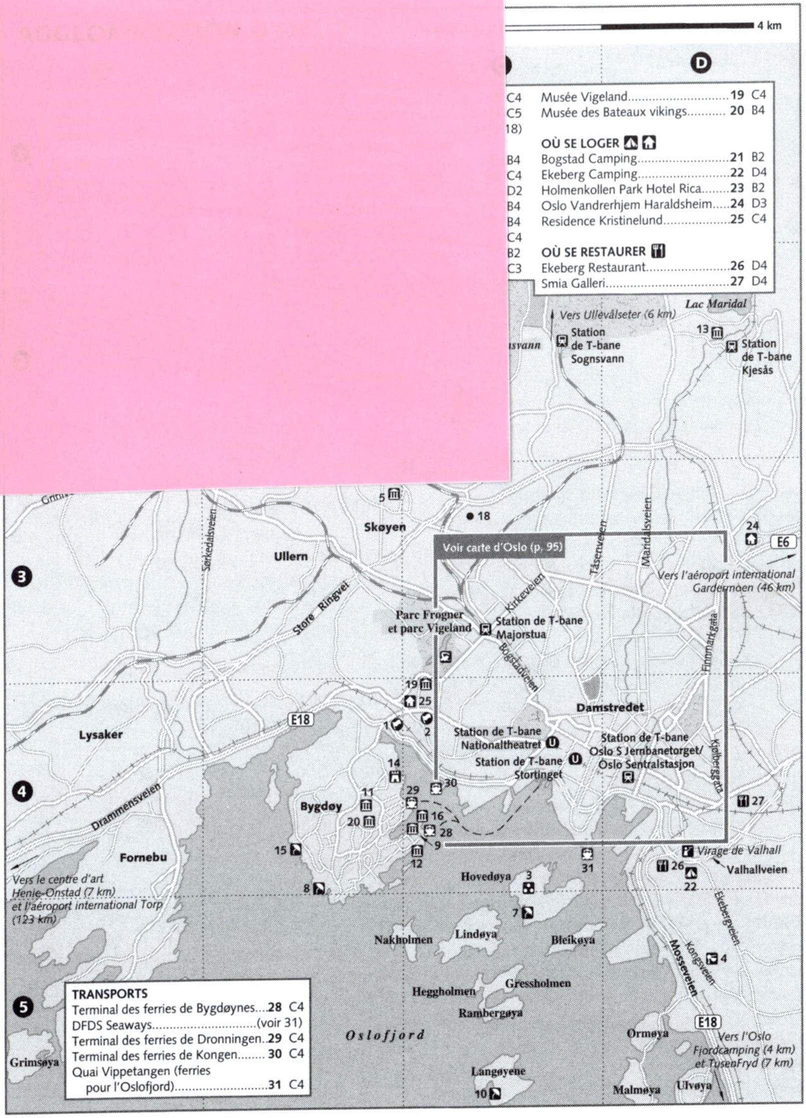

Nomaden (carte p. 98 ; ☎ 23 13 14 15 ; www.nomaden.no ; Uranienborgveien 4 ; 🕑 fermé dim). Guides de voyages, cartes et équipements.

Norli (carte p. 98 ; ☎ 22 00 43 00 ; www.norli.no ; Universitetsgata 20-24 ; 🕑 fermé dim). La plus grande librairie du pays.

Tronsmo (carte p. 98 ; ☎ 22 99 03 99 ; www.tronsmo.no ; Kristian Augusts gate 19 ; 🕑 fermé dim). Librairie alternative avec des ouvrages féministes, gays, lesbiens et politiques.

Offices du tourisme

Den Norske Turistforening (DNT ; Touring Club norvégien de montagne ; carte p. 98 ; ☎ 22 82 28 22 ; www.turistforeningen.no ; Storget 3 ; 🕑 10h-17h lun-mer et ven, 10h-18h jeu, 10h-14h sam ;

OSLO POUR LES PETITS BUDGETS

Commencez par un petit déjeuner à l'**Åpent Bakeri** (p. 113), derrière le château, pour déguster des petits pains frais, avec de la confiture de fraise maison à volonté (14 NOK). En marchant vers le centre, repérez le sobre édifice de l'Institut Nobel, où le comité choisit le lauréat du Prix Nobel de la paix, et la **dernière demeure du poète et auteur dramatique Henrik Ibsen**, aujourd'hui transformée en musée (p. 96). Flânez dans les galeries du **musée Astrup Fearnley** (p. 95) et de la **Galerie nationale** (p. 95), ou admirez les collections du **musée d'Histoire** (p. 96), près de l'université – ces trois institutions sont gratuites. Au déjeuner, un *polse* (hot-dog) enroulé dans un *lumpe* (crêpe de farine de pommes de terre) ne coûte que 15 NOK.

L'après-midi, promenez-vous dans le **parc Vigeland** (p. 101) avant de revenir dans le centre pour dîner dans l'un des bons restaurants vietnamiens (plats 60-105 NOK) de **Bernt Ankersgate** (p. 112), juste au nord d'Oslo S. Dans la soirée, offrez-vous une bière à prix raisonnable (35 NOK) au **Stargate** (p. 115), dans Grønland, puis passez la nuit dans le **MS Innvik** (p. 111), bercé par les vagues.

La visite des tombes d'Ibsen et de Munch au **Vår Frelsers Gravlund** (p. 101), la vue du **restaurant Frognerseteren** (p. 115), suivie d'une marche dans la **Nordmarka** (p. 107), et une baignade dans l'Oslofjord à **Huk** (p. 108) comptent également au nombre des activités gratuites.

ouverture à 9h en été). Fournit des informations, des cartes et des brochures sur la randonnée en Norvège. Vend des cartes de membre qui offrent des réductions sur les refuges le long des principaux itinéraires. Réservation dans certains refuges et remise des clefs.

Office du tourisme Oslo Promotion (carte p. 98 ; ☎ 81 53 05 55 ; www.visitoslo.com, en français ; Fridtjof Nansens plass 5 ; 🕑 9h-19h juin-août ; 9h-17h lun-sam avr, mai et sept ; 9h-16h lun-ven oct-mars). Au nord du Rådhus (hôtel de ville). Procurez-vous l'*Oslo Guide* ou le mensuel *What's On in Oslo*.

Office du tourisme (carte p. 98 ; Jernbanetorget 1, Oslo S ; 🕑 8h-23h mai-août ; 8h-23h lun-sam sept ; 8h-17h lun-sam oct-avr). Facile à trouver sous la tour de verre Trafikanten, devant l'Oslo S. Renseignements sur Oslo, vente de l'Oslo Pass et réservation d'hébergements. Vend également le forfait journalier pour l'utilisation des vélos municipaux et pour les iPod d'AudioTor (p. 109).

Use-It (carte p. 98 ; ☎ 22 41 51 32 ; www.use-it.no ; Møllergata 3 ; 🕑 9h-18h lun-ven juil-août ; 11h-17h lun-ven sept-juin). L'Ungdomsinformasjonen (Centre d'information de la jeunesse, surnommé Use-It), très accueillant, est principalement – mais pas exclusivement – destiné aux routards. Il effectue (gratuitement) des réservations dans des établissements bon marché ou chez l'habitant et fournit toutes sortes de renseignements, sur les distractions comme sur les randonnées.

Poste

Poste principale (carte p. 98 ; ☎ 23 14 90 00 ; angle Prinsens gate et Kirkegata). Pour recevoir du courrier, faites-le adresser à Poste restante, Oslo Sentrum Postkontor, Dronningens gate 15, 0101 Oslo. Pour le retirer, empruntez l'entrée dans Kirkegata. Des bureaux de poste sont installés dans Oslo S, sur Solli plass et dans Grensen (carte p. 98).

Services médicaux

Si vous manquez de temps – et que vous en avez les moyens –, sachez que la clinique Oslo Kommunale Legevaketen détient une liste de médecins recommandés.

Jernbanetorget Apotek (carte p. 98 ; ☎ 22 41 24 82 ; Fred Olsens gate). Pharmacie ouverte 24h/24 en face d'Oslo S.

Oslo Kommunale Legevakten (clinique des urgences d'Oslo ; carte p. 98 ; ☎ 22 93 22 93 ; Storgata 40 ; 🕑 24h/24). En cas d'accident ou pour une urgence.

Tøyen Tannlegevakten (carte p. 95 ; ☎ 22 19 18 00 ; Kjølberggata 29 ; 🕑 19h-22h lun-ven, 11h-14h et 7h-23h sam et dim). Cabinet dentaire recommandé.

Téléphone

Des téléphones à cartes Telekort et à pièces sont installés dans toute la ville. Les téléphones à pièces acceptent les pièces de 1 à 20 NOK. Un appel local coûte au minimum 5 NOK. Vous pourrez envoyer des fax depuis les bureaux de poste.

Telehuset (carte p. 98 ; ☎ 81 54 44 00 ; Haakon VII gate 1 ; 🕑 7h-21h lun-ven, 10h-18h sam). Vend des cartes SIM pour les portables.

Urgences

Ambulance (☎ 113)
Police (carte p. 98 ; ☎ 112 ; Hammersborggata 10)
Pompiers (☎ 110)

À VOIR

Amateur d'art ou de littérature, militant pacifiste ou passionné d'histoire, explorateur ou fou de sports, Oslo possède sans doute un musée

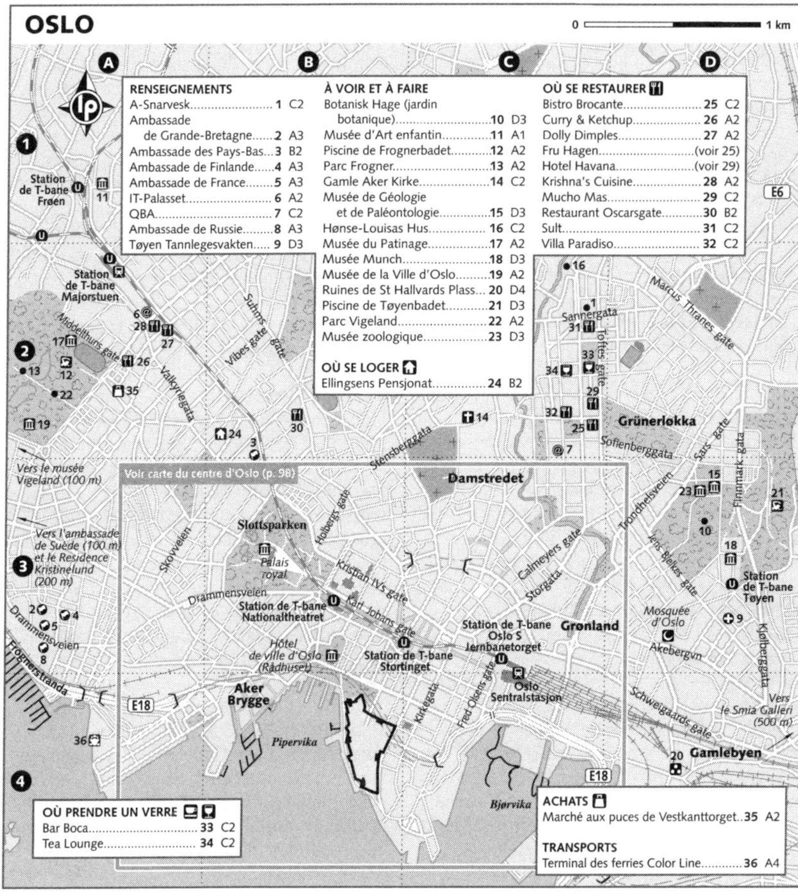

qui vous intéressera. Les différentes institutions se rassemblent essentiellement dans le centre, à Bygdøy ou près du parc Vigeland.

Centre-ville

MUSÉES

Galerie nationale

L'un des joyaux d'Oslo, la **Galerie nationale** (Nasjonalgalleriet ; carte p. 98 ; ☎ 21 98 20 00 ; www.nasjonalmuseet.no ; Universitetsgata 13 ; entrée libre ; 🕑 10h-18h mar, mer et ven, 10h-19h jeu, 12h-17h sam-dim) possède la plus vaste collection d'art norvégien du pays et réunit les grands noms de la peinture nationale jusqu'à la fin de la Seconde Guerre mondiale. Elle renferme certaines des toiles les plus connues d'Edvard Munch, dont *Le Cri* (voir l'encadré, p. 105). La galerie contient également une importante collection d'art européen, avec des peintures de Gauguin, de Picasso, du Greco et de nombreux impressionnistes : Manet, Degas, Renoir, Matisse, Cézanne et Monet.

Pour en savoirs plus sur Edvard Munch, reportez-vous p. 51.

Musée Astrup Fearnley

Avec des œuvres souvent suggestives, ce **musée** (Astrup Fearnley Museet ; carte p. 98 ; ☎ 22 93 60 60 ; www.afmuseet.no ; Dronningens gate 4 ; entrée libre ; 🕑 11h-17h mar, mer et ven, 11h-19h jeu, 12h-17h sam-dim) semble poser la question : qu'est-ce que l'art ? Ne manquez pas l'effigie dorée en céramique *Michael Jackson and Bubbles*, de Jeff Koons.

OSLO PASS

L'**Oslo Pass** (1/2/3 jours 210/300/390 NOK), en vente à l'office du tourisme permet de réduire le prix des transports et des visites dans la capitale. La majorité des musées sont gratuits avec ce forfait, de même que les transports publics dans les limites de la ville (à l'exception des bus de nuit). Le pass offre en outre des réductions dans des restaurants et pour des circuits organisés. Sachez toutefois qu'étudiants et seniors bénéficient d'importants rabais sur les entrées. Il peut être plus intéressant pour eux de marcher et d'acheter les billets.

Musée national d'Art contemporain

Le **musée national d'Art contemporain** (Museet for Samtidskunst ; carte p. 98 ; ☎ 22 86 22 10 ; Bank plassen 4 ; entrée libre ; 🕑 11h-17h mar, mer et ven, 11h-20h jeu, 12h-17h sam-dim) présente des collections d'art scandinave et international datant d'après la Seconde Guerre mondiale. Parfois déroutantes, les 3 000 œuvres rappellent que l'art norvégien ne se limite pas à Edvard Munch.

Musée Stenersen

Ce **musée** (Stenersenmuseet ; carte p. 98 ; ☎ 23 49 36 00 ; Munkedamsveien 15 ; adulte/enfant 45/25 NOK, gratuit avec l'Oslo Pass ; 🕑 11h-17h mer et ven-dim, 11h-19h mar et jeu) rassemble trois collections, autrefois privées, présentant des œuvres d'artistes norvégiens (période 1850-1970). Le musée et la plupart des œuvres, dont certaines de Munch, furent offerts à la ville par Rolf E. Stenersen.

Musée Ibsen

Dans ce qui fut la dernière résidence du poète et auteur dramatique norvégien Henrik Ibsen (voir l'encadré, p. 50), le **musée Ibsen** (Ibsen-Museet ; carte p. 98 ; ☎ 22 12 35 50 ; www.ibsenmuseet.no ; Arbins gate 1 ; adulte/enfant 25/70 NOK, gratuit avec l'Oslo Pass ; 🕑 visites guidées toutes les heures 11h-18h, 11h-17h mar-dim mai-sept, 11h-16h mar-dim sept-mai) est une étape incontournable pour les admirateurs d'Ibsen, de même que Skien (p. 154), sa ville natale, et Grimstad (p. 140), où il passa sa jeunesse. Son bureau a été conservé en l'état et les autres pièces ont été restaurées dans le style et les couleurs de l'époque. Les visiteurs peuvent jeter un coup d'œil dans la chambre où Ibsen souffla ses derniers mots énigmatiques, "*Tvert imot !*" ("Au contraire !"), avant de mourir, le 23 mai 1906.

Nobel Peace Center

Les Norvégiens s'enorgueillissent de leur action en faveur de la paix dans le monde, comme en témoigne l'emplacement du nouveau **Centre Nobel de la paix** (Fredssetner ; carte p. 98 ; ☎ 48 30 10 00 ; www.nobelpeacecentre.org ; Brynjulf Bulls plass 2 ; adulte/enfant 80 NOK/gratuit ; 🕑 10h-16h mar-ven, 11h-17h sam-dim sept-mai ; 10h-18h lun-ven juin-août) dans Aker Brygge. Les nombreuses présentations numériques interactives font de ce musée, inauguré en 2005, le plus moderne de la ville. Ne manquez pas le livre sur Alfred Nobel au 2e étage, ni le cinéma où sont projetés des films sur l'histoire du prix et de ses lauréats (voir l'encadré ci-contre).

Musée d'Histoire

L'excellent **musée d'Histoire** (Historisk Museet ; carte p. 98 ; ☎ 22 85 99 12 ; www.khm.uio.no ; université d'Oslo, Frederiks gate 2 ; entrée libre ; 🕑 10h-17h mar-dim mi-mai à mi-sept ; 11h-16h mar-dim le reste de l'année) regroupe trois musées sous un seul toit. Au rez-de-chaussée, la **collection des antiquités nationales** (Oldsaksamlingen), la plus intéressante, comprend des monnaies, des bijoux et des parures de l'époque viking. Le **trésor Hon**, du IXe siècle, est le plus gros découvert en Scandinavie (2,5 kg). La section consacrée à l'art sacré médiéval comporte les portes et le plafond richement peint de l'église en bois debout d'Ål (construite vers 1300). Le 2e niveau contient une exposition arctique et le Myntkabinettet, une collection d'anciennes monnaies norvégiennes remontant à 995. Le **Musée ethnographique**, aux 2e et 3e niveaux, accueille des expositions temporaires sur l'Asie, l'Afrique et les Amériques.

Norsk Filminstitutt

Le **musée norvégien du Film** (carte p. 98 ; ☎ 22 47 45 00 ; www.nfi.no ; Dronningens gate 16 ; entrée libre ; 🕑 9h-16h mar-ven) présente une exposition pittoresque et joliment agencée sur l'histoire du cinéma, des extraits d'anciens films (des courts-métrages muets en noir et blanc aux documentaires de la Seconde Guerre mondiale) et des photos de stars norvégiennes. Le cinéma du 2e niveau projette régulièrement des films classiques.

SITES HISTORIQUES

Cathédrale d'Oslo

Édifiée en 1697, la **cathédrale d'Oslo** (Domkirke ; carte p. 98 ; ☎ 22 31 46 00 ; Stortorget 1 ; entrée libre ; 🕑 fermée pour rénovation jusqu'en 2009) mérite la visite pour ses vitraux élaborés, signés Emanuel Vigeland

RENCONTRE AVEC LE DIRECTEUR DU NOBEL PEACE CENTER

La plupart des prix Nobel – physique, chimie, médecine, littérature et économie – sont remis chaque année en octobre à Stockholm. Toutefois, c'est à Oslo qu'est décerné le plus prestigieux de tous, le prix Nobel de la paix. Dans son testament, rédigé en 1895, Alfred Nobel, fondateur suédois du prix et inventeur de la dynamite, demandait que les intérêts de sa vaste fortune récompensent chaque année "ceux qui, durant l'année écoulée, auront apporté les plus grands bénéfices à l'humanité".

On ignore pourquoi Nobel choisit la Norvège pour décerner le prix de la paix. Toujours est-il que c'est un comité de cinq Norvégiens, désignés pour un mandat de six ans par le Storting (Parlement), qui choisit chaque année le lauréat. Leurs réunions, tenues dans une salle de l'Institut Nobel ornée de portraits des précédents lauréats – dont Mère Teresa (1979), Mikhaïl Gorbatchev (1990) et Al Gore (2007) –, ont lieu à huis clos et sont présidées par le professeur Ole Mjøs, président du comité Nobel norvégien. Le directeur de l'institut, Geir Lundestad, assiste aux réunions. Nommé en 1990, Lundestad nous a raconté l'histoire du prix et nous a parlé du nouveau **Nobel Peace Center** (carte p. 98 ; www.nobelpeacecenter.org). Pour des informations sur le centre, voir p. 96.

Quelle est la différence entre les nominés et les candidats au prix ? N'importe qui peut être nominé, du président George Bush à Madonna, ce qui alimente souvent la controverse. Il y a cependant une énorme différence entre être nominé et être réellement sélectionné ! Nous partons d'une liste d'environ 200 candidats en février pour parvenir à 30, puis à 5. Ensuite, nous examinons soigneusement les qualifications de ces candidats.

Le comité est-il parfois critiqué pour son goût du secret ? Le comité est transparent, mais il est vrai que la liste des nominés est gardée secrète pendant 50 ans et qu'aucun procès-verbal n'est conservé. En revanche, certains membres prennent des notes et les ont déjà rendues publiques.

Le prix a-t-il changé depuis que vous êtes directeur ? La définition de la paix s'est progressivement élargie pour s'adapter à un monde en mutation. Ainsi, les droits de l'homme étaient une interprétation très controversée lorsqu'il [le prix] a été remis en 1960 à Albert Lutuli, un militant sud-africain. L'environnement a été reconnu comme un facteur de paix en 2004. Nous sommes en permanence sollicités pour élargir la définition.

Décrivez-nous le candidat idéal. Beaucoup considèrent le prix comme une béatification, mais les lauréats sont souvent des gens plus ou moins ordinaires qui ont essayé de favoriser la paix. Leurs efforts ont été héroïques, mais tous sont très différents. Parallèlement, ils partagent une vision commune et ont le courage de la défendre.

Qu'a de particulier le nouveau Fredssetner ? Le nouveau Centre de la paix est l'endroit où nous racontons l'histoire de tous les lauréats. C'est le musée d'Oslo le plus avancé sur le plan de l'électronique, l'idée étant de donner le choix au public d'apprendre autant ou aussi peu qu'il le souhaite. À chacun de décider.

Propos recueillis par Kari Lundgren

(frère de Gustav), et son plafond peint (réalisé entre 1936 et 1950). Son autel exceptionnel, orné d'une Cène et d'une Crucifixion exécutées par Michael Rasch en 1748, fut l'un des premiers éléments de l'église. Par la suite, il fut déplacé dans tout le pays, avant d'être restitué par l'église Prestnes de Majorstue en 1950. Le buffet d'orgue et la chaire faisaient partie de la construction d'origine. Des concerts ont parfois lieu dans la cathédrale (100 NOK).

Derrière l'église, une halle (Basarhallene ; carte p. 98) de 1858 est occupée en été par des échoppes d'artisanat.

Stortinget

Construit en 1866, le **Parlement** (carte p. 98 ; ☎ 23 31 35 96 ; www.stortinget.no ; Karl Johans gate 22 ; entrée libre ; ⏲ visites guidées en norvégien et en anglais 10h et 13h, en allemand 11h30 juil-août ; sam seulement le reste de l'année), un charmant édifice en brique jaune au cœur de la ville, se tient sur une hauteur en direction du Palais royal.

Rådhuset

Doté de tours jumelles, l'**hôtel de ville** (Rådhuset ; carte p. 98 ; ☎ 02 180 ; Fridtjof Nansens plass ; adulte/enfant 40 NOK/gratuit, entrée libre sept-mai

CENTRE D'OSLO

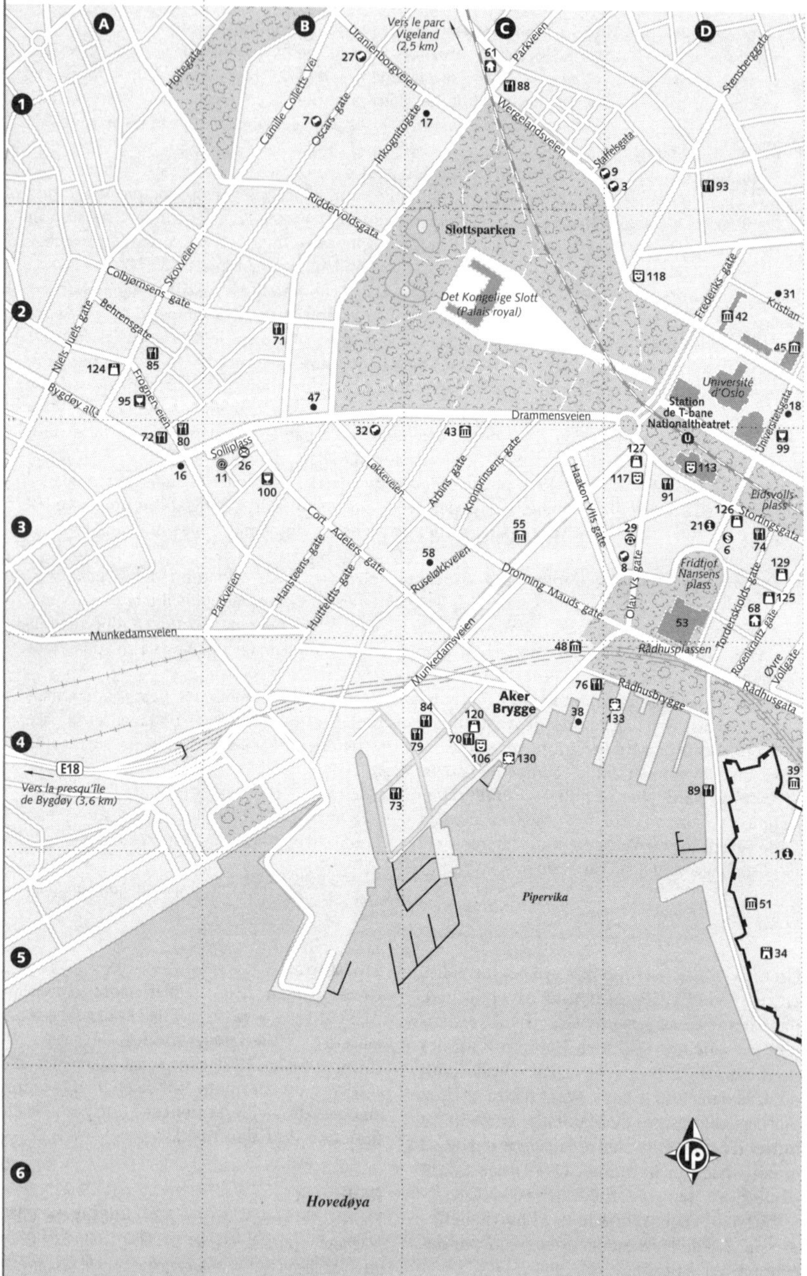

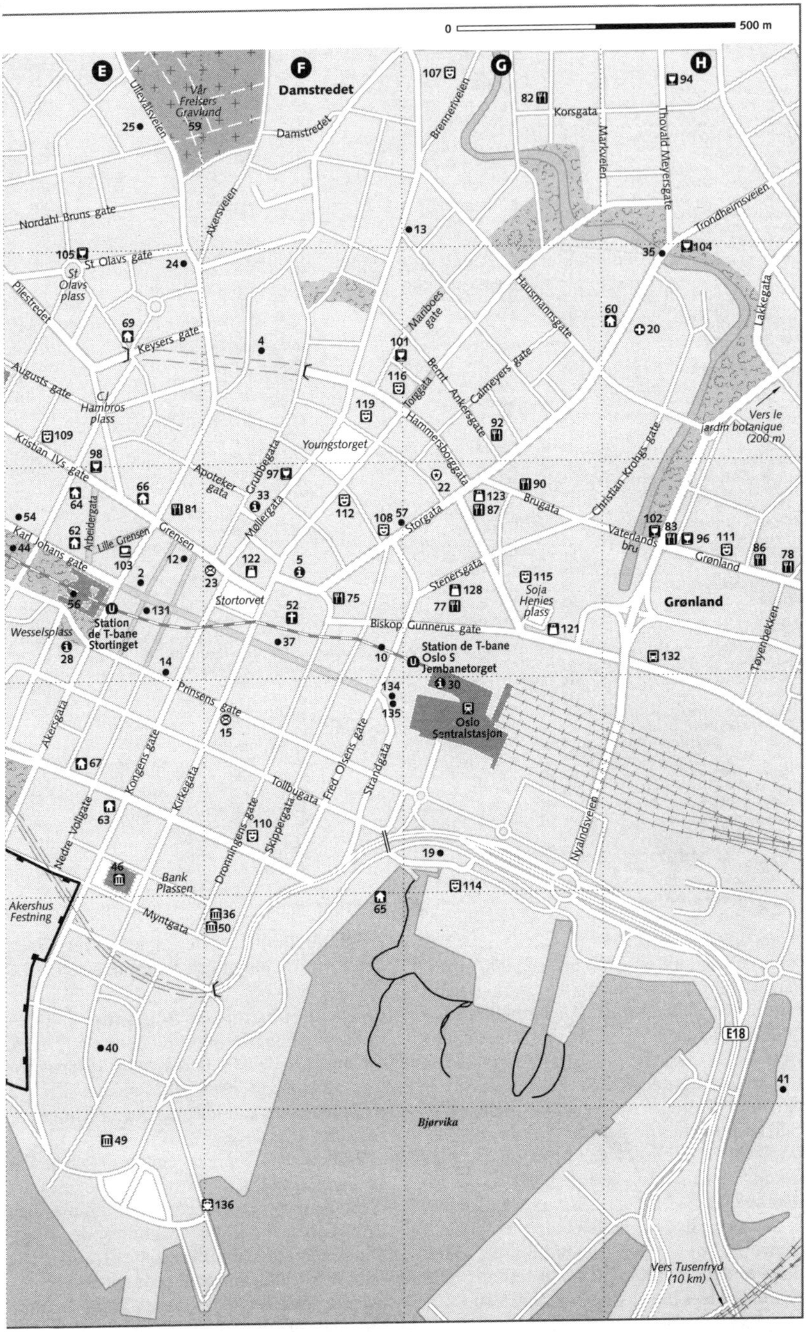
0
500 m
E
F
G
H
Damstredet
Vår Frelsers Gravlund
59
Ullevålsveien
Damstredet
Brenneriveien
Korsgata
Markveien
Thorvald Meyers gate
Trondheimsveien
Nordahl Bruns gate
Akersveien
St Olavs gate
St Olavs plass
Pilestredet
Keysers gate
Maridalsveien
Hausmannsgate
Lakkegata
Augusts gate
CJ Hambros plass
Torggata
Bernt Ankers gate
Calmeyers gate
Hammersborggata
Vers le jardin botanique (200 m)
Youngstorget
Kristian IVs gate
Apoteker gata
Grubbegata
Christian Krohgs gate
Brugata
Møllergata
Storgata
Vaterlands bru
Karl Johans gate
Arbeidergata
Lille Grensen
Grensen
Grønland
Stenersgata
Soja Henies plass
Stortorvet
Biskop Gunnerus gate
Wesselsplass
Station de T-bane Stortinget
Station de T-bane Oslo S Jernbanetorget
Tøyenbekken
Prinsens gate
Oslo Sentralstasjon
Akersgata
Kongens gate
Kirkegata
Fred Olsens gate
Strandgata
Tollbugata
Nedre Vollgate
Dronningens gate
Skippergata
Nyalandsveien
Bank Plassen
Akershus Festning
Myntgata
E18
Bjørvika
Vers Tusenfryd (10 km)

RENSEIGNEMENTS

Centre d'information de la forteresse Akershus 1 D4
Arctic Internet Café ..... (voir 30)
Ark Bokhandel 2 E3
Ambassade du Canada 3 D1
Deichmanske Bibliotek (bibliothèque municipale) 4 F2
Den Norske Turistforening (DNT) 5 F3
Forex ..... (voir 30)
Forex 6 D3
Ambassade d'Allemagne 7 B1
Ambassade d'Irlande 8 D3
Ambassade du Japon 9 D1
Jernbanetorget Apotek 10 F3
Kaffe & Krem 11 B3
Kilroy Travels 12 E3
Kvinnefronten 13 G1
LLH 14 E3
Poste principale 15 F4
Bibliothèque nationale 16 A3
Nomaden 17 C1
Norli 18 D2
Centre d'information de l'Opéra 19 G4
Oslo Kommunale Legevakten (clinique des urgences d'Oslo) 20 H2
Office du tourisme Oslo Promotion 21 D3
Police 22 G3
Poste 23 F3
Bjørn Ringstrøms Antikvariat 24 E2
Laverie Selva 25 E1
Poste de Solli Plass 26 B3
Ambassade d'Espagne 27 B1
Centre d'information du Parlement 28 E3
Telehuset 29 D3
Office du tourisme 30 G4
Tronsmo 31 D2
Ambassade des États-Unis 32 B3
Use-It 33 F3

À VOIR ET À FAIRE

Château et forteresse Akershus 34 D5
Pont Anker 35 H2
Musée Astrup Fearnley 36 F5
Bazars 37 F3
Båtservice Sightseeing 38 C4
Christiania Bymodell 39 D4
Relève de la garde de la forteresse 40 E5
Gekko Klatring 41 H5
Musée d'Histoire 42 D2
Musée Ibsen 43 C3
Patinoire en plein air de Narvisen 44 E3
Galerie nationale 45 D2
Musée national d'Art contemporain 46 E4
Institut Nobel 47 B2
Nobel Peace Center 48 C4
Musée des Forces armées norvégiennes 49 E6
Musée norvégien du Film 50 F5
Musée norvégien de la Résistance 51 D5
Cathédrale d'Oslo 52 F3
Promenade d'Oslo ..... (voir 53)
Hôtel de ville d'Oslo (Rådhuset) 53 D3
Centre commercial Paléet 54 E3
Musée Stenersen 55 C3
Stortinget (Parlement) 56 E3
Syklistenes Landsforening 57 F3
Victoria Terrace 58 C3
Vår Frelsers Gravlund 59 E1

OÙ SE LOGER

Anker Hostel 60 H2
Cochs Pensjonat 61 C1
Grand Hotel 62 E3
Grims Grenka 63 E4
Hotell Bondeheimen 64 E3
MS Innvik 65 F5
P-Hotel 66 E3
Perminalen Hotel 67 E4
Rica Victoria Hotel 68 D3
Thon Hotel Munch 69 E2

OÙ SE RESTAURER

Espace de restauration d'Aker Brygge ..... (voir 120)
Albertine 70 C4
ApÅpent Bakeri 71 B2
Bagatelle 72 A3
Bagel & Juice ..... (voir 103)
Baltazar ..... (voir 37)
Beach Club 73 B4
Dolly Dimples 74 D3
Dolly Dimples 75 F3
Dr Kneipp's Vinbar ..... (voir 82)
Fisherman's Coop 76 C4
Espace de restauration 77 G3
Grand Café ..... (voir 62)
Grønland Bazar 78 H3
ICA Gourmet Supermarket & Café 79 C4
Japo Sushi 80 A3
Kaffistova ..... (voir 64)
Life 81 E3
Markveien Mat & Vinhus 82 G1
Mithas The Sweethouse 83 H3
Pascal ..... (voir 48)
Peppes Pizza 84 C4
Pizza da Mimmo 85 A2
Punjab Tandoori 86 H3
Supermarché Rimi 87 G3
Rust 88 C1
Solsiden 89 D4
Teddy's Soft Bar 90 G3
Theatrecafeen 91 D3
Thien Nga 92 G2
Tullins Café 93 D1
United Bakeries ..... (voir 81)

OÙ PRENDRE UN VERRE

Café Kaos 94 H1
Champagneria 95 A2
Dattera Til Hagen 96 H3
Justisen 97 F3
London Pub 98 E2
Onkel Donald Kafé-Bar 99 D3
Palace Grill 100 B3
Robinet 101 F2
Stargate 102 H3
Stockfleth's 103 E3
Süd Øst 104 H2
Tekehtopa 105 E2

OÙ SORTIR

Black Box 106 C4
Blå 107 G1
Den Norske Opera 108 F3
Elsker 109 E2
Filmens Hus 110 F4
Fire Oslo ..... (voir 119)
Gloria Flames 111 H3
Mono 112 F3
Théâtre national 113 D3
Nouvel Opéra 114 G4
Oslo Spektrum 115 G3
Rockefeller Music Hall 116 F2
Saga Kino 117 D3
Spasibar 118 D2
Stratos 119 F2

ACHATS

Galerie marchande d'Aker Brygge 120 C4
Centre commercial de Galleri Oslo 121 G3
Grand magasin Glasmagasinet 122 F3
Centre commercial Gunerius 123 G3
Hassan og Den Dama 124 A2
Heimen Husflid ..... (voir 64)
Husfliden 125 D3
Juhls' Silvergallery Oslo 126 D3
Norway Designs 127 D3
Centre commercial Oslo City 128 G3
Unique Design 129 D3
Vinmonopolet ..... (voir 128)

TRANSPORTS

Embarcadère d'Aker Brygge 130 C4
Color Line Ferries 131 E3
Gare routière Galleri Oslo 132 H3
Rådhusbrygge Quay (terminal des bateaux) 133 D4
Stena Lineas 134 F4
Trafikanten 135 F4
Quai Vippetangen n°2 (ferries Stena Line et DFDS) 136 F6

ou avec l'Oslo Pass ; 8h30-17h mai-août ; 9h-16h le reste de l'année), achevé en 1950 pour le 900e anniversaire de la ville, abrite l'administration municipale. Ce monument emblématique d'Oslo possède une façade en brique rouge singulière, quoique sans grande créativité. L'entrée est bordée de reliefs en bois, inspirés par la mythologie norroise. Les halls et les salles sont ornés de peintures et de fresques imposantes, réalisées par certains des plus grands artistes norvègiens. C'est ici qu'est décerné le prix Nobel de la paix tous les ans, le 10 décembre (voir l'encadré, p. 97). Du corridor, vous pouvez jeter un coup d'œil dans la salle principale gratuitement. Des visites guidées (en anglais) ont lieu à 10h, 12h et 14h du lundi au vendredi et les week-ends de juin et de juillet (sans supplément).

Château et forteresse Akershus

Occupant une position stratégique sur le côté est du port d'Oslo, le **château et la forteresse** (*slott* et *festning* ; carte p. 98) médiévaux sont incontestablement les plus beaux édifices de la capitale.

Lorsqu'Oslo devint la capitale de la Norvège en 1299, le roi Haakon V ordonna l'édification d'Akershus pour protéger la cité des menaces extérieures. Au fil des incendies, des sièges et des combats, la forteresse fut reconstruite pour résister aux puissances de feu croissantes, avec divers ajouts tel le bastion Munk en 1559.

Entre 1580 et le milieu du XVIIIe siècle, elle fut renforcée par des douves et des remparts consolidés.

Lors de la reconstruction d'Oslo après l'incendie de 1624, la cité, rebaptisée Christiania, fut déplacée sur un site moins vulnérable et plus facile à défendre, derrière les remparts de la forteresse. En 1818, le besoin d'espace l'emportait sur la nécessité d'une défense et la plupart des remparts extérieurs furent détruits pour accueillir une population en expansion. Amplement rénovée entre 1899 et 1963, la forteresse est entourée d'un parc où sont organisés aujourd'hui des concerts, des spectacles de danse et des pièces de théâtre. Le domaine reste cependant une propriété militaire et peut être fermé au public lors des manifestations officielles.

Au XVIIe siècle, Christian IV transforma le **château Akershus** (Akershus Slott ; ☎ 23 09 35 53 ; adulte/enfant 50/10 NOK ; 10h-16h lun-sam, 12h30-16h dim mai à mi-sept ; visites guidées 11h, 13h et 15h lun-sam, 13h et 15h dim) en palais de style Renaissance, tout en conservant la façade médiévale. Les donjons recèlent de sombres cachots où l'on enfermait les nobles tombés en disgrâce (l'un d'eux abrite un mannequin misérable, vêtu de bure), tandis que de somptueuses salles de banquet et d'apparat occupent les étages supérieurs.

Toujours utilisée pour des cérémonies militaires, la chapelle comporte les cryptes des rois Haakon VII et Olav V. Des étudiants en costume d'époque proposent des visites guidées, amusantes et instructives.

Deux entrées donnent accès à la vaste **forteresse** (entrée libre ; 6h-21h), au bout d'Akersgata ou par un pont-levis qui enjambe Kongens gate, à l'extrémité sud de Kirkegata. Après 18h en hiver, utilisez la seconde.

Le **centre d'information de la forteresse Akershus** (carte p. 98 ; ☎ 23 09 39 17 ; 9h-17h lun-ven, 11h-17h sam-dim mi-mai à mi-août ; fermeture 16h le reste de l'année), situé après la porte principale, présente une exposition intitulée "Nouvelles barricades", qui retrace l'histoire de l'ensemble fortifié. Le personnel offre des visites guidées du **domaine** (10h, 12h, 14h et 16h lun-ven, 12h, 14h et 16h sam-dim juin-août). À 13h30, vous pourrez voir la relève de la garde à la forteresse.

Dans le complexe, un mémorial aux résistants exécutés sur place pendant la Seconde Guerre mondiale jouxte le **musée norvégien de la Résistance** (Norges Hjemmefront Museet ; carte p. 98 ; ☎ 23 09 31 38 ; www.nhm.mil.no ; adulte/enfant 30/15 NOK ; 10h-17h lun-sam juin-août ; 10h-16h lun-ven, 11h-16h sam-dim sept-mai). Petit et bien conçu, celui-ci évoque les années noires de l'occupation allemande jusqu'au 9 mai 1945. Parmi les objets exposés figurent des dentiers ayant appartenu à un prisonnier de guerre norvégien qui les avait modifiés pour capter des émissions de radio en Pologne, des journaux clandestins, et de nombreuses cartes et photos. Le musée intéressera ceux que passionne cette période de l'histoire (voir l'encadré, p. 102).

DAMSTREDET

Les curieuses maisons en bois du XVIIIe siècle du **quartier de Damstredet** et de la **Telthusbakken** (carte p. 98) voisine changent agréablement de l'architecture moderne du centre-ville. Autrefois défavorisé, Damstredet est devenu un quartier résidentiel prisé des artistes. Pour y accéder, suivez Akersgata vers le nord et tournez à droite dans Damstredet gate. Telthusbakken se situe un peu plus haut, également à droite d'Akersgata. En chemin, vous passerez par le **Vår Frelsers Gravlund**, cimetière où reposent Ibsen, Munch et Bjørnstjerne Bjørnson.

GAMLEBYEN

Les ruines qui se dressent à Sørenga et sur la St Hallvards plass de Gamlebyen, à l'est du centre-ville, datent des XIIe et XIIIe siècles. Elles marquent le centre de l'ancienne cité, avant que le roi Christian IV ne la fasse reconstruire dans l'enceinte de la forteresse Akershus au XVIIe siècle, après un incendie dévastateur. Longtemps l'un des quartiers les plus pauvres d'Oslo, Gamlebyen demeure un peu rude mais change rapidement, un mouvement qui devrait s'accentuer du fait de la proximité du **nouvel Opéra** (carte p. 98), dans Bjørvika.

Frognerparken et Vigelandsparken

Le parc Frogner (Frognerparken), qui englobe le **parc Vigeland** (Vigelandsparken ; carte p. 98 ; toute l'année), compose une extraordinaire exposition en plein air des œuvres du sculpteur préféré du pays, Gustav Vigeland (voir l'encadré, p. 103). Le parc Vigeland abrite 212 statues en granit et en bronze de cet artiste, des amoureux enlacés et des paisibles couples âgés aux mendiants accablés par le mépris. Son œuvre la plus célèbre, *Sinataggen* (le "jeune impétueux"), représente un enfant londonien à la moue sarcastique.

RENCONTRE AVEC LE DIRECTEUR DU MUSÉE DE LA RÉSISTANCE D'OSLO

Le jour où l'armée allemande entra dans Oslo, le 9 avril 1940, Gunnar Sønsteby la regarda parader dans Karl Johans gate, enfourcha son vélo et disparut dans les bois pour rejoindre la résistance.

À l'époque, il n'y avait pas grand-monde à rejoindre. Après 125 ans de paix, les Norvégiens assistaient médusés à l'occupation de leur pays en moins de 60 jours, le roi et le gouvernement se retrouvant contraints à l'exil. À la fin de la guerre, la résistance comptait pourtant 40 000 combattants et 60 journaux clandestins. Le *hjemmefront* (mouvement de résistance) norvégien put s'enorgueillir d'actes de sabotage qui se révélèrent parmi les plus réussis de la guerre.

Ces sabotages eurent un coût. Plus de 50 000 Norvégiens furent arrêtés pour des motifs politiques durant la Seconde Guerre mondiale, un chiffre non négligeable dans un pays de 3 millions d'habitants ; 9 000 furent exilés. Parmi ces derniers, 1 400, juifs pour la moitié, ne revinrent jamais.

Nous avons interrogé Ivar Kraglund, directeur du **musée de la Résistance d'Oslo** (voir p. 101).

Lorsque les résistants devaient s'enfuir, où allaient-ils ? Près de 50 000 s'échappèrent en Suède, seuls ou avec des guides. Ils y suivaient une formation militaire. À la fin de la guerre, 13 000 Norvégiens avaient été entraînés et armés en Suède.

Parlez-nous des sabotages célèbres ? L'attaque la plus importante visa l'usine d'eau lourde de Vemork en 1943 (voir p. 155). C'est sans doute l'un des sabotages les plus célèbres de la Seconde Guerre mondiale ; le musée conserve, à ma connaissance, la seule pile à eau lourde subsistante.

Qu'est-il advenu de Gunnar Sønsteby ? Il prit la tête du "gang d'Oslo" et devint l'un des plus célèbres résistants du pays. Il est sans doute plus connu pour son attaque des bureaux de conscription en 1944, qui empêcha les Allemands d'envoyer des recrues norvégiennes au front.

Existe-t-il d'autres vestiges de la résistance à Oslo ? Outre le musée, jetez un coup d'œil à la grise Victoria Terrasse, près du centre, qui fut réquisitionnée par la Gestapo. À l'époque, on la surnommait *skrekken hus* (maison de la peur). Un peu plus loin, sur Solli plass (carte p. 98), une statue en bronze représente Sønsteby et son vélo.

Propos recueillis par Kari Lundgren

Le parc est un endroit agréable à visiter en soirée, quand les autres sites sont fermés.

Près de l'entrée sud du parc, le **musée de la Ville d'Oslo** (Oslo Bymuseum ; carte p. 95 ; ☎ 23 28 41 70 ; www.oslobymuseum.no ; Frognerveien 67 ; adulte/enfant 40/20 NOK, gratuit avec l'Oslo Pass ; 🕑 12h-16h mer-dim, 12h-19h mar) occupe le manoir Frogner, construit au XVIIIe siècle sur le site d'une demeure de l'époque viking. Il renferme des collections d'un intérêt relatif sur l'histoire de la ville.

Les habitants d'Oslo apprécient les grandes pelouses, les étangs, le cours d'eau et les arbres du parc Frogner, idéal pour pique-niquer, flâner ou lézarder par un après-midi ensoleillé.

Au centre-ville, prenez le tram n°12 ou 15, signalé Frogner.

MUSÉE VIGELAND

Consacré au célèbre sculpteur, le **musée Vigeland** (carte p. 93 ; ☎ 23 49 37 00 ; www.vigeland.museum.no ; Nobels gate 32 ; adulte/enfant 45/25 NOK, gratuit avec l'Oslo Pass ; 🕑 11h-17h mar-dim juin-août ; 12h-16h mar-dim sept-mai) fait face à l'entrée sud du parc Frogner. Construit par la ville dans les années 1920 pour servir de demeure et d'atelier à Gustav Vigeland en échange d'une part importante de son œuvre, le musée possède sa première collection de statues et de monuments dédiés à des personnages officiels, ainsi que des moules en plâtre, des blocs en bois de gravure et des esquisses. À sa mort en 1943, ses cendres furent déposées dans la tour. Le musée ouvrit au public quatre ans plus tard. Sur rendez-vous, on peut visiter l'appartement privé de l'artiste au 2e étage (700 NOK par groupe en plus de l'entrée).

MUSÉE EMANUEL VIGELAND

À la fois galerie et mausolée, ce **musée** (carte p. 93 ; ☎ 22 14 57 88 ; www.emanuelvigeland.museum.no ; Grimelundsveien 8 ; adulte/enfant 30/15 NOK, gratuit avec l'Oslo Pass ; 🕑 12h-16h dim , 12h-17h en été) est consacré à l'œuvre du frère de Gustav Vigeland, Emanuel (1875-1948). Essentiellement connu pour ses fresques, Emanuel est considéré par beaucoup comme le plus talentueux des deux frères. À l'intérieur, la gigantesque fresque *Vita* (800 m^2) décrit la vie humaine, de la conception à la mort. Prenez le T-bane (ligne n°1) jusqu'à Slemdal. Pour un aperçu du style de l'artiste plus près du centre-ville, découvrez les vitraux de la cathédrale d'Oslo.

MUSÉE DU PATINAGE

Ce **musée** (Skøytemuseet ; carte p. 95 ; ☎ 22 43 49 20 ; Middelthuns gate 26 ; adulte/enfant 20/10 NOK, gratuit avec l'Oslo Pass ; 🕑 10h-14h30 mar et jeu, 11h-14h dim) est consacré au patinage de vitesse et artistique en Norvège. Il contient des costumes anciens et des informations sur des champions norvégiens, comme le patineur de vitesse Johann Olav Koss ("Koss le Boss") et la patineuse artistique Sonja Henie. Il complète la visite des sites olympiques de Lillehammer (p. 165) et de Hamar (p. 171).

Presqu'île de Bygdøy

La presqu'île de Bygdøy (carte p. 93) rassemble certains des principaux sites de la capitale. Si l'on peut en faire le tour en une demi-journée, mieux vaut prévoir quelques heures de plus pour en profiter pleinement.

À quelques minutes du centre, Bygdøy conserve un charme rural. La famille royale y possède une résidence secondaire, de même que nombre des habitants fortunés d'Oslo.

Le **ferry n°91** (☎ 23 35 68 90) circule de début avril à début octobre et effectue la traversée d'un quart d'heure jusqu'à Bygdøy (adulte/enfant 20/10 NOK, gratuit avec l'Oslo Pass) toutes les 30-40 min à partir de 8h45. Le dernier retour de Bygdøy a lieu vers 18h30 en avril et septembre, à 21h15 en été, et plus tôt le reste de l'année. Vous croiserez peut-être le bateau du roi, le *KS Norge*, et vous verrez les yacht-clubs royaux du roi et de la reine (*Kongen* et *Dronningen*) qui se font face de part et d'autre du Frognerkilen. Les ferries partent du Rådhusbrygge 3 (en face du Rådhuset) et s'arrêtent au terminal de Dronningen, à 10 min à pied du musée des Arts et Traditions populaires de Norvège (p. 114) et à un quart d'heure du musée des Bateaux vikings (p. 104). Ensuite, une marche de 20 min mène à Bygdøynes où se regroupent les musées du *Kon-Tiki* et du Navire polaire *Fram*, et le Musée maritime norvégien (voir p. 105). Le chemin, signalé, constitue une agréable promenade. Vous pouvez aussi continuer en ferry jusqu'à Bygdøynes. Une autre option consiste à prendre le bus n°30 jusqu'au musée des Arts et Traditions populaires à partir de Jernbanetorget, près d'Oslo S.

GUSTAV VIGELAND

Le sculpteur norvégien Gustav Vigeland (1869-1943) naquit dans une famille d'agriculteurs près de Mandal, dans le sud du pays. Enfant et adolescent, il s'intéressa au protestantisme, à la spiritualité, à la gravure sur bois et au dessin, des thèmes qui dominèrent son œuvre. En 1888, il commença à se former auprès du sculpteur Brynjulf Bergslien. L'année suivante, il présentait sa première réalisation à l'Exposition artistique d'État. Son talent lui valut un intérêt national et international.

En 1891, il voyagea à Copenhague, à Paris et en Italie, où il travailla avec divers maîtres. Il fut particulièrement influencé par le Français Rodin. Lorsque les subsides officiels furent épuisés, il retourna en Norvège, où il travailla à la restauration de la cathédrale de Nidaros à Trondheim et produisit, sur commande, des portraits de personnalités norvégiennes.

En 1921, la ville d'Oslo reconnut son talent et lui fit construire un vaste atelier (voir p. 102), aujourd'hui transformé en musée.

Pièce maîtresse du parc Vigeland, le *Monolith*, une œuvre en granit haute de 14 m, coiffe la plus haute colline du parc. Cette sculpture stupéfiante nécessita le travail quotidien de trois tailleurs de pierre de 1929 à 1943. Elle fut réalisée dans un seul bloc, extrait à Iddefjorden dans le sud-est du pays. Elle représente un saisissant enchevêtrement de 121 personnages luttant pour atteindre le sommet. Des rangées de statues en pierre ornent les marches qui l'entourent. Les personnages et le monolithe ont suscité de nombreuses interprétations : représentation phallique, lutte pour la vie, aspiration pour les sphères spirituelles, etc.

Du socle qui supporte la colonne, une série de marches est ponctuée de personnages illustrant l'éventail complet des émotions et des activités humaines. Les nombreuses sculptures qui parsèment le parc alentour déclinent les thèmes favoris de l'artiste, du réalisme au grotesque, faisant de cet endroit l'un des plus beaux sites artistiques du pays. De plus, aucun panneau n'interdit d'approcher les statues.

MUSÉES

Musée des Arts et Traditions populaires de Norvège

Le plus grand musée en plein air du pays et l'une des principales attractions d'Oslo, ce **musée des Arts et Traditions populaires** (Norsk Folkemuseum ; carte p. 93 ; ☎ 22 12 37 00 ; www.norsk-folke.museum.no ; Museumsveien 10 ; adulte/enfant mi-mai à mi-sept 79/25 NOK, 70/25 NOK le reste de l'année, gratuit avec l'Oslo Pass ; 10h-18h mi-mai à mi-sept ; 11h-15h lun-ven, 11h-16h sam-dim le reste de l'année) compte plus de 140 édifices provenant de tout le pays, pour la plupart des XVIIe et XVIIIe siècles, reconstruits et organisés en fonction de leur région d'origine. Des sentiers serpentent entre d'anciennes granges, des *stabbur* (entrepôts surélevés) et des fermes en bois brut aux toits couverts d'herbe et de fleurs sauvages. La section Gamlebyen (Vieille Ville) reproduit une bourgade norvégienne du début du XXe siècle, avec sa boutique et sa pompe à essence. En été (tous les jours sauf le samedi), vous pourrez voir des tisserands et des potiers à l'ouvrage. L'église en bois debout, construite à Gol en 1200 et transférée à Bygdøy en 1885, fait partie des trésors du musée.

Près de l'entrée principale, la salle d'exposition exhibe de belles collections d'art folklorique norvégien, de jouets anciens, de costumes nationaux (dont ceux traditionnellement portés pour les mariages, les baptêmes et les enterrements), d'ustensiles ménagers et d'outils agricoles. Elle présente en outre la culture samie du Finnmark et accueille également des expositions temporaires. En été, des spectacles de musique et de danses folkloriques ont lieu le dimanche à 14h. Tous les jours, des promenades en voiture à cheval sont proposées (de 12h à 16h) et les enfants peuvent nourrir les animaux de la ferme à 13h.

Ne manquez pas de visiter ce musée, merveilleuse introduction à la culture norvégienne traditionnelle.

Musée des Bateaux vikings

Même immobiles, les coques élancées et sombres des drakkars *Oseberg* et *Gokstad*, exposées au **Vikingskipshuset** (carte p. 93 ; ☎ 22 13 52 80 ; Huk Aveny 35 ; adulte/enfant 40/20 NOK, gratuit avec l'Oslo Pass ; 9h-18h mai-sept ; 11h-16h oct-avr), intimident les visiteurs, qui baissent souvent la voix. Seuls quelques planches et fragments subsistent d'un troisième navire, le *Tune*, construit vers la même époque que le *Gokstad* et mis au jour en 1867 dans la région de l'Oslofjord. Tous furent bâtis en chêne au IXe siècle. Les bateaux étaient tirés à terre pour servir de tombes aux nobles, enterrés avec tout le nécessaire à la vie dans l'au-delà : bijoux, meubles, nourriture, charrettes et luges sculptées, tapisseries, figurines à l'allure sévère… et domestiques.

L'imposant *Oseberg*, enterré en 834, est orné à la proue et à la poupe d'un dragon et d'un serpent élaborés. Long de 22 m, il nécessitait 30 rameurs. Dans la cale, la chambre funéraire contenait la plus importante collection d'objets vikings jamais découverte en Scandinavie, mais tous les bijoux avaient été pillés. Plus massif et long de 24 m, le *Gokstad*, fabriqué vers 890, est le plus bel exemple de drakkar. Lorsqu'il fut mis au jour, sa chambre funéraire avait aussi été pillée et comptait peu d'objets. Outre les trois drakkars, le musée présente une exposition intéressante sur les Vikings.

Musée du Navire polaire *Fram*

La nature est souvent le meilleur des architectes. Aussi Colin Archer, un constructeur naval réputé, s'inspira-t-il d'un œuf quand on lui demanda de concevoir un navire capable de résister aux pressions des glaces polaires. Lancé en 1982, le **navire polaire *Fram*** (carte p. 93 ; ☎ 23 28 29 50 ; www.fram.museum.no ; adulte/enfant 50/20 NOK, gratuit avec l'Oslo Pass ; 9h-18h mi-juin à août ; horaires réduits le reste de l'année), commandé par Fridtjof Nansen et Roald Amundsen, passa la majeure partie de son existence pris dans les glaces polaires. De 1893 à 1896, l'expédition au pôle Nord de Nansen conduisit ce schooner de 39 m jusque dans les îles de Nouvelle-Sibérie, en Russie. Le navire passa à quelques degrés du pôle Nord à son retour vers la Norvège.

En 1910, Amundsen (voir l'encadré, p. 384) repartit à bord du *Fram* (qui signifie "en avant") afin d'être le premier explorateur à atteindre le pôle Nord, pour découvrir en chemin que Robert Peary l'avait devancé. Ne se laissant pas abattre, Amundsen fit demi-tour avec le *Fram* et fut le premier homme à rejoindre le pôle Sud. À bord du schooner, Otto Sverdrup contourna le sud du Groenland jusqu'à l'île Ellesmere au Canada entre 1898 et 1902, parcourant plus de 18 000 km.

Les visiteurs peuvent explorer le bateau, entrer dans les cabines exiguës et imaginer la vie à bord. Des expositions détaillées, avec cartes, photos et objets, décrivent les diverses expéditions, de la tentative de Nansen de franchir le pôle Nord à ski à la découverte du passage du Nord-Ouest par Amundsen et à la tentative de sauvetage au cours de laquelle il disparut.

Musée du *Kon-Tiki*

Très apprécié des enfants, cet excellent **musée** (carte p. 93 ; ☎ 23 08 67 67 ; www.kon-tiki.no ; Bygdøynes ; adulte/enfant 50/25 NOK, gratuit avec l'Oslo Pass ; 🕓 9h30-17h30 juin-août ; horaires réduits le reste de l'année) est consacré au radeau en balsa *Kon-Tiki*, sur lequel l'explorateur norvégien Thor Heyerdahl navigua du Pérou à la Polynésie en 1947. Le musée contient également le bateau en roseau totora *Ra II*, construit par des Aymara sur l'île bolivienne de Suriqui du lac Titicaca. Heyerdahl l'utilisa pour traverser l'Atlantique en 1970. Pour en savoir plus sur la vie et les exploits de cet extraordinaire explorateur, lisez l'encadré p. 134.

Musée maritime norvégien

L'écrivain Roald Dahl dit un jour qu'en Norvège tout le monde semblait posséder un bateau. Le **Norske Sjøfartsmuseum** (carte p. 93 ; ☎ 24 11 41 50 ; www.norsk-sjofartsmuseum.no ; Bygdøynesveien 37 ; adulte/enfant 40 NOK/gratuit ; 🕓 10h-18h mi-mai à août ; 10h30-16h ven-mer, 10h-18h jeu sept à mi-mai) confirme cette théorie. Le musée explore les différents aspects des liens de la Norvège avec la mer : la pêche, la chasse à la baleine, la flotte sismique (qui recherche les gisements de pétrole et de gaz), la construction navale et la récupération des épaves. Devant le musée, un mémorial rend hommage aux 4 700 marins norvégiens tués pendant la Seconde Guerre mondiale. Il jouxte le *Gjøa* de Roald Amundsen, le premier navire à avoir complètement parcouru le passage du Nord-Ouest (de 1903 à 1906). Le musée possède aussi la plus grande collection d'art maritime du pays et une exposition sur la morue séchée. Il projette un film sur les paysages côtiers norvégiens.

CHÂTEAU OSCARSHALL

Ce **château** (Oscarshall Slott ; carte p. 93 ; ☎ 22 56 15 39 ; Oscarshallsveien), conçu par Johan Henrik Nebelong dans un mélange de styles romantique et néogothique anglais, fut construit en tant que résidence du roi Oscar Ier entre 1847 et 1852. C'est sans doute le site le moins

PROTÉGEONS LES ŒUVRES D'ART !

Le 12 février 1994, jour de la cérémonie d'ouverture des Jeux olympiques d'hiver de Lillehammer, les Norvégiens apprirent que l'œuvre d'art la plus prisée de la nation, *Le Cri*, d'Edvard Munch, avait été volée dans la Galerie nationale à Oslo. Ce fâcheux incident n'avait nécessité aucun exploit technologique – un policier avait remarqué une échelle posée contre le mur ; une fenêtre brisée et une cisaille avaient permis d'accomplir ce forfait. À la place de la peinture, une inscription disait : "Merci pour la sécurité défaillante".

La nation fut abasourdie, et plus encore quand les autorités reçurent une demande de rançon d'un million de dollars US de la part d'un groupe lié au mouvement anti-avortement. Un pasteur luthérien, qui avait soutenu des manifestations anti-avortement durant les Jeux olympiques, affirma que la peinture serait restituée si la chaîne de télévision publique diffusait un film montrant un avortement !

Près de trois mois plus tard, la police découvrit quatre fragments du cadre de la peinture dans la banlieue nord de Nittedal. Après quelques jours, le chef-d'œuvre d'Edvard Munch, peint sur du papier fragile, fut retrouvé intact dans un hôtel d'Asgardstrand, à 60 km au sud d'Oslo. Trois Norvégiens furent arrêtés et le pays tout entier poussa un soupir de soulagement.

Dix ans plus tard, le 22 août 2004, deux hommes masqués et armés entrèrent dans le musée Munch, menacèrent un garde, décrochèrent une autre version du *Cri* (Edvard Munch en avait réalisé quatre) et un autre chef-d'œuvre du maître, *La Madone,* avant de s'enfuir en voiture devant les visiteurs médusés. Cinq minutes avaient suffi. Aucune alarme ne s'était déclenchée, la police mit un quart d'heure pour arriver. Les peintures n'étaient pas assurées, les directeurs du musée prétendant qu'elles n'avaient pas de prix.

La police les retrouva deux ans et neuf jours plus tard, mais leur restauration a retardé leur retour dans la galerie. La plupart des Norvégiens et le personnel du musée souhaitent oublier cet épisode embarrassant. Aujourd'hui, une sécurité omniprésente vous demande de ne pas approcher des œuvres.

intéressant de Bygdøy, mais il mérite le coup d'œil si vous passez à proximité.

Quartier de Grünerlokka

MUSÉE MUNCH

Les admirateurs d'Edvard Munch (1863-1944) ne manqueront pas ce **musée** (Munch-museet ; carte p. 95 ; ☎ 23 94 35 00 ; www.munch.museum.no ; Tøyengata 53 ; adulte/enfant 65/35 NOK, gratuit avec l'Oslo Pass ; 🕑 10h-18h juin à mi-sept ; 10h-16h mar-ven, 11h-17h sam-dim mi-sept à mai), qui contient la plupart des œuvres absentes de la Galerie nationale. La sécurité a été renforcée depuis le vol, en 2004, du *Cri* et de *La Madone*, tous deux retrouvés en 2006 (voir l'encadré, p. 105). Le musée fournit une vue d'ensemble du travail de l'artiste, de la période sombre (*L'Enfant malade*) aux œuvres lumineuses (*Labour au printemps*). Plus de 11 000 peintures, 4 500 aquarelles et 18 000 gravures et blocs d'esquisses composent cette collection exceptionnelle, léguée à la ville par Munch. Prenez le T-bane jusqu'à Tøyen, puis marchez durant 5 min en suivant les panneaux.

MUSÉE ZOOLOGIQUE ET MUSÉE DE GÉOLOGIE ET DE PALÉONTOLOGIE

Proche du jardin botanique d'Oslo, le **Musée zoologique** (Zoologisk Museum ; carte p. 95 ; ☎ 22 85 17 00 ; Sars gate 1 ; adulte/enfant 40 NOK/gratuit ; 🕑 11h-16h mar-dim), rattaché à l'université, possède des collections bien présentées d'animaux naturalisés de Norvège et d'ailleurs, ainsi qu'une salle consacrée à la faune arctique. À côté, le **musée de Géologie et de Paléontologie** (Geologisk Museum ; carte p. 95 ; ☎ 22 85 17 00 ; Sars gate 1 ; adulte/enfant 40 NOK/gratuit ; 🕑 11h-16h mar-dim) renferme des présentations sur l'histoire du système solaire et de la géologie norvégienne, ainsi que des myriades de minéraux, de météorites et de roches lunaires. Dans la section dévolue à la paléontologie, on peut voir un squelette d'iguanodon long de 10 m et un nid d'œufs de dinosaure.

JARDIN BOTANIQUE

Le **jardin botanique** (Botanisk Hage ; carte p. 95 ; ☎ 22 85 17 00 ; Sars gate 1 ; entrée libre ; 🕑 7h-20h lun-ven, 10h-20h sam-dim avr-sept ; 7h-17h lun-ven, 10h-17h sam-dim oct-mars) s'étend sur 6,5 ha et contient 7 500 plantes du monde entier. Certaines proviennent des fjords d'Oslo ; quatre ont presque disparu de la nature. Les spécimens du jardin aromatique sont accompagnés de commentaires imprimés et en braille.

GAMLE AKER KIRKE

L'un des plus anciens édifices d'Oslo, cette **église** (carte p. 95 ; ☎ 22 69 35 82 ; Akersbakken 26 ; entrée libre ; 🕑 12h-14h lun-sam) médiévale en pierre, au nord du centre dans Akersbakken, date de 1080. Des services luthériens ont lieu le dimanche à 9h et 11h. Prenez le bus n°37 de Jernbanetorget à Akersbakken, puis grimpez à pied en passant par le cimetière.

Banlieue d'Oslo

CENTRE D'ART HENIE-ONSTAD

Høvikodden, à l'ouest du centre, recèle l'une des meilleures collections d'art privées du pays, le **centre d'art Henie-Onstad** (Henie-Onstad Kunstsenter ; carte p. 121 ; ☎ 67 80 48 80 ; www.hok.no ; Høvikodden ; entrée libre ; 🕑 11h-19h mar-jeu, 11h-17h ven-dim), fondé dans les années 1960 par la patineuse artistique Sonja Henie et son époux Niels Onstad. Le couple a acquis des œuvres de Joan Miró, de Pablo Picasso et de peintres norvégiens impressionnistes, abstraits, expressionnistes et modernes. Les médailles et les trophées de Sonja sont exposés au rez-de-chaussée. À Jernbanetorget, prenez n'importe quel bus en direction de Sandvika et descendez à Høvikodden.

TREMPLIN ET MUSÉE DE HOLMENKOLLEN

Le **tremplin de Holmenkollen**, perché sur une colline qui surplombe Oslo, offre une vue panoramique sur la ville et se double d'une salle de concert. Pendant le festival de ski d'Oslo, qui a lieu en mars, il attire les meilleurs sportifs du monde entier.

À côté, le **musée du Ski** (carte p. 93 ; ☎ 22 92 32 00 ; www.skiforeningen.no ; Kongeveien 5 ; adulte/enfant 70/35 NOK ; 🕑 9h-20h juin-août ; 10h-14h oct-avr ; 10h-17h mai et sept) retrace 4 000 ans d'histoire du ski nordique et alpin en Norvège. Des expositions décrivent les expéditions d'Amundsen et de Scott dans l'Antarctique, ainsi que la longue traversée de la banquise du Groenland par Fridtjof Nansen (vous verrez le bateau qu'il construisit avec son traîneau et une toile de tente pour franchir à la rame les cent derniers kilomètres jusqu'à Nuuk). Le 2e étage, récemment rénové, est consacré aux aspects plus modernes du ski. On y trouve notamment des photos de la famille royale à ski.

Le billet du musée comprend une visite du **tremplin**. Un ascenseur effectue une partie de la grimpée, puis il faut gravir 114 marches. À l'extérieur, le **simulateur de saut** (adulte/enfant 50/35 NOK) amusera les plus intrépides.

Pour rejoindre le musée, prenez la ligne n°1 du T-bane jusqu'à Holmenkollen, puis suivez les panneaux.

NORDMARKA

La forêt au nord du tremplin de Holmenkollen, appelée Nordmarka (carte p. 121), est un lieu privilégié pour la randonnée, le VTT, la luge et le ski. C'est aussi le centre géographique de la ville. Les skieurs apprécieront le **Tryvan Vinterpark**, le plus vaste domaine skiable d'Oslo, avec 14 pistes et 6 remonte-pentes. En été, la **tour d'observation Tryvannstårnet** est un bon point de départ pour une randonnée à pied ou à vélo. Haute de 118 m, elle est fermée au public, mais sa base offre une vue fantastique. En été, emportez un récipient pour collecter des myrtilles. De la station Holmenkollen du T-bane, effectuez le parcours panoramique jusqu'au terminus de Frognerseteren et repérez le chemin de randonnée balisé.

À FAIRE

À ski, en randonnée ou à la voile, les habitants d'Oslo ne manquent pas une occasion pour sortir. Ils ont l'embarras du choix avec plus de 240 km^2 de forêts, 40 îles et 343 lacs dans les limites de l'agglomération.

Escalade

Les parois du Kolsåstoppen, jalonnées de pitons, offrent les meilleures possibilités d'escalade et sont desservies par la ligne n°3 du T-bane – descendez à Kolsås. Sinon, **Gekko Klatring Oslo** (carte p. 98 ; ☎ 99 28 21 21 ; www.gekkoklatring.no ; Bispegate 16 ; avant/après 15h 50/85 NOK ; 🕔 10h-22h lun et jeu, 12h-22h mar-mer, 10h-22h ven, 10h-18h sam, 12h-20h dim) possède un bon mur d'escalade.

Vélo

Il n'est pas aussi simple qu'on pourrait l'imaginer de louer un vélo à Oslo (voir p. 119), qui se prête pourtant à ce mode de locomotion. L'office du tourisme propose des cartes gratuites destinées aux cyclistes : la *Sykkelkart Oslo*, qui comporte les pistes et chemins cyclables en ville, et l'*Idrett og friluftsliv i Oslo*, l'équivalent pour l'arrière-pays. Il offre également la brochure *Opplevelsesturer i Marka*, qui décrit 6 itinéraires de randonnée à vélo et/ou à pied aux alentours de la capitale.

Remonter l'Akerselva jusqu'au lac Maridal (carte p. 93 ; 11 km) ou sillonner les bois de Bygdøy (carte p. 93) sont deux parcours particulièrement plaisants en ville, réalisables avec un vélo municipal. Le trajet jusqu'à Maridal passe par plusieurs cascades et usines reconverties à la lisière de Grünerløkka, avant de franchir des ponts typiques, comme l'Anker ou pont *eventyr* (pont de conte de fées ; voir l'encadré, p. 109). Arrêtez-vous pour un café et une gaufre au **Hønse-Louisas Hus** (carte p. 95 ; Sandakerveien 2 ; 🕔 11h-18h). Ce parcours peut se faire à pied en prenant le T-bane jusqu'à Kjesås et en revenant en ville par le sentier. À vélo ou à pied, Bygdøy est bien plus bucolique et offre maintes occasions de baignade. Vous pourrez garer votre vélo devant le musée des Arts et Traditions populaires. Les cyclistes les plus sportifs emprunteront la ligne n°1 du T-bane jusqu'à Frognerseteren et continueront dans la Nordmarka.

Pour des informations sur le vélo en Norvège et des cartes plus détaillées de la région de Buskerud (autour d'Oslo), contactez **Syklistenes Landsforening** (carte p. 93 ; ☎ 22 47 30 30 ; post@slf.no ; Storgata 23C ; 🕔 10h-17h lun-ven), un club local qui accueille volontiers les touristes. S'il paraît fermé, appuyez sur la sonnette à 10 m à droite de la porte.

Randonnée

De Frognerseteren (le terminus de la ligne n°1 du T-bane), un réseau de 1 200 km de sentiers conduit dans la Nordmarka. Un bon chemin descend vers le lac Sognsvann, à 6 km au nord-ouest du centre au bout de la ligne n°5 du T-bane (carte p. 93). En août, emportez un récipient pour collecter les myrtilles et un maillot de bain pour plonger dans le lac – la baignade est autorisée dans tous les lacs des forêts autour d'Oslo, excepté ceux de Maridalsvannet et de Skjersjøen, qui sont des réservoirs d'eau potable. L'agréable marche autour du lac Sognsvann se fait en 1 heure. Vous pourrez la prolonger jusqu'à **Ullevålseter** (☎ 22 14 35 58 ; www.ullevalseter.no), où une belle ferme ancienne sert des gaufres et du café. Comptez environ 3 heures pour l'aller-retour (11 km).

À Jernbanetorget, prenez le bus n°34 ou 46 jusqu'à l'**Ekeberg Camping** (carte p. 93) ou le tram n°18 ou 19 en direction de Ljabru jusqu'à Sjømannsskolen pour faire une jolie promenade dans les bois d'Ekeberg, au sud-est du centre-ville. Des concours d'équitation et, depuis peu, des matchs de cricket s'y déroulent pendant les week-ends d'été. Un itinéraire sur le thème de l'âge du fer sillonne les bois.

Ne manquez pas l'**Ekeberg Restaurant** (carte p. 93), l'un des premiers exemples architecturaux du fonctionnalisme. En redescendant, arrêtez-vous au **virage de Valhall** (carte p. 93) pour découvrir la vue qui a inspiré *Le Cri* à Edvard Munch.

Les férus de randonnée passeront au **bureau du DNT** (carte p. 98 ; ☎ 22 82 28 22 ; www.turistforeningen.no ; Youngstorget 1 ; 🕑 10h-16h lun-mer et ven, 10h-18h jeu, 10h-14h sam ; ouverture à 9h mai-sept), qui gère plusieurs gîtes dans la région de la Nordmarka et fournit des cartes et des informations sur de longs itinéraires dans le pays.

Patin à glace

La **patinoire en plein air de Narvisen** (carte p. 98 ; ☎ 2230 30 33 ; Karl Johans gate) permet de patiner gratuitement dès qu'il gèle (de novembre à mars). La location de patins revient à 40 NOK.

Ski

La saison de ski d'Oslo dure de décembre à mars. Les limites de l'agglomération comptent une station de ski et plus de 2 400 km de pistes de ski nordique aménagées (dont 1 000 km dans la Nordmarka), pour beaucoup éclairées. Des pistes facilement accessibles commencent au terminus des lignes n°1 et 5 du T-bane. Le **Skiservice Centre** (☎ 22 13 95 04 ; www.skiservice.no ; Tryvannsveien 2), à la station Voksenkollen – l'arrêt du T-bane avant Frognerseteren –, loue des snowboards et des skis nordiques. Les pistes du **Tryvann Vinterpark** (☎ 40 46 27 00) ouvrent durant la saison. Pour plus d'informations sur les possibilités offertes, contactez **Skiforeningen** (Société du ski ; carte p. 93 ; ☎ 22 92 32 00 ; www.skiforeningen.no ; Kongeveien 5) ou consultez le site www.holmenkollen.com.

Natation

ÎLES ET PLAGES

Plusieurs plages correctes sont facilement accessibles du centre d'Oslo. Des ferries partent du quai Vippetangen, au sud-est de la forteresse Akershus, vers une demi-douzaine d'îles de l'Oslofjord. En été, des bateaux desservent fréquemment Hovedøya et Langøyene (au moins toutes les heures), moins souvent les autres îles. Le dernier ferry part de Vippetangen à 18h45 en hiver et à 21h05 en été.

La rive sud-ouest de l'île rocheuse de Hovedøya (carte p. 93), la plus proche du continent, est appréciée des amoureux du soleil. L'île est entourée de chemins qui mènent à d'anciens emplacements de canons et aux **ruines d'un monastère cistercien** du XIIe siècle. Prenez le bateau n°92 ou 93.

Au sud de Hovedøya, l'île préservée de Langøyene (carte p. 93) comporte des plages rocheuses ou de sable idéales pour la baignade, dont une réservée aux nudistes sur la rive sud-est. Empruntez le bateau n°94.

La presqu'île de Bygdøy possède deux plages fréquentées, **Huk** (carte p. 93) et **Paradisbukta** (carte p. 93) ; prenez à Jernbanetorget le bus n°30 jusqu'au terminus. Outre quelques poches sablonneuses, Huk compte essentiellement des étendues herbeuses et de grands rochers lisses, parfaits pour un bain de soleil. Séparée par une crique, la partie nord-ouest est ouverte aux nudistes. Si Huk semble bondée, 10 min de marche à travers bois au nord de l'arrêt de bus conduisent à Paradisbukta, plus paisible.

PISCINES

Oslo possède deux piscines municipales découvertes : celle de **Frognerbadet** (carte p. 95 ; ☎ 23 27 54 50 ; Middelthus gate 28 ; adulte/enfant 69/33 NOK, gratuit avec l'Oslo Pass ; 🕑 mi-mai à mi-août), dans le parc Frogner (entrée par Middelthus gate), et celle de **Tøyenbadet** (carte p. 95 ; ☎ 23 30 44 70 ; Helgesens gate 90), proche du musée Munch.

AVEC DES ENFANTS

Au printemps, les innombrables poussettes que l'on voit à Oslo indiquent à quel point la ville est accueillante pour les familles – à moins que cela n'atteste de la longueur de l'hiver !

La plupart des parents vivant à Oslo vous diront que les meilleures activités sont souvent les plus simples – qui sont aussi gratuites. Ainsi, rien n'interdit d'escalader les statues du parc Frogner, ni de courir dans le labyrinthe en mosaïque de 3 000 m du jardin. Le parc possède aussi l'une des plus belles aires de jeux de la cité. Plus près du centre, les canons et les fortifications de la forteresse Akershus favorisent les aventures imaginaires. Enfin, il serait dommage de quitter le pays sans avoir acheté un recueil de contes et légendes norvégiens (voir l'encadré, ci-contre).

Parmi les activités organisées en été figurent le **Thomas Train City Tour** (☎ 91 62 53 03 ; www.thomas-toget.no ; 🕑 11h-17h lun-sam mi-juin à août) et l'**Oslo Toget** (☎ 67 97 20 60 ; www.oslotoget.no), deux circuits d'une demi-heure dans le centre-ville à bord de trains découverts aux couleurs vives. Ils partent toutes les demi-heures devant le

SNIPP, SNAPP, SNUTE

Il existe une multitude de trolls norvégiens. Le Nokken, une créature gluante, vit dans les lacs de montagne, tandis que la Huldra, une superbe tentatrice, séduit les jeunes hommes et les traîne dans les bois – sauf s'ils parviennent à l'emmener dans une église. Certains trolls portent chance et réalisent les vœux des marins qui les traitent avec bienveillance.

Les aventures de ces personnages imaginaires, et celles des princesses et des paysans qui se montrent plus malins qu'eux, font partie du patrimoine norvégien, au même titre que les fjords et les Vikings. Pourtant, c'est uniquement grâce à Peter Asbjörnsen et Jörgen Moe, tous deux originaires de Buskerud, que ces légendes furent écrites au début du XIXe siècle. Inspirés par le travail des frères Grimm, les deux hommes commencèrent par ce qu'ils connaissaient le mieux : les légendes racontées dans les bois et les vallées des environs d'Oslo. Comiques, cruelles, moralistes ou paillardes, les histoires devinrent populaires dès leur publication. Elles inspirèrent certains des plus grands auteurs norvégiens, tels Henrik Ibsen et Bjørnstjerne Bjørnson.

Les contes, souvent illustrés de dessins d'Erik Werenskiold et s'achevant par les mots "*Snipp. Snapp. Snute. Så er eventyret ute*" ("Fin" en norvégien), restent très appréciés et se trouvent facilement. À Oslo, remarquez les bronzes qui décorent le pont Anker (ou *eventyr*, "pont de conte de fées" ; carte p. 98) dans Storgata. Ils représentent quatre personnages célèbres des histoires d'Asbjörnsen et Moe : Peer Gynt, l'ours blanc roi, Kari Cape-de-bois et Petit Freddy et son violon.

Pour en apprendre davantage sur le folklore norvégien, reportez-vous p. 49.

centre commercial Paléet (carte p. 95) et la galerie marchande d'Aker Brygge (carte p. 98). Un train de Noël circule en décembre.

Pour une expérience plus rurale, rendez-vous à l'**école d'équitation** et au **Husdyrpark de l'EKT** (EKT Rideskole og Husdyrpark ; carte p. 93 ; ☎ 22 19 97 86 ; www.rideskole.no ; Bekkelagshøgda 12 ; promenade à cheval 30 NOK ; 11h-18h tlj mai-sept ; horaires réduits le reste de l'année) dans la forêt d'Ekeberg, au sud-est du centre-ville. La ferme abrite des moutons, des chèvres, des cochons et des lapins, ainsi que des chevaux norvégiens. Prenez le tram n°19 en direction de Ljabru jusqu'à Sportsplassen, puis grimpez à pied pendant un quart d'heure. Le **musée des Arts et Traditions populaires** (p. 104) propose régulièrement des manifestations destinés aux enfants.

En hiver, descendez en luge le "légendaire" **Korketrekkeren** (tire-bouchon), une piste de 2 000 m présentant un dénivelé de 255 m, construite pour l'épreuve de bobsleigh des Jeux olympiques de 1952. On peut louer des luges à l'**Akerforeningen** (☎ 22 49 01 21 ; www.akeforeningen.no ; adulte/enfant 80/50 NOK ; 9h-21h lun-sam, 10h-18h dim en hiver), près du restaurant Frognerseteren. Prenez le T-bane jusqu'à Frognerseteren et descendez en suivant les panneaux.

Distraction appréciée les jours de pluie, le **musée norvégien des Sciences et Technologies** (Norsk Teknisk Museum & Telemuseum ; carte p. 93 ; ☎ 22 79 60 00 ; www.tekniskmuseum.no ; Kjelsåsveien 143 ; adulte/enfant 80/40 NOK, gratuit avec l'Oslo Pass ; 10h-18h lun-ven, 11h-18h sam-dim mi-juin à mi-août ; horaires réduits le reste de l'année), près du lac Maridal, possède la première voiture et le premier tramway du pays, des roues à eau, des horloges et suffisamment de gadgets pour occuper la famille pendant quelques heures. Si vous appréciez les dessins d'enfant, visitez le **musée d'Art enfantin** (Barnekunstmuseet ; carte p. 95 ; ☎ 22 46 85 73 ; www.barnekunst.no ; Lille Frøens vei 4 ; adulte/enfant 50/30 NOK ; 11h-16h mar-jeu et dim fin juin-début août ; fermé début août à mi-sept ; horaires réduits le reste de l'année), près de la station de T-bane Frøen.

Enfin, **TusenFryd** (carte p. 121 ; ☎ 64 97 64 97 ; www.tusenfryd.no ; Vinterbro ; moins/plus de 1,20 m 240/290 NOK ; 10h30-19h mi-juin à sept ; horaires réduits le reste de l'année), un parc de loisirs à 10 km au sud de la ville, près de l'E 6, est très apprécié des enfants de la région de Buskerud. Il comprend des manèges, une ferme fantaisie et d'excellentes montagnes russes en bois, qui défient la gravité 12 fois par tour. Le bus TusenFryd part de la gare routière Galleri Oslo 9 fois/jour entre 10h et 16h (adulte/enfant 30/15 NOK).

CIRCUITS ORGANISÉS

Les meilleurs circuits dans Oslo offrent un aperçu culturel et historique – ou une balade en bateau –, en laissant suffisamment de latitude au visiteur pour explorer la ville à sa guise.

AudioTor (☎ 98 82 93 23 ; www.audiotor.no) loue des iPod contenant des commentaires sur différents sites de la capitale, qui permettent de l'explorer à son rythme. Les iPod, disponibles à l'office du tourisme (location 1/2 jours 149/249 NOK), comprennent une sélection d'itinéraires couvrant les sites majeurs, tels le parc Vigeland et Holmenkollen. Un résumé historique, des détails pratiques, un guide de prononciation et diverses informations ignorées des habitants font partie du contenu.

City Sightseeing (☎ 22 78 94 00 ; www.citysightseeing.net ; 🕒 mi-mai à mi-sept) propose l'habituel service de bus touristique, où l'on peut monter et descendre à sa convenance : le billet, valable 48 heures (adulte/enfant 165/85 NOK), couvre la plupart des sites. L'office du tourisme possède la liste des arrêts. **Oslo Promenade** (adulte/enfant 80 NOK/gratuit ; 🕒 17h30 lun, mer et ven juin-août) propose en fin d'après-midi une promenade à pied de 1 heure 30 qui commence devant le Rådhuset (hôtel de ville). Les guides sont compétents et intéressants.

Pour une visite plus complète, ou pour une sortie en bateau, choisissez le **Båtservice Sightseeing** (carte p. 98 ; ☎ 23 35 68 90 ; www.boatsightseeing.com ; jetée 3, Rådhusbrygge), un circuit de 7 heures 30 qui inclut les musées de Bygdøy, le parc Vigeland et le tremplin de Holmenkollen, ainsi qu'une croisière dans l'Oslofjord pour le prix raisonnable de 515 NOK (de fin mai à début septembre uniquement). Il existe des circuits plus courts.

Par beau temps, vous pourrez survoler la ville en hydravion. **Fonnafly** (☎ 67 10 50 50 ; www.fonnaflyoslo.no ; 790 NOK) propose un circuit "Oslo on Top" de 20 min (au moins 3 participants), au-dessus du tremplin de Holmenkollen et du centre-ville.

FÊTES ET FESTIVALS

L'événement le plus festif de l'année est sans conteste le **jour de la Constitution** (17 mai), quand des habitants d'Oslo, originaires de diverses provinces, convergent vers le Palais royal en costume traditionnel. Alliant manifestations culturelles et événements sportifs, la **fête du Ski de Holmenkollen** (www.holmekolen.com ; 🕒 mi-mars) attire des amateurs de ski nordique et de saut à ski du monde entier. La **Parade d'été** (dernier week-end de juillet), le **Festival de jazz international d'Oslo** (www.oslojazz.no ; 🕒 août) et le **festival Øya** (www.oyafestivalen.com ; 🕒 août) font partie des autres festivités importantes.

Pour des détails sur les fêtes et festivals de la capitale, consultez le site Internet www.visitoslo.com.

OÙ SE LOGER

Oslo possède un bon choix d'hébergements, dont un nombre croissant de petits B&B dotés de plus de cachet que les hôtels de chaîne.

Petits budgets

CAMPINGS

Oslo Fjordcamping (carte p. 121 ; ☎ 22 75 20 55 ; mail@oslocamping.no ; Ljansbrukveien 1 ; tente sans/avec voiture 130/150 NOK). Un endroit paisible, à 6 km au sud-est du centre-ville, aux équipements un peu fatigués. Prenez le bus n°83 à Oslo S.

Bogstad Camping (carte p. 93 ; ☎ 22 51 08 00 ; www.bogstadcamping.no ; Ankerveien 117 ; tente 4 pers avec/sans voiture 245/170 NOK, bung 4 pers à partir de 440 NOK ; 🕒 toute l'année ; P). À la lisière de la Nordmarka et idéal pour les activités de plein air, ce camping, l'un des plus vastes d'Europe du Nord, peut être bondé. Douches et cuisine commune font partie des infrastructures ; un kiosque et un restaurant sont situés à proximité. À 9 km au nord du centre-ville. Prenez le bus n°32 à Oslo S (30 min environ).

Ekeberg Camping (carte p. 93 ; ☎ 22 19 85 68 ; www.ekebergcamping.no ; Ekebergveien 65 ; tente 4 pers avec/sans voiture 245/170 NOK ; 🕒 1er juin-1er sept ; P). Sur une jolie butte au sud-est de la ville, l'Ekeberg offre une vue superbe sur la capitale. Il est habituellement très fréquenté et ses équipements (cuisine, laverie, épicerie et douches) semblent un peu négligés. Prenez le bus n°34 ou 46 à Jernbanetorget (10 min). Les prix augmentent de 10% en haute saison.

Pour camper en pleine nature, empruntez la ligne n°1 du T-bane jusqu'à Frognerseteren, au bord de la Nordmarka, ou la ligne n°5 jusqu'à Sognsvann. Il est interdit de camper à Sognsvann, mais il suffit de parcourir 1 ou 2 km dans les bois pour trouver des emplacements où planter sa tente.

AUBERGES DE JEUNESSE

Anker Hostel (carte p. 98 ; ☎ 22 99 72 10 ; www.ankerhostel.no ; Storgata 55 ; dort 4/6 lits avec sdb 215/195 NOK, s/d à partir de 510 NOK ; 💻). Une ambiance internationale, des chambres impeccables, une laverie, une consigne, une cuisine et un petit bar : voici les principaux atouts de cette auberge de jeunesse. Comptez 75 NOK pour le petit déjeuner et 50 NOK pour les draps. Le cadre n'a rien d'exceptionnel, mais Grünerløkka et le centre-ville ne sont qu'à 5 min de marche.

Oslo Vandrerhjem Haraldsheim (carte p. 93 ; ☎ 22 22 29 65 ; oslo.haraldsheim.hostel@vandrerhjem.no ; Haraldsheimveien 4 ; dort à partir de 220 NOK, s/d avec sdb

EN QUÊTE DU LIT LE MOINS CHER

Il est difficile de trouver un hébergement bon marché à Oslo. Toutefois, quatre organismes fiables pourront vous venir en aide :

- **Use-It** (carte p. 98 ; ☎ 22 41 51 32 ; www.use-it.no ; Møllergata 3). Le service d'information de la jeunesse d'Oslo vous aidera à réserver dans des auberges de jeunesse ou chez l'habitant (dortoir à partir de 120 NOK), sans un nombre minimal de nuits ni frais de réservation.
- **Offices du tourisme d'Oslo** (Oslo S et Fridtjof Nansens plass 5 ; voir p. 93). Loue des chambres chez l'habitant (au moins 2 nuits ; réservation 50 NOK) un peu moins chères que les auberges de jeunesse et des chambres d'hôtel à prix réduits.
- **Den Norske Turistforening** (carte p. 98 ; DNT ; touring-club norvégien de montagne ; ☎ 22 82 28 22 ; www.dntoslo.no ; Storgata 3). Possède une liste d'une quarantaine de gîtes privés dans la Nordmarka. Dans les plus connus, employant du personnel, les lits doivent être réservés à l'avance (membres DNT/non-membres 185/240 NOK). La plupart de ces gîtes se situent à au moins 10 km du centre.
- **Bed & Breakfast Norway** (☎ 22 67 30 80 ; www.bbnorway.com). La meilleure adresse pour dénicher une chambre dans un B&B de la capitale.

commune 355/495 NOK, petit déj compris ; 💻). Difficile à trouver, cette agréable auberge de jeunesse est à 4 km du centre-ville. Elle possède 270 lits, pour la plupart dans des dortoirs de 4 personnes bien tenus. Réception ouverte 24h/24, cuisine et laverie à disposition et location de draps (50 NOK). Prenez le tram n°12, 15 ou 17, ou le bus n°31 ou 32 jusqu'à Sinse Nkrysset, puis grimpez pendant 5 minutes.

Perminalen Hotel (carte p. 98 ; ☎ 23 09 30 81 ; www.perminalen.no ; Øvre Slottsgate 2 ; dort 4/6 lits avec sdb 335 NOK, s/d 360/499 NOK ; 💻). Les chambres propres et la situation centrale compensent l'ambiance aseptisée aux faux airs d'internat. Les prix incluent les draps et un petit déjeuner simple, que l'on peut prendre dehors en été.

Ellingsens Pensjonat (carte p. 95 ; ☎ 22 60 03 59 ; www.ellingsenspensjonat.no ; Holtegata 25 ; s/d 330/540 NOK, avec sdb 460/650 NOK). Dans un quartier calme et plaisant, cette pension accueillante est l'une des meilleures affaires de la capitale. Le bâtiment, de 1890, a conservé des éléments d'origine, tels les hauts plafonds et les motifs de roses. Les chambres, claires et spacieuses, comprennent réfrigérateur et bouilloire. Réservation conseillée en été.

Catégorie moyenne

Cochs Pensjonat (carte p. 98 ; ☎ 23 33 24 00 ; www.cochspensjonat.no ; Parkveien 25 ; s/d 420/580 NOK, avec sdb à partir de 520/680 NOK). Pension pour célibataires dans les années 1920, le Cochs propose des chambres sobres et soignées derrière le Palais royal. Celles sur l'arrière, particulièrement vastes, donnent sur le parc du Palais (Slottsparken). Consigne à disposition et buffet à prix réduit au petit déjeuner dans le café à l'angle (59 NOK).

P-Hotel (carte p. 98 ; ☎ 80 04 68 35 ; www.p-hotels.com ; Grensen 19 ; s/d 645/745 NOK ; 💻). Les prix, très intéressants pour le centre-ville, font oublier le manque d'ambiance. Petit déjeuner (posé dans un sac devant votre porte) et Wi-Fi compris.

MS Innvik (carte p. 98 ; ☎ 22 41 95 00 ; www.msinnvik.no ; Langkaia ; s/d 425/750 NOK). Car-ferry transformé en théâtre et en B&B, le MS *Innvik* garantit une expérience mémorable – dans un espace confiné. Par beau temps, vous pourrez prendre le petit déjeuner sur le pont en contemplant le fjord et le nouvel Opéra de Bjørvika. Empruntez la passerelle au-dessus de l'E 18, au sud de la gare centrale.

Residence Kristinelund (carte p. 93 ; ☎ 40 00 24 11 ; www.kristinelund.no ; Kristinelundveien 2 ; s/d 590/790 NOK, avec sdb 690/970 NOK ; 💻). Dans l'une des rues les plus chics d'Oslo, ce beau bâtiment du XIXe siècle est un havre de paix, avec ses chambres bien tenues et son service sympathique et attentif. Le petit déjeuner est servi dans une salle lumineuse donnant sur le jardin. Bien situé, l'établissement se trouve à courte distance de Bygdøy, du parc Vigeland et du centre-ville, à pied ou en bus. Prenez le bus n°20, 30, 31 ou 32 (direction Bygdøy) à Jernbanetorget, descendez à Olav Kyrres plass et repérez la maison blanche à l'angle.

Thon Hotel Munch (carte p. 98 ; ☎ 23 36 27 00 ; www.thonhotels.no ; Brugata 7 ; s/d mi-juin à mi-août et sam-dim 595/795 NOK, petit déj buffet 50 NOK ; 💻). L'un des 13 hôtels Thon installés à Oslo, le Munch offre le confort d'un bon hôtel de chaîne et un buffet à volonté au petit déjeuner.

Hotell Bondeheimen (carte p. 98 ; ☎ 23 21 41 00 ; www.bondeheimen.com ; Rosenkrantz gate 8 ; s/d semaine mi-juin à mi-août à partir de 750/830 NOK, sam-dim 750/990 NOK, le reste de l'année 1 095/1 295 NOK ; 💻). Parmi les jolies chambres de cet hôtel central, les plus anciennes, dotées de meubles en pin scandinaves des années 1980, sont progressivement rénovées. Le personnel veille au bien-être des clients.

Rica Victoria Hotel (carte p. 98 ; ☎ 24 14 70 00 ; www.rica-hotels.com ; Rosenkrantz gate 13 ; s/d mi-juin à mi-août et sam-dim 695/945 NOK, le reste de l'année 950/1 290 NOK ; 💻). Cet hôtel d'affaires classique, entre Aker Brygge et Karl Johans gate, est également recommandé.

Catégorie supérieure

Holmenkollen Park Hotel Rica (carte p. 93 ; ☎ 22 92 20 00 ; www.holmenkollenparkhotel.no ; Kongeveien 26 ; s/d mi-août à mi-sept 1 160-1 410 NOK, le reste de l'année 1 680/1 930 NOK ; P 💻). Fondé en 1891 par le Dr Ingebrigt Christian Lund en tant que sanatorium, cet hôtel allie luxe, vue splendide et cachet historique. Au petit déjeuner, l'énorme buffet comprend des produits bio.

Grand Hotel (carte p. 98 ; ☎ 23 21 20 00 ; www.grand.no ; Karl Johans gate 31 ; s/d été 1 245/1 495 NOK, le reste de l'année 1 710/1 960 NOK ; P 💻). Débordant de caractère, le somptueux Grand Hotel a longtemps été considéré comme le summum de l'élégance. Les chambres sont superbement équipées et décorées, sans rien d'ostentatoire. Chaudement recommandé.

Grims Grenka (carte p. 98 ; ☎ 23 10 72 00 ; www.grimsgrenka.no ; Kongens gate 5 ; s/d à partir de 2 150 NOK ; 💻). Ce luxueux hôtel de charme cosmopolite, inauguré en 2008, possède des chambres modernes au décor minimaliste, un bar branché sur le toit, un restaurant asiatico-fusion et un emplacement idéal.

OÙ SE RESTAURER

Par le passé, un repas au restaurant était un luxe réservé aux grandes occasions. Heureusement, cela a commencé à changer dans les années 1990 (voir l'encadré ci-contre) et l'on trouve aujourd'hui dans toute la ville de bons restaurants et cafés, ainsi que des supermarchés.

Akers Brygge et Karl Johan comptent d'excellents restaurants. En marchant pendant 5 min en direction de la station Majorstua du T-bane ou de Grünerløkka, vous profiterez d'un choix plus diversifié et de tarifs plus abordables.

Pour un en-cas classique, essayez le *polse* (hot-dog) dans un *lumpe* (gâteau de pommes de terre) à 15 NOK, ou une gaufre à la crème aigre et à la confiture de fraise.

Centre d'Oslo

RESTAURANTS

Rust (carte p. 98 ; ☎ 23 20 22 10 ; Hegehaugsveien 22 ; en-cas et repas léger 36-59 NOK, plats 119-129 NOK). Dans une petite rue pavée, le Rust dispose d'une grande terrasse et fournit des couvertures quand il fait froid. Une bonne adresse pour un cocktail, un burger (129 NOK), une copieuse salade (119 Nrk) ou des tapas en fin de soirée.

Thien Nga (carte p. 98 ; ☎ 22 20 44 41 ; Bernt Ankersgate 6b ; entrées 40-50 NOK, plats 60-105 NOK). Le Thien Nga mitonne une authentique cuisine vietnamienne… dans une ambiance grecque.

Krishna's Cuisine (carte p. 95 ; ☎ 22 60 62 50 ; Kirkeveien 59b ; déj 65 NOK, dîner 70-90 NOK). À l'étage en face de la station Majorstua du T-bane, cet excellent restaurant végétarien sert de copieux curries midi et soir.

Tullins Café (carte p. 98 ; ☎ 22 20 46 16 ; Tullins gate 2 ; en-cas et repas léger 69-108 NOK). Faiblement éclairé, ce café propose un peu de tout, des salades et des burgers aux pâtes et aux plats sautés. Très apprécié des étudiants.

Curry & Ketchup (carte p. 95 ; ☎ 22 69 05 22 ; Kirkeveien 51 ; curries 74-110 NOK). Dans un cadre éclectique et désordonné, dégustez des *naan* brûlants (23 NOK) et des plats indiens classiques parfumés comme le poulet *tikka masala* et le *palak paneer* (74 NOK), sans oublier les délicieux *lassi* à la mangue (35 NOK). Ambiance sympathique, mais service médiocre.

Grand Café (carte p. 98 ; ☎ 23 24 20 18 ; Karl Johans gate 31 ; déj 92-215 NOK). À 11h précises, Henrik Ibsen quittait son appartement de Drammensveien (actuelle Henrik Ibsens gate) et venait déjeuner ici de harengs, arrosés de bière et d'un verre d'aquavit. Sa table est toujours là, et vous pourrez commander des harengs (88 NOK), ou autre chose.

Theatercafeen (carte p. 98 ; ☎ 22 82 40 50 ; Stortingsgaten 24/26 ; petites assiettes 98-154 NOK, plats 190-318 NOK). Adresse prisée des familles norvégiennes à Noël et le 17 mai, le Theatercafeen, en face du Théâtre national, concocte des plats norvégiens classiques dans un somptueux cadre viennois. Le steak de renne aux champignons et aux myrtilles (305 NOK) compte parmi les favoris.

AU BAGATELLE : RENCONTRE AVEC LE CHEF EYVIND HELLSTRØM

Eyvind Hellstrøm se rappelle avec émotion le jour où il a accueilli les inspecteurs du Michelin au **Bagatelle** (carte p. 98 ; ☎ 22 12 14 40 ; www.bagatelle.no ; Bygdøy allé 3), en 1984. Distingué par deux étoiles, il continue d'appliquer les leçons apprises dans les grandes cuisines parisiennes et lyonnaises pour retravailler les classiques norvégiens et leur donner une touche personnelle. Son restaurant, au pinacle de la restauration norvégienne, sert une cuisine européenne moderne privilégiant les ingrédients locaux, si possible bio. Il nous parle de son établissement et de la floraison de nouveaux restaurants.

"Le paysage de la restauration a complètement changé à Oslo. Lorsque je suis revenu de France, les marchés de produits frais étaient rares, voire inexistants. Il était très difficile de trouver de bons ingrédients. Aujourd'hui, les clients sont plus ouverts à la gastronomie. Même les plus âgés changent leurs habitudes, vont au restaurant et essaient de nouvelles cuisines.

S'il existe une tendance, elle est aux restaurants asiatiques et aux bars à sushis. Les jeunes apprécient ces endroits détendus, et je crois que c'est une bonne chose. C'est facile, informel, et cela incite à dîner dehors. Les jeunes ont ensuite envie de découvrir des lieux plus sophistiqués, comme le Bagatelle, et de nouveaux styles de cuisine."

Quel est le plat norvégien à ne pas manquer ? La morue fraîche ; j'aime aussi le *lutefisk* [un plat glutineux de morue séchée], ma spécialité norvégienne. Nous avons eu le plaisir de le présenter au Ritz à Paris, et les Français l'ont aimé pour sa texture originale. Il est meilleur avec un vin rouge léger, mais la tradition veut qu'on l'accompagne de bière et d'aquavit.

Quels sont les restaurants les plus prometteurs d'Oslo ? Essayez le **Restaurant Oscarsgate** (carte p. 98 ; ☎ 22 46 59 06 ; www.restaurantoscarsgate.no ; Oscarsgate 2), qui offre une habile combinaison de savoir-faire et d'audace.

Propos recueillis par Kari Lundgren

Pizza da Mimmo (carte p. 98 ; ☎ 22 44 40 20 ; Behrensgate 2 ; pizzas 105-135 NOK). Ce restaurant familial en sous-sol sert les meilleures pizzas d'Oslo. Réservez le week-end.

Baltazar (carte p. 98 ; ☎ 23 35 70 60 ; Dronningens gate 27 ; entrées 110-130 NOK, plats 150-280 NOK). Dans la halle derrière la cathédrale, le Baltazar offre des plats italiens classiques, des pâtes maison et du bon vin. En été (quand les propriétaires partent à Lucques, en Italie), le restaurant principal est fermé et le déjeuner est servi à la Trattoria Cappuccino, dans la cour verdoyante derrière la cathédrale.

CAFÉS

Les Norvégiens sont les premiers consommateurs de café au monde. Ils le boivent souvent chez eux, de préférence accompagné de gaufres. Oslo compte tout de même un bon choix de cafés, où l'on peut déguster des tartines nappées de *gulost* (fromage jaune) ou de mayonnaise et de crevettes, des *boller* (pains au raisin) et des *skolebrød* (pâtisserie fourrée de crème à la vanille).

Stockfleths (carte p. 98 ; Lille Grensen). Fondé en 1895, cet établissement primé est l'un des plus vieux cafés d'Oslo. Il propose notamment d'épaisses tranches de pain complet avec du fromage brun, un en-cas très apprécié.

Åpent Bakerei (carte p. 98 ; ☎ 22 04 96 67 ; Inkognito terasse 1). Cette enseigne de quartier sert le café dans de grands bols couleur crème, avec de succulents pains et pâtisseries. Un petit pain frais (14 NOK) tartiné de *røre syltetøy* (confiture) maison et savouré dans le patio de la boulangerie est l'un des meilleurs petits déjeuners d'Oslo, et l'un des moins chers.

SUR LE POUCE

Bagel & Juice (carte p. 98 ; ☎ 22 42 38 70 ; Lille Grensen ; bagels 31-58 NOK ; petit déj et déj). D'excellents bagels et un grand choix de jus de fruits frais.

Japo Sushi (carte p. 98 ; ☎ 22 55 55 11 ; Frognerveien 1 ; boîte bento 79-155 NOK). Vu le goût des Norvégiens pour les harengs en saumure, la présence de bons restaurants de sushis à Oslo n'a rien d'étonnant.

United Bakeries (carte p. 98 ; ☎ 22 41 27 53 ; 1er ét., centre commercial Paléet ; 8h-20h lun-ven, 8h-19h sam, 10h-17h dim). Quiches, salades et sandwichs élaborés (89 NOK).

Autres adresses recommandées :

Dolly Dimples (carte p. 98 ; ☎ 04 440 ; Stortingsgata 12 ; pizzas à partir de 124 NOK). Bonne chaîne norvégienne de pizzerias, avec plusieurs succursales en ville, notamment à Kirkeveien 64 et à Storgata 2.

Kaffistova (carte p. 98 ; ☎ 23 31 80 00 ; Grensen 19 ; en-cas 68-120 NOK, plats 80-160 NOK). Cafétéria à la norvégienne dans le centre-ville.

Life (carte p. 98 ; ☎ 22 42 96 00 ; Akersgata 32 ; 🕑 9h-18h lun-ven, 10h-16h sam). Produits et en-cas bio.

Aker Brygge

Aker Brygge, l'ancien chantier naval transformé en galerie marchande branchée à l'ouest du port, comprend un **espace de restauration** (🕑 11h-22h) avec diverses échoppes et plusieurs restaurants au bord de l'eau.

Par beau temps, le plat favori se compose de crevettes, que l'on déguste sur le port avec une baguette fraîche, de la mayonnaise et un filet de citron. En été, vous pouvez acheter les crevettes à la **Fisherman's Coop** (carte p. 98 ; ☎ 22 42 02 75 ; Rådhusbrygge 3/4 ; 120 NOK/kg ; 🕑 7h-17h mar-sam). Le jeudi, Kjell Inge Røkkes, l'un des hommes les plus riches du pays, vend des crevettes sur son bateau, le *Trygg*.

Albertine (carte p. 98 ; ☎ 22 83 00 60 ; Stranden 3 ; en-cas 34-95 NOK, repas légers 78-170 NOK, plats 189-225 NOK). Ce restaurant, l'un des plus anciens du port, sert une cuisine de brasserie.

Pascal (carte p. 98 ; ☎ 22 55 00 20 ; Brynjulf Bulls plass 2 ; entrées 90-140 NOK, plats 180-215 NOK). À côté du Nobel Peace Center, Pascal est renommé pour ses pâtisseries françaises. La carte offre également de savoureux plats français.

Solsiden (carte p. 98 ; ☎ 22 33 36 30 ; Søndre Akershus Kai 34 ; entrées 125-155 NOK, plats 185-295 NOK ; 🕑 mai-sept). Solsiden signifie "côté ensoleillé", d'où sa popularité auprès des habitants d'Oslo en quête de soleil ! En face d'Aker Brygge, de l'autre côté de Pipervika, il est réputé pour ses poissons et fruits de mer et jouit d'une vue superbe sur le fjord.

Autres adresses recommandées :

Beach Club (carte p. 98 ; ☎ 22 83 83 82 ; Bryggetorget 14 ; burgers 85-135 NOK ; 🕑 petit déj, déj et dîner). Excellente adresse lors d'un après-midi ensoleillé ; petit déjeuner américain complet à 105 NOK.

ICA Gourmet Supermarket & Café (carte p. 98 ; Holmens gate 7 ; 🕑 9h-22h lun-ven, 9h-20h sam). Un supermarché bien approvisionné.

Peppe's Pizza (carte p. 98 ; ☎ 23 31 12 80 ; pizzas à partir de 134 NOK)

Environs d'Oslo S et Grønland

Teddy's Soft Bar (carte p. 98 ; ☎ 22 17 36 00 ; Brugata 3A ; repas légers 75 NOK environ ; 🕑 déj et dîner lun-sam). Institution locale, ce bar a peu changé depuis son ouverture dans les années 1950. Il sert des plats légers, typiquement norvégiens, tel le *pytt i panne* (88 NOK), des œufs avec des dés de pommes de terre et de viande.

Mithas The Sweethouse (carte p. 98 ; ☎ 22 17 03 03 ; Grønland 2A). Succulentes pâtisseries iraniennes.

Punjab Tandoori (carte p. 98 ; ☎ 22 17 20 86 ; Grønlandsleiret 24 ; menu déj 75 NOK, plats 60 NOK environ). De bons restaurants indiens et pakistanais se regroupent aux alentours de la station Grønland du T-bane. Celui-ci propose une cuisine indienne présentée avec simplicité – *dhal*, samosas et savoureux curries.

À condition d'être âgé de plus de 18 ans, vous pouvez acheter de la bière dans les supermarchés d'Oslo jusqu'à 20h du lundi au vendredi et jusqu'à 18h le samedi. Pour le vin et les alcools, vous devez avoir plus de 20 ans et vous rendre au **Vinmonopolet** (carte p. 98 ; centre commercial Oslo City ; 🕑 10h-17h lun-mer, 10h-18h jeu, 9h-18h ven, 10h-14h sam), où dans l'une des succursales à Kirkeveien 64, Møllergata 10 ou Elisenbergveien 37.

Le quartier de Grønland et les petites rues à l'est de Storgata abritent d'innombrables supermarchés ethniques et bon marché, qui vendent des produits introuvables ailleurs, comme des herbes fraîches et des produits africains, asiatiques et du Moyen-Orient.

Les supermarchés classiques abondent. Seuls les plus petits, appelés kiosques, peuvent ouvrir le dimanche. Les suivants comptent parmi les plus centraux :

Grønland Bazaar (carte p. 98 ; ☎ 22 17 05 71 ; Tøyengata 2). Centre commercial spécialisé dans les produits du Moyen-Orient.

Supermarché Rimi (carte p. 98 ; Storgata 32 ; 🕑 lun-sam 8h-22h). Une chaîne d'épicerie généraliste, avec des succursales à Oslo S et dans le centre commercial Gunerius.

Grünerløkka

Animé en permanence et fréquenté par une foule jeune et bien habillée, ce quartier est particulièrement agréable en été, quand se remplissent les terrasses des cafés, des bars et des restaurants de l'Olaf Ryes plass.

Mucho Mas (carte p. 95 ; ☎ 22 37 16 09 ; Thorvald Meyers gate 36 ; frites et salsa 62 NOK, burrito 143 NOK). Le fromage et la taille des portions compensent l'absence d'authenticité. Tous les classiques mexicains figurent sur la carte – tacos, *nachos* et *burritos* (énormes), avec ou sans viande. La bière, à prix raisonnable, apaise le feu du piment.

Sult (carte p. 95 ; ☎ 22 87 04 67 ; Thorvald Meyers gate 26 ; entrées 59-69 NOK, plats 179-215 NOK). Le décor vert et noir s'accorde parfaitement avec l'ambiance de Grünerløkka. La carte, originale, rassemble de succulents plats de poisson et de pâtes, souvent composés d'ingrédients locaux et bio. L'endroit est bondé en permanence. Arrivez tôt et attendez une table dans le bar adjacent, appelé Tørst ("assoiffé"). Tapas gratuites le vendredi.

Fru Hagen (carte p. 95 ; ☎ 22 38 24 26 ; Thorvald Meyers gate 40 ; plats 118-137 NOK). Détendu et toujours plein, le Fru Hagen ("Mme Jardin") sert des sandwichs et des burgers accompagnés de légumes. Face à l'Olaf Ryes plass, il est idéal pour observer l'animation.

Bistro Brocante (carte p. 95 ; ☎ 22 35 68 71 ; Thorvald Meyers gate 40 ; plats déj 59-129 NOK, entrées 96-102 NOK, plats 192-199 NOK). Voisin du Fru Hagen, ce bistrot à la française propose de délicieuses salades (98-115 NOK) et quiches (93 NOK) et même du coq au vin (192 NOK). La terrasse ne désemplit pas en été.

Markveien Mat & Vinhus et Dr Kneipp's Vinbar (carte p. 98 ; ☎ 22 37 22 97 ; entrées 135-155 NOK, plats 240-290 NOK, 3 plats 495 NOK). Avec un soupçon d'huile de truffe et une pincée d'aneth, les cuisiniers du Markveien mitonnent une cuisine norvégienne exceptionnelle. Essentiellement composés de viandes et de poissons locaux et de produits bio, les plats sont succulents. Pour un repas moins formel, installez-vous dans les box en bois du Dr Kneipp, à côté, et savourez des en-cas ou un somptueux dessert, après avoir fait votre choix sur la belle carte des vins.

Autres adresses recommandées :

Hotel Havana (carte p. 95 ; Thorvald Meyers gate 38 ; ⏲ 10h-18h lun-ven). Ce traiteur international offre un choix infini, des fromages français aux chocolats belges. Les sandwichs au chorizo et *manchego* (55 NOK) sont particulièrement bons.

Villa Paradiso (carte p. 95 ; Olaf Ryes plass 8 ; ☎ 22 35 40 60 ; pizzas à partir de 99 NOK). Une cuisine italienne sans prétention (essentiellement des pizzas), un service sympathique et un bon accueil réservé aux familles.

Vålerenga et Ekeberg

Smia Galleri (carte p. 93 ; ☎ 22 19 59 20 ; Opplandsgata 19 ; entrées 85-95 NOK, plats 185-215 NOK). L'un des endroits favoris des habitants d'Oslo. Le Smia Galleri compte un patio verdoyant, idéal en été, et propose du jazz le jeudi soir. Le crumble à la rhubarbe avec un sorbet aux fraises des bois est un pur délice ! À Oslo S, prenez le bus n°37 en direction de la station Helsfyr du T-bane et descendez à Vålerenga (environ 15 min).

Ekeberg Restaurant (carte p. 93 ; ☎ 23 24 23 00 ; Kongsveien 15 ; entrées 95-138 NOK, plats 145-275 NOK). Exemple du début de l'architecture fonctionnaliste, ce bâtiment blanc angulaire date de 1929. Autrefois couru pour son aspect anticonformiste, l'Ekeberg Restaurant est tombé en ruine dans les années 1980. Aujourd'hui rénové, il possède une carte raffinée et un bar élégant et mérite le détour – ne serait-ce que pour la vue.

Environs de Holmenkollen

Restaurant Frognerseteren (carte p. 93 ; ☎ 22 92 40 40 ; www.frognerseteren.no ; ⏲ 11h-22h lun-sam, 11h-21h dim). Il existe trois bonnes raisons de visiter le Frognerseteren : le gâteau aux pommes (50 NOK), le panorama et le bâtiment. Le premier est proclamé le meilleur d'Oslo, la vue, à plus de 400 m d'altitude, est magnifique et l'édifice, avec ses têtes de dragon et ses innombrables boiseries, constitue un superbe exemple de la résurgence du style viking dans les années 1860.

OÙ PRENDRE UN VERRE ET SORTIR

Le mensuel gratuit de l'office du tourisme, *What's On in Oslo*, répertorie les concerts, les pièces de théâtre et les diverses manifestations. *Streetwise*, également gratuit et publié tous les ans par Use-It (en anglais ; p. 94), s'adresse aux noctambules.

Bars et discothèques

Sortir dans la ville la plus chère du monde requiert un peu de malice. Pour autant, les prix n'empêchent pas les habitants de faire la fête. Plus dynamique et animée que jamais, Oslo est fière de son nouveau statut de capitale branchée. De plus, le centre-ville est suffisamment ramassé pour profiter facilement de l'ambiance festive.

Sachez que la plupart des boîtes de nuit exigent une tenue correcte. Évitez au moins les vêtements négligés et les chaussures de randonnée. Les établissements qui servent de la bière et du vin sont réservés aux plus de 18 ans. Beaucoup imposent une limite d'âge plus élevée, surtout s'ils servent des alcools forts. Le week-end, ils restent ouverts pour la plupart jusqu'à 3h, voire plus.

Le prix d'un demi-litre de bière, qui varie de 50 à 65 NOK, peut se limiter à 30 NOK dans les bars de quartier les moins séduisants. Le **Stargate** (carte p. 98 ; Grønland 2 ; demi-litre 36 NOK) est à la fois correct et central.

Youngstorget, le cœur politique d'Oslo, regroupe certains des bars les plus fréquentés

OSLO GAY ET LESBIEN

Oslo est une ville libérale et bienveillante envers les homosexuels, dans un pays lui-même libéral. La capitale offre ainsi une scène gay et lesbienne détendue. L'**Elsker** (carte p. 98 ; Kristian IV gate 9), destiné aux deux sexes, et le sombre sous-sol du **London Pub** (carte p. 98 ; ☎ 90 83 98 58 ; www.londonpub.no ; CJ Hambros plass 5 ; entrée 50 NOK), le plus ancien bar gay d'Oslo, figurent parmi les bars favoris de la commauté gay de la capitale. Les soirées du **Fire Oslo** (carte p. 98 ; www.fireoslo.com ; à Stratos, Youngstorget 2 ; 100 ou 150 NOK) sont très prisées.

Fin juin, ne manquez pas la **Skeive Dager** (☎ 22 41 11 33 ; www.skeivedager.no), une semaine dédiée à la fierté homosexuelle, marquée par un défilé, des expositions artistiques, des concerts et d'autres manifestations. Le premier dimanche de chaque mois, le **Norske Filminstitutte** (carte p. 98 ; ☎ 22 47 45 00 ; www.cinemateket.no) organise un dimanche gay.

Pour en savoir plus, procurez-vous le guide *Streetwise* publié par Use-It (p. 94), qui comprend un "guide gay" des cafés, pubs, discothèques, librairies, etc. L'hebdomadaire *Blikk* (www.blikk.no), magazine gay et lesbien d'Oslo, est la référence en la matière – pour qui lit le norvégien.

du centre-ville. Le **Justisen** (carte p. 98 ; ☎ 22 42 24 72 ; Møllergata 15), prisé des juristes et des politiciens, est une bonne adresse pour un verre dans un cadre paisible. Il s'agrémente d'une terrasse. Le **Robinet** (carte p. 98 ; ☎ 22 20 01 50 ; Mariboes gate 7), au nord de la place, est un petit bar rétro rempli de musiciens et de professionnels des médias.

Installez-vous sur un tabouret au bar poli du **Tekehtopa** (carte p. 98 ; ☎ 22 20 33 23 ; St Olavs plass), une ancienne pharmacie – comme l'indique le nom inversé –, pour savourer une bière ou un en-cas. L'**Onkel Donald Kafé-Bar** (carte p. 98 ; ☎ 23 35 63 10 ; Universitetsgata 26) est une autre institution centrale.

Les résidents aisés de l'ouest d'Oslo aiment siroter un Cava au **Champagneria** (carte p. 98 ; ☎ 21 94 88 02 ; Frognerveien 2 ; 🕓 11h-1h lun-sam, 12h-1h dim) ou des cocktails au bar de style Nouvelle-Orléans dans la cour du **Palace Grill** (carte p. 98 ; ☎ 23 13 11 40 ; Solli gate 2), qui se double d'un excellent restaurant. Tous deux avoisinent Solli plass.

Les bars les plus vivants se situent dans Thorvald Meyers gate et dans les rues alentour, dans Grünerløkka. Choisissez parmi les nombreux cocktails du **Café Kaos** (carte p. 98 ; ☎ 22 04 69 90 ; Thorvald Meyers gate 56), branché, ou du minimaliste **Tea Lounge** (carte p. 95 ; ☎ 22 37 07 05 ; Thorvald Meyers gate 33b). Le **Bar Boca** (carte p. 95 ; ☎ 22 04 10 80 ; Thorvald Meyers gate 30) est réputé pour son bloody mary.

Dans Grønland, le jardin à l'arrière du **Dattera Til Hagen** (carte p. 98 ; ☎ 22 17 18 61 ; Grønland 10) est particulièrement animé en été, de même que le joli patio au bord de l'eau du **Süd Øst** (carte p. 98 ; ☎ 23 35 30 70 ; Trondheimsveien 5 ; 🕓 11h-24h lun et mar, 11h-1h mer-jeu, 11h-2h ven-sam).

Musique live

Club rock, le **Mono** (carte p. 98 ; ☎ 22 41 41 66 ; www.cafemono.no ; Pløensgate 4) accueille des groupes indé d'avant-garde. Dans Grønland, le **Gloria Flames** (carte p. 98 ; ☎ 22 17 16 00 ; www.gloria flames.no ; Grønland 18) est un bar rock fréquenté.

À l'ouest du centre, le **Spasibar** (carte p. 98 ; ☎ 22 11 51 90 ; www.spasibar.com ; St Olavs gate 22), un étrange bar russe au décor de Far West, propose musique live, restauration, bières et œuvres d'art, plus un jardin donnant sur le parc du Palais (Slottsparken). Traversez la Kunstacademe dans Wergelandsveien et continuez vers l'arrière du bâtiment jaune.

Enfin, ne quittez pas Oslo sans avoir fait un tour au **Blå** (carte p. 98 ; ☎ 40 00 42 77 ; www.blaaoslo.no ; Brenneriveien 9c), qui figure sur la liste des 100 meilleurs clubs de jazz du monde du magazine américain *Down Beat*.

Concerts

En été, de nombreux concerts en plein air ont lieu dans le parc Vigeland.

Les plus grandes salles de concert de la ville, l'**Oslo Spektrum** (carte p. 98 ; ☎ 22 05 29 00 ; www.oslospektrum.no ; Sonja Henies plass 2) et le **Rockefeller Music Hall** (carte p. 98 ; ☎ 22 20 32 32 ; www.rockefeller.no ; Torggata 16), d'anciens bains publics, accueillent un grand nombre d'artistes et de manifestations.

Le **Den Norske Opera** (carte p. 98 ; ☎ 81 54 44 88 ; www.operaen.no ; Kirsten Flagstads plass 1 ; billets à partir de 300 NOK), la troupe d'opéra d'Oslo, programme des opéras, des ballets et des concerts classiques tous les mois sauf en juillet. Il se produit dans le nouvel Opéra de la ville, à Bjørvika, doté d'humidificateurs d'air pour l'acoustique et d'écrans avec sous-titres en 8 langues sur les dossiers des sièges. Des concerts moins formels devraient avoir lieu dans le jardin public, sur le toit.

Dans le complexe d'Aker Brygge, le **Black Box** (carte p. 98 ; ☎ 22 10 40 20 ; www.blackbox.no ; Stranden 3), de style café, propose de la danse et du théâtre alternatifs.

Le **Théâtre national** (Nationaltheatret ; carte p. 98 ; ☎ 22 00 14 00 ; www.nationaltheatret.no ; Stortingsgata 15) possède un luxueux hall rococo. Il fut spécifiquement construit pour présenter les pièces du dramaturge norvégien Henrik Ibsen, qui s'y jouent toujours.

Cinéma

Saga Kino (carte p. 98 ; ☎ 82 03 00 00 ; Stortingsgata 28). Ce multiplexe de 6 salles projette des nouveaux films, dont des succès hollywoodiens, en VO. L'entrée se situe dans Olav Vs gate.

Filmens Hus (carte p. 98 ; ☎ 22 47 45 00 ; Dronningens gate 16). Programmation de classiques et de films primés dans des festivals internationaux.

ACHATS

Oslo est un paradis pour le shopping haut de gamme et de nombreuses belles boutiques bordent Grensen et Karl Johans gate. Pour les objets d'art, explorez les galeries de Frognerveien. Des magasins de luxe sont installés dans Hegdehaugsveien et Skovveien, tandis que Grünerløkka est le domaine des chaussures et des T-shirts excentriques. Le **centre commercial Oslo City** (carte p. 98 ; Stenersgata) et le **grand magasin Glasmagasinet** (carte p. 98 ; Gensen), plus glamour, sont des classiques.

Husfliden (carte p. 98 ; ☎ 24 14 12 80 ; Rose Nkrantz gate 19-21). Vaste magasin de vêtements et d'artisanat norvégiens, il vend également le *bunad*, le costume national.

Marché aux puces de Vestkanttorget (carte p. 95 ; Amaldus Nilsens plass ; 🕑 10h-16h sam). Vous trouverez peut-être l'objet de vos rêves entre des montagnes de vieilleries. Installé sur la place qui coupe Professor Dahls gate, à une rue à l'est du parc Vigeland, ce marché est agréable le samedi matin.

Hassan og Den Dama (carte p. 98 ; www.hassanogdendama.no ; Skoveien 4). Parmi les nombreuses boutiques de Skoveien, celle-ci propose des vêtements, des chaussures et des bijoux de créateurs scandinaves et internationaux.

Norway Designs (carte p. 98 ; ☎ 23 11 45 10 ; www.norwaydesigns.no ; Stortingsgata 28). De superbes verreries, articles de papeterie, vêtements et montres à deux pas du Théâtre national.

Autres adresses recommandées :

Heimen Husflid (carte p. 98 ; ☎ 23 21 42 00 ; www.heimen.net ; Rose Nkrantz gate 8). Vêtements et artisanat.

Unique Design (carte p. 98 ; ☎ 22 42 97 60 ; Rosenkrantz gate 13). Un beau choix de pulls.

Juhls' Silvergallery Oslo (carte p. 98 ; ☎ 22 42 77 99 ; Roald Amundsens gate 6). Argenterie et artisanat de qualité.

DEPUIS/VERS OSLO

Avion

L'**aéroport international Gardermoen** (carte p. 121 ; ☎ 91 50 64 00 ; www.osl.no), ouvert en octobre 1998, est relié au centre-ville par une autoroute et un train à grande vitesse (voir p. 118). Pour des détails sur les vols internationaux, reportez-vous p. 405.

Des vols intérieurs partent de cet aéroport et desservent Ålesund (459 NOK aller), Bergen (374 NOK), Røros (à partir de 498 NOK, tlj sauf sam), Stavanger (374 NOK), Tromsø (708 NOK) et Trondheim (374 NOK).

KLM, Widerøe et Ryanair proposent des vols pour Oslo depuis/vers l'aéroport Torp (carte p. 121), à 123 km au sud-ouest de la capitale. Pour savoir comment le rejoindre, reportez-vous p. 118.

Bateau

Pour des renseignements sur les ferries internationaux, voir p. 409.

Des ferries de **DFDS Seaways** (carte p. 93 ; ☎ 21 62 10 00 ; Vippetangen 2) relient Oslo au Danemark. Ils partent du quai Vippetangen, près de Skippergata. Le bus n°60 s'arrête à une courte distance du terminal.

La compagnie **Color Line Ferries** (carte p. 95 ; ☎ 81 00 08 11 ; www.colorline.no ; Color Line Terminalen, Hjortnes) circule depuis/vers Hirtshals (Danemark) et Kiel (Allemagne). Les bateaux accostent à Hjortneskaia, à l'ouest du port central. Prenez le tram n°10 ou 13 à Oslo S, ou le bus Color Line qui part d'Oslo S 1 heure avant le départ des ferries.

Bus

La **gare routière Galleri Oslo** (carte p. 98 ; Schweigaards gate 8, Galleri Oslo) accueille les bus longue distance. Les gares routière et ferroviaire sont reliées par une passerelle surélevée.

Nor-Way Bussekspress (☎ 82 02 13 00 ou 81 54 44 44 ; www.nor-way.no) offre le plus grand éventail de liaisons. Les bus internationaux partent également de la gare routière.

En stop

En quittant Oslo, mieux vaut prendre un bus ou un train jusqu'à la périphérie, avant de commencer à faire du stop.

Pour vous rendre à Bergen, prenez le bus n°161 jusqu'au terminus et attendez au bord de l'E 16 en direction de Hønefoss. Pour Trondheim, empruntez la ligne n°5 du T-bane (en direction de Vestli) jusqu'à Grorud et postez-vous sur la Rv 4, qui rejoint l'E 6. Pour la côte sud et Stavanger, prenez le bus n°31 ou 32 jusqu'à la station-service Maritim. Pour des informations générales, reportez-vous p. 415.

Train

Tous les trains arrivent et partent d'Oslo S, dans le centre-ville. La gare possède des **billetteries** (carte p. 98 ; 🕑 6h-23h, guichet international 6h30-23h) et un **comptoir d'information** (☎ 81 50 08 88), qui vous renseignera sur les itinéraires et les horaires dans tout le pays.

Des trains desservent fréquemment l'Oslofjord (Drammen, Skien, Moss, Fredrikstad et Halden par exemple). Parmi les principales destinations figurent Stavanger via Kristiansand, Bergen via Voss, Røros via Hamar, et Tronheim via Hamar et Lillehammer.

Pour des détails sur les lignes internationales et les prix, reportez-vous p. 415.

Voiture et moto

Les principales nationales qui rallient la ville sont l'E 6 au nord et au sud, et l'E 18 au sud-est et à l'ouest. Chaque fois que vous entrez dans Oslo, vous devez passer par l'un (au moins) des 19 péages et acquitter entre 15 et 25 NOK.

COMMENT CIRCULER

Oslo possède un système efficace de transports publics, avec un vaste réseau de bus, de trams, de trains souterrains (T-bane) et de ferries. En plus des billets simples, il existe des forfaits journaliers et des billets pour 8 trajets. Les enfants de 4 à 16 ans et les seniors de plus de 67 ans bénéficient du demi-tarif.

L'Oslo Pass (voir l'encadré, p. 96) donne accès à tous les transports publics de la ville, à l'exception des bus et des trams de nuit. Les vélos peuvent être transportés dans les trams et les trains moyennant un supplément de 11 NOK. Voyager sans billet est passible d'une amende de 750 NOK.

Trafikanten (carte p. 98 ; ☎ 177 ; www.trafikanten.no ; Jernbanetorget ; 🕑 7h-20h lun-ven, 8h-18h sam-dim), installé sous la tour d'Oslo S, distribue gratuitement les horaires et une carte des transports publics, la *Sporveiskart Oslo*.

Depuis/vers l'aéroport

Le **Flybussen** (☎ 177 ; www.flybussen.com), la navette de l'aéroport, dessert l'aéroport international Gardermoen, à 50 km au nord d'Oslo. Il part de la gare routière Galleri Oslo 3-4 fois/heure, de 4h05 à 21h50. Le trajet coûte 120/220 NOK aller/aller-retour (valable 1 mois) et dure 40 minutes. **Flybussekspressen** (☎ 177) relie Gardermoen à la station Majorstua du T-bane (160 NOK), à Bekkestua (180 NOK), à Ski Skole (185 NOK) et à d'autres endroits 1-4 fois/heure.

Des trains **FlyToget** (☎ 81 50 07 77 ; www.flytoget.no) partent de la gare Asker, au sud-ouest de la ville, pour Gardermoen (190 NOK, 49 min) toutes les 20 min entre 4h18 et 24h ; d'autres trains circulent depuis le Théâtre national et Oslo S. De plus, la plupart des trains de banlieue **NSB** (☎ 81 50 08 88) et des trains locaux en direction du nord font halte à Gardermoen (75 NOK, 26 min ou plus, toutes les heures, moins souvent le samedi).

L'aéroport Torp à Sandefjord, à 123 km au sud-ouest d'Oslo, est utilisé par Ryanair et d'autres compagnies. Les bus **Torp-Expressen** (☎ 48 30 10 00177, 81 50 01 76 ; www.torpekspressen.no ; adulte/enfant 150/80 NOK) circulent entre la gare routière Galleri Oslo et l'aéroport (1 heure 30). Ils partent d'Oslo 3 heures avant le départ des vols Ryanair et quittent Torp après l'arrivée des vols de cette compagnie. S'ils s'adressent principalement aux passagers de Ryanair (ils attendent en cas de retard du vol), ceux des autres compagnies peuvent les emprunter. À des horaires différents, vous devrez prendre le bus Telemarksekspressen – ou un taxi (à partir de 150 NOK, 10 min) –, qui relie toutes les heures l'aéroport et la gare ferroviaire de Sandefjord, où des correspondances sont assurées pour Oslo.

Bateau

Des ferries desservent les îles de l'Oslofjord à partir du quai Vippetangen (carte p. 93 ; voir p. 108). Pour des informations sur les ferries à destination de Bygdøy, reportez-vous p. 103.

Le bateau express **Princessin** (☎ 22 87 64 20 ; www.nbds.no) relie Oslo à Drøbak (72 NOK, 1 heure 30, 3/semaine). Il fait escale à Ildjernet, à Langåra et à Håøya (lieu de vacances idéal pour la baignade et le camping), dans l'Oslofjord. Les départs se font de l'embarcadère d'Aker Brygge.

Bus et tramway

Les lignes de bus et de trams sillonnent le centre-ville et continuent dans les banlieues. À défaut d'une gare centrale des bus locaux, la plupart convergent à Jernbanetorget, devant Oslo S. La majorité des bus en direction de l'ouest, dont ceux vers Bygdøy et le parc Vigeland, font halte au sud du Théâtre national.

Les services sont beaucoup moins fréquents la nuit, mais, durant le week-end, les bus de nuit N12, N14 et N18 suivent les itinéraires des trams jusqu'à 4h, voire plus tard. D'autres bus de nuit, appelés Nattlinjer (n°201 à 218), circulent également le week-end. Le billet coûte 45 NOK (forfaits non valables).

Pour la plupart des trajets, le billet acheté à l'avance (auprès des enseignes 7-Eleven, Narvesen et Trafikanten) revient à 20 NOK – il coûte 30 NOK à bord. Le forfait journalier vaut 60 NOK.

Taxi

La prise en charge revient au moins à 39 NOK, plus 12-18 NOK/km. Des stations de taxis sont installées à Oslo S, devant les centres commerciaux et sur les places. Vous pouvez aussi héler un taxi dont le voyant est allumé. Si vous appelez **Norgestaxi** (☎ 08000) ou **Oslo Taxi** (☎ 02323), sachez que le compteur commence à tourner dès le point de départ. Les taxis d'Oslo acceptent les principales cartes de crédit.

T-bane

Surnommé T-bane, le réseau souterrain Tunnelbanen compte 5 lignes. Plus rapide, il dessert aussi des endroits plus éloignés du centre-ville que la plupart des bus urbains. Toutes les lignes passent par les stations Nationaltheatret, Stortinget et Jernbanetorget (Oslo S).

Vélo

Excellent endroit pour louer un vélo, **Skiservice Sykkelutleie** (☎ 22 13 95 04 ; www.skiservice.no ; Tryvannsveien 2 ; environ 295 NOK/jour) se situe dans la Nordmarka. Prenez le T-bane n°1 en direction de Frognerseteren et descendez à la station Voksenkollen (l'avant-dernière).

Pour de courts trajets, préférez **Oslo Citybike** (☎ 22 02 34 88), un réseau pratique de vélos bien entretenus que l'on peut emprunter pour 3 heures au maximum à des bornes réparties dans la ville. Les cartes d'accès (70 NOK), en vente à l'office du tourisme, sont valables 24 heures. Faute de rapporter ou d'échanger votre vélo dans les 3 heures, vous perdrez votre caution (500 NOK). Emportez une carte des bornes, car celle de votre choix peut être pleine.

Pour des suggestions d'itinéraires, voir p. 107.

Voiture et moto

Oslo compte bon nombre de rues à sens unique. En revanche, les embouteillages sont rares dans la capitale.

Dans toute la ville, les places de stationnement payantes sont indiquées par un panneau bleu marqué d'un "P" blanc. En règle générale, le stationnement est payant (jusqu'à 44 NOK/heure) du lundi au vendredi de 8h à 17h, et le samedi jusqu'à 15h. Sauf mention contraire, il est gratuit le reste du temps. Le centre-ville possède 16 parkings à plusieurs niveaux, dont ceux des centres commerciaux Oslo City et d'Aker Brygge. Comptez 70-200 NOK/24 heures.

L'Oslo Pass comprend le stationnement dans tous les parkings municipaux. Les instructions sont fournies avec le forfait.

ENVIRONS D'OSLO

DRØBAK

11 500 habitants

Ancien port d'hiver d'Oslo, cette charmante bourgade au bord de l'eau compte suffisamment de maisons en bardeaux pour justifier une excursion d'une journée.

L'**office du tourisme** (☎ 64 93 50 87 ; Hanegata 4 ; 8h30-18h lun-ven, 10h-16h sam-dim mi-juin à mi-août), près du port, fournit d'amples informations sur la ville et vous remettra la brochure gratuite intitulée *Walks Around Drøbak* (promenades à Drøbak).

Plusieurs petits restaurants sont installés autour de la jolie place Torget et le long de la Storgata voisine.

À voir

Surnommée "ville de Noël" d'Oslo, Drøbak est réputée pour ses décorations publiques.

Dans la boutique de Noël **Tregaardens Julehus** (☎ 64 93 41 78 ; www.julehus.no ; Torget 4 ; ⌚ 10h-17h lun-ven, 10h-15h sam mars-oct ; 10h-19h lun-ven, 10h-15h sam nov ; 10h-20h lun-ven, 10h-16h sam déc-fév), une boîte permet aux enfants de déposer leurs lettres au Père Noël.

Le **Saltvannsakvarium** (☎ 64 93 09 74 ; www.akvarium.net ; Havnegata 4 ; adulte/enfant 30/10 NOK ; ⌚ 10h-19h mai-août, 10h-16h sept-avr) se vante d'être le seul musée du *lutefisk* (spécialité à base de poisson blanc séché) au monde. Non loin, le **Drøbak Båtforenings Maritime Samlinger** (☎ 64 93 09 74 ; Kroketønna 4 ; adulte/enfant 10 NOK/gratuit ; ⌚ 11h-19h mai-août) est un petit musée naval.

Ne manquez pas l'imposante **forteresse d'Oscarsborg**, qui se dresse sur une île et date des années 1600. Ses canons coulèrent le navire de guerre allemand *Blücher* le 9 avril 1940, sauvant ainsi le roi et le gouvernement norvégien. Le musée du fort a été rénové en 2005. Des concerts et des opéras ont lieu en plein air durant l'été. L'île compte un hôtel, un spa et un restaurant qui permettent de prolonger le séjour. De mi-juin à mi-août, des **ferries** (www.oscarsborgfestning.no) partent du port pour l'île 14 fois/jour (adulte/enfant 70/40 NOK, 45 min).

Depuis/vers Drøbak

Le bus n°541 circule toutes les heures entre Oslo et Drøbak (62 NOK, 1 heure). Le bateau express **Princessin** (☎ 22 87 64 20 ; www.nbds.no) effectue la traversée (72 NOK) à partir de l'embarcadère Aker Brygge à Oslo, 1 fois/jour du mercredi au dimanche en juillet, et 3 fois/semaine en août. Il reste 1 heure 30 à Drøbak avant de repartir.

Le nouveau tunnel sous l'Oslofjord, entre Drøbak et Drammen, coûte 55 NOK/voiture dans chaque sens. Il est gratuit pour les motos.

DRAMMEN

58 700 habitants

Ville industrielle aux lourdes infrastructures portuaires et aux nombreuses usines, Drammen mérite néanmoins le détour pour quelques sites insolites. Début de la route royale vers Bergen, la cité est aussi le berceau de l'aquavit, l'alcool de pomme de terre. Avis aux amateurs. Le **bureau de Drammen Kommune** (☎ 03008 ; www.drammen.kommune.no ; Engene 1 ; ⌚ 9h-17h lun-ven) vous fournira de plus amples informations.

À voir et à faire

Drammen possède plusieurs bâtiments intéressants, tous regoupés dans la vieille ville autour de l'artère principale, Bragernes Torg : l'ancienne **Bourse** (Bragernes Torg) – qui abrite aujourd'hui un McDonald's –, le **Rådhus** (Engenes 1) restauré – siège de l'hôtel de ville –, les anciens tribunal et prison, la **caserne de pompiers** (Bragernes Torg) – reconvertie en banque –, le ravissant **théâtre Drammen** (☎ 32 21 31 00 ; Gamle Kirkeplass ; ⌚ spectacles seulement) – construit en 1870, détruit par un incendie en 1993 et rouvert en 1996 –, et l'**église Bragernes** (Bragernes Torg) – de style gothique, bâtie en 1871.

Dans Sommerfrydveien, on peut voir l'extérieur de la maison où le négociant Johan Godtfried Schwencke produisit pour la première fois de l'aquavit en 1804, en réaction à un décret royal interdisant de distiller le maïs pour obtenir de l'alcool. À la fin de l'automne, Drammen organise un concours national d'aquavit au cours duquel des célebrités élisent la meilleure marque.

Pour échapper à l'ambiance industrielle, empruntez le **tunnel Spiralen** (1 650 m ; carte p. 121) jusqu'à Bragernes, à 200 m d'altitude. Vous profiterez alors d'une jolie vue, et des gaufres (35 NOK) du Spiralentop Café. Avant de redescendre cette spirale à six paliers, prenez le temps de flâner dans la Drammensmarka. Le bus n°41 effectue le trajet 3 fois/jour les week-ends d'été, au départ de Bragernes Torg (20 NOK, 15 min).

Depuis/vers Drammen

Des trains rallient Oslo toutes les demi-heures (83 NOK, 35 min) et des bus partent 1-2 fois/heure (75 NOK, 35 min).

ENVIRONS DE DRAMMEN

Une autre excursion intéressante conduit à Åmot, où le **Modum Blaafarveværket** (☎ 32 78 67 00 ; www.blaa.no ; visite guidée toutes les heures 35 NOK ; ⌚ 11h-18h mi-juin à mi-août, 11h-17h mar-sam, 11h-18h dim le reste de l'année) fut fondé par le roi Christian VII en 1773 pour extraire le cobalt nécessaire à la production de pigments bleus destinés aux industries du verre et de la porcelaine. La grande cascade de Haugfoss, la boutique Mølla (qui vend des verreries bleu cobalt) et les diverses collections artistiques du **musée** (☎ 32 78 67 00 ; adulte/enfant 60 NOK /gratuit) adjacent méritent le coup d'œil. Prenez le bus express Nettbuss n°100 ou 101 de Drammen à Åmot (68 NOK, 1 heure), puis le bus n°105 (26 NOK, 7 min).

ENVIRONS D'OSLO

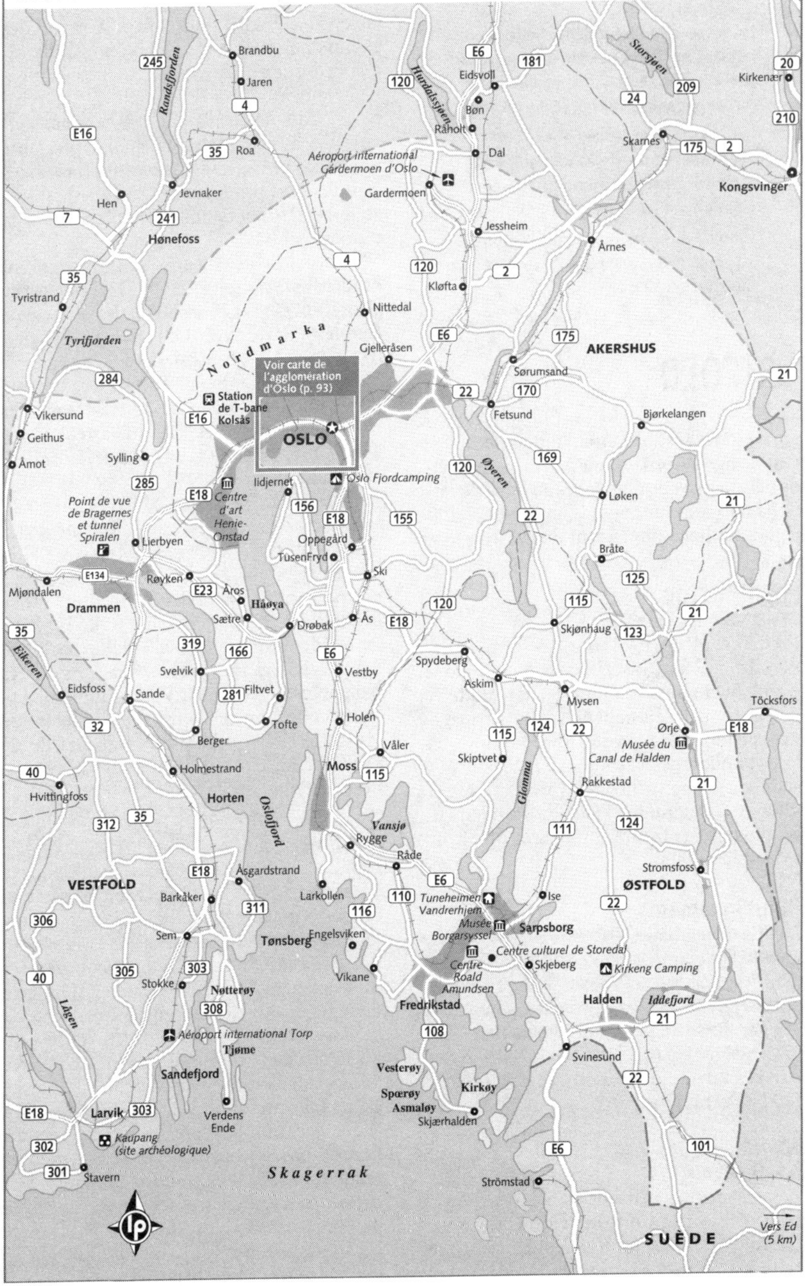

À NE PAS MANQUER DANS L'OSLOFJORD

- La descente en ferry de l'Oslofjord en passant par la **forteresse d'Oscarsborg** (p. 120), dont les canons coulèrent le navire allemand *Blücher* le 9 avril 1940
- Un voyage dans les années 1700, avec duels et tirs de canon, grâce à la reconstitution historique organisée à **Gamlebyen** (ci-dessous), à Fredrikstad
- Un plongeon saisissant dans l'Oslofjord au cours d'une visite des **Hvaler Skerries** (p. 125)

ØSTFOLD

La région d'Østfold, une langue de terre à l'est de l'Oslofjord, est un mélange de forêts, de pâturages et de bourgades en bord de mer. Ces dernières, d'une grande importance historique, méritent amplement une visite.

FREDRIKSTAD

96 600 habitants

Fredrikstad abrite l'une des cités fortifiées les mieux conservées de Scandinavie, Gamlebyen, ainsi qu'un quartier moderne de l'autre côté du fleuve. Ancien centre de négoce important entre l'Europe continentale et l'ouest de la Scandinavie, la ville possède aussi une cathédrale (1880), dotée de vitraux d'Emanuel Vigeland. Bizarrement, le clocher renferme un phare, qui fonctionne la nuit.

Renseignements

L'**office du tourisme** (☎ 69 30 46 00 ; turistkontoret@opplevfredrikstad.com ; Tøhusgata 41 ; 🕑 9h-17h lun-ven, 12h-17h sam-dim mi-juin à mi-août ; 9h-16h30 lun-ven mi-août à mi-juin), dans Gamlebyen, est complété en été par un autre petit **office du tourisme** (☎ 69 39 65 00 ; Dampskipsbrygga ; 🕑 8h-21h 15 juin-15 août), sur la marina, doté d'un accès à Internet (10 NOK/15 min).

À voir

GAMLEBYEN

Les charmantes maisons en bois, les douves, les portes et le pont-levis de Gamlebyen (Vieille Ville) en font un endroit enchanteur. Construite à l'origine en 1663 en tant que comptoir marchand assurant le lien entre le sud de la Norvège et le continent européen, Fredrikstad était à la merci des assauts par voie d'eau. La Vieille Ville fut d'abord une enclave militaire, facile à protéger des attaques des Suédois. Les remparts, jadis défendus par 200 canons, sont aujourd'hui des talus herbeux, plaisants pour une promenade. Bien préservées, les étroites rues pavées sont bordées de pittoresques bâtiments du XVIIe siècle, pour la plupart habités.

Parmi les plus beaux édifices figurent l'**ancienne prison** (Salveriet ; 1731), l'**entrepôt de pierres** (1674-1691) – le plus vieux bâtiment de Gamlebyen, reconverti en salle d'exposition de céramiques – et le **Balaklava** (1783).

De mi-juin à mi-août, l'office du tourisme de Gamlebyen organise des **visites guidées** (1 heure, adulte/enfant 75/35 NOK) qui partent à 11h, 13h et 15h, ainsi qu'à 12h et 16h les samedi et dimanche.

Le **musée de Fredrikstad** (☎ 69 95 48 500 ; www.fredrikstad.museum.no ; billet combiné avec Isegran adulte/senior ou enfant 40/20 NOK ; 🕑 9h-17h lun-ven, 12h-17h sam-dim mi-juin à mi-août ; 9h-16h30 lun-ven mi-août à mi-juin), dans le même bâtiment que l'office du tourisme de Gamlebyen, mérite la visite. Le rez-de-chaussée accueille des expositions temporaires, tandis que le 1er étage recèle des maquettes de la Vieille Ville et une intéressante collection qui retrace trois siècles de l'histoire civile, militaire et industrielle de Fredrikstad. Un musée militaire occupe le dernier étage.

ISEGRAN

Le musée de Fredrikstad possède une annexe à **Isegran** (☎ 69 33 20 03 ; www.isegrn.no ; billet combiné avec le musée de Fredrikstad adulte/senior ou enfant 40/20 NOK ; 🕑 12h-17h mar-dim mi-juin à mi-août), un îlot dans la Glomma. Les sagas norroises mentionnent la forteresse du XIIIe siècle d'Isegran, qui devint une autre ligne de défense contre les Suédois au milieu du XVIIe siècle. Les **ruines** d'une tour en pierre (en bois à l'origine) subsistent à la pointe est de l'île, près d'un petit musée consacré à la construction des bateaux locaux – depuis l'époque où les navires étaient amoureusement confectionnés en bois, à la main. Des bateaux circulent entre Isegran et Gamlebyen ou le quartier moderne (6 NOK). Par la route ou à pied, empruntez la Rv 108, à 600 m au sud du centre de Fredrikstad.

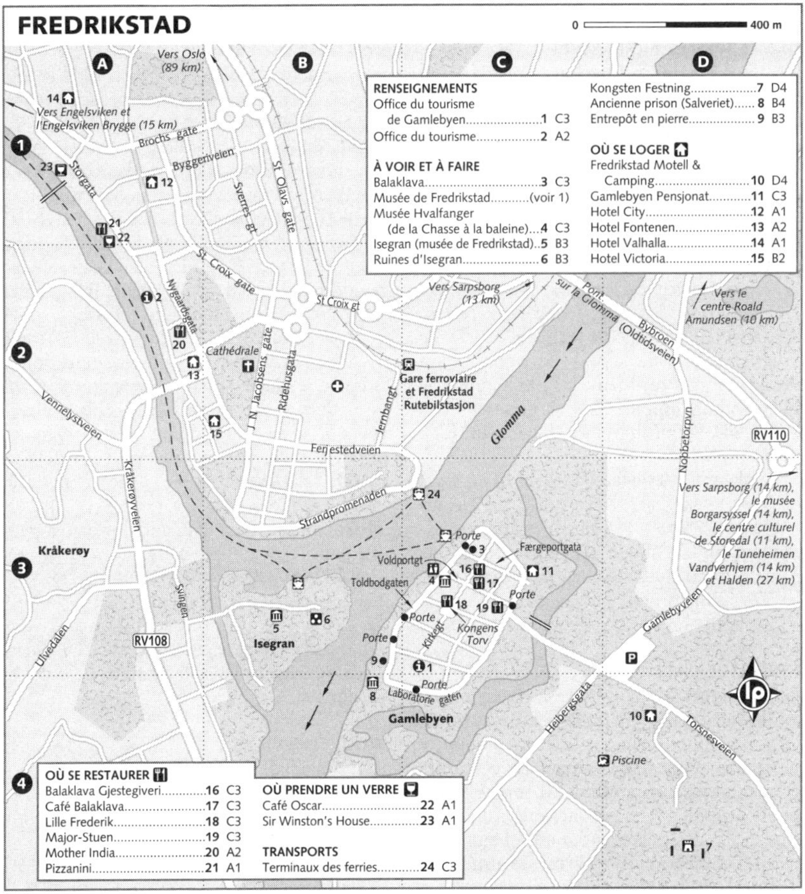

MUSÉE HVALFANGER (DE LA CHASSE À LA BALEINE)

Ce petit **musée** (☎ 69 32 44 21 ; Tolbodgaten ; 10 NOK ; 12h-16h mer-dim juin, sam-dim août-sept) est tenu par des vieux messieurs, enchantés de vous montrer d'anciennes photos, les imposants harpons utilisés autrefois en Antarctique et le gigantesque pénis d'une baleine bleue. Les commentaires sont en norvégien.

KONGSTEN FESTNING

Sur ce qu'on appelait autrefois la "colline du Gibet", le **Kongsten Festning** (fort Kongsten) se dresse au milieu des fleurs. Datant de 1685, il servait de poste de guet pour les troupes stationnées à Gamlebyen. Souvent bondé les week-ends d'été et désert les autres jours, ce fort plaisamment négligé est un endroit merveilleux : vous pourrez escalader les tourelles, les talus et les remparts, ou simplement vous asseoir au soleil et profiter du silence. Il se situe à 10 min à pied au sud-est du pont-levis de Gamlebyen – dans Torsnesvien, tournez au Fredrikstad Motell & Camping.

Festival

Durant la deuxième semaine de juillet, le **festival de Glomma** (☎ 69 31 54 77 ; glommas@glomma festivalen.no) s'accompagne de concerts, de duels rituels, d'une "régate en baignoire" à bord de bateaux originaux et d'une exposition d'anciens voiliers. Cette manifestation est très prisée. Réservez votre hébergement à l'avance.

Où se loger

GAMLEBYEN ET SARPSBORG

Fredrikstad Motell & Camping (☎ 69 32 03 15 ; Torsnesveien 16-18 ; tente sans/avec voiture 100/155 NOK, caravane 155-190 NOK, motel s/d 400/500 NOK ; P). Cet établissement sans grand charme, installé dans le domaine du fort Kongsten, vaut surtout pour sa proximité avec la Vieille Ville. Du centre, prenez n'importe quel bus en direction de Torsnes – le n°362 par exemple.

Tuneheimen Vandrerhjem (carte p. 121 ; ☎ 69 14 50 01 ; www.sarpsborgvandrerhjem.no ; Tuneveien 44 ; dort 250 NOK, s/d avec sdb commune 425/630 NOK, petit déj compris ; P). L'auberge de jeunesse proche de Fredrikstad avoisine le lac Tunevannet, à 1 km de Sarpsborg – lui-même à 14 km en bus de Fredrikstad. Comptez 55 NOK pour les draps et 115 NOK pour un repas. Une cuisine est à disposition.

Gamlebyen Pensjonat (☎ 69 32 20 20 ; www.gamlebyen-pensjonat.no ; Smedjegaten 88 ; s/d avec sdb commune 395/595 NOK ; P). Dans les anciens baraquements d'artillerie, cet endroit ressemble à un dortoir d'étudiants. Unique adresse pour les voyageurs à petit budget dans la Vieille Ville, il offre un rapport qualité/prix correct.

NOUVELLE VILLE

Hotel Fontenen (☎ 69 30 05 00 ; www.hotelfontenen.no ; Nygaardsgata 9-11 ; s/d 795/995 NOK). Cet hôtel, l'un des plus plaisants de la catégorie moyenne, possède des chambres agréables et une ambiance familiale. Il sert de bons petits déjeuners ; les parquets cirés et la vue sur la cathédrale (demandez une chambre en façade) comptent aussi parmi ses atouts.

Hotel Valhalla (☎ 69 36 89 50 ; www.hotelvalhalla.no ; Valhallsgate 3 ; s/d 695/995 NOK mi-juin à mi-août et sam-dim ; en semaine le reste de l'année 750/1 090 NOK). Perchée sur une colline qui domine la ville, cette charmante vieille maison en bois, facilement accessible à pied depuis le centre, renferme des chambres confortables et soignées. Belle vue.

Hotel Victoria (☎ 69 38 58 00 ; www.hotelvictoria.no ; Turngaten 3 ; s/d mi-juin à mi-août et sam-dim 895/1 020 NOK, en semaine le reste de l'année 1 240/1 365 NOK). En face de la cathédrale, non loin du ferry pour Gamlebyen, cet hôtel vieillissant mais bien tenu offre des chambres bien plus plaisantes que ne le laisse supposer sa façade.

Hotel City (☎ 69 38 56 00 ; www.ricahotelcity.no ; Nygaardsgata 44-46 ; s/d mi-juin à mi-août et sam-dim 956/1 056 NOK, en semaine le reste de l'année 1 195/1 320 NOK). Récemment rénové, le City loue des chambres simples et banales, d'un bon rapport qualité/prix en été. Il comprend une discothèque, un pub, une pizzeria et deux bons restaurants.

Où se restaurer

GAMLEBYEN

Le choix de restaurants de la Vieille Ville compense la rareté des hébergements.

Lille Frederik (Torvgaten ; burgers à partir de 54 NOK ; 🕓 11h-22h lun-ven, 10h-22h sam, 12h-22h dim). Idéal pour un burger, un en-cas ou un café, le Lille Frederik est pris d'assaut en été. Il faut alors attendre pour une table en terrasse.

Major-Stuen (☎ 69 32 15 55 ; Voldportgata 73 ; entrées 75-95 NOK, plats 205-285 NOK ; 🕓 12h-22h). Autre bonne adresse, le Major-Stuen propose une carte internationale, spécialisée dans les plats norvégiens, tel le ragoût de baleine avec des oignons, du chou et des pommes de terre (225 NOK).

Café Balaklava (☎ 69 32 30 40 ; Færgeportgata 78 ; en-cas 79-89 NOK, desserts 30-45 NOK ; 🕓 12h-21h). Ce charmant café bien tenu comporte un agréable patio, très animé en été.

Balaklava Gjestgiveri (☎ 69 32 30 40 ; Faergeportgata ; plats à partir de 150 NOK, dîner 3 plats 450 NOK ; 🕓 18h-23h lun-sam). À côté du précédent dans un vieux bâtiment, cette enseigne concocte d'excellents plats norvégiens haut de gamme, de bœuf et de poisson.

NOUVELLE VILLE

La promenade de Fredrikstad, entre Storgata et les berges, est bordée de restaurants et de bars, pour la plupart agrémentés d'une terrasse en été.

Pizzanini (☎ 69 30 03 00 ; Storgata 5 ; pizzas 99-275 NOK, pâtes 129-149 NOK ; 🕓 12h-1h dim-jeu, 12h-2h ven-sam été, 15h-24h hiver). Une ambiance jeune et une longue carte à prix raisonnables expliquent en partie le succès de ce restaurant.

Mother India (☎ 69 31 22 00 ; Nygaardsgata 17 ; plats 140-195 NOK ; 🕓 16h-23h lun-sam, 14h-22h dim). Ce sympathique restaurant indien est apprécié des habitants et des voyageurs pour son joli décor et sa cuisine délicieuse.

Engelsviken Brygge (☎ 69 35 18 40, Engelsvikveien 6, Engelsviken ; dîner 3 plats 350 NOK environ). Sur les quais, à 15 km au nord-ouest de Fredrikstad, cet excellent restaurant de poisson et de fruits de mer sert notamment du crabe, des moules, du poisson-chat et du flétan.

Où prendre un verre

Les adresses suivantes installent une terrasse en été.

Café Oscar (☎ 69 36 99 20 ; Storgata 5 ; 🕑 12h-1h30 dim-jeu, 12h-2h30 ven-sam). Animé, le Café Oscar programme des concerts à partir de 22h30 le mercredi (gratuit) et à partir de 23h30 les vendredi et samedi (60 NOK). Bière à 59 NOK.

Sir Winston's House (☎ 69 36 99 10 ; Storgata 17 ; 🕑 15h-3h mer-ven, 12h-3h sam, 14h-2h dim). Près de la rivière, ce pub à l'anglaise propose un *fish and chips* à 95 NOK et 10 sortes de bière à la pression. Le week-end, le DJ (tourné vers les années 1960) mène la danse.

Depuis/vers Fredrikstad

Des bus interurbains arrivent et partent de la **Fredrikstad Rutebilstasjon** (☎ 177, 69 35 72 00), à la gare ferroviaire. Les bus n°200 et 360 desservent Sarpsborg (30 NOK, 25 min, 2/heure). L'Oslofjordekpress de Nor-Way effectue 1-7 liaisons/jour entre Oslo et Fredrikstad (155 NOK, 1 heure 15). La plupart des bus continuent jusqu'à Hvaler. **Flybussekspressen** (☎ 177, 82 02 13 00 ; www.flybussekspressen.no) propose des services réguliers entre Fredrikstad et l'aéroport international Gardermoen d'Oslo (240 NOK, 2 heures 15, toutes les 1-2 heures).

Fredrikstad se situe sur la ligne ferroviaire **NSB** (☎ 81 50 08 88 ; www.nsb.no) entre Oslo et Göteborg. Des trains depuis/vers Oslo (166 NOK, 1 heure) circulent environ 10 fois/jour. Ils rallient également Sarpsborg et Halden. Sachez qu'il faut obligatoirement réserver sur les trains internationaux vers le sud.

Comment circuler

Pour traverser la Glomma jusqu'à Gamlebyen, vous pouvez franchir le pont imposant ou emprunter le bateau *Go'vakker Randi* (6 NOK) à Strandpromenaden. Il circule de 5h30 à 23h en semaine (jusqu'à 1h le vendredi), de 7h à 1h le samedi et de 9h30 à 23h le dimanche.

Le ferry (adulte/enfant 10/5 NOK, 2 min) traverse régulièrement la Glomma jusqu'à la porte principale de Gamlebyen entre 5h30 et 23h.

Pour un taxi, appelez le ☎ 69 36 26 10. Les deux offices du tourisme louent des vélos.

ENVIRONS DE FREDRIKSTAD

Hvaler Skerries

Les vacanciers et les artistes norvégiens adorent les Hvaler Skerries, un archipel de 833 îles et îlots boisés à l'entrée sud de l'Oslofjord. Les îles principales, **Vesterøy**, **Spjærøy**, **Asmaløy** et **Kirkøy**, sont reliées au continent par une route à péage (55 NOK) et un tunnel. Le bus n°365 (58 NOK) circule entre Fredrikstad et Skjærhalden, au bout de Kirkøy.

L'**office du tourisme** (☎ 69 37 50 00 ; Skjærhalden ; 🕑 10h-20h mi-juin à mi-août) de Hvaler vous indiquera les nombreux sites à visiter sur les îles.

Surplombant la côte de l'île Akerøy, uniquement accessible en bateau-taxi depuis Skjærhalden, une **forteresse** bien préservée du XVIIe siècle a été rénovée dans les années 1960. Elle est ouverte en permanence ; l'entrée est gratuite.

Bâtie au milieu du XIe siècle, l'**église en pierre** (Skjærhalden ; 🕑 12h-16h juil, 12h-16h sam 2e moitié juin et 1re moitié août) de l'île Kirkøy est l'une des plus anciennes du pays. Elle accueille un festival musical et artistique d'une semaine en juillet.

L'office du tourisme possède une liste de maisons privées et de chalets équipés à Hvaler (location 400-700 NOK/jour ou 2 700-4 500 NOK/semaine). **Hvaler Kurs & Konferansesenter** (☎ 69 37 91 28 ; Skjærhalden ; app à partir de 500 NOK) loue d'excellents appartements.

Toute l'année, le M/S *Hollungen* et le M/S *Hvalerfergen II* circulent environ toutes les heures entre Skjærhalden et les Hvaler Skerries (45 NOK, 1 heure). Vous pourrez aussi effectuer un circuit à bord du M/S *Vesleø II* entre Skjærhalden, Koster (Suède) et Strömstad (Suède) de mi-juin à mi-août (aller-retour adulte/enfant 135/95 NOK).

Centre Roald Amundsen

Le célèbre explorateur Roald Amundsen, premier homme à atteindre le pôle Sud en 1911, naquit en 1872 à Hvidsten, à mi-chemin de Fredrikstad et de Sarpsborg. La famille déménagea à Oslo alors que Roald était encore enfant, mais sa demeure à Hvidsten, qui abritait une petite entreprise de construction et de transport navals, a été reconvertie en un **Centre Roald Amundsen** (carte p. 121 ; ☎ 69 34 83 26 ; musée et visite guidée adulte/enfant 30/10 NOK ; 🕑 17h-19h mer, 12h-14h dim mi-juin à mi-août), consacré à la vie et aux expéditions de l'explorateur. Le centre est indiqué à 11 km à l'est de Fredrikstad, sur la Rv 111 en direction de Sarpsborg.

Centre culturel de Storedal

Ce **centre culturel** (carte p. 121 ; ☎ 69 16 92 67 ; www.storedal.no ; Storedal ; adulte/enfant 35 NOK/gratuit ; 🕑 9h30-17h lun-ven mai ; 9h30-17h mar-ven, 12h-18h dim juin-août) se situe à 11 km au nord-est de Fredrikstad. Le roi Magnus l'Aveugle naquit ici en 1117. Il monta sur le trône à 13 ans et reçut ce surnom à 18 ans, quand un ennemi lui fit perdre la vue à Bergen. Erling Stordahl devint par la suite le propriétaire de la ferme. Lui aussi aveugle, il fit édifier un monument au roi Magnus et fonda un centre consacré aux aveugles et aux autres handicapés. L'élément le plus étonnant est l'*Ode til Lyset* (Ode à la Lumière), une "sculpture sonore" réalisée par Arnold Haukeland et Arne Nordheim : à l'aide de cellules photos et d'un ordinateur placés dans la ferme, cette installation transforme la moindre fluctuation lumineuse en une musique obsédante. De Fredrikstad, suivez la Rv 110 vers l'est sur 9 km. Le centre est situé à 2,1 km au nord de la route.

Musée Borgarsyssel

Cet excellent **musée** (carte p. 121 ; ☎ 69 11 56 50 ; www.ostfoldmuseet.no ; Gamlebygaten 8, Sarpsborg ; adulte/enfant 40 NOK/gratuit ; 🕑 10h-17h mar-ven, 12h-18h sam-dim mi-mai à août) se trouve dans la ville de Sarpsborg, à 14 km au nord-est de Fredrikstad, dans le comté d'Østfold. L'exposition en plein air comprend 30 bâtiments anciens provenant de diverses régions et une importante collection d'art et d'artisanat. Un **jardin d'herbes**, un **zoo** – où l'on peut caresser les animaux – et les **ruines** de l'église Saint-Nikolas, construite en 1115 par le roi Øystein et détruite par les Suédois en 1567, complètent l'ensemble. De Fredrikstad, des trains et des bus desservent fréquemment Sarpsborg.

Oldtidsveien

La région d'Østfold est habitée depuis des milliers d'années, comme en témoignent les nombreuses sculptures et peintures rupestres le long de l'Oldtidsveien (voie des Temps anciens), l'ancienne route encaissée entre Fredrikstad et Sarpsborg. À Solberg, trois panneaux sont ornés d'une centaine de personnages vieux de 3 000 ans. Gunnarstorp compte plusieurs **tumulus de l'âge du bronze**, larges de 30 m, et des **menhirs de l'âge du fer**. Le site de Begby comprend des représentations bien conservées de navires, d'hommes et d'animaux. Hunn possède des **cercles de pierres** et une série de **tumulus** datant de 500 av. J.-C. à 800. Les **peintures rupestres** de Hornes représentent 21 navires et leurs rameurs. Les sites sont indiqués près de l'E 6, au sud de Sarpsborg. Ils peuvent se visiter au cours d'une longue journée de marche ou de vélo à partir de Fredrikstad.

HALDEN

28 000 habitants

Ville-frontière assoupie au bout de l'Iddefjord, coincée entre des promontoires rocheux et escarpés, Halden fut pendant des siècles la pierre angulaire de la défense norvégienne contre les agressions suédoises. Avec un joli port rempli de yachts, une forteresse qui s'élève derrière la ville et quelques restaurants corrects, l'endroit mérite le détour.

L'**office du tourisme** (☎ 69 19 09 80 ; www.visithalden.com ; Torget 2 ; 🕑 9h-16h30 lun-ven mi-juin à mi-août, 9h-15h30 lun-ven le reste de l'année), près de Torget, fournit des informations utiles. En été, un second office du tourisme, l'**Infosenter** (🕑 10h-17h mai-août), ouvre dans la forteresse.

Histoire

Ancienne ville de garnison, Halden fut fortifiée en 1644, grâce à l'édification d'un rempart en bois. En 1658, le traité de Roskilde, conclu entre la Suède et le Danemark, priva la Norvège de sa province de Bohuslän – et de la forteresse de Bohus. Halden, avant-poste frontalier vulnérable, eut alors besoin de défenses renforcées. Lorsque les attaques des Suédois furent repoussées à grand peine en 1658, 1659 et 1660, la consolidation des fortifications s'imposa comme une nécessité. La construction de la forteresse débuta en 1661.

Dans cette époque troublée, la résistance de Halden se résolut deux fois à mettre le feu à la ville pour chasser l'ennemi, en 1659 et 1716. Ce sacrifice est évoqué dans l'hymne national : "Nous préférâmes brûler notre nation, plutôt que de l'abandonner". Les incendies tiennent aussi une place centrale dans le musée consacré à l'histoire de la cité, sis dans la forteresse.

Les attaques des Suédois se poursuivirent au XIXe siècle. Au début du XXe siècle, la forteresse Fredriksten fut dotée de canons modernes plus puissants, de tourelles avec des pièces d'artillerie et d'obusiers. Toutefois, cet armement fut démonté pendant les négociations de 1906, qui conduisirent à la dissolution de l'union entre la Suède et la Norvège. Et Halden devint enfin une paisible bourgade en bord de mer.

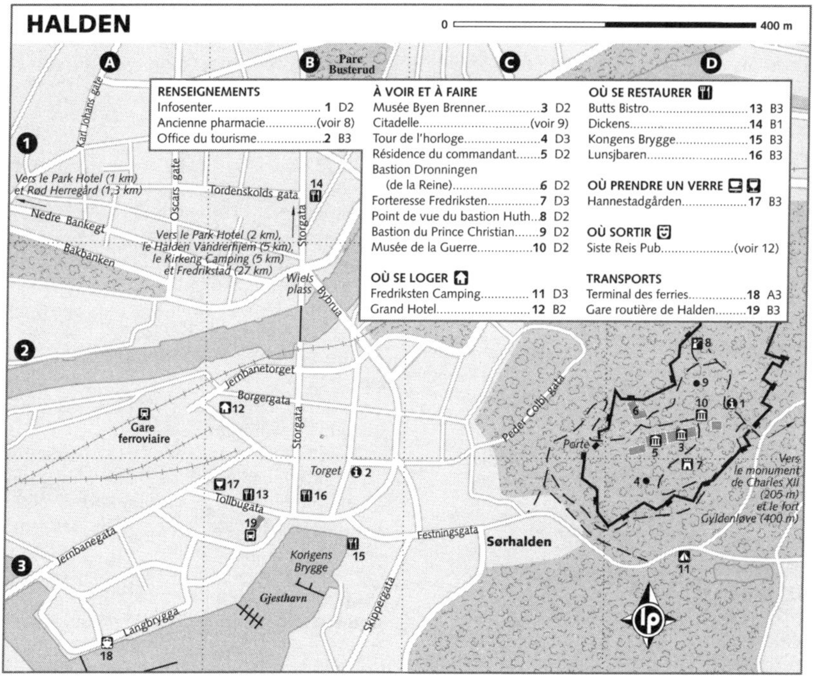

À voir

FORTERESSE FREDRIKSTEN ET MUSÉES

Perchée sur la colline derrière Halden, la **forteresse Fredriksten** (Fredriksten Festning ; ☎ 69 18 54 11 ; www.halden.museum.no ; adulte/enfant 50/10 NOK, avec tous les musées ; 🕓 10h-17h tlj 18 mai-août et dim en sept), édifiée en 1661, a résisté à six sièges suédois. Elle n'a jamais été prise.

Du centre-ville, une rue piétonne, pavée et envahie par la végétation, s'élance depuis le sommet de Festningsgata, à Sørhalden – un quartier habité par les capitaines au XIXe siècle –, pour gravir les versants couverts de lilas. Une route carrossable part également de Festningsgata.

Le 28 juillet 1660, le roi Frédéric III du Danemark ordonna la consolidation des fortifications au-dessus de Halden. La citadelle pentagonale, ainsi que Stortårnet, Overberget et le fort Gyldenløve à l'est, furent construits sur deux collines parallèles entre 1661 et 1671. L'ensemble fut agrandi entre 1682 et 1701. L'événement le plus important eut lieu le 11 décembre 1718, lorsqu'un tir provoqua la mort du belliqueux roi de Suède Charles XII – un monument marque l'endroit.

Sur place, des musées illustrent diverses facettes de l'histoire de la forteresse. En contrebas de l'entrée principale, le **musée de la Guerre** contient des objets militaires et des informations sur les combats livrés à Halden à partir de 1660, et notamment sur le mouvement norvégien pour l'indépendance de 1905. Un tunnel grimpe jusqu'au **bastion du Prince Christian**, qui était le principal poste d'observation pour les défenseurs de la forteresse. Le **musée Byen Brenner** (musée de la Cité en flammes), à mi-chemin dans l'artère principale, offre un aperçu plus général sur l'histoire de la ville. Dans l'**ancienne pharmacie**, des présentations décrivent l'histoire de la pharmacologie, des premiers remèdes locaux à ceux des apothicaires du début du XXe siècle. Le musée se tient dans l'ancienne **résidence du Commandant**, bâtie entre 1754 et 1758, puis endommagée par un incendie en 1826. Après une rénovation, elle servit de poudrière, d'armurerie et de caserne. Remarquez le monogramme de Frédéric V sur la porte.

Les sites les plus intéressants sont sans doute la **brasserie**, qui produisait autrefois jusqu'à 3 000 litres de bière par jour, et les

fournils, où cuisaient les pains pour quelque 5 000 soldats. L'Infosenter, dans l'entrée principale de la forteresse, propose une présentation multimédia et comprend une boutique.

Nombre de singuliers bâtiments anciens sont disséminés dans la forteresse, qui offre une **vue** splendide sur Halden et les collines alentour depuis les canons proches du **bastion Dronningen (de la Reine)**, de la **tour de l'horloge**, du **point de vue du bastion Huth** et de la **citadelle** – à l'extérieur du bastion du Prince Christian. Les bastions en hauteur sont à peine clôturés, voire pas du tout.

Des **visites guidées** (adulte/enfant 50/25 NOK ; 🕑 12h, 13h30 et 15h tlj mi-juin au 11 août, 12h et 13h30 dim 12-26 août) de la forteresse sont commentées en norvégien et en anglais. Des **circuits fantômes** (enfant/adulte accompagnant 50/25 NOK ; 🕑 mai-août) sont également proposés en été.

RØD HERREGÅRD

Le **manoir** (☎ 69 18 54 11 ; Herregårdsveien ; visite guidée adulte/enfant 50/10 NOK ; 🕑 visites 12h, 13h et 14h mar-sam mi-juin à mi-août, 12h, 13h et 14h dim mai à mi-juin et mi-août à sept) de Rød Herregård, construit en 1733, possède un jardin superbe. À l'intérieur, de belles salles contiennent de remarquables collections d'art et d'armes. Le manoir, à 1,5 km au nord-ouest du centre-ville, est bien indiqué.

Où se loger

Fredriksten Camping (☎ 69 18 40 32 ; Fredriksten Festning ; tente avec voiture 150 NOK, bung 4/5 lits 400/800 NOK ; Ⓟ). Idéalement situé au milieu des arbres à côté de la forteresse, ce camping verdoyant, bien tenu et paisible, comprend un minigolf.

Halden Vandrerhjem (☎ 69 21 69 68 ; www.vandrerhjem.no ; Brødløs ; dort/s/d/tr 150/250/395/450 NOK ; 🕑 mi-juin à mi-août). Dans l'école de Tosterød, en périphérie de la ville, cette auberge de jeunesse familiale offre des chambres standard dans un cadre plaisant. Prenez le bus n°102, 103 ou 104 (indiqué Gimle) au parc Busterud.

Grand Hotel (☎ 69 18 72 00 ; www.grandhotell.net ; Jernbanetorget 1 ; s/d avec petit déj 755/910 NOK ven-sam, 910/1 050 NOK dim-jeu mi-juin à mi-août). Bien situé en face de la gare ferroviaire, le Grand Hotel est confortable et fonctionnel plutôt que luxueux. Il sert un excellent buffet au petit déjeuner.

Park Hotel (☎ 69 21 15 00 ; www.park-hotel.no ; Marcus Thranes gate 30 ; s/d 840/990 NOK mi-juin à mi-août et sam-dim, 1 160/1 410 NOK le reste de l'année). À 1,5 km à l'ouest du centre, le Park Hotel constitue la meilleure affaire de la ville en été, avec ses chambres spacieuses et joliment meublées et son service sympathique.

Où se restaurer

Dans Gjesthavn (port de l'Hôte), plusieurs restaurants agréables disposent d'une terrasse.

Kongens Brygge (☎ 69 17 80 60 ; Gjesthavn ; pizzas 99 NOK, plats à partir de 169 NOK ; 🕑 déj et dîner). Cet établissement au bord de l'eau séduit par son ambiance marine et son superbe ponton, ouvert en été. Certes chères, les énormes pizzas rassasient les plus affamés.

Butts Bistro (☎ 69 17 20 12 ; Tollbugata 3 ; plats à partir de 100 NOK ; 🕑 15h-4h ven-sam, 15h-24h dim-jeu). Une bonne adresse, parfaite pour engloutir un curry à minuit le week-end.

Dickens (☎ 69 18 35 33 ; www.dickens.no ; Storgata 9 ; plats à partir de 110 NOK ; 🕑 déj et dîner). Très fréquenté, le Dickens permet de choisir entre une terrasse (en été) et une salle dans une cave du XVIIe siècle.

Où prendre un verre et sortir

Hannestadgården (☎ 69 19 77 81 ; Tollbugata 5 ; entrée discothèque 50 NOK ; 🕑 bar à bière 15h-3h lun-ven et 13h-3h sam, discothèque 22h-3h ven-sam). Cette enseigne comprend un bar à bière plaisant en plein air, un piano-bar et une discothèque bruyante. Concerts fréquents en été.

Dickens (☎ 69 18 35 33 ; www.dickens.no ; Storgata 9). Pour une ambiance musicale plus détendue, installez-vous sur la terrasse du Dickens et profitez d'un concert de jazz (gratuit) le samedi de 13h30 à 15h30, en juillet et août.

Depuis/vers Halden

Des trains relient Oslo à Halden (211 NOK, 1 heure 45) via Fredrikstad toutes les heures du lundi au vendredi, et toutes les 2 heures le week-end. En moyenne, 4 trains continuent tous les jours jusqu'à Göteborg et à Malmö, en Suède. La gare des bus longue distance est située sur le port. Elle offre des liaisons régulières (moins fréquentes le week-end) pour Oslo et Fredrikstad.

ENVIRONS DE HALDEN

Canal de Halden (Haldenkanalen)

À l'est et au nord de Halden, un réseau de canaux relie la ville à Göteborg, en Suède – seule une courte section est asséchée, sur 1,8 km. Les écluses de Brekke, au nombre de quatre entre Femsjøen et Aspern (sur la section Halden-Strømsfoss), constituent le principal attrait. Elles compensent un dénivelé de 26,60 m entre l'amont et l'aval.

Le **Kirkeng Camping** (carte p. 121 ; ☎ 69 19 92 98), à 5 km au nord-est du centre, à Aremark, loue des canoës pour ceux qui préfèrent pagayer sur le canal. Procurez-vous une carte de navigation et de loisirs à l'office du tourisme de Halden.

Sinon, montez à bord du bateau touristique **M/S Turisten** (☎ 93 06 64 44 ; www.turisten.no), qui parcourt le canal de Halden entre Tistedal (à l'est de Halden) et Strømsfoss (aller-retour adulte/senior/enfant 250/200/150 NOK, 3 heures 30). Il quitte Strømsfoss à 11h et repart de Tistedal à 15h le mercredi et du vendredi au dimanche de mi-juin à mi-août. Pour rejoindre Tistedal, prenez le bus n°103 ou 106 (32 NOK, 18 min, 2/heure sauf samedi en fin d'après-midi et dimanche). Pour effectuer l'alller-retour, vous devrez vous rendre à Strømsfoss en voiture.

Le Sud

Depuis toujours, les vacanciers norvégiens affluent sur la côte méridionale en été. On comprend facilement pourquoi en découvrant les villages aux maisons blanches et les îles innombrables.

Loin des fjords et des hauts plateaux, cette région présente un tout autre aspect du pays. La plupart des localités sont superbes, notamment Grimstad, Risør, Kragerø et Flekkefjord, et constituent de charmantes étapes entre Oslo et Stavanger. Villes plus importantes, Kristiansand, Larvik et surtout Arendal sont également plaisantes. Si vous voyagez en famille, ne manquez pas le Kristiansand Dyrepark, l'un des plus beaux parcs à thème pour enfants du pays. Toutefois, ne consacrez du temps à cette région que si les plages norvégiennes sont réellement votre destination favorite, surtout au vu des prix prohibitifs pratiqués en été.

L'arrière-pays recèle des paysages plus spectaculaires et reste bien moins fréquenté que l'Ouest et le Nord. La paisible vallée du Setesdal offre des versants boisés, une culture traditionnelle et des frissons garantis lors d'activités comme le rafting. Les légendaires mines d'argent de Kongsberg sont l'occasion d'une expédition souterraine, tandis que Notodden possède la plus grande église en bois debout de Norvège. Le Telemark, notamment à Dalen et à Seljord – hantée par les trolls –, est également splendide. Rjukan demeure cependant notre endroit favori, en raison de son passé épique et parce qu'elle donne accès au magnifique parc national de la Hardangervidda et au majestueux mont Gausta.

À NE PAS MANQUER

- Une promenade dans les rues étroites de **Grimstad** (p. 140), la "ville blanche"
- La **route côtière** (p. 149) entre Flekkefjord et Egersund, superbe et paisible
- L'ascension du **mont Gausta** (voir l'encadré, p. 159), la plus belle montagne du pays
- L'église en bois debout de **Heddal** (p. 153), caractérisée par sa toiture aux lignes exquises et ses peintures
- L'observation attentive du **Seljordvatn** (p. 160) pour tenter d'apercevoir Selma le serpent

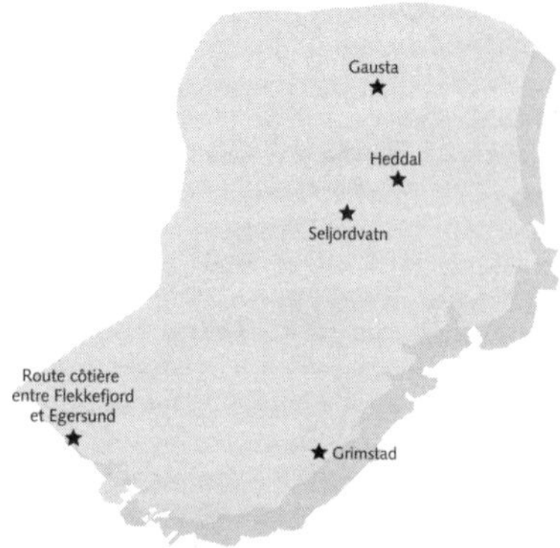

- 652 000 HABITANTS
- POINT CULMINANT : MONT GAUSTA (1 881 m)

LA CÔTE

Si les visiteurs étrangers viennent rarement en Norvège pour ses plages, celles-ci sont bondées en été de touristes norvégiens. Des îles pittoresques et de jolies villes ponctuent la côte, où les prix flambent en saison.

TØNSBERG

37 493 habitants

Tønsberg, la plus ancienne ville du pays, conserve peu de vestiges de son lointain passé. Dans cette cité résolument moderne, quelques ruines vikings et un château décrépit justifient cependant un bref détour.

L'**office du tourisme** (☎ 33 35 45 20 ; www.visittonsberg.com; Nedre Langatte 36 ; 🕓 9h-19h lun-sam, 9h-15h dim mi-juin à début août, 9h30-15h30 le reste de l'année), en bord de mer à Tønsberg Brygge, publie l'excellent *Tønsberg Guide*.

Histoire

Tønsberg a célébré son 1100e anniversaire en 1971. Dans la *Saga du roi Harald* (p. 30), Snorri Sturluson mentionne que Tønsberg existait avant la bataille de Hafrsfjord (872). Quand le roi Harald à la Belle Chevelure divisa le royaume au IXe siècle, il choisit son fils, Bjørn Farmann, pour régner sur Vestfold et la cour à Tønsberg devint le siège de la royauté. À la fin du Moyen Âge, la ville était l'un des trois comptoirs hanséatiques de Norvège et entretenait des liens commerciaux avec l'Allemagne du Nord. Détruite par un incendie en 1535, elle déclina, puis retrouva sa prospérité au XVIIe siècle. En 1850, elle possédait la plus importante flotte marchande du pays.

À voir

CHÂTEAU DE TØNSBERG

Les vestiges du **château de Tønsberg** (Castrum Tunsbergis ; ☎ 33 31 18 72 ; entrée libre, tour adulte/enfant 20/10 NOK ; 🕓 tour 12h-17h fin juin à mi-août, horaires réduits le reste de l'année) parsèment une colline haute de 63 m derrière la ville. La forteresse, la plus grande du pays au XIIIe siècle, fut détruite par les Suédois en 1503 et il ne demeure pas grand-chose du château. Cependant, la **tour Slottsfjellstårnet**, de 1888, offre une belle vue sur les ruines du haut de ses 17 m. Devant la tour, une maquette en bronze montre à quoi ressemblait le château en 1500. Des pans du rempart, long de 600 m, subsistent. En revanche, il ne reste que les fondations médiévales en pierre du **donjon du roi Magnus VI Lagabøte**, de l'église **Saint-Michel** (1191), de la **résidence du roi Haakon IV Haakonsson** et de diverses **tours de guet**. Le parc est ouvert en permanence.

RUINES

Les **tertres funéraires** des rois vikings Olav et Sigrød coiffent la colline du quartier de Haugar. Le parc proche de Kongsgaten recèle les ruines de **Kongsgården**, la cour du roi Haakon Haakonsson où étaient élus les rois du Vestfold. À Storgaten 17, vous découvrirez les ruines du monastère et de l'**église Saint-Olav** (1207), ainsi que plusieurs tombes vikings. Vous aurez besoin de beaucoup d'imagination pour éprouver une émotion quelconque.

LE SUD

MUSEE DU COMTÉ DE VESTFOLD

Au pied du Slottsfjellet (rocher du Château) à l'extrémité nord de la ville, le **musée du Comté de Vestfold** (Vestfold Fylkesmuseum ; ☎ 33 31 29 19 ; www.vfm.no ; Farmannsveien 30 ; adulte/enfant 50/10 NOK ; 🕓 10h-17h lun-sam, 12h-17h dim mi-mai à mi-sept) se situe à 5 min de marche au nord-ouest de la gare ferroviaire. Parmi les sections les plus intéressantes, citons celle consacrée à l'exhumation de l'imposant drakkar *Oseberg* (aujourd'hui exposé au musée des Bateaux vikings à Oslo ; p. 104), un ensemble de fermes anciennes avec un mobilier d'époque, et celle concernant l'histoire baleinière de Tønsberg, avec les squelettes d'un cachalot et d'une baleine bleue. Ce dernier, long de 23 m, est le plus grand squelette de baleine exposé du monde.

Où se loger

Furustrand Camping (☎ 33 32 44 03 ; fax 33 32 74 03 ; Tareveien 11, Tolvsrød ; empl tente 110 NOK plus voiture/pers 40/30 NOK, bung à partir de 500 NOK). Au bord d'une plage et bien équipé, il se trouve à 5,5 km à l'est du centre-ville. Prenez le bus n°11 ou 116 jusqu'à Tolvsrød (20 NOK).

Tønsberg Vandrerhjem (☎ 33 31 21 75 ; tonsberg.hostel@vandrerhjem.no ; Dronning Blancasgata 22 ; dort 195-220 NOK, s/d 375/525 NOK, avec sdb 475/625 NOK ; Ⓟ 💻). Exceptionnellement bien tenue et accueillante, cette auberge de jeunesse offre de bonnes prestations et un petit déjeuner appétissant (inclus dans les prix). Elle se situe à 5 min de marche de la gare ferroviaire.

Thon Hotel Brygga (☎ 33 34 49 00 ; www.thonhotels.no ; Nedre Langgate 40 ; s/d à partir de 770/970 NOK ; 💻). Apprécié des familles, cet hôtel moderne en bord

SUD DE LA NORVÈGE

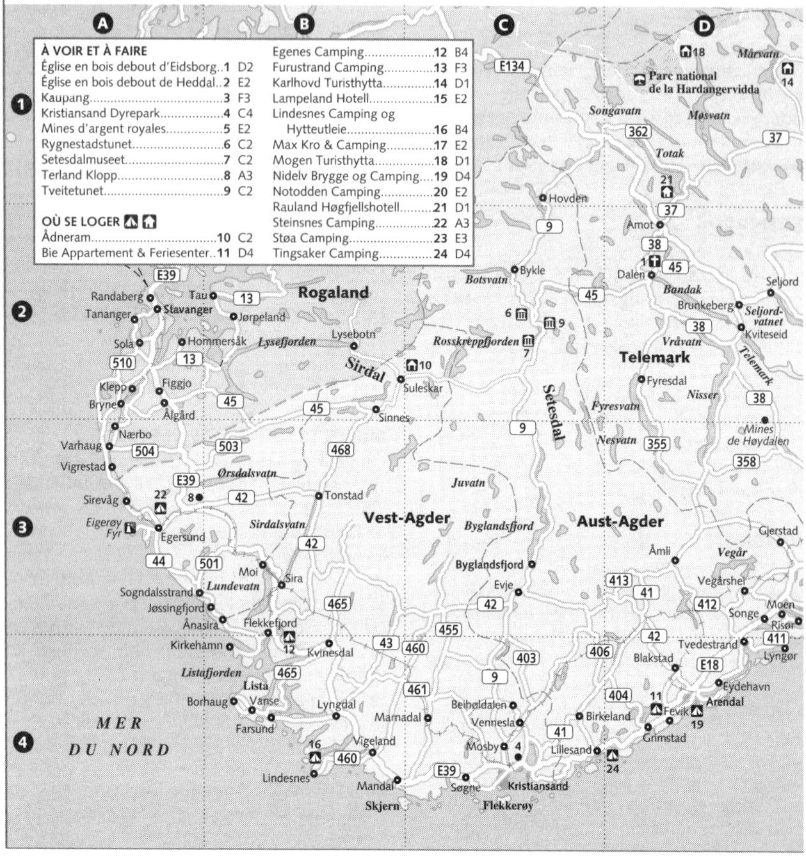

de mer dispose de chambres plaisantes, un peu petites, et sert un excellent petit déjeuner.

Quality Hotel Tønsberg (☎ 33 00 41 00 ; www.choice.no ; s/d à partir de 750/950 NOK ;). Autre bonne adresse en bord de mer, il fait partie de la chaîne Quality Hotel et compte des chambres séduisantes, dans le style minimaliste propre à la Scandinavie.

Où se restaurer

Tønsberg possède des dizaines de restaurants. Les plus agréables bordent la mer.

Himmel & Hav (☎ 33 00 49 80 ; Nedre Langgate 32 ; buffet tapas 215 NOK, plats 135-264 NOK ; 11h-3h). Recommandé pour ses excellents plats de poisson et de fruits de mer, il programme de bons concerts en soirée les week-ends d'été.

Brygga (☎ 33 31 12 70 ; Nedre Langgate 35 ; plats 179-245 NOK ; 11h-3h). Un peu plus chic que le précédent, il propose le meilleur de la cuisine norvégienne et internationale et comporte une terrasse agréable.

Esmeralda (☎ 33 31 91 91 ; Nedre Langgate 26C ; salades 75-100 NOK, plats 175-229 NOK ; 10h30-3h). Établi de longue date et localement apprécié, ce restaurant animé, lumineux et aéré, sert des repas légers à prix doux sur sa terrasse.

Depuis/vers Tønsberg

La **Tønsberg Rutebilstasjon** (☎ 33 30 01 00 ; Jernbanegaten) est à un pâté de maisons au sud de la gare ferroviaire. Nor-Way Bussekspress offre des bus depuis/vers Kristiansand (330 NOK, 4 heures 30, 1-2/jour) via la plupart des villes

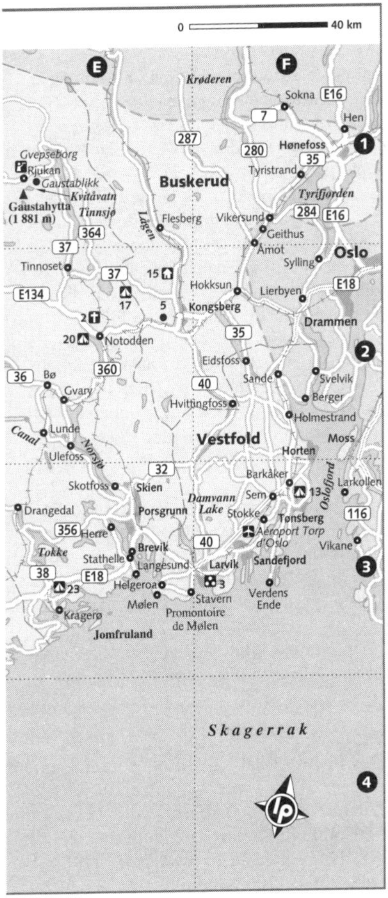

cotières, dont Larvik (81 NOK, 1 heure, 2/jour) et rallie Oslo (149 NOK, 1 heure 45).

Des trains interurbains circulent toutes les heures entre Tønsberg et Oslo (184 NOK, 1 heure 30) et vers le sud jusqu'à Larvik (84 NOK, 34 min).

SANDEFJORD

41 897 habitants

Cette ancienne capitale de la chasse baleinière accueille l'un des rares musées au monde consacré à cette activité.

L'**office du tourisme** (☎ 33 46 05 90 ; www.visitsandefjord.com ; Thor Dahls gate 1 ; 9h-18h lun-ven, 10h-16h30 sam, 12h30-16h30 dim mi-juin à début août, 9h-16h lun-ven le reste de l'année) se situe derrière le front de mer.

L'impressionnant **musée de la Baleine** (Hvalfangst-museet ; ☎ 33 48 46 50 ; www.hvalfangstmuseet.no ; Museumsgaten 39 ; adulte/enfant 50/25 NOK ; 10h-17h mi-juin à mi-août, horaires réduits le reste de l'année) retrace l'histoire de la chasse baleinière en Norvège à l'aide de photos, d'équipements et d'informations sur la vie sous-marine. L'exposition est complétée par le **Southern Actor** (9h30-17h fin juin à mi-août), un baleinier de 1950 amarré dans le port (entrée comprise dans le billet du musée). Un saisissant **monument aux baleiniers** se dresse près de l'eau.

La plupart des bus qui relient Oslo et Kristiansand font halte à Sandefjord.

LARVIK

41 364 habitants

Larvik est l'une des plus vastes cités de la côte sud. Si elle compte quelques musées intéressants, ses principaux atouts sont les sites vikings les plus accessibles du pays. Larvik est aussi la ville natale de Thor Heyerdahl (voir l'encadré, p. 134), l'un des grands explorateurs norvégiens.

Efficace, l'**office du tourisme** (☎ 33 13 91 11 ; www.visitlarvik.no ; Storgata 48 ; 8h30-18h lun-sam, 13h-16h dim mi-juin à début août, 8h30-16h lun-ven le reste de l'année) se situe en face de l'embarcadère des ferries et offre l'accès à Internet (20 NOK/10 min).

La **Bibliothek** (☎ 33 17 10 50 ; 10h-19h lun, 10h-16h mar-ven, 10h-14h sam) propose un accès gratuit à Internet, pour une durée limitée.

À voir et à faire

MUSÉE DE LARVIK

Ce **musée** (☎ 33 17 12 90 ; billet combiné adulte/enfant 40/10 NOK) se compose de quatre sections réparties dans la ville.

Le **manoir Herregården** (Herregårdsletta 6 ; 12h-16h mer, sam-dim, visite guidée 12h30, 13h30 et 14h30 mi-juin à mi-août, dim seulement juin à mi-sept), un bâtiment en bois de style baroque classique, fut construit en 1677 pour le gouverneur général de la Norvège Ulrik Frederik Gyldenløve, duc de Larvik et fils naturel du roi Frédéric IV du Danemark. Les meubles datent des XVIIe et XVIIIe siècles.

Le **musée de la Marine de Larvik** (Kirkestredet 5 ; 12h-16h mar-sam mi-juin à mi-août et dim juin à mi-sept), dans un bâtiment en brique de 1730 à l'est du port, renferme des œuvres d'art liées la mer et de superbes maquettes de bateau. Il présente aussi une petite exposition sur la proche cité viking de Kaupang (voir page suivante).

THOR HEYERDAHL

Enfant chéri de Larvik, Thor Heyerdahl (1914-2002), intrépide et controversé, était un scientifique, anthropologue et explorateur original. Il consacra sa vie à tenter de prouver que les océans étaient des voies de communication essentielles à la compréhension des anciennes civilisations.

En 1947, il parcourut 6 000 km sur un radeau de balsa, le *Kon-Tiki*, du Pérou à la Polynésie afin de prouver que le Pacifique Sud aurait pu être peuplé par des migrants venus d'Amérique du Sud plutôt que d'Asie. Ses théories furent confortées par la découverte d'une faune et d'artefacts similaires en Polynésie et en Amérique du Sud et par le fait que les courants du Pacifique circulent d'est en ouest. Le film de cette expédition remporta en 1951 l'oscar du meilleur documentaire. Le livre de Heyerdahl relatant cette expédition fut vendu à 60 millions d'exemplaires dans le monde ! La médaille décernée à l'explorateur pour sa bravoure face à l'occupation nazie ne fit qu'ajouter à son prestige. Le *Kon-Tiki* est aujourd'hui exposé au musée du Kon-Tiki à Oslo (p. 105).

Après avoir été l'un des premiers Européens à faire des fouilles aux Galapagos et sur l'île de Pâques, Heyerdahl attira de nouveau l'attention internationale en 1970 lorsqu'il traversa l'Atlantique sur un radeau en papyrus. Il voulait ainsi prouver que Christophe Colomb n'avait peut-être pas été le premier navigateur à avoir traversé l'Atlantique et que les Égyptiens de l'Antiquité avaient pu effectuer ce parcours des milliers d'années auparavant. Son premier radeau, le *Râ*, sombra à 5 000 km des côtes, mais, l'année suivante, Heyerdahl parvint à relier le Maroc et la Barbade à bord du *Râ II*.

En 1978, âgé de 64 ans et infatigable, Heyerdahl s'embarqua sur le *Tigris*, descendit le Tigre et l'Euphrate jusqu'au golfe Persique et traversa l'océan Indien jusqu'à Djibouti pour prouver que les Sumériens étaient de grands voyageurs. Ne pouvant traverser la mer Rouge en raison des conflits locaux, il mit le feu à son bateau en signe de protestation contre la guerre. Fervent internationaliste, Heyerdahl naviguait avec un équipage de multiples nationalités et toujours sous pavillon de l'ONU.

Pour son 75e anniversaire en 1989, une statue en larvikite bleue fut érigée en son honneur à Tollerodden, à l'est du port de Larvik. Heyerdahl est mort d'un cancer le 18 avril 2002, en Italie.

Le **Verkensgarorden** (Nedre Fritzøegate 2 ; 🕓 12h-16h mar-dim mi-juin à mi-août, 12h-16h dim le reste de l'année) contient des outils et du matériel provenant d'un moulin et d'une forge du XVIIe siècle. Une exposition géologique retrace l'évolution de la larvikite bleue, une sorte de granit vieille de 500 millions d'années et extraite dans la région.

Kaupang (entrée libre ; 🕓 12h-17h mar-dim mi-juin à mi-août), à 5 km à l'est de Larvik, est une ancienne cité viking construite vers 800 et habitée jusqu'en 960. Elle aurait compté jusqu'à 1 000 habitants à son apogée. Si la plupart des objets d'origine ont été transférés à Oslo, les gardiens du site s'ingénient à rendre la visite intéressante, avec une petite exposition, quatre tentes vikings, et des guides compétents en costume d'époque qui vous emmènent jusqu'à des tombes vikings et vous expliquent l'histoire de Kaupang. Le mercredi (jour des enfants) et le week-end, ils préparent une soupe et du pain vikings. Les guides pourront vous indiquer l'emplacement d'autres cimetières vikings dans la région. Kaupang est pour nous le site le plus intéressant de Larvik.

VÉLO

Des pistes cyclables ont été soigneusement tracées d'un bout à l'autre du Vestfold. L'office du tourisme loue des vélos pour 150/600 NOK par jour/semaine et vend l'indispensable carte *Sykkelkart Vestfold* en trois volets (100 NOK).

Où se loger et se restaurer

Lysko Gjestegaard (☎ 33 18 77 79 ; www.lysko-it.no ; Kirkestredet 10 ; s/d à partir de 550/750 NOK ; Ⓟ). Cette paisible pension occupe une jolie maison ancienne en bois dans l'un des endroits les plus charmants de Larvik, en face du musée de la Marine, au bout du port.

Greven Hotell (☎ 33 18 25 26 ; www.hotel-greven.no ; Storgata 26 ; s/d à partir de 640/810 NOK). Doté de beaucoup de cachet, cet hôtel rénové de 1903 est un excellent choix sur le front de mer.

Quality Hotel Grand Farris (☎ 33 18 78 00 ; www.choice.no ; Storgata 38 ; s/d à partir de 750/1 040 NOK ; Ⓟ 💻). Également face à la mer, le meilleur hôtel de Larvik loue des chambres d'un confort absolu, qui font oublier l'affreuse architecture.

Le Greven Hotell et le Quality Hotel possèdent de bons restaurants ; le premier sert essentiellement des plats italiens. Vous pouvez aussi essayer le **Ferdinands Lillekjøkken** (☎ 33 13 05 44 ; Storgata 32 ; plats à partir de 139 NOK ; ⏲ dîner), qui offre des steaks et du poisson, ou le **Bøkekroa Restaurant** (☎ 33 18 10 53 ; Bøkeskogen ; ⏲ déj et dîner mai-août), qui propose du jazz en live le vendredi soir.

Depuis/vers Larvik

Les bus de Nor-Way Bussekspressen passent par Larvik entre Seljord (199 NOK, 2 heures 15, jusqu'à 3/jour) et Tønsberg (81 NOK, 1 heure). Pour d'autres destinations sur la côte, vous devrez sans doute changer à Tønsberg ou à Arendal. Des trains régionaux circulent toutes les heures entre Oslo S (gare centrale) et Larvik (253 NOK, 2 heures). Les gares ferroviaire et routière sont voisines dans Storgata.

Des ferries de Color Line desservent Fredrikshavn au Danemark (voir p. 410).

ENVIRONS DE LARVIK

La basse péninsule de Brunlanes, au sud-ouest de Larvik, compte quelques villes moyennement intéressantes. En été, elles sont bondées de vacanciers norvégiens, qui déferlent dans les campings côtiers.

Stavern

5 643 habitants

La jolie bourgade de Stavern, au sud de Larvik, possède des rues piétonnes bordées de cafés et de galeries d'art, plaisantes pour une promenade. Le **Fredriksvern Verft**, une base navale du milieu du XVIIIe siècle entourée de fortins qui servaient jadis à la protéger, mérite la visite. La pittoresque **église** (☎ 33 19 99 75 ; Kommandør Herbsgata 1 ; entrée libre ; ⏲ 11h-13h mar-ven), de 1756, est le premier sanctuaire du pays destiné aux marins.

Stavern est le point de départ du **sentier côtier Kyststien**, une marche agréable et prisée de 33 km, qui conduit à Ødegården sur la côte ouest de Brunlanes. L'**office du tourisme** (☎ 33 19 73 00 ; Havnegata 3 ; ⏲ 10h-16h mer-sam, 13h-16h dim mi-juin à début août) de Stavern vend la carte *Kyststien i Larvik* (85 NOK).

Pour vous loger, essayez l'**Hotel Wassilioff** (☎ 33 11 36 00 ; www.wassilioff.no ; Havnegata 1 ; s 900-1 150 NOK, d 1 100-1 300 NOK), charmant et très confortable, de l'autre côté du parc en venant de la rive. Comptez 200 NOK de plus pour la vue sur la mer.

Le bus n°1 dessert Larvik (26 NOK, 15 min) toutes les heures.

Mølen

Le promontoire de Mølen est une curiosité géologique. Il forme l'extrémité de la **moraine Ra**, de l'époque glaciaire, qui s'étend du lac Farrisvatn (comblé par la moraine – des rocs et de la boue poussés par un glacier) à l'extrémité sud-ouest de Brunlanes. Les 230 cairns de pierre et piles de rochers, disposés en rangées parallèles, sont des tertres funéraires de l'âge du fer.

DAMVANN

À 20 km au nord de Larvik, des forêts entourent le splendide lac Damvann. Selon la légende, ce serait le domaine de la sorcière Huldra, une femme d'une telle beauté qu'un seul regard suffirait à ensorceler les hommes. Le dimanche en juillet, une version moderne de **Huldra** (Ellen Dalen ; ☎ 33 11 25 17) sert des repas de 12h à 16h. Le lac est difficile à rejoindre sans voiture ; l'arrêt de bus le plus proche se situe à Kvelde, à 6 km sur la route de Numendalslågen.

KRAGERØ

10 481 habitants

L'un des lieux de vacances favoris des Norvégiens, Kragerø est sillonnée de rues étroites bordées de maisons chaulées, qui grimpent à partir de la côte. Longtemps une retraite privilégiée des artistes norvégiens, elle a notamment accueilli Edvard Munch (voir l'encadré, p. 51), qui l'appelait la "perle des villes côtières". Une statue de Munch se dresse à l'endroit où il peignit un soleil d'hiver sur la mer.

Renseignements

Le modeste **office du tourisme** (☎ 35 98 23 88 ; www.visitkragero.no ; Tovgaten 1 ; ⏲ 9h-19h lun-ven, 9h-18h sam, 10h-17h dim mi-juin à mi-août, horaires réduits le reste de l'année) se tient à l'arrêt des bus. La **bibliothèque publique** (Bibliotek ; près de Tovgaten ; ☎ 10h-18h lun et jeu, 10h-14h mar-mer et ven mi-juin à mi-août, horaires prolongés le reste de l'année), entre l'office du tourisme et la jolie place centrale, offre l'accès gratuit à Internet pour une durée limitée.

À voir et à faire

Il n'y a pas grand-chose à voir à Kragerø ; l'île de Jomfruland (p. 136), au large, en constitue

LE SUD

le principal attrait. Pour une belle vue sur la ville et ses *skerries* (îlots côtiers), grimpez du stade jusqu'au point de vue sur la **colline Steinmann**.

Le **musée Berg-Kragerø** (☎ 35 98 14 53 ; Lovisenbergveien 45 ; adulte/enfant 50 NOK/gratuit ; 🕑 12h-18h juin à mi-août), sur la rive du Hellefjord, à 3 km du centre, est un domaine de 120 ha avec une résidence secondaire de 1803. Il comprend un jardin, des chemins de randonnée et une galerie artistique et historique.

Vous pourrez aussi faire un **tour en vélo-rail** (*dressin* ; des vélos montés sur des boggies) sur une voie ferrée de 13 km entre Sannidal et Merkebekk (75/225 NOK par heure/jour). Réservez auprès du Støa Camping (ci-dessous) ou de l'office du tourisme.

Où se loger et se restaurer

Kragerø Vandrerhjem (☎ 35 98 57 00 ; kragero.hostel@vandrerhjem.no ; Lovisenbergveien 20 ; dort/s/d avec petit déj 325/550/650 NOK ; 🕑 mi-juin à mi-août). Cette agréable auberge de jeunesse HI, à 2 km au nord de la ville, sert des repas à 100 NOK.

Støa Camping (☎ 35 99 02 61 ; spar.kivle@ngbutikk.net ; Sannidal ; empl tente à partir de 130 NOK, bung à partir de 275 NOK). Un camping sans grand charme mais correct, bien relié au centre-ville par le bus n°607 (26 NOK, 12 min).

Victoria Hotel (☎ 35 98 75 25 ; victoria@aco.no ; PA Heuchtsgata 31 ; s/d 1 165/1 365 NOK mi-juin à mi-août, 965/1 165 NOK le reste de l'année ; Ⓟ). Comme beaucoup d'hôtels de la côte sud, le Victoria gonfle ses prix en été, mais reste l'hébergement le plus plaisant de la ville. Certaines chambres disposent d'un balcon donnant sur les quais et l'hôtel a été rénové avec goût en 2007. Les prix sont cependant exagérés.

El Paso Western Saloon (☎ 35 98 15 32 ; PA Heuchtsgata 31 ; pizzas à partir de 189 NOK, plats 129-239 NOK). Fusion insolite du littoral norvégien et des plaines du Texas, il sert des grillades, des burgers, des pizzas et des plats mexicains corrects.

Depuis/vers Kragerø

Les trains en provenance d'Oslo ou de Kristiansand s'arrêtent à Neslandsvatn et assurent, pour la plupart, la correspondance avec un bus à destination de Kragerø. Des bus rallient jusqu'à 5 fois/jour Oslo (250 NOK, 3 heures 30) et Kristiansand (200 NOK, 2 heures 30), mais il faut parfois changer à Tangen sur l'E 18.

ENVIRONS DE KRAGERØ

Jomfruland

Les touristes norvégiens adorent l'île de Jomfruland, proche de la côte de Kragerø. Longue d'environ 10 km et large de 600 m, elle est couverte de forêts et presque entièrement ourlée de plages de sable. Les deux **phares** (☎ 35 99 11 79 ; adulte/enfant 20/10 NOK ; 🕑 12h-16h lun-sam, 12h-18h dim mi-juin à mi-août), l'ancien (1869) et le nouveau (1937), peuvent se visiter.

Le séduisant **Jomfruland Camping** (☎ 35 99 12 75 ; www.jomfrulandcamping.no en norvégien ; Åsvik brygge ; empl tente à partir de 120 NOK, empl caravane avec électricité 190 NOK, bung 4 lits à partir de 450 NOK) avoisine le terminal des ferries d'Åsvik brygge.

Les **ferries de Kragerø Fjordbåtselskap** (☎ 35 98 58 58) relient Kragerø et Jomfruland (54 NOK, 50 min) jusqu'à 4 fois/jour en été.

RISØR

6 873 habitants

Risør, la "ville blanche sur le Skagerrak", est l'une des plus jolies du sud de la Norvège. Ses vieilles maisons blanches (datant de 1650 à 1890) entourent un port en U où mouillent des yachts et des bateaux de pêche colorés. C'est un endroit merveilleux où flâner quelques jours en savourant son charme rustique.

La **bibliothèque municipale** (Kragsgate 48A ; 🕑 11h-15h lun-ven, 11h-14h sam mi-juin à mi-août, horaires prolongés le reste de l'année) offre l'accès gratuit à Internet. L'**office du tourisme** (☎ 37 15 22 70 ; www.risor.no ; Kragsgata 3 ; 🕑 10h-18h lun-ven, 10h-16h sam, 12h-18h dim mi-juin à mi-août) se situe à 50 m à l'ouest du port.

À voir et à faire

AQUARIUM D'EAU SALÉE

Le bel **aquarium d'eau salée** (Saltvannsakvariet ; ☎ 37 15 32 82 ; Dampskipsbrygga ; adulte/enfant 50/30 NOK mi-juin à mi-août, 30/20 NOK le reste de l'année ; 🕑 11h-18h mi-juin à mi-août, horaires réduits le reste de l'année), sur le quai en face du Risør Hotel, réunit des poissons, des crustacés et des coquillages communs de la côte sud. Les bébés écrevisses et les coquettes (*Labrus mixtus*) colorées méritent particulièrement le coup d'œil.

MUSÉE ET GALERIE D'ART DU RISØR KUNSTPARK

Le **musée de Risør** (☎ 37 15 30 85 ; Prestegata 9 ; adulte/famille 30/50 NOK ; 🕑 9h-16h lun-ven, 9h-14h sam mi-juin à mi-août) comprend des expositions sur la géologie locale, la pêche et les 275 ans d'histoire de la ville. Sur demande, la billetterie vous prêtera une brochure explicative en anglais. Adjacente, la **galerie d'art de Risør** (⌚ 9h-16h lun-ven, 9h-14h sam mi-juin à mi-août) présente les œuvres d'artistes inspirés par le charme de la cité.

CENTRE ARTISTIQUE DE RISØR

Ce **centre artistique** (Risør Kunstforum ; ☎ 37 15 63 83 ; www. kunstforum.no en norvégien ; Tjenngata 76 ; ⌚ mi-juin à mi-août) innovant propose un éventail de cours, de la fabrication artisanale du papier à l'aquarelle. Les prix s'échelonnent de 1 500 NOK pour 3 jours à 3 500 NOK pour 7 jours ; des forfaits cours/hébergement sont également offerts.

LOCATION DE BATEAUX

Risør Båtformidling (☎ 37 15 25 50) loue des petits bateaux à moteur. **Sørlandet Feriesenter** (☎ 37 15 40 80) possède des embarcations plus grandes et des canoës, parfaits pour explorer les îles en indépendant.

Festivals

La dernière semaine de juin, le **Festival de musique de chambre de Risør** accueille chaque année un nombre croissant d'artistes locaux et internationaux. Le premier week-end d'août, le **Festival des bateaux de bois** (Trebåtfestival) s'accompagne de régates, de concerts et d'activités pour les enfants ; les hôtels affichent alors facilement complet.

Où se loger

Moen Camping (☎ 37 15 50 91 ; fax 37 15 17 63 ; Moen ; empl tente 100 NOK, bung 300-550 NOK). Bien tenu et bien équipé, ce camping est le plus proche de Risør, à 11 km à l'ouest de la ville, près de l'E 18. Des bus (depuis/vers Arendal, Kristiansand et Oslo) passent régulièrement devant l'entrée.

Risør Kunstforum (☎ 37 15 63 83 ; www.kunstforum.no en norvégien ; Tjenngata 76 ; s/d/tr 450/600/700 NOK). Cet endroit séduisant, à 1 km à l'ouest du port, dispose de chambres simples et correctes et propose divers cours artistiques (voir plus haut). On prépare soi-même le petit déjeuner.

Risør Hotel (☎ 37 14 80 00 ; www.risorhotel.no ; Tangengata 16 ; s/d à partir de 895/1 195 NOK mi-juin à mi-août, 600/900 NOK le reste de l'année). Sans doute le meilleur d'un choix très limité, le Risør Hotel n'offre pas la perfection attendue dans cet ordre de prix. En revanche, il bénéficie d'un emplacement exceptionnel, sur le front de mer.

Det Lille Hotell (☎ 37 15 14 95 ; www.detlillehotel.no ; s/d à partir de 1 240/1 565 NOK, semaine à partir de 8 840/9 800 NOK). Idéal pour un séjour d'une semaine, le Det Lille loue des suites et des appartements équipés, pour la plupart dans des maisons joliment restaurées avec mobilier d'époque. Les prix à la journée baissent hors saison. Ils sont toujours dégressifs pour plusieurs nuits.

Où se restaurer

Plusieurs cafés et restaurants à prix raisonnables sont installés sur le port et à proximité.

Brasserie Krag (☎ 37 15 04 50 ; Kragsgata 12 ; plats 79-215 NOK ; ⌚ déj et dîner). Un restaurant recommandé à l'ambiance détendue, offrant une carte diversifiée.

Brygge Pizza (☎ 37 15 00 99 ; Strandgata 2 ; pizzas à partir de 129 NOK ; ⌚ déj et dîner). Sa terrasse au bord de l'eau et ses prix raisonnables en font une bonne adresse pour les petits budgets.

Risør Hotel (☎ 37 14 80 00 ; Tangengata 16 ; plats 75-189 NOK ; ⌚ déj et dîner). Le restaurant possède une jolie terrasse qui surplombe la mer. Outre de bons en-cas et menus, il propose une carte plus chère.

Depuis/vers Risør

Des bus locaux relient Risør et la gare ferroviaire de Gjerstad (60 NOK, 45 min) plusieurs fois par jour. Les bus Nor-Way Bussekspress qui circulent entre Kristiansand (150 NOK, 3 heures) et Oslo (315 NOK, 3 heures 45) assurent la correspondance à Vinterkjær avec des bus locaux depuis/vers Risør (29 NOK, 20 min).

ENVIRONS DE RISØR

Les *skerries* (îles côtières) constituent une excursion appréciée depuis Risør. **Stangholmen**, l'île la plus méridionale et la plus prisée, possède un joli phare de 1855 qui abrite le seul restaurant des *skerries*, le **Stangholmen Fyr Restaurant & Bar** (☎ 37 15 24 50 ; plats à partir de 215 NOK).

Toutes les îles sont accessibles en ferry ou en bateau-taxi. En été, des **ferries** (☎ 37 15 24 50) partent de Tollbubrygga pour Stangholmen (40 NOK aller-retour, 2/heure) de 10h à minuit, voire plus tard.

LYNGØR

120 habitants

Minuscule, Lyngør se compose de plusieurs îlots près du village de Gjeving. Elle s'enorgueillit

LE SUD

d'avoir gagné en 1991 le titre de ville la plus propre d'Europe. Même sans cette distinction, cette charmante localité mérite le détour, d'autant que les visiteurs ne peuvent pas venir avec leurs véhicules.

Si vous souhaitez passer la nuit à Lyngør, le **Knatten Pensjonat** (☎ 37 16 10 19 ; Odden ; s/d à partir de 575/775 NOK), une pension sans prétention, se situe à 300 m du quai Holmen. Les prix sont un peu exagérés, mais il n'y a pas d'autre choix.

Le **Seilmakerfruens Kro** (☎ 37 16 60 00 ; Ytre Lyngør ; pizzas 150 NOK environ ; déj et dîner) pratique les prix les plus raisonnables pour des pizzas correctes et quelques spécialités à la carte.

Le **ferry Lyngør Båtselskap** (☎ 41 45 41 45 ; adulte/enfant 28/17 NOK), qui relie Gjeving, Holmen et Lyngør, part jusqu'à 7 fois/jour en semaine, 4 fois le samedi et au moins 1 fois le dimanche. Pour des informations sur les ferries pour Arendal, reportez-vous p. 139.

ARENDAL

40 057 habitants

Le principal attrait d'Arendal réside dans l'animation estivale du port (appelé Pollen), avec ses restaurants et ses bars en plein air au bord de l'eau, et ses nombreuses festivités. Assez grande pour disposer de nombreuses infrastructures sans atteindre une taille écrasante, Arendal est une ville agréable où passer quelques jours. L'ancien quartier de Tyholmen, avec ses maisons en bois, ajoute au charme de la cité ; les îles voisines de Merdø, de Tromøy et de Hisøy constituent de plaisantes excursions.

Renseignements

Bibliothèque (☎ 37 01 39 13 ; Torvet 6 ; 10h-18h lun-sam). Accès gratuit à Internet pour une durée limitée.

Office du tourisme (☎ 37 00 55 44 ; www.arendal.com ; Sam Eydes plass ; 9h-19h lun-ven et 11h-14h sam août-juin, 9h-19h lun-ven et 11h-18h sam-dim juil)

Planet X-Pec (Ostregata 9; Internet 35 NOK/heure ; 12h-2h lun-jeu, 12h-24h ven-dim). Accès à Internet en face du Ting Hai Hotel.

À voir

TYHOLMEN

Derrière le port de plaisance (*Gjestehavn*), près du vieux port, le quartier de Tyholmen abrite de superbes bâtiments en bois datant du XVIIe au XIXe siècle, aux éléments néoclassique, rococo ou baroque. En 1992, il a reçu le prestigieux prix Europa Nostra pour sa restauration experte. Tyholmen était autrefois séparé du continent par un canal, aujourd'hui comblé.

Le splendide **hôtel de ville** (Rådhus ; ☎ 37 00 55 44 ; Rådhusgata 10 ; sur rendez-vous), au bord de l'eau, est l'un des joyaux de Tyholmen et le plus haut édifice en bois du pays. À l'origine demeure d'un armateur construite en 1815, ce bâtiment à l'élégante façade devint l'hôtel de ville en 1844. Les groupes peuvent visiter l'intérieur.

MUSÉES

Le **musée Aust-Agder** (☎ 37 07 35 00 ; www.aaks.no en norvégien ; Parkveien 16 ; adulte/enfant 30/15 NOK ; 9h-17h lun-ven, 12h-17h sam mi-juin à mi-août, horaires réduits le reste de l'année) a été fondé en 1832, quand la municipalité a demandé à ses marins voyageurs de rapporter des objets intéressants de leurs périples. Ces derniers sont exposés dans le musée du comté, avec des reliques de la construction navale, du commerce du bois et du fret maritime à Arendal. La collection la plus intéressante concerne le dernier voyage du bateau négrier *Fredensborg*, qui fit naufrage au large de Tromøy en 1768 ; les esclaves survivants furent vendus dans les Caraïbes.

Le **musée de la Ville d'Arendal** (☎ 37 02 59 25 ; Nedre Tyholmsvei 14 ; adulte/enfant 30/10 NOK ; 10h-15h mar-ven, 10h-14h sam août-mai) mérite également la visite. Il offre notamment la possibilité d'explorer l'intérieur d'une des jolies maisons bourgeoises anciennes (Klöckers Hus) d'Arendal.

Fêtes et festivals

Il se passe toujours quelque chose à Arendal. En été, des concerts en plein air ont fréquemment lieu le week-end au bord de l'eau. Parmi les autres manifestations, citons :

Sørlandet Båtmesse (www.baatmesse.com en norvégien ; fin mai). Exposition de bateaux.

Hovefestivalen (www.hovefestivalen.no ; fin juin). Festival rock qui attire des artistes internationaux sur l'île de Tromø.

Marché d'été (www.arendal-sentrum.no en norvégien ; mi-juil)

Canal Street (www.canalstreet.no ; fin juil). Festival de jazz et de blues avec des artistes du monde entier.

Où se loger

Arendal offre un bon choix d'hôtels de catégorie moyenne, mais les petits budgets devront sortir de la ville.

Nidelv Brygge og Camping (☎ 37 01 14 25 ; home.no.net/svs012 en norvégien ; Vesterveien 251, Hisøy ; empl tente 110 NOK plus adulte/enfant 20/10 NOK, empl caravane 120 NOK, bung 300-750 NOK). Au bord de la Nidelv à Hisøy, à 6 km à l'ouest d'Arendal, ce camping correct comprend un restaurant et une épicerie ; quelques bungalows donnent sur la rivière. Prenez n'importe quel bus (28 NOK, toutes les 30 min) à destination de Kristiansand ou de Grimstad. En voiture, empruntez la Rv 420.

Ting Hai Hotel (☎ 37 02 22 01 ; ting@online.no ; Østregate 5 ; s/d 695/995 NOK). À quelques rues du port, cet hôtel offre des chambres spacieuses et banales à prix raisonnables ; celles en angle sont les plus plaisantes. Un restaurant chinois est installé au rez-de-chaussée.

Thon Hotel Arendal (☎ 37 05 21 50 ; www.thonhotels.no ; Friergangen 1 ; s 775-1 375 NOK, d 995-1 575 NOK ; 💻). S'il n'a pas vue sur le front de mer, cet établissement se situe à 50 m seulement du rivage. Comme toutes les enseignes de la chaîne Thon, il loue des grandes chambres, modernes et confortables.

Clarion Tyholmen Hotel (☎ 37 07 68 00 ; www.choice.no ; Teaterplassen 2 ; s/d à partir de 990/1 190 NOK). Certainement le meilleur hôtel de la ville, le Clarion occupe un ancien bâtiment restauré aux chambres séduisantes, quasi luxueuses. Superbement situé en bord de mer, il se marie parfaitement avec l'ambiance surannée du quartier.

Où se restaurer et prendre un verre

Il est inutile de vous éloigner du port, tout ce dont vous avez besoin se trouve ici au bord de l'eau.

Café Det Lindvedske Hus (☎ 37 02 18 38 ; Nedre Tyholmsvei 7b ; en-cas et repas légers 40-105 NOK ; 🕑 11h-23h lun-jeu, 11h-1h ven-sam, 12h-23h dim). Ce charmant café bohème à l'ambiance intime et au décor bicentenaire sert des en-cas, des plats légers (sandwichs grillés et pâtes) et un délicieux café. La cuisine ferme à 21h, puis le jazz prend le relais. Une adresse fantastique !

Café Victor (☎ 37 02 18 38 ; Nedre Tyholmsvei 7b ; repas légers 49-99 NOK ; 🕑 10h-24h juin-août, 10h-17h lun-sam sept-mai). Très bien situé sur le port, un autre café détendu. Abstraction faite du plafond ancien, le décor est chic et moderne. Le service est sympathique, la cuisine (sandwichs et pâtes) et le café sont excellents.

Castelle Bar & Restaurant (☎ 37 00 14 14 ; Langbrygge 5 ; plats 89-129 NOK ; 🕑 12h-23h dim-jeu, 12h-3h30 ven-sam). Sans doute le bar-restaurant le plus chic du Pollen, le Castelle propose des sandwichs, des burgers et des pâtes, plus toutes sortes de boissons, des bières à 64 NOK (0,5 l) aux cocktails à 99 NOK.

Madam Reiersen (☎ 37 02 19 00 ; Nedre Tyholmsvei 3 ; entrées 79-125 NOK, plats déj 115-125 NOK, dîner 219-235 NOK). L'un des meilleurs restaurants du port, il offre un bon rapport qualité/prix au déjeuner, notamment avec son plateau de fruits de mer (145 NOK). Au dîner, nous avons apprécié les grillades de l'Arctique (225 NOK).

No.9 Kaffe & Platebar (☎ 37 02 77 92 ; Langbrygge 9 ; café 19-34 NOK ; 🕑 10h-17h lun-sam, 12h-17h dim, jusqu'à 19h juil). Autre petit café sélect, le No.9 appartient à Espen Larsen, un musicien de jazz local qui vend des CD (essentiellement de jazz) et les passe pendant que vous dégustez un café, un en-cas ou une pâtisserie.

Idéal pour un verre en terrasse en été, le **Fiskebrygge** (☎ 37 02 31 13 ; Nedre Tyholmsvei 1 ; 🕑 9h-2h mer-dim avr-sept) jouit d'un emplacement privilégié sur le front de mer. Il offre un choix de bières (à partir de 50 NOK) et de cocktails (à partir de 89 NOK).

LE SUD

Depuis/vers Arendal

Le **M/S Merdø** (☎ 90 97 43 61 ; www.skilsoferga.no en norvégien) effectue régulièrement la traversée d'Arendal (Pollen) à Lyngør (250 NOK aller-retour) et Hisøy (120 NOK aller-retour) en juillet, moins fréquemment le reste de l'été. Il rallie aussi Merdø (adulte/enfant 25/15 NOK) plusieurs fois par jour en juillet.

Les bus Nor-Way Bussekspress entre Kristiansand (115 NOK, 1 heure 30, jusqu'à 9/jour) et Oslo (à partir de 225 NOK, 4 heures) font halte à la Rutebilstasjon d'Arendal, à un pâté de maisons à l'ouest de Pollen. Les bus Timekspressen locaux desservent Grimstad (42 NOK, 30 min, toutes les heures) et Risør (83 NOK, 1 heure 15).

Comment circuler

Sykkelsport (☎ 37 02 39 60 ; angle Nygaten gate et Vestre gate) loue des vélos pour 100-50 NOK/jour – un excellent moyen d'explorer les îles et de rejoindre les plages de Hisøy et de Tromøy.

ENVIRONS D'ARENDAL

L'île de **Merdø** (260 ha), proche d'Arendal, est habitée depuis le XVIe siècle. L'une de ses particularités est d'avoir conservé des variétés de légumes rapportées par les premiers navigateurs. Le **musée Merdøgård** (☎ 37 07 35 00 ; adulte/enfant 25/10 NOK ; 🕑 12h-16h30 mi-juin à mi-août) occupe l'ancienne résidence d'un capitaine construite en 1736, ornée de meubles d'époque.

Les plages les plus fréquentées se situent à Tromøy, Spornes, Hisøy et Hove. Pour rejoindre Spornes, prenez le bus indiqué Tromøy Vest/Øst, puis marchez pendant 15 minutes. Vous pourrez également transporter un vélo sur le **ferry M/S Skilsøy** (☎ 37 00 55 44), qui effectue fréquemment la traversée entre Arendal et la côte ouest de Tromøy (17 NOK, 10 min).

Les deux grands phares qui se dressent sur les îlots de **Store** et de **Lille Torungene** guident les navires vers Arendal depuis 1844. Ils sont visibles des côtes de Hisøy et de Tromøy.

LE SUD

GRIMSTAD

19 536 habitants

Les rues piétonnes en retrait du front de mer constituent les endroits les plus séduisants de Grimstad et comptent parmi les plus charmantes de la côte du Skagerrak. La ville possède d'autres atouts : elle fut le lieu de résidence du dramaturge Henrik Ibsen et possède un musée intéressant ; elle bénéficie de l'ensoleillement maximal du pays, avec une moyenne de 266 heures de soleil par mois en juin et juillet ; son importante population estudiantine lui apporte enfin une ambiance joyeuse et animée.

Histoire

La tranquillité, le charme et l'atmosphère détendue ne reflètent pas l'importance passée de la ville, quand elle était, entre 1865 et 1885, l'un des plus grands centres de construction navale du monde. Les forêts de chênes qui poussaient sur les collines environnantes furent abattues et transformées en planches pour alimenter cette industrie en plein essor. À une époque, Grimstad comptait 40 chantiers navals qui pouvaient fabriquer 90 navires simultanément.

Durant la même période, la pénurie de terres poussa des paysans locaux à se tourner vers la pêche et nombre de fermes se doublèrent d'un atelier de construction navale. En 1875, Grimstad possédait une flotte de 193 bateaux.

Renseignements

Bibliothèque (☎ 37 29 67 90 ; Storgata 44 ; ⌚ 10h-17h lun-ven, 11h-14h sam). Accès gratuit à Internet pour une durée limitée.

Office du tourisme (☎ 37 25 01 68 ; www.grimstad.net ; Sorenskrivergården, Storgata 1A ; ⌚ 9h-17h lun-ven, 10h-16h sam juin et août, 9h-17h lun-ven, 10h-16h sam-dim juil, 8h30-16h lun-ven sept-mai)

Port de plaisance (Gjestehavn ; ☎ 37 04 05 93 ; www.grimstadgjestehavn.no). Toilettes publiques, douches et laverie (accessibles à tous).

À voir

MUSÉE IBSENHUSET

Henrik Ibsen (voir p. 50), le plus célèbre poète et auteur dramatique norvégien, s'installa à Grimstad en janvier 1844. La maison où il travailla comme préparateur en pharmacie, vécut et commença à écrire est devenue le **musée Ibsenhuset** (Grimstad Bys Museer ; ☎ 37 04 04 90 ; www.gbm.no en norvégien ; Henrik Ibsens gate 14 ; billet combiné avec le musée de la Marine de Grimstad adulte/enfant/étudiant et senior 50/20/35 NOK ; ⌚ 11h-17h mi-mai à août). Il contient une pharmacie reconstituée et de nombreux objets ayant appartenu à l'écrivain. Il compte parmi les plus intéressants du sud de la Norvège : vous apprendrez ici tout ce que vous souhaitez savoir sur la vie et l'œuvre d'Ibsen. Sur place, une librairie vend ses œuvres complètes. Son poème *Terje Vigen* (1861) et sa pièce *Les Soutiens de la société* (1877) évoquent les *skerries* au large de Grimstad.

Les jeunes gardiens du musée, présents dans la librairie ou à la billetterie, de l'autre côté de la rue, organisent des **circuits** (☎ 37 04 04 90 ; avec/sans l'entrée au musée 75/50 NOK) vers les autres lieux de la ville reliés à Ibsen, ainsi qu'aux sites associés à un autre grand auteur norvégien, Knut Hamsun (p. 49), qui vécut dans la ville voisine de Norholm de 1918 à 1952.

MUSÉE DE LA MARINE DE GRIMSTAD

Cet important **musée** (Sjøfartsmuseet ; ☎ 37 04 04 90 ; Hasseldalen ; billet combiné avec le musée Ibsenhuset adulte/enfant/étudiant et senior 50/20/35 NOK ; ⌚ 11h-17h lun-sam, 13h-17h dim mai à mi-sept), dans les bureaux du chantier naval Hasseldalen de 1842, offre un aperçu de l'histoire de Grimstad durant l'"époque des voiles blanches". De là, grimpez le court sentier au bout de Batteriveien jusqu'au sommet de la colline Binabben pour la vue sur Grimstad. Visitez d'abord le musée Ibsenhuset pour profiter du billet combiné.

AGDER TEATER

Une troupe originaire de Kristiansand, l'**Agder Teater** (☎ 38 07 70 50 ; www.agderteater.no en norvégien ;

billets 300 NOK), offre une expérience culturelle insolite. En été, elle se produit jusqu'à 6 soirs par semaine dans une ancienne carrière, à 4 km au nord de Grimstad. Durant la Seconde Guerre mondiale, des blocs de granit rouge furent extraits de cette carrière afin d'édifier un "monument de la Victoire" pour Hitler, un projet qui resta heureusement dans les cartons ! L'office du tourisme possède le programme des prochains spectacles.

Où se loger

Le **site Internet** (www.grimstad.net) de l'office du tourisme recense au moins six campings dans les environs. **Grimstad Hytteutleie** (☎ 37 25 10 65 ; www.grimstad-hytteutleie.no ; Grooseveien 103) loue des bungalows dans la région pour une nuit (à partir de 375 NOK) ou plus.

Bie Appartement & Feriesenter (☎ 37 04 03 96 ; www.bieapart.no ; près d'Arendalsveien ; empl tente 200 NOK, bung 500-1 200 NOK ; ♿). Accueillant et bien équipé, le camping le plus proche se situe à 800 m au nord-est du centre-ville, dans Arendalsveien.

Grimstad Vertshus & Kro (☎ 37 04 25 00 ; www.grimstad-vertshus.no en norvégien ; Grimstadtunet ; s/d à partir de 595/750 NOK). Sympathique et douillet, cet établissement offre des chambres sans prétention, d'un rapport qualité/prix correct. La rareté des hébergements de catégorie moyenne fait oublier l'éloignement du centre.

Norlandia Sørlandet Hotel (☎ 37 09 05 00 ; www.norlandia.no/sorlandet ; Televeien 21 ; s/d à partir de 790/990 NOK ; 💻). Dans un endroit paisible et boisé, à 3 km à l'ouest du port, cet hôtel moderne possède de belles chambres ; dans les étages supérieurs, quelques-unes bénéficient de la vue sur l'océan.

Grimstad Hotell (☎ 37 25 25 25 ; www.grimstadhotell.no ; Kirkegata 3 ; s/d 775/1 250 NOK mi-juin à mi-août, 1 295/1 545 NOK lun-jeu, 850/1 100 NOK ven-dim le reste de l'année ; 💻). Chic et confortable, le Grimstad, le seul hôtel du centre-ville, ne manque pas de charme. Il se compose de maisons en bois restaurées, si tranquilles que l'on s'imagine être le seul client avant de découvrir qu'il ne reste pas une table libre au petit déjeuner !

Où se restaurer et prendre un verre

Apotekergården (☎ 37 04 50 25 ; Skolegata 3 ; plats à partir de 215 NOK ; 🕒 12h-24h). Chaudement recommandé et très fréquenté, cet excellent restaurant gastronomique comprend une agréable terrasse. Il peut être difficile de trouver une table en été.

Haven Brasserie (☎ 37 04 90 22 ; Storgata 4 ; pâtes, pizzas et entrées 82-198 NOK, plats 168-295 NOK ; 🕒 12h-24h lun-sam, 13h-24h dim). L'un des rares établissements dotés de tables au bord de l'eau, cet endroit séduisant sert des plats à l'italienne, ainsi que des poissons et fruits de mer – gambas, lotte, saumon grillé, etc.

Platebaren (☎ 37 04 21 88 ; Storgata 15 ; sandwichs 27-35 NOK, salades 49 NOK ; 🕒 9h-17h lun-ven, 9h-16h sam juin-août, horaires réduits le reste de l'année). Très agréable, ce café installe des tables en terrasse en été et propose de copieux en-cas (sandwichs, œufs au bacon, etc.). Les milk-shakes sont délicieux (30 NOK) et le café frappé à la crème glacée est un régal (35 NOK).

Bryggerhuset (☎ 37 09 18 60 ; Storgata 32 ; plat du jour déj 60 NOK ; 🕒 10h-17h juin-août, horaires réduits le reste de l'année). Ce sympathique petit café-boutique d'artisanat cuit lui-même son pain, offre un café succulent ainsi que des crêpes et des gaufres maison.

Viet Thai (☎ 37 04 15 80 ; Storgata 36 ; entrées à partir de 35 NOK, plats 75-120 NOK ; 🕒 11h-23h). Si vous avez envie d'une cuisine plus internationale, essayez ce restaurant bon marché, très fréquenté, qui sert de généreuses portions et des plats du jour à petits prix au déjeuner.

Café Ibsen (Henrik Ibsens gate 12 ; 🕒 10h-16h lun-sam). En face du musée Ibsenhuset, ce café est réputé pour ses pâtisseries.

Café Galleri (☎ 37 32 06 30 ; Storgata 28 ; 🕒 17h-3h dim-jeu, 15h-3h ven-sam). Centre de la vie nocturne de Grimstad, avec des DJ, des concerts et une foule surgie on ne sait d'où presque tous les soirs.

Comment s'y rendre et circuler

La **Rutebilstasjon** (☎ 37 04 05 18) de Grimstad se trouve dans Storgata, sur le port. Les bus Nor-Way Bussekspress entre Oslo (300 NOK, 5 heures) et Kristiansand (85 NOK, 1 heure) font halte à Grimstad 3-5 fois/jour. Les bus Nettbuss depuis/vers Arendal circulent 1-2 fois/heure (45 NOK, 30 min).

L'office du tourisme loue des vélos pour 30/100 NOK par heure/jour ; le tarif quotidien descend à 80 NOK pour plusieurs jours. Un siège enfant revient à 20 NOK et les plaisanciers avec un bateau amarré au Gjestehavn ne paient que 25 NOK/jour.

LILLESAND

9 109 habitants

Lillesand, entre Kristiansand et Arendal, possède un charmant quartier central de vieilles maisons chaulées. L'**office du tourisme** (☎ 37 40 19 10 ; Rådhuset ; 9h-18h lun-ven, 10h-16h sam, 12h-16h dim mi-juin à mi-août) ouvre en été dans l'hôtel de ville. Pour les excursions en bateau dans les îles pendant l'été, contactez **Brekkesto** (☎ 37 27 14 33 ; www.brekkesto.com).

Où se loger et se restaurer

Tingsaker Camping (☎ 37 27 04 21, fax 37 27 01 47 ; empl tente et caravane avec voiture 150 NOK, bung 750-950 NOK). Sur la côte, à 1 km à l'est du centre, ce camping bondé, aux bungalows surévalués, n'a rien d'extraordinaire, mais reste l'hébergement le moins cher de Lillesand.

Lillesand Hotel Norge (☎ 37 27 01 44 ; www.hotelnorge.no ; Strandgata 3 ; s 990-1 090 NOK, d 1 390-1 590 NOK ; restaurant entrées 95-115 NOK, plats 165-255 NOK ;). Cet hôtel de charme a été rénové avec soin pour retrouver sa splendeur de 1837 et comporte de nombreux éléments d'époque, surtout dans les espaces communs. Des chambres sont dédiées au roi Alphonse XIII d'Espagne et à l'auteur Knut Hamsun, qui tous deux séjournèrent ici. L'hôtel comprend une librairie de livres anciens et un bon restaurant.

Depuis/vers Lillesand

En été, le bateau au départ de Kristiansand (voir p. 146) constitue le moyen le plus agréable de rejoindre Lillesand. Un Nettbuss dessert également toutes les heures Kristiansand (55 NOK), Grimstad (45 NOK) et Arendal (70 NOK).

KRISTIANSAND

77 840 habitants

Kristiansand, la cinquième plus grande ville du pays, s'autoproclame "station balnéaire n°1 de Norvège". Cependant, si les Norvégiens avides de soleil affluent en été, les autres touristes ne font que passer avant de continuer vers les jolis villages de la côte sud et la région du Setesdal (p. 161), dans l'arrière-pays. Cette affirmation reflète la renaissance d'une localité, décriée jusque dans les années 1990 pour sa pollution. Kristiansand possède un joli port, une vieille ville séduisante, quelques bons musées et un exceptionnel parc de loisirs pour les enfants.

Orientation

Le *kvadraturen* central de Kristiansand, le centre-ville en damier (six longs pâtés de maisons sur neuf plus petits), fut conçu par le roi Christian IV, qui fonda la cité en 1641. Son plan permet de se repérer très facilement. Les gares ferroviaire et routière et les terminaux des ferries se regroupent à l'ouest du centre. Restaurants et boutiques bordent Markens gate, une rue piétonne, tandis que le marché au poisson se situe à la pointe sud du centre-ville.

Renseignements

Vous pourrez changer de l'argent à la **poste** (angle Rådhus gate et Markens gate) et dans toutes les grandes banques ; **Nordea** (Markens gate 16) fait partie de celles installées dans Markens gate.

Bibliothèque de Kristiansand (☎ 38 12 49 10 ; Rådhus gate 11 ; 10h-19h lun-jeu, 10h-17h ven, horaires restreints mi-juin à août). Accès gratuit à Internet pour une durée limitée.

Gjestehavn (port de plaisance ; ☎ 38 02 07 15 ; lessive ou séchage 40 NOK). Possède une laverie.

International Internet Café (angle Gyldenløves gate et Vestre Strandgate ; 30 NOK/heure ; 12h-22h lun-sam, 14h-22h dim). Accès à Internet et à Skype.

Kristiansand og Oppland Turistforening (☎ 38 02 52 63 ; www.kot.no en norvégien ; Kirkegata 15 ; 9h-15h30 lun-mer et ven, 9h-17h jeu). Cartes et renseignements sur la randonnée, les refuges et les circuits organisés en montagne dans le sud de la Norvège.

Office du tourisme (☎ 38 12 13 14 ; www.sorlandet.com ; Vestre Strandgate 32 ; 8h30-18h lun-ven, 10h-18h sam, 12h-18h dim mi-juin à mi-août, 8h30-15h30 lun-ven le reste de l'année)

À voir

FORTERESSE CHRISTIANSHOLM

Site le plus remarquable le long de la Strandepromenaden, la **forteresse Christiansholm** (Kristiansand Festning ; ☎ 38 07 51 50 ; entrée libre ; jardin 9h-21h mi-mai à mi-sept) fut construite sur décret royal entre 1662 et 1672 pour surveiller le détroit stratégique de Skagerrak et protéger la cité des pirates et des Suédois. Ses remparts atteignent 5 m d'épaisseur et un mur intérieur concentrique dissimule une armurerie. Pour réaliser ces travaux, 1 550 citoyens furent soumis à l'impôt et au travail forcé. La citadelle était reliée au continent par un pont qui enjambait une douve, assez profonde pour les grands navires et comblée au XIXe siècle. La forteresse remplit parfaitement son rôle et ne fut jamais prise par l'ennemi. Huit canons de bronze, fondus entre 1666 et 1788, menacent toujours les *skerries*. Des visites guidées gratuites ont lieu le dimanche de mi-juin à mi-août.

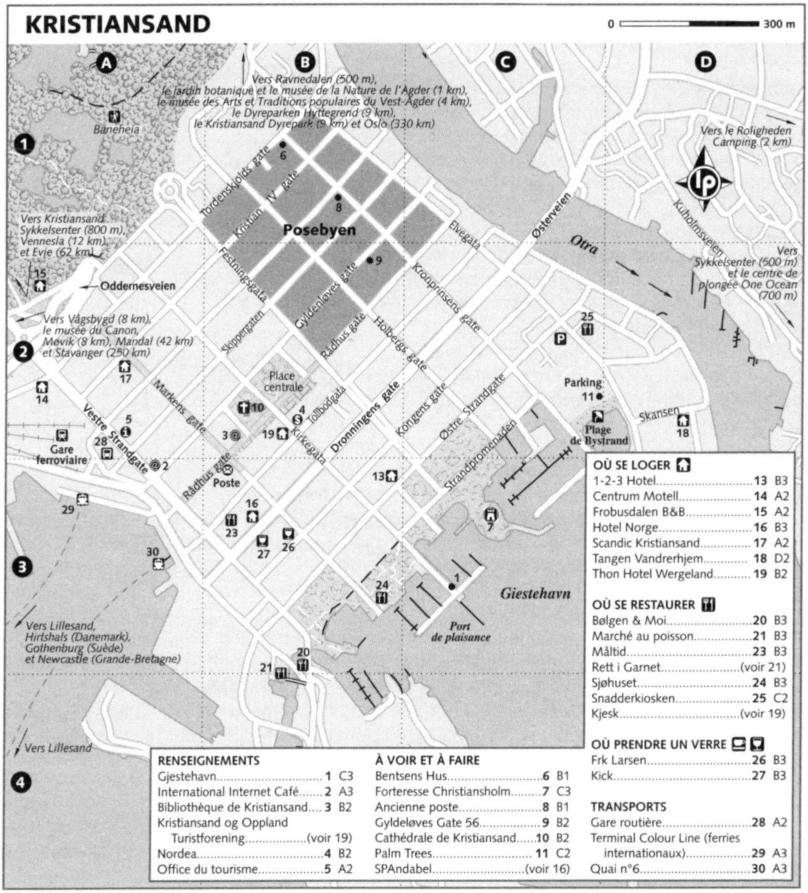

LE SUD

CATHÉDRALE DE KRISTIANSAND

Édifiée en 1884 dans le style néogothique, la **cathédrale de Kristiansand** (Domkirke ; ☎ 38 10 77 50 ; Kirkegata ; entrée libre, clocher 20 NOK ; 10h-16h lun-ven, 10h-14h sam mi-juin à mi-août), la troisième plus grande église du pays, peut accueillir 1 800 personnes. En été, des visites guidées (adulte/enfant 20/10 NOK) de la cathédrale et du clocher sont proposées à 11h et 14h du lundi au samedi, et des récitals d'orgue sont donnés à 13h du mardi au samedi.

JARDIN BOTANIQUE ET MUSÉE DE LA NATURE DE L'AGDER

Dans le **domaine Gimle** (☎ 38 09 23 88 ; Gimleveien 23 ; adulte/enfant 50/15 NOK ; 11h-17h mi-juin à mi-août, 10h-15h mar-ven, 12h-16h sam le reste de l'année), des sentiers sillonnent le parc de 50 ha et mènent à un jardin botanique, qui contient des rocs et des animaux naturalisés. La demeure, au décor intérieur du XIXe siècle, possède une extraordinaire colonnade en façade. Une roseraie date de 1850. Le domaine se situe à 1 km du centre, de l'autre côté du pont Oddernes.

POSEBYEN

La Posebyen (Vieille Ville) de Kristiansand occupe la quasi-totalité des 14 pâtés de maisons dans la partie nord du *kvadraturen*. Prenez le temps de flâner dans ce joli quartier, qui doit son nom aux soldats français qui venaient s'y reposer. Le musée des Arts et Traditions populaires du Vest-Agder présente une maquette de la cité (avec des bâtiments hauts de 1 m environ), telle qu'elle était à l'époque de Christian IV. Le guide *Kristiansand*, publié chaque année par l'office du tourisme, comporte un chapitre consacré à l'exploration de ce quartier. Parmi les bâtiments les mieux conservés figurent la **Bentsens Hus** (Kronprinsengs gate 59), de 1855, l'**ancienne poste** (Kronprinsengs gate 45), de 1695, et **Gyldenløves gate 56**, de 1802.

LE SUD

KRISTIANSAND DYREPARK

L'ancien **zoo de Kristiansand** (☎ 38 04 97 00 ; www.dyreparken.com ; entrée tout compris adulte 110-290 NOK, enfant 90-230 NOK, selon la saison ; 🕑 10h-19h mi-juin à août, horaires réduits le reste de l'année), près de l'E 18 à 10 km à l'est de Kristiansand, s'est progressivement étendu jusqu'à devenir la destination préférée des petits Norvégiens. Des hébergements permettent de passer la nuit dans le parc (voir p. 145).

La partie fête foraine comprend des manèges, des croisières sur un bateau de pirates, le trésor du capitaine Crochet, des maisons hantées, etc. Le zoo abrite une surprenante variété d'espèces, dont le singe-lion, en voie d'extinction, et des lions d'Afrique dans un nouvel enclos. N'oubliez pas votre maillot de bain pour profiter du parc aquatique.

Les sections les plus intéressantes sont la **Nature nordique** (Nordisk Vilmark), où les visiteurs empruntent des passerelles surélevées pour découvrir l'habitat des élans, des loups, des lynx et des gloutons, et la **ville de la Cardamome** (**Kardamomme by**), un village imaginaire qui reproduit exactement les illustrations du livre de contes de Thorbjørn Egner. La cardamome est un ingrédient indispensable des gaufres scandinaves.

Le bus M1 (adulte/enfant 25/13 NOK, 25 min) part de la gare routière toutes les 15 min du lundi au vendredi de mi-juin à mi-août, moins souvent le week-end et le reste de l'année.

MUSÉE DES ARTS ET TRADITIONS POPULAIRES DU VEST-AGDER

À 4 km à l'est de la ville sur l'E 18, le **musée des Arts et Traditions populaires du Vest-Agder** (Vest-Agder Fylkesmuseum ; ☎ 38 10 26 80 ; www.vestagdermuseet.no en norvégien ; Vigeveien 22B ; adulte/enfant 40/15 NOK ; 🕑 10h-18h mar-ven, 12h-18h sam-lun mi-juin à mi-août, 12h-17h dim mai à mi-juin et mi-août à oct) présente en plein air 40 fermes et hameaux de la région du Setesdal et de Kristiansand. Il expose également des costumes traditionnels, de l'artisanat, des jouets et une maquette de la vieille ville de Kristiansand. Des spectacles de danse folklorique ont lieu certains mercredis à 17h en été.

> **NORVÈGE TROPICALE ?**
>
> Kristiansand se proclame station balnéaire, une prétention que soutient la présence des seuls palmiers du pays (selon les habitants), dont cinq sont regroupés le long de la plage municipale (Bystrand). S'il s'agit d'arbres en pot, plutôt chétifs et sans une noix de coco à l'horizon, ce n'en sont pas moins des palmiers – une vue surprenante en Norvège ! La municipalité ne prend aucun risque avec ces précieux symboles et, dès la fin de l'été, les transfère dans une serre à l'intérieur de l'hôtel de ville.

SETESDALSBANEN

L'étroite voie ferrée de 78 km entre Kristiansand et le Byglandsfjord fut ouverte en 1896 pour relier le Setesdal à la côte. Elle servait à transporter le nickel des mines d'Evje, le bois et les douves des tonneaux utilisés pour saler et exporter le hareng. Bien que la généralisation des voies ferrées à écartement standard ait entraîné sa fermeture en 1962, la **ligne ferroviaire Setesdalsbanen** (☎ 38 15 64 82 ; www.setesdalsbanen.no ; aller-retour adulte/enfant 100/50 NOK ; 🕑 départs 11h30, 13h15 et 15h10 dim mi-juin à août, 18h05 jeu-ven juil) fait toujours circuler des locomotives à vapeur ou diesel sur les six derniers kilomètres entre Grovane (à 2 km au nord de Vennesla) et Beiholdalen. Le trajet dure 25 min dans chaque sens. Des trains NSB relient jusqu'à 4 fois/jour Kristiansand et Vennesla (31 NOK, 12 min). Le bus n°30 effectue le même parcours (35 NOK).

KRISTIANSAND KANONMUSEUM

Le **musée du Canon de Kristiansand** (☎ 38 08 50 90 ; www.kanonmuseet.no ; Møvik ; adulte/enfant 60/30 NOK ; 🕑 11h-18h mi-juin à mi-août, horaires réduits le reste de l'année), à 8 km au sud de la ville, conserve la batterie lourde Vara qui, avec la base de Hanstholm au Danemark, permettait aux Allemands de contrôler le détroit de Skagerrak pendant la Seconde Guerre mondiale. À chaque extrémité, quatre canons de 38 cm et pesant 337 tonnes (parmi les plus lourds du monde), d'une portée de 55 km, surveillaient le trafic maritime à chaque bout du détroit, le centre étant lourdement miné. Les visiteurs découvrent les canons, des bun-kers, des baraquements et un arsenal (avec des obus de 800 kg).

PARCS BANEHEIA ET RAVNEDALEN

Au nord du centre-ville, Baneheia et Ravnedalen sont des parcs verdoyants, avec des **chemins de randonnée** en bord de lac et des **pistes de ski**. Parfaits pour s'évader de la ville, ils furent créés entre 1870 et 1880 par le général Oscar Wergeland, alors maire de la ville. Pendant trois décennies, Wegeland supervisa la plantation de 150 000 conifères et transforma le quartier en une ceinture de verdure.

À faire

Le **centre de plongée One Ocean** (☎ 91 62 85 25 ; www.oneocean.no ; Strandåsen 22 ; 1/2 plongées 350/700 NOK, avec équipement 700/850 NOK), à 8 km à l'est du centre-ville, propose des plongées sur des épaves sous-marines, dont celles d'un avion et d'un dragueur de mines.

Ouvert en 2007 dans l'Hotel Norge (ci-contre), le luxueux **SPAndabel** (☎ 38 17 41 74 ; www.spandabel.no en norvégien ; Tollbodgata 6 ; 🕓 10h-18h lun, mar et sam, 10h-20h mer-ven) offre un éventail de soins de 495 à 1 250 NOK.

Où se loger

Les prix tendent à être fortement surévalués et il peut être difficile de trouver une chambre en été, surtout en juillet. De plus, certains hôtels demandent de libérer les chambres à 10h.

Roligheden Camping (☎ 38 09 67 22 ; www.roligheden.no en norvégien ; Framnesveien ; empl tente 130 NOK plus 30 NOK/pers, bung 4 pers à partir de 750 NOK ; 🕓 juin-août). Ce camping bien tenu est installé près d'une plage prisée, à 3 km à l'est du centre-ville. Prenez le bus n°15 dans le centre.

Tangen Vandrerhjem (☎ 38 02 83 10 ; www.kristiansand-vandrerhjem.no ; Skansen 8 ; dort avec petit déj 230 NOK, s 350-495 NOK, d 450-550 NOK ; 🕓 jan-nov ; Ⓟ 💻). L'immense auberge de jeunesse HI de Kristiansand occupe un entrepôt banal, à 10 min de marche au nord-est de la forteresse. Elle propose des chambres simples et propres et un accueil sympathique.

Centrum Motell (☎ 38 70 15 65 ; www.motell.no ; Vestre Strandgate 49 ; s 420-520 NOK, d 520-695 NOK ; 💻). Normalement, nous ne recommanderions pas un hôtel installé sur un parking, entre un échangeur routier et la gare ferroviaire, mais les prix pratiqués à Kristiansand en font un bon choix pour les petits budgets. Il loue des chambres sans prétention, avec lits superposés et accès Wi-Fi gratuit.

Frobusdalen B&B (☎ 91 12 99 06 ; www.gjestehus.no ; Frobusdalen 2 ; s/d 500/700 NOK). Dans une vieille maison en bois à 10 min de marche au nord-ouest du centre, ce petit B&B rustique, douillet et accueillant est l'une des adresses les plus charmantes de la ville.

1-2-3 Hotel (☎ 38 70 15 66 ; www.123-hotel.no ; Østre Strandgate 25 ; s/d 695/895 NOK mi-juin à mi-août, 530/695 NOK le reste de l'année ; 💻). Un hôtel en self-service avec enregistrement électronique, petit déjeuner indigent et départ à 10h : totalement impersonnel, mais intéressant pour les prix des chambres claires, spacieuses et confortables. Vous ne verrez quelqu'un que pour payer la note !

Thon Hotel Wergeland (☎ 38 17 20 40 ; www.thonhotels.no ; Kirkegata 15 ; s 1 095-1 295 NOK, d 1 295-1 495 NOK ; Ⓟ 💻). Central, ce bel hôtel moderne jouxte la cathédrale. Ses chambres haut de gamme, avec parquet, ont plus de caractère que celles des autres établissements de la chaîne.

Hotel Norge (☎ 38 17 40 00 ; www.hotel-norge.no ; Dronningens gate 5 ; s/d 1 295/1 495 NOK mi-juin à mi-août, 725/925 NOK ven-dim, 1 375/1 575 NOK lun-jeu le reste de l'année ; Ⓟ 💻). Autre hôtel de chaîne, celui-ci fait des efforts louables pour se distinguer. Outre des matelas extrêmement confortables, il comprend un solarium sur le toit, une boulangerie et un spa (p. 145).

Scandic Kristiansand (☎ 21 61 42 00 ; www.scandic-hotels.com ; Markens gate 39 ; s 880-1 485 NOK, d 1 080-1 685 NOK ; Ⓟ 💻). L'élégance des chambres et des parties communes, le confort sans faille et le souci scrupuleux de l'environnement en font une adresse exceptionnelle.

Dyreparken Hyttegrend (☎ 38 04 98 00 ; booking@dyreparken.no ; maisonnettes 630-2 480 NOK). Les maisonnettes équipées du Dyrepark (voir p. 144) comptent parmi les hébergements les plus insolites du pays. Elles reproduisent des illustrations de contes et peuvent accueillir de 5 à 8 personnes. Merveilleuses pour les enfants, elles sont souvent toutes réservées en été. L'accès au parc est compris dans la location.

Où se restaurer

Snadderkiosken (☎ 38 02 90 29 ; Østre Strandgate 78a ; plats 18-88 NOK ; 🕓 8h30-11h30 lun-ven, 11h30-23h30 sam-dim). Nous ne recommandons pas habituellement les kiosques de fast-food omniprésents en Norvège, mais celui-ci se distingue

LE SUD

particulièrement. Proche de la plage municipale, il propose une longue carte d'un excellent rapport qualité/prix, avec des plats tels que boulettes de viande-purée, ou poulet grillé-riz-salade.

En été, les restaurants les plus plaisants sont installés sur le port, près du **marché au poisson** (☎ 38 12 24 50 ; 7h-16h lun-ven, 7h-14h30 sam), idéal pour trouver des produits de la mer frais à prix raisonnables. Deux restaurants sont particulièrement recommandés :

Bølgen & Moi (☎ 38 17 83 00 ; Sjølystveien 1A ; repas légers 55-169 NOK, entrées 75-145 NOK, plats 220-279 NOK ; 15h-24h lun-sam). Le meilleur restaurant du port prépare une succulente soupe de poisson et de coquillages (145 NOK), de délicieux plats de poissons et de fruits de mer, et des menus à partir de 385 NOK. En été, la terrasse ne désemplit pas ; elle est également agréable pour un verre après la fermeture de la cuisine.

Rett i Garnet (☎ 38 12 24 03 ; Fiskebrygga ; déj plats et en-cas 59-139 NOK, plats 129-239 NOK ; 11h-tard lun-sam, 12h-tard dim). Moins élégant que le Bølgen & Moi, ce restaurant, proche de l'entrée du marché, sert également de savoureux poissons – truite, maquereau, saumon et lotte –, et un fabuleux plateau de fruits de mer à 265 NOK/personne (minimum 2 personnes).

Sjøhuset (☎ 38 02 62 60 ; Markens gate ; repas légers et en-cas 75-169 NOK, entrées 85-115 NOK, plats 179-269 NOK ; 11h-23h). Sur le front de mer près du port de plaisance, ce restaurant de qualité, établi de longue date, est une excellente adresse pour les amateurs de fruits de mer.

Måltid (☎ 47 83 30 00 ; Tollbodgata 2B ; déj plats 69 NOK, tapas 30 NOK ; 11h-18h lun-jeu, 11h-23h ven-sam). À la fois traiteur, restaurant et bar à vin, cet endroit sophistiqué sort de l'ordinaire. Les tapas ont été revisitées à la norvégienne et les serveurs vous aideront volontiers à faire votre choix. La salade de pâtes et les sandwichs sont parfaits pour un déjeuner léger.

Kjesk (☎ 38 10 86 10 ; Kirkegata 15 ; repas légers 45-145 NOK ; déj et dîner lun-sam). Également conseillé, ce café détendu mitonne une cuisine savoureuse.

Où sortir et prendre un verre

Outre les établissements proches du marché au poisson, dont les terrasses sont envahies les soirs d'été, deux autres adresses sont plaisantes pour un verre.

Frk Larsen (Markens gate 5 ; 11h-24h lun-mer, 11h-3h jeu-sam, 12h-24h dim). Notre bar préféré à Kristiansand, cet endroit branché, au décor rétro-chic, offre une ambiance paisible pendant la journée et des nuits animées le week-end. Le bar à cocktails ouvre à 20h.

Kick (☎ 38 02 62 44 ; Dronningens gate 8 ; 15h-tard). Ce café en plein air se transforme en discothèque avec DJ à la nuit tombée. Très apprécié d'une clientèle jeune, il programme parfois de la musique live le week-end.

Depuis/vers Kristiansand

BATEAU

Pour des informations sur les ferries vers le Danemark, la Suède et le Royaume-Uni, reportez-vous p. 410.

BUS

Destinations desservies à partir de Kristiansand :

Destination	Fréquence	Prix	Durée
Arendal	jusqu'à 9/jour	115 NOK	1 heure 30
Bergen (via Haukeligrend)	1/jour	450 NOK	12 heures
Evje	7-8/jour	100 NOK	1 heure
Flekkefjord	2-4/jour	220 NOK	2 heures
Oslo	jusqu'à 9/jour	199-300 NOK	5 heures 30
Stavanger	2-4/jour	355 NOK	4 heures 30

TRAIN

Chaque jour, jusqu'à 4 trains rallient Oslo (580 NOK, 4 heures 30) et jusqu'à 5 se rendent à Stavanger (390 NOK, 3 heures 15).

VOITURE ET MOTO

En voiture ou moto, empruntez Vestre Strandgate pour rejoindre l'E 18, au nord du centre-ville. En arrivant, vous vous retrouverez sans doute dans Festningsgata. Pour se garer en ville, le **parking** (angle Østre Strandgate et Elvegata ; 50 NOK/24h) en plein air, à l'est du centre, est le moins cher.

Comment circuler

Contrairement à de nombreuses villes norvégiennes, Kristiansand est plate et le centre-ville se parcourt facilement à pied. Vous pourrez louer un vélo auprès de **Sykkelsenter** (☎ 38 02 68 35 ; Grim Torv 3 ; 150/500 NOK par jour/semaine).

ENVIRONS DE KRISTIANSAND

Skerries

En été, l'archipel des *skerries* au large de Kristiansand est l'une des destinations les plus prisées des vacanciers norvégiens. Proche du continent, **Bragdøy**, l'île la plus fréquentée, possède un atelier de restauration des bateaux en bois et offre d'agréables promenades et lieux de baignade. Au loin, vous verrez le **Grønningen Fyr**, un phare classique.

Des ferries desservent l'île (17 NOK) à partir de Vågsbygd, à 8 km au sud de Kristiansand, 3 fois/jour du lundi au vendredi, 4 fois le samedi, et 6 fois le dimanche.

Le **M/S Øya** (☎ 95 93 58 55 ; www.lillesand.net) effectue la traversée depuis/vers Lillesand (aller adulte/enfant 215/110 NOK, aller-retour 360/180 NOK, 3 heures) une fois/jour sauf le dimanche de fin juin à début août. Le point de départ était incertain lors de nos recherches (au sud du marché au poisson ou du quai n°6) ; renseignez-vous à l'office du tourisme.

MANDAL

14 200 habitants

Ville la plus méridionale du pays, Mandal est réputée pour sa plage longue de 800 m, Sjøsanden. À 1 km du centre et adossée à la forêt, il ne manque à cette belle étendue de sable qu'un climat plus clément !

L'**office du tourisme** (☎ 38 27 83 00 ; www.regionmandal.com ; Bryggegaten 10 ; 9h-19h lun-ven, 10h-16h sam-dim juin-août, 9h-16h lun-ven sept-mai) est installé sur le front de mer.

À voir

Moyennement intéressant, le **Bymuseum** (☎ 38 27 30 00 ; Store Elvegata 5/6 ; adulte/enfant 20 NOK/gratuit ; 11h-17h lun-ven, 11h-14h sam, 12h-16h dim fin juin à mi-août) présente des objets se rapportant à l'histoire maritime et à la pêche, ainsi que des œuvres d'artistes locaux. Il mérite néanmoins la visite pour son impressionnante collection de sculptures d'un célèbre enfant de Mandal, Gustav Vigeland (voir l'encadré, p. 103).

La **Vigeland Hus** (☎ 38 27 83 00 ; adulte/enfant 30 NOK/gratuit ; 12h-16h mar-dim mi-juin à mi-août), la maison familiale de l'artiste, a été transformée en musée. Les pièces sont décorées dans le style de l'époque et l'atelier est devenu une galerie.

Festival

La seconde semaine d'août, la ville s'anime lors de la **fête du Coquillage** (www.skalldyrfestivalen.no), une excellente occasion de déguster poissons, coquillages et crustacés et d'assister à des concerts.

Où se loger et se restaurer

Les hébergements sont assez coûteux à Mandal.

Sjøsanden Feriesenter (☎ 38 26 14 19 ; www.sjosanden-feriesenter.no ; Sjøsandveien 1 ; empl tente sans/avec voiture 130/150 NOK, d 350-650 NOK, app équipé 2-6 pers 500-800 NOK). À quelques pas de la plage, cet endroit bien tenu se distingue des autres campings de Sjøsanden et possède même son propre tobbogan à eau.

First Hotel Solborg (☎ 38 27 21 00 ; www.firsthotels.no/solborg ; Neseveien 1 ; s/d à partir de 795/975 NOK ; restaurant plats 165-279 NOK ;). Cet hôtel rutilant, à 10 min de marche à l'ouest de la plage, comprend des chambres plaisantes, une piscine couverte, un excellent restaurant, un bar et une discothèque appelée Soldekket, ouverte le samedi.

Dr Nielsen's (☎ 38 26 61 00 ; Store Elvegate 47a ; plats à partir de 79 NOK). Si vous rêvez de salades grecques et de viandes grillées, vous apprécierez ce restaurant qui propose également des pâtes, du poulet et quelques plats de poisson. Les autres restaurants de Mandal tendent à se limiter aux produits de la mer.

Depuis/vers Mandal

La Rutebilstasjon de Mandal se situe au nord de la rivière, à une courte distance du quartier historique. Les bus Nor-Way Bussekspress qui circulent sur la côte entre Stavanger (335 NOK, 3 heures 30) et Kristiansand (88 NOK, 45 min) passent par Mandal 2-4 fois/jour.

LINDESNES

Point le plus méridional de la Norvège (latitude 57°58'95" N), Lindesnes offre l'occasion d'admirer la force de la nature entre le Skagerrak et la mer du Nord. Comme le proclament les brochures, "l'angle de vue est meilleur qu'au cap Nord" (à 2 518 km).

S'élevant au-dessus du cap, le **Lindesnes Fyr** (☎ 38 25 77 35 ; www.lindesnesfyr.no ; adulte/enfant 50 NOK/gratuit ; 11h-17h mai à mi-oct, horaires réduits le reste de l'année) est un phare classique. Dans deux des bâtiments devant lesquels on passe en grimpant vers le cap, des expositions retracent l'histoire du phare. Le centre des visiteurs, près de l'entrée du site, propose également une exposition et une vidéo sur le site. Le premier phare construit à cet endroit (et le premier de Norvège) fut allumé en 1655, à l'aide de charbon et de suif. Le phare actuel, édifié en 1915, fonctionne à l'électricité ; du large, il est visible de 19,5 miles marins. Prenez garde aux rafales de vent – une bourrasque a emporté les lunettes de soleil d'un auteur de ce guide !

Où se loger

Lindesnes Camping og Hytteutleie (☎ 38 25 88 74 ; www.lindesnescamping.no ; Lillehavn ; empl tente 135 NOK, bung 210-790 NOK). Sur la côte, à 3,5 km au nord-est du Lindesnes Fyr, ce camping doté d'excellents équipements modernes comprend un petit kiosque et une cuisine et loue des bateaux.

Lindesnes Gjestehus (☎ 38 25 97 00 ; liveueland@hotmail.com ; Spangereid ; B&B à partir de 350 NOK/pers). Cette pension simple et confortable se tient à 11 km au nord du cap.

Depuis/vers Lindesnes

De Mandal, des bus rallient le phare (58 NOK, 1 heure) via Spangereid les lundi, mercredi et vendredi.

FLEKKEFJORD

8 860 habitants

Flekkefjord est une bourgade paisible, dotée d'une jolie vieille ville ; son histoire remonte à 1660, quand elle rivalisa avec Kristiansand pour devenir le siège du pouvoir. Elle est également connue pour l'amplitude quasi nulle de ses marées (moins de 10 cm). Avec Egersund (p. 149), c'est l'une des villes les plus plaisantes de cette portion de côte.

À l'arrivée, ne manquez pas de visiter le petit **office du tourisme** (☎ 38 32 69 95 ; flekkefjord@regionlister.com ; Elvegata 9 ; 🕓 9h-17h lun-ven, 10h-15h sam mi-juin à mi-août, 9h-16h lun-ven le reste de l'année).

À voir

Avant de commencer à explorer Flekkefjord, procurez-vous à l'office du tourisme la brochure *A Tour of Flekkefjord*. Quartier le plus intéressant du point de vue architectural, le **Hollenderbyen** (Ville hollandaise) est sillonné de rues étroites bordées d'anciennes maisons en bois. Le **musée de Flekkefjord** (☎ 38 32 81 40 ; www.flekkefjordmuseum.no en norvégien ; Dr Kraftsgata 15 ; adulte/enfant 20 NOK/gratuit ; 🕓 12h-17h lun-ven, 12h-15h sam-dim juin-août) occupe une demeure de 1724, avec des intérieurs du XIXe siècle.

L'**église de Flekkefjord** (☎ 38 32 43 00 ; Kirkegaten ; entrée libre ; 🕓 11h-13h lun-sam juil), une singulière structure octogonale en rondins, fut consacrée en 1833. Elle fut dessinée par l'architecte Hans Linstow, à qui l'on doit le Palais royal d'Oslo. Ses huit côtés se retrouvent dans la forme des colonnes, du clocher et des fonts baptismaux.

En 2007, Flekkefjord a mis en place un système d'ambassadeurs de la ville, une dizaine d'habitants qui informent les touristes et leur font visiter leur maison. Espérons que ce nouveau concept se perpétuera. Adressez-vous à l'office du tourisme pour rencontrer ces ambassadeurs.

Où se loger et se restaurer

Egenes Camping (☎ 38 32 01 48 ; www.egenes.no ; empl tente sans/avec voiture 90/110 NOK plus 20 NOK/pers, empl caravane 120 NOK, bung 400-900 NOK). Superbement situé au bord du lac Seluravatnet, à 1 km de l'E 39 et à 5 km à l'est de Flekkefjord, ce camping loue des bateaux et des canoës,

LES VIKINGS

Du VIIIe au XIe siècle, la côte norvégienne fut le domaine des Vikings. Pourtant, même alors, le cap de Lindesnes, où se heurtent les eaux du Skagerrak et de la mer du Nord, restait périlleux pour ces navigateurs exceptionnels. Afin d'éviter ce passage dangereux, ils creusèrent un **canal** (www.spangereidkanalen.no en norvégien) à travers la péninsule de Lindesnes, à Spangareid (une ancienne capitainerie viking), une prouesse d'ingénierie reprise plus tard pour la construction des routes dans ce pays découpé. À l'été 2007, un canal identique a été ouvert pour reconstituer le détour viking. Près du site, l'excellent centre historique **Vikingland** (☎ 38 25 76 61 ; www.spangereidvikingland.no ; Spangareid ; adulte/enfant 70/40 NOK ; 🕓 11h-17h mi-juin à mi-août) présente des collections sur les Vikings et organise une croisière viking et des rencontres de paisibles sports vikings comme le lancer de hache.

Si les Vikings vous passionnent, un autre site vous intéressera dans les environs. À Penne, à l'ouest de Farsund et près de Borhaug, de remarquables **peintures rupestres** datent de l'époque viking et comprennent des représentations, à la fois naïves et élaborées, de drakkars. Pour plus d'informations, contactez l'**office du tourisme de Farsund** (☎ 38 39 08 39 ; farsundtourist@eunet.no, ahga@farsund.kommune.no en dehors de l'été ; 🕓 juin-août).

LE SUD

dispose d'équipements pour les sports aquatiques et possède un café d'un bon rapport qualité/prix (plats à 75 NOK environ). Les bus qui relient Flekkefjord (25 NOK, 10 min) et Kristiansand passent à 1 km.

Maritim Fjordhotell (☎ 38 32 58 00 ; www.fjordhotellene.no ; Sundegaten 9 ; s 775-1 095 NOK, d 995 -1 350 NOK). Le plus grand hôtel de Flekkefjord bénéficie d'un emplacement superbe en bord de mer. Ses chambres élégantes et son restaurant correct (plats à partir de 125 NOK) font oublier la laideur du bâtiment.

Grand Hotell (☎ 38 32 53 01 ; www.grand-hotell.no en norvégien ; Anders Beersgt 9 ; s/d 845/1 045 NOK). Doté de beaucoup de caractère, le Grand Hotell s'intègre parfaitement à la vieille ville. Les chambres, installées dans un joli bâtiment de bardeaux blancs, dégagent un charme un peu désuet.

Pizza Inn (☎ 38 32 22 22 ; Elvegata 22 ; en-cas 65-115 NOK, pizzas/pâtes à partir de 169/125 NOK, plats 129-179 NOK ; ⏲ tlj). Ce restaurant plaisant sur le port dispose d'une terrasse en été et de box douillets, parfaits en hiver. Le service est aussi bon que la cuisine. L'entrecôte avec salade (129 NOK) constitue un choix intéressant.

Fiskebrygga (☎ 38 32 04 90 ; Elvegata 9 ; ⏲ 10h-16h lun, mar et sam, 10h-18h mer et ven, 10h-19h jeu). Excellente adresse pour un repas léger, ce café-restaurant élégant, voisin de l'office du tourisme, propose du poisson et des frites (99 NOK), des travers de porc marinés (129 NOK), de délicieuses pâtisseries (39 NOK) et même des glaces. Son ambiance citadine ajoute à son attrait.

Depuis/vers Flekkefjord

Les bus Nor-Way Bussekspress entre Kristiansand (normal/express 175/220 NOK, 2 heures) et Stavanger (220 NOK, 2 heures) font halte à Flekkefjord. Des bus desservent Jøssingfjord 3 fois/jour sauf le dimanche (61 NOK, 40 min).

DE FLEKKEFJORD À EGERSUND

Si vous disposez d'un véhicule, abandonnez l'E 39 et suivez la Rv 44 le long de la côte jusqu'à Egersund – l'un des plus beaux trajets dans le sud de la Norvège. Vous passerez par des collines désolées, parsemées de rochers, avec quelques sections boisées et des lacs, avant de descendre vers **Jøssingfjord**, à 32 km à l'ouest de Flekkefjord. Là, vous découvrirez de spectaculaires falaises rocheuses et une belle cascade. Ouvertes toute l'année, deux maisons du XVIIe siècle se nichent à l'abri d'un impressionnant surplomb rocheux à **Helleren**, bravant le risque d'éboulement. Par ailleurs, ce surplomb les protège de la rigueur du climat.

À quelque 30 km au sud-est d'Egersund et à 2,5 km au sud de Hauge i Dalane, ne manquez pas **Sogndalsstrand**, un superbe et paisible village. Ses pittoresques maisons et entrepôts en bois, construits au-dessus de la rivière aux XVIIe et XVIIIe siècles, figurent sur les brochures touristiques de la région. Vous pourrez passer la nuit au **Sogndalsstrand Kultur Hotell** (☎ 51 47 72 55 ; www.sogndalstrand-kulturhotell.no ; s/d 820/1 190 NOK), un endroit charmant avec des chambres douillettes et un excellent restaurant (repas avec vin à partir de 315 NOK).

Pour plus d'informations sur les phares et les autres sites le long de cet itinéraire et de la route côtière entre Kristiansand et Haugesund, consultez le site www.nordsjovegen.no.

EGERSUND

13 594 habitants

L'une des plus jolies villes de cette portion de côte, Egersund est une localité paisible, parsemée de vieilles maisons en bois qui témoignent de sa longue histoire. Des pierres runiques trouvées à Møgedal, non loin, comptent parmi les plus anciens écrits découverts dans le sud de la Norvège.

L'**office du tourisme** (☎ 51 46 80 00 ; www.eigersund.kommune.no ; Jernbaneveien 2 ; ⏲ 10h-18h lun-ven, 10h-16h sam-dim juin-août), ouvert uniquement en été, vous renseignera sur la région.

À voir

De mi-juin à mi-août, des **promenades guidées** (20 NOK/pers ; ⏲ 13h sam) dans Egersund partent de l'office du tourisme.

MUSÉE DALANE DES ARTS ET TRADITIONS POPULAIRES

Le **musée Dalane des Arts et Traditions populaires** (☎ 51 46 14 10 ; www.museumsnett.no/dalmus ; Slettebø ; adulte/enfant 20/10 NOK ; ⏲ 11h-17h lun-sam, 13h-17h dim mi-juin à mi-août, 11h-17h dim seulement le reste de l'année) comprend deux sections. La plus intéressante regroupe huit maisons en bois anciennes à Slettebø, à 3,5 km au nord de la ville près de la Rv 42. La seconde, le **musée de la Faïencerie** (Egersund Fayance Museum ; ⏲ mêmes horaires), se tient à 1,5 km au nord-est de la ville. Il présente l'histoire et les produits de l'Egersund Fayance, une fabrique de céramique et de porcelaine qui fit vivre la région de 1847 à 1979.

BÂTIMENTS ANCIENS

Quelque 92 maisons, soit près des deux tiers de la ville d'origine, furent détruites par un incendie en 1843. Par la suite, Egersund fut reconstruite avec des rues plus larges pour empêcher la propagation de feux éventuels. La plupart des bâtiments de la vieille ville datent de cette époque. **Strandgaten**, une rue bordée de maisons en bois édifiées après 1843, mérite le détour. **Skrivergården** (Strandgaten 58) fut bâtie en 1846 pour le magistrat local Christian Feyer. Le petit parc municipal qui lui fait face était autrefois son jardin privé. **Strandgaten 43**, sans doute la plus belle, possède un miroir qui permettait aux habitants d'observer la rue. **Bilstadhuset** (Nygaten 14) a conservé ses boiseries d'origine et comprend à l'étage un atelier de fabricant de voiles. Aucune de ces maisons n'est ouverte au public. *Strolling in Egersund*, une brochure disponible à l'office du tourisme, comporte une carte et des explications.

EGERSUND KIRKE

Egersund posséderait une église depuis au moins 1292. La jolie **église d'Egersund** (Torget ; entrée libre ; 11h-16h lun-sam, 10h-15h sam, 12h30-15h dim mi-juin à mi-août) date des années 1620. L'autel, une représentation du baptême et de la crucifixion du Christ sculptée par le charpentier de Stavenger, Thomas Christophersen, et peint par l'artiste Peter Reismers, fut réalisé en 1607 et les fonts baptismaux, en 1583. Le plan en forme de croix, les balcons et les bancs somptueusement décorés valent le coup d'œil. À l'entrée, une notice en anglais explique l'histoire de l'église.

VARBERG

Varberg, la colline surmontée d'une antenne de TV, offre une belle vue sur la ville. Du centre-ville, un chemin conduit au sommet en 20 minutes.

Où se loger et se restaurer

Steinsnes Camping (51 49 41 36 ; fax 51 49 40 73 ; Tengs ; empl tente 120 NOK plus 30 NOK/pers, bung 250-500 NOK). À 3 km au nord de la ville le long d'un torrent, le Steinsnes est le camping le plus pratique. Il vend des permis de pêche. Prenez un bus en direction de Hellvik.

Hauen Camping (51 49 23 79 ; www.hauencamping.no ; empl tente 120 NOK plus 30 NOK/pers, bung 450-550 NOK). Les bungalows en pin impeccables évoquent la nature et les équipements communs sont bien tenus. Le long de la route côtière, à 7 km à l'ouest d'Egersund.

Anne's B&B (51 49 37 45 ; www.annes-bb.no ; Sjukehusveien 45 ; d 500-600 NOK ; avr-oct ;). Tenu par une famille à 2 km au nord-est de la ville, ce B&B offre un séjour chaleureux dans ses chambres sans prétention, de style traditionnel. Il s'agrémente d'une piscine. Proche de la Rv 44 et du musée des Arts et Traditions populaires.

Grand Hotell (51 49 18 11 ; www.grand-egersund.no ; Johan Feyersgate 3 ; s 605-1 190 NOK, d 805-1 150 NOK ;). Dans un charmant bâtiment du XIXe siècle, cet hôtel possède d'élégantes chambres, plus chères dans la belle aile ancienne restaurée. Les chambres d'angle, comme la n°307 dans l'aile ancienne et la n°224 dans la plus récente, sont les plus séduisantes. Un bon restaurant propose des plats du jour (59-135 NOK) au déjeuner et un buffet (195 NOK) au dîner.

Achats

Egersund Terracotta og Keramikk (51 49 15 96 ; Strandgaten 44 ; 9h-16h30 lun-mer et ven, 9h-18h jeu, 9h-14h sam). Trois générations de potiers ont façonné et vendu des céramiques dans cet atelier depuis 1946. L'enseigne produit encore d'authentiques céramiques locales, sans aucun objet kitsch pour touristes.

Depuis/vers Egersund

Des trains circulent 3 fois/jour depuis/vers Kristiansand (274 NOK, 2 heures) et 8 fois/jour depuis/vers Stavanger (133 NOK, 1 heure). **Fjord Line** (55 54 87 00 ; www.fjordline.no) propose des ferries internationaux entre Bergen et Hanstholm au Danemark via Egersund, mais on ne peut pas les emprunter pour le trajet Bergen-Egersund. Pour des informations sur les ferries internationaux, reportez-vous p. 409.

ENVIRONS D'EGERSUND

Pour des détails sur la jolie route entre Egersund et Flekkefjord, voir p. 149.

À 15 km au nord-est d'Egersund le long de la Rv 42, le **Terland Klopp**, un joli pont de pierre à 21 arches de 60 m de longueur, date de 1888. Il a été proposé pour figurer sur la liste du Patrimoine mondial de l'Unesco.

L'**Eigerøy Fyr** (Midbrødøy ; adulte/enfant 20/10 NOK ; 11h-16h dim mi-juin à mi-août), un phare majestueux de 1855, se dresse à Midbrødøy, près de la pointe sud-ouest de l'île d'Eigerøy. L'un des phares les plus puissants d'Europe, il offre une vue splendide en toute saison, surtout par mauvais temps. À la Rutebilstasjon, prenez le bus Nord Eigerøy et descendez au panneau "Eigerøy fyr" sur la Rv 502 (27 NOK, 15 min). De là, une demi-heure de marche le long de la route de Fyrvegen conduit au phare.

L'ARRIÈRE-PAYS

L'arrière-pays de la côte sud recèle des endroits splendides, tels la paisible vallée de Setesdal et le mont Gausta, près de Rjukan. Également superbe, la région de Telemark, constellée de lacs, est reliée par un canal au joli Seljord – domaine du légendaire serpent Selma.

KONGSBERG

23 644 habitants

Au premier abord, rien n'incite à faire halte à Kongsberg en filant vers des cités plus renommées. Pourtant, de nombreux sites méritent la visite, dont les intéressantes Kongsgruvene (mines d'argent royales). La ville accueille en outre l'un des meilleurs festivals de jazz du pays en juin ou en juillet. Avec des rapides qui dévalent le centre, Kongsberg est l'une des localités les plus plaisantes de la région.

Histoire

L'histoire de Kongsberg commence et se termine avec l'argent, découvert par deux enfants et un bœuf en 1623 dans la proche vallée de Numedal. Le père des enfants tenta de monnayer le trésor, mais les soldats du roi eurent vent de l'affaire et arrêtèrent la famille pour la forcer à révéler son secret. Kongsberg fut fondée un an plus tard et la ruée vers l'argent qui s'ensuivit en fit rapidement la seconde ville du pays, avec 8 000 habitants, dont 4 000 mineurs. Entre 1623 et 1957, 1 350 tonnes d'argent d'une pureté supérieure furent extraites et remplirent les coffres royaux. Kongsberg abrite toujours l'hôtel national de la Monnaie, mais la dernière mine a fermé en 1957.

Orientation et renseignements

Les rapides de la Numedalslågen séparent nettement les quartiers ancien et moderne de Kongsberg. À l'est, le nouveau quartier abrite l'office du tourisme, les gares routière et ferroviaire, les hôtels et quelques restaurants. Le musée, l'église et l'auberge de jeunesse HI se regroupent dans l'ancien quartier, à l'ouest.

L'**office du tourisme** (☎ 32 29 90 50 ; www.visitkongsberg.no ; Schwabesgt 2 ; 🕑 9h-19h lun-ven, 10h-14h sam-dim fin juin à mi-août, horaires réduits le reste de l'année) est remarquable.

À voir et à faire

KONGSBERG KIRKE

La plus grande église baroque du pays, l'**église de Konsberg** (☎ 32 73 19 02 ; Kirketorget ; adulte/étudiant, senior et enfant 30/20 NOK ; 🕑 10h-16h lun-ven, 10h-13h sam, 14h-16h dim mi-mai à mi-août, horaires réduits le reste de l'année), dans la vieille ville à l'ouest de la rivière, fut consacrée en 1761. L'intérieur rococo comprend des lustres ouvragés et un autel inhabituel, avec une chaire et des orgues sur le même mur. De juin à août, des récitals d'orgue ont lieu à 20h tous les mercredis.

MUSÉE NORVÉGIEN DE LA MINE

Le **musée de la Mine** (Norsk Bergverks-museum ; ☎ 32 72 32 00 ; www.bvm.museum.no ; Hyttegata 3 ; adulte/enfant 50/10 NOK ; 🕑 10h-17h mi-mai à août, 12h-16h sept à mi-mai), installé dans une fonderie de 1844, mérite la visite. Il retrace l'histoire minière de Kongsberg à l'aide de reliques, de maquettes et d'échantillons de minerai. Les hauts-fourneaux ont été conservés au sous-sol. Dans le même bâtiment, d'autres sections abritent la **Monnaie royale**, transférée de la forteresse Akershus à Oslo en 1686, un musée du Ski et diverses collections locales.

MUSÉE DES ARTS ET TRADITIONS POPULAIRES LÅGDAL

Ce **musée des Arts et Traditions populaires** (Lågdalsmuseet ; ☎ 32 73 34 68 ; www.laagdalsmuseet.no en norvégien ; Tillischbakken 8-10 ; adulte/enfant 40/10 NOK mi-juin à mi-août, gratuit le reste de l'année ; 🕑 11h-17h mi-juin à mi-août, horaires réduits le reste de l'année), à 10 min de marche au sud-est de la gare ferroviaire, regroupe 32 fermes et maisons de mineurs d'époque, des répliques d'ateliers du XIXe siècle et un musée de la Résistance. En été, des visites guidées sont proposées à 11h, 13h30 et 15h30.

MINES D'ARGENT ROYALES

Les innombrables mines d'argent de la région de Kongsberg sont appelées Sølvgruvene. Le puits principal de la plus grande mine s'enfonce sur 1 070 m dans la montagne jusqu'à une profondeur de 550 m. Le plus simple pour l'explorer est de participer à la **visite guidée** (adulte/enfant 130/60 NOK ; 🕑 toutes les heures 11h-16h juil à mi-août, horaires limités mi-mai à juin et sept-oct) qui part de Kongsgruvene, signalé à 700 m de

LE SUD

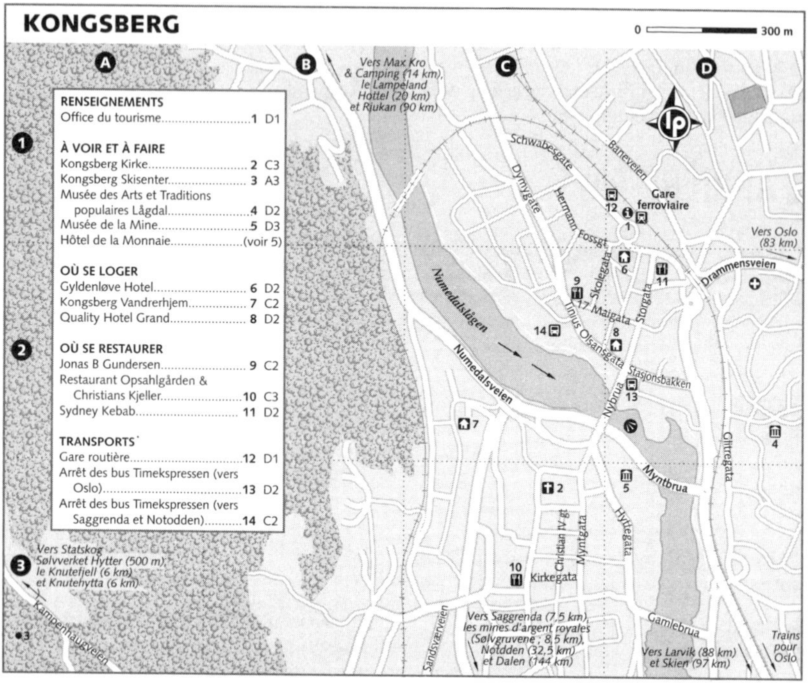

Saggrenda (à 8 km au sud de Kongsberg sur la route de Notodden). Le circuit commence par un **parcours en train** de 2,3 km dans le *stoll*, un tunnel creusé pour drainer l'eau des mines. Construit sans machine ni dynamite – la roche était chauffée à la flamme, puis arrosée pour la fendre –, le tunnel progressait de 7 cm par jour et fut achevé en 73 ans (de 1782 à 1855). À l'intérieur, les visiteurs découvrent les équipements utilisés pour l'extraction du minerai, dont un ingénieux ascenseur grinçant et craquant et 65 échelles humides et glissantes qui mènent aux anciens filons.

Habillez-vous chaudement, car la température descend sous terre à 6°C. Le billet d'entrée comprend le transport en bus depuis l'office du tourisme de Kongsberg.

Sur réservation et pour un groupe d'au moins 10-15 personnes, des **marches guidées de 2 heures** (250 NOK/pers) traversent la mine d'Underberg, longue de 5 km ; le **circuit corde et torche** (☎ 32 72 32 00 ; cb@bvm.museum.no ; 800 NOK) commence par une marche de 1 km à travers le tunnel du Prince Frédéric avant une descente en rappel de 112 m dans la mine à la lueur d'une torche (après une formation éclair de descente en rappel).

RANDONNÉE ET SKI

Verdoyant et boisé, le Knutefjell, à l'ouest de la ville, est le meilleur endroit pour la randonnée ou le ski de fond. La carte *Kultur-og Turkart Knutefjell* (80 NOK), en vente à l'office du tourisme de Kongsberg, indique les chemins de randonnée et les pistes de ski.

Festival

Le **Festival de jazz de Kongsberg** (☎ 32 73 31 66 ; www.kongsberg-jazzfestival.no en norvégien), le plus important du pays après celui de Molde (voir p. 271), dure 4 jours fin juin ou début juillet. Il est réputé pour attirer de grands artistes. Avant et durant l'événement, une **boutique du festival** (Nymoens torg 2-4 ; 🕒 horaires variables) ouvre dans le centre-ville.

Où se loger

Max Kro & Camping (☎ 32 76 44 05 ; fax 32 76 44 72 ; Jondalen ; empl tente/caravane 130/150 NOK, bung 4/6 lits 400/600 NOK). Camping le plus proche de la ville, il se situe à 14 km au nord-ouest le long de la Rv 37. Le bus Kongsberg-Rjukan s'arrête 2 fois/jour (26 NOK, 15 min).

Kongsberg Vandrerhjem (☎ 32 73 20 24 ; www.kongsberg-vandrerhjem.no ; Vinjesgata 1; dort/s/d avec petit déj à partir de 260/570/710 NOK ; 🅿 💻). L'auberge de jeunesse de Kongsberg frôle la catégorie moyenne avec des chambres confortables dans un quartier paisible et accessible.

Gyldenløve Hotel (☎ 32 86 58 00 ; www.gyldenlove.no ; Hermann Fossgata 1 ; s/d 825/975 NOK mi-juin à mi-août et ven-dim toute l'année, 1 275/1 550 NOK lun-jeu le reste de l'année ; 💻). L'un des meilleurs hôtels de Kongsberg : les chambres spacieuses, joliment décorées, sont dotées de parquets cirés.

Quality Hotel Grand (☎ 32 77 28 00 ; www.choice.no ; Christian Augustsgata 2 ; s/d à partir de 920/1 060 NOK ; 💻). Un hôtel confortable près de la rivière, un peu plus cher que le Gyldenløve.

Lampeland Hotell (☎ 32 76 20 46 ; www.lampeland.no en norvégien ; Rv 40 ; s 890-1 020 NOK, d 995-1 130 NOK, avec le Fjord Pass 585/740 NOK, accès Internet 30 NOK/heure, 120 NOK/12 heures). Cet hôtel charmant, à 20 km au nord de Kongsberg sur la route de Geilo, constitue une excellente affaire si vous possédez le Fjord Pass. C'est aussi l'un des établissements les plus soucieux de l'environnement dans la région.

Où se restaurer

Sydney Kebab (☎ 32 76 88 58 ; Storgata 1 ; kebabs 49-89 NOK, falafel 49 NOK ; 🕓 jusqu'à 4h sam-dim). Une bonne adresse pour un repas copieux à petits prix.

Jonas B Gundersen (☎ 32 72 88 00 ; Nymoens torg 10 ; pâtes 69-159 NOK, pizza à partir de 169 NOK). Une ambiance Nouvelle-Orléans règne dans ce restaurant, où les cartes ressemblent à des vinyles. Les salades originales et les plats italiens prédominent.

Restaurant Opsahlgården & Christians Kjeller (☎ 32 76 45 00 ; Kirkegata 10 ; entrées 79-115 NOK, plats 179-229 NOK ; 🕓 restaurant 15h-22h lun-ven, café 15h-22h lun-ven et 14h-22h sam). À quelques pas de l'église, ce bon restaurant se double d'un agréable café, qui sert des repas légers en terrasse durant l'été.

Comment s'y rendre et circuler

Des trains circulent toutes les heures entre Kongsberg et Oslo (153 NOK, 1 heure 30). Pendant la journée, des bus **Nettbuss Telemark Timekspressen** (☎ 177) desservent au moins toutes les heures Oslo (160 NOK, 1 heure 30), Saggrenda (48 NOK, 10 min) et Notodden (82 NOK, 35 min).

L'office du tourisme loue des vélos pour 250 NOK le 1er jour, puis 150 NOK/jour.

CANAL DU TELEMARK

Le canal du Telemark, long de 105 km, relie Skien et Dalen, avec un embranchement de Lunde à Notodden. Il se compose d'une série de lacs et de voies d'eau ; 18 écluses compensent un dénivelé de 72 m. Le canal fut construit pour le commerce du bois entre 1887 et 1892 et les travaux nécessitèrent jusqu'à 400 ouvriers. Pour des informations touristiques, consultez le site www.visittelemark.com.

Notodden

12 221 habitants

À moins de venir pour le **Festival de blues** (☎ 35 02 76 50 ; www.bluesfest.no), qui attire les foules début août, traversez cette ville industrielle et continuez jusqu'à la splendide église en bois debout de Heddal, à quelque 5 km à l'ouest de Notodden sur l'E 134. L'**office du tourisme** (☎ 35 01 50 00 ; www.notodden.kommune.no ; Teatergate 3 ; 🕓 8h-15h lun-ven) constitue la seule raison de faire une halte en ville.

À VOIR

La fabuleuse **église en bois debout de Heddal** (☎ 35 02 00 93 ; www.heddal-stavkirke.no en français ; Heddal ; adulte/enfant 40 NOK/gratuit, jardin en accès libre ; 🕓 9h-19h mi-juin à mi-août, horaires réduits le reste de l'année) est la plus grande et l'une des plus belles des 28 églises en bois debout subsistant en Norvège.

Soigneusement restaurée dans les années 1950, l'église daterait de 1242, mais des parties du chœur remontent à 1147. Comme toutes les églises de ce type, elle est construite autour de piliers de soutien en pin norvégien, ici 12 grands et 6 plus petits – tous coiffés de gargouilles –, et comprend quatre portails sculptés. Remarquez les délicats motifs floraux (*rosemaling*) de 1668 sur les murs, une inscription runique dans la galerie extérieure et la "chaire de l'évêque", taillée dans un ancien pilier au XVIIe siècle. Ses sculptures décrivent la légende païenne de Sigurd, le tueur de dragons viking, transformée en parabole chrétienne opposant Jésus et le démon. L'autel, réalisé en 1667, a été restauré en 1908. Le clocher a été ajouté en 1850.

Au rez-de-chaussée du bâtiment adjacent (qui abrite la billetterie), des présentations retracent l'histoire de l'église. Pour plus de détails sur l'architecture des églises en bois debout, lisez l'encadré p. 242.

UNE CROISIÈRE PAISIBLE SUR LE TELEMARK

Chaque jour de juin à mi-août, le ferry M/S *Telemarken* circule le long du canal du Telemark entre Akkerhaugen, à 24 km au sud de Notodden, et Lunde (adulte/enfant 250/125 NOK, 3 heures 45). Il quitte Akkerhaugen vers 10h et Lunde vers 13h45. Si vous ne souhaitez faire que l'aller entre Lunde et Akkerhaugen, des bus partent en fin de matinée de Notodden pour Lunde (103 NOK, 1 heure) et vers 17h (18h le week-end) d'Akkerhaugen pour Notodden.

Tous les jours entre fin juin et mi-août, les bateaux touristiques M/S *Victoria* (construit en 1882) et M/S *Henrik Ibsen* (de 1907) effectuent le trajet de 11 heures entre Skien et Dalen (adulte/enfant 420/210 NOK). Le circuit aller-retour, avec l'aller en bateau et le retour en bus (3 heures), revient à 680/340 NOK. Le retour en bateau est moitié moins cher que l'aller. Pendant presque tout le mois de juin, les bateaux circulent 4 fois par semaine, contre une fois par semaine de mi-mai à fin mai et de mi-août à début septembre. Les chiens paient demi-tarif.

Pour plus d'informations, contactez **Telemarkreiser** (☎ 35 90 00 30 ; www.visittelemark.com).

Canoë, kayak ou vélo constituent d'excellents moyens de découvrir le canal ; les ferries transporteront votre bateau/vélo pour 100/50 NOK entre Skien et Dalen.

LE SUD

À Notodden, prenez le bus n°301 qui s'arrête devant l'église, ou n'importe quel bus à destination de Seljord ou de Bondal.

Le **Musée rural de Heddal** (Bygdetun ; ☎ 35 02 08 40 ; www.museumaust.no ; Heddal ; adulte/enfant 20 NOK/gratuit ; 🕑 11h-17h mi-juin à mi-août), à 300 m de l'église, comprend un ensemble de maisons de la campagne environnante.

OÙ SE LOGER

Notodden Camping (☎ 35 01 33 10 ; www.notoddencamping.com ; Reshjemveien ; empl tente sans/avec voiture 110/130 NOK, empl caravane 150 NOK plus 50 NOK/pers, bung 380-490 NOK). Ce camping correct, à 3 km à l'ouest de la ville le long de l'E 134, puis à 200 m au sud à Reshjemveien, affiche souvent complet pendant le festival. Au centre de Notodden, prenez un bus vers Seljord.

Nordlandia Telemark Hotel (☎ 35 01 20 88 ; www.norlandia.no/telemark ; Torvet 8 ; s 735-1 115 NOK, d 1 115-1 270 NOK). Dans le centre-ville, cet hôtel banal offre des chambres modernes et un petit déjeuner décent.

DEPUIS/VERS NOTODDEN

Les bus Timekspressen relient Kongsberg et Notodden 1-2 fois/heure (82 NOK, 35 min).

Skien

50 696 habitants

Autre ville industrielle sans grand attrait, Skien ne mérite une halte que pour la croisière sur le canal du Telemark (voir l'encadré ci-dessus) ou pour les admirateurs du grand dramaturge Henrik Ibsen.

L'utilité limitée de l'**office du tourisme** (☎ 35 90 55 20 ; www.grenland.no ; Nedre Hjellegate 18 ; 🕑 8h30-19h lun-ven, 10h-16h sam, 11h-16h dim mi-juin à mi-août, 8h30-16h lun-ven le reste de l'année) reflète le peu d'intérêt touristique du lieu.

À VOIR

Poète, dramaturge et "père du théâtre moderne", Henrik Ibsen (voir p. 50) naquit à Skien le 20 mars 1828. En 1835, sa famille connut des revers de fortune et s'établit pour sept ans dans la ferme de Venstøp, à 5 km au nord de Skien. Cette ferme de 1815 est aujourd'hui devenue l'excellent **Henrik Ibsenmuseet** (☎ 35 52 57 49 ; Venstøphøgda ; adulte/étudiant, senior et enfant 50/20 NOK ; 🕑 10h-18h mi-mai à août), où vous profiterez de superbes présentations audiovisuelles dans l'ancienne grange, tandis que des guides (comédiens pour certains) vous montreront la maison. Renseignez-vous sur place ou à l'office du tourisme sur les représentations des pièces d'Ibsen. Vous pourrez aussi consulter le programme du **Theater Ibsen** (☎ 35 90 50 50 ; www.teateribsen.no ; Hesselbergsgt 2), dans le centre-ville, à une rue du port.

OÙ SE LOGER SE RESTAURER

Skien Vandrerhjem (☎ 35 50 48 70 ; skien.hostel@vandrerhjem.no ; Moflatveien 65 ; dort/s/d 175/425/600 NOK). Ouverte toute l'année, cette auberge de jeunesse bien équipée offre des chambres propres et un petit déjeuner à 50 NOK.

Thon Hotel Høyers (☎ 35 90 58 00 ; www.thonhotels.no ; Kongensgate 6 ; s/d à partir de 890/1 090 NOK). À deux pas du port, cet hôtel tenu par une famille constitue un excellent choix avec ses chambres claires et spacieuses.

Clarion Hotel Bryggeparken (☎ 35 91 21 00 ; bryggeparken@comfort.choicehotels.no ; Langbryggene 7 ;

s/d 1 445/1 645 NOK). Au bord de l'eau, cet hôtel moderne, sans grand caractère, loue des chambres très confortables à des prix ridiculement élevés. Il comprend un restaurant correct et un café au bord de l'eau.

DEPUIS/VERS SKIEN

Des bus Nor-Way Bussekspress rallient Notodden (137 NOK, 1 heure 45) et Rjukan (245 NOK, 3 heures 15) 1-2 fois/jour. Des trains NSB desservent toutes les heures ou toutes les 2 heures Larvik et Oslo (275 NOK, 1 heure 45).

Dalen

828 habitants

Au bord d'un lac et entourée de collines boisées escarpées, cette charmante bourgade est un point de départ des ferries qui circulent sur le canal de l'Øst Telemark. L'**office du tourisme** (☎ 35 07 70 65 ; www.visitdalen.com ; 9h-19h lun-ven et 10h-17h sam-dim mi-juin à août, 9h-15h30 lun-ven le reste de l'année) est au centre du bourg.

Au-dessus de Dalen, sur la Rv 45 en direction de Høydalsmo, la pittoresque **église en bois debout d'Eidsborg** (visite guidée 40 NOK), du XIVe siècle, est dédiée à saint Nicolas. Elle comporte une seule nef. Le jardin est ouvert toute l'année.

OÙ SE LOGER ET SE RESTAURER

Buøy Camping (☎ 35 07 75 87 ; www.dalencamping.com ; empl tente 125-205 NOK, camping-car 145-215 NOK, bung 4 lits à partir de 465 NOK). Un camping correct, avec des bungalows.

Dalen Hotel (☎ 35 07 90 00 ; www.dalenhotel.no ; s/d 1 095/1 750 NOK fin mai-début oct, 895/1 500 NOK le reste de l'année ; restaurant plats 85-235 NOK). Ouvert en 1894, cet hôtel ouvragé, aux faux airs d'église en bois debout, se situe à 1 km de Dalen Brygge. Pillé par les Allemands durant la Seconde Guerre mondiale, il n'en demeure pas moins confortable et empreint d'un charme suranné, surtout dans les parties communes. La chambre n°17 serait hantée…

LE SUD

LES HÉROS DU TELEMARK

En 1933, aux États-Unis, on découvrit que 0,02% des molécules d'eau étaient "lourdes" – leurs atomes d'hydrogène sont en fait du deutérium, un isotope contenant un neutron supplémentaire. L'eau lourde pèse 10% de plus que l'eau normale, bout à 101,42°C et gèle à 3,81°C. Ces propriétés servent à stabiliser les réactions de la fission nucléaire et rendent l'eau lourde indispensable pour produire une bombe atomique.

Au cours de la Seconde Guerre mondiale, les forces d'occupation allemandes construisirent une usine de production d'eau lourde à Vemork, près de Rjukan. En réponse, les Alliés organisèrent l'opération Grouse en octobre 1942, et quatre Norvégiens furent parachutés à Sognadal, à l'ouest de Rjukan. Ils devaient être rejoints un mois plus tard par 34 saboteurs britanniques spécialement entraînés, mais les deux planeurs qui les amenaient s'écrasèrent et les survivants furent exécutés par les Allemands.

Loin de se décourager, le groupe norvégien se replia dans la Hardangervidda, où il passa l'hiver. Le 16 février 1943, un nouveau groupe britannique appelé Gunnerside fut parachuté sur la Hardangervidda, mais le blizzard les déporta à 30 km du point d'atterrissage prévu. Le soir du 27 février, les saboteurs qui s'étaient cachés à Fjøsbudalen, au nord de Vemork, descendirent la désormais célèbre Sabotørruta (route des Saboteurs), traversèrent la gorge qui les séparait de l'usine et posèrent la dynamite qui détruisit la majeure partie des installations. Certains des saboteurs regagnèrent à ski la Hardangervidda et se réfugièrent dans la Suède neutre, les autres restèrent sur le plateau et parvinrent à échapper à leurs poursuivants.

L'usine fut reconstruite par les Allemands, puis bombardée le 16 novembre 1943 par 140 avions américains au cours d'un raid qui coûta la vie à 20 Norvégiens. Les Allemands abandonnèrent tout espoir de produire de l'eau lourde en Norvège et décidèrent de transférer les stocks restants en Allemagne. La nuit du 19 février 1944, avant que le ferry convoyant l'eau lourde ne lève l'ancre pour traverser le lac Tinnsjø, des saboteurs placèrent des explosifs sur la coque. Le bateau explosa le lendemain.

En 1965, cet épisode historique, légèrement romancé, fut adapté au cinéma sous le titre *Les Héros de Telemark*, avec Kirk Douglas dans l'un des rôles principaux.

RJUKAN

6 120 habitants

S'étirant sur 6 km au fond de la vallée encaissée du Vestfjorddalen, à l'ombre du superbe mont Gausta (1 881 m), Rjukan constitue une belle introduction à la région des hauts plateaux en arrivant du sud. La ville dévoile de beaux paysages et offre l'opportunité de pratiquer de nombreuses activités telles que le ski, la randonnée et le saut à l'élastique.

Histoire

Fondée par une compagnie hydroélectrique en 1907, Rjukan comptait quelques années plus tard 10 000 habitants. Dans les premiers temps, les maisons des dirigeants occupaient le haut des versants, plus longtemps ensoleillés ; celles des employés se regroupaient au-dessous, tandis que les ouvriers vivaient tout au fond de la vallée. Les constructeurs de l'usine hydroélectrique de Mår Kraftverk, à la lisière est de la ville, tentèrent sans doute de battre un record en édifiant l'interminable escalier en bois de 3 975 marches (le plus long du monde, réservé aux visiteurs les plus sportifs).

Renseignements

À l'**office du tourisme** (☎ 35 08 05 50 ; www.visitrjukan.com ; Torget 2 ; 🕓 9h-19h lun-ven, 10h-18h sam-dim fin juin-fin août, 9h-15h30 lun-ven le reste de l'année), le meilleur du Telemark, un personnel compétent fournit d'innombrables informations. Il vous renseignera sur le parc national de la Hardangervidda, à 21 km à l'ouest de Rjukan, qui devait rouvrir prochainement lors de notre passage.

À voir

MUSÉE NORVÉGIEN DE LA CONDITION OUVRIÈRE

Ce **musée** (Norsk Industriarbeidermuseet ; ☎ 35 09 90 00 ; www.visitvemork.com en anglais ; adulte/enfant 65/35 NOK ; 🕓 10h-18h mi-juin à mi-août, horaires réduits le reste de l'année), à 7 km à l'ouest de Rjukan, est installé dans la station hydroélectrique de Vemork, la plus grande du monde à son achèvement en 1911. Ne manquez pas le film de 30 min *If Hitler Had the Bomb* (Si Hitler avait eu la bombe), qui décrit des épisodes de la guerre au Telemark (voir l'encadré, p. 155), ni la maquette de la station dans la salle principale. Une exposition intéressante, composée de courtes vidéos, d'écrans tactiles, de photos et de dioramas, retrace la compétition mondiale pour fabriquer une bombe atomique dans les années 1930 et 1940.

Les visiteurs handicapés et les seniors de plus de 65 ans peuvent rejoindre l'entrée en voiture ; les autres doivent se garer près du pont suspendu. En été, un **bus** (adulte/enfant 20/10 NOK ; 🕓 10h-16h mi-juin à mi-août) relie le parking et l'entrée. Sinon, vous devrez monter pendant un quart d'heure à pied (700 m).

KROSSOBANEN

Le **téléphérique de Krossobanen** (☎ 35 09 00 27 ; aller/aller-retour adulte 40/80 NOK, enfant 15/30 NOK,

RJUKAN

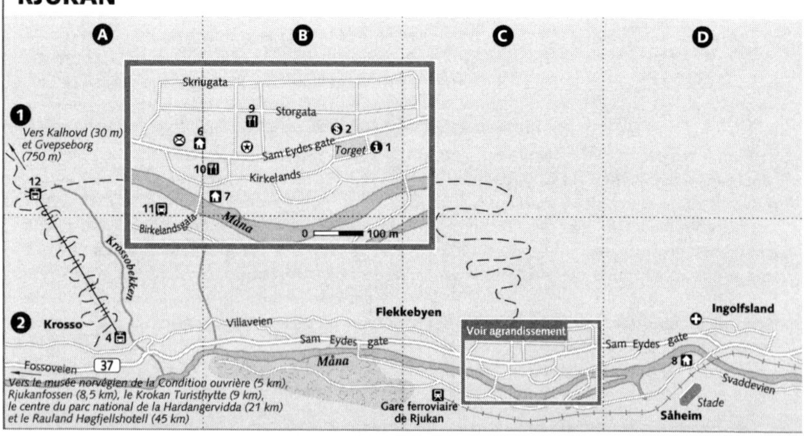

vélo 30/60 NOK ; 10h-20h mi-juin à août, 10h-18h sam sept, 10h-16h oct à mi-juin) fut construit en 1928 par la Norsk Hydro pour que ses employés puissent profiter du soleil. Aujourd'hui rénové, il emmène les touristes jusqu'à Gvepseborg (886 m) pour une vue sur les profondeurs obscures. La plate-forme d'observation au-dessus de l'arrivée du téléphérique offre le plus beau panorama. Des chemins de randonnée, à pied ou à vélo, partent également de cet endroit ; consultez l'encadré p. 159 ou renseignez-vous à l'office du tourisme.

GAUSTABANEN

L'un des plus extraordinaires funiculaires de Norvège, le **Gaustabanen** (35 08 05 50 ou 90 08 82 49 ; aller/aller-retour adulte 200/350 NOK, enfant 100/150 NOK ; 10h-16h fin juin à mi-août, 10h-16h sam ou dim mi-août à fin oct) parcourt 860 m au cœur du mont Gausta avant qu'un autre train grimpe une incroyable pente de 1 040 m à 40 degrés pour arriver à 1 800 m d'altitude, juste au-dessous du Gaustahytte, non loin du sommet. Construit par l'OTAN en 1958 pour accéder à sa tour de radio par tout temps, il a été récemment ouvert aux touristes. À moins de souffrir de claustrophobie, ne manquez pas cette expérience. La gare de départ se situe à 10 km au sud-est de Rjukan.

MUSÉE TINN

Ce paisible petit **musée des Arts et Traditions populaires** (35 09 22 33 ; Sam Eydesgt 299 ; adulte/enfant 40/20 NOK, billet combiné avec le musée de la Condition ouvrière 85/40 NOK ; 12h-18h mi-juin à mi-août, 12h-15h lun-ven mai à mi-juin et mi à fin août), à l'extrémité est de la ville, présente l'architecture norvégienne rurale, du XIe siècle au début des années 1900. Des portails d'églises en bois debout et des textiles anciens comptent parmi les objets les plus intéressants.

RJUKANFOSSEN

Rjukanfossen était considérée comme la plus haute **cascade** du monde au XVIIIe siècle – elle a depuis été détrônée par la chute du saut de l'Ange, au Venezuela. Haute de 104 m, elle offre encore un spectacle extraordinaire, même si la majeure partie de son eau est détournée vers la station hydroélectrique de Vemork. Empruntez la Rv 37 vers l'ouest, garez-vous juste avant le tunnel à 9,5 km de la ville et parcourez 200 m à pied pour admirer la belle vue.

À faire

Pour plus de détails sur les randonnées à pied ou à vélo, consultez l'encadré p. 159.

DRAISINES

Des tricycles montés sur des boggies (appelés *dressin*) permettent de parcourir 10 km sur une voie ferrée désaffectée entre le lac Tinnsjø et Rjukan. La location revient à 130 NOK pour un minimum de 2 heures, assurance comprise. Cette toute nouvelle activité n'est possible qu'en été. Réservations au 45 48 38 99.

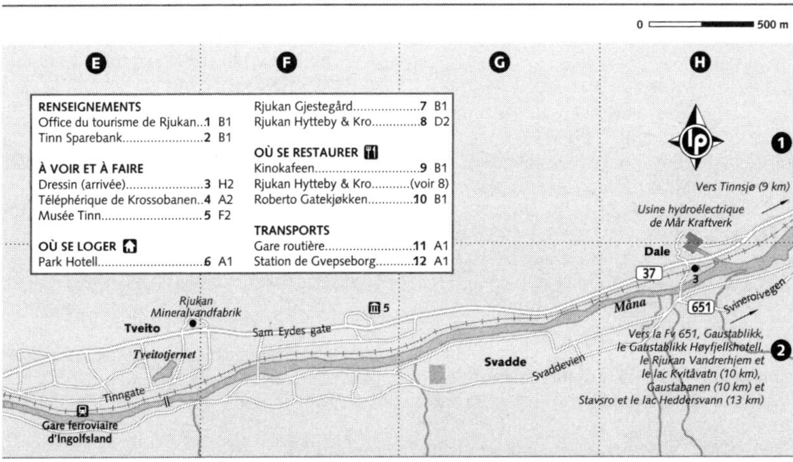

SAUT À L'ÉLASTIQUE

Le plus haut **saut à l'élastique** (490 NOK ; 11h-13h sam-dim, 17h-18h mar et jeu juil-sept, 11h-13h sam mi-mai à juin) du pays plonge sur 84 m dans un canyon à partir du pont qui mène au musée de la Condition ouvrière – montée d'adrénaline garantie ! Réservez à l'office du tourisme.

SKI

L'**office du tourisme** (35 09 14 22 ; www.gaustablikk.no) est une mine d'informations pour les amateurs de sports d'hiver. Sa brochure *Gaustablikk Skisenter* contient tous les renseignements utiles.

Où se loger

Le centre de Rjukan compte peu d'hôtels. Vous aurez plus de choix aux alentours de Gaustablikk.

RJUKAN ET OUEST

Rjukan Gjestegård (35 08 06 50 ; www.rgg.no en norvégien ; Birkelandsgata 2 ; dort 195 NOK, s/d avec sdb commune 305/485 NOK). Cette pension centrale occupe les bâtiments de l'ancienne auberge de jeunesse. Elle offre des chambres sans prétention et plaisantes, une cuisine et le petit déjeuner à 60 NOK.

Rjukan Hytteby & Kro (35 09 01 22 ; www.rjukan-hytteby.no ; Brogata 9 ; bung 2/4/6 lits 690/890/990 NOK, motel s/d 690/790 NOK). Sans doute la meilleure adresse de la ville, le Hytteby est installé dans un bel endroit, au bord de la rivière. Ses bungalows, simples et propres, sont des répliques des logements des employés de la station hydroélectrique au début du XIXe siècle. Les chambres du motel ont moins de caractère mais restent agréables.

Park Hotell (35 08 21 88 ; www.parkhotell-rjukan.no en norvégien ; Sam Eydes gate 67 ; s 645-790 NOK, d 845-940 NOK, ste junior 995-1 095 NOK). Ancien hôtel de standing, le Park Hotell a désespérément besoin d'une rénovation et ses chambres fatiguées sentent le renfermé. Son emplacement central constitue son principal atout.

Krokan Turisthytte (35 09 51 31 ; fax 35 09 01 90 ; près de la Rv 37 ; bung 4 lits 400-600 NOK). À 10 km à l'ouest de Rjukan, le premier refuge du DNT a été construit en 1869. Ses bungalows en rondins semblent dater du XVIe siècle et il sert des repas traditionnels. Téléphonez avant de venir pour vérifier s'il y a quelqu'un.

Rauland Høgfjellshotell (35 06 31 00 ; www.rauland.no en norvégien ; Rv 37 ; s 750-1 140 NOK, d 1 380-1 780 NOK ; juin-avr ;). Dans la montagne à 45 km à l'ouest de Rjukan, cet excellent hôtel, décoré d'éléments traditionnels du Telemark, domine un superbe panorama. Il comprend une piscine couverte et un beau spa. Entouré de centaines de kilomètres de pistes de ski, il doit être réservé longtemps à l'avance en hiver.

GAUSTABLIKK

Le lac Kvitåvatn, près de la Fv 651 et à 10 km de la ville, compte deux endroits offrant une vue imprenable sur le mont Gausta et un accès facile au domaine de ski de Skipsfjell/Gaustablikk ; vous aurez besoin d'une voiture pour y accéder. Durant la haute saison en hiver, **Gausta Booking** (45 48 51 51 ; www.gaustabooking.com) pourra vous aider à trouver une chambre.

Rjukan Vandrerhjem (35 09 20 40 ; www.kvitaavatn.dk ; Gaustablikk ; dort 260 NOK, s/d avec sdb commune 380/560 NOK). Cette auberge de jeunesse offre un hébergement simple dans un lodge en pin douillet et des bungalows à 6 lits superposés.

Gaustablikk Høyfjellshotell (35 09 14 22 ; www.gaustablikk.no ; s/d à partir de 840/950 NOK, demi-pension à partir de 940/1 480 NOK). Superbement situé avec vue sur le lac et les montagnes, ce vaste refuge d'altitude est l'un des plus séduisants du pays. Les chambres, plutôt modernes, donnent presque toutes sur le mont Gausta, et un somptueux buffet est proposé le soir. Visant surtout la clientèle des skieurs en hiver (quand les prix grimpent en flèche et qu'il est indispensable de réserver), l'endroit est également merveilleux en été. Pour bénéficier de la demi-pension, chaudement recommandée, vous devrez au moins y passer deux nuits. Le Fjord Pass permet d'obtenir une réduction sur l'hébergement.

Où se restaurer

Kinokafeen (40 85 60 48 ; Storstulgate 1 ; déj plats du jour 89-120 NOK, dîner plats 159-279 NOK ; déj et dîner). Dans le cinéma, ce restaurant offre un meilleur rapport qualité/prix au déjeuner (pâtes et steaks).

Roberto Gatekjokken (près de Sam Eydes ; en-cas à partir de 35 NOK ; déj et dîner). Un cran au-dessus des kiosques de rue, ce petit établissement bien tenu propose du poisson avec des frites (45 NOK), des hamburgers (41-116 NOK), des sandwichs à la viande (47 NOK) et des tacos (35 NOK), à déguster sur la terrasse ombragée.

RANDONNÉES À PIED ET À VÉLO AU DÉPART DE RJUKAN

La brochure gratuite *Rjukan – Cycling & Hiking Guide*, disponible à l'office du tourisme, décrit 23 itinéraires.

Le Gausta

Du sommet du superbe mont Gausta (1 881 m), on découvre par temps clair un sixième de la Norvège. Un chemin de randonnée apprécié (4 km, 2-3 heures) part de Stavsro (à 15 km au sud-est de Rjukan) et grimpe jusqu'au **Gaustahytta** (1 830 m) du DNT, près de l'affreux relais-radio de l'OTAN. De là, une marche d'une demi-heure le long de la crête rocheuse conduit au sommet. Une route de 13 km, qui n'est pas desservie par les transports publics, relie l'est de Rjukan et Stavsro (1 173 m d'altitude), près du lac Heddersvann. Les **taxis** (☎ 35 09 14 00) demandent environ 300 NOK pour l'aller. Prévoyez une journée entière pour la randonnée afin d'avoir suffisamment de temps au sommet. L'office du tourisme distribue une carte gratuite de la Fv 651, mais la *Turkart Gausta Området* est plus utile (50 NOK).

Des itinéraires plus difficiles, de 3-4 heures, mènent également au sommet depuis Rjukan ou le musée de la Condition ouvrière (p. 156).

Si vous ne pouvez pas effectuer la marche, le Gaustabanen (p. 157) vous amènera à proximité du Gaustahytta en été.

La Hardangervidda

De Gvepseborg, l'arrivée du téléphérique de Krossobanen, d'excellents chemins pour randonneurs et cyclistes pénètrent dans le plateau de la Hardangervidda (p. 190), qui abrite la plus importante harde de rennes d'Europe. L'itinéraire principal (8 heures à pied) conduit au nord au **Kalhovd Turisthytte** (☎ 35 09 05 10), où vous pourrez prendre un bus ou descendre (9 heures à pied) jusqu'au **Mogen Turisthytte** (☎ 35 07 41 15) pour prendre le ferry *Møsvatn* (190 NOK) et retourner à Skinnarbu, à l'ouest de Rjukan sur la Rv 37 ; les horaires du ferry sont disponibles à l'office du tourisme de Rjukan. Si vous préférez partir avec un guide, l'office du tourisme organise des excursions guidées à pied ou à vélo (adulte 700-1 300 NOK, enfant 400-700 NOK). Les randonneurs les plus sportifs peuvent continuer au nord de Kalhovd et s'enfoncer sur le plateau de la Hardangervidda.

Autre itinéraire, un chemin balisé commence au-dessus du Rjukan Fjellstue, à 10 km à l'ouest de Rjukan et juste au nord de la Rv 37. Il suit la Sabotørruta (route des Saboteurs), le sentier emprunté par les résistants norvégiens durant la Seconde Guerre mondiale (voir l'encadré, p. 155). De fin juin à mi-août, l'office du tourisme organise des randonnées guidées sur cet itinéraire.

Meilleure carte pour toutes ces randonnées, la *Hardangervidda Øst* de Statens Kartverk, au 1/100 000, est en vente à l'office du tourisme (125 NOK).

Rjukan Hytteby & Kro (☎ 35 09 01 22 ; Brogata 9 ; pizzas à partir de 130 NOK, plats 59-159 NOK). Au bord de la rivière, une cuisine simple et roborative de sytle cafétéria, et un choix étendu, des pizzas aux pommes de terre au four.

Gaustablikk Høyfjellshotell (☎ 35 09 14 22 ; déj plats du jour à partir de 69 NOK, dîner buffet 335 NOK ; 🕒 déj et dîner). Même si vous ne séjournez pas dans cet hôtel de montagne, son buffet pantagruélique mérite le détour.

Comment s'y rendre et circuler

Chaque jour, un bus express relie Rjukan et Oslo (280 NOK, 3 heures) via Kongsberg (177 NOK, 2 heures). Des bus plus fréquents desservent Notodden, qui offre de meilleures correspondances.

Bien que la distance semble énorme de Rjukan, le Bybuss local en provenance de Vemork traverse la vallée jusqu'à son extrémité est. L'office du tourisme loue des vélos pour 50/200 NOK par heure/jour.

SELJORD

2 933 habitants

Seljord est principalement connue à cause du serpent Selma, qui vivrait dans les profondeurs du lac Seljordvatn voisin (voir l'encadré, p. 160). D'autres créatures légendaires peuplent les collines environnantes, où les randonneurs pourront rechercher les acariâtres femmes trolls, Ljose-Signe, Glima et Tårån. Nous ne les avons pas vues, mais des habitants nous ont affirmé qu'elles hantent les parages. Seljord a inspiré certains des contes les plus connus de Norvège, dont *Les Trois Frères Billy et le gros Glok* d'Asbjørnsen et Moe.

L'**office du tourisme** (☎ 35 06 59 88 ; www.seljordportalen.no ; 8h-18h lun-ven, 9h-15h sam mi-juin à mi-août, 8h-20h30 lun-ven le reste de l'année) fournit de nombreuses informations sur la région et d'excellentes histoires de trolls.

À voir

Au nord de la ville, la charmante **église** (entrée libre ; 11h-17h mi-juin à mi-août) romane en pierre fut construite au XIIe siècle en l'honneur de saint Olav. Dans le jardin, entre l'église et le mur du cimetière, deux traces témoigneraient du courroux de deux trolls, tellement fâchés de l'invasion du christianisme qu'ils bombardèrent le site de rochers.

Fête

Le second week-end de septembre, Seljord accueille la **fête de Dyrsku'n**. Créée en 1866, elle est aujourd'hui le plus important marché traditionnel et foire aux bestiaux du pays. Elle attire chaque année quelque 60 000 visiteurs.

Où se loger et se restaurer

Seljord Camping og Badeplass (☎ 35 05 04 71 ; www.seljordcamping.no ; empl tente 150 NOK, bung 400-1 200 NOK). Cet agréable camping au bord du lac est également l'embarcadère des bateaux qui recherchent le monstre du Seljordvatn (les prix varient selon le nombre de passagers). Un télescope aide à repérer Selma !

Seljord Hotel (☎ 35 06 40 00 ; www.seljordhotel.no en norvégien ; s/d 900/1 100 NOK ; restaurant entrées 90-105 NOK, plats 225-275 NOK). Ce charmant hôtel en bois de 1858 est l'un des plus jolis de la région. Les chambres, ornées d'éléments d'époque, portent chacune un nom qui évoque une histoire différente. L'hôtel pratique des prix identiques toute l'année, une rareté en Norvège. Le restaurant, le meilleur de Seljord, mitonne une cuisine locale gastronomique. Il propose 5 plats de viande ou de poisson, qui sont autant d'œuvres d'art, et des repas moins chers au déjeuner.

Sjøormkroa (☎ 35 05 05 02 ; plats 89-149 NOK). Sur l'E 134 près du lac, ce curieux bâtiment en forme de serpent offre une cuisine standard de cafétéria – hamburgers, escalopes panées, etc.

Depuis/vers Seljord

Des bus Nor-Way Bussekspress (Haukeliekspressen) relient Seljord à Notodden (132 NOK, 1 heure 15) et à Oslo (296 NOK, 3 heures 15) jusqu'à 4 fois/jour.

SELMA LE SERPENT

La première preuve de l'existence de Selma remonte à 1750, quand Gunleik Andersson-Verpe, originaire de Bø, fut "attaqué par un cheval de mer" alors qu'il traversait le lac en canot. Depuis, chaque été, des témoins affirment avoir aperçu les nageoires et les bosses de cette fugitive créature lacustre, qui aurait la taille d'un gros tronc d'arbre, ressemblerait à une anguille, une limace, un lézard ou un crocodile et atteindrait de 25 à 50 m de longueur. Des vidéos amateurs, tournées en 1988 et 1993, révèlent une série de bosses dans l'eau, mais le grain des images laisse planer le doute. Les scientifiques estiment que le lac est trop peu profond pour héberger une créature de plus de 7 m.

Comme le célèbre Nessie du Loch Ness écossais, Selma nourrit le folklore local et attire les touristes qui scrutent la surface du lac Seljordvatn (14 km de longueur, 2 km de largeur et 157 m de profondeur), frangé de pins. En 1977 et en 1988, un journaliste suédois, Jan-Ove Sundberg, a sondé le lac avec un sonar, des caméras amphibies et même un petit sous-marin ; il a détecté plusieurs gros objets se déplaçant à l'unisson, puis se dispersant. Selon Sundberg, "le serpent n'appartient à aucune espèce connue. Il possède des spécificités jamais observées, comme se déplacer à toute vitesse en surface, puis plonger et remonter à la verticale. Il montre son dos, sa tête ou son cou, ou les trois à la fois pendant de longues périodes au-dessus de la surface, et file à une vitesse pouvant atteindre 25 nœuds".

Lorsque nous avons demandé à un habitant s'il croyait à l'existence de Selma, il nous a répondu : "Je ne l'ai jamais vu, mais je crois qu'il existe et mes enfants ne nagent pas dans le lac." Nous ne l'avons pas vu non plus, mais...

SETESDAL

Les versants boisés et les vallées parsemées de lacs du Setesdal, l'une des régions les plus traditionnelles et conservatrices du pays, restent peu visités, mais attirent un nombre croissant de sportifs.

Evje

3 315 habitants

La ville d'Evje se situe au sud du Setesdal, au bord d'une rivière et au milieu de forêts et de collines. Elle est connue des géologues pour la diversité de ses roches. Un parc minéral, une mine de nickel et l'occasion de rechercher des pierres comptent parmi les principaux attraits de la localité. Cette bourgade paisible est également une excellente base pour le rafting et d'autres activités de plein air.

Le **centre d'information** (☎ 37 93 14 00 ; www.setesdal.com ; ⌚ 10h-18h lun-ven, 10h-15h sam-dim mi-juin à mi-août, 10h-12h lun-ven le reste de l'année) occupe le même vieux bâtiment en rondins que la gare routière. Renseignez-vous sur les permis de prospection de minerai.

À VOIR

Si les pierres vous intéressent, commencez par le petit **musée Evje Og Hornnes** (☎ 37 93 07 94 ; adulte/étudiant/famille/enfant 20/15/40 NOK/gratuit ; ⌚ 11h-16h mi-juin à fin-août), à 2 km à l'ouest de la ville, de l'autre côté de la rivière à Fennefoss. Les collections comprennent plus d'une centaine de minéraux différents trouvés dans les collines environnantes. Des expositions sont consacrées à l'extraction du nickel et à la vie rurale dans le Setesdal.

Bien géré, le **parc minéral du Setesdal** (☎ 37 93 13 10 ; www.mineralparken.no ; Hornnes ; adulte/enfant 85/50 NOK ; ⌚ 10h-16h mi-mai à oct), à 10 km au sud d'Evje, présente des minéraux provenant de la région et de toute la planète. Monde merveilleux de formes et de couleurs, il vend de nombreux échantillons.

En été, la visite de la **Flåt Nikkelgruve** (mine de nickel de Flåt ; ☎ 37 93 03 71 ; www.flaatgruve.com ; adulte/enfant/famille 80/50/210 NOK ; ⌚ visite guidée 13h juil-début août), autrefois la plus grande mine de nickel d'Europe avec un puits de 440 m de profondeur, vous mènera sous terre pour un circuit fascinant, déconseillé aux claustrophobes. Prévoyez des vêtements chauds, car la température ne dépasse pas 5°C. À 2 km au nord d'Evje, un embranchement part de la Rv 9 et conduit à la mine, à 3,3 km.

Le même embranchement mène à **Evje Mineralsti**, un ensemble de cinq petites mines où l'on peut rechercher des pierres moyennant l'achat d'un **permis** (adulte/enfant/famille 40/70/140 NOK) sur place, ou parfois au centre d'information.

OÙ SE LOGER ET SE RESTAURER

Odden Camping (☎ 37 93 06 03 ; www.oddencamping.setesdal.com ; empl tente sans/avec voiture 70/110 NOK plus adulte/enfant 10/5 NOK, empl caravane 120 NOK, bung 2/8 lits 300/1 000 NOK). Parfaitement tenu, ce grand camping recommandé occupe un emplacement de carte postale au bord de l'eau, à 200 m au sud de la ville. Il peut être bondé en été.

Neset Camping (☎ 37 93 42 55 ; www.neset.no en norvégien ; empl tente à partir de 150 NOK plus 10 NOK/pers, bung 4-8 lits 400-800 NOK). Un autre camping joliment situé au bord du lac, à 13 km au nord d'Evje.

Troll Activ (Evje Vandrerhjem ; ☎ 37 93 11 77 ; www.troll-mountain.no ; empl tente/tipi par pers 60/90 NOK, empl caravane 120 NOK, dort/d 150/410 NOK ; 💻). À 6 km au nord de la ville, ce centre de loisirs (voir ci-dessous) accueille l'auberge de jeunesse

PAS DE FARNIENTE À EVJE

TrollActiv (☎ 37 93 11 77 ; www.troll-mountain.no ; ⌚ 9h-20h avr-oct), à 6 km au nord d'Evje, est le centre de la plupart des activités de plein air. Le rafting (400 NOK/pers) est son point fort, mais il organise également de l'hydrospeed (400 NOK), des cours de varappe (750 NOK), du kayak en rivière (750 NOK), des parties de paintball (550 NOK), du ski nautique (350 NOK), ainsi que des passe-temps plus tranquilles comme les sorties de pêche (250 NOK) et les safaris nocturnes pour observer les castors et les élans (adulte/enfant/famille 260/210/820 NOK). Il offre de plus un mur d'escalade (200 NOK/heure), des sorties de rafting en famille (350 NOK/pers) et des forfaits pour enfant qui comprennent escalade, tir à l'arc et canoë (25 NOK). Enfin, il loue des canoës (300 NOK), des rollers (150 NOK) et des VTT (300 NOK).

Viking Adventures Norway (☎ 37 71 00 95 ; www.raftingsenter.no), en ville, propose la plupart de ces activités à des prix identiques.

LE SUD

d'Evje. Moderne et bien tenu, il propose de nombreuses activités.

Hotel Dölen (☎ 37 93 02 00 ; www.hoteldolen.no ; Evje ; s/d à partir de 695/995 NOK ; restaurant plats 129-235 NOK ; 💻). Les travaux entrepris par les nouveaux propriétaires, Monika et Roar, rendent peu à peu son lustre au plus vieil hôtel du Setesdal. Les chambres récemment rénovées possèdent un charme désuet ; les autres conservent un décor fatigué des années 1970. Toutes offrent un accès Wi-Fi. Le restaurant, sans doute le meilleur d'Evje, prépare des plats tels que la truite de l'Arctique (147 NOK), le cœur de renne (85 NOK) et le "renne à la Rudolph" (155 NOK), ainsi qu'un buffet apprécié le dimanche en été (175 NOK). Une terrasse donne sur le lac. Roar, un ancien musicien de country, chante au bar certains soirs le week-end.

Revsnes Hotell (☎ 37 93 46 50 ; www.revsneshotell.no ; Byglandsfjord ; s/d à partir de 795/995 NOK ; restaurant dîner 3 plats 225 NOK ; 💻). Le meilleur hôtel d'Evje, tenu par une famille accueillante, se situe à 12 km au nord de la ville au bord du joli lac Byglandsfjord. Les chambres, spacieuses et modernes, possèdent pour la plupart de grandes fenêtres donnant sur l'eau.

Pernille Cafeteria (☎ 37 93 00 69 ; plats 99-139 NOK ; 🕑 8h-18h lun-ven, 8h-16h30 sam, 10h-19h dim). Dans le centre d'Evje et appréciée des habitants, cette cafétéria en étage propose une carte standard – burgers, spaghettis à la bolognaise et quelques plats norvégiens.

Dragon Inn (☎ 37 93 09 19 ; entrées à partir de 45 NOK, plats 105-159 NOK ; 🕑 15h-21h mar-jeu, 15h-22h ven-sam, 13h-21h dim). Au sud du centre, le Dragon Inn sert des spécialités chinoises correctes.

DEPUIS/VERS EVJE

Les bus Nor-Way Bussekspress qui relient Kristiansand (110 NOK, 1 heure) et Haukeligrend (263 NOK, 3 heures) passent par Evje au moins une fois/jour. Pour continuer vers Bergen, changez à Haukeligrend. Si vous partez en voiture vers le nord, vous devrez acquitter 30 NOK au péage.

Setesdalsmuseet

Ce bel ensemble de **musées des arts et traditions populaires** (☎ 37 93 63 03 ; adulte/famille/enfant 30/60 NOK/gratuit ; 🕑 11h-17h mi-juin à fin-juin et août, 10h-18h juil), le long de la Rv 9, constitue une agréable étape dans le Setesdal.

En venant du sud, le principal **Setesdalsmuseet** de Rysstad est une belle salle d'exposition rénovée, avec des intérieurs anciens et des objets culturels. À 10 km au nord, **Tveitetunet** (Valle) se compose d'une ferme en rondins et d'une grange de 1645. **Rygnestadtunet**, le plus intéressant à 9 km au nord de Valle, comprend une ferme et une grange unique à 3 étages datant de 1590, ainsi qu'une extraordinaire collection de textiles peints du XVe siècle. Selon la légende locale, la ferme aurait appartenu à Åsmund le Mauvais, un mercenaire qui guerroya dans toute l'Europe et rapporta des armes et des œuvres d'art pillées lors de ses expéditions. Les gardiens portent parfois le costume traditionnel.

Bykle

902 habitants

La **Bykle Kirkje** (☎ 37 93 81 01 ; 20 NOK ; 🕑 11h-17h mi-juin à mi-août), construite en rondins, est l'une des plus petites et charmantes églises de Norvège, avec ses stalles, son autel et son orgue peints. Le bâtiment et l'autel datent de 1619. Si quelques peintures ont été réalisées au XVe siècle, la majeure partie de la décoration florale traditionnelle (*rosemaling*) a été ajoutée dans les années 1820.

Une agréable **promenade** d'une demi-heure suit un chemin balisé au-dessus de la rivière Otra, à 5 km au sud de la ville. Remontant au moins à 1770, c'était autrefois la route principale à travers le Setesdal.

Hovden

450 habitants

Dominant l'extrême nord du Setesdal, Hovden est essentiellement une station de ski, qui reste ouverte en été. **Hovdenferie** (☎ 37 93 93 70 ; www.hovden.com ; 🕑 9h-17h lun-ven, 10h-14h sam, 12h-16h dim) propose un éventail complet d'activités, telles que du **rafting** (à partir de 375 NOK), des **randonnées dans les gorges** (450 NOK), des **safaris pour observer des élans** (adulte/enfant 300/200 NOK) et des **circuits en hélicoptère** (à partir de 450 NOK).

Pour une belle vue, empruntez le **télésiège** (adulte/enfant 80/60 NOK ; 🕑 10h30-14h juil, 10h30-14h mer et sam août, 10h30-14h sam sept) jusqu'au sommet du **mont Nos** (1 176 m).

Le **Sentralbooking** (☎ 37 93 93 75 ; post@hovden.com) de Hovdenferie peut vous mettre en relation avec des dizaines d'hébergements d'un bon rapport qualité/prix dans les alentours. Le **Hovden Fjellstoge & Vandrerhjem** (☎ 37 93 95 43 ; www.hovdenfjellstoge.no en norvégien ; dort/s/d avec petit déj 250/450/590 NOK, repas 100 NOK environ) occupe un bâtiment en bois de style traditionnel, avec un toit couvert d'herbe. Le **Quality Hovden**

Høyfjellshotell (☎ 37 93 88 00 ; www.hovdenhotell.no, en norvégien ; s/d à partir de 850/1 050 NOK), au bout de la ville, est l'hôtel le plus plaisant du lieu.

Les hôtels possèdent tous un restaurant. Le **Furumo Kafé** (☎ 37 93 97 72) propose des plats variés.

Le bus quotidien Nor-Way Bussekspress entre Kristiansand (332 NOK, 3 heures 45) et Haukeligrend passe par Hovden. Des correspondances pour Bergen partent de Haukeligrend.

SIRDAL

Sirdal donne accès à la spectaculaire descente en 27 lacets vers Lysebotn (p. 234). Du refuge bien équipé du DNT à **Ådneram**, en haut de Sirdal, les randonneurs peuvent rejoindre Lysebotn en 9 heures (suivez la route sur les quatre derniers kilomètres). La route n'est ouverte que de mi-juin à mi-septembre.

Pour des informations touristiques et des détails sur les randonnées à pied, à cheval ou en traîneau à chiens, contactez **Sirdalsferie** (☎ 38 37 78 00 ; www.sirdalsferie.com ; Tjørhom).

Le **Sinnes Fjellstue** (☎ 38 37 11 21 ; www.sinnes-fjellstue.no en norvégien ; Sinnes ; s/d à partir de 575/775 NOK) est un bon refuge de montagne ouvert en été.

Le Nor-Way Bussekspress Suleskarekspressen relie Stavanger (187 NOK, 2 heures) et Oslo (539 NOK, 7 heures 30) via Fidjeland, à 7 km au sud d'Ådneram, tous les jours de juin à septembre.

Le Centre

Bien sûr, les fjords constituent le grand attrait de la Norvège. Mais les montagnes du centre du pays, les plus belles d'Europe du Nord, n'en sont pas moins extraordinaires. Véritable paradis pour les amateurs de randonnée et de rafting, cette région compte en outre deux des villes les plus agréables du pays.

Røros, une cité minière séculaire aux maisons de bois couvertes de gazon, a été inscrite au Patrimoine mondial de l'Unesco. Plus au sud, Lillehammer est davantage ancrée dans la modernité. Ville hôte des Jeux olympiques d'hiver de 1994, elle séduit les amateurs de sport, attirés par son Musée olympique, son tremplin de saut et sa piste de bobsleigh. Une situation en bord de lac et le musée populaire de Maihaugen, le plus beau de Norvège, participent de son charme.

D'aucuns retrouveront dans les églises en bois debout la magie des contes de fées norvégiens. Ringebu en possède un bel exemple, tout comme Lom, station alpine au carrefour de routes remarquables, dont la route du Sognefjellet, qui traverse montagnes et fjords.

Les différents sites de la région sont reliés par des petites routes et des chemins de randonnée qui sillonnent quelques-uns des plus beaux parcs nationaux, où l'on rencontre parfois des rennes sauvages, des bœufs musqués et des élans : le parc national des Rondane, ceux de Dovrefjell-Sunndalsfjella et du Jotunheimen, et la Hardangervidda, magnifique et désolée, qui se jette dans des fjords. Sjoa et, dans une moindre mesure, Oppdal sont des grands centres de rafting.

À NE PAS MANQUER

- Un voyage dans le temps à **Røros** (p. 173), charmante cité inscrite au Patrimoine mondial de l'Unesco
- Les plus hauts sentiers de randonnée de Norvège, dans l'infinie beauté du **parc national du Jotunheimen** (p. 187), et la **route du Sognefjellet** (p. 187), à découvrir à vélo ou en voiture
- Une descente en rafting à **Sjoa** (voir l'encadré, p. 185)
- Le vertigineux tremplin olympique de saut à ski de **Lillehammer** (p. 165)
- Les bœufs musqués préhistoriques du **parc national de Dovrefjell-Sunndalsfjella** (voir l'encadré, p. 181)
- Les rennes de la **Hardangervidda** (p. 190)

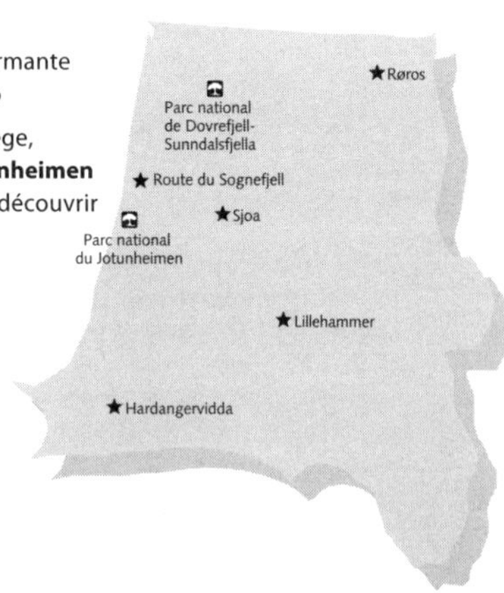

- 620 000 HABITANTS
- POINT CULMINANT : GALDHØPIGGEN (2 469 m)

LE CENTRE-EST

LILLEHAMMER

25 537 habitants

À l'occasion des Jeux olympiques d'hiver de 1994, le monde a découvert la station de sports d'hiver de Lillehammer, appréciée de longue date des Norvégiens. Unanimement salués comme une réussite, ces jeux ont doté la ville de sites remarquables. Située à la pointe nord du lac Mjøsa, la paisible Lillehammer est entourée de fermes, de forêts et de petits hameaux. Elle offre diverses activités au fil de l'année. L'hiver, elle devient l'archétype même de la station de ski.

Mi-septembre, le **Festival de jazz de Lillehammer** (☎ 81 53 31 33 ; www.dolajazz.no en norvégien) se tient sur 4 jours – les billets sont en vente à partir du 1er juillet. En mars, la ville accueille une compétition de ski féminin très populaire. Pour de plus amples détails sur les manifestations locales, contactez l'office du tourisme.

Orientation et renseignements

On se repère aisément dans le petit centre-ville. La plupart des sites olympiques et le musée populaire de Maihaugen se trouvent à une demi-heure à pied au-dessus du centre. Storgata, la rue principale (piétonnière), est à deux rues à l'est de la Skysstasjon (gare routière et ferroviaire).

Bibliothek (bibliothèque ; ☎ 61 24 71 40 ; Wiesegate 2 ; 🕒 11h-18h lun-jeu, 11h-15h ven-sam). Accès Internet gratuit, pour une durée limitée.

Lillehammer og Omland DNT (☎ 61 25 13 06 ; www.turistforeningen.no/lillehammer ; Storgata 34 ; 🕒 10h-15h30 mar-jeu). Cartes de randonnée, plans des pistes, informations sur les refuges et randonnées en montagne.

Office du tourisme de Lillehammer (☎ 61 28 98 00 ; www.lillehammerturist.com ; Lillehammer Skysstasjon ; 🕒 9h-20h lun-sam, 11h-18h dim juin-début août, horaires réduits le reste de l'année). Quinze minutes de connexion gratuite à Internet.

À voir et à faire

SITES OLYMPIQUES

Quand Lillehammer fut sélectionnée pour organiser les Jeux olympiques d'hiver de 1994, le gouvernement norvégien investit plus de deux milliards de couronnes dans les infrastructures. La plupart des équipements fonctionnent toujours et les visiteurs peuvent faire le tour des principaux sites olympiques, regroupés dans un grand parc appelé **Olympiaparken** (☎ 61 25 11 40 ; www.olympiaparken.no ; 🕒 9h-20h juin-sept, horaires réduits oct-mai).

La piste de bobsleigh et les pistes de ski olympiques sont présentées p. 170.

Tremplin de saut de Lygårdsbakkene

Le principal tremplin de **saut à ski** (K120) donne sur une piste longue de 136 m, inclinée à 37,5°. Les skieurs s'élancent à une vitesse de 90 km/h environ ; le record de distance est actuellement de 136,50 m. Pour les jeux, des tribunes d'une capacité de 50 000 places avaient été dressées autour du site, où eut lieu la cérémonie d'ouverture. La tour ayant accueilli la **flamme olympique** est située près de l'aire d'atterrissage. Vous verrez souvent des sportifs affiner leur préparation sur un autre tremplin, plus petit (K90).

Le **télésiège du tremplin de saut** (adulte/enfant aller-retour 40/35 NOK ; 🕒 9h-20h 9 juin-19 août, 9h-17h 26 mai-8 juin et 20 août-9 sept, 11h-16h sam-dim 15-30 sept) débouche sur une fantastique vue panoramique de la ville. Si les 952 marches ne vous font pas peur, sachez que l'ascension à pied est gratuite. Le prix du télésiège comprend l'accès à la **tour de saut à ski de Lysgårdsbakkene** (🕒 9h-20h 9 juin-19 août, 11h-16h 11-25 mai et 10-30 sept, 9h-17h 16 mai-8 juin et 20 août-9 sept), pour laquelle vous devrez débourser autrement 15/12 NOK par adulte/enfant. Du haut de la rampe, on imagine aisément l'angoisse qui précède le saut.

Pour éprouver vos nerfs et découvrir les joies de la descente hommes (ou d'une course de bobsleigh) sans risquer votre vie, optez pour le **simulateur** (adulte/enfant 5 min 45/35 NOK ; 🕒 mêmes horaires que le télésiège) au pied du tremplin.

LES BILLETS COMBINÉS DE LILLEHAMMER

Si vous comptez visiter différents sites à Lillehammer, intéressez-vous au **billet combiné** (adulte/enfant/étudiant et retraité 260/130/210 NOK). Il inclut les entrées au musée de Maihaugen, au Musée olympique norvégien, à Bjerkebæk et à la ferme d'Aulestad (p. 170). Le billet commun à Maihaugen et à Bjerkebæk coûte 150/75/120 NOK. L'accès à deux autres sites revient à 130/55/105 NOK, un peu moins de septembre à mai.

CENTRE DE LA NORVÈGE

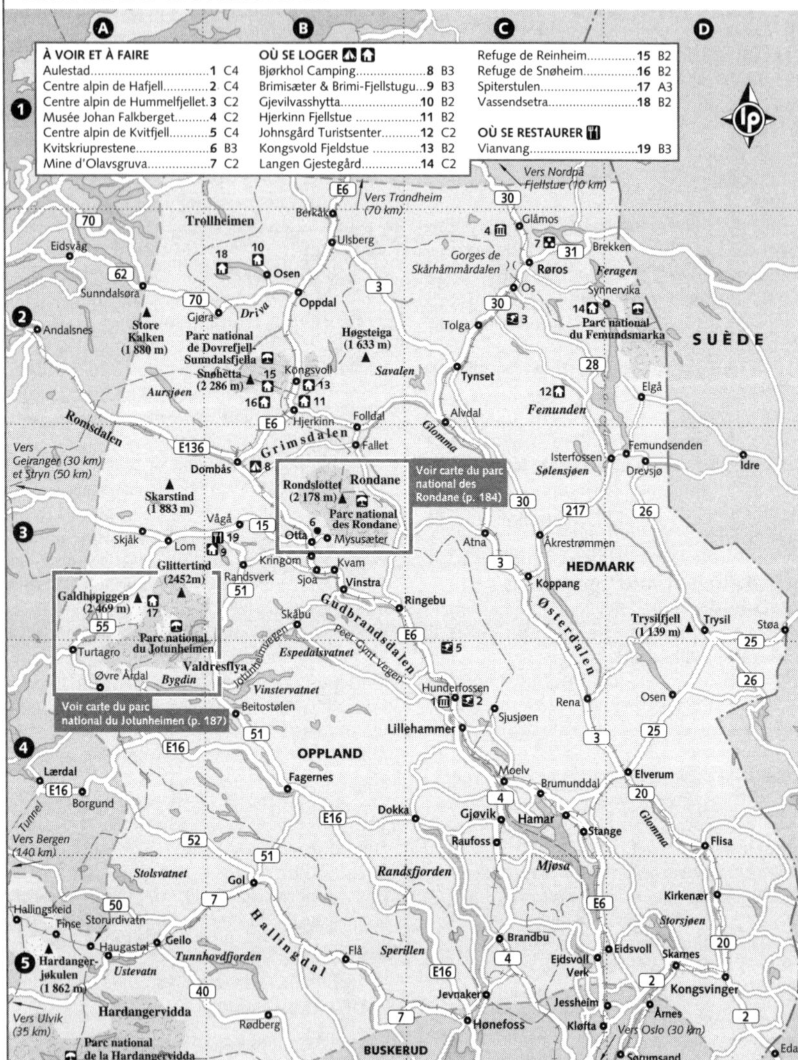

Il existe un billet commun (adulte/enfant 65/50 NOK) pour le télésiège, la tour et le simulateur.

Pour atteindre le sommet en voiture, prenez la route qui quitte la ville vers le nord, après le Musée olympique. L'embranchement, signalé par un panneau "Lysgårdsbakkene", se trouve à 2,8 km.

Musée olympique norvégien

Le remarquable **Musée olympique** (☎ 61 25 21 00 ; www.ol.museum.no ; Olympiaparken ; adulte/enfant/étudiant/senior 75/35/60/60 NOK ; 🕐 10h-17h juin-août, 11h-16h mar-dim sept-mai) est situé dans la salle de hockey sur glace du Håkons Hall. Au rez-de-chaussée, une exposition bien présentée, réactualisée tous les deux ans, décrit aussi bien les jeux antiques que ceux de l'ère moderne. L'accent est naturellement porté sur les exploits des champions norvégiens et sur les jeux de Lillehamer.

L'étage donne sur la piste de hockey, entourée de galeries où des vitrines et des vidéos sont dévolues aux Jeux olympiques de 1994.

MUSÉE POPULAIRE DE MAIHAUGEN

L'immense **musée de Maihaugen** (☎ 61 28 89 00 ; www.maihaugen.no ; Maihaugveien 1 ; adulte/enfant/étudiant/senior/famille 80/40/70/70/200 NOK ; 🕓 10h-17h juin-août, 10h-16h sept et mi-mai à fin mai, 11h-16h mar-sam, 11h-18h dim oct à mi-mai) est le plus beau musée d'arts populaires de Norvège. Les quelque 180 bâtiments, reconstruits de manière à former un petit village, comprennent l'église en bois debout de Garmo, des maisons et échoppes traditionnelles du Gudbrandsdal et 27 édifices provenant de la ferme Bjørnstad. Aux trois parties principales, allouées à l'architecture rurale et urbaine d'autrefois, s'ajoute une quatrième destinée à l'architecture du XXe siècle. Le musée, auquel le dentiste Anders Sandvig consacra toute sa vie, accueille aussi dans une salle moderne des expositions temporaires et une autre permanente, intitulée "Un peuple sort de la nuit des siècles", qui propose un voyage fascinant dans l'histoire du pays.

BJERKEBÆK

Bjerkebæk (☎ 61 28 89 00 ; www.maihaugen.no/bjerkebek ; Sigrid Undsetsveg 1 ; adulte/enfant/étudiant/retraité 100/50/80/80 NOK ; 🕓 10h-17h juin-août, 11h-16h mai et sept), l'ancienne demeure de Sigrid Undset, Prix Nobel de littérature en 1928, présente la vie de celle qui fut l'un des écrivains les plus renommés de Norvège. Elle réunit des objets lui ayant appartenu.

MUSÉE DES BEAUX-ARTS DE LILLEHAMMER

Ce **musée des beaux-arts** (Lillehammer Kunstmuseum ; ☎ 61 05 44 60 ; www.lillehammerartmuseum.com ; Stortorget 2 ; adulte/étudiant/retraité/enfant 60/50/50 NOK/gratuit ; 🕓 11h-17h tlj mi-juin à mi-août, 11h-16h mar-dim le reste de l'année), remarquable sur le plan architectural, est consacré à l'art norvégien, du début du XIXe siècle à nos jours. Les collections permanentes rassemblent des chefs-d'œuvre des plus grands artistes du pays, dont Edvard Munch, et des toiles de peintres régionaux.

MUSÉE HISTORIQUE DU VÉHICULE

Niché derrière la rivière au centre de Lillehammer, le **musée historique du Véhicule** (Norsk Kjøretøyhistorisk Museum ; ☎ 61 25 61 65 ; Lilletorget 1 ; adulte/enfant 40/20 NOK ; 🕓 10h-18h tlj mi-juin à mi-août, 11h-15h lun-ven, 11h-16h sam-dim le reste de l'année) intéressera les passionnés de voitures. Il réunit toutes sortes de moyens de locomotion : traîneaux, vieilles voitures, motos, etc.

Où se loger

Héritage des jeux, Lillehammer offre une palette d'hébergements plus variée que la plupart des villes norvégiennes.

PETITS BUDGETS

Lillehammer Camping (☎ 61 25 33 33 ; www.lillehammer-camping.no ; Dampsagveien 47 ; empl tente/caravane à partir de 125/220 NOK, bung 2 lits à partir de 550 NOK ; 🕓 toute l'année). Un camping urbain typique en bord de lac avec cuisine, local pour la lessive, équipements de sports nautiques, aires de jeux pour les enfants, camp viking et TV câblée.

Lysegaard (☎ 61 26 26 63 ; lysgaard@c2i.net ; Lysegaard ; s/d 200/400 NOK ; 🕓 juin à mi-août). En haut de la colline, cette ferme reconvertie présente un excellent rapport qualité/prix. Une bonne partie de l'année, elle sert de base aux skieurs olympiques en herbe.

Gjeste Bu (☎ /fax 61 25 43 21 ; gjestebu@lillehammer.online.no ; Gamleveien 110 ; s/d à partir de 275/450 NOK). Cette chaleureuse maison d'hôte offre différents logements, une cuisine collective et des appartements parfaits pour les séjours prolongés. Petit déj et literie (50 NOK) en supplément ; système de prix des plus complexes.

Lillehammer Vandrerhjem (☎ 61 26 00 24 ; www.stasjonen.no ; Jernbanegata 2 ; dort/s/d/tr 315/590/790/900 NOK, app 5-7 lits 1 500 NOK, petit déj compris ; 💻). Située au-dessus de la gare, l'adresse est parfaite pour découvrir le charme des auberges de jeunesse si vous ne l'avez jamais expérimenté. Sdb, literie, accès Internet et Wi-Fi gratuits dans des chambres sans prétention. Service remarquable et cuisine commune impeccable, flambant neuve.

CATÉGORIES MOYENNE ET SUPÉRIEURE

Birkebeineren (☎ 61 26 47 00 ; www.birkebeineren.no ; Birkebeinervegen 24 ; s/d 690/980 NOK, app 2/4 lits 1 080/1 515 NOK ; Ⓟ 💻). Sur la route menant au pied du tremplin de saut, cet établissement de premier ordre regroupe des hébergements adaptés aux différents budgets. Les prix baissent pour les séjours prolongés.

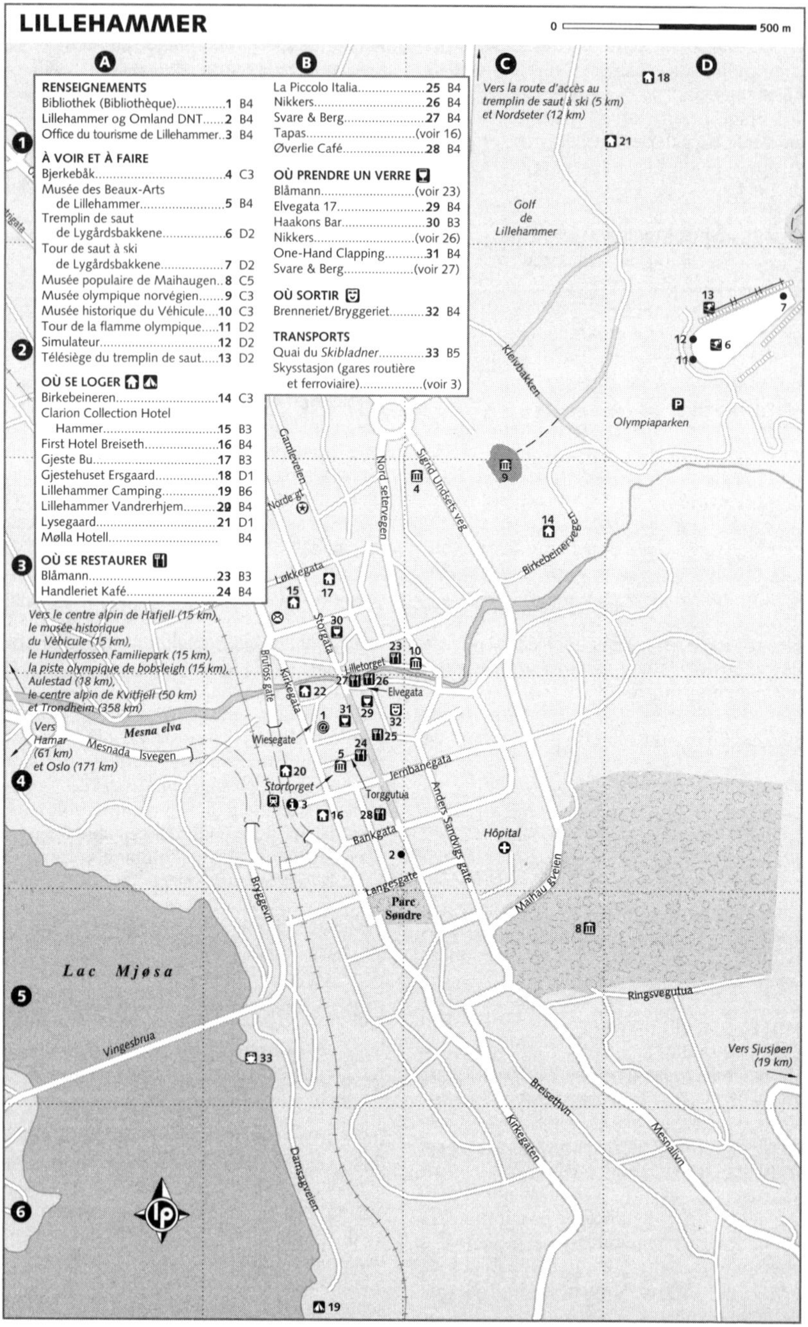
LILLEHAMMER
0
500 m
A
B
C
D
1
2
3
4
5
6
RENSEIGNEMENTS
Bibliothek (Bibliothèque)..............1 B4
Lillehammer og Omland DNT......2 B4
Office du tourisme de Lillehammer..3 B4
À VOIR ET À FAIRE
Bjerkebåk....................................4 C3
Musée des Beaux-Arts de Lillehammer........................5 B4
Tremplin de saut de Lygårdsbakkene.................6 D2
Tour de saut à ski de Lygårdsbakkene.................7 D2
Musée populaire de Maihaugen..8 C5
Musée olympique norvégien.......9 C3
Musée historique du Véhicule....10 C3
Tour de la flamme olympique.....11 D2
Simulateur.................................12 D2
Télésiège du tremplin de saut.....13 D2
OÙ SE LOGER
Birkebeineren............................14 C3
Clarion Collection Hotel Hammer.............................15 B3
First Hotel Breiseth....................16 B4
Gjeste Bu...................................17 B3
Gjestehuset Ersgaard.................18 D1
Lillehammer Camping................19 B6
Lillehammer Vandrerhjem.........20 B4
Lysegaard..................................21 D1
Mølla Hotell................................ B4
OÙ SE RESTAURER
Blåmann...................................23 B3
Handleriet Kafé.........................24 B4
La Piccolo Italia...................25 B4
Nikkers.................................26 B4
Svare & Berg.......................27 B4
Tapas..............................(voir 16)
Øverlie Café.......................28 B4
OÙ PRENDRE UN VERRE
Blåmann..........................(voir 23)
Elvegata 17.........................29 B4
Haakons Bar........................30 B3
Nikkers...........................(voir 26)
One-Hand Clapping...........31 B4
Svare & Berg.................(voir 27)
OÙ SORTIR
Brenneriet/Bryggeriet..........32 B4
TRANSPORTS
Quai du Skibladner............33 B5
Skysstasjon (gares routière et ferroviaire)................(voir 3)
Vers la route d'accès au tremplin de saut à ski (5 km) et Nordseter (12 km)
Golf de Lillehammer
Kleivbakken
Olympiaparken
Gamleveien
Nord seterveien
Sigrid Undsets veg
Birkebeinervegen
Løkkegata
Storgata
Lilletorget
Elvegata
Brufoss gate
Kirkegata
Wiesegate
Jernbanegata
Stortorget
Torggutua
Bankgata
Anders Sandvigs gate
Hôpital
Maihaugvegen
Langesgate
Parc Søndre
Bryggevn
Ringsvegutua
Vers le centre alpin de Hafjell (15 km), le musée historique du Véhicule (15 km), le Hunderfossen Familiepark (15 km), la piste olympique de bobsleigh (15 km), Aulestad (18 km), le centre alpin de Kvitfjell (50 km) et Trondheim (358 km)
Mesna elva
Mesnada
Isvegen
Vers Hamar (61 km) et Oslo (171 km)
Lac Mjøsa
Vingesbrua
Vers Sjusjøen (19 km)
Breisethvn
Kirkegaten
Mesnalivn
Damsagveien

Gjestehuset Ersgaard (☎ 61 25 06 84 ; www.ersgaard.no ; Nordseterveien 201 ; s/d sans sdb 420/590 NOK, s avec sdb 590 NOK, d avec sdb et vue sur la ferme/le lac 720/850 NOK ; P). Perché sur la colline dominant Lillehammer, ce joli bâtiment possède de jolies chambres dans des bâtiments de ferme rénovés. Un lieu calme, plein de cachet et doté d'une vue superbe.

Clarion Collection Hotel Hammer (☎ 61 26 73 73 ; cc.hammer@choice.no ; Storgata 108 ; s/d demi-pension à partir de 950/1 050 NOK ; 💻). Cet hôtel haut de gamme propose des chambres extrêmement confortables au cœur de la ville. Wi-Fi gratuit et buffet léger pour le dîner.

First Hotel Breiseth (☎ 61 24 77 77 ; www.breiseth.com ; Jernbanegata 1-5 ; s 798-1 190 NOK, d 998-1 398 NOK ; P 💻). Face à la gare, un établissement haut de gamme pourvu de belles chambres – modernes pour certaines, évocatrices des 110 ans d'existence de l'enseigne pour d'autres. Le bémol ? Le Wi-Fi payant – alors qu'il est gratuit à l'auberge de jeunesse.

Mølla Hotell (☎ 61 05 70 80 ; www.mollahotell.no ; Elvegata 12 ; s/d 895/1 095 NOK ; P). Un des hôtels les plus originaux de la ville : dans un ancien moulin entièrement rénové, les machines anciennes côtoient les écrans plats. Belle vue depuis le bar sur le toit. Architecture élégante.

Où se restaurer

Handleriet Kafé (☎ 61 25 63 40 ; Torggutua ; menu 115 NOK ; 🕑 10h30-18h lun-ven, 10h30-16h sam). Un petit air de salon de thé anglais, une carte d'en-cas et de pâtisseries pléthorique et une agréable terrasse : cet adorable café au pied de la colline de Storgata est exquis.

Øverlie Café (☎ 61 25 03 61 ; Storgata 50 ; plats à partir de 50 NOK ; 🕑 11h-23h). Les plats du jour copieux et pas chers (boulettes de viande-purée) sont à l'honneur dans ce café de rue sans prétention.

La Piccolo Italia (🕑 61 05 45 10 ; Storgata 73 ; pâtes à partir de 75 NOK, pizzas à partir de 75 NOK). Par beau temps, la Petite Italie gagne sur l'extérieur. Cuisine authentique et prix raisonnables.

Svare & Berg (☎ 61 24 74 30 ; Elvegata ; baguettes et sandwichs 64-129 NOK, salades 89-139 NOK, soupes 84-119 NOK ; 🕑 11h-23h lun-mer, 11h-24h jeu, 11h-2h ven-sam). Juste à côté du ruisseau bouillonnant, ce café-bar-restaurant tendance sert de savoureux en-cas et un excellent café, très appréciés des habitants.

Blåmann (☎ 61 26 22 03 ; Lilletorget 1 ; en-cas à partir de 75 NOK, déj soupe/buffet 65/135 NOK, plats 195-330 NOK, menu enfant 35 NOK ; 🕑 11h-23h). Un lieu recommandé pour son cadre dépouillé et son menu branché : plats mexicains, crocodile à la sauce du Sichuan, kangourou, renne, etc.

Nikkers (☎ 61 27 05 56 ; Elvegata 18 ; déj 75-125 NOK, baguettes à partir de 65 NOK, plats à partir de 139 NOK). La légende veut qu'un élan ait un jour traversé le mur de l'établissement (observez-le de l'extérieur). Dans une ambiance à mi-chemin du pub anglais et du café d'Oslo, le Nikkers, doté d'une agréable terrasse, sert des plats internationaux.

Tapas (☎ 61 24 77 88 ; Jernbanegata 1-5 ; tapas 5-75 NOK ; 🕑 18h-23h lun-jeu, 18h-24h ven-sam). Un bar au parfum d'Espagne avec musique latino, bonnes tapas et animation plaisante quand la foule est au rendez-vous.

Où prendre un verre et sortir

Les bars font partie intégrante de la vie à Lillehammer, surtout durant la saison de ski.

One-Hand Clapping (☎ 61 25 12 22 ; Storgata 80 ; 🕑 10h-17h lun-mer,10h-18h jeu-ven, 10h-15h sam). Ce petit café sympathique sert un café fabuleux (à partir de 25 NOK), des croissants et un gâteau au chocolat à se damner (20 NOK). Les deux fauteuils dans la rue sont des places de choix – à condition de pouvoir s'en emparer.

Elvegata 17 (Elvegata 17 ; 🕑 14h-23h lun-jeu, 14h-2h ven-sam, 20h-2h dim). Rendez-vous des moins de 30 ans, ce petit bar est le plus branché de Lillehammer. Paisible en journée, il s'anime à la tombée de la nuit.

Blåmann (☎ 61 26 22 03 ; Lilletorget 1). Au rez-de-chaussée de ce restaurant chic, le Lille Blå est un lieu détendu, idéal pour passer un après-midi à écrire des cartes postales, en sirotant un verre – ou un bon café. Ouvert jusqu'à 2h le week-end.

D'autres restaurants se doublent de bars agréables, parmi lesquels le Nikkers, le Svare & Berg et le Tapas.

Haakons Bar (Storgata 93 ; 🕑 11h-3h). Léthargique et peuplé de piliers de bar en journée, le Haakons Bar s'anime au crépuscule. Bondé, il devient alors plaisant pour prendre un verre – l'animation peut même être un peu excessive pendant la saison de ski.

Brenneriet/Bryggeriet (Elvegata 19 ; 🕑 18h-3h). Ce pub-club-discothèque attire une clientèle éclectique, des jeunots aux fêtards sur le retour. L'endroit n'est pas le plus chic du pays, mais on peut s'amuser à condition de ne pas être trop exigeant sur le plan musical.

LA PEER GYNT VEGEN

Parmi toutes les superbes routes de montagne du centre de la Norvège, la **Peer Gynt Vegen** (www.peergyntvegen.no ; péage 60 NOK ; ⌚ juin-sept) se distingue par une combinaison unique de paysages somptueux et d'histoire romanesque. Elle s'étire sur 60 km, de Skei à Espedalen, suivant l'itinéraire du malheureux personnage créé par Henrik Ibsen et dévoilant des panoramas inégalés du Jotunheimen et du massif des Rondane. Elle s'élève à une altitude de 1 053 m, passant en chemin par la ferme de Solbrå Seter, qui vit naître le fromage de Gudbrandsdal en 1863. Début août, la suite *Peer Gynt* d'Edvard Grieg est jouée au lac Gålåvatn. Pour rejoindre Skei depuis Lillehammer, prenez l'E 6 en direction du nord, puis bifurquez sur la Rv 254 à Tretten. La Peer Gynt Vegen s'élance vers le nord-ouest au niveau de Svingvoll.

Depuis/vers Lillehammer

Lillehammer Skysstasjon (☎ 177) est la principale gare des bus, trains et taxis. Nor-Way Bussekspress garantit des liaisons depuis/vers Oslo (290 NOK, 3 heures, 3-4/jour) via l'aéroport Gardermoen d'Oslo (245 NOK, 2 heures 15). Plusieurs bus depuis/vers les fjords de l'Ouest passent chaque jour par Lillehammer. Un bus assure quotidiennement la liaison depuis/vers Bergen (515 NOK, 9 heures 15). Moins nombreux mais moins chers (à partir de 149 NOK), les bus Lavprisekspressen desservent notamment Oslo et Trondheim.

Des trains circulent entre Oslo (310 NOK, 2 heures 15, 11-17/jour) et Trondheim (à partir de 299 NOK, 4 heures 15-7 heures, 4-6/jour).

Pour le *Skibladner*, un bateau à aubes, reportez-vous à l'encadré, p. 171.

ENVIRONS DE LILLEHAMMER

Hunderfossen

Le **musée norvégien des Routes** (Norsk Vegmuseum ; ☎ 61 28 52 50 ; www.vegmuseum.no en norvégien ; Hunderfossen ; gratuit ; ⌚ 10h-18h mi-mai à août, 10h-15h sept à mi-mai) est situé à proximité de l'E 6, à Hunderfossen, à 15 km au nord de Lillehammer. Il présente l'histoire mouvementée de la construction des routes dans le relief norvégien accidenté. Plus haut dans le même ensemble, dans un tunnel de 240 m de longueur, le **Fjellsprengnings-museet** (musée de l'Abattage des roches à l'explosif) donne un aperçu réaliste des difficultés de perçage des tunnels dans les montagnes norvégiennes. La visite guidée (avec maquettes et commentaires en vidéo) dure environ une demi-heure.

À proximité, le **Hunderfossen Familiepark** (☎ 61 27 55 60 ; www.hunderfossen.no ; Hunderfossen ; adulte/enfant 280/235 NOK ; ⌚ 10h-20h 23 juin-5 août, fermé 3 sept-25 mai, horaires réduits le reste de l'année) est l'un des meilleurs parcs d'attractions de la Norvège. Au programme : manèges aquatiques, animations en 3 D, palais de contes de fées et trolls en goguette.

Toujours à Hunderfossen, vous pourrez dévaler la **piste olympique de bobsleigh** (☎ 61 27 75 50 ; Hunderfossen ; accès au site 15 NOK ; ⌚ 11h-18h tlj 30 juin-19 août, 11h-18h sam 28 avril-26 juin et 25 août-16 sept, 11h-18h sam et dim 2-24 juin, horaires réduits le reste de l'année) dans un **bobsleigh sur roulettes** (adulte/enfant 10-11 ans 190/95 NOK) conduit par un pilote professionnel. Ces engins, d'une capacité de 5 personnes, montent à 100 km/h. Le **taxi bob** (adulte environ 950 NOK ; ⌚ nov-Pâques), pour 4 personnes, atteint 130 km/h et ne laisse pas le temps d'avoir peur : la descente dure 1 minute 10 ! Réservation conseillée en hiver.

En été, chaque jour, jusqu'à 5 bus assurent la liaison entre Lillehammer Skysstasjon (adulte/enfant 35/20 NOK, 30 min) et Hunderfossen. Ils sont moins fréquents le reste de l'année. Pour rejoindre la piste, préparez-vous à une sérieuse grimpette.

Pistes de ski olympiques

Lillehammer compte deux domaines de ski olympiques : le **centre alpin de Hafjell** (☎ 61 27 47 00 ; www.hafjell.no), à 15 km au nord de la ville, qui accueillit les descentes ; et celui de **Kvitfjell** (☎ 61 28 36 30 ; www.kvitfjell.no), à 50 km au nord, réservé au ski de fond. Ouverts de fin novembre à fin avril, ils sont accessibles en bus depuis Lillehammer Skysstasjon.

Aulestad

Bjørnstjerne Bjørnson, lauréat du prix Nobel de littérature en 1903, vécut dans une ferme à **Aulestad** (☎ 61 22 41 10 ; www.maihaugen.no/aules tad ; Follebu ; adulte/enfant/étudiant/retraité 35/75/60/60 NOK ; ⌚ 10h-17h juin-août, 11h-16h mi-fin mai et sept), à 18 km au nord-ouest de Lillehammer. Vous devrez être motorisé pour accéder au site, délicieusement restauré. Pour le billet combiné avec les sites de Lillehammer, voir l'encadré p. 165.

LE CENTRE

HAMAR

27 909 habitants

Cette ville sans grande beauté compte un nombre surprenant de sites dignes d'intérêt. La plupart datent des Jeux olympiques de 1994 – certaines compétitions se déroulèrent alors à Hamar –, mais on trouve aussi de bons musées.

L'**office du tourisme régional de Hamar** (☎ 62 51 75 03 ; www.hamarregionen.no en norvégien ; ⏰ 8h-18h lun-ven, 10h-18h sam et dim mi-juin à mi-août, 8h-16h lun-ven le reste de l'année) est implanté au Vikingskipet, un bâtiment en forme de bateau viking renversé, construit pour les épreuves olympiques de patinage.

À voir

PATINOIRE DU BATEAU VIKING

Cette **patinoire** (Vikingskipet ; ☎ 62 51 75 00 ; www.hoa.no en norvégien ; Åkersvikaveien 1 ; 30 NOK ; ⏰ 8h-18h lun-ven, 10h-16h sam-dim fin juin à mi-août, horaires réduits le reste de l'année), dont l'ossature légère évoque un drakkar retourné, est le bâtiment phare de Hamar. D'une capacité de 20 000 personnes, il accueillit les épreuves de patinage de vitesse des Jeux olympiques de 1994. Long de 94,60 m, il offre une surface de glace de 9 600 m². L'endroit est aussi impressionnant par ses dimensions que par son esthétique. Il est ouvert au public de fin juillet à mi-août (80 NOK).

MUSÉE DES CHEMINS DE FER NORVÉGIENS

Ce **musée des Chemins de fer** (Norsk Jernbanemuseum ; ☎ 62 51 31 60 ; www.norsk-jernbanemuseum.no en norvégien ; Strandveien 163 ; adulte/enfant 70/40 NOK ; ⏰ 10h30-17h tlj juil-19 août ; 11h-15h mar-sam, 11h-16h dim 20 août-juin) en plein air fondé en 1896 est consacré à l'histoire ferroviaire du pays. Au bord du lac Mjøsa, il réunit de jolies gares d'antan, des dépôts, des wagons et des locomotives à vapeur. Vous saurez tout sur les exploits des ingénieurs qui tracèrent le réseau ferré de ce pays accidenté.

MUSÉE HEDMARK ET CATHÉDRALE AU TOIT DE VERRE

À l'ouest de la ville (1,5 km), un vaste **musée en plein air** (Hedmarkmuseet ; ☎ 62 54 27 00 ; www.domkirkeodden.no ; Strandveien 100 ; adulte/enfant/retraité 70/30/55 NOK ; ⏰ 10h-17h tlj mi-juin à mi-août, 10h-16h mar-dim mi-mai à mi-juin et mi-août à mi-sept) rassemble des bâtiments des XVIIIe et XIXe siècles, une exposition consacrée à l'histoire locale et au "doigt du diable", les vestiges d'un château fort et l'extraordinaire structure de verre et d'acier du Domkirkeodden qui protège les ruines de la cathédrale. Avec le château fort, celle-ci domina Hamar jusqu'à ce que les deux bâtiments soient mis à sac par les Suédois en 1567. Depuis la bibliothèque municipale, prenez le bus n°6 (32 NOK, toutes les heures).

MUSÉE DES ÉMIGRANTS NORVÉGIENS

À 10 km à l'est de la ville, le **musée des Émigrants norvégiens** (Norsk Utvandrermuseum ; ☎ 62 57 48 50 ; www.museumsnett.no/emigrantmuseum ; Åkershagan ; gratuit ; ⏰ 9h-15h30 mar-ven, 10h-16h sam, 12h-16h dim juin-août, 9h-15h30 mar-ven sept-mai) est une institution en plein air digne d'intérêt, dévolue aux Norvégiens qui émigrèrent en Amérique du Nord dans les années 1880. La bibliothèque de recherche est ouverte sur adhésion (150 NOK).

Festivals

Le deuxième week-end de juin, pour le **festival du Moyen Âge** (www.middelalderfestival.no), des habitants revêtent des costumes d'époque et des concerts de chant grégorien sont donnés dans la cathédrale. La première semaine de septembre, le **Hamar Music Festival** (www.musicfest.no en norvégien) rassemble toujours plus de musiciens de tous les pays.

Où se loger et se restaurer

Vikingskipet Motell og Vandrerhjem (☎ 62 52 60 60 ; www.vikingskipet-motell.no ; Åkersvikavegen 24 ; s/d 690/790 NOK, app 2 lits 1 190 NOK). En face de la patinoire, un excellent choix,

LE PLUS VIEUX BATEAU À AUBES DU MONDE

Le **Skibladner** (☎ 61 14 40 80 ; www.skibladner.no), le plus vieux bateau à aubes du monde, est idéal pour découvrir le lac Mjøsa en toute tranquillité. Construit en Suède en 1856, il fut rénové et rallongé en 1888 pour atteindre 50 m. De fin juin à mi-août, il sillonne le lac entre Hamar, Gjøvik et Lillehammer. La plupart des voyageurs empruntent le tronçon Hamar-Lillehammer (aller/aller-retour 220/320 NOK, 3 heures 30) le mardi, le jeudi ou le samedi. L'aller-retour peut être effectué en une journée (départ de Hamar, 320 NOK). Les soirées jazz organisées à bord reviennent à 450 NOK, repas compris, mais sans les boissons.

aux chambres simples et impeccables. Superbes appartements indépendants.

Seiersted Pensjonat (☎ 62 52 12 44 ; www.seiersted.no ; Holsetgata 64 ; s/d 450/695 NOK ; 💻). Central et familial, le Seiersted Pensjonat offre des chambres joliment décorées et un accès Wi-Fi. Dîner à partir de 75 NOK.

Scandic Hamar (☎ 21 61 40 00 ; www.scandic-hotels.com/hamar ; Vangsveien 121 ; s/d à partir de 720/920 NOK ; 💻). Lignes scandinaves épurées, salle de sport et emplacement pratique… Voici peut-être la meilleure adresse de la ville. Les tarifs sont élevés, mais les réductions fréquentes sur le site Internet.

Stallgården (☎ 62 54 31 00 ; angle Bekkegata et Torggata ; déj 75-89 NOK, en-cas et repas légers 70-160 NOK, plats 179-260 NOK ; 🕑 11h-23h lun-sam). Le café au rez-de-chaussée est particulièrement apprécié pour sa terrasse en été. Restaurant plus sélect à l'étage.

Depuis/vers Hamar

De nombreux trains relient Oslo (205 NOK, 1 heure 15, 1-2/heure) à Trondheim (585 NOK, 5 heures, 4-5/jour) via Lillehammer. D'autres vont à Røros (425 NOK, 3 heures 15, 1-3/jour). Les bus Lavprisekspressen desservent Oslo (à partir de 149 NOK) et Trondheim (à partir de 199 NOK) 1-2 fois/jour.

LE CENTRE

ELVERUM

19 620 habitants

Malgré son nom, aux accents magiques, Elverum est une ville assez ordinaire, au cœur des vastes forêts verdoyantes du sud du comté de Hedmark. Un superbe Musée forestier en constitue le principal attrait.

L'**office du tourisme** (☎ 62 41 31 16 ; www.elverum-turistinfo.com ; Storgata 24 ; 🕑 9h-18h mi-juin à mi-août, horaires réduits le reste de l'année), central, est une mine d'informations.

À voir

Le grand **Musée forestier norvégien** (Norsk Skogmuseum ; ☎ 62 40 90 00 ; www.skogmus.no en norvégien ; Rv 20 ; adulte/enfant/étudiant et senior avec musée Glomdal 80/40/60 NOK ; 🕑 10h-18h mi-juin à mi-août, 10h-16h le reste de l'année), à 1 km au sud du centre-ville, présente les multiples utilisations et plaisirs des forêts norvégiennes. Le musée comprend un centre d'information sur la nature, un atelier pour les enfants, des sections dévolues à la géologie et à la météorologie, des sculptures sur bois, un aquarium, des dioramas sur la nature, toutes sortes d'animaux empaillés (dont un mammouth) et une bibliothèque de 20 000 ouvrages.

De l'autre côté du pont, le **musée Glomdal** (☎ 62 41 91 00 ; adulte/enfant/étudiant et senior avec le Musée forestier 80/40/60 NOK ; 🕑 10h-16h mi-juin à mi-août) réunit en plein air 90 bâtiments anciens typiques de la vallée de la Glomma.

Où se loger et se restaurer

Elverum Camping (☎ 62 41 67 16 ; www.elverumcamping.no ; Halvdans Gransvei 6 ; empl tente 150 NOK, bung 2 lits avec/sans sdb 900/450 NOK). Un camping en pleine verdure, au sud du Musée forestier.

Glommen Pensjonat (☎ 62 41 12 67 ; Vestheimsgata 2 ; s/d à partir de 400/450 NOK). À 500 m à l'ouest du centre, cette maison d'hôte simple et accueillante se distingue de nombreux établissements par une certaine singularité.

Elgstua (☎ 62 41 01 22 ; Trondheimsveien 9 ; s/d à partir de 700/950 NOK). Bien qu'un peu chère vu la simplicité des chambres, cette adresse classique reste appréciée des voyageurs.

Forstmann (☎ 62 41 69 10 ; plats à partir de 125 NOK ; 🕑 déj et dîner mi-juin à mi-août). Dans le Musée forestier, ce restaurant de poisson et de gibier concocte de bons plats traditionnels norvégiens.

Depuis/vers Elverum

Le Nor-Way Bussekspress Trysil Ekspressen relie Oslo (205 NOK, 2 heures 30) à Trysil (107 NOK, 1 heure 15) et dessert Elverum 7 fois/jour.

TRYSIL

6 782 habitants

Près de la frontière suédoise, Trysil est une petite localité entourée de collines boisées, dominée par le plus grand domaine skiable de Norvège. Une large sélection d'activités de plein air en fait une destination de choix tout au long de l'année.

En dehors de l'hiver, où Trysil vit par et pour le **ski**, vous pourrez opter pour toutes sortes de loisirs, du canoë au canyoning en passant par la pêche. L'été, le **vélo** est particulièrement plaisant – il existe au moins six pistes cyclables (de 6 à 38 km). Vous trouverez les itinéraires à l'office du tourisme et des vélos au **Trysil Hyttegrend** (ci-dessous ; 1/3/6 jours 200/375/575 NOK). Les cavaliers contacteront **Trysilstallen** (☎ 62 45 10 55 ; www.trysil-stallen.no ; demi-journée/journée 450/700 NOK).

L'**office du tourisme** (☎ 62 45 10 00 ; www.trysil.com ; Storvegen 3 ; 🕑 9h-18h lun-ven, 10h-14h sam-dim 25 juin-12 août, horaires réduits le reste de l'année), à l'extrémité nord de la rue principale, est bien documenté.

LES JOURS SOMBRES DE LA SECONDE GUERRE MONDIALE

Elverum s'est illustrée de manière aussi vaillante que tragique dans la résistance norvégienne aux nazis. Quand les forces de l'Axe envahirent la Norvège en avril 1940, le roi Haakon et le gouvernement norvégien quittèrent Oslo pour s'enfuir vers le nord. Ils s'arrêtèrent à Elverum. Le 9 avril, le Parlement se rassembla dans un lycée pour rédiger le mandat d'Elverum, qui donna au gouvernement en exil l'autorité pour protéger les intérêts de la Norvège, jusqu'à ce que le Parlement puisse se réunir de nouveau. Quand un messager arriva pour imposer la version nazie de la "protection" sous la forme d'un gouvernement fantoche à Oslo, le roi rejeta la "proposition" puis prit la route de l'exil. Deux jours plus tard, Elverum était la première ville norvégienne à subir un bombardement massif, qui détruisit la plupart de ses vieux bâtiments en bois. Le roi avait alors rejoint Nybergsund (près de Trysil), qui fut également bombardée ; il parvint à fuir à nouveau.

Où se loger et se restaurer

Trysil Hyttegrend (☎ 90 13 27 61 ; www.trysilhytte.com ; Ørånset ; bung 4 lits par jour/semaine à partir de 450/1 500 NOK ; P 💻). Au bord de l'eau et à 2,5 km au sud de la ville, cette adresse de premier ordre ne manque pas d'atouts : Wi-Fi, sauna chauffé au bois et nombreuses activités.

Trysil Hotell (☎ 62 45 08 33 ; www.norlandia.no/trysil ; Storvegen ; d à partir de 830 NOK ; P 💻). Cet hôtel central est l'un des rares à ouvrir toute l'année à Trysil. Bon restaurant sur place.

Depuis/vers Trysil

Le Trysil Ekspressen relie Trysil à Oslo (225 NOK, 4 heures) via Elverum (107 NOK, 1 heure 15) 7 fois/jour.

LE CENTRE-NORD

RØROS

5 671 habitants

Les superbes musées d'arts et de traditions populaires qui recréent le passé de la Norvège ne sauraient égaler Røros, charmant village inscrit au Patrimoine mondial de l'Unesco, niché dans une petite cuvette entourée de bois et de mornes hauteurs. Jadis appelée Bergstad (ville de montagne), cette ancienne cité minière qui vivait de l'exploitation du cuivre conserve des maisons de bois colorées à flanc de colline et un fort esprit communautaire. Pour l'écrivain norvégien Johan Falkberget, Røros était "un endroit où l'histoire chuchote". On peut aujourd'hui affirmer sans craindre le cliché que ce village est l'un des sites les plus enchanteurs de la Norvège.

Histoire

En 1644, un habitant, Olsen Åsen, tira sur un renne à Storvola (Storwartz). Dans sa fureur, l'animal gratta le sol, mettant à jour un filon de cuivre. L'usine de cuivre de Røros Kobberverk fut fondée dans l'année ; deux ans plus tard, une charte royale lui garantissait le monopole sur tous les produits minéraux et forestiers, ainsi que sur tous les cours d'eau dans un rayon de 40 km.

L'entreprise minière s'installa à Røros, de par l'abondance du bois (pour le feu) et la présence de rapides sur la Hyttelva (source d'énergie). Elle fit le choix d'employer le feu pour briser les roches dans les mines. Une solution dangereuse, qui coûta cher à Røros : réduit en cendres par les troupes suédoises en 1679, le village vit son haut-fourneau endommagé par le feu en 1953. L'entreprise fit faillite en 1977, après 333 années d'exploitation.

Renseignements

Biblioteket (bibliothèque ; ☎ 72 41 94 24 ; Fargarveien 4 ; 🕒 14h-19h lun, mer et ven, 11h-16h mar et jeu, 11h-14h sam). Accès Internet gratuit pour une durée limitée.

Office du tourisme (☎ 72 41 11 65 ; www.rorosinfo.com ; Peder Hiortsgata 2 ; 🕒 9h-18h lun-sam, 10h-16h dim mi-juin à mi-août, 9h-15h lun-ven, 10h30-12h30 sam le reste de l'année).

À voir

Pour la mine d'Olavsgruva et le musée Johan Falkberget, reportez-vous p. 177.

QUARTIER HISTORIQUE

Le quartier historique de Røros, qui se distingue par l'étonnante architecture de ses 80 édifices en bois classés, occupe tout le centre-ville. Les deux rues principales, **Kjerkgata** et **Bergmannsgata** (qui se termine en pointe, pour créer une illusion d'optique et faire paraître le village plus grand qu'il ne l'est en réalité), sont bordées de maisons et de

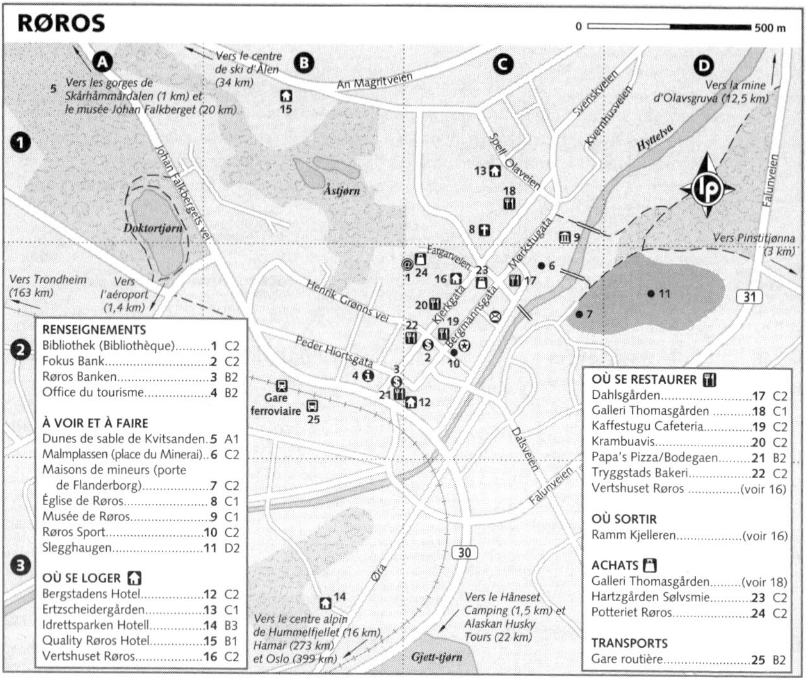

bâtiments anciens, tous classés. En remontant le cours de la Hyttelva, on accède au vieux quartier des hauts-fourneaux, doté de petites **maisons de mineurs** aux toits couverts de gazon.

Certains cinéphiles reconnaîtront Røros : le village a servi de décor à plusieurs films, dont *An-Magrit*, d'après le roman de Johan Falkberget. On voit la porte de Flanderborg dans des épisodes de l'adaptation télévisée de *Fifi Brindacier* d'Astrid Lindgren. Enfin, Røros a été choisi pour reconstituer la Sibérie dans *Une journée d'Ivan Denissovitch*, de Soljenitsyne, au cinéma.

ÉGLISE DE RØROS

Avec 1 640 places assises, l'**église** (Kjerkgata ; adulte/enfant 25 NOK/gratuit ; 🕑 10h-17h lun-sam, 13h-15h dim mi-juin à mi-août, horaires réduits le reste de l'année) de Røros, d'obédience luthérienne, est une des plus grandes du pays. Bâtie en 1650, elle se trouvait à l'abandon au milieu du XVIIIe siècle. En 1780, une nouvelle église baroque fut érigée juste derrière, avec un budget de 23 000 *riksdaler* (1 *riksdaler* équivaudrait à 4 NOK ; les mineurs gagnaient à l'époque quelque 50 *riksdaler* par an).

La galerie royale à l'arrière, signalée par les armoiries royales et le logo de la compagnie minière, n'a jamais reçu de monarque : les membres de la famille royale ont toujours préféré s'asseoir avec la population. Chose inhabituelle, la chaire est située au-dessus de l'autel. L'orgue (1742) est le plus ancien de fabrication norvégienne à être toujours en fonctionnement.

Le bâtiment fut la propriété de la compagnie minière jusqu'en 1865, ce que reflète sa décoration intérieure. Olsen Åsen, découvreur présumé du filon de cuivre, est représenté près de l'autel en compagnie de dirigeants de l'entreprise. On trouve également des portraits de l'écrivain Johan Falkberget et un tableau de l'église de 1650.

Pendant cinq semaines, de début juillet à début août, l'église accueille des **récitals d'orgue** (adulte/enfant 50 NOK/gratuit ; 🕑 18h lun-sam), parfois accompagnés par des musiciens d'orchestre de toute l'Europe.

MUSÉE DE RØROS

Situé dans l'ancienne fonderie, qui fut la principale raison d'être du village de 1646 à 1953, ce **musée** (☎ 72 40 61 70 ; Malmplassen ; adulte/enfant/senior/étudiant/famille 60/30/50/50/140 NOK ; 10h-19h mi-juin à mi-août, horaires réduits le reste de l'année) est l'un des sites phares de Røros. Le bâtiment fut reconstruit en 1988 d'après les plans originaux du XVIIe siècle. L'étage est consacré à la géologie et à l'environnement. Le rez-de-chaussée présente une grosse balance qui servait au pesage du minerai, des statistiques bien illustrées sur les débuts de l'exploitation et de belles maquettes animées des mines et des techniques d'extraction et de fonte à partir de l'énergie fournie par l'eau et les chevaux. Des démonstrations de fonte du cuivre ont lieu du mardi au vendredi à 15h, de début juillet à début août.

Devant l'entrée du musée s'étend un vaste espace appelé **Malmplassen** (place du Minerai), où le minerai était déposé puis pesé sur l'énorme balance en bois. Face au musée sur l'autre rive, les **slegghaugan** (terrils), désormais classés, offrent une jolie vue sur la cité.

L'été, le billet d'entrée donne droit à une visite guidée gratuite, en norvégien à 11h, 12h30 et 14h, et en anglais à 15h30.

À faire

Les possibilités de **randonner** (et de pratiquer le **ski de fond** en hiver) ne manquent pas sur le plateau semi-boisé de Røros ; renseignez-vous à l'office du tourisme. De nombreux secteurs restent enneigés une bonne partie de l'été. Le **centre alpin de Hummelfjellet** (☎ 62 49 71 00 ; www.hummelfjell.no en norvégien), à 16 km au sud de Røros, possède deux remontées et six pistes ; le **centre de ski d'Ålen** (☎ 72 41 55 55), à 34 km au nord-ouest, deux remontées et quatre pistes.

Depuis le centre-ville, une promenade de 1 km vers le nord-ouest conduit aux dunes de sable de **Kvitsanden**, les plus grandes de Scandinavie. Formées par du sable déposé par les eaux coulant sous un ancien glacier, elles se distinguent plus par leur singularité que par leur beauté.

En continuant vers l'est sur 1 km, on atteint les gorges de **Skårhåmmårdalen**, dont les bassins bordés d'étendues sablonneuses sont propices à la **baignade** en été – on les imagine aisément peuplés de trolls.

L'office du tourisme vous renseignera sur le **vélo**, le **canoë**, l'**équitation** et la **pêche à la truite sous la glace**. L'été, **Røros Sport** (☎ 72 41 12 18 ; Bergmannsgata 13) loue des VTT.

Circuits organisés

En hiver, **Alaskan Husky Tours** (☎ 62 49 87 66 ; www.huskytour.no en norvégien ; Os) organise des excursions avec des traîneaux tirés par des chiens (adulte/enfant/12-18 ans 590/190/290 NOK, 2 heures) ou des chevaux (600 NOK/heure, pour 4 personnes). L'été, vous devrez vous contenter de petites voitures tirées par des chiens. Les bureaux sont implantés à Os, à 22 km au sud-ouest de Røros – l'office du tourisme de Røros s'occupe des réservations. L'hiver, vous pourrez également participer à une excursion à la journée à Pinstitjønna, à 3 km de Røros, où des Samis du Sud ont installé un camp de tentes – dégustation de renne, apprentissage des techniques de la pêche sous la glace ou du lancer de hache, etc. Le circuit de 3 heures coûte environ 500 NOK/personne (à partir de 10 personnes).

L'office du tourisme propose de bonnes **visites guidées** du centre historique (adulte/enfant 60 NOK/gratuit ; départ 11h lun-sam mai à mi-juin et mi-août à mi-sept, 10h, 11h30, 13h, 14h30 lun-sam, 12h et 14h dim mi-juin à mi-août, 11h lun-sam 1er-19 juin et 16 août-10 sept, 11h sam le reste de l'année). L'été, visites en anglais ou en allemand à 13h du lundi au samedi et à 14h le dimanche.

Fêtes et festivals

La plus grosse manifestation de l'hiver est le **Rørosmartnan** (marché), organisé depuis 1644 – les chasseurs venaient alors en ville pour vendre leurs produits aux mineurs et se ravitailler. Un décret royal établit en 1853 une période légale pour ce grand marché, qui depuis se déroule chaque année entre l'avant-dernier mardi de février et le samedi suivant. De nos jours, il est marqué par des manifestations culturelles, des spectacles et des marchés de rue.

Tous les deux ans en août, on donne à Røros un **opéra rock** de 3 heures en suédois intitulé *Det Brinner en Eld* (*La Flamme éternelle*), sur les terrils en haut du village. Il raconte l'invasion du Trøndelag par la Suède en 1718, l'occupation de Røros, puis comment des milliers de soldats suédois moururent de froid lors du voyage de retour. La prochaine édition aura lieu en 2009.

Autres manifestations annuelles :

Femundlopet (www.femundlopet.no/eng/). Une des plus longues courses de traîneaux à chiens d'Europe. Départ et arrivée à Røros la première semaine de février.

Festival d'hiver de musique de chambre (www.vinterfestspill.no). Concerts organisés dans l'église, pendant la première semaine de mars.

Où se loger

L'office du tourisme dispose d'une liste de bungalows d'été et de maisons d'hôte – certains sont accessibles à pied depuis le village. Comptez environ 2 500 à 4 000 NOK par semaine en haute saison.

Håneset Camping (☎ 72 41 06 00 ; fax 72 41 06 01 ; Osloveien ; empl tente ou caravane 130 NOK plus 25 NOK/pers, bung 2/4 lits 320/420 NOK). Une excellente adresse, dotée de bungalows simples et bien tenus – équipements pour la cuisine et la lessive, salle commune et TV. À 2 km au sud de Røros.

Idrettsparken Hotell (☎ 72 41 10 89 ; www.idrettsparken.no en norvégien ; Øra 25 ; empl tente/caravane à partir de 100/155 NOK, bung à partir de 420 NOK, hôtel s/d à partir de 665/990 NOK, chiens 100 NOK ; P). À 500 m au sud de la gare, un établissement offrant des hébergements pour tous les budgets.

Erzscheidergården (☎ 72 41 11 94 ; www.erzscheidergaarden.no ; Spell Olaveien 6 ; s/d à partir de 790/990 NOK ; P). Cette agréable maison d'hôte est située derrière l'église, sur la colline, au-dessus du centre-ville. Les 16 chambres lambrissées ne manquent pas de cachet et l'ambiance, familiale, est typiquement norvégienne. Remarquable buffet petit déjeuner – le meilleur de la Norvège selon un voyageur, à qui nous ne donnons pas tort !

Vertshuset Røros (☎ 72 41 93 50 ; www.vertshusetroros.no ; Kjerkgata 34 ; s/d à partir de 760/990 NOK, app 2/3/4 lits 1 060/1 305/1 640 NOK ; P). Un excellent choix, dans un vieux bâtiment de la principale rue piétonne. Spacieuses, les chambres mêlent l'ancien – lits à colonnes en bois – au charme d'une literie récente – la plus confortable de Røros.

Bergstadens Hotel (☎ 72 40 60 80 ; www.bergstaden.no en norvégien ; Osloveien 2 ; s 850-1 395 NOK, d 990-1 495 NOK). Établi de longue date, cet hôtel dispose de chambres plaisantes, modernes pour la plupart, mais assez anonymes. Le service manque un peu de chaleur.

Quality Røros Hotel (☎ 72 40 80 00 ; www.choice.no ; An Magrit veien 10 ; s/d à partir de 845/1 090 NOK). Tout en haut du village, le Quality Røros possède des chambres douillettes, moins impersonnelles que celles de nombreuses chaînes, mais avec beaucoup moins de caractère que celles des petits hôtels.

Où se restaurer

Røros compte plusieurs bons restaurants. La plupart des enseignes proposent des buffets déjeuners ou des plats du jour peu onéreux.

Vertshuset Røros (☎ 72 41 24 11 ; Kjerkgata 34 ; en-cas 71-119 NOK, entrées 81-145 NOK, plats 195-270 NOK). Chic et décontractée, voici notre adresse favorite. Le menu privilégie la qualité sur la quantité – délicieux steak de renne (cœur pour les plus audacieux), savoureuse truite des montagnes, etc. Ce n'est pas donné, mais le plaisir n'a pas de prix.

Papa's Pizza/Bodegaen (☎ 72 40 60 20 ; Bergmannsgata 1 ; pizza enfant/petite/grande 49/90/170 NOK, pâtes à partir de 129 NOK). Au bout de Bermannsgata, Papa sert des poissons, des viandes et des pizzas honorables. Les tables en terrasse donnent sur la vieille rue.

Krambuavis (☎ 72 41 05 67 ; Kjerkgata 28 ; entrées 69-122 NOK, plats 134-215 NOK). Un excellent choix, grâce à un service sympathique et à des plats aussi copieux que délicieux – tex-mex, travers de porc, poissons, etc.

Kaffestugu Cafeteria (☎ 72 41 10 33 ; Bergmannsgata 18 ; déj plats du jour 82-135 NOK, plats 75-165 NOK ; 10h-17h lun-ven, 9h-17h sam, 11h-17h dim). Dans un vieux bâtiment du centre-ville, cette cafétéria sans prétention propose un choix intéressant de cafés, de pâtisseries et d'en-cas. Bons hamburgers à l'élan ; plats du jour du midi un peu chargés en pommes de terre.

On trouve aussi de nombreux petits cafés – certains dépendent de magasins d'artisanat et de souvenirs. Citons notamment :

Dahlsgården (☎ 72 41 19 89 ; Mørkstugata 5 ; 10h-17h lun-ven, 10h-16h sam, 12h-16h dim été, horaires réduits le reste de l'année)

Galleri Thomasgården (☎ 72 41 24 70 ; Kjerkgata 48 ; 10h-17h lun-ven, 10h-16h sam, 12h-16h dim été, horaires réduits le reste de l'année)

Tryggstads Bakeri (☎ 72 41 10 29 ; Kjerkgata 12 ; 8h30-19h lun-ven, 9h-16h sam, 12h-17h dim). Café et pâtisseries excellents.

Où sortir

Ramm Kjelleren (☎ 72 41 24 11 ; Kjerkgata 34 ; 19h-1h mer, ven et sam). Ce lieu de caractère est installé sous les voûtes d'un bâtiment des années 1700. Le personnel sympathique, le décor et l'ambiance – les jours d'affluence – garantissent une bonne soirée. Concerts gratuits le vendredi vers 21h.

Achats

Le coté "nature" de Røros a fait que des dizaines d'artistes et d'artisans s'y sont installés.

Galleri Thomasgården (☎ 72 41 24 70 ; Kjerkgata 48 ; 10h-17h lun-ven, 10h-16h sam, 12h-16h dim été, horaires réduits le reste de l'année). Dans cette galerie digne d'intérêt, le potier Torgeir Henriksen expose ses œuvres rustiques en pierre et céramique. On voit aussi de superbes sculptures sur bois naturalistes de Henry Solli. Le piano mécanique, l'un des deux existant en Norvège, date de 1929.

Potteriet Røros (☎ 72 41 17 10 ; www.potteriet-roros.no en norvégien ; Fargarveien 4 ; 🕑 10h-16h lun-ven, 11h-17h sam). Les poteries exposées sont ornées de motifs traditionnels du Trøndelag, parfois interprétés de façon moderne et créative. L'atelier voisin est ouvert au public et les artisans sont toujours heureux de présenter leur travail.

Hartzgården Sølvsmie (☎ 72 41 05 50 ; Kjerkgata ; 🕑 10h-18h lun-ven, 10h-16h sam, 12h-17h dim en été, horaires réduits le reste de l'année). Cette belle boutique de créations en argent propose des bijoux artisanaux traditionnels – souvent inspirés des Vikings – et une petite exposition de bijoux anciens.

Depuis/vers Røros

La compagnie Coast Air, qui assurait des vols à destination d'Oslo, a cessé ses activités au début de l'année 2008. Pour connaître les liaisons au départ de Røros, contactez **Røros Flyservice** (☎ 72 41 39 00 ; www.roros-flyservice.no).

Røros est située sur la ligne ferroviaire reliant Oslo (199 NOK, 5 heures, 6/jour) à Trondheim (159 NOK, 2 heures 30). Pour Oslo, vous devrez parfois changer à Hamar. Le bus quotidien pour Oslo (395 NOK, 6 heures) part à 12h40.

ENVIRONS DE RØROS

Mine d'Olavsgruva

La **mine d'Olavsgruva** (☎ 72 41 11 65 ; Kojedalen ; adulte/enfant/senior/étudiant/famille 60/30/50/50/140 NOK ; 🕑 visites guidées 11h, 12h30, 14h, 15h30 et 17h mi-juin à mi-août, horaires réduits le reste de l'année) est à 13 km au nord de Røros. L'exposition présente un intérêt limité, mais la **visite de l'ancienne mine** de Nyberget, exploitée dans les années 1650, mérite le détour. La mine moderne d'Olavsgruva, plus profonde, date de 1936. Les lieux sont parfois boueux et il fait 5°C dans la mine : prévoyez un manteau et de bonnes chaussures. Vous devrez être motorisé ou prendre un taxi (aller-retour 450 NOK) pour accéder au site.

Musée Johan Falkberget

Enfant prodigue du pays, l'écrivain Johan Falkberget (1879-1967) grandit dans la ferme de Trondalen, dans la vallée de la Rugel. Traduite en 19 langues, son œuvre raconte 300 ans de l'histoire minière de la région. Son roman le plus connu, *An-Magrit*, conte l'histoire d'une jeune paysanne qui transportait du minerai de cuivre dans le comté minier de Røros. Le **musée** (☎ 72 41 46 31 ; Ratvolden ; adulte/enfant 60/30 NOK ; 🕑 11h30-15h mar-dim juil-début août, 11h30-13h30 mar-dim début août à mi-sept) jouxte le lac Rugelsjø, à 20 km au nord de Røros. Les visites guidées partent à 12h du mardi au dimanche – un départ supplémentaire à 13h30 en juillet. Pour rejoindre le musée, prenez le train jusqu'à Rugeldalen, puis suivez l'allée piétonne menant au musée.

PARC NATIONAL DU FEMUNDSMARKA

Ce parc national fut créé en 1971 pour protéger le deuxième plus grand lac de Norvège, le Femundenle, ses alentours et les forêts s'étendant à l'est jusqu'à la Suède. Les paysages semblent ici plus suédois que norvégiens. Les faucons du parc ont longtemps servi aux fauconniers d'Europe et d'Asie pour la chasse – plusieurs collines portent d'ailleurs le nom de Falkfangerhøgda, "hauteur des chasseurs de faucons". Avec de la chance, on voit parfois des rennes sauvages paître sur les hauteurs et, l'été, une harde d'une trentaine de bœufs musqués près de la Røa et de la Mugga – ils migrent dans la région de Funäsdalen en hiver. Cette harde semble provenir d'un groupe plus ancien, vivant dans la région de Dovrefjell (voir l'encadré, p. 181).

Où se loger

Il existe deux hébergements principaux : le **Johnsgård Turistsenter** (☎ 62 45 99 25 ; www.johnsgard.no ; Sømådalen ; empl tente 130 NOK, bung 4 lits à partir de 170 NOK), à 9 km à l'ouest de Buvika, et le **Langen Gjestegård** (☎ 72 41 37 18 ; fax 72 41 37 11 ; Synnervika ; s/d à partir de 250/450 NOK), une confortable ferme au toit de gazon proche du lac.

Depuis/vers le parc national du Femundsmarka

Plus que centenaire, le ferry M/S *Fæmund II* navigue tous les jours de mi-juin à fin août entre Synnervika (aussi appelé Søndervika), sur la rive nord du lac Femunden, et Elgå (6 heures aller-retour). Au cœur de l'été, le bateau continue parfois jusqu'à Buvika, voire jusqu'à Femundsenden, à la pointe sud du lac. Les horaires sont disponibles à l'office du tourisme de Røros (p. 173).

De mi-juin à fin août, des bus pour Synnervika partent de la gare de Røros 45 min avant le départ du bateau. Les bus pour Røros retrouvent plus tard le bateau à Synnervika. On peut rejoindre le sud de Femunden par les bus Trysil Ekspressen (changement à Trysil pour Engerdal/Drevsjø).

OPPDAL

6 531 habitants

La beauté des alentours d'Oppdal compense sans peine l'architecture quelconque de la ville. La plupart des visiteurs viennent pour profiter d'un bon choix d'activités de plein air.

L'**office du tourisme** (☎ 72 40 04 70 ; www.oppdal.com ; 🕑 9h-18h lun-ven, 10h-16h sam et dim mi-juin à mi-août, horaires réduits le reste de l'année) vous renseignera sur les sites et activités de la région et du centre de la Norvège.

Oppdal Booking (☎ 72 40 08 00 ; www.oppdal-booking.no ; 🕑 8h-16h lun-ven mi-juin à mi-août, 8h-18h tlj mi-jan à Pâques, horaires réduits le reste de l'année) est un service de réservations centralisé, spécialisé dans les hébergements et les activités – dont les circuits d'observation des bœufs musqués. Des frais de réservation s'appliquent.

Où se loger et se restaurer

Si tout affiche complet, contactez Oppdal Booking ou l'office du tourisme.

Oppdalstunet Vandrerhjem (☎ 72 42 23 11 ; oppdal.hostel@vandrerhjem.no ; Gamle Kongsvei ; dort/s/d 150/370/450 NOK ; 🕑 mai-nov). Un bon hébergement de type auberge de jeunesse, sur une pente douce surplombant la vallée, à 1,5 km au nord-est du centre.

Quality Oppdal Hotel (☎ 72 40 07 00 ; www.choice.no ; Olav Skasliens vei 8 ; s/d 1 250/1 450 NOK). Membre du réseau Choice Hotels, cet établissement confortable propose des chambres agréables, de loin les meilleures de la ville. Les prix, trop élevés, baissent parfois en été.

Sletvold Apartment Hotel (☎ 72 40 40 90 ; booking@sletvold-stolen.no ; Gamle Kongsvei ; s/d à partir de 805/1 015 NOK). Si être à la lisière nord de la ville ne vous dérange pas, ce bel endroit (rattaché au réseau Norlandia) est une bonne option. Jolies chambres, dont certaines donnent sur la vallée.

Møllen Restaurant & Pizzeria (☎ 72 42 18 00 ; Dovreveien 2 ; pâtes et kebabs 79-139 NOK, petite/grande pizza à partir de 85/159 NOK, plats 135-215 NOK). Dans le centre, au bord de l'E 6, pour un vrai repas à prix doux.

Café Ludvik (☎ 72 42 01 40 ; Inge Krokanns vei 21 ; plats 69-159 NOK). Bien qu'un peu moins raffiné, le Café Ludvik est également intéressant. Au menu : toutes sortes de plats économiques dont du bœuf, des omelettes et des pâtes. À 300 m au sud du centre.

Perrongen Steak House (☎ 72 40 07 00 ; entrées 89-115 NOK, plats 115-245 NOK). Dans le Quality Oppdal Hotel, voici l'endroit le plus chic et la meilleure table de la ville. Comptez 255 NOK pour un steak de renne.

Depuis/vers Oppdal

Pour aller à Oppdal, le plus simple est de prendre l'un des 4-5 trains qui circulent tous les jours entre Oslo (199-674 NOK, 5 heures) et Trondheim (199-213 NOK, 1 heure 30). Oppdal est sur la ligne du Nor-Way Bussekspress qui relie Bergen (686 NOK, 12 heures 30) à Trondheim (210 NOK, 2 heures) et passe 2 fois/jour. Moins chers, les bus Lavprisekspressen (à partir de 149 NOK) s'arrêtent 1-2 fois/jour entre Oslo et Trondheim.

TROLLHEIMEN

Le petit massif du Trollheimen est sillonné de chemins, qui traversent ses pentes douces et ses hauteurs parsemées de lacs. On y accède aisément depuis Oppdal : vous pourrez parcourir à pied ou en stop les 15 km de la route à péage (30 NOK) menant à **Osen**, principale porte d'accès de cette région sauvage. La meilleure carte disponible est la *Turkart Trollheimen* (1/75 000) de Statens Kartverk, en vente à l'office du tourisme d'Oppdal (120 NOK).

Vassendsetra, où une ancienne ferme se double d'un refuge, offre un bon but de randonnée. D'Osen – à l'embouchure de la Gjevilvatnet –, à 3 km au nord de la principale route de Sunndalsøra, le bateau *Trollheimen II* va jusqu'à Vassendsetra (150 NOK aller-retour). Chaque jour de juillet à mi-août, il quitte Osen à midi pour repartir de Vassendsetra à 15h30. Autre possibilité : à pied ou en voiture, suivre sur 6 km la route d'Osen jusqu'à **Gjevilvasshytta** (refuge du DNT), puis continuer sur 12 km par le chemin au bord du lac, jusqu'à **Vassendsetra** (☎ 72 42 32 20 ; fax 72 42 34 30 ; dort membres du DNT/non-membres 150/230 NOK, petit déj 75/125 NOK, dîner 160/200 NOK ; 🕑 juil-août). À mi-parcours, de superbes plages invitent à la baignade.

Très populaire, le circuit "Trekanten", sur 3 jours en refuges, emprunte l'impressionnante piste Gjevilvasshytta-Trollheimshytta-Jøldalshytta-Gjevilvasshytta. Renseignements auprès d'Oppdal Booking (p. 178).

QUELQUES ACTIVITÉS À OPPDAL

Rafting

Proche, sauvage et écumante, la Driva promet d'excellentes descentes de rafting de mai à octobre. Spécialisé dans les activités d'extérieur, l'organisme **Opplev Oppdal** (☎ 72 40 41 80 ; www.opplev-oppdal.no en norvégien ; Olav Skasliens vei 12) propose différentes formules, des descentes familiales assez tranquilles de classe I-II, aux sorties à la journée de classe III-IV, garantissant des émotions fortes. Les prix s'échelonnent de 590 à 830 NOK, par personne et par jour.

Cette même enseigne loue des canoës (à partir de 320 NOK/jour) et organise des sorties de surf de rivière (830 NOK) et d'escalade (830 NOK).

Safaris d'observation des bœufs musqués et des élans

Pour observer le très préhistorique bœuf musqué (voir l'encadré, p. 181), optez pour l'un des **safaris** (adulte/enfant 285/175 NOK ; 9h mi-juin à mi-août) de 5-6 heures organisés par Oppdal Booking (voir p. 178).

L'été, on peut aussi traquer le paisible élan en s'inscrivant au safari du mercredi soir (250 NOK, 2-3 heures). Réservation à l'office du tourisme.

Deltaplane

Pour admirer le superbe centre de la Norvège vu du ciel, pourquoi ne pas essayer le vol en tandem ? Contactez **Walter Brandsegg** (☎ 72 42 21 30 ; walter@brandsegg.no). À partir de 550 NOK/personne.

Ski et surf de neige

L'Oppdal Skisenter englobe Hovden, Stølen et Vangslia, trois domaines aisément accessibles depuis la ville. Vangslia est le plus abordable, avec deux pistes pour débutants ; les pistes de Stølen sont d'un niveau moyen ; Hovden offre trois pistes pour skieurs confirmés. Les forfaits des remontées mécaniques coûtent 295/540/760 NOK pour 1/2/3 jours. La petite station d'Ådalen voisine possède deux remontées. La saison s'étend de fin novembre à fin avril.

DOMBÅS

2 812 habitants

Dombås est apprécié pour les activités de plein air et les sports d'hiver. Bien situé, le village est pratique pour faire étape entre les parcs nationaux des régions montagneuses et les fjords occidentaux. Oppdal (p. 178), plus au nord, offre toutefois un choix d'activités plus large. Pour le rafting, préférez Sjoa (p. 183).

Le **centre du parc national de Dovrefjell** (DovrefjellNasjonalparksenter ; ☎ 61 24 14 44 ; dombaas@nasjonalparker.org ; Sentralplassen ; gratuit ; 9h-20h mi-juin à mi-août, horaires réduits le reste de l'année) est une annexe de l'**office du tourisme** (☎ 61 24 14 44 ; www.dovrenett.no ; 9h-20h mi-juin à mi-août, 9h-16h lun-ven le reste de l'année).

À voir

Le **Dovregubbens Rike Trollpark** (☎ 61 24 12 90 ; www.trollpark.com ; Sentralplassen ; adulte/enfant 40/20 NOK ; 10h-19h45 lun-ven, 10h-18h45 sam, 11h-18h45 dim mi-juin à mi-août, 10h-16h lun-ven, 10h-14h sam le reste de l'année) est consacré aux légendaires trolls norvégiens et au "royaume du roi de la Montagne" (le Dovre), massif habité par le plus puissant et le plus amical des trolls. Le parc projette un documentaire sur l'histoire naturelle locale et réunit des animaux empaillés, ainsi que diverses présentations, portant aussi bien sur les techniques de chasse préhistoriques que sur la création des parcs nationaux de la région.

Circuits organisés

Moskus-Safari Dovrefjell (☎ 99 70 37 66 ; www.moskus-safari.no) propose des visites guidées intéressantes, dont :

Elk Safari. Ce safari d'observation des élans (250 NOK) part de l'office du tourisme entre mi-juin et mi-août, du mardi au jeudi. Réservation obligatoire.

Randonnée Snøhetta. Cette randonnée (450 NOK, 5-7 heures) jusqu'au sommet du Snøhetta (2 286 m) part le samedi de mi-juin à mi-août. Réservation obligatoire ; minimum de 5 personnes.

Musk OxSafari. Les bœufs musqués tiennent la vedette de ce circuit de 5 heures (300 NOK), qui part tous les jours à 9h de l'office du tourisme du 10 juin à fin août (au moins), et le week-end en septembre. Réservation inutile.

Où se loger et se restaurer

Bjørkhol Camping (☎ 61 24 13 31 ; www.bjorkhol.no ; Bjørkhol ; empl tente/caravane 90/110 NOK, bung 2/4 lits sans sdb à partir de 240/350 NOK, bung 2 lits avec sdb à partir de 550 NOK). À 7 km à l'est de Dombås, ce camping très bon marché des plus sympathiques est doté d'équipements en excellent état. Plusieurs bus viennent chaque jour de Dombås.

Trolltun Gjestegård & Dombås Vandrerhjem (☎ 61 24 09 60 ; www.trolltun.no ; auberge de jeunesse dort/d/f 200/550/600 NOK, hôtel s/d 670/960 NOK). Une bonne adresse, à 1,5 km au nord-est de Dombås, sur la colline au-dessus de l'E 6. Cadre charmant, chambres soignées et repas à prix raisonnables.

Norlandia Dovrefjell Hotell (☎ 61 24 10 05 ; www.norlandia.no ; s/d 1 020/1 200 NOK). De belles chambres, juste assez loin du centre pour rappeler la proximité des étendues sauvages. À 2 km au nord-ouest du centre, près de l'E 136.

En centre-ville, le principal centre commercial abrite la **Frich's Cafeteria** (☎ 61 24 10 23 ; Sentralplassen ; 🕑 petit déj, déj et dîner), une adresse populaire qui propose à prix doux des repas sans fantaisie. À la même adresse, **Senter-Grillen** (☎ 61 24 18 33 ; Sentralplassen ; 🕑 petit déj, déj et dîner) sert des pizzas.

Depuis/vers Dombås

Dombås est situé sur la ligne ferroviaire qui relie Oslo (565 NOK, 3 heures 45) à Trondheim (352 NOK, 2 heures 30). C'est aussi le point de départ de la ligne de Raumabanen, qui suit la spectaculaire vallée de Romsdalen jusqu'à Åndalsnes (198 NOK, 1 heure 15, 2-3/jour). Chaque jour, 2 bus Nor-Way Bussekspress qui circulent entre Bergen (631 NOK, 11 heures 15) et Trondheim (315 NOK, 3 heures 15) s'arrêtent à Dombås, dans les deux sens. Moins chers, les bus Lavprisekspressen (à partir de 149 NOK) entre Oslo et Trondheim desservent aussi le village.

La route Dombås-Åndalsnes, qui suit la vallée de Romsdalen (107 km), est superbe.

PARC NATIONAL DE DOVREFJELL-SUNNDALSFJELLA

Ce parc national de 4 367 km² forme la plus grande zone protégée d'un seul tenant du pays. Il englobe les étendues montagneuses autour du Snøhetta (2 286 m) et fournit un habitat austère aux renards arctiques, aux rennes, aux gloutons et aux bœufs musqués. Depuis Snøheim, l'ascension du Snøhetta prend 6 heures. La région du parc qui comprend le massif du Knutshøene (1 690 m), à l'est de l'E 6, possède l'écosystème alpin le plus riche d'Europe.

Les **marais de Fokstumyra** abritent une avifaune d'une étonnante diversité. Quelque 75 espèces y nichent, une quarantaine d'autres se montrant de manière occasionnelle. Parmi les espèces les plus rares nichant à proximité de l'eau, citons le combattant varié, la bécassine double, le bécasseau de Temminck, le courlis corlieu, le plongeon imbrin, le vanneau, l'oie naine et le busard Saint-Martin. Le bruant des neiges, le merle à plastron, la grive litorne, le bécasseau violet, la pie-grièche grise, le cincle plongeur, le pinson du Nord, le faucon pèlerin, le pluvier, le hiboux des marais, le corbeau et l'alouette se reproduisent dans les collines et forêts alentour.

Non loin de la lisière de la réserve (côté Dombås), un sentier balisé de 7 km permet d'observer de nombreuses espèces. De mai à juillet, il est interdit de sortir du chemin pour ne pas perturber la couvaison.

Pour obtenir de plus amples informations, rendez-vous au centre du parc national de Dovrefjell (p. 179). Différents circuits dans le parc sont détaillés p. 179.

Le parc est accessible à vélo – en location à l'office du tourisme de Dombås (35/100 NOK par heure/jour) – ou en taxi (environ 170 NOK aller).

Les randonneurs apprécieront la carte *Dovrefjell* (1/100 000) de Statens Kartverk. Toutefois, elle n'englobe pas la région de Knutshø, couverte par les cartes topographiques *Einunna 1519-I* et *Folldal 1519-II* de Statens Kartverk.

Où se loger et se restaurer

Considéré trop proche du champ de tir de l'armée de Hjerkinn, le refuge du DNT de **Snøheim** a été remplacé par le nouveau refuge sans personnel de **Reinheim** (1 341 m), à Stroplsjødalen, 5 km plus au nord. Le DNT gère plusieurs refuges sans personnel dans la région voisine de Skrymtheimen. Les clefs sont disponibles à l'office du tourisme de Dombås.

Kongsvold Fjeldstue (☎ 72 40 43 40 ; www.kongsvold.no ; Kongsvold ; d à partir de 650 NOK). Un endroit charmant et riche d'histoire, qui fournit des renseignements sur le parc, des cartes, des repas et un hébergement à 13 km au nord de Hjerkinn, sur l'E 6. Les étonnants bâtiments de bois du début du XVIIIe siècle se nichent au plus profond de Drivdalen,

LE BŒUF MUSQUÉ

Membre de la famille des bovidés, le bœuf musqué (*Ovibos moschatus*) offre peu de ressemblance avec ses plus proches cousins, ni d'ailleurs avec aucun autre animal. Durant la dernière glaciation, il était présent dans toutes les zones glaciaires de l'hémisphère Nord. Aujourd'hui, les dernières hardes se concentrent dans certaines régions du Groenland, du Canada, de l'Alaska et des parcs nationaux de Dovrefjell-Sunndalsfjella et du Femundsmarka, en Norvège.

Les bœufs musqués pèsent entre 225 et 445 kg. Leurs hautes épaules sont surmontées d'une bosse et d'une tête énorme, dirigée vers le bas. Ils portent d'épaisses cornes plates, qui descendent sur les côtés de la tête avant de remonter latéralement en formant des pointes dirigées vers le haut. Leur fourrure, d'une épaisseur impressionnante, est constituée d'un sous-poil laineux très isolant, recouvert sur tout le corps par de grands poils ou jarres qui atteignent presque le sol. Seule la partie inférieure des pattes dépasse de ce manteau, leur donnant l'apparence massive de chevaux moyenâgeux harnachés pour un tournoi. À l'époque du rut, quand les mâles rassemblent leurs harems, ils s'affrontent par des charges répétées pour établir leur dominance. Le bruit des têtes se percutant s'entend à des kilomètres. Les joutes cessent avec l'abandon de l'un des protagonistes.

Le loup est l'unique prédateur naturel des bœufs musqués. Ils s'en défendent en formant un cercle avec les mâles à l'extérieur et les femelles au milieu, comptant sur la puissance collective de leurs cornes pour éventrer les agresseurs. Cette tactique se révéla inefficace contre les chasseurs humains, et particulièrement contre les Inuits du Groenland. Les populations, qui avaient sérieusement diminué, ont pu augmenter à nouveau grâce à une politique de préservation.

En 1931, 10 animaux venus du Groenland furent réintroduits dans le parc de Dovrefjell. L'espèce disparut presque durant la Seconde Guerre mondiale, mais 23 nouveaux individus furent amenés du Groenland entre 1947 et 1953. La harde compte aujourd'hui quelque 80 animaux. Certains ont émigré vers l'est et le parc du Femundsmarka, où ils ont formé un nouveau groupe.

Votre meilleure chance de voir un bœuf musqué est de participer à un safari, à Oppdal (voir l'encadré, p. 179) ou à Dombås (p. 179). L'été, on en rencontre parfois en randonnant dans le parc national du Femundsmarka (p. 177), près des rivières Røa et Mugga.

Les bœufs musqués ne sont pas naturellement agressifs à l'égard des humains, mais un animal se sentant menacé peut charger à la vitesse de 60 km/h et faire comprendre sa douleur à tout ce qui se trouve sur son chemin. Il est conseillé de se tenir à au moins 200 m de distance. Si un animal semble agité ou gratte le sol, ne courez pas : reculez lentement sans vous retourner, jusqu'à ce qu'il se calme.

à 500 m de la minuscule gare de Kongsvold – les trains ne s'arrêtent que sur demande. Toutes les chambres sont différentes.

Hjerkinn Fjellstue (☎ 61 24 29 27 ; www.hjerkinn.no en norvégien ; Hjerkinn ; s/d à partir de 625/950 NOK). Cette auberge confortable est située à 1,5 km à l'est de Hjerkinn, sur la Rv 29. Les chambres simples de l'annexe, très bien, sont beaucoup moins chères que celles du bâtiment principal. Restaurant et possibilité de camper sur place.

Depuis/vers le parc national de Dovrefjell-Sunndalsfjella

Il n'y a pas de transports en commun dans le parc, mais il existe des safaris d'observation des bœufs musqués (voir p. 179) au départ de Dombås. Le train (77 NOK, 25 min) est le seul mode de transport public circulant entre Dombås et Hjerkinn.

OTTA

3 724 habitants

Au cœur du Gudbrandsdal, Otta occupe un emplacement stratégique au confluent de l'Otta et de la Lågen. Ce n'est sans doute pas la plus jolie ville de la région, mais, pour être honnête, nous l'avons découverte par un dimanche et un lundi pluvieux, alors qu'elle n'était pas à son avantage. Son principal intérêt réside néanmoins dans sa position de porte d'accès au parc national des Rondane.

Centre du parc national des Rondane (☎ 61 08 08 70 ; otta@nasjonalparker.org ; Johan Nygårdgata 17a ; 🕑 10h-16h lun-ven, 10h-14h sam)

Office du tourisme (☎ 61 23 66 50 ; www.visitrondane.com ; Otta Skysstasjon ; 🕑 8h30-19h lun-ven, 11h-18h sam-dim mi-juin à mi-août, horaires réduits le reste de l'année)

LE CENTRE

LA BERGÈRE HÉROÏQUE

Lors de la guerre de Kalmar qui opposa la Suède au Danemark, alors que la Norvège était unie au Danemark, 550 mercenaires écossais arrivèrent en Norvège en août 1612 pour aider les Suédois. Le bruit courut dans tout le Gudbrandsdal et les paysans du coin s'armèrent de haches, de faux et d'autres outils agricoles. Pour bloquer le passage, ils empilèrent rochers et branches à l'extrémité d'une section étroite d'un chemin compris entre la rivière et une colline escarpée à Høgkringom, à 3 km au sud d'Otta. Pour faire diversion, ils placèrent de l'autre côté de la rivière plusieurs vieux paysans chargés de tirer en l'air avec des mousquets au passage de la colonne.

Comme les Écossais s'approchaient de l'embuscade, une héroïque bergère, Pillarguri (Guri), se serait précipitée en haut de la colline pour annoncer leur arrivée en sonnant dans une trompe en écorce de bouleau. Les vieux paysans se seraient mis à tirer et les Écossais auraient répliqué depuis l'autre rive, répondant à ce qu'ils prenaient pour un salut en agitant leurs chapeaux et en jouant de leurs cornemuses sans se douter du piège.

Guri aurait alors sonné à nouveau sa trompe, afin de faire projeter d'autres rochers sur le chemin derrière la colonne, interdisant toute retraite. Attaquant alors avec des pierres et leurs armes improvisées, les paysans infligèrent une sévère défaite aux soldats pris au piège, et rendirent la rivière rouge de sang.

Six fermiers seulement moururent dans la bataille. Les vainqueurs comptaient amener les 134 survivants écossais à la forteresse Akershus, à Oslo. Mais, durant les fêtes suivant la victoire, les paysans, qui devaient continuer les moissons et pour qui cette marche pénible représentait une corvée, choisirent d'exécuter les prisonniers un par un à Kvam.

Les exploits de cette "armée" paysanne ne sont pas oubliés à Otta. Le *bunad* (costume national) local y comporte un tartan pas du tout norvégien, et une statue de l'héroïne est érigée près de la gare. Il y a aussi un mémorial commémorant la victoire à Kringom, sur la rive de la rivière opposée à la colline Pillarguri.

À voir

Les **Kvitskriuprestene**, d'étonnantes formations naturelles blanches de 6 m de hauteur, évoquent un conclave de prêtres. Produites par l'érosion d'une moraine (amas de roches transportées par un glacier) datant de la dernière glaciation, elles se dressent sur la route à péage (10 NOK), à 4 km à l'est de Sel et en direction de Mysusæter. Préparez-vous à une bonne grimpette (20 min).

Où se loger

Otta Camping (☎ 61 23 03 09 ; www.ottacamping.no en norvégien ; Ottadalen ; empl tente ou caravane 2 pers 130 NOK, bung 4 lits 350-550 NOK). Pratique et fréquenté, le camping d'Otta est au bord de la rivière, à 1,5 km à pied des gares. Du centre, passez le pont d'Otta, tournez à droite et remontez le cours d'eau sur 1 km.

Killis Overnatting (☎ 61 23 04 92 ; Ola Dahlsgate 35 ; s/d/tr sans sdb 250/280/325 NOK). Le Killis dispose de chambres simples (douche à 5 NOK). La propriétaire, adorable, saura vous mettre à l'aise.

Grand Gjestegård (☎ 61 23 12 00 ; fax 61 23 04 62 ; Ola Dahlsgate ; s/d 610/840 NOK). Récemment rénové, le Grand Gjestegård concentre la (maigre) animation de la ville. L'accueil chaleureux et les chambres plaisantes lui valent des louanges.

Norlandia Otta Hotell (☎ 61 21 08 00 ; www.norlandia.no/otta ; Ola Dahlsgate 7 ; s/d 820/1 095 NOK). Ne soyez pas rebuté par la façade années 1980 décrépite ou l'apparent manque de charme du lieu : les chambres sont grandes, confortables et bien équipées.

Où se restaurer

En dehors des restaurants du Grand Gjestegård et du Norlandia Otta Hotell, on mange correctement dans deux établissements :

Milano Restaurant & Pizzeria (☎ 61 23 19 93 ; Storgata 17B ; pâtes 90-109 NOK, petite/grande pizza 90/180 NOK, plats 115-179 NOK ; 🕑 13h-23h dim-jeu, 13h-23h30 sam). Cette institution d'Otta offre plus de 80 plats, servis sur le balcon en été.

Pillarguri Kafé (☎ 61 23 01 04 ; Storgata 7 ; plats 85-179 NOK). Le Pillarguri propose une carte variée : plats norvégiens (ragoût de renne à 145 NOK), sushis et plats du jour meilleur marché le midi.

Depuis/vers Otta

Les bus locaux depuis/vers Lom (normal/express 78/99 NOK, 2 heures/1 heure) circulent jusqu'à 6 fois/jour – moins fréquemment le week-end. Les bus Nor-Way Bussekspress assurent la liaison avec Lillehammer (180 NOK, 2 heures, jusqu'à 5/jour) et Oslo (410 NOK, 5 heures). Moins chers, les bus Lavprisekspressen (à partir de 149 NOK) passent 1-2 fois/jour. Otta se trouve sur la ligne ferroviaire Dovre entre Oslo (491 NOK, 3 heures 15) et Trondheim (426 NOK, 3 heures). Des trains desservent Bergen (964 NOK, 11/jour).

PARC NATIONAL DES RONDANE

Henrik Ibsen décrivait les 963 km^2 du **parc national des Rondane** (www.visitrondane.com) comme des "palais empilés sur des palais". Créé en 1962, le premier parc national de Norvège visait à protéger le fabuleux massif des Rondane, souvent considéré comme le plus beau site de randonnées alpines du pays. La présence d'anciens pièges à rennes et de tumulus suggère que les lieux étaient déjà habités il y a des millénaires. Le parc est aujourd'hui l'un des derniers refuges des rennes sauvages. L'essentiel de son territoire glacé et couvert de lichens se situe au-dessus de 1 400 m, 10 sommets rocheux dépassant les 2 000 m – dont le Rondslottet (2 178 m) et le Storronden (2 138 m). Les Rondane sont peuplés de 28 espèces de mammifères et de 124 espèces d'oiseaux.

D'une beauté époustouflante, la Rv 27 s'étire sur 87 km entre Folldal et l'E 6, à 5 km au nord de Ringebu, en longeant le massif des Rondane.

Les randonneurs profiteront des nombreuses possibilités d'exploration des campagnes alpines, dans un climat assez sec – la saison se concentre toutefois sur juillet-août. La randonnée la plus aisément accessible part du parking de Spranghaugen – à 13 km en montant par une bonne route venant d'Otta et la route à péage (10 NOK). De là, on rejoint facilement en 6 km (1 heure 30) **Rondvassbu**, où est installé un refuge très fréquenté du DNT – personnel sur place. Le parc compte d'autres refuges du DNT.

De Rondvassbu, comptez 5 heures aller-retour pour faire l'ascension du Storronden. Autre possibilité : gravir le **Vinjeronden** (2 044 m), plus difficile, pour profiter de la vue superbe depuis le sommet, avant d'affronter l'étroite crête menant au pic voisin, le Rondslottet (environ 6 heures aller-retour depuis Rondvassbu).

Les meilleures cartes sont publiées par les éditions Statens Kartverk : *Rondane* (1/100 000 à 99 NOK) et *Rondane Sør* (1/50 000).

Juste en contrebas de la porte du "Bom" (péage), un petit magasin vend des provisions et des articles de consommation courante. Le camping est autorisé partout sauf à Rondvassbu, où il est restreint à une aire spécifique. **Mysusæter Fjellstue** (☎ 61 23 39 25 ; www.mysuseterrondane.no ; Mysusæter ; dort 250 NOK, d avec/sans sdb 650/585 NOK) offre un hébergement spartiate. Le **Rondane Spa Høyfjellshotell** (☎ 61 20 90 90 ; www.rondane.no ; Mysusæter ; pension complète à partir de 850 NOK/pers) est un établissement haut de gamme confortable, avec soins thermaux et de pédicurie pour les marcheurs aux pieds endoloris.

Comment s'y rendre et circuler

L'été, deux bus circulent chaque jour entre Otta et Mysusæter (29 NOK, 45 min) – arrêt à 4 km du parking.

De Rondvassbu, de début juillet à fin août, le ferry *Rondegubben* traverse 3 fois/jour le lac Rondvatnet pour rejoindre Nordvika (50 NOK, 30 min).

SJOA

À 10 km au sud d'Otta, le petit hameau de Sjoa n'aurait pas grand-chose pour retenir l'attention s'il n'était le principal centre de rafting du royaume (voir l'encadré, p. 185).

La plupart des amateurs prennent une chambre au **Sjoa Vandrerhjem** (☎ 61 23 62 00 ; www.heidalrafting.no ; dort 155-230 NOK, ch 2 lits avec petit déj 320-420 NOK ; 🕓 mi-mai à sept), une charmante auberge de jeunesse à flanc de colline. Le dîner (100 NOK) est servi sous les poutres du magnifique corps de ferme de 1747.

Le **Sæta Camping** (☎ 61 23 51 47 ; empl tente/caravane 130/170 NOK, bung 1/5 lits à partir de 375 NOK/pers) est un agréable terrain herbeux au bord de la rivière – un emplacement de choix pour observer certains petits rapides.

Les bus Nor-Way Bussekspress reliant Oslo (400 NOK) aux fjords occidentaux passent par Sjoa 3 fois/jour.

RINGEBU

4 457 habitants

À la pointe sud du Gudbrandsdal, une étroite vallée de 200 km entre le lac Mjøsa et Dombås, la petite ville de Ringebu vaut le détour pour sa très jolie **église en bois debout** (☎ 61 28 43 50 ; adulte/enfant 40/20 NOK ; 🕓 8h-18h juil, 9h-17h fin mai à juin et août),

PARC NATIONAL DES RONDANE

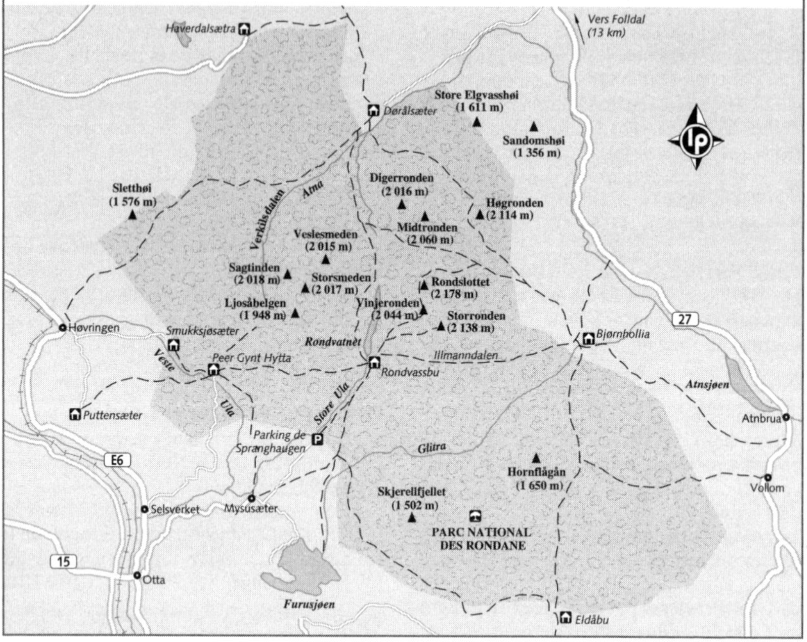

située 2 km plus au sud, près de l'E 6. Depuis l'arrivée du christianisme, au XIe siècle, une église s'est toujours dressée en ce lieu. L'édifice actuel, qui sert toujours d'église paroissiale, date d'environ 1220. Il fut restauré au XVIIe siècle, quand on lui adjoignit son clocher rouge si singulier. L'église renferme une statue de saint Laurent de 1250 environ et des inscriptions runiques. L'entrée du jardin est libre ; la porte est ouverte toute l'année. À 300 m à l'est en montant, les bâtiments du **Ringebu Samlingene** (☎ 61 28 27 00 ; adulte/enfant 40/20 NOK ; 🕑 11h-17h mar-dim mi-juin à mi-août), de 1743, servirent de logement au vicaire jusqu'en 1991.

Pour de plus amples renseignements, contactez l'**office du tourisme** (☎ 61 28 47 00 ; 🕑 8h-18h lun-jeu, 8h-20h ven, 10h-13h sam, 17h-20h dim mi-juin à mi-août, horaires réduits le reste de l'année).

Les bus Nor-Way Bussekspress reliant Oslo (400 NOK) aux fjords occidentaux passent par Ringebu 3 fois/jour. Moins chers, les bus Lavprisekspressen (à partir de 149 NOK) entre Oslo et Trondheim s'arrêtent 1-2 fois/jour. Les trains pour Oslo (403 NOK, 2 heures 45) ou Trondheim (514 NOK, 3 heures 30) desservent Ringebu 4-5 fois/jour.

LE CENTRE-OUEST

LOM

2 436 habitants

Au cœur de paysages de montagne spectaculaires, Lom semble idéalement située pour les voyageurs. Des routes la relient à Geiranger (à 74 km ; p. 261), tandis que l'époustouflante route du Sognefjell s'élance vers les hauteurs du parc national du Jotunheimen (p. 187). Particulièrement pittoresque, la ville de Lom possède une délicieuse église en bois debout.

Renseignements

L'**office du tourisme** (☎ 61 21 29 90 ; www.visitlom.com ou www.visitjotunheimen.com ; 🕑 9h-19h lun-ven et 10h-19h sam-dim mi-juin à mi-août, horaires réduits le reste de l'année) de Lom est situé dans le musée norvégien de la Montagne. Il fournit des renseignements, des brochures et un accès Internet gratuit.

À voir

LOM STAVKYRKJE

Cette jolie **église en bois debout** (☎ 97 07 53 97 ; adulte/enfant 45 NOK/gratuit ; 🕑 9h-20h tlj mi-juin à mi-août,

DOUCHE FROIDE ET SENSATIONS FORTES À SJOA

Sjoa est la capitale norvégienne du rafting, dont la saison s'étend de mi-mai à début octobre. Les excursions vont des tranquilles descentes de classe I, idéales pour les familles, aux descentes extrêmes de classe V. Les prix débutent à 500 NOK pour une descente familiale de 3 heures 30. Il existe aussi des circuits d'une demi-journée (à partir de 565 NOK) et d'une journée (7 heures, à partir de 790 NOK), et même des expéditions de 2 jours (à partir de 2 150 NOK) qui traversent les rapides bouillonnants du canyon d'Åsengjuvet.

Voici quelques-uns des principaux organismes spécialisés dans le rafting :

Go Rafting (☎ 61 23 50 00 ; www.gorafting.no en norvégien). À environ 3,5 km au nord de Sjoa, sur l'E 6.
Heidal Rafting (☎ 61 23 60 37 ; www.heidalrafting.no ; Sjoa). Sur la Rv 257, à 1 km à l'ouest de l'E 6.
Sjoa Adventure (☎ 93 40 65 00 ; www.sjoaadventure.com ; Sjoa)
Sjoa Rafting (☎ 90 07 10 00 ; www.sjoarafting.com ; Nedre Heidal).
À 7,5 km en amont de Sjoa, sur la Rv 257.
Sjoa Rafting Senter NWR (☎ 61 23 07 00 ; www.sjoaraftingsenter.no ; Varphaugen Gård).
À environ 3 km en amont de Sjoa, sur la Rv 257.
Villmarken Kaller (☎ 90 52 57 03 ; www.villmarken-kaller.no). À 20 km en amont de Sjoa, sur la Rv 257.

La plupart de ces enseignes proposent aussi d'autres activités : hydrospeed, escalade, canyoning, spéléologie, randonnée, etc.

10h-16h mi-mai à mi-juin et mi-août à mi-sept) du XIIe siècle à triple nef a été édifiée sur une élévation au bord de l'eau, dans le centre-ville. C'est une des plus belles du pays. Toujours en service, elle fut bâtie en 1170, puis agrandie en 1634. Elle acquit son plan en croix actuel par l'ajout de deux nefs en 1663. Des visites guidées présentent les peintures, ainsi que le chœur et la chaire (de 1793) de Jakop Sæterdalen. De nuit, l'éclairage lui confère un air féerique. Le jardin est accessible gratuitement.

Le magasin de souvenirs contigu abrite le petit **musée** (10 NOK ; mêmes horaires que l'église) de l'église.

FOSSHEIM STEINSENTER

Le **centre minéralogique Fossheim** (☎ 61 21 14 60 ; www.fossheimsteinsenter.no ; gratuit ; 🕒 9h-20h lun-sam, 9h-19h dim mi-juin à mi-août, horaires réduits le reste de l'année) propose un choix inégalé en Europe de superbes pierres, minéraux, fossiles, gemmes et bijoux à vendre. Il abrite aussi un grand musée, empli de spécimens géologiques norvégiens et étrangers – dont des pierres du Gabon, du Congo et du Brésil.

Collectionneurs de minéraux avisés, les propriétaires parcourent le monde à la recherche de raretés. Ils sont particulièrement fiers de la pierre nationale norvégienne, la thulite. Découverte en 1820, celle-ci est désormais extraite dans des carrières à Lom. Des traces de manganèse lui valent sa couleur rouge.

MUSÉE NORVÉGIEN DE LA MONTAGNE

Cet intéressant **musée de la Montagne** (Norsk Fjellmuseum ; ☎ 61 21 16 00 ; www.fjell.museum.no ; adulte/enfant 50 NOK/gratuit ; 🕒 9h-19h lun-ven, 10h-19h sam et dim mi-juin à mi-août, horaires réduits le reste de l'année) fait aussi fonction de centre des visiteurs du parc national du Jotunheimen. Il rassemble des objets liés à la montagne et des présentations sur l'histoire naturelle (l'une des pièces phares étant un mammouth à poil laineux) et les activités culturelles et industrielles des montagnes norvégiennes. Le diaporama (10 min) sur la montagne, le tourisme et son impact sur la nature est très bien fait. Une maquette du parc est exposée à l'étage.

MUSÉE EN PLEIN AIR PRESTHAUGEN

Derrière le musée de la Montagne, ce **musée** (Presthaugen Bygde-museum ; ☎ 61 21 19 33 ; www.gbdmuseum.no ; adulte/enfant 40/10 NOK ; 🕒 11h-17h fin juin à mi-août, visites guidées 11h30 et 14h30 lun-ven) est constitué de corps de ferme du XIXe siècle, de plusieurs *stabbur* (entrepôts surélevés), d'un vieux refuge (où aurait dormi saint Olav) et d'une laiterie d'estive.

À faire

Les vraies randonnées se concentrent essentiellement dans le parc national du Jotunheimen voisin. Toutefois, il existe plusieurs **sentiers** près de la ville. L'office du tourisme distribue des plans et une brochure spécifique. Une boucle de 3 km gravit le Lomseggi (1 289 m) jusqu'à une maison en pierre centenaire appelée Smithbue. En chemin, on profite de beaux points de vue sur Ottadalen et la Bøverdalen.

Les plus dynamiques contacteront **Naturopplevingar** (☎ 61 21 11 55 ; www.naturopplevingar.no en norvégien), qui organise des sorties de ski et d'alpinisme. Les amateurs d'adrénaline se tourneront vers **Skjåk Rafting** (☎ 99 77 50 88 ; www.skjak-rafting.no en norvégien ; Skjåk), un organisme basé à Skjåk, à 18 km en amont de Lom sur la Rv 15.

Pour la liste complète (avec tarifs) des randonnées, marches sur glacier et escalades sur glace dans le parc national du Jotunheimen, procurez-vous un exemplaire de la brochure intitulée *Sognefjellet. Activities and Attractions* (en anglais), disponible à l'office du tourisme de Lom.

Où se loger et se restaurer

Les trois hôtels de Lom peuvent être recommandés.

Nordal Turistsenter (☎ 61 21 93 00 ; www.nordalturistsenter.no ; empl tente 170-240 NOK, s/d/f 660/950/1 400 NOK, en-cas à partir de 50 NOK). Il y en a pour tous les goûts dans ce grand centre animé au cœur de la ville, doté de chambres confortables, de bungalows et d'un camping au bord de l'eau. Restaurant sans prétention pour des repas simples et pub douillet.

Fossheim Turisthotell (☎ 61 21 95 00 ; www.fossheimhotel.no ; hôtel s/d 925/1 250 NOK, annexe s/d 800/950 NOK, app 4 lits 1 700 NOK). Dans l'est de la ville, ce vieil établissement est l'un des meilleurs hôtels-restaurants du pays. Le bâtiment principal offre de charmantes chambres en bois – mention spéciale pour la 401 et la 402, pourvues de balcons avec vue. On trouve aussi de luxueux bungalows en bois massif à la décoration moderne et des chambres simples, plus économiques, dans l'annexe toute proche – certaines possèdent une jolie vue. L'endroit est surtout connu comme l'ancien fief du célèbre chef norvégien Arne Brimi. Le restaurant est aujourd'hui tenu par ses protégés. Ouvert de 13h à 15h30 et de 19h à 22h, il sert une exquise cuisine norvégienne traditionnelle – truite sauvage, renne, élan et lagopède comptent parmi les spécialités. Les buffets déjeuners sont vivement recommandés (à partir de 250 NOK). Menus 3/4 plats (250/495 NOK) le soir.

Fossberg Hotell (☎ 61 21 22 50 ; www.fossberg.no ; s/d 850/1 150 NOK ; 8h-22h lun-sam, 10h-22h dim). Moins chic que le précédent, le Fossberg est néanmoins une belle adresse de centre-ville. Les chambres lambrissées sont plaisantes, et une salle de sport est à la disposition des clients. La cafétéria est très fréquentée (en-cas à partir de 55 NOK, plats 115-215 NOK) – la nourriture est ordinaire, mais la terrasse, très agréable.

Kafe Isbar (☎ 61 21 92 05 ; en-cas 79-125 NOK ; 11h-21h). La terrasse surélevée de ce café dans le centre-ville offre une belle vue.

Achats

En plus de la boutique du Fossheim Steinsenter (p. 185), un petit magasin voisin du Fossheim Turisthotell, le **Brimi Bue** (☎ 61 21 95 92 ; www.brimibue.no en norvégien ; 10h-20h juil, 10h-16h août-nov et avr-juin), vend des livres de cuisine, des aliments bio et des ustensiles de cuisine inspirés d'Arne Brimi.

Depuis/vers Lom

Nor-Way Bussekspress, qui assure 3 fois/jour la liaison entre Oslo (470 NOK, 6 heures 30) et Måløy (340 NOK, 4 heures 30), dessert Lom. La ville est aussi sur la ligne estivale d'Ottadalen Billag, qui emprunte de fin juin à début septembre la route du Sognefjell, entre Otta (100 NOK, 1 heure) et Sogndal (230 NOK, 3 heures 30, 2/jour). Les horaires sont publiés dans la brochure intitulée *Sognefjellet. Activities and Attractions*, disponible à l'office du tourisme.

ENVIRONS DE LOM

Les recettes d'Arne Brimi servies au Fossheim Turisthotell vous ont inspiré ? Pour goûter aux plats mijotés par le maître, rendez-vous dans son établissement montagnard, le **Vianvang** (☎ 90 50 24 69 ou 41 93 11 11 ; www.brimiland.no en norvégien ; sur rendez-vous). Avant de savourer, vous verrez le chef officier aux fourneaux rien que pour vous. En arrivant de Lom par la Rv 15, bifurquez sur la Rv 51 en direction de Randsverk juste avant Vågåmo (Vågå). Les prix varient en fonction du repas et des tarifs des produits de saison. Certes, un repas gastronomique préparé sur commande par le plus grand chef de Norvège n'est pas donné, mais vous ne regretterez pas votre argent.

Dans le même secteur, l'ancienne laiterie d'estive de **Brimisæter** (☎ 91 13 75 58 ; www.brimi-seter.no ; environ 300 NOK/pers) possède une agréable ambiance familiale et rurale et de nombreux animaux, pour le plus grand plaisir des petits. Dans ce paysage de montagne époustouflant, **Brimi-Fjellstugu** (☎ 61 23 98 12 ; www.brimi-fjellstugu.no ; à partir de 475 NOK/pers) garantit un confort supérieur.

LE CENTRE

PARC NATIONAL DU JOTUNHEIMEN

Les sommets et glaciers du parc national du Jotunheimen (1 151 km²) sont la destination préférée des amateurs de grands espaces. Les sentiers de randonnée plongent dans des vallées aux faux airs de ravins et longent des lacs profonds, des cascades rugissantes et 60 glaciers montant à l'assaut des plus hautes montagnes du pays, dont le Galdhøpiggen (le point culminant d'Europe du Nord ; 2 469 m), le Glittertind (2 452 m) et le Store Skagastølstind (2 403 m). Il y aurait plus de 275 sommets dépassant les 2 000 m dans le parc. Le DNT gère des refuges avec personnel sur la plupart des itinéraires de randonnée. Il existe aussi bon nombre de gîtes privés sur les principaux sentiers.

Pour obtenir des renseignements sur le parc, contactez l'office du tourisme de Lom (p. 184).

À voir et à faire

ROUTE DU SOGNEFJELL

La route du Sognefjell (Rv 55), surnommée "route sur le toit de la Norvège", sillonne le parc et donne accès à de nombreux sentiers de randonnée. D'une splendeur stupéfiante, elle relie Lustrafjorden à Lom. Elle fut construite en 1939 par de jeunes chômeurs à une altitude atteignant 1 434 m, ce qui en fait la plus haute route de montagne d'Europe du Nord. Les personnes motorisées admireront ici quelques-uns des plus beaux panoramas montagnards du royaume. La Rv 55 fait partie des 18 "routes touristiques nationales" (voir l'encadré, p. 418).

En venant du sud-ouest, on arrive par de multiples épingles à cheveux qui s'élèvent, au-dessus de la limite forestière, jusqu'à **Turtagrø** – la vue sur les monts **Skagastølstindane**, sur la droite, est magnifique. De Lom, l'ascension est plus progressive et suit la superbe **Bøverdalen**, la vallée de la Bøvra, où se succèdent lacs, cours d'eau, chalets aux toits herbeux et bosquets de pins. De la partie supérieure de la route, la vue sur le **Sognefjell** est magnifique.

La route est généralement ouverte de mai à septembre. Toutefois, la neige peut tenir jusqu'à début juillet et tomber à tout moment de l'année en haute altitude. Par endroits, la chaussée est très étroite et bordée par plusieurs mètres de

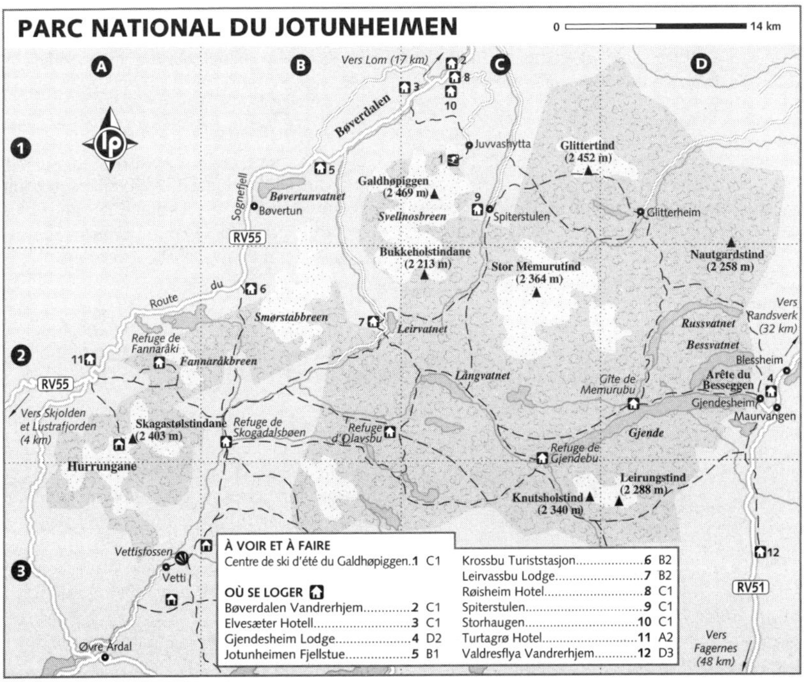

RANDONNER DANS LE JOTUNHEIMEN

Le Jotunheimen offre un choix quasi infini de randonnées, toutes spectaculaires. Les meilleures cartes sont la *Jotunheimen Aust* et la *Jotunheimen Vest* (1/50 000 ; 99 NOK), publiées par Statens Kartverk. Pour des renseignements, les itinéraires et des circuits guidés dans le parc, contactez l'office du tourisme de Lom.

Krossbu

Krossbu, près du bout de la Bøverdalen, est le point de départ de nombreuses randonnées – dont celle d'une (petite) journée jusqu'au glacier de Smørstabbreen.

Galdhøpiggen

Avec ses cirques, ses arêtes, ses glaciers spectaculaires et ses 1 470 m de dénivelé positif, cette randonnée de 8 heures au départ de Spiterstulen s'avère difficile. Carte et boussole sont indispensables, même si le chemin est bien balisé.

Øvre Årdal

D'Øvre Årdal, remontez la vallée d'Utladalen sur 12 km en direction du nord-est, jusqu'à la ferme de Vetti. De là, un chemin mène à Vettisfossen – considérée comme la plus haute chute d'eau naturelle de Norvège (275 m) – et au refuge sans personnel de Stølsmaradalen. Cet itinéraire constitue une variante pour rejoindre des randonnées plus longues dans le Jotunheimen.

Le Hurrungane

Le fantastique massif du Hurrungane élève sa masse sombre à l'extrême ouest du parc. Les montagnards les plus aguerris parviendront à atteindre quelques-uns de ces sommets, dont certains sont aussi accessibles aux randonneurs confirmés.

La plupart des amateurs partent de Turtagrø en direction de l'est. De l'hôtel, une marche de 4 heures mène au plus haut refuge du DNT, le Fannaråki, situé au sommet du Fannaråken (2 069 m), d'où la vue est stupéfiante. Au départ, remontez la route sur environ 500 m, avant de suivre le sentier montant à Helgedalen. Au refuge d'Ekrehytta, un chemin étroit et raide grimpe les 800 m de dénivelé jusqu'au sommet.

neige, des deux côtés. En de nombreux points, vous pourrez vous garer pour laisser passer les autres voitures – et admirer le paysage. Les campings et autres hébergements ne manquent pas au fil de la route (voir p. 189).

Malgré la prépondérance des véhicules à moteur, la Rv 55 est aussi légendaire chez les cyclistes – on la cite souvent parmi les itinéraires les plus spectaculaires du monde. Sachez qu'on ne s'y élance pas à la légère : cela requiert une bonne préparation physique… et d'excellents freins.

De mi-juin à fin août, les bus d'**Ottadalen Billag** (☎ 61 23 44 55 ; www.fjord1.no) empruntent la route du Sognefjellet pour relier Otta et Sogndal (230 NOK, 3 heures 30, 2/jour).

CENTRE DE SKI D'ÉTÉ DU GALDHØPIGGEN

Le refuge de Juvvashytta est la porte d'accès de ce **centre de ski** (☎ 61 21 17 50 ; fax 61 21 21 72) installé à 1 850 m, sur les hauteurs glacées du plus haut sommet norvégien. Depuis Galdesand (sur la Rv 55), suivez la route à péage du Galdhøpiggen (70 NOK) jusqu'à son extrémité, à 1 841 m – il s'agit du point le plus haut accessible par la route en Norvège. La saison s'étend de juin à mi-novembre.

AUTRES ROUTES TOURISTIQUES

La plupart des voyageurs optent pour la voiture, mais les cyclistes entraînés apprécieront autant les panoramas que l'exercice.

De Turtagrø à Øvre Årdal

La route de montagne à péage qui relie Turtagrø à la cité industrielle d'Øvre Årdal est l'une des plus spectaculaires du pays – parmi celles de courte distance. Ouverte de fin mai à octobre, elle serpente au-dessus de la limite forestière, dans un paysage sauvage et désolé. De fin juin à fin août, elle est desservie par un bus quotidien (100 NOK, 1 heure). Le péage (50 NOK/véhicule) est collecté par un employé dans une guérite isolée au sommet du col (1 315 m).

On peut revenir par la même route, ou descendre le flanc est par une piste bien signalisée menant à Keisarpasset et ramenant à l'Ekrehytta. Pour partir sur plusieurs jours, commencez par descendre la Gjertvassdalen jusqu'au refuge de Skogadalsbøen, puis choisissez l'un des nombreux itinéraires qui s'élancent vers l'est dans le Jotunheimen.

Besseggen

On ne saurait omettre la randonnée sur l'arête du Besseggen, qui s'impose comme la plus populaire du pays. D'aucuns la jugeront d'ailleurs trop populaire, puisque 30 000 marcheurs au moins se succèdent durant les trois mois où elle est praticable. Si vous cherchez la solitude, mieux vaut aller ailleurs. Mais si vous êtes prêt à la sacrifier pour apprécier une des plus belles balades du pays, vous ne le regretterez probablement pas. Henrik Ibsen a écrit du Besseggen : "Il se découpe comme le tranchant d'une faux sur des miles et des miles… Cicatrices et glaciers tailladent le précipice vers les lacs miroitants, 1 600 pieds plus bas sur chaque versant." Ce paysage lui parut si menaçant que l'une des mésaventures de Peer Gynt fut un plongeon involontaire dans le lac sur le dos d'un renne !

Le tronçon qui relie Gjendesheim au gîte de Memurubu prend environ 6 heures et s'élève jusqu'à 1 743 m. Du refuge de Gjendesheim, suivez le sentier balisé par le DNT en direction de Glitterheim pendant environ une demi-heure. Un chemin part alors sur la gauche et remonte la gorge de Veltløyfti, qui rejoint plus haut le plateau du Veslefjellet.

Du plateau, après une courte descente, la piste remonte vers la crête du Besseggen, dont l'arête sépare les eaux d'un bleu profond du lac de Bessvatnet, des eaux vertes du lac glaciaire de Gjende, long de 18 km – la couleur verte provient des 20 000 tonnes de vases glaciaires que déverse chaque année la Memuru.

Le Besseggen ne fait jamais moins de 10 m de largeur et seule la distance peut lui donner un aspect inquiétant. Après la pointe du Bessvatnet, le chemin passe près d'un petit lac d'altitude, le Bjørnbøltjørn, puis commence rapidement la descente vers le gîte moderne de Memurubu.

Là, vous pourrez prendre le bateau M/S *Gjende* pour revenir à Gjendesheim (67 NOK, 30 min, 5/jour en été), continuer vers l'ouest jusqu'au refuge de Gjendebu à pied ou en bateau (67 NOK, 30 min), ou poursuivre à pied vers le nord pour atteindre Glitterheim.

De Randsverk à Fagernes

Entre Randsverk et Fagernes, la Rv 51 grimpe au milieu des hauteurs boisées du Sjodalen, vers un vaste plateau d'altitude donnant sur des pics et des glaciers dans le lointain. Cette route de montagne, l'une des plus belles de Norvège, est empruntée par de nombreux randonneurs cheminant vers l'est du Jotunheimen. Elle dessert un refuge du DNT à **Gjendesheim**, point de départ d'une randonnée à la journée très populaire, sur l'arête du Besseggen.

De mi-juin à début septembre, deux bus circulent chaque jour entre Otta et Gol, via Vågå, Randsverk, Gjendesheim, Valdresflya et Fagernes – vous devrez changer à Gjendesheim. D'Otta, le trajet jusqu'à Gjendesheim (2 heures) revient à 89 NOK. Comptez 15 min de plus jusqu'à Valdresflya.

La Jotunheimvegen

La Jotunheimvegen (www.jotunheimvegen.no), qui s'étire sur 45 km jusqu'à Skåbu, part de la Rv 51 au niveau de Bygdin. Beaucoup plus tranquille, cette route est tout aussi pittoresque que les précédentes. Sauf météo contraire, elle est ouverte de mi-juin à octobre. Les 100 NOK du péage, qui peuvent sembler excessifs, sont la seule ressource dont disposent les autorités pour en assumer l'entretien. Vous trouverez des campings à Beitostølen et à Skåbu. La Jotunheimvegen n'est desservie par aucun transport en commun. Elle rejoint la Peer Gynt Vegen (voir l'encadré, p. 170).

Où se loger et se restaurer

Classés selon leur proximité avec Lom – en commençant par les plus proches –, les établissements ci-dessous sont situés sur la route du Sognefjellet, ou sont accessibles depuis celle-ci. La plupart ouvrent de mai à septembre – voire plus tard, si la météo est clémente.

Spiterstulen (☎ 61 21 14 80 ; www.spiterstulen.no ; Spiterstulen ; empl tente 50 NOK/pers, d sans sdb et avec/sans draps 410/305 NOK). Dans un *sæter* (laiterie d'estive), ce gîte privé est pratique pour rejoindre le Galdhøpiggen. La route menant à Spiterstulen revient à 60 NOK/véhicule. À pied, l'établissement est accessible au terme d'une randonnée balisée de 5 heures, au départ du refuge de Leirvassbu, plus à l'ouest.

Bøverdalen Vandrerhjem (☎ /fax 61 21 20 64 ; boverdalen.hostel@vandrerhjem.no ; Bøverdalen ; dort 160 NOK, s/d sans sdb 250/380 NOK, petit déj 65 NOK ; juin-sept). Cette agréable auberge de jeunesse au bord de la rivière possède un petit café, des chambres impeccables et un environnement plaisant – à apprécier après le départ des visiteurs venus pour la journée.

Røisheim Hotel (☎ 61 21 20 31 ; www.roisheim.no ; Bøverdalen ; s/d à partir de 1 000/1 200 NOK). Ce lieu charmant offre un confort moderne dans de vieux bâtiments rustiques. Les tarifs, variables, peuvent atteindre des sommets avec les repas.

Storhaugen (☎ /fax 61 21 20 69 ; www.storhaugengard.no ; Bøverdalen ; bung 350-1 500 NOK). Vivement recommandée, cette ferme chaleureuse tenue par Marit et Magner Slettede figure parmi les établissements haut de gamme. Le bâtiment en bois, de construction traditionnelle, donne sur les hauteurs du Jotunheimen et sur la Bøverdalen. À Galdesand, obliquez vers le sud sur la route du Galdhøpiggen, puis continuez sur 1,5 km jusqu'au panneau signalant l'accès à Storhaugen.

Elvesæter Hotell (☎ 61 21 20 00 ; www.elveseter.no ; Bøverdalen ; s/d 750/975 NOK, dîner 285 NOK). Cet hôtel confortable se distingue par la proximité du Sagasøyla, un mât de bois sculpté de 32 m de hauteur, retraçant l'histoire de la Norvège, de l'Unification en 872 à la Constitution de 1814.

Leirvassbu Lodge (☎ 61 21 29 32 ; fax 61 21 29 21 ; dort membre/non-membre du DNT 150/160 NOK, s/d avec sdb 650/990 NOK). Perché à 1 400 m à côté du lac Leirvatnet, ce gîte de montagne typique est une bonne base pour les randonneurs – malgré sa grande capacité, il affiche parfois complet. Les marches guidées sur le glacier de Smørstabbreen reviennent à environ 600 NOK. La route d'accès est payante (50 NOK/voiture).

Jotunheimen Fjellstue (☎ 61 21 29 18 ; www.jotunheimen-fjellstue.no ; s/d 845/1 190 NOK, menu 395 NOK). Admirablement situé, ce gîte moderne possède de belles chambres. Restauration correcte.

Krossbu Turiststasjon (☎ 61 21 29 22 ; www.krossbu.no en norvégien ; d avec/sans sdb 360/255 NOK). Ce gîte en bord de route, où les grandes chambres sont assorties d'une sdb, sert à dîner. Randonnées guidées sur glacier et cours à 300 NOK (4-6 heures), s'il y a assez de participants.

Turtagrø Hotel (☎ 57 68 08 00 ; www.turtagro.no ; s/d 1 150/1 670 NOK, ch tour 2 050 NOK, pension complète à partir de 1 340/2 130 NOK ;). Ce vieux centre de randonnée et d'alpinisme constitue une base sympathique et décontractée pour partir explorer le Jotunheimen et le Hurrungane. Détruit par un incendie en 2001, le bâtiment principal a été remplacé par un nouvel édifice doté de chambres très confortables et d'une vue splendide. Le bar, agréable, est orné de vieilles photos d'alpinistes. Service de restauration (copieux plat du jour à 89 NOK, servi jusqu'en fin d'après-midi) ; sorties guidées à la journée (randonnée, ski et alpinisme) et stages d'alpinisme d'une semaine.

De l'autre côté des montagnes, du côté est du parc, on trouve le **Gjendesheim Lodge** (☎ 61 23 89 10 ; www.gjendesheim.no ; lit membre/non-membre du DNT 105-200/170-265 NOK), très apprécié, et l'auberge de jeunesse **Valdresflya Vandrerhjem** (☎ 22 71 34 97 ; Valdresflya ; dort/s/d 150/250/310 NOK), tranquille et bien tenue. À environ 15 min de route au sud de Gjendesheim, cette dernière se targue d'être la plus haute auberge d'Europe du Nord (1 389 m). Elle ne possède pas de cuisine pour les clients, mais propose des petits déjeuners/dîners à 65/120 NOK – pendant la journée, le café, ouvert aux personnes de passage, sert d'excellentes gaufres.

LA HARDANGERVIDDA

Superbe et désolé, le plateau de la Hardangervidda fait partie du parc national de la Hardangervidda (3 430 km²). Il s'étend sur un paysage de toundra d'un autre monde, qui forme le refuge le plus méridional du renard arctique et accueille la plus grande harde de rennes sauvages de Norvège. Depuis toujours lieu de passage des marchandises et des voyageurs circulant entre l'est et l'ouest du royaume, le plateau est aujourd'hui traversé par les principales voies routières et ferroviaires reliant Oslo à Bergen.

La population de rennes a chuté ces dernières années, passant de 19 000 têtes en 1998 à environ 7 000. Cette diminution résulte d'un programme de contrôle mis en place par les autorités du parc – l'interdiction de la chasse ayant provoqué une surpopulation responsable d'un dangereux amaigrissement des animaux ne disposant plus d'assez de nourriture.

Le manteau neigeux subsiste jusqu'à début août et de nouvelles chutes peuvent intervenir toute l'année. En mars 2007, la mort de deux Écossais, perdus dans la neige et le brouillard glaçant, a malheureusement rappelé les dangers de cette contrée sauvage.

GEILO

3 150 habitants

En arrivant à Geilo (prononcer yei-lo), à mi-chemin d'Oslo et de Bergen, préparez-vous à sauter dans une remontée mécanique dès la descente du train. En été, les belles randonnées ne manquent pas dans la région – le Hallingskarvet, une montagne aux faux airs de plateau surmontée de plusieurs petits glaciers, constitue une destination appréciée. Pour de plus amples renseignements, contactez l'**office du tourisme** de Geilo (☎ 32 09 59 00 ; www.geilo.no ; 🕑 8h30-21h lun-ven, 9h-17h sam, 11h-17h dim juil à mi-août, horaires réduits mi-août à juin).

Trois fois par semaine de juillet à mi-septembre, **Geilo Aktiv** (☎ 32 08 75 20 ; www.geiloaktiv.com en norvégien) organise des treks sur les glaciers du Hardangerjøkulen (1 862 m). Le circuit classique de 10 heures (avec l'aller-retour en train depuis Finse) revient à 650 NOK/personne. L'organisme propose aussi un bon choix de sorties en rafting ou en hydrospeed, ainsi qu'un safari hebdomadaire d'observation des élans (2 heures).

Où se loger et se restaurer

Geilo compte une douzaine d'hébergements, visant pour la plupart les amateurs d'activités de plein air et d'aventure. L'office du tourisme en possède la liste complète.

Parmi les plus abordables, citons **Øen Turistsenter** et **Geilo Vandrerhjem** (☎ 32 08 70 60 ; www.oenturist.no ; Lienvegen 137 ; dort 275 NOK, s/d 470/650 NOK, petit déj 60 NOK) ; **Haugen Hotell** (☎ 32 09 66 00 ; www.haugenhotell.no ; Gamleveien 16 ; s/d à partir de 515/750 NOK) ; et **Ro Hotell & Kro** (☎ 32 09 08 99 ; www.rohotell.no ; Geilovegen 55 ; s/d 575/750 NOK, dîner plats à partir de 90 NOK).

Depuis/vers Geilo

La plupart des visiteurs viennent en train depuis Oslo (421 NOK, 3 heures 30, 5/jour) et Bergen (378 NOK, 3 heures).

RANDONNER DANS LA HARDANGERVIDDA

Dans l'ouest de la Hardangervidda, la saison de randonnée se limite à juillet-août. Le reste de l'année, la neige et des changements de temps soudains rendent l'entreprise trop risquée. Avant de visiter le parc, passez au Hardangervidda Natursenter (p. 219). Très bien conçu, ce centre consacré à la nature présente une superbe exposition portant sur le parc. Des cartes sont en vente et le personnel saura vous renseigner sur les itinéraires de randonnée. Les marcheurs et les skieurs opteront pour la carte intitulée *Hardangervidda* (au 1/100 000 ; 125 NOK), publiée par Turkart. Pour avoir un aperçu des itinéraires de randonnée, procurez-vous la brochure *Eidfjord Tour Guide – Hardangervidda*. Celle intitulée *Hytteringen Hardangervidda Nasjonalpark* (www.hardangerviddanett.no) contient la liste des refuges de montagne. Le bureau du DNT de Bergen Turlag (p. 195) est une bonne adresse pour s'informer.

Il existe de nombreux points de départ pour les randonnées, dont les chutes de Vøringfoss (p. 220) et Finse (voir p. 192). Voici nos itinéraires favoris :

- **De Finse à Vøringfoss** (2 jours). Dans la partie la plus accidentée de la Hardangervidda, cette randonnée longe le glacier de Hardangerjøkulen et comprend une nuit en refuge à Rembesdalsseter. Détour possible de 2 heures (aller) jusqu'à la ferme de Kjeåsen (p. 218).
- **De Vøringfoss à Kinsarvik via le Harteigen** (3-4 jours). Ascension du beau mont Harteigen, qui dévoile une vue panoramique sur la Hardangervidda, puis descente par l'escalier du moine jusqu'à Kinsarvik (p. 220).
- **De Halne à Dyranut via Rauhelleren** (2 jours). Les sentiers vous mèneront au sud de la Rv 7, où vous aurez de grandes chances d'apercevoir des hardes de rennes.

Le choix de randonnées depuis Geilo (ci-dessus) ou Finse (p. 192) est également séduisant. Pour connaître les autres activités de plein air qui se pratiquent sur le plateau, voir l'encadré, p. 159.

LA RALLARVEGEN

La Rallarvegen, ou "route des Terrassiers", fut tracée pour approvisionner les travailleurs construisant la voie ferrée Oslo-Bergen (inaugurée le 27 novembre 1909). Aujourd'hui, ce ruban d'asphalte et de graviers de 80 km de longueur relie Haugastøl à Flåm via Finse. Il n'est accessible qu'à pied ou à vélo. Entre Finse et Flåm, les promeneurs jouissent du paysage époustouflant offert par l'emblématique ligne ferroviaire de Flåmsbana (p. 236), tout en ayant la possibilité de s'arrêter à loisir. Le tronçon entre Vatnahalsen et Flåm, très fréquenté, descend de 865 m en 29 km, en commençant par une série de virages en épingle à cheveux. Une fois en bas, les freins des vélos sont bien souvent bons à changer !

Pour les cyclistes comme pour les marcheurs, les conditions sont optimum entre mi-juillet et mi-septembre. La plupart des visiteurs circulent d'est en ouest, dans le sens de la descente.

Pour louer un vélo (420-820 NOK, selon la date et le modèle) préparé pour affronter la Rallarvegen, contactez le **Finse 1222** (☎ 56 52 71 00 ; www.finse1222.no). L'été, vu la forte demande, il faut réserver longtemps avant d'arriver à Finse. Les prix comprennent le rapatriement du vélo en train.

FINSE

De Geilo, la ligne ferroviaire entame une ascension de 600 m, au milieu des lacs et des sommets enneigés d'un paysage évoquant la toundra, pour arriver à Finse (1 222 m), non loin de la calotte glaciaire du Hardangerjøkulen. Cette région, où l'on pratique le ski de fond en hiver et la randonnée en été, réserve en outre l'une des randonnées en VTT les plus raides du pays (voir l'encadré, ci-dessus).

À l'est de la gare de Finse, le **musée des Terrassiers de Finse** (Rallarmuseet Finse ; ☎ 56 52 69 66 ; adulte/enfant 50/20 NOK ; ⏰ 10h-20h juil-sept) retrace l'histoire de la voie ferrée Oslo-Bergen et des 15 000 personnes qui travaillèrent à sa construction.

Randonnée

Finse est le point de départ de treks exceptionnels, dont celui de 4 heures, très apprécié, menant à la pointe du glacier Blåisen du Hardangerjøkulen – d'aucuns le considèrent comme la plus belle marche sur glacier du pays. On peut aussi faire le tour du glacier et descendre jusqu'à Vøringfoss (voir l'encadré, p. 191). La magnifique randonnée de 3-4 jours entre Finse et Aurland suit l'Aurlandsdalen jusqu'à l'Aurlandsfjord – des refuges privés ou du DNT s'égrènent en chemin, espacés par un jour de marche. Pour plus d'informations sur les randonnées, reportez-vous p. 240.

Où se loger et se restaurer

La plupart des voyageurs au budget serré résident au refuge avec personnel du DNT, le **Finsehytta** (☎ 56 52 67 32 ; dort 110-250 NOK). Le **Finse 1222** (☎ 56 52 71 00 ; www.finse1222.no ; pension complète 900-1 200 NOK), très accueillant, offre des chambres confortables donnant sur le glacier, et un bon dîner. Le Finse 1222 est une bonne base et la meilleure source d'information sur de nombreuses activités dans la région.

Depuis/vers Finse

Chaque jour, 5 trains relient Oslo (499 NOK, 4 heures 30) à Bergen (299 NOK, 2 heures 15) en passant par Finse.

Bergen et les fjords du Sud-Ouest

La région présente un mélange fascinant : deux magnifiques villes animées et des fjords de toute beauté. Si votre temps est compté, voici une destination de choix pour découvrir le meilleur de la Norvège.

Entre mer et montagnes, Bergen est l'une des plus jolies villes du monde. L'histoire et l'architecture y sont bien présentes, surtout à Bryggen, le quartier des quais. Loin d'être figée dans le passé, la ville offre aussi une vie culturelle intense, une restauration de qualité et une vie nocturne animée. Plus au sud, Stavanger n'a pas sa richesse architecturale. Elle mérite pourtant le détour, pour son vieux quartier, ses musées et son atmosphère agréable.

Bergen et Stavanger sont les portes d'accès à des fjords de rêve. Le Hardangerfjord et ses affluents sont tout simplement superbes. Le petit Eidfjord abrite des villages impressionnants nichés au pied de falaises écrasantes, des fermes perchées sur de hautes crêtes, des cascades vertigineuses et le meilleur centre du pays pour les activités de plein air. Ulvik, Utne et Kinsarvik sont autant de postes d'observation de ce monde idyllique, tandis que les hauteurs de Stalheim invitent à plonger le regard au plus profond de la vallée. Et si tant de verticalité vous donne des idées d'envol, mettez le cap sur Voss pour faire le plein d'adrénaline.

Au sud, le Lysefjord incarne l'âme même de la Norvège, depuis le sommet du rocher de Preikestolen (la "Chaire") jusqu'en haut du rocher de Kjeragbolten. En de tels lieux, le frisson vous saisit, vous laisse pétrifié devant la stupéfiante beauté du pays.

À NE PAS MANQUER

- La balade à Bergen dans les vieilles rues de **Bryggen** (p. 197), inscrites au Patrimoine mondial de l'Unesco
- La vue sur le Lysefjord depuis les rochers de **Preikestolen** (p. 233) ou de **Kjeragbolten** (p. 234)
- Une lente promenade sur le **Hardangerfjord** (p. 216), au départ de la paisible Ulvik
- L'exploration de Stavanger la cosmopolite et la découverte des maisons de bois de la **vieille ville** (p. 225)
- Le plus beau panorama du royaume depuis le **Stalheim Hotel** (p. 215)
- L'ascension (ou la traversée) de la montagne jusqu'à la **ferme de Kjeåsen** (p. 218), bien au-dessus de l'Eidfjord

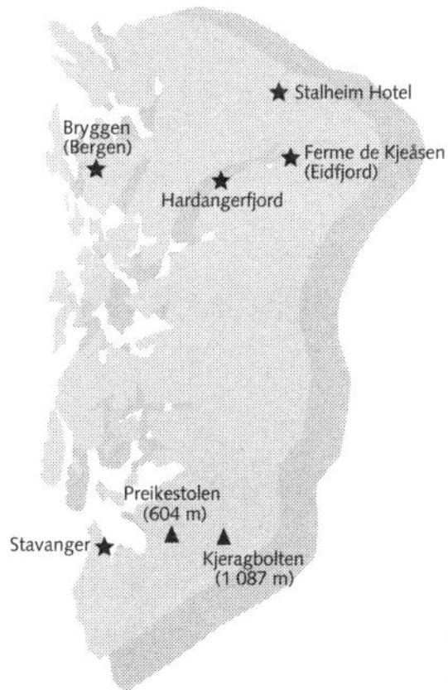

- 840 000 HABITANTS
- POINT CULMINANT : FOLGEFONNA (1 654 m)

BERGEN ET LES FJORDS DU SUD-OUEST

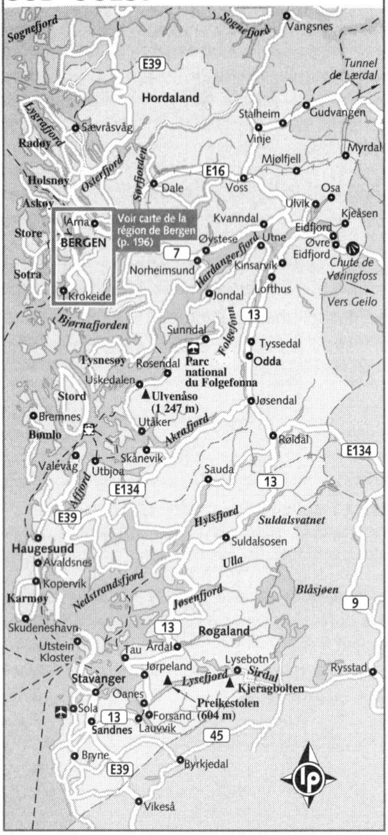

BERGEN

244 620 habitants

Entourée de sept collines et d'autant de fjords, Bergen est une très jolie cité pleine de charme. Le quartier de Bryggen, inscrit au Patrimoine mondial de l'Unesco, et le port animé de Vågen constituent ses principaux attraits. Des centaines de maisons de bois peintes s'étagent sur ses pentes, tandis que des funiculaires dévoilent des panoramas superbes depuis les hauteurs. Avec en plus de magnifiques musées et une vie culturelle dynamique, la sympathique Bergen mérite largement tout le temps qu'on lui accorde. Petit bémol tout de même : l'été, la ville est un peu envahie par les visiteurs – la fréquentation a augmenté de 25% ces cinq dernières années – et les hébergements se font rares. Mieux vaut alors réserver.

HISTOIRE

Aux XIIe et XIIIe siècles, Bergen était la capitale de la Norvège, et de loin sa plus grande ville. Au XIIIe siècle, les cités-États allemandes s'allièrent pour former des Ligues de commerce. La plus grande était la Hanse teutonique. Basée à Lübeck, elle regroupait plus de 150 cités à son zénith et formait le plus puissant groupe économique d'Europe du Nord. Le port abrité de Bryggen attira en foule les négociants de la Hanse. Ils y fondèrent leur premier comptoir vers 1360, faisant de Bryggen l'un des quatre principaux centres de la ligue à l'étranger. Les 2 000 résidents, essentiellement allemands, importaient des céréales et exportaient de la morue séchée et divers produits.

Durant plus de 400 ans, Bryggen fut dominée par une communauté très fermée de marchands germains, qui avaient interdiction de fréquenter ou d'épouser des Norvégiens. Au XVe siècle, la concurrence avec les armateurs hollandais et anglais, les conflits internes et surtout la peste noire (qui extermina 70% de la population de Bergen) entraînèrent le déclin de la Ligue hanséatique – même si Hambourg, Brême et Lübeck étaient toujours appelées cités hanséatiques, les deux premières ayant en outre gardé leur statut de cité-État.

Malgré ces revers, au début du XVIIe siècle, Bergen était le pivot et le centre du commerce de Scandinavie, et la ville la plus peuplée de Norvège avec 15 000 habitants. Durant les XVIIe et XVIIIe siècles, beaucoup de commerçants de la Ligue choisirent la nationalité norvégienne et s'intégrèrent à la communauté locale. Bryggen resta un gros centre du commerce maritime jusqu'en 1899.

ORIENTATION

L'agglomération de Bergen regroupe des banlieues et des cités satellites réparties sur les îles, les collines et les péninsules voisines. Le centre-ville, compact, est facile à visiter à pied. Les sites les plus intéressants se concentrent à Vågen, autour du port. Torgalmenningen, une grande artère commerciale, s'élance vers le sud-ouest depuis le port, jusqu'à l'Øvre Ole Bulls plass. Au sud de cette place s'étend un quartier étudiant animé rempli de bars et de bons restaurants. Les gares routière et ferroviaire sont à Strømgaten, à un pâté de maisons et à 10 min de marche au sud-est du terminal des ferries.

RENSEIGNEMENTS

Accès Internet

Toute la ville devrait être équipée de bornes Wi-Fi d'ici à la fin de l'année 2008 – beaucoup d'habitants pensent que cela prendra plus de temps. En attendant, la plupart des hôtels et certains cafés disposent d'accès Wi-Fi.

Accezzo (carte p. 198 ; Galleriet, Torgalmenningen 6 ; 70 NOK/heure ; 9h-21h lun-ven, 9h-18h sam juin-sept, horaires réduits le reste de l'année)

Bibliothèque de Bergen (carte p. 198 ; 55 56 85 00 ; Strømgaten 6 ; 10h-18h lun-jeu, 10h-16h30 ven, 10h-15h sam). Gratuit, temps d'accès limité.

Cyberhouse (carte p. 198 ; Hollendergaten 9 ; 60 NOK/heure ; 9h-23h)

Zoex (carte p. 198 ; Kong Oscars gate 13 ; 15/30/60 min 20/40/70 NOK ; 10h-18h lun-ven, 10h-14h sam)

Agence de voyages

Kilroy Travel (carte p. 198 ; 02633 ; www.kilroytravels.com ; Vaskerelven 16 ; 10h-17h lun-ven, 11h30-15h sam). Spécialisée dans les billets étudiants.

Argent

On peut changer ses devises à la poste, à l'office du tourisme (taux très inférieurs aux banques mais sans commission) ou dans les banques du centre-ville – la plupart ont un DAB. La **Sparebanken Vest** (carte p. 198 ; Nedre Korskirkeallmenning) compte parmi les plus avantageuses.

Consigne

Casiers dans les gares routière et ferroviaire, à partir de 40 NOK.

Laverie

Jarlens Vaskoteque (carte p. 198 ; 55 32 55 04 ; Lille Øvregaten 17 ; lavage/lessive/séchage 55/5/10 NOK ; 10h-18h lun, mar et ven, 10h-20h mer-jeu, 10h-15h sam). Service de blanchisserie (110 NOK/2 heures).

Librairies

Norli (carte p. 198 ; 55 21 42 91 ; www.norli.no ; Torgalmenningen 8 ; 9h-21h lun-ven, 9h-18h sam mai-sept, horaires réduits le reste de l'année). Choix important de guides et de livres de voyage en anglais. Autre magasin en face, au n°7.

Poste

Poste principale (carte p. 198 ; centre commercial Xhibition, Småstrandgaten ; 8h-20h lun-ven, 9h-18h sam mi-juin à mi-août, horaires réduits le reste de l'année)

Offices du tourisme

Bureau du DNT de Bergen Turlag (carte p. 198 ; 55 32 22 30 ; www.bergen-turlag.no ; Tverrgaten 4 ; 10h-16h lun-mer et ven, 10h-18h jeu, 10h-14h sam). Cartes et renseignements sur les randonnées et refuges de tout l'ouest de la Norvège.

Office du tourisme (carte p. 198 ; 55 55 20 00 ; www.visitbergen.com ; Vågsallmenningen 1 ; 8h30-22h juin-août, 9h-20h mai et sept, 9h-16h lun-sam oct-avr). Un des meilleurs et des plus actifs du pays, l'office du tourisme de Bergen distribue un excellent fascicule gratuit en français sur la ville, le *Bergen Guide*.

Services médicaux

Clinique Legevakten (carte p. 198 ; 55 56 87 00 ; Vestre strømkaien 19 ; 24h/24). Service d'urgences.

Pharmacie (carte p. 198 ; 55 21 83 84 ; gare routière ; 8h-23h lun-sam, 10h-23h dim)

Urgences

Ambulance (113)

Police (112)

DÉSAGRÉMENTS ET DANGERS

Bergen est une ville globalement sûre, mais des pickpockets rôdent autour du marché aux poissons et à Bryggen – comme dans tous les lieux touristiques. Gare à vos affaires.

La météo locale fait l'objet de plaisanteries dans tout le pays : avec au moins 275 jours de pluie par an, Bergen est l'une des villes les plus arrosées de Norvège. En 2006, elle a presque battu le record national (détenu par la région d'Oslo), avec 85 jours de pluie d'affilée. Le parapluie est un accessoire indispensable.

L'été, l'affluence est parfois oppressante. L'arrivée soudaine des bateaux de croisière peut notamment métamorphoser brutalement cette ville généralement paisible – ils ont amené 210 000 visiteurs en 2006. Comme nous le disait un habitant : "Les passagers des croisières viennent du monde entier faire quelques photos et acheter un troll en plastique, puis repartent sur leurs énormes paquebots." Nombreux sont ceux qui espèrent que l'introduction d'une taxe locale sur les navires de croisière va réduire un peu le trafic.

À VOIR ET À FAIRE

Bergen compte quantité de jolies rues pavées bordées de maisons habillées de bois. En dehors de Bryggen, les plus pittoresques sont les paisibles allées qui gravissent la colline derrière la gare du funiculaire de Fløibanen.

RÉGION DE BERGEN

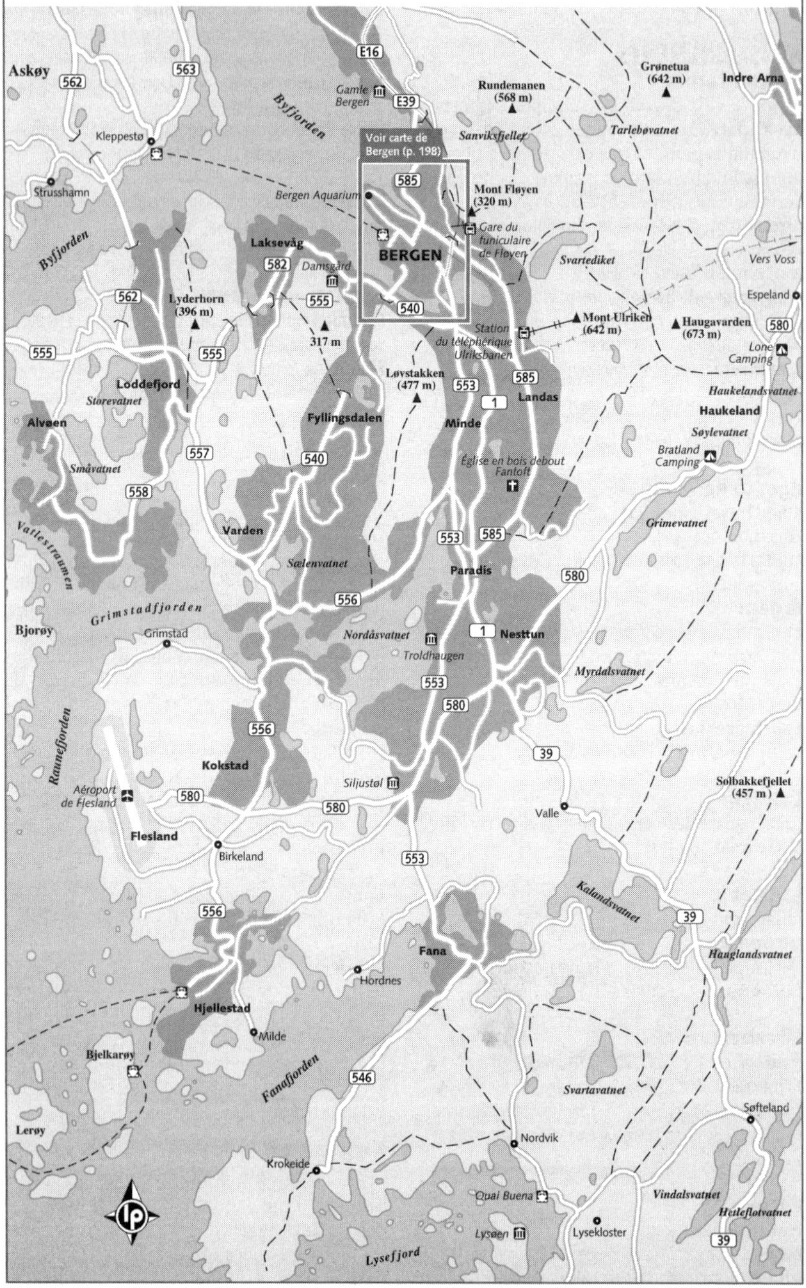

Vous en trouverez aussi à Nordnes (près du Kafe Kippers) et à Sandviken (derrière Bergenhus).

Bryggen

Bryggen ("le quai"), le plus vieux et le plus charmant quartier de Bergen, s'étire le long de la rive est du port de Vågen. Derrière les pignons des façades tournées vers le port s'étendent de longues rangées parallèles d'édifices en planches brutes, reconstruits sur des fondations en pierres empilées ou en bois. C'est ici que se concentrait l'activité commerciale du temps de la Ligue hanséatique (voir p. 194).

Bryggen (carte p. 198) est en évolution constante. Des fouilles archéologiques récentes laissent penser que le quai se trouvait jadis 140 m plus avant dans les terres. Les 58 (ou 61) bâtiments existant aujourd'hui couvrent 13 000 m². Bâtis après l'incendie de 1702, ils étaient quatre fois plus nombreux à l'origine. Le plan d'ensemble du site date du XIIe siècle.

Au début du XIVe siècle, Bryggen comptait environ 30 constructions de bois, dont beaucoup abritaient plusieurs *stuer* (compagnies commerciales). Elles s'élevaient de 2 ou 3 étages au-dessus du quai et regroupaient des bureaux, des entrepôts et des logements. Chacune possédait une grue pour le chargement/déchargement des marchandises ainsi qu'une grande salle commune, la *schøtstue*, où le personnel se rassemblait et mangeait. L'ambiance d'une communauté portuaire soudée perdure. Se perdre dans Bryggen fait partie des grands plaisirs de Bergen.

Ceux qui lisent l'anglais trouveront avec le *Bryggen Guide*, disponible au musée de Bryggen et ailleurs, un excellent résumé de l'histoire du lieu et des menaces qui ont pesé sur son existence.

Musée de la Hanse

Ce superbe **musée** (carte p. 198 ; ☎ 55 54 46 90 ; www.museumvest.no ; Finnegårdsgaten 1a ; adulte/enfant 45 NOK/gratuit mi-mai à mi-sept, 25 NOK/gratuit le reste de l'année, entrée valable pour le Schøtstuene ; 9h-17h mi-mai à mi-sept, 11h-14h mar-sam, 11h-16h dim le reste de l'année) est une fenêtre sur le monde des marchands de la Hanse. Installé dans un bâtiment de bois brut de 1704, il met en évidence l'immense contraste qui existait entre les conditions de vie et de travail difficiles des marins et des apprentis, et celles des dirigeants. On appréciera notamment le bureau, les appartements, le cabinet à alcools et la chambre d'été de la direction, ainsi que les quartiers des apprentis – qui se partageaient un lit pour deux –, la salle de stockage du poisson – où plus de 450 tonnes de morue étaient traitées et conditionnées chaque mois – et la *fiskeskrue*, presse servant à tasser les poissons séchés dans les tonneaux.

BERGEN CARD

La **Bergen card** (www.visitbergen.com/bergencard ; adulte 24/48 heures 170/250 NOK, enfant 70/10 NOK) peut s'avérer économique, à condition de bien planifier ses visites et d'avoir de bonnes jambes pour la rentabiliser. Elle permet d'accéder gratuitement aux bus urbains, au funiculaire Fløibanen (carte p. 198), à certains musées et à des visites guidées de la ville. Elle donne droit à des tarifs réduits dans d'autres musées, aux visites de la ville en bateau et en bus, et à des réductions sur les concerts et les spectacles. Elle est en vente à l'office du tourisme, dans certains hôtels, à la gare routière et en ligne.

Schøtstuene

Complément indispensable au musée de la Hanse, le **Schøtstuene** (carte p. 198 ; ☎ 55 31 60 20 ; Øvregaten 50 ; adulte/enfant billet combiné avec le musée de la Hanse 45 NOK/gratuit ; 10h-17h mi-mai à mi-sept, 11h-14h dim le reste de l'année) est la reconstruction d'une des salles communes où se rassemblaient jadis les marchands de la Ligue pour travailler et boire de la bière.

Bryggens Museum

Ce **musée** archéologique (carte p. 198 ; ☎ 55 58 80 10 ; Dreggsallmenning 3 ; adulte/enfant 40/20 NOK, gratuit avec la Bergen card ; 10h-17h mai-août, 11h-15h lun-ven, 12h-15h sam, 12h-16h dim sept-avr) est bâti là où s'installèrent les premiers habitants de Bergen. Vous observerez les fondations, vieilles de 800 ans, mises au jour lors de sa construction. Le musée réunit notamment des outils, des poteries, des crânes et des runes de l'époque médiévale. L'exposition permanente, consacrée à Bergen vers 1300, est particulièrement intéressante.

Musée Theta

Cette reconstitution d'une pièce abritant un bureau de la résistance découvert par les nazis en 1942 est le plus petit **musée** (carte p. 198 ;

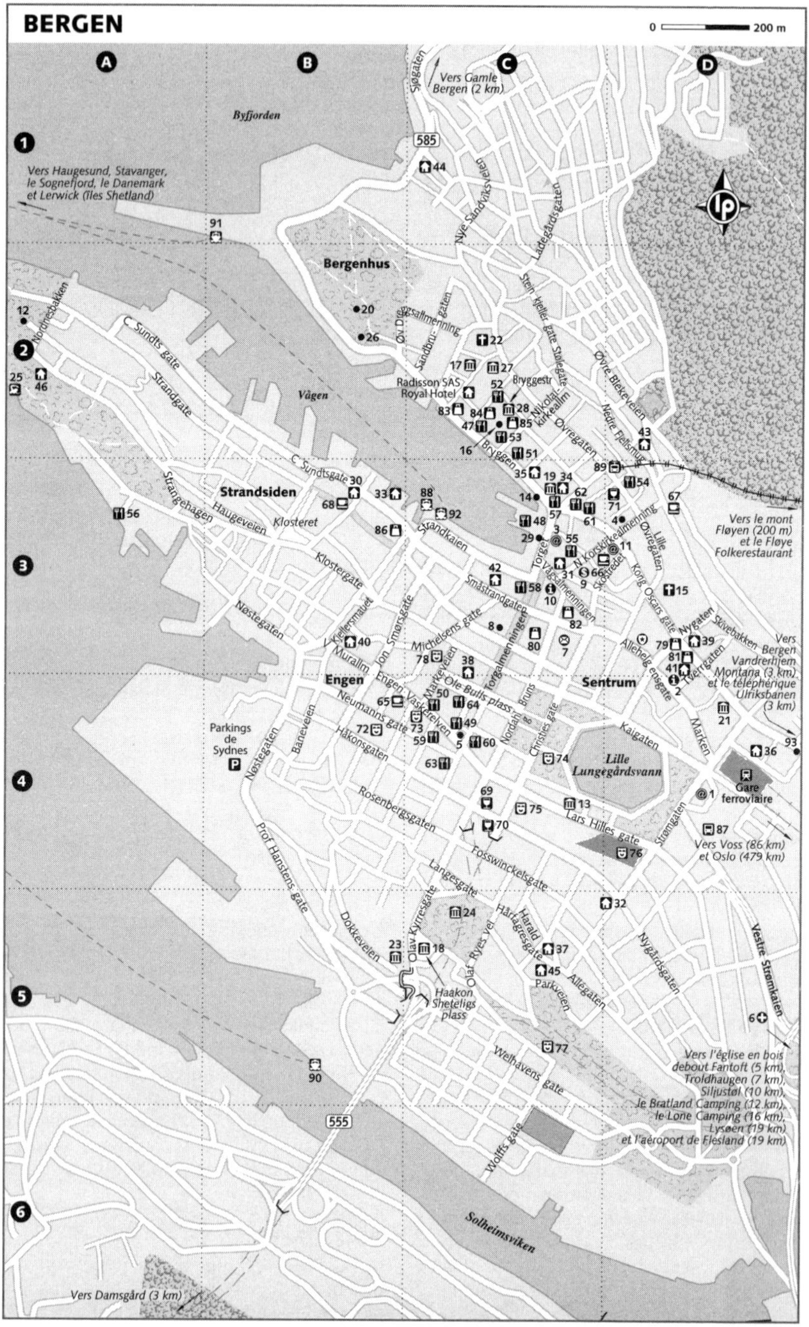
BERGEN
0 200 m
A
B
C
D
1
2
3
4
5
6
Byfjorden
Vers Haugesund, Stavanger, le Sognefjord, le Danemark et Lerwick (îles Shetland)
Vers Gamle Bergen (2 km)
Sjøgaten
585
Bergenhus
Vågen
Strandsiden
Engen
Sentrum
Klosteret
Parkings de Sydnes
Lille Lungegårdsvann
Gare ferroviaire
Solheimsviken
Nordnesbakken
C Sundts gate
Strandgate
Strangehagen
Haugeveien
Klostergate
Nøstegaten
Kjellersmauet
Murallm
Jon Smørsgate
Michelsens gate
Markeveien
Engen
Vaskerelven
Neumanns gate
Håkonsgaten
Baneveien
Nøstegaten
Rosenbergsgaten
Prof Hanstens gate
Dokkeveien
Olav Kyrres gate
Haakon Sheteligs plass
Fosswinckelsgate
Langesgate
Olaf Ryes vei
Harald Hårfagresgate
Parkveien
Allégaten
Nygårdsgaten
Welhavens gate
Wolffs gate
Lars Hilles gate
Strømgaten
Kaigaten
Marken
Vestre Strømkaien
Christies gate
Nordahl Bruns
Torgallmenningen
Ole Bulls plass
Småstrandgaten
Vågsallmenningen
Torget
Strandkaien
Bryggen
Nikolaikirkeallm
Øvregaten
Stein Kjeller gate
Ladegårdsgaten
Nye Sandviksveien
Sandbru gaten
Øvre Blekeveien
Nedre Fjellsmug
N Korskirkealmenning
Skostredet
Lille Øvregaten
Kong Oscars gate
Nygaten
Allehelgens gate
Tverrgaten
Skivebakken
Radisson SAS Royal Hotel
Bryggestr
Vers le mont Fløyen (200 m) et le Fløye Folkerestaurant
Vers Bergen Vandrerhjem Montana (3 km) et le téléphérique Ulriksbanen (3 km)
Vers Voss (86 km) et Oslo (479 km)
Vers l'église en bois debout Fantoft (5 km), Troldhaugen (7 km), Siljustøl (10 km), le Bratland Camping (12 km), le Lone Camping (16 km), Lysøen (19 km) et l'aéroport de Flesland (19 km)
Vers Damsgård (3 km)
555

RENSEIGNEMENTS
Accezzo (voir 80)
Bibliothèque de Bergen 1 D4
Bureau du DNT de Bergen Turlag 2 D4
Cyberhouse 3 C3
Jarlens Vaskoteque 4 D3
Kilroy Travel 5 C4
Clinique Legevakten 6 D5
Poste principale 7 C3
Norli (voir 80)
Norli 8 C3
Pharmacie (voir 87)
Sparebanken Vest 9 C3
Office du tourisme 10 C3
Zoex 11 D3

À VOIR ET À FAIRE
Aquarium de Bergen 12 A2
Musée des Beaux-Arts de Bergen 13 C4
Petit train Bergens-Expressen 14 C3
Cathédrale de Bergen (Domkirken) 15 D3
Bryggen Warehouses 16 C2
Entrepôts de Bryggen 17 C2
Bryggens Museum 18 C5
Musée de la Hanse 19 C3
Håkonshallen 20 B2
Musée de la Lèpre 21 D4
Mariakirken 22 C2
Musée de la Marine 23 B5
Muséum d'Histoire naturelle 24 C5
Nordnes Sjøbad 25 A2
Tour Rosenkrantz 26 B2
Schøtstuene 27 C2
Musée Theta 28 C2
Marché aux poissons de Torget 29 C3

OÙ SE LOGER
Augustin Hotel 30 B3
Bergen Vandrerhjem YMCA 31 C3
City Box 32 D5
Clarion Hotel Admiral 33 B3
Det Hanseatiske Hotel 34 C3
First Hotel Marin 35 C3
Grand Hotel Terminus 36 D4
Hotel Park Pension 37 C5
In City Hotel & Apartments 38 C4
Jacob's Apartments 39 D3
Kjellersmauet Gjestehus 40 B3
Marken Gjestehus 41 D3
Rica Strand Hotel 42 C3
Skansen Pensjonat 43 D2
Skuteviken Gjesthus 44 C1
Steens Hotell 45 C5
Villa Nordnes 46 A2

OÙ SE RESTAURER
Baker Brun 47 C2
Baker Brun 48 C3
Bar Celona 49 C4
Bocca (voir 38)
Boha 50 C4
Bryggeloftet & Stuene 51 C2
Bryggen Tracteursted 52 C2
Enhjørningen 53 C2
Escalon 54 D3
Finnegaards Stuene (voir 34)
Godt Brød 55 C3
Kafe Kippers 56 A3
Kjøttbasarell 57 C3
Lido 58 C3
Naboen 59 C4
Pingvinen 60 C4
Pygmalion Økocafé (voir 31)
Red Sun 61 C3
Sol Brød 62 C3
Stragiotti 63 C4
Sumo (voir 63)
Marché aux poissons de Torget (voir 29)
Wesselstuen 64 C4

OÙ PRENDRE UN VERRE
Altona Vinbar (voir 30)
Bocca (voir 38)
Café Opera 65 B4
Capello 66 D3
Det Lille Kaffe Kompaniet 67 D3
Dromedar Kaffebar 68 B3
Fincken 69 C4
Jacob's Café (voir 39)
Kafe Kippers (voir 56)
Legal 70 C4
Naboen (voir 59)
Onkel Lauritz (voir 50)
Pingvinen (voir 60)
To Glass Vinbar 71 D3
Vågen (voir 61)

OÙ SORTIR
Bergen Folklore (voir 27)
Bergen Kino 72 B4
Calibar 73 C4
Fana Folklore Show Departure Point 74 C4
Garage 75 C4
Grieghallen 76 D4
Hulen 77 C5
Rick's 78 C3
USF Vertfet (voir 56)

ACHATS
Foto Video 79 D3
Centre commercial Galleriet 80 C3
Gitarmaker 81 D3
Husfliden 82 C3
Juhls' Silver Gallery 83 C2
Kvams Flisespikkeri 84 C2
Læverkstedet 85 C2
Oleana 86 B3
Xhibition (voir 7)

TRANSPORTS
Gare routière 87 D4
Ferries vers Rosendal 88 C3
Gare du funiculaire de Fløibanen 89 D3
Frieleneskaien (ferry de Hurtigruten) 90 B5
Rødne Fjord Cruise (voir 92)
Skoltegrunnskaien (ferries internationaux) 91 B1
Strandkaiterminal (ferries express) 92 C3
Sykkelbutikken 93 D4
Vågen Harbour Ferry (voir 29)

Enhjørningsgården ; adulte/enfant 20/5 NOK ; 14h-16h mar, sam et dim mi-mai à mi-sept) de Norvège. Dissimulé derrière le restaurant Enhjørningen, il est naturellement très difficile à trouver. Traversez l'allée et montez au 3e étage.

Torget

Il n'est pas facile de quitter la joyeuse animation du marché aux poissons au bord de l'eau de Torget. Les senteurs marines s'emparent des narines, les déchets font du quai une patinoire, et on s'y régale de savoureux en-cas de la mer (voir p. 206).

Mariakirken

Bâtie au début du XIIe siècle, cette **église** (carte p. 198 ; 55 31 59 60 ; Dreggen ; adulte/enfant 20 NOK/gratuit mi-juin à fin-août, gratuit le reste de l'année et avec la Bergen card ; 9h30-11h30 et 13h-16h mi-juin à fin-août, 11h-12h30 mar-ven le reste de l'année) de pierre dotée d'un porche roman et de deux clochers est le plus vieux bâtiment de la ville. À l'intérieur, des fresques du XVe siècle côtoient une superbe chaire baroque offerte par les marchands hanséatiques en 1676.

Tour Rosenkrantz

Bâtie vers 1560 par le gouverneur Erik Rosenkrantz, cette **tour** (Rosenkrantztårnet ; carte p. 198 ; 55 31 43 80 ; Bergenhus ; adulte/enfant 40/20 NOK, gratuit avec la Bergen card ; 10h-16h mi-mai à août, 12h-15h dim sept à mi-mai) fut une résidence et un poste défensif. Elle comprend une partie du donjon (1273) du roi Magnus VI (dit "le Législateur") et de la forteresse de 1520 de Jørgen Hansson. Des escaliers en colimaçon mènent, au-delà des halls et des postes de sentinelles, au sommet, qui dévoile une vue sur le port.

Håkonshallen

Cette vaste **salle des cérémonies** (carte p. 198 ; 55 31 60 67 ; Bergenhus ; adulte/enfant 40/20 NOK, gratuit avec la Bergen card ; 10h-16h tlj mi-mai à août, 12h-15h ven-mer, 15h-18h jeu sept à mi-mai), contiguë à la tour Rosenkrantz, fut construite par le roi Haakon IV Haakonsson entre 1247 et 1261 et terminée pour le mariage et le couronnement de son fils. L'explosion en 1944 d'un navire hollandais chargé de munitions détruisit le toit. L'édifice a subi depuis d'importantes restaurations. Visites guidées toutes les heures en été.

PROTÉGER BRYGGEN : RENCONTRE AVEC DES DÉFENSEURS DU PATRIMOINE

Il paraît inconcevable que les défenseurs du patrimoine aient dû passer la plus grande partie du XXe siècle à combattre des projets visant à raser un quartier aussi beau que Bryggen.

Bryggen a été endommagé au moins sept fois par des incendies – particulièrement en 1702 et en 1955, quand un tiers du quartier partit en fumée. Les déformations de certains bâtiments datent de 1944, quand un navire de munitions hollandais explosa dans le port, soufflant les toits et tordant les piliers. Cette explosion et l'incendie de 1955 ne firent que conforter ceux, alors nombreux, qui voulaient faire disparaître le quartier une fois pour toutes. Bryggen était considéré comme un dangereux foyer d'incendie et son délabrement était perçu par beaucoup comme une gêne. Des projets envisageaient la construction d'immeubles modernes de huit étages, d'une gare routière, d'un centre commercial et d'un parking.

Le quartier fut sauvé par la durée des fouilles archéologiques qui suivirent l'incendie de 1955. Elles durèrent 13 ans et permirent de mettre au jour plus d'un million d'objets. La **Bryggen Foundation** (www.stiftelsenbryggen.no) et l'Association des amis de Bryggen furent créées en 1962. Selon Inger Marie Egenberg, responsable en chef du Bryggen Project, fondé en 2000 pour superviser la restauration du quartier, "pas mal de gens et certains hommes politiques locaux voulaient se débarrasser de ce nid de rats" après le feu de 1955. Les points de vue changèrent progressivement après la création de la fondation. En 1979, l'Unesco inscrivait Bryggen au Patrimoine mondial.

Les immeubles sont privés. Comme le précise I. M. Egenberg, "les propriétaires bénéficient d'aides de l'État pour l'entretien et la préservation des bâtiments, sous réserve de respecter le cahier des charges et de se conformer au planning. Chaque fois que c'est possible, les restaurateurs utilisent des techniques et matériaux traditionnels, tout en laissant voir qu'il s'agit de rénovations afin que le public puisse faire la différence entre les éléments originaux et les parties plus récentes". Ayant constaté que le sel absorbé par le bois durant des siècles contribuait à sa préservation, les restaurateurs plongent aujourd'hui les bois destinés à la reconstruction dans l'eau de mer avant de s'en servir.

Cathédrale de Bergen (Domkirken)

La **cathédrale** (carte p. 198 ; ☎ 55 31 58 75 ; Domkirkeplass 1 ; entrée libre ; 🕑 11h-16h lun-ven mi-juin à mi-août, 11h-12h30 mar-ven le reste de l'année), aussi appelée église Saint-Olav, mérite une visite. Remarquez le superbe travail des pierres de l'entrée, qui est l'œuvre des mêmes sculpteurs qui réalisèrent la maison capitulaire de l'abbaye de Westminster à Londres.

Musée des Beaux-Arts de Bergen

À côté du lac Lille Lungegårdsvann, ce **musée** (Bergen Kunstmuseum ; carte p. 198 ; ☎ 55 56 80 00 ; www.bergenartmuseum.no ; Rasmus Meyers Allées 3 et 7 ; adulte/enfant/étudiant 50/gratuit/35 NOK, gratuit avec la Bergen card ; 🕑 11h-17h mi-mai à mi-sept, 11h-17h mar-dim le reste de l'année) rassemble une superbe collection d'œuvres des XVIIIe, XIXe et XXe siècles de peintres étrangers et norvégiens, dont Munch, Miró, Picasso, Kandinsky et Klee.

Musées de l'Université

Les deux principaux **musées** (www.museum.uib.no ; adulte/étudiant ou enfant billet combiné 40 NOK/gratuit, gratuit avec la Bergen card ; 🕑 10h-16h mar-ven, 11h-16h sam-dim juin-août, horaires réduits le reste de l'année) de l'université sont le **musée d'Histoire et de la Culture** (Kultur-historik Samlinger ; carte p. 198 ; ☎ 55 58 31 40 ; Haakon Sheteligs plass 10), qui comprend des armes vikings, des autels du Moyen Âge, des œuvres d'art populaire, du mobilier d'époque et des sections consacrées aussi bien aux cultures inuite et aléoutienne qu'à Henrik Ibsen ou aux momies égyptiennes, et le **Muséum d'histoire naturelle** (Naturhistorisk Samlinger ; carte p. 198 ; ☎ 55 58 29 20 ; Muséplass 3).

Musée de la Marine

Le **musée de la Marine** (Sjøfartsmuseet ; carte p. 198 ; ☎ 55 54 96 00 ; Haakon Sheteligs plass 15 ; adulte/étudiant ou enfant 30 NOK/gratuit ; 🕑 11h-15h juin-août, 11h-14h dim-ven sept-mai) de Bergen est essentiel pour comprendre l'histoire de cette ville portuaire. On y voit des maquettes de navires de l'époque viking jusqu'à nos jours et des présentations de l'histoire maritime de la Norvège.

Aquarium de Bergen

À l'extrémité de la péninsule de Nordnes, cet **aquarium** (Bergen Akvariet ; carte p. 198 ; ☎ 55 55 71 71 ; www.akvariet.com ; Nordnesbakken 4 ; adulte/enfant 150/100 NOK, avec la Bergen card 115/75 NOK ; 🕑 9h-19h mai-août, 10h-18h sept-avr, repas des animaux 12h, 15h et 18h mai-août, 12h et 15h sept-avr) dispose d'un grand

Une meilleure connaissance des problèmes liés à la préservation du patrimoine n'a pas empêché certaines erreurs. Comme l'explique I. M. Egenberg : "Quand le Radisson SAS Royal Hotel et son parking souterrain furent bâtis à l'extrémité nord de Bryggen en 1982, il fut nécessaire de drainer les eaux sous l'immeuble. Cela provoqua une augmentation de la quantité d'oxygène présente dans les strates anciennes sous Bryggen, qui se décomposèrent et se tassèrent, finissant par endommager les fondations des bâtiments et les bâtiments eux-mêmes. Nous ignorions ce problème à l'époque." Des discussions sont en cours entre le Radisson et les autorités impliquées dans la défense du patrimoine pour essayer de trouver une solution et de résoudre ce problème.

De nombreux facteurs menacent la survie de Bryggen. I. M. Egenberg nous explique : "Le réchauffement climatique, qui provoque une augmentation du niveau des océans, est une menace très sérieuse ; je pense que si le plan de financement n'aboutit pas, nous n'arriverons pas à suivre les préconisations et la valeur culturelle du lieu finira par disparaître. Les touristes causent certaines détériorations, mais ils gardent aussi le lieu en vie."

Les défenseurs du patrimoine cherchent non pas seulement à préserver Bryggen, mais également d'autres quartiers anciens en bois de Bergen. Selon Sonja Krantz, l'une des nombreuses personnes tentant d'influencer les autorités pour que soit assurée la protection des anciens quartiers ouvriers, "le plus grand danger vient des promoteurs qui achètent des maisons et parfois des rues entières afin de les laisser volontairement se délabrer et de les raser. En réaction, les habitants des vieux quartiers se sont organisés en *velforreninger*, des associations informelles de volontaires, mises en place pour protéger leur quartier".

"Les hommes politiques sont soumis à de grosses pressions pour protéger ces zones fragiles, autant de la part des associations que de la presse locale, souligne aussi S. Krantz. Les opinions évoluent."

Propos recueillis par Anthony Ham

bassin extérieur plein de phoques et de pingouins, et de 70 aquariums à l'intérieur. Vous vous souviendrez du poisson-loup, très amusant, de la baudroie, peu engageante, et du banc de harengs, qui se déplace d'un seul bloc.

À 20 min à pied de Torget. Vous pourrez aussi prendre le ferry de Vågen (p. 211) ou le bus n°11.

Gamle Bergen

À 4 km au nord du centre, le **musée du Vieux Bergen** (carte p. 196 ; ☎ 55 39 43 00 ; www.bymuseet.no ; Nyhavnsveien 4, Sandviken ; adulte/enfant 50/25 NOK, gratuit avec la Bergen card ; visites toutes les heures 10h-17h mi-mai à début sept) regroupe en plein air une collection de 35 bâtiments des XVIIIe et XIXe siècles. À une demi-heure de marche de Torget, d'où vous pourrez aussi venir en bus (n°20-23). Ouvert toute l'année, le parc est gratuit.

Troldhaugen

Cette **maison** (carte p. 196 ; ☎ 55 92 29 92 ; www.troldhaugen.com ; Hop ; adulte/enfant 60 NOK/gratuit, 20 NOK avec la Bergen card ; 9h-18h mai-sept, horaires réduits oct-avr) de 2 étages fut bâtie en 1885 sur une superbe avancée verdoyante près du lac Nordåsvatnet, au sud de Bergen. C'est ici que le compositeur Edvard Grieg (voir p. 50) et son épouse Nina Hagerup passèrent leurs derniers étés entre 1885 et 1907, année de la mort de Grieg. La maison et le parc sont ouverts au public, qui profite d'une exposition multimédia sur Grieg et d'un auditorium de 200 places. Ne manquez pas le petit chalet où Grieg se retirait pour travailler, ni le piano Steinway, offert au couple en 1892 pour ses 50 ans de mariage. La tombe des époux est creusée dans la falaise dominant le lac, à un emplacement impressionnant.

L'été, des **concerts** (adulte avec/sans la Bergen card 160/220 NOK, gratuit pour les enfants) sont organisés les mercredi, samedi et dimanche et durant le Festival international de Bergen. Les programmes sont disponibles à l'office du tourisme.

Depuis les quais n°19 à 21, prenez n'importe quel bus jusqu'à l'arrêt Hopsbroen. De là, suivez les panneaux (comptez 20 min à pied). Durant le festival, des bus gratuits partent de l'office du tourisme.

Musée de Siljustøl

À 3 km au sud de Troldhaugen, la résidence d'un autre compositeur norvégien célèbre est ouverte aux visiteurs. Harald et Marie Sæverud vécurent à **Siljustøl** (carte p. 196 ; ☎ 55 92 29 92 ; www.siljustol.no ; Siljustøl ; adulte/enfant/étudiant 60/gratuit/20 NOK ; 12h-16h dim fin juin-fin sept), dans une modeste maison des années 1930, bâtie en pierre et bois non traité dans le respect de l'environnement. Harald Sæverud acheva sa première symphonie en 1920. Durant la Seconde Guerre mondiale, il devint un symbole de la résistance norvégienne quand il composa des œuvres condamnant l'occupation nazie. En 1986, il recevait le titre de compositeur officiel du Festival international de Bergen. À sa mort, en mars 1992, il fut inhumé selon sa demande à Siljustøl, après des funérailles nationales. Pour rejoindre le musée, empruntez le bus n°30 depuis le quai n°20.

Damsgård

Édifié en 1770, le **manoir de Damsgård** (carte p. 196 ; ☎ 55 58 80 10 ; www.vk.museum.no ; Laksevåg ; adulte/enfant 50/25 NOK, gratuit avec la Bergen card ; 11h-17h fin mai-août, visites toutes les heures 11h-16h), à 3 km à l'ouest de la ville, est peut-être le plus bel exemple d'architecture rococo en bois du XVIIIe siècle en Norvège – voire en Europe. Le point d'orgue en est un somptueux jardin baroque, orné de sculptures, de bassins et de variétés végétales qui étaient communes il y a 200 ans. Prenez le bus n°19 depuis le centre.

Lysøen

Cette superbe **villa** (carte p. 196 ; ☎ 56 30 90 77 ; www.lysoen.no ; Lysøen ; adulte/enfant avec visite guidée 30/10 NOK, gratuit avec la Bergen card ; 12h-16h lun-sam, 11h-17h dim mi-mai à août, 12h-16h dim sept) fut construite en 1873 sur l'île du même nom pour servir de résidence estivale au célèbre violoniste norvégien Ole Bull (voir p. 52). Bull acheta les 70 ha de l'île Lysøen, à environ 20 km au sud de Bergen, après la mort de sa femme, la Française Félicité Villeminot. Entre 1872 et 1873, avec l'architecte Conrad Fredrik von der Lippe, il fit élever cette folie, la villa "Lysøen". Cet "Alhambra miniature", très inspiré de l'architecture mauresque de Grenade, associe aux treilles et aux arches découpées des dômes en oignons russes, des jardins romantiques, des colonnades de marbre à l'italienne et un auditorium aux hauts plafonds de bois sculptés en pin norvégien.

Quand Ole Bull mourut à Lysøen en août 1880, 10 000 personnes suivirent sa procession funéraire jusqu'à l'Assistentkirkegården, près de la porte de la vieille ville de Bergen.

Le parc, sillonné par 13 km d'allées, compte un petit café. De la gare routière de Bergen, prenez le bus pour Lysefjord (n°566 ou 567, aller/aller-retour 110 NOK) au quai n°19 ou 20 pour le quai Buena, d'où un ferry de passagers (adulte/enfant 50/20 NOK ; tlj, 1/heure 12h-15h, jusqu'à 16h dim) mène à Lysøen.

Funiculaires

FLØIBANEN

Pour avoir une vue imprenable sur la cité, gravissez la pente à 26 degrés menant au sommet du mont Fløyen (320 m) à bord du **funiculaire** Fløibanen (carte p. 198 ; ☎ 55 33 68 00 ; www.floibanen.no ; Vetrlidsalmenning 21 ; adulte/enfant aller/aller-retour 70/35 NOK, gratuit avec la Bergen card ; 8h-24h mai-août, 8h-23h lun-sam et 9h-23h dim sept-avr). Départ toutes les 15 minutes.

À l'arrivée, des chemins bien balisés s'enfoncent dans la forêt. Les itinéraires sont indiqués sur les cartes *Gledeskartet* (gratuite) et *Turløyper På Byfjellene Nord/Øst* (10 NOK), disponibles à l'office du tourisme de Bergen. Le sentier n°2 décrit une boucle de 1,6 km près du lac Skomakerdiket, le n°1 une boucle de 5 km dans les collines et les bois, en passant par plusieurs lacs. Pour retourner en ville en 40 min depuis Fløyen par un ravissant itinéraire, suivez le chemin n°4 dans le sens des aiguilles d'une montre et rejoignez le n°6 qui redescend jusqu'au port.

ULRIKSBANEN

Par temps clair, la vue panoramique sur la cité, les fjords et les sommets avoisinants est superbe depuis le **téléphérique** Ulriksbanen (carte p. 196 ; ☎ 55 20 20 20 ; www.ulriken.no ; adulte/enfant aller/aller-retour 80/40 NOK ; 9h-21h juin-août, horaires réduits le reste de l'année), qui grimpe jusqu'à la tour radio et au café situés en haut du mont Ulriken (642 m). Le billet "Bergen in a Nutshell" (voir p. 204) comprend la montée et l'aller-retour en bus depuis l'office du tourisme. Sinon, vous devrez marcher durant 45 min depuis le centre, ou prendre quelques minutes le bus n°2 ou 31 depuis la poste ou le bus n°50 depuis Bryggen.

Une excursion très appréciée consiste à monter par le téléphérique, puis à marcher 4-6 heures sur un sentier très fréquenté pour rejoindre le sommet du funiculaire Fløibanen.

Fantoft stavkirke

L'**église en bois debout Fantoft** (carte p. 196 ; ☎ 55 28 07 10 ; Paradis ; adulte/enfant/étudiant 30/12/20 NOK, gratuit avec la Bergen card ; 10h30-14h et 14h30-18h mi-mai à mi-sept), érigée au sud de Bergen dans un beau site arboré (appelé le "Paradis"), fut d'abord bâtie à Sognefjord vers 1150 puis déplacée dans la banlieue sud de Bergen en 1883. Incendiée en 1992 par un sataniste, elle a été reconstruite. La **croix** voisine, qui provient de Sola, au Rogaland, date de 1050. De Bergen, tous les bus au départ du quai n°20 s'arrêtent à l'arrêt Fantoft dans Birkelundsbakken. Il ne reste qu'à traverser le parc en remontant la colline pendant environ 5 minutes.

Piscines

Si un plongeon vous tente mais que l'eau glaciale des fjords vous rebute, vous apprécierez peut-être la piscine découverte de **Nordnes Sjøbad** (piscine de Nordnes ; carte p. 198 ; près de Haugeveien ; adulte/enfant 46/21 NOK ; 🕑 7h-19h lun-sam, 10h-19h dim mi-mai à août), à 27°C. Un plongeoir sur la berge attend les plus réchauffés.

CIRCUITS ORGANISÉS

Bergen Fjord Sightseeing (☎ 55 25 90 00) propose une **visite du port** d'une heure (adulte/enfant 100/50 NOK 🕑 15h30 juin-fin août), qui donne un bon aperçu de Bryggen et des collines voisines. Ce même organisme offre un **tour des fjords** de 4 heures (adulte/enfant 400/200 NOK ; 🕑 10h et 14h30 juil-fin août, 10h mai-juin, 10h mar, jeu, sam et dim sept). Les bateaux partent du quai à côté du marché aux poissons.

Un bon moyen d'accéder aux sites les plus éloignés est de se joindre à l'un des **Bergen Guided Tours** (visites guidées de Bergen ; ☎ 05505 ; www.tide.no ; adulte/enfant 280/180 NOK, tarif réduit avec la Bergen card ; 🕑 11h mai-sept). Ils durent 3 heures et vous amènent notamment à l'église en bois debout Fantoft et à Troldhaugen.

Bergen ne serait pas tout à fait une ville touristique si elle n'avait son **petit train Bergens-Expressen** (☎ 55 53 11 50 ; www.bergensexpressen.no ; adulte/enfant 100/40 NOK ; 🕑 toutes les 30 min 10h-17h mi-juin à mi-août puis à 18h et 19h, horaires réduits mai à mi-juin et mi-août à sept), qui circule sur le front de mer de Bryggen, en face du musée de la Hanse et dans certaines rues transversales remarquables. Le circuit dure 1 heure.

Le bus touristique de l'**On&Off City Tour** (☎ 97 05 22 50 ; www.turistbuss.no ; adulte/enfant 150/100 NOK, avec la Bergen card 100/70 NOK ; 🕑 toutes les heures 9h30-16h30 juin-sept) offre la possibilité de monter et de descendre à n'importe quel arrêt du circuit, entre Gamle Bergen et l'aquarium.

Le bus **"Bergen in a Nutshell"** (☎ 55 20 20 20 ; www.ulriken.no ; adulte/enfant 150/75 NOK ; 🕑 toutes les heures 9h-20h juin-août, 9h-17h mai et sept) part à côté du marché aux poissons. Il suit le front de mer de Bryggen, rejoint le funiculaire et revient. Commentaire en six langues.

Pour réduire un peu son champ exploratoire, on peut aussi prendre l'un des excellents **Guided Tours of Bryggen** (visites guidées de Bryygen ; ☎ 55 58 80 10 ; adulte/enfant 80 NOK/gratuit ; 🕑 11h allemand, 11h et 13h anglais, 12h norvégien juin-août). Ces circuits durent 1 heure 30, au départ du musée de Bryggen. Le commentaire inclut des descriptions de la vie à Bergen à l'apogée de l'activité commerciale de la cité. Le billet comprend l'entrée au musée de Bryggen, au Schøtstuene et au musée de la Hanse – vous pourrez visiter ces musées une seconde fois le jour même.

Si vous préférez aller à votre propre rythme, le musée de Bryggen distribue une brochure gratuite, *Meeting Point Bryggen*, qui permet de faire une **visite autoguidée** présentant 12 sites de la vieille ville.

Bergen Guide Service (☎ 55 30 10 60 ; guide@visitbergen.com ; adulte/enfant/adolescent 95/gratuit/45 NOK, avec la Bergen card 75/gratuit/35 NOK ; 🕑 15h mi-juin à mi-août) propose aussi un circuit pédestre de 1 heure 30 dans le centre de Bergen.

De début juin à début septembre, le dimanche, le circuit en **vieux train à vapeur** entre Garnes et Midtun est très apprécié. Ce train orné de panneaux de teck part à 9h du vieux ferry M/S *Bruvik* à Bryggen, pour rejoindre le **musée du Rail** (☎ 55 24 91 00) à Garnes. Il continue ensuite sur 18 km jusqu'à Midtun. Le circuit complet dure 4 heures (adulte/enfant 200/100 NOK). Le simple voyage en train coûte 120/60 NOK aller/aller-retour.

FÊTES ET FESTIVALS

Le **Festival international de Bergen** (☎ 55 36 55 66 ; www.fib.no) dure 14 jours, de fin mai à début juin. Grande manifestation culturelle de l'année, il est marqué par des spectacles de danse, des concerts et des défilés en costumes folkloriques dans toute la ville.

Fin mai, la **randonnée des Sept Pics** passe par tous les sommets des environs. Le parcours de 30 km est ardu, avec 2 200 m de dénivelé positif – le record est actuellement de 4 heures 30.

Autres moments forts :

Bergenfest (www.bergenfest.no). Festival international de musique, fin avril-début mai.

Festival international de guitare de Bergen (www.bergenguitarfestival.com). Fin juin.

CIRCUITS ORGANISÉS : BERGEN ET LES FJORDS

Vous pourrez participer à des dizaines de visites de Bergen et des fjords. L'office du tourisme en possède la liste complète et vend les billets. Il est parfois possible de s'inscrire en ligne. La plupart des prestataires offrent une réduction aux détenteurs de la Bergen card.

Fjord Tours (☎ 81 56 82 22 ; www.fjordtours.com) est passé maître dans l'art de tirer le maximum d'un laps de temps limité, grâce à une série de visites guidées dans les fjords. Toute l'année, le circuit **Norway in a Nutshell**, très apprécié, est un bon moyen de voir plus de choses que vous n'auriez cru possible en une seule journée depuis Bergen. Le billet (adulte/enfant 820/410 NOK) comprend le trajet en train matinal jusqu'à Voss, le bus pour le Stalheim Hotel puis pour Gudvangen, d'où un ferry suit le spectaculaire Nærøyfjord jusqu'à Flåm pour rejoindre l'époustouflante ligne ferroviaire traversant les montagnes jusqu'à Myrdal, où un train vous ramènera à Bergen à temps pour un dîner tardif – avant que vous ne préfériez continuer jusqu'à Oslo (arrivée vers 22h).

De mai à septembre, cet opérateur propose aussi des circuits aller-retour en train/bus/bateau depuis Bergen, comme l'**Explore Hardangerfjord** (645 NOK), qui en 10 heures passe par Voss, Ulvik, l'Eidfjord et Norheimsund, et le **World Heritage Tour** (830 NOK), qui comprend en 9 heures le Sognefjord, le Nærøyfjord, Gudvangen et Voss.

Tide (☎ 55 23 87 00 ; www.tide.no) organise des circuits aller-retour bus/bateau à destination de l'Eidfjord (p. 218 ; adulte/enfant 195/110 NOK).

Festival gastronomique de Bergen (www.matfest.no). De début à mi-septembre. Les produits locaux (cultivés, élevés ou capturés) sont à l'honneur. Malheureusement, la viande de baleine figure au menu.

Festival international du film de Bergen (www.biff.no). Deuxième quinzaine d'octobre.

Night Jazz Festival (www.nattjazz.no). Fin mai, un joyeux festival qui fait swinguer l'importante population estudiantine.

Pour la liste complète des manifestations, consultez le site www.visitbergen.com.

OÙ SE LOGER

Bergen offre un choix remarquable en matière d'hébergement. Il est conseillé de réserver, surtout en été – lors de notre passage, l'office du tourisme envoyait les visiteurs à Voss, à 1 heure de route, car tous les établissements de Bergen affichaient complet.

L'office du tourisme assure un service de réservation (30 NOK sur place, 50 NOK à l'avance).

Petits budgets

Lone Camping (carte p. 196 ; ☎ 55 39 29 60 ; www.lonecamping.no ; Hardangerveien 697, Haukeland ; empl tente 130 NOK plus 20 NOK/pers, bung 400-900 NOK). Ce terrain au bord du lac, à 20 km de la ville entre Espeland et Haukeland, est bien loin des charmes de Bergen, même s'il est desservi par les transports publics – le bus n°900 circule toutes les demi-heures (42 NOK, 30 min).

Bratland Camping (carte p. 196 ; ☎ 55 10 13 38 ; www.bratlandcamping.no ; Bratlandsveien 6, Haukeland ; empl tente 110 NOK plus 15 NOK/pers, bung 390-1 200 NOK). Également accessible par le bus n°900, ce terrain bien équipé est à 4 km au sud du Lone Camping.

Bergen Vandrerhjem YMCA (carte p. 198 ; ☎ 55 60 60 55 ; www.bergenhostel.no ; Nedre Korskirkealmenning 4 ; dort 155-230 NOK, draps 50 NOK, petit déj 55 NOK, d avec sdb, petit déj et draps 750 NOK ; 💻). Cette auberge de jeunesse sympathique, peut-être la plus centrale de Norvège, est typique du genre, avec des dortoirs – mixtes ou séparés –, des équipements pour la cuisine et une fantastique terrasse sur le toit. Les moins de 14 ans paient moitié prix. Réservation indispensable toute l'année.

Marken Gjestehus (carte p. 198 ; ☎ 55 31 44 04 ; www.marken-gjestehus.com ; Kong Oscars gate 45 ; dort à partir de 160 NOK, s/d sans sdb 395/500 NOK, avec sdb 500/630 NOK). À mi-chemin du port et de la gare, cette maison d'hôte dispose de chambres simples impeccables. Les murs blancs et les planchers créent une agréable sensation de luminosité et d'espace ; les parties communes sont propres et plaisantes. Lave-linge disponible ; draps/couvertures à 65/10 NOK pour les dortoirs.

City Box (carte p. 198 ; ☎ 55 31 25 00 ; www.citybox.no ; Nygårdsgaten 31 ; s/d sans sdb 400/500 NOK, avec sdb 500/600 NOK, petit déj 59 NOK ; 💻). La meilleure auberge de jeunesse de Bergen allie simplicité et qualité. Les chambres modernes sont égayées de couleurs vives, l'accès Wi-Fi est gratuit et le design, minimaliste. Deux douches pour 5 chambres sans sdb ;

possibilité de cuisiner dans la plupart des chambres et buanderie dans l'établissement. La cerise sur le gâteau : les prix… et un personnel jeune et sympathique.

Catégorie moyenne

Villa Nordnes (carte p. 198 ; ☎ 92 44 03 80, 55 23 29 44 ; Haugeveien 34 ; s 350-500 NOK, d 650-750 NOK). Une belle et grande pension sur la presqu'île de Nordnes, près de l'aquarium, dotée d'une belle collection d'antiquités. La présence lumineuse de la sympathique propriétaire, Grethe Marthinussen, éclaire les lieux. Un très bon choix dans un environnement paisible.

Skansen Pensjonat (carte p. 198 ; ☎ 55 31 90 80 ; www.skansen-pensjonat.no ; Vetrlidsalmenning 29 ; s 375-500 NOK, d 600-700 NOK, app 750 NOK). Les maisons d'hôte familiales se multiplient en ville, mais les 7 chambres de cette enseigne restent nos favorites. Un emplacement superbe derrière la gare du funiculaire, une vraie attention portée aux détails et les multiples touches personnelles apportées par les propriétaires, Jannicke et Svein, donnent beaucoup de chaleur à l'endroit. Les chambres sont claires et spacieuses – surtout celle avec balcon, l'une des plus belles de Bergen. Petit déj compris, sauf pour les grands appartements.

Skuteviken Gjestehus (carte p. 198 ; ☎ 93 46 71 63 ; www.skutevikenguesthouse.com ; Skutevikens Smalgang 11 ; s/d 600/800 NOK, loft 900 NOK). Récemment ouverte dans une ancienne maison de bois d'une rue pavée, cette maison d'hôte présente un décor champêtre (mobilier d'osier et coussins en dentelle) rehaussé de quelques touches modernes. Restaurée avec amour par deux artistes dont les œuvres ornent les chambres, elle a un charme fou.

Kjellersmauet Gjestehus (carte p. 198 ; ☎ 55 96 26 08 ; www.gjestehuset.com ; Kjellersmauet 22 ; app 1/2/3/4 lits à partir de 600/800/1 350/1 400 NOK). Hospitalité et tradition sont à l'honneur dans une rue bordée de bâtiments de bois au sud-ouest du centre. Tenu par l'adorable Sonja, qui se met en quatre pour combler ses hôtes, le Kjellersmauet est un ensemble d'appartements – petits, moyens et grands –, dans un bâtiment du XVIe siècle. Planchers, décoration classique et sdb modernes. Une halte superbe.

Steens Hotell (carte p. 198 ; ☎ 55 30 88 88 ; www.steenshotel.no ; Parkveien 22 ; s/lits jum/d avec Fjord Pass 700/850/970 NOK, s 650-950 NOK, d 880-1 160 NOK ; Ⓟ 40 Nkr 💻). Tout le charme du XIXe siècle pour ce bâtiment d'époque, du mobilier à l'escalier. Les sdb ont été rénovées récemment. Le lieu est accueillant. La plupart des chambres sont spacieuses et la salle à manger est superbe – tout comme ses vitraux. Le parking est l'un des moins chers de la ville.

Jacobs Apartments (carte p. 198 ; ☎ 98 23 86 00 ; www.apartments.no ; Kong Oscars gate 44 ; dort 165 NOK, s/d app 860/960 NOK, petit déj 60 NOK ; 💻). Les efforts des propriétaires sont récompensés : on se croirait presque dans un appartement conçu par un designer. TV à écran plat dans les chambres. Certaines, en duplex, sont un peu sombres.

Hotel Park Pension (carte p. 198 ; ☎ 55 54 44 00 ; www.parkhotel.no ; Harald Hårfagresgate 35 NOK ; s 700-940 NOK, d 970-1 140 NOK ; 💻). Plein de cachet et de mobilier d'époque, cet hôtel familial occupe deux très beaux bâtiments du XIXe siècle. Toutes les chambres sont différentes. Les plus réussies sont face à la réception, de l'autre côté de la route. Celles du bâtiment principal ont des bureaux anciens ; celles en angle, superbes, sont baignées de lumière. Un endroit paisible, à 15 min à pied du centre.

First Hotel Marin (carte p. 198 ; ☎ 53 05 15 00 ; booking.marin@firsthotels.no ; Rosenkrantz gate 8 ; s/d avec Fjord Pass 990/1 150 NOK ; 💻). À une rue du front de mer, le First Hotel Marin mêle un décor marin, de beaux parquets et une situation de premier ordre. Certaines chambres donnent sur le port. Le raffinement qui manque souvent aux hôtels de chaîne est ici au rendez-vous.

Clarion Hotel Admiral (carte p. 198 ; ☎ 55 23 64 00 ; www.admiral.no ; C Sundtsgate 9 ; s 990-1 150 NOK, d 1 160-1 555 NOK). Avec ses balcons offrant une vue panoramique sur Bryggen, sur l'autre rive, cet établissement bien équipé garantit un réveil devant le plus beau paysage de Bergen – à condition d'avoir une chambre côté front de mer. L'hôtel possède aussi un salon à cigares et à digestifs. Des distributeurs de glaçons sont installés dans les couloirs.

In City Hotel & Apartments (carte p. 198 ; ☎ 53 23 16 13 ; www.incity.no ; Øvre Ole Bulls plass 3 ; d/deluxe/penthouse/ste 1 190/1 490/1 690/1 990 NOK ; 💻). Des appartements bien équipés, en plein centre. Les grandes chambres confortables manquent un peu de charme.

Catégorie supérieure

Det Hanseatiske Hotel (carte p. 198 ; ☎ 55 30 48 00 ; www.dethanseatiskehotell.no ; Finnegårdsgaten 2 ; s/d 1 195/1 395 NOK, deluxe d 1 695-1 895 NOK, ste jusqu'à 4 500 NOK ; 💻). Un établissement qui revendique sa différence. Seul hôtel installé dans les vieux bâtiments de bois brut de Bryggen, le très luxueux Det Hanseatiske Hotel donne l'illusion de plonger dans le passé de Bergen. Les écrans plats côtoient des baignoires anciennes et une architecture extraordinaire, datant du temps où Bryggen était un port hanséatique. Réparti sur 2 bâtiments reliés par une superbe passerelle, il présente un cachet inégalé en ville. De quoi donner envie de se ruiner.

Rica Strand Hotel (carte p. 198 ; ☎ 55 59 33 00 ; www.strandhotel.no ; Strandkaien 2-4 ; s/d 1 200/1 500 NOK ; 💻). Toutes sortes de chambres, des plus exiguës à celles avec vue sur Torget et jusqu'à Bryggen, dans un hôtel des années 1920, doté d'un emplacement central de premier ordre.

Augustin Hotel (carte p. 198 ; ☎ 55 30 40 00 ; www.augustin.no ; C Sundtsgate 22 ; s/d 1 450/1 650 NOK ; P 85 Nkr 💻). L'Augustin, le plus vieil hôtel familial de la ville, est renommé pour la chaleur de son accueil. C'est aussi l'un des rares à Bergen à satisfaire aux normes de développement durable mises en place par le gouvernement norvégien (voir p. 21). Les toiles modernes, les chambres spacieuses à dominante de bleu et l'Altona (un bar à vin original ; p. 208)… Tout incite à le recommander.

Grand Hotel Terminus (carte p. 198 ; ☎ 55 21 25 00 ; www.grand-hotel-terminus.no ; Zander Kaaesgate 6 ; s/d à partir de 1 450/1 650 NOK, réduction avec le Fjord Pass ; P 100 Nkr 💻). En face de la gare, le Grand Hotel Terminus est depuis toujours le rendez-vous des visiteurs aisés. Certaines chambres sont un peu exiguës et manquent de cachet, d'autres sont bien décorées et spacieuses. Dans tous les cas, le charme de la vieille Europe (le bâtiment date de 1928) et le cadre élaboré en font un hôtel d'exception.

OÙ SE RESTAURER

Les grandes tendances internationales marquent la ville de leur empreinte. Toutefois, malgré l'omniprésence des sushis et des tapas, on trouve aussi des bastions de la tradition culinaire norvégienne. Les nombreux restaurants de Bryggen et de Torget visent en priorité une clientèle de touristes innocents. Il existe toutefois des exceptions et des établissements créatifs au sud-ouest d'Øvre Ole Bullset plass et dans les environs de cette place.

Marchés et boulangeries

Marché aux poissons de Torget (carte p. 198 ; www.torgetibergen.no ; Torget ; 🕑 7h-19h juin-août, 7h-16h lun-sam sept-mai). Pour l'ambiance comme pour les prix, difficile de battre ce marché. En plein sur le port, à un jet de… hareng de Bryggen, on y trouve de tout : baleine fumée (349 NOK/kg, si vous voulez cautionner sa chasse), saumon, calmars-frites (130 NOK), croquettes de poisson (à partir de 89 NOK), sandwichs aux crevettes (45 NOK), caviar local, voire de la viande de renne et d'élan. Beaucoup de commerçants préparent des plateaux repas et des plats à emporter.

Kjøttbasarell (carte p. 198 ; angle Torget et Kong Oscars gate ; 🕑 10h-17h lun-mer et ven, 10h-18h jeu, 9h-16h sam). Ce vieux marché charmant est idéal pour faire des emplettes pour un pique-nique – viande, fromage et quantité de mets savoureux.

Bergen compte d'innombrables boulangeries. Ne manquez pas le beignet appelé *shillingsboller* (pâtisserie de Bergen en forme de balle, dont le nom signifie boule-shilling – l'ancienne monnaie locale). Voici quelques-unes de nos boulangeries préférées :

Baker Brun (carte p. 198 ; Zachariasbryggen Quay ; 🕑 8h-20h lun-sam, 11h-18h dim)

Godt Brød (carte p. 198 ; Nedre Korskirkealmenningen 12 ; 🕑 7h-18h lun-ven, 7h-16h30 sam)

Sol Brød (carte p. 198 ; angle Vetrlidsalmenning et Kong Oscars gate ; 🕑 8h-17h lun-ven, 8h-17h30 sam, 9h-16h dim)

Cuisine norvégienne

Pygmalion Økocafé (carte p. 198 ; ☎ 55 32 33 60 ; Nedre Korskirkealmenning 4 ; ciabatta 69-87 NOK, crêpes bio à partir de 86 NOK, salades à partir de 112 NOK ; 🕑 déj et dîner ; V). Ce lieu branché orné d'œuvres contemporaines propose une savoureuse cuisine de produits bio – un régal à tout moment de la journée. Les végétariens ne sont pas oubliés.

Pingvinen (carte p. 198 ; ☎ 55 60 46 46 ; Vaskerelven 14 ; plats 63-135 NOK ; 🕑 14h-3h30). Spécialisé dans la cuisine rustique norvégienne servie dans une ambiance détendue, l'excellent Pingvinen est une adresse de choix. Au menu : de copieuses assiettes de renne, d'élan, d'agneau et de poissons du cru – sans l'habituel tarif touristique. Il convient de remercier la “déesse-chef” Alma. Tard dans la nuit, quand elle quitte ses fourneaux, une carte d'en-cas est proposée.

Lido (carte p. 198 ; ☎ 55 32 59 12 ; Torgalmenningen 1a ; soupes et plats 69-169 NOK, menu enfant 35-89 NOK ; 🕑 déj et dîner). Une cafétéria bon marché servant de bons plats traditionnels. Les 5 NOK demandés pour l'accès aux toilettes semblent exagérés, mais le Lido reste une bonne adresse pour se rassasier de plats simples et roboratifs.

Bryggeloftet & Stuene (carte p. 198 ; ☎ 55 31 06 30 ; Bryggen 11 ; plats du jour à partir de 89 NOK, plats 89-275 NOK ;

déj et dîner). L'une de nos adresses favorites, dans la catégorie cuisine traditionnelle. Ce restaurant, fondé au début du XIXe siècle, a eu du temps pour peaufiner la cuisson du renne, du poisson-lune et du *lutefisk* (plat glutineux de morue séchée ou stockfisch).

Boha (carte p. 198 ; ☎ 55 31 31 60 ; Vaskerelven 6 ; entrées 95-135 NOK, plats 210-255 NOK, menu 4/6 plats 485/580 NOK ; 16h-22h lun-jeu, 16h-23h ven, 17h-23h sam). Célèbre pour ses produits de la mer, voici l'endroit où déguster du crabe du Kamtchatka ou de la lotte. Carte des vins élaborée, beau décor rétro et service soigné.

Wesselstuen (carte p. 198 ; ☎ 55 55 49 49 ; Øvre Ole Bulls plass 6 ; entrées 79-109 NOK, plats 219-259 NOK ; déj et dîner). La déco chargée évoque les salles ornées de panneaux de bois du vieux Bergen. Les intellectuels de la ville se retrouvent au Wesselstuen. Le filet de renne (259 NOK) y est excellent.

Bryggen Tracteursted (carte p. 198 ; ☎ 55 31 59 55 ; Bryggen ; en-cas 95-145 NOK, entrées 82-145 NOK, plats 225-275 NOK ; déj et dîner mai-sept). L'une des grandes expériences dînatoires de Bryggen. Ce restaurant est installé dans un bâtiment de 1708 qui regroupe les anciennes étables, cuisine (remarquez le sol en pierre, qui en faisait le seul lieu de Bryggen où il était permis de faire du feu) et *schøtstuene* (salle des repas ; il s'agit de la seule subsistant à Bergen). On y déguste une très bonne soupe de poissons (98 NOK), des moules à la vapeur (125 NOK) et un choix de "tapas" norvégiennes. C'est bon, mais on vient surtout pour le cadre.

Enhjørningen (carte p. 198 ; ☎ 55 32 79 19 ; Bryggen ; entrées 95-135 NOK, plats 275-310 NOK, menu dîner 490/550 NOK ; 12h-23h juin-août, 16h-23h sept-mai). Très fréquenté et haut de gamme, l'Enhjørningen sert des poissons et fruits de mer délicieux dans un décor rustique à Bryggen. Réputé en ville pour sa régularité, il compte pour principaux atouts des produits de premier choix et son élégance. La symphonie de saint-jacques et de scampi (295 NOK) mérite une mention.

Finnegaards stuene (carte p. 198 ; ☎ 55 55 03 20 ; Finnegårdsgaten 2 ; menus dîner 3/5/7 plats 595/695/795 NOK ; 18h-23h lun-sam). Dans le magnifique Det Hanseatiske Hotel, cet établissement de luxe sert des plats traditionnels savoureux dans un cadre typique du Bryggen du XVIIIe siècle.

Sushis et cuisine internationale

Red Sun (carte p. 198 ; ☎ 55 31 31 00 ; Kong Oscars gate 4 ; sashimis à partir de 47 NOK, makis à partir de 56 NOK, assortiment de sushis 270 NOK ; déj et dîner). L'association de fruits de mer ultrafrais et d'un emplacement de premier ordre a fait la renommée du dernier-né des bars à sushis. À l'étage, un restaurant plus conventionnel sert des plats vietnamiens et thaïlandais.

Kafe Kippers (USF ; carte p. 198 ; ☎ 55 31 00 60 ; Georgenes Verft 12 ; déj plats 58-81 NOK, dîner plats 89-141 NOK ; déj et dîner). Loin de la foule du centre de Bergen, cette agréable terrasse est l'un des meilleurs endroits pour manger ou prendre un verre quand le temps est de la partie. Intégré à un centre culturel sis dans une ancienne conserverie de sardines, on y sert un large choix de plats comme des linguini ou des salades au thon et au sésame dans une ambiance bohème.

Sumo (carte p. 198 ; ☎ 55 90 19 60 ; Neumanns gate 25 ; sushis à partir de 59 NOK, plats 149-225 NOK ; déj et dîner). Un autre poids lourd dans la catégorie des bars à sushis. Un vaste choix de plats de nouilles inventifs complète l'offre de poissons crus. Les tables en terrasse sont très agréables.

Naboen (carte p. 198 ; ☎ 55 90 02 90 ; Neumanns gate 20 ; plats suédois 88-194 NOK ; 16h-23h lun-sam, 16h-22h dim). Le chef sait aussi cuisiner les plats norvégiens, mais le Naboen est surtout connu pour ses spécialités suédoises, comme les boulettes de viande ou le filet de lièvre (194 NOK).

Bocca (carte p. 198 ; ☎ 55 32 64 50 ; Øvre Ole Bulls plass 3 ; menu déj 2 plats 113-179 NOK, plats 210-295 NOK ; 7h-17h dim-ven, 7h-16h sam juin-août, 7h-16h lun-sam sept-mai). Les jeunes cadres de la ville viennent déguster une cuisine méditerranéenne teintée d'inflexions norvégiennes traditionnelles dans un décor branché et une ambiance de brasserie haut de gamme.

Stragiotti (carte p. 198 ; ☎ 55 90 31 00 ; Vestre Torvgate 3 ; déj plats du jour 59-139 NOK, plats 129-279 NOK ; déj et dîner). Ce restaurant italien chic doté d'une jolie terrasse propose des plats italiens authentiques à des prix très raisonnables.

Tapas

Escalon (carte p. 198 ; ☎ 55 32 90 99 ; Vetrlidsalmenning 21 ; tapas 56-98 NOK ; 15h-24h dim-ven, 13h-24h sam). Les tapas ont envahi la ville, mais ils ne sont jamais meilleurs – ni plus espagnols – qu'à l'Escalon. Le personnel, jeune et cordial, vous conseillera pour le vin. Une adresse vivement recommandée.

Bar Celona (carte p. 198 ; ☎ 55 23 42 33 ; Vaskerelven 16-18 ; tapas 39-79 NOK, plats 174-228 NOK ; 14h-1h lun-jeu, 14h-2h ven, 12h-2h sam). Ce bar-restaurant d'inspiration ibérique à l'ambiance chaleureuse

LE REGARD D'UN HABITANT : ESPEN OLSEN

Depuis combien de temps vivez-vous à Bergen ? J'ai toujours vécu ici ; j'ai juste une année à l'étranger dans le cadre d'un échange étudiant.

Quel est le principal attrait de la vie à Bergen ? Bergen ressemble à une petite ville, mais on y trouve tout ce qu'il faut. C'est aussi une ville de culture ; lors de la "Bergen Wave", il y a quelques années, beaucoup de nouveautés en musique norvégienne, ainsi que dans les documentaires et les courts-métrages, sont venues d'ici. Pour une ville de cette taille, Bergen offre une grande variété d'expressions culturelles.

Comment sont les gens de Bergen ? Nous sommes très fiers ; nous disons toujours que nous ne sommes pas de Norvège, mais de Bergen. Nous sommes aussi très bavards.

L'arrivée massive des touristes vous dérange-t-elle ? Non, nous aimons cela, car la ville a toujours été très internationale. Le tourisme a contribué à la sauvegarde de Bryggen et les gens sont aujourd'hui très fiers du quartier – qu'ils auraient volontiers rasé dans les années 1970. Vous auriez dû voir la ville dans les années 1980. Elle était à l'époque assez laide. Depuis, les habitants sont revenus vivre dans le centre-ville.

Qu'est-ce qui vous amuse dans le comportement des touristes ? L'été, quand il fait chaud et que tout le monde est dehors, on nous demande parfois ce que nous fêtons. Alors que nous profitons juste du beau temps, car il pleut habituellement beaucoup.

Un conseil ? Prenez le funiculaire Fløibanen jusqu'au sommet, puis redescendez à pied.

Vos meilleures adresses pour sortir le soir ? L'Altona (p. 208), le Legal (p. 208), le Capello (p. 209), le Naboen (p. 209), le Pingvinen (p. 209), le Kafe Kippers (p. 209) et l'Escalon (p. 208), où je travaille.

Le meilleur café ? Det Lille Kaffe Kompaniet (p. 209) et le Dromedar Kaffebar (p. 209).

Vos manifestations préférées ? La Bergenfest, le Night Jazz Festival et le Festival international du film de Bergen (reportez-vous p. 204 pour de plus amples détails sur ces deux événements).

Les meilleures activités ? Les randonnées dans les monts Stølsheimen (p. 213), la marche sur glacier au départ de Finse (p. 192) et la descente entre Finse et Flåm (voir l'encadré, p. 192).

Propos recueillis par Anthony Ham

ne manque pas de cachet. Les tables extérieures sont idéales par un après-midi ensoleillé et la cuisine est excellente.

OÙ PRENDRE UN VERRE

Sortir à Bergen est un vrai plaisir. Les bars visant les touristes (et leurs devises) se concentrent plutôt à Bryggen, alors que les nombreux étudiants et amateurs éclairés de la ville fréquentent plus volontiers le sud-ouest d'Øvre Ole Bulls plass. L'été, les nuits sont souvent plus calmes qu'escompté dans les bars pour étudiants, dont la clientèle principale est alors en vacances. Bergen offre également un bon choix de cafés.

Bars et bars à vin

Altona Vinbar (carte p. 198 ; ☎ 55 30 40 30 ; C Sundtsgate 22 ; 18h-0h30 lun-jeu, 18h-1h30 ven-sam). L'Altona Vinbar, l'un de nos bars à vin préférés en ville, réunit plusieurs caves du XVIe siècle. Un très grand choix de vins de tous les pays, un éclairage doux et une ambiance musicale allant du jazz au rock qui ne perturbe jamais les conversations : difficile de lui trouver des défauts. Gare aux encadrements de porte – ils sont vraiment très bas !

Legal (carte p. 198 ; angle Nygårdsgaten et Christies gate ; 14h-1h30 dim-jeu, 14h-2h30 ven et sam). Cette enseigne paisible au décor rétro est l'un des bars pour étudiants les plus sympathiques de Bergen. La musique, parfois rock, est plus souvent électronique ou funk. Agréable salle à l'étage pour les noctambules.

Fincken (carte p. 198 ; Nygårdsgaten 2A ; 19h-1h30 mer-jeu, 19h-2h30 ven, 20h-2h30 sam). Juste en face du Legal, l'un des rares bars gays de la ville.

To Glass Vinbar (carte p. 198 ; ☎ 55 32 90 99 ; Vetrlidsalmenning 19 ; 18h-1h lun-jeu, 18h-2h ven et sam). Ce bar à vin voisin de la station du funiculaire est fréquenté par une clientèle plus chic que la plupart des bars de la rue.

Bocca (carte p. 198 ; 1er ét., Øvre Ole Bulls plass 3 ; 11h-3h30). Au-dessus du restaurant du même nom, la Bocca attire les trentenaires aisés qui se pressent au balcon ou se glissent dans la pénombre du salon rétro. Musique lounge ; DJ aux platines du jeudi au samedi. Comptez 54 NOK pour une San Miguel, 59 NOK pour un Martini et 93 NOK pour la plupart des cocktails.

D'autres restaurants font aussi bar au sud-ouest du centre :

Kafe Kippers (USF ; carte p. 198 ; Georgenes Verft 12 ; 11h-0h30 lun-ven, 12h-0h30 sam-dim). Idéal pour boire un verre en plein air un soir d'été.

Naboen (carte p. 198 ; Neumanns gate 20 ; 17h-1h30 dim-jeu, 17h-2h30 ven-sam). Sous le restaurant, un endroit apprécié par les amateurs de rock indé et de jazz.

Onkel Lauritz (carte p. 198 ; Vaskerelven 6 ; 18h-1h dim-jeu, 18h-2h ven-sam). Au-dessus du Boha, idéal pour converser tranquillement.

Pingvinen (carte p. 198 ; Vaskerelven 14 ; 14h-3h30). Ambiance originale et détendue, clientèle jeune et ouverte. Les en-cas de fin de soirée sont parfaits pour les petits creux.

Cafés

Café Opera (carte p. 198 ; ☎ 55 23 03 15 ; Engen 18 ; 11h-0h30 lun-jeu, 11h-3h30 ven-sam, 12h-0h30 dim). Le jour, le Café Opera a de faux airs de café littéraire, avec ses œuvres d'art et son bon café qui attirent artistes et étudiants. Le week-end, on se trémousse jusque tard sur une alternance de jazz, d'électro et de classiques des pistes de danse.

Det Lille Kaffe Kompaniet (carte p. 198 ; Nedre Fjellsmug 2 ; café ou chocolat chaud 18-55 NOK ; 10h-22h dim-ven, 12h-18h sam). L'enseigne, minuscule et pleine de charme, a remporté deux fois le concours du meilleur café du pays ces dernières années, et deux de ses serveurs font partie de l'équipe nationale des cafetiers de Norvège – une sorte d'équipe de foot, avec des machines à expresso. Quand il fait beau, on va s'asseoir sur les marches de l'escalier voisin.

Dromedar Kaffebar (carte p. 198 ; ☎ 55 55 85 86 ; Strandgaten 79 ; 7h30-18h lun-ven, 10h-18h sam, 11h-18h dim). Juste derrière le précédent au classement des meilleurs expressos de la ville – d'après les amateurs de café de Bergen.

Capello (carte p. 198 ; ☎ 55 96 12 11 ; Skostredet 14 ; 12h-18h lun-mer, 12h-1h jeu-sam, 13h-18h dim). Ce joli petit café-bar sert des boissons crémeuses, des milk-shakes, des bières et des crêpes. Au rez-de-chaussée, la décoration et la musique célèbrent les années 1950 et 1960 – le juke-box contient de nombreux titres d'Elvis Presley, des Monkeys, des Beatles et de Bob Dylan. L'étage est davantage consacré aux années 1970.

Vågen (carte p. 198 ; Kong Oscars gate 10 ; 8h30-21h lun-ven, 8h30-19h sam, 11h-21h dim). La rencontre de la vieille Norvège et de Bob Marley : le cadre traditionnel et les tables en bois rustiques créent une atmosphère tranquille, renforcée par d'occasionnels morceaux de reggae. Un mélange très réussi. Idéal pour un après-midi de farniente.

Jacobs Café (carte p. 198 ; Kong Oscars gate 44 ; 7h30-1h dim-jeu, 7h30-2h ven-sam). Le Jacobs, un charmant café doublé d'un *biergarten*, attire surtout une clientèle locale. Concerts certains soirs le week-end.

OÙ SORTIR

Il y en a pour tous les goûts à Bergen, de la culture la plus pointue aux concerts nocturnes. La Bergen card (voir p. 197) permet d'obtenir des réductions substantielles sur certains concerts et spectacles folkloriques.

Cinéma

Bergen Kino (carte p. 198 ; ☎ 82 05 00 05 ; Neumanns gate 3 ; 60-80 NOK). Les sorties passent en VO dans ce multiplexe, qui accueille le **Festival international du film de Bergen** (www.biff.no) en octobre.

Concerts

Les concerts se succèdent tout l'été à Bergen. La musique classique est à l'honneur, surtout celle de l'enfant chéri du pays, le compositeur Edvard Grieg (voir p. 50). La plupart des manifestations ont lieu en plein air, dans des lieux évocateurs comme **Troldhaugen** (carte p. 196 ; adulte avec/sans la Bergen card 160/220 NOK ; mer et sam mi-juin à août et dim sept-oct) et **Siljustøl** (carte p. 196 ; 200 NOK ; 15h dim mi-avril à mi-mai) – au sommet du mont Fløyen et dans le parc voisin du Håkonshallen. Contactez l'office du tourisme pour obtenir de plus amples renseignements et acheter des billets, également en vente sur place. Des bus gratuits partent devant l'office du tourisme vers les lieux de concert une heure avant le début du spectacle. De mi-juin à fin août, des **concerts dédiés à Edvard Grieg** (adulte avec/sans la Bergen card 140/180 NOK) sont aussi donnés au Grand Hotel Terminus (p. 206) à 21h.

Le célèbre **Bergen Philharmonic Orchestra** (☎ 55 21 61 50 ; www.filharmonien.no) interprète le répertoire classique au **Grieghallen** (carte p. 198 ; ☎ 55 21 61 00 ; www.grieghallen.no ; Edvard Grieg plass) de septembre à mai.

Le Grieghallen programme également des concerts de stars du rock et d'autres musiques actuelles. Pour connaître le programme, consultez le site www.bergenlive.no (en norvégien).

Un autre lieu intéressant pour ses concerts et expositions : l'**USF Vertfet** (☎ 55 31 55 70 ; www.usf.no ; Georgenes Verft 12), sur la presqu'île de Nordnes.

Spectacles folkloriques

Fana Folklore (carte p. 196 ; ☎ 55 91 52 40 ; église de Fana ; billets 350 NOK avec le trajet en bus ; 🕑 19h ven juin-août). Si la culture traditionnelle norvégienne vous est étrangère, ce dîner-spectacle folklorique qui a lieu dans l'église en bois debout de Fana devrait vous éclairer. Tout cela est bien sûr touristique, mais néanmoins bien fait, comme l'atteste la présence d'un public norvégien nombreux. Les bus Fana Folklore prennent les personnes munies de billets sur la Festplassen à 19h – retour à 22h30. Billets en vente à l'office du tourisme.

Bergen Folklore (carte p. 198 ; ☎ 55 55 20 06 ; adulte/enfant 100 NOK/gratuit ; 🕑 21h mar mi-juin à mi-août). Un spectacle de danses et de chants traditionnels dans le décor approprié du Schøtstuene (voir p. 197). Billets en vente à l'office du tourisme et à l'entrée.

Clubs, discothèques et musique live

Calibar (carte p. 198 ; www.calibar.no en norvégien ; Vaskerelven 1 ; 🕑 15h-1h lun-jeu, 15h-3h ven, 12h-3h sam). Le Calibar est branché en tout point, de l'éclairage – étonnant – à la décoration, mêlant modernité chic et touches rétro – l'établissement revendique le plus vieux plancher de Bergen. L'étage invite à bavarder devant un café, tandis qu'au rez-de-chaussée les trentenaires se trémoussent sur des tubes des années 1980. Réservé aux plus de 24 ans – qui acceptent de payer 96 NOK pour un cocktail.

Garage (carte p. 198 ; ☎ 55 32 19 80 ; Christies gate 14 ; 🕑 15h-3h30). Dans ce lieu quasi mythique, on joue du jazz et des musiques acoustiques, mais le cœur bat surtout au tempo binaire du rock – des stars nationales et internationales se produisent dans le sous-sol caverneux. S'il est là, demandez Dennis. Véritable légende locale (il a joué dans le groupe Electric Rain), il vous racontera tout sur la scène musicale de la ville.

Hulen (carte p. 198 ; ☎ 55 55 31 31 ; www.hulen.no en norvégien ; Olaf Ryes vei 48 ; 🕑 21h-3h jeu-sam sept à mi-juin). Comme le Garage, le Hulen est une institution. Il garde le cap depuis 1968, ce qui en fait le plus vieux club de rock d'Europe du Nord et une adresse incontournable pour le rock indé. Niché dans un ancien abri antiaérien (son nom signifie "grotte"), il ferme souvent l'été, pendant les vacances universitaires. Il accueille un festival de heavy metal début novembre.

Rick's (carte p. 198 ; ☎ 55 55 31 31 ; Veiten 3 ; 90 NOK ; 🕑 13h-15h dim-jeu, 13h-3h30 ven-sam). Il y en a pour tous les goûts chez Rick's. Au niveau de la rue, le "Silver" est un bar à vin-café ultrabranché. Au rez-de-chaussée, le Rick's ouvre à 22h pour des concerts. Une troisième salle sert de discothèque. Entrée réservée aux plus de 24 ans.

ACHATS

La plupart des boutiques de Bryggen regorgent de magnets, de fils à couper le fromage et de figurines de trolls. En cherchant bien, on peut toutefois trouver mieux.

Juhls' Silver Gallery (carte p. 198 ; ☎ 55 32 47 40 ; juhls.bg@online.no ; Bryggen 39 ; 🕑 9h-22h mi-mai à mi-août, 9h-18h lun-ven et 13h-19h sam-dim le reste de l'année). Cette merveilleuse bijouterie propose des créations en argent réalisées par Regine Juhls dans son atelier, bien au nord du cercle polaire (p. 368). La collection "Toundra" évoque les étendues glacées du Grand Nord.

Kvams Flisespikkeri (carte p. 198 ; ☎ 55 32 78 20 ; www.kvams-flisespikkeri.com ; Bredsgården, Bryggen ; 🕑 9h-18h mi-mai à mi-sept, 11h-15h lun-ven et 12h-16h sam le reste de l'année). Des toiles, des estampes et diverses œuvres de Ketil Kvam remplissent cette adorable galerie de Bryggen, qui offre aussi des reproductions plus accessibles et d'autres originaux. Bergen est à l'honneur.

Læverkstedet (carte p. 198 ; ☎ 55 31 45 73 ; Jacobsfjorden, Bryggen ; 🕑 9h-19h mi-mai à mi-août, horaires réduits le reste de l'année). L'une des boutiques les plus populaires de Bryggen. Le cuir d'élan est ici d'une rare souplesse et l'on trouve toutes sortes d'articles, des vestes aux sacs en passant par tout et n'importe quoi.

Gitarmaker (carte p. 198 ; ☎ 55 31 07 01 ; www.hannokiehl.com en norvégien ; Kong Oscars gate 45 ; 🕑 11h-18h lun-ven, 11h-14h sam). Le bel atelier du luthier Hanno Kiehl est tout à fait à sa place dans cette ville mélomane. Les guitares haut de gamme sont loin d'être données (comptez au moins 25 000 NOK), mais il faut jusqu'à 2 mois pour les faire, et la qualité est bien là.

Oleana (carte p. 198 ; ☎ 55 31 05 20 ; www.oleana.no ; strandkaien 2A ; 🕑 9h-19h lun-ven, 10h-16h sam, 12h-18h dim). Des tissus inspirés des costumes traditionnels et une volonté de raconter des histoires via le tissage : un magasin rempli de couleurs éclatantes et de vêtements superbes.

Husfliden (carte p. 198 ; ☎ 55 31 78 70 ; Vågsalmenningen 3 ; 🕑 9h-16h30 lun-mer et ven, 9h-19h jeu, 9h-15h sam). Un grand choix d'artisanat, de jouets en bois et de vêtements traditionnels, pour des souvenirs typiquement norvégiens.

Foto Video (carte p. 198 ; ☎ 55 31 62 15 ; www.fotovideo.no en norvégien ; Nygaten 9 ; 🕑 9h-17h lun-mer et ven, 9h-19h jeu, 9h-15h sam). Un photographe professionnel, pour répondre à tous vos besoins en matière de photo et de vidéo.

Bergen compte deux centres commerciaux huppés en pleine ville. Le **Galleriet** (Torgalmenningen 8 ; 🕑 9h-20h lun-ven, 9h-18h sam) s'étend sur 5 niveaux et réunit tous les magasins de chaîne habituels. **Xhibition** (Småstrandgaten 3 ; 🕑 9h-20h lun-ven, 9h-18h sam) regroupe un énorme H&M, un supermarché et la poste.

DEPUIS/VERS BERGEN

Avion

L'**aéroport de Bergen** (carte p. 196 ; ☎ 55 99 80 00) est à Flesland, à 19 km au sud-ouest du centre.

Les compagnies norvégiennes **SAS Norge** (☎ 91 50 54 00 ; www.sas.no), **Widerøe** (☎ 81 50 12 00 ; www.wideroe.no) et **Norwegian Air Shuttle** (☎ 81 52 18 15 ; www.norwegian.no) assurent chaque jour des vols au départ de Bergen et à destination de plusieurs villes du pays. Les compagnies SAS Braathens et Coast Air ont cessé leurs activités.

Pour des renseignements sur les vols internationaux depuis/vers Bergen, reportez-vous p. 405.

Bateau

Des bateaux express **Fylkesbåtane** (☎ 55 90 70 70 ; www.fylkesbaatane.no) desservent chaque jour Balestrand (410 NOK, 4 heures), Flåm (552 NOK, 5 heures 30), Måløy (595 NOK, 4 heures 30), Selje (640 NOK, 5 heures) et Stavanger (aller/aller-retour 620/710 NOK, 4 heures) depuis le Strandkaiterminal (carte p. 198).

Le ferry côtier de Hurtigruten part tous les jours à 20h du Frieleneskaien (carte p. 198), au sud de l'université. Pour de plus amples détails, reportez-vous p. 410.

Les ferries internationaux depuis/vers Bergen accostent à Skoltegrunnskaien (carte p. 198), au nord-ouest de la tour Rosenkrantz. Pour plus de détails sur les traversées internationales, voir p. 409.

En été, **Rødne Fjord Cruise** (☎ 51 89 52 70 ; www.rodne.no ; 285 ; 🕑 mai-août) assure tous les jours du lundi au vendredi 2 liaisons express entre Bergen et Rosendal (p. 222) – un seul bateau circule les samedi et dimanche. L'embarquement se fait juste au nord-ouest du Strandkaiterminal.

Bus

Les bus les moins chers sont ceux de **Lavprisekspressen** (www.lavprisekspressen.no en norvégien), qui desservent Oslo (349 NOK, 2/jour sam, lun, jeu et ven). Vous pourrez aussi prendre les bus Nor-Way Bussekspress :

Destination	Fréquence	Prix	Durée
Ålesund	1-2/jour	610 NOK	10 heures 30
Kristiansand	1/jour	625 NOK	12 heures
Oslo	3/jour	700 NOK	11 heures 30
Stavanger	8/jour	420 NOK	5 heures 45
Stryn	3/jour	451 NOK	6 heures 30
Trondheim	2/jour	751 NOK	14 heures 15

Train

La spectaculaire ligne Bergen-Oslo (299-728 NOK, 6 heures 30-8 heures, 5/jour) traverse le cœur de la Norvège. Les trains locaux entre Bergen et Voss (153 NOK, 1 heure) partent toutes les 1 à 2 heures. Quatre circulent depuis/vers Myrdal (232 NOK, 2 heures 15) – pour les correspondances avec la ligne de Flåmsbana.

COMMENT CIRCULER

Depuis/vers l'aéroport

L'aéroport de Flesland est desservi par les **Flybussen** (www.flybussen.no), qui relient 4 fois/heure l'aéroport, le Radisson SAS Royal Hotel, la gare routière principale et l'office du tourisme (adulte/enfant 75 NOK/gratuit, 45 min).

Bateau

De fin mai à fin août, le **Vågen Harbour Ferry** (carte p. 198 ; ☎ 55 56 04 00 ; aller/aller-retour adulte 40/50 NOK, enfant 25/35 NOK ; 🕑 toutes les 30 min 10h-18h) relie le marché aux poissons de Torget et Tollbodhopen, à Nordnes (près de l'aquarium).

Bus

Le billet de **bus de ville** (☎ 177) coûte 20 NOK. En dehors du centre, les tarifs varient en fonction de la distance. Le bus gratuit n°100 relie Bryggen et la gare routière.

Vélo

Vous trouverez des vélos en location à l'atelier situé au rez-de-chaussée de **Sykkelbutikken** (carte p. 198 ; ☎ 55 36 18 80 ; Kong Oscars gate 81 ; à partir de 300 NOK/week-end, VTT par jour/semaine 200/700 NOK, sac/casque 40/50 NOK).

Voiture et moto

Dans le centre, les parcmètres imposent une limite d'une demi-heure ou de 2 heures.

On peut stationner jusqu'à 9 heures dans les parkings de Sydnes (gratuits la nuit). Le plus grand parking couvert et le moins cher (75 NOK/24 heures) est celui de Bygarasjen, à la gare routière, ouvert 24h/24.

VOSS

13 786 habitants

Voss est connue comme la capitale de l'aventure en Norvège. Elle attire les amateurs de sensations fortes, du rafting au saut à l'élastique, en passant par toutes sortes d'activités de vol libre. Pour les autres, elle est une simple étape entre Bergen et les fjords. Agréablement située au bord d'un lac, Voss a été détruite lors des bombardements de la Seconde Guerre mondiale. Elle présente donc peu d'intérêt sur le plan architectural.

RENSEIGNEMENTS

Bibliothèque (☎ 56 51 94 70 ; ⌚ 10h-16h lun-mer et ven, 10h-19h jeu, 10h-14h sam). Accès Internet gratuit pour une durée limitée.

Office du tourisme (☎ 56 52 08 00 ; www.visitvoss.no ; Uttrågata 9 ; ⌚ 8h-19h lun-ven, 9h-19h sam et 12h-19h dim juin-août, 8h30-15h30 sept-mai)

Playcom Voss (☎ 56 51 63 03 ; Vangsgata 36 ; 40 NOK/heure ; ⌚ 9h-22h lun-ven, 10h-22h sam, 11h-22h dim). Accès Internet.

À VOIR

Vangskyrkja et croix de Saint-Olav

L'**église** (☎ 56 51 38 80 ; www.voss.kyrkjer.net ; Uttrågata ; adulte/enfant 15 NOK/gratuit ; ⌚ 10h-16h lun-ven, 10h-14h sam, 14h-16h dim juin-août, horaires réduits le reste de l'année) en pierre de Voss occupe l'emplacement d'un ancien temple païen. Un autel en pierre et une flèche en bois exceptionnelle constituent l'essentiel de ce qui reste de l'église gothique bâtie au XIIIe siècle, beaucoup des éléments d'origine ayant été enlevés durant la réforme luthérienne de 1536. Les vitraux de 1923 commémorent le 900e anniversaire de la christianisation de Voss. Le bâtiment a miraculeusement échappé aux bombardements allemands de 1940.

Dans un champ à 150 m au sud-est de l'office du tourisme, une **croix de pierre** a été érigée par le roi Olav Haraldsson (saint Olav) en 1023 pour célébrer la conversion de la ville au christianisme.

Prestegardsmoen

La **réserve naturelle récréative de Prestegardsmoen**, qui s'étend au sud du camping de Voss, consiste en un réseau de sentiers sillonnant les forêts d'ormes, de bouleaux et de conifères. Elle réunit 140 espèces de végétaux et 124 espèces d'oiseaux.

Hangursbahnen

Ce **téléphérique** (☎ 56 53 02 20 ; adulte/enfant 90/55 NOK ; ⌚ 11h-17h juin-début sept) gravit le mont Hangur, bien au-dessus de Voss, qui dévoile une vue superbe sur la ville et les montagnes environnantes.

Musée des Arts et Traditions populaires de Voss

Le **musée Mølstertunet** (☎ 56 51 15 11 ; Mølstervegen 143 ; adulte/enfant 45 NOK/gratuit ; ⌚ 10h-17h tlj mi-mai à mi-sept, 10h-15h lun-ven, 12h-15h dim le reste de l'année) occupe la plus grande partie du Voss Folkemuseum. Installé dans la ferme de Mølster sur une colline dominant Voss, il rassemble 16 bâtiments agricoles anciens typiques de la région, datant de 1600 à 1870. Visites guidées toutes les heures.

Les deux autres parties, le **musée Nesheimstunet** (12 corps de ferme, dont le plus vieux date de 1688) à Tvinne, et la vieille **maison en bois du vicaire d'Oppheim**, sont respectivement à 16 et 26 km de la ville, sur l'E 16 en direction de Gudvangen. Les parcs sont ouverts, mais vous devrez prendre rendez-vous pour visiter les bâtiments.

Dagestadmuseet

À 1,5 km au sud du centre, ce **musée** (☎ 56516533 ; www.dagestadmuseet.no en norvégien ; Helgavangen 52 ; adulte/enfant/étudiant ou senior 40/gratuit/30 NOK ; ⌚ 11h-14h mar-dim juin-août) fut fondé en 1950 par le célèbre sculpteur sur bois Magnus Dagestad (1865-1957). Il rassemble les sculptures, dessins et meubles en bois traditionnels de l'artiste, ainsi que des œuvres de son épouse, Helena. Cette exposition originale mérite le coup d'œil.

À FAIRE

De fin juin à mi-septembre, l'office du tourisme propose des **randonnées guidées** (www.vossafjell.no) d'une demi-journée ou d'une journée dans les montagnes alentour le dimanche. Il vous indiquera en outre les chemins praticables à vélo et vend des **permis de pêche** (1/3 jours/saison 50/75/250 NOK).

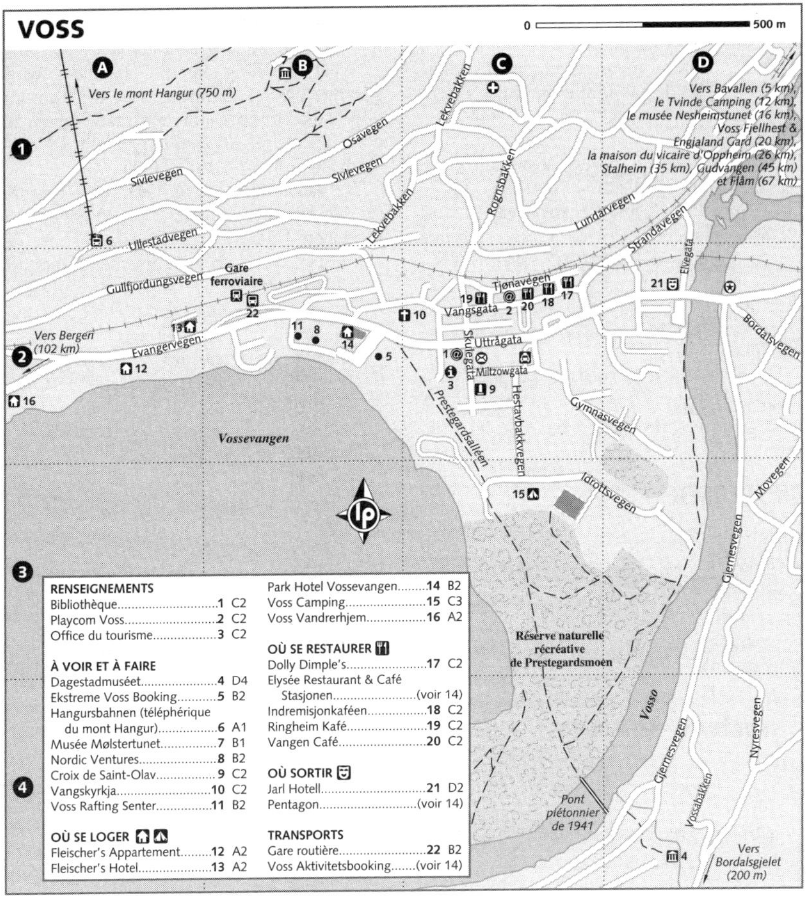

De juillet à fin août, **Voss Fjellhest & Engjaland Gard** (☎ 56 51 91 66 ; www.vossfjellhest.no ; Engjaland ; 3 heures/journée 500/900 NOK) organise des randonnées à cheval de différents niveaux dans les magnifiques montagnes de Stølsheimen, à 20 km au nord de Voss. Il propose également des week-ends en pension complète à 2 500 NOK.

À Voss, la **saison de ski** dure en général de décembre à avril. Les activités hivernales se concentrent sur l'itinéraire du téléphérique qui gravit le mont Hangur (p. 212), où est implantée une école de ski. Les personnes motorisées pourront se rendre à Bavallen, à 5 km au nord du centre, où sont organisées des compétitions internationales de ski alpin. Le plateau et la partie supérieure de la vallée de la Raundalen, à Mjølfjell, sont recommandés pour le ski de fond. Pour connaître la météo des neiges et l'enneigement, appelez le ☎ 56 51 94 88.

CIRCUITS ORGANISÉS

Une version d'une journée du célèbre circuit "Norway in a Nutshell" (voir l'encadré, p. 204), qui part généralement d'Oslo ou de Bergen, peut se faire depuis Voss. Elle comprend deux trajets en train – de Voss à Myrdal puis de Myrdal à Flåm –, un en bateau jusqu'à Gudvangen et le retour en bus jusqu'à Voss (adulte/enfant 530/265 NOK, 6 heures 30-8 heures 30). Réservations à l'office du tourisme, dans toutes les agences de voyages ou directement auprès de **NSB** (☎ 56 52 80 07) à la gare.

L'office du tourisme organise des excursions de 6 heures 30 à Ulvik (p. 217) et à l'Eidfjord (p. 218), qui combinent bus et ferry. À partir de 300/250 NOK par adulte/enfant.

FESTIVALS

Pour la **Semaine des sports extrêmes** de Voss, reportez-vous à l'encadré ci-dessous.

Le **Voss Blues & Roots Festival** (☎ 56 51 63 03 ; www.vossblues.no en norvégien ; pass une journée ven/sam à partir de 400/500 NOK, pass festival 850 NOK), qui a lieu le dernier week-end d'août, est l'un des meilleurs festivals de musique du pays. **Vossajazz** (www.vossajazz.no en norvégien) se déroule en mars.

Fin septembre, le **Smalahovesleppet** (www.smalahovesleppet.no en norvégien) est consacré à la dégustation de mets à base de têtes de moutons.

OÙ SE LOGER

Voss Camping (☎ 56 51 15 97 ; www.vosscamping.no ; Prestegardsalléen 40 ; empl tente/caravane à partir de 140/190 NOK, bung à partir de 500 NOK ; Pâques-sept). Central et au bord du lac – un emplacement idéal –, le camping de Voss offre des équipements basiques. Il est parfois un peu bruyant en été.

Tvinde Camping (☎ 56 51 69 19 ; www.tvinde.no ; Tvinde ; empl tente à partir de 110 NOK/pers, bung à partir de 375 NOK). Si l'éloignement de la ville ne vous dérange pas, ce camping situé à 12 km au nord du centre près d'une cascade bénéficie d'un joli cadre. Accessible par le bus Voss-Gudvangen (35 NOK, 20 min).

Voss Vandrerhjem (☎ 56 51 20 17 ; www.vosshostel.com ; Evangervegen 68 ; dort/s/d à partir de 150/455/590 NOK). Moderne, l'auberge de jeunesse dispose de chambres avec sdb et d'une belle vue sur le lac. Préférez l'étage supérieur, côté lac. Location de vélos, de canoës et de kayaks ; sauna gratuit.

Fleischer's Appartement (☎ 56 52 05 00 ; www.fleischers.no ; Evangervegen 13 ; app 2/4 lits 990/1 580 NOK ; P). Cette annexe du Fleischer's au bord du lac possède de petits studios corrects.

Park Hotel Vossevangen (☎ 56 53 10 00 ; www.parkvoss.no ; Uttrågata 1 ; s/d à partir de 825/1 100 NOK ; P). L'élégance n'est pas celle du Fleischer's, mais les chambres n'en sont pas moins modernes et très confortables. Beaucoup donnent sur le lac Vossevangen.

Fleischer's Hotel (☎ 56 52 05 00 ; www.fleischers.no ; Evangervegen ; s/d 1 195/1 550 NOK, avec le Fjord Pass 830/1 230 NOK ; P). Tout le charme d'une époque révolue semble réuni dans le meilleur

SPORTS EXTRÊMES À VOSS

Si la lenteur des bateaux remontant les fjords vous semble bien fade face aux extraordinaires paysages norvégiens, Voss sera peut-être votre antidote. La ville vit pour et par les sports extrêmes, surtout en juin, quand les amateurs d'adrénaline se rassemblent pour la **Semaine des sports extrêmes** (www.ekstremsportveko.com), qui combine toutes sortes d'activités à sensations fortes – parachute, parapente et saut extrême – et des concerts d'artistes internationaux et locaux.

Pour réserver, contactez **Ekstreme Voss Booking** (☎ 56 51 36 30 ; www.ekstremevoss.com ; 10h-17h lun-jeu et dim, 10h-20h ven et sam mai-sept), implanté au parking du Park Hotel Vossevangen.

Parapente, paravoile et saut à l'élastique

Nordic Ventures (☎ 56 51 00 17 ; www.nordicventures.com ; avr à mi-oct) est l'un des meilleurs centres d'activités du genre en Norvège. Il propose des vols en tandem en parapente (1 200 NOK), du paravoile (450 NOK) et même des sauts à l'élastique depuis un paravoile à 180 m d'altitude (1 600 NOK) – préparez-vous à atteindre une vitesse de 115 km/h ! Le mot d'ordre de l'organisme : "Ayez l'air brave, même si vous ne l'êtes pas, personne ne verra la différence."

Sports aquatiques

Voss Rafting Senter (☎ 56 51 05 25 ; www.vossrafting.no) offre une gamme complète d'activités : rafting (450-750 NOK, ou 1 600 NOK/famille), canyoning (700 NOK), descente de cascades en rappel (à partir de 800 NOK), hydrospeed (800 NOK), etc. Les amateurs de rafting et d'hydrospeed auront le choix entre trois cours d'eau très différents : le Stranda (classe III-IV), le Raundalen (classe III-V) et le Vosso (classe II). La devise de l'enseigne : "Nous vous garantissons de mouiller votre culotte."

Nordic Ventures propose aussi des expéditions en kayak de mer allant de tours de lacs (4-5 heures, 575 NOK) aux circuits de 1/2/3 jours (895/1 895/2 595 NOK) sur le fantastique Nærøyfjord (p. 239).

hôtel de la ville. Superbe, le Fleischer's fut fondé en 1888 – Edvard Grieg y descendit en 1901. Certaines chambres donnent sur le lac.

OÙ SE RESTAURER

Café Stasjonen (☎ 56 53 10 17 ; Uttrågata 1 ; plats 35-175 NOK ; ⏲ 9h30-24h dim-jeu, 9h30-1h ven-sam). Ce café sur le thème du train situé dans le Park Hotel Vossevangen propose des en-cas, des repas légers et un buffet de salades.

Fleischer's Hotel restaurant (Evangervegen ; plats 85-259 NOK ; ⏲ déj et dîner). Un excellent restaurant – buffet de salades (110 NOK), en-cas (à partir de 85 NOK) et plats (à partir de 179 NOK).

Dolly Dimple's (☎ 56 51 00 40 ; Vangsgata 52 ; pizzas à partir de 130 NOK ; ⏲ 14h-22h lun-jeu, 14h-23h ven, 12h-23h sam, 13h-22h dim). Plus de 30 pizzas au menu.

Elysée (☎ 56 53 10 09 ; Park Hotel Vossevangen ; Uttrågata 1 ; plats 130-275 NOK ; ⏲ déj et dîner). Le meilleur restaurant de Voss. Spécialisé dans la cuisine française et internationale, il offre une très belle carte des vins et des menus raffinés.

Pour la cuisine norvégienne traditionnelle, préférez l'**Indremisjonskaféen** (☎ 51 56 14 08 ; Vangsgata 46 ; repas légers et en-cas 35-99 NOK ; ⏲ 9h30-18h lun-ven, 9h30-15h sam, 12h-18h dim). Pour les gâteaux, en-cas et grillades de renne, essayez le **Vangen Café** (☎ 56 51 12 05 ; Vangsgata 42 ; plats 49-115 NOK ; ⏲ 10h-18h lun-ven, 10h30-16h sam, 12h30-18h dim). La carte est plus variée au **Ringheim Kafé** (☎ 56 51 13 65 ; Vangsgata 32 ; plats 89-199 NOK ; ⏲ déj et dîner), qui possède une terrasse agréable.

OÙ SORTIR

Le **Park Hotel Vossevangen** (☎ 56 53 10 00 ; Uttrågata 1) compte un piano-bar et une discothèque (le week-end), baptisée le Pentagon. Dans la discothèque située dans la cave du pub du **Jarl Hotell** (☎ 56 51 19 33 ; Elvegata 9), les 18-25 ans s'agitent sur des rythmes de techno et de house.

DEPUIS/VERS VOSS

Les bus s'arrêtent à la gare ferroviaire, à l'ouest du centre. Les liaisons entre Voss, Bergen (150 NOK, 2 heures) et Aurland (130 NOK, 1 heure 30) via Gudvangen et Flåm sont fréquentes.

NSB (☎ 56 52 80 00) assure des liaisons sur la *Bergensbanen*, la célèbre ligne de Bergen (153 NOK, 1 heure, 1/heure) et d'Oslo (199-633 NOK, 5 heures 30-6 heures, 5/jour). À Myrdal (94 NOK, 50 min), il y a des correspondances avec la ligne touristique qui descend jusqu'à Flåm (voir p. 236).

COMMENT CIRCULER

Location de vélos pour environ 250 NOK/jour chez **Voss Aktivitetsbooking** (⏲ 10h-17h lun-jeu et dim, 10h-20h ven-sam), à côté du Park Hotel Vossevangen, ou pour 150/250 NOK la demi-journée/journée à la Voss Vandrerhjem (à gauche).

ENVIRONS DE VOSS

Stalheim

Cette adorable petite station dominant la vallée occupe un site exceptionnel.

Entre 1647 et 1909, Stalheim servit d'étape aux voyageurs empruntant la route de la Poste royale, qui reliait alors Copenhague, Christiania (Oslo) et Bergen. Une route fut construite pour les voitures et les chevaux en 1780. Les cochers faisaient halte à Stalheim. Ils y changeaient leurs bêtes, épuisées par l'ascension de la vallée et le franchissement des gorges de Skleiva dans le rugissement des deux chutes d'eau de Stalheim et de Sivle. La route récente, avec ses deux tunnels, facilite l'ascension depuis la vallée. La pente de l'ancienne **voie postale** (indiquée "Stalheim skleiva" sur l'E 16 en venant de Gudvangen) atteint quant à elle un dénivelé de 18 degrés.

Tout en haut, le **Stalheim Hotel** (☎ 56 52 01 22 ; www.Stalheim.com ; s/d 900/1 380 NOK, demi-pension 1 195/1 860 NOK, pension complète 1 335/2 140 NOK ; ⏲ mi-mai à début oct) est sans doute de tout le pays l'hébergement doté de l'emplacement le plus spectaculaire. Les chambres sont spacieuses et confortables – celles dépourvues de vue sont malheureusement au même prix que les autres. Les buffets déjeuner/dîner coûtent 250/335 NOK. Des repas légers sont également disponibles. Ils reviennent moins cher que la demi-pension ou la pension complète.

Depuis la **terrasse** (⏲ 9h30-18h mi-mai à sept) de l'hôtel, ouverte à tous, la vue sur Nærøydalen est fantastique.

Le **Stalheim Folkemuseum** (☎ 56 52 01 22 ; Stalheim ; adulte/enfant 50 NOK/gratuit ; ⏲ sur rendez-vous), près de l'hôtel, est consacré aux arts et traditions populaires. Il réunit 30 constructions de bois, recréant ainsi une ferme traditionnelle. Il n'ouvre qu'à partir de 10 visiteurs ; renseignez-vous à l'hôtel.

Deux autres hébergements sont implantés aux environs de Stalheim. L'été, le **Stalheim Fjord og Fjellhytter** (☎ 56 51 28 47 ; www.stalheim.no ; bung à partir de 550 NOK) ouvre ses chalets de bois juste derrière l'hôtel, dans le village. Le

Stalheim søy Gard (☎ 56 52 00 22 ; www.stalheimsoy.no ; d à partir de 700 NOK) est situé bien plus bas dans la vallée.

Pour rejoindre Stalheim depuis Voss (56 NOK, 1 heure, 4-11/jour), vous pourrez emprunter n'importe quel bus à destination de Gudvangen et d'Aurland. Depuis l'arrêt, sur la route principale, vous devrez grimper sur 1,3 km – à moins de convaincre le chauffeur de faire un petit détour.

Myrdal

Entre Voss et Finse, Myrdal est à l'intersection de la ligne ferroviaire Oslo-Bergen et de celle de Flåmsbana – dotée d'une inclinaison impressionnante. C'est aussi une étape réputée du circuit "Norway in a Nutshell". De là, l'extraordinaire ligne de Flåmsbana entame 20 km de zigzags pour descendre jusqu'à Flåm, au bord de l'Aurlandsfjord, un bras du Sognefjord. Pour plus de renseignements, voir p. 236.

HARDANGERFJORD

Le Hardangerfjord relie l'Atlantique aux falaises du plateau de la Hardangervidda, au centre de la Norvège. Incarnation même du pays des fjords, il rassemble quantité d'endroits magnifiques, dont nos préférés sont Eidfjord, Ulvik, Utne et Kinsarvik. Beaucoup de touristes arrivent de Bergen. Toutefois, Voss, une ville dynamique, peut aussi constituer un bon point de départ. Si vous le pouvez, prenez le temps de dormir dans un des petits villages accrochés au-dessus de l'eau. Pour de plus amples détails sur la visite du Hardangerfjord au départ de Bergen, reportez-vous à l'encadré p. 204. Le site www.hardangerfjord.com (en anglais) est une mine d'informations.

NORHEIMSUND

3 500 habitants

Petite et paisible, Norheimsund est la porte d'entrée du Hardangerfjord. Il existe certes de plus beaux endroits dans le réseau des fjords, mais elle n'en constitue pas moins une jolie cité et une agréable introduction à la région.

L'**office du tourisme** (☎ 56 55 15 85 ; www.visitkvam.no ; ☎ 10h-18h lun-ven, 10h-16h sam, 15h-20h dim mi-mai à août) fonctionne en été. **Fjord Tours** (☎ 81 56 82 22 ; www.fjordtours.com) propose des circuits "Explore Hardangerfjord" en train, bus et bateau, au départ de Bergen (p. 204) ou de Norheimsund.

À 1 km à l'ouest de Norheimsund sur la Rv 7, la **cascade de Steinsdalsfossen** est loin d'être la plus haute du pays, mais elle offre le plaisir de marcher derrière un rideau d'eau. Autre attraction de Norheimsund, le **Centre pour la défense des bateaux du Hardanger** (Hardanger Fartøyvernsenter ; ☎ 56 55 33 50 ; www.fartoyvern.no ; adulte/enfant 60/30 NOK ; ⏰ 10h-17h tlj fin mai-fin août) réunit de vieux navires en bois. Il présente notamment les techniques de restauration et les méthodes de fabrication des cordes. Les enfants pourront s'essayer à l'art de la construction navale. Le musée propose parfois des sorties de 2 heures sur le fjord à bord d'un vieux cotre.

Oddland Camping (☎ 56 55 16 86 ; oddland.camping@kvamnet.no ; empl tente 130 NOK, bung à partir de 450 NOK). Un camping familial bien équipé près du lac. Belle vue sur le fjord, bungalows rustiques et location de barques.

Sandven Hotel (☎ 56 55 20 88 ; www.sandvenhotel.no ; s/d à partir de 790/1 140 NOK ; Ⓟ 💻). Bâti sur le front de mer au centre de Norheimsund, le charmant Sandven Hotel date de 1857. La vue est superbe depuis les grands balcons et rien ne vous empêche de demander la suite princière (2 000 NOK), où dormit le futur roi de Norvège.

BERGEN ET LES FJORDS DU SUD-OUEST

BALADE AU BORD D'UN PRÉCIPICE

On pourrait croire que les Norvégiens aiment construire leurs maisons dans les endroits les plus inaccessibles. La **Husmannsplassen Nåli** (ferme du paysan Nåli), qui se dresse sur la saillie rocheuse partant de Stalheim au-dessus de Nærøydalen, mérite de remporter la palme. Bâtie en 1870 quand le premier paysan arriva avec 2 vaches, 4 moutons et 11 chèvres, elle fut habitée jusqu'en 1930. C'est un endroit charmant, aujourd'hui envahi par la végétation. Le chemin qui y mène (2 heures aller-retour) est déconseillé aux âmes sensibles. À flanc de falaise, il est très étroit par endroits – rien ne sépare du vide surplombant la vallée. Il est inenvisageable de l'emprunter quand le temps est humide. Si vous n'avez pas le vertige, il s'agit de l'une des plus belles marches du pays. Demandez-en le chemin à la réception du Stalheim Hotel.

Chaque jour, 3-7 bus relient Voss à Norheimsund (138 NOK, 2 heures) via Øystese.

ØYSTESE

2 176 habitants

Øystese n'était que le prolongement de Norheimsund, avant que le **Kunsthuset Kabuso** (☎ 56 55 39 00 ; www.kabuso.no ; adulte/enfant 50 NOK/gratuit ; ⌚ 10h-17h mar-dim juin-août, 11h-15h mar-dim sept-mai) n'en fasse une destination à part entière. Ce centre artistique et culturel, vitrine des arts contemporains autant que traditionnels, attire des artistes de renommée mondiale (comme le Britannique Damien Hirst en 2007).

La ville abrite aussi le **musée Ingebrigt Vik** (☎ 56 55 30 00 ; adulte/enfant 30/10 NOK ; ⌚ 10h-15h juin-août), une galerie octogonale consacrée à la célèbre sculptrice norvégienne dont il porte le nom (1867-1927).

L'**office du tourisme** (☎ 56 55 59 10 ; k-reise@online.no ; ⌚ 9h-20h lun-ven, 9h-18h sam mi-mai à août) ouvre en été.

Le meilleur hébergement du village est le **Hardangerfjord Hotell** (☎ 56 55 63 00 ; www.hardangerfjord-hotell.no ; s/d à partir de 700/1 010 NOK ; P 💻 ♿), situé en face du Kunsthuset Kabuso. Cet établissement moderne au bord de l'eau est doté de chambres plaisantes et d'une belle piscine chauffée.

La région du Hardangerfjord est renommée pour ses vergers, surtout de pommiers. Les habitants bien informés jurent que c'est à l'**exploitation fruitière de Steinstø** (Steinstø Fruktgard ; ☎ 56 55 79 33 ; www.steinsto-fruktgard.no ; steinstø ; ⌚ mi-avr à mi-oct), un peu à l'est d'Øystese, que l'on vend les meilleurs gâteaux aux pommes du secteur (65 NOK). Vous pourrez visiter les installations (adulte/enfant 50 NOK/gratuit), déjeuner (sur réservation ; 175 NOK) et déguster un excellent jus de pommes. Non loin, **Gamlastovo** (☎ 56 55 79 63 ; www.gamlastovo.no ; Steinstø ; menus 80-250 NOK/pers ; ⌚ sur réservation) offre des prestations similaires, mais uniquement pour les groupes. Arne Fykse joue parfois un air de violon Hardanger aux clients.

Tous les jours, 6-12 bus font le trajet entre Øystese et Bergen (145 NOK, 1 heure 45) via Norheimsund.

ULVIK

1 137 habitants

Au beau milieu de la région productrice de pommes, Ulvik a quelque chose de spécial. Encadrée par des collines et des montagnes, dominant la splendeur du fjord, elle baigne dans un silence paisible après le départ des bateaux de touristes. Si elle n'offre rien de bien remarquable par elle-même, elle est au cœur du magnifique pays des fjords et donne accès à de multiples itinéraires cyclistes et pédestres dans les collines alentour. En outre, de nombreuses exploitations fruitières se visitent dans les environs. Le remarquable complexe Stream Nest (voir p. 218) se trouve à Osa, à 10 km. La région est particulièrement belle en mai, quand fleurissent les arbres fruitiers.

L'**office du tourisme** (☎ 56 52 63 60 ; www.visitulvik.com ; ⌚ 8h30-17h lun-sam, 13h-17h dim mi-mai à mi-sept, 8h30-13h30 lun-ven le reste de l'année) fournit la liste des activités locales, loue des **vélos** (heure/demi-journée/journée 40/90/160 NOK) et organise des visites d'**exploitations fruitières** (150 NOK ; ⌚ lun-ven mi-juin à mi-août).

Où se loger et se restaurer

Ulvik Fjordcamping (☎ 56 52 61 70 ; camping@ulvik.org ; empl tente ou caravane 120 NOK, chalets s/d à partir de 250/350 NOK). Un petit camping pratique et bien situé, au bord de l'eau, à 500 m du centre.

Uppheim Gård (☎ 56 52 62 93 ; www.uppheim-farm.com ; s/d 650/800 NOK). Des chambres charmantes et une vue magnifique, dans une jolie ferme en bois perchée sur une colline, à 2 km au nord du village. Vous vous sentirez ici comme chez vous.

Ulvik Fjord Hotel (☎ 56 52 61 70 ; www.ulvikfjord.no ; s/d à partir de 650/860 NOK). Une excellente adresse : une maison d'hôte impeccable, aux chambres très confortables. La route la sépare de l'eau, mais les balcons de certaines chambres surplombent un ruisseau.

Rica Brakanes Hotel (☎ 56 52 61 05 ; www.brakanes-hotel.no ; s/d à partir de 990/1 190 NOK ; P 💻 ♿). Ce gros hôtel moderne est aux premières loges pour admirer certains des plus beaux panoramas du Hardangerfjord. Cela a un prix : vous débourserez 100 NOK de plus pour avoir vue sur le fjord. Service de restauration (buffet dîner 395 NOK, plats à partir de 135 NOK).

Depuis/vers Ulvik

Deux à six bus circulent chaque jour entre Voss et Ulvik (85 NOK, 1 heure 15).

ENVIRONS D'ULVIK

À 10 km à l'est d'Ulvik, le **complexe Stream Nest** (☎ 56 52 69 90 ; Osa ; adulte/enfant 40 NOK/

LE HARDANGERFJORD AU DÉPART D'ULVIK

Ulvik constitue un excellent point de départ pour découvrir le Hardangerfjord. L'**office du tourisme** (☎ 56 52 63 60 ; www.visitulvik.com) vend des billets pour toute une série d'excursions à la journée qui explorent la plus grande partie du Hardangerfjord à bord de différents bateaux, de juin à août. En voici certaines :

- L'Eidfjord (adulte/enfant aller-retour 219/110 NOK lun-sam) via Bruravik et Brimnes, 2 heures libres au Centre de la nature de la Hardangervidda et à Eidfjord. Départ d'Ulvik à 8h55, retour à 15h10.
- L'Eidfjord et la chute de Vøringfoss (adulte/enfant bateau seulement 100/200 NOK, avec le Centre de la nature de la Hardangervidda et la chute d'eau 395/295 NOK lun-sam). Départ à 11h10, retour à 15h10.
- Kinsarvik et Utne (adulte/enfant 217/110 NOK lun-ven) via Bruravik, Brimnes, Kvanndal et Granvin avec visite du musée des Arts et Traditions populaires du Hardanger à Utne. Départ d'Ulvik à 8h55, retour à 16h40.
- Hardanger Grand Tour (adulte/enfant 320/160 NOK lun-ven) comme le précédent, avec un arrêt à Odda supplémentaire.
- Norway in a Nutshell (adulte/enfant 668/335 NOK dim-ven). Au départ d'Ulvik, le célèbre circuit part de la ville à 8h55. Il passe par Voss, Gudvangen, Flåm et Myrdal, et revient à Ulvik à 18h40.

gratuit ; 10h30-16h mai-août) réunit un jardin d'herbes aromatiques écologique, plusieurs œuvres d'art dont le *Rambukk* (marteau-pilon) d'Allan Christensen et *Stream Nest*, l'étrange sculpture qui donne son nom au site, réalisée pour les Jeux olympiques de Lillehammer (1994) par l'artiste japonais Takamasa Kuniyasu. Comme durant les jeux, cette sculpture monumentale faite de 3 000 troncs et 23 000 briques laisse entendre la composition musicale pour tuba de Geir Løvold. L'endroit est superbe.

EIDFJORD

915 habitants

Au plus profond du Hardangerfjord, Eidfjord est pour nous la plus belle ville de cette partie de la Norvège. Comme écrasée par les montagnes et les chutes d'eau qui l'entourent, elle paraît toute petite. Accessible par des tunnels en spirale, elle compte dans ses environs de charmantes fermes perchées sur des contreforts montagneux d'où la vue est superbe. Tant de beauté a malheureusement un prix : l'été, des bateaux de croisière s'arrêtent presque tous les jours et la ville est parfois bondée.

Le site devrait gagner en accessibilité ces prochaines années, un pont suspendu de 1 380 m de longueur devant remplacer en 2011 le ferry entre Bruravik et Brimnes, sur la Rv 7/13.

Renseignements

Office du tourisme (☎ 53 67 34 00 ; www.visiteidfjord.no ; 10h-20h lun-ven, 10h-19h sam-dim mi-juin à mi-août, horaires réduits le reste de l'année). En plus des renseignements touristiques, il permet de se connecter à Internet (10 NOK/10 min).

À voir

Les environs abondent de sites de toute beauté. Quelques-uns sont présentés ci-dessous. L'office du tourisme vous indiquera en outre les emplacements de nombreux **tumulus vikings**.

FERME DE KJEÅSEN

Ne manquez sous aucun prétexte la **ferme de Kjeåsen**, située à 6 km au nord-est d'Eidfjord, à 530 m au-dessus du fond de la vallée, près de la limite forestière. Une ferme existerait depuis 400 ans sur le site, qui n'est accessible en véhicule que depuis la construction de la route en 1975. La ferme, qui occupe aujourd'hui l'un des plus beaux emplacements du pays, est habitée depuis 40 ans par une dame qui y vit seule – abstraction faite des cars de touristes qui débarquent tous les étés. Elle propose parfois des visites entre 9h et 17h. On peut accéder à la ferme à pied (4 heures aller-retour), par un chemin raide et difficile qui passe par au moins un pont de cordes – renseignez-vous à l'office du tourisme. La route passe par un tunnel à une voie. La circulation est alternée : montée aux heures pile et descentes à la demie. Ignorez les panneaux qui indiquent la dernière descente à 17h30 – elle est ouverte 24h/24. Si la ferme de Kjeåsen pique votre curiosité, le fascicule *Kjeåsen in Eidfjord*, de Per A. Holst, raconte son histoire et celle de ses habitants. Il est en vente pour 20 NOK à l'office du tourisme.

BARRAGE HYDROÉLECTRIQUE DE SIMA

En bas de la route menant à la ferme, le **barrage hydroélectrique de Sima** (☎ 53 67 34 00 ; adulte/enfant 55/45 NOK ; 🕒 visites guidées à 10h, 12h, 14h tlj mi-juin à mi-août, visite supp 15h30 juil), l'un des plus grands d'Europe, se visite (1 heure). La salle principale s'enfonce de 700 m dans la montagne.

HARDANGERVIDDA NATURSENTER

L'exceptionnel **Centre de la nature de la Hardangervidda** (☎ 53 66 59 00 ; www.hardangervidda.org ; Øvre Eidfjord ; adulte/enfant/famille 90/40/195 NOK ; 🕒 9h-20h juin-août, 10h-18h avr, mai, sept et oct) est une fantastique introduction à l'un des plus beaux parcs nationaux de la Norvège. Un remarquable film de 19 min permet de découvrir des paysages spectaculaires – idéal si vous n'avez pas le temps de vous enfoncer à pied dans les profondeurs du parc. Le centre compte aussi des présentations interactives, des descriptions documentées de l'histoire naturelle de la région, des aquariums montrant des poissons des montagnes et d'intéressantes pièces géologiques. Installé à 6,5 km au sud-est d'Eidfjord, à Øvre Eidfjord, il distribue des cartes de randonnée détaillées. Le personnel connaît bien les sentiers pédestres et les pistes de ski du parc.

TRAIN DES TROLLS

L'été, le très kitsch **train des Trolls** (Troll Train ; ☎ 53 67 34 00 ; adulte aller/aller-retour 55/70 NOK, enfant 30/40 NOK ; 🕒 toutes les heures 10h-17h30 juin-août) part devant l'office du tourisme d'Eidfjord et parcourt 20 km jusqu'aux chutes de Vøringsfossen, en passant par l'abrupt Måbødalen et en marquant un arrêt à la ferme de Måbø. Au lieu de franchir les tunnels de la nouvelle route (Rv 7), il emprunte l'ancienne route, beaucoup plus pittoresque, jusqu'en haut de la vallée. La montée prend environ 1 heure. Les billets sont en vente à l'office du tourisme.

À faire

Vous pourrez randonner jusqu'à la ferme de Kjeåsen (ci-contre). **Flat Earth** (☎ 47 60 68 47 ; www.flatearth.no ; Øvre Eidfjord ; 🕒 mai-sept) organise des treks au parc national de la Hardangervidda (voir p. 190), des sorties d'escalade (250 NOK/demi-journée), de kayak de mer et de rivière (360-400 NOK/demi-journée) et de cerf-volant de traction (400 NOK/demi-journée), des descentes en rappel (1 700 NOK/jour), ainsi que des expéditions sur glacier de 2 jours (1 800 NOK). L'organisme est basé à Øvre Eidfjord, à côté du Hardangervidda Natursenter, à 6,5 km au sud-est d'Eidfjord.

Où se loger et se restaurer

SæbøCamping (☎ 53 66 59 27 ; www.nafcamp.com/sabocamping ; Øvre Eidfjord ; empl tente 120 NOK, bung 460-900 NOK ; 🕒 mi-mai à mi-sept). Un bon camping, bien situé, au bord du lac de Måbødalen, à 500 m du Hardangervidda Natursenter. Pain frais tous les matins.

Eidfjord Gjestegiveri (☎ 53 66 53 46 ; www.ovre-eidfjord.com ; Øvre Eidfjord ; bung 325 NOK, s/d sans sdb et petit déj 440/550 NOK ; 💻). Cette charmante maison d'hôte tenue par Erik et Inge possède une ambiance familiale. À 6,5 km du centre d'Eidfjord, elle est aussi proche du Hardangervidda Natursenter. Elle possède 4 doubles et une simple ; les 6 chalets du camping se louent uniquement d'avril à octobre. Bon petit déj et accès Internet.

Vik Pensjonat (☎ 53 66 51 62 ; www.vikpensjonat.com ; Eidfjord ; d/app 990/1 340 NOK, bung 600-700 NOK). Un lieu chaleureux, dans une adorable vieille maison au centre d'Eidfjord, près de la rive. Différents types d'hébergements, tous douillets, et un petit café sur place. Nos chambres préférées (1 à 6) possèdent un balcon.

Ingrid's Appartement (☎ 53 66 54 85 ; www.iapp.no ; Eidfjord ; d/f 650/800 NOK, app loft 1 050 NOK). Familial et recommandé pour ses appartements bien tenus avec sdb et cuisine. Certains ont une belle vue.

Eidfjord Hotel (☎ 53 66 52 64 ; www.eidfjordhotel.no ; Eidfjord ; s/d avec le Fjord Pass à partir de 700/970 NOK). Un hôtel moderne, aux chambres confortables bien que sans âme – certaines ont une vue partielle sur le fjord. La terrasse du jardin invite à se détendre et le restaurant (plats 75-179 NOK) est correct.

Quality Hotel Vøringfoss (☎ 53 67 41 00 ; www.choice.no ; s/d mai-sept 1 290/1 500 NOK, demi-pension 1 550/1 900 NOK, s/d oct-avr à partir de 880/1 000 NOK). Dans cet élégant hôtel ouvert en 2001, les chambres donnant sur le fjord ont une vue extraordinaire. Le lieu est idéal pour faire une folie et s'offrir un réveil devant un paysage de rêve – à moins qu'un paquebot de croisière ne vienne le cacher. Le confort des chambres est irréprochable, et le café attenant sert des en-cas et des plats légers. Que diriez-vous d'un hamburger au sanglier avec une mayonnaise au curry (139 NOK) pour changer des fast-foods habituels ?

Depuis/vers Eidfjord

Des bus relient 1-2 fois/jour Geilo et Odda via Vøringfoss, Øvre Eidfjord et Eidfjord. Plusieurs autres bus circulent tous les jours sauf le dimanche entre Øvre Eidfjord, Eidfjord et Odda.

ENVIRONS D'EIDFJORD

Eidfjord est la porte d'entrée au **plateau de la Hardangervidda** (p. 190), le plus grand plateau d'altitude d'Europe du Nord et l'un des plus grands parcs nationaux de Norvège. D'Eidfjord, la Rv 7 grimpe en zigzag le Måbødalen, via de nombreux tunnels. En haut, après 20 km de pente raide, les 182 m de la stupéfiante **chute de Vøringfoss** marquent l'entrée de la Hardangervidda. Il s'agit en réalité d'un ensemble de cascades appelé Vøringsfossen. Leurs eaux se déversent au bord du plateau et tombent dans le canyon. La vertigineuse cascade principale atteint 145 m de hauteur. Ce serait le site le plus visité de Norvège, ce que tend à confirmer en été l'incessant ballet des bus touristiques. Pour jouir des meilleures vues, rejoignez le point de vue à côté du Fossli Hotel (parking 30 NOK) ou ceux que l'on atteint depuis la Cafeteria Vøringsfossen, plus bas dans la vallée sur la Rv 7 – un seul possède un garde-fou ! Les bus Geilo-Odda passent au pied des chutes.

Juste au bord du précipice, le **Fossli Hotel** (☎ 53 66 57 77 ; www.fossli-hotel.com ; s/d 690/1 050 NOK, réduction avec le Fjord Pass ; ⌚ mai-sept) permet de dormir au milieu du rugissement de l'eau – et de profiter du site après le départ des touristes. La vue depuis ce vieux bâtiment de caractère est à couper le souffle. Les chambres, couvertes de parquet neuf, n'ont ni TV ni téléphone. L'hôtel fut bâti dans les années 1890 par l'arrière-grand-père d'Erik, un hôte tranquille et chaleureux, qui connaît un nombre incroyable d'histoires sur la région et se double d'un très bon cuisinier (plats 180 NOK). C'est dans l'hôtel qu'Edvard Grieg composa son *Opus 66*. Bien indiqué, l'hôtel est à 1,3 km de la Rv 7.

KINSARVIK ET LOFTHUS

3 416 habitants

La pittoresque bourgade de Kinsarvik et sa voisine Lofthus coulent des jours paisibles au bord du Sørfjord, un bras du Hardangerfjord au cœur de la région d'Ullensvang. Kinsarvik n'a pas toujours été si calme, puisqu'elle fut habitée par quelque 300 Vikings du VIIIe au XIe siècle.

Renseignements

Office du tourisme de Kinsarvik (☎ 53 66 31 12 ; www.visitullensvang.no ; accès Internet 25 NOK/30 min ; ⌚ 9h-19h mi-juin à mi-août, horaires réduits le reste de l'année, fermé en déc)

Office du tourisme de Lofthus (☎ 53 66 11 90 ; ⌚ 11h-19h mi-juin à mi-août)

À voir et à faire

KINSARVIK

La petite esplanade verdoyante en U en face de l'office du tourisme de Kinsarvik est tout ce qui reste de l'ancien **port viking**. Kinsarvik s'enorgueillit de posséder l'une des plus vieilles **églises en pierre** de Norvège (entrée libre ; ⌚ 10h-19h fin mai à mi-août). Bâtie vers 1180, celle-ci fut restaurée dans les années 1960. Ses murs conservent des traces de fresques réalisées avec des couleurs à base de chaux et de craie montrant l'archange saint Michel en train de peser les âmes, tandis que le diable tente de faire pencher la balance. Selon une légende locale, l'église fut érigée par des envahisseurs écossais sur l'emplacement d'une ancienne église en bois debout.

Kinsarvik permet d'emprunter un beau chemin qui passe par les **chutes de Husedalen**, grimpe ce qu'on appelle l'**escalier des moines**, puis rejoint un réseau de sentiers sillonnant les forêts sauvages du **parc national de la Hardangervidda** (voir l'encadré, p. 191).

Les toboggans, le minigolf et la ferme du **Familieparken Hardangertun** (☎ 53 67 13 13 ; www.hardangertun.no ; forfait journée 125 NOK ; ⌚ 10h30-18h30 tlj fin juin à mi-août, 10h30-18h30 sam-dim mi-mai à fin juin et mi-août à sept) plaisent toujours aux enfants.

De mai à septembre, l'office du tourisme vend des billets pour un **bateau** (adulte/enfant 260/130 NOK) qui quitte Kinsarvik à 10h25 et revient à 15h55, après 3 heures passées à Eidfjord. Il n'est intéressant que pour les personnes non motorisées, puisqu'il faut ajouter 195/110 NOK pour le trajet en bus jusqu'au Hardangervidda Natursenter (p. 219) et à Vøringsfossen (p. 220).

LOFTHUS

Le site phare de Lofthus est le **chalet de Grieg** (⌚ 24h/24 toute l'année), dans le jardin de l'hôtel Ullensvang, qui servit de retraite au compositeur. Lofthus compte aussi une **église en pierre** (entrée libre ; ⌚ 10h-19h fin-mai à mi-août) bâtie en 1250, dotée de jolis vitraux et entourée d'un cimetière où subsistent quelques tombes médiévales. Le clocher fut ajouté vers 1880.

Où se loger et se restaurer

KINSARVIK

Kinsarvik Camping (☎ 53 66 32 90 ; www.kinsarvikcamping.no ; empl tente et caravane 120 NOK, électricité 20 NOK, bung 4 lits 290-550 NOK). Un endroit simple et hospitalier près du rivage, avec toboggan à eau pour les petits et les grands.

Kinsarvik Fjord Hotel (☎ 53 66 31 00 ; www.kinsarvikfjordhotel.no ; s/d à partir de 890/1 080 NOK ; 💻). À proximité du rivage, dans le centre de Kinsarvik, ce confortable hôtel Best Western dispose d'un restaurant correct.

LOFTHUS

Lofthus Camping (☎ 53 66 13 64 ; www.lofthuscamping.com ; empl tente et caravane 130 NOK, électricité 35Nkr, bung 2 lits 360-480 NOK, 4 lits 450-590 NOK ; 🏊). Un autre terrain bien équipé sur la berge, avec une belle vue. Piscine couverte chauffée et location de barques.

Ullensvang Gjesteheim (☎ 53 66 12 36 ; www.ullensvang-gjesteheim.no ; s/d/f à partir de 490/710/870 NOK). Kristin et Tor vous mettront à l'aise dans cette ferme rénovée du XVIe siècle, qui offre des chambres simples.

Hotel Ullensvang (☎ 53 67 00 00 ; www.hotel-ullensvang.no ; s/d à partir de 890/1 350 NOK avec le Fjord Pass, supp vue sur le fjord 100 NOK ; Ⓟ 💻 🏊). Cet énorme bâtiment luxueux jouit d'une situation exceptionnelle. Les chambres sont d'un confort suprême et le restaurant est bon (buffet dîner à 375 NOK).

Depuis/vers Kinsarvik et Lofthus

Des bus circulent entre Odda et Voss ou Geilo de manière assez régulière, en passant par Kinsarvik et Lofthus. Un ferry relie Kinsarvik à Utne (28/77 NOK par pers/véhicule, 40 min) et continue jusqu'à Kvanndal (35/102 NOK, 1 heure) au moins 6 fois/jour.

UTNE

Utne est l'un des plus jolis villages du Hardangerfjord. Il est renommé pour ses vergers et son très intéressant **musée des Arts et Traditions populaires du Hardanger** (☎ 53 67 00 40 ; www.hardanger.museum.no ; adulte/enfant 50 NOK/gratuit ; ⌚ 10h-16h mai, 10h-17h juin-août, 10h-15h lun-ven sept-avr), qui œuvre pour la préservation de l'héritage culturel de la région. Cette institution réunit des maisons, bateaux, magasins et remises de jadis, ainsi qu'une vieille école. Des sections sont consacrées aux femmes du Hardanger, aux mariages, au fameux violon Hardanger et à sa fabrication, à la pêche, à la musique, à la danse, à la production fruitière et aux sculptures sur bois de l'enfant du pays, Lars Kinsarvik. Les mardis (12h-15h) de juillet, de délicieux gâteaux sont cuits sur place.

D'agréables **sentiers** conduisent au-delà du village. Renseignez-vous à l'Utne Hotel.

Où se loger et se restaurer

Hardanger Gjestegård (☎ 53 66 67 10 ; www.hardanger-gjestegard.no ; Alsåker ; d à partir de 750 NOK). Cette maison d'hôte de caractère occupe un joli bâtiment de 1898 à 10 km à l'ouest d'Utne, sur la Fv 550. Décoration traditionnelle dans les chambres. Tarifs à la semaine avantageux.

Utne Hotel (☎ 53 66 64 00 ; www.utnehotel.no ; Utne ; s/d 1 135/1 470 NOK ; 💻). Cet hôtel en bois fut construit en 1722 après la grande guerre nordique, ce qui en fait le plus vieil hôtel de Norvège. Restauré en 2003, il conserve de nombreux éléments des XVIIIe et XIXe siècles. Même si vous ne logez pas sur place, le décor, fabuleux, mérite le coup d'œil. L'Utne Hotel possède le meilleur restaurant de la ville (buffet dîner 3 plats à 439 NOK).

Depuis/vers Utne

Des ferries circulent entre Utne, Kinsarvik (28/77 NOK par pers/véhicule, 40 min) et Kvanndal (14/35 NOK, 20 min) au moins 6 fois/jour.

ODDA

7 154 habitants

Odda est la capitale industrielle de la région du Hardanger. Ses aciéries font qu'elle est souvent considérée comme la ville la plus laide de Norvège – elle rivalise dans le domaine avec certains endroits peu engageants du Finnmark. Elle n'en constitue pas moins un formidable balcon ouvrant sur l'un des plus beaux paysages de la Norvège : les confins du Hardangerfjord, où une puissante chute d'eau côtoie les hauteurs glacées du fabuleux glacier de Folgefonna. Restez en apnée devant tant de beauté, et vous échapperez aux fumées des aciéries.

L'**office du tourisme** (☎ 53 65 40 05 ; www.visitodda.com ; 9h-20h lun-ven, 10h-17h sam, 11h-18h dim mi-juin à mi-août, 9h30-16h lun-ven le reste de l'année ; accès Internet 25 NOK/30 min) est presque au bord du Sørfjord.

À voir

FOLGEFONNA

Troisième plus grand glacier de Norvège continentale, le Folgefonna permet de pratiquer des sports d'hiver en été : ski, surf et traîneau de mi-juin à octobre. Pour de plus amples renseignements, contactez le **Folgefonn Sommar Skisenter** (☎ 53 66 80 28 ; www.folgefonn.no). De courtes sorties à la station de ski partent du quai Jondal à 10h30 de mi-juin à mi-août – retour à 15h30. Le week-end, des excursions sur le glacier vont au refuge de montagne de Holmaskjær, à Odda Turlag. Renseignements auprès de l'office du tourisme.

À condition d'être en bonne condition physique, bien couvert et doté de chaussures de montagne hautes, vous pourrez participer à la randonnée guidée qui monte par la belle vallée de Buer, avant de poursuivre par une marche sur glacier le long du Buer, un bras du Folgefonna (3 personnes au minimum, 400 NOK/pers, avec crampons et piolets). Pour de plus amples détails, contactez **Hardanger Breføring** (☎ 90 64 49 75) ou l'office du tourisme. Le transport jusqu'au point de départ, à Buer, à 8 km à l'ouest d'Odda, n'est pas compris. **Folgefonni Breførarlag** (☎ 95 11 77 92 ; www.folgefonni-breforarlag.no ; Jondal) organise également des circuits sur glacier.

CHUTE DE TYSSESTRENGENE

À Skjeggedal, à 5 km à l'est de la ville, le **funiculaire de Mågelibanen** (adulte/enfant aller-retour 120/60 NOK) fonctionne les mercredi et vendredi. Long de 960 m, il gravit une pente à 42 degrés. Les horaires, variables, sont disponibles à l'office du tourisme d'Odda. Les randonneurs pourront rejoindre le haut de la **chute de Tyssestrengene** (646 m) et le monstrueux **rocher de Trolltunga** depuis Skjeggedal (8-10 heures aller-retour) ou l'arrivée du funiculaire (6-8 heures aller-retour).

Où se loger et se restaurer

Odda Camping (☎ 41 32 16 10 ; www.oppleve.no/odda_camping ; Odda ; empl tente et caravane 130 NOK ; mi-mai à août). Le terrain le plus pratique, au bord du lac Sandvinvatnet. À 20 min à pied au-dessus du sud du centre-ville.

Hardanger Hotel (☎ 53 64 64 64 ; www.hardangerhotel.no ; Eitrheimsveien 17 ; s/d à partir de 790/950 NOK ; P). Haut de gamme, le Hardanger possède des chambres confortables aux équipements modernes et un restaurant-cafétéria correct.

Tyssedal Hotel (☎ 53 64 00 00 ; www.tyssedal-hotel.no ; Tyssedal ; s/d à partir de 950/1 050 NOK). Vivement recommandé, le Tyssedal offre des chambres avec sdb parquetées et élégamment décorées. L'endroit ravira ceux qui aiment les histoires de fantômes : il serait en effet hanté par celui de Nils Bergslien, artiste d'Eidfjord dont les contes de fées et les peintures du Hardangerfjord ornent les murs. La restauration est excellente (plats autour de 230 NOK), avec une cuisine fusion à base de produits locaux : renne dans une sauce aux myrtilles, truite de montagne, etc. Les propriétaires, originaires de la région, sont une mine d'informations.

Depuis/vers Odda

Chaque jour, 3 bus relient Odda et Jondal (149 NOK, 2 heures 30) et 1-3 bus Nor-Way Bussekspress circulent depuis/vers Voss (215 NOK, 2 heures 30) et Oslo (490 NOK, 7 heures 15).

ROSENDAL ET SES ENVIRONS

1 056 habitants

À l'ouest du Folgefonna, la belle Rosendal est désormais accessible depuis Odda par un **tunnel** de 11 km (voiture 60 NOK ; 6h-22h) passant sous le champ de glace. L'**office du tourisme** (☎ 53 48 00 40 ; www.folgefonna.net ; 9h-18h lun-ven, 10h-17h sam, 11h-17h dim mai-sept) jouxte le quai de Rosendal.

À Sunndal, à 4 km à l'ouest du tunnel, prenez la route qui monte jusqu'à la vallée de Sunndal (carrossable sur 1 km), puis suivez à pied sur 2 km le chemin qui rejoint le lac Bondhusvatnet, d'où la vue sur le glacier de **Bondhusbreen** est époustouflante. À Uskedalen, à 14 km à l'ouest de Rosendal, la paroi rocheuse de l'Ulvenåso (1 247 m) constitue l'un des meilleurs spots d'**escalade** de Norvège. Pour de plus amples détails, contactez l'office du tourisme de Rosendal.

Bâti en 1665, le château de la **Baroniet Rosendal** (☎ 53 48 29 99 ; www.baroniet.no ; Rosendal ; adulte/enfant 75/10 NOK ; horaires variables mai-août), la seule baronnie de Norvège, se visite. Il a conservé un aménagement intérieur d'époque et une roseraie Renaissance, et accueille des expositions et des concerts. Un corps de ferme a été reconverti en hôtel (s 350-600 NOK, dort 600-800 NOK), qui constitue l'un des hébergements ayant le plus de cachet dans l'ouest de la Norvège.

À Sunndal, le **Sundal Camping** (☎ 53 48 41 86 ; www.sundalcamping.no ; Sunndal ; empl tente 70 NOK, bung 400-600 NOK) est correct. Il loue des canoës/vélos pour 100/90 NOK par jour.

Le **Rosendal Gjestgiveri** (☎ /fax 53 47 36 66 ; www.gjestgiveri.no en norvégien ; Skålagato 17 ; Rosendal ; s/d sans sdb 650/850 NOK), qui date de 1887, est un charmant B&B. Son restaurant (plats 89-179 NOK) est probablement le meilleur des environs.

Les bus Rosendal-Odda passent 3-7 fois/ jour à Sunndal. Chaque jour, 2 liaisons sont assurées avec Bergen, via Løfallstrand.

HAUGELANDET ET RYFYLKE

Au nord et à l'est de Stavanger s'étire une région de collines basses et d'îles et îlots côtiers assez plats, évoquant les îles du nord de l'Écosse. Les festivals et l'animation estivale dans les cafés du front de mer forment les principaux atouts de Haugesund, la capitale régionale.

HAUGESUND

32 303 habitants

Sur le littoral de la mer du Nord, le port de Haugesund, à l'écart des sentiers battus, reçoit peu de visiteurs. Il constitue pourtant un bon point de départ pour visiter la prospère région du Haugeland, dotée de quelques sites intéressants. Le front de mer, bordé de constructions en bois, est bien vivant en été, époque où fleurissent les festivals.

La région de Haugesund revêt une grande importance sur le plan historique. En 872, une bataille eut lieu à Hafrsfjord, tout près. Elle aboutit à la première unification du pays.

Renseignements

Office du tourisme (☎ 52 01 08 30 ; www.visithaugelandet.no ; Strandgata 171 ; ⏲ 9h-17h lun-ven, 10h-15h sam-dim mi-juin à fin août, 10h-16h30 lun-ven sept à mi-juin)

Quick storkiosk (Haraldsgata 82 ; 40 NOK/heure ; ⏲ 10h-23h). Accès Internet.

À voir

Haugesund a conservé bon nombre de ses bâtiments historiques, dont le plus beau est le **Rådhus** (hôtel de ville). Environ 75 m au sud, le mont **Krosshaugen** est surmonté d'une croix en pierre, érigée vers l'an 1000 pour célébrer les rassemblements chrétiens.

Haraldshaugen, où est enterré le roi viking Harald à la Belle Chevelure, mort de la peste à Avaldsnes sur l'île voisine de Karmøy, est à 1,5 km au nord de Haugesund. L'obélisque, érigé en 1872, est un mémorial à la victoire décisive de 872.

Haugesund se revendique ville d'origine de Marilyn Monroe – son père, boulanger dans le pays, émigra aux États-Unis. Sur le quai à côté du Rica Maritim, un **monument** commémore le 30e anniversaire de la mort de l'actrice.

Festivals

Deux très bons festivals ont lieu en août à Haugesund : le **Silda Jazz** (Festival international de jazz de Haugesund ; début à mi-août) et le **Festival du film norvégien** (mi-fin août). Renseignements à l'office du tourisme.

Où se loger

Strandgaten Gjestgiveri (☎ 52 71 52 55 ; www.gjestgiveri.net ; Strandgata 81 ; s/d 545/750 NOK ; 💻). Des chambres impeccables et douillettes avec accès Wi-Fi gratuit, au centre de Haugesund.

Comfort Hotel Amanda (☎ 52 80 82 00 ; www.choice.no ; Smedasundet 93 ; s/d à partir de 945/1 095 NOK ; Ⓟ 90 Nkr 💻). Ce joli bâtiment du début du XXe siècle, très bien situé sur le front de mer dans le centre-ville, offre de grandes chambres luxueuses. Le prix comprend un buffet léger pour le dîner.

Rica Maritim Hotel (☎ 52 86 30 00 ; www.rica.no ; Åsbygaten 3 ; s/d été et week-end à partir de 860/ 1 110 NOK, d été et week-end avec vue sur la mer 1 250 NOK, s/d en semaine mi-sept à mi-juin 1 200/1 735 NOK ; Ⓟ 100 Nkr 💻). De l'aquarium du hall aux chambres grand luxe (comptez 10 000 NOK pour une suite !), tout est haut de gamme dans cet hôtel récemment rénové.

Où se restaurer

Smedasundet, la promenade du front de mer, est bordée de restaurants sur presque toute sa longueur, ce qui lui vaut une agréable animation par beau temps. La nuit, tout bon restaurant se métamorphose en bar à Haugesund.

NB Sørensen's Damskipsexpedisjon (☎ 52 70 00 50 ; Smedsundet 90 ; petit déj anglais 99 NOK, plats déj 99-125 NOK, plats dîner 229-295 NOK ; 11h-24h lun-jeu, 11h-2h ven- sam, 13h-23h dim). Dans l'un des bâtiments les plus intéressants de Smedasundet sur le plan architectural, le Sørensen's sert des plats norvégiens rehaussés d'une pointe de créativité : filet de lotte aux lasagnes végétariennes ou cou de porc mariné au miel et soja.

Lothes Mat & Vinhus (☎ 52 71 22 01 ; Skippergata 4 ; plats 145-279 NOK ; 11h-1h30). Avec sa charmante terrasse surplombant le front de mer et son mobilier d'époque en bois, cette adresse connue de longue date ne désemplit pas. Elle le mérite.

To Glass (☎ 52 70 74 00 ; Strandgata 169 ; en-cas 139-164 NOK, plats 219-279 NOK ; 15h-23h lun-jeu, 15h-24h ven-sam). Il y a peu de raisons de quitter le front de mer, mais ce bar à vin-restaurant en est une. Le sandwich à l'entrecôte (159 NOK) fait un plat copieux et abordable.

Depuis/vers Haugesund

Des compagnies norvégiennes assurent chaque jour des vols au départ de Haugesund et à destination de plusieurs villes du pays.

Les compagnies South Coast et SAS Braathens ont cessé leurs activités.

Les bus Nor-Way Bussekspress relient Haugesund, Stavanger (210 NOK, 2 heures 15) et Bergen (290 NOK, 3 heures 30) presque toutes les heures en semaine, toutes les 2 heures le week-end.

Pour les liaisons internationales aériennes et maritimes à destination de Haugesund, reportez-vous au chapitre *Transports*, p. 405.

ENVIRONS DE HAUGESUND

Île Karmøy

Non content de son second rôle dans l'histoire familiale d'une star hollywoodienne (Marilyn Monroe, voir p. 223), Haugesund fait valoir son importance dans la création d'un autre symbole américain. La statue de la Liberté fut en effet fondue avec le cuivre extrait des mines de Visnes, à 4 km à l'ouest d'Avaldsnes, où est installé aujourd'hui le **musée de la Mine de Visnes** (☎ 52 83 84 00 ; www.karmoy.kommune.no ; Visnes ; adulte/enfant 50/10 NOK ; 11h-17h lun-ven, 12h-17h dim mi-mai à mi-août).

À environ 5 km au sud du centre-ville, la grande **église** (☎ 52 83 84 00 ; Avaldsnes ; entrée libre ; 10h-17h lun-sam, 12h-17h dim juin-août) que fit construire le roi Haakon fut dédiée à saint Olav en 1250. Le clocher adjacent de 6,50 m, appelé **flèche de la Vierge Marie**, penche dangereusement vers l'église. Une légende prétend que le jour où elle en touchera le mur, le Jugement dernier sera imminent – il restait un petit espace lors de notre visite. D'autres récits locaux racontent qu'au fil des siècles des prêtres de peu de foi seraient régulièrement montés dans la flèche pour en enlever des morceaux.

Une courte marche depuis le parking de l'église mène au nouveau et superbe **centre historique Nordvegen** (☎ 52 81 24 00 ; www.nordvegen.info ; adulte/enfant/étudiant ou senior 80/40/60 NOK ; 10h-18h lun-ven, 10h-17h sam, 12h-18h dim avr-sept ; 10h-16h lun-ven, 12h-17h dim oct-mars), qui retrace l'histoire de Harald à la Belle Chevelure et de différents rois de la Norvège à partir du Xe siècle, aux premiers temps de l'unification du pays.

Une maison longue, reconstruction d'une **ferme viking** (☎ 52 83 84 00 ; www.nordvegen.info ; Avaldsnes ; adulte/enfant 30/10 NOK ; 10h-18h lun-ven, 12h-18h dim mi-juin à mi-août), est située derrière l'église. Les visites sont conduites par des guides en habits d'époque.

Début juin, l'île Karmøy accueille un **festival viking** (www.vikingfestivalen.no en norvégien), avec fêtes vikings, processions et soirées sagas.

À Vedavågen, sur la côte ouest de l'île, le **musée de la Pêche de Karmøy** (☎ 52 81 74 55 ; www.museumsnett.no/karmoyfiskerimuseum en norvégien ; adulte/enfant 30/10 NOK ; 11h-17h lun-ven, 14h-18h dim mi-mai à mi-août) ravira les amateurs avec son bâtiment moderne, ses espaces d'exposition consacrés à la pêche et son aquarium d'eau de mer.

Pour rejoindre Avaldnes depuis le centre de Haugesund, prenez le bus n°8, 9 ou 10 (37 NOK) à côté de la poste.

À l'extrême sud de l'île, le joli petit port de **Skudeneshavn** possède bon nombre de vieilles maisons en bois et un musée très complet, le **Mælandsgården** (☎ 52 84 54 60 ; adulte/enfant 50/10 NOK ; 11h-17h lun-ven, 14h-18h dim mi-ma à mi-août), qui réunit de belles collections d'objets domestiques, du mobilier ancien et des présentations de l'agriculture et des activités nautiques.

Particulièrement pittoresque et chaleureux, le B&B **Norneshuset** (☎ 52 82 72 62 ; www.norneshuset.no en norvégien ; Nordnes 7, Skudeneshavn ; s/d à partir de 550/750 NOK) est installé dans un ancien entrepôt qui fut rapporté par bateau de Riga, en Lettonie, dans les années 1830.

STAVANGER ET LYSEFJORD

Isolée au sud-ouest de la Norvège, la riche ville pétrolière de Stavanger est agréablement animée. Elle est aussi la porte d'entrée du Lysefjord, le plus méridional des grands fjords du pays, berceau de l'un de ses plus célèbres points de vue : l'énorme falaise du Preikestolen (rocher de la Chaire).

STAVANGER

117 315 habitants

Vivante et pittoresque, Stavanger est la ville préférée de nombreux voyageurs. Son centre s'organise autour d'un joli port et les rues tranquilles de la vieille ville montent depuis le bord de l'eau. On trouve en outre une bonne vingtaine de musées. Plus que tout, c'est son ambiance qui fait l'unanimité. Presque tous les soirs, surtout l'été, le front de mer s'anime dans la meilleure tradition des villes portuaires et pétrolières, au point de friser parfois la surchauffe. Elle ne perd pourtant jamais son atmosphère de gros bourg et redevient paisible et charmante le dimanche matin.

Orientation et renseignements

Le port est à une dizaine de minutes de marche des gares routière et ferroviaire, contiguës sur la rive sud du lac Breiavann. La plupart des lieux dignes d'intérêt sont facilement accessibles à pied depuis les quais.

Plusieurs grandes banques se concentrent près des portes Olav V et Håkon VII. La **Den Norske Bank** (Håkon VII gate) et la **poste** voisine offrent des taux de change concurrentiels.

Bibliothèque publique (Kulturhus ; ⌚ 10h-16h lun-mer et ven, 10h-19h jeu, 10h-14h sam). Accès Internet gratuit pour une durée limitée.

Bureau du DNT de Stavanger (☎ 51 84 02 00 ; près de Muségata ; ⌚ 10h-17h lun-mer et ven, 10h-18h jeu, 10h-14h sam). Renseignements sur les randonnées et les refuges de montagne.

C@fe.com (☎ 51 55 41 20 ; Sølvberggata 15 ; ⌚ 11h-21h lun-sam, 12h-21h dim ; 55 NOK/heure). Un café Internet bien tenu, équipé de Skype et servant un bon café.

Office du tourisme (☎ 51 85 92 00 ; www.regionstavanger.com ; Domkirkeplassen 3 ; ⌚ 9h-20h juin-août, 9h-16h lun-ven, 9h-14h sam sept-mai). Renseignements sur la région, le Lysefjord et le Preikestolen.

À voir

Stavanger comptait récemment 23 musées. L'office du tourisme en fournit la liste complète.

LE VIEUX STAVANGER

Le **Vieux (gamle) Stavanger**, qui surplombe le côté ouest du port, est un endroit délicieux. Les ruelles pavées de la vieille ville sont bordées par 173 maisons de bois de la fin du XVIIIe siècle blanchies à la chaux, toutes impeccables et décorées de jardinières fleuries. L'endroit invite à flâner une heure ou deux.

CENTRE NORVÉGIEN DE L'ÉMIGRATION

Ce **centre** (☎ 51 53 88 60 ; www.emigrationcenter.com ; Strandkaien 31 ; ⌚ 9h-15h lun-ven) aide les étrangers d'ascendance norvégienne à retrouver leurs racines. Une fête de l'émigration très courue s'y tient mi-juin.

CATHÉDRALE DE STAVANGER

Cette **cathédrale** (Stavanger Domkirke ; Håkon VII gate ; entrée libre ; ⌚ 11h-19h juin-août, 11h-16h mar-jeu et sam sept-mai) médiévale en pierre, impressionnante malgré sa simplicité, date d'environ 1125. Rénovée après un incendie en 1272, elle comporte des éléments gothiques, baroques, romans et anglo-normands. Malgré d'autres restaurations réalisées en 1860 et 1940 et la suppression d'éléments décoratifs durant la Réforme, ce serait la plus ancienne cathédrale de Norvège ayant conservé sa structure d'origine. Ses superbes colonnades et tapisseries, sa chaire baroque finement sculptée et ses vitraux dépeignant les grands moments du calendrier chrétien sont un ravissement.

MUSÉE NORVÉGIEN DU PÉTROLE

Ce **musée** ultramoderne (Norsk Oljemuseum ; ☎ 51 93 93 00 ; www.norskolje.museum.no ; Kjeringholmen ; adulte/enfant 75/35 NOK ; ⌚ 10h-19h tlj juin-août, 10h-16h lun-sam, 10h-18h dim sept-mai) s'impose comme l'un des plus beaux du pays, avec ses vitrines high-tech interactives, ses maquettes géantes et ses reconstructions fidèles. Vous découvrirez notamment un superbe film en 3D sur l'histoire géologique de la Norvège, un documentaire de Ian Wright, ancien présentateur de Lonely Planet TV, des simulateurs, un “pétro-dôme” recréant des millions d'années d'histoire naturelle et une étonnante maquette du champ pétrolier d'Ekofisk.

Le musée retrace l'histoire de la formation du pétrole et de son exploitation en mer du Nord, depuis sa découverte en 1969. Les explications des techniques d'exploration et de forage alternent avec des documents d'archives et des coupures de journaux illustrant des moments clés de l'histoire pétrolière nationale – comme la catastrophe de la plate -forme Alexander L. Kielland en 1980 qui tua 123 ouvriers, la décision du Parlement d'implanter Statoil à Stavanger en 1972 et la déclaration d'une commission gouvernementale qui concluait en 1950 que "les chances de trouver du pétrole sur le plateau continental au large de la côte norvégienne étaient nulles". Vous passerez sans doute ici plus de temps que prévu, surtout si vous avez des enfants.

TOUR VALBERG ET MUSÉE DE LA GARDE

La **tour** Valbergtårnet fut bâtie en 1850 comme poste de garde et d'observation. Elle renferme aujourd'hui cet intéressant **musée** (Vektermuseet ; Valbergjet 2 ; adulte/enfant 20 NOK/gratuit ; 10h-16h lun-sam). Vous observerez la vue sur la vieille ville depuis le bas de la tour (côté ouest).

MUSÉE DE STAVANGER

Disséminés dans la ville, les 8 bâtiments de ce grand **musée** (51 84 27 00 ; www.stavanger.museum.no) peuvent facilement remplir une journée – il faudrait d'ailleurs marcher vite pour en faire le tour. L'entrée du premier coûte 60 NOK par adulte et 30 NOK par enfant/étudiant/senior ; le même jour, vous débourserez 20 NOK pour chacun des suivants. L'entrée au musée des enfants se paie à part. Deux musées ne sont pas présentés ci-dessous : le **musée norvégien de l'Imprimerie** et le **musée de la Médecine**.

Musée de Stavanger

Le principal **musée** (Muségata 16 ; 11h-16h mi-juin à mi-août, fermé lun le reste de l'année) évoque 900 ans de l'histoire de Stavanger, "des paysages de jadis à la ville pétrolière". Il s'intéresse notamment au peuplement à l'âge de la pierre, à l'évêché médiéval, aux années du hareng et à la transformation de la ville en capitale pétrolière moderne. Le Stavanger des années 1880 est ressuscité par une série de tableaux centrés sur l'auteur du pays, Alexander L. Kielland.

Musée de la Conserve

Incontournable, ce **musée** (Hermetikkmuseet ; 51 52 65 91 ; Øvre strandgate 88-90 ; 11h-16h mi-juin à mi-août, fermé lun le reste de l'année), logé dans une ancienne conserverie, est l'un des plus intéressants de la ville. Avant le pétrole, il y avait les sardines : Stavanger réunissait alors plus de la moitié des conserveries de poisson de Norvège. En 1922, elles concentraient 50% des emplois de la ville. Vous saurez ici tout sur les conserves de hareng et de boulettes de poisson, grâce à la présentation des 12 étapes du processus : du salage au fumage, de l'étêtage à la mise en boîte. Il n'y a pas de légendes, mais une brochure est disponible à l'entrée et les guides sont toujours prêts à répondre aux questions et à faire fonctionner de vieilles machines. L'étage réunit une remarquable collection d'anciens logos de boîtes de sardines (il en existe plus de 40 000, recherchés par les collectionneurs). Un bâtiment attenant abrite un café et de vieux logements ouvriers restaurés et meublés dans des styles allant des années 1920 à 1960. Le premier dimanche du mois (et les mardi et jeudi de mi-juin à mi-août), vous pourrez déguster des sardines fumées tout juste sorties des fours.

Ledaal

Le **Ledaal** (Eiganesveien 45 ; 11h-16h mi-juin à mi-août, 11h-16h dim le reste de l'année), une résidence de style Empire, fut bâti entre 1799 et 1803 pour le riche marchand Gabriel Schanche Kielland. C'est aujourd'hui la résidence royale régionale. Il conserve notamment un lit royal à baldaquin vieux de 250 ans, des meubles anciens et une horloge de 1680.

Breidablikk

Le très beau **manoir** de Breidablikk (Eiganesveien 40A ; 11h-16h mi-juin à mi-août, 11h-16h dim le reste de l'année) fut construit pour un autre marchand, Lars Berentsen. Il permet de découvrir la vie de la haute société norvégienne de la fin du XIXe siècle, ainsi que du matériel agricole, des livres et des objets divers.

Musée de la Marine de Stavanger

Installé dans deux entrepôts datant des années 1800, ce **musée** (Sjøfartsmuseet ; Nedre strandgate 17-19 ; 11h-16h mi-juin à mi-août, fermé lun le reste de l'année) mérite le coup d'œil. Il décrit 200 ans de l'histoire navale de la ville et rassemble une belle collection de maquettes, des voiliers, une corne de brume, la reconstruction d'un atelier de voilerie de la fin du XIXe siècle, un bureau d'armateur et une belle épicerie, ainsi que les appartements du propriétaire. Il conserve deux voiliers anciens : l'*Anna of Sand* (1848) et le *Wyvern* (1896), tous deux exposés.

STAVANGER

RENSEIGNEMENTS
C@fe com....1 C4
Den Norske Bank....2 B4
Poste de police....3 C6
Poste....4 B4
Bibliothèque....5 C4
Bureau du DNT de Stavanger....6 C5
Office du tourisme....7 C4

À VOIR ET À FAIRE
Musée d'Archéologie....8 B6
Breidablikk....9 A5
Musée de la Conserve....10 A3
Musée des Enfants....(voir 5)
Ledaal....11 A5
Centre norvégien de l'Émigration....12 B4
Musée norvégien du Pétrole....13 C3
Cathédrale de Stavanger....14 C4
Musée de la Marine de Stavanger....15 B4
Musée de Stavanger....16 C6
Tour Valberg et musée de la Garde....17 B4

OÙ SE LOGER
Comfort Hotel Grand....18 C4
Myhregaarden Hotel....19 C4
Radisson SAS Atlantic Hotel....20 B5
Skagen Brygge Hotel....21 B4
Skansen Hotel....22 B3
Stavanger B&B....23 D5
Thon Hotel Maritim....24 C5
Tone's B&B....25 A5
Victoria Hotel....26 B3
Ye Olde Stable....27 A3

OÙ SE RESTAURER
Akropolis Greek Restaurant....28 C4
Bilbao....29 C5
Bølgen & Moi....(voir 13)
Eddi's Bakery....30 C3
Emilio's Tapas Bar....31 C4
India Tandoori Restaurant....32 B3
Kult Kafeen....(voir 5)
Le Café Français....33 C3
Naree Thai....34 C3
NB Sørensen's Damskipsexpedisjon....35 B4
Supermarché Rimi....36 C4
Sjøhuset Skagen....37 B4
Soleado....38 C4
Stim....(voir 35)
Timbuktu Bar & Restaurant....39 B4

OÙ PRENDRE UN VERRE
B.brormann B.bar....(voir 22)
Mamasita....(voir 29)
Paparazzi Cocktail Bar....40 B4
Transit Art Space....41 B3

OÙ SORTIR
Café Sting....42 C3
Irishman....43 C4
Kino Z....(voir 5)

ACHATS
Kjellaren Galleri....44 B4
Neo Galleri Studio....45 B3
Valbergtårnet Galleri....(voir 17)

TRANSPORTS
Gare routière....46 C5
Fiskepirterminalen....47 D4
Départ des excursions pour le Lysefjord....48 B4
Quai de Strandkaien....49 B3
Sykkelhuset....50 B5

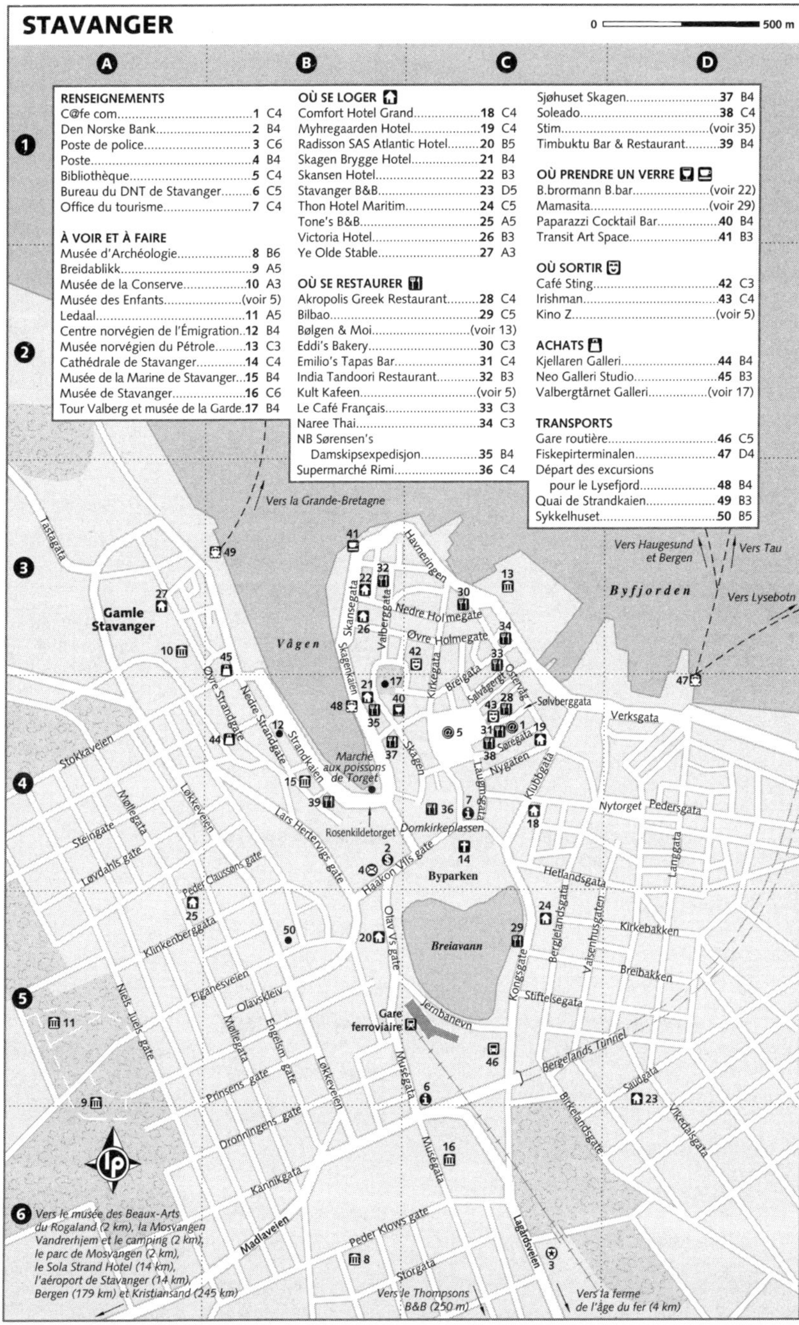

STAVANGER : CAPITALE EUROPÉENNE DE LA CULTURE EN 2008

Par la richesse et la diversité de sa vie culturelle, Stavanger a largement mérité sa désignation de capitale européenne de la culture pour l'année 2008 (honneur qu'elle a partagé avec Liverpool). L'ensemble des manifestations culturelles ont été centrées sur le thème de l'Open Port (port ouvert), parfaitement adapté à cette cité portuaire vivante, profondément norvégienne mais ouverte aux influences culturelles et aux visiteurs venus du monde entier. Pour accéder au titre de capitale, Stavanger a procédé à un lifting architectural important : tous les bâtiments du port ont été repeints et les espaces publics, rénovés. Plus de 1 000 projets culturels ont été mis en œuvre sur des thèmes comme le patrimoine culturel, l'environnement, l'architecture, la jeunesse et les migrations et les "sons de la cathédrale". Dans la pratique, cela s'est traduit par une montée en puissance d'une vie culturelle et intellectuelle déjà riche, grâce à une succession ininterrompue de concerts, d'expositions et de manifestations variées.

Musée des Enfants

Voici l'endroit idéal pour vos rejetons. Ce **musée** (Norsk Barnemuseum ; ☎ 51 91 23 93 ; www.norskbarne.museum.no ; Arneageren ; adulte/enfant 80/40 NOK ; 🕑 11h-15h30 mar-sam, 12h-16h30 dim) offre toute une série de présentations-activités (jouets anciens, labyrinthe, etc.) centrées autour de thèmes comme les paysages, les labyrinthes, les curiosités et le théâtre.

MUSÉE D'ARCHÉOLOGIE

Ce **musée** (☎ 51 84 60 00 ; www.ark.museum.no ; Peder Klows gate 30A ; adulte/enfant 20/10 NOK ; 🕑 11h-17h mar-dim juin-août, horaires réduits le reste de l'année) bien présenté retrace 11 000 ans d'histoire humaine, époque viking comprise. Il présente des squelettes, des outils, une pierre runique et la description de la symbiose entre les hommes de la préhistoire et leur environnement. L'été, il propose un grand programme d'activités pour les enfants (telles des chasses au trésor). En cours de modernisation, il devrait devenir plus interactif.

FERME DE L'ÂGE DU FER

À 4 km au sud du centre, le personnel en costume d'époque de cette reconstitution d'une **ferme de l'âge du fer** (Jernaldergarden ; ☎ 51 80 70 00 ; Ullandhaugvn 3, Ullandhaug ; adulte/enfant 40/10 NOK ; 🕑 11h-16h tlj juin à mi-août, 11h-16h dim mai-oct) organise diverses activités, dont un atelier cuisine le dimanche. Prenez le bus n°25 ou 26 en direction de Sandnes jusqu'à Ullandhaug (27 NOK, 15 min).

MUSÉE DES BEAUX-ARTS DU ROGALAND

Ce **musée** (Rogaland Kunstmuseum ; ☎ 51 53 09 00 ; Henrik Ibsensgate 55 ; adulte/enfant 50/30 NOK ; 🕑 11h-16h mar-dim), à 2,5 km au sud du centre, abrite des toiles des XIXe et XXe siècles, dont l'inquiétant *Gamle Furutrær* et des paysages de l'artiste du pays, Lars Hertervig (1830-1902). L'annexe, un bâtiment à 9 côtés, rassemble la plus grande collection d'art norvégien du milieu du XXe siècle, avec notamment des œuvres de Harald Dal, de Kai Fjell et d'Arne Ekeland.

MOSVANGEN

Les habitants adorent pique-niquer et se promener dans le grand **parc forestier** de Mosvangen. Entourés par des allées, le lac et la petite lagune attenante attirent quantité d'oiseaux aquatiques, marins et chanteurs. Canards et oies s'y reproduisent. Le parc est à 3 km à pied du centre – une agréable promenade –, à 10 min par le bus n°130 (25 NOK).

Circuits organisés

De juin à août, l'office du tourisme propose des **visites guidées** (☎ 51 85 92 00 ; adulte/senior, étudiant ou enfant 200/125 NOK) de la cité, qui partent à 11h de l'office du tourisme.

Pour de plus amples détails sur les circuits au Lysefjord, voir l'encadré p. 233.

Fêtes et festivals

Début août, Stavanger organise son **Festival international de musique de chambre** (www.icmf.no). De nombreux concerts sont donnés dans la cathédrale ; les billets coûtent 100-300 NOK. La ville accueille d'autres festivals musicaux dont le **May Jazz Festival** (www.maijazz.no en français ; début à mi-mai), le **Pulpit Rock Festival** (www.pulpit.no en norvégien ; mi-août) et **NuMusic** (www.numusic.no ; début sept), consacré aux musiques actuelles.

Mi-mars, Stavanger oublie le blues hivernal grâce à la **Stavanger Vinfest** (www.Stavangervinfest.no en norvégien), une foire gastronomique.

Où se loger

En été, les hébergements de Stavanger affichent complet longtemps à l'avance. Réservez aussi tôt que possible.

PETITS BUDGETS

Pour la Mosvangen Vandrerhjem et le Mossvangen Camping, empruntez les bus n°78 ou 79 (25 NOK) en face de la cathédrale et descendez à Ullandhaugveien, à 3 km en direction du sud. Le bus n°4 y va aussi.

Mosvangen Vandrerhjem (☎ 51 54 36 36 ; Stavanger.hostel@vandrerhjem.no ; Henrik Ibsensgate 19 ; dort/s/d sans sdb 240/400/480 NOK ⏲ mi-mai à mi-sept). Simple et agréable, l'auberge de jeunesse de Stavanger est au bord du lac, à 3 km au sud-ouest du centre. Ajoutez 60 NOK pour le petit déjeuner.

Mosvangen Camping (☎ 51 53 29 71 ; www.mosvangencamping.no/indexengelsk ; Tjensvoll 1b ; empl tente sans/avec voiture 80/110 NOK, avec caravane ou camping-car 120 NOK, bung 2/4 pers à partir de 350/500 NOK ⏲ mi-mai à mi-sept). Durant la période de reproduction, les chants des oiseaux nichant autour du lac bercent (ou réveillent) les campeurs installés dans cet agréable cadre de verdure.

Les 7 hébergements listés dans la brochure *Bed & Breakfast* distribuée par l'office du tourisme sont agréables. Voici les plus proches du centre :

Thompsons B&B (☎ 51 52 13 29 ; www.thompsonsbedandbreakfast.com ; Muségata 79 ; s/d sans sdb 250/450 NOK). Ambiance chaleureuse et familiale dans une maison du XIXe siècle.

Tone's B&B (☎ 51 52 42 07 ; ton-bour@online.no ; Peder Claussøns gate 22 ; s/d sans sdb 280/450 NOK). Une maison ancienne toute proche du Vieux Stavanger.

CATÉGORIES MOYENNE ET SUPÉRIEURE

Comfort Hotel Grand (☎ 51 20 14 00 ; www.choice.no ; Klubbgata 3 ; d ven-dim et toute la semaine en été 590 NOK, s/d lun-jeu le reste de l'année 1 250/1 450 NOK). Ne vous laissez pas tromper par la façade triste : les chambres sont modernes et confortables. En plein cœur de la ville.

Stavanger B&B (☎ 51 56 25 00 ; www.stavangerbedandbreakfast.no ; Vikedalsgata 1a ; s/d sans wc 625/740 NOK ; 💻). Cet endroit calme est à juste titre vivement recommandé par nos lecteurs. Les chambres simples avec TV sat et douche sont impeccables. Les propriétaires, souriants et chaleureux, préparent des pique-niques au prix imbattable de 35 NOK. Tous les soirs à 21h, on vous offre thé, café et gaufres.

Skansen Hotel (☎ 51 93 85 00 ; www.skansenhotel.no ; Skansegata 7 ; maison d'hôte s 690-1 030 NOK, d 775-1 190 NOK, hôtel s 790-1 130 NOK, d 875-1 290 NOK ; 💻). Cet hôtel en plein centre, en face des anciennes douanes, est plus intime que les autres grands hôtels de la ville. Il comporte une partie maison d'hôte dotée de chambres simples confortables et de chambres récentes plus grandes et plus chics. Wi-Fi gratuit.

Sola Strand Hotel (☎ 51 94 30 00 ; www.solastrandhotel.no ; s/d à partir de 700/850 NOK). À 14 km au sud-ouest de Stavanger, ce vieil hôtel recommandé surplombe une plage sablonneuse paisible. La plupart des chambres sont grandes et offrent une belle vue sur la côte. Le petit déj est remarquable ; l'un des salons provient d'un bateau de croisière.

Skagen Brygge Hotel (☎ 51 85 00 00 ; www.skagenbryggehotell.no ; Skagenkaien 30 ; s/d ven-dim et toute la semaine l'été 805/975 NOK, lun-jeu le reste de l'année 1 410/1 520 NOK, ste 1 750-3 100 NOK ; 💻). Ce gros hôtel luxueux (membre du réseau Fjord Pass) doté d'un emplacement de choix au bord de l'eau est d'un bon rapport qualité/prix le week-end et l'été. Les chambres ne manquent pas – les plus belles donnant sur le port. Une salle de sport est réservée à la clientèle. Vous pourrez faire passer l'addition de certains restaurants de la ville sur la note pour tout régler en une fois. La connexion Internet (200 NOK/24 heures) est hors de prix.

Thon Hotel Maritim (☎ 51 85 05 00 ; www.thonhotels.no ; Kongsgate 32 ; s/d ven-dim et toute la semaine l'été 775/975 NOK, lun-jeu le reste de l'année 1 195/1 395 NOK). Enseigne de la confortable chaîne hôtelière Thon, cet établissement moderne proche du lac est conforme aux standards du groupe avec ses chambres spacieuses et bien équipées.

Victoria Hotel (☎ 51 86 70 00 ; www.victoria-hotel.no ; Skansegata 1 ; s/d ven-dim et toute la semaine l'été 795/995 NOK, lun-jeu le reste de l'année 1 150/1 350 NOK ; 💻). Membre du réseau Rica Hotels, le Victoria a quelque chose d'aristocratique avec ses chambres au décor traditionnel.

Ye Olde stable (☎ 51 52 53 46 ; www.gamlestallen.com ; Øvre strandgate 112 ; maison 4/6 lits 1 000/1 400 NOK). 50 m² rien que pour vous dans l'une des plus vieilles maisons de Stavanger (XVIIIe siècle).

Radisson SAS Atlantic Hotel (☎ 51 76 10 00 ; www.radissonsas.com ; Olav V gate 3 ; s/d à partir de 1 295/1 395 NOK ; 💻). Voici probablement le plus luxueux hôtel de Stavanger, grâce à un confort et à un servoice irréprochables. L'endroit bénéficie du label Miljmerking garantissant une gestion écologique.

Ouvert en 2008, le **Myhregaarden Hotel** (☎ 9588 91 53 ; www.myhregaardenhotel.no ; Nygaten 24) est presque toujours complet. Le chic plaît.

Où se restaurer

À Stavanger, l'offre en matière de restauration est pléthorique. Si l'animation autour du port est incessante en soirée, ne négligez pas les rues en retrait du front de mer. Pour compléter nos conseils, consultez le site www.gardkarlsen.com, qui livre une critique locale (en anglais) des restaurants de la ville.

CAFÉS ET BOULANGERIES

Le Café français (☎ 51 86 17 18 ; Østervåg 30-32 ; sandwichs à partir de 50 NOK ; ⏲ 9h-17h lun-mer et ven, 9h-19h jeu, 9h-16h sam, 11h-17h dim). Avec le plus grand choix de pâtisseries et autres gourmandises de la ville et une terrasse dans la rue piétonne, le Café français est parfait pour décompresser. Il sert aussi des sandwichs.

Eddi's Bakeri (☎ 51 53 90 00 ; Østervåg 39 ; ⏲ 9h-17h lun-ven, 10h-15h sam). Le pain le plus frais de Stavanger et un petit choix de (délicieuses) pâtisseries.

Kult Kafeen (☎ 51 89 16 00 ; Sølvberggata 14 ; pâtes 119-139 NOK, plats environ 135 NOK ; ⏲ 10h-22h lun-sam, 12h-22h dim). Dans le Kulturhus, en centre-ville, ce lieu raffiné, détendu, tendance et minimaliste est aussi apprécié des yuppies que des familles. Savoureux burger au poisson (135 NOK).

CUISINE NORVÉGIENNE

NB Sørensen's Damskipsexpedisjon (☎ 51 84 38 20 ; Skagen 26 ; plats du jour 85-125 NOK, plats 229-269 NOK ; ⏲ déj et dîner). On mange de tout, du rouget aux côtes de porc, dans ce restaurant aux tarifs très intéressants, l'un des meilleurs du front de mer. L'agréable salle à manger est parfaite quand le temps laisse à désirer, et les habitués jurent qu'à l'étage supérieur plats et service le sont aussi.

Sjøhuset Skagen (☎ 51 89 51 80 ; Skagenkaien 16 ; déj plats du jour 105-139 NOK, plats 185-269 NOK ; ⏲ déj et dîner). Cet ancien entrepôt du XVIIIe siècle sur le front de mer est spécialisé dans les produits de la mer, même si le cuisinier prépare aussi des viandes. Notre plat préféré est le saumon au four (245 NOK). Les tables en terrasse sont tentantes, mais l'intérieur a plus de charme.

Bølgen & Moi (☎ 51 93 93 51 ; Norsk Oljemuseum, Kjerringholmen ; déj plats du jour 129-149 NOK, dîner 3/4/5 plats 465/525/595 NOK ; ⏲ café 11h-18h tlj, bar et brasserie 17h-23h mar-sam). Les menus créatifs de ce restaurant chic exploitent la lotte, l'agneau et le veau. Le midi, les plats du jour sont copieux, et les sandwichs aux crevettes dans une marinade coriandre-citron vert (139 NOK) sont énormes. Des menus sont proposés le soir, mais on peut aussi manger à la carte.

CUISINE INTERNATIONALE

Akropolis Greek Restaurant (☎ 51 89 14 54 ; Sølvberggata 14 ; plats du jour 59-129 NOK, plats à partir de 125 NOK, buffet déj 149 NOK ; ⏲ déj et dîner). Cet endroit très fréquenté sert une cuisine grecque authentique à des prix raisonnables – bonnes salades, tzatziki, grillades et moussaka. Buffet déjeuner jusqu'à 18h le dimanche.

Emilio's Tapas Bar (☎ 51 89 64 00 ; Sølvberggata 13 ; tapas 55-125 NOK, plats à partir de 77 NOK ; ⏲ déj et dîner lun-sam). Une autre déclinaison des thèmes méditerranéens en face de l'Akropolis : un agréable bar à tapas, servant avec le sourire une bonne cuisine ibérique.

Soleado (☎ 51 55 43 80 ; Sølvberggata 7 ; déj plats du jour 59-162 NOK, menu dîner à partir de 365 NOK ; ⏲ 11h-1h lun-sam). Plus intéressant le midi que le soir, le Soleado sert de bons plats – sandwichs club (92 NOK), curry de poulet (162 NOK), etc.

Bilbao (☎ 51 53 33 00 ; Kongsgate 41 ; entrées 95-115 NOK, plats 195-255 NOK, menu tapas petit/grand 195/345 NOK ; ⏲ dîner mar-sam). Cet élégant restaurant proche du lac Breiavann sert une cuisine basque de très grande qualité et des plats espagnols comme la paella (à partir de 195 NOK).

Timbuktu Bar & Restaurant (☎ 51 84 37 40 ; Nedre Strandgate 15 ; plats à partir de 235 NOK ; ⏲ 18h-0h30 lun-mar, 18h-1h30 mer-sam). Cet endroit tendance attire une clientèle jeune et branchée avec d'excellentes viandes, des produits de la mer bien choisis et une atmosphère chic.

Stim (☎ 51 85 00 16 ; Skagenkaien 28 ; entrées 89-129 NOK, plats 169-265 NOK ; ⏲ 16h-1h lun-ven, 12h-1h sam). Le Stim est installé sur le front de mer, dans une ancienne conserverie du XIXe siècle. Mention spéciale pour les tables près des fenêtres du 1er étage.

Également recommandés :

India Tandoori Restaurant (☎ 51 89 39 35 ; Valberggata 14 ; plats 115-225 NOK ; ⏲ 16h-24h lun-sam). Un menu pléthorique et des prix raisonnables.

Naree Thai (☎ 51 89 05 10 ; Breigata 22 ; entrées 40-70 NOK, déj plats à partir de 60 NOK, dîner plats environ 120 NOK ; ⏲ déj et dîner). L'un des nombreux restaurants asiatiques de la ville.

Où prendre un verre et sortir

La plupart des bars animés se concentrent sur le front de mer. Ils attirent une clientèle jeune, aimant la musique énergique. Vous les entendrez bien avant de les voir. Comme ils sont interchangeables, autant vous laisser choisir !

Café Sting (☎ 51 89 32 84 ; Valbergjet 3 ; 12h-24h lun-jeu, 12h-3h30 ven-sam, 15h-23h dim). Un peu plus haut sur la colline mais dans un tout autre monde, le Café Sting est un café douillet doublé d'un espace culturel original – expositions et concerts de jazz – et d'une boîte de nuit – le week-end, le DJ remplit la piste avec de la house, du hip-hop et de la soul.

B.brormann B.bar (☎ 51 93 85 00 ; Skansegata 7 ; 17h-1h). L'un des bars les plus agréables de Stavanger. Une clientèle de trentenaires éclairés profite de la possibilité de se parler calmement au milieu des œuvres d'art contemporain accrochées aux murs de briques. Le demi-litre de bière à 58 NOK est une affaire, comme les alcools (76-91 NOK).

Mamasita (☎ 51 53 33 00 ; Kongsgate 41 ; 10h-19h lun-ven, 10h-15h sam). Ce charmant café-bar près du lac est merveilleusement à l'écart des hordes de touristes.

Transit Art Space (☎ 51 55 41 00 ; www.transitartspace.com ; Skansekata ; 12h-16h mar-dim). Ce café sophistiqué exigu est rattaché à une belle petite galerie qui accueille des expositions temporaires privilégiant l'avant-garde. Le café est bon et on peut acheter de beaux livres d'art. Si vous ne trouvez pas, cherchez la Joconde dévoilant son anatomie sur le mur extérieur.

Irishman (☎ 51 89 41 81 ; Hølebergsgata 9 ; 15h-1h). L'été, le pub irlandais de Stavanger propose des concerts de musique folklorique irlandaise (gratuits) au moins 2 fois/semaine.

Paparazzi Cocktail Bar (☎ 51 59 71 20 ; Skagen 27 ; 18h-24h lun-jeu, 18h-1h30 ven et sam). Plus sophistiqué que la plupart des bars de Stavanger, ce lieu tendance accueille une clientèle branchée presque tous les soirs. Il possède un restaurant.

Pour aller au cinéma, essayez les 8 salles du **Kino Z** (☎ 82 05 11 00 ; adulte/enfant 70/40 NOK) au Kulturhus.

Achats

La vieille ville abrite des dizaines d'ateliers d'artistes, d'artisans et de petites boutiques. Si elle est toujours distribuée, procurez-vous la brochure *The Old Town Stavanger – Art & Crafts* (un peu datée), qui diffuse des publicités et contient un plan signalant certaines enseignes. La **Kjellaren Galleri** (☎ 95 09 67 04 ; Øvre Strandgate 66 ; 10h-15h) vend des huiles, des aquarelles et des photos de la vieille ville. Le petit atelier **Neo Galleri Studio** (☎ 51 52 90 05 ; Nedre Strandgate 54 ; 10h-17h lun-ven, 10h-14h sam) propose des céramiques et des objets en verre.

Dans la tour Valberg, la très intéressante **Valbergtårnet Galleri** (☎ 93 65 30 41 ; www.valbergtaarnet.no ; Valbergjet 4 ; 10h-16h mar, mer et ven, 10h-18h jeu, 11h-15h sam-dim) expose et vend des œuvres d'art et d'artisanat de qualité de toute la Norvège.

Depuis/vers Stavanger

AVION

L'**aéroport de Stavanger** (☎ 51 65 80 00) est situé à Sola, à 14 km au sud du centre.

Chaque jour, au moins une liaison est assurée au départ de Stavanger et à destination d'Oslo (à partir de 560 NOK) et de Bergen (à partir de 520 NOK).

Pour les vols internationaux, reportez-vous p. 405.

BATEAU

Du **Fiskepirterminalen** (☎ 51 86 87 80), les bateaux de **Flaggruten's** (☎ 51 86 87 80) partent pour Bergen (620 NOK, 4 heures 30, 2/jour lun-sam, 1/jour dim) et Haugesund (280 NOK, 1 heure 20, 4/jour lun-ven, 2/jour sam-dim). Pour les ferries à destination du Lysefjord, consultez l'encadré p. 232.

Pour les ferries entre le quai de Strandkaien et l'étranger, voir p. 409.

BUS

Des bus desservent les destinations suivantes :

Destination	Fréquence	Prix	Durée
Bergen	ttes les 2 heures, tlj	420 NOK	5 heures 45
Haugesund	ttes les 2 heures, tlj	210 NOK	2 heures 15
Kristiansand	2-4/jour, tlj	355 NOK	4 heures 30
Oslo	jusqu'à 5/jour, tlj*	735 NOK	9 heures 30

* changement à Kristiansand à certaines heures

TRAIN

Des trains, dont un de nuit, relient Stavanger à Egersund (133 NOK, 1 heure, 8/jour, tlj) et à Oslo (846 NOK, 8 heures, jusqu'à 5/jour, tlj) via Kristiansand (390 NOK, 3 heures). Pour des renseignements sur les tarifs réduits *minipris* (à partir de 199 NOK), reportez-vous p. 415.

LE LYSEFJORD

La montée de 2 heures qui permet de rejoindre à pied le Preikestolen (rocher de la Chaire, p. 233) constitue sans doute l'aspect le plus spectaculaire de la visite du Lysefjord. Une promenade en ferry sur le fjord est une bonne alternative pour ceux qui ne veulent (ou ne peuvent) pas faire l'ascension. Pour obtenir des renseignements (en plusieurs langues) sur la région, connectez-vous sur www.lysefjordeninfo.no.

Le Preikestolen en bus

À Stavanger, de fin juin à mi-août, 6 ferries partent chaque jour du quai Fiskespiren pour Tau (piéton adulte/enfant 38/20 NOK) ; le reste de l'été, seuls 3 ferries partent tous les jours. Le premier départ s'effectue à 8h (8h25 le dimanche). L'été, un bus (55 NOK) assure la correspondance entre le quai de Tau et la Preikestolhytta Vandrerhjem. De là, un sentier rejoint le Preikestolen (2 heures). Dans l'autre sens, le dernier bus quitte la Preikestolhytta pour Tau à 20h10 (19h50 le samedi).

Le Preikestolen en voiture

Pour les personnes motorisées, un car-ferry part du quai Fiskespiren de Stavanger à destination de Tau (voiture et conducteur 125 NOK, 40 min, jusqu'à 24/jour). Du quai de Tau, une route bien signalisée (Rv 13) mène à la Preikestolhytta Vandrerhjem, située à 19 km – prenez l'embranchement indiqué après 13 km. Vous débourserez 50/25 NOK par voiture/moto pour le parking.

Autre possibilité : depuis Stavanger, allez jusqu'à Lauvik (via Sandnes sur la Rv 13), d'où un ferry rejoint Oanes (voiture et conducteur/piéton adulte 67/24 NOK, 10 min, départ tous les 30 min environ).

Dans tous les cas, prévoyez 1 heure 30 jusqu'au départ du sentier depuis Stavanger.

Lysebotn en ferry

Lors de notre passage, les liaisons en ferry entre Stavanger et Lysebotn étaient en pleine évolution. L'office du tourisme envisageait d'inclure Kjeragbolten dans les itinéraires des ferries, car l'accès au rocher demeurait difficile pour les personnes non motorisées. Les **car-ferries** (voiture/moto et conducteur 360/260 NOK, piéton adulte/enfant et senior 165/110 NOK) des compagnies suivantes rejoignaient Lysebotn en 4 heures. De Lysebotn, la route gravit en zigzag la montagne, d'où l'on peut continuer vers le Setesdal (p. 161) et Oslo.

- **Veteran Fjord Cruise** (☎ 51 86 87 88 ; www.vfc.no ou www.Stavangerske.no ; 🕑 départs 10h tlj juin-août). Commentaire touristique et arrêts photo. Réservez *au moins* 2 jours à l'avance pour traverser avec un véhicule.

- **Kolumbus** (☎ 91 65 28 00 ; www.kolumbus.no). Des ferries acceptant les piétons et les voitures partent de Stavanger à 13h30 les lundi, mercredi et vendredi. Ils marquent 8 arrêts avant Lysebotn (arrivée 15h25), mais pas au Preikestolen.

Lysebotn en bus

Des bus **Sirdalekspressen** (☎ 51 59 90 60 ou 51 86 87 88) partent du Fiskepirterminalen de Stavanger (9h50) et de la gare routière (quai n°6, 10h) pour Lysebotn (arrivée 14h20, aller/aller-retour 250/490 NOK) tous les jours, de fin juin à mi-août.

Circuits organisés

Lors de la rédaction de ce guide, **Rødne Fjord Cruise** (☎ 51 89 52 70 ; www.rodne.no ; adulte/enfant/senior ou étudiant 340/175/240 NOK ; 🕑 départs 10h et 14h dim-mer, 10h, 12h,14h et 18h jeu-sam juil-août, 12h tlj mai, juin et sept, 12h sam-dim oct-avr) proposait des circuits aller-retour de 3 heures 30 de Stavanger jusqu'au pied du Preikestolen.

Veteran Fjord Cruise (☎ 51 86 87 88 ; www.vfc.no ; adulte/senior ou enfant 320/210 NOK ; 🕑 départ 11h30 mi-juin à fin août) offre un circuit similaire, parfois sous la bannière de **Stavangerske** (www.stavangerske.no). L'entreprise vend aussi un circuit de 8 heures ferry/bus/randonnée de Stavanger au sommet du Preikestolen qui coûte 100/50 NOK par adulte/enfant ; départ tous les jours du Fiskepirterminalen de Stavanger entre fin mai et début septembre.

VOITURE ET MOTO

Il revient cher de circuler par ses propres moyens entre Bergen et Stavanger sur l'E 39 : avec 2 ferries et des péages routiers et urbains, comptez environ 500 NOK. Le péage à l'entrée de Stavanger coûte 13/26 NOK pour les voitures/camping-cars. Il est gratuit pour les motos.

Comment circuler

DEPUIS/VERS L'AÉROPORT

Du début de la matinée à la fin de soirée, les **navettes Flybussen** (☎ 51 52 26 00) circulent toutes les 20 min entre la gare routière et l'aéroport (aller/aller-retour 70/120 NOK). Du lundi au vendredi, on a également la possibilité de prendre le bus urbain n°9 (41 NOK) qui part toutes les heures, du matin tôt à minuit.

VÉLO

On peut louer des VTT chez **Sykkelhuset** (☎ 51 53 99 10 ; Løkkeveien 33 ; 75/280 NOK par jour/semaine ; ⌚ 10h-17h lun-mer et ven, 10h-19h jeu, 10h-14h sam).

LYSEFJORD

Tout le long des 42 km du Lysefjord, les roches granitiques luisent d'une lumière éthérée. Même quand le ciel est gris, la brume semble ici quasi lumineuse. Le Lysefjord est le fjord préféré de nombreux visiteurs, et sa fascinante beauté est incontestable. Que vous veniez en bateau depuis Stavanger, que vous gravissiez le Preikestolen (604 m) ou que vous descendiez la route en épingles à cheveux jusqu'à Lysebotn, ne le manquez sous aucun prétexte. Pour venir de Stavanger, reportez-vous à l'encadré p. 232.

Renseignements

Dans un décor fabuleux au nord du terminal des ferries d'Oanes, le **Lysefjordsenteret** (☎ 51 70 31 23 ; www.lysefjordsenteret.no ; Oanes ; adulte/enfant 50/25 NOK ; ⌚ 11h-20h juin-août, 11h-17h sept-mai) fournit des renseignements touristiques et offre une présentation audiovisuelle du Lysefjord. La géologie et l'histoire folklorique locale sont aussi abordées.

Il peut être intéressant de contacter **Lysefjord Utvikling** (☎ 51 70 01 14 ; www.visitlysefjorden.no en norvégien) à Forsand.

Installés au départ du chemin montant au Preikestolen, la Preikestolhytta Vandrerhjem (p. 233) et le **kiosque** (☎ 97 16 55 51 ; ⌚ 9h30-20h45 mai à mi-sept) à l'entrée du parking renseignent sur le Preikestolen et vendent des guides décrivant les itinéraires de randonnée.

Preikestolen (rocher de la Chaire)

Avec ses trois faces presque lisses plongeant à pic sur 604 m dans les eaux du fjord en contrebas, le Preikestolen est un monstre naturel. Malgré l'impressionnante fissure qui un jour le séparera de la montagne, il devrait tenir encore quelques siècles. D'aucuns seront impressionnés de regarder vers le bas, mais nul ne regrette la vue magique sur le Lysefjord. Ce lieu remarquable forme une plate-forme d'observation sans égale sur la planète.

Le site n'est gardé par aucun garde-fou ; si vous êtes sujet au vertige, vous ne pourrez sans doute pas vous approcher du bord. Les autorités locales assurent qu'aucun cas de chute accidentelle n'a été signalé – pas même celle de l'équilibriste français qui se balança sur trois chaises empilées. Prenez néanmoins toutes les précautions requises. Des sentiers rocheux qui gravissent les montagnes à l'arrière dévoilent d'autres panoramas somptueux.

Le chemin menant au Preikestolen (3,8 km, 2 heures) part de la Preikestolhytta Vandrerhjem. Il commence par un raidillon bien balisé, puis alterne montées et passages boueux jusqu'à l'ascension finale qui traverse des plaques de granit longeant des falaises battues par les vents pour arriver au rocher du Preikestolen. Ceux qui manquent d'entraînement pourront trouver ardues les fortes déclivités du départ et du milieu.

Les environs comptent d'autres promenades fabuleuses : le **chemin de l'arête de Vatnerindane** (2 heures), l'**Ulvaskog** (3 heures), le **chemin de Refsvatnet** (3 heures) et le sommet du **Moslifjellet** (3 heures). Toutes partent du parking de la Preikestolhytta.

OÙ SE LOGER ET SE RESTAURER

Preikestolen Camping (☎ 51 74 97 25 ; www.preikestolencamping.no ; Jørpeland ; empl tente sans/avec véhicule 130/150 NOK, plus 30 NOK/pers ; ⌚ avr-oct). Le camping le plus proche du Preikestolen (5 km, ou 1 km depuis la Rv 13) n'a d'autre intérêt que sa situation. Équipements pour la cuisine ; magasin-restaurant sur place.

Preikestolhytta Vandrerhjem (☎ 97 16 55 51 ; www.preikestolhytta.no ; Jørpeland ; dort avec petit déj 250 NOK, d 670-850 NOK). Cette agréable auberge de jeunesse au toit herbeux est située à côté d'un lac, près du départ du chemin menant au Preikestolen. L'endroit est bien tenu, admirablement situé et doté d'un café (plats 35-145 NOK). Location de barques.

Plus bas sur la route, à Oanes (à 16 km au sud de l'embranchement pour le Preikestolen sur la Rv 13), le **Lysefjord Hyttegrend** (☎ 51 70 38 74 ; www.lysefjord-hyttegrend.no ; bung 4/6 pers 400/700 NOK, app 350/450 NOK) possède de beaux chalets avec sdb. Toujours à Oanes, le restaurant **Lysefjordsenteret** (☎ 51 70 31 23 ; plats 59/139 NOK, dim buffet 195 NOK) sert de bons plats traditionnels à des prix raisonnables.

Lysebotn

De Stavanger, un ferry remonte jusqu'à Lysebotn, au fond du fjord, d'où une route étroite maintes fois photographiée grimpe jusqu'à Sirdal, 1 000 m plus hauteur, via 27 épingles à cheveux. Pour plus de détails sur l'accès à Lysebotn, reportez-vous p. 232.

À FAIRE

Après celle du Preikestolen, la marche la plus populaire du Lysefjord mène au **Kjeragbolten**, un gros rocher ovale coincé dans une crevasse entre deux parois écartées d'environ 2 m. Les 10 km aller-retour de cette randonnée comportent une montée difficile de 700 m depuis le parking du café Øygardsstølen (parking 30 NOK), situé près de la plus haute épingle à cheveux au-dessus de Lysebotn.

Le chemin passe péniblement trois arêtes. À certains endroits, des tronçons pentus et boueux rendent la progression difficile. Une fois à Kjeragbolten, rejoindre le rocher lui-même requiert des manœuvres délicates, dont le passage d'une saillie au-dessus d'une falaise verticale de 1000 m de haut. Vous n'aurez plus ensuite qu'à marcher (ou ramper) jusqu'au rocher pour admirer l'une des vues les plus spectaculaires du pays. La photo vous montrant debout sur le rocher ne manquera pas d'impressionner vos proches…

Les amateurs d'adrénaline pourront se laisser tenter par le saut extrême depuis le Kjeragbolten – l'une des activités les plus folles de Norvège. Contactez le **Stavanger Base Club** (☎ 51 88 12 10 ; www.basekjerag.com).

OÙ SE LOGER ET SE RESTAURER

Lysebotn Tourist Camp (☎ 90 83 20 35 ; www.lysebotn-touristcamp.com ; empl tente/caravane 130/150 NOK, dort 250 NOK, bung 4 lits 650-950 NOK). Si vous ne pouvez affronter l'impressionnante route grimpant la montagne ou si vous n'arrivez plus à repartir – ce qui est plus probable –, sachez que le Lysebotn Tourist Camp occupe un emplacement incroyable, au fond du fjord. Le lieu est délicieusement paisible après le départ du dernier ferry.

Øygardsstølen Café (☎ 38 37 74 00 ; en-cas et repas légers 45-129 NOK ; 10h-18h mi-juin à mi-sept). Pour admirer cette extrémité du Lysefjord, il n'y a pas mieux que ce "nid d'aigle", perché en haut de la falaise surplombant les zigzags plongeant sur Lysebotn. Une plate-forme d'observation est ouverte à ceux qui ne mangent pas.

ENVIRONS DU LYSEFJORD

La Rv 13, qui traverse les zones sauvages et peu peuplées au nord de Lysefjord, est l'une des 18 "routes nationales touristiques" (voir l'encadré, p. 418). Il s'agit de l'itinéraire le plus lent entre Stavanger et Bergen, mais vous ne regretterez pas de l'avoir empruntée. Les plus beaux tronçons sont ceux autour d'**Årdal**, du **Jøsenfjord**, de **Suldalsosen** et de **Suldalsvatnet**.

Alliant charme et confort, le **Sauda Fjord Hotel** (☎ 52 78 12 11 ; www.saudafjordhotel.no ; Saudasjøen ; s/d à partir de 690/990 NOK, demi-pension à partir de 850/1 150 NOK), un majestueux vieil hôtel à l'ouest de la Rv 13, offre un hébergement et une restauration de qualité à des prix raisonnables. Il fait partie du réseau Fjord Pass.

Le meilleur moyen de transport collectif est le ferry reliant Stavanger à Sauda (310 NOK, 2 heures 15, 2-3/jour). Pour découvrir la Rv 13, l'idéal est d'être motorisé.

Les fjords de l'Ouest

Les fjords de l'Ouest entaillent profondément les comtés de Sogn og Fjordane et de Møre og Romsdal, au nord. Le *National Geographic Traveler* a récemment placé les fjords norvégiens en tête du palmarès des destinations de rêve, avant les Alpes, les îles Galapagos, la Grande Barrière de corail d'Australie et d'autres merveilles naturelles, telles les côtes dentelées du Chili et de la Nouvelle-Zélande. Vous comprendrez aisément pourquoi.

Érodées et creusées par les anciens glaciers, dont on entend gémir et craquer les derniers vestiges, ces extraordinaires vallées profondes, envahies par la mer, sont bordées de flancs incroyablement escarpés. Aussi surprenant que cela puisse paraître, cela n'a pas découragé les Norvégiens de s'installer sur les versants et les hauteurs et de les cultiver depuis des millénaires. Eau, montagnes et berges offrent une multitude de choses à voir et à faire.

Les trajets en ferry sont plaisants. En préparant votre voyage, souvenez-vous que les bateaux ne permettent pas seulement d'éviter d'interminables détours : les vues sur les rives, autrement inaccessibles, font de ces déplacements un bonheur à part entière.

Bien que le terrain soit rarement plat, les fjords se prêtent à merveille à la randonnée, en groupe sur l'un des nombreux glaciers typiques de la région, ou seul sur les chemins balisés. Si, après tant d'air pur et de grands espaces, l'envie d'un peu de sophistication urbaine vous gagne, faites un détour par la charmante ville côtière d'Ålesund.

À NE PAS MANQUER

- La croisière entre Geiranger et Hellesylt, le long des falaises du **Geirangerfjord** (p. 262)
- La **ligne ferroviaire Flåmsbana** (p. 236), entre la sauvage Hardangervidda et Flåm, au bord du paisible Aurlandsfjord
- La **route Trollstigen** (p. 258), entre Åndalsnes et Valldal
- Une promenade sur le vaste **glacier du Jostedalsbreen** (p. 246)
- L'architecture Art nouveau de la charmante ville d'**Ålesund** (p. 264)
- Le **festival de jazz de Molde** (p. 271)

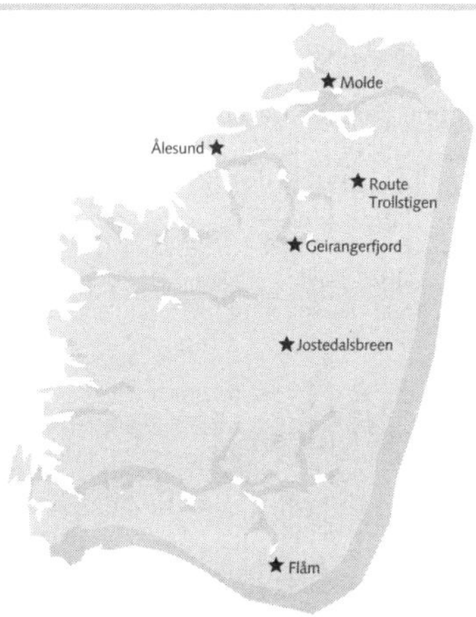

- 351 600 HABITANTS
- POINT CULMINANT : LODALSKÅPA (2 083 m)

SOGNEFJORD

Le Sognefjord, le plus long fjord du monde (203 km) et le plus profond du pays (1 308 m), entaille profondément l'ouest de la Norvège. Par endroits, les parois abruptes s'élèvent à plus de 1 000 m au-dessus de l'eau. Ailleurs, les rives moins accidentées sont jalonnées de fermes, de vergers et de villages. Si la principale voie navigable impressionne par sa largeur, en sillonnant les bras étroits, comme le profond et charmant Nærøyfjord jusqu'à Gudvangen, on découvre de superbes paysages de falaises escarpées et de cascades.

Le site www.sognefjord.no (en anglais) donne des informations générales sur le fjord, tandis que le site www.alr.no (en anglais) fournit des renseignements sur les villes de Flåm, d'Aurland et de Lærdal.

Depuis/vers le Sognefjord

Fjord1 (☎ 55 90 70 70 ; www.fjord1.no/fylkesbaatane) propose chaque jour un bateau express entre Bergen et Flåm (605 NOK, 5 heures 30) ou Sogndal (525 NOK, 4 heures 45), avec escale dans 10 petites villes, dont Vik (410 NOK, 3 heures 30) et Balestrand (440 NOK, 3 heures 45). Plusieurs ferries locaux relient également les bourgades du fjord, de même qu'un réseau de bus peu fréquents.

FLÅM

550 habitants

Au fond de l'Aurlandsfjord, Flåm occupe un emplacement spectaculaire. Étape du populaire circuit "Norway in a Nutshell" ("la Norvège dans une coquille de noix"), ce minuscule village reçoit plus de 500 000 visiteurs par an. Malgré les boutiques de souvenirs kitsch, il ne manque pas de charme.

L'**office du tourisme** (☎ 57 63 33 13 ; www.alr.no ; ⌚ 8h30-16h et 16h30-20h juin-août, 8h30-16h mai et sept), installé dans la gare ferroviaire, possède 4 terminaux avec accès à Internet.

À voir et à faire

NORWAY IN A NUTSHELL

Si la plupart des visiteurs effectuent le circuit "Norway in a Nutshell" à partir d'Oslo ou de Bergen (voir p. 414), vous pouvez choisir une miniversion (adulte/enfant 530/265 NOK). Cet itinéraire circulaire au départ de Flåm – en bateau jusqu'à Gudvangen, en bus jusqu'à Voss, en train jusqu'à Myrdal, puis à nouveau sur la fabuleuse ligne ferroviaire Flåmsbana jusqu'à Flåm – constitue le cœur de ce périple et rassemble les lieux les plus spectaculaires.

LIGNE FERROVIAIRE FLÅMSBANA

Prouesse d'ingénierie, la **ligne ferroviaire Flåmsbana** (☎ 57 63 21 00 ; www.flaamsbana.no ; adulte/enfant aller 190/95 NOK, aller-retour 290/190 NOK) grimpe jusqu'à 864 m d'altitude en 20 km sur une pente à 18% et passe par 20 tunnels pour arriver à Myrdal, sur le plateau aride de la Hardangervidda. En chemin, le train longe des cascades grondantes et fait une pause photo à l'impressionnante Kjosfossen. La ligne fonctionne toute l'année, avec 10 départs/jour en été.

Avant de prendre le train, jetez un coup d'œil au **musée de la Flåmsbana** (☎ 57 63 23 10 ; entrée libre ; ⌚ 9h-17h), qui présente des photos fascinantes de la construction de la voie et de la vie à Flåm avant l'arrivée de la voiture.

BATEAU ET CANOË

Pour explorer le fjord, rendez-vous au Flåm Marina & Apartement, qui loue des barques et des canoës (50 NOK/heure), ainsi que des bateaux à moteur (à partir de 150 Nk/heure, plus le carburant).

Njord (☎ 91 32 66 28 ; www.fjordpaddlenorway.com) organise divers circuits en kayak de mer à partir de Flåm, de l'initiation de 2 heures (350 NOK) à une sortie de 3 jours combinant marche et kayak (2 650 NOK).

RANDONNÉE ET CYCLOTOURISME

L'office du tourisme distribue gratuitement des itinéraires de marche dans les environs, de 45 min à 5 heures. Faciles à repérer, les chemins sont indiqués en surimpression sur des photos aériennes.

Pour suivre la rive ou entreprendre un parcours plus sportif, vous pouvez louer un vélo à l'office du tourisme (30/175 NOK par heure/jour) ou au Heimly Pensjonat (50/200 NOK par heure/jour).

La **Rallarvegen**, la route utilisée par les marins qui construisirent la voie ferrée, grimpe jusqu'à Myrdal et au-delà. Longue de 80 km, c'est aujourd'hui une piste cyclable appréciée, idéale pour une excursion vivifiante d'une journée. Elle commence près de la voie ferrée principale à Haugastøl (988 m) et suit les rails vers le nord-ouest sur 26 km jusqu'à Finse, la gare la plus haute de Norvège à 1 222 m, puis Myrdal (62 km). Ensuite, elle descend vers

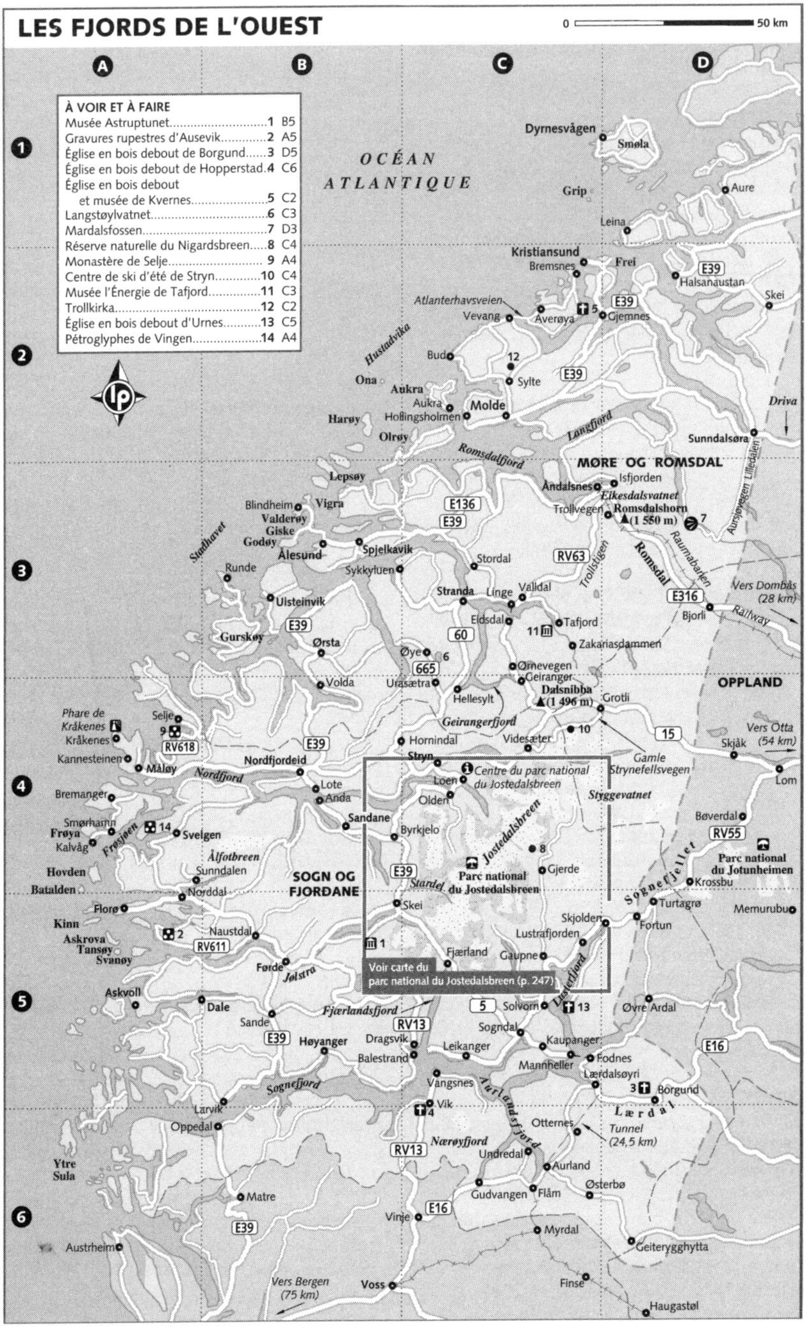

LES FJORDS DE L'OUEST

Flåm (80 km) et le fjord en longeant la ligne Flåmsbana. Elle est habituellement ouverte de mi-juillet à septembre.

Où se loger

Flåm Camping & Youth Hostel (☎ 57 63 21 21 ; www.flaam-camping.no ; empl tente 85-150 NOK, dort 14 NOK, s/d à partir de 300/450 NOK, bung 525-825 NOK ; mai-sept). Camping et auberge de jeunesse, cet établissement accueillant dispose de bons équipements et se situe à quelques minutes à pied de la gare.

Flåm Marina & Apartement (☎ 57 63 35 55, www.flammarina.no ; d 955 NOK). Les 10 appartements équipés de ce bâtiment moderne, au bord de l'eau, bénéficient d'une vue splendide sur toute la longeur du fjord, tout comme la terrasse qui prolonge le petit bar.

Heimly Pensjonat (☎ 57 63 23 00 ; www.heimly.no ; s/d avec petit déj à partir de 795/980 NOK). Surplombant le fjord à la lisière du village, loin du tumulte du port, le Heimly offre des chambres classiques, avec une vue magnifique sur le fjord.

Fretheim Hotel (☎ 57 63 63 00 ; www.fretheim-hotel.no ; s/d 1 195/1 580 NOK ; fév à mi-déc ; P). Fréquenté au XIXe siècle par des aristocrates anglais amateurs de pêche, le vaste Fretheim reste intime et accueillant. Centre d'activités sportives et sociales, il possède son propre site de pêche (location d'équipement pendant la saison du saumon et de la truite de mer, en juillet-août) et conseille ou organise des randonnées à pied ou à vélo. Après une journée bien remplie, le bar du 3e étage est agréable pour se détendre. Le pub accueille parfois des musiciens.

Où se restaurer et prendre un verre

Togrestauranten (☎ 57 63 21 55 ; plats 95-125 NOK). Ce café-restaurant original installé dans deux anciens wagons en bois sert des plats norvégiens traditionnels, des en-cas et des salades.

Restaurant Arven (Fretheim Hotel ; plats 260-290 NOK). Les chefs du Fretheim salent et fument eux-mêmes la viande. Les plats de la carte "écologique et locale" sont composés d'ingrédients provenant du collège agricole voisin.

Ressemblant à une église en bois debout, la nouvelle **brasserie Æegir** (Æegir Bryggeri ; ☎ 57 63 20 60 ; 12h-24h juin-août, 15h-24h mai et sept, ven-sam le reste de l'année) propose 5 sortes de bière à la pression, toutes brassées sur place.

Depuis/vers Flåm

BATEAU

De Flåm, des bateaux desservent les villes du Sognefjord. Le ferry de passagers qui remonte le Nærøyfjord jusqu'à Gudvangen (aller/aller-retour 215/294 NOK) via Aurland (68 Nk, 15 min) offre le trajet le plus pittoresque. Il part de Flåm toute l'année à 15h10, et jusqu'à 5 fois/jour de mi-juin à mi-août. À Gudvangen, un bus attend à l'arrivée et rallie Voss, où vous pouvez prendre un train pour Bergen ou Oslo. L'office du tourisme vend tous les billets de ferry, ainsi que le billet combinant ferry et bus de Flåm à Voss (291 NOK).

Au moins un bateau express relie chaque jour Flåm et Bergen (605 NOK, 5 heures 30) via Balestrand (210 NOK, 1 heure 45).

BUS

Jusqu'à 7 bus locaux circulent tous les jours entre Flåm et Gudvangen (43 NOK, 20 min) ou Aurland (29 NOK, 15 min). Les longs tunnels empêchent de profiter du paysage sublime. Jusqu'à 6 bus express quotidiens relient Flåm et Sogndal (120 NOK, 1 heure 45), via Lærdalsøyri (ou Lærdal ; 81 Nk, 45 min), et Bergen (270 NOK, 3 heures).

TRAIN

Flåm est le seul village du Sognefjord desservi par le train, grâce à la superbe ligne ferroviaire Flåmsbana (p. 236). De Myrdal, des trains rallient Oslo et Bergen.

UNDREDAL

120 habitants

À mi-chemin de Flåm et de Gudvangen, Undredal est un petit village charmant qui, grâce à une relative difficulté d'accès, a conservé son cachet traditionnel.

L'**église du village** (adulte/enfant 30 NOK/gratuit ; 12h-17h mi-mai à mi-sept), aux voûtes en berceau, était à l'origine une église en bois debout construite en 1147. Avec 40 places, c'est le plus petit sanctuaire en activité de Scandinavie. Remarquez les jolies peintures naïves du plafond représentant des anges, un Christ en croix et d'autres personnages bibliques, entourés d'étoiles stylisées.

Undredal est également réputé pour ses fromages, que l'on trouve dans quelques crèmeries et épiceries fines du pays. Près de 500 chèvres vagabondent sur les pentes herbeuses alentour, produisant assez de lait pour fabriquer une dizaine de tonnes de fromage par an. Les deux dernières fromageries du village – autrefois au nombre de 10 – confectionnent l'Undredal, jaune et ferme, et une variante brune, plus douce, faite à partir de petit-lait bouilli. Dans le magasin du village, le bâtiment bleu clair sur la rive, vous pourrez acheter ces deux spécialités.

Undredal se situe à 6,5 km au nord de l'E 16. L'étroite route descend abruptement le long d'un torrent. Si vous voyagez en bus, descendez à l'extrémité est du tunnel de 11 km menant à Gudvangen. En ferry, demandez au capitaine de faire halte au port d'Undredal. La meilleure solution consiste à venir en bus, avant de descendre à pied dans la vallée spectaculaire par la route peu fréquentée et de revenir en bateau. Pour que le prochain ferry vienne vous chercher, actionnez le signal à côté de la lampe jaune qui clignote sur le mur du café proche de la jetée.

GUDVANGEN ET NÆRØYFJORD

Le Nærøyfjord, qui s'étire sur 17 km à l'ouest de Flåm, a été inscrit au Patrimoine mondial de l'Unesco en 2006. De chaque côté du fjord bleu profond (large de 250 m à l'endroit le plus étroit), des falaises culminent à 1 200 m, émaillées de fermes isolées et de cascades dévalant des hauteurs. Ce fjord se visite facilement de Flåm dans la journée.

La **cascade de Kjelsfossen**, l'une des 10 plus longues au monde, dévale la paroi sud de la vallée de Nærøydalen, au-dessus du village de Gudvangen. Remarquez le **dispositif paravalanche** au-dessus du village. Ici, les puissantes avalanches, d'une force de 12 tonnes au mètre carré, glissent de 50 m par seconde. Selon la légende locale, elles pourraient propulser un troupeau de chèvres de l'autre côté du fjord !

Deux terrains de camping bordent la route, à 1,3 km du port des ferries : le **Gudvangen Camping** (☎ 57 63 39 34 ; www.visitgudvangen.com ; empl tente 140 NOK, bung 2/4 pers à partir de 350/400 NOK ; ⏲ mi-avr à oct) et le **Vang Camping** (☎ 57 63 39 26 ; promso@tele2.no ; pers/empl tente 15/80 NOK, bung 300-950 NOK ; ⏲ mi-mai à mi-sept), tous deux superbement situés au pied des falaises.

Gudvangen Fjordtell (☎ 57 63 39 29 ; www.gudvangen.com ; s/d à partir de 780/1 180 NOK ; ⏲ mai-sept ; Ⓟ). Les chambres, dont certaines avec kitchenette, sont réparties dans plusieurs bâtiments, anciens ou résolument modernes. Les plus originales sont les 12 chambres vikings, avec

> **SNØVEGEN**
>
> La route de la Neige grimpe du niveau de la mer et serpente jusqu'au haut plateau (1 309 m) qui sépare Aurland et Lærdalsøyri (Lærdal). Cette route magnifique, ouverte seulement en été – les congères qui la bordent et les petits lacs sont gelés jusqu'à la fin juin – a été classée route touristique nationale. Découvrez-la avant que les bus touristiques ne l'envahissent. Si vous ne souhaitez pas la parcourir en entier, suivez les huit premiers kilomètres à partir d'Aurland jusqu'au splendide **point d'observation**. En surplomb au-dessus du fjord loin en contrebas, couvert de pins et aussi épuré que le design norvégien, il est presque aussi saisissant que le fabuleux panorama.

épées et boucliers en bois sur les murs et peaux de bête en guise de jeté de lit. Le restaurant mérite la visite pour la vue fabuleuse sur le fjord, beaucoup moins pour sa cuisine (plats 85-120 NOK).

Des ferries touristiques circulent entre Gudvangen et Flåm (aller/aller-retour 215/294 NOK) via Aurland jusqu'à 5 fois/jour. Un car-ferry effectue jusqu'à 4 fois/jour le trajet depuis/vers Lærdal (voiture et conducteur/passager 210/500 NOK, 3 heures) via Kaupanger. Chaque jour, jusqu'à 7 bus desservent Flåm (43 NOK, 20 min), Aurland (58 NOK, 30 min) et Voss (81 NOK, 1 heure).

AURLAND

600 habitants

Bien moins couru et animé que Flåm, son voisin, le paisible Aurland marque la fin du spectaculaire chemin de randonnée de l'Aurlandsdalen. Il est aussi connu pour son emplacement à l'une des extrémités du Lærdalstunnel, le tunnel routier le plus long du monde (24,5 km ; 6 km de plus que le tunnel chinois de Zhongnanshan). Cette portion essentielle de la nationale E 16 qui relie Oslo et Bergen (avant son achèvement, les véhicules devaient emprunter un ferry entre Lærdal et Gudvangen) constitue une alternative à la belle et sinueuse **Snøvegen** (⏲ juin à mi-oct), longue de 45 km et fermée en hiver. Vous aurez le choix entre le tunnel, rapide et pratique, et une route vertigineuse avec des vues splendides tout du long…

L'**office du tourisme** d'Aurland (☎ 57 63 33 13 ; www.alr.no ; 9h-18h lun-ven, 10h-17h sam-dim juin-août, 8h-15h30 lun-ven le reste de l'année) avoisine l'église.

Entre Flåm et Aurland, haut perché au-dessus du fjord, le hameau d'**Otternes** (adulte/enfant 50 NOK/gratuit ; 10h-18h mi-mai à sept) compte 27 bâtiments restaurés, dont le plus ancien date du XVIIe siècle. Pour profiter au mieux de la visite, suivez le circuit guidé d'une heure (20 NOK ; en anglais 4 fois/jour) et prévoyez une halte pour vous régaler d'une glace bio locale ou d'un bol de *rømmegrøt*, un porridge à la crème aigre.

À faire

RANDONNÉE

Les offices du tourisme d'Aurland et de Lærdal publient plusieurs itinéraires de randonnée dans les alentours, avec les chemins en surimpression sur une photo aérienne.

Le trek classique de l'Aurlandsdalen, de Geiteryggen à Aurland, suit un cours d'eau de sa source à la mer le long d'une des plus anciennes routes marchandes entre l'est et l'ouest de la Norvège. À partir de la mi-juillet, vous pouvez entreprendre cette marche de 4 jours à Finse, sur la ligne ferroviaire Oslo-Bergen, en vous arrêtant pour la nuit à Geiterygghytta, à Steinbergdalen et à Østerbø. Le dernier tronçon d'Østerbø (820 m) à Vassbygdi (95 m) est le plus beau et peut aussi constituer une splendide randonnée d'une journée (comptez 6-7 heures).

Les parties les plus basses de ce trek sont habituellement ouvertes de début juin à fin septembre. De Vassbygdi (15 min) et d'Østerbø (1 heure), des bus circulent depuis/vers Aurland 3 fois/jour.

Où se loger et se restaurer

Lunde Gard & Camping (☎ 57 63 34 12 ; www.lunde-camping.no ; pers/empl tente 30/110 NOK, bung 350-900 Nk ; mai-sept). Ce petit camping, agréablement niché près d'une rivière, se situe à 1,2 km en amont dans une vallée secondaire.

Vangsgaarden (☎ 57 63 35 80 ; www.vangsgaarden.no ; d 850 NOK, bung 750-1 075 NOK ; P). Ce complexe comprend 4 bâtiments du XVIIIe siècle, 6 bungalows en bord de mer et le Duehuset (le Colombier) Café & Pub. La plupart des chambres et la salle à manger sont meublées à l'ancienne.

Aurland Fjordhotell (☎ 57 63 35 05 ; www.aurland-fjordhotel.com ; s/d/tr 1 145/1 490/1 785 NOK ; P). Tenu par une famille, cet hôtel accueillant possède 30 chambres confortables et joliment meublées, pour la plupart avec vue sur le fjord, un solarium, un bain de vapeur et un sauna. À côté de la réception, le bar du patron offre un choix étonnant d'eaux-de-vie et d'autres alcools.

Depuis/vers Aurland

Des bus circulent entre Aurland et Flåm (29 NOK, 15 min) jusqu'à 7 fois/jour et 1-3 fois/jour entre Aurland et Lærdal (62 NOK, 30 min). Des bus express depuis/vers Bergen (275 NOK, 3 heures 15) passent jusqu'à 6 fois/jour.

Si vous conduisez, sachez que des radars sont installés dans le Lærdalstunnelen.

LÆRDALSØYRI (LÆRDAL)

2 150 habitants

Le village de Lærdalsøyri, ou Lærdal, se situe à la jonction de la jolie vallée verdoyante du même nom (dont les contrebas fertiles produisent des cerises délicieuses) et du fjord.

L'**office du tourisme** (☎ 57 64 12 07 ; www.alr.no ; Øyraplassen 7 ; 9h-19h mi-juin à mi-août, 9h-16h le reste de l'année), en retrait de la grand-rue, occupe l'ancienne banque, une belle et vieille maison de bardeaux.

Si vous avez décidé de camper dans les fjords de l'Ouest, sachez que Lærdalsøyri est réputé pour être le deuxième village le plus sec du pays.

À voir et à faire

Pour tout apprendre sur le saumon de l'Atlantique, sa migration et sa reproduction, visitez le **Centre du saumon sauvage** (Norsk Villaks Senter ; ☎ 57 66 67 71 ; www.norsk-villakssenter.no ; adulte/enfant 75/40 NOK ; 10h-17h, 10h-18h ou 19h mai-sept). Vous y verrez des saumons sauvages et des truites de mer à travers des vitres, un excellent film de 20 min sur le cycle de vie du saumon et vous pourrez apprendre à attacher des mouches sur une ligne pour attraper une truite.

Une agréable promenade dans le village vous fera découvrir des maisons en bois, des

> **BILLET COMBINÉ**
>
> Pour visiter les principaux sites de la vallée, le Centre du saumon sauvage et l'église en bois debout de Borgund, achetez un billet combiné (adulte/enfant/famille 115/70/250 NOK), qui donne accès à l'un et à l'autre.

RENCONTRE AVEC LA DIRECTRICE DU CENTRE DU SAUMON SAUVAGE

Helene Maristuen, directrice du Centre du saumon sauvage, relate les deux étranges coïncidences qui l'ont conduite à monter la dernière exposition du musée, consacrée à "L'Époque des Anglais". Celle-ci rappelle la période, au début du XXe siècle, où des aristocrates britanniques, dont le prince de Galles, pêchaient le saumon géant dans les criques et les rivières. Hélène raconte : "Depuis quelque temps, je prévoyais d'installer quelque chose sur ce thème. Puis un jour, par hasard, un collègue déposa sur mon bureau un exemplaire de *A Valet's Diction*, le journal d'un valet anglais qui avait passé une saison à Lærdal en compagnie de son maître. L'ouvrage comportait une préface de son petit-fils, John Michael Wade. Quelques mois plus tard, le frère de l'auteur, en visite dans notre ville, laissa trois exemplaires du livre à la réception. Je décidais alors de retrouver l'auteur et de l'inviter. Il a finalement inauguré notre dernière exposition permanente."

Propos recueillis par Miles Roddis

entrepôts et des cabanes de pêcheurs bien préservées des XVIIIe et XIXe siècles. L'office du tourisme distribue une carte gratuite qui décrit les plus beaux bâtiments et indique un itinéraire de marche. Il prête gratuitement un audioguide qui vous conduit vers les onze plus beaux sites du village.

Lærdal Sport og Rekreasjon, installé dans le camping (ci-dessous), loue des barques et des canoës (45 NOK/heure), des bateaux à moteur (à partir de 100 NOK) et des vélos (à partir de 40/150 NOK par heure/jour).

La **pêche** est gratuite dans le fjord. Le cours supérieur de la rivière Lærdal est un bon endroit pour la truite (les permis sont délivrés par l'office du tourisme ; 50 NOK/jour).

L'office du tourisme distribue une brochure gratuite décrivant des itinéraires de **randonnée** aux alentours.

Où se loger et se restaurer

Lærdal Ferie og Fritidspark (☎ 57 66 66 95 ; www.laerdalferiepark.com ; empl tente 140 NOK, bung 2/3/4 lits 775/825/875 NOK). Presque au ras de l'eau, ce camping offre une vue panoramique sur le fjord. Depuis peu, un **motel** (s/d 490/550 NOK) adjacent comprend une cuisine commune. Dans le salon, une grande baie vitrée donne sur le fjord.

Lindstrøm Hotell (☎ 57 66 69 00 ; www.lindstroemhotel.no ; s 695-845 NOK, d 950-1 150 NOK, petit déj compris ; 🕓 mai-sept ; P 💻). Dans cet ensemble de 5 bâtiments, la plus jolie maison, aujourd'hui classée, n'accueille plus d'hôtes. Demandez une chambre dans l'édifice à pignons juste derrière, construit en 1899 et rénové avec tout le confort moderne. L'édifice principal abrite la réception et des salons douillets, joliment décorés et dotés de meubles anciens.

Après le Lindstrøm Hotell, le **Laksen Pub & Restaurant** (☎ 57 66 86 20 ; pizzas 140-150 NOK, plats 200-240 NOK), installé dans le Centre du saumon sauvage, est la meilleure adresse pour un repas. Il sert d'alléchants en-cas et sandwichs durant la journée, puis se transforme en restaurant entre 18h et 21h.

Depuis/vers Lærdal

Si vous conduisez vers le sud, vous aurez le choix entre le tunnel le plus long du monde reliant Aurland et Lærdal ou, en été, la Snøvegen, la route qui grimpe par la montagne. Pour des détails sur ces deux itinéraires, reportez-vous p. 239. Des bus express circulent depuis/vers Bergen (320 NOK, 3 heures 45) 2-6 fois/jour via le tunnel.

Des car-ferries font la navette 4 fois/jour depuis/vers Gudvangen (passager/voiture 210/500 NOK, 3 heures).

ÉGLISE EN BOIS DEBOUT DE BORGUND

À 30 km au sud-est de Lærdalsøyri le long de l'E 16, cette **église en bois debout** (adulte/enfant 65/45 NOK ; 🕓 8h-20h mi-juin à mi-août, 9h30-17h mai à mi-juin et mi-août à sept) fut construite au XIIe siècle au bord de l'une des principales routes marchandes entre l'est et l'ouest du pays. Dédiée à saint André, c'est l'une des plus connues et des plus photographiées, et la mieux préservée de Norvège. À côté se dresse le seul clocher en bois médiéval subsistant dans le pays. Achetez votre billet au centre des visiteurs, où une exposition intéressante (comprise dans l'entrée) est consacrée à ces structures norvégiennes uniques. Si vous aimez marcher, vous pourrez faire une boucle de 2 heures sur d'anciens chemins à partir de l'église.

LES ÉGLISES EN BOIS DEBOUT

Les églises en bois debout sont typiquement norvégiennes. Des poteaux (*stav* en norvégien) soutiennent le toit, profondément enfoncés dans le sol. Les 28 églises qui subsistent, parmi le millier existant autrefois, datent principalement des XIIe et XIIIe siècles. Beaucoup ont été amplement modifiées au fil du temps.

Tout d'abord, les cadres de bois horizontaux, qui délimitaient la structure, étaient bâtis sur des fondations de pierre surélevées. Puis les murs en planches verticaux étaient fixés sur ces cadres. À chaque angle, un poteau vertical, d'où le nom du style, était planté dans le sol pour soutenir le cadre et un plateau supérieur.

La plupart des églises en bois debout ne comportent qu'une petite nef et un chœur étroit. Dans certaines, la nef et le chœur occupent un seul espace rectangulaire, divisé par une balustre. La plus élaborée des églises préservées, à **Borgund** (p. 241), possède aussi une abside en demi-cercle à son extrémité est.

D'autres poteaux, espacés d'environ 2 m et à 1 m des murs, supportent le toit de la nef. Les plus petites églises ne comptent qu'un poteau central. Aujourd'hui, toutes les églises en bois debout sont entourées de murs extérieurs, qui forment une galerie ou un passage couvert. Ces ajouts et l'utilisation du goudron sur les toits ont aidé à leur conservation.

Les murs intérieurs sont souvent peints de motifs élaborés, tels les *rosemaling*, des représentations traditionnelles de roses (pour un exemple "moderne" de ce style, visitez l'église de **Stordal**, du XVIIIe siècle, au décor flamboyant ; p. 261). Les toits aux lignes complexes sont fréquemment embellis de bardeaux festonnés et de têtes de dragon de l'époque viking sur les faîtes. Les sculptures les plus ouvragées ornent de préférence les poteaux qui supportent la structure, les chambranles des portes et les murs extérieurs (notamment à **Urnes**, p. 245). Elles représentent des entrelacs de tiges, de lianes et de feuilles, volontiers mêlés de serpents, de dragons et d'autres créatures fantastiques, combinant ainsi un fier passé païen et des thèmes chrétiens plus récents.

Pour en savoir plus, consultez le site www.stavechurch.org (en anglais) du Dr Jurgen Jensenius, un architecte spécialisé dans la conservation et l'histoire de ces églises.

VIK

1 600 habitants

À la lisière sud du village de Vik, à 1 km du centre, se dresse la splendide **église en bois debout de Hopperstad** (adulte/enfant 50 NOK/gratuit ; ⌚ 10h-17h mi-mai à mi-juin et mi-août à mi-sept, 9h-19h mi-juin à mi-août). Bâtie en 1130, elle est la deuxième plus ancienne de Norvège. Elle a échappé de peu à la démolition à la fin du XIXe siècle. Elle abrite un autel à baldaquin très ouvragé, dont les peintures d'origine ont conservé leur fraîcheur. En payant votre billet 20 NOK de plus, vous pourrez également visiter l'église de pierre de Hove, à 1 km au sud, qui date de la même époque.

BALESTRAND

800 habitants

Installé à côté du fjord, Balestrand se détache sur un majestueux cadre de montagnes. Policé et détendu, le village est une paisible station de vacances depuis le XIXe siècle. Son **office du tourisme** (☎ 57 69 12 55 ; www.midsogn.com ; ⌚ 7h30-12h30 et 13h30-18h lun-sam, 10h-17h dim mi-juin à mi-août, 8h-16h lun-ven mai-début juin et mi-août à sept) fait face au quai des ferries.

À voir et à faire

Bordée de vergers et de fermes, la route qui longe le fjord vers le sud voit peu de circulation. À côté, l'**église Saint-Olav** (1897) fut construite dans le style d'une église en bois debout traditionnelle à la demande de Margaret Green, une Anglaise mariée avec un hôtelier local. Si vous trouvez porte close, demandez la clé au propriétaire du Midtnes Hotel (page suivante).

À moins de 1 km au sud le long du fjord, la fouille de deux **tertres funéraires de l'ère viking** a mis au jour les vestiges d'un bateau, deux squelettes, des bijoux et plusieurs armes (qui ne sont plus sur le site). Un tertre est surmonté d'une statue du légendaire **roi Bele**, érigée par l'empereur germanique Guillaume II. Passionné par la mythologie nordique, le Kaiser passait régulièrement ses vacances ici avant la Première Guerre mondiale. Il fit également construire un monument similaire en l'honneur de Fridtjof, l'amant de la fille du roi Bele, sur l'autre rive du fjord, en face de Vangsnes.

Près du quai des ferries, l'**aquarium du Sognefjord** (☎ 57 69 13 03 ; adulte/enfant 70/35 NOK avec 1 heure de canoë ou de barque ; 🕑 9h-11h30 mi-juin à mi-août, 9h30-17h mai à mi-juin et mi-août à sept) propose une intéressante présentation audiovisuelle et possède de nombreux aquariums où évoluent des créatures marines.

RANDONNÉE

Le **sentier forestier Granlia** forme une belle boucle de 5 km, qui commence juste au-dessus du tunnel de la Rv 55. Pour d'autres suggestions de randonnées dans la région, achetez auprès de l'office du tourisme la *Balestrand Turkart* (70 NOK), une bonne carte au 1/50 000 indiquant les sentiers.

Où se loger et se restaurer

Sjøtun Camping (☎ 57 69 12 23 ; www.sjotun.com ; pers/empl tente 25/50 NOK, bung 4/6 lits 250/320 NOK ; 🕑 juin à mi-sept). Dans ce camping, à 15 min de marche vers le sud le long du fjord, vous pourrez planter votre tente parmi les pommiers ou louer un bungalow rustique.

Vandrerhjem Kringsjå (☎ 57 69 13 03 ; www.kringsja.no ; dort/d avec petit déj 245/740 NOK ; 🕑 mi-juin à mi-août). L'auberge de jeunesse HI de Balestrand est durant l'année scolaire un centre d'activités en plein air, qui se transforme en été en un hébergement plaisant, avec restaurant et cuisine commune.

Midtnes Hotel (☎ 57 69 11 33 ; www.midtnes.no ; s 630-710 NOK, d 690-960 NOK, petit déj compris ; 🕑 toute l'année ; P 💻). À côté de l'église Saint-Olav, cet hôtel de 32 chambres, tenu par une famille, possède une salle à manger avec une vue superbe sur l'eau et une belle terrasse. La pelouse se prolonge jusqu'à une jetée, où une barque est à la disposition des hôtes.

Balestrand Hotell (☎ 57 69 11 38 ; www.balestrand.com ; s 590-665 NOK, d 840-990 NOK, petit déj compris ; 🕑 juin-août ; P 💻). Ouvert en été et tenu par une famille, cet hôtel accueillant, gai et intime évite les groupes qui remplissent les autres hébergements du bourg. Comme au Midtnes, la vue sur le fjord justifie amplement les prix un peu élevés.

Kvikne's Hotel (☎ 57 69 42 00 ; www.kviknes.no ; s/d à partir de 1 045/1 590 NOK ; 🕑 mai-sept ; P 💻). Juste au sud de l'arrivée des ferries, ce majestueux édifice en bois jaune pâle dévoile une opulence du milieu du XIXe siècle, que l'on retrouve dans les superbes antiquités des salons. Le nouveau bâtiment en béton paraît grotesque en comparaison, malgré des chambres d'un confort sans faille. Le Balholm Bar og Bistro est parfait pour des en-cas ou un repas léger. Pour un repas gastronomique, choisissez le menu (530 NOK) du restaurant principal ou son excellent dîner-buffet (415 NOK).

Café Galleri (salades 50-70 NOK, en-cas et sandwichs 32-40 NOK). À quelques pas de l'office du tourisme, ce charmant café fait partie d'une galerie d'art. Des fleurs fraîchement coupées ornent les tables de la petite terrasse.

Depuis/vers Balestrand

Des bateaux express circulent depuis/vers Bergen (440 NOK, 4 heures) 2 fois/jour du lundi au samedi, et une fois/jour depuis/vers Sogndal (140 NOK, 1 heure).

De mai à septembre, un car-ferry part à 8h05 et à 12h, et suit l'étroit Fjærlandsfjord jusqu'à Fjærland (aller/aller-retour 175/263 NOK, 1 heure 15), porte du domaine glaciaire de Jostedalsbreen. Une superbe excursion d'une journée (adulte/enfant 480/241 NOK) comprend l'aller-retour en ferry, le bus jusqu'au musée du Glacier, l'entrée au musée et la visite du glacier lui-même. Reportez-vous p. 246 pour plus de détails.

Des bus express relient Balestrand et Sogndal (86 NOK, 1 heure 15, 3/jour).

La superbe Gaularfjellsvegen (Rv 13) déroule ses lacets jusqu'à Førde, sur le Førdefjord, et passe devant la plus importante concentration de cascades en bord de route du pays.

Comment circuler

L'office du tourisme loue des vélos pour 30/75/140 NOK par heure/demi-journée/jour.

SOGNDAL

6 050 habitants

Si Sogndal n'est pas la bourgade la plus séduisante de la région, elle constitue une bonne base pour trois belles excursions en voiture d'une journée : Jostedalen et Nigarsdsbreen (p. 248) ; Urnes et un circuit dans le Lustrafjord (p. 245) ; et le circuit grandiose du Sognefjell (p. 244).

L'**office du tourisme** (☎ 97 60 04 43 ; www.sognefjorden.no ; Hovevegen 2 ; 🕑 9h-18h lun-ven, 10h-16h sam, 15h-20h dim mi-juin à mi-août, 10h-16h lun-ven le reste de l'année), à 5 min de marche à l'est de la gare routière, peut réserver des chambres

LE CIRCUIT DU SOGNEFJELL

Ce superbe itinéraire circulaire se parcourt en une journée en voiture. Il longe l'un des plus beaux fjords du pays, grimpe un long tronçon de la route nationale touristique du Sognefjell, serpente le long d'une route à une voie peu fréquentée à travers les hauteurs, puis plonge à nouveau vers le fjord. Ce trajet peut se faire en transports publics. Les cyclistes devront être dans une forme éblouissante et prévoir quelques jours.

De Sogndal, suivez la Rv 55 en direction du nord-est le long du charmant Lustrafjord jusqu'à Skolden (voir p. 245), au bout du fjord. À environ 5 km après cette petite localité, la route commence à monter et les virages se succèdent. Pendant des siècles, ce n'était qu'une piste par laquelle on acheminait le poisson et le sel de la côte pour les échanger contre du fer, du beurre et des peaux dans les villages de l'arrière-pays.

À Turtagrø, qui se résume à une poignée de cabanes battues par les vents, vous pouvez continuer le long de la Rv 55, qui passe devant le parc national du Jotunheimen (p. 187), franchit le col le plus haut d'Europe du Nord (1 434 m) et continue jusqu'à Lom (p. 184).

Pour revenir à Sogndal, quittez la Rv 55 et tournez à droite en direction d'Årdal. La route étroite, appelée Tindevegen ou route des Pics, continue de monter au-delà de la ligne des arbres jusqu'au col (1 315 m) et un péage (50 NOK/véhicule).

Ensuite, la route plonge à travers des bois de bouleaux vers les eaux émeraude de l'Årdalsvatnet et le village d'Øvre Årdal. De là, la Rv 53 vous ramène à Sogndal, via la traversée en ferry entre Fodnes et Mannheller.

et vend une brochure décrivant des randonnées dans les hauteurs alentour (40 NOK). La bibliothèque municipale, dans le même bâtiment, offre l'accès gratuit à Internet.

À voir et à faire

Le vaste **musée des Arts et Traditions populaires de Sogn** (☎ 57 67 82 06 ; Vestreim ; adulte/enfant 60/30 NOK, audioguide 20 NOK ; 🕒 10h-17h juin-août, 10h-15h mai et sept) est installé en plein air dans le hameau de Vestreim, entre Sogndal et Kaupanger. Au milieu des bois, il compte plus de 30 bâtiments, transférés de leur lieu d'origine. En été, on peut visiter des ateliers d'artisanat, une boutique de village traditionnelle, une section consacrée aux enfants et une ferme avec ses animaux.

À **Kaupanger**, à 2 km au sud-est par la Rv 5 et desservi par le bus, le **musée du Fjord de Sogn** (entrée libre ; 🕒 10h-17h juin-août) possède une collection de bateaux et d'équipements de pêche des XIXe et XXe siècles. À cet endroit, vous pourrez aussi louer une barque (50 NOK/heure) pour explorer le bras de mer.

Le principal attrait de Kaupanger est sa remarquable **église en bois debout** (adulte/enfant 30/20 NOK ; 🕒 9h30-17h30 mi-juin à mi-août), construite en 1184, en forme de drakkar retourné. Superbement décoré, l'intérieur comporte des peintures murales représentant des annotations musicales. L'arche du chœur, de style celtique, est unique.

Où se loger et se restaurer

Kjørnes Camping (☎ 57 67 45 80 ; www.kjornes.no ; pers/empl tente 30/90 NOK, bung 290-600 NOK, app 700 NOK ; 🕒 mai-sept). Joliment situé au bord du fjord, ce camping est à 3 km de la ville, près de la Rv 5.

Sogndal Vandrerhjem (☎ 57 62 75 75 ; sogndal.hostel@vandrerhjem.no ; Helgheimsvegen 9-10 ; dort/s/d 200/280/550 NOK, d avec sdb 650 NOK, petit déj compris ; 🕒 mi-juin à mi-août). Bien équipé, ce pensionnat se transforme en auberge de jeunesse HI durant l'été. Il se tient près du pont de la Rv 5.

Loftesnes Pensjonat (☎ 57 67 15 77 ; Fjøravegen ; s/d/tr 400/600/750 NOK). Au-dessus du restaurant China House, ce petit établissement offre un excellent rapport qualité/prix. Il compte 12 chambres, dont 9 avec sdb, une cuisine commune et un toit-terrasse. Si la réception est déserte, choisissez n'importe quelle chambre avec une clé sur la porte et signez le registre. Si vous n'avez vu personne avant votre départ, réglez votre note au restaurant du rez-de-chaussée.

Hofslund Fjord Hotel (☎ 57 62 76 00 ; www.hofslund-hotel.no ; s/d/tr 890/1 090/1 330 NOK ; P ♿). Quasi centenaire, ce vénérable hôtel de 100 lits est géré par la même famille depuis quatre générations. Le service est courtois et chaleureux, et l'emplacement, superbe. La plupart des chambres bénéficient d'un balcon avec vue sur le fjord. À cela s'ajoutent une piscine chauffée et une belle pelouse qui descend jusqu'à l'eau. Deux barques et des équipements de pêche sont à disposition.

Norlandia Park Hotel (☎ 57 62 84 00 ; www.norlandia.no/park ; s 915-1 075 NOK, d 1 250-1 550 NOK). Lors de notre passage dans ce tout nouvel hôtel, les ouvriers travaillaient encore aux finitions. L'établissement offre 28 chambres spacieuses, avec parquet, TV à écran plat, réfrigérateur, cuisinière et lave-vaisselle.

Sogndal n'est pas réputée pour sa gastronomie. Le **Quality Hotel Sogndal** (☎ 57 62 77 00 ; Gravensteinsgata 5) constitue le meilleur choix avec ses 3 restaurants. Le **Dr Hagen Café & Bar** (plats 95-275 NOK), plutôt intime, et le Compagniet, le restaurant principal, proposent tous les deux la même carte limitée. Le second offre un copieux dîner-buffet (295 NOK) en été. Le Dolly Dimple's sert essentiellement des pizzas, à consommer sur place ou à emporter.

Depuis/vers Sogndal

Sogndal possède le seul **aéroport** (☎ 57 67 26 16) du Sognefjord, officiellement appelé Haukåsen. Il est desservi chaque jour par 2 vols depuis/vers Bergen et par 5 vols depuis/vers Oslo.

Des bateaux de passagers relient Sogndal à Balestrand (140 NOK, 45 min, 1-2/jour) et à Bergen (525 NOK, 4 heures, 1/jour).

Tous les jours, des bus circulent entre Sogndal, Kaupanger (33 NOK, 20 min, jusqu'à 8/jour), Fjærland (67 NOK, 30 min, 3-6/jour) et Balestrand (86 NOK, 1 heure 15, 3/jour). De mi-juin à fin août, 2 bus partent chaque jour en direction du nord-est via le parc national du Jotunheimen vers Lom (3 heures 15) et Otta (4 heures 15).

URNES ET SOLVORN

L'**église en bois debout** (adulte/enfant 40/25 NOK ; 🕒 10h30-17h30 début juin-août) d'Urnes est renommée pour ses sculptures en bois élaborées et uniques – des animaux en pleine lutte, des corps enlacés stylisés et des motifs abstraits.

Cette belle structure en bois, inscrite au Patrimoine mondial de l'Unesco, surplombe le Lustrafjord. Bâtie dans les années 1130, elle a subi plusieurs modifications au fil des siècles. Les riches sculptures des pignons, les colonnes et les chambranles des portes proviennent sans doute d'un précédent sanctuaire du XIe siècle, construit à cet endroit.

Un car-ferry (adulte/enfant/voiture 27/13/73 NOK, 20 min) fait la navette presque toutes les heures entre Solvorn et Urnes. Les conducteurs préfèrent habituellement laisser leur véhicule à Solvorn. Du débarcadère d'Urnes, la route grimpe sur 1 km jusqu'à l'église en bois debout.

Solvorn possède un hébergement hors du commun.

Eplet (☎ 41 64 94 69 ; www.eplet.net ; camping 80 NOK/pers, dort 120 NOK, d 500 NOK ; 💻). Tenu par Trond Erik Eplet, un géologue écologiste, voyageur, alpiniste et adepte du cyclotourisme, cet établissement offre des vues somptueuses sur le Lustrafjord. Un verger de framboisiers et de pommiers s'étend en contrebas et les enfants peuvent nourrir les agneaux. Une cuisine et une bonne bibliothèque sont à disposition, de même qu'un minigolf sur une petite pelouse et des vélos. Vous pourrez embarquer ces derniers sur le ferry pour explorer Urnes et la rive est du Lustrafjord.

SKJOLDEN

500 habitants

Skjolden est un charmant village au bout du Lustrafjord. Dans Fjordstova, plusieurs services se concentrent dans un même bâtiment : l'**office du tourisme** (☎ 97 60 04 43 ; www.skjolden.com ; 🕒 11h-19h juil à mi-août, 14h-19h juin-fin août), qui offre l'accès à Internet (25 NOK/30 min), un café, une piscine et même un mur d'escalade.

NAGEUR DE L'EXTRÊME

La plupart des visiteurs hésitent à mettre un orteil dans les eaux glacées du Sognefjord. Ce n'est pas le cas de Lewis Pugh, un juriste sud-africain d'origine britannique, qui a plongé en 2004 à Skjolden dans une eau à 6°C, puis a parcouru à la nage le fjord le plus long d'Europe, soit 204 km. Pendant 3 semaines, il a nagé 5 heures par jour, perdant graduellement les 10 kg qu'il avait pris pour se protéger du froid. Trois ans plus tard, il a effectué un autre exploit qui pourrait sembler négligeable par comparaison : nager sur 1 km au fond d'une crevasse dans les glaces du pôle Nord. Ce nageur de l'extrême profite de la publicité faite autour de ses prouesses aquatiques pour souligner la menace que fait peser le réchauffement climatique sur le fragile environnement de l'océan.

La vilaine construction d'allure industrielle en façade est une turbine de la station hydroélectrique de Norsk.

L'office du tourisme loue des vélos (75/100 NOK la demi-journée/journée) et des kayaks (75/150 NOK la demi-journée/journée), et vend une brochure (20 NOK) décrivant les randonnées balisées dans la région.

À 2 km à l'est de Skjolden, la Rv 55 longe les eaux turquoise du lac glaciaire **Eidsvatnet**. **Mørkridsdalen**, la vallée qui s'étend au nord du village, se prête merveilleusement à la randonnée.

Un peu plus loin sur la Rv 55, à 3 km de Skjolden, le **Vassbakken Kro & Camping** (☎ 57 68 61 88 ; www.skjolden.com/vassbakken ; pers/empl tente 20/100 NOK, bung 2/4 lits avec sdb ext 380/480 NOK, bung 5 lits 770 NOK, 🕑 mai-sept) est un petit camping au pied d'une imposante cascade.

Le bus n°153 relie 2-5 fois/jour Skjolden à Sogndal (100 NOK, 1 heure 15) et à Fortun (27 NOK, 10 min).

Si vous empruntez la Rv 55 vers le nord, vérifiez votre jauge à essence, car la prochaine station-service se situe à 77 km de Skjolden.

JOSTEDALSBREEN

Pendant des années, le puissant Jostedalsbreen, qui compte plusieurs bras et forme la plus grande calotte glaciaire d'Europe continentale, a continué de progresser lentement alors que la plupart des glaciers reculaient en raison du réchauffement climatique. Aujourd'hui, le Jostedalsbreen semble également succomber : il a commencé à reculer en 2006. Le Briksdalsbreen, qui attire des bus entiers de visiteurs venus pour la journée, craque et se fissure. Comme ailleurs, ne vous aventurez pas sur la glace sans un guide qualifié.

D'une superficie de 487 km², le Jostedalsbreen atteint par endroits une épaisseur de 600 m. Il domine les hauts plateaux du comté de Sogn og Fjordane. La principale calotte glaciaire et plusieurs coulées secondaires sont protégées dans le cadre du parc national du Jostedalsbreen (pour des détails sur le centre d'information du parc, reportez-vous p. 252).

La meilleure carte de randonnée de la région est la *Jostedalsbreen Turkart*, au 1/100 000, de Statens Kartverk. La brochure *Jostedalsbreen Glacier Walks*, disponible dans les offices du tourisme et de nombreux établissements, comprend une liste exhaustive des marches sur les glaciers, avec leur degré de difficulté et les adresses des compagnies de guides.

Pour des informations sur les localités proches – Skei, Stryn, Olden et Loen –, voir p. 251.

FJÆRLAND

300 habitants

Le village de Fjærland (également appelé Mundal), au début du spectaculaire Fjærlandsfjord, attire 300 000 visiteurs chaque année. La plupart viennent pour arpenter ses deux langues de glace particulièrement accessibles, Supphellebreen et Bøyabreen. D'autres préfèrent chiner dans les librairies. Surnommé la "ville du Livre" (www.bokbyen.no), ce petit village est le paradis des bibliophiles avec sa dizaine de librairies d'ouvrages d'occasion – essentiellement en norvégien, mais aussi dans d'autres langues. La foire aux livres annuelle, qui se déroule le samedi le plus proche du 21 juin, attire des libraires et des antiquaires de tout le pays.

Le village se réveille début mai, quand le ferry recommence à circuler, et hiberne à partir d'octobre. L'**office du tourisme** (☎ 57 69 32 33 ; www.fjaerland.org ; 🕑 10h-18h mai-sept) est installé dans la librairie Bok & Bilde, dans la rue principale à 300 m de l'embarcadère. Sur la porte, il affiche la liste complète des hébergements avec les prix.

À voir et à faire

SUPPHELLEBREEN ET BØYABREEN

On peut parcourir 300 m en voiture sur le Supphellebreen, puis continuer à pied et toucher la glace. Des blocs de glace y furent taillés pour servir de podiums lors des Jeux olympiques d'hiver de Lillehammer, en 1994.

Plus spectaculaire que le Supphellebreen, le Bøyabreen bleuté s'étend de l'autre côté de la montagne. Il craque et des pans de glace s'en détachent parfois pour tomber dans le lac en contrebas.

MUSÉE DES GLACIERS NORVÉGIENS

À 3 km de la jetée vers l'intérieur des terres, ce **musée** (Norsk Bremuseum ; ☎ 57 69 32 88 ; adulte/enfant 95/45 NOK ; 🕑 9h-19h juin-août, 10h-16h avr, mai, sept et oct), remarquablement conçu, retrace l'histoire des glaciers et explique comment ils ont sculpté le paysage norvégien.

PARC NATIONAL DU JOSTEDALSBREEN

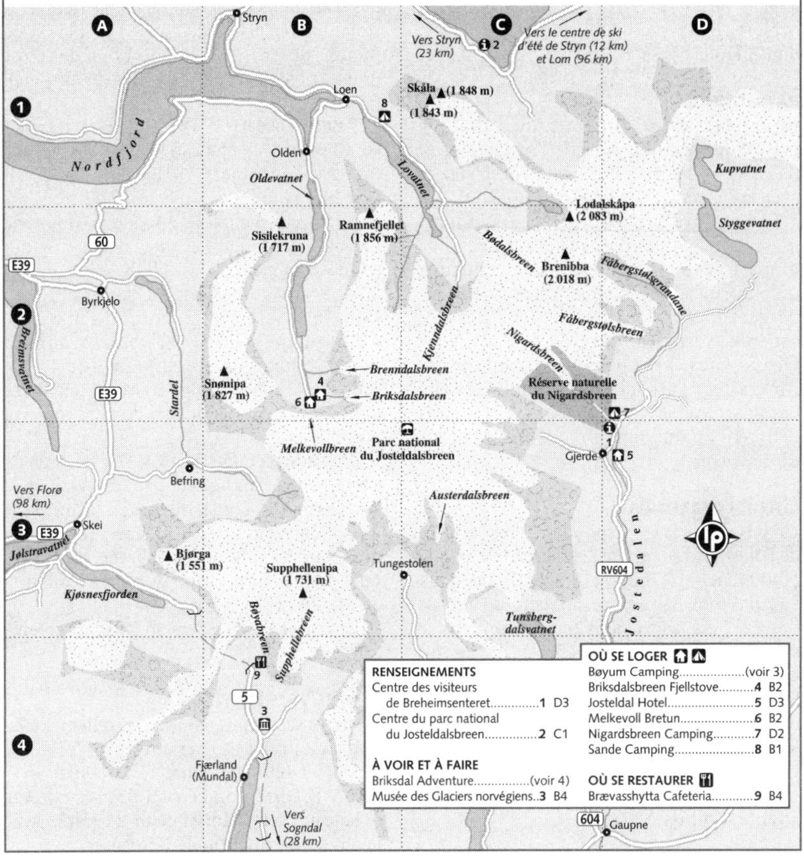

Ses présentations interactives raviront les enfants. Vous pourrez apprendre comment se forment les fjords, regarder une excellente présentation audiovisuelle de 20 min sur le Jostedalsbreen (le public applaudit souvent à la fin), vous frayer un chemin dans un tunnel sous un glacier artificiel et voir la défense d'un mammouth sibérien, pris dans la glace il y a 30 000 ans. Une section est consacrée à la dépouille de "l'Homme de glace", vieille de 5 000 ans et découverte à la frontière austro-italienne en 1991.

Le plus récent ajout est la présentation multimédia intitulée *Our Fragile Planet* (notre planète fragile), accompagnée de bruits, de fumée, de tremblements, etc. Elle commence par la création de la Terre, continue par une forêt de l'ère tertiaire, puis par la dernière période glaciaire pour arriver au présent – et aux conséquences de notre surexploitation des ressources naturelles. Après une représentation hypothétique de la fin du monde, l'exposition se termine sur une note plus optimiste : la voix de sir David Attenborough souligne l'importance des actions personnelles et responsables pour sauver la planète. Très bien faite, cette présentation incite à réfléchir et à agir.

LIBRAIRIES

En flânant le long de l'unique rue du village, faites une halte dans l'une au l'autre des librairies. Tusand og Ei Natt (les Mille et Une Nuits), la plus proche de l'embarcadère du ferry, propose d'innombrables romans en anglais. Si vous préférez les romans policiers, explorez les rayons d'Onkel Mikkel Bokkafe, dans l'Hotel Mundal.

RANDONNÉE

Escape the Asphalt, une brochure gratuite de l'office du tourisme, recense 13 randonnées, d'une demi-heure à 3 heures. Complétez-la avec la carte *Turkart Fjærland* (60 NOK) au 1/50 000, qui décrit les itinéraires et indique les sentiers, puis enfilez vos chaussures... La plupart des marches suivent les chemins qu'empruntaient jusque récemment les bergers locaux lors de la transhumance estivale vers les pâturages d'altitude. Quand vous aurez parcouru quatre de ces itinéraires, l'association sportive locale enregistrera vos performances et vous délivrera un diplôme, à récupérer à l'office du tourisme !

Circuits organisés

Un bus assure la correspondance avec le ferry de Balestrand et part de l'embarcadère à 9h35 (140 NOK) et 13h20 (110 NOK). Les deux circuits font halte pour la visite du musée des Glaciers norvégiens (comprise dans le circuit) et du glacier Bøyabreen. Le circuit du matin comprend également le glacier Supphellebreen et laisse largement le temps de flâner dans les librairies avant de reprendre le ferry pour Balestrand. Vous pourrez aussi prendre un taxi du quai de Fjærland jusqu'au Bøyabreen (environ 550 NOK aller-retour, attente comprise).

Où se loger et se restaurer

Bøyum Camping (☎ 57 69 32 52 ; www.fjaerland.org/boyumcamping ; empl tente 135 NOK, dort 135 NOK, d 270-430 NOK, bung 6/8 lits 680/950 NOK ; juin-début sept). À côté du musée des Glaciers et à 3 km de l'embarcadère du ferry, ce camping offre un grand choix d'hébergements et une vue splendide sur le Bøyabreen, au début de la vallée.

Mrs Haugen's Rooms (☎ 57 69 32 43 ; d 400-450 NOK ; mai à mi-oct). Dans sa maison blanche derrière l'église du village, Alma Haugen loue quelques chambres d'un excellent rapport qualité/prix, avec sdb et cuisine communes.

Fjærland Fjordstue Hotell (☎ 57 69 32 00 ; www.fjaerland.no ; s/d avec petit déj à partir de 785/1 050 NOK ; mai-sept ; P). La plupart des 17 chambres de ce charmant hôtel familial donnent sur le fjord. Avec un peu de chance, vous verrez des marsouins jouer dans l'eau. Le salon et le restaurant (plats au déjeuner 130-145 NOK, menu dîner 340 NOK) possèdent de grandes baies vitrées ouvrant sur des vues fabuleuses.

Hotel Mundal (☎ 57 69 31 01 ; www.hotelmundal.no ; s/d avec petit déj à partir de 995/1 500 NOK ; mai-sept ; P). Construit en 1891 et tenu depuis par la même famille, ce superbe hôtel conserve de nombreux meubles d'époque. Il comprend un salon accueillant et une charmante tour ronde (comptez 1 950 NOK pour passer la nuit dans la chambre panoramique). Dans la salle à manger, ornée d'une carte du Sognefjord de 1898, vous savourerez un délicieux dîner traditionnel de 4 plats (485 NOK). Les repas étant fraîchement préparés, les non-résidents doivent réserver avant 18h.

Brævasshytta Cafeteria (☎ 57 69 32 96 ; 8h-20h mai-sept). Ne manquez pas de visiter la Brævasshytta, construite dans la moraine de la dernière avancée du glacier, ne serait-ce que pour un café. Le Bøyabreen est si près qu'il donne l'impression de regarder un film en 3D sur écran géant !

Le musée des Glaciers abrite une agréable cafétéria.

Depuis/vers Fjærland

De mai à septembre, des ferries relient 2 fois/jour Balestrand et Fjærland (175/263 NOK aller/aller-retour, 1 heure 15). Celui de 9h40 assure la correspondance à Balestrand avec le bateau pour Flåm et celui de 15h25 avec le ferry à destination de Bergen.

Les bus évitent le village et s'arrêtent sur la Rv 5, près du musée des Glaciers. Tous les jours, 3-6 bus circulent depuis/vers Sogndal (100 NOK, 30 min), Stryn (190 NOK, 2 heures) et Florø (220 NOK, 2 heures 45) via Skei (58 NOK, 30 min).

Les conducteurs prévoieront de se munir d'espèces avant de rejoindre Fjærland. Pour emprunter les longs tunnels de chaque côté du village, il faut acquitter un péage de 160 NOK depuis/vers Sogndal. En revanche, en arrivant par Skei, la route est gratuite.

Comment circuler

L'office du tourisme (30/140 NOK par heure/jour) et le Bøyum Camping (25/125 NOK par heure/jour) louent des vélos.

JOSTEDALEN ET NIGARDSBREEN

La vallée de Jostedalen s'étire vers le nord à partir de Gaupne, sur les rives du Lustrafjord. Splendide parcours en voiture, la route étroite court à côté de la rivière turquoise, qui coule au pied du flanc est du glacier Nigardsbreen.

De tous les bras du Jostedalsbreen visibles d'en bas, le Nigardsbreen est le glacier le plus spectaculaire et le plus facile d'accès. Les marcheurs expérimentés qui souhaitent rejoindre seul le glacier (sans s'y hasarder) peuvent continuer de grimper vers l'entrelacs des cours d'eau gelés à Fåbergstølsgrandane, puis au barrage qui retient le vaste lac glaciaire de Styggevatnet. En chemin, plusieurs superbes langues et vallées glaciaires offrent de belles randonnées dans la nature.

À voir

Le **centre des visiteurs de Breheimsenteret** (☎ 57 68 32 50 ; www.jostedal.com ; 🕑 9h-19h mi-juin à mi-août, 10h-17h mai à mi-juin et mi-août à sept), à 34 km en amont de la vallée depuis le Lustrafjord, présente une **exposition** (adulte/enfant 50/35 NOK) sur la formation des glaciers et leur action sur le paysage. Un film de 20 min est consacré à la région et une exposition raconte l'histoire de Jostedalsrypa, une jeune villageoise qui fut la seule survivante de la peste noire. Le centre distribue une excellente brochure gratuite, *Walking in Jostedal*, qui décrit 5 courtes marches, de 1 heure à 2 heures 30.

À faire

Vous pouvez réserver toutes les activités ci-dessous au centre des visiteurs.

Jostedalen Breførarlag (☎ 57 68 31 11 ; www.bfl.no) organise plusieurs randonnées guidées sur les glaciers. La plus facile est une promenade familiale qui mène jusqu'au bord du glacier et suit brièvement son bras (environ 1 heure sur la glace, adulte/enfant 170/80 NOK). Le coût des marches de 2 heures (370 NOK), 3 heures (450 NOK) et 5 heures (650 NOK) sur la glace comprend la courte traversée en bateau du lac Nigardsvatnet.

Pour une expérience orginale, choisissez la sortie guidée en kayak d'**Ice Troll** (☎ 57 68 32 50 ; www.icetroll.com). Les circuits de 7-8 heures (750 NOK), combinant marche et kayak, conviennent aussi bien aux débutants qu'aux plus chevronnés et font découvrir des endroits inaccessibles à pied. Ice Troll propose également des sorties de 2 jours (1 200 NOK).

Récemment établi, **Leirdalen Bre og Juv** (glacier et canyon de Leirdal ; ☎ 470 27 878 ; www.breogjuv.no) organise des sorties de pêche à la truite (500 NOK), de l'escalade de canyons (450 NOK), ainsi que des randonnées d'une journée sur les glaciers (550 NOK).

Moreld (☎ 404 67 100 ; www.moreld.net) offre 2 fois/jour la descente en rafting de la turbulente Jostedalen (500 NOK).

Raudskarvfjellet Turriding (☎ 57 68 32 50; www.jostedal-horseguiding.no) propose une promenade à cheval de 5 heures (500 NOK), bien moins exténuante.

Où se loger et se restaurer

Nigardsbreen Camping (☎ 57 68 31 35 ; empl tente/caravane 100/120 NOK, bung 350 NOK ; 🕑 fin mai-sept). Un camping et des bungalows rudimentaires, près de l'entrée de la route à péage menant au glacier, à 400 m au nord du centre des visiteurs.

Jostedal Hotel (☎ 57 68 31 19 ; www.jostedalhotel.no ; s/d avec petit déj 700/950 NOK ; 💻). À 2,5 km au sud du centre des visiteurs, cet hôtel sympathique est tenu par la même famille depuis trois générations. La viande, les laitages et les légumes utilisés par le restaurant proviennent, autant que possible, de la ferme des propriétaires. Des chambres familiales, avec cuisine, peuvent accueillir 5 personnes (1 050 NOK).

Le petit café du centre des visiteurs offre une vue exceptionnelle.

Comment s'y rendre et circuler

Quittez la route du Sognefjell (Rv 55) à Gaupne et suivez la Rv 604 vers le nord jusqu'à Jostedal.

De fin juin à début septembre, le bus n°160 (Jostedalsbrebussen) part le matin à 8h45 de Sogndal (avec des correspondances en provenance de Flåm, Balestrand et Lærdal) pour le pied du glacier Nigardsbreen. Il effectue le trajet inverse à 16h50.

Du centre des visiteurs, une route à péage de 3,5 km (25 NOK/véhicule) ou une agréable marche jalonnée de panneaux explicatifs mènent au parking de Nigardsvatnet, le lac au début du glacier. De mi-juin à août, un ferry fait la navette sur le lac jusqu'à la paroi du glacier (30 NOK aller-retour).

BRIKSDALSBREEN

De la bourgade d'Olden (p. 251), à l'extrémité est du Nordfjord, une route pittoresque remonte l'Oldedalen sur 23 km et passe par le Brenndalsbreen avant de rejoindre les glaciers jumeaux de Melkevollbreen et de Briksdalsbreen. Sur ce dernier, le plus accessible, convergent des myriades de bus touristiques. Ce glacier évolue de manière imprévisible : en 1997, il a atteint son point le plus avancé depuis quelque 70 ans, puis il a reculé d'environ 500 m. En 2005, les endroits où s'aventuraient les marcheurs ont craqué et se sont fissurés. Actuellement, aucune randonnée guidée n'est organisée sur le Briksdalsbreen.

À faire

Deux tour-opérateurs offrent un éventail d'activités de plein air dans l'Oldedalen et les vallées voisines.

Briksdal Adventure (☎ 57 87 68 00 ; www.briksdal-adventure.com), également appelé Briksdal Breføring, est installé à Briksdalsbre Fjellstove, au bout de la route asphaltée. **Olden Activ** (☎ 57 87 38 88 ; www.oldenaktiv.no), dans le camping Melkevoll Bretun, se situe à 5 min de marche en contrebas. Tous deux organisent divers treks, randonnées sur les glaciers et ascensions (accessibles aux débutants) dans l'Oldendalen et les vallées adjacentes.

Ils offrent ainsi une marche guidée sur le Brenndalsbreen (600 NOK), le bras glaciaire au nord du Briksdalsbreen. Des treks de 6-7 heures, avec 2 heures 30 sur la glace, ont lieu tous les jours de juin à août.

Une randonnée de 5 km aller-retour mène jusqu'à la face du glacier Briksdal, par un sentier escarpé ou par une piste plus longue et moins pentue, sillonnée pendant plus d'un siècle par des carrioles à cheval. Aujourd'hui, **Oldedalen Skyss** (☎ 57 87 68 05) propose aux touristes des troll cars, qui ressemblent à de grandes voitures de golf (170 NOK/pers). À l'arrivée, il faut grimper un chemin abrupt pendant 15 min pour voir la glace. Pour approcher le glacier, choisissez l'excursion guidée en dinghy, organisée toutes les heures en été par Briksdal Adventure. Mieux vaut réserver troll cars et dinghies, car ils sont souvent pris d'assaut par les groupes.

Récemment érigée en face du Briksdalsbre Fjellstove, la **tour d'activités** offre un programme varié autour de l'escalade, pour tous les âges.

Où se loger et se restaurer

Melkevoll Bretun (☎ 57 87 38 64 ; www.melkevoll.no ; pers/empl tente 40/90 NOK, dort 90 NOK, bung basique 420 NOK, bung équipé 6 lits 750 NOK). Outre des hébergements pour tous les budgets, cette enseigne offre des vues splendides dans toutes les directions. Au sud, le Melkevollbreen étire son bras de glace ; à l'ouest dévale la longue et mince cascade de Volefossen ; au nord scintille le lac Oldevatnet ; à l'est, le glacier Briksdalsbreen barre l'horizon. Le beau camping verdoyant dispose d'emplacements bien espacés et les bungalows les plus spacieux sont particulièrement bien équipés. Pour une nuit économique et originale, étendez votre sac de couchage dans la "grotte de l'âge de la pierre" (110 NOK).

Briksdalsbre Fjellstove (☎ 57 87 68 00 ; www.briksdalsbre.no ; s/d 650/900 NOK, bung 4 lits 800 NOK). Tenu par Briksdal Adventure (voir p. 247), ce refuge de montagne comprend 6 chambres confortables et un café-restaurant où vous pourrez vous régaler de truite ou de renne.

Depuis/vers Briksdalsbreen

De juin à août, un bus part de Stryn pour Briksdal (64 NOK, 1 heure) à 9h30 et fait halte à Loen et à Olden. Au retour, il quitte Briksdal à 13h40. En semaine, un autre bus part de Stryn à 15h45 pour Melkevoll Bretun.

Si vous laissez votre voiture à Melkevoll Bretun pour la journée (40 NOK), vous aurez gratuitement accès au sauna après la randonnée.

KJENNDALSBREEN ET BØDALSBREEN

Le beau Kjenndalsbreen se situe à 17 km du village de Loen dans le Nordfjord (p. 252), en remontant la Lodalen. S'il est le moins visité des quatre glaciers les plus connus, il rivalise néanmoins avec le Nigardsbreen pour la beauté de son approche, le long des eaux turquoise du lac glaciaire Lovatnet. Le Bødalsbreen, dans une vallée voisine, offre de belles possibilités de randonnée.

Briksdal Adventure (☎ 57 87 68 00 ; www.briksdal-adventure.com ; voir p. 249) organise des marches guidées de 5-6 heures sur le Bødalsbreen (600 NOK). Ce tour-opérateur et **Olden Activ** (☎ 57 87 38 88 ; www.oldenaktiv.no ; voir ci-contre) proposent également des treks de 12 heures beaucoup plus sportifs (750 NOK) jusqu'au Lodalskåpa (2 083 m), le point culminant du glacier Jostedal. Les excursions partent du Sande Camping.

En remontant la vallée, remarquez les énormes blocs de pierre qui se sont détachés du Ramnefjell pour tomber dans le lac en 1905, 1936 et 1950. Lors du premier éboulement, qui a tué 63 personnes, une vague a projeté le bateau à vapeur du lac à 400 m de la berge. Le deuxième effondrement a fait 72 morts. Le troisième a simplement laissé une immense cicatrice sur la montagne. Ces événements sont appelés les désastres du Lovatnet.

Où se loger

Sande Camping (57 87 45 90 ; www.sande-camping.no ; Loen ; empl tente 110 NOK, bung 2/4 lits 280/420 NOK, app 4/6 lits 560/890 NOK). Séjourner dans ce joli camping, près de l'extrémité nord du Lovatnet, vous garantit des journées actives. Vous pourrez passer un ou deux jours à explorer à pied ou en bateau les beaux environs du Sande Camping, proche de l'extrémité nord du Lovatnet. Doté d'un petit restaurant et d'un sauna gratuit, le camping loue des barques (85/270 NOK par heure/jour) et des canoës (30/100 NOK par heure/jour).

Depuis/vers Kjenndalsbreen et Bødalsbreen

Le *Kjendal*, un bateau qui remonte le lac Lovatnet depuis Sande (aller-retour adulte/moins de 10 ans 180 NOK/gratuit), offre une splendide approche du Kjenndalsbreen. L'excursion comprend l'aller-retour en bus, du Kjenndalstova Café à la pointe sud du lac, au parking du glacier. De là, une marche de 2 km conduit à la face du glacier. De juin à août, le bateau part de Sande à 10h30 et de Kjenndalstova à 13h30 plusieurs fois par semaine. Renseignez-vous auprès de l'office du tourisme de Stryn ou de l'**Hotel Alexandra** (57 87 50 50) à Loen.

CENTRE DE SKI D'ÉTÉ DE STRYN

En dépit de son nom, ce **centre de ski** (Sommerskisenter ; 92 25 83 33 ; www.strynefjellet.com ; Videdalen ; 10h-16h juin-août) se situe à Tystigen, à la pointe nord du Jostedalsbreen. C'est le domaine de ski d'été le plus vaste et le plus connu de Norvège – c'est là qu'ont été prises les photos des skieurs en bikini visibles un peu partout. Le site compte 6 pistes rouges, 1 bleue, 1 noire et 10 km de pistes pour le ski de fond. La plus longue piste de ski alpin s'étire sur 2 100 m, avec 530 m de descente.

Un bus part de Stryn (150 NOK aller-retour, 1 heure) à 9h15 et revient du centre de ski à 16h15 de mi-juin à mi-juillet environ, selon l'enneigement. En voiture, vous apprécierez la pittoresque Gamle Strynefjellsvegen, l'ancienne route qui relie Grotli et Videsæter. Procurez-vous une brochure gratuite à l'office du tourisme de Stryn.

DU SOGNEFJORD AU NORDFJORD

Pour la plupart des voyageurs, le Nordfjord, long de 100 km, ne représente qu'une étape entre le Sognefjord et le Geirangerfjord. Ces deux fjords fréquentés sont reliés par une route qui contourne le bout du Nordfjord en passant par les villages de Byrkjelo, d'Olden et de Loen, jusqu'à la bourgade de Stryn. Olden et Loen constituent de bonnes bases pour visiter les spectaculaires glaciers de Briksdalsbreen et de Kjenndalbreen (voir p. 249).

SKEI

400 habitants

Skei, à l'intérieur des terres, se situe près de la pointe du lac Jølstravatnet, au carrefour de la Rv 5 et de la E 39. À 15 km à l'ouest du village, sur la rive sud du lac, le **musée Astruptunet** (57 72 67 82 ; adulte/enfant 40 NOK/gratuit ; 11h-16h mi-mai à mi-juin et mi-août à fin sept, 10h-18h mi-juin à mi-août) occupe l'ancienne demeure de l'artiste Nicolai Astrup (1880-1928). Il comprend une galerie et des expositions en plein air.

Jølster Rafting (90 06 70 70 ; www.jolster-rafting.no) propose des sorties de rafting sur la Stardal et la Jølstra. Comptez 590-750 NOK pour de courtes excursions et 1 190 NOK pour celles d'un ou deux jours.

Idéal pour les sportifs, le **Skei Hotel** (57 72 78 00 ; www.skeihotel.no ; s/d à partir de 1 065/1 510 NOK ;) possède une piscine couverte chauffée, un sauna, un Jacuzzi, un solarium et un court de tennis. Il loue également des barques (25 NOK/heure) et des vélos (10 NOK/heure). L'extérieur peu séduisant cache un intérieur bien plus attrayant, avec un bar douillet et un restaurant correct.

Pour un repas ou un en-cas d'un bon rapport qualité/prix, installez-vous dans la cafétéria de l'**Audhild Vikens Vevstove** (57 72 81 25 ; pizza 45 NOK, plats 100 NOK environ ; 9h-17h), le plus grand magasin détaxé du pays. À moins de 100 m du carrefour, il regorge de souvenirs, de vêtements et de décorations de Noël disponibles toute l'année.

De nombreux bus longue distance passent par Skei et rallient notamment Fjærland (58 NOK, 30 min), Sogndal (115 NOK,

1 heure 15), Stryn (145 NOK, 1 heure 30), Ålesund (340 NOK, 6 heures), Florø (180 NOK, 2 heures) et Bergen (335 NOK, 5 heures 15).

OLDEN

550 habitants

Porte du Jostedalsbreen vers le Briksdalsbreen (p. 249), Olden possède un **office du tourisme** (☎ 57 87 31 26 ; ⏲ 11h-17h mi-juin à mi-août) saisonnier.

La **Galleri Cylindra** (☎ 91 56 46 95 ; www.cylindra.net ; ⏲ mai-août), en face de la jetée des bateaux de croisière, expose les œuvres de Peter Opsvik, artiste et designer industriel. Les photos, les peintures et les sculptures en bois aux courbes sensuelles ont été réalisées par le maître artisan Kjellbjørn Tusvik.

Si vous aimez la pêche, l'**Isabella** (☎ 91 35 10 42 ou réservez auprès de l'office du tourisme d'Olden ou de Stryn) effectue des sorties de 2-3 heures (200 NOK/pers, équipement compris) et part de la marina d'Olden à 16h et 19h30, du lundi au vendredi.

Pour des randonnées dans la vallée et alentour, procurez-vous la carte *Olden og Oldendalen* au 1/50 000, qui indique et décrit 15 chemins balisés.

Où se loger et se restaurer

La région compte une dizaine de terrains de camping, pour la plupart le long de la route du Briksdalsbreen, souvent sur des sites splendides.

Olden Fjordhotel (☎ 57 87 34 00 ; www.olden-hotel.no ; s 970-1 120 NOK, d 1 340-1 640 NOK, petit déj compris ; ⏲ mai-sept). Outre un accueil chaleureux, le Fjordhotel offre des chambres confortables, toutes avec vue sur le fjord et pour la plupart dotées d'un balcon. Un délicieux buffet norvégien est proposé au dîner (385 NOK).

LOEN

400 habitants

À l'embouchure de la majestueuse Lodalen, Loen est, comme Olden, une porte d'accès au Jostedalsbreen. Une route rejoint les spectaculaires bras glaciaires de Bødalen et de Kjenndalen.

À l'instar d'Olden, Loen constitue une bonne base pour la randonnée. Procurez-vous la carte *Walking in Loen & Lodalen* au 1/50 000, qui décrit 20 randonnées d'une journée. Une marche superbe et exténuante de 5-6 heures mène à la tour Skålatårnet, près du sommet du Skåla (1 843 m). L'itinéraire commence près de la ferme Tjugen, au nord de la rivière, à l'est de Loen.

Où se loger et se restaurer

Lo-Vik Camping (☎ 57 87 76 19 ; fax 57 87 78 11 ; pers/empl tente 25/110 NOK, bung 4 lits 400 NOK, avec sdb 600-950 NOK ; ⏲ mai-sept). Installez-vous au fond du terrain, dans un coin verdoyant et tranquille à côté du fjord, à bonne distance de la route et de la circulation.

Hotel Loenfjord (☎ 57 87 50 00 ; www.loenfjord.no en norvégien ; s/d avec petit déj 905/1 370 NOK ; Ⓟ). Les chambres au bord de l'eau sont un peu moins chères et plus plaisantes que celles de l'Alexandra. Moins bondé, le Loenfjord propose une croisière sur le Lovatnet et loue des vélos.

Hotel Alexandra (☎ 57 87 50 00 ; www.alexandra.no ; s/d avec petit déj à partir de 1 105/1 710 NOK ; Ⓟ 💻). Centre de l'animation à Loen, l'Alexandra est à la fois un centre de vacances et un hôtel. Rendez-vous touristique de la vallée, il comprend des restaurants, des bars, une discothèque, des piscines (couvertes et en plein air), un spa et un centre de remise en forme, un court de tennis et une marina. Il est tenu par la même famille depuis 1884, mais son aspect extérieur s'est enlaidi au fil des transformations. Sur place, vous pourrez réserver la croisière sur le lac Lovatnet et d'autres excursions au Jostedalsbreen, ou louer des vélos.

STRYN

1 700 habitants

La petite ville de Stryn, assez étendue, est la principale localité du Nordfjord supérieur. L'**office du tourisme** (☎ 57 87 40 40 ; www.nordfjord.no ; ⏲ 8h30-20h juil, 8h30-18h juin et août, 8h30-15h30 lun-ven le reste de l'année) se situe à deux rues au sud de Tonningsgata, l'artère principale. Efficace, il peut réserver des hébergements, offre l'accès à Internet (1 NOK/min, Wi-Fi 40 NOK/heure) et loue des VTT (50/190 NOK par heure/jour). Sa brochure *Guide for Stryn* (10 NOK) comprend des randonnées aux alentours. Pour des itinéraires plus détaillés dans les montagnes de la région, achetez la *Kart over Fjallturar I Stryn* (30 NOK) au 1/50 000.

À voir et à faire

Le **centre du parc national du Jostedalsbreen** (Jostedalsbreen Nasjonalparksenter ; ☎ 57 87 72 00 ; www.jostedalsbre.no ; adulte/enfant 60/30 NOK ; ⏲ 10h-16h, 10h-18h mai-août) se tient à Oppstryn, à 15 km à l'est de Stryn. Outre des expositions sur les glaciers et une excellente présentation audiovisuelle, il possède un jardin regroupant 325 espèces de plantes endémiques. Il fournit également des informations sur les avalanches, les minéraux et les météorites et comprend une section consacrée aux désastres du Lovatnet (voir p. 250).

Où se loger

Stryn Camping (☎ 57 87 11 36 ; www.stryn-camping.no en norvégien ; Bøavegen 6 ; empl tente/caravane 150/200 NOK, bung 4 lits avec sdb ext 350 NOK, bung 6 lits 890/1 090 NOK ; toute l'année). À l'extrémité est de la ville, à deux pâtés de maisons au-dessus de la rue principale, cet agréable camping dispose d'équipements soigneusement entretenus.

Stryn Vandrerhjem (☎ 57 87 11 06 ; Geilevegen 14 ; stryn.hostel@vandrerhjem.no ; dort/s/d avec petit déj 245/400/530 NOK ; fin mai à mi-sept). À 2 km du bourg par la route, cette sympathique auberge de jeunesse HI occupe une ancienne garnison allemande, à flanc de colline.

Visnes Hotel (☎ 57 87 10 87 ; www.visnes.no ; Prestestegen 1 ; s 650-925 NOK, d 1 150-1 495 NOK ; mi-mai à sept). Tenu par la même famille depuis six générations, le Visnes comporte deux superbes bâtiments classés ayant chacun son propre cachet. Le plus grand, construit en 1850, abrite la plupart des chambres – les plus chères jouissent d'une vue époustouflante sur le fjord ; deux vastes chambres familiales sont également disponibles (1 750 NOK). Pour un confort royal, préférez l'autre bâtiment, plus petit, édifié en 1890 dans le "style dragon", où ont séjourné le roi de Siam Rama V en 1908 et le roi Oscar Ier de Suède et de Norvège en 1913.

Stryn Hotel (☎ 57 87 07 00 ; www.strynhotel.no ; Visnesvegen 1 ; s/d 995/1 250 NOK ; P). Si le Visnes affiche complet, optez pour le Stryn, en ville, qui surplombe le fjord et possède un bon restaurant.

LES HARENGS FUGACES

Florø, fondé en 1860 en tant que port de pêche du hareng, prospéra pendant quelques décennies grâce au "poisson d'argent". Puis la surpêche fit fuir les bancs de harengs et la ville perdit sa principale industrie. Après un quasi-moratoire sur la pêche commerciale durant la Seconde Guerre mondiale, les bancs de poissons foisonnaient à nouveau dans les mers, mais les humains tirent rarement des leçons de leurs expériences. Une fois de plus, ils pêchèrent à outrance et, 20 ans plus tard, remontèrent les derniers harengs dans leurs filets, alors que les survivants plus malins se réfugiaient dans le relatif sanctuaire de la mer de Barents. Aujourd'hui, après 20 ans de quotas et de contrôles stricts, les stocks de harengs ont presque retrouvé leur niveau des années 1950.

Où se restaurer et prendre un verre

Pour un repas copieux classique, rendez-vous à la cafétéria du **supermarché Coop** (angle Tonningsgata et Tinggata) ou au **Kafe Hjorten** (Tinggata), dans le centre culturel.

Stryn Vertshus (☎ 57 87 05 30 ; Tonningsgata 19 ; 10h-16h30 lun-sam ;). En salle ou sur une terrasse fleurie, la taverne Stryn sert de savoureux en-cas et offre le Wi-Fi gratuit à ses clients.

Bryggja (☎ 90 16 81 34 ; Perhusvegen 11 ; plats 165-235 NOK ; 14h-24h juin-sept). Dînez sur la terrasse de ce restaurant de poisson, récemment ouvert, ou prenez simplement un verre en profitant du superbe emplacement au bord de l'eau. S'il pleut, un auvent en forme de voile abrite les clients. La salle intime, au décor nautique, ne compte que 30 couverts. Réservation indispensable.

Restaurant du Viknes Hotel (☎ 57 87 10 87 ; Prestestegen 1 ; menus 350-450 NOK, plats 195-235 NOK ; 19h-23h). Une cuisine raffinée, dans le plus grand bâtiment de l'hôtel.

Base Camp (☎ 57 87 23 83 ; Tonningsgata 31). Dans l'artère principale, le bar le plus fréquenté de Stryn se transforme parfois en discothèque.

Depuis/vers Stryn

Stryn se situe sur les itinéraires des Nor-Way Bussekspress entre Oslo (570 NOK, 8 heures 30, 3/jour) et Måløy (180 NOK, 2 heures) ; Ålesund (235 NOK, 3 heures 45, 2-3/jour) et Bergen (425 NOK, 6 heures, 4-6/jour) ; et Bergen et Trondheim (530 NOK, 7 heures 30, 2/jour). Les bus pour Bergen font halte à Loen (29 NOK, 10 min) et à Olden (38 NOK, 15 min). La ligne d'Ålesund passe par Hellesylt (95 NOK, 1 heure), d'où un ferry dessert Geiranger.

NORDFJORDEID

Au-dessus du village de Nordfjordeid, à mi-chemin de Stryn et de Måløy, le haras du **Norsk Fjordhestsenter** (☎ 57 86 48 00 ; www.norsk-fjordhestsenter.no) est spécialisé dans l'élevage des beaux et robustes chevaux norvégiens, à la crinière taillée en brosse et à la robe beige. Si vous souhaitez les monter (250 NOK la 1re heure, puis 100 NOK/heure), réservez à l'avance, car ils sont très demandés par les groupes scolaires et les camps de vacances.

FLORØ

8 300 habitants

Ville la plus occidentale du pays, Florø est une localité plaisante, sans rien d'extraordinaire, aux armoiries ornées de trois harengs.

Aujourd'hui, elle doit sa prospérité à l'or noir. La vaste Fjord Base, au nord-est de la ville, emploie quelque 400 personnes et dessert la gigantesque plate-forme pétrolière de Snorreankeret, au large. La pisciculture, les chantiers navals et le retour du hareng – première manne de la ville – participent de sa richesse.

Une montée facile de 10 min, de la Florø Ungdomsskule, dans Havrenesveien, jusqu'au sommet de la colline Storåsen, permet d'admirer une belle vue panoramique.

Renseignements

Bibliothèque (Markegata 51 ; 11h-15h lun-ven). Accès gratuit à Internet.

Laverie automatique (Marina). En face du Quality Hotel.

Office du tourisme (☎ 57 74 75 05 ; www.vestkysten.no ; Strandgata 30 ; 8h-18h lun-ven, 10h-16h sam, 12h-16h dim mi-juin à mi-août ; 10h-14h lun-ven le reste de l'année)

À voir

MUSÉE DE LA CÔTE DU SOGN OG FJORDANE

Les deux principaux bâtiments du **Kystmuseet** (☎ 57 74 22 33 ; Brendøyvegen ; adulte/enfant 40 NOK/gratuit ; 11h-18h lun-ven, 12h-16h sam-dim mi-juin à août, 10h-15h lun-ven, 12h-15h dim sept à mi-juin) renferment d'innombrables objets se rapportant à la pêche ainsi que la réplique d'une maison de pêcheur de 1900. Le complexe comprend plusieurs anciens entrepôts transférés de Florø et de Måløy, de même qu'un saloir à harengs. Dans un registre plus contemporain, la plate-forme pétrolière de Snorreankeret présente une exposition qui illustre l'histoire, la prospection et l'exploitation des réserves de pétrole et de gaz en mer du Nord.

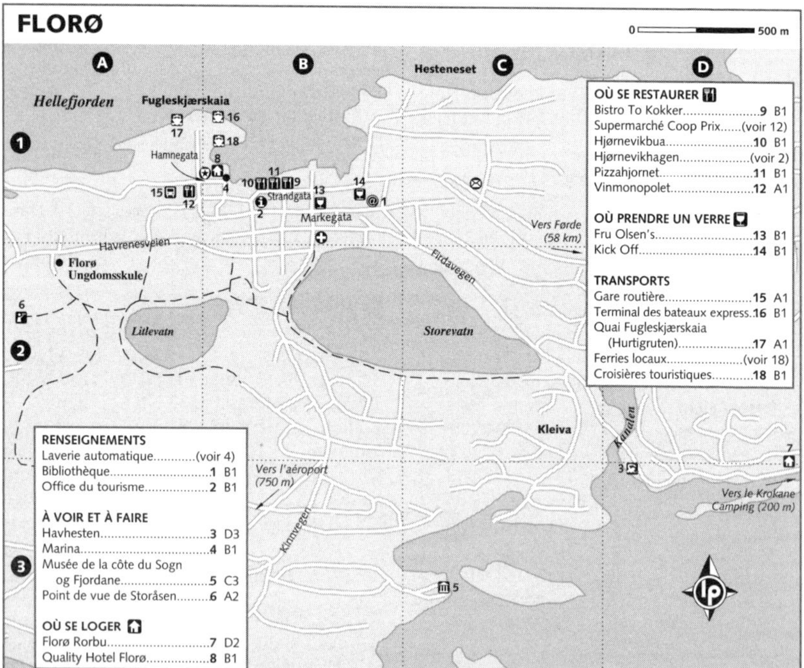

VIEUX QUARTIER

Dans Strandgata, l'artère principale, et alentour, les plus belles maisons en bois du XIXe siècle sont bien indiquées et comportent des panneaux explicatifs en norvégien et en anglais.

ÎLES

Du quai Fugleskjærskaia, des ferries desservent les îles de Kinn, Svanøy, Batalden, Askrova et Tansøy. Les départs sont intermittents et les horaires, compliqués. Renseignez-vous à l'office du tourisme, qui peut réserver des places sur les bateaux et vous conseillera des hébergements sur les îles.

Kinn possède une **église** du XIIe siècle remarquablement restaurée, qui aurait été bâtie par les Celtes britanniques fuyant les persécutions religieuses. Les deuxième et troisième week-ends de juin, elle accueille la fête de Kinnespelet, qui commémore l'histoire de l'église. Grimpeurs et randonneurs apprécieront les paysages spectaculaires, notamment le gouffre de Kinnaklova.

À **Svanøy**, un chemin de randonnée passe par le **centre des cerfs** (☎ 57 75 21 80), où les animaux sont nourris à 11h et 20h.

À **Batalden**, visitez la galerie et le petit musée des **maisons de pêcheurs de Batalden Havbu** (☎ 57 74 54 22). Vous pourrez loger dans l'une de ces **maisons** (d 880-940 NOK ; ⌚ mai-sept) joliment rénovées.

Askrova abrite une grotte préhistorique appelée grotte des Trolls, dont les galeries les plus profondes n'ont jamais été explorées. **Tansøy**, reliée à Askrova par un pont, offre depuis son point culminant (233 m) une superbe vue panoramique sur l'archipel.

À faire

BATEAU

Florø Rorbu (voir *Où se loger*) loue des bateaux à moteur (200-400 NOK/jour) et des kayaks de mer (200 NOK/jour). Le Krokane Camping loue également des bateaux à moteur (à partir de 200/300 NOK par 3 heures/jour), ainsi que des barques (50/100 NOK).

BAIGNADE

Si l'eau du fjord est trop froide, rendez-vous à **Havhesten** (☎ 57 75 67 20 ; adulte/étudiant/enfant 80/65/50 NOK ; ⌚ 11h-17h fin juin à mi-août, 10h-20h le reste de l'année). Plongez dans l'une des 3 piscines couvertes chauffées tout en savourant la vue fantastique sur le fjord. Après une séance dans la salle de gymnastique, détendez-vous dans le sauna. Le billet d'entrée donne accès à toutes les installations.

> **LA PLUS LONGUE TABLE DE HARENGS DU MONDE**
>
> Chaque année, Florø et Haugesund, plus loin sur la côte, avaient l'habitude de se défier pour dresser la plus longue table de harengs. Aujourd'hui, Haugesund s'est retirée de la compétition et la rivalité Nord-Sud a disparu, laissant le champ libre à Florø.
>
> Le deuxième ou troisième week-end de juin, une table de 400 m est installée au centre de Florø, telle une piste de course, et couverte d'assiettes de harengs, de pommes de terre, de pains et de boissons, tous gratuits !

RANDONNÉE À PIED ET À VÉLO

L'office du touriste vend deux brochures utiles, *Cycling in Flora* (20 NOK) et *On Foot in Flora* (50 NOK).

Circuits organisés

De fin juin à mi-août, l'office du tourisme propose plusieurs circuits alléchants. Ainsi, le vendredi, le safari des Phares (adulte/enfant 350/200 NOK, déjeuner compris) vous fait découvrir en bateau les phares de Stabben, de Kvanhovden et de Ytterøyane (les bateaux n'accostent pas sur cette île, réserve ornithologique) et croise en chemin une colonie de phoques. Autre excursion plaisante, la visite guidée de Kinn (adulte/enfant 203/112 NOK) a lieu tous les jours.

Où se loger

Krokane Camping (☎ 57 75 22 50 ; www.krocamp.no ; empl tente 100 NOK, bung 2/4 lits 450-500 NOK, 5/6 lits 580-800 NOK ; ⌚ toute l'année). Ce camping occupe un site boisé sur une péninsule, à 2,5 km à l'est de la ville. La prairie sur la rive est un endroit merveilleux pour planter sa tente, malgré l'éloignement des toilettes.

Florø Rorbu (☎ 57 74 81 00 ; www.florbu.com ; Krokane Kai ; app 4 lits 600-650 NOK, 6 lits 750-800 NOK). Gérés par une famille, ces appartements équipés constituent une excellente option. À côté d'une petite crique, ils possèdent leur propre mouillage. Vous pourrez louer un bateau ou un kayak pour vous promener sur le fjord au coucher du soleil.

KALVÅG

Si vous allez de Florø à Måløy via l'île de Bremanger, faites un détour de 5 km du débarcadère du ferry à Smørhamn jusqu'à Kalvåg (370 habitants). Ce charmant village de pêcheurs, soigneusement préservé, ne compte qu'une immense usine de conditionnement de poisson à la périphérie. À son apogée, Kalvåg abritait plus de 50 saleries de hareng, qui employaient quelque 10 000 saisonniers. On peut toujours en visiter une ou deux ; adressez-vous à l'accueillant **office du tourisme** (☎ 57 79 37 50 ; www.visitbremanger.no ; ⌚ 10h-18h lun-ven, 10h-16h sam, 12h-16h dim juil, 9h-15h30 lun-ven le reste de l'année), installé sur le quai dans un ancien saloir.

Quality Hotel Florø (☎ 57 75 75 75 ; www.florahotel.no ; Hamnegata 7 ; s/d lun-ven 1 390/1 690 NOK, sam-dim 995/1 195 NOK ; P). Sur le quai, à côté de la marina et construit dans le style d'un entrepôt portuaire (la salle à manger est une ancienne poissonnerie), cet hôtel est le plus plaisant de Florø. Les chambres avec vue sur la mer ne coûtent pas plus cher et quelques-unes disposent de "lits-bateaux", faits dans des barques recyclées.

Où se restaurer et prendre un verre

Bistro To Kokker (☎ 57 75 22 33 ; Strandgata 33 ; plats 65-145 NOK). Ce bistrot, où de vieux garçons viennent siroter un chocolat, prépare une cuisine correcte – les portions sont copieuses. Sur la carte figurent calamars, saumon, lotte et autres poissons, ou des plats plus courants comme le fish and chips (50-60 NOK), des burgers (45-105 NOK), de bonnes salades (60-84 NOK) et des pizzas (115 NOK).

Hjørnevikbua (☎ 57 74 01 22 ; Strandgata 23 ; déj 65-125 NOK). Dans ce pub-restaurant, la salle à l'étage ressemble à une cabine de bateau. Au déjeuner, on peut se régaler, notamment, d'une copieuse soupe de poisson (85 NOK). Les fumeurs préféreront s'installer sur la péniche, amarrée au quai.

Pizzahjornet (☎ 99 47 44 45 ; Strandgata 25 ; pizzas 160-180 NOK). Pizzas, kebabs et chawarmas, à déguster sur place ou à emporter.

Hjørnevikhagen (☎ 57 75 33 28 ; Strandgata 28 ; plats déj 75-100 NOK, dîner 180-195 NOK ; ⌚ lun-sam). Récemment ouvert, cet établissement ne manque pas de style. Des meubles élégants, en verre et métal, ornent la terrasse à deux niveaux, tandis que la salle offre une belle vue sur la marina. Les prix sont raisonnables pour des plats délicieux et joliment présentés. Juste derrière l'office du tourisme, c'est aussi l'endroit le plus séduisant pour prendre un verre.

Bryggekanten (Quality Hotel Florø, Hamnegata 7 ; plats à partir de 195 NOK). Le restaurant du Quality Hotel Florø emploie essentiellement des produits locaux et mérite amplement une visite.

Vinmonopolet se situe près du supermarché Coop Prix, qui jouxte la gare routière.

Où sortir

Kick Off (☎ 57 74 15 00 ; Strandgata 58 ; ⌚ 15h-24h lun-jeu, 12h-24h ou 2h30 ven-dim ;). Ce bar des sports retransmet tous les grands matchs de football. La jeunesse de Florø se retrouve pour jouer au billard ou aux fléchettes, écouter son vaste répertoire musical, manger des pizzas et des en-cas, et profiter du Wi-Fi gratuit. Soirées disco les vendredi et samedi.

Fru Olsen's (☎ 57 74 10 00 ; Markegata 43). Une ambiance plus calme règne au pub du Rica Victoria Hotell.

Depuis/vers Florø

De l'**aéroport de Florø** (☎ 57 74 67 00), la **DAT** (www.dat.dk) offre des vols à bas prix 2-4 fois/jour depuis/vers Oslo et Bergen.

Florø est la première escale du ferry côtier de *Hurtigruten* sur son trajet vers le nord au départ de Bergen. Dans ce sens, il arrive à Florø vers 2h (4h45 de mi-septembre à mi-avril) et en sens inverse, à 7h45. En direction du nord, il s'arrête ensuite à Måløy, à Ålesund et à Trondheim.

Des bateaux-express font halte à Florø 2 fois/jour sur le trajet entre Bergen (535 NOK, 3 heures 30) et Måløy (190 NOK, 1 heure).

Florø se situe au bout de la ligne du Nor-Way Bussekspress qui part d'Oslo (605 NOK, 12 heures 15, 2/jour) et passe par Stryn.

Si vous conduisez, sachez que la plus belle route en direction de Måløy, au nord, est celle qui passe par l'île Bremanger.

ENVIRONS DE FLORØ

Gravures rupestres d'Ausevik

Ces saisissantes gravures rupestres, qui datent d'environ 1000 av. J.-C., représentent des cerfs et d'autres motifs. Elles se situent à 5 min de marche de la Fv 611 (à 40 min en voiture au sud de Florø). Un aménagement du site devrait bientôt en faciliter l'accès.

Pétroglyphes de Vingen

Au sud de Måløy, sur les pentes du Vingenfjellet face à la mer, ces 1 500 pétroglyphes du début de l'âge de la pierre forment la plus importante concentration de rocs gravés d'Europe du Nord. Ils furent sans doute réalisés par des chasseurs entre 6000 et 4000 av. J.-C. Aucune route ne conduit à ces représentations protégées, mais l'office du tourisme de Florø organise, entre le 1er juillet et la mi-août, une excursion hebdomadaire en bateau (adulte/enfant 270/140 NOK), qui part de Florø et/ou Bremanger.

MÅLØY

3 500 habitants

Petite ville de pêcheurs, Måløy se situe à l'embouchure du Nordfjord, sur l'île Vågsøy. Nichée au pied de deux collines arrondies, elle est reliée au continent par le gracieux pont en S de Måløybrua.

Dépourvue de monument ou de lieu exceptionnels, c'est une ville agréablement animée et authentique – contrairement aux bourgades touristiques plus au sud –, où vont et viennent des cargos. L'île Vågsøy et sa voisine Selje sont sillonnées de chemins de randonnée donnant sur la mer (procurez-vous la carte *Outdoor Pursuits: Selje & Vågsøy Communes* au 1/50 000). Trois sites méritent la visite : **Kannesteinen**, un étrange rocher à 10 km à l'ouest de la ville, qui surgit de la mer tel un champignon géant ; **Refviksanden**, une plage de sable d'un blanc étincelant, longue de 1,4 km et l'une des trois plus belles du pays ; et le **phare de Kråkenes**, juché sur un rocher. Que le temps soit ensoleillé ou orageux, cet endroit romantique offre une vue fabuleuse. On peut y déjeuner, savourer un café et des pâtisseries maison, et même y passer la nuit.

L'**office du tourisme** (☎ 57 84 50 77 ; Gate 1 n°53 ; 🕑 9h-17h lun-ven, 10h-16h sam-dim juil, 10h-16h lun-sam mi-fin juin et début août), ouvert en saison, se tient dans l'artère principale et offre l'accès à Internet (1 NOK/min).

Où se loger et se restaurer

Steinvik Camping (☎ 57 85 10 70 ; oddbnyg@online.no ; pers/empl tente 20/80 NOK, bung 2 lits avec toilettes 380 NOK, 4 lits 550 NOK, app équipé 4 lits 480-650 NOK ; 🕑 toute l'année). Ce camping, le plus proche de Måløy, offre une vue spectaculaire sur le couloir de navigation, très passant. Traversez le pont en direction de la rive est, tournez à droite après 2 km à côté d'une école et suivez sur 1,2 km la piste qui descend.

Kråkenes Lighthouse (☎ 57 85 55 27 ; www.krakenesfyr.no ; Kråkenes ; d 600-800 NOK, avec sdb 1 200 NOK, ste 6 lits 1 900 NOK ; 🕑 toute l'année). Suivez la Rv 617 jusqu'au bout du promontoire qui s'étire de Måløy vers le nord pour trouver ce charmant hébergement original, superbement tenu par un couple d'Allemands. Vous pourrez séjourner dans l'ancienne maison (avec cuisine) du gardien du phare, ou dans la suite splendide, avec sdb, au sommet du phare. Les repas sont préparés à la demande. Si vous ne passez pas la nuit sur place, entrez dans le café (ouv. 12h-18h mi-juin à mi-août) pour apprécier cet endroit isolé.

Norlandia Måløy Hotel (☎ 57 84 94 00 ; www.norlandia.no ; Gate 1 n°25 ; s/d 825/1 090 NOK). Ce grand hôtel à la façade vitrée est le centre de la plupart des activités touristiques. Son restaurant, l'Aquarius (ouv. 19h-22h), propose un menu 3 plats (275 NOK) et un bon choix à la carte.

Stormen Pub (☎ 57 85 11 25 ; Sjøgata). Sur le port, en face de l'hôtel Norlandia Måløy, ce vaste pub qui évoque une salle d'attente sert une cuisine correcte. Vous pourrez préférer la terrasse qui domine le bras de mer. Fréquentes soirées dansantes le week-end.

Havfruen Fiskeutsalg (☎ 57 85 23 36 ; 🕑 10h-16h lun-ven, 10h-14h sam). La Sirène, à côté de l'embarcadère du bateau express, est à la fois une poissonnerie (une plaque sur le mur porte l'inscription "Né pour pêcher, obligé de travailler") et un petit café, qui sert de délicieuses soupes de poisson (50-65 NOK), des sandwichs au saumon (25 NOK) et d'autres plats de poisson.

Depuis/vers Måløy

Le bateau express entre Bergen (645 NOK, 4 heures 30) et Selje fait escale à Måløy. En direc-tion du nord, le ferry côtier de *Hurtigruten* passe tous les jours à 4h30 (7h30 de mi-sept à mi-avr) ; il s'arrête à 5h45 en direction du sud.

Le Nor-Way Bussekspress circule 3 fois/jour depuis/vers Oslo (643 NOK, 11 heures) en passant par Stryn (180 NOK, 2 heures, jusqu'à 6/jour).

SELJE ET ÎLE SELJA

700 habitants

Peu de voyageurs se rendent à Selje, ce qui fait le charme de ce plaisant village et de sa plage de sable immaculée, à la lisière ouest du pays. Malgré son nom, Vestkapp, à 32 km de route, n'est pas le point le plus occidental de la Norvège. Il n'en jouit pas moins d'une vue splendide sur la mer.

Sur le port de Selje, l'**office du tourisme** (☎ 57 85 66 06 ; sunniva1@start.no ; 9h-19h juil, 10h-16h juin et août, 8h-15h30 lun-ven avr, mai et sept, lun-mar oct-mars) possède une liste des bungalows et des appartements dans la région et offre l'accès à Internet (1 NOK/min).

Sur l'île Selja, les ruines évocatrices du **monastère de Selja** et de l'**église Sainte-Sunniva** datent respectivement des XIe et XIIe siècles. Vous pouvez grimper au sommet de la tour, haute de 40 m, pour admirer le panorama. De mi-juin à fin août, une à trois visites guidées de 2 heures ont lieu chaque jour (adulte/enfant 150/75 NOK, aller-retour en bateau compris). Réservez auprès de l'office du tourisme et vérifiez les horaires, susceptibles de changer.

Le **Selje Hotel** (☎ 57 85 88 80 ; www.seljehotel.no ; s 925-1 045 NOK, d 1 160-1 550 NOK), l'unique hôtel du village, est un ravissant bâtiment en bois et en pierre taillée à côté de la plage. Il abrite le Spa Thalasso, un centre de bien-être avec une piscine, un Jacuzzi et un éventail de soins et d'activités relaxantes.

De Måløy, vous avez le choix entre deux superbes itinéraires pour rejoindre Selje : en voiture par la Rv 618 le long du fjord, ou par le bateau express du Nordfjord qui effectue la traversée 2 fois/jour (67 NOK, 20 min). Des bus locaux circulent également entre Måløy et Selje (86 NOK, 1 heure), 6 fois/jour en semaine et 1 fois/jour le week-end.

LES FJORDS DU NORD

En s'enfonçant vers le nord dans le comté de Møre og Romsdal, la côte devient plus découpée et les fjords pénètrent plus profondément dans les terres. Le Geirangerfjord, récemment inscrit au Patrimoine mondial de l'Unesco, figure dans la plupart des circuits organisés et de nombreux bateaux de croisière y jettent l'ancre. En été, évitez ce tohu-bohu touristique en explorant des cours d'eau et des routes moins bondés, aux paysages presque aussi spectaculaires. Les villes côtières d'Ålesund et de Kristiansund méritent chacune une étape d'une nuit et la route du col de Trollstigen vous laissera un souvenir impérissable.

Le site Internet officiel de la région, www.visitmr.com, comprend de nombreux liens utiles.

ÅNDALSNES

2 500 habitants

Deux moyens exceptionnels permettent d'atteindre Åndalsnes : la route et col de Trollstigen, ou l'extraordinaire Raumabanen, la ligne ferroviaire qui arrive de Dombås et traverse une profonde vallée glaciaire, encadrée de parois abruptes et de cascades rugissantes. Au bord du Romsdalfjord, Åndalsnes, fortement bombardée durant la Seconde Guerre mondiale, est aujourd'hui une ville moderne sans attrait, entourée de paysages sublimes.

L'**office du tourisme** (☎ 71 22 16 22 ; www.visitandalsnes.com ; 9h-18h lun-sam, 12h-18h dim mi-juin à mi-août, 8h-15h30 lun-ven le reste de l'année), installé dans la gare ferroviaire, offre l'accès à Internet (40 NOK/30 min) et loue des vélos (50/170 NOK par heure/jour).

À voir

TROLLVEGGEN

En venant de Dombås, la route et les voies ferrées longent le spectaculaire Trollveggen (mur du Troll ; 1 800 m), qui fut escaladé pour la première fois en 1965 par une équipe anglo-norvégienne. Il s'agit de la paroi verticale la plus haute d'Europe. Son sommet déchiqueté, souvent noyé dans les nuages, est considéré par les alpinistes comme le défi ultime.

TROLLSTIGEN

Au sud d'Åndalsnes, la Trollstigen (échelle du Troll) est une route impressionnante, achevée en 1936 après huit ans de travaux. Avec une pente à 12 degrés et onze lacets, elle est d'autant plus périlleuse qu'elle ne comporte qu'une seule voie presque tout du long. Sur demande, les chauffeurs des bus s'arrêtent pour une photo à la cascade de Stigfossen, haute de 180 m, puis au sommet, pour la vue vertigineuse sur la vallée. Si vous êtes motorisé, vous pourrez faire une halte pour photographier les pics grandioses de Karitind, Dronningen, Kongen et Bispen – ainsi que l'unique panneau routier du pays annonçant "passage de trolls".

Plus difficile, la route étroite qu'empruntaient jadis les chevaux est parsemée de plaques de neige et oblige à encore plus de prudence. C'était autrefois la seule voie de communication entre les deux vallées. Ces deux routes sont fermées en hiver.

Au col, le **Vegmuseum** (☎ 99 29 20 00 ; 15 NOK ; 🕑 9h30-19h fin juin à mi-août) retrace l'histoire de la construction de cette route stupéfiante.

LIGNE FERROVIAIRE RAUMABANEN

Toute l'année, des trains circulent tous les jours sur cette voie spectaculaire, qui rejoint la ligne principale à Dombås, à 114 km. En été, un train touristique (aller-retour adulte/enfant/famille 295/70/660 NOK) grimpe de temps à autre depuis la gare au bord du lac jusqu'à Bjorli, à 600 m d'altitude. Réservez auprès de l'office du tourisme.

MARDALSFOSSEN

À l'est d'Åndalsnes, en remontant le Langfjord après le superbe lac Eikesdalsvatnet, on arrive à Mardalsfossen, qui était jadis la cinquième plus haute cascade du monde. Comment a-t-elle perdu son statut ? Dans les années 1970, cette cascade à deux niveaux, dévalant sur 655 m, a été asséchée par un projet hydroélectrique. Malgré les actions des écologistes pour empêcher la construction du barrage, il a été réalisé et Mardalsfossen ne coule plus que pour les touristes, de fin juin à mi-août.

Les amateurs de sensations fortes emprunteront l'**Aursjøvegen** (péage 50 NOK), une route de montagne à une seule voie reliant Mardalsfossen à Sunndalsøra, ouverte de fin juin à septembre.

À faire

CANOË

Le Trollstigen Hytteutleie (voir *Où se loger*) propose des sorties guidées en canoë, ainsi que des marches en montagne.

ESCALADE

Parmi les meilleurs spots d'escalade de la région figurent la voie rocheuse du Trollveggen (1 500 m) et le Romsdalshorn (1 550 m). Bien d'autres murs attendent les alpinistes chevronnés. Disponible à l'office du tourisme, *Klatring i Romsdal* (280 NOK) comprend des informations sur les escalades de parois rocheuses et de glaciers, en norvégien et en anglais.

PÊCHE

John Kofoed (☎ 71 22 63 54) organise des sorties pêche de 3 heures (300 NOK/pers, équipement compris) dans le Romsdalsfjord 3 fois/jour en été. Appelez-le ou réservez auprès de l'office du tourisme.

RANDONNÉE

La brochure *Geiranger Trollstigen* (20 NOK) décrit 8 chemins de randonnée balisés dans la région de Trollstigen, à compléter par la carte *Romsdals-Fjella* au 1/80 000 – toutes deux sont disponibles à l'office du tourisme.

Une excellente randonnée d'une journée, balisée en rouge, part de la ville, à 50 m au nord du rond-point avant la station-service Esso. Elle grimpe jusqu'au sommet du Nesaksla (715 m), le mont qui domine Åndalsnes. Un panorama magnifique vous récompense de cette montée ardue. Par temps clair, la vue embrasse la Romsdalen et s'étend jusqu'à l'Isterdalen.

Depuis le refuge situé au sommet, vous pourrez revenir sur vos pas ou entreprendre l'ascension du Høgnosa (991 m) et continuer jusqu'à l'Åkesfjellet (1 215 m). Vous pourrez aussi suivre vers l'est le chemin balisé sur 5 km et descendre au village d'Isfjorden, au bout de l'Isfjord.

L'office du tourisme organise des randonnées en montagne de 4-6 heures en compagnie d'un guide qualifié (250-350 NOK).

Festivals

Le **Norsk Fjellfestivalen** (Festival des montagnes de Norvège), début juillet, est une semaine de réjouissances pour les amateurs d'activités de plein air. Il comprend de nombreuses manifestations folkloriques. Autre grand événement de la ville, le **Rauma Rock** (www.raumarock.com), le plus important festival pop du centre de la Norvège, dure 2 jours début août.

Où se loger

L'office du tourisme possède une liste de chambres chez l'habitant (environ 400 NOK).

Åndalsnes Camping (☎ 71 22 16 29 ; www.andalsnescamp.no ; empl voiture/caravane 125/140 NOK, bung 4 lits 450 NOK, 6-7 lits avec sdb 880 NOK ; 🕑 mai à mi-sept ; 💻). À moins de 2 km de la ville, ce camping jouit d'un emplacement superbe, sur la rive de la Rauma. Il offre l'accès à Internet (60 NOK/heure) et loue des canoës (50/200 NOK par heure/jour) et des vélos (50/110 NOK par heure/jour).

Trollstigen Hytteutleie (☎ 71 22 68 99 ; www.trollstigen-hytteutleie.no ; empl tente 140 NOK, bung 4/5 lits à partir de 550/650 NOK). Reconnaissable au troll en bois à l'entrée, ce camping bien tenu se situe à 2 km sur la Rv 63, en direction de Geiranger. Plus calme que le précédent, il profite d'un cadre aussi fantastique.

Åndalsnes Vandrerhjem Setnes (☎ 71 22 13 82 ; aandalsnes.hostel@vandrerhjem.no ; dort/s/d avec petit déj 245/450/650 NOK mi-mai à mi-sept, dort seul 175 NOK le reste de l'année). Cette accueillante auberge de jeunesse HI, au toit couvert d'herbe, se tient à 1,5 km de la gare ferroviaire, sur l'E 136 en direction d'Ålesund. Au petit déjeuner, vous vous régalerez de crêpes et de hareng mariné. Le bus d'Ålesund, qui attend à l'arrivée du train, passe devant.

Hotel Aak (☎ 71 22 71 71 ; www.hotelaak.no ; s/d 750/990 NOK ; 🕒 mi-juin à mi-août ; Ⓟ). Le plus ancien hôtel touristique du pays, ce charmant établissement se dresse à côté de l'E 136, en direction de Dombås, à 4 km de la ville. La plupart de ses 16 chambres confortables portent les noms des montagnes que l'on voit des fenêtres (parfois en se penchant un peu). Son restaurant (plats 150-190 NOK, ouv. 16h-22h), tout aussi séduisant, prépare une excellente cuisine traditionnelle. Réservation recommandée.

Grand Hotel Bellevue (☎ 71 22 75 00 ; www.grandhotel.no ; Åndalgata 5 ; s/d 850/1 050 NOK juin-août, 750/850 NOK le reste de l'année ; Ⓟ 💻). Ce vaste bâtiment blanc, perché sur une butte dans le centre-ville, compte 86 chambres, dotées pour la plupart d'une belle vue. Préférez celles donnant sur l'arrière. Le restaurant (plats 195-285 NOK, dîner seulement) sert des repas classiques, mais l'on peut se contenter d'un plat plus léger à 100 NOK environ. Jetez un coup d'œil aux photos d'époque en noir et blanc qui ornent le hall. Lors de notre passage, une annexe devant abriter la bibliothèque municipale, un cinéma et un auditorium était presque achevée. Une piscine publique est située à 100 m de l'hôtel.

Où se loger

Pour un sandwich, une pâtisserie ou un autre en-cas délicieux, rendez-vous à la **Måndalen Bakeri** (Havnegate 5 ; 🕒 8h30-17h lun-ven, 8h30-14h sam), au bord de l'eau, près de la gare ferroviaire.

Buona Sera (☎ 71 22 60 75 ; Romsdalsveien 6 ; plats à partir de 80 NOK ; 🕒 16h-22h30). Ce restaurant italien sert bien évidemment des pizzas et des pâtes, mais aussi des salades croquantes (100 NOK) et des viandes tendres (175 NOK). Doté de plus de caractère que la plupart des pizzerias norvégiennes, il comporte des niches douillettes et réserve un accueil sympathique.

Kaikanten (☎ 71 22 75 00 ; plat du jour 98 NOK, en-cas 35-78 NOK, plats 120-155 NOK ; 🕒 10h-23h mi-mai à août). Installez-vous au bord de la jetée et détendez-vous devant un verre, un en-cas et un panorama sublime dans ce restaurant chaleureux, géré par le Grand Hotel.

Depuis/vers Åndalsnes

BUS

De mi-juin à août, des bus empruntent 2 fois/jour la "route d'Or" jusqu'à Geiranger (197 NOK, 3 heures) via Trollstigen, le ferry Linge-Eidsdal et la splendide Ørnevegen. Le col de Trollstigen est praticable au plus tard le 1er juin. Plus tôt, on le franchit au cours d'un impressionnant parcours de ski de fond, qui passe entre de hauts murs de neige. Chaque jour, des bus partent d'Åndalsnes à 8h30 et 17h30, et de Geiranger à 13h et 18h10. Des bus desservent également Molde (120 NOK, 1 heure 30, jusqu'à 8/jour) et Ålesund (200 NOK, 2 heures 15, 2/jour).

TRAIN

Des trains depuis/vers Dombås (198 NOK, 1 heure 30) circulent jusqu'à 6 fois/jour et assurent la correspondance avec les trains Oslo-Trondheim. Deux fois/jour, des trains arrivent à Åndalsnes, où attend le bus express à destination d'Ålesund via Molde.

VALLDAL ET SES ENVIRONS

Valldal

Après avoir franchi le fameux col de Trollstigen en venant d'Åndalsnes ou savouré le superbe trajet en ferry depuis Geiranger, les voyageurs se contentent souvent de traverser Valldal. Perchée dans une brèche du Norddalsfjord, la ville est entourée de vergers, les plus septentrionaux d'Europe, qui produisent une profusion de pommes, de poires, de cerises et de fraises. Ces dernières sont célébrées chaque année par la **fête de la Fraise**, qui a lieu habituellement le dernier week-end de juillet.

Pour goûter ces produits en toute saison, faites halte à la **Syltetøysbutikken** (☎ 70 25 75 11 ; Syltegata), dans la rue menant à l'église, qui propose une grand choix de confitures et de jus de fruits, confectionnés avec les récoltes locales dans la petite fabrique derrière la boutique.

L'**office du tourisme** (☎ 70 25 77 67 ; www.visitnorddal.com ; 🕑 10h-19h mi-juin à mi-août, 10h-17h lun-ven le reste de l'année) loue des vélos (25/100 NOK par heure/jour) et peut vous trouver un bateau à moteur (85/400 NOK par heure/jour). Il vend une excellente brochure (20 NOK) qui décrit des chemins de randonnée balisés, de 15 min à 3 heures et de Geiranger au Trollstigen. Toutes ces marches partent d'un parking public.

De Valldal, vous pourrez descendre pendant 4 heures la tumulteuse Valldøla (590 NOK ; départ à 11h tous les jours mai-sept). Contactez **Valldal Naturopplevingar** (☎ 90 01 40 35 ; www.valldal.no), dont le bureau se tient à 200 m de l'office du tourisme. Cet organisme propose également la location de kayaks et diverses activités de plein air comme le camping sauvage et, en hiver, le ski au clair de lune.

OÙ SE LOGER ET SE RESTAURER

Les nombreux campings sont souvent envahis de caravanes, présentes presque toute l'année. Pour trouver plus de cachet, poussez jusqu'au **Gudbrandsjuvet Camping** (☎ 70 25 86 31 ; empl tente/caravane 110/140 NOK, bung 4 lits 350 NOK ; 🕑 fin mai à mi-sept), à 15 km sur la Rv 63 en direction d'Åndalsnes, où le torrent s'engouffre dans une gorge étroite.

Fjellro Turisthotell (☎ 70 25 75 13 ; www.fjellro.no ; s/d avec petit déj 690/890 NOK ; 🕑 mai-sept). Derrière l'église de Valldal (au nord-est), cette charmante "Montagne de la paix" offre un accueil chaleureux et des chambres bien équipées. Elle possède un café-restaurant (ouv. 19h-23h), spécialisé dans le poisson, et un pub au rez-de-chaussée, ouvert le week-end. À l'arrière, un jardin paisible comprend une aire de jeux pour les enfants.

Lupinen Café (☎ 70 25 84 10 ; plats 50-88 NOK). Des pizzas, des plats de bœuf et de poisson, et un buffet à prix doux (155 NOK).

Jordbærstova (☎ 70 25 76 58 ; 🕑 mai-sept). À 6 km environ sur la route d'Åndalsnes, le Jordbærstova sert des repas légers et accorde une place d'honneur aux fraises de la vallée. Arrêtez-vous pour savourer sa délicieuse *svele*, une crêpe moelleuse accompagnée de fraises et de crème.

Depuis/vers Valldal

Valldal se situe sur la ligne de bus de la "route d'Or", qui fonctionne de mi-juin à août entre Åndalsnes (88 NOK, 1 heure 45) et Geiranger (75 NOK, 1 heure 15) et passe par le spectaculaire col de Trollstigen. Si vous êtes motorisé, faites une halte à Gudbrandsjuvet, à 15 km de Valldal en remontant la vallée, où la rivière s'engouffre dans une gorge large de 5 m et profonde de 20 m.

Tout aussi belle est la traversée en ferry (adulte/enfant aller 160/80 NOK, aller-retour 250/120 NOK, 2 heures 15) qui relie 2 fois/jour Valldal et Geiranger de fin juin à mi-août.

Tafjord

En 1934, un énorme rocher de 400 m de hauteur et 22 m de longueur – soit 8 millions de m^3 ! – s'est détaché du flanc de la montagne et a plongé dans le Korsnæsfjord, provoquant une lame de fond haute de 64 m. Cette dernière a balayé l'intérieur des terres jusqu'à 700 m, faisant 40 morts à Fjørra et à Tafjord.

Le **musée de l'Énergie de Tafjord** (Kraftverkmuseum ; ☎ 70 17 56 00 ; www.tafjord.net/museum ; entrée libre ; 🕑 12h-17h mi-juin à mi-août) occupe une ancienne centrale hydroélectrique et montre comment l'avènement de l'énergie hydroélectrique a changé la vallée. La route qui grimpe du village jusqu'au réservoir Zakarias passe par un étonnant tunnel en tire-bouchon. Après 2 ou 3 km, un court sentier descend vers le pont effondré à l'étroite base du barrage, où l'on prend conscience de la pression retenue par cette structure haute de 96 m.

Stordal

Si vous voyagez entre Valldal et Ålesund par la Rv 650, faites une courte halte à l'**église Rose** (Rosekyrkya ; adulte/enfant 30/15 NOK ; 🕑 11h-16h mi-juin à mi-août) de Stordal. Banale à l'extérieur, elle fut construite en 1789 sur le site d'une ancienne église en bois debout et en conserve des éléments. La surprise se cache à l'intérieur : le plafond, les murs et le moindre pilier sont somptueusement peints de scènes bibliques et de portraits de saints, dans une interprétation de haut baroque joliment naïve.

GEIRANGER

250 habitants

Des fermes, pour la plupart abandonnées, s'accrochent aux parois vertigineuses du

Geirangerfjord. Ce fjord inscrit au Patrimoine mondial de l'Unesco serpente sur 20 km, émaillé de cascades – tels les Sept Sœurs, le Soupirant et le Voile de la mariée – qui dévalent les falaises pour se jeter dans ses eaux vert émeraude. Le ferry qui le parcourt en une heure entre Geiranger et Hellesylt offre une fabuleuse minicroisière. Empruntez-le, même si vous n'avez rien à faire à l'autre bout du fjord !

Si vous partez de Hellesylt, vous risquez d'avoir un choc en arrivant au village de Geiranger, malgré son sublime emplacement au fond du fjord. Il accueille chaque année plus de 600 000 visiteurs, venus en bus ou en bateau de croisière, et les vapeurs de diesel empuantissent l'atmosphère.

En revanche, si vous venez d'Åndalsnes et de Valldal, au nord, par la Rv 63 (appelée Ørnevegen, ou chemin de l'Aigle), vous serez ébloui par les vues que dévoilent les onze lacets à mesure de la descente vertigineuse vers le fjord étroit. Quel que soit l'itinéraire emprunté, le petit port retrouve sa sérénité en soirée, une fois parti les derniers bus et bateaux de croisière.

L'**office du tourisme** (☎ 70 26 30 99 ; www.geiranger.no ; 🕑 9h-19h mi-juin à mi-août, 9h-18h mi-mai à mi-juin et mi-août à mi-sept) avoisine la jetée.

À voir et à faire

CENTRE DU FJORD DE GEIRANGER

Le **Geiranger Fjordsenter** (☎ 70 26 30 07 ; www.geirangerfjord.no ; adulte/enfant 85/40 NOK ; 🕑 9h-16h mai à mi-sept, 9h-18 juil, 9h-22h août) réunit des outils, des objets et même des bâtiments entiers transférés ici afin d'illustrer les grands thèmes qui ont façonné la région et sa population : les malles de courrier, les avalanches, la construction des premières routes et l'essor du tourisme.

FLYDALSJUVET

Une photo figure sur de nombreuses brochures touristiques : au sommet du rocher en surplomb du Flydalsjuvet, un passant plonge le regard vers un bateau de croisière sur le Geirangerfjord. Le parking signalé du Flydalsjuvet, à 5 km de Geiranger sur la route de Styrn, offre une vue superbe sur le fjord et la vallée verdoyante, mais ce n'est pas celle de la photo. Pour la retrouver, vous devrez descendre la montagne sur 150 m, puis emprunter un chemin pentu, glissant et mal tracé jusqu'au rebord, et enfin ramper sur 50 m jusqu'au rocher en surplomb !

VÉLO

Geiranger Downhill (☎ 47 37 97 71 ; www.geirangerdownhill.com) vous conduira jusqu'à Djupvasshytta (1 038 m), où vous pourrez descendre à vélo une belle route en pente douce de 17 km jusqu'au fjord (195 NOK) ; comptez 2 heures. Réservez au bungalow doté d'un toit herbeux, à 50 m au-dessus du port, qui loue également des vélos (50/200 NOK par heure/jour).

CROISIÈRES

Geiranger Fjordservice (☎ 70 26 57 86 ; www.geirangerfjord.no) effectue des **croisières** (adulte/enfant 110/45 NOK) touristiques de 1 heure 30, 4 fois/jour de juin à août. Son kiosque est installé dans l'office du tourisme. De mi-juin à août, il propose aussi un petit bateau de 15 places (390/190 NOK), qui remonte le fjord plus profondément et plus vite.

KAYAK DE MER

Coastal Odyssey (☎ 91 11 80 62 ; www.coastalodyssey.com), au Geiranger Camping, est dirigé par Jonathan Bendiksen, un Canadien des Territoires du Nord-Ouest qui a sans doute appris à pagayer avant de marcher ! Il loue des kayaks de mer (150/300/600 NOK par heure/demi-journée/journée) et organise chaque jour des excursions combinant kayak et randonnée vers quatre des plus beaux sites du fjord.

RANDONNÉE

Aux alentours de Geiranger, de superbes chemins de randonnée balisés mènent à des fermes abandonnées, à des cascades et à des points de vue, loin du tumulte du terminal des ferries. Les cartes stylisées de l'office du tourisme comportent 13 courtes marches à partir du village.

Une randonnée, plus longue et appréciée, commence par un trajet à bord du bateau touristique de Geiranger Fjordservice. Du débarcadère de Skagehola, une montée ardue de 45 min conduit à Skageflå, une ferme accrochée à la falaise. Vous pourrez revenir sur vos pas jusqu'à la jetée, où le bateau s'arrête à la demande (prévenez l'équipage à l'aller ou faites signe), ou continuer de l'autre côté de la montagne et retourner à Geiranger via Preikestolen et Homlung.

Une autre marche recommandée part de la ferme de Vesterås, suit un sentier (parfois boueux) jusqu'à la cascade de Storseter et passe entre la paroi et l'eau. Comptez 45 min dans chaque sens.

Où se loger et se restaurer

Dans le village, les nombreux panneaux *rom* indiquent des **chambres et bungalows privés** (s/d 300/500 NOK environ) à louer. Les hôtels sont souvent réservés par les tour-opérateurs ; une dizaine de campings sont installés le long du fjord et dans les hauteurs.

Au-dessous du Grande Ford Hotel, deux campings sympathiques et tranquilles occupent des emplacements privilégiés. Même avec un lourd sac à dos, n'hésitez pas à parcourir 2 km vers le nord-ouest pour les rejoindre. Tous deux louent des kayaks, des barques, des bateaux à moteur et offrent l'accès à Internet (60 NOK/heure).

Grande Hytteutleige og Camping (☎ 70 26 30 68 ; www.grande-hytteutleige.no ; pers/empl tente 20/90 NOK, bung 4 lits 350-450 NOK, avec sdb 690-750 NOK, 5/6 lits 720/920 NOK ; avr-oct ;). Pour profiter d'une très belle vue sur le fjord, choisissez le plus petit terrain, au nord. Accès Wi-Fi.

Geirangerfjorden Feriesenter (☎ 95 10 75 27 ; www.geirangerfjorden.net ; pers/empl tente 20/100 NOK, bung 4 lits 450-720 NOK, 5 lits 820-920 NOK ; mai à mi-sept ;). À côté, un autre camping excellent.

Geiranger Camping (☎ 70 26 31 20 ; www.geirangercamping.no ; pers/empl tente 20/110 NOK ; mi-mai à mi-sept ;). À quelques pas du terminal des ferries, ce camping, que traverse un torrent impétueux, est plaisant malgré la rareté de l'ombre et pratique pour un départ matinal. Accès Wi-Fi.

Grande Fjord Hotel (☎ 70 26 94 90 ; www.grandefjordhotel.com ; d 980 NOK ; P). Chaudement recommandé, cet hôtel de 48 chambres offre de succulents buffets au petit déjeuner et au dîner. N'hésitez pas à ajouter 100 NOK pour une chambre avec balcon et vue sur le fjord. Suivez la Rv 63 le long de la rive en direction d'Åndalsnes sur 2 km pour vous retrouver à mille lieues de l'agitation des ferries.

Villa Utsikten (☎ 70 26 96 60 ; www.villautsikten.no ; s 890 NOK, d 1 290-1 490 NOK ; mai-oct ; P). "Un temple qui élève votre esprit". Tel fut le commentaire du roi de Siam lors de son séjour en 1898. Plus d'un siècle plus tard, rien ne contredit ce jugement. Haut perchée sur la colline qui domine Geiranger (prenez la Rv 63 en direction de Grotli), la vénérable Villa Utsikten, construite en 1893, dévoile des vues sublimes sur le village et le fjord. Le restaurant Aida sert une cuisine raffinée (plats autour de 200 NOK) et accueille les non-résidents.

Union Hotel (☎ 70 26 83 00 ; www.union-hotel.no ; s 1 150-1 250 NOK, d 1 760-1 960 NOK ; fév à mi-déc ; P). Ce vaste établissement occupe un emplacement spectaculaire dans les hauteurs, au-dessus de la ville. Il compte deux piscines, dont l'une couverte et chauffée. Même si vous n'y logez pas, grimpez un soir pour savourer le gargantuesque dîner-buffet (415 NOK), qui compte au moins 65 plats. Le restaurant propose également une carte (plats 255-375 NOK) et un menu de 4 plats (495 NOK).

Laizas (☎ 70 26 07 20 ; 10h-22h mi-avr à sept). Au terminal des ferries, à côté de l'office du tourisme et tenu par une équipe jeune, ce grand restaurant accueillant concocte quelques plats savoureux, de bonnes salades, des sandwichs et d'autres en-cas. Il offre également l'accès à Internet (1 NOK/min).

Depuis/vers Geiranger

BATEAU

Apprécié et vivement recommandé, le trajet en ferry entre Geiranger et Hellesylt (passager/voiture avec chauffeur 100/210 NOK, 1 heure) est l'un des plus beaux du pays. Des bateaux partent 4-8 fois/jour de mai à septembre, et toutes les 1 heure 30 de juin à août. Le parcours en ferry entre Geiranger et Valldal (adulte/enfant aller 160/80 NOK, aller-retour 250/120 NOK, 2 heures 15), presque aussi grandiose, a lieu 2 fois/jour de fin juin à mi-août.

De mi-avril à mi-septembre, le ferry côtier de *Hurtigruten* effectue un détour d'Ålesund à Geiranger (départ à 13h30), en direction du nord uniquement.

BUS

En été, des bus quotidiens partent de Geiranger à 13h et 18h10 pour Åndalsnes (197 NOK, 3 heures) via Valldal. Pour Molde, changez à Åndalsnes et pour Ålesund, à Linge.

HELLESYLT

250 habitants

Malgré sa cascade rugissante, l'ancien port viking de Hellesylt est plus calme et moins somptueux que Geiranger.

L'**office du tourisme** (☎ 94 81 13 32 ; 10h-17h mi-juin à août) est installé dans le bâtiment du

Samfunnhuset (le centre communal). Il diffuse la *Tafjardfjella*, une carte de randonnée au 1/50 000, et la *Hellesylt Mountain Biking Map*, qui intéressera les cyclistes. Il offre également l'accès à Internet (40 NOK/heure).

La **Peer Gynt Galleriet** (adulte/enfant 50 NOK/gratuit ; 11h-19h juin-août) présente une collection plutôt kitsch de bas-reliefs en bois sculpté illustrant la légende de Peer Gynt et réalisés par l'artiste local Oddvin Parr. Vous préférerez peut-être la cuisine de la cafétéria.

Où se loger et se restaurer

Hellesylt Camping (☎ 90 20 68 85 ; pers/empl tente 15/105 NOK). L'absence d'ombre est amplement compensée par l'emplacement splendide au bord du fjord et la proximité de l'embarcadère.

Hellesylt Vandrerhjem (☎ 70 26 51 28 ; hellesylt.hostel@vandrerhjem.no ; dort 160 NOK, s/d avec sdb commune 230/400 NOK, d avec sdb 550 NOK, bung 4 lits 340 NOK ; juin à mi-sept). Perchée sur la colline qui domine Hellesylt, cette auberge de jeunesse HI se situe sur la route de Stranda, à 200 m du carrefour. À plusieurs, optez pour un bungalow avec vue sur le fjord. Si vous arrivez en bus, demandez au chauffeur de vous déposer afin d'éviter la longue montée de la colline.

Depuis/vers Hellesylt

Pour des détails sur le spectaculaire trajet en ferry depuis/vers Geiranger, voir ci-contre.

Certains ferries en provenance de Geiranger assurent la correspondance avec les bus depuis/vers Stryn (95 NOK, 1 heure) et Ålesund (136 NOK, 2 heures 45).

NORANGSDALEN

Norangsdalen est l'un des recoins les plus beaux et pourtant les moins visités des fjords du Nord. Le ferry Leknes-Sæbø, qui emprunte le splendide Hjørundfjord, relie cette vallée cachée à Hellesylt via le village d'Øye.

Jonché de rochers et ponctué de fermes abandonnées, le paysage se déploie jusqu'à de hauts pics enneigés et d'envoûtants lacs de montagne. Dans la partie supérieure de la vallée, à Urasætra, les ruines de plusieurs fermettes en pierre se dressent près d'un lac sombre. Plus loin, on discerne les fondations d'anciennes demeures sous l'eau vert sombre du lac Langstøylvatnet – créé en 1908 par l'effondrement d'un pan rocheux sur les pentes du Keipen.

Randonneurs et grimpeurs pourront explorer les sommets du Sunnmørsalpane voisin, en accomplissant par exemple la vertigineuse ascension du Slogen (1 564 m) à partir d'Øye ou la longue et difficile montée depuis Urke jusqu'au sommet du superbe Råna (1 586 m).

Au bord de la route, à 2 km au sud d'Øye, un monument honore la mémoire de C. W. Patchell, un alpiniste britannique amoureux de cette vallée.

L'**Hotel Union** (☎ 70 06 21 00 ; www.unionoye.no ; Øye ; s/d 865/1 730 NOK ; mai-sept), fondé en 1891, a attiré pendant plus d'un siècle des alpinistes, des écrivains, des artistes et des rois. Les œuvres d'art et les meubles d'époque, les boiseries et une ambiance surannée lui confèrent un charme indéniable. Les chambres portent les noms des célébrités qui y ont séjourné, de sir Arthur Conan Doyle à Coco Chanel, en passant par Roald Amundsen, Henrik Ibsen et diverses têtes couronnées. Le restaurant sert des déjeuners de 1-3 plats (195-350 NOK) et des dîners de 3/5 plats (475/595 NOK).

RUNDE

150 habitants

Île ramassée à 67 km au sud-ouest d'Ålesund, Runde est reliée par un pont au continent. Elle abrite un demi-million d'oiseaux de mer appartenant à quelque 230 ou 240 espèces, dont 100 000 couples de macareux migrateurs qui arrivent en avril, nichent et repartent vers fin juillet. Mouettes tridactyles, fous de Bassan, fulmars, pétrels-tempête, pingouins torda, cormorans huppés et guillemots font partie des colonies présentes ; 70 autres espèces viennent nicher.

ÅLESUND

15 000 habitants

Pour beaucoup, la ville côtière d'Ålesund est aussi belle que Bergen, bien que de dimensions plus modestes. En outre, elle est sans conteste moins touristique.

Après l'incendie qui la ravagea le 23 janvier 1904, laissant 10 000 habitants sans abri, l'empereur d'Allemagne Guillaume II envoya des cargaisons de ravitaillement et de matériaux de construction. De jeunes architectes norvégiens, pour la plupart formés en Allemagne, reconstruisirent Ålesund en un temps record dans le style Art nouveau (Judendstil) caractéristique de

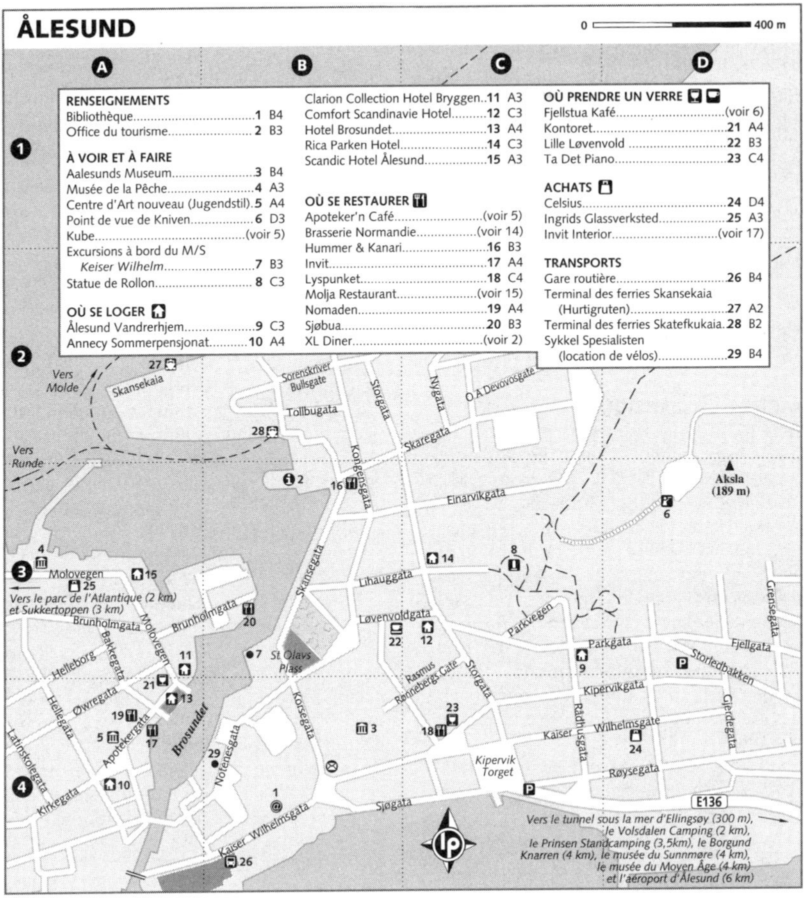

l'époque, en ajoutant quelques ornements et motifs traditionnels. Des édifices agrémentés de tourelles, de flèches et de gargouilles apparurent dans toute la ville. Les plus beaux exemples bordent Apotekergata, Kirkegata, Øwregata, Løvenvoldgata et, plus encore, Kongensgata.

Ålesund se situe sur une presqu'île en forme de hameçon, bordée par l'océan. Son étroitesse empêche toute expansion du centre-ville et la plupart des habitants vivent aujourd'hui sur les îles et les péninsules alentour.

Renseignements

Accès Internet. Disponible à l'office du tourisme (60 NOK/heure) ou gratuitement dans la bibliothèque de l'hôtel de ville. Le Lyspunket (p. 267) et le Lille Løvenvold (p. 268) offrent une connexion Internet classique et le Wi-Fi à leurs clients.

Office du tourisme (☎ 70 15 76 00 ; www.visitalesund.com ; Skaregata 1 ; 🕓 8h30-19h lun-ven, 9h-17h sam, 11h-17h dim juin-août, 9h-16h lun-ven sept-mai). La brochure gratuite *On Foot in Ålesund* décrit une promenade dans la ville à la découverte du patrimoine architectural.

À voir et à faire

MUSÉE DU SUNNMØRE

Le célèbre **musée du Sunnmøre** (☎ 70 17 40 00 ; www.sunnmoremuseum.no ; Borgundgavlen ; adulte/enfant 65/15 NOK ; 🕓 11h-17h lun-sam, 12h-17h dim fin juin-août ; 11h-15h lun, mar et ven, 12h-16h dim le reste de l'année) se tient à 4 km à l'est du centre-ville. Plus de 50 bâtiments traditionnels ont été transférés sur le site de l'ancien comptoir de commerce de Borgundkaupangen, en activité du XIe au XVIe siècle. Les amateurs de bateaux apprécieront la collection d'une quarantaine de navires anciens, dont des répliques de bateaux vikings et un vaisseau marchand datant environ de l'an 1000. Prenez le bus n°618 ou 624.

Malgré ses horaires restreints, ne manquez pas le **musée du Moyen Âge** (Middelaldermuseet ; 🕓 12h-15h mar-jeu et dim mi-juin à mi-août). Autour des fouilles de l'ancien comptoir, une exposition regroupe les objets mis au jour, accompagnés d'explications détaillées, et des reproductions d'illustrations médiévales décrivant le mode de vie de cette communauté côtière prospère.

PARC DE L'ATLANTIQUE

À la pointe ouest de la presqu'île, à 3 km du centre-ville, le **parc de l'Atlantique** (Atlanterhavsparken ; ☎ 70 10 70 60 ; Tueneset ; adulte/enfant 90/55 NOK ; 🕓 10h-19h sam-ven, 10h-16h sam juin-août, 11h-16h mar-dim le reste de l'année) mérite une journée entière. Superbe introduction au monde sous-marin de l'Atlantique Nord, il donne un aperçu de l'étonnante richesse de la vie marine sur la côte et dans les fjords. Les enfants sont fascinés par la section des "escargots, coquillages et animaux marins étranges". Ils peuvent lancer une ligne pour attraper des crabes ou nourrir les poissons dans une pataugeoire. Le gigantesque aquarium, de 4 millions de litres, ébahit petits et grands. Arrivez à 13h (ou à 15h30 de juin à août) pour voir les gros poissons marins tourbillonner autour des plongeurs qui les nourrissent.

Le parc comprend un refuge pour les bébés phoques orphelins, un superbe paysage côtier, des plages propices à la baignade et des chemins de randonnée. En été, un bus spécial (adulte/enfant 27/14 NOK) part toutes les heures de St Olavs Plass, de 9h55 à 15h55, du lundi au samedi.

CENTRE D'ART NOUVEAU (JUGENDSTIL)

Des esthètes aux enfants, tous apprécient ce **Centre d'Art nouveau** (Jugendstil Senteret ; ☎ 70 10 49 70 ; www.jugendstilsenteret.no ; Apotekergata 16 ; adulte/enfant 50/25 NOK ; 🕓 10h-19h juin-août, 11h-17h mar-ven, 11h-16h sam, 12h-16h dim le reste de l'année). Dans une ancienne pharmacie rénovée qui a conservé son bel escalier à vis et sa salle à manger à l'étage, une "machine à remonter le temps" présente un documentaire intitulé "Des cendres à l'Art nouveau", une remarquable description multimédia de la reconstruction d'Ålesund après l'incendie de 1904. Une exposition regroupe des textiles, des céramiques et des meubles de l'époque, soigneusement sélectionnés.

À côté, entrez dans l'ancienne Banque de Norvège, où le **Kube**, le dernier ajout culturel d'Ålesund, organise de remarquables expositions temporaires consacrées à l'architecture, aux arts et au design.

AÅLESUNDS MUSEUM

Le **musée municipal** (☎ 70 12 31 70 ; Rasmus Rønnebergs Gate 16 ; adulte/enfant 40/10 NOK ; 🕓 11h-16h mi-juin à mi-août, 11h-15h le reste de l'année, fermé sam-dim fév, mars, nov et déc) retrace l'histoire de la chasse aux phoques, de la pêche, de la navigation et de l'industrie dans la région du Sunnmøre, l'incendie de 1904, l'occupation allemande pendant la Seconde Guerre mondiale et l'architecture Art nouveau de la ville. Il renferme également une collection de bateaux – parmi lesquels figure l'*Uræd*, un canot de sauvetage à bord duquel l'intrépide Ole Brude traversa l'Atlantique en 1904 –, et une grange de 1812, transformée en épicerie d'antan.

Plus petit et associé au précédent, le **musée de la Pêche** (Ålesund Fiskerimuseet ; ☎ 70 12 31 70 ; Molovegen 10 ; adulte/enfant 30/10 NOK ; 🕓 11h-16h lun-sam, 12h-16h dim et 18h-20h mer-ven mi-juin à mi-août) occupe l'entrepôt Holmbua (1861), l'un des rares bâtiments à avoir survécu à l'incendie de 1904. Ses collections illustrent l'histoire de la pêche au fil des siècles. Une section est consacrée au séchage du poisson et à la production de l'huile de foie de morue.

CROISIÈRE DANS LE PORT

Pour voir la ville sous un autre angle, montez à bord du **M/S Keiser Wilhelm** (☎ 70 11 44 30 ; adulte/enfant 150/75 NOK), qui effectue des circuits de 1 heure 15 dans le port et vers les îlots proches 4 fois/jour.

Pour une croisière plus exotique, embarquez sur le **Borgundknarren**, une réplique d'un navire marchand viking, qui part du musée du Sunnmøre pour un circuit de 1 heure (adulte/enfant 50/20 NOK) le mercredi à 13h, de fin juin à début août.

MONT AKSLA

Les 418 marches du mont Aksla mènent au splendide **point de vue de Kniven** sur Ålesund, les montagnes et les îles environnantes. De Kongensgata, la rue piétonne commerçante, suivez Lihauggata jusqu'au départ de cette essoufflante montée de 20 minutes. Une route va également au sommet : au centre-ville, prenez Røysegata vers l'est, puis suivez les panneaux indiquant Fjellstua.

Au sommet, le **Fjellstua Kafé** (☎ 70 10 74 00 ; ⏰ mi-mai à août) est un endroit plaisant pour reprendre son souffle et boire un verre en admirant la vue.

SUKKERTOPPEN

Une marche plus sportive conduit à un point de vue plus étendu, au sommet du Sukkertoppen (314 m). Elle part de la rue Sukkertoppvegen, à la pointe de la presqu'île d'Ålesund. Le chemin suit l'itinéraire le plus facile jusqu'à la crête qui pointe vers l'est. En ville, prenez le bus n°618 et demandez au chauffeur de vous déposer à l'école Hessla.

Circuits organisés

Pour une découverte approfondie du patrimoine Art nouveau d'Ålesund, effectuez l'excellente **promenade guidée** (adulte/enfant 75 NOK/gratuit ; ⏰ mi-juin à mi-août) de 1 heure 30-2 heures, qui part de l'office du tourisme à 12h.

Festivals

Ålesund sait faire la fête. Fin mai ou début juin, la saison débute par le **Big Band Festival**. Dans la première quinzaine de juillet, le **Festival nautique d'Ålesund** (www.batfestivalen.no) attire durant une semaine les amateurs de navigation et de sports nautiques. Enfin, la dernière semaine d'août, le **Festival de la cuisine norvégienne** attire gourmands et gourmets.

Où se loger

L'office du tourisme a une liste de chambres chez l'habitant (à partir de 300 NOK/pers).

Volsdalen Camping (☎ 70125890 ; www.volsdalencamping.no ; Volsdalsberga ; empl voiture/caravane 100/150 NOK, bung 2/4 lits 300/450 NOK, avec sdb 800 NOK ; ⏰ toute l'année). Au-dessus de la rive, à 2 km à l'est du centre-ville, ce camping particulièrement accueillant est le plus proche de la localité. Essentiellement destiné aux caravanes et aux mobiles-homes, il comprend un terrain herbeux et abrité pour les campeurs tout au fond. Prenez le bus n°613, 614, 618 ou 624.

Annecy Sommerpensjonat (☎ 70 12 96 30 ; Kirkegata 1b ; s/d avec sdb commune 360/390 NOK, d avec sdb 490 NOK ; ⏰ mi-juin à mi-août). Excellent choix pour les petits budgets, cet établissement sans prétention loue des chambres d'étudiant équipées durant l'été.

Ålesund Vandrerhjem (☎ 70 11 58 30 ; aalesund.hostel@vandrerhjem.no ; Parkgata 14 ; dort/s/d avec petit déj 235/490/690 NOK ; ⏰ toute l'année ; 💻). Centrale, cette auberge de jeunesse HI occupe un beau bâtiment (remarquez les peintures murales dans la vaste salle commune) qui vient de fêter ses 100 ans. La plupart des doubles disposent d'une sdb ; des lits superposés sur 3 niveaux équipent le dortoir des femmes. Cuisine, machine à laver, accès internet et Wi-Fi gratuit.

Scandic Hotel Ålesund (☎ 21 61 45 00 ; www.scandic-hotels.com ; Molovegen 6 ; ch 890 NOK mi-juin à mi-août, s/d à partir de 1 070/1 270 NOK dim-jeu, 870/1 070 NOK ven-sam le reste de l'année, petit déj compris ; P 💻). Le Scandic possède de sérieux atouts : le sauna est gratuit et environ un tiers de ses 150 chambres, toutes avec parquet, donnent sur le port – 3 seulement sont accessibles aux handicapés. Ouvert aux non-résidents, son restaurant, le Molja, propose un copieux buffet au petit déjeuner et un dîner-buffet à prix doux (195 NOK). Les familles apprécieront l'aire de jeux et le buffet réservés aux enfants.

Hotel Brosundet (☎ 70 11 45 00 ; www.brosundet.no ; Apotekergata 5 ; s/d à partir de 850/1 070 NOK mi-juin à mi-août, 990/1 150 NOK dim-jeu, 850/1 070 NOK ven-dim le reste de l'année, petit déj compris ; P 💻). Malgré un changement de propriétaire, cet hôtel rénové au bord de l'eau a conservé son charme. Ancien entrepôt classé, il a été transformé dans les années 1990 tout en préservant les énormes poutres, le parquet inégal et les grosses poulies qui servaient autrefois à hisser le poisson.

Rica Parken Hotel (☎ 70 12 50 50 ; www.rica.no ; Storgata 16 ; s/d 855/1 070 NOK dim-jeu mi-juin à mi-août et ven-sam toute l'année, 1 530/1 745 NOK dim-jeu le reste de l'année ; P 💻). Équipées selon les standards élevés de la chaîne Rica, certaines des chambres, modernes et attrayantes, ouvrent sur le parc municipal. La Brasserie Normandie (voir ci-contre) sert une cuisine de qualité.

Comfort Scandinavie Hotel (☎ 70 15 78 00 ; www.choice.no ; Løvenvoldgata 8 ; s/d 1 255/1 455 NOK dim-jeu, 880/1 030 NOK ven-sam ; P 💻). Bel endroit, le plus vieil hôtel d'Ålesund fut le premier construit après l'incendie de 1904. Ses éléments Art nouveau et le mobilier d'époque se marient parfaitement avec la TV à écran plat du salon. Un établissement élégant.

Clarion Collection Hotel Bryggen (☎ 70 12 64 00 ; www.choice.no ; Apotekergata 1-3 ; s/d 1 475/1 750 NOK lun-jeu, 870/1 150 NOK ven-dim ; 💻). Ce superbe hôtel de 130 chambres au bord de l'eau occupe un ancien entrepôt à poissons, décoré d'anciens outils et équipements. Les tarifs incluent un dîner léger et des gaufres à volonté dans la journée. Sauna gratuit pour les hôtes.

Où se restaurer

Quelques cafés plaisants se font face de chaque côté d'Apotekergata, la rue branchée.

Nomaden (☎ 97 15 89 85 ; Apotekergata 10 ; 🕑 11h-17h). Associé à la galerie d'art voisine, ce café accueillant sert des sandwichs, des pâtisseries et des cafés, à déguster sur fond de jazz. Il organise des expositions temporaires.

Invit (☎ 70 15 66 44 ; Apotekergata 9; 🕑 8h15-16h30 lun-ven, 10h-16h30 sam). Ce charmant café-bar ne manque pas de style, et pour cause... il gère la belle boutique de design voisine (ci-contre). Vous pourrez savourer un délicieux en-cas ou un expresso sur le ponton flottant, où l'on vous apportera des couvertures si l'air devient plus frais.

Apoteker'n Café (☎ 70 10 49 70 ; Apotekergata 16). Dans le Centre d'Art nouveau (Jugendstil ; p. 265), ce petit café élégant et sympathique complète les autres enseignes de la même rue et propose de bons en-cas, d'alléchantes pâtisseries et un excellent café.

Hummer & Kanari (☎ 70 12 80 08 ; Kongensgata 19 ; plats 100-275 NOK ; 🕑 lun-sam). Derrière le bar, des rangées de bouteilles de liqueurs et d'alcools attirent l'œil. Dans le bistrot au rez-de-chaussée, commandez au comptoir. À l'étage, un serveur viendra à votre table. La même cuisine fournit les deux niveaux – copieuses assiettes de pâtes (110-130 NOK), pizzas (100 NOK) ou "sélection de poissons et de coquillages du Hummer & Kanari" (245 NOK), le meilleur de la pêche du jour.

Lyspunket (☎ 70 12 53 00 ; Kipervikgata 1 ; plats 125-150 NOK ; 🕑 mar-dim ; 💻). Rendez-vous de la jeunesse, joyeux et d'un excellent rapport qualité/prix, cet établissement offre l'accès à Internet et le Wi-Fi à ses clients. Installez-vous dans l'un des divans profonds et commandez un plat original, comme la dinde en sauce aux pommes caramélisées et au curry. Cafés et sodas sont resservis gratuitement.

Brasserie Normandie (☎ 70 13 23 00 ; plats 190-205 NOK). Principal restaurant du Rica Parken Hotel, cette brasserie offre une carte restreinte de succulentes spécialités, locales et internationales.

XL Diner (☎ 70 12 42 53 ; Skaregata 1; plats 250 NOK environ ; 🕑 dîner seulement). Ce restaurant de poisson au 1er étage donne sur le port. Le *bacalao* (morue), la spécialité de la maison, est cuisiné avec des sauces diverses : italienne, espagnole, portugaise et de Louisiane, à moins que vous ne préfériez le *bacalao de Mirita Style (sic)*, avec un zeste de citron et une sauce moyennement relevée. Les légumes, fermes et croquants, sont cuits à la perfection.

Sjøbua (☎ 70 12 71 00 ; www.sjoebua.no ; Brunholmgata 1a ; plats 250-360 NOK ; 🕑 16h-1h lun-sam). Dans un entrepôt reconverti sur les quais, l'élégant Sjøbua est l'un des meilleurs restaurants de poisson de la région. Ici, vous choisirez vous-même votre langouste dans le vivier.

Pour un simple en-cas sur le pouce, achetez une poignée de crevettes à l'un des bateaux de pêche amarrés sur le port, près de Skansegata.

Où prendre un verre

Ta Det Piano (☎ 70 10 06 99 ; Kipervikgata 1b ; 🕑 à partir de 11h). Établi depuis plus de 10 ans, ce bar détendu est fréquenté par une jeunesse festive. Des musiciens se produisent parfois sur le toit, qui domine le jardin pentu à l'arrière.

Lille Løvenvold (☎ 70 12 54 00 ; Løvenvoldgata 2 ; 🕑 11h-24h lun-jeu, 11h-3h ven-sam). Intime et paisible en journée, bar rock le soir. Wi-Fi gratuit.

Kontoret (☎ 70 10 05 80 ; Apotekergata 2 ; 🕑 18h-tard lun-sam). Une ambiance de pub règne au "Bureau", le quartier général des supporters du club de football de Liverpool.

Achats

Ålesund compte quelques beaux ateliers de verre soufflé.

Ingrids Glassverksted (☎ 70 12 53 77 ; www.ingridsglassverksted.no ; Molovegen 15 ; 🕑 10h-17h lun-ven, 10h-15h sam). Cette boutique possède un grand choix d'articles : verres usuels et raffinés, saladiers, objets de décoration, étranges poules multicolores à la crête hérissée, etc. En dehors des heures d'ouverture, un DVD en vitrine montre Ingrid au travail.

Celsius (☎ 70 10 01 16 ; Kaiser Wilhelmsgata 52 ; 🕑 mar-sam). Ce petit atelier fabrique des pièces originales aux couleurs vives. La boutique est installée à l'arrière.

Invit Interior (☎ 70 15 66 44 ; Apotekergata 9). En harmonie avec cette ville élégante, cette boutique-galerie vend de superbes meubles modernes, objets de décoration et articles pour la maison scandinaves.

Depuis/vers Ålesund

AVION

De l'**aéroport** (☎ 70 11 48 00) d'Ålesund, la SAS offre 3 vols quotidiens pour Bergen, 2 vols depuis/vers Trondheim et jusqu'à 8 vols depuis/vers Oslo. Elle propose aussi 2 vols directs par semaine entre Ålesund et Londres (Gatwick).

BATEAU

Un bateau express descend tous les jours le long de la côte jusqu'à Bergen (8 heures 30). Le ferry côtier de *Hurtigruten* arrive/part à 8h45/18h45 en direction du nord et part à 12h45 en direction du sud. De mi-avril à mi-septembre, il fait un détour apprécié par Geiranger en direction du nord, d'où le long intervalle entre l'arrivée et le départ.

BUS

Nor-Way Bussekspress circule 5 fois/jour, du lundi au vendredi, depuis/vers Hellesylt (149 NOK, 2 heures 30) ; 3 bus continuent jusqu'à Stryn (235 NOK, 3 heures 45). Chaque jour, on trouve un bus express depuis/vers Bergen (580 NOK, 9 heures 15), 3 bus depuis/vers Trondheim (500 NOK, 7 heures 30) via Molde (131 NOK, 2 heures 15), et un bus de jour et un de nuit depuis/vers Oslo (790 NOK, 10 heures). Des bus locaux desservent Åndalsnes (200 NOK, 2 heures 15, 2/jour).

Comment circuler

L'aéroport d'Ålesund se situe sur l'île de Vigra, reliée à la ville par un tunnel sous la mer. Le **Flybussen** (☎ 177) part de Skateflukaia (70 NOK, 25 min) et de la gare routière une heure avant le départ des vols intérieurs.

Les bus municipaux sont gérés par **Nettbuss Møre** (☎ 177 pour les horaires).

Pour aller en voiture à l'aéroport et dans les îles, le tunnel revient à 60 NOK dans chaque sens pour une voiture et le conducteur, plus 19 NOK/passager.

Sykkel Spesialisten (☎ 70 12 28 20 ; Notenesgata 3) loue des vélos (140 NOK/jour).

Pour un taxi, appelez le ☎ 70 10 30 00.

ENVIRONS D'ÅLESUND

Îles

Si vous êtes motorisé, vous pourrez visiter les quatre îles Valderøy, Vigra, Giske et Godøy au cours d'une agréable excursion d'une journée à partir d'Ålesund. Elles offrent toutes de belles promenades de courte durée, dans les hauteurs ou sur la côte.

À la pointe nord de **Godøy**, l'île la plus éloignée, un pittoresque **phare** (☎ 70 18 50 90 ; adulte/enfant 20/10 NOK ; 🕑 12h-18h juin-août) de 1876 se dresse dans le village de pêcheurs d'**Alnes**. Pour une impression de bout du monde, grimpez jusqu'au balcon circulaire de cette structure en bois de 5 étages, ornée de toiles d'Ørnulf Opdahl, un peintre norvégien renommé de Godøy. Ne repartez pas sans avoir goûté les délicieux gâteaux cuits sur place par Eva, la gardienne du phare.

Giske fut le berceau de Gange-Rolv (connu sous le nom de Rollon en France et également revendiqué par Vigra), le chef normand qui assiégea Paris, puis fonda en 911 le duché de Normandie. Il fut l'ancêtre de Guillaume le Conquérant d'Angleterre. Le principal atout de l'île est son **église** (adulte/enfant 20/10 NOK avec visite guidée ; 🕑 10h-17h lun-sam, 13h-19h dim mi-juin à mi-août) du XIIe siècle, essentiellement bâtie en marbre. Le maître-autel et la chaire polychromes, aux sculptures travaillées, en sont les véritables joyaux. Pour observer les oiseaux, promenez-vous dans les marais de Makkevika.

Sur **Valderøy**, des ossements de renard arctique, de loutre de mer et de phoque marbré ont été retrouvés, ainsi que des preuves d'occupation humaine remontant au moins à 2 000 ans dans les **grottes de Skjonghellaren**, dans le nord-ouest de l'île. Du parking, parcourez 500 m en plein vent entre la falaise et la mer, puis grimpez pendant 5 min dans les rochers.

Vigra abrite l'aéroport d'Ålesund et **Blindheimssanden** (ou Blimsand), une longue plage de sable blanc.

MOLDE

19 200 habitants

Molde borde la côte dans le vaste estuaire du Romsdalsfjord. Surnommée "ville des Roses" en raison de son sol fertile, de sa végétation et de son climat tempéré, elle est essentiellement réputée pour son Festival international de jazz, qui a lieu en juillet.

Moderne et sans grand charme architectural, Molde est cependant une petite ville agréablement compacte dotée de beaux paysages côtiers. Pour les apprécier, rendez-vous en voiture ou à pied jusqu'au point de vue de Varden, à 400 m au-dessus de la localité.

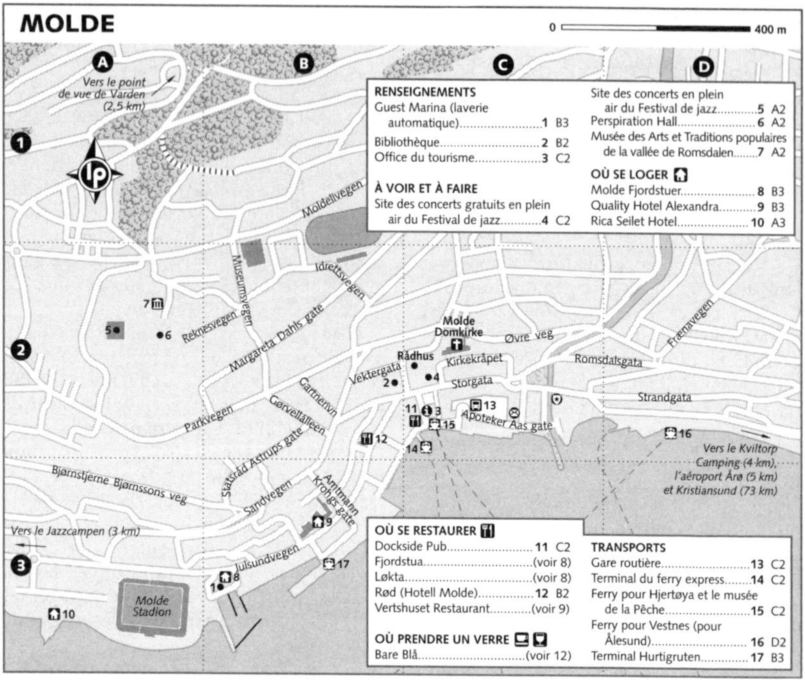

Renseignements

Bibliothèque (Kirkebakken 1-3). Accès Internet.

Dockside Pub (Torget). Un pub fréquenté (voir p. 270) avec accès Internet.

Laverie automatique (Guest Marina)

Office du tourisme (☎ 70 20 10 00 ; www.visitmolde.com ; Torget 4 ; 🕓 9h-18h lun-ven, 9h-15h sam, 12h-17h dim mi-juin à mi-août, 8h30-15h30 lun-ven le reste de l'année). Vend la *Molde Fraena* (1/50 000), la meilleure carte de randonnée de la région. Accès gratuit à Internet.

À voir

MUSÉE DES ARTS ET TRADITIONS POPULAIRES DE LA VALLÉE DE ROMSDALEN

Ce vaste **musée** (Romsdalsmuseet ; ☎ 71 20 24 60 ; Per Amdamsveg 4 ; entrée libre ; 🕓 8h-22h) en plein air regroupe près de 50 bâtiments anciens, provenant de la vallée de Romsdalen. Vous admirerez notamment la Bygata (une rue du début du XXe siècle) et l'église formée de divers éléments d'églises en bois debout, aujourd'hui démolies. En été, d'excellentes **visites guidées** (adulte/enfant 60 NOK/gratuit ; 🕓 11h-18h lun-sam, 12h-18h dim juil, 11h-15h lun-sam, 12h-15h dim 15-30 juin et 1er-15 août) sont organisées, en anglais, sur demande.

MUSÉE DE LA PÊCHE

Ce **musée** (Fiskerimuseet ; ☎ 93 42 54 06 ; adulte/enfant 60 NOK/gratuit ; 🕓 12h-17h mi-juin à mi-août), également en plein air, se situe sur l'île Hertøya, à une courte distance en ferry du terminal de Torget. Une fabrique d'huile de foie de morue, des maisons et cabanes de pêcheurs, une petite salle de classe et des bateaux évoquent la vie des villages de pêcheurs à l'embouchure du Romsdalsfjord au milieu du XIXe siècle. Quand le musée est ouvert, des **ferries** (☎ 99 54 98 94 ; adulte/enfant 50/25 NOK) desservent l'île 4 fois/jour à partir de Molde, de 11h à 17h45.

Festival

Le Festival international de jazz de Molde (Moldejazz, voir l'encadré, p. 271) attire les amateurs de jazz de tout le pays et d'ailleurs.

Où se loger

L'office du tourisme possède une liste de chambres chez l'habitant, pour la plupart avec cuisine (150-200 NOK/pers). Durant le

MOLDEJAZZ

Chaque année, Moldejazz attire jusqu'à 100 000 amateurs et des grands noms du jazz, principalement scandinaves mais aussi internationaux.

La ville swinge du lundi au samedi à la mi-juillet. Elle accueille plus de 100 concerts, dont un bon tiers gratuit. Pour les plus importants, les billets coûtent entre 100 et 280 NOK.

Les concerts de jazz traditionnel ont lieu dans le Perspiration Hall, et les grands événements se déroulent en plein air, près du Romsdalsmuseet. D'innombrables spectacles gratuits (dont une parade de rue quotidienne) sont donnés à partir de 12h devant l'hôtel de ville.

Pour connaître le programme de l'année, appelez le ☎ 71 20 31 50 ou consultez le site www.moldejazz.no. Vous pourrez réserver par carte de crédit, moyennant un supplément de 10 NOK, auprès de **BillettService** (☎ 81 53 31 33).

festival de jazz, un grand camping provisoire, le Jazzcampen, est installé à 3 km à l'ouest du centre-ville.

Kviltorp Camping (☎ 71 21 17 42 ; www.kviltorpcamping.no en norvégien ; Fannestrandveien 142 ; empl voiture/caravane 120/140 NOK plus 10 NOK/pers, bung 2 lits 400 NOK, 4 lits avec douche 650-750 NOK). Ce camping au bord du fjord occupe un site potentiellement bruyant, au bout de la piste de l'aéroport. Heureusement, le trafic aérien est très réduit. Les bungalows sont disponibles toute l'année. Le bus n°214 et le Flybussen passent devant.

Quality Hotel Alexandra (☎ 71 20 37 50 ; www.choice.no ; Storgata 1-7 ; s/d 750/960 NOK mi-juin à mi-août, 1 475/1 595 lun-jeu, 895/1 050 NOK ven-dim le reste de l'année ; P 💻 ♿). La plupart des chambres disposent d'un balcon et jouissent d'une vue superbe. L'hôtel possède un sauna, une petite salle de sport (gratuite pour les hôtes), le confortable Bar A et le restaurant Vertshuset (☎ 71 20 37 75 ; pizzas 89-205 NOK, plats 185-235 NOK), joliment décoré de boiseries et de briques. Au dernier étage, une piscine couverte et chauffée est accessible toute l'année, même quand la neige recouvre les alentours.

Molde Fjordstuer (☎ 71 20 10 60 ; www.havstuene.no ; Julsundvegen 6 ; s/d avec petit déj 740/990 NOK mi-juin à mi-août et ven-sam toute l'année, 990/1 240 NOK dim-jeu le reste de l'année). La belle architecture du Fjordstuer reprend les formes trapues et robustes des maisons de pêcheurs. Petit et accueillant, il compte 18 chambres, dont la moitié donne sur le fjord. Le Fjordstua, son restaurant sélect (ouv. 16h-22h30, lun-sam), offre une vue splendide à travers ses baies vitrées. Vous pourrez aussi vous régaler de crevettes, d'une soupe de poisson ou d'autres délices de la mer au Løkta (ouv. 11h-19h, lun-sam), au bord du quai et tout aussi élégant.

Rica Seilet Hotel (☎ 71 11 40 00 ; www.rica.no ; Gideonvegen 2 ; s/d 1 015/1 115 NOK mi-juin à mi-août, 1 500/1 750 NOK lun-ven, 1 015/1 265 NOK sam-dim le reste de l'année ; P 💻). Cet hôtel élancé contraste avec le Fjordstuer, presque voisin et conçu par le même architecte. Il surgit du bras de mer telle une immense voile d'argent. À l'intérieur, le décor des salons est particulièrement saisissant. Les chambres, réparties sur 14 étages, s'agrémentent de larges baies vitrées et de vues splendides. Pour vous détendre, installez-vous dans le Glasgow Lounge, au niveau de l'eau ; pour une vue panoramique, grimpez au Sky Bar, au 15e étage.

Où se restaurer et prendre un verre

Dockside Pub (☎ 71 21 93 90 ; Torget ; soupe 45 NOK, plats 150-190 NOK, salades 82-99 NOK ; 🕑 12h-0h30). Dans ce pub fréquenté, vous pouvez commander une pizza ou un sandwich, ou vous contenter d'un verre, à siroter dans la salle ou en terrasse sur le quai, selon la température. Musique live au moins une fois par semaine.

Rød (☎ 71 20 30 01 ; Storgata 19 ; plats 175-230 NOK). Au "Rouge", le restaurant de l'Hotell Molde, la carte comporte de nombreux plats alléchants, comme le filet de bœuf accompagné d'artichauts et de courges sautés nappés d'une sauce aux cerises – bien plus séduisants que le décor.

Bare Blå (☎ 71 21 58 88 ; Storgata 19). Dans l'artère principale, le pub prisé de l'Hotell Molde.

Depuis/vers Molde

AVION

L'**aéroport Årø** (☎ 71 21 47 80) se situe sur la côte, à 5 km à l'est du centre-ville. Le Flybussen (35 NOK, 10 min) assure la correspondance avec le départ et l'arrivée de tous les vols. Chaque jour, 2-5 vols desservent Oslo et 2 vols rallient Trondheim et Bergen.

BATEAU

En direction du nord, le ferry côtier de *Hurtigruten* part à 22h (18h30 de mi-sept à mi-avr) ; en direction du sud, il démarre à 21h30. Des ferries express partent également de Molde.

BUS

Dans l'arrière-pays, des bus circulent depuis/vers Kristiansund (148 NOK, 1 heure 45, jusqu'à 12/jour). La route côtière, qui passe par l'Atlanterhavsveien, est bien plus belle et à peine plus longue. Parmi les autres dessertes régionales figurent Åndalsnes (120 NOK, 1 heure 30, jusqu'à 8/jour) et Ålesund (131 NOK, 2 heures 15, 3/jour).

VOITURE ET MOTO

Si vous empruntez la Rv 64 vers le nord, le Tussentunnelen (15 NOK) vous évitera un détour d'au moins un quart d'heure.

ENVIRONS DE MOLDE

Ona

Superbe avec ses paysages rocheux et son phare pittoresque, la petite île d'Ona abrite un village de pêcheurs et constitue une excursion d'une journée appréciée depuis Molde. L'île fut balayée par une énorme lame de fond en 1670. En chemin, ceux qui s'intéressent à la Seconde Guerre mondiale s'arrêteront au **Gossen Krigsminnesamling** (☎ 71 17 15 00 ; Gossen ; adulte/enfant/famille 30/10/70 NOK ; ⌚ 12h-17h mar-dim fin juin-début août), un ancien aérodrome allemand, construit par des prisonniers russes sur l'île de Gossen. Le village abandonné de Bjørnsund, où un café et une boutique ouvrent de juin à août, mérite aussi une brève halte.

Bud

La Rv 63, qui longe la côte entre Molde et Kristiansund, est une plaisante alternative à l'E 89, plus rapide. En chemin, on passe par le village de pêcheurs de Bud, blotti autour de son port. Du XVIe au XVIIe siècle, Bud fut le plus grand centre de négoce entre Bergen et Trondheim.

Servant de musée et de mémorial de la Seconde Guerre mondiale, le **fort côtier d'Ergan** (Ergan Kystfort ; ☎ 91 51 05 26 ; adulte/enfant 60/40 NOK ; ⌚ 10h-18h juin-août) fut bâti à la hâte par les forces allemandes en mai 1940. Divers armements, un réseau de bunkers et des quartiers pour les soldats sont dispersés sur la colline, alors que l'infirmerie et l'intendance sont profondément enfouies.

PlusCamp Bud (☎ 71 26 10 23 ; www.budcamping.no en norvégien ; empl voiture/caravane 150/175 NOK, bung 4 lits 400 NOK, 8 lits avec sdb 950 NOK). À côté d'une petite marina, où l'on peut louer des canoës, des barques et des bateaux à moteur.

Sjøbua Mat og Vinhus (☎ 71 26 14 00 ; Vikaveien ; plats 170-210 NOK ; ⌚ tlj mi-mai à mi-sept, ven-dim le reste de l'année). Ce restaurant de poisson sert la pêche du jour dans un entrepôt face au port, avec plancher et un bateau au milieu de la salle.

Le bus n°352 circule entre Molde et Bud (1 heure, 4-7/jour, tlj sauf dim).

Trollkirka

En direction de Bud et de l'Atlanterhavsveien, prévoyez un court détour par la grotte de la Trollkirka (église du Troll). Des cours d'eau souterrains relient trois grottes de marbre blanc ; une cascade de 14 m dévale dans l'une d'elles. Du parking, une montée escarpée de 2,5 km (comptez 2-3 heures aller-retour) mène à l'entrée. Prévoyez une lampe torche et de bonnes chaussures pour explorer entièrement les grottes.

Atlanterhavsveien et Averøya

Les huit ponts battus par les tempêtes de la route de l'Atlantique (Atlanterhavsveien), classée Route touristique nationale, se tortillent comme des serpents de mer entre les 17 îlots qu'ils relient, de Vevang à l'île d'Averøya. En 2006, le quotidien britannique le *Guardian* a déclaré cette route d'à peine 8 km "le plus beau parcours routier du monde". L'Atlanterhavsveien est réellement sublime ; quand la tempête se déchaîne, on y ressent la force prodigieuse de la nature. En saison, vous aurez de bonnes chances d'apercevoir des baleines et des phoques. Si vous en avez le temps, faites un court détour vers le nord jusqu'au phare isolé de **Hestskjæret Fyr**.

L'**église en bois debout de Kvernes** (adulte/enfant 30 NOK/gratuit ; ⌚ 10h-17h tlj mi-juin à mi-août, dim seulement le reste de l'année), sur Averøya, mérite aussi une visite. Construite vers le XIVe siècle et rebâtie au XVIIe siècle, elle contient un grand bateau votif vieux de 300 ans et un jubé catholico-luthérien du XVe siècle. Un petit musée en plein air et une galerie-boutique d'artisanat sont installés à proximité.

Skjerneset Bryggecamping (☎ 71 51 18 94 ; www.skjerneset.com en norvégien ; pers/empl tente 25/90 NOK, bung 600-715 NOK, d avec sdb commune 390 NOK, tr avec sdb 530 NOK). À Sveggevika, sur Ekkilsøya à l'ouest de Bremsnes, ce camping très sympathique se situe au bord de la mer, au bout d'une piste de 1 km. Les propriétaires, anciens pêcheurs, organisent des excursions en mer sur leur bateau. Vous pourrez aussi louer un bateau à moteur et utiliser votre canne à pêche. Les chambres sont installées dans un ancien entrepôt de poisson, qui abrite un fascinant musée familial au dernier étage.

Håholmen Havstuer (☎ 71 51 72 50 ; www.haholmen.no ; s/d 860/1 270 NOK). Sur un îlot au nord du centre de l'archipel, cette ancienne station de pêche compte 49 chambres sans prétention, joliment meublées dans le style rustique, réparties dans des bâtiments rénovés. L'Ytterbrugga, son restaurant, sert un poisson d'une fraîcheur imbattable. Le *Kvitserk*, réplique d'un navire viking, fait la traversée de 10 min entre le parking en bord de route et l'îlot toutes les heures de 11h à 21h, de fin juin à mi-août.

Toute l'année, des bus **Eide Auto** (☎ 90 77 30 63) relient Molde à Kristiansund (123 NOK, 2 heures 15, 2-4/jour) par la route côtière et l'Atlanterhavsveien. Pour les personnes motorisées, des ferries circulent fréquemment entre Bremsnes et Kristiansund.

KRISTIANSUND

17 100 habitants

Ancienne ville de pêche et de séchage de la morue, Kristiansund s'étend sur trois îles. Des bateaux de pêche de toute taille viennent s'amarrer sur ses quais et fournissent en poisson ses bons restaurants. Le chantier naval de Mellemværftet, mal tenu et chaotique, reste en activité.

Kristiansund doit sa prospérité aux terres et à la mer, bien que les eaux ne soient plus aussi poissonneuses que jadis – les énormes prises d'antan font aujourd'hui partie des légendes. En plus du séchage de la morue (80% du klippfisk consommé dans le monde est préparé dans la ville et alentour), la localité demeure un port important pour l'exportation du bois, coupé dans les forêts de l'arrière-pays. Principale agglomération entre Trondheim et Stavanger, elle tire profit de l'or noir en ravitaillant les plates-formes pétrolières de la mer du Nord.

Renseignements

Laverie automatique (Guest Marina)

Librairie Ark (☎ 71 57 09 60 ; angle Kaibakken et Nedre Enggate). Des livres et de bonnes cartes.

Office du tourisme (☎ 71 58 54 54 ; www.visitkristiansund.com ; Kongens Plass 1 ; 🕓 9h-18h lun-ven, 10h-15h sam, 11h-16h dim mi-juin à mi-août, 9h-16h lun-ven le reste de l'année). Accès Internet gratuit.

Onkel og Vennene (Kaibakken 1). Un bar fréquenté (voir p. 275) avec accès gratuit à Internet.

À voir

La **Gamle Byen** (Vieille Ville) de Kristiansund occupe en partie l'île d'Innlandet ; certains de ses bâtiments en bardeaux datent du XVIIe siècle. Avant d'être un parc public, le splendide **Lossiusgården**, à l'extrémité est du quartier historique, appartenait à un négociant du XVIIIe siècle. Agréable pour un repas ou un verre, le vénérable **Dødeladen Café**, vieux de 300 ans, accueille des événements culturels et des concerts. Depuis le centre, le ferry *Sundbåt* (voir p. 276), qui part du port des ferries de Piren, constitue le moyen d'accès le plus pratique.

Théâtre monumental, le **Festiviteten** (1914) cache derrière une façade banale un bel intérieur Art nouveau. À côté de Piren, la **statue de la Klippfiskkjerringa**, réalisée par Tore Bjørn Skjøsvik, représente une femme de pêcheur transportant de la morue.

MELLEMVÆRFTET

Le **Mellemværftet**, librement accessible à toute heure, a tout l'air d'un vaste bazar nautique. Le mieux consiste à marcher le long du quai depuis le Smia Fiskerestaurant. Cet agréable complexe, aux bâtiments difficilement identifiables, comprend les vestiges d'un chantier naval du XIXe siècle, une forge, un atelier et des logements d'ouvriers.

MUSÉES

Kristiansund possède plusieurs musées, pour la plupart installés dans des bâtiments anciens dont les façades méritent à elles seules le détour. Plusieurs observent des horaires restreints, ou n'ouvrent que sur rendez-vous. Telle était la situation lors de notre passage, mais elle se sera peut-être améliorée ; renseignez-vous à l'office du tourisme. Vous pourrez aussi appeler le ☎ 71 58 70 00, numéro commun à tous les musées, ou consulter le site www.nordmore.museum.no.

Handelshuset (Freiveien ; entrée libre ; 🕓 11h-16h tlj mi-juin à mi-août, sam-dim seulement le reste de l'année). Cette enseigne autrefois animée et spécialisée

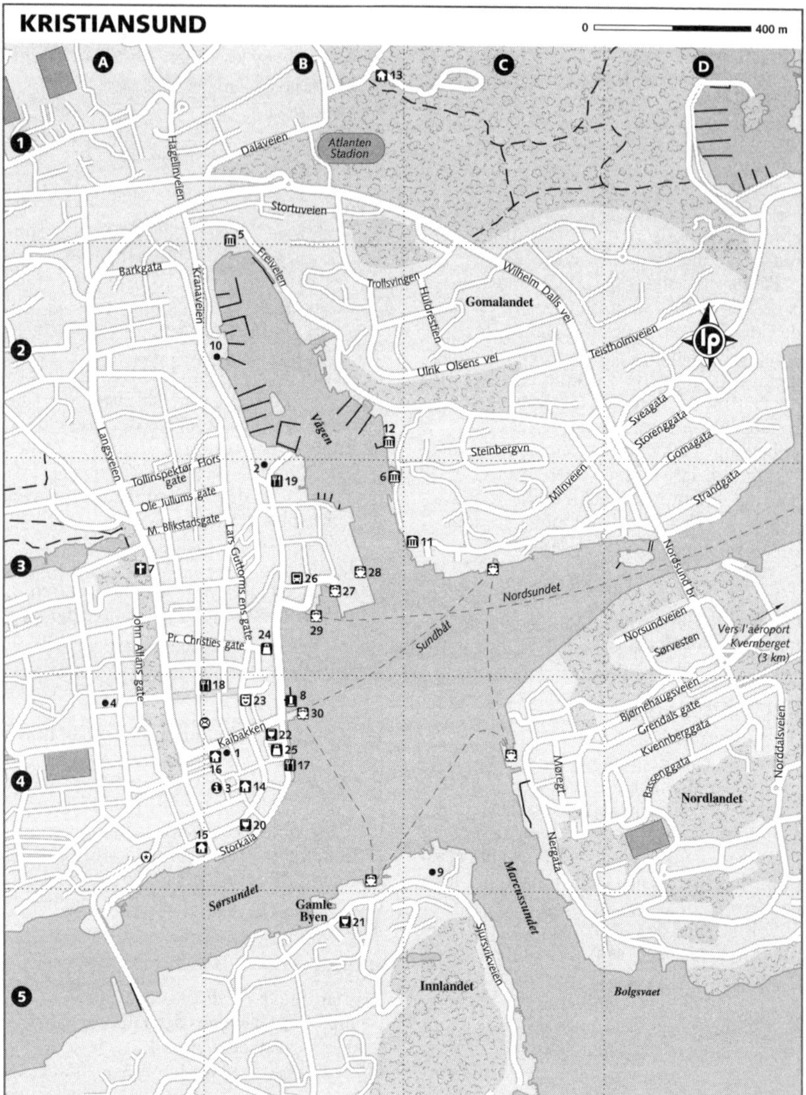

dans la cuisine traditionnelle semble avoir été atteinte par la langueur qui frappe les musées. Son superbe juke-box, chargé de 45 tours des années 1950, a peut-être cessé de fonctionner faute de réparation. Vous pourrez cependant retracer l'histoire commerciale de Kristiansund à travers les anciennes affiches et publicités qui ornent les murs et boire un excellent café, torréfié dans la plus vieille machine du pays.

Le **musée du Klippfish** (Norsk Klipfiskmuseum ; ☎ 71 58 30 14 ; adulte/enfant 50 NOK/gratuit avec la visite guidée ; 🕔 12h-17h fin juin-début août), dans l'**entrepôt Milnbrygga** (1749) sur la presqu'île de Gomalandet, présente l'histoire tricentenaire de l'exportation de la morue séchée à Kristiansund et continue à produire de manière traditionnelle de modestes quantités de klippfisk (morue salée). Du centre-ville, prenez le ferry *Sundbåt* et demandez que l'on vous dépose au musée.

Au nord de ce musée, le **Hjelkrembrygga**, un ancien entrepôt de klippfish de 1835, est voisin du **Woldbrygga**, une fabrique de tonneaux construite en 1875. Tous deux ouvrent sur rendez-vous.

ÉGLISE KIRKELANDET

Conçue par l'architecte Odd Østby, cette **église** (Langveien ; 10h-18h mai-août, 10h-14h le reste de l'année) fut édifiée en 1964 pour remplacer celle qui avait été détruite par des bombardements allemands. L'extérieur angulaire, où alternent cuivre et béton, est sobre et équilibré. À l'intérieur, toutes les lignes attirent le regard vers les 320 vitraux, au fond du chœur. Leur couleur ocre à la base s'éclaircit graduellement jusqu'à devenir la "lumière céleste du paradis".

Derrière l'église, le verdoyant **parc Vanndammene**, sillonné de sentiers, abrite la tour de guet Varden, qui dévoile un point de vue panoramique.

Où se loger

Atlanten Camping & Kristiansund Vandrerhjem (☎ 71 67 11 04 ; www.atlanten.no ; Dalaveien 22 ; empl voiture/caravane 110/130 NOK plus 10 NOK/pers, bung 4 lits 380-485 NOK, avec sdb 590 NOK, s/d motel 530/630 NOK, s/d auberge avec sdb 380/430 NOK). À la fois auberge de jeunesse, motel et camping, cet établissement accueillant se situe à 20 min de marche du centre. La cuisine bien équipée de l'auberge de jeunesse comprend 17 réfrigérateurs. Les aménagements du camping auraient besoin d'une rénovation.

Utsyn Pensjonat (☎ 71 56 69 70 ; fax 71 56 69 90 ; Kongens Plass 4 ; s/d 440/590 NOK). Avec seulement 8 chambres, l'Utsyn est une pension standard paisible, surtout intéressante pour ses prix. Tenu par un nouveau propriétaire asiatique, le café propose des plats norvégiens et chinois.

Rica Hotel (☎ 71 57 12 00 ; www.rica.no ; Storgata 41 ; s/d 970/1 160 NOK mi-juin à mi-août, 1 395/1 645 NOK dim-jeu, 910/1 160 NOK ven-sam le reste de l'année ; P). Entièrement rénové en 2006, le Rica borde le fjord et semble presque flambant neuf. Toutes les chambres disposent d'une baignoire et la plupart donnent sur l'eau. Plus belle à mesure que l'on monte, la vue est superbe depuis le bar du dernier étage, ouvert aux non-résidents. Les hôtes ont librement accès au sauna et à la petite salle de sport.

Quality Hotel Grand (☎ 71 57 13 00 ; www.choice.no ; Bernstorffstredet 1 ; s/d 1 310/1 430 NOK dim-jeu, 835/1 050 NOK ven-sam ; P). Le plus grand hôtel de Kristiansund, cette enseigne compte 109 chambres confortables et joliment meublées, dont 6 accessibles aux handicapés et 30 tenant compte des problèmes d'allergie. Son restaurant, l'Edward, propose une carte très correcte.

Où se restaurer

Pour découvrir un café à l'ambiance singulière, faites un détour par le Handelshuset (voir p. 273).

Bryggekanten (☎ 71 67 61 60 ; Storkaia 1 ; pizza 115 NOK ; lun-sam). Récemment ouvert près du port, ce bar-brasserie est aussi plaisant pour un verre que pour un repas. Installez-vous dans la salle à l'ambiance intimiste et faites votre choix sur la carte, qui réunit des plats imaginatifs à base d'ingrédients traditionnels. Sur la vaste terrasse, commandez une pizza, une bruschetta ou un sandwich original (tel celui au *bacalao* – morue –, avec de la sauce tomate et une pointe de piment).

Smia Fiskerestaurant (☎ 71 67 11 70 ; Fosnagata 30b ; plats 140-240 NOK ; 13h-23h). Ce restaurant de poisson abondamment décoré occupe une ancienne forge aux murs couverts de soufflets et d'outils de forgeron, avec quelques vertèbres de baleine et une morue suspendue. L'excellente soupe de poisson peut être servie en entrée (80 NOK) ou en plat (130 NOK).

Sjøstjerna (☎ 71 67 87 78 ; Skolegata 8 ; plats 200-235 NOK ; 🕑 17h-24h lun-ven, 12h-24h sam). Également recommandé, ce restaurant de poisson offre une carte similaire dans un cadre nautique. Il possède une agréable terrasse dans la rue piétonne Skolegata.

Où prendre un verre et sortir

Onkel og Vennene (☎ 71 67 58 10 ; Kaibakken 1 ; 💻). Au 1er étage, l'endroit est plaisant pour un verre ou un en-cas en soirée. La salle et la petite véranda (où les fumeurs peuvent allumer une cigarette) dévoilent une belle vue sur le port. Accès Internet gratuit pour les clients.

Christian's Bar (☎ 71 57 03 00 ; Storgata 17). Au 1er étage de l'Hotell Kristiansund, le Christian's Bar est un pub attrayant, fréquenté par les plus de 25 ans.

À côté du Comfort Hotel Fosna, le **Mucca** (☎ 71 67 74 04 ; Hauggata 16 ; 🕑 à partir de 20h ven-sam) est le rendez-vous de la jeunesse de la ville, tandis que le **J P Clausens** (☎ 71 57 12 00 ; Storgata 41-43), le piano-bar et bar à vins du Rica Hotel, séduit une clientèle plus âgée.

Achats

À la **Klippfiskbutikken** (☎ 71 67 12 64, 95 20 26 30 ; Storkaia), le sympathique Knut Garshol, membre du mouvement gastronomique international *Slow Food*, vous expliquera les vertus du klippfish dans ce temple dédié à la morue.

Une enseigne de **Vinmonopolet** (Storkaia), qui possède le monopole d'État sur la vente d'alcool, est implantée en face de Bryggekanten.

Depuis/vers Kristiansund

AVION

L'**aéroport Kvernberget** (☎ 71 68 30 50) se situe sur l'île de Nordlandet. Chaque jour, jusqu'à 6 vols desservent Oslo et 2 ou 3 rallient Bergen.

Des bus circulent régulièrement depuis/vers l'aéroport (40 NOK, 15 min, jusqu'à 8/jour), en correspondance avec les heures des vols.

BATEAU

Pour une excursion d'une journée jusqu'à l'extrémité est de l'Atlanterhavsveien et l'église en bois debout de Kvernes, prenez le ferry de Bremsnes (24 NOK, 20 min, toutes les 20-30 min) sur le quai Holmakaia.

Des bateaux express relient Kristiansund et Trondheim (3 heures 30, jusqu'à 3/jour de Nordmørskaia). Le ferry côtier de *Hurtigruten* s'arrête tous les jours à Holmakaia. Il part à 17h en direction du sud et à 1h45 (23h de mi-septembre à mi-avril) en direction du nord.

BUS

Dans l'arrière-pays, des bus circulent depuis/vers Molde (148 NOK, 1 heure 45, jusqu'à 12/jour). La route côtière, qui passe par l'Atlanterhavsveien (voir p. 272), est beaucoup plus séduisante et à peine plus longue. Vers le nord, 1 à 3 bus desservent Trondheim (375 NOK, 3 heures 15) chaque jour.

Comment circuler

Le **ferry Sundbåt** (adulte/enfant 20/10 NOK, billet à la journée 50 NOK) est un moyen de transport plaisant, qui offre un autre point de vue sur le port. Il relie le centre-ville et les îles d'Innlandet, de Nordlandet et de Gomelandet toutes les demi-heures, du lundi au samedi. Le circuit complet dure 20 minutes.

ENVIRONS DE KRISTIANSUND

Grip

Blotti sur une petite île rocheuse, le pittoresque village de Grip aux maisons pastel se tient dans un archipel de 80 îlots et rochers. Au début du XIXe siècle, après une chute des prises de morue et deux violentes tempêtes, le village fut pratiquement abandonné. Repeuplé par la suite, il fut pendant des années la plus petite commune du pays avant d'être rattaché à Kristiansund, en 1964.

L'**église en bois debout** de l'île, amplement restaurée, ouvre à l'arrivée du ferry. Construite à la fin du XVe siècle, elle possède un beau retable, manifestement catholique. Haut de 47 m, le phare de Bratthårskollen, bâti en 1888, se dresse sur un rocher au large.

De mi-mai à fin août, le **M/S Gripskyss** (☎ 71 58 26 16 ; www.gripskyss.no) effectue 1-2 fois/jour la traversée de 14 km entre le terminal de Piren, à Kristiansund et Grip (adulte/enfant 190/95 NOK aller-retour, 30 min).

Le Trøndelag

Région de collines parsemées de fermes rouge sombre et de champs verdoyants, le Trøndelag se distingue par une manière particulière de sécher le foin : disposé sur de longs et bas treillis, celui-ci évoque des processions de yacks ébouriffés. L'eau omniprésente – mer, lacs ou fjords profonds – est une autre caractéristique de la contrée.

La jolie ville de Trondheim, la troisième du pays, est sans conteste le principal atout du Trøndelag avec ses rues et ses quais moyenâgeux, son animation estudiantine et ses restaurants et bars séduisants au bord de l'eau. La cathédrale de Nidaros, le plus vaste édifice médiéval de Scandinavie, et le musée des Arts et Traditions populaires du Trøndelag comptent parmi ses sites les plus remarquables.

La région abrite également deux symboles importants, l'un historique et l'autre contemporain. Stiklestad, lieu du martyre du roi Olav (saint Olav), représente la source de l'identité nationale. Sa charmante église, son impressionnant centre des visiteurs et son musée en plein air justifient amplement le bref détour depuis la route de l'Arctique.

La Kystriksveien (ou Rv 17), une splendide route côtière, part de la ville de Steinkjer et se prolonge jusqu'à Bodø, dans le Nordland. Elle constitue une séduisante alternative à la route de l'Arctique pour ceux qui ont du temps – et suffisamment d'argent pour les billets de ferry. L'office du tourisme de Steinkjer, près de l'E 6, fournit des informations sur ce bel itinéraire. Si le délai ou votre budget vous empêche de suivre la Kystriksveien, vous pourrez en avoir un aperçu en faisant en crochet par la bourgade côtière de Namsos, avant de revenir vers l'est pour reprendre l'E 6 à Grong.

À NE PAS MANQUER

- La **cathédrale de Nidaros** (p. 279) à Trondheim, l'édifice le plus sacré de Norvège
- Une promenade en **wagonnet** (p. 291) sur la voie ferrée désaffectée Namsos-Skage
- Le centre culturel de **Stiklestad** (p. 289), lieu du martyre de saint Olav
- La découverte de la vie côtière au **Norveg** (p. 292), le centre multimédia de Rørvik
- Un repas de spécialités norvégiennes dans la **Vertshuset Tavern** (p. 286), à Trondheim
- Une randonnée en pleine nature dans la **Bymarka** (p. 284), près de Trondheim

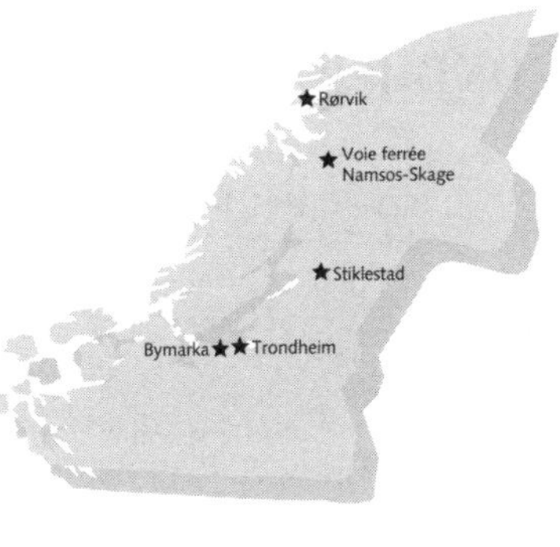

- 407 000 HABITANTS
- POINT CULMINANT : KRÅKVASSTIND (1 699m)

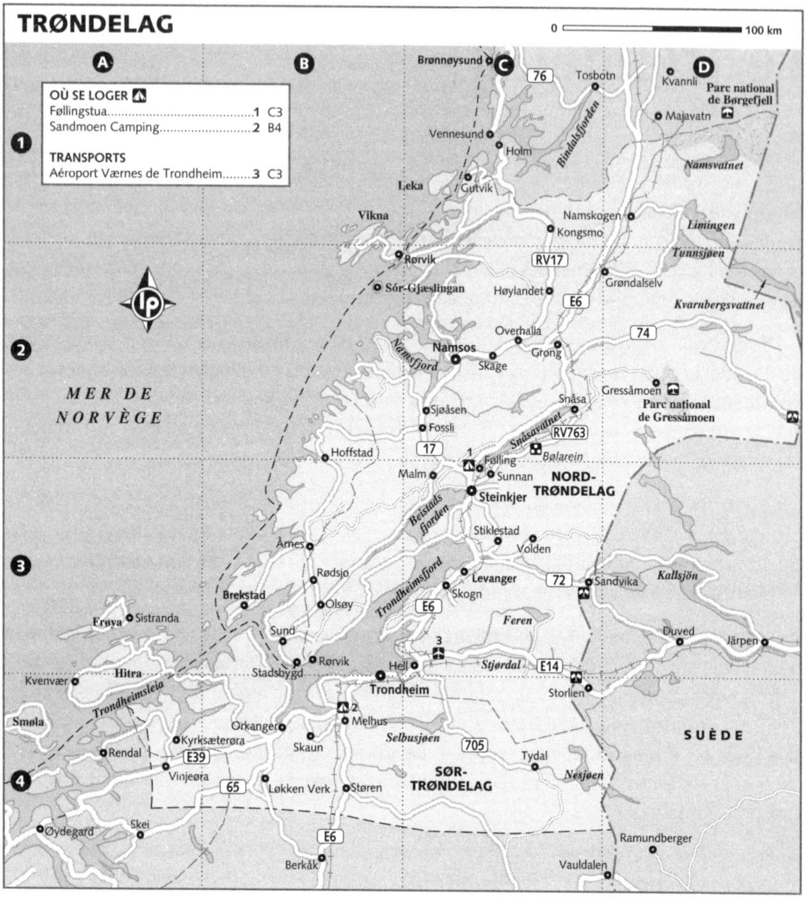

TRONDHEIM

161 750 habitants

Première capitale de la Norvège, Trondheim est aujourd'hui la troisième plus grande ville du pays après Oslo et Bergen. Une longue histoire, des rues larges et un centre partiellement piétonnier contribuent au charme de la cité. Animée par une importante population d'étudiants, elle compte de nombreux musées et d'agréables cafés et restaurants. On s'y déplace volontiers à vélo. Bien qu'une longue journée suffise à l'explorer, Trondheim mérite qu'on lui consacre un peu plus de temps si l'on veut profiter de son ambiance.

Histoire

En 997, le roi chrétien Olav Ier Tryggvesson choisit un large banc de sable à l'embouchure de la Nid pour ancrer son bateau. Le port naturel et l'emplacement stratégique firent de Nidaros (qui signifie "embouchure de la Nid"), nom donné alors à la localité, un avant-poste utile contre les chefs païens belliqueux de Lade qui menaçaient la chrétienté et la stabilité de la région. Selon une théorie plausible, Leif Eriksson rendit visite au roi deux ans plus tard et se convertit au christianisme avant de faire voile vers l'Islande et le Groenland ; il fut peut-être le premier Européen à poser le pied en Amérique du Nord.

En 1030, un autre roi Olav (Haraldsson), désormais plus célèbre, fut tué lors d'une bataille

TROND-*QUOI ?*

En entendant les habitants prononcer le nom de leur ville, vous vous demanderez parfois s'ils parlent du même endroit que vous.

À partir de la fin du Moyen Âge, la ville fut appelée Trondhjem (prononcez *trond-yem*), nom qui signifie plus ou moins "lieu de la bonne vie". Mais, au début du XXe siècle, le gouvernement national entreprit de donner aux villes des noms plus authentiquement norvégiens. Ainsi, Christiana redevint Oslo et, le 1er janvier 1930, Trondhjem reprit son ancien nom de Nidaros.

Quelque 20 000 habitants descendirent alors dans la rue pour protester. Le 6 mars, le gouvernement céda et proposa un compromis : il fut décidé d'appeler la ville Trondheim, en supprimant le "hj" d'origine danoise.

Aujourd'hui, la prononciation officielle est *trond-heim*, même si de nombreux habitants parlent encore de *trond-yem*. Au gré des variantes dialectales, on entend parfois *trond-yahm*. Cette ville tolérante accepte toutes les prononciations !

à Stiklestad (p. 289), à 90 km au nord-est, puis canonisé. Nidaros devint un centre de pèlerinage pour toute l'Europe ; son évêché comprenait la Norvège, les Orcades, l'île de Man, les îles Féroé, l'Islande et le Groenland. Jusqu'en 1217, la ville demeura la capitale de la Norvège, dont l'empire s'étendait de l'actuelle Russie occidentale pour se prolonger, sans doute, jusqu'aux côtes de Terre-Neuve. Le culte de saint Olav perdura jusqu'à la Réforme en 1537, quand la Norvège fut placée sous l'autorité de l'évêché luthérien du Danemark.

Après qu'un incendie eut détruit la majeure partie de la cité en 1681, Trondheim fut reconstruite avec des rues plus larges dans le style Renaissance. Durant la Seconde Guerre mondiale, son emplacement stratégique lui valut de devenir la base de la marine allemande pour le nord de la Norvège, mais la ville échappa heureusement à des destructions majeures.

Orientation

Le centre de Trondheim forme une presqu'île triangulaire bordée par la Nidelva au sud-ouest et à l'est, et par le Trondheimsfjord au nord. La gare ferroviaire et routière (Trondheim Sentralstasjon) et les embarcadères se regroupent entre le canal juste au nord du centre et le Trondheimsfjord.

Torvet (ou Torget), la place centrale et le cœur de la ville, est dominée par la statue du roi Olav Ier Tryggvesson au sommet d'une colonne.

À l'est du centre, de l'autre côté du Gamle Bybro (pont de la Vieille-Ville), le quartier de Bakklandet abrite des bars et restaurants pittoresques dans d'anciens entrepôts et logements rénovés. Les cafés branchés et les restaurants au bord du quai se concentrent à Solsiden, un petit quartier plus récemment restauré.

Renseignements

Ark Bruns Bokhandel (☎ 73 51 00 22 ; Kongens gate 10). Un bon choix de livres en anglais.

Bibliothèque (Kongens gate ; 9h-19h lun-jeu, 9h-16h ven, 10h-15h sam). Accès à Internet gratuit et presse internationale.

Elefanten Vaskeri (10h-18h lun-ven, 11h-16h sam). Faites votre lessive en buvant un café dans ce sympathique café doublé d'une laverie.

Office du tourisme(☎ 73 80 76 60 ; www.trondheim.no ; Torvet ; 8h30-20h lun-ven, 10h-18h sam-dim fin juin à mi-août ; 8h30-18h lun-ven, 10h-16h sam-dim fin mai-fin juin et mi à fin août ; 9h-16h lun-ven, 10h-14h sam le reste de l'année)

Poste principale (Dronningens gate 10)

Spacebar (☎ 73 51 53 50 ; Kongens gate 19 ; 40 NOK/heure ; 10-24h dim-jeu, 24h/24 ven-sam). L'entrée de ce cybercafé se situe dans Prinsens gate.

Trondheim est l'une des villes d'Europe les mieux raccordées au Wi-Fi. Avec un ordinateur portable, on peut se connecter partout et gratuitement dans le centre-ville.

À voir

CATHÉDRALE DE NIDAROS ET PALAIS DE L'ARCHEVÊCHÉ

La **cathédrale de Nidaros** (Nidaros Domkirke ; Kongsgårdsgata ; adulte/enfant/famille 50/25/125 NOK, billet combiné cathédrale, musée du Palais et joyaux de la Couronne 100/50/200 NOK ; 9h-15h lun-ven, 9h-14h sam, 12h-16h dim mai à mi-juin et mi-août à mi-sept, 9h-18h lun-ven, 9h-14h sam, 12h-16h dim mi-juin à mi-août, 12h-14h30 lun-ven, 11h30-14h sam, 12h-16h dim le reste de l'année) est le plus vaste édifice médiéval de Scandinavie. À l'extérieur, le mur ouest,

TRONDHEIM

RENSEIGNEMENTS
Ark Bruns Bokhandel 1 F4
Bibliothèque 2 F4
Poste principale 3 F3
Spacebar 4 E4
Office du tourisme 5 F4
Bureau Trondhjems Turistforening du DNT 6 D3

À VOIR ET À FAIRE
Palais de l'Archevêché (Erkebispegården) 7 F5
Ruines de la Gregorius Kirke (Sparebanken) 8 F3
Hospitalkirken 9 D4
Statue du roi Olav Ier Tryggvesson 10 E4
Forteresse de Kristiansten (Festning) 11 G4
Statue de Leif Eriksson 12 F1
Musée d'Histoire naturelle et d'Archéologie (Vitenskapsmuseet NTNU) 13 D4
Musée de l'Armée nationale (Ruskammeret) et de la Résistance nationale (Hjemmesfront) 14 E5
Musée national des Arts décoratifs (Nordenfjeldske Kunstindustrimuseum) 15 F4
Cathédrale de Nidaros (Domkirke) 16 F4
Ruines de l'Olavskirken .... (voir 2)
Parc aquatique Pirbadet 17 F1
Centre des Sciences (Vitensenteret) 18 F4
Stiftsgården 19 E3
Musée des Arts et Traditions populaires du Trøndelag 20 A6
Synagogue et Musée juif 21 E5
Musée des Beaux-Arts de Trondheim (Trondheim Kunstmuseum) 22 E4
Musée de la Marine de Trondheim (Trondheims Sjøfartsmuseum) 23 G2

OÙ SE LOGER
Britannia Hotel 24 F3
Chesterfield Hotel 25 F3
Clarion Collection Hotel Grand Olav 26 F3
P-Hotel 27 F3
Pensjonat Jarlen 28 E4
Radisson SAS Royal Garden Hotel 29 G3
Singsaker Sommerhotel 30 H5
Thon Hotel Trondheim 31 E4
Trondheim InterRail Centre .... (voir 53)

OÙ SE RESTAURER
Bakklandet Skydsstasjon 32 G4
Benitos 33 F4
Café ni Muser .... (voir 22)
Chablis 34 F4
Credo 35 F3
Dromedar 36 F3
Dromedar 37 F4
Edgar Café .... (voir 53)
Emilies 38 E4
Grønn Pepper 39 F2
Havfruen 40 F4
Persilleriet 41 E4
Marché aux poissons Ravnkloa 42 E3
Sushi Bar 43 E3
To Rom og Kjøkken 44 F3
Vertshuset Tavern 45 A6
Zia Teresa .... (voir 33)
Ørens Kro 46 G3

OÙ PRENDRE UN VERRE
Bare Blåbær 47 G3
Bruk Bar 48 E3
Den Gode Nabo 49 F4
Macbeth 50 F3
Metro 51 F4
Rick's Café 52 F3
Studentersamfundet 53 E6
Trondheim Microbryggeri 54 E3

OÙ SORTIR
Dokkhuset 55 G3
Frakken 56 F3
Nova Kinosenter 57 F3
Olavshallen .... (voir 26)
Prinsen Kino 58 E5
Supa .... (voir 48)
Tiger Tiger 59 F2
Trøndelag Teater 60 E4

TRANSPORTS
Ascenseur à vélos 61 G4
Bateaux express pour Kristiansund .... (voir 62)
Quai des ferries rapides 62 F1
Ferries pour Munkholmen 63 E3
Gare routière interurbaine (Rutebilstasjon) 64 F2
Départ des bus locaux 65 E3
Station de tram de St Olavsgata 66 E3
Croisières Tripps .... (voir 63)

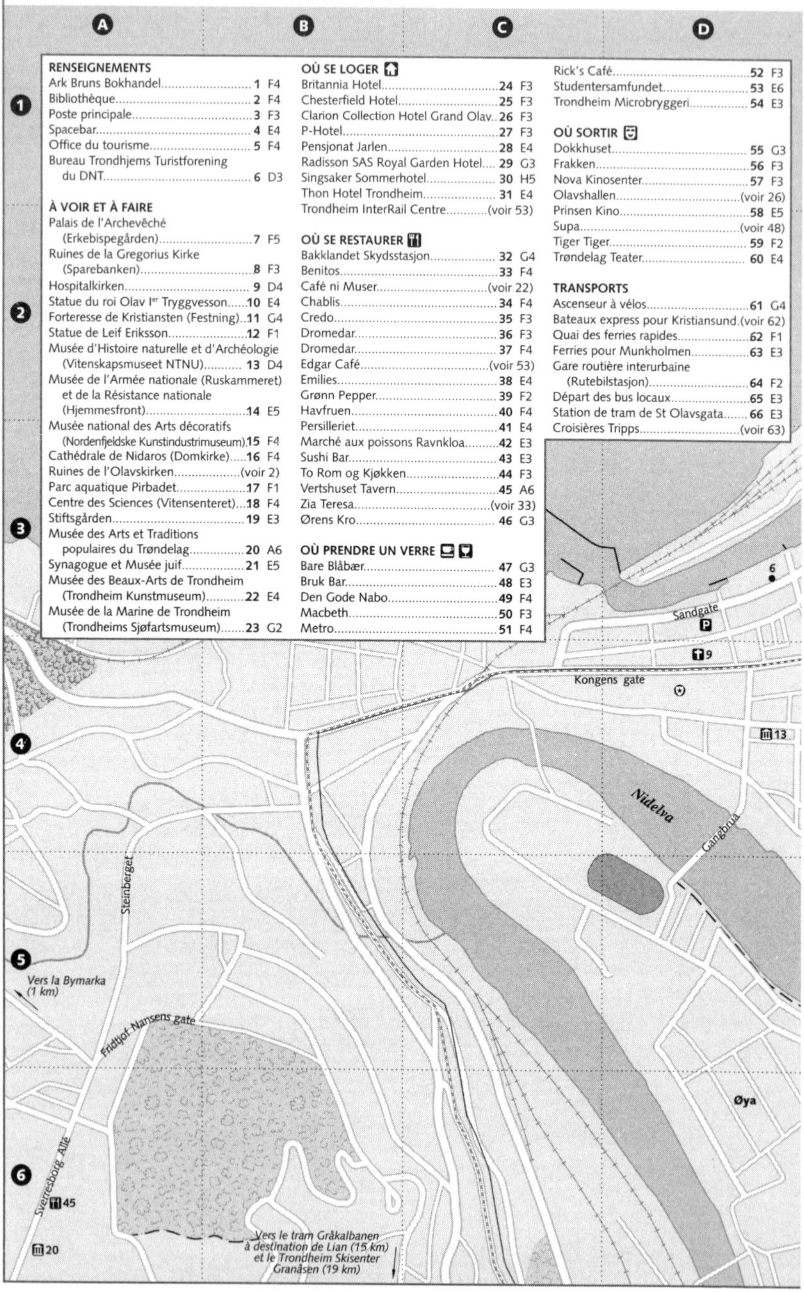

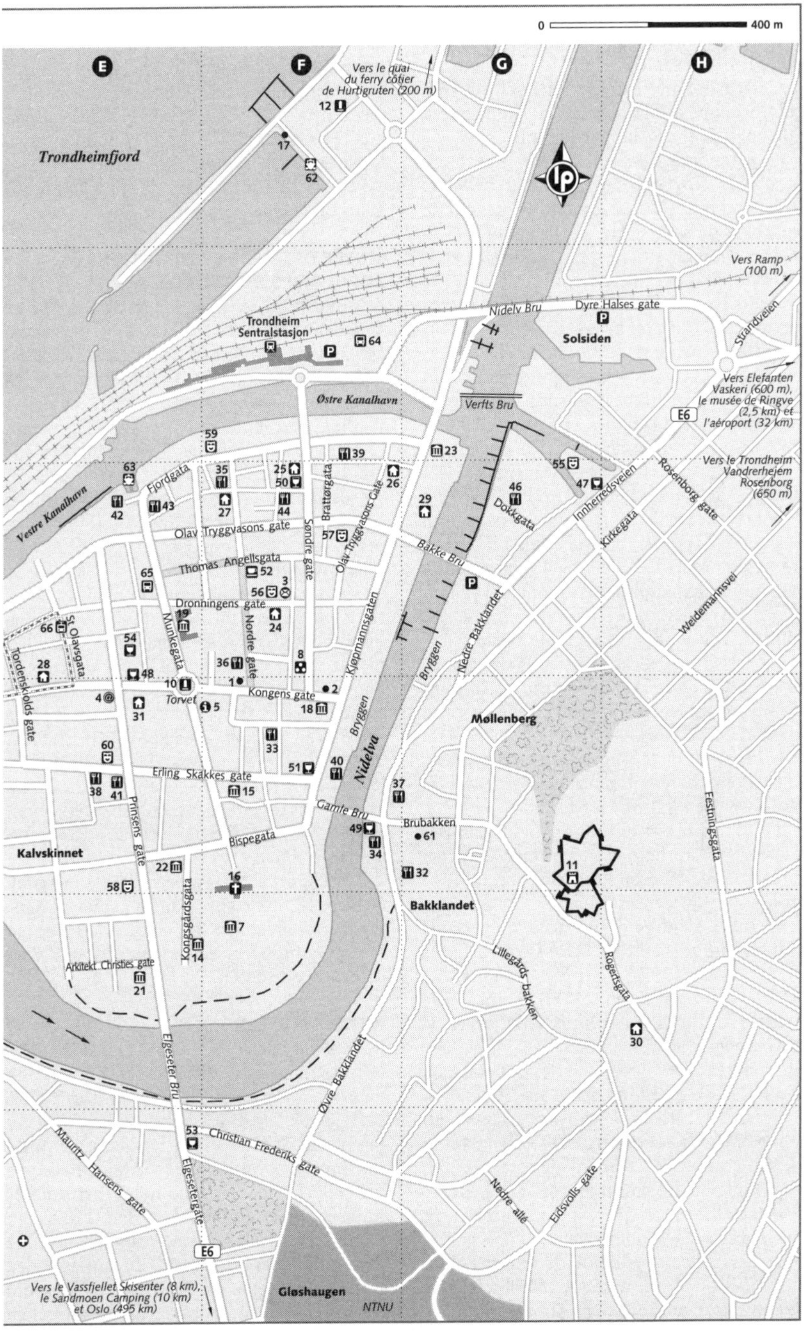
0
400 m
E
F
G
H
Vers le quai du ferry côtier de Hurtigruten (200 m)
Trondheimfjord
Trondheim Sentralstasjon
Østre Kanalhavn
Vestre Kanalhavn
Nidelv Bru
Dyre Halses gate
Solsiden
Strandveien
Vers Ramp (100 m)
Vers Elefanten Vaskeri (600 m), le musée de Ringve (2,5 km) et l'aéroport (32 km)
E6
Verfts Bru
Vers le Trondheim Vandrerhjem Rosenborg (650 m)
Rosenborg gate
Innherredsveien
Kirkegata
Dokkgata
Bakke Bru
Fjordgata
Olav Tryggvasons gate
Thomas Angellsgata
Dronningens gate
Søndre gate
Brattørgata
Olav Tryggvasons Gate
Nordre gate
Munkegata
St Olavsgata
Tordenskiolds gate
Kongens gate
Torvet
Kjøpmannsgaten
Bryggen
Nedre Bakklandet
Weidemannsvei
Møllenberg
Nidelva
Erling Skakkes gate
Gamle Bru
Brubakken
Prinsens gate
Bispegata
Kalvskinnet
Kongsgårdsgata
Festningsgata
Bakklandet
Arkitekt Christies gate
Lillegårds bakken
Rogertsgata
Elgeseter Bru
Øvre Bakklandet
Christian Frederiks gate
Maurtiz Hansens gate
Elgesetergate
Nedre allé
Eidsvolls gate
Gløshaugen
NTNU
Vers le Vassfjellet Skisenter (8 km), le Sandmoen Camping (10 km) et Oslo (495 km)

abondamment orné, comporte des statues en pied de personnages bibliques, d'évêques et de rois norvégiens sculptées au début du XXe siècle. À l'intérieur, des vitraux modernes colorés et une belle rosace, à l'extrémité ouest, laissent passer une lumière subtile.

La cathédrale d'origine fut érigée en 1153, quand la Norvège devint un archevêché indépendant. L'autel se tient au-dessus de la tombe de saint Olav, le roi viking qui se convertit au christianisme. Le transept et la salle du chapitre furent édifiés entre 1130 et 1180 et témoignent d'influences anglo-normandes (de nombreux artisans venaient d'Angleterre), tandis que le chœur et le déambulatoire gothiques furent achevés au début du XIVe siècle. La nef, détruite à plusieurs reprises par des incendies, est essentiellement une reconstitution fidèle du XIXe siècle.

Dans la crypte, des pierres tombales gravées de l'époque médiévale ont pour la plupart été restaurées à partir de fragments ; beaucoup avaient été cassées pour servir de matériaux de construction. L'une d'elles porte une inscription en anglais mentionnant William Miller, un capitaine de Dundee, en Écosse, qui mourut à Trondheim au XVIIIe siècle.

S'il est possible d'explorer seul la cathédrale, les visites guidées (15 ou 45 min) permettent de mieux l'apprécier. Elles sont commentées en anglais jusqu'à 4 fois/jour, habituellement à 11h, 12h, 13h30 et 16h (ces horaires peuvent varier). Les mélomanes feront coïncider la visite avec un **récital d'orgue** (🕑 13h lun-sam mi-juin à mi-août).

De mi-juin à mi-août, on peut grimper toutes les demi-heures au sommet de la **tour** pour une vue superbe sur la ville. L'escalier se trouve dans le transept sud.

Le billet d'entrée donne accès au **palais de l'Archevêché** adjacent, du XIIe siècle. Le plus ancien bâtiment séculier de Scandinavie, il fut commandé vers 1160. Dans l'aile ouest scintillent les éblouissants **joyaux de la Couronne** (adulte/enfant/famille 70/25/165 NOK). Un **musée** (adulte/enfant/famille 50/25/125 NOK ; 🕑 10h-15h lun-sam, 12h-16h dim mai à mi-juin et mi-août à mi-sept ; 10h-16h lun-ven, 10h-15h sam, 12h-16h dim juin-août ; 11h-14h mer-dim le reste de l'année), dans le même complexe, contient des statues, des gargouilles et des sculptures de la cathédrale. À l'étage inférieur, une exposition regroupe quelques-uns des innombrables objets mis au jour lors de la construction du musée à la fin des années 1990. Ne manquez pas l'excellente présentation audiovisuelle (15 min).

Dans la même cour, le **musée de l'Armée nationale** (entrée libre ; 🕑 9h-15h lun-ven, 11h-16h sam-dim juin-août) contient des épées, des armures et des canons anciens. Il retrace l'époque où le palais de l'Archevêché servit de base militaire aux Danois, de 1700 à 1900. Au dernier étage, le **musée du Hjemmesfront** (Résistance nationale) est consacré à la résistance de la ville durant la Seconde Guerre mondiale.

MUSÉE DES ARTS ET TRADITIONS POPULAIRES DU TRØNDELAG

À l'ouest du centre, le **musée des Arts et Traditions populaires** (☎ 73 89 01 00 ; Sverresborg Allé 13 ; www.sverresborg.no ; adulte/tarif réduit/enfant/famille 80/55/30/195 NOK ; 🕑 11h-18h juin-août, 11h-15h lun-ven, 12h-15h sam-dim le reste de l'année) est l'un des meilleurs du genre en Norvège. L'exposition “Livsbilder” (images de la vie), dans le bâtiment principal, renferme des objets usuels des 150 dernières années – vêtements, fournitures scolaires, vélos, etc. –, ainsi qu'une courte présentation multimédia.

Le reste du musée, qui regroupe plus de 60 vieux bâtiments, est en plein air. Il jouxte les ruines du château du roi Sverre, sur une colline qui domine la ville. Des maisons, un bureau de poste, un cabinet de dentiste et d'autres boutiques entourent la place du marché dans la section urbaine. Des fermes de la région, la petite église en bois debout de Haltdalen (XIIe siècle) et deux musées consacrés aux télécommunications (avec de vieux téléphones) et au ski (avec des skis de bois superbement sculptés) complètent la collection. Des visites guidées en norvégien et anglais ont lieu 4 fois/jour.

Le restaurant du musée, la **Vertshuset Tavern** (voir p. 286), installée dans un superbe bâtiment ancien, sert des spécialités norvégiennes. Dans Dronningens gate, prenez le bus n°8 en direction de Stavset.

AUTRES MUSÉES

Le **musée de Ringve** (☎ 73 87 02 80 ; Lade Allé 60 ; adulte/tarif réduit/enfant/famille 75/50/25/150 NOK ; 🕑 11h-15h mai à mi-juin, août et sept, 11h-17h mi-juin à juil, 11h-16h dim le reste de l'année) est le musée national du pays pour la musique et les instruments de musique. Le propriétaire, d'origine russe, est un collectionneur passionné d'instruments rares et anciens, que des étudiants utilisent. Dans l'ancienne grange, vous découvrirez d'innombrables instruments du monde entier. Dans ce domaine du XVIIIe siècle, le jardin botanique est un endroit plaisant où flaner.

LE CHEMIN DES PÈLERINS

La cathédrale de Nidaros fut construite sur le site de la tombe de saint Olav, canonisé et déclaré martyr après sa mort au cours de la bataille de Stiklestad le 29 juillet 1030. Le culte de saint Olav prit rapidement de l'ampleur et 340 églises lui furent consacrées en Scandinavie, en Grande-Bretagne, en Russie, dans les pays baltes, en Pologne, en Allemagne et aux Pays-Bas. Sa tombe devint alors le lieu de pèlerinage le plus important d'Europe du Nord. Le voyage des pèlerins d'Oslo, riches et pauvres, pouvait durer jusqu'à 25 jours. D'autres entreprenaient de longues traversées à partir de l'Islande, du Groenland, des Orcades et des îles Féroé. La tombe de saint Olav devint le point septentrional des pèlerinages européens, complétant ainsi Rome au sud, Jérusalem à l'est et Saint-Jacques-de-Compostelle à l'ouest.

Devant braver montagnes, rivières et forêts, les pèlerins avaient tout le loisir de réfléchir aux épreuves imposées par la vie avant l'éternité. Selon leurs moyens, ils voyageaient à pied ou à cheval de village en village, propageant le culte de saint Olav. Les plus démunis avaient recours à l'hospitalité locale, facilement accordée car les pèlerins étaient tenus en haute estime.

En 1997, le chemin des Pèlerins – long de 926 km en comptant les variantes – fut inauguré, ressuscitant l'ancien itinéraire entre Oslo et Trondheim. Ce chemin accidenté, qui se compose principalement de sentiers de montagne et de routes gravillonnées, est balisé par des croix de saint Olav entrelacées d'un nœud à quatre brins signalant un site touristique. Tout du long, des panneaux indiquent les noms des lieux et les monuments reliés au saint, ainsi que d'anciens tertres funéraires et d'autres sites historiques.

Pour plus d'information, contactez le **bureau des Pèlerins** (Pilegrimskontoret ; ☎ 22 33 03 11 ; www.pilegrim.no ; Kirkegata 34a, N-0153 Oslo) ou consultez son site Internet.

Prenez le bus n°3 ou 4 puis marchez jusqu'au sommet de la colline.

Le petit **musée de la Marine de Trondheim** (Trondheims Sjøfartsmuseum ; ☎ 73 52 89 75 ; Fjordgata 6a ; adulte/tarif réduit 25/15 NOK ; 🕓 10h-16h juin-août) occupe une ancienne prison. Néanmoins charmant, il contient de nombreuses reliques, telles que des baleinières et des frégates du XVIIIe siècle, des instruments de navigation, des maquettes, des peintures et des photos.

Le **musée d'Histoire naturelle et d'Archéologie** (Vitenskapsmuseet NTNU ; ☎ 73 59 21 45 ; Erling Skakkes gate 47 ; adulte/enfant/famille 25/10/50 NOK ; 🕓 9h-16h lun-ven, 11h-16h sam-dim mai à mi-sept, 9h-14h lun-ven, 12h-16h sam-dim le reste de l'année) appartient à l'université norvégienne des Sciences et Technologies (NTNU). Diverses collections désordonnées portent sur l'histoire naturelle et humaine de la région de Trondheim : paysages urbains et maisons, histoire du clergé, fouilles archéologiques et culture des Samis du Sud. Dans un bâtiment adjacent, des sections mieux conçues, abordant l'histoire de l'église et présentant de fascinants objets usuels du Moyen Âge, retracent l'histoire de Trondheim jusqu'au grand incendie de 1681.

La collection permanente du splendide **musée national des Arts décoratifs** (Nordenfjeldske Kunstindustrimuseum ; ☎ 73 80 89 50 ; Munkegata 5 ; adulte/tarif réduit/enfant/famille 60/40/30/100 NOK ; 🕓 10h-17h lun-sam, 12h-17h dim juin-fin août, 10h-15h mar-sam, 12h-16h dim le reste de l'année) expose le meilleur du design scandinave, avec notamment deux superbes salles Art nouveau. Un étage entier est consacré aux œuvres avant-gardistes de trois femmes artistes reconnues : les tapisseries de Hannah Ryggen et de Synnøve Anker Aurdal, et les verreries de Benny Motzfeldt.

Le **musée des Beaux-Arts de Trondheim** (Trondheim Kunstmuseum ; ☎ 73 53 81 80 ; Bispegata 7b ; adulte/tarif réduit/enfant/famille 40/30/20/80 NOK ; 🕓 10h-17h juin-août, 11h-16h mar-dim le reste de l'année) possède une collection permanente d'art moderne danois et norvégien – à partir de 1800 –, avec notamment des lithographies de Munch. Il accueille des expositions temporaires.

STIFTSGÅRDEN

Le plus grand palais de bois de Scandinavie, le Stiftsgården (☎ 73 84 28 80 ; Munkegata 23 ; adulte/tarif réduit/enfant/famille 60/40/30/100 NOK ; 🕓 10h-16h lun-sam, 12h-16h dim juin-fin août), de style baroque tardif, fut construit à la fin du XVIIIe siècle en tant que demeure privée. Aujourd'hui résidence royale officielle, il ne se visite que dans le cadre d'un circuit guidé, toutes les heures à l'heure pile.

QUARTIERS HISTORIQUES

Le **Gamle Bybro** (pont de la Vieille-Ville) offre une vue superbe sur les **Bryggen**, de pittoresques entrepôts des XVIIIe et XIXe siècles qui rappellent ceux de Bergen. À l'est, les anciens quartiers populaires de **Møllenberg** et de **Bakklandet** se sont désormais embourgeoisés ; de pimpantes maisons pastel aux jardinets fleuris bordent les ruelles pavées piétonnes.

Juste à l'ouest du centre, des bâtiments en bois du milieu du XIXe siècle longent des rues également pavées. L'**Hospitalskirken** (Hospitalsløkka 2-4), une église en bois octogonale de 1705, se dresse dans le jardin de l'hôpital.

KRISTIANSTEN FESTNING

Pour une vue panoramique sur la ville, grimpez durant 10 min du Gamle Byro à la **forteresse de Kristiansten** (Festningsgata ; entrée libre ; 🕓 10h-16h tlj juin-août), construite après le grand incendie de 1681. Pendant la Seconde Guerre mondiale, les Allemands en firent une prison et un lieu d'exécution pour les résistants norvégiens. Le site est ouvert toute l'année, quand le drapeau est hissé.

MUNKHOLMEN

Durant les premières années de Trondheim, l'îlot de Munkholmen (îlot aux Moines), à 2 km au large, fut utilisé pour les exécutions. Au fil des siècles, il fut occupé par un monastère bénédictin, une prison, un fort et finalement un bureau de douane. Aujourd'hui lieu de pique-nique apprécié, il est desservi par des ferries (50 NOK le trajet) de mi-mai à début septembre ; départ au moins toutes les heures entre 10h et 16h ou 18h, à côté du marché aux poissons Ravnkloa.

RUINES D'ÉGLISES MÉDIÉVALES

Lors de la construction de la bibliothèque dans Kongens gate, des archéologues découvrirent les vestiges d'une église du XIIe siècle, sans doute l'**Olavskirken**, visibles dans la cour, ainsi que les squelettes de deux adultes et d'un enfant. Dans le sous-sol d'une banque proche, la **Sparebanken** (Søndre gate 4), les ruines de la **Gregorius Kirke**, une autre église médiévale, furent également découvertes lors des fouilles. Les deux sites sont accessibles gratuitement aux heures ouvrables.

AUTRES SITES

La **synagogue** (☎ 73 52 94 34 ; Arkitekt Christies gate 1B ; 🕓 10h-16h lun-jeu, 12h-15h dim) de Trondheim serait la plus septentrionale du monde. Son petit musée retrace l'histoire de la communauté juive locale, dont la moitié des membres périrent durant la Seconde Guere mondiale.

Les enfants apprécieront les expositions interactives du **Centre des sciences** (Vitensenteret ; ☎ 73 59 61 23 ; Kongens gate 1 ; adulte/tarif réduit/famille 65/45/140 NOK ; 🕓 10h-16h lun-ven, 11h-17h sam-dim mi-juin à mi-août, 11h-17h le reste de l'année).

À faire

La carte gratuite *Friluftsliv i Trondheims-regionen* (activités de plein air dans la région de Trondheim ; en norvégien), disponible à l'office du tourisme, indique les aires de loisirs et les chemins de randonnée.

CIRCUITS EN BATEAU

Tripps (☎ 73 52 87 15 ; adulte/enfant 140/55 NOK ; 🕓 mar-dim fin juin à mi-août) organise une croisière de 1 heure 15 le long de l'estuaire de la Nid et dans le fjord à 12h et 14h30. Le bateau part à côté du marché aux poissons Ravnkloa ; on achète le billet à bord.

PARC AQUATIQUE PIRBADET

Sur le quai Pirterminalen, **Pirbadet** (☎ 73 83 18 00 ; adulte/tarif réduit/enfant 125/105/85 NOK ; 🕓 11h-20h lun-ven, 10h-18h sam-dim juin-août, 10h-22h dim-ven, 10h-17h sam le reste de l'année), le plus grand parc aquatique couvert du pays, comprend notamment une piscine à vagues, un sauna et un toboggan de 100 m.

RANDONNÉE

En ville, vous pourrez gravir la courte montée escarpée par les ruelles piétonnes de Bakklandet jusqu'à la forteresse de Kristiansten, ou suivre l'allée piétonne le long de la Nidelva entre les ponts Bakke Bru et Gangbrua. Il s'agit de deux agréables promenades.

À l'ouest de Trondheim, la Bymarka est une somptueuse région boisée, sillonnée de sentiers et de pistes de ski. Prenez le tram Gråkalbanen à l'arrêt St Olavsgata et traversez les jolis faubourgs verdoyants avant de descendre à **Lian** pour admirer la vue sur la ville et vous baigner dans le lac Kyvannet.

Pour des randonnées plus sportives, contactez le bureau local du DNT, le **Trondhjems Turistforening** (☎ 73 92 42 00 ; Sandgate 30).

SKI

Les monts Vassfjellet, au sud de Trondheim, offrent la possibilité de pratiquer le ski alpin et le ski de fond. En saison, un bus relie tous les jours Munkegata au Vassfjellet Skisenter, à 8 km de la ville. La Bymarka se prête également au ski de fond, de même que le Trondheim

Skisenter Granåsen, où les plus téméraires s'élanceront sur le grand tremplin de saut.

Circuits organisés

Entre fin mai et août, **Visit Trondheim** propose une visite guidée en bus de la ville (2 heures ; adulte/senior/enfant 185/160 NOK/gratuit). Elle part tous les jours à 11h en face de l'office du tourisme, où l'on peut réserver.

Fêtes et festivals

L'**Olavsfestdagene**, en l'honneur de saint Olav, se déroule durant la semaine du 29 juillet, date de la fête du saint. Un marché médiéval et un abondant programme de concerts classiques, folk, pop et jazz marquent l'événement. Les célébrations coïncident avec le **Festival gastronomique du Trøndelag**, quand des stands de produits locaux envahissent Kongens gate, à l'est de Torvet.

Kosmorama (www.kosmorama.no), le festival international du film de Trondheim, dure une semaine fin avril, suivi de près par le **Festival de blues de Nidaros**.

Tous les deux ans, en octobre et novembre, les 25 000 étudiants de Trondheim organisent l'**UKA** (www.uka.no en norvégien), le plus important festival culturel du pays. Durant trois semaines, des concerts, des représentations théâtrales et d'autres festivités se succèdent dans le Studentersamfundet (Centre des étudiants ; voir p. 287). Le prochain aura lieu en 2009.

Également tous les deux ans, en février ou mars, des étudiants de plus de 100 pays se retrouvent pour l'**ISFiT** (www.isfit.org), un rassemblement international plus sérieux, qui prévoit néanmoins de nombreux concerts et manifestations pour les moments de loisirs. Prochaine édition en 2009.

Où se loger

Moyennant 30 NOK, l'office du tourisme vous réservera une chambre chez l'habitant (simples 250-330 NOK, doubles 400-450 NOK).

Sandmoen Camping (☎ 72 88 61 35 ; www.sandmoen.no ; empl tente 150 NOK, bung 3-4 lits 400 NOK, avec sdb 650-975 NOK ; mi-juin à août ;). Ombragé de pins, ce camping est le plus proche de Trondheim, à 12 km au sud de la ville.

Trondheim InterRail Centre (☎ 73 89 95 38 ; www.tirc.no ; Elgesetergate 1 ; dort avec petit déj 150 NOK ; fin juin à mi-août ;). Malgré des dortoirs mixtes de 15 à 35 lits de camp, cet établissement convivial, géré par le Studentersamfundet, offre un excellent rapport qualité/prix. Accès Internet gratuit, consigne et fréquents concerts font partie des avantages, de même que l'ignorance de tout couvre-feu. Son Edgar Café sert des repas et des bières à prix doux (durant la soirée "routard", tous les mardi et vendredi de 20h à 22h, les bières ne valent que 31 NOK). Selon la légende, le fantôme de S. Møller, un étudiant mystérieusement disparu dans les années 1930, hanterait parfois l'endroit.

Pensjonat Jarlen (☎ 73 51 32 18 ; www.jarlen.no ; Kongens gate 40 ; s/d 450/560 NOK). Banale et centrale, cette enseigne reste une bonne affaire. Ses 25 chambres, toutes avec sdb, réfrigérateur et kitchenette, sont équipées de lits superposés (sauf l'unique chambre simple).

Singsaker Sommerhotel (☎ 73 89 31 00 ; Rogertsgata 1 ; dort/s/d 200/410/620 NOK, s/d avec sdb 520/740 NOK, petit déj compris ; mi-juin à mi-août ; P). Sur une butte herbeuse dans un paisible quartier résidentiel, ce bâtiment imposant fut construit dans les années 1940 pour servir de club aux officiers allemands. D'un très bon rapport qualité/prix, il héberge des étudiants pendant l'année. Prenez le bus n°63 à la gare ferroviaire. En voiture, empruntez Klostergata vers l'est à partir du Studentersamfund, puis suivez les panneaux.

Trondheim Vandrerhjem Rosenborg (☎ 73 87 44 50 ; www.trondheim-vandrerhjem.no ; Weidemannsvei 41 ; dort 230 NOK, s/d 490/620 NOK, avec sdb 550/720 NOK, petit déj compris ; P). À flanc de colline, à 2 km à l'est de la gare ferroviaire, cette auberge de jeunesse ne fait plus partie du réseau HI et pratique des prix exagérés. Si les quelques chambres de la nouvelle aile sont plaisantes, celles du bâtiment ancien ont besoin d'une rénovation. Accès Internet à 2 NOK/min.

Thon Hotel Trondheim (☎ 73 88 47 88 ; www.thonhotels.com ; Kongens gate 15 ; s/d 595/795 NOK ;). Un hôtel central, doté de chambres sans prétention agréables, à prix raisonnables toute l'année. L'intérieur est plus séduisant que la façade.

P-Hotel (☎ 73 80 23 50 ; www.p-hotels.no ; Nordre gate 24 ; s/d avec petit déj 695/795 NOK ;). Cet élégant hôtel moderne fait partie d'une minichaîne norvégienne en pleine expansion. Il compte 49 chambres pimpantes, chacune avec de quoi préparer des boissons. Tôt le matin, un employé accroche un sac contenant le petit déjeuner à la porte.

Chesterfield Hotel (☎ 73 50 37 50 ; www.bestwestern.no ; Søndre gate 26 ; s/d 785/985 NOK mi-juin à mi-août, 985/1 095 NOK dim-jeu, 775/1 025 NOK ven-sam le reste de l'année ;). Ce vénérable hôtel possède 43 chambres spacieuses, entièrement rénovées et dotées de nouveaux meubles en 2006, après un incendie dans le bâtiment voisin. Celles du 7e étage (le dernier) s'agrémentent d'immenses lucarnes donnant sur la ville.

Britannia Hotel (☎ 73 80 08 00 ; www.britannia.no ; Dronningens gate 5 ; s/d 900/1 100 NOK mi-juin à mi-août, 1 650/1 850 NOK dim-jeu, 995/1 195 NOK ven-sam le reste de l'année ; P ;). Le plus ancien hôtel de Trondheim, ce mastodonte de près de 250 chambres fut construit en 1897. Des lambris patinés des espaces communs au splendide restaurant Palmehaven – une salle ovale de style mauresque, avec piliers corinthiens et fontaine centrale –, un charme suranné règne dans cet établissement. Il comprend deux autres restaurants, un sauna flambant neuf et une minisalle de sport.

Clarion Collection Hotel Grand Olav (☎ 73 80 80 80 ; www.choice.no ; Kjøpmannsgaten 48 ; s/d à partir de 805/995 NOK mi-juin à mi-août et ven-sam toute l'année, à partir de 1 045/1 245 NOK dim-jeu le reste de l'année). Les deux plus beaux hôtels de Trondheim se font face de part et d'autre de la rue. Le Clarion offre une centaine de chambres luxueuses, déclinées en 27 styles différents, au-dessus d'une vaste galerie marchande et de la salle de concert Olavshallen.

Radisson SAS Royal Garden Hotel (☎ 73 80 30 00 ; www.radissonsas.com ; Kjøpmannsgaten 73 ; s/d 1 095/1 195 NOK ven-dim et mi-juin à mi-août, 1 695/1 945 NOK lun-jeu le reste de l'année ; P ;). En face du Clarion, ce somptueux hôtel contemporain borde la rivière. Clair, spacieux et aéré, il convient particulièrement aux familles : les enfants sont hébergés gratuitement s'ils partagent une chambre avec leurs parents et une salle de jeux est à disposition en été.

Où se restaurer

RESTAURANTS

Persilleriet (☎ 73 60 60 14 ; Erling Skakkes gate 14 ; 12h-18h lun-ven ; V). Ce minuscule établissement ouvert au déjeuner propose de savoureux plats végétariens, à déguster sur place ou à emporter.

Ramp (angle Strandveien et Gregusgate ; plats 80-140 NOK ; 12h-24h). À l'écart des itinéraires touristiques et fréquenté par les habitants, ce sympathique bar-restaurant alternatif achète essentiellement des produits locaux, bio de préférence. Il est renommé pour ses excellents burgers (100 NOK) à l'agneau, au bœuf, au poisson ou aux pois chiches.

Benitos/Zia Teresa (☎ 73 52 64 22 ; Vår Frue gate 4 ; plats à partir de 90 NOK). Le sympathique propriétaire de ces deux restaurants adjacents – une trattoria chic et une pizzeria détendue – ressemble à s'y méprendre à Luciano Pavarotti.

Baklandet Skydsstasjon (☎ 73 92 10 44 ; Øvre Bakklandet 33 ; plats 115-200 NOK ; 12h-1h). Ce relais de diligences du XVIIIe siècle comprend plusieurs salles douillettes pleines de recoins, avec des parquets polis. Dans cet endroit très accueillant, on se régale de plats délicieux, comme le *bacalao* (morue ou soupe de poisson) à 145 NOK, en gardant un peu d'appétit pour les gâteaux maison (environ 50 NOK).

Grønn Pepper (☎ 73 53 26 30 ; Fjordgata 7 ; plats 165-230 NOK). Des couvertures et des sombreros mexicains colorés égaient la salle quelconque du Pepper, où l'on peut accompagner la cuisine tex-mex d'une ou deux tequilas. Le lundi, le plat du jour se compose de quatre tacos avec riz et salade (120 NOK).

Vertshuset Tavern (☎ 73 87 80 70 ; Sverresborg Allé 11 ; plats 110-270 NOK). Autrefois au cœur de Trondheim, cette taverne historique (1739) a été transférée au musée des Arts et Traditions populaires du Trøndelag (p. 280). Savourez un plat du jour traditionnel ou commandez des gaufres et un café dans l'une des 16 petites salles, toutes avec poutres basses, parquet incurvé, poêle en fonte, bougies et nappes en dentelle.

Sushi Bar (☎ 73 52 10 20 ; Munkegata 39 ; plats 175-240 NOK). Toutes sortes de sushis. Pour un aperçu des différentes saveurs, choisissez le *sushi moriawase*, un assortiment de 16 pièces (198 NOK). L'établissement vend également des plats à emporter.

Chablis (☎ 73 87 42 50 ; Øvre Bakklandet 66 ; plats 180-220 NOK ; 17h-23h). À côté de la rivière, le Chablis, un établissement de style brasserie, comporte une belle salle lumineuse et un ponton flottant. La cuisine mitonne des plats succulents, norvégiens et internationaux.

Ørens Kro (☎ 73 60 06 35 ; Dokkgata 8 ; plats 200 NOK environ). Ce bar-restaurant plein de charme occupe un ancien atelier de réparation de bateaux. De vieux outils ornent les murs et une partie de la grande terrasse enjambe l'ancienne rampe avec ses poulies et ses leviers rouillés. La carte, norvégienne, comprend essentiellement du poisson.

To Rom og Kjøkken (☎ 73 56 89 00 ; Carl Johansgate 5 ; plats 200-235 NOK ; lun-sam). Le "Deux Pièces et Cuisine" se distingue par un service sympathique, une ambiance dynamique et des prix raisonnables. Des artistes exposent leurs œuvres sur les murs. La cuisine privilégie, autant que possible, les produits locaux.

Emilies (☎ 73 92 96 41 ; Erling Skakkes gate 45 ; menus 2-6 plats 350-595 NOK ; 🕒 16h-24h lun-sam). La carte, limitée et excellente, change continuellement pour s'adapter aux ingrédients disponibles localement. Le noir et le blanc composent le décor contrasté de ce restaurant sophistiqué.

Credo (☎ 73 53 03 88 ; Ørjaveita 4 ; menus 3-5-plats 465-580 NOK ; 🕒 6h-23h). Le chef de ce restaurant de cuisine internationale, à forte influence espagnole, choisit les meilleurs produits du jour et les transforme en plats délicieux. Un bar branché est installé à l'étage.

Havfruen (☎ 73 87 40 70 ; Kjøpmannsgaten 7 ; plats 455-785 NOK ; 🕒 18h-24h lun-sam). Cet élégant restaurant au bord de la rivière est spécialisé dans le poisson. Les prix reflètent la qualité de la cuisine et des vins. La carte réduite, sur laquelle vous choisirez entre 3 et 8 plats, change régulièrement selon les prises des pêcheurs.

CAFÉS

Trondheim compte de nombreux cafés charmants, parfaits pour un repas léger, un café ou des pâtisseries. Certains restent ouverts la nuit et se transforment en pubs animés.

Dromedar (☎ 73 50 25 02 ; Nedre Bakklandet 3). Ce self-service établi de longue date et apprécié localement sert des plats légers et un excellent café. La salle est un peu exiguë, mais des tables sont installées dans la rue pavée en été. Une **succursale** (☎ 73 53 00 60 ; Nørdre gate 2), de même style et également dotée d'une terrasse, propose également de délicieux cafés.

Café ni Muser (☎ 73 53 25 50 ; Bispegata 9 ; plats légers 60-85 NOK). Une clientèle bohème fréquente le café du musée des Beaux-Arts, qui séduit par ses repas légers à prix doux. Les après-midi d'été, la terrasse se transforme en bar à bière.

FAIRE SES COURSES

Un grand marché de fruits et légumes s'installe tous les matins dans Torvet. Dans l'excellent **marché aux poissons Ravnkloa**, vous vous régalerez de plats de poisson à petits prix.

Où prendre un verre

Ville étudiante, Trondheim possède une vie nocturne animée. Les journaux gratuits *Natt & Dag* et *Plan B* (surtout en norvégien) recensent les spectacles et manifestations. Solsiden (Côté ensoleillé), un quai jalonné de bars et de restaurants, nichés entre d'élégants immeubles résidentiels, des entrepôts reconvertis et des grues, est l'endroit le plus branché.

Trondheim Microbryggeri (Prinsens gate 39). Ce splendide pub-brasserie est le rendez-vous incontournable de tous les amateurs d'*øl* (bière*). Avec huit bières maison à la pression et d'excellents repas légers (*environ 150 NOK), c'est un endroit où s'attarder, faire connaissance et *discuter*.

Macbeth (Søndre gate 22b). Les Écossais se sentiront chez eux avec une pinte de Newcastle Brown à la pression. Des matchs de football et des courses automobiles défilent sur le grand écran – évitez le coin strictement réservé aux amateurs de Formule 1. Une dizaine de whiskies single malt est proposée.

Studentersamfundet (Centre des étudiants ; ☎ 73 89 95 38 ; Elgesetergate 1). Durant l'année universitaire, il comprend 10 bars animés, un cinéma et accueille de fréquents concerts. En été, il se transforme en dortoir de routards (p. 285).

Metro (☎ 73 52 05 52 ; Kjøpmannsgaten 12 ; 🕒 22h-2h mer et ven-sam). Le seul bar gay de Trondheim est aussi un pub, un salon-bar, une discothèque et un lieu de rencontre sympathique pour garçons et filles.

Bare Blåbær (Innherredsveien 16 ; burgers et pizzas 110-130 NOK, tex-mex 140 NOK environ). Rejoignez la foule qui se presse dans la salle et sur la terrasse au bord du quai. Renommé pour ses excellentes pizzas, l'établissement propose une curieuse *chili bollocks* – une spécialité hivernale ?

Den Gode Nabo (Øvre Bakklandet 66 ; plats 174-194 NOK ; 🕒 13h-1h). "Le Bon Voisin", un vaste pub sombre au bord de la rivière, est réputé le meilleur du pays.

Bruk Bar (Kongens gate ; 🕒 11h-3h lun-sam, 13h-3h dim). Bougies et lampes design éclairent ce bar accueillant, fréquenté par des trentenaires. Toujours forte, la musique varie selon les goûts des barmen. La terrasse jouxte Torvet.

Rick's Café (Nordre gate 11 ; 🕒 à partir de 11h). Après un incendie, cet élégant café a été reconstruit en 2007. Le rez-de-chaussée est tout en angles et en acier brossé, tandis que l'étage offre de confortables divans et fauteuils pour siroter tranquillement un cocktail ou un verre de vin. La discothèque au sous-sol, ouverte le week-end, comprend 2 salles, l'une pour le rock et l'autre pour la house.

Où sortir

Dokkhuset (🕒 11h-1h lun-jeu, 11h-3h ven-sam, 13h-1h dim). Ancienne station de pompage artistement rénovée (observez les anciens moteurs à travers le sol en verre), le Dokkhuset est à la fois un auditorium (jazz expérimental ou musique de chambre), un restaurant et un café-bar. Sirotez un verre sur la jetée ou observez les passants depuis le toit-terrasse.

Tiger Tiger (☎ 73 53 16 06 ; Fjordgata 56-58 ; 🕑 23h-3h jeu-sam). Dans cette discothèque de 3 étages, le décor kitsch d'objets prétendument importés d'Afrique du Sud, d'Inde et de Polynésie n'empêche pas la foule de danser aux sons des DJ.

Supa (☎ 73 50 37 08 ; Kongens gate ; 🕑 22h-3h ven-sam). Au-dessous du Bruk Bar, cette ancienne cave à vin transformée en discothèque vibre aux rythmes de la house, de la jungle et du R&B.

Frakken (☎ 73 52 24 42 ; Dronningens gate 12 ; 🕑 18h-3h30). Une discothèque et piano-bar à plusieurs étages, qui accueille tous les soirs des musiciens norvégiens ou étrangers.

Olavshallen (☎ 73 99 40 50 ; Kjøpmannsgaten 44). La principale salle de concert de la ville, installée dans le centre culturel Olavskvartalet, est le siège de l'Orchestre symphonique de Trondheim. Des artistes internationaux de rock et de jazz s'y produisent, surtout entre septembre et mai.

Théâtre de Trøndelag (☎ 73 80 50 00 ; Prinsens gate 18-20). Construit en 1816 et joliment rénové, le théâtre programme de grands spectacles chorégraphiques et musicaux.

Le **Nova Kinosenter** (☎ 82 05 43 33 ; Olav Tryggvasons gate 5) et le **Prinsen Kino** (☎ 82 05 43 33 ; Prinsens gate 2b) sont les deux principaux cinémas.

Depuis/vers Trondheim

AVION

L'aéroport Værnes se situe à 32 km à l'est de Trondheim. SAS relie Trondheim à toutes les grandes villes norvégiennes et à Copenhague. **Norwegian** (www.norwegian.no) offre des vols depuis/vers Londres (Stansted), Oslo et Bergen.

BATEAU

Le ferry côtier de *Hurtigruten* fait escale à Trondheim. Il part à 12h vers le nord et à 10h vers le sud. Les bateaux express qui relient Trondheim à Kristiansund (3 heures 30) partent du quai Pirterminalen jusqu'à 3 fois/jour.

BUS

La gare routière interurbaine (Rutebilstasjon) jouxte la gare ferroviaire (Trondheim Sentralstasjon ou Trondheim S).

Sur la route principale qui relie le nord et le sud du pays, Trondheim est un carrefour de transports routiers. Des bus Nor-Way Bussekspress desservent jusqu'à 3 fois/jour Ålesund (500 NOK, 7 heures 45), Namsos (320 NOK, 3 heures 45) et Oslo (575 NOK, 6 heures 30). Un bus de nuit circule depuis/vers Bergen (751 NOK, 13 heures 45). Si vous empruntez les transports publics pour rejoindre Narvik et d'autres destinations au nord, il est plus rapide de prendre le train jusqu'à Fauske ou Bodø (le terminus de la ligne), puis de continuer en bus.

TRAIN

Pour des renseignements sur les trains, appelez le ☎ 177. Chaque jour, jusqu'à 6 trains se rendent à Oslo (810 NOK, 6 heures 45-7 heures 45) et 2 vont en direction du nord vers Bodø (937 NOK, 9 heures 45) via Mosjœn (648 NOK, 5 heures 30), Mo i Rana (749 NOK, 6 heures 30) et Fauske (905 NOK, 9 heures). Un billet *minipris* (voir p. 415) réduit considérablement les prix standards.

Des trains desservent également Steinkjer toutes les heures (217 NOK, 2 heures).

VOITURE ET MOTO

Un embranchement de l'E 6 contourne Trondheim. La route principale traverse le cœur de la ville, où les conducteurs doivent acquitter un péage de 25 NOK (conservez le ticket, car il couvre le péage du centre-ville). Empruntez la voie "Manuell" pour régler ce péage, ou vous encourrez une lourde amende.

Parmi les loueurs de voitures, citons **Avis** (Kjøpmannsgaten ☎ 73 84 17 90 ; Kjøpmannsgaten 34 ; aéroport ☎ 74 84 01 00), **Europcar** (Thonning Owesens ☎ 73 82 88 50 ; Thonning Owesens gate 36 ; aéroport ☎ 74 82 67 00) et **National** (Ladeveien ☎ 73 50 94 40 ; Ladeveien 24 ; aéroport ☎ 74 82 29 90).

Comment circuler

DEPUIS/VERS L'AÉROPORT

Les **Flybussen** (☎ 73 82 25 00) partent toutes les 15-20 min de 5h à 20h (moins fréquemment le week end) et font halte aux principaux sites, comme la gare ferroviaire, le Studentersamfundet et le Britannia Notel (80 NOK, 40 min).

Des trains circulent toutes les 2 heures entre la Trondheim Sentralstasjon et l'aéroport Værnes (68 NOK, 35 min).

TAXI

Pour commander un taxi, appelez **Trønder Taxi** (☎ 07373) ou **Norgestaxi** (☎ 08000).

TRONDHEIM : LE PARADIS DU VÉLO

La ténacité de la municipalité de Trondheim impose le respect. Il y a quelques années, environ 200 vélos verts furent mis gratuitement à disposition pour une utilisation dans le centre de la presqu'île. Beaucoup furent rapidement volés ou endommagés. Sans se décourager, la municipalité réitéra en renforçant la surveillance.

Ces nouveaux vélos, rouges, sont largement utilisés pour de courts trajets en ville. Vous pourrez les emprunter pour 3 heures au plus, avant de les replacer sur l'un des 10 emplacements du centre-ville (vous en trouverez un à la gare ferroviaire). Pour en profiter, procurez-vous une carte (70 NOK pour 4 jours, plus un dépôt de garantie de 200 NOK) à l'office du tourisme.

D'autres aménagements ont été mis en place pour les cyclistes : des pistes cyclables bien indiquées, souvent interdites aux voitures et partagées avec les piétons, une allée dallée au bord des rues pavées et le fameux Trampe, le seul ascenseur à vélo du monde ! Ce mécanisme sommaire permet aux cyclistes de se hisser sans effort du Gamle Bybro au sommet de la colline Brubakken et à la forteresse de Kristiansten.

TRANSPORTS PUBLICS

Le service de bus urbains, **Team Trafikk** (☎ 73 50 28 70), possède un point de transit central, où toutes les lignes font halte, à l'angle de Munkegata et de Dronningens gate. Un trajet en bus ou en tram revient à 22 NOK (55 NOK pour un billet valable 24 heures) ; vous devrez faire l'appoint.

Le Gråkalbanen, la ligne de tram, se dirige vers l'ouest à partir de St Olavsgata jusqu'à Lian, au cœur de la Bymarka. De vieux trams empruntent cet itinéraire les samedis d'été. Des correspondances sont possibles avec les bus urbains.

VOITURE ET MOTO

Les divers parkings de la ville sont moins chers et plus pratiques que les horodateurs placés dans les rues.

ROUTE DU NORD

À partir de Steinkjer, plusieurs itinéraires permettent de rejoindre le Nord : la route de l'Arctique, dans l'arrière-pays, la plus fréquentée ; et la Kystriksveien (Route côtière Rv 17), moins rapide. La voie ferrée qui se dirige vers le nord jusqu'à Bodø via Hell et Steinkjer suit plus ou moins la route de l'Arctique pour rejoindre Fauske.

HELL

Hell n'offre guère d'autre intérêt que son nom – prospérité en norvégien et enfer en anglais. Nombre de voyageurs y font une courte halte, le temps de photographier le panneau de la gare ferroviaire. Ils peuvent ainsi prétendre revenir de l'enfer sans en avoir souffert !

STIKLESTAD

Le village de Stiklestad résonne pour les Norvégiens comme un puissant symbole de l'identité nationale. Ils viennent ici par milliers, certains en pèlerinage dans l'église associée à saint Olav, d'autres pour pique-niquer, profiter de l'air pur et visiter les expositions.

Le 29 juillet 1030, des armées de chefs locaux, supérieures en nombre et mieux équipées, défirent à Stiklestad la troupe conduite par le roi chrétien Olav II Haraldsson, qui ne comptait qu'une centaine d'hommes. Le roi périt dans la bataille. Détrôné par le roi Knud Ier du Danemark et d'Angleterre, Olav s'était réfugié brièvement en Russie, avant de revenir en Norvège. Il s'était alors heurté à l'hostilité des chefs locaux qui lui reprochaient la destruction des sanctuaires païens et l'exécution de ceux qui observaient les anciens cultes.

La bataille de Stiklestad marqua la fin de l'ère viking et l'avènement de la période médiévale. Malgré la mort d'Olav, elle est considérée comme une victoire de la chrétienté et le roi vaincu, comme un martyr et un saint.

Saint Olav a fait des émules dans toute l'Europe du Nord et sa tombe, dans la cathédrale de Nidaros à Trondheim, est devenue un lieu de pèlerinage pour tout le continent. Aménagé comme un vaste parc à thème, le site de Stiklestad est en grande partie accessible gratuitement. Il comprend des expositions sur la bataille, un musée des arts et traditions populaires en plein air et une église du XIIe siècle.

À voir et à faire

Une majestueuse structure en bois abrite le **Centre national de la culture de Stiklestad** (Stiklestad Nasjonale Kultursenter ; ☎ 74 04 42 00 ; www.stiklestad.no ; adulte/enfant 95/40 NOK). Le billet d'entrée donne accès à **Stiklestad 1030**, une exposition qui évoque la bataille avec des dioramas et une bande-son ponctuée de cris et de râles ; à un film de 15 min sur saint Olav ; à une visite guidée de l'église ; et à un petit musée sur la résistance durant la Seconde Guerre mondiale. Dans le complexe, un **restaurant** propose des spécialités locales et un **hôtel** (s/d avec petit déj 690/790 NOK), récemment ouvert, reproduit la forme du bouclier de saint Olav.

Le parc renferme plus de 30 bâtiments anciens (entrée libre), des humbles fermes et ateliers d'artisan à la Molåna, un beau manoir qui abrite un petit café ouvert en été. Des acteurs en costumes d'époque redonnent vie à cet ensemble pendant la belle saison.

De l'autre côté de la route, la charmante **église** (🕒 11h-18h) de Stiklestad fut construite entre 1150 et 1180 au-dessus de la pierre sur laquelle saint Olav mourant se serait appuyé. La pierre, réputée miracleuse, fut ôtée pendant la Réforme et n'a jamais réapparu.

La brochure *Stiklestad Yesterday & Today* (30 NOK), en vente au centre, contient une histoire succincte du site et explique sa signification pour les Norvégiens.

Festival

Chaque année durant la semaine qui précède la saint Olav (29 juillet), Stiklestad accueille la **fête de Saint-Olav**, marquée par un marché médiéval et des manifestations folkloriques. De nombreuses personnes revêtent alors des costumes vikings. L'apogée des festivités est une reconstitution en plein air (durant les cinq derniers jours) des conflits opposant le roi aux paysans et aux seigneurs locaux. Des acteurs norvégiens connus tiennent les principaux rôles, secondés par des habitants.

STEINKJER ET LE NORD

11 000 habitants

Les sagas médiévales décrivent Steinkjer comme un centre de négoce majeur. La ville reste un carrefour important pour les voyageurs qui continuent vers le nord. Ils peuvent emprunter la belle route côtière Kystriksveien (Rv 17) jusqu'à Bodø, ou poursuivre le long de la route de l'Arctique (E 6).

L'**office du tourisme** (☎ 74 16 36 17 ; www.visitinnherred.com ; Namdalsvegen 11 ; 🕒 9h-20h lun-ven, 10h-19h sam, 12h-20h dim mi-juin à mi-août, 9h-16h lun-ven le reste de l'année) est installé près de l'E 6 – de la gare ferroviaire, empruntez le tunnel piétonnier. Il se double de l'Info-Centre de la Kystriksveien et peut réserver des chambres en ville et le long de la route côtière. Il loue également des vélos (30/150 NOK par heure/jour) et offre l'accès gratuit à Internet.

À voir et à faire

Principal site de Steinkjer, le **musée Egge** (☎ 74 16 31 10 ; Fylkesmannsgården ; adulte/enfant 60 NOK/gratuit ; 🕒 11h-16h mi-juin à mi-août) est un ensemble de bâtiments de ferme à 2,5 km au nord de la ville. Plusieurs tertres funéraires et cercles de pierres vikings se regroupent au sommet de la même colline.

Au nord de Steinkjer, l'E 6 suit la rive nord du **Snåsavatnet**, un lac étroit long de 45 km et bordé par de majestueuses forêts de conifères. Vous pourrez aussi emprunter la Rv 763, qui longe la rive sud, plus tranquille, pour découvrir le **Bølarein**, une gravure rupestre d'un renne vieille de 5 000 à 6 000 ans, ainsi que plusieurs autres roches sculptées. Passez par le **restaurant-magasin de souvenirs Bølabua** (☎ 45 42 65 88 ; 🕒 fin juin-début août), à une courte distance des gravures rupestres, pour obtenir des informations.

Où se loger et se restaurer

Føllingstua (☎ 74 14 71 90 ; www.follingstua.com ; E 6, Følling ; empl voiture/caravane 100/160 NOK, bung 490-570 NOK, ch 3-4-lits avec sdb commune 450 NOK). En bordure de l'E 6 à 14 km au nord de Steinkjer, près de la pointe sud-ouest du lac, ce camping charmant et accueillant incite à s'attarder un jour ou deux pour pêcher dans le lac ou louer un bateau ou un canoë.

Guldbergaunet Sommerhotel & Camping (☎ 74 16 20 45 ; g-book@online.no ; Elvenget 34 ; empl tente 160 NOK, d 720 NOK, bung 375-480 NOK ; 🕒 hôtel mi-juin à mi-août, bung toute l'année). Cet hébergement pour étudiants se transforme en camping et en hôtel en été. Dans un endroit verdoyant à 2,3 km de la ville, il jouxte une petite rivière, idéale pour canoter et se baigner.

Tingvold Park Hotel (☎ 74 14 11 00 ; www.tingvoldhotel.no ; Gamle Kongeveien 47 ; s/d 700/970 NOK mi-juin à mi-août et ven-sam toute l'année, 1 240/1 530 NOK dim-jeu le reste de l'année ; P 💻). À côté d'un ancien site funéraire viking, cet hôtel isolé, agrémenté d'une jolie pelouse et d'un jardin plaisant, domine Steinkjer et offre un bon rapport qualité/prix.

Breidablikk (☎ 74 16 22 05 ; Kongens gate 22-24 ; plats 100 NOK environ ; 🕑 9h-18h lun-ven, 12h-18h dim). Ce restaurant simple et accueillant sert une honnête cuisine norvégienne. Faites votre choix sur la carte limitée ou commandez le plat du jour. Des boulettes de poisson à la sauce blanche, un dessert et un café vous reviendront à 89 NOK. Vous ne trouverez pas mieux dans le pays !

Brod & Cirkus (☎ 74 16 21 00 ; Kongens gate 40 ; 🕑 lun-sam). Dans l'artère principale à 150 m de la gare ferroviaire, ce restaurant cuit son pain tous les jours et propose une carte de plats alléchants.

NAMSOS

9 000 habitants

Première ville portuaire d'importance sur la route côtière entre Trondheim et Bodø, Namsos constitue une étape plaisante et offre quelques excursions intéressantes.

L'**office du tourisme** (☎ 74 22 66 04 ; www.namsosinfo.no ; Damskipskaia ; 🕑 9h-18h lun-ven, 10h-16h sam, 12h-16h dim mi-juin à mi-août ; 9h-15h30 le reste de l'année), sur le quai, jouxte les bureaux de la compagnie de bus et de ferry locale. Il fournit des informations sur la Kystriksveien et loue des vélos (25/150 NOK par heure/jour).

Le **Cyberland Café** (☎ 74 28 74 55 ; Kirkegata 11 ; 🕑 11h-22h lun-sam, 13h-22h dim) possède des ordinateurs reliés à Internet (36 NOK/heure).

À voir et à faire

Du centre-ville, une jolie promenade de 20 min le long de Kirkegata mène au sommet du **Bjørumsklumpen** (114 m), un gros rocher qui domine le Namsfjord, la ville et ses alentours. À un tiers de la montée, un panneau indique un chemin qui conduit à de massifs bunkers, taillés dans la roche par les Allemands durant la Seconde Guerre mondiale.

Pour un peu d'exercice et un soupçon de nostalgie, louez un **wagonnet** (1 pers 250 NOK, jusqu'à 4 pers 350 NOK) au Namsos Camping (ci-contre) et halez-le sur 17 km le long de la voie désaffectée entre Namsos et Skage, au bord de la rivière Nansen.

Le **Norsk Sagbruksmuseum** (musée de la Scierie ; ☎ 74 27 13 00 ; Spillumsvika ; entrée libre ; 🕑 visites 10h, 12h, 14h et 16h mar-sam mi-juin à mi-août, lun-ven le reste de l'année), de l'autre côté du pont à 4 km à l'est de la ville, commémore la première scierie à vapeur du pays (1853).

Le **musée Namdal** (Namdalsmuseet ; ☎ 74 27 40 72 ; Kjærlighetstien 1 ; adulte/enfant 30 NOK/gratuit ; 🕑 11h-15h mar-dim mi-juin à mi-août) présente des collections liées à l'histoire locale, qui comprennent des voiliers en bois typiques de la région. Il s'autoproclame le "seul musée de Norvège exposant des équipements hospitaliers dans l'ordre chronologique".

Le **centre nautique Oasen** (☎ 74 21 90 40 ; Jarle Hildrums veg ; adulte/enfant/famille 80/35/190 NOK ; 🕑 10h-20h lun-ven, 10h-16h sam-dim), à 1 km à l'est de la ville, comprend 3 piscines chauffées et un toboggan de 37 m creusé dans la roche.

La **fonderie de bougies de Namsos** (Lysstøperiet ; ☎ 74 21 29 00 ; Lokstallen ; 🕑 10h-18h lun-ven, 11h-16h sam) fabrique et vend des bougies sculptées dans un ancien atelier ferroviaire.

Où se loger et se restaurer

Namsos Camping (☎ 74 27 53 44 ; namsoscamp@online.no ; tente/caravane 150/185 NOK, bung 4 lits 375-450 NOK, avec sdb 800-850 NOK). Cet excellent camping comprend une grande cuisine-salle à manger, un terrain de jeu et un minigolf. Les bungalows les moins chers sont une bonne affaire ; les autres sont bien équipés. À côté, un lac peu profond est idéal pour les enfants, que raviront les écureuils espiègles et les deux chèvres apprivoisées. Prenez la Rv 17 en direction de Grong et suivez les panneaux indiquant l'aéroport.

Borstad Hotel & Gjestgiveri (☎ 74 21 80 90 ; www.borstadhotel.no ; Carl Gubransons gate 19 ; s/d 710/960 NOK juil à mi-août et ven-sam toute l'année, à partir de 850/1 090 NOK dim-jeu le reste de l'année ; Ⓟ). Lumineux et accueillant, cet hôtel récemment rénové offre de grandes chambres ensoleillées, un salon douillet et un agréable jardin. Le petit déjeuner est servi sur une immense table en chêne, vieille de plus d'un siècle.

Tino's Hotell (☎ 74 21 80 00 ; www.tinoshotell.no en norvégien ; Verftsgata 5 ; s/d à partir de 950/1 200 NOK dim-jeu, 750/1 000 NOK ven-sam). À quelques pas de l'eau, cet hôtel possède des chambres spacieuses et confortables. Tino, le propriétaire italien, gère un excellent restaurant, Le Sirenetta (plats 200 NOK environ ; ouv. 15h-23h), qui sert des plats internationaux et de succulentes spécialités italiennes, dont 25 sortes de pizzas.

Cyberland Café (☎ 74 28 74 55 ; Kirkegata 11 ; 🕑 11h-22h lun-sam, 13h-22h dim). De bons burgers (en 3 tailles), des ciabattas et des grillades à des prix très raisonnables (45-106 NOK). Profitez de votre passage pour consulter vos e-mails.

Aakervik (☎ 74 27 20 90 ; angle Havnegata et Herlaugs gate 16 ; 🕒 9h-16h30 lun-sam). Une excellente adresse pour acheter du renne, du chevreuil, de l'élan, du saumon sauvage et d'autres poissons. À l'intérieur, une miniménagerie d'animaux naturalisés vous observe de ses yeux de verre.

Depuis/vers Namsos

Les bus Nor-Way Bussekspress circulent 2 fois/jour entre Namsos et Trondheim (320 NOK, 3 heures 45). Jusqu'à 8 bus locaux font la navette depuis/vers Steinkjer (120 NOK, 1 heure 30).

RØRVIK

Cette bourgade s'anime quand les ferries côtiers de *Hurtigruten* en direction du nord et du sud se rencontrent, tous les jours vers 20h30. Les passagers ne manquent pas de visiter le **Norveg** (☎ 74 39 04 41 ; www.norveg.org ; adulte/enfant avec audioguide 70/35 NOK ; 🕒 10h-22h mi-juin à juil, 10h-17h le reste de l'année et quand le ferry de Hurtigruten est au port), un splendide centre culturel multimédia. D'une architecture audacieuse, il ressemble à un voilier géant et retrace 10 000 ans d'histoire côtière à l'aide de divers médias, dont un audioguide en anglais. Il comprend également un restaurant gastronomique réputé.

Un ticket combiné (adulte/enfant 120/60 NOK) valable 2 jours donne accès au Norveg, à Berggården (une vieille maison de négoce typique de la côte) et à plusieurs autres bâtiments anciens. Disponible au Norveg, la brochure gratuite *Coastal Town Rørvik* décrit les principaux sites de la localité.

Des bus relient Rørvik et Namsos (306 NOK, 3 heures) 1-2 fois/jour. Le bateau express, qui circule les lundi, vendredi et dimanche, est plus rapide (163 NOK, 1 heure 15).

LEKA

600 habitants

N'hésitez pas à faire une courte excursion à l'île de Leka, d'une beauté sauvage, dont les randonneurs apprécieront les paysages désertiques. Habitat privilégié des pygargues à queue blanche – attention aux tout-petits : en 1932, un pygargue a enlevé une fillette de 3 ans ! –, l'île conserve des tertres funéraires vikings et des peintures rupestres datant de l'âge de la pierre.

Vous pourrez passer la nuit au **Leka Motell og Camping** (☎ 74 39 98 23 ; www.leka-camp.no ; empl tente/caravane 80/120 NOK, bung avec sdb ext 250-700 NOK, d/qua avec sdb et cuisine 600/700 NOK). Le motel comporte des chambres confortables et bien équipées, à des prix raisonnables. Plus spartiates et originales, les huttes en pierre au toit couvert d'herbe (350 NOK) peuvent accueillir jusqu'à 4 personnes dans des lits superposés.

De Gutvik, à 20 min près de la route côtière Rv 17, un ferry rallie Leka toutes les heures (26/68 NOK par pers/voiture et conducteur, 20 min).

Le Nordland

Un choix cornélien s'impose quand on se dirige vers le Nord : emprunter la spectaculaire route côtière Kystriksveien en la ponctuant de traversées en ferry et en faisant éventuellement un détour pour découvrir un glacier ou une île au large, ou bien suivre la route de l'Arctique dans l'arrière-pays, presque aussi belle, plus directe et peu fréquentée.

Quel que soit l'itinéraire choisi, prévoyez suffisamment de temps pour explorer les Lofoten, un chapelet d'îles aux pics effilés et aux anses baignées d'une eau turquoise. La morue domine toujours la vie de l'archipel, comme en témoignent les petits musées de la pêche, les *rorbuer* (cabanes de pêcheurs ; littéralement "cabanes de rameurs" en norvégien) et les séchoirs branlants. Des ponts et un bon réseau de transports publics permettent de passer facilement d'une île à l'autre. Les randonnées à pied ou à vélo, tranquilles ou sportives, constituent une bonne raison de s'attarder. En poursuivant jusqu'à Andenes, à la pointe nord d'Andøya – un prolongement de l'archipel des Lofoten –, vous arriverez au meilleur endroit du pays pour l'observation des baleines.

En remontant l'étroite et longue région du Nordland, le passage du cercle polaire est presque palpable. Les champs cèdent la place aux lacs et aux forêts, la vue s'élargit, les sommets s'aiguisent et la ligne des arbres descend de plus en plus bas sur les versants des montagnes. En été, le soleil de minuit prolonge indéfiniment les journées, tandis qu'en hiver les aurores boréales zèbrent le ciel obscur.

Outre le Nordland, ce chapitre inclut la section nord-est des Vesterålen, un prolongement de l'archipel des Lofoten qui appartient au comté de Troms.

À NE PAS MANQUER

- Un trajet en voiture et en ferry le long de la splendide **route côtière Kystriksveien** (p. 305)
- La découverte du canard eider et de son précieux duvet dans l'**E-Huset**, à Vega (p. 307)
- Le **musée de l'Aviation norvégienne** (p. 309), à Bodø
- Le village de pêcheurs d'**Å** (p. 323), dans les Lofoten
- La randonnée de la **route de la Reine** (p. 328) le long de la côte de Stø, dans les Vesterålen
- Une promenade dans le vieux quartier de **Sjøgata** (p. 295), à Mosjøen, pour découvrir ses galeries, ses musées et ses cafés
- Une marche sur l'un des glaciers du **parc national de Saltfjellet-Svartisen** (p. 299)

- 235 450 HABITANTS
- POINT CULMINANT : OKSSKOLTEN (1 916 m)

Depuis/vers le Nordland

Bien qu'il soit en norvégien, vous comprendrez facilement les informations fournies par www.177nordland.com, un site exhaustif qui présente tous les horaires et itinéraires des bus, des bateaux, des trains et des avions dans le Nordland. Vous pourrez aussi appeler le ☎ 177 dans le Nordland ou le ☎ 75 77 24 10 depuis une autre région.

À Steinkjer, au sud dans le Trøndelag (p. 290), les voyageurs motorisés ont le choix entre la route de l'Arctique vers Narvik, plus directe, ou la route côtière Kystriksveien (Rv 17 ; 650 km), plus longue, moins fréquentée, plus chère et bien plus belle, qui conduit à Bodø. Si vous avez du temps et un budget extensible, optez pour la seconde. Les transports publics – bus ou train – n'offrent pas d'alternative à la route de l'Arctique.

ROUTE DE L'ARCTIQUE

MOSJØEN

9 900 habitants

En arrivant à Mosjøen (prononcez moucher-ène) par l'E 6, l'allure industrielle de cette ville productrice d'aluminium risque de vous décevoir. Pourtant, à 1 km au sud le long du large Vefsnfjord, l'ancienne Sjøgata et une ou deux rues alentour comptent parmi les endroits les plus charmants du Nordland et méritent amplement le détour.

La ville possède un fort lien historique avec le Royaume-Uni. Au milieu du XIXe siècle, des Anglais importèrent des machines à vapeur et des engins de scierie techniquement avancés pour fonder la North of Europe Land & Mining Company Ltd et produire le bois nécessaire aux villes industrielles britanniques en plein essor. Ainsi, le petit village côtier devint rapidement la première ville de la région.

L'**office du tourisme** (☎ 75 11 12 40 ; www.visithelgeland.com ; 🕓 9h-19h juil, 10h-17h lun-ven juin-août, 10h-15h30 lun-ven le reste de l'année), à l'extrémité sud de Sjøgata, offre l'accès à Internet (20 NOK/15 min).

À voir et à faire

SJØGATA

Une promenade dans le quartier de Sjøgata, qui compte plus de 100 édifices classés, permet de découvrir des galeries, des cafés, des restaurants et des demeures privées installés dans d'anciens entrepôts, ateliers et hangars à bateaux joliment rénovés. *The History of a Town* (20 NOK), une excellente brochure en vente au musée et à l'office du tourisme, décrit l'histoire de Mosjøen.

MUSÉE VEFSN

Un billet combiné (30 NOK) donne accès aux deux sections du **musée** (☎ 75 11 01 10) de Mosjøen. Une brochure en anglais explique chaque section.

Dans Sjøgata, l'**entrepôt Jakobsensbrygga** (Sjøgata 31B ; 🕑 10h-20h mar-ven, 10h-15h sam juil, 10h-15h mar-ven le reste de l'année) est un excellent petit musée qui retrace, à l'aide de photos particulièrement évocatrices, l'histoire de la ville à partir du début du XIXe siècle.

Au nord-est du centre-ville, la **collection de bâtiments ruraux** (Bygdesamlinga ; 🕑 10h-15h mar-ven et dim juil seulement) regroupe 12 fermes, boutiques et autres édifices des XVIIIe et XIXe siècles, que l'on peut voir de l'extérieur. À côté, la **Dolstad Kirke** (1735) fut édifiée sur le site d'une église médiévale dédiée à saint Michel. Si vous trouvez porte close, demandez la clé au musée.

LAKSFORSEN

En saison, des saumons frétillent dans la **cascade Laksforsen**, haute de 17 m. À 30 km au sud de Mosjøen et à 600 m de l'E 6, l'endroit est plaisant pour un pique-nique, bien qu'il soit difficile de rejoindre la rive en contrebas. Évitez le café déplaisant avec ses panneaux "pas de photo" et "réservé aux clients au-delà de ce point".

Où se loger et se restaurer

Mosjøen Camping (☎ 75 17 79 00 ; www.mosjoencamping.no ; Mathias Bruuns gata 24 ; empl tente/caravane 120/170 NOK, bung 390-1 090 NOK). À côté de l'E 6 et à 500 m au sud-est du centre-ville, ce camping est souvent bondé de voyageurs en route vers le cap Nord.

Mosjøen Hotell (☎ 75 17 11 55 ; www.mosjoencamping.no ; Vollanveien 35 ; s/d 380/490 NOK, avec sdb s/d 650/840 NOK mi-juin à mi-août, 855/960 NOK dim-jeu, 640/810 NOK ven-sam le reste de l'année ; P 💻). Détenue par le propriétaire du camping, cette auberge banale, à 100 m au nord de la gare ferroviaire, offre des chambres confortables, d'un bon rapport qualité/prix.

Fru Haugans Hotel (☎ 75 11 41 00 ; www.fruhaugans.no ; Strandgata 39 ; s/d 740/940 NOK mi-juin à mi-août et ven-sam toute l'année, 1 095/1 295 NOK dim-jeu le reste de l'année). Le plus vieil hôtel du pays, le Fru Haugans (du nom de la première propriétaire dont le portrait trône dans le salon, à côté du restaurant Ellenstuen ; voir plus loin) cache derrière une façade quelconque un joli jardin verdoyant qui donne sur le fjord. L'hôtel n'a cessé de s'agrandir au fil des années et occupe plusieurs bâtiments, dont certains de 1794. L'annexe renferme quelques chambres moins chères, avec sdb commune et beaucoup de cachet (s/d 450/650 NOK).

Café Kulturverkstedet (☎ 75 17 27 60 ; Sjøgata 22-24 ; 🕑 8h-16h lun-sam).Tenu par la société locale du patrimoine, ce charmant café est installé dans l'un des plus grands et séduisants bâtiments rénovés de Sjøgata. Vous pourrez boire un verre ou grignoter un en-cas en feuilletant les livres à disposition avant de visiter la galerie d'art attenante.

Lille Torget (☎ 75 17 04 14 ; Strandgate 24 ; 🕑 lun-sam). Banque, puis boutique de vêtements avant d'être transformé en pub (remarquez la superbe statue Art nouveau portant une lampe), le Lille Torget s'agrémente d'une terrasse sur la place principale. Finaliste en 2007 du concours du

MENU ARCTIQUE

Pour un bon repas dans le nord de la Norvège, entrez dans un restaurant affilié au réseau Menu arctique. Ses membres, des petits établissements tenus par des familles aux restaurants des chaînes hôtelières, s'engagent à utiliser des produits naturels de la région. Ce peut être une sauce aux baies sauvages, un omble-chevalier pêché dans les eaux glacées, du renne, du phoque ou, bien entendu, de la morue – on en savoure ici tous les morceaux, de la chair aux joues, aux œufs, au foie, à l'estomac et à la langue.

Ces restaurants sont indiqués dans la rubrique *Où se restaurer* de chaque ville. Le **site Internet** (www.arktiskmeny.no) du réseau fournit la liste de sa quarantaine de membres et la plupart des offices du tourisme distribuent sa brochure. Cette dernière comprend quelques recettes que vous pourrez réaliser à votre retour si vous trouvez des produits frais du nord de la Norvège.

meilleur café, il prépare un café exceptionnel, mais le service est d'une lenteur tout aussi extraordinaire !

Le Fru Haugans (p. 295) possède deux somptueux restaurants. L'**Ellenstuen** (plats 220-240 NOK), un endroit intime avec de nombreux ornements d'origine, propose une carte créative (avec notammment un filet de cerf rôti et du blanc de grouse légèrement fumé dans une sauce à la framboise). Le **Hagestuen** (plats 165-245 NOK), plus vaste et décoré de tapisseries, offre des repas à la carte et un copieux dîner-buffet (225 NOK).

Dans un bâtiment ancien, l'**Oksen Ferdinand** (☎ 75 11 99 91 ; Sjøgata 23 ; plats 220-255 NOK) dispose d'une terrasse qui surplombe la rue. Il sert d'excellentes grillades, ainsi que de savoureux sandwichs et en-cas (90-135 NOK).

Depuis/vers Mosjøen

Des vols desservent Bodø, via Mo i Rana et Trondheim.

Des bus rallient Brønnøysund (3 heures, 1-2/jour sauf sam), Sandnessjøen (1 heure 45, 3-5/jour) et Mo i Rana (1 heure 45, au moins 1/jour).

Mosjøen se situe sur la ligne ferroviaire entre Trondheim (648 NOK, 5 heures 30) et Fauske (445 NOK, 3 heures 30).

En voiture, vous pourrez faire un détour séduisant en empruntant la Villmarksveien, une belle route parallèle à l'E 6 à l'est de Mosjøen, qui conduit au pied de l'étrange mont Hatten (ou Hattfjell, 1 128 m). De la route, comptez 2 heures de marche pour rejoindre le sommet. Sachez que la Villmarsveien évite Mosjøen.

MO I RANA

5 800 habitants

Mo i Rana (appelée Mo par les habitants) est la troisième plus grande ville du Nord et donne accès aux forêts d'épicéas, aux grottes et aux glaciers de la région du cercle polaire arctique. Cité accueillante, elle acquit cette réputation lors de la construction de l'aciérie, qui entraîna une croissance rapide. Aujourd'hui fermée, l'usine employait plus de 1 000 ouvriers.

Bien que l'architecture soit essentiellement cubique, la ville se fait plus pimpante depuis que l'industrie lourde a cédé la place à la technologie.

Le personnel de l'**office du tourisme** (☎ 75 13 92 00 ; www.arctic-circle.no ; Ole Tobias Olsens gate 3 ; 🕓 9h-20h lun-ven, 9h-16h sam, 13h-19h dim mi-juin à mi-août ; 9h-16h lun-ven le reste de l'année), particulièrement serviable, peut réserver des excursions dans la région, comme la visite du glacier Svartisen et des grottes alentour. Il offre l'accès gratuit à Internet.

À voir et à faire

Un billet combiné (20 NOK) donne accès aux deux petits **musées** (☎ 75 11 01 33 ; 🕓 10h-16h lun-ven, 10h-14h sam mi-juin à mi-août) de Mo, qui méritent un bref coup d'œil.

Le **muséum d'Histoire naturelle de Rana** (Moholmen) présente la géologie, l'environnement, la faune et la flore de la région du cercle polaire, ainsi que plusieurs expositions interactives destinées aux enfants. Dans le **musée de la Culture de Rana** (☎ 75 14 61 70 ; Fridtjof Nansensgata 22), ne manquez pas la maquette géante de l'ancienne Mo, avant la construction de l'aciérie.

Le **parc aquatique couvert** (Moheia Fritidspark ; ☎ 75 14 60 60 ; Øvre Idrettsveien 1 ; adulte/enfant 75/50 NOK ; 🕓 12h-20h lun-ven, 12h-18h sam-dim), également appelé Badeland, comprend 4 piscines, un tobogan de 42 m de longueur et 3 saunas.

Le plus ancien bâtiment de la ville, la **Mo Kirke** (église de Mo ; 🕓 visite guidée gratuite 20h-22h lun-ven mi-juin à mi-août) fut construite en 1724. Avec son toit pentu et son dôme bulbeux, elle mériterait de plus longues heures d'ouverture. Le cimetière contient un monument à la mémoire des prisonniers russes morts en captivité et les tombes de huit soldats britanniques, tués en mission en mai 1940.

Havmannen (l'Homme de la mer), une statue baignant dans l'eau jusqu'aux genoux, tourne le dos à la ville et regarde vers le fjord. Cette sculpture aux lignes pures et au profil arrondi a été réalisée par l'artiste britannique Antony Gormley.

GROTTES

Au nord-ouest de Mo i Rana, les reliefs composés de calcaire et de marbre sont criblés de grottes et de gouffres, formés par le ruissellement des rivières qui dissout le marbre entre les strates de micaschiste. Grâce aux dépôts minéraux, l'eau glaciaire qui alimente les lacs et les rivières change de couleur à proximité des grottes, passant du vert au gris, puis au bleu.

La **Grønligrotta** (☎ 75 13 25 06 ; Grønli ; adulte/enfant 100/50 NOK ; 🕓 visites guidées toutes les heures

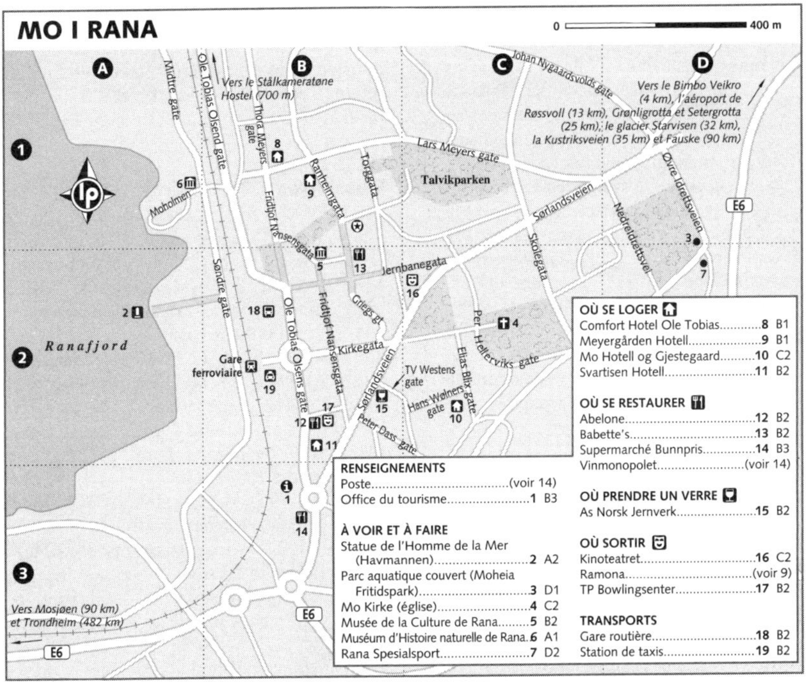

10h-19h mi-juin à mi-août), la grotte la plus accessible et la plus visitée, est située à 25 km au nord de Mo. C'est la seule grotte de Scandinavie dotée d'un éclairage électrique. La visite de 30 min franchit une rivière souterraine, traverse un dédale de rochers et passe devant un bloc de granit arraché par un glacier et transporté par l'eau.

La visite de 2 heures dans la **Setergrotta** (☎ 75 16 23 50 ; Røvassdalen ; adulte/enfant 265/235 NOK ; 2 visites guidées/jour début juin à août), moins encadrée et plus aventureuse, comprend des goulets très étroits et un passage impressionnant entre des parois rocheuses au-dessus d'une gorge de 15 m. Combinaison, lampe frontale, casque et bottes en caoutchouc sont fournis.

L'office du tourisme peut réserver les visites de ces deux grottes.

ACTIVITÉS DE PLEIN AIR

Tour-opérateur local, **Rana Spesialsport** (☎ 75 12 70 88 ; Øvre Idrettsveien 35) propose un choix d'activités sportives, dont des sorties en kayak, des randonnées guidées et du trekking sur les glaciers.

Circuits organisés

Mo i Rana constitue la base la plus pratique pour explorer les **fjords** à l'ouest (à 110 km environ).

Pour des excursions au **glacier Svartisen**, reportez-vous p. 299. À Mo, aucun transport public ne le dessert, mais vous pouvez louer un vélo à l'office du tourisme et rejoindre l'embarcadère du ferry sur le lac Svartisen, à 32 km, pour explorer l'Østisen (voir p. 299).

L'office du tourisme organise deux **promenades guidées** (80 NOK) en soirée, à réserver avant 16h le jour même. Choisissez la promenade de 1 heure en ville, ou la marche de 1 heure 30 en montagne pour des vues spectaculaires.

Où se loger

Stålkameratøne (☎ 41 92 62 15 ; Stålbrakka, Søderlundmyra ; 200 NOK/pers ; mi-juin à mi-août ; P). Meilleure affaire de Mo, cette auberge de jeunesse se situe près du premier virage à gauche de l'E 6, en allant vers le nord. Occupée par des étudiants durant l'année scolaire, elle comprend 4 chambres simples, à l'aménagement banal, et un dortoir de 8 lits. Sdb dans le couloir.

LAND ART AU NORDLAND

Vous les découvrirez sur des promontoires isolés et des landes venteuses, cachées sous des falaises, dans des parcs urbains ou léchées par la mer. En traversant le Nordland, suivez les panneaux *Skulpturlandscap* pour découvrir des sculptures modernes originales, qui se marient avec le paysage environnant. En tout, 33 œuvres ont été commandées à des sculpteurs renommés du monde entier. Représentant 18 nations, des artistes tels qu'Antony Gormley, Anish Kapoor et Tony Cragg ont laissé leur marque dans le paysage du Nordland. Pour plus de détails sur cet ambitieux projet, consultez le site www.artscape.no.

Mo Hotell og Gjestegaard (☎ 75 15 22 11 ; www.mo-gjestegaard.no en norvégien ; Elias Blix gate 5 ; s/d avec petit déj à partir de 550/700 NOK). Sur la colline, cette pension accueillante et très bien tenue possède 15 chambres plaisantes et un petit jardin dans un endroit calme.

Svartisen Hotell (☎ 75 15 19 99 ; Ole Tobias Olsens gate 4 ; s/d à partir de 795/1 095 NOK mi-juin à mi-août, 940-1 140 NOK le reste de l'année). Les propriétaires du Comfort Hotel ont récemment repris le Svartisen et rénové les sdb et les parties communes. Les appartements lumineux disposent d'une kitchenette et ceux du rez-de-chaussée, en duplex, sont particulièrement spacieux. Choisissez une chambre donnant sur l'arrière pour éviter le bruit de la rue.

Meyergården Hotell (☎ 75 13 40 00 ; www.meyergarden.no en norvégien ; 28 Fridtjof Nansens gate ; s/d avec petit déj 835/1 085 NOK mi-juin à mi-août, à partir de 1 195/1 445 NOK dim-jeu, 730/980 NOK ven-sam le reste de l'année ; Ⓟ 💻). Affilié à la chaîne Rica, le plus ancien hôtel de Mo ne manque pas de cachet avec ses jolies chambres, le night-club Ramona et son restaurant prisé. Dans le bâtiment d'origine, de la fin du XIXᵉ siècle, 6 chambres moins chères partagent une sdb commune (s/d 665/865 NOK).

Comfort Hotel Ole Tobias (☎ 75 12 05 00 ; www.ole-tobias.no ; Thora Meyersgate 2 ; s/d à partir 895/1 195 NOK mi-juin à mi-août, à partir de 1 305/1 510 NOK dim-jeu, 695/895 NOK ven-sam le reste de l'année). Décoré sur le thème du chemin de fer – la moquette des couloirs évoque une voie ferrée et les chambres portent des noms de gares –, cet hôtel commémore l'enseignant et prêtre local qui convainquit le gouvernement de construire la voix ferrée Nordlandsbanen reliant Trondheim à Fauske et à Bodø. Les tarifs d'été incluent un dîner léger.

Où se restaurer

Bimbo Veikro (☎ 75 15 10 01 ; Saltfjelletveien 34 ; plats 75-200 NOK). À 2 km au nord de la ville, ce relais au bord de la route sert les habituels sandwichs, pizzas et grillades ; restaurant du Menu arctique, il propose aussi une cuisine plus raffinée. "Bimbo" fait allusion au rocher en forme d'éléphant voisin.

Babette's (☎ 75 15 44 33 ; Ranheimgata 2 ; plats 174-194 NOK). Tenu par des Turcs et proche d'une place piétonne, ce café-bar fréquenté s'agrémente d'une vaste terrasse, idéale pour se régaler d'une pizza, d'une grillade ou d'un kebab.

Abelone (☎ 75 15 38 88 ; Ole Tobias Olsens gate 6 ; plats 175-195 NOK). Meilleure adresse pour un dîner en dehors des restaurants des hôtels, l'Abalone cache derrière une façade insignifiante une salle douillette, tapissée de rondins. Faites votre choix parmi les excellents plats de viande.

Le supermarché Bunnpris et le Vinmonopolet sont installés à quelques pas au sud de l'office du tourisme.

Où prendre un verre et sortir

As Norsk Jernverk (☎ 75 14 32 02 ; TV Westens gate 2 ; 🕒 18h-2h tlj). Portant le nom de l'ancienne aciérie, il occupe le même bâtiment que le Big Horn Steakhouse et sa porte étroite est facile à manquer. Les habitants aiment s'y retrouver pour boire un verre, bavarder et, parfois, danser.

Ramona (☎ 75 13 40 00 ; Fridtjof Nansensgata 28 ; 🕒 jeu-sam). Dans le Meyergården Hotell, ce night-club s'autoproclame le plus grand du Nordland.

Kinoteatret (☎ 75 14 60 50 ; Rådhusplass 1). Le cinéma de Mo i Rana se situe au bout de Jernbanegata.

TP Bowlingsenter (☎ 75 16 85 00 ; Fridtjof Nansensgata 1). La partie de bowling revient à 50 NOK aux heures de pointe.

Depuis/vers Mo i Rana

L'aéroport Røssvoll, à 14 km au nord-est de Mo i Rana, propose des vols depuis/vers Bodø et Trondheim, via Mosjøen. Par temps clair, vous bénéficierez d'une vue superbe sur les calottes glacières du Svartisen.

Les services de bus sont assez limités. Tous les jours sauf le samedi, 3 bus circulent entre Mo i Rana et Sandnessjøen (2 heures 45) et au moins un bus quotidien rallie Mosjøen (1 heure 45). Pour des informations sur les liaisons depuis/vers Umeå en Suède, reportez-vous p. 408.

La plupart des visiteurs arrivent à la jolie **gare ferroviaire** (☎ 75 15 01 77) octogonale de Mo i Rana, desservie tous les jours par 2-4 trains en provenance de Trondheim (749 NOK, 6 heure 30) ou de Fauske (298 NOK, 2 heures 15).

Comment circuler

Flytaxi (☎ 90 16 21 57) se rend à l'aéroport pour tous les vols et passe par les principaux hôtels.

Si vous conduisez, demandez une carte de stationnement gratuite à l'office du tourisme, qui loue également des vélos.

Pour commander un taxi, appelez le ☎ 7550.

PARC NATIONAL DE SALTFJELLET-SVARTISEN

Le parc national de Saltfjellet-Svartisen, d'une superficie de 2 770 km², englobe le Svartisen, le deuxième plus grand glacier du pays, et ses pics escarpés (369 km²), et les hautes landes vallonnées du massif du Saltfjellet près de la frontière suédoise.

La *Saltfjellet* au 1/100 000, de Staten's Kartverk, est la meilleure carte pour le trekking.

Les voyageurs qui se dirigent vers le Nord à bord du ferry côtier de Hurtigruten peuvent effectuer une excursion au glacier Svartisen (870 NOK).

Svartisen

Les deux calottes glacières du Svartisen, séparées par la vallée de Vesterdalen, chevauchent le cercle polaire arctique entre Mo i Rana et la péninsule de Meløy. La glace atteint une épaisseur maximale de 600 m. Si l'altitude moyenne s'élève à 1 500 m, des bras descendent dans les vallées et forment les glaciers les plus bas d'Europe continentale. Vous pouvez aborder le Svartisen par son côté est ou son côté ouest, plus spectaculaire. La plupart des visiteurs se contentent d'une brève excursion depuis le bateau. Les randonneurs auront plus de satisfaction en l'approchant par l'est.

L'**Østisen**, le glacier oriental, est plus accessible depuis Mo. Au bout de la route de Svartisdalen, à 20 km de l'aéroport de Mo i Rana en remontant la vallée, des **ferries** (☎ 75 16 23 79 ; aller-retour adulte/enfant 80/40 NOK ; 🕑 mi-juin à août) traversent le lac Svartisen (Svartisvatnet) 4 fois/jour. Du débarcadère, une marche de 3 km conduit au pied du glacier Austerdalsisen. Un kiosque et un camping sont installés au bord du lac.

De l'extrémité de la route, vous pouvez également grimper jusqu'au refuge sur la rive du lac Pikhaugsvatnet, entouré de pics et de glace. Il constitue une excellente base pour des randonnées d'une journée dans la vallée Glomdal ou jusqu'au glacier Flatisen.

Pour la calotte glacière ouest du Svartisen, reportez-vous p. 308.

Saltfjellet

Les vastes hauts plateaux du massif du Saltfjellet dominent le cercle polaire, reliant les pics du Svartisen et la frontière suédoise. Dans cet environnement plutôt inhospitalier subsistent des vestiges de plusieurs anciens enclos et sites sacrificiels samis, datant pour certains du IXe siècle.

Une marche de 15 km vers l'est mène à Graddis, près de la frontière suédoise, et au **Graddis Fjellstue og Camping** (☎ 75 69 43 41 ; graddis@c2i.net ; s 450 NOK, d à partir de 570-620 NOK ; 🕑 mi-juin à mi-août). Cette petite pension douillette, tenue par la même famille depuis son établissement en 1867, loue également des emplacements de camping. De là, vous pourrez partir en randonnée sur des chemins parmi les moins empruntés du pays. Non loin du camping se dresse Mathusalem, un pin vieux de 1 000 ans !

En voiture, rejoignez le Saltfjellet par l'E 6, ou par la Rv 77, qui suit le versant sud de la vallée de Junkerdalen. Si vous voyagez en train, vous pourrez descendre à Lonsdal, entre Fauske et Trondheim, à condition de demander cet arrêt.

CENTRE DU CERCLE POLAIRE ARCTIQUE

La latitude 66°33' N marque la limite méridionale du soleil de minuit lors du solstice d'été, et celle de la nuit polaire lors du solstice d'hiver. Lorsque la route de l'Arctique franchit cette ligne imaginaire, entre Mo i Rana et Fauske, l'instant devrait être magique.

Malheureusement, le **Polarsirkelsenteret** (☎ 75 12 96 96 ; E 6, Rognan ; exposition adulte/enfant/famille 50/20/100 NOK ; 🕑 mai à mi-sept), près de l'E 6 et entouré de mornes landes, est une sorte de piège à touristes. Il comprend une collection d'animaux naturalisés et une présentation audiovisuelle des régions arctiques, mais sa principale activité est la vente de cartes postales avec tampon du cercle arctique et de certificats de passage de la ligne (50 NOK). S'y ajoute un bric-à-brac de souvenirs kitsch – ours polaires, trolls, etc. En revanche, comme le souligne son site Internet, les toilettes sont très bien équipées ! Plus sobres et plus sérieux, des mémoriaux commémorent les Slaves, forcés par les Allemands à construire la route de l'Arctique durant la Seconde Guerre mondiale, et qui périrent loin de leur patrie.

En continuant vers le nord depuis ces hauts plateaux désolés, on descend dans un environnement verdoyant, plus typique de la région.

FAUSKE

7 100 habitants

Fauske est essentiellement connue pour son beau marbre, le "rose de Norvège", utilisé pour de nombreux monuments, tels le Rådhuset d'Oslo, le siège de l'ONU à New York et le palais impérial à Tokyo. La ville donne accès à Sulitjelma et au parc national de Rago.

Ouvert en saison, l'**office du tourisme** (☎ 75 50 35 15 ; Sjøgata ; 🕒 9h-15h mi-juin à mi-août) est installé dans l'imposant bâtiment du musée Salten.

La **place de la ville**, sur le thème du marbre, mérite le coup d'œil, de même que la collection de bâtiments du **musée Salten** (Sjøgata ; adulte/enfant 35 NOK/gratuit ; 🕒 11h-17h mi-juin à mi-août) ; le jardin du musée est idéal pour un pique-nique.

Où se loger et se restaurer

Lundhøgda Camp & Café (☎ 75 64 39 66 ; lunghogda@c2i.net ; Lundveien ; empl tente 150 NOK, bung 4 lits 380-750 NOK ; 🕒 mai-sept). À 3 km à l'ouest de la ville, ce camping offre des vues superbes sur le fjord et les pics alentour.

Fauske Hotell (☎ 75 60 20 00 ; www.fauskehotell.no en norvégien ; Storgata 82 ; s/d 700/950 NOK mi-juin à août, 970/1 220 NOK dim-jeu, 825/1 075 NOK ven-sam le reste de l'année). Seul établissement haut de gamme ouvert toute l'année, il possède de jolies chambres rénovées, mais les parties communes restent vieillotes. Le restaurant propose un Menu arctique.

Brygga Hotell (☎ 75 60 20 00 ; s/d 700/950 NOK ; 🕒 mi-juin à juil). À côté du fjord, l'annexe moins imposante du Fauske Hotell compte 30 chambres plaisantes.

Huset (☎ 75 64 41 01 ; Storgata 74 ; plats 200 NOK environ). Dans l'artère principale, cet agréable restaurant prépare d'excellentes grillades garnies (vendues au poids), d'autres plats de viande, un bel éventail d'en-cas et de salades et les inévitables pizzas.

Depuis/vers Fauske

BUS

Chaque jour, 4 bus circulent depuis/vers Bodø (106 NOK, 1 heure 15). Le Nord-Norgeekspressen à destination de Narvik (407 NOK, 4 heures 45) passe par Fauske 2 fois/jour et offre d'importantes réductions aux détenteurs de forfaits Inter-Rail et Eurail. L'Ekspressen Fauske-Lofoten rallie directement les Lofoten en traversant à Sortland (370 NOK, 5 heures, 2/jour) ; l'un des bus continue jusqu'à Svolvær (507 NOK, 9 heures). Un bus quotidien dessert Harstad (343 NOK, 5 heures 30).

TRAIN

Des trains font la navette sur la Nordlandsbanen entre Trondheim (905 NOK, 9 heures) et Bodø (104 NOK, 45 min), via Fauske, 2 fois/jour. Jusqu'à 5 trains circulent tous les jours entre Fauske et Bodø. Pour continuer plus au nord, vous devrez prendre un bus.

ENVIRONS DE FAUSKE

Musées de Saltdal et de la Route du Sang

Le **village historique de Saltdal** (☎ 75 68 22 90 ; adulte/enfant 30 NOK/gratuit ; 🕒 9h-15h lun-ven, 13h-16h sam, 13h-18h dim 20 juin-20 août), à côté de l'E 6 près de Saltnes, réunit des bâtiments ruraux et liés à la pêche. Sur place, le **musée de la Route du Sang** occupe une ancienne caserne allemande et révèle les conditions de vie des prisonniers de guerre alliés, morts durant la construction de la nationale entre Saltnes et Saksenvik. À Botn, à 3 km au nord, le cimetière des prisonniers contient quelque 7 000 tombes.

Sulitjelma

Juste au nord de Fauske, un panneau indique que vous êtes exactement à la moitié de l'E 6. À cet endroit, quittez la route de l'Arctique pour un bref détour.

Un superbe trajet de 40 km le long de la Rv 830 remonte la belle Langvassdalen jusqu'à la petite bourgade de Sulitjelma. Cette dernière ne fut pas toujours aussi isolée. En 860, un berger sami découvrit du minerai de cuivre dans la campagne boisée au nord du lac

Langvatnet et toutes sortes d'opportunistes affluèrent bientôt dans la région. La compagnie minière Sulitjelma Gruber fut fondée en 1891 pour exploiter les importants gisements. En 1928, les hauts-fourneaux, alimentés par du bois, avaient décimé les forêts de bouleaux alentour, et les fortes concentrations de CO_2 avaient pollué l'environnement. Aujourd'hui, les hauts-fourneaux sont éteints depuis longtemps et la nature ressuscite.

À VOIR ET À FAIRE

La visite guidée de 1 heure de la **mine de Sulitjelma** (Besøksgruve ; adulte/enfant 125/50 NOK ; 🕒 13h mi-mai à début août) comprend une montée escarpée en train de 1,5 km dans la montagne.

Au bord du fjord, le **musée de la Mine de Sulitjelma** (Gruvemuseum ; ☎ 75 64 06 95 ; adulte/enfant/famille 25/10/60 NOK ; 🕒 10h-18h dim-ven, 12h-15h sam mi-juin à début août) retrace les 100 années d'exploitation minière dans la région et présente d'étonnants équipements rouillés.

Le superbe environnement glaciaire, à l'est et au sud de Sulitjelma, offre de multiples possibilités de randonnée.

Parc national de Rago

Le petit parc national de Rago (167 km²), rarement visité, se compose de montagnes granitiques et de landes boisées, entaillées de profondes crevasses et couvertes de champs de glace. Rago, avec les grands parcs suédois adjacents, Pakjelanta, Sarek et Stora Sjöfjallet, fait partie d'une vaste zone protégée de 5 500 km². Des castors vivent au fond de la vallée de la Laksåga (ou Nordfjord) et des gloutons habitent dans les hauteurs. Chutes et cascades ponctuent la vallée de Storskogdalen, relativement verdoyante.

Du principal point de départ à Lakshol, une marche de 3 heures (7 km) remonte la vallée jusqu'aux refuges gratuits de Storskogvasshytta et de Ragohytta, puis une rude grimpée mène à la crête et en Suède, de l'autre côté, pour rejoindre un réseau de sentiers bien tracés.

Procurez-vous les cartes *Sisovatnet,* au 1/50 000, ou *Sørfold,* au 1/75 000. Pour vous rendre à Lakshol, quittez l'E 6 à hauteur du pont Trengsel en tournant vers l'est et continuez jusqu'au bout de la route, à 6 km.

NARVIK

A18 300 habitants

Narvik fut fondée en 1902 en tant que port libre de glace pour les riches mines de fer de Kiruna, en Laponie suédoise. Récemment, la ville a commencé à promouvoir les exceptionnels attraits sportifs et touristiques de la région alentour, splendide et sauvage, et la spectaculaire voie ferrée Ofotbanen qui rejoint la Suède.

Histoire

La région de Narvik fut habitée dès l'âge de la pierre, comme en témoigne la gravure rupestre d'un élan à Vassvik, au nord-ouest du centre.

Durant la Seconde Guerre mondiale, le contrôle de ce port stratégique était essentiel pour la machine de guerre allemande qui cherchait à s'emparer du fer. En avril 1940, dix destroyers allemands bravèrent le blizzard pour entrer dans le port et coulèrent deux cuirassés norvégiens. Le lendemain, cinq destroyers britanniques arrivèrent et la féroce bataille navale qui s'ensuivit aboutit à la perte de deux vaisseaux de part et d'autre. En mai, les troupes britanniques, norvégiennes, françaises et polonaises débarquèrent et reprirent la ville.

Cependant, les Allemands ne battirent pas en retraite et les alliés furent décimés, comme en témoignent les tombes des soldats dans les cimetières et les vestiges de 34 bateaux de cinq nations (Norvège, Grande-Bretagne, France, Pays-bas et Allemagne) dans le port. Le 8 juin 1940, les alliés abandonnèrent Narvik, qui resta aux mains des Allemands jusqu'au 8 mai 1945.

Bien que la cité ait été admirablement reconstruite, le centre n'a rien de séduisant. La station de transbordement, au cœur de la ville, continue de transférer chaque année 30 millions de tonnes de minerai de fer des wagons de train aux bateaux. Toutefois, la beauté des forêts, des montagnes et des fjords environnants justifie amplement le détour.

Orientation et renseignements

Bordée d'îles à l'ouest, Narvik est entourée de montagnes dans toutes les autres directions, tandis que des fjords spectaculaires s'étirent au nord et au sud. L'E 6 (Kongens gate) traverse le centre-ville. La gare ferroviaire se situe à l'extrémité nord de la ville et la gare routière jouxte le centre commercial AMFI.

L'**office du tourisme** (☎ 76 96 56 00 ; www.destinationnarvik.com ; Kongens gate 57 ; 🕒 9h-19h lun-ven, 10h-17h sam-dim mi-juin à mi-août, 9h-16h mai à mi-juin, 9h-16h lun-ven, 10h-14h sam mi-août à sept, 9h-15h30 lun-ven oct-avr) détient les clés des refuges du Narvik og Omegns Turistforening (NOT ;

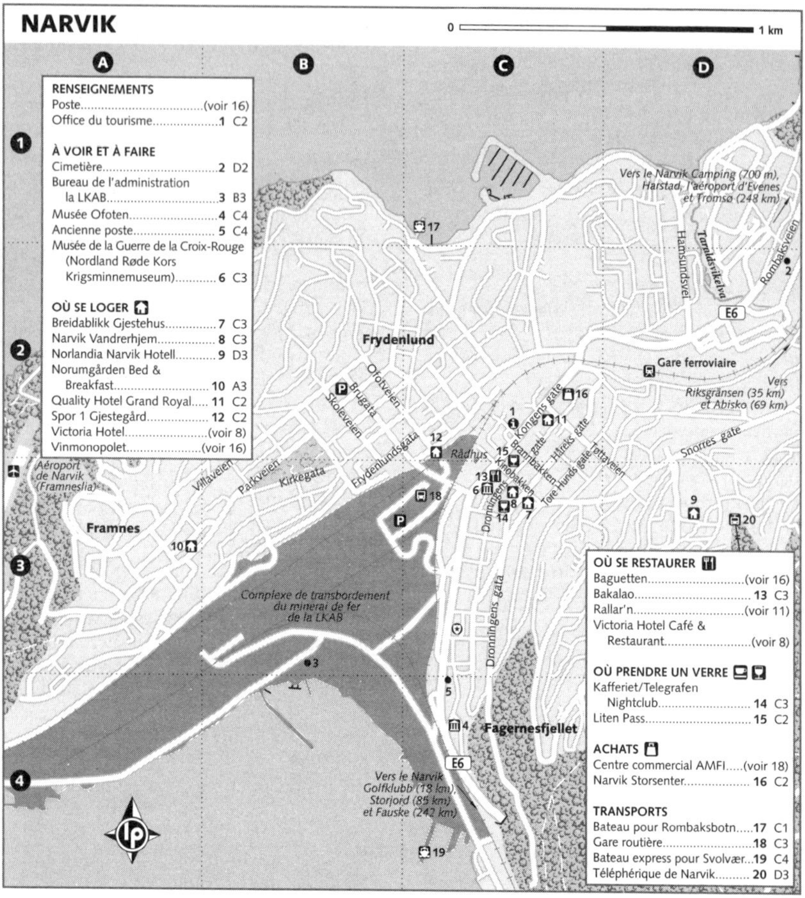

100 NOK de caution), offre l'accès à Internet (10 NOK/15 min) et loue des vélos (200 NOK/jour).

À voir

Le **musée de la Guerre de la Croix-Rouge** (Nordland Røde Kors Krigsminnemuseum ; ☎ 76 94 44 26 ; Kongens gate ; adulte/enfant 50/25 NOK ; 10h-21h lun-sam, 12h-18h dim début juin-fin août, 10h-16h lun-sam, 12h-16h dim mai-début juin et fin août à mi-sept, 11h-15h lun-ven le reste de l'année) retrace les combats livrés à Narvik dans les premières années de la Seconde Guerre mondiale – une exposition sobre et fascinante.

Le **musée Ofoten** (☎ 76 96 00 50 ; Administrasjonsveien 3 ; adulte/tarif réduit/enfant 40/20 NOK/gratuit ; 10h-15h lun-ven, 12h-15h sam-dim fin juin-début août, 10h-15h lun-ven le reste de l'année) présente l'histoire de l'agriculture, de la pêche, de la construction de la voie ferrée et du transbordement du minerai à Narvik. Un film sur la voie ferrée Ofotbanen est projeté en continu et les enfants s'amuseront à presser le bouton qui active le train miniature. Ne manquez pas les collections de costumes et d'objets samis, ni les photos anciennes juxtaposées avec des clichés récents pris sous le même angle. Pour rejoindre le musée, prenez la petite rue à côté du bâtiment restauré qui abrita la **poste** de 1888 à 1898.

Le vaste **complexe de transbordement du minerai de fer de LKAB**, imposant enchevêtrement d'engins, de tapis roulants, de fours, de rails et d'énormes tas de minerai, symbolise Narvik. Un cargo transporte en moyenne de 125 000 à 175 000 tonnes de minerai et il faut un jour entier pour le remplir. De mi-juin à mi-août, des visites guidées (au moins 6 participants) partent des bureaux administratifs de la LKAB à 15h (l'horaire peut changer ; vérifiez auprès de l'office du tourisme).

Le **téléphérique Narvikfjellet** (☎ 76 94 16 05 ; Mårveien ; aller-retour adulte/enfant 100/80 NOK ; 13h-21h début juin et août, 13h-1h mi-juin à juil) grimpe à 656 m au-dessus de la ville, offrant des vues fabuleuses sur les sommets et les fjords alentour, et jusqu'aux Lofoten par temps clair. Plusieurs chemins de randonnée balisés partent de la station au sommet. Une piste de VTT, également signalée, descend vers la ville.

Le **cimetière** principal, du côté nord de la ville, contient des mémoriaux aux troupes françaises et polonaises qui combattirent aux côtés des Norvégiens, ainsi que des tombes de soldats allemands et de marins britanniques.

À faire

Le **Narvik og Omegns Turistforening** (NOT ; www.narvikfjell.no), excellente source d'informations sur la randonnée, possède plus de 20 refuges, pour la plupart entre Narvik et la frontière suédoise. L'office du tourisme vous remettra les clés contre une caution de 100 NOK.

Une randonnée prisée, parallèle à la **voie ferrée Ofotbanen** (voir p. 305), suit un ancien chemin des terrassiers, le **Rallarveien**. Peu de marcheurs le parcourent en entier, du parc national d'Abisko en Suède jusqu'à la mer ; ils partent habituellement de Riksgränsen, la petite station de ski juste après la frontière suédoise, ou de Bjørnfell, la station suivante à l'ouest. Ce trajet représente une descente facile jusqu'à Katterat, où vous pouvez prendre un train en soirée pour Narvik. Un itinéraire plus sportif dégringole jusqu'à Rombaksbotn au bout du fjord, l'ancien campement principal lors de la construction de la voix ferrée (aujourd'hui rendu à la nature). De là, un **bateau** (adulte/enfant 250/100 NOK) dessert irrégulièrement Narvik en été. Vérifiez auprès de l'office du tourisme pour éviter une marche supplémentaire de 10 km en fin de journée.

De février à avril, le téléphérique Narvik-fjellet vous dépose sur le domaine skiable – pistes, hors piste et ski de fond – aux vues époustouflantes.

Sipas Adventures (☎ 90 69 09 55 ; www.sipasadventures.no) propose des randonnées en raquettes en hiver, des marches guidées, de la spéléologie et du kayak de mer en été. Réservez directement ou auprès de l'office du tourisme.

De novembre à mi-janvier, quand les bancs de harengs attirent les orques, **Ford Cruise Narvik** (☎ 91 39 06 18 ; www.fcn.no) organise des sorties de 4-6 heures pour les observer.

Une route splendide longe le fjord jusqu'au **Narvik Golfklubb** (☎ 76 95 12 01), à Skjomendalen ; à 18 km au sud de la ville, juste avant le pont Skjomen sur l'E 6, suivez les panneaux indiquant Skjomdal. Les parois abruptes du fjord dissimulent une vallée dans laquelle se niche le golf. Si ce sport vous ennuie, de belles randonnées sillonnent les alentours.

Fêtes et festivals

Chaque année en mars, Narvik organise sa **Vinterfestuka**, une semaine de festivités qui commémore également les terrassiers qui construisirent la voie ferrée.

Le dernier samedi de juin, quelque 2 000 marcheurs prennent le train jusqu'à divers arrêts le long de la Rallarveien et reviennent à pied pour faire la fête à Rombaksbotn.

Où se loger

Narvik Camping (☎ 76 94 58 10 ; www.narvikcamping.com ; Rombaksveien 75 ; empl tente/caravane 110/150 NOK ; bung 4/6 lits avec sdb 605/770 NOK). Cet excellent camping, le seul de Narvik, surplombe le fjord et l'E 6 à 2 km au nord-est du centre. Les camions qui sillonnent la nationale et les trains qui empruntent la voie ferrée, juste au-dessus, empêchent de garantir de bonnes nuits de sommeil.

Spor 1 Gjestegård (☎ 76 94 60 20, 996 31 374 ; www.spor1.no ; Brugata 2a ; dort 180-200 NOK, s/d 450/550 NOK). Les fleurs fraîches à l'entrée indiquent le bon accueil que vous réservent Brit et Bjørn Einar, de grands voyageurs. Installé dans d'anciennes maisons de cheminots proches des rails, l'établissement comprend un sauna, une cuisine et un beau pub avec terrasse, ouvert en soirée du mardi au samedi.

Breidablikk Gjestehus (☎ 76 94 14 18 ; www.breidablikk.no en norvégien ; Tore Hunds gate 41 ; dort/s/d à partir de 250/435/595 NOK ; P). Du centre-ville, une montée escarpée mène à cette agréable pension à flanc de colline avec vue panoramique sur la ville et le fjord. Elle possède un salon douillet, des dortoirs à 4 lits et sert un délicieux buffet au petit déjeuner (50 NOK). Quelques-unes des chambres, fraîchement repeintes, disposent de sdb pimpantes (environ 200 NOK de supplément).

Norumgården Bed & Breakfast (☎ 76 94 48 57 ; http://norumgaarden.narviknett.no ; Framnesveien 127 ;

LE NORDLAND

s/d 350/500 NOK, d avec cuisine 600 NOK ; fin jan-nov). Adresse exceptionnelle, ce petit B&B ne compte que 4 chambres (réservation indispensable). Mess d'officiers allemands durant la Seconde Guerre mondiale, il ne manque pas de cachet. Demandez la chambre Heidi (la seule sans douche, mais agrémentée d'un petit balcon) pour dormir dans le lit qui fut autrefois occupé par le roi Olav.

Narvik Vandrerhjem (76 96 22 00 ; narvik.hostel@vandrerhjem.no ; Dronningens gata 58 ; dort 270 NOK, s/d 460/600 NOK, petit déj compris ; P). Élégante mais chère, la sympathique auberge de jeunesse (HI) de Narvik compte 30 lits et un café plaisant. Mieux vaut réserver en été, car elle affiche rapidement complet.

Victoria Hotel (76 96 28 00 ; www.victoria-hotel.net en norvégien ; s/d avec sdb et petit déj 765/895 NOK). Dans le même bâtiment que la Narvik Vandrerhjem, il offre des chambres plus confortables.

Norlandia Narvik Hotell (76 96 48 00 ; www.norlandia.no ; Skistuaveien 8 ; s/d 725/970 NOK mi-juin à mi-août, 850/1 050 NOK dim-jeu, 595/750 NOK ven-sam le reste de l'année ; P). Apprécié des tour-opérateurs, cet hôtel propose 90 chambres réparties dans de confortables bâtiments bas, de style chalet. Au pied du téléphérique, il jouit d'une vue splendide.

Quality Hotel Grand Royal (76 97 70 00 ; www.choice.no ; Kongens gate 64 ; s/d 700/1 010 NOK mi-juin à mi-août, 1 250/1 450 NOK dim-jeu, 790/980 NOK ven-sam le reste de l'année ; P). Hôtel le plus luxueux de Narvik, il dispose de quelques chambres aménagées pour les handicapés et d'un salon de beauté. Malgré son aspect monolithique, il constitue une agréable étape.

Où se restaurer

Baguetten (76 95 25 00 ; Kongens gate 66 ; lun-sam). En face du Vinmonopolet, au dernier étage du Narvik Storsenter, la Baguette sert de délicieuses pâtisseries et un excellent café.

Bakalao (76 94 36 60 ; Kongens gate 42 ; plats 174-194 NOK ; 10h-16h15 lun-ven). À côté du marché au poisson, ce petit établissement propose de savoureux plats préparés, dont un gâteau de poisson (*bacalao*), à consommer sur place ou à emporter.

Rallar'n (76 97 70 77 ; Kongens gate 64). Le pub-restaurant du Quality Hotel Grand Royal ne manque pas de cachet avec ses plafonds bas, ses briques apparentes et ses boiseries sombres. Divisé en box intimes, il sert des pizzas, des pâtes et des plats créatifs (145-245 NOK).

Victoria Café et Restaurant (76 96 28 00 ; Dronningens gata 58). Cet agréable café self-service offre des en-cas du lundi au vendredi, de 11h à 17h. Il se transforme ensuite, du mardi au samedi, en restaurant raffiné avec un menu gastronomique (3 plats 425 Nk, 5 plats 575 NOK) qui change chaque semaine.

Le Vinmonopolet local est installé au 3e étage du Narvik Storsenter.

Où prendre un verre et sortir

Liten Plass (Dronningens gata ; plats 174-194 NOK). Les prix sont écrits à la craie sur l'ardoise de la "Petite Place", un petit bar prisé des jeunes.

Kafferiet/Telegrafen Night Club (76 96 00 55 ; Dronningens gata 56). À côté de l'auberge de jeunesse, cette discothèque séduit une clientèle de 20 à 35 ans. Événements sportifs sur grand écran et parfois musique live (entrée payante).

En hiver, le bar du **Norlandia Narvik Hotell**, au pied du téléphérique, est le principal rendez-vous d'après ski.

Depuis/vers Narvik

AVION

Presque tous les vols partent de l'aéroport Harstad-Narvik à Evenes (p. 333), à 1 heure 15 de la ville. Le petit aéroport Framneslia de Narvik, à 3 km à l'ouest du centre, dessert uniquement Bodø, Tromsø et Andenes.

BATEAU

Du quai Dampskipskaia dans Havnegata, à 1 km au sud du centre le long de Kongens gate, un bateau express rallie Svolvær dans les Lofoten (326 NOK, 3 heures 30, tlj sauf sam).

BUS

Des bus express circulent vers le nord jusqu'à Tromsø (360 NOK, 4 heures 15, 3/jour), et entre Narvik et Bodø (497 NOK, 6 heures 30, 2/jour) via Fauske (407 NOK, 4 heures 45). Pour les Lofoten, 2 bus quotidiens relient Narvik et Leknes (505 NOK, 8 heures) via Sortland (294 NOK, 4 heures) et Svolvær (433 NOK, 6 heures 30).

TRAIN

En direction de la Suède, au moins 2 trains partent chaque jour pour Riksgränsen (1 heure), à la frontière, et Kiruna (3 heures). Des trains continuent jusqu'à Lulea (7 heures 15) via Boden, où des correspondances rallient Stockholm.

SVARTABJØRN

Personne ne sait s'il exista vraiment une gentille cuisinière surnommée Svartabjørn (Ourse noire), qui mitonnait les repas des terrassiers employés à la construction de la voie ferrée Ofotbanen. Son nom fait cependant partie de la légende et figure dans des romans. Dans sa trilogie *Malm*, publiée en 1914, le romancier Ernst Didring raconte certaines des histoires rapportées par les terrassiers.

Cette belle fille brune, encore trop jeune pour quitter sa maison, s'entendait bien avec les ouvriers et était très bonne cuisinière. Elle tomba amoureuse d'un homme convoité par une autre femme et fut frappée à mort avec un battoir à linge.

Les terrassiers l'enterrèrent dans le cimetière de Tornehamn. Aujourd'hui, la tombe porte toujours le nom d'Anna Norge, mais la date de sa mort a été changée au moins trois fois pour correspondre à celle des femmes successivement supposées être la véritable Svartabjørn.

L'itinéraire emprunte la spectaculaire Ofotbanen et passe, en Suède, par le parc national d'Abisko, un bel endroit pour la randonnée et les paysages arctiques.

Comment circuler

L'aéroport Framneslia se situe à 3 km du centre. Flybuss circule 5-7 fois/jour entre Narvik et l'aéroport Harstad-Narvik d'Evenes (180 NOK, 1 heure 15), à 79 km. Pour un taxi, appelez **Narvik Taxi** (☎ 07 550).

VOIX FERRÉE OFOTBANEN ET RALLARVEIEN

La splendide **voie ferrée Ofotbanen** (☎ 76 92 31 21) grimpe le long des parois des fjords, à travers des forêts de bouleaux et des plateaux rocailleux jusqu'à la frontière suédoise. Construite à la fin du XIXe siècle par des travailleurs migrants (des terrassiers) pour relier Narvik aux mines de fer de Kiruna, au nord de la Suède, elle fut inaugurée en 1903. Actuellement, quelque 15 millions de tonnes de minerai transitent chaque année par cette ligne, devenue un important site touristique.

De Narvik à Riksgränsen, la station de ski juste après la frontière suédoise (aller/aller-retour 80/160 NOK, avec 1 ou 2 enfants ; 1 heure), la voie ferrée passe par une cinquantaine de tunnels et d'abris à neige. En sens inverse, peu avant l'arrivée à Narvik, on peut voir l'épave du navire allemand *Georg Thiele* au bord du fjord.

La ligne peut se parcourir en une journée ou une demi-journée, en partant de Narvik à 10h50. Le train qui repart de Riksgränsen, à la frontière suédoise, à 12h33 laisse le temps pour un café et un bref coup d'œil. Vous pouvez aussi vous promener dans ces montagnes superbes et prendre le train de 18h05. En quittant Narvik, asseyez-vous du côté gauche pour les plus belles vues.

Meteorologen Ski Lodge (☎ 46-7350 324 17 en Suède ; www.meteorologen.se ; s/d 900/1 400 NOK ; 🕓 toute l'année ; P 💻). Récemment ouvert dans une ancienne station météorologique, ce bel endroit permet de passer une nuit dans les hauteurs. Il comprend des chambres avec de grandes fenêtres donnant sur le lac ou les montagnes, un bar et un restaurant. Il loue également toute l'année des appartements équipés (3/6 personnes 695/965 NOK) dans le vaste hôtel d'hiver adjacent.

En Suède, plusieurs longs chemins de randonnée partent de la voie ferrée. L'un d'eux relie le parc national norvégien d'Øvre Dividal (voir p. 344) et le Kungsleden, mondialement connu, qui part d'Abisko vers le sud jusqu'au cœur de la Suède.

Entre fin juin et mi-août, le bus n°91 circule 2 fois/jour le long de l'E 10 jusqu'à Riksgränsen (45 min) et continue vers Abisko et Kiruna.

KYSTRIKSVEIEN – LA ROUTE CÔTIÈRE

Si vous disposez d'un ou deux jours, quittezla route de l'Arctique pour découvrir l'isolement et la splendeur de la Kystriksveien, la route côtière. La parcourir entièrement nécessite du temps et de l'argent, mais on peut l'abandonner ou la rejoindre à Steinkjer, à Bodø ou – à mi-chemin – à Mosjøen ou à Mo i Rana. Vous devrez posséder un véhicule, car les bus sont rares sur cette route.

Près de 14 000 îles ponctuent le large, des petits îlots rocheux parsemés de quelques touffes d'herbe aux îles habitées depuis des siècles par des communautés vivant de la pêche côtière et d'une agriculture de subsistance (telle Vega ; voir ci-dessous). La mer était jadis le seul moyen de communication et la vie était dure toute l'année, surtout de mi-janvier à Pâques, quand les hommes partaient pêcher la morue autour des Lofoten.

Renseignements

L'excellente brochure gratuite *Kystriksveien* (route côtière), distribuée par les offices du tourisme et de nombreux hôtels sur la route, contient une mine d'informations. Son site Internet, www.rv17.no, fournit encore plus de détails. Pour une description plus approfondie, procurez-vous *The Coastal Road: A Travel Guide to Kystriksveien* (298 NOK), d'Olav Breen.

Le lien www.rv17.no/sykkel décrit un circuit recommandé de 7 jours à vélo et en ferry le long de la Kystriksveien. Autre brochure gratuite, *Cycling from Steinkjer to Leka* comprend des cartes détaillées, indique les sites ainsi que les hébergements qui accueillent volontiers les cyclistes.

Pour des informations sur la partie sud de la Kystriksveien, reportez-vous p. 289.

BRØNNØYSUND

5 000 habitants

Brønnøysund est bordée d'un côté par un archipel d'îlots baigné par une mer turquoise et de l'autre par une campagne agricole vallonnée. Son **office du tourisme** (☎ 75 01 80 00 ; www.visithelgeland.com ; 🕑 9h-19h lun-ven, 10h-18h sam, 12h-18h dim mi-juin à mi-août, 9h-16h lun-ven le reste de l'année), à une rue du quai de Hurtigruten, loue des vélos (40/125 NOK par heure/jour) et vend des billets pour une splendide minicroisière à bord du ferry de Hurtigruten (adulte/enfant 363/182 NOK). Partant tous les jours à 17h, le ferry côtier passe par Torghatten (voir plus bas) avant de continuer en direction du sud vers Rørvik dans le Trøndelag ; vous disposez d'une heure pour explorer la ville et visiter son splendide centre culturel Norveg, avant de reprendre le ferry vers le nord et revenir à Brønnøysund à 1h.

À voir et à faire

À Tilrem, à 6 km au nord de Brønnøysund, le **Hildurs Urterarium** (☎ 75 02 52 12 ; adulte/enfant 40 NOK/gratuit ; 🕑 10h-17h mi-juin à mi-août) abrite quelque 400 espèces d'herbes, 100 variétés de rosiers et 1 000 de cactus. Il comprend de vieux bâtiments de ferme, une petite galerie d'art et une boutique qui vend des produits locaux, dont du vin. Le jardin est un endroit plaisant pour un déjeuner.

À 15 km au sud de Brønnøysund, le **Torghatten**, sur l'île de Torget, est un point de repère local. Dans la montagne, un trou long de 160 m, haut de 35 m et large de 20 m est accessible par un bon sentier (20 min de marche). Le ferry côtier de Hurtigruten en direction du sud contourne l'île et offre une excellente vue sur le trou. L'encadré p. 49 relate la légende de Torghatten.

Où se loger et se restaurer

L'office du tourisme de Brønnøysund réserve des bungalows dans des fermes et des *rorbuer* (600-900 NOK) pouvant accueillir 4-8 personnes.

Torghatten Camping (☎ 75 02 54 95 ; www.visittorghatten.no ; empl tente/caravane 90/130 NOK, bung 4/6 lits avec sdb 850 NOK, app 6 lits 950-1 050 NOK). Ce charmant camping possède une petite plage au bord d'un lac artificiel, idéale pour les enfants. À 10 km au sud-ouest de Brønnøysund, il est pratique pour escalader le Torghatten.

Galeasen Hotell (☎ 75 00 85 50 ; www.galeasen.com ; Havnegata 32-36 ; s/d 780/980 NOK mi-juin à mi-août et ven sam toute l'année, 1 095/1 295 NOK dim-jeu le reste de l'année). Au bord du quai et doté d'un petit restaurant, cet hôtel de 22 chambres se révèle plaisant, malgré des réceptionnistes un peu secs. Demandez une chambre dans le bâtiment principal, plus récent ; l'annexe, aménagée dans une ancienne conserverie de poisson, est moins attrayante.

Depuis/vers Brønnøysund

Au moins 2 vols desservent tous les jours Trondheim et Bodø. À l'approche de Brønnøysund, l'avion passe au-dessus du Torghatten et des eaux azur qui l'entourent.

Jusqu'à 4 bus circulent tous les jours, sauf le dimanche, entre Brønnøysund et Sandnessjøen (180 NOK, 3 heures). Le ferry côtier de Hurtigruten fait escale à Brønnøysund.

VEGA

1 300 habitants

Vega reste une destination peu visitée par les touristes étrangers. Cette île et plus de 6 000 *skerries*, îlots et rochers qui forment l'archipel de Vega, sont classés au Patrimoine mondial de l'Unesco. Aucun monument, ni les paysages (par ailleurs splendides) n'ont été la raison de cette distinction. Le comité a préféré récompenser la ténacité des générations de pêcheurs-fermiers qui, depuis 1 500 ans, perpétuent un mode de vie durable dans un environnement inhospitalier. Aujourd'hui, la principale ressource est la collecte des plumes d'eider, une activité essentiellement féminine. Pour en savoir plus sur ces canards particuliers et leur duvet, visitez le beau petit musée de l'E-Huset (Maison-E), ou consultez les sites www.verdensarvvega.no ou www.lanan.no.

L'**office du tourisme** (☎ 75 03 53 88 ; www.visitvega.no en norvégien ; 🕑 10h-18h lun-jeu, 10h-20h ven, 10h-14h sam mi-juin à mi-août, 9h-16h le reste de l'année) se situe à Gladstad, le plus grand village de Vega.

Dans le hameau de pêcheurs de Nes, l'**E-Huset** (☎ 95 04 44 59 ; 30 NOK ; 🕑 12h-16h mar-dim mi-juin à mi-août), un excellent musée consacré à l'eider, explique comment les canards sont nourris, tels des animaux domestiques, au retour de leur migration hivernale, toujours dans le même nid. L'E-Huset occupe un ancien comptoir commercial, avec son mobilier d'origine et des étagères remplies de marchandises de jadis.

Vega Camping (☎ 94 35 00 80 ; http://hjem.monet.no/camping en norvégien ; Floa ; empl tente/caravane 100/120 NOK plus 15 NOK/pers ; d/qua 400/650 NOK ; 🕑 mi-juin à mi-août). La pelouse soignée qui s'étend jusqu'au rivage fait de ce simple camping paisible l'un des plus jolis du pays. Vous pouvez louer un bateau/vélo pour 250/100 NOK par jour, ou monter à cheval dans l'école d'équitation voisine.

Vega Havhotell (☎ 75 03 64 00 ; www.havhotellene.no en norvégien ; Viksås ; s/d avec petit déj 890/990 NOK ; 🕑 tlj avr-sept, mar-dim nov-mars). Cette retraite isolée, au bout d'une piste à la pointe nord de Vega, compte 21 chambres sans radio ni TV. L'endroit est idéal pour se reposer, marcher dans les embruns le long de la côte, ou regarder des eiders et leurs petits barboter dans le bassin en contrebas.

Même si vous ne séjournez pas au Vega Havhotell, offrez-vous un excellent repas dans son **restaurant** (1/2/3 plats 225/325/425 NOK) gastronomique, qui utilise principalement des produits locaux. Réservation indispensable.

Des bateaux express relient Vega à Brønnøysund et à Sandnessjøen. Des car-ferries effectuent la traversée depuis Horn et Tjøtta, sur le continent.

SANDNESSJØEN

5 750 habitants

L'imposante chaîne des Syv Søstre (Sept Sœurs) domine le sud de Sandnessjøen, le principal centre marchand de la côte sud du Nordland. Les randonneurs les plus sportifs peuvent grimper les sept sommmets (de 910 à 1 072 m) en une journée ; un concours a lieu certaines années et le record à battre est actuellement 3 heures et 54 minutes !

La Torolv Kveldulvsons gate, une rue piétonne, traverse le centre à un pâté de maisons du port. L'**office du tourisme** (☎ 75 04 45 00 ; www.helgelandskysten.com ; 🕑 9h-19h lun-ven, 10h-16h sam, 12h-16h dim mi-juin à mi-août, 9h-16h lun-ven le reste de l'année), sur les quais, loue des vélos (40/125 NOK par heure/jour) et offre l'accès à Internet (1 NOK/min).

Randonnée

L'office du tourisme indique des randonnées dans la chaîne des Syv Søstre, plus facilement accessible par la Rv 17 à Breimo ou à Sørra, à 4 km au sud de la ville. De là, une marche de 2 km mène au pied du massif, où les sentiers sont indiqués par des points rouges. Procurez-vous l'*Alstahaug*, une carte fiable au 1/50 000. Signez le registre à chaque sommet, remplissez une carte de contrôle à l'office du tourisme et exhibez fièrement le diplôme que ce dernier vous remettra.

Où se loger

Rica Hotel Sandnessjøen (☎ 75 06 50 00 ; www.rica.no ; Torolv Kveldulvsons gate 16 ; s/d 795/995 NOK mi-juin à mi-août, 1 290/1 490 NOK dim-jeu, 860/1 060 NOK ven-sam le reste de l'année). Dans cet hôtel, le plus beau de Sandnessjøen, les 69 chambres récemment rénovées offrent tout le confort attendu d'un établissement de la chaîne Rica.

Depuis/vers Sandnessjøen

Tous les jours sauf le dimanche, jusqu'à 4 bus circulent entre Sandnessjøen et Brønnøysund (180 NOK, 3 heures). De 3 à 5 bus desservent quotidiennement, sauf le samedi, Mosjøen (1 heure 45) et Mo i Rana (2 heures 45). Le ferry côtier de Hurtigruten fait escale à Sandnessjøen.

TRÆNA ET LOVUND

Træna est un archipel de plus de 1 000 petits *skerries* plats, dont cinq sont habités.

Les ferries en provenance du continent accostent à l'île Husøy, qui abrite la plupart des habitants et des hébergements de Træna. Les principaux sites se trouvent sur l'île voisine de Sanna, longue d'un peu plus de 1 km et traversée par une chaîne de montagnes miniature, qui culmine au Trænstaven (318 m), à l'extrémité nord.

Près de la pointe sud de Sanna, les archéologues ont découvert un cimetière et des artefacts (aujourd'hui au musée de Tromsø) vieux de 9 000 ans dans la **grotte Kirkehelleren**, aux allures de cathédrale.

D'innombrables oiseaux et 240 humains vivent à Lovund, une île aux flancs escarpés qui s'élève à 623 m au-dessus de la mer. Le 14 avril, l'île célèbre le Lundkommerdag, le jour où 200 000 macareux reviennent nicher jusqu'à mi-août.

Des bateaux express relient Sandnessjøen et Træna, et des car-ferries font la traversée 3 fois/semaine.

DE STOKKVÅGEN À STORVIK

Si vous ne parcourez qu'une portion de la route côtière, choisissez celle qui s'étire entre Stokkvågen, à l'ouest de Mo i Rana, et la large plage de sable de Storvik, à 100 km au sud de Bodø. Ce tronçon a été récemment désigné route touristique nationale, un label réservé aux plus belles des routes panoramiques.

De Mo i Rana à la côte, un trajet splendide longe le beau Ranafjord, où vous pourrez explorer le fort allemand de **Grønsvik** (entrée libre), l'un des quelque 350 construits sur la côte norvégienne.

Les vues somptueuses se succèdent à mesure que l'on remonte la côte vers le nord. Au-delà du cercle polaire arctique se profile une myriade d'îles, d'îlots et de *skerries*, tandis que des pygargues à queue blanche plannent à la recherche d'une proie. Les fleurs sauvages s'épanouissent grâce au climat relativement doux, réchauffé par la pointe du Gulf Stream, et la route côtoie la mer sur la majeure partie du parcours. Vous pourrez admirer le glacier Svartisen lors des traversées en ferry Kilboghamn-Jektvik et Ågskardet-Forøy, et profiter des vues splendides de la route en longeant le Holandsfjord.

De **Holand**, un **ferry** (☎ 47 99 40 30 ; aller-retour adulte/enfant 90/50 NOK) traverse en 10 min le Holandsfjord toutes les heures environ. Vous pouvez louer un vélo (40/60 NOK 3/6 heures) pour parcourir la piste gravillonnée de 3 km entre la jetée et le bord de la langue glaciaire de l'Engebreen.

Du débarcadère, une marche de 15 min conduit au **Svartisen Turistsenter** (☎ 75 75 11 00 ; www.svartisen.no ; ⏱ juin à mi-août), qui comprend un café et une boutique. Il organise des promenades guidées de 1-2 heures sur le glacier (400 NOK) et des randonnées de 4-5 heures (800 NOK) depuis l'extrémité du lac Engabrevatnet. Réservez à l'avance. Vous pouvez également emprunter, en indépendant, le chemin escarpé qui suit la lisière du glacier jusqu'au refuge de Tåkeheimen (1 171 m), près du sommet du Helgelandsbukken (1 454 m). Suivez les marques “T” et comptez 8 heures aller-retour.

Holand Hytter (☎ 75 75 00 16, 41 57 65 28 ; walterjoh@combitel.no ; bung 500-800 NOK). Il possède 3 jolis bungalows, avec sdb et cuisine. Deux sont installés dans les bois, à courte distance de l'embarcadère du ferry de Svartisen. Le troisième, qui peut accueillir jusqu'à 7 personnes, jouxte l'embarcadère.

Furøy Camping (☎ 75 75 05 25 ; fax 75 75 03 36 ; Forøy ; empl tente/caravane 135/175 NOK, bung 490-900 NOK). À 1 km à peine du terminal du ferry Ågskardet-Føroy, ce camping enchante les enfants avec son aire de jeux cinq étoiles, agrémentée d'un trampoline et de cabanes. Les adultes peuvent profiter du bain chaud (100 NOK jusqu'à 6 personnes) en contemplant le glacier Svartisen de l'autre côté du fjord. Réservez, car les bungalows sont pris d'assaut à l'arrivée des ferries.

BODØ

36 000 habitants

Bodø, la plus grande ville du Nordland, fut fondée comme centre de négoce en 1816, avant de privilégier la pêche dans les années 1860 durant un boom particulièrement lucratif du hareng. Le centre-ville, quasi rasé par des bombardements au cours de la Seconde Guerre mondiale, a été reconstruit. Sans grand intérêt architectural, il est néanmoins dégagé, propre et comprend une agréable marina ; en été, il peut empester le poisson ! Le charme de la ville réside essentiellement dans son cadre : des pics déchiquetés se détachent au loin sur un ciel infini, tandis que les îles au nord abritent la plus forte concentration au monde de pygargues à queue blanche (valant à Bodø la qualification de capitale de la pygargue à queue blanche).

Nombre de vacanciers évitent Bodø, pressés de rejoindre le Grand Nord, ou ne s'y arrêtent que le temps de prendre un ferry pour les

Lofoten. Pourtant, cette ville facilement accessible – à 63 km à l'ouest de Fauske sur la route de l'Arctique et le terminus nord de la ligne ferroviaire Nordlandsbanen – est un endroit plaisant où l'on peut rester un jour ou deux.

Orientation et renseignements

Le centre de Bodø s'étire à flanc de colline jusqu'à la mer. Les deux rues principales, Sjøgata et Storgata – en majeure partie piétonne –, courent parallèlement, ponctuées par l'immense galerie marchande Glasshuset. L'office du tourisme, la gare routière et le terminal des bateaux express se regroupent à deux pâtés de maisons à l'ouest de la Glasshuset.

Intersport Bodø (☎ 75 54 98 50 ; 4e ét., Glasshuset). Vend des cartes de randonnée et détient les clés des bungalows du Den Norske Turistforening (DNT).

Ludvig's Bruktbokhandel (Dronningens gate 42). Bon choix de livres d'occasion en anglais, d'anciens vinyles, de bandes dessinées et de vidéos. Un paradis pour les chineurs.

Office du tourisme (☎ 75 54 80 00 ; www.visitbodo.com ; Sjøgata 3 ; 🕑 9h-20h lun-ven, 10h-18h sam, 12h-20h dim mi-mai à août, 9h-16h lun-ven, 10h-15h sam le reste de l'année). Publie l'excellent *Bodø Guide*, gratuit, et dispose de deux terminaux connectés à Internet (60 NOK/heure). Des consignes à bagages sont installées à côté (20-50 NOK).

À voir

Le **musée de l'Aviation norvégienne** (Norsk Luftfartsmuseum ; ☎ 75 50 78 50 ; Olav V gata ; adulte/tarif réduit/enfant/famille 75/50/40/180 NOK ; 🕑 10h-18h mi-juin à mi-août, 10h-16h lun-ven, 11h-17h sam-dim le reste de l'année) fera le bonheur de ceux qui s'intéressent aux avions et à l'histoire de l'aviation. Prévoyez au moins une demi-journée pour faire le tour de ses 10 000 m^2. Si vous arrivez à Bodø en avion, vous remarquerez que le bâtiment principal, en pierre grise et en verre fumé, a la forme d'une hélice.

Parmi les collections figurent une tour de contrôle et des présentations interactives. Le musée adjacent de l'Armée de l'air norvégienne renferme de nombreux avions militaires et civils, du Tiger Moth à l'avion-espion U2 (un appareil américain abattu au-dessus de l'Union soviétique en 1960). Petits et grands apprécieront le simulateur de vol qui leur permettra (moyennant supplément) de piloter un avion de chasse.

Le petit **musée du Nordland** (Nordlandmuseet ; ☎ 75 52 16 40 ; Prinsens gate 116 ; adulte/enfant 35 NOK/gratuit ; 🕑 9h-16h lun-ven, 11h-16h sam-dim mai-sept, 11h-16h lun-ven le reste de l'année) présente un film amusant de 20 min sur l'histoire de Bodø, sous-titré en anglais. Des objets en argent de l'époque viking comptent parmi les plus belles pièces. D'autres collections concernent la culture samie, l'histoire des femmes dans le Nordland, la pêche et l'histoire naturelle de la région.

Le musée comprend une section en plein air, le **Bodøsjøen Friluftsmuseum**, à 3 km de la ville près du Bodøsjøen Camping. Vaste de 4 ha, il regroupe des maisons et des fermes anciennes, des hangars à bateaux, des bunkers de la Seconde Guerre mondiale et le sloop gréé en carré *Anna Karoline af Hopen*. On peut se promener librement sur le site, mais les bâtiments se visitent sur rendez-vous. À cet endroit commence un **chemin de randonnée** qui remonte la rivière Bodøgårdselva jusqu'aux belles forêts de Bodømarka.

L'étonnante **cathédrale** (Kongensgate ; entrée libre ; 🕑 9h30-14h30 mi-juin à août) de Bodø, achevée en 1956, possède une tour indépendante surmontée d'une flèche. En forme de coque de bateau renversée, la nef est tapissée d'épaisses nattes multicolores et éclairée par un beau vitrail.

La charmante **Bodin Kirke** (Gamle Riksvei 68 ; 🕑 10h-15h fin juin à mi-août), une église en pierre coiffée d'un dôme bulbeux, fut construite vers 240. La réforme luthérienne modifia fortement sa façade et lui adjoignit un clocher. Des éléments baroques, dont l'autel richement sculpté, ornent l'intérieur.

À faire

Norlandsbadet & Spektrum Velvære (☎ 75 59 15 08 ; Plassmyrveien ; adulte/enfant/famille 130/90/390 NOK ; 🕑 15h-21h lun-ven, 10h-18h sam-dim). Endroit merveilleux pour se détendre, se tonifier et se réchauffer quand il gèle dehors, cet établissement comprend 6 piscines, dont une avec un tobbogan de 85 m, 6 saunas aux options diverses (musique et senteurs thérapeutiques, eucalyptus, etc.), une douche de forêt tropicale et une caverne de glace.

Le bateau express de Hurtigruten propose une excursion guidée au glacier Svartisen avec escale au retour dans le village de pêcheurs de Støtt (645 NOK). Il part de Bodø à 6h45 et revient à 14h30.

Festival

Le **Festival de musique du Nordland**, dans la première quinzaine d'août, offre 10 jours de

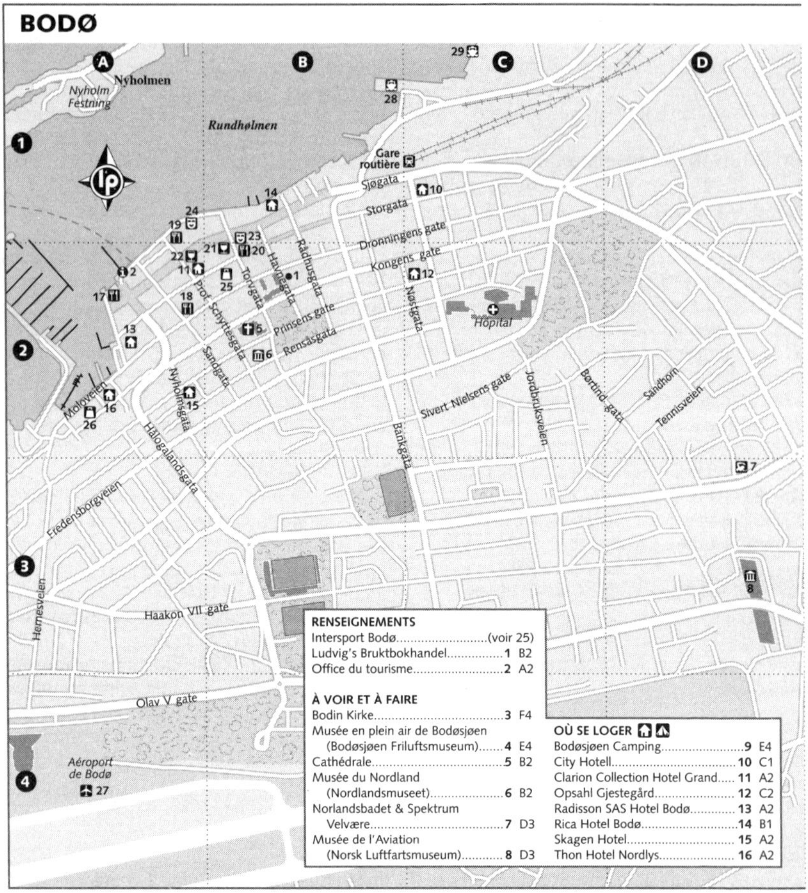

concerts – orchestres symphoniques, jazz, rock et folk.

Où se loger

Bodøsjøen Camping (☎ 75 56 36 80 ; bodocamp@yahoo.no ; Kvernhusveien 1 ; empl tente/caravane 100/200 NOK plus 30 NOK/pers, bung 250-400 NOK, avec sdb 630-840 NOK). Au bord de l'eau à 3 km du centre, ce camping offre des bungalows particulièrement bien équipés, ainsi qu'un terrain verdoyant avec des tables de pique-nique réservées aux campeurs. Les bus n°12 et 23 s'arrêtent à 250 m.

Opsahl Gjestegård (☎ 75 52 07 04 ; www.opsahlgjestegar.no en norvégien ; Prinsens gate 131 ; s/d 430/600 NOK). Dans une paisible rue résidentielle, cette pension possède 18 chambres confortables, au décor plus ou moins fleuri, et un petit bar pour les hôtes.

City Hotell (☎ 75 52 04 02 ; johannsst@online.no ; Storgata 39 ; s 590 NOK d 690-890 NOK plus 150 NOK/pers supp ; 💻). Flambant neuf, cet hôtel compte 19 chambres, petites pour la plupart mais à prix justifiés. Sous les combles, quelques chambres très spacieuses peuvent accueillir une famille et deux comportent une kitchenette. Les réceptionnistes se montrent plus aimables que les propriétaires.

Skagen Hotel (☎ 75 51 91 00 ; www.skagen-hotel.no en norvégien ; Nyholmsgata 11 ; s/d avec petit déj 650/800 NOK mi-juin à mi-août et ven-sam toute l'année, 1 290/1 490 NOK dim-jeu le reste de l'année ; 💻). Le Skagen occupe 2 bâtiments (dont une ancienne boucherie) de part et d'autre de la rue, reliés par un passage souterrain. Il offre des chambres joliment décorées, un bar et une collation gratuite avec café et gaufres

l'après-midi. Le personnel peut vous conseiller de nombreuses activités de plein air.

Clarion Collection Hotel Grand (☎ 75 54 61 00 ; www.choice.no ; Storgata 3 ; s/d avec petit déj et dîner-buffet léger 665/880 NOK mi-juin à mi-août et ven-sam toute l'année, 1 395/1 620 NOK dim-jeu le reste de l'année ; P). À côté de la galerie marchande Glasshuset et à deux pas du quai, le Grand bénéficie d'un emplacement privilégié. Il loue des chambres confortables, un peu petites, et met gracieusement à disposition des hôtes un sauna et un bain de vapeur.

Thon Hotel Nordlys (☎ 75 53 19 00 ; www.thonhotels.com ; Moloveien 14 ; s/d 755/955 NOK mi-juin à mi-août et ven-sam toute l'année, 1 025/1 255 NOK dim-jeu le reste de l'année). Hôtel récent et le plus chic de Bodø, aux touches subtiles de design scandinave, il surplombe la marina et comprend un restaurant correct.

Radisson SAS Hotel Bodø (☎ 75 51 90 00 ; www.radissonsas.com ; Storgata 2 ; s/d 795/1 090 NOK mi-juin à mi-août, 1 250-1 450 NOK dim-jeu, 795/995 NOK ven-sam le reste de l'année ; P). Dans cet hôtel contemporain aux chambres lumineuses, le bar, au dernier étage, jouit d'une belle vue sur le port et les montagnes. Le petit déjeuner est servi dans le restaurant Sjøsiden, aux grandes baies vitrées, tandis que le Pizzakjeller'n est l'un des restaurants les plus fréquentés de Bodø.

Rica Hotel Bodø (☎ 75 54 70 00 ; www.rica.no ; Sjøgata 23 ; s/d 795/1 046 NOK mi-juin à mi-août, 1 380/1 680 NOK dim-jeu, 750/1 000 NOK ven-sam le reste de l'année). Accueillant et bien géré, ce nouvel hôtel de la chaîne Rica propose des chambres particulièrement spacieuses et borde le quai. Vous n'aurez pas besoin de sortir du bâtiment pour vous rendre au Blix, le meilleur restaurant de Bodø.

Où se restaurer

Løvolds (☎ 75 52 02 61 ; Tollbugata 9 ; plats 35-105 NOK ; lun-sam). Le plus ancien restaurant de Bodø, cette cafétéria prisée offre des sandwichs, des grillades, de roboratifs plats norvégiens et la vue sur le quai.

Kafé Kafka (☎ 75 52 35 50 ; Sandgata 5b ; plats 60-125 NOK, plat du jour 78 NOK ; 11h-24h lun-sam, 15h-24h dim). Élégant café contemporain, il propose 11 variétés de café, des jus de fruits frais, l'accès Wi-Fi et un terminal connecté à Internet, gratuit pour les clients. Il se transforme parfois en discothèque avec DJ le samedi.

Paviljongen (☎ 75 52 01 11 ; Torget ; plats 90-135 NOK). Agréable établissement en plein air sur la place principale, c'est un endroit parfait pour boire un café ou l'une des 3 bières à la pression, ou déguster un déjeuner à prix doux en regardant les passants.

Pizzakjeller'n (☎ 75 51 90 00). Au sous-sol du Radisson SAS Hotel, ce restaurant détendu propose de nombreuses pizzas, d'autres en-cas et des plats plus substantiels, ainsi que des plats du jour (110 NOK) ou de la semaine (170 NOK) plus originaux.

Da Carlo (☎ 75 50 46 05 ; 2e ét., Glasshuset). Bar-restaurant plaisant orné de plantes, il est apprécié de la jeunesse locale. Occupant une partie du pont couvert au-dessus de l'allée principale de la galerie marchande, il sert les habituels en-cas, pizzas et burgers, à dévorer en observant l'animation en contrebas.

Bryggerikaia (☎ 75 52 58 08 ; Sjøgata 1 ; en-cas 160 NOK environ, plats 165-245 NOK). Récemment ouvert, le Bryggerikaia fait déjà partie des favoris. Il comprend une vaste salle de style pub, une terrasse en bord de rue et une véranda qui domine le port. En-cas et plats sont excellents, de même que le déjeuner-buffet (125 NOK) et les bières brassées sur place.

Blix (☎ 75 54 70 99 ; Sjøgata 25 ; plats 200 NOK environ). Adresse appréciée des gourmets de Bodø, le Blix est à juste titre réputé pour sa cuisine raffinée et sa carte des vins. Réservez une table près de la fenêtre pour la vue sur le port.

Sur les quais, vous pourrez acheter des crevettes fraîches sans vous ruiner ; le Vinmonopolet est installé à quelques rues à l'ouest. La galerie marchande Glasshuset abrite un supermarché et plusieurs fast-foods.

Où prendre un verre et sortir

Nordlæningen (Storgata 16 ; 🕑 12h-3h30). Ce pub détendu en sous-sol, près de la place principale, accueille parfois des musiciens. Jetez un œil aux affiches signées par les groupes qui s'y sont produits en descendant l'escalier.

Public (Sjøgata 12 ; 🕑 20h-3h30). De grandes affiches de concerts punk-rock tapissent les murs de ce bar minimaliste, aux sièges couverts de cuir noir.

Rock Café & Nightclub (☎ 75 50 46 33 ; Tollbugata 13b ; entrée 50 NOK ; 🕑 21h-3h ven-sam). Cette discothèque, la plus grande de la ville, peut accueillir plus de 500 danseurs. Musique live 2 fois par mois.

G (☎ 75 56 17 00 ; Sjøgata ; 🕑 21h-3h ven-sam). Dans Sjøgata, au-dessous de la place principale, l'entrée ressemble à une grotte et donne accès à la *discoteka*, fréquentée par les plus de 25 ans.

Fram Kino (Storgata 8). Le cinéma de Bodø, près de l'entrée de la Glasshuset.

Royal Bowling (☎ 75 52 28 80 ; Storgata 2). Pour renverser quelques quilles, au rez-de-chaussée du Radisson SAS Hotel.

Depuis/vers Bodø

AVION

L'aéroport de Bodø, au sud-ouest du centre-ville, offre chaque jour jusqu'à 8 vols pour Oslo, 14 pour Trondheim et 11 pour Tromsø. Parmi les destinations du nord de la Norvège figurent Leknes (jusqu'à 7 vols/jour), Harstad (2 vols) et Mo i Rana (4 vols).

La Norwegian propose un vol quotidien pour Oslo et deux pour Bergen.

BATEAU

Le ferry côtier de Hurtigruten fait escale à Bodø. Des car-ferries circulent 5-6 fois/jour en été (moins fréquemment le reste de l'année) entre Bodø et Moskenes sur les Lofoten (adulte/enfant/voiture 149/74/538 NOK, 3 heures 30). Presque tous les jours, au moins l'un d'eux fait escale dans les îles de Rost et de Værøy, au sud des Lofoten. En été, réservez à l'avance si vous avez une voiture pour éviter une longue queue (supplément 160 NOK). Un ferry express de passagers relie également Bodø et Svolvær 1-2 fois/jour (adulte/enfant 290/145 NOK, 3 heures 30).

BUS

Les bus Nor-Way Bussekspress circulent 2 fois/jour depuis/vers Narvik (497 NOK, 6 heures 30) via Fauske (106 NOK, 1 heure 15).

TRAIN

De Bodø, des trains rallient Fauske (104 NOK, 45 min, jusqu'à 5/jour), Mo i Rana (386 NOK, 3 heures, 2-4/jour) et Trondheim (937 NOK, 9 heures 45, 2/jour).

Comment circuler

Un trajet en bus local revient à 25 NOK. L'office du tourisme loue des vélos à partir de 100 NOK/jour.

ENVIRONS DE BODØ

Kjerringøy

De hauts pics granitiques composent la toile de fond de cette péninsule paisible, baignée d'une eau turquoise et prisée des cinéastes norvégiens. À 40 km au nord de Bodø, son principal artefact est le comptoir Kjerringøy, construit par Erasmus Zahl au XIXe siècle. Marchand entreprenant, il s'installa à cet endroit afin d'approvisionner (ou exploiter selon certains) les familles de pêcheurs en échange de leurs prises. Une fois fortune faite, il la fit fructifier dans les mines, les banques et les transports.

La plupart des anciens bâtiments en bois de la péninsule sont conservés dans un **musée en plein air** (☎ 75 50 35 00 ; adulte/enfant 45 NOK/gratuit ; 🕑 11h-17h fin mai-août), où les logements spartiates des familles de pêcheurs contrastent fortement avec le somptueux décor des demeures des négociants. Un diaporama de 20 min est compris dans le billet d'entrée. Le bâtiment principal se découvre en visite guidée (adulte/enfant 35/20 NOK).

Plusieurs bus relient Bodø et Kjerringøy (86 NOK, 1 heure 30) tous les jours ; en été, il est possible de faire l'aller-retour dans la journée. Renseignez-vous sur les horaires à l'office du tourisme de Bodø (p. 309).

BATEAUX DU NORDLAND

Vous reconnaîtrez rapidement les bateaux spécifiques du Nordland à leur silhouette trapue. Ils sont utilisés par les pêcheurs locaux depuis leur installation dans la région. Symboles de la vie difficile des courageux navigateurs de la côte nord, ils sont toujours employés de Namsos, dans le Trøndelag, jusqu'à la péninsule de Kola, dans l'Arctique russe, et sont particulièrement nombreux dans les Lofoten.

Les plus petites versions (jusqu'à 5 m) sont appelées *færing* et les plus grandes *hundromsfæring* (6 m), *seksring* (7 m), *halvfjerderomning* (7,5 m), *firroing* (8 m), *halvfemterømming* (9 m), *åttring* (10-11 m) et *femboring* (11-13 m).

Traditionnellement, plus le bateau est grand, plus le capitaine (*høvedmann*) est respecté. Quelle que soit la taille, les bateaux du Nordland naviguent parfaitement à la rame ou à la voile, même par gros temps. Jusque récemment, les villages organisaient des compétitions de voile et de pêche qui constituaient les grands événements sociaux de l'année.

Le port d'Å, dans les Lofoten, est un bon endroit pour admirer ces bateaux.

En bus ou en voiture, vous devrez emprunter un ferry entre Festvåg et Misten. En chemin, vous verrez la silhouette distincte de l'**île Landegode** (voir l'encadré p. 49), les plages de sable blanc de **Mjelle** (dont le parking est à 20 min de marche) et le spectaculaire **mont Steigtind**, à quelques kilomètres au sud de Festvåg.

Maelstrom de Saltstraumen

Organisez votre journée pour ne pas manquer ce phénomène naturel, qui se produit 4 fois en 24 heures. Dans le détroit de Saltstraumen, long de 3 km et large de 150 m, la marée provoque le déversement d'un fjord dans un autre, créant l'équivalent d'une chute d'eau dans la mer. Toutes les 6 heures, 400 millions de m^3 d'eau déferlent à une vitesse de 20 nœuds dans un sens, puis dans l'autre. Cet environnement idéal pour le plancton attire nombre de poissons et de pêcheurs. Au printemps, des colonies de mouettes nichent dans l'île de Storholmen, à mi-chemin du phénomène.

Ce maelstrom, réputé le plus grand du monde, est en fait une série cinétique de tourbillons mineurs qui se forment, surgissent, fusionnent et disparaissent. Si l'on observe mieux le processus de la rive, le sommet du pont en arche de Saltstraumbrua qui enjambe le détroit offre une vue fascinante sur l'eau tourbillonnante, semblable à une nébuleuse émeraude ; placez-vous sur le côté nord. Il arrive toutefois que le phénomène ne soit guère plus impressionnant qu'un tourbillon au fond d'une baignoire !

L'office du tourisme de Bodø vous indiquera les horaires des marées.

LOFOTEN

L'air pur qui remplit les poumons (et l'odeur du poisson dans les petits ports), la lumière du jour 24h/24 et, en été, les infinies nuances de vert et de jaune font des Lofoten une destination unique. L'approche en bateau est inoubliable, surtout en arrivant de Bodø. Ces îles aux reliefs escarpés ressemblent à un dragon marin hérissé et l'on se demande comment des hommes ont réussi à survivre dans un environnement aussi inhospitalier.

Les îles principales, Austvågøy, Vestvågøy, Flakstadøy et MoskLes Lofoten demeurent commercialement très actives. Chaque hiver, l'arrivée du Gulf Stream dans les eaux glacées de l'océan Arctique provoque la menesøy, sont séparées du continent par le Vestfjord. Chacune possède des baies abritées, des pâturages pour les moutons et de pittoresques villages. Les paysages (l'E 10 qui traverse les Lofoten d'un bout à l'autre a récemment été désignée route national touristique) et la particularité de la lumière arctique attirent depuis toujours les artistes, dont les galeries locales exposent les œuvres.

igration des bancs de cabillauds de la mer de Barents. Depuis des siècles, les pêcheurs de la côte nord du continent profitent de cette manne. Bien que les stocks de cabillauds se soient effondrés ces dernières années, la pêche reste, avec le tourisme, la principale industrie des îles, comme en témoignent les séchoirs en bois dans presque tous les villages.

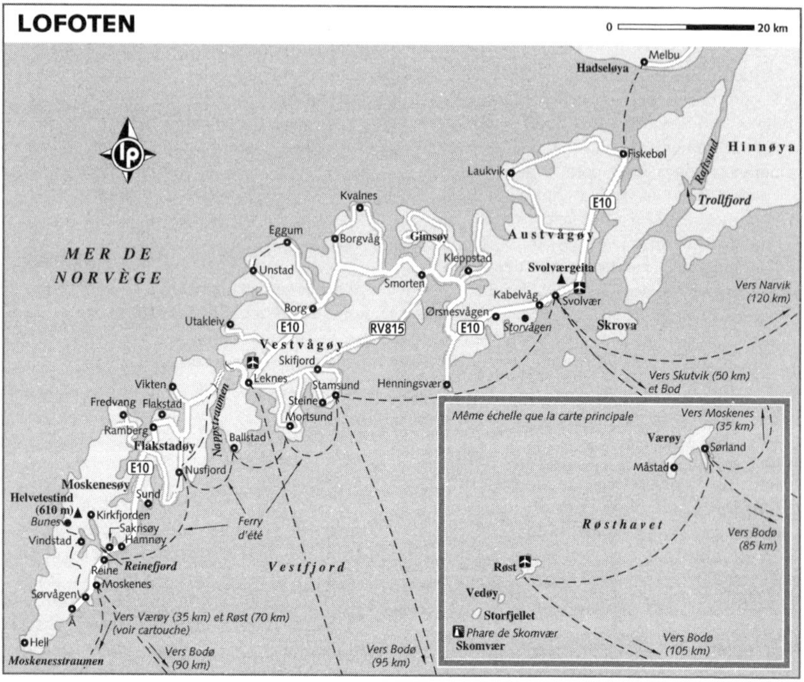

Les adresses Internet www.lofoten-tourist.no et www.lofoten.info renvoient au même site, qui fournit d'innombrables informations sur l'archipel.

Histoire

L'histoire des Lofoten se confond avec celle de la pêche. De nombreuses batailles ont été livrées sur ces mers où viennent frayer les cabillauds depuis la fonte des glaciers, il y a 10 000 ans. En 1120, le roi Øystein fonda la première église et fit construire des *rorbuer*, de simples cabanes en bois de 4 m sur 4 m pour les pêcheurs, avec une cheminée, un sol en terre battue et un porche. L'initiative n'était pas entièrement philanthropique : le souverain prenait ainsi le contrôle de l'économie locale et s'assurait un revenu substantiel en prélevant des taxes.

Au XIIIe siècle, des marchands de la Ligue hanséatique allemande usurpèrent le pouvoir. Malgré une augmentation des exportations, les pêcheurs vivaient misérablement. Puis, vers 1750, le monopole du commerce fut aboli, permettant aux îliens et à des opportunistes du sud de la Norvège de créer leurs propres entreprises.

Au début du XIXe siècle, le contrôle du commerce tomba aux mains des *nessekonger* locaux ou “marchands-propriétaires”, qui obligèrent les occupants de leurs *rorbuer* à leur livrer l'intégralité de leurs prises à des prix imposés par les propriétaires. En 1857, la loi des Lofoten diminua grandement leur pouvoir, mais il fallut attendre la loi sur les ventes de poisson cru, en 1936, pour qu'ils n'aient plus le droit de fixer les prix.

Où se loger

Legs du roi Øystein, les *rorbuer* constituent aujourd'hui des hébergements prisés, de même que les *sjøhus*. Le terme *rorbu* (pluriel *rorbuer*) désignait jadis une petite cabane de pêcheur peinte en rouge. Aujourd'hui, il s'emploie pour tout bâtiment en bois rouge sombre ou ocre, des anciennes cabanes aux simples maisons de vacances et aux luxueux bungalows équipés de deux étages.

Un *sjøhus* (littéralement “maison de la mer”) est habituellement un long bâtiment sur les quais, où travaillaient et vivaient les employés des pêcheries. Certains ont gardé leur caractère, d'autres ont été transformés en lodges et appartements touristiques, souvent simples et peu chers.

Les Lofoten comptent aussi quelques hôtels haut de gamme et des campings superbement situés.

Contrairement au reste du pays, les prix grimpent en été dans les Lofoten. Comptez 250 NOK de plus pour une chambre d'hôtel ; la différence est moindre dans les *rorbuer* et les *sjøhus*.

Comment circuler

On circule facilement dans les Lofoten. Des ponts ou des tunnels relient les quatre îles principales et des bus parcourent toute l'E 10, de l'embarcadère du ferry Fiskebøl-Melbu au nord jusqu'à Å, au sud-ouest.

La brochure *Sykkelguide* (120 NOK), disponible dans les offices du tourisme, comprend les cartes et la description de 10 superbes itinéraires à parcourir à vélo dans les Lofoten, chacun de 20 à 50 km.

De juin à août, le **Fosengutt** (☎ 93 49 74 45), un bateau de 12 passagers, fait tous les jours la navette le long de la côte splendide entre Reine et Stamsund.

AUSTVÅGØY

9 000 habitants

Nombre de visiteurs abordent les Lofoten à Austvågøy, l'île la plus septentrionale.

Svolvær

4 300 habitants

Ville portuaire moderne et animée, Svolvær s'étendait autrefois sur plusieurs *skerries* avant que l'on comble les espaces pour former une péninsule.

L'**office du tourisme** (☎ 76 06 98 00 ; www.lofoten.info ; 🕒 9h-20h ou 22h lun-sam, 10h-14h ou 22h dim mi-juin à juil, 9h-16h ou 20h lun-ven, 10h-14h sam début juin et août, 9h-15h30 lun-ven le reste de l'année), en face du quai du ferry, fournit des informations sur tout l'archipel et loue des vélos (200 NOK/jour).

La **bibliothèque** (Vestfjordgata ; 🕒 11h-15h lun-ven, 11h-19h mer) offre l'accès gratuit à Internet.

À VOIR

Le **musée-mémorial de la Guerre des Lofoten** (Krigsminnemuseum ; ☎ 91 73 03 28 ; Fiskergata 12 ; adulte/enfant 50/25 NOK ; 🕒 10h-16h et 18h15-22h juin-sept, 18h15-22h mai et début oct), privé et géré par un passionné, contient des mannequins en uniformes militaires, d'innombrables objets et des photos inédites de la Seconde Guerre mondiale.

Lofoten Nature (adulte/enfant 30 NOK/gratuit ; 🕒 12h-22h mar-dim mi-juin à mi-août), au-dessus de l'office du tourisme, expose sur deux étages les superbes photos sur la vie sauvage des Lofoten, prises par John Stenersen. Le texte, intéressant et accessible, constitue une excellente présentation des écosystèmes des îles et de leur faune terrestre et marine.

Installé dans un ancienne usine de congélation de poisson, **Magic Ice** (☎ 76 07 40 11 ; Fiskergata 36 ; adulte/enfant 90/60 NOK ; 🕒 12h-22h30 mi-juin à mi-août, 18h-22h le reste de l'année) présente dans un espace de 500 m² d'immenses sculptures de glace illustrant la vie des Lofoten. Vous pourrez vous réchauffer d'un petit verre d'aquavit au bar long de 7,50 m.

Le **centre artistique de Norvège du Nord** (Nordnorsk Kunstnersenter ; ☎ 76 06 67 70 ; Svinøya ; adulte/enfant 60 NOK/gratuit ; 🕒 10h-18h mi-juin à mi-août, 10h-15h le reste de l'année) accueille des expositions temporaires de peintures, de sculptures, de céramiques et d'autres œuvres d'artistes du nord de la Norvège. Une exposition permanente est consacrée à Gunnar Berg, un peintre des Lofoten du XIXe siècle.

La **Lofoten Temagalleri** (☎ 76 07 03 36 ; Parkgata 12 ; adulte/enfant 50 NOK/gratuit ; 🕒 8h-22h juin-août) est essentiellement la création de Geir Nøtnes, un excellent photographe issu d'une famille de pêcheurs. Une salle est destinée à la pêche au cabillaud, une autre, à la chasse à la baleine. Une vidéo de 20 min montre les Lofoten au fil des saisons.

À FAIRE

L'île de **Skrova**, sillonnée de quelques sentiers, constitue une agréable excursion d'une journée depuis Svolvær. Le ferry qui relie Svolvær et Skutvik, sur le continent, y fait escale 2 fois/jour en été (31 NOK, 30 min de Svolvær).

XXLofoten (☎ 91 65 55 00 ; www.xxlofoten.no ; Paulens-gate 12) loue des kayaks de mer (simple jusqu'à 3/8 heures 400/500 NOK, double 500/700 NOK) de fin juin à juillet.

CIRCUITS ORGANISÉS

En été, plusieurs bateaux partent chaque jour de Svolvær pour explorer le Trollfjord voisin, particulièrement escarpé et se rétrécissant jusqu'à 100 m à peine. Choisissez la croisière de 3 heures, ou celle de 4 heures qui permet de pêcher à la ligne. L'une ou l'autre reviennent à 350/100 NOK par adulte/enfant et vous pouvez acheter votre billet sur le quai.

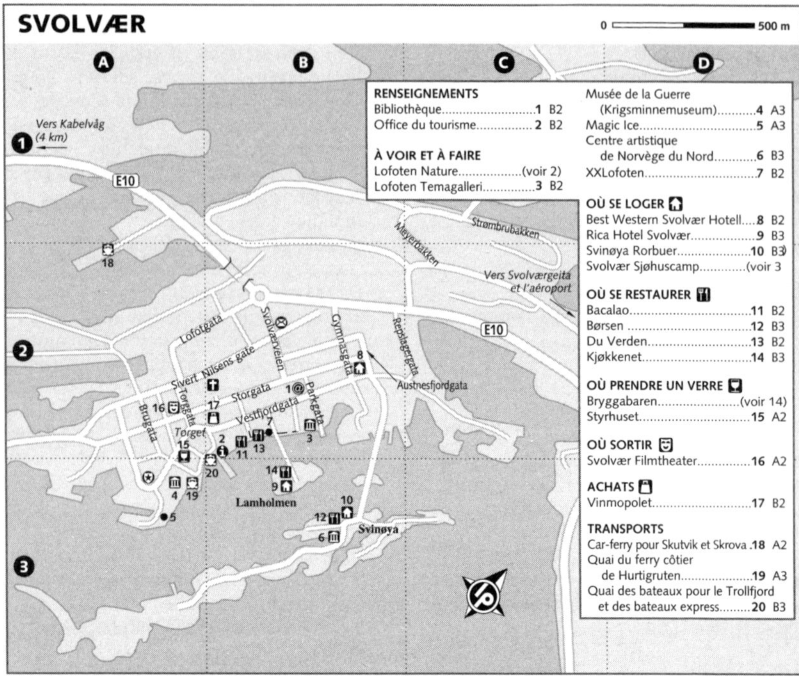

Lofoten Seafari (☎ 47 90 29 40 ; 350 NOK/pers), dans le Rica Hotel, propose une excursion de 2 heures jusqu'à Skrova et les criques alentour à bord d'un Zodiac qui bondit sur les vagues (400 NOK).

Parmi les activités d'été qu'organise **Lofoten Activ** (☎ 76 07 89 10 ; www.lofoten-aktiv.no) figurent des marches guidées en montagne (250-700 NOK/pers), une randonnée de 5 heures à pied et à vélo (470 NOK location du vélo comprise) et une sortie guidée de 4 heures en kayak de mer (800 NOK). Lofoten Activ loue également des kayaks (700 NOK/jour) et offre des cours de kayak de mer au Sandvika Fjord og Sjøhuscamp, à Kabelvåg (voir p. 318). En hiver, il propose des promenades en raquettes, du ski de fond et du ski alpin.

FÊTES ET FESTIVALS

Durant la dernière semaine de mars, la ville célèbre la **fête du Poisson**, un hommage à tout ce qui se rapporte au poisson. En juin, habituellement tous les deux ans, Svolvær accueille pendant trois semaines le **Festival des arts des Lofoten**. Le prochain aura lieu en 2010.

OÙ SE LOGER

Svolvær Sjøhuscamp (☎ 76 07 03 36 ; www.svolver-sjohuscamp.no ; Parkgata 12 ; d/qua 440/720 NOK, d avec cuisine 490 NOK). Cette sympathique “maison de la mer” sur pilotis, d'un excellent rapport qualité/prix, est idéale pour rencontrer d'autres voyageurs. Elle comprend un charmant appartement équipé, avec balcon, qui peut accueillir jusqu'à 6 personnes (1 600 NOK).

Svinøya Rorbuer (☎ 76 06 99 30 ; www.svinoya.no ; Gunnar Bergs vei 2 ; bung 2/4/6 lits à partir de 1 000/1 400/1 700 NOK). De l'autre côté d'un pont sur l'îlot de Svinøya, site du premier village de Svolvær, il compte des dizaines de bungalows, anciens ou contemporains, tous douillets et confortables. Véritable musée, la réception est installée dans une *krambua* (épicerie) restaurée de 1828 et réapprovisionnée.

Rica Hotel Svolvær (☎ 76 07 22 22 ; www.rica.no ; Lamholmen ; s/d 950/1 200 NOK mi-juin à mi-août, 1 004/1 257 NOK dim-jeu, 1 100/1 350 NOK ven-sam le reste de l'année). Également construit sur pilotis dans un îlot, certaines de ses chambres disposent d'un balcon. Dans la n°121, un trou dans le plancher permet de pêcher sans sortir ! Le restaurant possède de beaux meubles en bois aux lignes épurées et propose un pantagruélique dîner-buffet (295 NOK) ; pour une belle vue sur le port, réservez une table dans la bow-window, en forme de bateau.

Best Western Svolvær Hotell (☎ 76 07 19 99 ; www.bestwestern.no ; Austnesfjordgata 12 ; s/d 1 050/1 250 NOK juin à mi-août, 970/1 070 NOK dim-jeu, 700/800 NOK ven-sam le reste de l'année ; Ⓟ 💻). Dans un quartier résidentiel loin de l'agitation du port, cet hôtel intime et confortable comprend 22 chambres sans grand caractère, avec balcon ou cuisine pour certaines. Des reproductions d'Edvard Munch, grand-oncle du propriétaire, décorent les parties communes.

OÙ SE RESTAURER

Deux restaurants élégants sont presque voisins sur le quai. Tous les deux possèdent de belles salles modernes et une terrasse au bord de l'eau.

Bacalao (☎ 76 07 94 00). Dans un cadre chaleureux, le Bacalao sert des salades originales (110-130 NOK), des sandwichs et des plats de pâtes inventifs ; le *hot rekepasta* (pâtes aux crevettes épicées ; 150 NOK) réveillera vos papilles ! Le café est excellent.

Du Verden (☎ 76 07 70 99 ; plats dîner 275 NOK environ). Ce petit restaurant branché, au décor net et aux murs ornés de tableaux abstraits, est parfait pour un dîner détendu. Il offre au déjeuner des plats d'un excellent rapport qualité/prix (45-150 NOK).

Børsen (☎ 76 06 99 31 ; Svinøya ; plats 235-265 NOK). Ce restaurant du Menu arctique déborde de cachet. Ancien entrepôt de poisson, il fut surnommé la "bourse" à cause du banc face au port sur lequel de vieux pêcheurs se retrouvaient pour parler de l'état du monde. Dans la salle au parquet grinçant et incurvé, on peut encore sentir des effluves de goudron et d'huile de foie de morue.

Kjøkkenet (☎ 76 06 84 80 ; Lamholmen ; plats 300 NOK environ). Ancien appentis de salage aménagé comme une cuisine d'antan, cet endroit chaleureux mitonne une cuisine traditionnelle, essentiellement à base de poisson. Goûtez la spécialité maison, le *boknafisk* (270 NOK), de la morue fumée avec lardons et légumes.

OÙ PRENDRE UN VERRE ET SORTIR

Styrhuset (OJ Kaarsbøs gate 5). Le plus vieux pub de Svolvær, plein de recoins obscurs, évoque les marins depuis longtemps disparus.

Bryggabaren. Toutes sortes d'outils décorent ce chaleureux bistrot aux poutres basses, installé dans le même complexe que le Kjøkkennet. Le bar est un canot de sauvetage d'un navire de la marine polonaise, échoué à Svolvær en 1946.

Svolvær Filmtheater (Storgata 28). Il projette des films récents et des œuvres hollywoodiennes.

COMMENT S'Y RENDRE ET CIRCULER

Du petit aéroport de Svolvær, 4 vols desservent Bodø tous les jours.

Trois itinéraires maritimes relient Svolvær et le continent. Le plus court et le plus emprunté rallie Skutvik (adulte/enfant 73/36 NOK, voiture et chauffeur 251 NOK, 2 heures, 8-11/jour). Tous les jours, un bateau de passagers express circule depuis/vers Bodø (290 NOK, 3 heures 30) et fait escale à Skutvik (1 heure), où l'on peut prendre un bus pour Narvik. Un autre bateau express se rend directement à Narvik (326 NOK, 3 heures 30, mar-ven et dim). Le ferry côtier de Hurtigruten fait également escale à Svolvær.

Le bus n°8 part pour Sortland dans les Vesterålen (2 heures 15, 3-5/jour) via Stokmarknes (1 heure 45). Le bus n°9 dessert Leknes (1 heure 30, 4-6/jour), où des correspondances rallient Å (3 heures 30).

Pour un taxi, appelez le ☎ 76 07 06 00.

Kabelvåg

Kabelvåg, à 5 km au sud-ouest de Svolvær, est à la fois plus intime et plus chaleureux. Le centre comprend une petite place et un port minuscule, tandis que le quartier de Storvågen, à 2 km au sud près de l'E 10, possède trois séduisants musées.

À VOIR ET À FAIRE

Derrière la vieille prison à **Storvågen**, un sentier grimpe jusqu'à la statue du roi Øystein, qui ordonna, en 1120, la construction du premier *rorbu*. Auparavant, les pêcheurs dormaient sous leurs barques retournées. L'intérêt explique ce souci du bien-être de ses sujets, les taxes sur l'exportation du poisson séché constituant alors la principale source de revenus du souverain.

Un billet combiné (130 NOK) donne accès au musée des Lofoten, à l'aquarium des Lofoten et à la Galleri Espolin, tous à Storvågan. Pour les enfants, mieux vaut acheter un billet à chaque endroit.

Quelques-uns des premiers *rorbuer* de Kabelvåg ont été transférés au **musée des Lofoten** (Lofotmuseet ; ☎ 76 06 97 90 ; adulte/enfant/tarif réduit

GLOIRE À LA MORUE

Pendant des siècles, pêcher et faire sécher la morue a constitué l'activité principale des Lofoten.

Bien que la surpêche ait fortement réduit les stocks de cabillaud, les prises restent substantielles (50 000 tonnes par an, 30 000 tonnes sans les têtes). La saison de pêche culmine entre janvier et avril, quand le poisson arrive de la mer de Barents pour frayer dans les Vestfjorden. Chaque année, vers la fin mars, un championnat international de pêche à la morue a lieu à Svolvær et attire jusqu'à 300 participants.

On peut conserver la morue de deux façons. Pour la morue salée, le poisson est coupé en filets, salé et séché pendant 3 semaines. Pour le *klipfish,* le poisson salé est nettoyé, salé à nouveau et séché, jadis sur les falaises (*klip* en norvégien), aujourd'hui dans de grandes usines chauffées.

En revanche, les Lofoten se spécialisent dans le *stockfish*. Selon cette méthode ancestrale, 15 000 tonnes de poissons sont décapités chaque année, calibrés par paire et liés, puis accrochés sur les immenses cadres en bois que l'on voit partout sur les îles. Le poisson perd environ 80% de son poids avant d'être essentiellement exporté en Italie, ainsi qu'en Espagne et au Portugal.

Le *stockfish* se conserve des années et peut se manger cru (un peu caoutchouteux, mais bon avec une bière), salé ou reconstitué dans l'eau. D'une très forte valeur nutritive, il contient 80% de protéines ; 1 kg de *stockfish* équivaut à 5 kg de poisson frais.

Avant de la sécher, on récupère la quasi-totalité des abats. La langue est une gourmandise locale (les enfants qui l'extraient sont payés à la pièce), les œufs sont salés dans d'énormes tonneaux à vin allemands, les têtes sont envoyées au Nigeria pour confectionner un plat traditionnel épicé.

Du foie, on extrait une huile riche en vitamine D, autrefois conseillée pour prévenir le rachitisme et dissiper la dépression due au long hiver arctique. En 1854, un pharmacien

50/15/40 NOK ; ⌚ 9h-18h juin-août, 9h-15h lun-ven sept-mai et 11h-15h sam-dim mai), sur le site de la première localité connue de la région polaire. La principale galerie du musée occupe la demeure d'un marchand, qui louait les *rorbuer* et les *sjøhus* (maisons de la mer) aux pêcheurs et leur achetait leurs prises. Un joli Chemin du patrimoine de 2 km mène du musée au centre de Kabelvåg.

Non loin, l'**aquarium des Lofoten** (Lofotakvariet ; ☎ 76 07 86 65 ; adulte/enfant/famille 80/40/220 NOK ; ⌚ 10h-19h juin-août, 11h-15h dim-ven fév-avr et sept-nov, tlj mai) présente la faune marine de l'océan Arctique. Les enfants aiment particulièrement assister au nourrissage des phoques et des otaries (12h, 15h et 18h). Un spectacle multimédia est proposé 5 fois/jour, à l'heure juste.

Galleri Espolin (☎ 76 07 84 05 ; Storvågan ; adulte/enfant/tarif réduit 60/25/45 NOK ; ⌚ 10h-18h ou 19h juin à mi-août, 11h-15h le reste de l'année) expose les splendides eaux-fortes et lithographies d'un des plus grands artistes norvégiens, Kaare Espolin-Johnson (1907-1994). Ses œuvres, d'autant plus étonnantes qu'Espolin fut quasi aveugle la majeure partie de sa vie, reflètent son amour pour les Lofoten et représentent souvent des pêcheurs.

À Kabelvåg, l'**église Vågan** (Vågan Kirke ; 20 NOK ; ⌚ 9h30-18h lun-sam, 12h-18h dim fin juin à mi-août), la deuxième plus grande église en bois du pays, domine l'E 10 au nord du village. Construite en 1898 pour accueillir les pêcheurs saisonniers, elle compte 1 200 sièges, soit bien plus que le nombre actuel d'habitants !

Lofotdykk (☎ 99 63 91 66 ; www.lofotdykk.no ; Kaiveien 15), installé dans un *rorbu* qui surplombe le quai de Kabelvåg, propose des sorties de plongée entre mai et septembre, et l'observation des orques d'octobre à décembre.

OÙ SE LOGER ET SE RESTAURER

À 3 km et quelques criques à l'ouest de Kabelvåg, deux excellents campings se jouxtent.

Ørsvågvær Camping (☎ 76 07 81 80 ; www.orsvag.no en norvégien ; empl moto/voiture/caravane 60/100/130 NOK, d 550-650 NOK, bung 4 lits 650 NOK, app 7 lits maison de la mer 950 NOK ; ⌚ mi-mai à mi-août). La plupart des *rorbuer* et la maison de la mer bordent le fjord et jouissent d'une vue splendide. Un sauna est à disposition et on peut louer des bateaux à moteur (170/500 NOK par heure/jour).

Sandvika Fjord og Sjøhuscamp (☎ 76 07 81 45 ; www.lofotferie.no ; empl tente 145 NOK, bung 550 NOK, avec sdb à partir de 650 NOK, app maison de la mer 650 NOK). Au bord de l'eau et doté d'une petite plage privée, son terrain de camping est nettement plus des Lofoten, Peter Møller, décida de faire profiter le monde entier de sa potion magique et construisit un chaudron pour cuire les foies à la vapeur. L'huile qu'il produisit fut accueillie avec enthousiasme sur les foires commerciales d'Europe et d'ailleurs. Après la décantation, les foies étaient chauffés à la vapeur dans de grands tonneaux de chêne, puis pressés pour extraire jusqu'à la dernière goutte d'huile. Chaque été, des milliers de tonneaux étaient expédiés en Europe. L'odeur de l'huile de foie de morue qui imprégnait le village d'Å devint pour ses habitants l'odeur de l'argent !

Le goût de cette fameuse huile fait partie des mauvais souvenirs de nos parents. Aux Lofoten, on vous affirmera qu'elle n'a mauvais goût que lorsqu'elle est rance. L'huile de foie de morue fraîche ressemble à une huile à salade, au léger arôme de poisson.

Les pêcheurs norvégiens protègent farouchement leur capital ; dans certains districts du Nord, jusqu'à 90% des votants se sont prononcés contre l'entrée dans l'UE, afin d'interdire les eaux territoriales norvégiennes aux pêcheurs des autres pays européens. Des escarmouches ont déja opposé des chalutiers islandais et norvégiens.

Quelques faits amusants sur le cabillaud : sur 20 000 poissons, l'un est un cabillaud-roi ; la bosse distinctive qu'il porte sur le front serait un signe d'intelligence et ce poisson porterait bonheur à la famille du pêcheur qui l'a attrapé. Le cabillaud-roi est souvent séché et pendu à une ficelle au plafond ; avec l'humidité, la ficelle se détend et se recontracte, faisant tourner le poisson comme un baromètre – d'où son surnom de "cabillaud-baromètre".

Les dernières nouvelles au royaume sur l'univers de la morue concernent les appels du mâle lors de la période d'accouplement. Ils seraient si forts qu'ils détraqueraient les sonars des sous-marins, rendant la navigation quasi impossible !

grand que celui de son voisin. Il loue également des bateaux à moteur (150 NOK/heure) et propose des sorties en kayak de mer.

Kabelvåg Vandrerhjem & Sommerhotell (☎ 76 06 98 80 ; kabelvag.hostel@vandrerhjem.no ; Finnesveien 24 ; dort/s/d avec petit déj 240/460/620 NOK ; juin à mi-août ;). À moins de 1 km au nord du centre, l'école des Lofoten (Folkehøgskole) se transforme en auberge de jeunesse et hôtel durant les vacances scolaires. Les hôtes peuvent utiliser la cuisine. L'auberge de jeunesse offre des dortoirs à 2, 4 ou 10 lits.

Une même compagnie possède les deux principaux hôtels de Kabelvåg, très différents.

Kabelvåg Hotell (☎ 76 07 88 00 ; kabelvaag@dvgl.no ; Kong Øysteinsgate 4 ; s/d 840/1 240 NOK ; juin-juil). Sur une petite hauteur proche du centre de Kabelvåg, cet hôtel imposant a été reconstruit en 1995 dans le style Art déco d'origine. Les chambres donnent sur le port ou sur les montagnes.

Nyvågar Rorbuhotell (☎ 76 06 97 00 ; www.nyvaagar.no ; Storvåganveien 22 ; rorbu 4 lits avec petit déj à partir de 1 770 NOK). À Storvågan, en bord de mer en dessous du complexe des musées, cet hôtel moderne et rutilant possède de jolis *rorbuer* contemporains, entièrement équipés. Les hôtes peuvent louer des vélos (50/190 NOK par heure/jour) et des bateaux à moteur (190 NOK/heure).

Præstenbrygga (☎ 76 07 80 60 ; Torget). Au centre de Kabelvåg, ce pub sympathique, entièrement lambrissé, s'agrémente de terrasses donnant sur les quais en façade et à l'arrière. Il sert des sandwichs, des pizzas et des plats savoureux (environ 140 NOK), dont une belle assiette de saumon mariné, de crevettes et de salade. Pour 20 NOK, vous pouvez remplir votre tasse de café à volonté, à moins de choisir parmi la centaine de whiskies. Des musiciens se produisent fréquemment.

Au Kabelvåg Hotell, le **restaurant Krambua** (plats 210 NOK environ) se spécialise dans le poisson. Le **restaurant** (plats 120 NOK) réputé du Nyvågar Rorbuhotell prépare essentiellement des spécialités locales, dont un succulent ragoût de renne.

Henningsvær

Au sud de l'E 10, un plaisant trajet de 8 km le long de la côte conduit au village de pêcheurs de Henningsvær, juché au bout d'un étroit promontoire. Son surnom de "Venise des Lofoten" semble pour le moins exagéré, mais Henningsvær reste l'endroit le plus séduisant et branché de l'archipel. C'est aussi le port de pêche le plus vaste et le plus actif des Lofoten.

À VOIR ET À FAIRE

Ocean Sounds (☎ 76 07 18 28 ; Hellandsgata 63 ; www.ocean-sounds.com ; adulte/enfant 85 NOK/gratuit ; 🕓 10h-20h juil-août, 10h-18h mar-dim juin, sept et oct), un centre à but non lucratif, a été créé par un jeune biologiste déterminé, Heike Vester. Une présentation multimédia des cabillauds, des baleines et d'autres mammifères marins de l'Arctique est complétée par un film de 25 min sur les Lofoten. Le centre organise également des sorties de 3-4 heures à bord du Zodiac qui sert à la recherche (500 NOK, départs à 10h et 17h). De novembre à janvier, vous pouvez accompagner un chercheur pour observer les baleines (1 000 NOK).

L'**Engelskmannsbrygga** (☎ 76 07 52 85 ; Dreyersgate 1 ; entrée libre ; 🕓 10h-20h mi-juin à début août, 12h-16h mar-dim le reste de l'année), ou "quai de l'Anglais", est un atelier-galerie de trois artistes locaux talentueux : la céramiste Cecilie Haaland, le photographe John Stenersen (voir p. 315) et le souffleur de verre Kari Malmberg ; avec ce dernier, vous pourrez souffler votre propre verre (150 NOK ; de 17h à 19h du lundi au jeudi).

L'**école d'escalade de Norvège du Nord** (Nord Norsk Klatreskole ; ☎ 90 57 42 08 ; www.nordnorskklatreskole.no en norvégien ; Misværveien 10 ; 🕓 mars-oct) offre un grand choix de cours d'escalade et de ski dans le nord de la Norvège. L'ascension de pics avec un guide expérimenté revient à 2 000 NOK, équipement compris, jusqu'à 4 personnes. Pour des suggestions, consultez *Climbing in the Magic Islands*, d'Ed Webster, qui se termine par des ascensions dans les Lofoten, en vente dans la boutique de l'école.

Lofoten Opplevelser (☎ 90 58 14 75 ; www.lofoten-opplevelser.no ; 🕓 mi-juin à mi-août), installé à Henningsvær, propose une excursion pour observer les pygargues à queue blanche (350 NOK, 1 heure 30), des sorties de snorkeling de 2 heures (600 NOK, équipement fourni), ainsi que l'observation des baleines de novembre à mi-janvier (850 NOK, 3 heures).

La **galerie Lofoten Hus** (☎ 76 07 15 73 ; Hjellskjæret ; adulte/enfant/tarif réduit 75/35/60 NOK ; 🕓 9h-19h juin-août, 10h-18h fin mai et début sept), dans un ancien entrepôt de conditionnement de poisson, présente une belle collection de toiles de ce que l'on appelle l'âge d'or de la peinture norvégienne, entre 1870 et 1930, ainsi que des œuvres de l'artiste contemporain Karl Erik Harr. Chaque heure, un diaporama de 18 min montre des photos de Frank Jenssen, prises au fil des saisons dans les Lofoten.

OÙ SE LOGER ET SE RESTAURER

L'**école d'escalade de Norvège du Nord** (dort/d 175/500 NOK, app 4 lits 1 200 NOK) comprend un café et une auberge de jeunesse (réservation recommandée) qui se font face au bout d'une allée. Sympathiques et détendus, ils offrent à la fois l'ambiance d'un *rorbu* local, d'un pub anglais et d'un refuge himalayen. Quelques doubles disposent d'une sdb.

Johs H Giæver Sjøhus og Rorbuer (☎ 76 07 47 50 ; www.giaever-rorbuer.no ; Hellandsgata 790 ; rorbu à partir de 650 NOK, ch maison de la mer 450-700 NOK). En été, la pêcherie locale loue aux visiteurs les hébergements des travailleurs, dans une maison de la mer moderne. Les chambres impeccables, avec sdb, grande cuisine et salle à manger communes, présentent un bon rapport qualité/prix. La pêcherie possède également trois *rorbuer*, avec sdb et balcon, au cœur du village.

Henningsvær Bryggehotel (☎ 76 07 47 50 ; www.henningsvaer.no ; Hjellskjæret ; s/d à partir de 1 070/1 400 NOK). Surplombant le port, ce bel hôtel constitue le meilleur choix de Henningsvær. Construit dans un style traditionnel qui s'harmonise avec les bâtiments voisins, il propose des chambres modernes et confortables, au design contemporain.

Café Klatrekafeen (plats 75-130 NOK). Dans l'école d'escalade de Norvège du Nord, il sert des en-cas et quelques bons plats maison.

Restaurant Bluefish (plats 195-285 NOK). Primé, le restaurant du Henningsvær Bryggehotel est tout aussi élégant que l'hôtel. Outre un Menu arctique, il offre de succulents sorbets, confectionnés avec des baies fraîches en saison.

Fiskekrogen (☎ 76 07 46 52 ; Dreyersgate 29 ; plats 235-265 NOK). Au bout d'une rampe à bateau surplombant le port, ce restaurant sur les quais, apprécié de la famille royale norvégienne, est l'autre célébrité gastronomique de Henningsvær. Essayez la soupe de poisson (145 NOK), carrément divine !

DEPUIS/VERS HENNINGSVÆR

Le bus n°510 circule 3-5 fois/jour entre Svolvær (40 min), Kabelvåg (35 min) et Henningsvær.

VESTVÅGØY

10 750 habitants

L'E 10 serpente au cœur de l'île de Vestvågøy. Un itinéraire plus plaisant suit la Rv 815, à peine plus longue et moins empruntée, qui file vers le nord-est sur 28 km à partir de Leknes parmi de superbes paysages montagneux et côtiers.

L'**office du tourisme** (☎ 76 08 75 53 ; Storgata 31 ; ⏲ 9h-19h lun-ven, 10h-14h sam-dim mi-juin à début août, 9h-15h30 lun-ven le reste de l'année) se situe dans la localité quelconque de Leknes.

À voir et à faire

MUSÉE VIKING LOFOTR

En 1981 à Borg, près du centre de Vestvågøy, la charrue d'un fermier heurta les ruines de la demeure d'un puissant chef viking. Long de 83 m, c'est le plus grand bâtiment de cette époque découvert en Scandinavie.

Le **Musée viking Lofotr** (☎ 76 08 49 00 ; www.lofotr.no ; adulte/enfant avec visite guidée 100/50 NOK ; ⏲ 10h-19h juin-août, 11h-17h mai et sept), à 14 km au nord de Leknes, offre un aperçu de la vie au temps des Vikings. Un sentier de 1,5 km franchit les collines et mène de la réplique de la longue maison du chef – en forme de bateau retourné – jusqu'à celle d'un drakkar, sur la côte. Des guides en costume proposent des visites en plusieurs langues et, dans la maison, des artisans expliquent leur métier.

Le bus Svolvær-Leknes passe devant l'entrée du musée.

RANDONNÉE D'UNSTAD À EGGUM

Une randonnée prisée relie ces deux hameaux de la côte ouest de l'île. Un chemin côtier de 9 km passe par plusieurs promontoires, un phare isolé et les ruines d'une forteresse au bord de l'océan.

Après la pluie, le chemin peut devenir glissant et boueux, surtout aux alentours d'Unstad, voire périlleux si vous jouez de malchance. Egum et Unstad se situent tous deux à 9 km de la route principale et sont rarement desservis par les bus.

STAMSUND

Dans la **Galleri 2** (☎ 90 95 65 46 ; www.galleri2.no ; entrée libre ; ⏲ 12h30-16h et 18h30-20h30), à 175 m du quai de Hurtigruten, le peintre des Lofoten, Scott Thoe, expose ses œuvres et celles de plusieurs artistes norvégiens contemporains.

À 14 km au nord-est de Stamsund le long de la Rv 815, le **Brustranda Sjøcamping** (☎ 76 08 71 00 ; www.brustranda.no ; Rolvsfjord; empl voiture/caravane 120/145 NOK, bung 2/4 lits 220/385 NOK, avec sdb 660-1 100 NOK), bien tenu et superbement situé en bord de mer, s'étend autour d'un petit port.

Justad Rorbuer og Vandrerhjem (☎ 76 08 93 34 ; fax 76 08 97 39 ; dort/s/d 120/300/400 NOK, bung 4 lits 500-800 NOK ; ⏲ mars à mi-oct), l'auberge de jeunesse HI de l'île, occupe une ancienne pêcherie au bord de l'eau, à 1,2 km du quai de Hurtigruten. Une clientèle d'habitués revient chaque année et mieux vaut réserver. Roar Justad, le sympathique gérant, vous renseignera sur les chemins de randonnée. Il loue des vélos (80-100 NOK/jour) et prête gracieusement des barques et des cannes à pêche.

Gnrad mais chaleureux avec ses poutres basses, le **Skjaerbrygga Sjøhus** (☎ 76 05 46 00 ; ⏲ cuisine de brasserie à partir de 12h, dîner 17h-22h) borde la mer. À la fois café et restaurant, il propose une carte limitée (3 entrées, 3 plats de poisson et 2 plats de viande), avec des spécialités locales comme le crabe royal grillé (135 NOK) et l'agneau des Lofoten (235 NOK).

Depuis/vers Vestvågøy

Jusqu'à 7 vols quotidiens relient l'aéroport de Leknes et Bodø. De Leknes, des bus rallient Å (1 heure 30, 4-5/jour), Stamsund (25 min, 3-7/jour) et Svolvær (1 heure 30, 4-6/jour). Dans l'île, le ferry côtier de Hurtigruten fait escale à Stamsund.

FLAKSTADØY

1 450 habitants

La plupart des habitants de Flakstadøy vivent sur la plate côte nord, aux alentours de la localité de Ramberg. Nombre de voyageurs se contentent de longer la côte sud, aux paysages plus accidentés. Elle mérite cependant une escale pour ses plages de sable (une exception aux Lofoten) et un éventuel détour par le village d'artistes de Nusfjord.

L'**office du tourisme** (☎ 76 09 31 10 ; henkirk@online.no ; ⏲ 9h-19h mi-juin à fin août) de l'île est installé dans la **Galleri Steinbiten**, à Ramberg.

À voir

NUSFJORD

De l'E 10, un superbe crochet de 6 km vers le sud, au pied de hauts rochers dénudés, mène à Nusfjord (wwwnusfjord.no), qui s'étire autour de son petit port. De nombreux artistes le considèrent comme l'essence des Lofoten, de même que les tour-opérateurs. Et les habitants en profitent : 30 NOK pour se promener dans le bourg, 30 NOK pour regarder *The People & The Fish*, une vidéo de 12 min sur l'histoire de Nusfjord. Dans l'épicerie du village, qui vient de fêter ses 100 ans, les étagères supérieures sont remplies de conserves, de bouteilles et de produits anciens, celles du bas, de marchandises contemporaines. Nusfjord compte une ancienne fabrique d'huile de foie de morue, un hangar à bateaux, une scierie et quelques *rorbuer*, récents pour la plupart. **Krismar** (☎ 76 09 33 99), l'atelier de Michele Sarno, un Italien qui réalise des objets en argent élaborés, est l'endroit le plus original.

RAMBERG ET FLAKSTAD

Imaginez un croissant de sable blanc ourlant une baie aux eaux cristallines bleu-vert, avec en toile de fond des pics arctiques enneigés. Sur la côte nord, les plages de **Ramberg** et **Flakstad** ressemblent presque à des grèves tropicales quand le soleil tente de les réchauffer, mais l'eau reste glaciale !

Derrière la plage de Flakstad et désormais contournée par l'E 10, l'**église de Flakstad** (20 NOK ; 🕒 11h-15h fin juin-début août), surmontée d'un bulbe rouge, fut construite en 1780 et amplement restaurée au fil des ans. Le bois employé à l'origine provient en grande partie de Sibérie, d'arbres déracinés par les rivières coulant vers l'Arctique et rejetés sur la plage.

GLASSHYTTA

Un détour de 4 km jusqu'à Vikten permet de visiter la **galerie** (☎ 76 09 44 42 ; 🕒 10h-19h mi-juin à mi-août) du souffleur de verre Åsvar Tangrand, créateur du logo en forme de drakkar qui symbolise les Lofoten.

SUND FISKERIMUSEUM

Ce **musée de la Pêche** (☎ 76 09 36 29 ; adulte/enfant 45/10 NOK ; 🕒 10h-16h ou 18h mi-mai à août) se situe à 3 km au sud du pont qui relie Flakstadøy et Moskenesøy. Un hangar obscur regroupe un étonnant bric-à-brac de bateaux, de cordes et de flotteurs, tandis qu'un autre contient des pots, des marmites, des skis, d'anciens postes de TSF, etc. L'ensemble baigne dans les fumées et les grondements des moteurs Diesel d'une collection de bateaux, à jamais échoués sur la plage. Dans ce brouhaha, Tor-Vegard Mørkved, un jeune forgeron, martèle des cormorans en fer (300-1 700 NOK).

Où se loger et se restaurer

Ramberg Gjestegård (☎ 76 09 35 00 ; www.ramberg-gjestegard.no ; E 10 ; empl voiture/caravane 120/135 NOK, bung 2/4 lits 800/1 000 NOK). Sur la plage, ce camping accueillant loue des kayaks et des barques (25/100 NOK par heure/jour), des bateaux à moteur (100/350 NOK) et des vélos (25/100 NOK). Apprécié à juste titre, le restaurant du Menu arctique (plats 180-220 NOK) propose essentiellement du poisson, ainsi qu'un excellent menu Flakstad (morue, agneau fumé rôti et compote de rhubarbe au dessert). Au déjeuner, il offre de savoureux plats du jour (80-170 NOK).

MOSKENESØY

1 150 habitants

Entrecoupée de lacs et de fjords, cette chaîne de montagnes boisées, longue de 34 km, surgit de la mer pour former l'île de Moskenesøy. Paradis pour les alpinistes, ses paysages tourmentés évoquent l'univers de Tolkien. Certains des étroits ravins et des pics découpés, dont le Hermannsdalstind (1 029 m), le point culminant, sont accessibles à tous.

ORIENTATION ET RENSEIGNEMENTS

L'E 10 longe la côte sud en passant par les hameaux de Hamnøy, de Sakrisøy et de Reine avant de rejoindre le village plus développé de Moskenes et le terminal du ferry. La route s'achève au village d'Å, semblable à un musée. Excepté quelques courtes bandes côtières, les montagnes occupent toute l'île.

L'**office du tourisme** (☎ 76 09 15 99 ; www.lofoten-info.no ; 🕒 10h-19h mi-juin à mi-août, 10h-17h lun-ven mai à mi-juin et fin août, 10h-14h lun-ven le reste de l'année), dans le port de Moskenes, publie le *Moskenes Guide*, gratuit et pratique, offre l'accès à Internet (60 NOK/heure) et effectue des réservations pour divers circuits et activités.

À FAIRE

Le *Moskenes Guide* suggère 14 **randonnées** de 1 à 10 heures, et l'auberge de jeunesse d'Å distribue une brochure gratuite qui décrit 6 itinéraires de 2 à 7 heures de marche. Vous aurez néanmoins besoin de la carte *Lofoten* de Staten Kartverk au 1/100 000.

Le *Hellvåg* à Å et le *Carina* à Reine, des chalutiers qui pêchent le cabillaud en hiver, proposent des sorties de **pêche en haute mer** (400-500 NOK) de 3 à 4 heures. On peut aussi pêcher dans le Reinefjord, près de Nusfjord, ou à proximité du maelstrom d'Å.

La mer permet d'observer d'innombrables **oiseaux** et des **baleines** en saison.

DEPUIS/VERS MOSKENESØY

Des car-ferries naviguent 5-6 fois/jour en été (moins fréquemment le reste de l'année) entre Moskenes et Bodø (adulte/enfant/voiture 149/74/538 NOK, 3 heures 30). Chaque jour, au moins un fait escale dans les petites îles au sud des Lofoten, Røst et Værøy.

Tous les jours en été, 4-5 bus relient Leknes et Å (1 heure 30) et font halte dans les principaux villages le long de l'E 10.

Å

À la pointe de Moskenesøy, Å (prononcez o), parfois appelé Å i Lofoten, est un véritable musée vivant – un ravissant village de pêcheurs préservé, avec une rangée de *rorbuer* rouges le long du rivage et des séchoirs à morue. Deux familles se partagent cet endroit quasi féodal, qui aujourd'hui vit essentiellement du tourisme. Important port de pêche jusqu'à la Seconde Guerre mondiale, plus de 700 000 morues séchaient alors sur les cadres.

Épargnez le village en laissant votre voiture dans le parking à la sortie d'un court tunnel.

À FAIRE

Le **musée du Village de pêcheurs norvégien** (Norsk Fiskeværs Museum ; ☎ 76 09 14 88 ; adulte/enfant 50/25 NOK ; 🕑 10h-17h30 mi-juin à mi août, 11h-15h30 lun-ven le reste de l'année) regroupe 14 des bâtiments d'Å datant du XIXe siècle. Parmi les plus intéressants (prenez une brochure en anglais à l'accueil) figurent la plus ancienne fabrique d'huile de foie de morue d'Europe, où vous pourrez goûter des échantillons et acheter une bouteille (40 NOK), la forge, qui fabrique toujours des lampes à huile de foie de morue, la boulangerie de 1844, toujours en activité, les vieux *rorbuer*, avec des meubles d'époque, et quelques bateaux de pêche traditionnels.

Non loin, le **musée du Stockfish des Lofoten** (Lofoten Tørrfiskmuseum ; ☎ 91 15 05 60 ; adulte/tarif réduit/enfant 40/25 NOK/gratuit ; 🕑 10h-17h mi-juin à mi-août, 11h-16h début juin et fin août), dans un ancien entrepôt de poisson, appartient à Steinar Larsen, un collectionneur passionné et polyglotte qui accueille personnellement chaque visiteur. L'exposition illustre parfaitement la ressource traditionnelle des Lofoten : la pêche et le séchage de la morue pour l'exportation, en particulier vers l'Italie. Les artefacts et une vidéo décrivent toutes les opérations, du chalut à l'expédition.

Après le camping juste au sud d'Å, un versant de colline offre une vue excellente sur l'île de Værøy, de l'autre côté du détroit de Moskenesstraumen. Les puissants **maelstroms**, créés par la marée entre les deux îles, furent décrits par Pythéas il y a 2 000 ans et signalés plus tard comme de redoutables adversaires sur les premières cartes de navigation fantaisistes. Ils inspirèrent à Jules Verne et à Edgar Allan Poe des histoires de naufrage et sont toujours considérés parmi les plus dangereux du monde. Ce large détroit, exceptionnellement riche en poisson, attire une profusion d'oiseaux de mer et de mammifères marins.

OÙ SE LOGER ET SE RESTAURER

Moskenesstraumen Camping (☎ 76 09 11 48 ; empl tente 1/2/3 pers 90/110/120 NOK, caravane 140 NOK, bung 2/4 lits 380/500 NOK, avec sdb 500/700 NOK ; 🕑 juin-août). Juste au sud du village, ce superbe camping au sommet d'une falaise comporte des emplacements herbeux entre les rochers, juste assez grands pour planter une tente. Les bungalows jouissent également d'une belle vue, jusqu'au continent par temps clair.

Å Vandrerhjem og Rorbuer (☎ 76 09 11 21 ; www.lofoten-rorbu.com ; dort auberge 180 NOK, d/tr maison de la mer 250 NOK/pers, rorbuer 850-1 550 NOK). Des hébergements pour tous les budgets sont répartis dans les bâtiments anciens d'Å. Les plus chers sont entièrement équipés et meublés d'antiquités. Cœur du village, le bureau fournit des informations touristiques, loue des vélos (200 NOK/jour), ainsi que des barques (150 NOK) et des bateaux à moteur (1 000 NOK, plus l'essence) sur le lac Åvannet, à une courte distance. Il propose également des *rorbuer* dans le paisible hameau de Tind, à 1 km au nord.

Å-Hamna Rorbuer & Hennumgården (☎ 76 09 12 11 ; www.lofotenferie.com ; ch 2-4 lits 100 NOK/pers, rorbuer 4-8 lits 450-1 000 NOK). Il offre le choix entre des cabanes de pêcheurs restaurées et la Hennumgårdensjøhus, de style auberge de jeunesse. Les prix baissent fortement en dehors de l'été.

Restaurant Brygga (☎ 76 09 15 72 ; plats 95-170 NOK ; 🕑 juin-sept). Perché sur des pilotis au-dessus de l'eau, le seul restaurant correct d'Å privilégie, naturellement, le poisson. L'endroit est également agréable pour prendre un verre.

Sørvågen

À côté de l'E 10 à Sørvågen, au sud de Moskenes, le **musée norvégien des Télécommunications** (☎ 76 09 14 88 ; adulte/enfant 40/20 NOK ; 🕑 12h-16h juin à mi-août) se présente bizarrement comme une étude de "la morue et des communications". En fait, il commémore un énorme progrès des techniques de pêche grâce à l'installation, en 1906, de la seconde station de téléphone sans fil du pays dans le hameau de Sørvågen. Cela permit de transmettre rapidement les alertes météorologiques, la communication entre

LA POTION AU GOÛT DE POISSON

Souvenez-vous des drames au petit déjeuner, la petite cuillère enfoncée dans la bouche et le liquide au goût de poisson gâchant le chocolat et les tartines !

À l'origine, l'huile de foie de morue (*tran* en norvégien) ne servait qu'à alimenter les lampes et à tanner les peaux et personne n'aurait eu l'idée de l'ingurgiter. On comprit ses vertus médicinales peu à peu, et l'huile de foie de morue devint le premier médicament préventif dans toute l'Europe. Comme pour l'huile d'olive, la première pression, l'huile vierge, est considérée la plus pure. La cuisson à la vapeur, qui réduit les coûts, permet en outre d'obtenir une plus grande quantité.

L'intuition de jadis est aujourd'hui confortée par la recherche médicale. Riche en vitamines A et D et en Oméga-3, l'huile de foie de morue est excellente pour le cœur, la circulation, la vue, la peau, et le développement des os et du cerveau.

Alors, retenez votre respiration, pincez-vous le nez et, comme un Norvégien sur trois, avalez la potion magique !

les bateaux de pêche et le signalement des mouvements des bancs de poissons.

Maren Anna (☎ 76 09 20 50 ; plats 200 NOK environ). Pub, restaurant et café, il sert essentiellement du poisson, en portions généreuses et tout frais pêché. Réservez pour obtenir une table donnant sur les bateaux de pêche et la plus petite plage de Norvège. La carte est en norvégien, mais le personnel vous aidera.

Moskenes

Dans un endroit quelconque, mais avec une vue superbe sur la mer, le **Moskenes Camping** (☎ 99 48 94 05 ; kra-ri@online.no ; empl tente/caravane 100/140 NOK ; mai-sept) occupe un terrain gravillonné, avec une étendue herbeuse et ombragée pour les tentes. Les équipements ont été récemment améliorés et la proximité du terminal du ferry, à 400 m, en fait un lieu pratique pour un départ matinal.

Reine

Si Reine n'a guère de caractère, le village vu d'en haut ne manque pas d'attrait, au bord d'un fjord paisible et adossé à la paroi rocheuse du Reinebringen. La route qui descend vers Reine de l'E 10 offre une vue séduisante. Pour un panorama exceptionnel, empruntez le sentier vertigineux qui conduit au sommet du Reinebringen (670 m). Il commence à l'entrée du tunnel, à 1,2 km au sud du croisement de l'embranchement vers Reine et de l'E 10, et grimpe abruptement jusqu'à la crête (448 m).

Plusieurs beaux circuits en bateau partent de Reine entre juin et août. Le plus prisé est une excursion de 6 heures (adulte/enfant 800/400 NOK) via le maelstrom jusqu'à la grotte **Refsvikhula**, une cathédrale naturelle de 115 m de longueur et 50 m de hauteur. Vers le milieu de l'été, le soleil de minuit éclaire l'entrée de la grotte et des personnages de l'âge de la pierre, peints sur les murs il y a au moins 3 000 ans.

Un **safari** (adulte/enfant 600/350 NOK) de 3 heures permet d'observer les oiseaux et les mammifères marins dans les eaux poissonneuses du maelstrom de Moskstraumen.

Moskstraumen Adventure (☎ 90 77 07 41) organise ces deux excursions.

Environs de Reine

En été, des ferries empruntent le beau Reinefjord entre Reine et Vindstad (aller-retour adulte/enfant 100/50 NOK, 15 min, 3/jour). De Vindstad, une randonnée de 1 heure mène, de l'autre côté de la crête, au village côtier abandonné de **Bunes**, au pied de la sombre paroi rocheuse du Helvetestind (610 m).

Sakrisøy

À Sakrisøy, Dagmar Gylseth a collecté plus de 2 500 poupées, ours en peluche et jouets anciens pendant une vingtaine d'années pour son **musée des Poupées et des Jouets** (Dagmars Dukke og Leketøy Museum ; ☎ 76 09 21 43 ; adulte/enfant/tarif réduit 50/25/40 NOK ; 10h-18h ou 20h fin mai-août). Une boutique d'antiquités est installée à l'étage.

Le musée s'occupe des réservations dans les **Sakrisøy Rorbuer** (☎ 76 09 21 43 ; www.lofoten.ws ; 675-1 250 NOK), un ensemble relativement authentique de maisonnettes ocre perchées sur l'eau, où l'on peut louer des bateaux à moteur (400-550 NOK/jour).

Pour faire vos courses, rendez-vous à la poissonnerie **Sjømat** (Sakrisøy), en face du musée des Poupées, réputée pour ses gâteaux de poisson, son saumon fumé, ses crevettes et ses œufs de mouette.

Hamnøy

Hamnøy Mat og Vinbu (☎ 76 09 21 45 ; Hamnøy ; plats 155-205 NOK ; juin-début sept). Ce restaurant accueillant, tenu par la même famille depuis trois générations, est renommé pour ses spécialités locales, comme le *bacalao* et les langues de cabillaud. La grand-mère prépare des plats traditionnels, tels de délicieux gâteaux de poisson, tandis que son fils cuisine les prises du jour, achetées au port à 100 m.

ÎLES DU SUD

Værøy, escarpée, et Røst, plate comme une crêpe, deux îles lointaines, exceptionnelles pour l'observation des oiseaux, offrent de belles randonnées et une solitude relative dans les Lofoten touristiques.

Værøy

500 habitants

Plus de 100 000 oiseaux de mer – fulmars, fous de Bassan, sternes arctiques, guillemots, mouettes, pygargues, macareux, mouettes tridactyles, cormorans, eiders, pétrels et bien d'autres – viennent nicher à Værøy, une île montagneuse d'à peine 8 km de longueur, avec des plages de sable blanc, des crêtes élévées, des hameaux isolés, des falaises de granit et une mer cristalline.

L'**office du tourisme** (☎ 76 05 15 00 ; 10h-15h lun-sam mi-juin à mi-août) se situe près du débarcadère à Sørland, le village principal. Il reste ouvert plus longtemps quand le car-ferry est au port.

À VOIR ET À FAIRE

Des itinéraires de randonnée passent à proximité de certaines grandes colonies d'oiseaux. Le plus beau, et le plus emprunté, commence au bout de la route au nord de l'île, à 6 km de Sørland et à 300 m après l'ancien aérodrome. Il suit la côte ouest vers le sud, franchit l'isthme d'Eidet et rejoint le village de pêcheurs quasi abandonné de Måstad, sur la côte est, où 150 habitants se nourrissaient jadis de la viande et des œufs des macareux.

De Måstad, les randonneurs sportifs pourront tenter l'ascension escarpée du Måhornet (431 m), qui demande environ 1 heure dans chaque sens. Du quai de Sørland, une route (ou la ligne de crête, plus intéressante) monte jusqu'aux installations de l'Otan à Håen (438 m).

OÙ SE LOGER ET SE RESTAURER

Gamle Prestegård (☎ 76 09 54 11 ; www.prestegaarden.no en norvégien ; s/d avec petit déj 400/600 NOK, avec sdb 475/690 NOK). L'hébergement et restaurant le plus chic de Værøy se tient sur la côte nord, dans une grande maison avec un mât dans le jardin, à côté de l'église.

Kornelius Kro (☎ 76 09 52 99 ; korn-kro@online.no ; Sørland ; bung 1/2/4 lits 550/820/1 500 NOK). Seul rendez-vous nocturne de l'île (musique live presque tous les samedis), il comprend un pub, un restaurant (plats 75-170 NOK) et 5 bungalows à l'arrière.

DEPUIS/VERS VÆRØY

Un **hélicoptère** (☎ 77 60 83 00) relie Bodø et Værøy 1-2 fois/jour de février à octobre. Le car-ferry part tous les jours, sauf le samedi, de Bodø (passager/voiture 139/493 NOK) et rallie Værøy directement ou via Moskenes. Il circule également entre Værøy et Røst (passager/voiture 73/251 NOK).

Røst

600 habitants

Les 356 îles et *skerries* de Røst forment la lisière sud déchiquetée des Lofoten. Røst offre un contraste surprenant avec ses voisines escarpées au nord et, à part un léger renflement au centre, l'île principale de Røstlandet, parsemée d'étangs, est totalement plate. Situé au milieu du Gulf Stream, cet ensemble d'îlots bénéficie de l'un des climats les plus doux de Norvège et attire 2,5 millions d'oiseaux de mer, qui viennent nicher sur les falaises.

Les récits de Pietro Querini, un marchand vénitien dont le navire fit naufrage à Sandøy en 1432, fournissent un point de vue inhabituel sur la vie dans cette île à l'époque médiévale. Ce serait lui qui aurait introduit la morue séchée en Italie. L'**office du tourisme** (☎ 76 05 05 00 ; mi-juin à mi-août), à quelques pas du quai du ferry, possède une brochure mentionnant cette histoire.

CIRCUITS ORGANISÉS

De juin à mi-août, le MS *Inger Helen*, du Kårøy Rorbucamping (voir plus bas), effectue un circuit de 5 heures (adulte/enfant 300/125 NOK) qui longe plusieurs falaises habitées par des oiseaux, dont Vedøy et sa colonie de mouettes tridactyles. Si le temps le permet, il fait une escale pour une courte marche jusqu'au phare de Skomvær (1887) ou pour pêcher (cannes fournies).

OÙ SE LOGER ET SE RESTAURER

Kårøy Rorbucamping (☎ 76 09 62 38 ; www.karoy.no ; 150 NOK/pers ; ⏲ mai-août). Excellent choix pour les petits budgets sur l'îlot de Kårøy, ce *rorbu* authentique comprend des chambres à 2, 4 ou 6 lits, des sdb et une cuisine communes. Téléphonez du ferry pour qu'un bateau vienne vous chercher.

Røst Bryggehotel (☎ 76 05 08 00 ; www.rostbryggehotell.no ; d 750 NOK juil à mi-août, 900 NOK le reste de l'année). Sur le quai, cet hôtel moderne de style traditionnel propose 16 doubles confortables et loue des vélos et du matériel de pêche.

Querini Pub og Restaurant (☎ 76 09 64 80). Du nom du marchand vénitien naufragé, ce restaurant correct compte parmi les quelques options de Røst.

DEPUIS/VERS RØST

Røst, comme Værøy, est desservie par le car-ferry qui relie Bodø et Moskenes, tous les jours sauf le samedi.

VESTERÅLEN

28 300 habitants

Administrativement, les îles Vesterålen, prolongation septentrionale de l'archipel des Lofoten, sont divisées entre les comtés du Nordland et de Troms. Pour des raisons pratiques, nous avons choisi de les décrire entièrement dans ce chapitre. Moins spectaculaires que les Lofoten, les Vesterålen sont plus sauvages et les montagnes boisées de l'île de Hinnøya constituent une exception dans une région largement dépourvue d'arbres.

Ceux qui lisent l'anglais pourront se procurer la brochure intitulée *An Encounter with Vesterålen. Culture, Nature & History* (170 NOK), en vente dans les offices du tourisme, qui présente la région, ses sites et des itinéraires de randonnée.

HADSELØYA

8 050 habitants

Reliant les Vesterålen et les Lofoten, Hadseløya, l'île la plus méridionale, est desservie par un ferry qui circule entre le port de Melbu et Fiskebøl, sur Austvågøy. L'autre localité importante, Stokmarknes, est le berceau du ferry côtier de Hurtigruten.

L'**office du tourisme** (☎ 76 16 46 60 ; ⏲ 10h-17h lun-sam, 11h-16h sam-dim mi-juin à mi-août) borde le front de mer à Stokmarknes.

Stokmarknes

Le ferry côtier de Hurtigruten fut fondé à Stokmarknes en 1893 par Richard With. Comptant à l'origine un seul bateau, le S/S *Vesterålen*, il faisait escale dans 9 ports entre Trondheim et Hammerfest, transportant le courrier, des passagers et des denrées de première nécessité. Aujourd'hui, la ligne compte 11 navires, transporte chaque année un demi-million de passagers, dessert 35 villes et villages et constitue un lien vital pour le pays.

Le **musée de Hurtigruten** (Hurtigrutemuseet ; ☎ 76 11 81 90 ; Markedsgata 1 ; musée adulte/enfant 80/30 NOK, M/S Finnmarken 40/20 NOK, billet combiné 80/30 NOK ; ⏲ 12h-16h mi-mai à mi-juin et mi-août à mi-sept, 10h-18h mi-juin à mi-août, 14h-16h lun-ven, 12h-16h sam le reste de l'année) retrace l'histoire de la ligne par des textes et des images. Désormais amarré au quai, le M/S *Finnmarken* a sillonné les côtes de 1956 à 1993.

Le **Hurtigrutenshus** (☎ 76 15 06 00 ; www.hurtigrutenshus.com ; Markedsgata 1 ; s/d 840/1 280 NOK ; ⏲ juin à mi-août) est un luxueux complexe avec hôtel, centre de conférence et centre artistique, aux chambres d'un bon rapport qualité/prix. Les simples, particulièrement plaisantes, sont aménagées comme des cabines de bateau.

Le **Hurtigrutenshus Turistsenter** (☎ 76 15 29 99 ; s/d 670/840 NOK mi-juin à mi-août, 995/1 280 NOK le reste de l'année), accueillante annexe du précédent, de l'autre côté du pont, propose des bungalows et des chambres plus conventionnels.

En face du musée de Hurtigruten, le **Rødbrygge Pub** (☎ 76 15 26 66 ; Markedgata 6a ; plats 60-190 NOK ; ⏲ 11h-3h), joliment lambrissé, sert des grillades, des fruits de mer et des pizzas à prix raisonnables, ainsi qu'une soupe de poisson roborative à 75 NOK.

Isqueen (☎ 76 15 29 99 ; plats 235-290 NOK ; ⏲ 18h-23h). Dans le Turistsenter, cette ancienne baleinière est devenue un excellent restaurant du Menu arctique. Vous pouvez vous installer dans la coque, derrière les hublots, ou sur le pont pour contempler le détroit.

Melbu

Dans une ancienne fabrique d'huile de hareng, le **musée de l'Industrie de la pêche norvégienne** (Norsk

Fiskerindustrimuseum ; ☎ 76 15 98 25 ; Neptunveien ; adulte/enfant 50/20 NOK ; 9h-15h lun-ven) décrit la vie d'un poisson, de la haute mer à la cuisine. Une exposition pour les enfants présente les fonds marins. De l'autre côté du port en venant de l'embarcadère du ferry, il se situe à 750 m de l'E 10 le long d'une chaussée. En été, des visites guidées sont comprises dans le prix d'entrée.

En juillet, le **festival Sommer-Melbu** est l'un des festivals culturels les plus animés du nord du pays, avec conférences, concerts en tous genres, représentations théâtrales et expositions artistiques.

Depuis/vers Hadseløya

Le ferry côtier de Hurtigruten fait toujours escale à Stokmarknes, son port d'attache.

Des bus circulent plusieurs fois par jour en semaine et 2 fois/jour le week-end entre Melbu et Stokmarknes.

LANGØYA

14 700 habitants

Les principaux sites de Langøya, l'île centrale des Vesterålen, sont ses anciens villages de pêcheurs de la pointe nord, peu visités. Si vous arrivez en soirée à Sortland, vous trouverez des hébergements corrects, qui servent également de bons dîners.

L'**Arctic Sea Kayak Race** (course arctique du kayak de mer ; www.askr.no), une course annuelle de 170 km, se déroule pendant 5 jours en juillet et constitue l'une des principales compétitions pour les adeptes de ce sport. Les débutants peuvent choisir un parcours plus court, ou suivre un cours d'initiation. Vous pouvez vous inscrire en ligne.

Sortland

5 000 habitants

Centre marchand et carrefour des transports des Vesterålen, Sortland se niche dans une encoche de la côte est. Ses bâtiments, pour la plupart massifs et rectangulaires, sont peints en bleu outremer. L'**office du tourisme** (☎ 76 11 14 80 ; www.visitvesteralen.com ; Kjøpmannsgata 2 ; 9h-18h lun-ven, 10h-16h sam, 12h-16h dim mi-juin à mi-août, 8h-16h lun-ven le reste de l'année) vous renseignera volontiers sur toute la région des Vesterålen.

En septembre, le **Sortland Jazz** fait vibrer la ville pendant deux semaines.

Tenu par une famille, le **Sortland Camping og Motell** (☎ 76 11 03 00 ; www.sortland-camping.no ; Vestervegen 51 ; empl voiture/caravane 200/225 NOK, bung 350-450 NOK, pour 5-7 pers avec sdb 1 200 NOK) occupe un vaste terrain semi-boisé à 1,3 km du centre. Il mitonne une cuisine maison, typique du Nord, et publie une intéressante brochure d'information sur la région.

À 1,4 km au nord du pont, le **SjøhusSenteret** (☎ 76 12 37 40 ; sjoehus@online.no ; Ånstadsjøen ; d/tr 630/785 NOK, bung 3/5 lits 1 330/1 630 NOK) dispose de chambres confortables et de bungalows au bord de l'eau avec vue. On peut pêcher au bout de la jetée privée (prêt de canne), louer un vélo (30/160 NOK par heure/jour), une barque (75/140 NOK) ou un bateau à moteur (390/1 200 NOK). Son restaurant Sjøstua, joliment agencé, propose de délicieux plats à la carte.

Le **Strand Hotell** (☎ 76 11 00 80 ; www.strandhotell.no ; Strandgata 34 ; s/d 750/900 NOK mi-juin à mi-août, 970/1 150 NOK lun-jeu, 700/910 NOK ven-sam le reste de l'année ; P), au bord de l'eau, possède 37 jolies chambres haut de gamme, décorées de lithographies de l'artiste local Tove Hov Jacobsen.

Spisestua (☎ 76 12 28 78 ; plats 240-285 NOK). Au dernier étage du Strand Hotell et tout aussi raffiné, le restaurant du Menu arctique propose du pain frais maison au petit déjeuner et offre gracieusement café et gaufres toute la journée.

DEPUIS/VERS SORTLAND

De 2 à 4 bus circulent chaque jour vers le nord de Sortland à Risøyhamn (1 heure) et à Andenes (2 heures). Des bus partent depuis/vers Harstad 1-4 fois/jour (2 heures 15). Un bus express dessert 2 fois/jour Narvik (294 NOK, 4 heures), sur le continent, ou Svolvær (248 NOK, 2 heures 15), que rallient également 3-5 bus locaux. Le bus express entre Fauske (370 NOK, 5 heures 15) et Svolvær fait halte quotidiennement à Sortland.

Le ferry côtier de Hurtigruten fait escale à Sortland.

Myre

Myre, à l'embranchement des routes vers Nyksund et Stø, possède un **office du tourisme** (☎ 76 18 50 50 ; 10h-16h lun-sam mi-juin à mi-août) ouvert en saison.

Nyksund

Un superbe trajet le long d'une route côtière étroite conduit à ce village de pêcheurs longtemps abandonné, aujourd'hui occupé par des artistes. Des vieilles maisons croulantes aux commerces fidèlement restaurés, il est

RÉCUPÉRÉ ET RECYCLÉ

Ssemjon Gerlitz, le dynamique propriétaire allemand du Holmvik Brygge (ci-dessous), vit toute l'année à Nyksund depuis plus de 10 ans. Au fil des années, lui et son équipe ont récupéré tout ce qui pouvait servir dans les maisons délabrées de Nyksund pour aménager la pension, aux chambres toutes différentes.

Deux choses l'ont particulièrement séduit dans ce bout du monde. Ssemjon, si volubile, a apprécié le silence, seulement troublé par le vent et le ressac la majeure partie de l'année. Il mentionne aussi la communion avec des pêcheurs depuis longtemps disparus. "Chaque clou rouillé que je ramasse a été planté par quelqu'un qui a vécu et travaillé ici." Par son discours, il parvient à exprimer toute l'énergie de cet endroit splendide où les montagnes tombent dans la mer.

difficile d'imaginer que Nyksund fut, jusque récemment, une ville fantôme.

La boulangerie et la poste fermèrent dans les années 1960 et les derniers habitants partirent en 1975, après une tempête qui détruisit la jetée. Seul le forgeron, Olav Larsen, resta jusqu'en 1977.

Moutons et vandales s'emparèrent du village, puis, au fil des années, la vie revint dans cette charmante localité isolée. Aujourd'hui, Nyksund s'enorgueillit de 60 habitants en été et d'une demi-douzaine durant le rude hiver.

Holmvik Brygge (☎ 76 13 47 96 ; www.nyksund.com ; ch 225 NOK/pers ; 🕓 toute l'année). Cette pension-café, douillette et particulièrement accueillante, justifie à elle seule le détour. Vous pouvez préparer vos repas ou savourer un en-cas (à partir de 55 NOK), un verre ou un dîner copieux (85-150 NOK) dans son Kai Café.

Stø

Le petit village de pêcheurs de Stø, juché à la pointe nord de Langøya, ne manque pas de caractère. De juillet à septembre, **Arctic Whale Tours** (☎ 76 13 43 00 ; www.arcticwhaletours.com) propose tous les jours des croisières de 7 heures pour observer les baleines (adulte/enfant 780/500 NOK), avec départ à 12h. En chemin, le bateau fait halte pour voir les colonies d'oiseaux de mer et de phoques.

Au départ de Stø et de Nyksund, **Island Adventure** (☎ 48 17 31 64 ; www.islandadventure.no) organise des excursions pour observer les phoques et les oiseaux, ainsi que des sorties de pêche. Vous pouvez réserver auprès du Stø Bobilcamp.

Consacrez une journée à la randonnée qui traverse le promontoire entre Nyksund et Stø, balisée par la lettre T en rouge. La plupart des marcheurs peinent un peu dans la première moitié de cette boucle de 5 heures qui passe par le Sorkulen (517 m), puis retrouvent leur souffle en revenant par un chemin au niveau de la mer. Appelée **route de la Reine**, la randonnée doit son nom à une marche effectuée par la reine Sonja de Norvège en 1994. Les offices du tourisme de Myre et de Sortland distribuent un guide gratuit.

Au bord de l'eau, le petit **Stø Bobilcamp** (☎ 76 13 25 30 ; www.stobobilcamp.com ; empl tente 140 NOK, bung 700-850 NOK ; 🕓 mi-mai à mi-août), austère et venteux, comprend un restaurant sans prétention, qui sert essentiellement du poisson.

De 1 à 4 bus circulent tous les jours entre Sortland et Myre (1 heure) ; deux continuent jusqu'à Stø (1 heure 15) en semaine.

ANDØYA

6 000 habitants

Île atypique des Vesterålen, Andøya est longue, étroite et plate, à l'exception des montagnes qui se dressent sur son flanc ouest. Les eaux profondes de 1 000 m, sombres et froides qui baignent sa côte nord-ouest attirent des bancs de seiches, dont de très grands spécimens, appréciés des cachalots. La ville d'Andenes, à la pointe nord de l'île, est ainsi devenue un centre d'observation des baleines. Si Andenes est la seule localité importante, d'autres croisières d'observation de la faune marine partent des minuscules ports de Bleik et de Stave, à 10 km et à 25 km au sud-ouest de la ville.

Andenes

2 700 habitants

Base privilégiée pour l'observation des baleines dans le Nord, ce bourg tout en longueur possède une longue histoire liée à la pêche. Le port est un charmant fouillis de hangars à bateaux en bois et de rebuts nautiques.

L'**office du tourisme** (☎ 76 14 12 03 ; www.andoyturist.no ; Hamnegata 1 ; 🕓 10h-18h mi-juin à mi-août, 9h-16h lun-ven le reste de l'année) partage le bâtiment du Centre d'histoire naturelle Hinaskul et vous renseignera sur toute l'île. Il publie une brochure en anglais, *Andanes Vær* (35 NOK), qui décrit une promenade dans le vieux quartier. Il offre l'accès à Internet (60 NOK/heure) et loue des vélos (100/175 NOK pour 3 heures/jour).

Yanthi (☎ 75 91 75 75 ; Storgata 2) possède 3 terminaux connectés à Internet (25 NOK/30 min) et propose un bon café.

À VOIR ET À FAIRE

L'office du tourisme vend un billet combiné (adulte/enfant 100/50 NOK) qui donne accès à tous les sites ci-dessous, à l'exception du Centre de la baleine.

Le **Centre d'histoire naturelle Hisnakul** (☎ 76 14 12 03 ; Hamnegata 1 ; adulte/tarif réduit 50/25 NOK ; 🕑 10h-18h mi-juin à août, 9h-16h le reste de l'année) partage un entrepôt restauré avec l'office du tourisme. Ses collections concernent l'histoire naturelle du Nord – oiseaux de mer, mammifères marins, topographie, agriculture, pêcheries et cultures locales.

À côté, le **Centre des lumières du Nord** (adulte/enfant 40/20 NOK ; 🕑 10h-18h fin juin-fin août) présente une impressionnante exposition high-tech sur les aurores boréales, montée pour les Jeux olympiques d'hiver de 1994 à Lillehammer.

Le **Centre de la baleine** (Hvalsenter ; ☎ 76 11 56 00 ; Havnegate 1 ; adulte/enfant 60/30 NOK ; 🕑 8h30-16h ou 19h fin mai à mi-sept) intéressera ceux qui souhaitent observer des baleines. Les collections se rapportent aux recherches, à la pêche et aux cycles de vie des baleines. La plupart des visiteurs viennent dans le cadre d'un circuit organisé.

Le **Musée polaire** (☎ 76 11 54 32 ; Havnegate ; adulte/enfant 30 NOK/gratuit ; 🕑 10h-18h mi-juin à mi-août) est consacré à la chasse et à la pêche traditionnelles dans la région arctique. Une part importante des collections provient des 38 expéditions de chasse hivernale dans le Svalbard entreprises par l'explorateur local Hilmar Nøis.

Point de repère de la ville, l'**Andenes Fyr**, un phare rouge de 1859 automatisé depuis des années, continue de fonctionner. Des **visites guidées** (adulte/enfant 35/10 NOK ; 🕑 fin juin-août) ont lieu toutes les heures de 12h à 16h. Vous devrez grimper 40 m par un escalier de 148 marches.

CIRCUITS ORGANISÉS

Principal tour-opérateur de l'île, **Whale Safari** (☎ 76 11 56 00 ; www.whalesafari.no) gère le Centre de la baleine et organise des excursions prisées (adulte/enfant/tarif réduit 795/500/700 NOK, déjeuner léger compris) de fin mai à mi-septembre. Le circuit commence par une visite guidée du centre et la présentation d'un diaporama, suivies d'une sortie en mer de 3-6 heures. Si vous ne voyez aucun cachalot, vous aurez droit à un autre circuit gratuit. Vous aurez peut-être la chance d'apercevoir des rorquals, des globicéphales noirs, des baleines à bosse et, en fin de saison, des orques. L'excursion a lieu au moins 1 fois/jour (à 11h) et jusqu'à 6 fois en plein été. L'équipage distribue des pilules contre le mal de mer avant le départ. Bien que le temps et la houle empêchent rarement les sorties, mieux vaut prévoir un jour supplémentaire sur l'île.

LE NORDLAND

OÙ SE LOGER ET SE RESTAURER

Andenes Camping (☎ 76 11 56 00 ; empl voiture/caravane 130/190 NOK ; 🕑 fin mai à mi-sept). Ce camping sommaire, à 3,5 km du centre-ville, occupe une superbe prairie en bord de mer.

Andenes Vandrerhjem (☎ 76 14 28 50 ; fax 76 14 28 55 ; Havnegata 31 ; 150 NOK/pers ; 🕑 juin-août). Près du port, cette auberge de jeunesse délabrée fait partie de l'empire Norlandia et n'est plus affiliée HI. À n'envisager qu'en dernier recours.

Centre d'histoire naturelle Hisnakul (dort/s/d 100/225/325 NOK). Au-dessus de sa galerie, le centre offre des chambres économiques très correctes, avec sdb dans le couloir et cuisine à disposition. Téléphonez pour réserver, car il ne compte que 14 lits.

Den Gamle Fyrmesterbolig (☎ 76 14 10 27 ; Richard Withs gate 11 ; ch 400 NOK). À l'ombre du phare d'Andenes, l'ancien cottage du gardien comprend deux chambres charmantes. Vous ne pouvez pas réserver à l'avance, mais en appelant le jour même on vous gardera une chambre.

Norlandia Andrikken Hotell (☎ 76 14 12 22 ; www.norlandia.no/andrikken ; Storgata 53 ; s/d 790/1 070 NOK mi-juin à mi-août, 1 180/1 390 NOK dim-jeu, 850/1 145 NOK ven-sam le reste de l'année ; Ⓟ). Dans un bâtiment rectangulaire sans grand attrait, le Norlandia loue des chambres confortables et bien équipées, conformes aux standards de la chaîne. Sur place, un restaurant correct sert des plats de 170 à 240 NOK.

Fargeklatten (☎ 97 76 00 20 ; Sjøgata 38A ; 🕑 11h-14h et 18h-20h mai-sept, 11h-14h lun-ven le reste de l'année). Savourez un café et une pâtisserie dans cette petite galerie d'art, ouverte récemment (voir l'encadré p. 331).

Lysthuset (☎ 76 14 14 99 ; Storgata 51 ; pizzas 125-190 NOK, plats 145-250 NOK). Meilleure adresse parmi les quelques restaurants d'Andenes, il propose en façade burgers, pizzas ou autres plats à emporter. Derrière, le restaurant offre une cuisine plus raffinée. Au dessert, laissez-vous tenter par un "Sexe sur la montagne", une combinaison orgiaque de crème glacée, de crème fraîche, de mûres et de framboises dans un lait de poule.

DEPUIS/VERS ANDØYA

Le vol entre Andenes et Tromsø, via Narvik ou Bodø, offre des vues spectaculaires sur la mer, les îles et la côte.

De 2 à 4 bus partent chaque jour pour Sortland (2 heures) au sud via Risøyhamn, assurant la correspondance avec un bus depuis/vers Andenes et le ferry de Hurtigruten. De fin mai à mi-août, un car-ferry relie Andenes et le port de Gryllefjord (2 heures, 2-5/jour) sur l'île de Senja (voir p. 343), par une superbe route côtière.

Environs d'Andenes

À **Stave**, à 18 km au sud-ouest d'Andenes, **Seal Safari** (☎ 97 68 00 18 ; www.sealsafari.no) propose de fin mai à mi-août des circuits en bateau de 2-3 heures. Les bateaux passent à proximité de la plus grande colonie de phoques communs de Norvège avant de rejoindre la réserve ornithologique de Bleiksøya, où nichent des pingouins, des macareux, des mouettes tridactyles et d'autres mouettes.

Puffin Safari (☎ 76 14 57 75 ; www.puffinsafari.no), installé à Bleik, organise également tous les jours des **circuits en bateau** (adulte/enfant 300/150 NOK ; 🕒 13h et 15h mai à mi-août) de 1 heure 30 à Bleiksøya, et des **sorties de pêche hauturière** (adulte/enfant 400/200 NOK ; 🕒 17h juin à mi-août) de 4 heures.

OÙ SE LOGER

Stave Camping (☎ 76 14 65 62 ; stavecamping@c2i.net ; empl voiture/caravane 130/140 NOK, bung 2/4 lits 340/500 NOK, avec sdb 550-660 NOK ; 🕒 mi-mai à mi-août). Dans ce camping sympathique, agrémenté d'un café douillet, vous pourrez vous installer au bord de l'eau, avec vue sur le fjord, ou à l'arrière, dans un endroit plus abrité.

Havhusene Bleik (☎ 76 14 57 40 ; www.norlandia.no ; Fiskeværsveien, Bleik ; bung 2/4/6 lits 1 075/1 270/1 500 NOK). Sur le port paisible de Bleik, des maisons de la mer modernes et bien équipées.

> **LA ROUTE LA MOINS EMPRUNTÉE**
>
> À moins de quitter Andøya par le ferry qui relie Andenes et Gryllefjord, vous devrez parcourir 100 km le long de l'étroite pointe de l'île, qui s'étire comme un doigt vers le nord à partir de Sortland. Pour éviter la monotonie et pour des paysages spectaculaires, suivez la route secondaire, peu fréquentée, qui longe la côte ouest depuis Risøyhamn. Désignée route nationale touristique, elle offre de splendides panoramas côtiers en filant en direction du Nord. En revenant par la Rv 83, remarquez les énormes monticules de tourbe, extraite et séchée avant d'être expédiée dans les jardineries du monde entier.

HINNØYA

Hinnøya, la plus grande île de Norvège, est administrativement partagée entre les comtés de Troms et de Nordland. Contrairement aux îles au sud, elle se compose essentiellement de hauts plateaux boisés, ponctués de pics enneigés et profondément découpés par des fjords saisissants. Près de la côte ouest de Hinnøya, les Vesterålen sont séparées des Lofoten par le fin détroit de Rafsund et le splendide Trollfjord, encore plus étroit, aux vertigineuses parois abruptes.

Harstad

19 400 habitants

À flanc de colline près de la pointe nord de Hinnøya, Harstad est la localité la plus importante des Vesterålen, mais fait partie du comté de Troms. Ce petit centre industriel et stratégique est parsemé de docks, de réservoirs et d'entrepôts. Son animation le distingue des nombreuses villes du Sud dévolues au tourisme et à la pêche.

L'**office du tourisme** (☎ 77 01 89 89 ; www.visitharstad.com ; 🕒 8h-18h juin à mi-août, 8h-15h le reste de l'année) est installé dans la gare routière.

À VOIR ET À FAIRE

La plupart des sites se regroupent sur la **péninsule de Trondenes**, au nord de la ville.

Le **Centre historique de Trondenes** (Trondenes Historiske Senter ; ☎ 77 01 83 80 ; Trondenesveien 122 ; adulte/enfant/tarif réduit 70/50/25 NOK ; 🕒 11h-17h mi-juin à mi-août, dim le reste de l'année) possède des collections détaillées et bien présentées qui retracent l'histoire sociale de la région depuis l'époque viking.

L'**église de Trondenes** (Trondenes Kirke ; visite guidée en anglais adulte/enfant 40/20 NOK ; visite 17h juin-début août), juste au nord du Centre historique, fut édifiée par le roi Øystein vers 1150, après que les seigneurs vikings eurent perdu la bataille contre l'unification de la Norvège sous une domination chrétienne. Église la plus septentrionale de la chrétienté pendant des siècles, elle se proclame toujours l'église en pierre la plus au nord du pays. Construite en bois à l'origine, elle fut remplacée par l'actuelle structure en pierre vers 1250 et devint rapidement un bastion contre l'agression russe. Au fond de la nef à l'est, trois autels finement ouvragés, tous dédiés à Marie, constituent ses joyaux. Remarquez celui du centre, représentant la Vierge entourée de nombreux enfants. Levez les yeux pour découvrir les deux chérubins soufflant dans une trompette, juchés au sommet des piliers du jubé. Entre les visites guidées, on peut entrer librement à condition de ne pas trouver porte close.

Autre curiosité majeure de Harstad, l'**Adolf Kanonen** est un vestige de la Seconde Guerre mondiale ; ce canon, le plus grand du monde, possède un calibre de 406 mm et une portée de 56 km. Il se situe dans une zone militaire, ce qui oblige à suivre une **visite guidée** (adulte/enfant 60/30 NOK ; 11h, 13h et 15h mi-juin à mi-août) et à disposer d'un véhicule. Présentez-vous 10 min avant le début du circuit. Le bunker contient également des armes, des équipements et des instruments utilisés par les artilleurs des batteries côtières allemandes.

Le **Grottebadet** (77 04 17 70 ; Håkonsgate 7 ; adulte/enfant/famille 130/95/300 NOK ; 12h-20h lun-ven, 10h-18h sam, 11h-18h dim), un parc aquatique chauffé, creusé sur 150 m à flanc de colline, comprend des piscines, des toboggans, des bains de vapeur et bien d'autres installations qui séduisent petits et grands.

OÙ SE LOGER

Harstad Camping (77 07 36 62 ; www.harstad-camping.no ; Nesseveien 55 ; empl voiture/caravane 150/175 NOK, bung 4 lits 375 NOK, avec sdb 700-950 NOK ; toute l'année). Suivez la Rv 83 en direction de Narvik sur 4 km, puis empruntez la route secondaire qui mène à ce petit camping au bord de l'eau. Il loue des barques (80/290 NOK par heure/jour) et des bateaux à moteur (150/570 NOK).

Harstad Vandrerhjem (77 04 00 78 ; harstad.hostel@vandrerhjem.no ; Trondenesveien 110 ; s/d avec petit déj 365/590 NOK ; juin à mi-août). Cette école se transforme en auberge de jeunesse durant l'été et la plupart des chambres donnent sur le port. Prenez le bus n°12 à la gare routière.

F2 (77 00 32 00 ; www.f2hotel.no en norvégien ; Fjordgata 2 ; s/d avec petit déj 545/690 NOK mi-juin à mi-août, à partir de 850/1 000 NOK dim-jeu, 595/960 NOK ven-sam le reste de l'année). Récemment rénovées, les 88 chambres élégantes disposent toutes d'une TV à écran plat, d'un four à micro-ondes, d'une bouilloire et de grandes fenêtres qui laissent entrer la lumière. En revanche, les sdb sont un peu petites. Les hôtes peuvent louer des vélos (100 NOK/jour) et des quads. Les photos qui ornent les chambres et les parties communes représentent le personnel dans des cadres divers, au sommet d'une montagne au dernier étage et les pieds dans l'eau à la réception.

Grand Nordic Hotel (77 00 30 00 ; www.nordic.no ; Strandgata 9 ; s/d 590/790 NOK mi-juin à mi-août, 1 345/1 555 NOK dim-jeu, 590/960 NOK ven-sam le reste de l'année ; P). Le plus bel hôtel de Harstad offre des chambres plus spacieuses et plus joliment décorées dans la nouvelle aile.

Thon Hotel Harstad (77 00 08 00 ; www.thonhotels.com ; Sjøgata 11 ; s/d 700/900 NOK avec petit déj mi-juin à mi-août, 920/1 120 NOK dim-jeu, 755/955 NOK ven-sam le reste de l'année ;). Hôtel de chaîne correct, il compte 141 chambres plaisantes, toutes avec parquet et, pour la plupart, vue sur le fjord à distance.

Clarion Collection Hotel Arcticus (77 04 08 00 ; www.choice.no ; Havnegata 3 ; s/d 710/930 NOK mi-juin à

FARGEKLATTEN

Fargeklatten, qui signifie taches de couleur, est un endroit très particulier, créé par Grethe Kvalvik. Pendant des années, Grethe fut réceptionniste à l'Andrikken Hotell (p. 329) jusqu'à ce qu'elle perde la vue. Après deux ans de cécité totale, elle a recouvré une vision partielle et peut à nouveau percevoir les formes et les couleurs.

Décidée à entamer une nouvelle vie, elle a sauvé le Fargeklatten, alors destiné à la démolition pour céder la place à un parking. Cet ensemble de bâtiments anciens abrite aujourd'hui deux petites galeries d'art et d'artisanat du nord de la Norvège, un café sans prétention et une **pension** (ch 600-700 NOK), meublée à l'ancienne. Son prochain projet, nous a confié Grethe, est de restaurer une maison de pêcheur du XVIIe siècle.

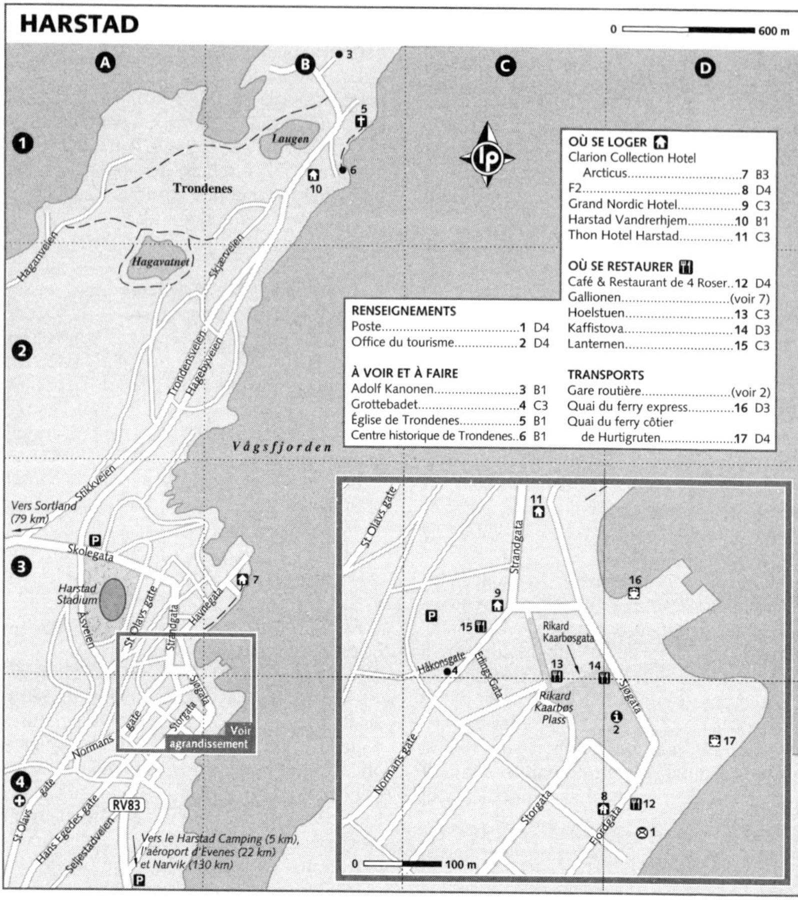

mi-août, à partir de 795/995 NOK le reste de l'année ; P). À une courte distance du centre-ville, cet hôtel partage un beau bâtiment moderne avec le centre culturel de Harstad. Il possède 75 chambres particulièrement spacieuses. Prévoyez un supplément de 200 NOK pour bénéficier d'un confort supérieur et d'une vue sur le fjord et les montagnes au loin.

OÙ SE RESTAURER

Kaffistova (☎ 77 06 12 57 ; Rikard Kaarbøsgata 6 ; plats 40-135 NOK ; 8h-18h lun-jeu, 9h-15h30 sam, 12h-17h dim). Fondé en 1913, cet établissement installé sur 2 niveaux propose un grand choix de sandwichs (62-78 NOK), des plats de viande et de poisson, 16 sortes de pâtisseries. Malgré un décor terne, il reste plaisant pour un déjeuner ou un en-cas.

Lanternen (☎ 77 00 30 30 ; Hakons gate ; plats 120 NOK environ ; 14h-24h lun-jeu, 13h-2h ven-sam, 16h-23h dim). Apprécié des habitants, cet endroit chaleureux, à l'ambiance de pub, offre de bonnes pizzas, des burgers avec salade et une belle diversité de bières. En été, un copieux buffet de pizzas (80 NOK) est dressé jusqu'à 19h.

Café & Restaurant de 4 Roser (☎ 77 01 27 50 ; Torvat 7 ; plats 160-320 NOK ; café 10h-24h, restaurant 18h-23h lun-sam). Les Quatre Roses satisferont les gourmets, qu'ils commandent un plat simple au café ou qu'ils choisissent parmi les alléchantes propositions de la carte créative du restaurant.

Hoelstuen (☎ 77 06 55 00 ; Rikard Kaarbøs plass 4 ; plats 250-285 NOK ; 🕑 17h-23h lun-sam). Ce beau restaurant rivalise avec le précédent pour l'excellence de la cuisine. Laissez-vous tenter par un filet de cerf aux marrons parfumé au thym ou par une soupe de poisson riche et crémeuse (100 NOK).

Gallionen (☎ 77 04 08 00 ; plats 245-265 NOK). Le restaurant du Clarion Collection Hotel Arcticus fait partie du Menu arctique et concocte également d'appétissants plats du jour (environ 150 NOK). Le poisson domine, tel le filet de loup grillé (260 NOK). Les baies vitrées de la salle et la terrasse sur le quai dévoilent des vues splendides.

DEPUIS/VERS HARSTAD

De l'aéroport Harstad-Narvik à Evenes, la SAS assure des vols directs pour Oslo, Bodø, Tromsø et Trondheim. La **Norwegian** (www.norwegian.no) propose également des vols directs depuis/vers Oslo, Bergen et Stavanger.

Le bateau constitue le moyen le plus simple et le plus plaisant de rejoindre Tromsø. De 2 à 4 ferries express de passagers circulent tous les jours entre Harstad et Tromsø (2 heures 45), via Finnsnes (1 heure 30).

Toute l'année, un ferry express de passagers (tous les jours sauf le lundi et le mercredi) relient Harstad et Skrolsvik (1 heure 15) à la pointe sud de l'île de Senja, où des bus rallient Finnsnes et Tromsø. Le ferry côtier de Hurtigruten fait également escale à Harstad.

Des bus partent depuis/vers Sortland (2 heures 15) 1-4 fois/jour. En semaine, un bus circule depuis/vers Narvik (3 heures) et un bus quotidien se rend à Fauske (343 NOK, 5 heures 30).

COMMENT CIRCULER

Flybussen (130 NOK, 50 min) fait la navette entre le centre-ville et l'aéroport d'Evenes plusieurs fois par jour. Des bus (25 NOK, 10 min, toutes les heures lun-ven) relient Trondenes et la gare routière centrale.

Trouver une place de stationnement n'est pas facile, mais les parkings publics sont gratuits pour les voitures immatriculées à l'étranger.

Pour un taxi, appelez le ☎ 77 04 10 00.

Parc national de Møysalen

Møysalen, d'une superficie d'à peine 50 km^2, a été établi pour protéger une bande de littoral alpin intact. Troisième plus petit parc national du pays, c'est aussi l'un des moins visités.

Le Grand Nord

Les comtés de Troms et du Finnmark, les plus septentrionaux de Norvège, forment un arc au sommet de l'Europe. Dans cette région peu visitée, les vastes horizons alternent avec d'épaisses forêts. L'effort que nécessite un périple dans une contrée en dehors des circuits touristiques fait indéniablement partie des charmes du Grand Nord.

Tromsø, la seule ville importante de la région, mérite une halte d'un jour ou deux avant de s'enfoncer dans les terres peu peuplées au nord et à l'est. Les musées de cette cité joyeuse et animée vous donneront un avant-goût de l'Arctique. Tromsø constitue une base idéale pour les sports d'hiver, les randonnées en été – ou pour une excursion à Senja, une île préservée aussi belle que celles des Lofoten et largement moins fréquentée.

L'objectif de la plupart des voyageurs est le cap Nord (Nordkapp), plus proche du pôle Nord que d'Oslo et le point le plus septentrional du continent européen – ou presque : pour rejoindre le point exact de non-retour, vous devrez enfiler des bottes et parcourir 18 km à travers la toundra. Les plateaux du Finnmark intérieur et la sauvage côte nord-est forment le centre norvégien des Samis, dont le territoire – traditionnellement appelé Laponie – s'étend jusqu'en Suède, en Finlande et en Russie. Ne manquez pas de faire étape à Karasjok, la "capitale" samie, pour visiter le parc Sápmi, le Musée national sami et le Parlement sami, une merveille architecturale tout en bois.

Une ambiance de ville-frontière règne à Kirkenes, la dernière escale du ferry côtier de Hurtigruten, avec ses panneaux rédigés en norvégien et en cyrillique et où l'on entend presque autant parler russe que norvégien. Vous voilà arrivé au bout de la Norvège !

À NE PAS MANQUER

- Le long trajet vers le nord jusqu'au **cap Nord** (p. 352), puis la randonnée, loin des foules, vers **Knivskjelodden** (p. 352), le point le plus septentrional du continent européen
- La culture samie à **Karasjok** (p. 369) et à **Kautokeino** (p. 366)
- Les **gravures rupestres d'Alta** (p. 345), datant de l'âge de la pierre et classées au Patrimoine mondial de l'Unesco, et la visite du musée
- Une promenade en traîneau à chiens à travers la neige et la lumière bleutée de l'hiver près de **Karasjok** (p. 369)
- Un parcours à vélo le long de la spectaculaire côte nord de l'île de **Senja** (p. 343)
- Un récital d'orgue quand le soleil de minuit illumine les vitraux de la **Cathédrale arctique** (p. 337) de Tromsø

- 226 000 HABITANTS
- POINT CULMINANT : NJUNES (1 713 M)

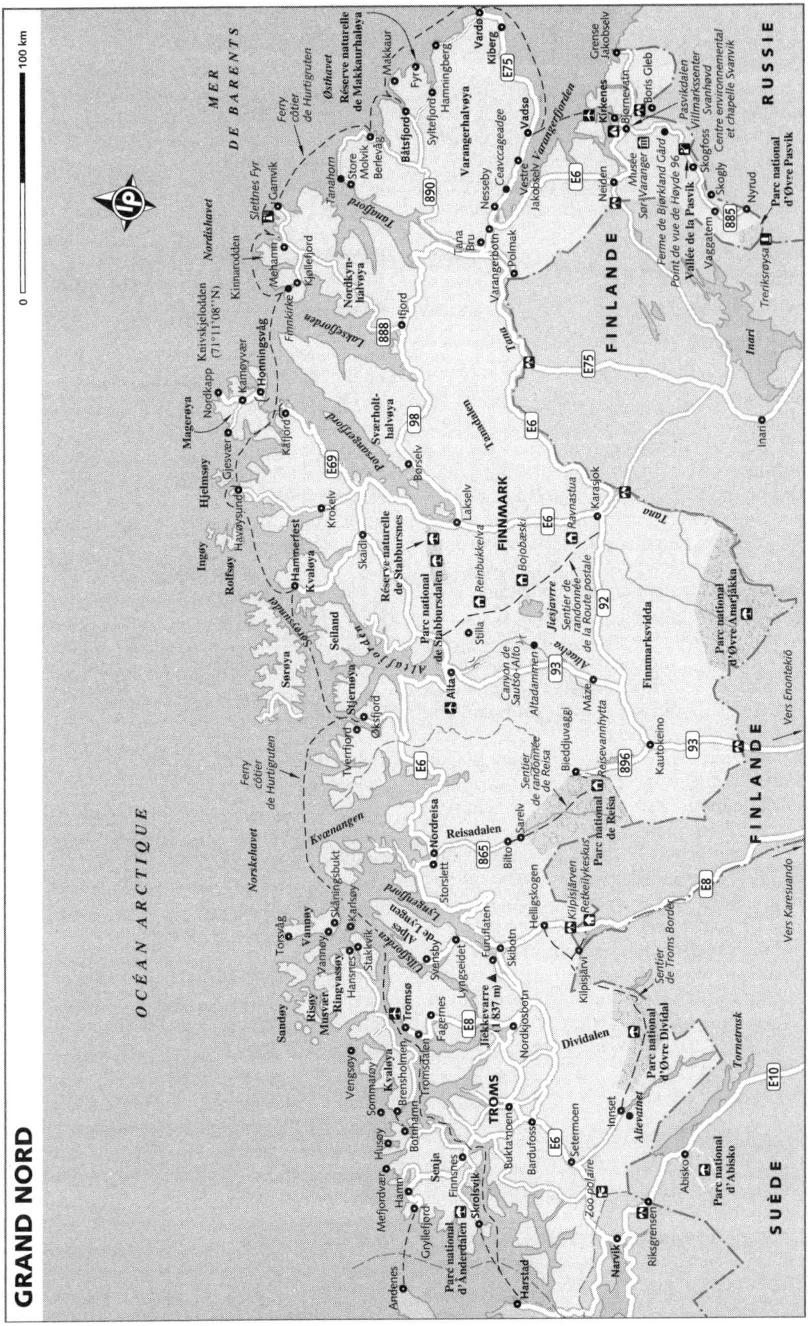
GRAND NORD
0
100 km
OCÉAN ARCTIQUE
MER DE BARENTS
Norskehavet
Nordishavet
Østhavet
FINNMARK
TROMS
FINLANDE
SUÈDE
RUSSIE
Ferry côtier de Hurtigruten
Réserve naturelle de Makkaurhaløya
Réserve naturelle de Stabbursnes
Parc national de Stabbursdalen
Parc national d'Øvre Anarjåkka
Parc national de Reisa
Parc national d'Øvre Dividal
Parc national d'Ånderdalen
Parc national d'Abisko
Parc national d'Øvre Pasvik
Vallée de la Pasvik
Canyon de Sautso-Alta
Sentier de randonnée de la Route postale
Sentier de randonnée de Reisa
Sentier de Troms Border
Zoo polaire
Knivskjelodden (71°11'08''N)
Nordkapp
Mageroya
Honningsvåg
Kåmøyvær
Gjesvær
Hjelmsøy
Havøysund
Ingøy
Rolfsøy
Hammerfest
Kvaløya
Seiland
Sørøya
Stjernøya
Alta
Altafjorden
Lakselv
Børselv
Porsangerfjord
Sværholt-halvøya
Laksefjorden
Nordkyn-halvøya
Kinnarodden
Mehamn
Gamvik
Slettnes Fyr
Kjøllefjord
Tanafjord
Båtsfjord
Berlevåg
Makkaur
Hamningberg
Vardø
Kiberg
Vadsø
Varangerhalvøya
Varangerfjorden
Kirkenes
Grense Jakobselv
Tana Bru
Karasjok
Kautokeino
Finnmarksvidda
Tromsø
Narvik
Harstad
Senja
Andenes
Inari
Kilpisjärvi
Riksgrensen
Abisko
Tornetrask
E6
E8
E10
E69
E75
93
92
98
885
888
890
896
865
Vers Karesuando
Vers Enontekiö

TROMS

Le Troms, où la pointe du Gulf Stream vient modérer la rigueur de l'hiver, recèle deux endroits enchanteurs : Tromsø, la seule localité assez grande pour mériter le nom de ville dans le Grand Nord, et Senja, la deuxième plus grande île de Norvège, qui rivalise de beauté avec les Lofoten. Cette section couvre les deux tiers nord du comté de Troms ; l'île de Hinnøya est décrite dans le chapitre consacré au Nordland.

TROMSØ

65 000 habitants

Tromsø aime la fête ! Principale ville du comté et, de loin, la plus grande de Norvège du Nord, elle offre des événements culturels, des rues animées où se produisent des musiciens ambulants, un marathon du soleil de minuit, une université respectée, la révérée brasserie Mack et plus de pubs par habitant que toute autre cité norvégienne. Les pics enneigés qui l'entourent forment un cadre splendide, idéal pour la randonnée en été, le ski et les balades en traîneau à chiens en hiver.

Nombre de sites de la ville se proclament les plus septentrionaux, tels l'université, la cathédrale, la brasserie, le jardin botanique et même un fast-food ! À presque 400 km au nord du cercle polaire arctique, le Gulf Stream tempère agréablement le climat et le soleil de minuit fait oublier en été la longue obscurité hivernale.

Tromsø acquit le statut de municipalité en 1794, alors qu'elle prospérait en tant que centre marchand, mais son histoire remonte au XIIIe siècle, lors de la construction de la première église. Plus récemment, la ville devint un point de départ pour les expéditions polaires, ce qui lui valut le surnom de "Porte de l'Arctique" (plus approprié que celui de "Paris du Nord", suggéré par un visiteur apparemment myope au début du XXe siècle).

Orientation

Le centre de Tromsø se situe sur la rive est de l'île de Tromsøya (carte p. 337), séparé par des collines de la rive ouest et de l'aéroport Langnes. Le quartier portuaire, central et animé, s'étend vers le sud en passant par Stortorget (la place principale), des quais de Skansen à la brasserie Mack et au musée Polaria, en bord de mer. La ville déborde au-delà d'un chenal jusqu'à Tromsdalen, sur le continent, et possède des faubourgs sur l'île de Kvaløya, à l'ouest. Deux ponts gracieux relient ces quartiers.

Renseignements

Dark Light (carte p. 338 ; ☎ 77 68 74 44 ; 1er ét., Stortorget 1 ; 60 NOK/heure ; ⏰ 15h-23h lun-ven, 12h-23h sam, 6h-23h dim). Accès à Internet.

Bibliothèque (carte p. 338 ; Grønnegata 94 ; ⏰ 11h-17h lun-ven, 11h-15h sam). Magnifique bâtiment moderne aux salles claires et spacieuses. Accès gratuit à Internet.

Office du tourisme (carte p. 338 ; ☎ 77 61 00 00 ; www.destinasjontromso.no ; Kirkegata 2 ; ⏰ 8h30-18h lun-ven, 10h-17h sam-dim fin mai-août ; 9h-16h lun-ven, 10h-14h sam le reste de l'année). Prenez son *Tromsø InfoGuide*, très complet.

Tromsø Bruktbokhandel (carte p. 338 ; ☎ 77 68 39 40 ; derrière Kirkegata 6). Nombreux livres d'occasion.

Via Ferieverden (carte p. 338 ; ☎ 77 64 80 02 ; Strandgata 32). Peut réserver des vols pour le Svalbard et des hébergements.

À voir et à faire

Le site Internet de l'office du tourisme répertorie tous les circuits et activités proposés en été et en hiver (cliquez sur le lien Activities).

POLARIA

Musée de l'Arctique à la conception audacieuse, **Polaria** (carte p. 338 ; ☎ 77 75 01 00 ; Hjalmar Johansens gate 12 ; adulte/enfant 90/45 NOK ; ⏰ 10h-19h mi-mai à mi-août, 12h-17h le reste de l'année) projette un film panoramique sur le Svalbard. Ses aquariums abritent des poissons arctiques et cinq vigoureux phoques barbus. Des expositions sont consacrées à la nature et au peuplement humain dans les deux pôles.

MUSÉE DE L'UNIVERSITÉ DE TROMSØ

Ce **musée** (carte p. 337 ; ☎ 77 64 50 00 ; Lars Thøringsvei 10 ; adulte/enfant 40/20 NOK ; ⏰ 9h-18h juin-août ; 9h-15h30 lun-ven, 11h-17h sam-dim le reste de l'année), près de la pointe sud de Tromsøya, contient des expositions bien agencées sur la faune arctique, l'architecture religieuse, la culture samie et l'histoire régionale. Une "machine à aurore boréale" donne une idée de la splendeur de ce phénomène. Prenez le bus n°28 à Torget.

MUSÉE POLAIRE

Sur le port, près des quais colorés de Skansen, ce **musée** (Polarmuseet ; carte p. 338 ; ☎ 77 68 43 73 ; Søndre Tollbugata 11 ; adulte/enfant/famille 50/10/100 NOK ;

10h-19h mi-juin à mi-août, 11h-15h ou 17h le reste de l'année) occupe un poste de douane restauré du début du XIXe siècle. Au 1er étage, les collections illustrent les débuts de la recherche polaire, notamment les expéditions de Nansen et d'Amundsen. Au rez-de-chaussée, une belle exposition concerne la chasse et la capture des animaux à fourrure dans le Svalbard, avant que le charbon ne devienne la principale ressource. Remarquez les harpons explosifs, qui ne laissaient aucune chance aux baleines.

TÉLÉPHÉRIQUE

Le **Storsteinen Fjellheis** (carte p. 337 ; 77 63 87 37 ; aller-retour adulte/enfant/famille 85/40/200 NOK ; 10h-1h fin mai à mi-août, 10h-17h avr à fin-mai et mi-août à sept) grimpe jusqu'au mont Storsteinen (421 m), offrant une belle vue sur la ville et le soleil de minuit. Des chemins de randonnée partent du restaurant au sommet. Prenez le bus n°26 ; un billet combiné bus-téléphérique revient à 90/45 NOK par adulte/enfant.

BRASSERIE MACK

Cette **brasserie** (Mack Ølbryggeri ; carte p. 338 ; 77 62 45 80 ; Storgata 5) mérite la visite avant de découvrir celle de Honningsvåg (p. 353), plus au nord. Fondée en 1877, cette vénérable institution produit 18 sortes de bières, dont la Macks Pilsner, l'Isbjørn, la Haakon et plusieurs brunes. Des visites guidées, à 13h toute l'année et également à 15h de juin à août (130 NOK avec une chope, un pin's et une pinte de bière), partent du pub Ølhallen (p. 337) du lundi au jeudi.

VERRERIE ARTISANALE

Blåst (carte p. 338 ; 77 68 34 60 ; Peder Hansens gate 4 ; entrée libre). Dans cet atelier, vous verrez les jeunes artisans souffler du verre et pourrez faire votre choix parmi les articles proposés.

ÉGLISES

Les onze arches triangulaires de la **Cathédrale arctique** (Ishavskatedralen ; carte p. 337 ; 77 64 76 11 ; Hans Nilsensvei 41 ; adulte/enfant 25 NOK/gratuit ; 9h-19h lun-sam, 13h-19h dim juin à mi-août), à Tromsdalen, évoque les crevasses glaciaires et les aurores boréales. Le splendide vitrail, qui occupe presque tout le mur est, représente le retour du Christ sur Terre. À l'extrémité ouest, des lampes en cristal de Bohême pendent tels des glaçons au-dessus de l'orgue moderne, chef-d'œuvre d'acier.

La **cathédrale de Tromsø** (Domkirke ; carte p. 338 ; Storgata 25 ; 12h-16h mar-sam) appartient à

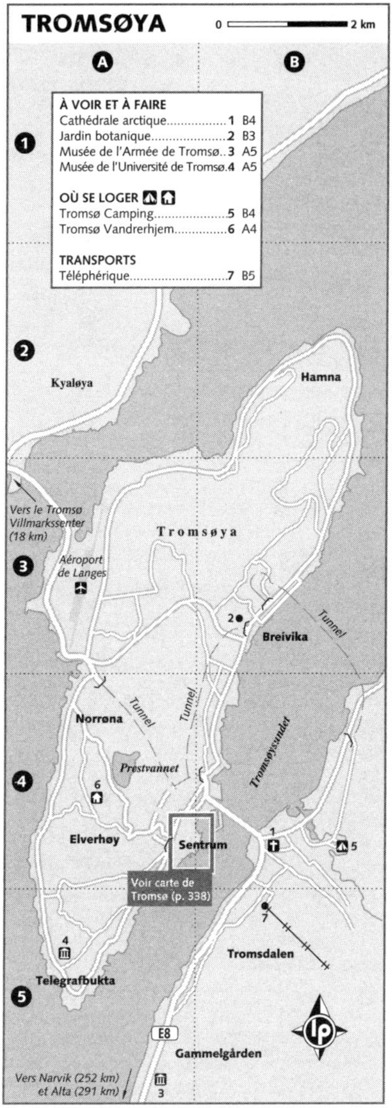

l'Église de Norvège et compte parmi les plus grandes églises en bois du pays ; ses horaires d'ouverture sont irréguliers. L'**église catholique** (carte p. 338 ; Storgata 94 ; 9h-19h30) de la ville se dresse sur la colline. Toutes deux furent construites en 1861 et chacune se prétend "l'évêché le plus septentrional du monde" de son obédience.

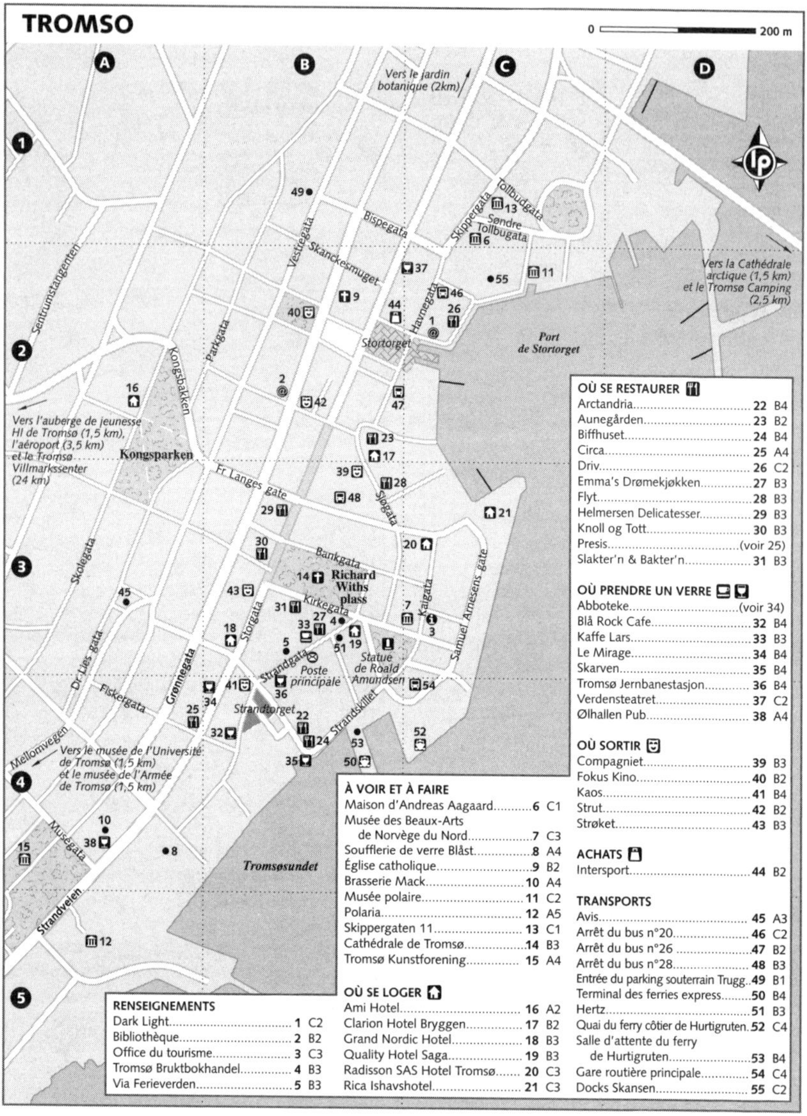

BÂTIMENTS ANCIENS

La brochure *Town Walks* (Promenades dans la ville ; 50 NOK), en vente à l'office du tourisme, contient des illustrations et recense tous les édifices anciens de Tromsø.

Plusieurs bâtiments en bois du début du XIXe siècle sont regroupés dans le centre-ville. La **maison d'Andreas Aagaard** (carte p. 338 ; Søndre Tollbugate 1), construite en 1838, fut la première de la ville éclairée à l'électricité. Des boutiques et des maisons de négociants des années 1830 bordent également Sjøgata.

MUSÉE D'ART DE NORVÈGE DU NORD

Le **Nordnorsk Kunstmuseum** (carte p. 338 ; ☎ 77 64 70 20 ; Sjøgata 1 ; adulte/enfant/famille 30/20/70 NOK ;

12h-17h mar-dim) présente essentiellement des sculptures, des peintures, des photos et de l'artisanat d'artistes de Norvège du Nord du XIXe au XXIe siècle. Il organise régulièrement des expositions temporaires.

TROMSØ KUNSTFORENING

Branche locale de la **Fondation d'art contemporain** (carte p. 338 ; ☎ 77 65 58 27 ; Muségata 2 ; adulte/enfant 30 NOK/gratuit ; 12h-17h mar-dim) nationale, elle occupe un bâtiment de la fin du XIXe siècle et présente des expositions temporaires.

MUSÉE MILITAIRE DE TROMSØ

L'extrémité sud de la partie continentale de Tromsø fut aménagée par les Allemands en 1940 pour installer une batterie côtière, avec six grands canons. Ces derniers ont été restaurés, ainsi qu'un bunker, et font partie du **Tromsø Forsvarsmuseum** (carte p. 337 ; ☎ 77 62 88 36 ; Solstrandveien ; adulte/enfant 40/20 NOK ; 12h-17h mer-dim juin-août, dim seulement mai et sept). Une exposition est consacrée au gigantesque cuirassé allemand *Tirpitz*, coulé à Tromsø le 12 novembre 1944. Prenez le bus n°12 ou 28.

JARDIN BOTANIQUE

Dans les paysages arctiques et alpins du **Botanisk Hage** (carte p. 337 ; ☎ 77 64 50 00 ; Breivika ; entrée libre ; 24h/24) pousse une flore de toutes les régions froides du monde. Prenez le bus n°20.

SPORTS D'HIVER

Plusieurs tour-opérateurs proposent des circuits en dehors de la ville pour observer les aurores boréales. Vous pouvez vous inscrire pour des cours de ski de fond (quelque 70 km de pistes sillonnent les alentours) ou alpin (y compris sa variante norvégienne, le Telemark) à l'office du tourisme. **Intersport** (carte p. 338 ; Storgata 87) loue du matériel de ski.

Tromso Villmarkssenter (☎ 77 69 60 02 ; www.villmarkssenter.no) programme des excursions en traîneau à chiens, d'une journée (1 220 NOK) à 4 jours avec nuits sous la tente (8 000 NOK). Le centre, à 24 km au sud de la ville sur l'île de Kvaløya, offre également diverses activités estivales comme le trekking et le kayak de mer.

Natur i Nord (☎ 77 66 73 66 ; Nansenveien 34) organise des promenades en scooter des neiges (5 heures, 1 400 NOK), des sorties de pêche dans la glace (4 heures, 1 200 NOK), du ski de fond (4-8 heures, à partir de 750 NOK) et des treks en raquettes (3 heures, 750 NOK).

Circuits organisés

Le *Cetacea* effectue une **croisière** (adulte/enfant 450/200 NOK ; 12h lun-jeu mi-juin à mi-août) panoramique de 2 heures autour de l'île de Tromsø.

Le *Signe I*, construit en 1908, part pour des **sorties de pêche** (adulte/enfant 350/200 NOK ; 18h lun-sam fin juin à mi-août) de 3 heures en soirée ; vos prises seront grillées à bord.

L'office du tourisme se charge des réservations pour ces deux bateaux.

Fêtes et festivals

Le **marathon du soleil de minuit** (☎ 77 67 33 63 ; www.msm.no) a lieu un samedi au cours du mois de juin et convient à tous les niveaux. Au marathon classique de 42 km s'ajoutent un demi-marathon et une course pour les enfants.

Les deux plus grandes fêtes de Tromsø se déroulent au cœur de l'hiver. La **fête des Aurores boréales** (www.nordlysfestivalen.no) offre six jours de musique en tous genres à la fin du mois de janvier. Début février, la **Semaine samie** comprend la course nationale des attelages de rennes, conduits par des Samis à grand renfort de cris et de sifflements de fouet dans les rues de la ville.

CONCERTS CLASSIQUES

En juillet-août, la Cathédrale arctique accueille tous les soirs des récitals d'orgue (50 NOK) à 19h30 et des concerts (80 NOK) à 23h30. L'orgue monumental et le soleil de minuit filtrant à travers l'immense vitrail vous laisseront des souvenirs impérissables.

À 17h30 en juillet, la cathédrale de l'Église de Norvège offre tous les jours des concerts (80 NOK) classiques et de musique populaire norvégienne et samie.

Où se loger

Juin correspond au pic touristique à Tromsø, alors que l'université est encore en pleine activité ; il est alors indispensable de réserver un hébergement. L'office du tourisme s'en occupe moyennant une commission de 30 NOK et propose également des chambres chez l'habitant (s/d 350/500 NOK en moyenne).

Tromsø Camping (carte p. 337 ; ☎ 77 63 80 37 ; www.tromsocamping.no ; Tromsdalen ; empl voiture/caravane 175/220 NOK, bung 2 lits avec sdb ext 450 NOK, 4 lits 550-650 NOK, 4-6 lits avec sdb 950 NOK ;). Les campeurs bénéficient d'emplacements verdoyants près d'un cours d'eau paisible. Toutefois, les sanitaires et la cuisine se réduisent au minimum dans ce véritable village de bungalows. L'établissement offre l'accès à Internet (20 NOK/30 min) et loue des vélos (50 NOK/jour). Prenez le bus n°20 ou 24.

Tromsø Vandrerhjem (carte p. 337 ; ☎ 77 65 76 28 ; tromso.hostel@vandrerhjem.no ; Åsgårdveien 9 ; dort/s/d 150/290/380 NOK ; ⌚ mi-juin à mi-août). Cette auberge de jeunesse (HI) occupe en été des résidences d'étudiants, à 1,5 km à l'ouest du centre-ville, et n'accepte que les cartes de crédit norvégiennes. La plupart des chambres jouissent d'une jolie vue et les cuisines sont bien équipées. La signalisation à partir du centre est erronée : suivez Fredrik Langes gate vers l'ouest et montez Kirkegårdsveien, tournez dans Holtveien quand Kirkegårdsveien vire brusquement à droite, puis descendez Asgårdveien sur la droite. Le bus n°26 passe à 100 m.

Ami Hotel (carte p. 338 ; ☎ 77 62 10 00 ; www.amihotel.no ; Skolegata 24 ; s/d avec petit déj 495/595 NOK, avec sdb 595/695 NOK ; P 💻). À côté d'une rue piétonne et d'un parc, cet hôtel accueillant, tenu par une famille, possède une cuisine bien aménagée et deux salons, chacun avec TV, accès Internet et thé ou café gratuit (déposez 20 NOK dans la boîte si vous prenez un en-cas).

Clarion Hotel Bryggen (carte p. 338 ; ☎ 77 78 11 00 ; www.choice.no ; Sjøgata 19/21 ; s/d avec petit déj 795/995 NOK mi-juin à mi-août, 1 400/1 500 NOK dim-jeu, 1 200/1 300 NOK ven-sam le reste de l'année ; P 💻). Au bord de l'eau, ce bel hôtel à l'architecture audacieuse pointe vers le large comme la proue d'un navire. Il compte 121 chambres avec des plafonds décorés, un sauna et un Jacuzzi au dernier étage, qui permet d'admirer le port et les montagnes en savourant un bain chaud.

Grand Nordic Hotel (carte p. 338 ; ☎ 77 75 37 77 ; www.nordic.no en norvégien ; Storgata 44 ; s/d 845/995 NOK mi-juin à mi-août, 1 400/1 500 NOK le reste de l'année ; P 💻). Cet hôtel, le plus vieux de Tromsø, n'abrite guère d'éléments anciens, car il a été, à deux reprises, dévasté par un incendie. Les chambres et les parties communes ont été récemment rénovées. Particulièrement copieux, le petit déjeuner (inclus dans les prix) comporte des plats chauds et des fruits frais.

Quality Hotel Saga (carte p. 338 ; ☎ 77 60 70 00 ; www.sagahotel.no/international ; Richard Withs plass 2 ; s/d 885/1 095 NOK mi-juin à mi-août ; 1 475/1 675 NOK dim-jeu, 885/1 095 NOK ven-sam le reste de l'année ; P 💻). Cet hôtel confortable propose 67 chambres modernes, avec nécessaire à thé et à café, gaufres gratuites l'après-midi et – équipement rare – une presse à pantalon !

Radisson SAS Hotel Tromsø (carte p. 338 ; ☎ 77 60 00 00 ; www.radissonsas.com ; Sjøgata 7 ; s/d 806/1 035 NOK mi-juin à mi-août, 1 200/1 650 dim-jeu, 1 000/1 200 NOK ven-sam le reste de l'année ; P 💻). Le Radisson a fait peau neuve depuis notre dernière visite ! Les chambres de l'ancien bâtiment rectangulaire ont été entièrement rénovées et celles de la nouvelle aile séduisante méritent le supplément de 100 NOK. Près de la moitié des 269 chambres donnent sur le port et 8 peuvent accueillir les handicapés. La réception, avec deux équipes et deux comptoirs, se montre efficace et accueillante. L'hôtel possède un pub correct, le Rorbua, et un excellent restaurant du Menu arctique, l'Aurora (ouv. 15h-22h).

Rica Ishavshotel (carte p. 338 ; ☎ 77 66 64 00 ; www.rica.no ; Fredrik Langes gate 2 ; s/d 900/1 150 NOK mi-juin à mi-août, 1 740/2 015 NOK dim-jeu, 1 030/1 230 NOK ven-sam le reste de l'année ; 💻). Superbement situé sur le quai à proximité des bateaux de pêche et des cargos, cet hôtel est reconnaissable à sa haute flèche, semblable à un mât de bateau. Il est souvent pris d'assaut par les groupes en été et mieux vaut réserver. Sur ses 180 chambres plaisantes, 74, dont beaucoup de simples, jouissent d'une vue superbe sur le détroit.

Où se restaurer

Nombre de restaurants, de cafés et de pubs remplissent, simultanément ou à différentes heures du jour, ces trois fonctions.

Helmersen Delikatesser (carte p. 338 ; ☎ 77 65 40 50 ; Storgata 66). Cet excellent traiteur propose un bon choix de fromages, de viandes froides et de salades pour confectionner des sandwichs.

Slakter'n & Baker'n (carte p. 338 ; ☎ 77 61 06 65 ; Kirkegata 12). Établi de longue date, le "Boucher et Boulanger" est l'endroit idéal pour préparer un pique-nique. À gauche, boulettes de viande, charcuterie, salades et sauces. À droite, pains et pâtisseries alléchantes.

Knoll og Tott (carte p. 338 ; ☎ 77 66 68 80 ; Storgata 62 ; ⌚ 10h-18h lun-ven, 10h-16h sam). Tenu par une jeune équipe sympathique, ce restaurant sur deux niveaux est prisé pour ses salades, ses baguettes croustillantes et ses tartes maison.

Driv (carte p. 338 ; ☎ 77 60 07 76 ; Tollbugata 3 ; plats 85-120 NOK ; ⌚ 11h-19h mi-juin à mi-sept, 14h-2h le reste de l'année). Installé dans un ancien entrepôt et géré par des étudiants, il sert des burgers, de délicieuses salades (95 NOK), des focaccias variées (85 NOK) et des pâtes végétariennes (95 NOK). Il organise divers événements culturels et musicaux (dont le Fucking North Pole Festival) et se transforme parfois en discothèque. En hiver, vous pourrez plonger dans le bain chaud en plein air.

Flyt (carte p. 338 ; ☎ 77 69 68 00 ; Sjøgata 25 ; plats 120-165 NOK). Composez vous-même votre burger dans ce bar-restaurant accueillant, en sélectionnant les ingrédients de votre choix. Dans un cadre dédié aux activités sportives, vous boirez une bière glacée en écoutant du heavy metal et du rock. À l'étage, le bar à cocktails intime fait le plein après minuit le vendredi et le samedi.

Brasseriet (carte p. 338 ; ☎ 77 66 64 00 ; plats 190-280 NOK). L'excellent restaurant du Rica Ishavshotel prépare des plats créatifs, tel le renne avec purée de carottes et sauce aux myrtilles (280 NOK).

Aunegården (carte p. 338 ; ☎ 77 65 12 34 ; Sjøgata 29 ; plats 120-150 NOK, pâtisseries 65 NOK environ ; lun-sam). Dans un bâtiment du XIXe siècle, occupé par une boucherie jusqu'en 1996, ce superbe café-restaurant ne manque pas de cachet avec ses nombreux recoins intimes. Il offre d'excellents sandwichs (à partir de 75 NOK), salades (à partir de 117 NOK) et plats. Vous pouvez vous contenter d'un café et d'une succulente pâtisserie.

Circa (carte p. 338 ; ☎ 77 68 10 20 ; Storgata 36 ; plats 174-194 NOK). Circa (à peu près) et Presis (précisément), à l'étage, se complètent et sont gérés par la même équipe. Au rez-de-chaussée, Circa est un grand bar avec accès Wi-Fi gratuit, qui sert jusqu'à 16h des pâtes, des salades et des sandwichs (90-100 NOK). Ensuite, le jazz et la musique électronique attirent une clientèle de 25 à 35 ans. Des musiciens se produisent à l'occasion et un DJ anime les week-ends. Le mercredi, le Circa fait le plein lors de la "soirée vin".

Presis (carte p. 338 ; ☎ 77 68 10 20 ; Storgata 36 ; tapas 70-90 NOK ; cuisine 6h-23h mar-sam, bar jusque tard mar-sam). Au-dessus du Circa, le Presis propose un large choix de tapas nordiques dans une ambiance plus tranquille. Des œuvres d'art, fréquemment renouvelées, ornent les murs et se marient parfaitement au mobilier branché et original.

Kaffe Lars (carte p. 338 ; ☎ 77 63 77 30 ; Kirkegata 8 ; lun-sam). Ce café confortable offre un excellent café et de délicieuses pâtisseries dans la journée, puis se transforme en pub intime à partir de 18h.

Emma's Drømekjøkken (carte p. 338 ; ☎ 77 63 77 30 ; Kirkegata 8 ; plats 270-325 NOK ; 18h-22h lun-sam). Au-dessus du Kaffe Lars, ce restaurant élégant, prisé des gourmets, mitonne une cuisine imaginative. Réservation indispensable.

Une même entrée dessert l'Arctandria, le Biffhuset et le Skarven, plutôt de style pub (p. 342).

Arctandria (carte p. 338 ; ☎ 77 60 07 25 ; Strandtorget 1 ; plats 205-260 NOK, menus 395-460 NOK ; à partir de 16h lun-sam). Au dernier étage et haut de gamme, l'Arcandria concocte de copieux plats de poisson d'une fraîcheur irréprochable, dont une entrée composée de baleine et de phoque (85 NOK), réservée à ceux qui cautionnent la chasse de ces deux animaux. Sa crème brûlée aux mûres est un délice.

Biffhuset (carte p. 338 ; ☎ 77 60 07 28 ; Strandtorget 1 ; plats 175-330 NOK ; à partir de 15h30). Réparti sur 2 étages, lambrissé et agrémenté de poutres basses, la "Maison du Bœuf" séduira les carnivores. Cochez sur la carte la taille, le morceau et la sauce choisis, remettez-la au serveur et installez-vous.

Sur le bord de mer à Stortorget, des bateaux de pêche vendent des crevettes fraîchement cuites.

Où prendre un verre

Au **Ølhallen Pub** (carte p. 338 ; 9h-17h lun-jeu, 9h-18h ven, 9h-15h sam) de la brasserie Mack, sans doute le seul pub du monde fermé en soirée, vous pourrez goûter les bières maison et choisir entre huit variétés à la pression.

Blå Rock Café (carte p. 338 ; ☎ 77 61 00 20 ; Strandgata 14/16 ; 11h30-2h). Bar le plus animé et le plus bruyant de la ville, il propose des soirées à thème, plus de 50 sortes de bières, de la musique live de temps à autre, des DJ le week-end et du rock en permanence.

Le Mirage (carte p. 338 ; ☎ 77 68 52 34 ; Storgata 42 ; 12h-1h30). Une clientèle moins turbulente, composée d'habitués en grande partie, s'installe dans les profonds fauteuils en cuir du Mirage, que surveille un chérubin doré. Sandwichs, salades, pâtes et ragoûts à prix raisonnables.

Abboteke (carte p. 338 ; ☎ 77 68 21 50 ; Storgata 42 ; 20h-3h mer et jeu, 18h-3h ven-sam). Dans ce bar rétro au-dessus du Mirage, le be-bop, les grands ensembles et Ray Connif composent la musique de fond. Le barman concocte des cocktails primés à l'aide de la quarantaine de whiskies single malt et d'un éventail tout aussi impressionnant de rhums et de cognacs. Un restaurant réputé ouvre pour le dîner du lundi au samedi.

Skarven (carte p. 338 ; ☎ 77 60 07 43 ; Strandtorget 1 ; 🕑 à partir de 18h mar-sam). Dans le même bâtiment que l'Arctandria et le Biffhuset, le Skarven possède une grande terrasse au bord de l'eau, offre de bons repas de brasserie et des plats de poisson à prix raisonnables, dont certains proviennent des deux restaurants du dessus.

Tromsø Jernbanestasjon (carte p. 338 ; ☎ 77 61 23 48 ; Strandgata 33 ; 🕑 15h-2h). Ce pub sympathique, sur le thème du train, reflète l'humour local : Tromsø n'a jamais eu de gare ferroviaire !

Verdensteatret (carte p. 338 ; ☎ 77 75 30 90 ; Storgata 93b). La plus ancienne cinémathèque du pays comblera les cinéphiles et les amateurs de bistrot. Le bar est un endroit branché, avec accès Wi-Fi gratuit, musique live à l'occasion et DJ le week-end. Sinon, le barman pioche dans la collection de vinyles, du classique à l'underground. Des peintures du début du XXe siècle recouvrent entièrement les murs du magnifique cinéma, qui programme des films d'auteurs et indépendants.

LE GRAND NORD

Où sortir

De nombreux établissements contribuent à l'animation nocturne. Ils restent pour la plupart ouverts jusqu'à 3h30 le vendredi et le samedi, et beaucoup servent des repas légers.

Strut (carte p. 338 ; ☎ 77 68 46 00 ; Grønnegata 81 ; 🕑 22h-3h ven-sam). Une ambiance de pub règne au rez-de-chaussée, avec les bières à la pression et les tables de billard. L'étage se veut résolument rétro et privilégie la musique disco des années 1970 et 1980.

Kaos (carte p. 338 ; ☎ 77 63 59 99 ; Strandgata 22 ; 🕑 20h-2h lun-sam, 15h-23h dim). Endroit détendu en sous-sol avec poutres basses et murs en brique, le Kaos accueille des DJ underground le vendredi et le samedi et des groupes jusqu'à trois fois par semaine. Retransmettant du football britannique et norvégien, il est fréquenté par une clientèle fidèle de supporters. La capacité étant limitée à 90 personnes, arrivez tôt les soirs de concert ou de grands matchs.

Compagniet (carte p. 338 ; ☎ 77 66 42 22 ; Sjøgata 12 ; 🕑 21h-3h30 ven-sam). Bar et discothèque, il est également animé le week-end.

Strøket (carte p. 338 ; ☎ 77 68 44 00 ; Storgata 52 ; 🕑 21h-2h mer, 21h-3h30 ven-sam). Une clientèle jeune se presse le week-end au Strøket. Grimpez au sommet de ses 3 étages pour observer la foule en contrebas.

Fokus Kino (carte p. 338 ; ☎ 77 75 63 00 ; Grønnegata 94). Le nouveau multiplexe de 6 salles partage le bâtiment de l'hôtel de ville.

Depuis/vers Tromsø

AVION

De l'**aéroport Langnes** (carte p. 337 ; ☎ 77 64 84 00) de Tromsø, le principal aéroport du Grand Nord, SAS propose des vols directs pour Oslo, Bergen, Harstad-Narvik, Bodø, Trondheim, Alta, Hammerfest, Kirkenes et Longyearbyen.

Norwegian (www.norwegian.no) offre des vols depuis/vers Londres (Stansted) et Oslo.

BATEAU

Des bateaux express relient Tromsø et Harstad (2 heures 45), via Finnsnes (1 heure 15), 2-4 fois/jour. Tromsø est également une escale majeure sur l'itinéraire du ferry côtier de *Hurtigruten*.

BUS

La principale gare routière (parfois appelée Prostneset) est située dans Kaigata. Nor-Way Bussekspress propose au moins 2 bus/jour depuis/vers Narvik (360 NOK, 4 heures 15) et au moins un depuis/vers Alta (469 NOK, 6 heures 15), où vous pourrez prendre un bus pour Honningsvåg, puis pour le cap Nord.

VOITURE ET MOTO

Une voiture ou une moto constitue le moyen le plus pratique d'explorer les confins septentrionaux du pays. Parmi les compagnies de location de voitures, **Avis** (carte p. 338 ; ☎ 90 74 90 00 ; Strandskillet 5), **Europcar** (☎ 77 67 56 00 ; Alkeveien 5), **Hertz** (carte p. 338 ; ☎ 77 62 44 00 ; Richard Withs plass 4) et **Budget** (☎ 77 65 19 00) possèdent toutes un comptoir à l'aéroport. Les prix, très élevés en été (quand il est indispensable de réserver), peuvent devenir plus raisonnables en hiver.

Comment circuler

DEPUIS/VERS L'AÉROPORT

L'aéroport de Tromsø se trouve à 5 km du centre, sur le côté ouest de l'île de Tromsøya. **Flybuss** (☎ 77 67 75 00 ; 45 NOK) circule entre l'aéroport et le Radisson SAS Hotel, en correspondance avec les départs et les arrivées des vols, et fait halte en chemin aux principaux hôtels. Vous pouvez aussi prendre le bus urbain n°40 ou 42 (23 NOK) ; à l'arrivée, attendez-le sur la route en face de l'entrée de l'aéroport.

Un taxi (avec compteur) entre l'aéroport et le centre-ville revient à 125 NOK.

TRANSPORTS PUBLICS

Le trajet en bus local coûte 23 NOK ; achetez votre billet à bord. Pour commander un **taxi**, appelez le ☎ 77 60 30 00.

VÉLO

Vous pouvez louer des vélos auprès d'**Intersport** (carte p. 338 ; ☎ 77 66 11 00 ; Storgata 87 ; 175/400/1 000 NOK par jour/week-end/semaine).

VOITURE ET MOTO

Tromsø possède de nombreux stationnements payants dans le centre-ville. L'entrée de l'immense parking souterrain Trygg, creusé dans la colline, se situe dans Vestregata (interdit aux camping-cars et aux caravanes).

ENVIRONS DE TROMSØ

Sommarøy et Kvaløya

De Tromsø, cette excursion d'une demi-journée vaut plus pour le trajet que pour la destination. Charmante et peu empruntée, la route traverse Kvaløya, en grande partie au niveau de l'eau, jusqu'à la petite île de Sommarøy. À cet endroit, vous pourrez prendre un verre et un en-cas, voire passer la nuit au **Sommarøy Kurs & Feriesenter** (☎ 77 66 40 00 ; www.sommaroy.no ; s/d 875/1 095 NOK mi-juin à mi-août, 1 215/1 465 NOK dim-jeu, 1 090/1 340 NOK ven-sam le reste de l'année, bung 6-8 pers 1 490-1 800 NOK ; P 💻), qui comprend un restaurant, un bar, une petite aire de jeux pour les enfants, un bain chaud et un sauna.

Si vous arrivez de Senja (p. 343) par le **ferry Botnhamn-Brensholmen** (www.senjafergene.no), la traversée entre l'île de Kvaløya et Tromsø, à l'ouest, est également splendide.

Karlsøy

2 350 habitants

Après la Seconde Guerre mondiale, la population de cet ancestral village de pêcheurs s'est effondrée et, en 1970, il ne restait plus que 45 habitants, pour la plupart âgés. Puis l'émergence de la contre-culture a incité des jeunes, norvégiens et étrangers, à venir s'installer dans cette île isolée pour fonder une sorte d'utopie arctique, composée de hippies et d'artistes. Les terres furent à nouveau cultivées et une nouvelle économie vit le jour, fondée sur les arts, le tourisme et la production de lait de chèvre. Pour l'histoire détaillée de Karlsøy, procurez-vous la brochure *Among Church Cottages & Goats in Alfred Eriksen's Kingdom* (60 NOK), disponible à l'office du tourisme de Tromsø.

À proximité, vous pouvez visiter l'île de Vannøy, avec ses plages de sable, son phare et sa côte sauvage. Un car-ferry dessert le port de Skåningsbukt tous les jours à partir de Hansnes et plusieurs fois par semaine à partir de Karlsøy.

Alpes de Lyngen

Certains des pics alpins les plus accidentés du pays forment l'épine dorsale de la péninsule glaciaire de Lyngen, à l'est de Tromsø. La rive est du Lyngenfjord, long de 150 km, offre la meilleure vue sur ces montagnes. Les sommets, qui culminent au Jiekkevarre (1833 m), offrent de nombreuses ascensions, mais les versants glacés sont réservés aux grimpeurs chevronnés.

La vallée de Lyngsdalen, au-dessus du village industriel de Furuflaten, est plus accessible et très appréciée des randonneurs. Le circuit habituel part du terrain de football, au sud du pont sur la Lyngdalselva, et remonte la vallée jusqu'au bout du glacier Sydbreen, à 500 m d'altitude.

La *Lyngenhalvøya* au 1/50 000 de Statens Kartverk est la meilleure carte pour la randonnée.

SENJA

16 500 habitants

Senja, deuxième plus grande île de Norvège, rivalise avec les Lofoten pour sa beauté naturelle et reste bien moins fréquentée (nous n'avons croisé qu'un véhicule étranger au cours de notre périple).

Une large plaine agricole entoure Innersida, la côte est de l'île qui fait face au continent. Puis des forêts de bouleaux, des landes et des lacs d'eau douce s'étendent au pied des hauts plateaux arides et découpés de l'intérieur. Le long de la côte nord-ouest, Yttersida, des pics aiguisés surgissent directement de l'océan Arctique. La Rv 86 et la Rv 862, classées routes touristiques nationales, relient des villages de pêcheurs isolés toujours en activité, tels Hamn et Mefjordvær, et sont pratiquement désertes. La route, tantôt plate, tantôt vallonnée et presque toujours proche de la rive, est idéale pour les cyclistes. En chemin, faites halte au point de vue de Tunganeset et escaladez les rochers pour admirer les pics effilés à l'ouest et les sommets plus arrondis à l'est.

L'**office du tourisme** (☎ 77 85 07 30 ; www.visittroms.no ; Storgata 17 ; 🕑 9h-17h lun-ven, 10h-15h sam juin-août, 9h-16h lun-ven le reste de l'année) de Finnsnes, sur le continent, de l'autre côté du pont pour Senja, vous fournira de nombreuses informations et vend l'*Opplev Midt Troms* (20 NOK), une excellente carte de l'île et de ses environs.

LE GRAND NORD

Où se loger

Hamn i Senja (☎ 77 85 98 80). Hameau de pêcheurs restauré, Hamn i Senja était jusque récemment une charmante retraite loin de tout. Après un incendie ravageur, il devrait bientôt renaître et retrouver tout son attrait. Non loin, un petit barrage retient l'eau pour une centrale hydroélectrique, qui serait la première bâtie au monde (en 1882).

Depuis/vers Senja

Chaque jour, 2-3 bus circulent de Finnsnes à Tromsø (2 heures 45) et à Narvik (3 heures), avec un changement à Buktamoen.

Des ferries express relient Finnsnes à Tromsø (1 heure 15) et à Harstad (1 heure 30) 2-3 fois/jour. En été, un car-ferry effectue la traversée entre Skrolsvik, sur la côte sud de Senja, et Harstad (1 heure 30, 2-4/jour).

Depuis l'achèvement d'un tunnel en 2006, il est maintenant possible de parcourir toute la côte nord-ouest en voiture, de Grylleford (reliée par un car-ferry à Andenes) à Botnhamn, où un car-ferry rallie Brensholmen, à l'ouest de Tromsø.

Finnsnes est également une escale du ferry côtier de Hurtigruten.

LE GRAND NORD

BARDU

3 850 habitants

Le district rural de Bardu se situe au sud de Tromsø.

Setermoen

Ville boisée, Setermoen est le centre commerçant du district de Bardu et une base pour explorer le parc national d'Øvre Dividal (ci-contre). Au **point d'information touristique** (☎ 77 18 53 00 ; 8h-15h lun-ven), dans l'hôtel de ville, un loup naturalisé tenant un agneau dans la gueule accueille les visiteurs. Setermoen est plus connue des Norvégiens comme centre d'entraînement militaire et d'exercices de l'Otan.

Dans le porche de l'**église** (10h-17h lun-sam fin juin-début août) du XIXe siècle, une cloche date de 1698. Un ingénieux système de chauffage, avec poêles à bois et conduits d'eau chaude sous les bancs, encourage les fidèles à écouter les sermons.

Le **musée de la Défense du Troms** (Forsvarsmuseum ; ☎ 77 18 56 50 ; adulte/enfant 40 NOK/gratuit ; 10h-18h mar-ven, 12h-16h sam-dim mi-juin à mi-août, 10h-15h lun-ven le reste de l'année) intéressera ceux que passionnent les jeux guerriers avec ses dioramas évocateurs et sa vingtaine de véhicules militaires.

OÙ SE LOGER

Bardu Camping & Turistsenter (☎ 77 18 15 58, 91 31 60 90 ; empl tente/caravane 100/175 NOK plus 10 NOK/pers, bung 2/3/4 lits 300/450/550 NOK, avec sdb 800-1 000 NOK ; juin-août ;). À la lisière nord de Setermoen, ce camping bien tenu jouxte une rivière poissonneuse. Pêche et piscine avec tobogan raviront petits et grands.

Bardu Hotell (☎ 77 18 59 40 ; barduhotell@bardu.online.no ; Toftakerlia 1 ; s/d 800/950 NOK mi-juin à mi-août, 1 050/1 200 NOK le reste de l'année ; P). Les fourrures aux murs de la réception donnent au Bardu une ambiance de pavillon de chasse, tandis que les chambres sont décorées selon des thèmes plus mièvres tels que le printemps, l'été ou Adam et Ève. L'ensemble ne manque pas de caractère et l'établissement est apprécié des tour-opérateurs et des militaires de passage. Le sauna, un Jacuzzi et une piscine, chauffée toute l'année, sont gracieusement à disposition des hôtes. Un bar confortable et le restaurant Trollstua complètent l'offre.

Zoo polaire

Le **zoo polaire** (☎ 77 18 66 30 ; adulte/enfant/famille 135/70/340 NOK ; 9h-18h juin-août, 9h-16h mai et sept) abrite des animaux de la taïga dans de vastes enclos, que seule la barrière métallique distingue des forêts de bouleaux environnantes. Vous verrez et pourrez photographier des ours bruns, des cervidés, des bœufs musqués, des rennes, des loups, des lynx, des gloutons, des blaireaux et des renards roux et argentés. Suivez le gardien à l'heure du nourrissage (12h ou 14h ; renseignez-vous à la réception). Le zoo se situe à 23 km au sud de Setermoen et à 3,3 km à l'est de l'E 6, où le bus express Narvik-Tromsø passe 3-4 fois/jour.

PARC NATIONAL D'ØVRE DIVIDAL

Sauvage, dépourvu de routes et parsemé de lacs, le parc national d'Øvre Dividal s'étend sur 750 km² entre Setermoen et les frontières suédoise et finlandaise. Haut plateau semi-boisé et isolé, il offre des sommets prisés des randonneurs et des vues, moins spectaculaires que les paysages escarpés de la côte, mais néanmoins superbes.

À faire

Randonnée la plus prisée, le **Troms Border Trail** relie en 8 jours 7 refuges du DNT. Le chemin commence le long de la rive nord du lac artificiel, l'Altevatnet, à 3 km à l'est du village d'Innset, puis serpente vers le nord de part et d'autre de la frontière suédoise avant d'aboutir près du point de jonction des frontières suédoise, finlandaise et norvégienne. Au refuge le plus oriental, Galdahytta, le chemin bifurque et l'on peut continuer vers Helligskogen en Norvège ou Kilpisjärvi, mieux équipée, en Finlande. De nombreux randonneurs empruntent également le chemin entre la pointe ouest de l'Altevatn, dans l'Øvre Dividal, et le parc national d'Abisko, dans le nord de la Suède, d'où part le Kungsleden, un chemin de randonnée suédois renommé.

Pour le Troms Border Trail et l'Abisko Link, procurez-vous la carte *Turkart Indre Troms* de Statens Kartverk, au 1/100 000. En été, les moustiques ne vous lâcheront pas : prévoyez un chapeau avec moustiquaire et enduisez-vous d'antimoustique.

Circuits organisés

Bjørn Klauer (☎ 77 18 45 03 ; www.huskyadventure.com), un éleveur de huskies réputé, organise en hiver des circuits en traîneau à chiens dans la Norvège arctique et en Suède. Comptez en moyenne 15 000/21 000 NOK pour une expédition de 8/11 jours tout compris.

En été, Bjørn et son équipe proposent des circuits à vélo ou en canoë. Vous pouvez parcourir en indépendant les chemins balisés qui passent près de la ferme de Bjørn, charmant hébergement (ci-dessous).

Où se loger

Sept refuges du DNT, sans personnel, jalonnent le principal chemin de randonnée à travers l'Øvre Dividal : Gaskashytta, Vuomahytta, Dividalshytta, Dærtahytta, Rostahytta, Gappohytta et Galdahytta.

Klauerhytta (☎ 77 18 45 03 ; www.huskyadventure.com ; adulte/enfant 200/80 NOK). Dans le village d'Innset, à 35 km au sud-est de Setermoen, l'éleveur de chiens Bjørn Klauer offre un charmant refuge rustique et un bungalow. Un sauna et une cuisine bien équipée sont à disposition et on peut louer des vélos et des canoës.

Helligskogen Fjellstua (☎ 77 71 54 60 ; helligskogen.hostel@vandrerhjem.no ; dort/d 175/345 NOK ; 🕓 mi-juin à mi-août). Entourée de hauts plateaux sauvages, cette auberge de jeunesse se situe sur l'E 8 à 30 km à l'est de Skibotn, près de la lisière est du parc. Pratique pour ceux qui voyagent entre la Norvège et la Finlande, elle accueille également les randonneurs au bout du Troms Border Trail.

Kilpisjärven Retkeilykeskus (☎ 358-16 537 771 ; Kilpisjärvi, Finlande ; d 510 NOK, bung 4 lits 590 NOK ; 🕓 mars-sept). De l'autre côté de la frontière finlandaise, cet établissement accueillant se tient à l'extrémité est du Troms Border Trail. Il comprend des chambres sans prétention, une cuisine et un café d'un bon rapport qualité/prix. Vous pouvez organiser des promenades en bateau sur le lac Kilpisjärvi et de superbes randonnées dans les plus hautes montagnes de Finlande.

OUEST DU FINNMARK

Comté le plus septentrional de Norvège continentale, le Finnmark est habité depuis plus de 12 000 ans. Les chasseurs komsa arrivèrent les premiers de la région côtière. Plus tard, les pêcheurs et les éleveurs de rennes samis s'installèrent respectivement sur la côte et dans le vaste arrière-pays.

De beaux fjords découpent profondément la côte nord sauvage du Finnmark, ponctuée de villages de pêcheurs. Le large et austère plateau du Finnmarksvidda domine l'intérieur et ne compte que deux localités importantes, Karasjok et Kautokeino.

Presque toutes les villes du Finnmark furent détruites à la fin de la Seconde Guerre mondiale par les troupes allemandes en retraite, pratiquant la tactique de la terre bûlée pour freiner l'avancée de l'armée soviétique. Les villes furent rapidement reconstruites sans souci esthétique, en privilégiant les bâtiments rectangulaires et fonctionnels. Leur absence de charme contraste fortement avec la majesté de la nature environnante.

Désagréments et dangers

Méfiez-vous des rennes errant sur la route. Ils ne sont pas dangereux et plutôt charmants, mais peuvent vous ralentir ou provoquer un accident si vous roulez à vive allure. Seuls ou en harde, ils ne se laissent pas impressionner par un véhicule à l'arrêt. S'ils refusent de se déplacer, sortez de la voiture, marchez vers eux et ils se disperseront.

ALTA

14 000 habitants

Bien que cette ville de pêcheurs et de carrières d'ardoise se situe à 70°N de latitude, elle bénéficie d'un climat relativement tempéré. Le musée d'Alta et ses anciens pétroglyphes méritent la visite et le canyon verdoyant de Sautso-Alta (voir p. 348), à une courte distance, est époustouflant.

L'Altaelva, qui coule à l'est de la ville, était autrefois un lieu de pêche sami, apprécié des aristocrates anglais au XIXe siècle. À la fin des années 1970, elle est devenue une cause environnementale célèbre quand, malgré une forte opposition locale et nationale, un barrage haut de 100 m, l'Altadammen, a été construit sur cette rivière riche en saumons pour produire de l'énergie hydroélectrique.

Orientation et renseignements

Alta, qui s'étend sur 15 km le long de la côte, comprend deux quartiers principaux, distants de 2 km : Bossekop, vallonné, à l'ouest, et Sentrum, qui consiste en des bâtiments et des parkings quelconques autour d'une place centrale piétonne, relativement plaisante.

Studentbokhandelen (Sentrumsparken 2). Des cartes et un choix de livres en anglais.

Office du tourisme (☎ 78 44 95 54 ; www.altatours.no ; Parksentret Bldg, Sentrum ; ⌚ 8h30-16h lun-ven, 10h-14h sam)

Office du tourisme (☎ 78 44 50 50 ; Sorekskriverveien, Bossekop ; ⌚ 10h-18h lun-ven juin et août, 10h-20h tlj juil). Offre l'accès à Internet (1 NOK/min).

À voir

Le **musée d'Alta** (☎ 78 45 63 30 ; Altaveien 19 ; adulte/enfant 75 NOK/gratuit ; ⌚ 8h-21h juin-août, 9h-18h mai et sept, 9h-15h lun-ven, 11h-16h sam-dim le reste de l'année) se tient dans Hjemmeluft, à la lisière ouest de la ville. Les falaises environnantes, classées au Patrimoine mondial de l'Unesco, sont couvertes de quelque 5 000 gravures de la fin du néolithique, datant de 6 000 à 2 000 ans. Le niveau de la mer baissant après la fin de la dernière période glaciaire, les œuvres étaient réalisées à des hauteurs progressivement moindres. Parmi les thèmes figurent des scènes de chasse, des symboles de fertilité, des ours, des élans, des rennes et des bateaux bondés. Les gravures ont été revêtues d'ocre rouge (supposé la couleur d'origine) et sont reliées par 3 km de passerelles au bâtiment principal. Le circuit court (1,2 km ; 45 min environ) est le plus emprunté. Vous pouvez continuer par un second circuit (2,1 km au total), une marche plaisante en bord de mer qui permet de découvrir plus de sites.

À l'intérieur du superbe musée primé, des présentations sont dévolues à la culture samie, à l'histoire militaire du Finnmark, au projet hydroélectrique d'Alta et aux aurores boréales.

Fêtes et festivals

En mars, le festival **Borealis Alta** offre cinq jours de concerts et d'événements culturels, destinés à dissiper la morosité hivernale. Il marque le départ du **Finnmarksløpet** (www.finnmarkslopet.no), une course d'endurance de 1 000 km en traîneau à chiens, la plus longue d'Europe. Fin mai, l'**Alta Soul & Blues Festival** (www.altasoulogblues.no) attire de nombreux groupes norvégiens et des stars internationales.

Où se loger

À Øvre Alta, à 3,5 km au sud de l'E 6 le long de la Rv 93 en direction de Kautokeino, trois excellents campings en bord de rivière ouvrent toute l'année.

Alta River Camping (☎ 78 43 43 53 ; www.alta-river-camping.no ; empl voiture/caravane 120/150 NOK, bung 500-700 NOK, 6 lits avec sdb 1 200 NOK). Son sauna voisin de la rivière et 2 jolies cabanes à barbecue le distinguent de ses concurrents.

Wisløff Camping (☎ 78 43 43 03 ; www.wisloeff.no en norvégien ; pers/empl 20/150 NOK, bung 2 lits 400 NOK, 4 lits avec sdb 750 NOK). Classé "camping de l'année" par le Camping club norvégien en 2000, il continue de mériter ce titre.

Alta Strand Camping (☎ 78 43 40 22 ; www.altacamping.no ; empl 2/4 pers 160/190 NOK, bung 2/4 lits 360/440 NOK, avec sdb 650-750 NOK, app équipé s/d 600/750 NOK). Ce camping spacieux, avec vue sur les montagnes, possède un baby-foot (une rareté à l'est de Tromsø) et une petite aire de jeux pour les enfants.

Alta Vandrerhjem (☎ 48 24 11 69 ; alta.hostel@vandrerhjem.no ; dort/s/d 250/350/600 NOK ; ⌚ juin-août). L'auberge de jeunesse d'Alta a récemment déménagé à Kvenvik, près de l'E 6, à environ 5 km à l'ouest de la ville.

Bårstua Gjestehus (☎ 78 43 33 33 ; www.baarstua.no ; Kongleveien 2a ; s/d avec petit déj 760/900 NOK). Ce B&B accueillant, récemment ouvert, borde l'E 6. Il compte 8 chambres impeccables avec cuisine, joliment meublées et ornées de photos splendides, un salon et un sauna.

Park Hotell (☎ 78 45 74 00 ; www.parkhotell.no ; Markedsgata 6 ; s/d avec petit déj 895/1 195 NOK mi-juin à mi-août ; 1 235/1 345 NOK dim-jeu, à partir de 860/1 075 NOK ven-sam le reste de l'année). Autre endroit sympathique, il appartient à trois femmes

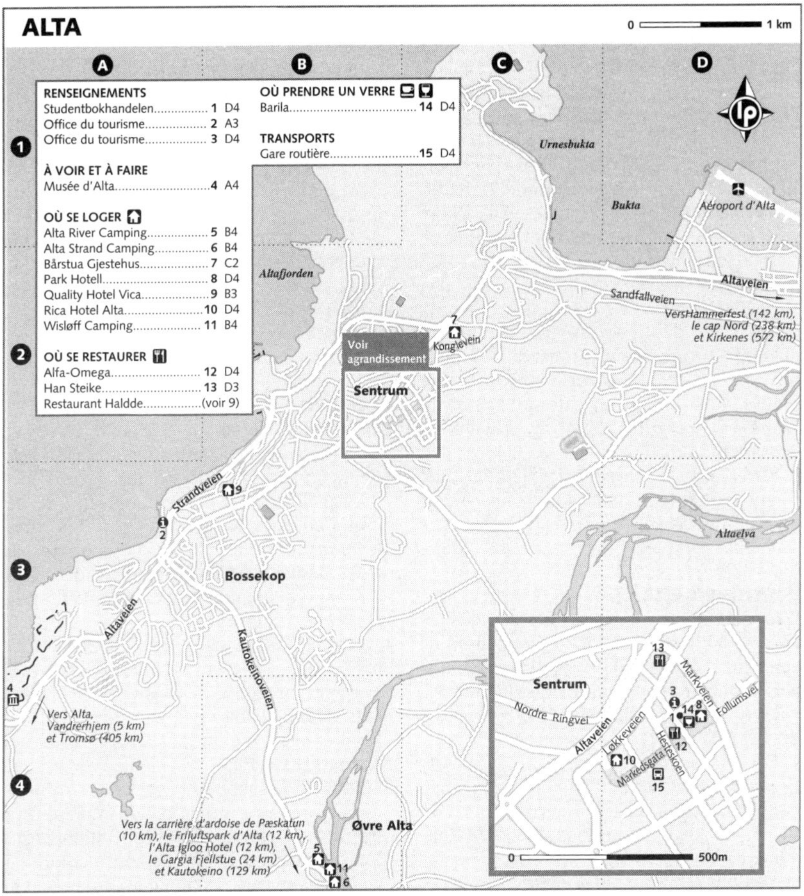

et a reçu le convoité label Swan (voir p. 21) pour son respect de l'environnement. Il offre 34 chambres spacieuses, avec canapé ou fauteuils et d'étincelantes sdb carrelées de blanc. Paisible malgré la proximité de la place centrale, il possède un toit-terrasse idéal pour un bain de soleil en été et pour l'observation des aurores boréales en hiver. Un sauna est à disposition des hôtes, qui peuvent louer des vélos, des skis et des *kick-sledges* (trottinettes des neiges) à des prix très raisonnables.

Quality Hotel Vica (☎ 78 48 22 22 ; www.choice.no ; Fogdebakken 6 ; s/d 1 295/1 505 NOK mi-juin à mi-août, 1 200/1 400 NOK dim-jeu, 1 070/1 180 NOK ven-sam le reste de l'année ; Ⓟ 💻). Un ours brun naturalisé se tient à la porte de cette ancienne ferme en bois, où une ménagerie empaillée orne la réception. Cet hôtel accueillant comprend un sauna gratuit, un Jacuzzi en plein air et le meilleur restaurant d'Alta (ci-dessous).

Rica Hotel Alta (☎ 78 48 27 00 ; www.rica.no ; Løkkeveien 61 ; s/d à partir de 1 035/1 235 NOK ; Ⓟ). Lors de notre passage, ce vaste hôtel achevait un agrandissement, apportant quelques courbes à un cube ennuyeux avec vue sur un parking et 86 nouvelles chambres. Son restaurant du Menu arctique mérite une visite. Le Pernille, sa discothèque, accueille habituellement un groupe le vendredi et un DJ le samedi.

Où se restaurer et prendre un verre

À part les restaurants des hôtels Vica et Rica, le choix est limité.

Alfa-Omega (☎ 78 44 54 00 ; Markedsgata 14-16 ; plats 85-120 NOK ; ⏲ lun-sam). Comme son nom l'indique, il comprend deux parties. L'Omega, un café moderne ouvert de 11h à 24h, sert des salades, des sandwichs, des pâtes et des pâtisseries. L'Alfa, bar plaisant et détendu, s'anime à partir de 20h. Une terrasse, agréable en été, surplombe la place centrale d'Alta.

Han Steike (☎ 78 44 08 88 ; Løkkeveien 2). Pierre grise et bois sombre composent le cadre de ce grill, idéal pour les carnivores.

Restaurant Haldde (plats déj 110-170 NOK, dîner 230-330 NOK). Excellent restaurant du Quality Hotel Vica, il utilise essentiellement des produits locaux pour préparer des plats raffinés, tels que l'Assiette Finnmark, avec grouse, renne et élan, ou le dessert Saveur du Finnmark, un sorbet de mûres et d'airelles dans un nid de caramel filé.

Barila (Parksentret Bldg, Sentrum ; ⏲ 11h-1h). Chic et impertinent, ce petit établissement sert un café délicieux, de bonnes bières et des cocktails exotiques.

Depuis/vers Alta

L'**aéroport** (renseignements sur les vols ☎ 78 44 95 55) est situé à Elvebakken, à 4 km au nord-est de Sentrum. SAS offre des vols directs depuis/vers Oslo, Tromsø, Hammerfest, Kirkenes, Lakselv et Vadsø. **Norwegian** (www.norwegian.no) dessert Oslo, Bergen et Stavanger.

De la gare routière à Sentrum, Nor-Way Bussekspress rallie 1 fois/jour Tromsø (449 NOK, 6 heures 15), Narvik (656 NOK, 11 heures 30) et Honningsvåg (367 NOK, 4 heures).

Des bus **FFR** (Finnmark Fylkesrederi og Ruteselkap ; www.ffr.no) circulent depuis/vers Karasjok (391 NOK, 4 heures 45, 2/jour sauf sam), Kautokeino (220 NOK, 2 heures 15, 4/sem) et Honningsvåg (367 NOK, 4 heures, 1-2/jour).

Pour Hammerfest, le ferry de FFR (230 NOK, 1 heure 30, tlj sauf sam) est plus rapide que le bus.

Comment circuler

Un service de bus urbains relie les extrémités de cette ville étendue. En semaine, ils circulent environ toutes les heures entre les principaux quartiers et vers l'aéroport, moins fréquemment le samedi et pas du tout le dimanche.

La course en **taxi** (☎ 78 43 53 53) de l'aéroport au centre-ville revient à 100 NOK environ.

ENVIRONS D'ALTA

À voir

CANYON DE SAUTSO-ALTA

Le projet hydroélectrique d'Altaelva a peu altéré le plus beau tronçon de la rivière, qui coule à travers le canyon de Sautso profond de 400 m, le plus grand d'Europe du Nord. Pour découvrir cette gorge impressionnante tapissée de forêts, le mieux consiste à participer au circuit de 4 heures (500 NOK) que l'office du tourisme organise les lundi, mercredi et vendredi en juillet, avec départ à 16h (5 participants au minimum). Outre le canyon, l'excursion comprend un passage par le barrage et un en-cas.

KÅFJORD

Le **musée du Tirpitz** (☎ 92 09 23 70 ; www.tirpitz-museum.no ; adulte/enfant/tarif réduit 60/30/50 NOK ; ⏲ 10h-18h juin-août), à Kåfjord, doit son existence à Even Blomkvist, un habitant qui a réussi seul à collecter les artefacts, les uniformes, les souvenirs et près de 1 000 photos se rapportant à cet énorme cuirassé, dissimulé à Kåfjord de mars 1943 à octobre 1944, puis coulé près de Tromsø.

À son apogée dans les années 1840, ce petit village, à 18 km à l'ouest d'Alta, était une ville prospère de plus de 1 000 habitants vivant de l'industrie du cuivre (Kåfjord Kobberverk). Un chemin balisé de 1,3 km conduit aux maigres vestiges de l'usine, alors la plus importante du pays ; vous trouverez de nombreuses informations au musée d'Alta. En face du panneau explicatif, une plaque à moitié couverte d'herbe commémore les trois sous-marins britanniques qui entrèrent dans le fjord et endommagèrent gravement le *Tirpitz* en 1943.

Sur la droite de l'E 6, à 250 m au nord de l'église, une piste de 9 km passe par la mine de cuivre et grimpe jusqu'à l'observatoire au sommet du mont Haldde (904 m), révéré par les Samis.

CARRIÈRE D'ARDOISE DE PÆSKATUN

À 13 km au sud de la ville, à Pæskatun, l'**Alta Skiferprodukter** est l'un des principaux piliers de l'économie d'Alta. En été, vous pouvez visiter la carrière et l'exposition historique, admirer la vue sur le canyon et vous essayer au taillage de l'ardoise. Une boutique vend divers minéraux du Finnmark et des souvenirs en ardoise. L'office du tourisme vous renseignera sur les horaires et les tarifs.

LE GRAND NORD

À faire

RANDONNÉE

Alta constitue une bonne base pour les randonneurs expérimentés, désireux d'effectuer de longs treks en suivant des itinéraires historiques à travers le plateau du Finnmarksvidda, au sud. L'office du tourisme d'Alta peut vous conseiller et Studentbokhandelen (p. 346) vend des cartes de randonnée.

PROMENADES EN BATEAU

L'**Alta Friluftspark** (☎ 78 43 33 78 ; www.ice-alta.no), au bord de l'Altaelva à 16 km au sud de la ville, puis à 6,5 km de la Rv 93, propose plusieurs promenades en bateau sur la rivière, de 20 min à 3 heures (195-495 NOK/pers), tous les jours à 13h et 15h de juin à août.

SPORTS D'HIVER

L'**Alta Friluftspark** possède 80 motoneiges et offre des sorties guidées ; au retour, vous pourrez vous détendre dans son bain chaud. **Gargia Fjellstue** (ci-dessous) organise également des balades en motoneige et propose des repas samis. Le **Holmen Hundesenter** (www.holmenhundesenter.no) est spécialisé dans les expéditions en traîneau à chiens, de 3 heures à 5 jours. Réservez directement auprès de ces tour-opérateurs ou à l'office du tourisme.

Où se loger

Alta Igloo Hotel (☎ 78 43 33 78 ; www.ice-alta.no ; 2 195 NOK/pers avec petit déj ; 🕑 mi-jan à mi-avr). Cet hôtel de 80 lits, entièrement en neige et en glace (jusqu'aux verres), est construit bloc par bloc chaque hiver dans l'Alta Friluftspark.

Gargia Fjellstue (☎ 78 43 33 51 ; www.gargia-fjellstue.no en norvégien ; s/d 775/990 NOK, bung 600 NOK, avec sdb 875 NOK). À 25 km au sud d'Alta en direction de Kautokeino, ce chalet de montagne, entouré de forêts, propose un éventail d'activités en hiver et en été, et offre le meilleur accès pédestre au canyon de Sautso-Alta.

HAMMERFEST

6 800 habitants

Un emplacement stratégique et un excellent port ont longtemps fait de Hammerfest une étape importante pour la navigation, la pêche et la chasse. Durant son âge d'or, les femmes faisaient venir leurs vêtements de Paris et, dans les années 1890, la ville installa le premier éclairage électrique urbain d'Europe. Aujourd'hui, Hammerfest revendique fièrement son statut de ville la plus septentrionale du monde (les autres localités norvégiennes plus au nord étant, selon Hammerfest, trop petites pour prétendre à l'appellation de villes !).

Ni l'homme ni la nature n'ont fait preuve de tendresse envers Hammerfest : un vent violent l'endommagea gravement en 1856, un incendie la ravagea en 1890, puis les Allemands l'incendièrent à nouveau en 1944. Au fil des siècles, son église fut détruite cinq fois par le feu. Puis le sort a fini par favoriser la cité : le pipeline sous-marin le plus long du monde court sur 143 km des énormes champs de gaz naturel de Snøhvit, dans la mer de Barents, jusqu'à la petite île de Melkøya, dans la baie. Avec des réserves estimées à 193 milliards de mètres cubes, les pompes installées en 2007 devraient fonctionner au moins 25 ans.

Si vous venez à bord du ferry côtier de Hurtigruten, vous disposerez de 2 heures pour vous promener, acheter un souvenir et goûter des crevettes fraîches sur le port, ce qui suffit à la plupart des visiteurs.

Renseignements

Bibliothèque (Bibliotek ; Sjøgata ; 🕑 10h-15h30 lun-ven). Offre l'accès gratuit à Internet.

Office du tourisme (☎ 78 41 31 00 ; www.hammerfest-turist.no ; Hamnegata 3 ; 🕑 9h-17h tlj mi-juin à mi-août, 9h-15h lun-ven, 10h30-13h30 sam-dim le reste de l'année)

À voir

GJENREISNINGSMUSEET

Le **musée de la Reconstruction** (☎ 78 40 29 30 ; Kirkegata 21 ; adulte/enfant/tarif réduit 40/15/30 NOK ; 🕑 9h-16h lun-ven, 11h-14h sam-dim mi-juin à mi-août, 11h-14h le reste de l'année) retrace l'évacuation forcée et les exécutions durant la retraite allemande en 1944, les difficultés des habitants pendant l'hiver suivant, la reconstruction et la renaissance de la ville.

ENERGIHUSET

La **maison de l'Énergie** (☎ 78 42 82 00 ; adulte/enfant 45/20 NOK ; 🕑 10h-14h lun-ven mi-juin à mi-août), un nouveau centre interactif, explique l'extraction du gaz naturel, source de revenus pour la ville, et d'autres sources d'énergie alternatives, comme le vent et les marées. Étonnamment, elle est installée sur le site de la première centrale hydroélectrique d'Europe du Nord.

ANCIENNE SOCIÉTÉ ROYALE DE L'OURS POLAIRE

Appelée plus simplement **Isbjørklubben** (Club de l'ours polaire ; adulte/enfant 40 NOK/gratuit) en norvégien, cette

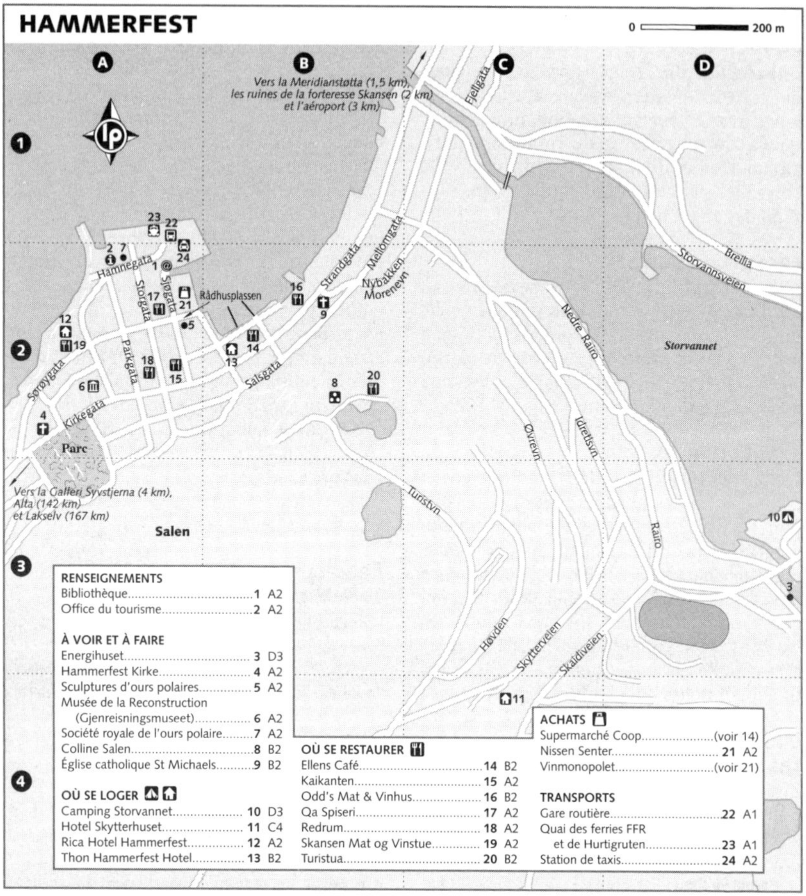

société partage les locaux de l'office du tourisme et est consacrée à la préservation de la culture locale. Elle présente des expositions sur la chasse arctique et l'histoire de la région. Moyennant 160 NOK, vous pouvez devenir membre à vie, recevoir un certificat, une carte d'identité, un autocollant et un pin's. En versant 195 NOK, vous aurez droit en plus à un verre de schnaps et à l'adoubement avec un os de pénis d'un morse !

FUGLENES

Sur cette péninsule, en face du port, les fondations de la **forteresse Skansen** datent des guerres napoléoniennes, quand les Britanniques occupèrent brièvement la ville et la pillèrent. La **Meridianstøtta**, une colonne en marbre, commémore la première expédition (1816-1852) pour déterminer l'arc du méridien global et calculer ainsi la taille et la forme de la Terre.

HAMMERFEST KIRKE

Derrière l'autel de cette **église** (Kirkegata 33 ; 7h15-15h lun-ven, 11h-15h sam, 12h-13h dim mi-juin à mi-août) contemporaine, consacrée en 1961, un superbe vitrail flamboie au soleil de minuit. Le long de la galerie de l'orgue, une frise en bois décrit des événements de l'histoire locale. De l'autre côté de la rue, la chapelle du cimetière est le seul bâtiment à avoir survécu à la Seconde Guerre mondiale.

COLLINE DE SALEN

Pour une vue panoramique sur la ville, la côte et les montagnes, grimpez la **colline de Salen**

(86 m ; jumelles gratuites au sommet), que coiffent le restaurant Turistua (voir p. 351), quelques huttes en tourbe samies et un point de vue. Le chemin (15 min) part du petit parc derrière le Rådhus (hôtel de ville).

GALLERI SYVSTJERNA

L'artiste locale Eva Arnesen a dessiné le diplôme du prix Nobel de la paix décerné à Jody Williams et à la campagne pour l'interdiction des mines antipersonnel. Sa **galerie** (☎ 78 41 01 60 ; Fjordaveien 27 ; 🕑 10h-17h lun-ven, 10h-15h sam) se trouve à 4 km au sud de la ville, en face de la station-service Statoil. Les peintures d'Arnesen évoquent les couleurs de la région, des aurores boréales aux teintes vives de l'été. Les deux ours argentés de la Rådhus plass ont été réalisés par son mari, le sculpteur sur bois Knut Arnes.

ÉGLISE CATHOLIQUE ST MICHAELS

L'église catholique **St Michaels** (angle Strandgata et Mellomgata), reconnaissable à la mosaïque représentant le saint sur la façade, dessert une congrégation d'à peine 90 âmes.

Où se loger

Camping Storvannet (☎ 78 41 10 10 ; storvannet@yahoo.no ; Storvannsveien ; empl voiture/caravane 140/185 NOK, bung 2/3 lits 360/410 NOK ; 🕑 fin mai-fin sept). À côté d'un lac, en contrebas d'un immense ensemble résidentiel, cet endroit plaisant, le seul camping décent de la ville, est petit ; réservez votre bungalow à l'avance.

Hotel Skytterhuset (☎ 78 41 15 11 ; www.skytterhuset.no ; Skytterveien 24 ; s/d 795/995 NOK dim-jeu, 595/795 NOK ven-sam ; P 💻). Les trois ailes de cet hôtel isolé, qui surplombe la ville, ressemblent à des barraquements. Non sans raison, car le bâtiment fut construit à l'origine pour les ouvrières saisonnières finlandaises de l'usine Findus. Depuis longtemps reconverti en un hôtel confortable et accueillant, il constitue un bon choix, avec sauna et solarium gratuits. Des rennes sautent fréquemment la barrière pour se promener dans le jardin à la recherche d'un peu d'ombre.

Rica Hotel Hammerfest (☎ 78 41 13 33 ; www.rica.no ; Sørøygata 15 ; s/d 852/1 102 NOK mi-juin à mi-août ; 1 320/1 525 NOK dim-jeu, 835/1 085 NOK ven-sam le reste de l'année ; P 💻). Cet hôtel en brique possède un agréable salon-bar et des chambres bien équipées, avec vue sur le port pour la plupart. Son restaurant du Menu arctique, le Skansen Mat og Vinstue, sert de délicieuses spécialités locales.

Thon Hotel Hammerfest (☎ 78 42 96 00 ; www.thonhotels.com ; Strandgata 2-4 ; s/d 1 190/1 390 NOK mi-juin à mi-août, 1 400/1 600 NOK dim-jeu, 850/1 050 NOK ven-sam le reste de l'année ; P 💻). Dominant le fjord et à quelques pas de la jetée des bateaux de croisière, cet hôtel déborde de cachet. Il comprend trois bars, un sauna et un solarium gratuits, et le Bernoni, un excellent restaurant. Vous ne paierez pas de supplément pour une chambre avec vue sur le fjord. Celles de la nouvelle aile ressemblent à des cabines de bateau, avec couchettes superposées, boiseries sombres et décor nautique.

Où se restaurer et prendre un verre

Ellens Café (Strandgata 14-18 ; plats 65-75 NOK ; 🕑 9h-17h lun-sam). Au-dessus du supermarché Coop, une cafétéria sans prétention, à prix doux.

Kaikanten (☎ 78 41 49 00 ; Sjøgata 19). Ce café séduisant, au décor nautique, sert des repas légers dans la journée ; il se transforme en pub fréquenté en soirée et propose des pizzas. Une table de billard et des canapés confortables ajoutent à son attrait.

Redrum (☎ 78 41 00 49 ; Storgata 23 ; 🕑 11h-17h lun-jeu, 11h-3h ven-sam). À quelques pas du Kaikanten et tout aussi plaisant avec son cadre contemporain, le Redrum s'anime particulièrement le week-end, les soirs de musique live.

Turistua (☎ 78 42 96 00 ; Salen ; plats 145-190 NOK). Au sommet de la colline de Salen, le Turistua offre une vue magnifique sur la ville et le détroit. Contrairement à ce que l'on pourrait supposer, son nom fait référence à une dame appelée Turi !

Qa Spiseri (☎ 78 41 26 12 ; Sjøgata 8 ; plats 150-265 NOK ; 🕑 lun-sam). Tenu par une jeune équipe, ce nouveau restaurant offre un excellent rapport qualité/prix, que l'on opte pour un plat ou pour un en-cas (90-110 NOK), sans oublier les alléchantes pâtisseries maison.

Odd's Mat & Vinhus (☎ 78 41 37 66 ; Strandgata 24 ; plats 245-355 NOK ; 🕑 lun-sam). L'un des meilleurs restaurants du pays, il prépare des plats succulents – grouse, lièvre, saumon mariné au gin, etc. Boiseries sombres et cordages composent le décor. Réservation indispensable.

Vinmonopolet, dans la galerie marchande Nissen Senter, vend des vins et des alcools.

Comment s'y rendre et circuler

Des bus circulent depuis/vers Alta (229 NOK, 2 heures 30, 2/jour), Honningsvåg (321 NOK,

LE GRAND NORD

3 heures 15, 1-2/jour) et Karasjok (344 NOK, 4 heures 15, 2/jour sauf sam) ; un service continue jusqu'à Kirkenes (831 NOK, 10-12 heures) via Tana Bru (616 NOK, 7 heures 30-10 heures) 4 fois/semaine.

Le ferry FFR (230 NOK, 1 heure 30, tlj sauf sam) constitue une alternative plus rapide que le bus pour Alta. Le ferry côtier de Hurtigruten fait une escale de 1 heure 30 à Hammerfest dans chaque direction.

Pour commander un taxi, appelez le ☎ 78 41 12 34.

NORDKAPP ET MAGERØYA

3 300 habitants

Bien que ce soit un piège à touristes, presque tous les voyageurs qui se rendent dans le nord de la Norvège font le détour par Nordkapp (cap Nord), la commune qui s'autoproclame le point le plus septentrional du continent et attire quelque 200 000 visiteurs chaque été.

Plus proche du pôle Nord que d'Oslo, le cap Nord se situe à la latitude 71°10'21" N, où le soleil ne descend pas au-dessous de la ligne d'horizon de mi-mai à fin juillet. Longtemps avant que les autres Européens s'y intéressent, l'endroit était un site sacrificiel pour les Samis, qui lui attribuaient des pouvoirs particuliers.

Richard Chancellor, l'explorateur anglais qui dériva ici en 1553 alors qu'il recherchait le passage du Nord-Est, lui donna son nom de cap Nord. Plus tard, après une visite du roi Oscar II en 1873, le cap Nord devint un lieu de pèlerinage pour les Norvégiens, puis pour les Thaïlandais à la suite de la visite du roi Chulalongkorn en 1907.

En fait, le titre de point le plus septentrional du continent européen revient à Knivskjelodden, à 9 km de Nordkapp. Moins spectaculaire, inaccessible en voiture, il n'en est que plus précieux.

Nordkapp et ses environs

NORDKAPPHALLEN

Si vous souhaitez découvrir l'arnaque la plus septentrionale d'Europe (opinion partagée par nombre de nos lecteurs), vous devrez acquitter un **péage** (adulte/enfant/étudiant/famille 195/60/110/390 NOK), que vous arriviez en voiture, à vélo, en bus ou à pied. Cela permet un accès illimité pendant 2 jours, maigre compensation pour ceux qui se contentent de faire un tour rapide, le temps d'une ou deux photos.

Un bâtiment massif, surmonté d'une balle de golf géante, contient une exposition ennuyeuse sur les combats navals au large du cap durant la Seconde Guerre mondiale, une cafétéria-restaurant, le beau bar Grotten avec un mur de verre ouvrant sur les confins de l'Europe, un petit musée thaïlandais, la chapelle St Johannes, un bureau de poste et une grande boutique de souvenirs. Une salle de cinéma à cinq écrans projette un film panoramique de 17 minutes.

La vue reste cependant le principal attrait du site. Par temps clair (ce qui est fréquent), le regard plonge jusqu'à la mer houleuse, à 307 m en contrebas.

KNIVSKJELODDEN

Véritable point le plus septentrional du continent, Knivskjelodden n'est pas accessible en voiture et dénué de toute quincaillerie touristique. D'un parking signalé à 6 km au sud du péage de Nordkapp, un chemin de 9 km mène au bout de ce promontoire. La marche est facile malgré quelques descentes et montées, mais prévoyez de bonnes chaussures, car le sentier peut être boueux. Arrivé à la latitude de 71°11'08" N, au niveau de la mer, signez le livre d'or. Si vous le souhaitez, notez votre numéro de visiteur et vous pourrez acheter un certificat authentifiant votre passage (50 NOK) au Nordkapp Camping ou à l'office du tourisme. Comptez 5 heures aller-retour.

OÙ SE LOGER

Étonnamment, vous pourrez passer la nuit dans votre camping-car ou votre caravane à Nordkapp même (faites le plein d'eau et d'électricité, car vous n'en trouverez pas sur place).

Nordkapp Camping (☎ 78 47 33 77 ; www.nordkappcamping.no ; E 69, Skipsfjorden ; pers/empl 30/100 NOK, d 550 NOK, bung 2/4 lits 500/550 NOK, avec sdb 950-1 150 NOK ; 🕓 mai à mi-sept). La cuisine commune bien équipée, le personnel sympathique et la diversité des hébergements compensent largement l'emplacement sans charme, au nord du Skipsfjord.

Kirkeporten Camping (☎ 78 47 52 33 ; www.kirkeporten.no ; Storvannsveien 2, Skarsvåg ; pers/empl 25/150 NOK, bung avec sdb ext 475-550 NOK, 5/6 lits avec sdb à partir de 775/850 NOK ; 🕓 mi-mai à août). À côté du hameau de Skarsvåg, cet autre camping accueillant est apprécié des groupes de randonneurs britanniques. Le café confortable

FRIDTJOF NANSEN

Fridtjof Nansen (1861-1930), explorateur, diplomate et globe-trotteur norvégien, repoussa les limites de l'endurance et se distingue par sa générosité.

Il eut une enfance privilégiée dans le village rural de Store Frøen, près d'Oslo. Excellent athlète, il remporta de nombreux championnats de ski de fond et de patinage. Ses études de zoologie à l'université de Christiania (Oslo) le conduisirent à voyager à bord du *Viking* pour étudier les courants océaniques, les mouvements glaciaires et la faune arctique. Ce voyage d'étude, qui le mena jusqu'au Groenland, lui donna l'envie de traverser la banquise.

En 1888, Nansen, alors âgé de 27 ans, prit la tête d'une expédition de six hommes et passa l'hiver au Groenland. Ses observations détaillées des Inuits formèrent la substance d'un livre qu'il publia en 1891, *En ski à travers le Groenland* (Hoëbeke, 1996).

En juin 1893, à bord du *Fram*, un navire en bois de 400 tonneaux renforcé d'acier, Nansen repartit pour l'Arctique avec des provisions pour six ans. Il laissait sa femme Eva et sa fille Liv, âgée de six mois, sans savoir quand – et si – il reviendrait.

Le 14 mars 1895, Nansen et Hjalmar Johansen se dirigèrent à bord du *Fram* (voir p. 104) vers le pôle Nord et voyagèrent pendant cinq mois, parcourant notamment 550 km à pied sur la glace, avant de s'établir pour les neuf mois d'hiver dans une petite hutte de pierre qu'ils construisirent sur une île. En repartant vers le sud, ils rencontrèrent Frederick Jackson, un explorateur britannique solitaire. Plus tard, Nansen donna son nom à l'île sur laquelle il avait hiverné. Renonçant à atteindre le pôle, tous trois retournèrent à Vardø.

En 1905, une crise politique surgit lorsque la Norvège tenta de conquérir son indépendance de la Suède. Nansen, déjà un héros national, fut envoyé à Copenhague et en Grande-Bretagne pour défendre la cause norvégienne.

Après l'indépendance, Nansen refusa le poste de Premier ministre pour se consacrer à l'exploration (il aurait également refusé de devenir roi ou président). Il accepta cependant le poste d'ambassadeur en Grande-Bretagne que lui offrit le roi Haakon. En 1907, après la mort soudaine de son épouse, il abandonna son rêve de conquérir le pôle Sud et permit à son compatriote Roald Amundsen d'utiliser le *Fram* pour une expédition au nord de la Sibérie.

Après la Première Guerre mondiale, Nansen se consacra à des actions humanitaires : la nouvelle Société des Nations, le rapatriement d'un demi-million de soldats allemands prisonniers en Union soviétique et le programme de la Croix-Rouge internationale contre la famine et les épidémies en Russie. Lorsque quelque deux millions de Russes et d'Ukrainiens devinrent apatrides après avoir fui la révolution bolchevique de 1917, les "passeports Nansen" permirent à des milliers d'entre eux de s'établir ailleurs. Sa plus belle réussite diplomatique fut sans doute la réinstallation de plusieurs milliers de Grecs et de Turcs après les échanges massifs de population en Méditerranée orientale à l'issue de la Première Guerre mondiale.

En 1922, Nansen reçut le prix Nobel de la paix et offrit l'argent de cette récompense à l'aide internationale. Après 1925, il se consacra au désarmement et fit campagne pour que soit créé un État indépendant de l'Union soviétique pour les réfugiés arméniens. Malgré son échec, il est toujours vénéré par les Arméniens du monde entier.

Le 13 mai 1930, Nansen s'éteignit paisiblement dans sa maison de Polhøgda, près d'Oslo, et fut enterré dans un jardin voisin.

sert du renne (115 NOK) et un plat du jour à base de poisson (130-145 NOK).

Honningsvåg

2 500 habitants

Honningsvåg est de loin la localité la plus importante de l'île. L'**office du tourisme** (☎ 78 47 70 30 ; www.visitnorthcape.com ; Fiskeriveien 4B ; 🕑 8h30-20h lun-ven, 12h-20h sam-dim mi-juin à mi-août, 8h30-16h lun-ven le reste de l'année) de Magerøya, à côté du port, offre l'accès à Internet (23 NOK/min).

À VOIR ET À FAIRE

Le petit **musée du Nordkapp** (☎ 78 47 72 00 ; www.nordkappmuseet.no ; Fiskeriveien 4 ; adulte/enfant 30/5 NOK avec visite guidée en anglais ; 🕑 10h-19h juin à mi-août, 12h-16h le reste de l'année), dans le même bâtiment que l'office du tourisme, illustre l'impact des premiers visiteurs au cap Nord, la culture samie, les privations d'après-guerre et le quotidien d'une ville qui vivait de la mer avant l'irruption du tourisme.

L'**église** (Kirkegata ; 8h-22h juin à mi-sept) du XIXe siècle est le seul édifice qui a survécu à la retraite de l'armée allemande en 1944. La population s'y réfugia jusqu'à la reconstruction hâtive des premières maisons.

OÙ SE LOGER

Northcape Guesthouse (☎ 47 25 50 63 ; www.northcapeguesthouse.com ; Elvebakken 5a ; dort 200 NOK, d/qua 520/880 NOK ; mai-sept). À 15-20 min de marche du quai de Hurtigruten, cette pension moderne et pimpante est une superbe adresse pour les petits budgets. Elle comprend un salon douillet, une machine à laver, une cuisine bien équipée et offre une vue dégagée sur la ville en contrebas. Réputée, elle affiche souvent complet et mieux vaut réserver bien à l'avance.

Honningsvåg Brygge (☎ 78 47 64 64 ; Vågen 1a ; s/d 1 150/1 300 NOK ; toute l'année). Tenu par une famille, cet hôtel occupe un ancien entrepôt de pêche sur le quai. Réservez pour obtenir une chambre avec vue sur le port (sans supplément). L'excellent restaurant est réservé aux clients de l'hôtel.

OÙ SE RESTAURER ET PRENDRE UN VERRE

Corner (☎ 78 47 63 40 ; Fiskerveien 1 ; plats 145-175 NOK). Ce café-bar sert du poisson et des pizzas et s'agrémente d'une belle terrasse donnant sur la mer. Commandez de croustillantes langues de morue (145 NOK) ou du flétan frit, plus classique (160 NOK).

Arctico (☎ 78 47 15 00 ; Sjøgata 1a ; adulte/enfant 120 NOK/gratuit ; 10h-21h avr-sept). Pour frissonner en été et se faire une idée de la rigueur du climat en hiver, visitez ce bar en glace. José Milares, le propriétaire, parle avec passion des formes abstraites et des bulles des pans de glace avec lesquels il rénove régulièrement son café. Les enfants adorent se faufiler dans l'igloo.

Bryggerie (☎ 78 47 26 00 ; Nordkappgate 1). La micro-brasserie de Honningsvåg est bien la brasserie la plus septentrionale du monde. L'une des bières, l'Ole Auton (oncle Anton), porte le nom de l'oncle de l'un des propriétaires.

Nøden Pub (☎ 78 47 27 11 ; Larsjorda 1 ; 20h-2h mar-dim). Près du Rica Hotel, le pub favori de la population locale programme souvent de la musique live.

Gjesvær

130 habitants

Une route superbe mène au lointain village de pêcheurs de **Gjesvær**, à 34 km au nord-ouest de Honningsvåg. La taïga vallonnée, ponctuée de lacs sombres et de hardes de rennes, cède la place à un austère paysage rocheux, puis on découvre soudain un chapelet de *skerries* et les îles de Gjesværstappan.

Bird Safari (☎ 41 61 39 83 ; www.birdsafari.com ; adulte/12-15 ans/moins de 12 ans 475/240 NOK/gratuit) navigue 2-3 fois/jour, de juin à fin août, jusqu'aux colonies d'oiseaux des îles de Gjesværstappan. Quelque 3 millions d'oiseaux nichent dans cet archipel, dont des puffins, des labbes parasites, des pingouins torda, des mouettes tridactyles, des fous de bassan et des pygargues à queue blanche. Réservez ce circuit de 1 heure 30 directement ou auprès de l'office du tourisme de Honningsvåg. Bird Safari propose également un **hébergement** (s/d avec sdb commune et cuisine 350/400 NOK, bung 750 NOK ; juin-août).

Stappan Sjøprodukter (☎ 95 03 77 22 ; www.stappan.no) est plus modeste. Le pêcheur Roald Berg vous emmènera dans son petit bateau pour observer les oiseaux (1 000 NOK jusqu'à 2 passagers, 450 NOK/pers de 3 à 6 passagers) ou pour une partie de pêche (2 000 NOK/heure, 4 passagers au maximum). En été, il ouvre un splendide **café** (11h-17h) au bord de l'eau et offre des délices comme les sandwichs au saumon sauvage fumé (75 NOK), les airelles à la crème (75 NOK) et les gaufres nappées de confiture de myrtilles maison (40 NOK). Il loue également un **appartement** (d/tr/qua 850/1 000/1 250 NOK) bien aménagé.

Kamøyvær

Un court détour depuis l'E 69 conduit à ce petit hameau de pêcheurs abrité, au port entouré de maisons pastel.

Arran (☎ 78 47 51 29 ; www.arran.as ; s/d à partir de 700/1 050 NOK ; mi-mai à août ; P). Cet établissement compte 44 chambres, réparties dans trois bâtiments au bord du quai. La famille samie qui le gère cuit elle-même son pain et prépare les prises du jour, souvent pêchées par son propre bateau ; elle propose également un plat de renne (140 NOK).

Dans le village, plusieurs maisons portent des panneaux indiquant des chambres à louer. Faites une halte à la **galerie East of the Sun** (12h-22h mi-mai à mi-août) pour admirer les œuvres colorées de l'artiste Eva Schmutterer.

Depuis/vers Honningsvåg

Le ferry côtier de Hurtigruten fait escale à Honningsvåg. Son arrêt de 3 heures 30 en direction du nord permet aux passagers d'effectuer une rapide excursion jusqu'à Nordkapp (645 NOK).

Un bus express relie Honningsvåg et Alta (367 NOK, 4 heures, 1-2/jour) et un bus circule depuis/vers Hammerfest (321 NOK, 3 heures 15, 1-2/jour).

L'embranchement qui part de l'E 6 passe par l'Olderfjord, où l'E 69 se dirige vers le nord. Le péage du Nordkapptunnelen, un tunnel de 6,8 km, revient à 145 NOK pour une voiture et le conducteur, plus 47/24 NOK par adulte/enfant.

Comment circuler

TRANSPORTS PUBLICS

Entre juin et fin août, un bus local (adulte/enfant 90/45 NOK, 45 min) part tous les jours de Honningsvåg pour Nordkapp à 10h45 et 21h30 et revient à 13h15 et 0h15 (ce qui permet de voir le soleil de minuit… à minuit). Si votre budget est serré, examinez attentivement les conditions des circuits organisés, qui surfacturent souvent le transport. En arrivant en bus, vous devrez également payer le droit d'entrée de 195 NOK.

VOITURE ET MOTO

Avant la construction d'une route goudronnée jusqu'à Nordkapp au milieu des années 1950, on ne pouvait rejoindre le cap Nord qu'en bateau. Aujourd'hui, la route serpente à travers un plateau rocheux où paissent des hardes de rennes. Selon l'enneigement, elle est ouverte à la circulation d'avril à mi-octobre. Au début et en fin de saison, renseignez-vous auprès de l'office du tourisme si le temps semble menaçant.

De Honningsvåg, l'aller-retour en taxi jusqu'à Nordkapp revient à 1 050 NOK environ, avec une heure d'attente au cap, plus le droit d'entrée de 195 NOK/passager.

À Honningsvåg, **Avis** (☎ 78 47 62 22) propose un forfait de 5 heures pour la location d'une voiture, essence et assurance comprises, à 850 NOK. La **station-service Shell** (☎ 78 47 60 60) offre l'identique de 4 heures à 600 NOK.

LAKSELV ET SES ENVIRONS

3 000 habitants

Au bout du Porsangerfjord, long et étroit, le village de pêcheurs de Lakselv n'offre guère d'intérêt. Son nom signifie "rivière à saumons", d'où l'affluence des vacanciers norvégiens.

L'**office du tourisme** (☎ 78 46 07 00 ; www.arctic-active.no ; 🕑 9h-17h lun-ven, 10h-17h sam-dim début juin à mi-août, 8h30-16h lun-ven le reste de l'année) est installé dans le lugubre hôtel Porsanger Vesthus.

North Cape Wine (☎ 78 46 23 73 ; Meieriveien 11), établissement vinicole le plus septentrional du monde, fabrique ses breuvages avec des baies arctiques. Appelez-le directement ou contactez l'office du tourisme pour une visite et une dégustation. On trouve également ses produits au Vinmonopolet, dans le centre commercial Torgsenteret.

Où se loger et se restaurer

Lakselv Vandrerhjem (☎ 78 46 14 76 ; lakselv.hostel@vandrerhjem.no ; dort 200 NOK, d 450 NOK, bung avec sdb et cuisine 500-600 NOK ; 🕑 juin-août). Cette auberge de jeunesse (HI) se situe dans un endroit boisé, isolé et entouré de lacs, parfait pour de paisibles promenades. Une cuisine équipée est à disposition. De Lakselv, empruntez l'E 6 vers le sud sur 6 km, puis prenez une piste à gauche et parcourez 2 km.

Lakselv Hotell (☎ 78 46 54 00 ; www.lakselvhotell.no ; Karasjokveien ; s/d 910/1 175 NOK mi-juin à mi-août ; à partir de 940/1 290 NOK dim-jeu, 795/1 500 NOK ven-sam le reste de l'année ; P 💻). À 2 km au sud de la ville près de l'E 6, il offre des chambres confortables, la vue sur le fjord, un sauna gratuit pour les hôtes et un restaurant qui propose un bon dîner-buffet en été (280 NOK). Les clients peuvent louer des vélos pour 80 NOK/jour.

Bungalåven Vertshus (☎ 95 77 82 11 ; www.bungalaaven.com ; Børselv ; d 350-450 NOK). À 40 km au nord-est de Lakselv sur la Rv 98, bifurquez au panneau et continuez sur 2 km pour arriver à cette ancienne ferme transformée en auberge conviviale. En été, elle sert un dîner de spécialités traditionnelles à seulement 150 NOK. Dans le salon douillet, le propriétaire joue parfois de l'accordéon et fait danser l'assistance. L'endroit comprend deux bungalows sans prétention (350 NOK), un grand avec sdb (900 NOK) et un petit terrain de camping (emplacement voiture/caravane 75/100 NOK).

Ne rêvez pas d'un repas gastronomique à Lakselv. Parmi les rares établissements, l'**Åstedet Café & Bistro** (☎ 78 46 13 77), à côté du Porsanger Versthus et de l'office du tourisme, constitue le meilleur choix. À la fois pub et café-restaurant, il propose des plats de viande corrects (environ 150 NOK), plus les habituels burgers, pizzas et salades.

Depuis/vers Lakselv

L'aéroport du cap Nord à Lakselv, point de transit important pour le centre du Finnmark, offre jusqu'à 3 vols quotidiens depuis/vers Tromsø.

Des bus circulent depuis/vers Alta (275 NOK, 3 heures 30), Karasjok (123 NOK, 1 heure 15) et Honningsvåg (266 NOK, 3 heures 15) 1-2 fois/jour sauf le samedi. En été, le bus quotidien Nordkapp-Rovaniemi via Ivalo (tous deux en Finlande) fait halte à Lakselv.

STABBURSNES

Stabbursnes, à 16 km au nord de Lakselv et près d'un des plus beaux secteurs du Porsangerfjord, possède deux importantes zones protégées.

Réserve naturelle de Stabbursnes

Cette réserve s'étend sur les marécages et les tourbières de l'estuaire de la Stabburselva, où diverses espèces de canards, des oies, des pingouins et des bécasseaux se reposent lors de leur migration entre l'Arctique et des régions plus tempérées. Parmi les espèces les plus exotiques figurent la barge rousse, le bécasseau variable, le bécasseau maubèche et l'oie naine, fortement menacée. Les marécages côtiers sont fermés aux visiteurs pendant la nidification (mai-juin) et de mi-août à mi-septembre.

Un sentier balisé de 2,8 km longe l'estuaire et la rive du Porsangerfjord. Le centre des visiteurs distribue une description pratique du sentier en anglais.

Le **Stabbursnes Naturhus og Museum** (☎ 78 46 47 65 ; 🕑 9h-20h mi-juin à mi-août, 11h-18h début juin et fin août, 12h-15h mar-jeu le reste de l'année) dessert la réserve naturelle et le parc national. Il vend des guides et des cartes de la région, des permis de pêche et présente une **exposition** (adulte/enfant/tarif réduit 50/10/40 NOK avec vidéo de 20 min) bien conçue sur la faune et la géologie du haut plateau, des vallées fluviales et de la côte.

Parc national de Stabbursdalen

Aucune route ne traverse ce parc national de 747 km², qui renferme un spectaculaire canyon glaciaire et offre de superbes randonnées dans une forêt de pins. Deux refuges, Rørkulphytta et Ivarstua, et une hutte de tourbe accueillent les randonneurs. Pour de plus longs treks, consultez le centre des visiteurs de Stabbursnes, qui possède les cartes de randonnée au 1/50 000 *Stabbursdalen* et *Laksdal*, de Statens Kartverk. Il existe 3 chemins balisés moins difficiles, de 4 heures pour le plus long.

Où se loger

Stabbursdalen Feriesenter (☎ 78 46 47 60 ; www.stabbursdalen.no ; empl voiture/caravane 120/160 NOK plus 20 NOK/pers, bung 2 lits 450 NOK, 2-6 lits avec sdb 650-850 NOK ; 🕑 mi-mai à mi-sept). Ce vaste camping occupe un emplacement superbe au bord de la Stabburselva, une rivière renommée pour ses saumons. Les équipements sont insuffisants en haute saison, quand affluent les pêcheurs en cuissardes en quête de la prise du siècle ; la TV du café retransmet en temps réel les vues de la rivière.

EST DU FINNMARK

Relativement peu visité, le Finnmark oriental, cœur de la culture des Samis de l'Est, possède de charmants villages côtiers et une histoire frontalière peuplée de Finnois, d'explorateurs et de guerres.

PÉNINSULE DE NORDKYN

La formation rocheuse en forme d'église appelée **Finnkirke** marque l'entrée du village de Kjøllefjord et constitue une majestueuse introduction à ce coin isolé du Finnmark.

De l'autre côté de la péninsule, le petit village côtier de Gamvik affirme qu'il possède le musée le plus septentrional du monde. Le **musée de la Latitude 71** (☎ 78 49 79 49 ; Strandveien 94 ; adulte/enfant/tarif réduit 50/10/25 NOK ; 🕑 9h-16h30 mi-juin à mi-août, 9h-16h lun-ven le reste de l'année), installé dans une ancienne sècherie de poisson, retrace la culture halieutique de cette région éloignée. À proximité, une piste d'observation ornithologique traverse la **réserve naturelle de Slettnes**, peuplée de canards résidents et migrateurs et d'échassiers (accessible uniquement à pied ou en véhicule privé), et rejoint le **Slettnes Fyr**, le phare le plus au nord du continent.

Dans le centre, **Kinnarodden** est le point le plus septentrional du continent (Nordkapp se situe sur une île). **Mehamn** n'a rien de particulier ; la localité est connue en tant que site de l'un des premiers mouvements écologistes du pays. En 1903, l'armée fut envoyée pour mater les pêcheurs locaux qui protestaient contre la chasse à la baleine. Ils s'inquiétaient de l'extinction des cétacés qui rabattaient les bancs de cabillauds vers les côtes.

Isolée en bord de mer, la **Gamvik Gjestehus** (☎ 78 49 62 12 ; Strandveien 78, Gamvik), une maison de pêcheur rénovée, comprend un bon restaurant qui sert du crabe royal et du poisson frais.

Le ferry côtier de Hurtigruten fait brièvement escale à Kjøllefjord et à Mehamn.

BERLEVÅG

1 100 habitants

Ce petit village de pêcheurs a donné naissance au **Berlevåg Mannsangforening**, une chorale masculine, sujet du documentaire *Heftig og Begeistret* (*Cool and Crazy*). Réalisée par Knut Erik Jensen en 2001, cette sorte de *Buena Vista Social Club* nordique a fait sensation en Norvège et reçu un excellent accueil à l'étranger.

À voir et à faire

Le **musée du Port** (Havnemuseum ; ☎ 78 78 20 55 ; Havnegate ; adulte/enfant 40/10 NOK ; 🕑 10h-18h lun-ven, 13h-18h sam-dim mi-juin à mi-août, 12h-15h lun-ven le reste de l'année) présente les habituelles collections maritimes, ainsi qu'un singulier doris d'une ancienne expédition, le *Berlevåg II*.

À 12 km du village, au sommet du Tanahorn (269 m), un **site sacrificiel sami** offre une vue splendide sur l'océan Arctique. La marche de 8 km aller-retour commence à 9 km à l'ouest du village, le long d'une route gravillonnée qui mène au hameau abandonné de Store Malvik (à 20 km à l'ouest de Berlevåg).

Berlevåg Trolling & Deep Sea Fishing (☎ 78 98 18 80 ; www.trollingnorway.com ; Storgata 13) organise des sorties de pêche de 4 heures (1 180 NOK) et de remontée de casiers de crabes royaux de 2 heures (980 NOK) à bord d'un véritable bateau de pêche hauturier.

Où se loger

Berlevåg Pensjonat og Camping (☎ 78 98 16 10 ; www.berlevag-pensjonat.no ; Havnegate 8b ; pers/empl 15/130 NOK, s/d 500/600 NOK). Ce complexe accueillant et bien tenu abrite également l'office du tourisme. L'un ou l'autre peut organiser la visite d'un élevage piscicole, ou une sortie de plongée ou de pêche. Location de vélos sur place.

Depuis/vers Berlevåg

De Tana Bru (215 NOK, 2 heures 30) et de Båtsfjord (151 NOK, 1 heure 45), des bus desservent Berlevåg au moins 1 fois/jour sauf le samedi. Le trajet longe la rive est du Tanafjord, permettant d'admirer les splendides couches sédimentaires polychromes des falaises de Gamasfjellet. Le ferry côtier de Hurtigruten fait escale à Berlevåg.

BÅTSFJORD

2 100 habitants

Non loin de Berlevåg, le petit port de Båtsfjord se distingue par son animation et son ambiance industrielle.

Principal site du bourg, l'**église de Båtsfjord** (🕑 mi-juin à mi-août), construite en 1971, offre un contraste saisissant entre son extérieur banal et son intérieur éclairé de 85 m² de vitraux.

Une marche de 25 km vers l'est le long de la rive sud du fjord conduit à Makkaur, un **village de pêcheurs abandonné** qui date de l'époque médiévale. Il contient des vestiges intéressants, dont les ruines d'un camp de prisonniers de guerre allemands.

Meilleur hébergement de Båtsfjord, le **Polar Hotell** (☎ 78 98 31 00 ; www.polarhotel.no ; s/d 1 050/1 350 NOK ; 🕑 avr-oct), net et bien tenu, comprend un bar-restaurant. À côté, un petit **camping** (empl 150 NOK) donne accès aux équipements de l'hôtel.

Depuis/vers Båtsfjord

De l'aéroport, à 5 km du bourg, des vols desservent Tromsø et Kirkenes, offrant de superbes vues sur le paysage arctique et les troupeaux de rennes.

Des bus relient Båtsfjord et Tana Bru (174 NOK, 2 heures) 1-2 fois/jour sauf le samedi. Le ferry côtier de Hurtigruten fait escale à Båtsfjord.

TANA BRU

600 habitants

Tana Bru doit son nom au pont pittoresque qui enjambe la Tana, l'une des rivières les plus riches en saumons d'Europe. Les habitants construisent des barrages pour empêcher la remontée des poissons et le barrage naturel des chutes de Storfossen, à 30 km en amont, est l'un des meilleurs sites de pêche du pays.

Tana Gull og Sølvsmie (☎ 78 92 80 06 ; www.tanagullogsolv.com) a été fondé il y a plus de 30 ans par Andreas Lautz, qui crée de superbes bijoux en or, en argent et en bronze, inspirés de motifs traditionnels samis. La boutique vend également des textiles, des céramiques et des verreries d'excellente qualité.

Hotel Tana (☎ 78 92 81 98 ; empl 150 NOK ; s/d avec petit déj et dîner léger 695/795 NOK mi-juin à mi-août, 1 095/1 345 NOK le reste de l'année ; P). Étape pratique au carrefour de la Rv 98 et de l'E 6/E 75, il comprend un camping, des chambres confortables, un restaurant, un bar et abrite en été l'office du tourisme.

Tous les jours, des bus circulent depuis/vers Kirkenes (229 NOK, 2 heures 15) et Vadsø (114 NOK, 1 heure 15). Des bus locaux desservent Berlevåg (215 NOK, 2 heures 30) et Båtsfjord (174 NOK, 2 heures) tous les jours sauf le samedi. En direction de l'ouest, le bus Kirkenes-Alta passe par Tana Bru 4 fois/semaine.

MUSÉES SAMIS

Entre Tana Bru et Vadsø, deux musées samis méritent la visite.

À **Varangerbotn**, le **musée sami Varanger** (Várjjat Sámi Musea ; ☎ 78 95 99 20 ; adulte/enfant 40/20 NOK ; 10h-18h mi-juin à mi-août, 10h-15h lun-ven le reste de l'année) présente des expositions temporaires sur l'histoire et la culture samies et expose des œuvres d'artistes samis contemporains. À l'extérieur, vous verrez des huttes de tourbe, des ustensiles et des équipements de pêche traditionnels.

Sur l'E 75, à 15 km à l'est de Varangerbotn, le **Ceavccageadge** (Pierre à l'huile de poisson ; Mortensnes ; entrée libre ; 12h-18h mi-juin à fin août) est un site associé au musée. On y accède au bout d'une promenade vers la rive, qui permet de découvrir les traces de 10 000 ans de culture samie, après les sites funéraires, des vestiges d'habitations et une réplique d'une hutte en tourbe. Ce pilier proche de l'eau était enduit d'huile de foie de morue pour porter chance aux pêcheurs. Sur une colline à l'est, le Bjørnstein, un rocher en forme d'ours, était jadis vénéré par les Samis.

VADSØ

5 500 habitants

Centre administratif du Finnmark, Vadsø fut le théâtre d'une immigration massive de Finlandais. Au milieu du XIXe siècle, la population se composait pour moitié de Kvènes, une minorité finlandaise. Un monument, à l'extrémité nord de Tollbugata, commémore cet héritage culturel. Vadsø est renommée comme base d'exploration polaire ; elle a été le point de départ ou d'arrivée de plusieurs expéditions. Comme d'autres villes du Finnmark, elle a été fortement endommagée durant la Seconde Guerre mondiale par les bombardements russes et les troupes allemandes en retraite.

Dans le cimetière de l'île de Vadsøya, reliée par un pont au continent, reposent les dépouilles de plusieurs Pomors, des marchands et pêcheurs russes de la région de la mer Blanche qui prospérèrent ici au XVIIe siècle. L'île contient également des traces de huttes de tourbe préhistoriques. Au début de l'été, vous pourrez observer des eiders de Steller, des canards rares qui nichent dans l'île.

L'**office du tourisme** (☎ 78 94 04 44 ; www.varanger.com ; 10h-18h lun-ven, 10h-16h sam-dim mi-juin à mi-août, 9h-15h lun-ven le reste de l'année) est situé à Kierkegate 15.

À voir

Le **musée de Vadsø** (☎ 78 94 28 90 ; 9h-19h lun-ven, 9h-16h sam-dim mi-juin à mi-août, 10h-15h lun-ven le reste de l'année) comprend trois parties. Le **Tuomainengården** (domaine Tuomainen, Slettengate 21) est une ferme finlandaise du milieu du XIXe siècle, avec sa boulangerie, son sauna et sa forge. À deux pas et de la même époque, l'**Esbensengården** (domaine Esbensen, Hvistendalsgata) est une demeure de marchand plus opulente, avec une étable et les quartiers des domestiques. L'entrée pour chaque domaine revient à 30 NOK (billet combiné 40 NOK) ; elle est gratuite pour les enfants.

Le troisième site, l'**usine de conditionnement du poisson Kjeldsen** (adulte/enfant 30 NOK/gratuit ; 12h-18h mi-juin à mi-août), se trouve à Ekkerøy, à 15 km à l'est de la ville. Vous verrez les anciens entrepôts et logements, de mystérieux instruments de pêche, la salle de conditionnement des crevettes et une grande cuve pour l'extraction de l'huile de foie de morue. Après la visite, vous pourrez vous régaler d'un excellent plat de poisson au **Havhesten Restaurant** (☎ 90 50 60 80 ; plats 120-180 NOK ; 14h-22h mar-dim), installé dans l'une des dépendances et décoré d'instruments maritimes. Par beau temps, installez-vous sur la jetée pour dîner les pieds dans l'eau.

Sur l'île de Vadsøya, le **Luftskipsmasta** (mât de dirigeable), en forme de derrick, fut construit au milieu des années 1920 pour ancrer et lancer les aéronefs des expéditions polaires. Roald Amundsen, Umberto Nobile et Lincoln Ellsworth, qui rallièrent l'Alaska

LE GRAND NORD

CULTURE ET TRADITIONS SAMIES

Pendant des siècles, la chasse et la pêche ont dominé la vie des Samis. Au XVIe siècle, la domestication du renne a transformé ce peuple de chasseurs en bergers nomades. Bien que cet animal demeure une composante majeure de la tradition samie, seuls 15% de Samis continuent d'élever des rennes et se déplacent en traîneau à rennes. Aujourd'hui, il ne reste qu'une poignée de traditionalistes à mener une existence itinérante. La majorité d'entre eux sont devenus pêcheurs ou travaillent dans le tourisme.

Le *joik* (ou *yoik*) constitue un élément majeur de l'identité culturelle samie. Ce poème rythmé, composé pour une personne précise et décrivant la nature profonde, est offert au destinataire (p. 44). La médecine traditionnelle, le chamanisme, les activités artistiques (notamment la sculpture sur bois et le travail de l'argent) et la communion avec la nature font partie des autres éléments distinctifs.

Le costume national sami est le seul vêtement traditionnel porté quotidienement en Norvège, et vous le verrez dans les rues de Kautokeino et de Karasjok. Si chaque district possède ses caractéristiques, tous les costumes combinent une chemise ou une veste et un pantalon ou une jupe en feutre rouge et bleu richement brodés, ainsi qu'un bonnet et des bottes. Pour les grandes occasions, les femmes ajoutent une couronne de perles et une guirlande de rubans de soie dans leurs cheveux.

A Valkeapaeae. The Magic of Sami Yoik (Warner, 1998) de Dejoda est l'un des nombreux CD consacrés à ce genre musical. *Eight Seasons* (Emarcy, 2002) de Mari Boine, un chanteur de Karasjok, offre une plus grande variété de musique samie. Pour une présentation plus détaillée de la culture et des traditions samies, reportez-vous au chapitre *Culture* (p. 38).

en passant par le pôle Nord avec le dirigeable *Norge N-1*, l'utilisèrent pour la première fois en avril 1926. Deux ans plus tard, il servit au lancement du dirigeable de Nobile, *Italia*, qui tentait de renouveler cet exploit mais s'écrasa dans le Svalbard. Amundsen se joignit à la mission de sauvetage – avec 12 navires, 13 avions et 1 500 hommes – et disparut au cours de cette tentative, devenant un martyr et un héros national. Une jolie promenade de 600 m traverse la prairie jusqu'à un petit lac peuplé de nombreux oiseaux aquatiques.

Comme souvent dans les petits villages du Finnmark, l'**église** (Amtmannsgate 1b ; ⌚ 8h30-15h lun-ven mi-juin à mi-août) est le bâtiment le plus intéressant du point de vue architectural. Celle de Vadsø n'a pas survécu à la débâcle allemande et a été reconstruite en 1958. Elle est simple, mais riche en symboles. Ses flèches jumelles évoquent un iceberg, son autel, d'inspiration orthodoxe, rappelle la Russie voisine, et ses vitraux décrivent les saisons.

Où se loger et se restaurer

Vestre Jakobselv Camping (☎ 78 95 60 64 ; Lilledalsveien ; pers/empl 10/115 NOK, bung 4/5 lits 350/420 NOK, ch 4/6 lits 350/500 NOK, 3 lits avec sdb et cuisine 700 NOK ; ⌚ mai-sept). Le camping le plus proche de Vadsø, à 17 km à l'ouest de la ville, offre des chambres et des bungalows à des prix très raisonnables. À 200 m d'un torrent à saumons, il est apprécié des pêcheurs.

Vadsø Apartments (☎ 78 95 44 00, 92 06 86 03 ; Tibergveien 3 ; s/d 400/600 NOK). Seul établissement de catégorie moyenne, il se situe à trois pâtés de maisons du port et présente un excellent rapport qualité/prix. Il compte 5 simples et 3 doubles douillettes, avec sdb et kitchenette. Réservation recommandée.

Nobile Hotell (☎ 78 95 33 35 ; www.nobilehotell.no ; Brugata 2, île de Vadsøya ; s/d avec petit déj 700/1 000 NOK juin-juil, 850/1 250 NOK dim-jeu, 800/1 000 NOK ven-sam le reste de l'année ; P 💻). À quelques pas du quai de Hurtigruten, cet hôtel porte le nom du célèbre explorateur et des photos de ses expéditions ornent les murs. Demandez la chambre n°217, un peu plus spacieuse que les autres et bénéficiant d'une belle vue sur la ville et le détroit.

Rica Hotel Vadsø (☎ 78 95 25 50 ; www.rica.no ; Oscarsgate 4 ; s/d avec petit déj 650/900 NOK mi-juin à mi-août, 1 395/1 645 NOK lun-jeu, 1 125/1 395 NOK ven-sam le reste de l'année ; P 💻). En plein centre-ville, l'accueillant Rica possède des chambres récemment rénovées avec parquet, et met gracieusement à disposition un sauna et une petite salle de sport.

Oscar Mat og Vinhus (plats 188-317 NOK ; ⌚ 16h-22h). Le restaurant du Rica, à l'instar de l'hôtel, est le meilleur de la ville. Il offre un excellent buffet au petit déjeuner et un plat du jour de poisson ou de viande (145 NOK).

Hildonen Café (☎ 78 95 15 06 ; Kirkegata 20). En face de l'office du tourisme, l'odeur du pain frais et des pâtisseries attire irrésistiblement dans cette boulangerie-café, très appréciée de la clientèle locale.

Påls Matopplevelser (☎ 78 95 33 84 ; Hvistendalsgata 6b ; 9h-17h lun-ven, 10h-15h sam). De savoureux sandwichs (33-50 NOK) et salades (50-90 NOK), ainsi qu'un plat du jour de poisson frais (100-140 NOK), à consommer sur place ou à emporter.

Indigo (☎ 78 95 16 81 ; Tollbugata 12 ; plats 150-255 NOK ; mar-sam). Ce restaurant indien établi de longue date est, sans doute, l'un des plus septentrionaux de la planète. Il se double d'un service de plats à emporter plus international, avec kebabs, burgers, pizzas, tex-mex… et curries.

Depuis/vers Vadsø

Le ferry côtier de Hurtigruten fait escale à Vadsø sur son trajet vers le nord, et part pour Kirkenes à 8h15. Chaque jour, au moins 2 bus circulent depuis/vers Tana Bru (114 NOK, 1 heure 15) et Vardø (128 NOK, 1 heure 30).

VARDØ

2 100 habitants

Une route plate de 75 km relie Vadsø et Vardø. En dehors des sentiers battus, elle ne manque pas de charme alors qu'elle se faufile entre la côte, les prairies verdoyantes et les broussailles.

Vardø, la ville la plus orientale de Norvège, occupe une île en forme de papillon, reliée au continent par l'Ishavstunnelen (tunnel de l'océan Arctique), long de 2,9 km. Cela n'empêche pas les habitants d'affirmer que leur cité est la seule de Norvège "continentale" située dans la zone climatique arctique (la température moyenne est inférieure à 10°C). Autrefois bastion du commerce avec les Pomors russes, c'est aujourd'hui un important port de pêche, habité par de nombreux immigrants russes et sri lankais.

L'**office du tourisme** (☎ 78 98 69 07 ; www.varanger.com ; 10h-19h lun-ven, 12h-19h sam-dim juin à mi-août) est installé dans un joli bâtiment en bois, à côté du quai de *Hurtigruten*.

À voir et à faire

En été, l'office du tourisme organise des **circuits en bateau** (200 NOK ; toutes les heures 9h-15h30) jusqu'à l'île de **Hornøya**, dotée d'un phare pittoresque et de falaises peuplées d'oiseaux. Vous pourrez profiter de la solitude après le départ du dernier bateau en réservant l'un des trois lits du phare (250 NOK).

En forme d'étoile, la **Vardøhus Festning** (forteresse Vardøhus ; ☎ 78 98 85 02 ; Festningsgate 20 ; 30 NOK ; 8h-21h mi-avr à mi-sept, 10h-18h le reste de l'année) fut construite en 1737 par le roi Christian VI. Par beau temps, il est agréable de se promener parmi les bastions bordés de fleurs, les bâtiments aux toits en tourbe et les canons russes. Vous pouvez payer le droit d'entrée au bureau des gardes ou en jetant l'argent dans une mine sous-marine de la Seconde Guerre mondiale placée à l'entrée.

Récemment ouvert, le **musée Pomor** (☎ 78 98 80 75 ; Kaigata ; adulte/enfant 40/20 NOK ; 11h-17h mi-juin à mi-août, 16h-17h lun-ven le reste de l'année) retrace l'histoire du commerce entre la Russie et la Norvège, qui impliquait le troc de maïs contre du poisson. Ces échanges durèrent jusqu'à la révolution bolchevique de 1917.

Entre 1621 et 1692, quelque 90 femmes de Vardø furent accusées de sorcellerie et brûlées vives ; un panneau et un drapeau, Kristian IV gate 24, commémorent ce drame. La grotte où elles étaient supposées effectuer leurs rites sataniques et rencontrer le diable se trouve à **Domen**, une colline à 2 km au sud de la ville sur le continent.

Selon la version officielle, les énormes sphères sur les hauteurs de Vardø seraient des radars servant à surveiller les débris spatiaux.

Circuits organisés

Hexeria (☎ 78 98 84 04 ; www.hexeria.no ; Kaigata 12) organise des circuits d'observation des oiseaux et des sorties de pêche. Il loue également des bateaux et des vélos.

Où se loger

Hexeria (voir ci-dessus ; s/d à partir de 300/450 NOK ; juin-août) loue des chambres d'étudiant (avec sdb et cuisine communes) pendant les vacances universitaires, ainsi que des appartements à partir de 650 NOK.

Kiberg Bed & Boat (☎ 41 32 86 79 ; www.kibergbedandboat.com ; Ordfører Halvaris gate 11, Kiberg ; s/d 350/490 NOK). Nous recommandons cet établissement original à Kiberg, à 13 km au sud de Vardø, avec quelque réticence. Lors de notre passage, la soirée nous a semblé arrosée plus que de raison. Nous attendons

HAMNINGBERG

Un trajet vivement recommandé de 88 km aller-retour vers le nord à partir de Vardø le long de la côte mène au petit hameau semi-abandonné de Hamningberg et à ses maisons en bois.

La route à une voie passe par des paysages époustouflants : petits lacs noirs comme de l'encre, broussailles rachitiques agrippées à la maigre couche de terre, plaques de neige étincelantes jusqu'à fin juillet, rochers érodés couverts de lichen – vestiges de strates sédimentaires. En chemin, vous croiserez des troupeaux de rennes et plusieurs plages de sable. Au retour, à 7,3 km au sud de Hamningberg, faites halte et traversez la plage la plus large jusqu'à la petite réserve naturelle de **Sandfjordneset** et ses dunes de sable protégées.

Grâce à son éloignement, Hamningberg a échappé aux destructions de la débâcle allemande à la fin de la Seconde Guerre mondiale. Une seule maison a été détruite... par une bombe russe ! Les autres, abandonnées dans les années 1960, continuent d'évoquer ce qui fut l'un des grands villages de pêcheurs de l'est du Finnmark. Un petit **café** (⏲ 10h-18h juin-août) est situé au bout de la route.

vos impressions sur ce logement de pêcheurs rénové, agrémenté d'un salon et d'une cuisine bien équipée. Les chambres bien tenues partagent des sdb communes. Il n'existe pas de meilleur endroit en Norvège pour déguster des pinces de crabe royal (350 NOK). Ronny, le propriétaire, organise des sorties de pêche de 4 heures (1 500 NOK/bateau) et des promenades d'observation des oiseaux (150 NOK). Réception ouverte de 18h à 24h.

Vardø Hotell (☎ 78 98 77 61 ; www.vardohotel.no ; Kaigata 8 ; s/d 490/590 NOK mi-juin à mi-août, 1 070/1 170 NOK lun-jeu, 860/960 NOK ven-sam le reste de l'année). Le personnel se montre serviable et accueillant dans l'unique hôtel de Vardø, qui aurait grand besoin d'une rénovation. Cependant, les prix restent très raisonnables en été, la plupart des chambres donnent sur le port et quelques-unes peuvent accueillir des handicapés.

Où se restaurer et prendre un verre

Asia Burger Café (☎ 78 94 46 00 ; Kristian IV gate 4 ; plats 130 NOK ; ⏲ mar-dim fév-nov). Ignorez son nom et ses burgers, et commandez un savoureux plat thaïlandais authentique dans... le restaurant thaïlandais le plus septentrional d'Europe ! Il propose aussi 36 sortes de bières en bouteille, dont la Singha thaïlandaise.

Nordpol Kro (☎ 78 98 75 01 ; Kaigata 21 ; ⏲ 10h-24h). Établi en 1858, ce pub compte certainement parmi les plus vieux de Norvège ; ses boiseries et son antique bric-à-brac retrace le passé de l'île. Bjørn Bredesen, le sympathique propriétaire, possède une impressionnante collection de dessous-de-verre et accueille des musiciens certains soirs.

Depuis/vers Vardø

Le ferry côtier de Hurtigruten fait escale à Vardø. Des bus empruntent la jolie route côtière entre Vadsø et Vardø (128 NOK, 1 heure 30) au moins 2 fois/jour.

KIRKENES

4 600 habitants

Vous voilà sur le même fuseau horaire que Le Caire, plus à l'est que la majeure partie de la Finlande, à 15 km à peine de la frontière russe et au bout de la ligne du ferry côtier de Hurtigruten. Une ambiance frontalière règne dans cette bourgade quelconque, avec ses inscriptions en norvégien et en cyrillique. Visiteurs et pêcheurs transfrontaliers parlent russe et ces derniers bénéficient de meilleurs prix pour leurs prises que dans leurs ports d'attache.

La ville voit passer plus de 100 000 touristes chaque année, venus pour la plupart à bord du ferry de Hurtigruten et qui repartent après 2-3 heures. Vous pouvez cependant vous attarder quelques jours à Kirkenes pour profiter des nombreux circuits et activités proposés par l'excellent office du tourisme.

Histoire

Le district de Sør-Varanger, ayant Kirkenes comme ville principale, fut conjointement occupé par la Norvège et la Russie jusqu'en 1926, quand furent établies les frontières russe, finlandaise et norvégienne.

En 1906, du minerai de fer fut découvert dans les environs et Kirkenes devint un important fournisseur de matières premières pour l'artillerie durant la Première Guerre mondiale. Au début de la Seconde Guerre mondiale, les Allemands qui convoitaient ses ressources et sa position stratégique près du port russe de Mourmansk occupèrent Kirkenes et y stationnèrent 100 000 hommes. Ainsi, cette petite ville fut, après Malte, l'endroit le plus bombardé. Elle subit au moins 320 raids soviétiques dévastateurs. La ville fut aussi un camp d'internement pour les Norvégiens qui refusaient de collaborer avec les occupants.

En se retirant, les Allemands brûlèrent ce que les bombardements n'avaient pas détruit avant que les troupes soviétiques libèrent les ruines en octobre 1944. Une fois reconstruite, Kirkenes continua à fournir du minerai de fer à la majeure partie de l'Europe, mais les coûts trop élevés l'obligèrent à fermer les mines en 1996.

Renseignements

Bibliothèque (Bibliotek ; ☎ 78 99 32 51 ; Rådhus plass ; ⏰ 9h30-15h lun-ven). Offre l'accès à Internet.

Office du tourisme (☎ 78 99 25 44 ; www.kirkenesinfo.no ; Presteveien 1 ; ⏰ 8h30-18h lun-ven, 10h-17h sam-dim juin à août, 8h30-16h lun-ven le reste de l'année)

Désagréments et dangers

N'imaginez pas faire un saut de l'autre côté de la frontière russe pour prendre une photo. Il subsiste une névrose persistante des deux côtés, séquelle de la guerre froide. Par ailleurs, la Norvège, membre de l'espace Schengen, veille à empêcher l'entrée d'immigrants illégaux. Les sentinelles russes et norvégiennes sont équipées de matériel de surveillance et l'amende minimale pour un franchissement illégal, même rapide, est fixée à 5 000 NOK ! Saluer des personnes de l'autre côté, jeter un objet, prendre une photo avec un téléobjectif, utiliser des jumelles ou même un trépied peut être considéré comme une violation. Comme le stipule froidement l'avertissement : "Toute tentative de violation sera punie comme si elle avait été effective".

À voir et à faire

Kirkenes offre un grand nombre de circuits et d'activités en ville et alentour. Pour un aperçu détaillé selon la saison, procurez-vous les brochures exhaustives de l'office du tourisme, *Summer Activities* (activités d'été) et *Winter Activities* (activités d'hiver).

Les principaux tour-opérateurs sont les suivants :

Arctic Adventure (☎ 95 15 07 55 ; www.arctic-adven ture.no ; Jarfjordbotn)

Pasvikturist (☎ 78 99 50 80 ; www.pasvikturist.no ; Dr Wessels gate 9)

Radius (☎ 78 97 05 40 ; www.radius-kirkenes.com ; Kongensgate 1-2)

En plus des activités d'été que nous décrivons, figurent les suivantes :

- visite d'un chalutier russe (275 NOK)
- vol en hélicoptère jusqu'à la frontière russe (895 NOK)
- safari à la recherche des crabes royaux (990 NOK)
- visite de l'ancienne mine de fer (adulte/enfant 400/200 NOK)
- circuit d'une demi-journée dans la vallée de la Pasvik (adulte/enfant 650/350 NOK)

Parmi les activités d'hiver, citons :

- safari à motoneige (à partir de 1 150 NOK)
- pêche sur la glace (790 NOK)
- promenade en traîneau à chiens (à partir de 1 250 NOK)

Réservez directement auprès des tour-opérateurs ou à l'office du tourisme.

GRENSELANDSMUSEET

Bien aménagé, le **musée de la Frontière** (☎ 78 99 48 80 ; Førstevannslia ; adulte/tarif réduit/enfant 40/30 NOK/gratuit ; ⏰ 10h-18h début juin à mi-août, 10h-15h30 le reste de l'année), à 1 km du centre, présente la géographie et la culture de la région frontalière ; des expositions sont également consacrées à la Seconde Guerre mondiale et à l'industrie minière.

Dans le musée, la **collection Savio** regroupe des estampes de l'artiste sami local John A. Savio (1902-1938), dont les œuvres évoquent la vie des Samis et la force de la nature.

ANDERSGROTTA

Descendez l'escalier escarpé de l'**Andersgrotta** (Tellef Dahlsgate ; 100 NOK ; ⏰ visites 11h30 et 12h), une grotte qui servit d'abri antiaérien et de bunker aux Allemands lors des bombardements russes sur les installations minières. Une présentation en plusieurs langues et une vidéo de 9 min relatent l'histoire du site. Habillez-vous chaudement, car la température ne dépasse pas 3°C, même en été.

LE GRAND NORD

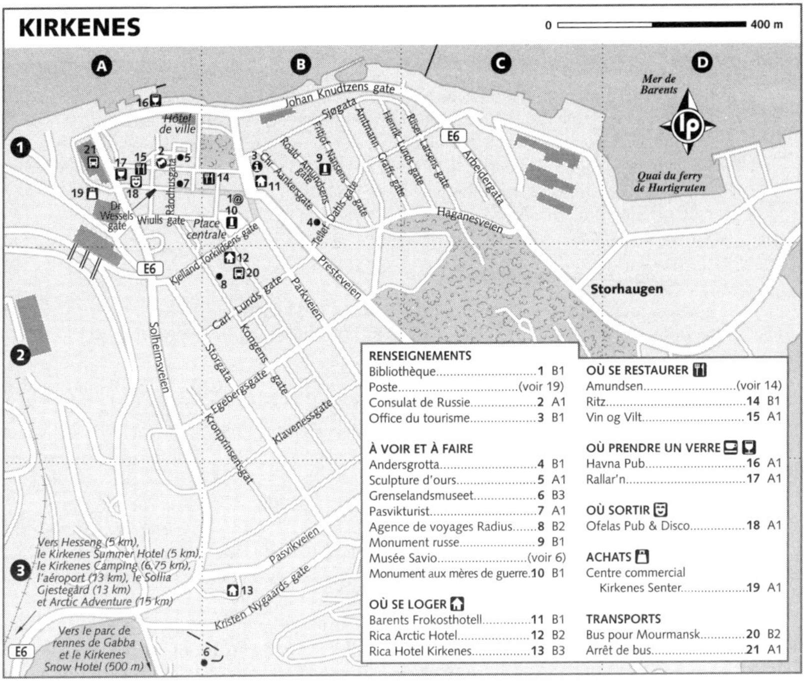

MONUMENTS ET SCULPTURES

Sur une basse colline, le **monument russe** est dédié aux troupes de l'Armée rouge qui libérèrent la ville en 1944. Le **monument aux Mères de la guerre**, sur la place centrale, rend hommage aux actions des femmes pendant la guerre. Devant le consulat de Russie, une jolie petite **sculpture** représente un ours grimpant sur un lampadaire.

PARC DE RENNES DE GABBA

Si vous avez sillonné le Finnmark oriental, où les rennes se promènent au bord des routes, ce **safari-parc** (275 NOK ; visites 14h tlj) ne vous apportera pas grand-chose. En revanche, il mérite la visite si vous arrivez à bord du ferry de Hurtigruten.

MARCHÉ RUSSE

Le dernier jeudi du mois (sauf exception), des marchands russes s'installent dans le centre-ville et vendent toutes sortes d'articles, de l'artisanat et des nappes brodées aux jumelles. Les prix sont plus élevés qu'en Russie, mais restent intéressants pour la Norvège.

Circuits organisés

Barents Safari (☎ 90 19 05 94) organise une promenade en bateau de 3 heures (adulte/enfant 790/400 NOK, au moins 2 fois/jour de juin à mi-septembre) sur la Pasvik jusqu'au village de Boris Gleb (Borisoglebsk en russe), à la frontière russe. Le prix comprend un repas (saumon, mûres et crème) dans une hutte de style sami.

Pasvikturist propose une excursion transfrontalière d'une journée dans la vallée de Pechenga et la ville minière de Nikel (990 NOK), ainsi qu'un week-end à Mourmansk (1 690 NOK). Vous aurez besoin d'un visa pour ces deux circuits.

Les voyageurs indépendants munis d'un visa peuvent emprunter l'un des deux bus quotidiens qui rallient Mourmansk (aller/aller-retour 300-800 NOK, 5 heures). Pour plus d'informations, consultez le guide Lonely Planet *Russie et Biélorussie*.

Où se loger

Kirkenes Camping (☎ 78 99 80 28 ; Maggadalen, Hesseng ; empl tente/caravane 90/140 NOK plus 25 NOK/pers, bung 4 lits 370-770 NOK ; juin-août). À côté de l'E 6 à 8 km à

VISAS POUR LA RUSSIE

S'il est possible de traverser la frontière à Storkskog, l'unique point de passage entre la Norvège et la Russie, il faut s'y prendre bien à l'avance. Nous vous recommandons d'utiliser les services de Pasvikturist ou de Radius (p. 362), plutôt que d'aller seul au **consulat de Russie** (☎ 78 99 37 37), à moins d'avoir les nerfs solides. Les deux agences pourront vous obtenir un visa, que vous réserviez ou non un circuit. Téléchargez le formulaire de demande sur leurs sites, qui fournissent toutes les informations nécessaires. Comptez 500/675/825 NOK pour un visa de 1/3/29 jours. Le visa est habituellement délivré en deux semaines, mais on peut accélérer la procédure avec un supplément de 800/700/600 NOK pour un délai de 1/2/3 jours.

l'ouest de Kirkenes, cet endroit sympathique est la seule option pour les campeurs. La réception ouvre de 9h à 20h et mieux vaut réserver si vous désirez un bungalow (les emplacements de camping sont pris d'assaut en haute saison).

Kirkenes Summer Hotel (☎ 78 97 05 40 ; www.radius-kirkenes.com ; Hesseng ; s/d 440/890 NOK ; fin juin à mi-août ; P). Dans le village de Hesseng, à 4 km au sud-ouest de Kirkenes le long de l'E 6, cette résidence universitaire loue en été des simples avec sdb commune et des doubles avec sdb.

Barents Frokosthotell (☎ 78 99 32 99 ; gcelius@frisurf.no ; Presteveien 3 ; s/d 500/700 NOK, avec sdb 650/800 NOK). Les réceptionnistes et la plupart des clients sont russes dans cet hôtel sans prétention, à côté de l'office du tourisme. Il comprend 14 chambres standard, fraîches et confortables.

Sollia Gjestegård (☎ 78 99 08 20 ; www.storskog.no ; bung 2-6 lits 500-950 NOK, d 750 NOK). Superbe retraite à 13 km au sud-est de Kirkenes, le Sollia offre des bungalows et des appartements. Les parents profiteront du sauna pendant que les enfants tenteront de séduire les huskies de l'hôtel.

Rica Arctic Hotel (☎ 78 99 29 29 ; www.rica.no ; Kongensgate 1-3 ; s/d 895/1 145 NOK mi-juin à mi-août ; 1 415/1 665 NOK dim-jeu, 880/1 130 NOK ven-sam le reste de l'année ; P). Agréable bâtiment moderne, le Rica Arctic possède une piscine chauffée toute l'année et un excellent restaurant du Menu arctique (buffet d'été 295 NOK).

Rica Hotel Kirkenes (☎ 78 99 14 91 ; www.rica.no ; Pasvikveien 63 ; s/d avec petit déj 895/1 145 NOK mi-juin à mi-août, 1 355/1 605 NOK dim-jeu, 825/1 075 NOK ven-sam le reste de l'année). Pratiquant les mêmes prix que le Rica Arctic, il n'en a pas le charme mais reste confortable. Surplombant la ville, il bénéficie d'une vue panoramique, à découvrir du restaurant et de nombreuses chambres.

Où se restaurer

Ritz (☎ 78 99 34 81 ; Dr Wessels gate 17 ; pizzas 160-186 NOK ; 15h-23h30). La pizzeria de Kirkenes propose un buffet de tacos (110 NOK) le mercredi et de pizzas (105 NOK) le vendredi.

Amundsen (☎ 78 99 34 80 ; 8h30-16h). Charmant café associé au Ritz, il offre un bon choix de sandwichs, de salades et de pâtisseries. Une terrasse plaisante borde la rue piétonne.

Sollia Gjestegård (plats 220-340 NOK ; mar-dim). Cet hôtel possède un restaurant raffiné, dont les grandes baies vitrées donnent sur la frontière russe.

Vin og Vilt (☎ 78 99 38 11 ; Kierkegata 5 ; plats 270-475 NOK ; 6h-23h). Le décor évoque un élégant pavillon de chasse et la carte comporte des plats alléchants – renne, lièvre, grouse (en saison) et toutes les spécialités de l'Arctique.

Où prendre un verre et sortir

Havna Pub (Johan Knudtzens gate 1 ; 15h-1h mer-dim). Sympathique rendez-vous de pêcheurs, il surplombe le port et une épave russe rouillée ; un endroit idéal pour une partie de fléchettes ou de billard. Le **Rallar'n** (☎ 78 99 18 73 ; Storgata 1), un peu plus raffiné, n'a toutefois rien de prétentieux.

Pub et discothèque, le **Ritz** (☎ 78 99 34 81 ; Dr Wessels gate 17) séduit une clientèle jeune, tandis qu'une foule un peu plus âgée fréquente l'**Ofelas Pub & Disco** (Dr Wessels gate 3). Tous deux ouvrent les vendredi et samedi soir.

Depuis/vers Kirkenes

De l'**aéroport de Kirkenes** (☎ 78 97 35 20), des vols directs desservent Oslo et Tromsø. En été, des vols moins chers partent depuis/vers Ivalo, en Finlande. Un bus quotidien (ci-dessous) circule entre Kirkenes et l'aéroport d'Ivalo (250 km).

Des bus rallient Karasjok (504 NOK, 5 heures 15), Hammerfest (831 NOK, 10-12 heures), Alta (876 NOK, 15 heures) et de nombreuses destinations intermédiaires

3-4 fois/semaine. De fin juin à mi-août, **Lapin Linjat** (www.eskelisen-lapinlinjat.com) dessert une fois par jour la ville et l'aéroport d'Ivalo (320 NOK, 4 heures 30).

Kirkenes est le terminus du ferry côtier de Hurtigruten, qui repart vers le sud tous les jours à 12h45. Un bus attend à l'arrivée du ferry et se rend en ville (25 NOK) et à l'aéroport (70 NOK).

Comment circuler

L'aéroport, à 13 km au sud-ouest de la ville, est desservi par le Flybuss (70 NOK, 20 min), qui passe par la gare routière et le Rica Arctic Hotel pour tous les départs et arrivées des vols. **Kirkenes Taxi** (☎ 78 99 13 97) facture 225/305 NOK la course entre la ville et l'aéroport en journée/soirée.

Des bus circulent toutes les heures (moins fréquemment le week-end) entre le centre-ville et Hesseng (20 NOK, 15 min).

Parmi les agences de location de voitures, **Hertz** (☎ 78 99 39 73) et **Avis** (☎ 78 97 37 05), toutes deux à Hesseng, vous livreront le véhicule à l'hôtel.

VALLÉE DE LA PASVIK

Malgré les nuées de moustiques assoiffés de sang, les lacs isolés, la toundra marécageuse et les forêts vierges de la taïga justifient le détour par le petit parc national d'Øvre Pasvik, aux confins de la vallée de la Pasvik.

À 100 km au sud de Kirkenes et couvrant une superficie de 200 km², ce coin frontalier de Norvège ressemble plus à la Finlande, à la Sibérie ou à l'Alaska. Ici, les loups, les gloutons et les ours bruns continuent de vivre en liberté. Le parc abrite également des élans et des oiseaux relativement rares, dont le mésangeai imitateur, le durbec des sapins, le sizerin blanchâtre et la harle piette.

Les chasseurs komsa de l'âge de la pierre ont laissé leur empreinte sous forme de pièges creusés dans le sol autour du lac Ødevann ; certains datent de 4000 av. J.-C.

Renseignements

Le **centre du parc national d'Øvre Pasvik** (☎ 46 41 36 00 ; 🕑 8h-20h lun-ven, 10h-20h ven-sam mi-juin à mi-sept, 8h-15h30 lun-ven le reste de l'année) est installé dans un joli jardin, à 40 km au sud de Kirkenes.

À voir et à faire

Faites une halte à la succursale de Strand du **musée Sør-Varanger** (☎ 78 99 48 80 ; 🕑 juil à mi-août), qui préserve le plus vieil internat public de Norvège et illustre la mixité ethnique de la région. Visitez également la **chapelle de Svanvik**, construite en bois en 1934, et deux fermes du XIXᵉ siècle, **Bjørklund** et **Nordre Namdalen**.

La tour de guet **Høyden 96**, héritage de la guerre froide, offre une vue vers l'est jusqu'à la ville minière russe de Nikel.

RANDONNÉE

Enduisez-vous généreusement d'antimoustique avant de vous aventurer en pleine nature. L'itinéraire le plus accessible est une mauvaise route qui tourne vers le sud-ouest à 1,5 km au sud de Vaggatem et se termine après 9 km à un parking proche de la pointe nord-est du lac Sortbrysttjørna. De là, un chemin balisé court vers le sud-ouest sur 5 km en passant par plusieurs beaux lacs, marécages et tourbières et aboutit au refuge Ellenvannskoia, à côté du grand lac Ellenvatn.

Également du parking d'Ødevasskoia, une marche de 8 km vers le sud conduit au Krokfjell (145 m) et au **Treriksrøysa**, le monument qui marque l'endroit où se jouxtent la Norvège, la Finlande et la Russie. Si l'on peut s'approcher et prendre des photos, faire le tour du monument équivaut à un franchissement illégal de la frontière !

La carte *Krokfjellet* de Statens Kartverk, au 1/25 000, couvre le parc national.

Où se loger et se restaurer

Plusieurs abris de chasse et de pêche sont disséminés dans le parc. Ellenvannskoia (gratuit) est toutefois le seul refuge pratique pour les randonneurs.

Øvre Pasvik Café & Camping (☎ 78 99 55 30 ; www.pasvik-café.no en norvégien ; Vaggetem ; bung 300-570 NOK). Il loue des canoës et des vélos, et fournit des informations sur la nature et les sites.

Pasvik Taiga Restaurant (☎ 78 99 54 44 ; www.pasvik-taiga.no en norvégien ; Skogfoss ; dîner 3-4 plats 500 NOK). Restaurant réputé pour sa cuisine gastronomique, il propose un choix de plats de poisson et de gibier, préparés avec des herbes et des baies de la région. Il compte également 7 chambres (800 NOK/pers, petit déjeuner compris). Réservation indispensable pour l'hôtel et le restaurant.

Depuis/vers la vallée de la Pasvik

En semaine, un bus part de Kirkenes pour Skogfoss (100 NOK, 1 heure 30) et continue jusqu'à Vaggetem (156 NOK, 2 heures 30) les lundi, mercredi et vendredi.

OPORINIA AUTUMNATA

Dans le Finnmark et jusqu'en Finlande, vous découvrirez des forêts de bouleaux aux troncs noircis et dépouillés de leurs feuilles, comme après un incendie. Le responsable de ce désastre est plus petit, plus lent, plus insidieux et tout aussi destructeur.

L'*Oporinia autumnata*, ou épirrite automnale, est un papillon terne et inoffensif. En revanche, sa chenille, vert vif et longue de 2 cm, fait preuve d'un appétit féroce et dévore toutes les feuilles, se balançant de l'une à l'autre sur un fil de soie.

Cette larve a un tel appétit qu'elle finit par détruire son environnement. Sa population est destinée à décliner, mais, en attendant, son impact sur le fragile écosystème de la taïga est dramatique. Deux jours d'affilée à -35°C suffiraient à les éradiquer. Bien que les hivers soient rigoureux au Finnmark, il peut se passer des années avant que la température ne descende aussi bas.

GRENSE JAKOBSELV

Grense Jakobselv fut sans doute habité depuis quelque 8 000 ans, quand le niveau de la mer était plus bas de 60 m. Seul un petit cours d'eau sépare la Norvège de la Russie à cet endroit ; le long de la route, vous verrez des bornes marquant la frontière de chaque côté. Le principal attrait du lieu est une église en pierre de 1869. Elle fut construite de manière à être visible de la mer pour confirmer les droits territoriaux de la Norvège après que les habitants se furent plaints des incursions des bateaux de pêche russes. On pensait que les intrus respecteraient une église et rebrousseraient chemin.

Pendant les vacances scolaires, vous pouvez faire l'aller-retour dans la journée entre Kirkenes et Grense Jakobselv (105 NOK, 1 heure 30) les lundi, mercredi et vendredi. Le bus part à 9h et revient à 11h30, vous laissant une heure pour explorer Grense Jakobselv.

FINNMARK INTÉRIEUR

Niché le long de la frontière finlandaise, le "pays du grand ciel" est une contrée verdoyante et l'épicentre de l'entité semi-politique appelée Sápmi, la "terre des Samis". Kautokeino, une bourgade qui se résume à une rue, est le cœur traditionnel de la région, bien que Karasjok soit plus animée et abrite plus d'institutions samies.

KAUTOKEINO

2 000 habitants

Alors que Karasjok a fait des concessions à la culture norvégienne, Kautokeino, la base hivernale des éleveurs de rennes samis (par opposition aux Samis de la côte), demeure plus spécifiquement samie. Environ 85% des habitants parlent same et beaucoup portent le costume traditionnel. La *kommune*, ou municipalité, est la plus étendue de Norvège et couvre près de 10 000 km² de forêts et de lacs. La ville est franchement ennuyeuse en été, quand les éleveurs partent avec leurs troupeaux vers les pâturages estivaux, alors que quelque 100 000 rennes vivent aux alentours en hiver. Cependant, la galerie des Juhls, à la lisière de la ville, justifie à elle seule le détour pour ses superbes bijoux en argent.

Des traces révèlent que la localité a été habitée en permanence depuis 1553, durant la transition progressive du nomadisme à la vie sédentaire. Le christianisme s'est implanté assez tôt et la première église fut construite en 1641.

L'**office du tourisme** (☎ 78 48 65 00 ; www.kautokeino.no ; 🕙 10h-17h lun-sam, 12h-16h dim mi-juin à mi-août) est installé au rez-de-chaussée du complexe qui borde l'artère principale et abrite également une banque, la poste et le supermarché Coop.

À voir et à faire

JUHLS' SILVER GALLERY

La Sølvsmie (galerie d'argent) des Juhls occupe un superbe bâtiment, en courbes et en angles doux, conçu par les propriétaires Regine et Frank Juhls. Ces joailliers ont commencé à travailler avec les Samis il y a une cinquantaine d'années. Leur **galerie** (☎ 78 48 43 30 ; www.juhls.no ; Galaniitoluodda ; entrée libre ; 🕙 8h30-20h mi-juin à mi-août, 9h-18h le reste de l'année) renommée crée des bijoux en argent et des objets artisanaux de style traditionnel et contemporain, et présente le meilleur du design scandinave. Une aile contient une belle collection de tapis et d'objets orientaux, qui témoigne de leur soutien aux réfugiés afghans durant l'occupation soviétique.

CENTRE CULTUREL DE KAUTOKEINO

Si vous vous intéressez à l'architecture moderne, faites un détour à la périphérie de la ville pour découvrir le **Centre culturel de Kautokeino** (Bredbuktnesveien 50), plusieurs fois primé. Il abrite l'Institut nordique sami et le Beaivváš, la seule compagnie théâtrale professionnelle samie.

MUSÉE DE KAUTOKEINO

À l'extérieur, ce charmant petit **musée** (☎ 78 48 71 00 ; Boaronjárga 23 ; adulte/enfant 30 NOK/gratuit ; 🕘 9h-19h lun-sam, 12h-19h dim mi-juin à mi-août, 9h-15h lun-ven le reste de l'année) présente un village sami traditionnel, avec une ancienne maison, des abris temporaires et des dépendances, comme une cuisine, un sauna et des cabanes pour entreposer le poisson, les pommes de terre et le lichen (principale nourriture des rennes). À l'intérieur, on découvre de l'artisanat sami, des instruments utilisés pour l'agriculture et l'élevage des rennes, des objets religieux et des véhicules servant aux transports en hiver.

KAUTOKEINO KIRKE

L'**église** (Suomalvodda ; 🕘 9h-21h juin à mi-août) en bois de Kautokeino, construite en 1958, est l'une des plus fréquentées du pays, notamment à Pâques. Son intérieur chaleureux, peint de vives couleurs samies, conserve des éléments provenant de l'église de 1701, incendiée durant la Seconde Guerre mondiale.

SAMEKNIV

Sameikniv (☎ 78 48 62 84 ; Galaniitoluodda ; entrée libre ; 🕘 9h-20h juin-août, 9h-16h le reste de l'année) est la galerie du coutelier local sami Josef Per Buljo.

CANOË

Entre juin et août, vous pourrez louer des canoës (300 NOK/jour) au potier proche de la rivière ; renseignez-vous auprès d'Alfred's Kro (ci-contre).

Fête

La **semaine de Pâques** est celle des mariages et d'un grand rassemblement pour marquer la fin de la saison obscure, avant que rennes et bergers ne partent vers les pâturages d'été. Elle est célébrée avec panache : les championnats mondiaux de courses de rennes, le Grand Prix sami – un concours de *yoik* (poème rythmé) – et d'autres événements traditionnels samis et religieux. Consultez le programme sur le site www.saami-easterfestival.org.

Où se loger et se restaurer

Lors de notre passage, un hôtel de la chaîne Thon était en construction et aura peut-être ouvert quand vous serez sur place.

Arctic Motell & Camping (☎ 78 48 54 00 ; www.kauto.no ; Suomaluodda 16 ; empl voiture/caravane 130/150 NOK, bung 400 NOK, avec sdb 750-1 400 NOK, ch motel 600 NOK). Les campeurs et les occupants

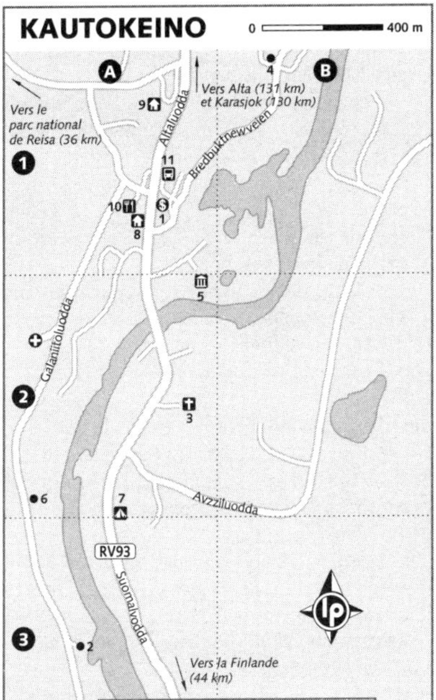

RENSEIGNEMENTS
Banque.....1 A1
Commissariat.....(voir 1)
Poste.....(voir 1)
Office du tourisme.....(voir 1)

À VOIR ET À FAIRE
Juhls' Silver Gallery.....2 A3
Église de Kautokeino.....3 A2
Centre culturel de Kautokeino.....4 B1
Musée de Kautokeino.....5 A2
Samekniv.....6 A2

OÙ SE LOGER
Arctic Motell & Camping.....7 A2
Kautokeino Villmarksenter.....8 A1
Thon Hotel Kautakeino.....9 A1

OÙ SE RESTAURER
Alfred's Kro.....10 A1
Supermarché Coop.....(voir 1)
Kautokeino Villmarksenter.....(voir 8)

OÙ PRENDRE UN VERRE
Caffé Galleriat.....(voir 1)
Maras Pub.....(voir 10)

TRANSPORTS
Arrêt de bus.....11 A1
Station de taxis.....(voir 11)

REGINE ET FRANK JUHLS

Il y a plus de 50 ans que Frank Juhls, désespérant de la scène artistique de Copenhague, est venu s'installer seul en terre samie. "J'ai toujours été attiré par l'Est, jamais par l'Ouest", dit-il en buvant son café dans sa galerie éclairée par le soleil d'été. Et cela fait presque aussi longtemps que sa femme Regine, alors âgée de 18 ans, a quitté son Allemagne natale pour travailler quelques mois auprès d'une famille samie nomade. À cette époque, Frank chassait, peignait, construisait une maison en rondins, gagnant auprès des Samis une réputation de bricoleur capable de tout faire. L'argent est à la fois un ornement et une richesse pour les Samis, "un art de vivre", dit Regine, évoquant le temps où ils étaient, avec les enseignants de l'école locale, les seuls "étrangers" de la ville. "Ils apportaient à Frank les objets cassés pour qu'il les répare." Les Samis ont ainsi inspiré aux Juhls leurs ravissants bijoux.

Cependant, la jalousie ne les a pas épargnés. Les Samis commencèrent à se sédentariser, les scooters des neiges remplacèrent les traîneaux à rennes et les traditions s'estompèrent, tandis que les langues se délièrent : "Ils sont venus avec rien et regardez où ils en sont maintenant." "Ils nous regardent de haut !" affirmaient certains Samis radicaux, et les enfants des Juhls ont connu des moments difficiles à l'école locale. Aujourd'hui, les années ont passé et les blessures se sont refermées. Si les Juhls n'ont jamais été complètement intégrés, ils sont mieux acceptés par la jeune génération.

Leur superbe galerie est la principale raison du long détour jusqu'à Kautokeino. "La maison s'est développée de façon organique", explique Regine, en parlant des ailes et des extensions qui se sont greffées sur la simple cabane en rondins qui demeure leur foyer.

des bungalows ont accès à la cuisine commune de cet établissement accueillant. Son *lavvo* (tipi sami), un endroit chaleureux et confortable pour se détendre devant un feu de bois en sirotant un café, ouvre à partir de 20h. Sur demande, il vous préparera un *bidos*, le ragoût de renne servi lors des mariages et d'autres cérémonies samis.

Kautokeino Villmarksenter (☎ 78 48 76 02 ; isakmathis@hotmail.com ; Hannoluohkka 2 ; s/d 610/810 NOK, bung 4 lits 500 NOK). Au-dessus de l'artère principale, cet endroit fonctionnel et sans charme se distingue par son café-restaurant (plats 90-160 NOK), doté d'une agréable terrasse extérieure.

Alfred's Kro (☎ 78 48 61 18 ; Hannoluohkka 4). Café et self-service plaisant, il propose un grand choix de spécialités locales, comme le gâteau de brochet et le steak de renne tendre (sa spécialité), à accompagner d'une bière Mack à la pression. Le buffet, avec un plat principal et un café, coûte environ 150 NOK, un excellent rapport qualité/prix.

Où prendre un verre

Le **Caffé Galleriat**, au-dessus de l'office du tourisme, est un endroit agréable pour boire un café. L'entrée se situe dans l'artère principale.

Au-dessous de l'Alfred's Kro, le **Maras Pub** (🕑 20h-24h ou 2h jeu-dim), un bistrot animé, offre parfois de la musique live, pop et traditionnelle. Après quelques bières, les clients n'hésitent pas à entonner un ou deux *yoik*.

Depuis/vers Kautokeino

Les transports publics sont rares. Des bus FFR relient Kautokeino et Alta (220 NOK, 2 heures 15) 4 fois/semaine. De juin à mi-août, le bus finlandais Lapin Linjat finlandaise circule entre Kautokeino, Alta (1 heure 45) et Rovaniemi (8 heures), en Finlande, 1 fois/jour.

PARC NATIONAL DE REISA

Bien que faisant partie du comté de Troms, le parc national de Reisa est plus facilement accessible par la route de Kautokeino. Pour les randonneurs, l'itinéraire de 50 km à travers le plateau isolé du Finnmarksvidda est l'un des plus sauvages du pays et des plus éprouvants physiquement. L'extrémité nord du chemin se situe à Sarelv, à 47 km au sud de Storslett par la Rv 865 ; pour rejoindre l'extrémité sud à partir de Kautokeino, empruntez la Rv 896 en direction du nord-ouest jusqu'à Bieddjuvaggi, puis suivez la route gravillonnée qui court vers l'ouest jusqu'à Reisevannhytta, à 4 km.

La plupart des randonneurs effectuent le parcours du nord au sud. De Bilto ou de Sarelv, vous pouvez suivre le sentier qui longe la rive ouest de la Reisaelva ou louer un bateau pour remonter la rivière jusqu'à Nedrefoss (27 km, 3 heures), où se trouve un refuge du DNT. En chemin, vous verrez la cascade de Mollesfossen, haute de 269 m, à l'est du sentier qui longe la Molleselva, un affluent. De Nedrefoss, le chemin continue sur 35 km vers le sud jusqu'au refuge Reisavannhytta au bord du lac Reisajävri, près de l'extrémité sud.

KARASJOK

1 500 habitants

Une jolie route relie Kautokeino et Karasjok, et suit en partie la rivière Iešjokka.

Si Kautokeino compte plus d'habitants samis, Karasjok (Kárásjohka en same) est incontestablement la capitale samie du pays. Elle abrite le Parlement et la bibliothèque samis, la radio samie NRK, un superbe musée sami et un impressionnant parc à thème sami. La ville possède également la plus ancienne église en bois du Finnmark, la **Gamlekirke**, construite en 1807, et le seul édifice de Karasjok à avoir survécu à la Seconde Guerre mondiale. À 18 km seulement de la frontière finlandaise, la ville est envahie de bus touristiques, de caravanes et de voitures qui se rendent au cap Nord.

L'**office du tourisme** (☎ 78 46 88 10 ; www.koas.no ; 🕑 9h-19h juin à mi-août, 9h-16h lun-ven le reste de l'année), dans le parc Sápmi, près du croisement de l'E 6 et de la Rv 92, change les euros.

À voir et à faire

PARC SÁPMI

La culture samie est une industrie florissante, comme en témoigne ce **parc à thème** (☎ 78 46 88 00 ; Porsangerveien ; adulte/enfant/famille 100/60/270 NOK ; 🕑 9h-19h juin à mi-août, 9h-16h lun-ven le reste de l'année) très bien conçu. Outre la mélancolique introduction multimédia à la culture samie du "théâtre magique", vous découvrirez des campements samis d'hiver et d'été, d'autres habitations et, bien sûr, une boutique de souvenirs et un café. Les petits musées samis de Karasjok et de Kautokeino, plus académiques, fournissent des informations plus détaillées.

PARLEMENT SAMI

Le **Parlement sami** (Sámediggi ; ☎ 78 47 40 00 ; Kautokeinoveien 50 ; entrée libre) a vu le jour en 1989. En 2000, il s'est installé dans ce superbe bâtiment en bois de Sibérie, lambrissé en bois de bouleau, de pin et de chêne. La principale salle de réunion est en forme de tente samie et la **bibliothèque samie**, éclairée de petites ampoules semblables à des étoiles, compte plus de 35 000 volumes, et d'autres médias. De fin juin à mi-août, une visite guidée de 30 min a lieu toutes les heures entre 8h30 et 14h30 (sauf à 11h30), du lundi au vendredi. Le reste de l'année, elle a lieu à 13h30 en semaine. Des Parlements samis similaires existent en Finlande et en Suède.

MUSÉE NATIONAL SAMI

Le **musée national Sami** (Sámiid Vuorká Dávvirat ; ☎ 78 46 99 50 ; Museumsgata 17 ; 70 NOK ; 🕑 9h-18h mars-oct, 9h-15h lun-ven le reste de l'année), ou collection samie, souffre de la concurrence du parc Sápmi. Plus petit et plus sérieux, il est consacré à l'histoire et à la culture samies. Ses collections comprennent des costumes traditionnels colorés, d'innombrables outils et artefacts et des œuvres d'artistes samis contemporains. À l'extérieur, une demeure témoigne de la simplicité de la vie traditionnelle. Les légendes sont uniquement en norvégien et en same et la brochure en anglais n'est pas très claire.

CENTRE DES ARTISTES SAMIS

Cette **galerie** (☎ 78 46 90 02 ; Jeagilvármádii 54 ; 🕑 10h-15h lun-ven, 12h-17h dim) dynamique organise des expositions temporaires d'artistes samis contemporains et mérite le court trajet jusqu'à la périphérie de la ville.

SENTIER CULTURE ET NATURE ÁSSEBÁKTI

Sur la Rv 92, à 12 km au sud de Karasjok en direction de Kautokeino, ce chemin de 3,5 km (indiqué "Kulturminner" sur la nationale) constitue une agréable promenade à travers la forêt. Après 25 min de marche, vous verrez des vestiges de fosses de trappeurs, de tertres de stockage et, de l'autre côté de la rivière, de huttes de tourbe. Comptez 2 heures pour l'aller-retour.

Circuits organisés

Engholm's Husky, dans le lodge du même nom (p. 370), propose en hiver des circuits en traîneau à chiens et de ski de fond, et en été des randonnées avec un chien portant vos affaires (au moins en partie). Les circuits tout compris vont de l'excursion en traîneau à chiens d'une journée (1 100 NOK/pers) au safari arctique hors-piste de 8 jours (11 500 NOK). Pour une liste complète des activités, consultez le site www.engholm.no.

Où se loger et se restaurer

Karasjok Camping (☎ 78 46 61 35 ; halonen@online.no ; Kautokeinoveien ; pers/empl 10/110 NOK, dort 150 NOK, bung 275-450 NOK, avec sdb 650-990 NOK). Installé à flanc

LE GRAND NORD

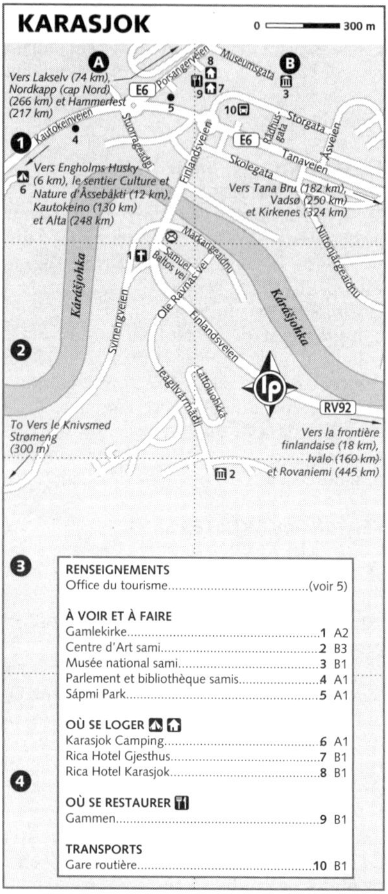

de colline avec vue sur la rivière, ce camping accueillant comprend un confortable *lavvo*, avec cheminée et peaux de renne, et une hutte tout aussi plaisante, avec un barbecue.

Engholm's Design Lodge (☎ 91 58 66 25 ; www.engholm.no ; bung 300-400 NOK plus 200 NOK/pers). À 6 km de Karasjok le long de la Rv 92, Sven Engholm, le propriétaire des lieux, a construit cette merveilleuse retraite dans la forêt. Chaque bungalow rustique est meublé différemment, avec goût. Tous disposent d'une cuisine et deux d'une sdb. Seuls les aboiements ou baillements des chiens troublent de loin en loin la quiétude. Le dîner copieux revient à 250 NOK. Des sentiers balisés sillonnent la forêt et une marche d'à peine 5 min conduit à une rivière à saumons avec une jolie plage, où vous pourrez louer un canoë double (350 NOK/jour). L'endroit fait également fonction d'auberge de jeunesse (HI) pour Karasjok (dort/s/d 175/355/500 NOK).

Rica Hotel Karasjok (☎ 78 46 88 60 ; www.rica.no ; Porsangerveien ; s/d 950/1 165 NOK mi-juin à mi-août, 1 375/1 625 NOK dim-jeu, 830/1 080 NOK ven-sam le reste de l'année ; P 🖳). À côté du parc Sápmi, le plus bel hôtel de Karasjok offre de belles chambres, un décor de motifs samis et un excellent restaurant du Menu arctique. En plus de l'accès Wi-Fi, il dispose d'un ordinateur connecté à Internet (3 NOK/min – hors de prix !). Dans le parc et nettement moins cher, le **Gjestehus** (s/d 590/700 NOK mi-juin à mi-août et ven-sam toute l'année, 645/860 NOK dim-jeu le reste de l'année) propose des chambres avec sdb communes.

Gammen (☎ 78 46 88 60 ; plats 215-310 NOK ; 🕑 10h-23h mi-juin à mi-août). Géré par le Rica Hotel, cet ensemble rustique se compose de quatre grandes huttes samies communicantes. La carte met l'accent sur les plats traditionnels à base de renne, mais l'on peut aussi choisir une truite ou se contenter d'une bière ou d'un café. Malgré l'afflux des groupes de touristes, l'endroit est plaisant pour un repas ou un verre.

Achats

Knivsmed Strømeng (☎ 78 46 71 05 ; Badjenjárga ; 🕑 lun-ven). Cette coutellerie artisanale fabrique depuis cinq générations des couteaux samis originaux pour tous les usages, de la cuisine aux activités en plein air.

Depuis/vers Karasjok

Deux fois par jour sauf le samedi, des bus relient Karasjok à Alta (391 NOK, 4 heures 45) et à Hammerfest (344 NOK, 4 heures 15). Un bus dessert Kirkenes (504 NOK, 5 heures 15) 3 fois/semaine.

Tous les jours, un bus Lapin Linjat se rend à Rovaniemi (500 NOK, 8 heures) via Ivalo (200 NOK, 3 heures 30), en Finlande ; il rallie également Karasjok toute l'année.

Le Svalbard

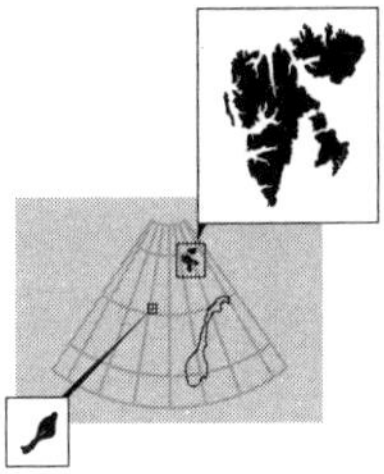

Extraordinaire archipel aux fabuleux paysages, le Svalbard est la partie du pôle Nord la plus facilement accessible. De grands icebergs et des glaces flottantes s'entrechoquent sur la mer, des champs de glace et des glaciers font scintiller les hauteurs isolées. Cependant, la nature parvient à triompher dans ce désert gelé et une observation attentive permet de déceler des lichens, des herbes fragiles et des fleurs délicates. Une faune réussit également à survivre dans ce climat impitoyable – baleines, phoques, morses, renards polaires, robustes rennes du Svalbard et ours blancs restent, jusqu'à présent, plus nombreux que les humains.

Le Svalbard n'est pas une destination simple, notamment pour les voyageurs au budget modéré. Un vol de près de 1 000 km le relie à l'aéroport continental le plus proche et les hébergements sont coûteux. Peu de visiteurs tentent l'aventure en indépendant ; la majorité vient en circuit organisé. À votre arrivée à Longyearbyen, le point d'entrée habituel des voyageurs indépendants, nous vous recommandons de choisir une visite en groupe.

Ne rejetez pas l'idée d'un séjour en hiver. De nombreuses activités en plein air garantissent bonne mine et joues roses, et vous apprécierez mieux l'ambiance urbaine de Longyearbyen.

Le prix des circuits et des activités constitue le principal obstacle. Bien que s'aventurer en dehors de Longyearbyen soit difficile, voire dangereux, ne pas entreprendre une ou deux excursions supprime en grande partie l'intérêt du voyage. En calculant votre budget avant le départ, prévoyez une marche sur un glacier, un circuit en bateau ou la visite d'une mine.

À NE PAS MANQUER

- Une marche, crampons aux pieds, sur le **glacier Longyearbreen** (p. 380), puis la recherche de fossiles
- La découverte de la nature arctique vierge lors d'une **randonnée organisée** (p. 374)
- Les profondeurs de la **mine n°3** (p. 376), aux alentours de Longyearbyen, et la dure vie des anciens mineurs
- La visite de **Barentsburg** (p. 380), un ancien village minier russe
- Une matinée ensoleillée parmi les glaciers étincelants et les eaux turquoise du **Magdalenefjord** (p. 383)

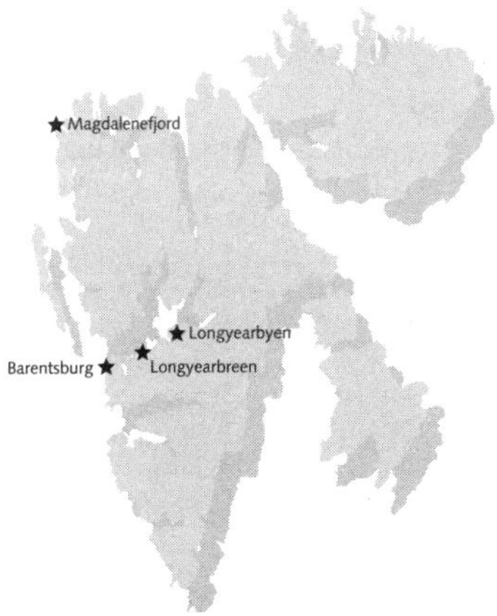

- 2 800 HABITANTS
- POINT CULMINANT : NEWTONTOPPEN (1 713 M)

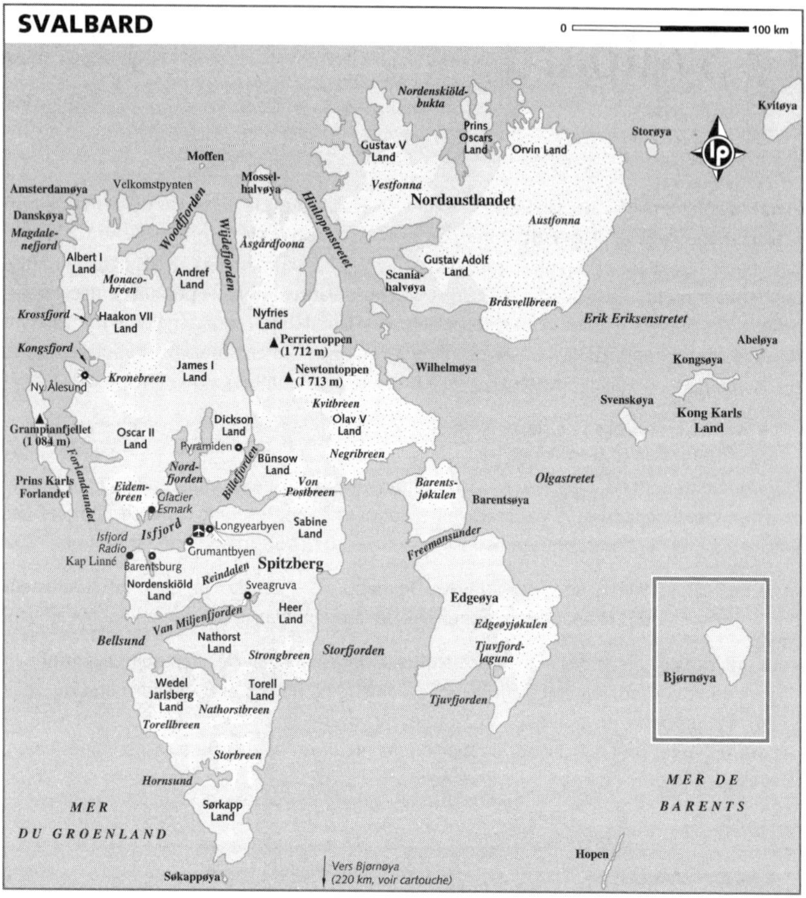

Histoire

La première mention du Svalbard figure dans une saga islandaise de 1194. Le navigateur hollandais Willem Barents, à la recherche d'un passage nord-est vers la Chine, est toutefois considéré comme le premier visiteur du continent européen (1596). Il appela ces îles Spitsbergen, ou "montagnes acérées". Le nom norvégien Svalbard vient du vieux norrois et signifie "côte froide" ; les anciennes sagas scandinaves parlent d'une "terre dans le Grand Nord au bout de l'océan". Aujourd'hui, Spitsbergen (Spitzberg) désigne la plus grande île du Svalbard. En 1920, le traité du Svalbard accorda à la Norvège la souveraineté sur l'archipel et le droit à des activités militaires restreintes. Signé à l'origine par 9 nations, il est aujourd'hui reconnu par plus de 40 pays, dont les citoyens bénéficient des mêmes droits et obligations sur les îles que les Norvégiens.

EXPLORATIONS POLAIRES

Longyearbyen se situe à 1 338 km du pôle Nord (approximativement, car le Svalbard se rapproche du pôle de 2 mm par an). À la fin du XIXe et au début du XXe siècle, plusieurs explorateurs tentèrent d'atteindre le pôle Nord en dirigeable et en ballon. Roald Amundsen et Umberto Nobile furent les premiers à réussir en 1926. Deux ans plus tard, Amundsen et son équipe périrent en tentant de retrouver Nobile, disparu au cours d'une expédition similaire et finalement sauvé.

CHASSE ET CHASSE À LA BALEINE

Lors de la découverte de Barents, l'archipel était inhabité ; les premiers Inuits qui avaient migré vers l'est de la Sibérie et de l'Alaska s'étaient arrêtés au Groenland. Des traces archéologiques attestent de la présence d'une migration russe hivernale au début du XVIIe siècle, mais les premières preuves d'activités d'Européens de l'Ouest au Svalbard datent de dix ans plus tard. De 1612 à 1720, des baleiniers anglais, hollandais, français, norvégiens et danois pourchassèrent les cétacés le long de la côte ouest de l'île du Spitzberg ; on estime que les Hollandais massacrèrent à eux seuls 60 000 baleines.

Un groupe de Britanniques effectua le premier hivernage connu à Bellsund en 1630, suivi par des Hollandais à Smeerenburg trois ans plus tard ; l'hiver suivant, le scorbut ravagea la colonie et seule une équipe réduite resta sur place ; aucun de ses membres ne survécut. À partir du début du XVIIe siècle, des Pomors russes vinrent au Svalbard pour chasser des élans, des morses, des phoques et des bélugas. Les Norvégiens commencèrent à exploiter les ressources naturelles des îles en 1795, chassant les ours et les renards polaires.

MINES DE CHARBON

Les chasseurs de baleine découvrirent sans doute du charbon à Ny Ålesund (p. 382) dès 1612, mais la première mine moderne n'ouvrit qu'en 1906, quand l'Arctic Coal Company (ACC) entama l'exploitation d'un riche filon. Le village qui se développa autour de la mine fut nommé d'après le propriétaire américain de l'ACC, John Munroe Longyear. En 1916, l'ACC fut rachetée par la Store Norske Spitsbergen Kull Compani (SNSK). Au cours des années suivantes, deux autres compagnies norvégiennes s'installèrent sur l'île la plus méridionale de l'archipel, Bjørnøya, et la Kings Bay Kull Compani ouvrit une mine à Ny Ålesund.

L'exploitation minière fut interrompue durant la Seconde Guerre mondiale et, le 3 septembre 1941, les îles furent évacuées. Néanmoins, les Allemands bombardèrent Longyearbyen et les villages de Barentsburg et de Sveagruva (la mine n°2, juste à l'est de Longyearbyen, prit feu et continua de brûler pendant 14 ans). Après la capitulation allemande en 1945, les civils revinrent, Longyearbyen fut reconstruite et les Russes recommencèrent à exploiter Pyramiden et Barentsburg.

Ny Ålesund, également rouverte, fut fermée après une explosion en 1962 et transformée en station de recherche.

La mine n°7, qui fonctionne depuis près de 40 ans, est la seule toujours en activité près de Longyearbyen ; elle produit quelque 70 000 tonnes de charbon par an, utilisées par la centrale électrique de la ville ou exportées en Allemagne.

Svea Nord, à 44 km au sud-est de Longyearbyen, est aujourd'hui le principal gisement, avec des rendements faramineux. La mine produit environ 3 millions de tonnes par an, et plus en deux jours que la mine n°7 en une année. Les réserves sont estimées à plus de 30 millions de tonnes et l'activité doit durer jusqu'en 2013. À l'autre bout de l'échelle, la main-d'œuvre, basée à Longyearbyen et amenée par avion à Sveagruva par roulements de 3 semaines, semble dérisoire face aux énormes machines qui creusent la montagne.

AUTRES RESSOURCES NATURELLES

Les estimations les plus optimistes concernant les réserves d'or dans le sous-sol du Svalbard les placent au niveau de celles de l'Afrique du Sud. Des signes indiquent de riches gisements de pétrole et de gaz, qui deviendront plus accessibles et plus rentables si le réchauffement climatique continue.

Géographie et climat

Le Svalbard est couvert à 13% de végétation, à 27% de roche nue et à 60% de glaciers. L'été, la courte saison préférée des visiteurs, est une période de croissance fiévreuse pour les plantes, les mammifères et les oiseaux. La végétation rare et chétive contraste avec la richesse des mers environnantes, du microscopique plancton aux baleines blanches.

L'archipel, de la taille de l'Irlande, se compose essentiellement de strates de sédiments glaciaires érodés, déposés au fond de la mer il y a environ 1,2 milliard d'années. Bien que cela soit difficile à imaginer, le Svalbard était une luxuriante région tropicale entre 300 et 60 millions d'années en arrière. De riches strates de matières organiques s'accumulèrent en surface, puis une chaleur et une pression extrêmes les transformèrent en charbon. La dérive des continents poussa l'archipel vers le pôle et la plupart de ses reliefs actuels furent créés durant les époques glaciaires des deux derniers millions d'années. Les sommets les plus élevés sont le Newtontoppen (1 713 m) et le Perriertoppen (1 712 m).

NE DÉRANGEZ PAS LE SVALBARD !

"Nous savons qu'il est impossible d'être un touriste invisible, mais nous apprécierions vos efforts", précisent les brochures touristiques. En plus de respecter l'environnement, vous apporterez de différentes manières une modeste contribution à la préservation du Svalbard. Un supplément de 150 NOK par visiteur s'ajoute à tout billet d'avion ou de bateau et contribue à financer les mesures environnementales prises dans l'archipel.

Tout vestige d'activité humaine antérieur à 1946 est classé "monument culturel" et ne doit être touché. Cela se comprend quand il s'agit d'anciennes tombes ou des vestiges laissés par de lointains pêcheurs et chasseurs, mais semble exagéré quand il s'agit des débris industriels aux alentours de Longyearbyen. Ailleurs, les autorités auraient depuis longtemps obligé les compagnies à les débarrasser.

La latitude du Svalbard s'échelonne de 74°N à Bjørnøya, au sud, à plus de 80°N à la pointe nord du Spitzberg et à Nordaustlandet. À Longyearbyen, le soleil de minuit dure du 19 avril au 23 août, et la nuit polaire du 28 octobre au 14 février.

L'archipel connaît un climat polaire désertique rigoureux, avec seulement 200 à 300 mm de précipitations annuelles. Bien que la côte ouest reste libre de glaces la majeure partie de l'été, la banquise frôle le nord de l'île principale toute l'année et la glace couvre environ 60% des terres. Il peut neiger ou geler à n'importe quelle époque de l'année. La température moyenne annuelle s'élève à -4°C et à 6°C en juillet. Il arrive toutefois qu'elle grimpe jusqu'à 20°C. En janvier, le thermomètre indique habituellement -16°C et peut dégringoler à -30°C.

Les ours polaires, menacés par la fonte de la calotte glaciaire arctique, semblent pour l'instant préservés au Svalbard, où ils restent plus nombreux que les humains ; on estime leur nombre entre 3 000 et 3 500 pour une population humaine de 2 800 âmes.

Désagréments et dangers

L'ours polaire, symbole du Svalbard, n'est pas l'animal paisible que l'on voit dans les zoos et une rencontre risque d'être fatale. Bien que cela soit assez rare dans les environs de Longyearbyen, mieux vaut n'entreprendre une randonnée qu'en circuit organisé. Le guide porte toujours un fusil et sait s'en servir. Si vous campez, les fils de fer avec signaux lumineux et les fusées éclairantes font partie de l'équipement standard. Ils servent à effrayer un ours qui approche et non pas à appeler des secours, qui peuvent être à des heures.

Si, malgré tout, vous décidez de partir sans guide, emportez cet équipement, loué en ville par plusieurs boutiques ; apprenez à tirer si vous n'avez jamais manié de fusil.

Sachez toutefois que la dernière rencontre fatale avec un ours remonte à 1995, à seulement 2 km de Longyearbyen…

Circuits organisés

Pour des raisons de sécurité et de logistique, il est quasi impossible d'explorer le Svalbard en indépendant et, comme le conseille le gouverneur, nous vous recommandons de réserver un circuit organisé auprès d'un tour-opérateur reconnu. Les propositions sont innombrables, des excursions hivernales d'une journée en traîneau à chiens ou à motoneige aux expéditions de 2 semaines jusqu'au pôle Nord en été. Le **site Internet d'information touristique** (www.svalbard.net) officiel recense des dizaines de circuits. Nous ne décrivons ci-dessous que quelques-uns des plus prisés. Pour d'autres suggestions d'excursions d'une journée, reportez-vous p. 378.

SPITSBERGEN TRAVEL

L'une des plus grandes agences du Svalbard, **Spitsbergen Travel** (☎ 79 02 61 00 ; www.spitsbergentravel.no), organise des croisières guidées de 3 jours de mi-juin à mi-septembre à bord du *Nordstjernen,* l'ancien vapeur côtier de Hurtigruten, avec escales à Barentsburg et à Ny Ålesund. Les prix, sans le trajet en avion, commencent à 7 930/12 875 NOK par personne sans/avec douche. Ce prestataire propose aussi des croisières de 7 jours à bord du *Polar Star*, plus petit, qui pénètre plus profondément dans des régions peu visitées du Svalbard (à partir de 32 600 NOK en cabine double).

SVALBARD WILDLIFE SERVICE

Offrant de nombreuses excursions classiques et plusieurs inhabituelles, **Svalbard Wildlife**

LE SVALBARD

L'OURS POLAIRE MENACÉ

Le nombre d'ours polaires a décliné depuis la fin du XIXe siècle, qui marqua le début de la chasse intensive. Cependant, depuis le traité pour la conservation des ours polaires et de leur habitat, signé par tous les pays frontaliers de l'Arctique en 1973, la population a recommencé à augmenter graduellement. Aujourd'hui, un nouveau danger les menace, moins direct, plus pernicieux et impossible à contrôler par une législation.

L'ours polaire, symbole de l'Arctique pour les citadins et les habitants des pays tempérés, est un animal solitaire, formidablement puissant et qui survit dans l'un des environnements les plus impitoyables qui soit. En dépit de cette incroyable résistance, des scientifiques prédisent qu'il pourrait disparaître d'ici à la fin du siècle si le réchauffement climatique continue. Comme dans beaucoup de régions froides du globe, les glaciers du Svalbard diminuent. La banquise, l'habitat naturel et le premier terrain de chasse de l'ours qui se nourrit essentiellement de phoques (un adulte doit en consommer de 50 à 75 par an pour survivre), rétrécit. Selon des simulations sur ordinateur, elle pourrait même fondre totalement au pôle Nord en été. Bien que les ours blancs soient d'excellents nageurs (on les classe en fait dans les mammifères marins), ils risquent la noyade en essayant d'atteindre de nouveaux champs de glace. Moins de mer gelée signifie aussi que des groupes seront isolés et se reproduiront entre eux, affaiblissant le patrimoine génétique. Le taux de naissance peut baisser, car les femelles ont besoin d'une neige profonde pour creuser les tanières où elles mettent bas. Des ours affamés erreront à la recherche de nourriture, approchant de plus en plus les humains, une confrontation qui laisse peu de chances à l'animal.

À moins d'être sur un bateau de croisière et d'observer la côte bien à l'abri, il y a peu de probabilité que vous aperceviez un ours polaire. Ne tentez jamais de vous approcher, pour votre sauvegarde et celle de l'ours (si le conducteur irresponsable d'une motoneige prend un ours en chasse, il sera puni d'une forte amende). Les ours aux abois transpirent énormément sous leur fourrure et risquent de mourir de chaleur si on les poursuit.

Si, par hasard, vous voyez un ours lors d'une promenade, restez à distance. Consultez plutôt le site du World Wide Fund (en anglais), www.panda.org/polarbears, où vous pourrez suivre les déplacements de quatre ours, équipés d'un collier émetteur par des scientifiques. Le site fourmille d'informations sur ces splendides créatures.

Service (☎ 79 02 56 60 ; www.wildlife.no ; 9h-16h lun-ven) organise 3 jours de camping, de randonnée et de kayak sur le glacier Esmark (6 400 NOK), ou 7 jours parmi les glaciers, les phoques et les morses de l'île Prins Karls Forlandet (13 500 NOK).

SPITSBERGEN TOURS

Le propriétaire de **Spitsbergen Tours** (☎ 79 02 10 68 ; www.terrapolaris.com), Andreas Umbreit, fort de 20 ans d'expérience dans l'archipel, a écrit un excellent guide du Svalbard en anglais, intitulé *Spitsbergen : Svalbard, Franz Josef Land, Jan Mayen*.

Parmi les excursions proposées figurent trois versions d'une semaine arctique à Longyearbyen : durant la longue nuit polaire (10 200 NOK), pendant le printemps frisquet d'avril (13 800 NOK), ou pendant la haute saison d'été sous la tente ou en chambre simple (7 650-19 000 NOK). Les prix comprennent des excursions d'une journée (en traîneau à chiens, à motoneige, en bateau ou à pied, selon la saison). En hiver, les circuits en traîneau à chiens reviennent à 2 000 NOK/jour et il vaut mieux réserver bien à l'avance. Les plus intrépides pourront choisir en hiver une semaine de randonnée à pied et en raquettes (12 800 NOK), avec nuits sous la tente (prévoyez un sac de couchage 4 saisons) ou dans un igloo construit par les participants.

Spitsbergen Tours organise également des randonnées modulables, adaptées à toute personne en forme raisonnable. Comptez 7 900/13 200/22 000 NOK pour 1/2/3 semaines, tout compris.

CROISIÈRES GUIDÉES

Parmi les tour-opérateurs qui proposent des croisières guidées dans l'archipel, citons l'agence française **Grand Nord Grand Large** (☎ 01 40 46 05 14 ; www.gngl.com ; 15 rue du Cardinal-Lemoine, 75005 Paris) et la compagnie canadienne **GAP Adventures** (www.gapadventures.com ; 19 Charlotte St, Toronto, Ontario M5V 2H5).

BONJOUR, SOLEIL !

À 50 m au sud de l'église du Svalbard, cinq marches délabrées et un panneau à peine lisible indiquant "Sykhustrappa" (escalier de l'hôpital) sont les ultimes vestiges du premier hôpital de Longyearbyen, cher au cœur des habitants.

Traditionnellement, une semaine de réjouissances destinées à oublier le long hiver polaire commençait dès que les premiers rayons de soleil printaniers touchaient la dernière marche. L'hôpital a été démoli depuis longtemps, mais l'escalier a été conservé et la tradition perdure.

POLI ARCTICI

Poli Arctici (☎ 79 02 17 05 ; www.poliartici.com) a été fondé par Stefano Poli, un guide milanais qui arpente le Svalbard depuis 13 ans. Spécialisé dans les treks de plusieurs jours, Stefano organise aussi des randonnées guidées d'une journée et, en hiver, des sorties à motoneige.

BASECAMP SPITSBERGEN

Basecamp Spitsbergen (☎ 79 02 46 00 ; www.basecampexplorer.com) offre essentiellement des activités hivernales, dont un séjour à bord du *Noorderlicht*, un voilier hollandais qui s'installe dans le fjord quand il commence à geler en automne. Il organise également, en été et en hiver, des séjours à Isfjord Radio, une ancienne station de radio rénovée à la pointe nord-ouest de l'île du Spitzberg.

SVALBARD VILLMARKSSENTER

Expert des attelages de chiens, **Svalbard Villmarkssenter** (☎ 79 02 17 00 ; www.svalbardvillmarkssenter.no) propose des expéditions en traîneau sur patins en hiver, ou sur roues en été.

LONGYEARBYEN

1 500 habitants

Seule ville du Svalbard et seule localité à compter plus qu'une poignée d'habitants, Longyearbyen (littéralement "ville de la longue année") est aujourd'hui une base touristique. Ses origines minières restent néanmoins visibles et la statue d'un mineur portant un pic se dresse près du Lompensenteret. Pendant des décennies, la Store Norsk, propriétaire des puits, de la cantine, de la boutique et des transports, possédait quasi l'âme des mineurs. Puis, en 1976, l'État norvégien intervint pour sauver la compagnie de la faillite. Aujourd'hui, la majorité des quelques habitants qui vivent ici toute l'année bénéficient de contrats d'un an exemptés d'impôts.

La ville moderne, entourée de crassiers, profite d'un cadre superbe, avec deux langues glaciaires, le Longyearbreen et le Lars Hjertabreen. L'architecture tient compte du rude climat arctique : la plupart des structures sont construites sur des pilotis afin que les bâtiments chauffés ne fassent pas fondre le permafrost, qui ne dépasse pas un mètre d'épaisseur. La tuyauterie, rigoureusement isolée, court au-dessus du sol.

Les mineurs ôtaient jadis leurs chaussures incrustées de charbon avant de franchir le seuil, une coutume encore largement respectée, sauf dans les boutiques et les restaurants.

Renseignements

Basecamp Spitsbergen (20 NOK/10 min). Possède un terminal connecté à Internet.

Bibliothèque (Lompensenteret ; 🕐 11h-18h lun-jeu). Accès gratuit à Internet.

Hôpital de Longyearbyen (☎ 79 02 42 00)

Office du tourisme (☎ 79 02 55 50 ; www.svalbard.net ; 🕐 10h-17h mai-sept, 12h-17h le reste de l'année). Dans le complexe The Gateway to Svalbard. Publie le *Guide Longyearbyen*, très complet, et une liste hebdomadaire des innombrables activités de plein air.

Sparebanke 1 Norge. Banque et DAB dans le bâtiment de la poste.

À voir et à faire

MUSÉE DU SVALBARD

Inaugurée récemment, cette impressionnante salle d'exposition comprend diverses sections, décrivant notamment la vie hors du commun des anciens chasseurs de baleines, de phoques et de morses, des trappeurs et des mineurs. Elle présente un attrayant mélange de documents, d'artefacts et d'animaux naturalisés. Dans le coin bibliothèque, vous pourrez feuilleter les ouvrages, installé sur de confortables coussins.

MINE N°3

Un circuit de 3 heures plonge jusqu'au cœur de la **mine n°3** (entrée avec transport de l'hôtel 590 NOK, à partir de 14 ans). En activité de 1971 à 1996, ce fut le dernier puits exploité manuellement, creusé dans la montagne jusqu'à 5,5 km de profondeur. Les galeries latérales d'où les mineurs extrayaient le charbon ne dépassaient pas 80 cm de hauteur. Ramper dans

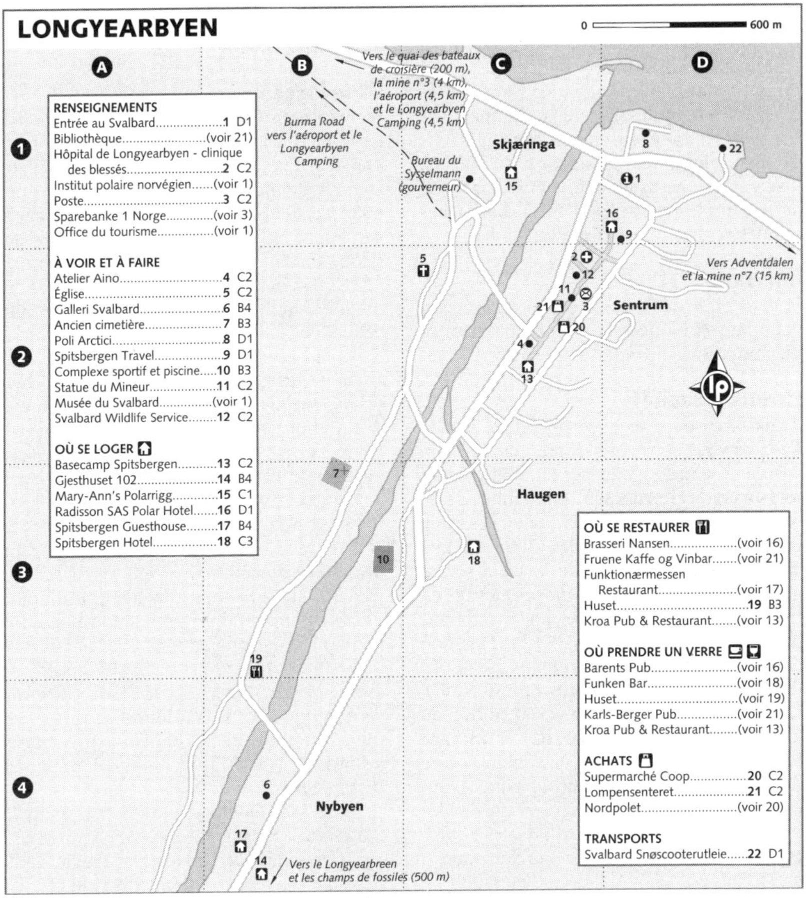

l'une d'elles donne une idée de la dureté de ce travail.

MINE N°7

En été, **Svalbard Explorer** (☎ 90 76 29 33 ; www.svalbardexplorer.no en norvégien) organise une ou deux fois par jour des visites (590 NOK) de la dernière mine de charbon en activité de Longyearbyen, à 15 km à l'est de la ville.

CIMETIÈRE HISTORIQUE

Ce petit cimetière, avec ses simples croix de bois blanches, date du début du XXe siècle. En octobre 1918, sept jeunes gens de Longyearbyen moururent en quelques jours de la grippe espagnole, un virus qui fit 40 millions de morts en Europe, en Asie et en Amérique du Nord.

GALLERI SVALBARD

La **galerie Svalbard** (☎ 79 02 23 40 ; adulte/enfant/tarif réduit 50/20/40 NOK ; 🕑 11h-17h) expose les œuvres de l'artiste norvégien Kåre Tveter sur le thème du Svalbard, si pures et si froides qu'elles font frissonner, ainsi que des reproductions de cartes anciennes du Svalbard. Un film de 10 min, *The Arctic Nature of Svalbard*, donne un aperçu de l'aspect hivernal du Svalbard.

ATELIER AINO

L'**atelier Aino** (entrée libre ; 🕑 11h-17h lun-ven, 11h-15h sam), indiqué près de la rue piétonne principale, appartient à l'artiste danoise Aino Grib. Résidant au Svalbard, elle capture sur ses toiles les nuances des saisons de l'Arctique.

OBSERVATION DES OISEAUX

D'innombrables oiseaux nichent au Svalbard en été et beaucoup s'y posent lors de leur migration annuelle. Parmi les nombreuses espèces figurent des macareux, des mergules nains, des bécasseaux violets, des guillemots de Brünnich, des plongeons catmarins, divers labbes parasites et mouettes, ainsi que de nombreuses espèces d'oies – bernaches nonnettes, cravants et oies à bec court.

NATATION

Si vous en avez l'énergie en fin de journée, vous pourrez plonger dans la piscine chauffée du complexe sportif de Longyearbyen.

Circuits organisés

Vous serez déçu si vous ne sortez pas de Longyearbyen et vous repartirez sans même un aperçu de la majesté sauvage du Svalbard. Les tour-opérateurs proposent une multitude de courtes excursions qui varient selon la saison, dont la recherche de fossiles (300 NOK), la visite de mines (590 NOK), un circuit en bateau à Barentsburg (990 NOK), une promenade en traîneau à chiens (800 NOK), une marche sur un glacier (à partir de 490 NOK), l'exploration de grottes glaciaires (à partir de 520 NOK), des sorties en kayak (à partir de 550 NOK), des promenades à cheval (550 NOK) ou à motoneige (1 000-1 400 NOK). La liste hebdomadaire des activités que publie l'office du tourisme en recense beaucoup plus. Toutes ces sorties peuvent se réserver auprès des tour-opérateurs (directement ou sur leur site Internet) ou en ligne à l'office du tourisme.

L'ARCHE DE NOÉ DANS L'ARCTIQUE

Au plus profond de la montagne, au-dessous du permafrost, une vaste caverne construite par l'homme, surnommée salle de la fin du monde ou arche de Noé végétarienne, a été achevée début 2008. Cette chambre forte peut contenir jusqu'à 4 millions de graines différentes, représentant la diversité botanique de la planète. Des échantillons provenant de banques et de collections de graines du monde entier sont gardées à une température constante de -18°C, afin que chaque espèce soit préservée en cas de disparition dans sonenvironnement naturel.

Pour des informations sur les circuits plus longs, reportez-vous p. 374.

Où se loger

Longyearbyen Camping (☎ 79 02 10 68 ; www.longyearbyen-camping.com ; 90 NOK/pers ; ⌚ mi-juin à mi-sept). Près de l'aéroport, sur une plate étendue de tourbe, ce camping particulièrement accueillant, avec cuisines et douches, surplombe l'Isfjord et les glaciers en contrebas. Il loue des tentes (100 NOK/nuit), des matelas (20 NOK), des sacs de couchage (50 NOK la première nuit, 30 NOK les suivantes) et des vélos (100 NOK/jour pour les campeurs). Il se situe à 1 heure de marche de la ville.

Poli Arctici (☎ 79 02 17 05, 91 38 34 67 ; www.poliarctici.com ; s/d 700/800 NOK). Guide chevronné de l'Arctique, Stefano Poli propose 4 appartements d'un bon rapport qualité/prix, avec sdb et kitchenette, dans le centre de Longyearbyen.

Longyearbyen possède deux hébergements à prix raisonnables – pour l'île – à Nybyen, à la lisière sud de la ville et à 20 min de marche du centre. Anciens logements de mineurs, ils disposent de sdb communes, d'une cuisine et d'un petit salon. Les prix incluent le petit déjeuner.

Gjesthuset 102 (☎ 79 02 57 16 ; 102@wildlife.no ; dort/s/d 300/495/850 NOK ; ⌚ mars-nov). Autrefois sardoniquement surnommée la "résidence du Millionnaire", la pension 102 (dans le bâtiment n°7) appartient au Svalbard Wildlife Service.

Spitsbergen Guesthouse (☎ 79 02 63 00 ; www.spitsbergentravel.no ; dort/s/d 295/500/850 NOK ; ⌚ mi-mars à sept). Propriété de Spitsbergen Travel, cette pension est répartie dans 4 bâtiments. La salle du petit déjeuner, autrefois réfectoire des mineurs, peut accueillir 136 personnes.

Mary-Ann's Polarrigg (☎ 79 02 37 02 ; www.polarriggen.com ; Skjæringa ; s/d avec sdb commune 595/875 NOK, d 2 000 NOK). Tenu par l'exubérante Mary-Ann et orné de souvenirs des mines et de la chasse, le Polarrigg ne manque pas de caractère. Aménagé dans d'anciens quartiers de mineurs, il offre un intérieur douillet. Dans l'aile principale, les chambres partagent des sdb et les doubles sont équipées de lits superposés. Celles de l'élégante annexe bénéficient de tout le confort. Deux salons sont à disposition, l'un avec des fauteuils profonds, l'autre avec tables de billard, jeu de fléchettes et même une guitare.

Spitsbergen Hotel (☎ 79 02 62 00 ; www.spitsbergentravel.no ; s/d 1 200/1 390 NOK ; ⌚ mi-fév à mi-oct ;

(💻). Ancienne résidence des patrons des mines, cet hôtel confortable contraste fortement avec les anciens logements de mineurs de Nybyen. Le salon est particulièrement agréable avec ses fauteuils en cuir.

Radisson SAS Polar Hotel (☎ 79 02 34 50 ; www.radissonsas.com ; s/d 1 290/1 510 NOK ; 💻). Hôtel de la chaîne Radisson et le plus luxueux de la ville, il compte 95 chambres élégamment meublées. Un supplément de 200 NOK vous vaudra la vue sur le fjord et l'Hiorthfjellet. Son annexe, construite à Lillehammer pour les Jeux olympiques, a ensuite été transférée ici.

Basecamp Spitsbergen (☎ 79 02 46 00 ; www.basecampexplorer.com ; s/d 1 750/1 960 NOK ; 💻). Imaginez une cabane de chasseur de phoques, bâtie avec des poutres et des planches de récupération et du bois flotté. Ajoutez des objets récupérés autour des mines, une plomberie du XXIe siècle et un sens du design, vous obtenez cet hôtel, également appelé lodge du Trappeur. Il loue 16 chambres confortables, semblables à des cabanes, et sert un excellent petit déjeuner.

Où se restaurer

Fruene Kaffe og Vinbar (☎ 79 02 76 40 ; Lompensenteret ; 🕑 10h-17h). Cet accueillant café tenu par 3 jeunes femmes dynamiques propose des sandwichs, des pizzas, des en-cas et un café correct.

Mary-Ann's Polarrigg (☎ 79 02 37 02). Le restaurant thaï le plus septentrional de la planète sert des plats épicés dans une serre splendide, où les plantes grimpent bien plus haut que leurs congénères du Svalbard.

Deux hôtels de Longyearbyen possèdent d'excellents restaurants : la **Brasseri Nansen** (dîner 3/4 plats 350/420 NOK, buffet d'été 295 NOK) du Radisson SAS Polar, et le Funktionærmessen Restaurant du Spitsbergen Hotel. Sinon, selon les habitants, mieux vaut s'en tenir au pub ou à la maison, mais pas n'importe lesquels.

Kroa (Le Pub ; ☎ 79 02 13 00 ; plats 200 NOK environ). Ce pub et restaurant a été construit avec des éléments d'un bâtiment de la ville russe de Barentsburg (un buste blanc géant de Lénine trône derrière le bar). Le service est sympathique et les plats sont gargantuesques. Les entrées sont plus modestes ; essayez l'omble-chevalier de l'Arctique (92 NOK).

Huset (La Maison ; ☎ 79 02 25 00). La marche jusqu'au Huset vous ouvrira l'appétit pour sa cuisine réputée. Le menu (495 NOK) comprend régulièrement du renne et de la grouse. Le bar sert des pizzas (85-100 NOK), de la baleine en sauce au poivre (165 NOK) et du ragoût de phoque (155 NOK) – qui ne sont pas nécessairement du goût de tous. Sa spécialité : l'alléchant *hamburger med alt* (96 NOK). Plus de 20 000 bouteilles sont stockées dans la cave à vin !

Le supermarché Coop, dans la Svalbardbutikken, offre un bon choix de produits.

Où prendre un verre et sortir

Le Kroa, avec ses tabourets en métal faits d'anciens étais de mine, attire une clientèle jeune. Le Barents Pub du Radisson et le Funken Bar du Spitsbergen Hotel sont plus calmes.

Le Huset offre tous les divertissements souhaités : un bar, une discothèque le week-end (entrée 50 NOK), et le cinéma de la ville, ouvert deux soirs par semaine.

Dans le **Karls-Berger Pub Café** (☎ 79 02 25 11 ; Lompensenteret ; 🕑 17h-2h), plus d'un millier de bouteilles d'alcools divers brillent derrière le bar.

Détaxé au Svalbard, l'alcool est rationné pour les habitants et les visiteurs doivent présenter un billet d'avion pour en acheter. Le magasin de spiritueux Nordpolet se situe à l'arrière du supermarché Coop.

Depuis/vers Longyearbyen

Par temps clair, la descente vers Longyearbyen offre des vues splendides sur les glaciers et les glaces flottantes. SAS propose un vol direct depuis/vers Oslo 3 fois/semaine en été, ou via Tromsø 1-2 fois/jour toute l'année (957 km). Plus de 11 tarifs sont en vigueur ; réservez tôt pour bénéficier d'un prix avantageux.

Comment circuler

Svalbard Maxi Taxi (☎ 79 02 13 05) et **Longyearbyen Taxi** (☎ 79 02 13 75) facturent 80-120 NOK la course entre le centre-ville et l'aéroport. Le bus de l'aéroport (40 NOK) dessert tous les vols et se rend jusqu'aux deux pensions à la lisière sud de la ville en marquant des arrêts aux hôtels.

Pour louer une voiture, vous pouvez vous adresser à **Longyearbyen Bilutleie** (☎ 78 02 11 88) ou à **Svalbard Auto** (☎ 79 02 49 30). L'essence est moins chère au Svalbard que dans le reste du pays, mais la route se limite à 45 km et n'offre guère d'intérêt en voiture.

Mieux vaut louer un vélo, auprès du **Poli Arctici** (☎ 79 02 17 05 ; 150 NOK/jour) ou du **Basecamp** (☎ 79 02 46 00 ; 280 NOK/jour).

Pour sillonner le Svalbard à motoneige en hiver, vous devrez présenter votre permis de conduire. Renseignez-vous auprès de l'office du tourisme, car de nombreux secteurs sont interdits pour préserver la tranquillité de la faune. **Svalbard Snøscooterutleie** (☎ 79 02 16 66 ; www.scooterutleie.svalbard.no) et **Svalbard Reiser Kroa** (☎ 79 02 56 50) font partie des agences de location ; comptez 1 000-1 400 NOK/jour.

ENVIRONS DE LONGYEARBYEN

Platåberget et Bjørndalen

Le vaste haut plateau qui surplombe Longyearbyen à l'ouest, appelé Platåberget (ou le plateau), constitue une randonnée prisée d'une journée. Vous pouvez emprunter l'itinéraire escarpé, couvert d'éboulis, qui commence près du bureau du gouverneur, ou plutôt monter par la Blomsterdalen, non loin de la mine n°3. On peut aussi passer par la Bjørndalen (qui signifie vallée de l'ours), au sud de l'aéroport. Une fois sur le plateau, vous pourrez continuer jusqu'au sommet du Nordenskiöldsfjellet (1 050 m), site prétendu d'un ancien observatoire suédois.

Longyearbreen

Les longues langues glaciaires qui frôlent les hauteurs au sud-ouest de Longyearbyen ont creusé et sculpté d'innombrables strates de sédiments, dont certaines contenant des fossiles de l'époque où le Svalbard jouissait d'un climat tropical. La moraine terminale regorge de plantes fossiles – des empreintes de feuilles et de rameaux vieilles de 40 à 60 millions d'années. Plusieurs marches guidées prévoient du temps pour la recherche.

Pour vous y rendre indépendamment, passez devant le Huset, remontez la rive gauche de la rivière jusqu'à la mine abandonnée et empruntez un sentier rocailleux. Après les vestiges d'un pont (sur la gauche), vous arrivez près de la moraine terminale ; traversez un cours d'eau qui coule en contrebas sur la gauche. Le sentier traverse quelques pentes abruptes, la rivière (avec parfois un pont) et continue en amont jusqu'aux champs de fossiles. Du Huset, la marche de 5 km aller-retour demande 1 heure 30, sans compter la recherche de fossiles.

LES RENNES DU SVALBARD

Du point de vue génétique, les rennes du Svalbard sont des lointains cousins des rennes canadiens et certains offrent des similitudes avec les rennes russes, prouvant qu'ils se sont déplacés sur les glaces. Contrairement à ceux du continent, ils vivent non pas en hardes, mais en groupes familiaux de 2 à 6 individus. N'ayant pas de prédateurs – ils sont trop rapides pour les ours polaires, qui bondissent mais ne tiennent pas la distance –, ils prospèrent. Leur population, estimée à quelque 8 000 spécimens, est conservée à un niveau constant par l'abattage de 250 animaux par an. La plupart des rennes du Svalbard meurent lentement de faim quand ils atteignent 8 ans, leurs dents étant complètement élimées par les pierres et les cailloux qu'ils broutent à la recherche du moindre brin d'herbe ou de lichen.

Burma Road

La Burma Rd, aujourd'hui un chemin de randonnée, suit l'ancienne ligne des bennes de la mine de charbon Taubanen à l'usine de conditionnement et à la mine n°3, près de l'aéroport. Elle constitue une randonnée facile d'une demi-journée.

Adventdalen

Austère, vaste, l'Adventalen séduit les randonneurs par ses paysages arctiques sauvages. Un panneau représentant un ours polaire, à l'entrée de la vallée du côté de la ville, indique qu'il faut être armé.

Après avoir quitté la ville, vous passerez devant des chenils de huskies avant d'arriver à l'Isdammen, un lac qui approvisionne Longyearbyen en eau potable, puis à une station d'observation des aurores boréales. En voiture ou à vélo, vous pourrez continuer jusqu'aux **mines de charbon n°5 et 6**, et passer par la **n°7** (la seule encore en activité).

BARENTSBURG

600 habitants

La première chose que l'on remarque à Barentsburg, la dernière localité russe du Svalbard, est la cheminée de la centrale électrique, qui crache une fumée noire dans le ciel bleu. Ce village isolé continue d'exploiter la mine de charbon et produit jusqu'à 350 000 tonnes par an ; il a cependant du mal à le vendre, comme en témoignent les énormes stocks. Tout est un peu délabré, désordonné et couvert de suie. Les indications en cyrillique, le buste de Lénine et les peintures murales d'ouvriers musclés aux poses héroïques évoquent incontestablement l'ex-URSSS.

Histoire

Les ressources en charbon de la région de Barentsburg, au bord du Grønfjord, furent découvertes vers 1900, quand la Kullkompaniet Isefjord Spitsbergen commença à les exploiter, suivie par plusieurs autres compagnies. En 1920, la ville fut fondée par la compagnie hollandaise Nespico et passa, douze ans plus tard, aux mains de la compagnie soviétique Trust Arktikugol.

Comme Longyearbyen, Barentsburg fut en partie détruite par la Marine royale britannique en 1941 afin d'empêcher les Allemands de s'en emparer. En 1948, elle fut reconstruite par la compagnie Trust Arktikugol et connut une période de croissance et de recherche scientifique qui dura jusqu'à la chute de l'Union soviétique.

Comme toutes les cités minières du Svalbard, Barentsburg fut frappée par des tragédies. En 1996, la plupart des victimes d'une catastrophe aérienne provoquée par le blizzard près d'Adventdalen étaient des familles de mineurs originaires d'Ukraine. Un an plus tard, 23 mineurs périrent lors d'une explosion et un incendie dévasteurs.

Aujourd'hui, l'essentiel du charbon extrait par Trust Arktikugol part vers le Sud, notamment vers les centrales électriques des Pays-Bas. L'inflation qui règne en Russie rend les salaires dérisoires et les équipements obsolètes des mines tombent en panne. La communauté scientifique a été réduite à une petite équipe de géophysiciens, de météorologistes et de glaciologues. La ville ne compte plus que 600 habitants.

L'approvisionnement étant rare, Barentsburg continue de faire pousser certains produits, comme les tomates, les oignons et les poivrons. La plupart des élevages de porcs ont disparu et seules quelques vaches ruminent encore alentour. Pour la plupart des habitants, les conditions sont cependant préférables à celles de la Russie (ou de l'Ukraine, d'où provient la moitié de la population), et beaucoup choisissent de rester à Barentsburg après leur contrat initial de 2 ans.

À voir et à faire

Vous visiterez certainement Barentsburg en circuit organisé. Lorsque le guide vous laisse à vous-même, dépêchez-vous d'explorer les endroits suivants avant que le bateau ne lève l'ancre.

Le charmant petit **Musée pomor** (☎ 79 02 18 14 ; 40 NOK ; ouvert à l'arrivée des bateaux) retrace (en russe) l'ancien commerce pomor avec le continent russe, l'exploitation minière russe et l'histoire du Svalbard. Les collections géologiques sont particulièrement intéressantes, de même que les artefacts suggérant une présence russe au Svalbard avant que l'archipel ne soit officiellement "découvert" par Willem Barents.

Jetez un œil à la petite **chapelle** orthodoxe en bois qui commémore les tragédies de 1996 et de 1997, juste au-dessus du terrain de football, à l'écart des autres bâtiments.

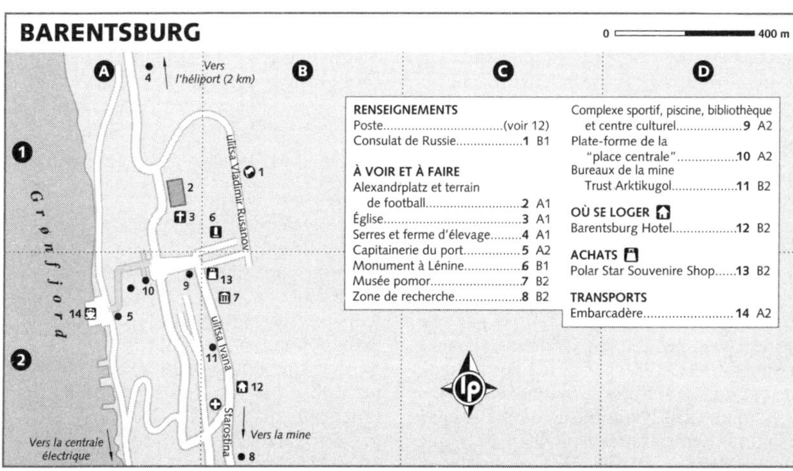

Où se loger et se restaurer

Barentsburg Hotel (☎ 79 02 10 80, 79 02 18 14 ; d 550 NOK). Seul hôtel ouvert aux visiteurs, il sert des plats russes traditonnels, tel le porc bouilli avec des pommes de terre, de l'oseille et du persil arctiques, et de la crème aigre. Si vous passez la nuit sur place, réservez le dîner gastronomique russe et ukrainien, arrosé de champagne et de vodka russes.

Au bar, vous pourrez siroter de généreuses rasades de vodka ou de la bière russe à prix très raisonnables, ou acheter un grande boîte de caviar à un prix imbattable.

Achats

La Polar Star Souvenire Shop, bien située au sommet des 283 marches qui conduisent au quai, vend des poupées russes, des badges à l'effigie de Lénine et des surplus de l'armée soviétique.

Depuis/vers Barentsburg

En été, plusieurs tour-opérateurs (p. 375) proposent des **circuits en bateau** (adulte/enfant 1 190/890 NOK) de 9-10 heures à Barentsburg au départ de Longyearbyen. La croisière, qui constitue la moitié du plaisir, passe par l'ancienne mine russe de Grumantbyen, abandonnée dans les années 1960, et traverse le fjord au retour jusqu'au vaste glacier Esmark. Le prix inclut un déjeuner léger et une escale de 1 heure 30 à Barentsburg, en majeure partie consacrée à la visite guidée. Des croisières plus longues font également escale à Barentsburg.

En hiver, des **circuits guidés à motoneige** (adulte/enfant 2 150/1 200 NOK) rallient Barensburg en 3 heures (dans chaque sens). Le record enregistré entre Longyearbyen et Barentsburg est de 22 min, mais les opérateurs rallongent agréablement le trajet.

PYRAMIDEN

Autrefois la seconde colonie russe du Svalbard, Pyramiden doit son nom à la haute montagne en forme de pyramide qui s'élève à proximité. Au milieu des années 1910, du charbon fut découvert dans la région et exploité par la compagnie suédoise installée à Sveagruva. En 1926, cette dernière fut reprise par une firme soviétique, Russkiy Grumant, rachetée à son tour en 1931 par Trust Arktikugol, l'exploitant de la mine de Barentsburg. Dans les années 1950, Pyramiden compta jusqu'à 2 500 résidents russes, soit bien plus que la population actuelle de Longyearbyen. Au plus fort de la production au début des années 1990, la ville possédait 60 km de puits, 130 habitations, des exploitations agricoles similaires à celles de Barentsburg, un hôtel et une piscine.

À la fin de la décénnie, la mine avait cessé d'être rentable et la Russie ne pouvait plus la subventionner. Pyramiden fut abandonnée en 1998. Divers tour-opérateurs de Longyearbyen proposent des croisières de 10 jours à Pyramiden (adulte/enfant 10 heures 1 090/790 NOK), ou un circuit à motoneige en hiver (adulte/enfant 2 450/1 500 NOK).

NY ÅLESUND

de 30 à 130 habitants

Sous une latitude inhospitalière (79°N), la base scientifique de Ny Ålesund, à 107 km au nord-ouest de Longyearbyen, jouit d'un cadre parmi les plus beaux du monde. Fondée en 1916 par la Kings Bay Kull Compani, Ny Ålesund se prétend la localité la plus septentrionale habitée en permanence par des civils (trois autres endroits minuscules peuvent rivaliser avec elle en Russie et au Canada).

Pendant la majeure partie du XXe siècle, la Kings Bay exploita le charbon. Ny Ålesund compta jusqu'à 300 habitants, qui vivaient et travaillaient ici, mais, après plusieurs explosions, une dernière fit 21 morts et la mine ferma en 1963. Par la suite, Ny Ålesund se reconvertit en station scientifique de pointe, avec des postes de recherche de diverses nations dont le Japon, la France, la Grande-Bretagne et, depuis juillet 2004, la Chine (étonnamment, dans cette région d'ours et de renards polaires, deux lions de marbre gardent le poste chinois). Lors de notre passage, l'Inde devait bientôt envoyer une première équipe. Trente scientifiques intrépides y passent toute l'année ; en été, leur nombre s'élève à 130, venus de 15 pays.

À voir

Un parcours de 1,5 km, avec des panneaux explicatifs en plusieurs langues, fait le tour des principaux sites du hameau.

Au début du XXe siècle, plusieurs explorateurs polaires partirent de Ny Ålesund, dont Roald Amundsen, Lincoln Ellsworth, l'amiral Byrd et Umberto Nobile. Le **mât d'amarrage** fut utilisé par Amundsen et Nobile pour le lancement du dirigeable *Norge* et leur premier survol du pôle jusqu'en Alaska en 1926. Nobile revint deux ans plus tard pour lancer l'*Italia* lors d'une seconde tentative qui échoua. Dans le village, des **monuments** commémorent ces expéditions.

La curiosité la plus surprenante est la **locomotive à vapeur** garée près du quai. En 1917, une voie ferrée à écartement étroit fut construite entre la mine et resta en service jusqu'en 1958. La locomotive restaurée est, bien évidemment, la relique ferroviaire la plus septentrionale du monde !

Un petit **musée de la Mine** (Gruvemuseum ; don apprécié ; 24h/24) bien agencé, dans l'ancien bureau de tabac (Tiedemann's Tabak), retrace l'histoire des activités minières dans la région.

Tous les visiteurs arrivent à Ny Ålesund en croisières organisées et font escale une heure ou deux.

ENVIRONS DE NY ÅLESUND

Kongsfjord

Derrière Ny Ålesund, le Kongsfjord (qui a donné son nom à la Kings Bay Kull Compani) offre un contraste saisissant entre les mornes rives gris-brun et les vastes champs de glace d'un blanc étincelant. Les pics des Tre Kroner (Trois Couronnes), Dana (1 175 m), Svea (1 226 m) et Nora (1 226 m) – ainsi nommés en l'honneur du Danemark, de la Suède et de la Norvège –, surgissent de la glace et comptent parmi les reliefs les plus reconnaissables du Svalbard.

Blomstrandhalvøya

La caillouteuse Blomstrandhalvøya était une péninsule jusqu'au début des années 1990, quand les glaces de la pointe nord fondirent et en firent une île. En été, le nom Blomstrand, ou "plage fleurie", pourrait sembler approprié, mais c'est en fait celui d'un géologue norvégien. Ny London, à l'extrémité sud de l'île, rappelle Ernest Mansfield de la Northern Exploration Company ; en 1911, il tenta d'exploiter le marbre avant de se rendre compte que la pierre était inutisable en raison des longs cycles de glaciation et de dégel. Deux bâtiments et des machines abandonnées témoignent de ces essais.

ENVIRONS DU SPITZBERG

Sveagruva

Le charbon fut d'abord découvert à Sveagruva au début des années 1910 et exploité par une compagnie suédoise. La houillière changea plusieurs fois de propriétaire, survécut à un incendie et produisait 400 000 tonnes de charbon par an quand la SNSK prit la direction en 1934. Les installations furent rasées par une attaque sous-marine en 1944, puis l'activité reprit après la guerre et, à la fin des années 1970, Sveagruva employait 300 ouvriers.

Au cours des années suivantes, la production accrue autour de Longyearbyen, plus accessible, entraîna le déclin du premier puits du Svalbard. Au milieu des années 1990, Sveagruva ne comptait qu'une poignée de mineurs et d'administratifs. Aujourd'hui, Svea Nord (voir p. 373) a pris la relève et figure parmi les plus importantes mines d'Europe.

Magdalenefjord

La jolie baie turquoise du Magdalenefjord au nord-ouest du Spitzberg, flanquée de hauts pics et d'impressionnants glaciers, constitue le mouillage le plus apprécié sur la côte ouest de l'île. Au XVIIe siècle, de nombreux baleiniers hollandais croisaient dans ses eaux ; à Graveneset, près de l'embouchure du fjord, on voit encore les vestiges de deux poêles utilisés pour fondre la graisse de baleine. De nombreuses tombes protégées de chasseurs de baleines des XVIIe et XVIIIe siècles jalonnent les alentours.

Prins Karls Forlandet

Le long de la côte ouest du Spitzberg, l'île Prins Karls Forlandet s'étire sur 86 km de longueur. Elle a été classée parc national afin de protéger les morses, les phoques et les otaries qui s'y reproduisent.

Krossfjord

Le Lillehöökbreen (un énorme glacier coulant dans la mer) et plusieurs vestiges culturels font du Krossfjord une destination pour quelques bateaux de croisière. À Ebeltoftbukta, près de l'embouchure du fjord, on découvre plusieurs tombes de chasseurs de baleines ainsi que les restes d'un poste télégraphique allemand de 1912, transféré à Ny Ålesund après deux ans de service. En face de l'entrée, des falaises peuplées d'oiseaux surplombent l'un des endroits les plus verdoyants du Svalbard, tapissé de mousses, de fleurs et même d'herbe.

Danskøya

Virgohamna, l'un des sites les plus curieux au nord-ouest du Spitzberg, se tient sur l'île caillouteuse et désolée de Danskøya. Sur cette plage solitaire, trois poêles d'un poste de baleiniers du XVIIe siècle et huit tombes couvertes

ROALD AMUNDSEN

Si Fridtjof Nansen (voir l'encadré p. 353) était l'explorateur polaire le plus généreux, son compatriote Roald Amundsen était le plus déterminé et le plus courageux. Né en 1872 dans une famille d'armateurs et de capitaines à Borge, près de Sarpsborg, il rêvait de devenir explorateur polaire et dévora toute la littérature qu'il put trouver sur ce sujet. Pour ne pas décevoir sa mère, il étudia la médecine, mais, après sa mort, en 1893, il retourna à ses rêves polaires.

En 1897, il embarqua comme second à bord du *Belgica*, une expédition belge vers l'Antarctique. Le navire fut pris dans les glaces près de l'île Peter I et l'expédition fut la première, sans en avoir eu l'intention, à hiverner en Antarctique. Quand le capitaine tomba malade du scorbut, Amundsen prit le commandement et démontra sa capacité à gérer les crises.

Étant devenu un capitaine réputé, Amundsen s'intéressa au passage du Nord-Ouest et au pôle Nord magnétique. L'expédition partit d'Oslo en juin 1903, à bord du *Gjøa*, un sloop de 47 tonnes, et hiverna dans un port naturel de l'île King William, qu'elle appela Gjøahavn. Pendant deux ans, les membres de l'expédition construisirent des observatoires, prirent des mesures pour établir la position du pôle Nord magnétique, étudièrent la vie des Inuits et apprirent à conduire des chiens de traîneau. En août 1905, le *Gjøa* arriva dans le détroit de Béring, devenant le premier bateau à avoir franchi le passage du Nord-Ouest. Quand la glace se referma rapidement sur le navire, Amundsen et son compagnon américain s'élancèrent en traîneau à chiens jusqu'à la station de télégraphe d'Eagle, en Alaska, à plus de 900 km, pour annoncer leur exploit.

Amundsen voulait être le premier à atteindre le pôle Nord, mais en avril 1909 Robert Peary le devança. Il décida alors en 1910 de rejoindre le pôle Sud, quand il apprit que l'expédition *Terra Nova* du Britannique Robert Falcon Scott s'apprêtait à partir de Nouvelle-Zélande avec le même but.

En janvier 1911, le navire d'Amundsen jeta l'ancre à l'île Roosevelt, plus proche du pôle Sud de 60 km que la base de Scott. Avec 4 compagnons et 4 traîneaux tirés par 13 chiens, Amundsen atteignit le pôle Sud le 14 décembre 1911. Scott, qui devait mourir de froid et de faim sur le chemin du retour avec 4 membres de son expédition, arriva le 17 janvier 1912 pour trouver le drapeau norvégien planté au pôle.

En 1925, Amundsen tenta d'être le premier à survoler le pôle Nord. L'Américain Lincoln Ellsworth finança l'expédition et deux avions décollèrent du Svalbard pour l'Alaska. Cependant, un équipement défectueux les força à se poser sur la banquise à 150 km du pôle. Le pilote, Hjalmar Riiser-Larsen, construisit une piste avec des outils de fortune, réussit à décoller avec les 6 membres de l'expédition dans un seul avion. Arrivé à Nordaustlandet dans le Svalbard, l'avion piqua dans la mer, mais ils furent sauvés.

Opiniâtre, Amundsen réessaya l'année suivante à bord du dirigeable *Norge*, cette fois avec Ellsworth, Riiser-Larsen et l'Italien Umberto Nobile. Ils quittèrent le Spitzberg le 11 mai 1926 et, 16 heures plus tard, lancèrent les drapeaux norvégien, américain et italien sur le pôle Nord. Le 14 mai, ils atterrirent triomphalement à Teller, en Alaska, ayant parcouru 5 456 km en 72 heures – ce fut le tout premier vol entre l'Europe et l'Amérique du Nord.

En mai 1928, Nobile tenta une autre expédition à bord du dirigeable *Italia* ; quand il s'écrasa dans l'Arctique, Amundsen prit part aux recherches. Nobile et son équipe furent finalement sauvés. On reçut les derniers signaux d'Amundsen trois heures après son décollage. Son corps ne fut jamais retrouvé.

de pierres de la même époque témoignent de rêves brisés. Vous verrez également les vestiges d'un cottage construit par Arnold Pike, un aventurier anglais qui navigua vers le nord à bord du *Siggen* et passa l'hiver sur l'île en se nourrissant d'ours polaires et de rennes.

Par la suite, l'ingénieur suédois Salomon August Andrée décolla en ballon de Virgohamna durant l'été 1897, espérant atteindre le pôle Nord. On ne découvrit son échec qu'en 1930, quand des chasseurs de phoques accostèrent et découvrirent le dernier campement de l'expédition à Kvitøya.

Puis, en 1906, le journaliste Walter Wellman, sponsorisé par un journal américain, tenta lui aussi d'atteindre le pôle Nord en ballon, sans succès. L'année suivante, lors d'un nouvel essai, son bateau fut endommagé par une tempête. Lors de la troisième tentative, en 1909, il approcha à 60 km du pôle, puis des problèmes techniques le forcèrent à abandonner. Le succès de Robert Peary lui ôta toute motivation pour un nouvel essai. Tous les vestiges, y compris des dizaines de bidons d'essence rouillés, sont protégés. L'érosion, causée par les quelques voyageurs qui réussisent à venir jusqu'ici, est considérable : soyez vigilant et ne sortez pas des sentiers balisés.

Amsterdamøya et Fairhaven

L'île d'Amsterdamøya fut le site de la grande station baleinière de Smeerenburg ("ville de la graisse" en néerlandais). Fondée en 1617 par les Hollandais et les Danois, il n'en reste aujourdhui que sept fours et quelques tombes. D'autres tombes de chasseurs de baleines sont éparpillées autour du détroit voisin, Fairhaven.

Île Moffen

La plupart des croisières touristiques tentent d'approcher l'île plate et caillouteuse de Moffen, connue pour sa colonie de morses. Les glaces flottantes les obligent souvent à faire demi-tour. Entre mai et mi-septembre, les bateaux doivent rester à 300 m au moins de l'île afin de ne pas déranger les morses en période de reproduction.

Carnet pratique

SOMMAIRE

PRATIQUE

- L'électricité fonctionne en 220 V, 50 Hz (110 V ou 220 V dans les trains couchettes). Les prises électriques sont à 2 fiches rondes.
- La Norvège utilise le système métrique.
- Les grands quotidiens et magazines internationaux sont en vente dans les villes un jour après leur parution.
- L'entreprise publique NRK (une chaîne TV et 4 radios) est en concurrence avec les réseaux TV2 et TV Norge et avec la chaîne satellitaire TV3. Les programmes en langue étrangère sont sous-titrés. Les hôtels ont souvent le câble.
- Pour les cassettes vidéo, la Norvège utilise le système PAL, incompatible avec le système français SECAM. Pour les DVD, elle est en zone 2.

ACHATS

Vu les prix pratiqués en Norvège, peu de voyageurs envisagent de se laisser aller aux plaisirs du shopping. Il n'en existe pas moins des articles typiquement norvégiens, introuvables ailleurs, ainsi que des chandails en laine et d'autres vêtements tricotés à la main, des étains, des bijoux en argent splendides, des couteaux samis présentés dans des étuis, des articles en peau de renne, des figurines de trolls, des jouets en bois et d'autres objets en bois décorés de *rosemaling* (motifs floraux peints ou sculptés).

Les meilleures adresses, notamment dans les grandes villes, sont indiquées dans les chapitres régionaux de ce guide. Le **guide du shopping** (www.guide4you.no) propose une liste de boutiques à Oslo, à Bergen, à Stavanger, à Trondheim et à Tromsø. Les magasins vendent généralement des articles de qualité. Celle-ci n'est pas toujours au rendez-vous dans les quartiers touristiques, où le kitsch abonde.

Taxes et remboursements

Une taxe de 25%, l'équivalent de la TVA, est généralement incluse dans les prix affichés des biens et des services, notamment dans la restauration et l'hôtellerie. Appelée MOMS ou MVA, elle n'est pas toujours comprise dans les tarifs des locations de voiture.

Vous verrez dans certains magasins un panneau annonçant "Tax Free for Tourists" (pas de taxes pour les touristes). La MVA est alors remboursable pour les articles de plus de 315 NOK (ou 285 NOK pour les produits alimentaires), après déduction d'une taxe de service représentant 11 à 19% du prix de vente. Demandez en magasin le document intitulé "Tax-Free Shopping Cheque", que vous devrez présenter avec vos achats en quittant le territoire norvégien. Les passagers des ferries sont en général remboursés après le départ par le commissaire de bord, qui pratique des horaires restreints.

La plupart des offices du tourisme et quelques boutiques distribuent la brochure intitulée *How to Shop Tax Free in Norway* qui explique comment procéder et donne la liste des points de passage des frontières où l'on peut se faire rembourser. Vous pouvez aussi consulter le site www.globalrefund.no.

ACTIVITÉS SPORTIVES

La Norvège compte parmi les destinations favorites des amoureux du grand air et de la nature. Forte de nombreux prestataires, elle permet toutes sortes d'aventures. Les différentes activités sont présentées dans les chapitres régionaux. En voici un petit avant-goût.

Avion léger et hélicoptère

La vue d'un hélicoptère ou d'un avion léger planant au-dessus des fjords vous fait rêver ? Consultez l'office du tourisme le plus proche. Les vols durent généralement 45 min et les tarifs débutent aux alentours de 700 NOK/personne. Le survol de Bergen et d'Ulvik est particulièrement spectaculaire. Les possibilités ne manquent pas dans le pays des fjords.

Escalade et alpinisme

Avec ses parois verticales, la Norvège est un paradis pour les amateurs de roc, de glace et de hauts sommets. Elle constitue sans doute dans ce domaine la destination la plus intéressante d'Europe, après les Alpes, et ce malgré des conditions climatiques extrêmes qui imposent une bonne maîtrise technique et restreignent considérablement la saison. Parmi les destinations les plus appréciées, citons la région d'Åndalsnes (p. 258), les Alpes de Lyngen (p. 343), le Bondhusbreen (p. 222) et les îles Lofoten (p. 313). Dans ces dernières, une école d'escalade réputée organise des expéditions. Åndalsnes, entourée de pics de toute beauté, accueille un Festival des montagnes très populaire, le Norsk Fjellfestivalen (p. 259). Le musée norvégien de la Montagne de Lom (p. 185) mérite une visite.

Pour des informations d'ordre général sur l'alpinisme en Norvège, contactez le **Norsk Tindeklub** (☎ 22 50 54 66 ; www.ntk.no ; c/o Egil Fredriksen, Sorkedalsveien 202b, N0754, Oslo).

Observation des baleines

Stø (p. 328), dans les Vesterålen, est l'un des meilleurs endroits pour observer les baleines. Les eaux près d'Andenes (p. 328) sont tout aussi propices à la découverte de ces mammifères marins et le Centre de la baleine (p. 329) complète de façon intéressante une excursion. Des sorties d'observation sont également possibles depuis Narvik (p. 301), Henningsvær (p. 319) et Kabelvåg (p. 317).

Parapente, parachute ascensionnel, saut à l'élastique et saut extrême

Les risque-tout et ceux qui rêvent de voir du ciel des paysages spectaculaires rejoindront trois destinations. Tout d'abord Voss, où **Nordic Ventures** (☎ 56 51 00 17 ; www.nordicventures.com) propose une vaste gamme d'activités, dont du parapente, du parachute ascensionnel et du saut à l'élastique. Tout amateur d'adrénaline se trouvera en ville fin juin pour la Semaine des sports extrêmes qui met notamment au programme le saut en parachute et le saut extrême ; voir l'encadré p. 214.

Ensuite, Rjukan (voir l'encadré p. 159), où se pratique le plus grand saut à l'élastique de Norvège.

Et enfin, Kjeragbolten (p. 234), où vous pourrez vous élancer depuis les impressionnantes falaises de Lyselford pour un saut vertigineux. N'oubliez pas que ce sport est dangereux : en Norvège, trois personnes ont trouvé la mort depuis 2005.

Pêche

Les rivières et les lacs de Norvège attirent les passionnés de pêche à la ligne depuis le XIXe siècle. La remontée du saumon reste légendaire. De juin à juillet, il n'y a pas de meilleur endroit pour pêcher ce poisson que les rivières du Finnmark. Les débutants choisiront la rivière Tana, près de Tana Bru (p. 357). Outre le saumon, on trouve 41 espèces de poissons dans les 200 000 rivières et lacs du pays. Dans le Sud, la saison de pêche bat son plein de juin à septembre. Dans le Nord, elle s'étend de juillet à août. Au Svalbard, où l'omble-chevalier de l'Arctique navigue dans des lacs et des rivières, on garde volontiers secret l'emplacement des meilleurs trous dans la glace. Pour ceux qui lisent l'anglais, l'ouvrage de 175 pages intitulé *Angling in Norway* (Pêcher à la ligne en Norvège), en vente dans les offices du tourisme (185 NOK), présente les meilleurs coins pour pêcher le

LES 11 COMMANDEMENTS DU PÊCHEUR À LA LIGNE

1 Les étrangers peuvent pêcher gratuitement sur la côte norvégienne mais ne sont pas autorisés à vendre leurs prises.
2 Il est interdit de pêcher à moins de 100 m des fermes d'aquaculture ou des câbles et des filets amarrés au rivage.
3 Quiconque endommage du matériel de pêche doit payer une compensation.
4 Il est interdit de jeter l'ancre à proximité des sites où sont tendus des filets dérivants ou des lignes de pêche.
5 Il est interdit de tirer avec une arme à feu ou de déranger les poissons par des nuisances sonores.
6 Il est interdit de pêcher avec des appâts vivants.
7 Le pêcheur ne laissera derrière lui ni matériel de pêche ni détritus qui pourraient gêner ou retarder les activités des autres pêcheurs ou endommager leurs bateaux.
8 Seuls les citoyens norvégiens ou les résidents permanents sont autorisés à pêcher la langouste.
9 La pêche du saumon, de la truite et de l'omble-chevalier est permise toute l'année avec une canne. Dans les rivières où la pêche est interdite, cette interdiction ne s'applique qu'à plus de 100 m de l'embouchure. Du 1er juin au 4 août, la pêche du saumon, de la truite et de l'omble-chevalier avec des lignes à hameçon posées depuis un bateau est autorisée du vendredi 18h au lundi 6h. Un permis de pêche national est obligatoire pour ces poissons. Les pêcheurs devront en outre se plier aux législations locales, qui pourront notamment imposer la désinfection du matériel de pêche.
10 Le port du gilet de sauvetage est obligatoire pour pêcher depuis un bateau.
11 Il est interdit de jeter des détritus et de polluer les cours d'eau.

saumon et la truite et indique les tarifs et la réglementation en vigueur.

La législation varie selon les localités. En règle générale, dans toutes les rivières entre mi-septembre et novembre, tout poisson de moins de 20 cm doit être remis à l'eau. Entre mai et août, la limite passe à 30 cm.

Un permis délivré à l'année est obligatoire pour pêcher dans les rivières et les lacs de Norvège. Disponible dans les postes, il revient à 225 NOK pour le saumon, la truite et l'omble-chevalier et à 110 NOK pour les autres espèces. Il existe aussi un permis à la semaine à 55 NOK. Pour pêcher sur des terres privées, vous devrez par ailleurs posséder un permis local (55-375 NOK/jour), disponible dans les magasins de sport, les hôtels, les campings et les offices du tourisme. Dans certaines régions, un certificat attestant de la désinfection du matériel de pêche (110 NOK) est exigé.

Rafting et kayak de mer

Les spectaculaires cours d'eau qui dévalent les pentes abruptes et glacées créent un environnement idéal pour les amateurs de rafting. De nombreux organismes fiables proposent des sorties, principalement dans le centre du pays, qui garantissent de belles sensations. Toutes les difficultés sont représentées : courtes expéditions faciles de classe II, turbulences de classe III ou IV et folles aventures de classe V. Les tarifs comprennent tout l'équipement imperméable nécessaire. Les endroits les plus courus sont Evje (dans le Setesdal, voir l'encadré p. 161), Sjoa (dans la vallée Heidal, voir l'encadré p. 185), Oppdal (dans le Drivadal, voir l'encadré p. 179) et Voss (voir l'encadré p. 214).

Norges Padleforbund (☎ 21 02 98 35 ; www.padling.no ; Service boks 1, Ullevål stadion, 0840 Oslo) fournit une liste complète des organismes spécialisés en Norvège. Beaucoup proposent également des sorties en kayak de mer et de *riverboarding* (*skimboard* en rivière).

Les amateurs de kayak de mer pourront assister en juillet à la Course artique de kayak de mer de 170 km qui se déroule à Langoya (voir p. 327) et participer aux cours pour débutants ou kayakistes chevronnés organisés par les sponsors.

Randonnée

La Norvège possède un remarquable réseau de chemins de randonnée. Environ 20 000 km de pistes balisées sillonnent le pays, des parcours de promenade dans les zones vertes périurbaines

ALLEMANNSRETTEN

En Norvège, toute personne désireuse de camper ou de randonner doit comprendre ce que signifie l'*allemansretten* (littéralement, le "droit de chaque homme", mais plus exactement "le droit de libre accès à la nature"). Associée à la Friluftsleven (loi moderne sur les loisirs de plein air), cette loi vieille de 1 000 ans permet à chacun : de camper là où il veut pendant 2 jours au maximum, à condition d'être à plus de 150 m d'une habitation (l'idéal consistant à être plus loin et hors de vue) ; de randonner et de skier dans les étendues sauvages non cultivées, ou même dans les champs et les prairies, sous réserve qu'ils ne soient ni en culture ni à proximité d'une maison ; de se promener à vélo ou à cheval sur tous les sentiers et les routes ; de naviguer en canoë, en kayak, en barque ou à la voile sur toutes les rivières et les lacs. Ces libertés imposent aussi des responsabilités, et notamment l'obligation de respecter l'interdiction de faire du feu entre le 15 avril et le 15 novembre et de laisser les sites naturels et culturels intacts, comme on les a trouvés. Reportez-vous également à l'encadré p. 390.

aux longs itinéraires qui traversent les parcs nationaux et les étendues sauvages. La plupart sont entretenus par le DNT et marqués par des cairns ou des T peints en rouge, espacés de 100 à 200 m.

La saison de randonnée dure de fin mai à début octobre, sauf en altitude et dans le Grand Nord, où elle est beaucoup plus courte. Dans les régions montagneuses, la neige tient souvent jusqu'en juin et revient dès septembre, ce qui signifie que de nombreux circuits ne sont praticables qu'en juillet-août. Les randonneurs apprécient particulièrement les parcs nationaux du Jotunheim (voir l'encadré, p. 188) et des Rondane (p. 183), ainsi que le plateau de la Hardangervidda (voir l'encadré, p. 191). Si vous recherchez des itinéraires encore plus sauvages, préférez les parcs nationaux de Dovrefjell-Sunndalsfjella (p. 180), d'Øvre Dividal (p. 344), de Stabbursdalen (p. 356), de Rago (p. 301), de Reisa (p. 368) et de Saltfjellet-Svartisen (p. 299), ou bien les vastes étendues non protégées qui couvrent une grande partie du territoire, tel le Trollheimen (p. 178). Le choix est illimité !

Ceux qui lisent l'anglais pourront se procurer l'ouvrage intitulé *Norwegian Mountains on Foot* (Les Montagnes norvégiennes à pied), publié par le DNT et traduit du classique norvégien *Til Fots i Fjellet*.

Pour une liste exhaustive et une présentation des parcs nationaux, voir p. 73.

DEN NORSKE TURISTFORENING

Le Den Norske Turistforening (DNT) et ses diverses sections entretiennent à travers le pays un réseau de plus de 440 refuges et chalets de montagne. Pour des informations détaillées et les tarifs, voir p. 400.

Si vous prévoyez de beaucoup randonner, il peut être intéressant d'adhérer au DNT. La cotisation annuelle de base s'élève à 465 NOK (avec 7 numéros du magazine *Fjell og Vidde*), auxquels s'ajoutent 50 NOK pour le *DNT Yearbook*. Pour les 13-18 ans/étudiants/seniors, elle est fixée à 150/265/355 NOK. Elle revient à 210 NOK/personne pour les membres d'une même famille. Pour plus de renseignements, contactez le **DNT** (☎ 22 82 28 22 ; www.turistforeningen.no), qui vend également des cartes de randonnée et des cartes topographiques (voir p. 394).

Randonnée glaciaire

La randonnée sur les glaciers compte parmi les activités de plein air les plus remarquables de Norvège. Mais elle est aussi dangereuse et ne doit être tentée qu'avec un guide expérimenté. Voici quelques-uns des endroits les plus grandioses : le parc national du Jotunheimen (voir l'encadré, p. 188), qui englobe plus de 60 glaciers, le fantastique glacier Hardangerjøkulen sur la Hardangervidda (p. 190), le Folgefonna

LE VIRAGE DU TELEMARK

La région du Telemark a donné son nom à l'harmonieux virage qui a fait la popularité du ski nordique sur toute la planète. Dans le ski de fond, seul l'avant du pied est attaché au ski, le talon restant libre. Pour tourner, le skieur fléchit un genou tandis que l'autre jambe reste droite et que les skis alignés l'un derrière l'autre permettent de tourner élégamment dans la direction du genou ployé.

(p. 222), le Nigard-sbreen (p. 248), le Briksdalsbreen (p. 249), le Bødalsbreen (p. 250), le parc national de Saltfjellet-Svartisen (p. 299), les Alpes de Lyngen (p. 343) et le Svalbard (p. 371).

Les passionnés adoreront le musée des Glaciers norvégiens (Norsk Bremuseum, p. 246) et le Breheimsenteret (p. 249), qui sert de centre d'information sur le Nigardsbreen.

Ski

Le mot "ski" est norvégien et des peintures rupestres vieilles de plusieurs milliers d'années figurant des chasseurs sur des skis tendent à prouver que ce sport trouve son origine en Norvège. Le ski est aujourd'hui un loisir national. On pratique surtout le ski de fond (ou ski nordique) sur des pistes entretenues s'étirant sur des milliers de kilomètres. Une étude attentive du tracé des pistes/circuits s'impose avant toute sortie de ski de fond ; les pistes sont signalées par un code de couleur sur les cartes et les panneaux. Pensez à prendre des vêtements appropriés, suffisamment de vivres et d'eau et une trousse de secours avec des allumettes et de quoi se réchauffer. Si vous n'avez pas de matériel, vous pourrez en louer sur place.

La plupart des villes et des villages possèdent une ou plusieurs pistes éclairées. Ailleurs, mieux vaut s'équiper d'une bonne torche électrique, car les jours sont très courts en hiver. En décembre et en janvier, le Grand Nord ne voit même jamais le jour. La saison de ski s'étire de début décembre à avril.

RANDONNÉE RESPONSABLE

Pour contribuer au respect de l'équilibre et de la beauté de la Norvège, respectez les conseils suivants :

Détritus

- Rapportez tout ce que vous avez apporté – les emballages vides, les pelures d'agrumes et les mégots de cigarettes, qui peuvent être facilement stockés dans un sac spécial, tout comme les déchets laissés par d'autres randonneurs.
- N'enterrez pas vos déchets : creuser endommage les sols fragiles et leur couverture végétale, qui deviennent plus vulnérables à l'érosion. Les détritus enfouis mettent des années à se décomposer et risquent d'être déterrés par des animaux, qu'ils pourraient blesser ou empoisonner.
- Limitez les emballages et prévoyez juste ce qu'il vous faut de nourriture pour réduire vos déchets. Préférez les boîtes ou les sacs réutilisables.
- Les serviettes hygiéniques, les tampons, les préservatifs et le papier toilette doivent impérativement être remportés, car ils brûlent et se décomposent très mal.

Feux et cuisine

- Ne coupez pas de bois pour faire à manger. Dans les régions fréquentées par les randonneurs, cette pratique accélère le processus de déforestation. N'utilisez que du bois mort. La meilleure solution consiste à recourir à un petit réchaud fonctionnant au kérosène ou à l'alcool à brûler, préférables aux bouteilles de gaz jetables.
- Si vous randonnez avec un guide et des porteurs, prévoyez des réchauds pour toute l'équipe. Dans les régions alpines, assurez-vous que chacun prévoie des vêtements suffisamment chauds, afin de ne pas avoir à faire du feu.
- En choisissant vos hébergements, privilégiez les endroits qui n'emploient pas de bois pour chauffer l'eau ou faire la cuisine.
- Il est envisageable de faire du feu au-dessous de la limite forestière, dans des régions qui reçoivent peu de visiteurs. Si vous allumez un feu, servez-vous d'un foyer déjà existant. N'entourez pas votre feu de pierres et résistez à la tentation d'une grande flambée.

Les conditions d'enneigement peuvent varier énormément d'une année à l'autre et selon les régions, mais février-mars et les vacances de Pâques sont en général les meilleures périodes (et les plus courues).

De nombreuses stations offrent de bonnes pistes de ski alpin – une activité coûteuse, ici comme ailleurs. Au printemps, la saison se prolonge plus longtemps que dans les Alpes et la neige est meilleure.

Les stations les plus populaires sont situées autour de Holmenkollen (p. 108) près Oslo, à Geilo (p. 191) sur la ligne de chemin de fer Oslo-Bergen, à Voss (p. 214), à Lillehammer (p. 170), à Trysil (p. 172) et à Hovden (p. 162). En été, on peut skier à Stryn (p. 252), au Folgefonna (p. 222) ou dans le parc national du Jotunheimen (p. 187).

Pour plus de renseignements, contactez le DNT (p. 400) ou consultez le site www.skiingnorway.com.

Traîneau à chiens

Ce moyen de transport des Inuits se prête bien aux vastes étendues norvégiennes. Plusieurs organismes proposent toute une gamme d'expéditions en traîneau pour l'hiver. Certains voyageurs seront heureux d'une promenade d'une demi-journée – Alaska Husky Expeditions à Røros organise des circuits courts (p. 175) –, tandis que les futurs *mushers* (conducteurs de traîneaux à chiens) pourront s'élancer pour une expédition de 2 semaines à travers le parc national d'Øvre Dividal (p. 345), à Tromsø (p. 336), à Karasjok (p. 369), aux environs d'Alta (p. 348), à

Ne prenez que le bois nécessaire pour cuisiner. Dans les refuges, laissez une réserve de bois pour les autres randonneurs.

- Avant de partir, veillez à bien éteindre le feu. Dispersez les braises et aspergez-les d'eau.

Pollution de l'eau

- N'employez ni détergent ni dentifrice, même biodégradables, dans et à proximité des cours d'eau et des lacs. Ils pourraient nuire aux poissons et aux autres animaux.
- Pour votre toilette, puisez de l'eau dans un récipient (il existe des cuvettes portables légères) et utilisez un savon biodégradable. Jetez l'eau sale à plus de 50 m d'un cours d'eau en la dispersant afin que le sol puisse la filtrer aisément.
- Lavez les ustensiles de cuisine à plus de 50 m d'un cours d'eau en utilisant un tampon à récurer sans détergent, du sable ou de la neige.
- La contamination de l'eau par les excréments humains peut être source de maladies. Quand il y a des toilettes, utilisez-les. Dans le cas contraire, creusez un trou de 15 cm de profondeur à au moins 100 m d'un point d'eau, puis recouvrez-le avec de la terre et une pierre. Dans la neige, creusez jusqu'à la terre.

Érosion

- Pour minimiser l'érosion, ne vous écartez pas des chemins et n'empruntez pas de raccourcis.
- Sur les sentiers, n'évitez pas les flaques de boue, afin de ne pas les étendre.
- Préservez les plantes qui retiennent le sol.

Protection de la faune

- Ne chassez pas, n'encouragez pas cette activité.
- Respectez les bêtes vivant dans les refuges. Ce sont souvent des espèces protégées.
- Ne laissez pas de nourriture derrière vous, afin de ne pas attirer les animaux. Conservez les aliments dans un sac maintenu hors de leur portée, attaché à une poutre ou à une branche par exemple.
- Ne nourrissez pas les animaux sauvages : vous risquez de les rendre dépendants de l'homme, de déséquilibrer leurs populations ou de provoquer des maladies.

Kirkenes (p. 361) ou au Svalbard (p. 371). Chaque année, des courses d'endurance partent en janvier de Røros (p. 173) et en mars d'Alta (p. 346). Des agences de voyages, dont certaines proposent des expéditions en traîneau, sont présentées p. 411.

Vélo

Que vous aspiriez à de simples balades sur les rives plates des fjords ou que vous soyez en quête de défis, vous ne serez pas déçu par la Norvège. De nombreux offices du tourisme et quelques magasins de cycles louent des vélos adaptés aux promenades. La ville de Trondheim en propose même des gratuits ; reportez-vous à l'encadré p. 289. Les cyclistes plus expérimentés découvriront des routes d'exception, véritables rêves pour les passionnés de la petite reine. Certains de nos itinéraires favoris sont présentés dans l'encadré ci-dessous. Vous pourrez aussi opter pour les routes touristiques nationales, p. 418.

L'excellent site www.bike-norway.com décrit quelques-uns des meilleurs circuits longue distance du pays et vend en ligne 9 cartes pour les cyclistes (120-298 NOK). Pour de plus amples informations sur les itinéraires longs et les tunnels, contactez **Syklistenes Landsforening** (carte p. 98 ; ☎ 22 47 30 30 ; www.slf.no ; Storgata 23d, Oslo). La carte *Sykkelruter i Norge* (120 NOK) de Syklistenes Landsforening, en norvégien, est reprise dans la série de guides en anglais *Sykkelguide* (125 NOK), dans laquelle on trouve notamment les îles Lofoten, la Rallarvegen et la piste cyclable de la mer du Nord entre Svinesund (à la frontière suédoise) et Bergen.

LE TOP 5 DU CYCLOTOURISME

- La route du Sognefjellet, dans le parc national du Jotunheimen (p. 187)
- La descente grisante entre Finse et Flåm par la Rallarvegen (voir l'encadré p. 192)
- Les balades dans les superbes paysages accidentés des Lofoten (p. 313)
- La traversée du plateau de la Hardangervidda près de Rjukan (voir l'encadré p. 191)
- La région montagneuse autour de Trysil (p. 172)

La plupart des offices du tourisme vous indiqueront des circuits dans leur région ; certains distribuent des cartes. Syklistenes Landsforening est spécialisé dans les expéditions plus longues.

Pour des renseignements pratiques sur les randonnées cyclistes et la location de vélos, voir p. 417.

ALIMENTATION

Pour avoir un bon aperçu de la cuisine norvégienne, reportez-vous p. 57. Sauf indication contraire, les restaurants présentés dans ce guide sont ouverts le midi et le soir. Les heures d'ouverture sont indiquées en deuxième de couverture. Les exceptions notables sont données au fil des chapitres.

AMBASSADES ET CONSULATS

Ambassades de Norvège

Voici quelques représentations diplomatiques norvégiennes à l'étranger :

France (☎ 01 53 67 04 00 ; www.norvege.no/info/embassy ; 28 rue Bayard, 75008 Paris)
Belgique (☎ 02 646 07 80 ; www.norvege.be ; 17 rue Archimède, B-1000 Bruxelles)
Suisse (☎ 031 310 55 55 ; www.amb-norwegen.ch ; Bubenbergplatz 10, 3011 Bern)
Canada (☎ 613 238 657; www.amb-norvege.ca ; 150 rue Metcalfe, bureau 1300, Ottawa, ON K2P 1P1)

Ambassades étrangères en Norvège

France (carte p. 95 ; ☎ 23 28 46 00 ; www.ambafrance-no.org ; Drammensveien 69, N-0244 Oslo)
Belgique (☎ 23 13 32 20 ; www.diplomatie.be/oslofr ; Drammensveien 103 D, N-0244 Oslo)
Suisse (☎ 22 54 23 90 ; www.eda.admin.ch/eda/fr/home/reps/eur/vnor/afonor.html ; Bygdoy Allé 78, N-0244 Oslo)
Canada (carte p. 98 ; ☎ 22 99 53 00 ; www.canada.no ; Wergelandsveien 7, N-0244 Oslo)
Danemark (carte p. 93 ; ☎ 22 54 08 00 ; www.amboslo.um.dk ; Olav Kyrres gate 7, N-0244 Oslo)
Finlande (carte p. 95 ; ☎ 22 12 49 00 ; www.finland.no ; Thomas Heftyes gate 1, N-0244 Oslo)
Suède (carte p. 93 ; ☎ 24 11 42 00 ; www.sverigesambassad.no ; Nobels gate 16, N-0244 Oslo)

ARGENT

L'unité monétaire norvégienne est la couronne (*krone*, abrégée en NOK), qui est divisée en 100 *ører* (*øre* au singulier). Il existe des pièces de 50 *ører*, de 1, 5, 10 et 20 NOK, et des billets de 50, 100, 200, 500 et 1 000 NOK.

Pour connaître les taux de change, consultez la deuxième de couverture.

Cartes de crédit

Les cartes Visa, Eurocard, MasterCard, Diners Club et American Express sont acceptées dans toute la Norvège. Elles permettent d'éviter les commissions de change, mais les frais appliqués par les banques annulent souvent ce bénéfice. Vous pourrez acheter vos billets de train avec une carte de crédit et utiliser cette dernière dans certains ferries nationaux, comme ceux de Hurtigruten.

Numéros à appeler en cas de perte ou de vol en Norvège :

American Express (☎ 22 96 08 00)
Diners Club (☎ 21 01 50 00)
Eurocard/MasterCard (☎ 21 01 52 22)
Visa (☎ 08989)

Distributeurs automatiques de billets (DAB)

Vous pourrez retirer de l'argent dans les DAB norvégiens, appelés *Mini-Banks*. Vous trouverez des DAB devant de nombreuses banques et dans les lieux publics comme les centres commerciaux. Les principales cartes de crédit sont acceptées, tout comme les cartes Cirrus, Visa Electron et/ou Plus. Renseignez-vous auprès de votre banque avant le départ, notamment pour connaître le montant des commissions.

Espèces et chèques de voyage

Toutes les banques n'offrent pas de service de change. Les bureaux de poste, certains offices du tourisme et certaines banques acceptent les principales devises étrangères et tous les chèques de voyage qu'ils échangent à un meilleur taux que les espèces (environ plus 2%). Les postes et les offices du tourisme pratiquent généralement des taux moins intéressants que ceux des banques, mais ils peuvent être pratiques pour changer de petites sommes quand les banques sont fermées. La poste prélève une commission de 15 NOK par chèque de voyage et de 30 NOK pour l'argent liquide. Quelques banques, dont Kreditkassen et Den Norske Bank, appliquent des frais légèrement plus élevés mais des taux de change équivalents. Beaucoup d'autres banques demandent de 1 à 5% de plus pour les chèques de voyage.

CONSEILS AUX VOYAGEURS

La plupart des gouvernements possèdent des sites Internet qui recensent les dangers possibles et les régions à éviter. Consultez notamment les sites suivants :

- Ministère français des Affaires étrangères (www.france.diplomatie.fr)
- Département fédéral des affaires étrangères suisse (www.eda.admin.ch/eda)
- Ministère des Affaires étrangères de Belgique (www.diplomatie.be/)
- Ministère des Affaires étrangères du Canada (www.voyage.gc.ca)

Pourboires

Le service est généralement compris dans les restaurants et les taxis, mais il est d'usage de laisser la monnaie. Par ailleurs, rien n'empêche de laisser un pourboire qui sera très apprécié par un personnel souvent chichement payé.

ASSURANCE

Reportez-vous à la rubrique *Santé*, p. 402.

CARTES DE RÉDUCTION

Pour des informations sur la carte du réseau Hostelling International (HI), reportez-vous p. 398.

Cartes senior

Les musées, les piscines publiques, les transports en commun et bien d'autres endroits accordent les mêmes réductions aux *honnør* (seniors) de plus de 67 ans qu'aux étudiants. Elles sont moins intéressantes que celles concédées aux enfants et représentent généralement 75% du plein tarif. À défaut de carte, ayez toujours sur vous un document attestant de votre âge.

Carte étudiant et carte jeune

La **carte d'étudiant internationale** (www.isic.fr), plastifiée et avec photo, est la plus reconnue. Vous pouvez la commander en ligne, ou l'obtenir auprès d'une agence agréée (adresses et pièces à fournir disponibles sur le site Internet). Elle donne droit à des réductions sur de nombreux moyens de transport (notamment sur les lignes aériennes, dans les ferries internationaux et dans les transports publics locaux), à des tarifs réduits voire à la gratuité dans certains cybercafés, musées et sites touristiques, et à des repas bon marché dans plusieurs restaurants universitaires. Elle constitue un bon investissement, certains voyageurs nous ayant déclaré ne pas avoir pu bénéficier de réductions avec leur carte universitaire ordinaire.

CARTES ET PLANS

La carte en couleur intitulée *Bilkart over Norge*, publiée par Nortrabooks, indique les reliefs et détaille au 1/1 000 000 l'ensemble du pays. Statens Kartverk (Cartographie nationale) couvre le pays en 21 cartes au 1/250 000 et propose des cartes de randonnée au 1/50 000. La plupart des offices du tourisme locaux distribuent des cartes et des plans faciles à consulter.

Cartes routières

En France, vous pourrez notamment vous procurer la carte touristique au 1/850 000 *Norvège. Suède* de l'IGN, la carte au 1/800 000 également intitulée *Norvège. Suède* de Berlitz et la carte *Scandinavie. Finlande* au 1/1 500 000 de Michelin. Freytag et Berndt publie trois cartes régionales au 1/400 000 ou au 1/250 000 pour la Norvège du Nord, la Norvège centrale et la Norvège du Sud. Kummerly Et Frey propose des cartes un peu datées (1996 et 1997) suivant le même découpage au 1/325 000.

En Norvège, les cartes routières sont en vente dans les librairies, les kiosques Narvesen, les magasins généraux des régions rurales, les bureaux du DNT, la plupart des stations-service et les grands offices du tourisme. Les meilleures sont celles de la série Cappelens, disponibles en librairie à 95 NOK. Il en existe trois au 1/335 000 : la *No1 Sør-Norge Sør*, la *No2 Sør-Norge Nord* et la *No3 Møre og Trøndelag*. Deux cartes au 1/400 000 couvrent la Norvège du Nord : la *No4 Nordland og Sør-Troms* et la *No5 Troms og Finnmark*. Le *Veiatlas Norge* (Atlas des routes de Norvège, 235 NOK), de Statens Kartverk, est mis à jour tous les deux ans.

Cartes de randonnée

Les meilleures cartes de randonnée sont celles du **Den Norske Turistforening** (DNT ; Touring Club norvégien de montagne ; carte p. 98 ; ☎ 22 82 28 22 ; www.turistforeningen.no ; Storgata 7, Oslo). Tous les bureaux du DNT mettent des cartes topographiques à la disposition des randonneurs ; ceux des grandes villes offrent un choix plus large, avec des cartes dépassant le cadre strict de la région. Les centres des parcs nationaux et les offices du tourisme voisins sont de bonnes adresses pour trouver les excellentes cartes de randonnée de Turkart et de Statens Kartverk.

CLIMAT

La Norvège est située à la même latitude que l'Alaska, et même plus au nord, si l'on inclut le Svalbard. Pourtant, une grande partie du pays bénéficie d'un climat étonnamment tempéré. Cela s'explique par la présence du Gulf Stream, qui remonte vers le nord en suivant la côte. Dans le Sud, la température moyenne est de 16°C (avec des pointes atteignant le double) en juillet et de 1°C en janvier. Dans le Nord, elle avoisine respectivement 13°C et -3°C. Bergen, sur la côte sud-ouest, est la ville la plus arrosée, avec 2 250 mm de précipitations annuelles. Les Rondane et le Gudbrandsdal, protégés des vents pluvieux venus du sud-ouest par des chaînes de montagnes côtières, sont au contraire les régions les plus sèches du pays, avec moins de 500 mm. Il pleut moins à Alta, dans le Grand Nord, qu'au Sahara !

La région arctique connaît parfois des températures élevées. En juillet 1998, le

PRÉVISIONS MÉTÉOROLOGIQUES

Avant de partir en randonnée dans une zone exposée aux intempéries, consultez les prévisions météorologiques locales. Cette précaution s'impose particulièrement si vous pratiquez le ski de fond. En mars 2007, deux Écossais sont morts après avoir été pris dans une tempête de neige et du brouillard givrant sur le plateau de la Hardangervidda. Seuls juillet et août garantissent vraiment des conditions favorables. Attendez-vous toujours à un brusque changement de temps et faites très attention aux avalanches, particulièrement fréquentes dans le Jotunheimen et possibles dans toutes les régions montagneuses. Ne vous aventurez jamais sur les glaciers si vous êtes inexpérimenté et n'avez pas d'équipement adéquat. Écoutez les habitants, qui comprennent mieux les conditions de leur région que le plus doué des randonneurs de la ville. S'ils vous conseillent de ne pas partir, ne tentez pas le diable.

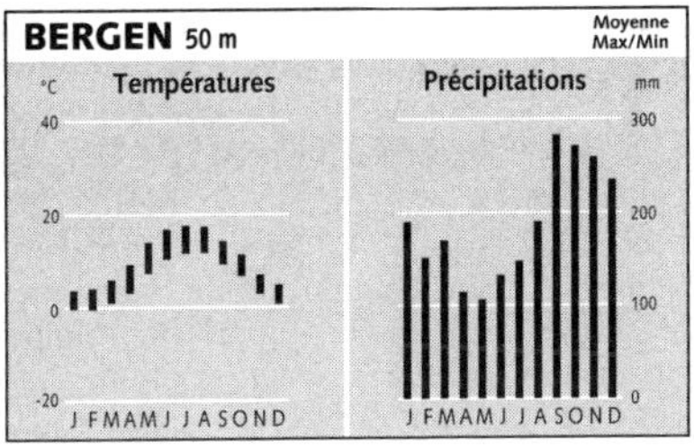

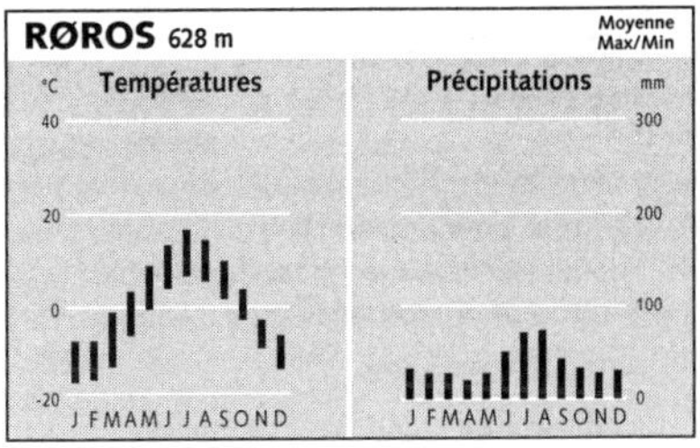

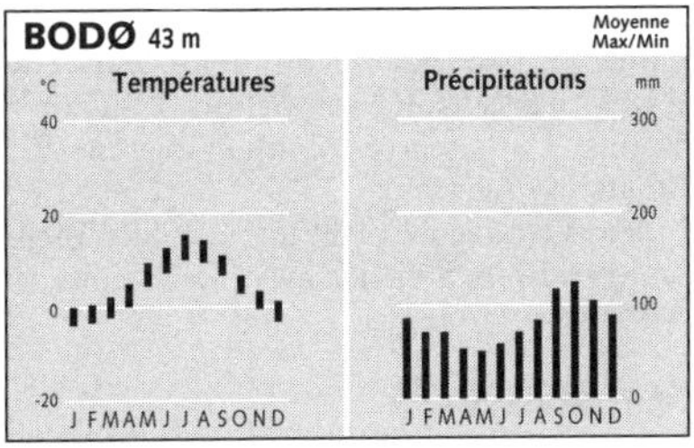

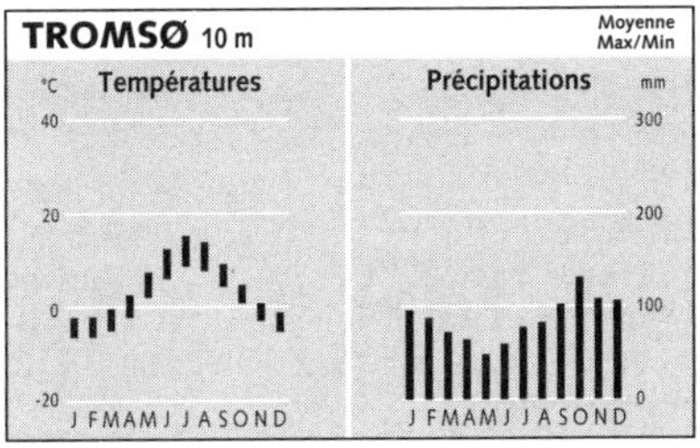

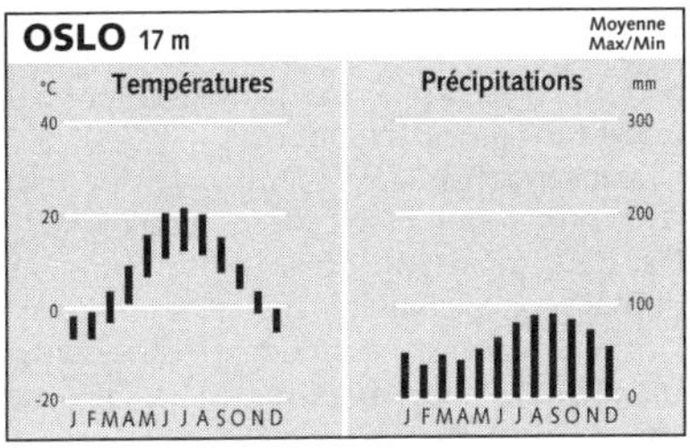

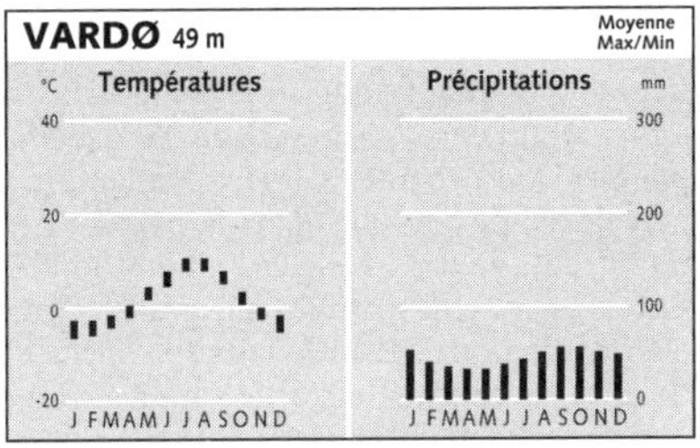

thermomètre est monté à plus de 30°C à Narvik avant d'atteindre plus de 20°C dans le Svalbard le mois suivant. À l'autre extrémité de l'échelle, en janvier 1999, la température est tombée à -56°C à Kirkenes. La couche de neige peut atteindre 10 m de hauteur dans les montagnes, contre 2 à 3 m en plaine.

L'**Institut norvégien de météorologie** (www.dnmi.no) publie ses prévisions météorologiques.

DÉSAGRÉMENTS ET DANGERS

La Norvège est un pays sûr, où les vols sont rares. Même dans les quartiers est d'Oslo, qui n'ont pas vraiment bonne réputation, vous serez relativement en sécurité à toute heure de la nuit. Ce n'est pas une raison pour relâcher votre vigilance : soyez prudent près des discothèques du quartier de Rosenkrantz gate à Oslo et méfiez-vous des pickpockets dans Torget, à Bergen. Les problèmes liés à la drogue sont en augmentation à Oslo et dans d'autres grandes villes. Les stupéfiants sont illégaux en Norvège.

DOUANES

Sachez que l'alcool et le tabac sont extrêmement chers en Norvège. Chaque personne de plus de 20 ans peut importer librement 1 l de spiritueux (maximum 60°), 1,5 l de vin (maximum 22°) et 2 l de bière (maximum 4,7°), ou 3 l de vin plus 2 l de bière, ou 5 l de bière. Les plus de 18 ans peuvent entrer sur le territoire avec 200 cigarettes ou 250 g de tabac. L'importation des produits frais est soumise à des restrictions. La législation en vigueur est susceptible de changements. Consultez le site de la douane norvégienne www.toll.no (en anglais).

ENFANTS

Rien de plus facile que de voyager avec des enfants en Norvège. Cependant, réussir un

VOTRE CARTE D'IDENTITÉ, S'IL VOUS PLAÎT !

L'âge légal est de :

- 18 ans pour boire de la bière, 20 ans pour l'alcool et le vin ; certains bars n'acceptent que les plus de 24 ans.
- 18 ans pour voter.
- 18 ans pour conduire – ce qui ne signifie pas que vous pourrez louer un véhicule.

voyage avec des petits demande toujours quelques efforts de préparation. Ne prévoyez pas plus de visites que vous ne pouvez en faire et n'hésitez pas à impliquer vos bambins dans l'élaboration du programme.

Pratique

Les agences de location de voitures louent des sièges pour enfant pour un prix modique. Il est impératif de les réserver. Il en va de même pour les chaises hautes et les lits d'enfants (ou berceaux), disponibles dans la plupart des restaurants et des hôtels en nombre limité. Les supermarchés offrent un grand choix d'aliments pour bébé, de laits (de vache et de soja), de couches, etc., que vous trouverez également (plus chers) dans des magasins de dépannage.

Sur les lignes aériennes, les moins de 2 ans voyagent pour 10% du plein tarif, voire gratuitement, à condition de ne pas occuper de siège et de ne pas avoir de bagages. Sous réserve d'en faire la demande au préalable, la compagnie fournit généralement un berceau, des aliments pour bébé et des couches. Les enfants de 2 à 12 ans paient habituellement moitié prix (ou les deux tiers du plein tarif) et ont droit à des bagages.

Les hôtels, les auberges de jeunesse HI, les campings et d'autres hébergements possèdent souvent des chambres familiales ou des bungalows en bois (*hytter*) pouvant accueillir 2 adultes et 2 enfants. Dans les hôtels, une chambre familiale pourra coûter un peu plus cher qu'une double standard.

De nombreux restaurants proposent des menus enfants à prix doux adaptés à leurs goûts. Pour plus de renseignements, reportez-vous p. 61.

À voir et à faire

À plus d'un titre, la Norvège est vraiment le pays des enfants. La plupart des villes possèdent des attractions et des musées spécialement destinés aux petits. Le tourisme national est souvent organisé autour des centres d'intérêt des bambins : les musées régionaux comportent toujours une section qui leur est dévolue, comprenant des jeux et offrant différentes activités. Les parcs publics ne manquent pas. Souvent, les enfants entrent gratuitement jusqu'à 6 ans et bénéficient du demi-tarif (ou d'une réduction importante) jusqu'à 16 ans. Les sites touristiques offrent des billets familiaux.

Vous trouverez p. 20 une liste des meilleurs endroits à visiter avec des enfants en Norvège.

FEMMES SEULES

Les femmes voyageant seules ne devraient pas être ennuyées en Norvège, où les hommes sont réputés pour leur courtoisie. Comme partout, certains individus peuvent se montrer importuns quand ils sont ivres.

Kvinnefronten (le Front des femmes ; carte p. 98 ; ☎ 22 20 64 00 ; www.kvinnefronten.no ; Osterhaugsgt 27, Oslo) est la principale organisation féministe de Norvège. Si vous êtes victime d'une agression en Norvège, contactez le **Krisesenter** (☎ 23 01 03 41 ; www.krisesenter.com) à Oslo ou composez le ☎ 112.

FÊTES ET FESTIVALS

En Norvège, les fêtes, festivals et manifestations de toutes sortes sont légion. Il s'en déroule toute l'année, dans toutes les villes et tous les villages. Les plus grands et les plus populaires sont présentés p. 22 et dans les rubriques spécifiques des chapitres régionaux.

FORMALITÉS ET VISAS

Les Français, les Belges et les Suisses peuvent séjourner 3 mois en Norvège sans visa avec une carte d'identité ou un passeport valide (le permis de conduire n'est pas une pièce d'identité). Pour rester plus longtemps dans le pays, ils devront déposer une demande de permis de séjour auprès du commissariat de police de leur ville de résidence. Les Canadiens ont besoin d'un passeport valide. Pour un séjour supérieur à 3 mois, ils devront contacter l'ambassade de

NOËL EN NORVÈGE

Noël, *jul* en norvégien, est une période idéale pour visiter la Norvège. Le mot *jul* vient d'un ancien rite païen appelé *joulu* ou *lol*, symbolisant la fertilité et qui était célébré dans toute l'Europe avant l'arrivée du christianisme. Il coïncide fort à propos avec la Nativité. Aujourd'hui, les festivités durent du 24 décembre à l'Épiphanie, 12 nuits après Noël. Certains Norvégiens poursuivent même les réjouissances jusqu'à la Saint-Canute, le 20e jour après Noël.

Près de l'arbre de Noël décorant la plupart des foyers, on échange les cadeaux le soir du 24 décembre. À la campagne, des couronnes de céréales appelées *julenek* sont attachées à un poteau de la ferme pour les oiseaux. On remercie aussi le *nisse*, le gnome qui veille sur la bonne fortune des paysans, en lui offrant un bol de gruau. Le personnage de Jule-nissen se confond désormais avec celui du Père Noël, qui habiterait à Drøbak (p. 119), au sud d'Oslo, où un panneau indique "Passage du Père Noël".

Pour connaître les mets traditionnels de Noël, reportez-vous p. 59. Ceux qui lisent l'anglais pourront se procurer la brochure gratuite intitulée *Christmas in Norway* (Noël en Norvège), disponible dans certains offices du tourisme.

Norvège avant leur départ. Les mineurs non accompagnés de leurs parents se muniront d'une autorisation parentale de sortie de territoire, délivrée par les mairies et les commissariats. La Norvège fait partie de l'espace Schengen. Les contrôles aux frontières sont donc simplifiés.

Nous vous conseillons de photocopier tous vos documents importants (pages d'introduction de votre passeport, cartes de crédit, numéros de chèques de voyage, police d'assurance, billets de train/d'avion/de bus, permis de conduire, etc.). Emportez un jeu de ces copies, que vous conserverez à part des originaux.

HANDICAPÉS

La Norvège est assez bien équipée pour l'accueil des handicapés. Légalement, tout nouveau bâtiment public doit être doté d'une rampe pour les fauteuils roulants. Cela dit, comme partout, des progrès restent à faire. Il convient donc de bien préparer son voyage.

La plupart des offices du tourisme fournissent une liste d'hôtels et d'auberges de jeunesse accessibles aux chaises roulantes. Vous trouverez par exemple des informations sur le site Internet de l'**office du tourisme de Bergen** (www.visitbergen.com en anglais) en cliquant sur la rubrique *For the physically disabled* (pour les personnes handicapées physiques). Presque tous les carrefours sont pourvus d'une rampe ou d'une bordure de trottoir très basse et d'un système de signaux sonores : des bips insistants indiquent le moment de traverser, des bips plus courts annoncent le changement de feu. Dans la majorité des trains (pas tous), des places pour les fauteuils roulants sont prévues dans certains wagons. De nombreux édifices publics possèdent des toilettes pour les handicapés.

L'**Association norvégienne pour les handicapés** (Norges Handikapforbund ; ☎ 24 10 24 00 ; www.nhf.no ; Schweigaards gate 12, Grønland, Oslo) vous apportera une aide précieuse et des renseignements sur les agences de voyages et les sites consacrés aux personnes handicapées.

En France, l'**APF** (Association des paralysés de France ; ☎ 01 40 78 69 00 ; www.apf.asso.fr ; 17 bd Auguste-Blanqui, 75013 Paris) peut vous fournir des informations utiles sur les voyages accessibles.

Deux sites Internet dévolus aux personnes handicapées comportent une rubrique consacrée au voyage et constituent une bonne source d'information. Il s'agit de **Yanous** (www.yanous.com/pratique/tourisme/tourisme030613.html) et de **Handica** (www.handica.com).

HÉBERGEMENT

La Norvège offre un large choix d'hébergements, dont des campings, des auberges de jeunesse, des chambres chez l'habitant et des hôtels de standing international. Les prix sont élevés, mais le confort est généralement satisfaisant. En préparant votre voyage, n'oubliez pas que les tarifs sont souvent indiqués pour une personne. La plupart des hôtels fournissent un accès Wi-Fi ; reportez-vous p. 401 pour de plus amples détails.

Les prix donnés dans ce guide valent pour une chambre avec salle de bains, sauf mention contraire et excepté dans les auberges de jeunesse et les campings, où les sanitaires sont plutôt collectifs. Dans la catégorie petits budgets, comptez 80-150 NOK pour un emplacement dans un camping et jusqu'à 350/550 NOK pour une simple/double. Les établissements de catégorie moyenne, généralement des hôtels, demandent jusqu'à 990/1 200 NOK. Les tarifs s'envolent dans la catégorie supérieure.

Les voyageurs au budget serré pourront contacter **VIP Backpackers** (☎ 90 62 16 44 ; www.vipbackpackers.no), qui constitue une bonne source d'information et permet de bénéficier de réductions.

L'interdiction de fumer s'applique à tous les bars et les restaurants et à 50% des chambres d'hôtel. Dans la pratique, presque toutes les chambres sont désormais non fumeurs.

De nombreux offices du tourisme vous aideront à trouver un hébergement, moyennant une commission de 30-50 NOK et à condition que vous vous déplaciez. Il est rare de pouvoir réserver à distance par leur intermédiaire.

Auberges de jeunesse

Les auberges de jeunesse (*vandrerhjem*), à prix raisonnable, offrent un lit en dortoir et l'accès à des équipements collectifs : salle de bains, cuisine (prévoyez vos ustensiles et vos couverts) et Internet. Il en existe de tous types. Beaucoup appliquent désormais des horaires étendus et les établissements familiaux ont largement remplacé ceux où régnait l'esprit "petit chef". La consommation d'alcool est généralement interdite. La désignation d'"auberge" peut prêter à confusion, même pour des enseignes HI (affiliées au réseau Hostelling International). Certaines, ouvertes toute l'année, présentent l'agréable confort d'un chalet. D'autres sont des internats utilisés pour le tourisme seulement en été. D'autres encore occupent l'aile bon marché d'un hôtel. Certaines auberges reviennent plus cher qu'un bungalow ou qu'une chambre dans un hôtel pour voyageurs à petit budget. Généralement, vous devrez prévoir votre literie, ou accepter de payer un forfait de 50 NOK pour la location.

Il existe plusieurs guides des auberges de jeunesse. Celui de Hostelling International, mis à jour tous les ans, répertorie les auberges d'Europe. L'association norvégienne des auberges de jeunesse, la **Norske Vandrerhjem** (☎ 23 12 45 10 ; www.vandrerhjem.no), publie également le guide gratuit *Hostels in Norway*, qui contient la liste complète des établissements et les tarifs en vigueur.

La plupart des auberges de jeunesse proposent un hébergement dans des chambres de 2-6 lits (140-240 NOK). Les plus chères offrent habituellement un buffet au petit déjeuner ; d'autres demandent 50-70 NOK. Certaines servent un dîner d'un bon rapport qualité/prix pour environ 110 NOK.

L'été, il est recommandé de réserver, particulièrement pour les destinations prisées. Beaucoup d'auberges prennent les réservations par téléphone et se chargent de réserver pour votre prochaine étape moyennant une petite commission (environ 20 NOK). Les adresses très recherchées d'Oslo et de Bergen affichent souvent complet en été.

Les prix indiqués dans ce guide valent pour les personnes non affiliées au réseau HI ; les membres bénéficient de 15% de réduction. Pour devenir membre et bénéficier de tarifs privilégiés, consultez le site de **Hostelling International** (www.hihostels.com).

Les auberges de jeunesse privées sont très rares.

Bed & Breakfast, pensions et chambres chez l'habitant

Beaucoup d'offices du tourisme possèdent une liste de logements privés, souvent plus intéressants que les autres modes d'hébergement. Vous serez parfois accueilli par une famille norvégienne, une formule des plus sympathiques. Les prix sont variables, mais vous ne devriez pas payer plus de 300/400 NOK pour une simple/double. Le petit déjeuner est rarement inclus et la douche peut faire l'objet d'un supplément (10 NOK).

Certaines enseignes fonctionnent comme des B&B. Les prix commencent à 250/450 NOK pour une simple/double et atteignent 500/800 NOK. **Bed & Breakfast Norway** (www.bbnorway.com) répertorie en ligne tous les B&B de Norvège et publie un guide complet intitulé *The Norway Bed & Breakfast Book*.

Dans la plupart des villes, vous trouverez aussi des *pensjonat* (pensions) et des *gjestehus* (pensions plus cossues), qui peuvent constituer d'excellentes options. Les prix démarrent à 350/550 NOK pour une simple/double. Les draps et/ou le petit déjeuner ne sont compris que dans les adresses les plus haut de gamme.

Le long des routes, quelques panneaux annoncent *rom*, des chambres sans prétention, qui coûtent 150-275 NOK sans le petit déjeuner. Des réductions sont possibles si vous fournissez les draps ou un sac de couchage.

Camping et bungalows en bois (*hytter*)

La Norvège compte plus de 1 000 campings. Pour l'emplacement d'une tente, prévoyez 80 NOK dans les plus rudimentaires et jusqu'à 150 NOK dans les mieux équipés ou dans des endroits prisés ou chers, comme Oslo et Bergen. Le tarif inclut généralement la place d'une voiture, d'une moto ou d'une caravane. Un supplément pourra s'appliquer pour chaque personne. Vous devrez aussi ajouter quelques couronnes pour l'électricité et, presque partout, 10 NOK pour la douche.

Les campings louent de modestes bungalows en bois (*hytter*, prononcez "hutte"), qui ressemblent à des cabanons, à partir de 250 NOK, avec 2 ou 4 lits superposés et un coin cuisine. Prenez un sac de couchage, car les draps et les couvertures sont en sus (50-100 NOK).

Sauf dans les bungalows deluxe avec douche et toilettes (500-1 100 NOK), la douche et l'eau pour la lessive sont payantes (à de rares exceptions près). En principe, vous devrez faire le ménage ou payer un surcoût (environ 120 NOK).

Quelques complexes restent ouverts toute l'année, mais les emplacements pour les tentes et les caravanes ferment hors saison (de début septembre à mi-mai).

Pour une liste complète des campings, procurez-vous la brochure gratuite intitulée *Camping*, disponible dans les offices du tourisme et sur le site www.camping.no.

Hôtels

Les hôtels sont chers, mais la plupart offrent des réductions importantes le week-end et en été (de mi-juin à mi-août, ou seulement en juillet), périodes peu propices aux voyages d'affaires.

Un petit nombre d'hôtels pratiquent des tarifs constants, toute l'année. Les autres augmentent considérablement leurs prix du lundi au jeudi (environ 1 200/1 500 NOK pour une simple/double), car, sauf en été, les seuls clients sont des hommes d'affaires qui voyagent tous frais payés. Renseignez-vous néanmoins pour connaître les éventuelles réductions. En été et le week-end, les prix peuvent baisser de 40%. Seule exception : la côte sud, où certaines stations balnéaires revoient leurs tarifs à la hausse pour profiter de l'afflux des vacanciers. Sachez que les prix affichés ne sont guère représentatifs : de nombreux établissements appliquent presque autant de tarifs qu'il y a de jours dans l'année.

Des chaînes et des réseaux hôteliers proposent des cartes qui donnent droit à une nuit gratuite pour un certain nombre de jours accumulés. Certaines ne sont valables qu'en été. D'autres fonctionnent aussi dans des pays voisins. Voici quelques chaînes présentes sur tout le territoire :

Best Western (www.bestwestern.no). Pass gratuit dans les 15 hôtels Best Western norvégiens, de juin à août. Troisième nuit gratuite pour 2 nuits payées dans le même établissement.

Choice Hotels (www.choice.no). Le Choice Club, qui regroupe les hôtels Choice, Clarion Collection et Comfort Hotels, donne droit à des nuits gratuites. Autre forfait proposé : le chèque Choice Hotel (12 nuits pour 11 940 NOK). Un buffet est offert au dîner dans certaines enseignes Comfort Hotels.

Fjord Pass (www.fjordpass.no). Certainement le plus intéressant : pour 120 NOK, le Ford Pass (valable pour 2 adultes et tout enfant de moins de 15 ans) est utilisable toute l'année dans 150 hôtels. Pas de nuit gratuite, mais des réductions très conséquentes, tous les soirs.

Rica Feriepass (www.rica.no). Le pass gratuit de la chaîne Rica permet de cumuler des points pour une 10e nuit gratuite dans n'importe lequel des 90 hôtels norvégiens et suédois de l'enseigne.

Thon Hotels (www.thonhotels.com). La carte de membre, gratuite, permet d'obtenir des réductions et des nuits gratuites.

Un autre réseau intéressant (bien qu'il n'offre pas de réductions) est le **De Historiske** (☎ 55 31 67 60 ; www.dehistoriske.no), qui rassemble les hôtels (et les restaurants) anciens les plus pittoresques de Norvège. Souvent familiaux, ceux-ci se distinguent par leur architecture et offrent une qualité de service constante. Les tarifs, élevés, sont presque toujours justifiés.

Maisons de vacances et petits chalets

Dans les régions touristiques, les offices du tourisme distribuent des listes de chalets, de bungalows et de maisons de vacances, à louer en été ou pendant la saison de ski. Les tarifs vont de 1 200 NOK environ pour un endroit simple hors saison, à 14 000 NOK pour un chalet haut de gamme au cœur de l'été. Généralement, les bungalows sont au moins pour 4 personnes ; certains peuvent en accueillir jusqu'à 12 et se révèlent économiques pour les groupes. Vous devrez généralement réserver à l'avance et verser une caution de 500 NOK ou équivalant à 20% du montant total de la location.

Pour plus d'informations, contactez en France **Novasol** (☎ 0820 204 301 ; www.novasol-vacances.fr), qui permet d'effectuer des réservations en ligne. L'organisme danois **Dansommer** (au Danemark ☎ 86 17 61 22 ; www.dansommer.com) propose des locations similaires.

Refuges de montagne du DNT et autres

Le **Den Norske Turistforening** (DNT ; Touring Club norvégien de montagne ; carte p. 98 ; ☎ 22 82 28 22 ; www.turistforenin gen.no ; Storgata 7, Oslo) maintient un réseau de plus de 440 refuges et chalets, situés à un intervalle d'une journée de marche le long de 20 000 km de sentiers de randonnée bien balisés et entretenus. Certains refuges sans personnel (plus de 400) ne sont équipés que de deux lits, tandis que les chalets (ou lodges) avec personnel (au nombre de 42), réputés pour la qualité du service, en comptent plus de 100. Tous les refuges sans personnel, où vous devrez souvent prévoir un sac de couchage ou un “sac à viande”, disposent d'un coin pour cuisiner. Dans les refuges avec personnel, les draps sont soit compris, soit facturés en sus. Dans les chalets avec personnel, on ne cuisine pas ; quand il n'y a pas d'employés, vous trouverez parfois un coin cuisine et des provisions en self-service.

Dans les refuges avec personnel, concentrés dans le Sud, vous pouvez arriver sans prévenir et payer votre dû. Dans la grande tradition de l'hospitalité montagnarde, vous ne serez jamais refusé, même si l'on ne vous offre qu'un coin de sol pour dormir. La règle veut que les plus jeunes cèdent leur lit aux membres du DNT de plus de 50 ans. Ces refuges sont bondés à Pâques et tout au long de l'été.

Si vous souhaitez devenir membre du DNT, reportez-vous p. 389.

Dans les refuges avec personnel, un membre/non-membre du DNT paiera 205/270 NOK pour la nuit dans une chambre de 1-3 lits, 165/235 NOK en chambre de 4-6 lits, 105/170 NOK en dortoir et 75/140 NOK pour dormir par terre. Pour un séjour de 3 nuits ou plus, l'hébergement en pension complète (réservé aux membres du DNT) en basse saison en chambre de 1-3 lits/dortoir coûte 535/495 NOK ; comptez 555/515 NOK en été et 605/565 NOK à Pâques. Sinon, un petit déjeuner complet revient à 85/110 NOK (membre/non-membre), un dîner à 200/250 NOK, un sandwich à 10/15 NOK, une Thermos de thé ou de café à 25/40 NOK et un dîner plus léger à 125/145 NOK. Le dîner, qui comprend souvent des spécialités de la région, peut être excellent. Comptez 55/70 NOK pour un “sac à viande”.

Les membres/non-membres qui préfèrent camper tout en utilisant les commodités du refuge débourseront 50/60 NOK.

Pour les refuges sans personnel, vous devrez aller chercher les clés à l'avance dans un bureau du DNT ou un refuge avec personnel, contre une caution de 100-150 NOK. Pour le règlement, remplissez une autorisation (valable une seule fois) et déposez des espèces ou le numéro de votre carte de crédit dans la boîte prévue à cet effet. Il existe deux catégories de refuges sans personnel : des chalets en self-service avec des couvertures et des oreillers, un poêle avec une réserve de bois, une cuisinière à gaz et des provisions de conserves et d'aliments lyophilisés (on vous fait confiance pour régler), où les membres/non-membres du DNT paient 165/265 NOK pour un lit ; et des refuges dans lesquels les randonneurs doivent prévoir leur nourriture. Pour une liste détaillée des tarifs, consultez le site Internet du DNT.

La plupart des refuges du DNT sont ouverts du 16 février au 14 octobre. Les chalets avec personnel fonctionnent également du samedi qui précède le dimanche des Rameaux (une semaine avant Pâques) au lundi de Pâques. Les refuges avec personnel le long de la voie ferrée Oslo-Bergen et quelques autres ouvrent pour la saison de ski de fond dès la fin février. Le DNT vous fournira une liste indiquant les dates d'ouverture de chaque endroit.

De nombreux refuges et chalets privés sont installés dans les montagnes. Tous ne sont pas accessibles au public. Certains offrent une réduction aux membres du DNT.

HEURE LOCALE

Comme la France, la Belgique et la Suisse, la Norvège est à l'heure GMT/UTC plus 1 heure. Quand il est 6h à Montréal, il est 12h à Oslo. L'heure d'été entre en vigueur le dernier dimanche de mars (on avance alors les horloges d'une heure) et prend fin le dernier dimanche d'octobre.

Quand les Norvégiens indiquent l'heure, la "demie" s'applique à l'heure à venir et non à l'heure précédente. Soyez vigilant, ou vous risquez d'être en retard d'une heure !

HEURES D'OUVERTURE

Les bureaux et la plupart des postes sont généralement ouverts de 9h à 17h du lundi au vendredi et de 10h à 14h le samedi. Dans les grandes villes, ils fonctionnent de 8h à 20h du lundi au vendredi et de 9h à 18h le samedi. Vous trouverez les horaires des boutiques, des supermarchés, des banques et des restaurants en deuxième de couverture. Ceux des offices du tourisme sont indiqués pour chaque ville.

HOMOSEXUALITÉ

Les Norvégiens sont en général très tolérants. Le pays, comme plusieurs de ses voisins, accorde aux couples homosexuels une reconnaissance officielle semblable au PACS français, mais leur refuse le droit de se marier à l'église, d'adopter ou d'avoir recours à l'insémination artificielle. Un débat s'est engagé tant au niveau de l'opinion publique que du monde politique au sujet de l'adoption et de l'attitude de l'Église qui ne respecte pas les lois fortement antidiscriminatoires en vigueur dans le pays. Le Parlement compte de nombreux homosexuels des deux sexes et l'actuel maire d'Oslo est gay.

Cependant, les gestes d'affection entre personnes du même sexe sont plutôt rares, excepté peut-être dans certains quartiers d'Oslo. La capitale est globalement la ville la plus agréable à vivre pour les homosexuels, mais certains couples gays se tenant par la main ont récemment été agressés, notamment dans les quartiers du centre-est. Quand le conservatisme religieux prédomine, chez les musulmans comme chez les luthériens dévots des zones rurales, mieux vaut rester discret.

Le **Landsforeningen for Lesbisk og Homofil frigjøring** (LLH ; carte p. 98 ; ☎ 22 36 19 48 ; www.llh.no ; Kongensgate 12, Oslo), l'Association nationale norvégienne pour la libération des lesbiennes et des gays, vous fournira des renseignements précieux. Deux autres sources d'information utiles pour ceux qui parlent norvégien : le site et magazine pour gays et lesbiennes **Blikk** (www.blikk.no) et le site de l'**Oslo Pride Festival** (www.skeivedager.no), qui a lieu fin juin ou début juillet.

Les voyageurs homosexuels trouveront à se distraire dans les grandes villes. Le *Spartacus International Gay Guide*, publié par Bruno Gmünder Verlag (Berlin), est un bon annuaire international des lieux gays. Mieux vaut néanmoins le combiner avec des informations plus à jour, disponibles dans les diverses publications locales. Ceux qui parlent anglais se reporteront à la rubrique "Gay Guide" de l'excellent guide *Streetwise* que Use-It (p. 94) consacre chaque année à Oslo.

Oslo possède la scène gay la plus animée de Norvège (reportez-vous à l'encadré, p. 116).

INTERNET (ACCÈS)

En dehors des grandes villes, les cybercafés sont étonnamment peu nombreux. Renseignez-vous auprès des jeunes – serveurs, étudiants, etc. En revanche, on peut accéder librement à Internet dans la plupart des bibliothèques municipales. Ce service étant très demandé, vous devrez parfois réserver un créneau horaire. Dans les lieux les plus fréquentés, l'utilisation pourra être limitée à une demi-heure. Les cybercafés demandent 55-70 NOK/heure ; les étudiants bénéficient parfois de réductions. Dans certains offices du tourisme, vous pourrez vous connecter moyennant quelques couronnes.

Si votre ordinateur portable est équipé du Wi-Fi, sachez que la plupart des hôtels et que quelques auberges de jeunesse et pensions offrent l'accès sans fil, généralement gratuit pour leurs hôtes – certains demanderont 120 NOK/12 heures. À moins d'utiliser un service de courrier électronique basé sur Internet, comme **Yahoo!** (www.yahoo.com), **Hotmail** (www.hotmail.com) ou **Gmail** (www.gmail.com), demandez à votre fournisseur (FAI) s'il dispose d'un numéro d'accès pour la Norvège.

Vous trouverez p. 19 des adresses de sites Internet utiles pour les voyageurs en Norvège.

LAVERIES

Les *myntvaskeri* (laveries automatiques acceptant les pièces) sont souvent chères et difficiles à trouver. À deux exceptions près : les capitaineries de la plupart des ports (surtout dans le Sud) sont équipées de machines à pièces qui reviennent à 45-60 NOK, séchage compris ; les auberges de jeunesse et les campings mettent souvent à disposition des machines à laver et des sèche-linge à pièces.

À Oslo (p. 92) et à Bergen (p. 195), les pressings fournissent la lessive, lavent, sèchent et plient le linge soigneusement ; comptez 75-110 NOK pour le service complet. Les laveries en self-service reviennent moins cher. Les services de blanchisserie et de nettoyage à sec proposés par les hôtels sont onéreux.

OFFICES DU TOURISME

Offices du tourisme en Norvège

On ne dira jamais assez de bien des offices du tourisme norvégiens, qui délivrent des informations d'ordre général et s'occupent des réservations pour l'hébergement et les loisirs. On en trouve partout, dans chaque ville ou village. La plupart publient chaque année une brochure complète et mise à jour consacrée à leur localité. Dans certaines petites municipalités, ils n'ouvrent qu'en été. En ville, ils fonctionnent toute l'année, avec des horaires restreints hors saison. Leurs heures d'ouverture et leurs coordonnées sont indiquées dans les rubriques spécifiques des chapitres régionaux.

Les offices du tourisme portent différents noms, les plus communs étant *turistkontor* et *reiseliv*. Tous sont aisément repérables, car ils arborent, bien en vue à l'extérieur, le symbole (i) signifiant "information".

Pour obtenir sur place des renseignements d'ordre général sur les voyages en Norvège, contactez l'**Office national du tourisme de Norvège** (Norges Turistråd ; ☎ 24 14 46 00 ; www.visitnorway.com ; PO Box 722, Sentrum, N-0105 Oslo).

Offices du tourisme à l'étranger

Il n'y a pas d'office du tourisme en Suisse, en Belgique, ni au Canada. Pour tout renseignement, contactez les ambassades ou le bureau de Paris, **Innovation Norway - Tourisme** (☎ 01 53 23 00 50 ; fax 01 53 23 00 59 ; www.norvege.no/info/tourism.htm ; paris@innovationnorway.no ; BP 497, Paris Cedex 08). Ce dernier ne prévoit pas d'accueil sur place mais propose l'envoi de brochures sur simple demande par téléphone (lun-mar et jeu-ven 9h-13h et 14h-16h, mer 9h-13h), fax, courriel, courrier ou via l'excellent site www.visitnorway.fr.

PHOTO

Pour le numérique comme pour l'argentique, les enseignes de la chaîne nationale Japan Photo, bien approvisionnées, sont de bonnes adresses. Vous les trouverez un peu partout dans le pays, surtout dans les grandes villes.

Par politesse, demandez toujours la permission avant de prendre une photo. Cela vaut d'autant plus dans les territoires samis, où les habitants sont plus réticents à être photographiés, et dans les villages vivant de la chasse à la baleine – certaines personnes craignent que leurs photos ne soient utilisées dans des articles traitant de l'environnement.

En raison de la clarté de la lumière nordique et de sa réverbération sur l'eau, la glace ou la neige, il est parfois utile d'avoir recours à un filtre et à un pare-soleil. En hiver, vous aurez sans doute besoin d'utiliser une huile adaptée afin que le mécanisme de votre appareil ne gèle pas. Aux alentours de -20°C, les appareils digitaux peuvent ne plus fonctionner du tout.

POSTE

La Norvège possède un système postal efficace, dont les tarifs ont beaucoup augmenté ces dernières années. L'envoi d'une carte postale ou d'une lettre (jusqu'à 20 g) revient à 7 NOK à l'intérieur du pays, à 9 NOK vers l'Europe et à 11 NOK vers le reste du monde. Pour les colis (jusqu'à 20 kg), le tarif Verdenspakke, avantageux, garantit une livraison partout dans le monde dans un délai de 15 jours ouvrables. Presque tous les bureaux de poste proposent un service de poste restante.

Pour connaître les heures d'ouverture de la poste, reportez-vous p. 401.

SANTÉ

En cas d'urgence, composez le ☎ 113.

Dans le nord du pays, les principales nuisances viennent des hordes de mouches noires et de moustiques qui sévissent en été, notamment autour des lacs et des torrents et dans les forêts. Pour vous protéger, couvrez-vous les bras et les jambes et utilisez un bon antimoustique. Des cas de rage ont été signalés au Svalbard et, dans une moindre mesure, dans l'est du Finnmark. Les chiens sont les principaux porteurs de la maladie, mais les chats, les chauves-souris et les renards peuvent aussi être infectés.

L'eau du robinet est potable en Norvège.

Assurance

La carte européenne d'assurance maladie, nominative et individuelle, remplace le formulaire E 111 et donne droit à une aide médicale d'urgence (mais pas au rapatriement sanitaire) aux citoyens de l'Union européenne.

Vous devez en faire la demande auprès de votre caisse d'assurance maladie. Comptez un délai de 2 semaines pour la réception.

Il est conseillé de souscrire à une police d'assurance qui vous couvrira en cas d'annulation de votre voyage, de vol, de perte de vos affaires, de maladie ou encore d'accident. Les assurances internationales pour les étudiants sont en général d'un bon rapport qualité/prix. Lisez avec la plus grande attention les clauses en petits caractères : c'est là que se cachent les restrictions.

Vérifiez notamment que les "sports à risques", comme la plongée, la moto ou même la randonnée, ne sont pas exclus de votre contrat, ou encore que le rapatriement médical d'urgence, en ambulance ou en avion, est couvert. De même, le fait d'acquérir un véhicule dans un autre pays ne signifie pas nécessairement que vous serez protégé par votre assurance.

Vous pouvez contracter une assurance qui réglera directement les hôpitaux et les médecins, vous évitant ainsi d'avancer des sommes qui ne vous seront remboursées qu'à votre retour. Dans ce cas, conservez avec vous tous les documents nécessaires.

Attention ! Avant de souscrire une assurance, vérifiez que vous ne bénéficiez pas déjà d'une assistance par votre carte de crédit, votre mutuelle ou votre assurance automobile. C'est bien souvent le cas.

Disponibilité des soins médicaux

La Norvège possède un excellent système de santé. Presque tous les personnels parlent anglais. Les offices du tourisme et les hôtels sauront en général vous orienter.

Si vous suivez un traitement, munissez-vous d'une ordonnance. Vous pourrez éventuellement faire préciser le nom du principe actif plutôt que la marque du médicament, afin de pouvoir trouver un équivalent local, le cas échéant.

TÉLÉPHONE ET FAX

Pour appeler la Norvège depuis l'étranger, composez l'indicatif international en vigueur dans votre pays (☎ 00 en France, en Belgique et en Suisse, ☎ 011 au Canada), le ☎ 47 (l'indicatif de la Norvège), puis le numéro de l'abonné. Pour appeler vers l'étranger depuis la Norvège, composez le ☎ 00, suivi de l'indicatif du pays (☎ 33 pour la France, ☎ 32 pour la Belgique, ☎ 41 pour la Suisse et ☎ 1 pour le Canada), puis du numéro de votre correspondant sans l'éventuel 0 initial.

Tous les numéros de téléphone norvégiens sont à 8 chiffres. La plupart des téléphones publics acceptent les pièces de 1, 5, 10 et 20 NOK ; ils rendent les pièces inutilisées, mais pas la monnaie. Un tarif national fixe vaut pour tous les appels à l'intérieur du pays (8 NOK, plus 0,65 NOK durant les heures de pointe). Une réduction de 33% s'applique entre 17h et 8h en semaine et sans interruption le week-end. Les renseignements téléphoniques (☎ 180) coûtent 9 NOK/minute. Les numéros commençant par "800" sont généralement gratuits. Les numéros de portable débutent par un "9".

Les communications vers l'étranger peuvent revenir très cher. Les téléphones à cartes acceptent les cartes Telenor et, pour la plupart, les cartes bancaires. On trouve des téléphones à cartes et à pièces dans les bureaux de poste, les gares, les terminaux, les kiosques et d'autres endroits publics, mais pas partout. Des cartes sont en vente dans les bureaux de poste et les kiosques Narvesen. Il existe des Telekort (cartes de téléphone Telenor) à 40, 90 et 140 NOK. Elles reviennent un peu moins cher que les pièces, sans pour autant permettre des appels bon marché.

Pour passer un appel international, mieux vaut opter pour l'une des cartes à 100 NOK proposées par des compagnies privées, qui donnent droit à 6 heures de communication – vous devrez gratter le code au verso et composer un numéro d'accès local. Malheureusement, elles ne sont pas faciles à trouver – tentez votre chance dans les kiosques ou, mieux encore, dans les épiceries "exotiques".

Vous pourrez aussi utiliser les services de téléphonie par Internet (comme www.skype.com), à condition toutefois d'avoir un ordinateur portable, car peu de cybercafés offrent cette possibilité. Il est impossible de téléphoner en utilisant les ordinateurs des bibliothèques municipales.

Fax

La plupart des hôtels permettent de recevoir et d'envoyer des fax, mais cela revient beaucoup moins cher à la poste.

Téléphones portables

Le réseau GSM couvre 90% de la Norvège, ce qui exclut les régions les plus sauvages et les sentiers de randonnée de la plupart des parcs nationaux. Les deux principaux fournisseurs de téléphonie mobile sont **Telenor Mobil** (☎ 81 07 70 00 ; www.telenor.com) et **NetCom** (☎ 23 88 80 00 ; www.netcom.no en norvégien).

Si vous voulez utiliser votre téléphone portable en Norvège, contactez au préalable votre opérateur pour connaître les frais d'itinérance (*roaming*) et éviter toute mauvaise surprise. Même si des accords entre les pays européens ont permis de réduire considérablement ces frais ces dernières années, les tarifs restent élevés.

Pour utiliser votre téléphone portable avec une carte SIM norvégienne, consultez votre opérateur afin de vous assurer que votre téléphone ne sera pas bloqué – ce qui arrive sur certains réseaux. Les magasins 7-Eleven et certains kiosques Narvesen vendent des cartes SIM. Toutefois, les instructions n'étant données qu'en norvégien, mieux vaut vous rendre dans une enseigne Telehuset, où l'on vous aidera à établir la connexion. Les premières cartes SIM valent 200 NOK, avec 100 NOK de communications.

Il n'est pas possible de louer un téléphone portable en Norvège.

TOILETTES

Vous trouverez des toilettes publiques gratuites dans les villes et dans de nombreuses aires en bord de route. Dans les centres commerciaux et dans les gares ferroviaires et routières (ainsi que dans quelques restaurants), vous devrez débourser 10 NOK.

TRAVAILLER EN NORVÈGE

Pour travailler en Norvège, il est impératif de maîtriser ne serait-ce que des rudiments de norvégien. En tant que membre de l'Espace économique européen (EEE), la Norvège autorise les ressortissants des autres pays participants à se rendre en Norvège et à y rechercher un emploi pendant une période de 3 mois. S'ils obtiennent un emploi, les citoyens de l'EEE peuvent prétendre à un permis de séjour pour toute la durée de leur contrat (pour les contrats à durée indéterminée, les permis sont généralement attribués pour 5 ans). Les ressortissants des pays extérieurs à l'EEE devront déposer une demande de permis de travail auprès de l'ambassade ou du consulat de Norvège de leur pays d'origine, mais leurs chances d'obtenir satisfaction sont maigres.

Transports

SOMMAIRE

AVERTISSEMENT

Les informations contenues dans ce chapitre sont particulièrement susceptibles de changements. Vérifiez directement auprès de la compagnie aérienne ou de l'agence de voyages les modalités d'utilisation de votre billet d'avion. N'hésitez pas à comparer les prestations. Les détails fournis ici doivent être considérés à titre indicatif et ne remplacent en rien une recherche personnelle attentive.

DEPUIS/VERS LA NORVÈGE

ENTRER EN NORVÈGE

La Norvège fait partie de l'espace Schengen. Les contrôles frontaliers sont donc simplifiés pour les ressortissants de l'Union européenne (UE) et les Suisses. Les papiers et les bagages des autres voyageurs pourront être contrôlés plus attentivement.

Pour les formalités et les visas, reportez-vous p. 396.

VOIE AÉRIENNE

Aéroports

Vous trouverez la liste complète des aéroports norvégiens sur le site www.avinor.no. Voici les principaux aéroports internationaux :

Vigra, Ålesund (code AES ; ☎ 70 11 48 00 ; fax 70 18 37 38)
Flesland, Bergen (code BGO ; ☎ 55 99 80 00 ; infosenteret.bergen@avinor.no)
Karmøy, Haugesund (code HAU ; ☎ 52 85 79 00 ; haugesund.lufthavn@avinor.no)
Kjevik, Kristiansand (code KRS ; ☎ 38 06 56 00 ; fax 38 06 31 22)
Gardermoen, Oslo (code OSL ; ☎ 81 55 02 50 ; www.osl.no)
Torp, Sandefjord (code TRF ; ☎ 33 42 70 00 ; www.torp.no)
Sola, Stavanger (code SVG ; ☎ 51 65 80 00 ; stavanger.lufthavn@avinor.no)
Tromsø (code TOS ; ☎ 77 64 84 00 ; fax 77 64 84 93)
Værnes, Trondheim (code TRD ; ☎ 74 84 30 00 ; info.vaernes@avinor.no)

SAS Norge (☎ 91 50 54 00 ; www.sas.no) propose de multiples liaisons nationales et internationales. **Widerøe** (☎ 81 00 12 00 ; www.wideroe.no) offre de nombreuses liaisons intérieures et des vols à destination d'Aberdeen, d'Édimbourg et de Newcastle, principalement au départ de Bergen et de Stavanger. La compagnie à bas prix **Norwegian Air Shuttle** (☎ 81 52 18 15 ; www.norwegian.no) assure la liaison entre 28 villes européennes et Oslo, Bergen, Stavanger, Trondheim et Tromsø.

Les compagnies norvégiennes Coast Air et SAS Braathens ont cessé leurs activités au début de l'année 2008.

COMPAGNIES AÉRIENNES

Les compagnies internationales suivantes desservent la Norvège :

Aeroflot (☎ 22 35 62 00 ; www.aeroflot.aero)
Air France (☎ 23 50 20 01 ; www.airfrance.com)
Austrian Airlines (☎ 81 52 10 52 ; www.aua.com)
British Airways (☎ 81 53 31 42 ; www.british-airways.com)
British Midland Airways (www.flybmi.com)

CIRCULATION AÉRIENNE ET CHANGEMENTS CLIMATIQUES

Les changements climatiques représentent une menace sérieuse pour les écosystèmes dont dépend l'être humain et la circulation aérienne contribue pour une large part à l'aggravation de ce problème. Lonely Planet ne remet absolument pas en question l'intérêt du voyage, mais nous restons convaincus que nous avons tous, chacun à notre niveau, un rôle à jouer pour enrayer le réchauffement de la planète.

Le "poids" de l'avion

Pratiquement toute forme de circulation motorisée génère une production de CO_2, principale cause du changement climatique induit par l'homme. La circulation aérienne détient de loin la plus grosse responsabilité en la matière, non seulement en raison des distances que les avions parcourent, mais aussi parce qu'ils relâchent dans les couches supérieures de l'atmosphère quantité de gaz à effet de serre. Ainsi, deux personnes effectuant un vol aller-retour entre l'Europe et les États-Unis contribuent-elles autant au changement climatique qu'un ménage moyen qui consomme du gaz et de l'électricité pendant un an !

Programmes de compensation

Des sites Internet comme www.actioncarbone.org et www.co2solidaire.org utilisent des "compteurs de carbone" permettant aux voyageurs de compenser le niveau des gaz à effet de serre dont ils sont responsables par une contribution financière à des projets de développement durable menés dans le secteur touristique et visant à réduire le réchauffement de la planète. Des programmes sont en place notamment en Inde, au Honduras, au Kazakhstan et en Ouganda.

Lonely Planet "compense" d'ailleurs la totalité des voyages de son personnel et de ses auteurs. Pour plus d'information, consultez : www.lonelyplanet.fr

Brussels Airlines (☎ 23 16 25 68 ; www.brusselsairlines.com)
Danish Air Transport (☎ 57 74 67 00 ; www.dat.dk)
Finnair (☎ 81 00 11 00 ; www.finnair.fi)
Fly Nordic (☎ 24 14 87 58 ; www.flynordic.com)
Icelandair (☎ 22 03 40 50 ; www.icelandair.com)
KLM-Royal Dutch Airlines (☎ 22 64 37 52 ; www.klm.com)
Lufthansa (☎ 22 33 09 00 ; www.lufthansa.com)
Ryanair (☎ 82 00 07 20 ; www.ryanair.com)
Spanair (☎ 91 50 54 00 ; www.spanair.com)
Sterling (☎ 81 55 88 10 ; www.sterling.dk)
TAP Portugal (☎ 81 00 00 15 ; www.flytap.com)

Pour obtenir des informations concernant la sécurité aérienne, consultez les sites www.airfleets.net/fr ou www.waasinfo.net.

Depuis la France

Air France assure 2 vols directs quotidiens entre Paris et Oslo (2 heures 15) ; lors de nos recherches, les allers-retours débutaient à 160/210 € en basse/haute saison. La compagnie propose également des vols via Amsterdam en partenariat avec KLM, à partir de Paris, Strasbourg, Clermont-Ferrand, Bordeaux et Lyon et à destination de Sandefjord, Kristiansand, Stavanger, Bergen et Trondheim.

SAS offre 3 vols directs Paris-Oslo (2 heures 10) du lundi au vendredi et le dimanche, et 2 vols directs le samedi ; lors de la rédaction de ce guide, l'aller-retour était proposé à partir de 242 €, à condition de réserver bien à l'avance. En haute saison, la compagnie scandinave assure aussi un vol direct Nice-Oslo, avec un départ quotidien (2 heures 55, à partir de 529 €/aller-retour). En basse saison, les vols directs sont suspendus et les avions transitent par Copenhague.

La compagnie danoise à bas prix Sterling offre un vol direct entre Nice et Oslo (3 heures) les mardi, mercredi et samedi, à partir de 216 € l'aller-retour.

Voici quelques adresses d'agences et de transporteurs :

Air France (☎ 36 54 ; www.airfrance.fr)
SAS (☎ 0825 325 335 ; www.flysas.com)
Sterling (☎ pas de numéro de téléphone en France ; www.sterling.dk/fr/flight)
Nouvelles Frontières (☎ 0 825 000 747 ; www.nouvelles-frontieres.fr)
Voyages Wasteels (☎ 0 892 05 11 55 ; www.wasteels.fr)

Thomas Cook (☎ 0 826 826 777 ; www.thomascook.fr ; nombreuses agences en France)
Voyageurs du Monde (☎ 0892 235 656 ; www.vdm.com ; 55 rue Sainte-Anne, 75002 Paris ; plusieurs agences en province)

Depuis la Belgique

Brussels Airlines (www.brusselsairlines.be) propose en moyenne 4 vols hebdomadaires directs Bruxelles-Oslo (2 heures), à partir de 221 €/aller-retour.
SAS assure tous les jours sauf le samedi 2 vols directs Bruxelles-Oslo (1 heure 55). Lors de nos recherches, les allers-retours les moins chers revenaient à 266 €, pour une réservation effectuée plusieurs mois à l'avance. Le samedi, l'avion transite par Copenhague.

Voici quelques adresses utiles :

Airstop (☎ 070 233 188 ; www.airstop.be ; 28 rue du Fossé-aux-Loups, 1000 Bruxelles ; plusieurs agences en Belgique)
Connections (☎ 070 233 313 ; www.connections.be ; 19-21 rue du Midi, 1000 Bruxelles ; plusieurs agences à Bruxelles et dans le pays)
Éole (☎ 02-227 57 80 ; 35-41 chaussée de Haecht, 1210 Saint-Josse-Ten-Noode)

Depuis la Suisse

Swiss assure un vol direct Zurich-Oslo (2 heures 20) du lundi au vendredi et le dimanche, à partir de 459 FS. SAS assure un vol direct Zurich-Oslo (2 heures 40), tous les jours sauf le samedi, à partir de 252 FS – tarif valable à condition de réserver plusieurs mois à l'avance.

Vous pourrez contacter notamment :

STA Travel (☎ 058 450 49 20 ; www.statravel.ch)
Swiss (☎ 0848 700 700 ; www.swiss.com)

AGENCES EN LIGNE

Vous pouvez réserver votre vol via une agence en ligne ou vous renseigner auprès d'un comparateur de vols :

www.anyway.com
www.ebookers.fr
www.illicotravel.com
www.sprice.fr
www.nouvelles-frontieres.fr
www.opodo.fr
www.voyages-sncf.com
http://voyages.kelkoo.fr
www.govoyage.com

Depuis le Canada

Air Canada n'assure pas de liaison directe entre le Canada et la Norvège. En partenariat avec SAS et Lufthansa, la compagnie propose des vols via Londres et Francfort. SAS n'assure pas non plus de vol direct entre la Norvège et le Canada.

Voici quelques adresses utiles :

Air Canada (☎ 1-888 247 2262 ; www.aircanada.ca)
Travel Cuts – Voyages Campus (☎ 1-866 832 7564 ou 1-866 246 9762 ; www.travelcuts.com)

VOIE TERRESTRE

Passage de frontières

La Norvège fait partie de l'espace Schengen. Les contrôles frontaliers sont donc simplifiés. Le passage des frontières entre la Norvège et la Suède ou la Finlande exige peu (ou pas) de formalités. La douane fouille parfois les bagages des voyageurs qui arrivent en bus, mais cela prend rarement plus de quelques minutes. En revanche, vous devrez obligatoirement posséder un visa pour entrer en Russie. Reportez-vous également à la rubrique *Formalités et visas* du *Carnet pratique*, p. 396.

Voiture et moto

Oslo est à environ 1 520 km de Paris, en passant par la Belgique, les Pays-Bas, l'Allemagne et le Danemark, où vous prendrez un ferry pour rejoindre la Norvège. Prévoyez environ 20 heures. Pour les ferries vers la Norvège, reportez-vous à la rubrique *Voie maritime*, p. 409. En partant de Lille, située à 1 300 km d'Oslo, comptez 18 heures en suivant presque le même itinéraire.

Bus

DEPUIS LA FRANCE ET LA BELGIQUE

Eurolines (☎ 0 892 89 90 91 ; www.eurolines.fr ; gares routières dans toute la France) propose presque chaque jour un bus au départ de Paris à 19h30, qui arrive à Oslo à 22h05 le lendemain. Il s'arrête à Bruxelles à 23h15 et dessert plusieurs villes norvégiennes dont Sarpsborg et Svinesund. Lors de nos recherches, il fallait compter 247 € pour un aller-retour Paris-Oslo et 213 € pour un aller-retour Bruxelles-Oslo. Pour des informations spécifiques sur les liaisons nationales, voir ci-dessous.

DEPUIS L'ALLEMAGNE

Les **Bussekspress Nor-Way** (www.nor-way.no) relient Berlin à Oslo (97 €, 15 heures 15) chaque jour, via Rostock, en Allemagne et Göteborg, en Suède.

DEPUIS LE DANEMARK

Les bus **Bussekspress Nor-Way** (www.nor-way.no) relient Copenhague à Oslo (340 DKK, 8 heures, au moins 2 fois/jour) via Göteborg, Malmö et le pont d'Øresund. Trois bus **Swebus Express** (☎ 8070 3300 ; www.swebusexpress.se) assurent quotidiennement la liaison depuis/vers Copenhague (à partir de 323 SEK).

Pour bénéficier de tarifs avantageux, connectez-vous sur le site de **Lavprisekspressen** (www.lavprisekspressen.no en norvégien), qui propose en ligne des billets à partir de 49 NOK pour le trajet Oslo-Copenhague si vous réservez longtemps à l'avance, ou plus généralement à 149 ou 199 NOK.

DEPUIS LA FINLANDE

La route nationale E 8 relie Tornio, en Finlande, à Tromsø. Des routes secondaires relient la Finlande à Karasjok et à Kautokeino, deux villes samies de Norvège du Nord. Des bus desservent régulièrement ces itinéraires.

La compagnie finlandaise **Eskelisen Lapin Linjat** (☎ 016-342 2160 ; www.eskelisen-lapinlinjat.com) assure un service de bus transfrontaliers, avec un seul départ quotidien pour chaque destination. Quelques liaisons sont présentées dans le tableau suivant. Certains trajets ne sont couverts qu'en été.

BUS AU DÉPART DE LA FINLANDE

Départ	Destination	Tarif	Durée du trajet
Rovaniemi	Tana Bru	74,40 €	7 heures
Rovaniemi	Alta	80,70 €	8 heures
Rovaniemi	Karasjok	61,80 €	7 heures
Rovaniemi	Lakselv	73,80 €	12 heures 30
Rovaniemi	Nordkapp (cap Nord)	113,70 €	12 heures
Ivalo	Kirkenes	39,50 €	3 heures 15
Helsinki	Tromsø	126,30 €	21 heures 30

DEPUIS LA RUSSIE

La Russie est frontalière de la Norvège sur une courte distance. Des bus relient tous les jours Kirkenes à Mourmansk. Pour plus de détails sur les voyages vers la Russie, reportez-vous p. 364.

DEPUIS LA SUÈDE

Lavprisekspressen (www.lavprisekspressen.no en norvégien) vend des billets à prix réduits sur Internet. Elle assure la liaison Oslo-Copenhague, via Göteborg et Malmö. Les tarifs vont de 49 à 199 NOK, selon que vous réservez ou non suffisamment à l'avance.

Parmi les autres compagnies, **Swebus Express** (☎ 0200 218 218 ; www.swebusexpress.se) est celle qui offre les prix les plus intéressants. Jusqu'à 5 bus/jour circulent entre Stockholm et Oslo (à partir de 348 SEK, 8 heures).

Des bus relient Bodø à Skellefteå (565 SEK, 8 heures 45, 1/jour sauf le samedi). D'autres empruntent la Blå Vägen (Route bleue) entre Mo i Rana et Umeå (282SEK, 8 heures, 1/jour).

Train

DEPUIS LA FRANCE

De Paris, des trains à destination d'Oslo partent de la gare du Nord et de la gare de l'Est (environ 27 heures). Il existe deux itinéraires principaux : Paris-Cologne-Copenhague-Göteborg-Kil-Oslo et Paris-Francfort-Hambourg-Copenhague-Göteborg-Oslo avec, pour tous les deux, un changement de train à chaque étape. Pour les horaires et les tarifs, contactez la **Deutsche Bahn France** (DB France ; ☎ 01 44 58 95 40 ; www.dbfrance.fr ; 20 rue Laffitte, 75009 Paris) ou la **SNCF**(☎ 36 35 ; www.voyages-sncf.com).

DEPUIS LA BELGIQUE

De Bruxelles, des trains vont à Oslo (environ 26 heures), en suivant essentiellement deux itinéraires : Bruxelles-Cologne-Copenhague-Göteborg-Kil-Oslo et Bruxelles-Liège-Aix-la-Chapelle-Dortmund-Hambourg-Copenhague-Göteborg-Oslo. Pour les horaires et les tarifs, consultez le site de Deutsche Bahn France (ci-dessus) ou contactez la **SNCB** (Société nationale des chemins de fer belges ; ☎ 02 528 28 28 ; www.b-rail.be).

DEPUIS LA SUISSE

On peut rejoindre Oslo au départ de Bâle (26-28 heures). Plusieurs itinéraires au choix, dont : Bâle-Copenhague-Göteborg-Kil-Oslo, Bâle-Francfort-Hambourg-Copenhague-Göteborg-Oslo, Bâle-Mannheim-Francfort-Hambourg-Copenhague-Göteborg-Oslo. Renseignements sur le site de la Deutsche Bahn France (ci-dessus) ou auprès de la **CFF** (Chemins de fer fédéraux suisses ; ☎ Rail Service 0900 300 300 ; www.sbb.ch).

DEPUIS L'ALLEMAGNE

Hambourg est la principale porte vers la Scandinavie. Vous devrez sans doute changer à Malmö, en Suède. Pour tout renseignement, consultez le site de la **Deutsche Bahn** (www.bahn.de).

Le train de nuit **Berlin Night Express** (www.berlin-night-express.com) assure quotidiennement la liaison entre Berlin et Malmö (couchette en compartiment simple/double 250/125 €, 17 heures 45). De fin août à mi-juin, le trajet depuis/vers Oslo comprend une correspondance à Malmö et une autre à Göteborg.

DEPUIS LA RUSSIE

Les trajets en train depuis/vers l'Asie orientale via la Russie peuvent revenir pratiquement au même prix que l'avion, selon le temps que vous leur consacrez et l'argent que vous dépensez en chemin. Ils sont en revanche beaucoup plus intéressants. Les trains russes vont jusqu'à Mourmansk (au départ de Saint-Pétersbourg). Pour les trajets par voie de terre entre la Norvège et la Russie, reportez-vous également p. 364. Vous trouverez par ailleurs de nombreuses informations dans le guide *Transsibérien* publié par Lonely Planet.

DEPUIS LA SUÈDE

Après 3 ans d'incertitude, des liaisons ferroviaires régulières ont finalement repris entre Oslo et Stockholm (454 NOK, 6 heures). Du lundi au vendredi, deux trains circulent tous les jours dans les deux sens (avec une correspondance à Karlstad, en Suède, pour l'un d'entre eux). Une seule liaison est assurée le week-end. Pour plus d'informations, consultez le site de **Norwegian Railways** (NSB ; ☎ 81 50 08 88 ; www.nsb.no) ou de **Swedish Railways** (SJ ; ☎ en Suède 0771-75 75 99 ; www.sj.se).

Des trains relient quotidiennement Stockholm et Narvik (1 650 SEK, 18 heures 45). Si vous voyagez de Trondheim vers la Suède via Storlien et Östersund, prévoyez un changement à la frontière. La ligne Oslo-Malmö (733 SEK, 8 heures 15, 2/jour) passe par Göteborg (573 SEK, 4 heures, 4/jour).

CARTES DE TRAIN

La carte ScanRail n'existe plus.

La **carte InterRail** (www.inter-rail.com) est destinée aux personnes résidant en Europe depuis plus de 6 mois à partir du premier jour de validité de la carte. Elle permet de voyager gratuitement dans un pays ou plus, durant une période de validité donnée. Il existe deux types de cartes : l'InterRail One Country Pass (ancien EuroDomino Pass) et le Global Pass (valide dans tous les pays participants). Et différentes formules : le Pass Jeune (12-26 ans), disponible uniquement en 2e classe, le Pass Adulte (26 ans et plus), valable sur les 1re et 2e classes, et le Pass Enfant (4-11 ans), qui donne droit à 50% de réduction sur le prix adulte en 1re ou en 2e classe.

L'InterRail Norvège Pass est disponible pour 3, 4, 6 ou 8 jours de voyage sur une période d'un mois. Pour ces 4 durées, comptez 125-194 € pour le Pass Jeune, 189-299 € pour le Pass Adulte en 2e classe et 255-404 € pour le Pass adulte en 1re classe. Les enfants de moins de 4 ans voyagent gratuitement. En Norvège, les détenteurs d'une carte InterRail bénéficient également de nombreuses réductions et notamment de 25 à 50% sur certaines traversées en ferry ou en bateau express, sur des trajets en train et sur des liaisons en bus.

La **carte Eurail** (www.eurailpass.com) est réservée aux résidents de pays non européens (la Turquie et la Russie en sont aussi exclues). Il existe différentes formules, comme pour la carte InterRail. Cette carte doit théoriquement être achetée avant d'arriver en Europe. Toutefois, vous pourrez toujours en faire l'acquisition sur place, à la **gare d'Oslo S** (carte p. 98 ; ☎ 23 15 24 48) par exemple, mais cela vous reviendra plus cher. Vous devrez en outre prouver, passeport à l'appui, que vous êtes sur le territoire européen depuis moins de 6 mois. L'Eurail One Country Pass Norway donne droit à des avantages similaires à ceux de l'InterRail One Country Pass.

La Norvège et la Finlande ne sont pas considérées comme des pays frontaliers, car elles ne sont reliées ni par le train ni par voie maritime.

VOIE MARITIME

Il existe des ferries pour la Norvège au départ du Danemark, de l'Allemagne, de l'Islande, des îles Féroé et de la Suède. Il est vivement conseillé de réserver pour la période estivale. La plupart des compagnies proposent un forfait pour la voiture et les passagers, ainsi que des réductions substantielles pour les seniors, les étudiants et les enfants. Le transport des vélos fait l'objet d'un petit supplément.

Innovation Norway - Tourisme (☎ 01 53 23 00 50 ; fax 01 53 23 00 59 ; www.norvege.no/info/tourism.htm ; paris@innovationnorway.no ; BP 497, Paris Cedex 08), l'office du tourisme de la Norvège à Paris, distribue la brochure intitulée *Color Line 2008*, qui détaille les liaisons maritimes vers la Norvège. Pour la commander, connectez-vous sur le site www1.visitnorway.com et cliquez sur la rubrique *Brochures*.

TRANSPORTS

Sur les ferries internationaux, des marchandises sont proposées en duty-free. Pour connaître les limitations et les restrictions, consultez la rubrique *Douanes* du *Carnet pratique*, p. 395.

Depuis l'Allemagne

Les ferries **Color Line** (www.colorline.com ; Allemagne ☎ 0431-7300 300 ; Norvège ☎ 81 00 08 11) assurent quotidiennement la liaison Kiel-Oslo (20 heures). De mi-juin à mi-août, le tarif de base d'un fauteuil inclinable est de 98 € du dimanche au jeudi et de 108 € le vendredi et le samedi. Le passage d'une voiture revient à 80 €. Hors saison, des forfaits aller/aller-retour sont proposés à 328/350 € pour une voiture et 2 personnes voyageant dans une cabine rudimentaire.

Depuis le Danemark

Les compagnies suivantes circulent entre la Norvège et le Danemark :

Color Line (www.colorline.com ; Danemark ☎ 99 56 19 77 ; Norvège ☎ 81 00 08 11)
DFDS Seaways (www.dfdsseaways.com ; Danemark ☎ 33 42 30 82 ; Norvège ☎ 21 62 13 00)
Fjord Line (www.fjordline.com ; Norvège ☎ 81 53 35 00 ; Danemark ☎ 97 96 14 01)
Stena Line (☎ en Norvège 02010 ; www.stenaline.no)

Le tableau ci-dessus détaille les itinéraires proposés. Les prix indiqués valent pour la haute saison, de mi-juin à mi-août. Le reste de l'année, ils peuvent être jusqu'à 50% moins chers, mais les départs sont beaucoup moins fréquents.

À l'exception de la ligne Bergen-Hirtshals, pour toutes les liaisons assurées par Color Line présentées dans ce tableau, la traversée revient à 198 € pour une voiture et 5 passagers au maximum (conducteur compris) en semaine et à 231 € le week-end. Avec DFDS Seaways, vous paierez 195 € pour une voiture et 2 personnes. Pour les ferries Stena Line, le tarif minimal pour une voiture et un conducteur est de 122 €. Fjord Line demande environ 120 € pour une voiture et 2 passagers à destination de Bergen.

Depuis l'Islande et les îles Féroé

De mai à mi-septembre, les ferries **Smyril Line** (www.smyril-line.fo ; **îles Féroé** ☎ 345900 ; Norvège ☎ 55 59 65 20) assurent une traversée hebdomadaire entre Bergen et Seyðisfjörður (Islande), via Lerwick (îles Shetland, Écosse) et les îles Féroé. Au départ de Bergen, les prix d'un aller simple commencent à 195 € pour Tórshavn (25 heures) aux Féroé, et à 295 € pour Seyðisfjörður (46 heures).

Depuis la Suède

Color Line (www.colorline.com ; Suède ☎ 0526-62000, Norvège ☎ 81 00 08 11) propose des ferries entre Sandefjord et Strömstad (22 €, 2 heures 30, 2/jour).

VOYAGES ORGANISÉS

Étant donné ce que coûte un voyage en Norvège, un voyage organisé peut se révéler intéressant. Plusieurs organismes réputés offrent des formules abordables. Pour les circuits organisés locaux, reportez-vous p. 414.

Les organismes ci-dessous proposent des prestations plus ou moins classiques ou originales pour des séjours en Norvège.

Allibert (☎ France 0825 090 190, Belgique 02 526 92 90, Suisse 022 849 85 51 ; www.allibert-trekking.com ; 37 bd Beaumarchais, 75003 Paris). Ce spécialiste du trekking offre 9 randonnées en Norvège, de 8 jours (à partir de 995 €) à 15 jours (à partir de 2 395 €), notamment dans le massif des Rondane, dans les Lofoten, dans le Grand Nord, dans les Alpes de Lyngen et dans les fjords autour de Bergen.
Atalante Paris (☎ 01 55 42 81 00 ; www.atalante.fr ; 41 boulevard des Capucines, 75002 Paris) ; Lyon (☎ 04 72 53 24 80 ; 36-37 quai Arloing, 69256 Lyon Cedex 09) ; Bruxelles (Continent Insolites ; ☎ 02-218 24 84 ; rue César-Franck, 44A B-1050 Bruxelles). Neuf jours dans les îles Lofoten, dont 7 de randonnée. Tarifs sur demande.
Club Aventure (☎ 0 826 882 080 ; www.clubaventure.fr ; 18 rue Séguier, 75006 Paris). Sommets des Lofoten, hauts plateaux et vallées de Lillehammer, Laponie, cap Nord et îles Lofoten, les archipels du Nord, randonnée viking, l'essentiel du Sud norvégien, etc. Treize voyages, entre 8 et 15 jours, avec plus ou moins de randonnées (différents niveaux). Tarifs sur demande.
Comptoir des voyages (☎ 0 892 239 339 ; www.comptoir.fr ; 344 rue Saint-Jacques, 75005 Paris). Plusieurs approches pour découvrir la Norvège : des croisières (à partir de 1 845 € pour 7 jours dans les fjords à bord d'un ferry côtier de Hurtigruten), des voyages itinérants (à partir de 1 440 € pour 8 jours en train, en bus et en bateau, entre Oslo et Bergen), des week-ends, des séjours et des voyages à thème, baptisés horizon nature (à partir de 680 € dans la région de Bergen) ou envies citadines (à partir de 570 € à Oslo).

Escales polaires (☎ 02 97 57 35 68 ; www.escales-polaires.com ; Coet er Roue, 56740 Locmariaquer). Une agence spécialisée dans les "croisières découverte" au Spitzberg et dans les séjours "mer et montagne", de ski de randonnée en Norvège du Nord. Tarifs sur demande.

Esprit d'aventure et Terres d'aventure Paris (☎ 0825 700 825 ; www.terdav.com ; 30 rue Saint-Augustin, 75002 Paris ; plusieurs agences en province) ; Bruxelles (Vitamin Travel ; ☎ 02 512 74 64 ; 48 rue Van-Artevelde, 1000 Bruxelles) ; Genève (Néos Voyages ; ☎ 022 320 66 35 ; 50 rue des Bains, 1205 Genève). Trois voyages en famille, 2 randos en liberté et 16 circuits : sur les hauts plateaux de Lillehammer (raquette), lacs gelés et paradis nordique (ski de fond), Spitzberg (multiactivités, à motoneige dans l'Isfjord), du lac Inari au cap Nord (canoë-kayak), découverte des Lofoten (spécial ados), etc. Entre 8 et 20 jours (à partir de 1 185 €).

Grand Nord Grand Large (☎ 01 40 46 05 14 ; www.gngl.com ; 15 rue du Cardinal-Lemoine, 75005 Paris). Cette agence spécialisée dans la découverte des régions arctiques et antarctiques, désormais propriété de Terres d'Aventure, propose de nombreuses formules en Norvège : des circuits (îles Vesteralen et Lofoten, îles Lofoten et cap Nord, la magie du Nord, week-end à Oslo, du cercle polaire au cap Nord ; à partir de 1 615 € pour 11 jours au départ de Paris), des croisières avec accompagnement francophone (l'appel du Grand Nord, fjords, cap Nord et Spitzberg, fjords norvégiens, etc. ; à partir de 1 690 € pour 10 jours au départ de Paris), des voyages sur le thème de la voile (ski-voile en Norvège, hauturière de la Norvège au Spitzberg à bord d'Albarquel, Pashmina dans la région de Bergen, etc. ; à partir de 1 050 € pour une semaine sans les vols), des voyages à bord de l'Express côtier (à partir de 1 538 € pour 8 jours au départ de Paris), des voyages "multiactivités" à la carte en hiver (à partir de 515 € sans les vols), des formules ski et voile (à partir de 1 750 € pour 7 jours sans les vols) et des voyages à la carte.

Nord Espaces (☎ 01 45 65 00 00 ; www.nord-espaces.com ; 35 rue de la Tombe-Issoire, 75014 Paris). Ce spécialiste des pays nordiques propose de nombreux voyages en Norvège, été comme hiver. Quelques exemples : sur la piste des trolls, la magie des fjords, la Norvège authentique, la magie du Nord, échappée norvégienne, grand tour des fjords, îles Lofoten, fjords et soleil de minuit, etc. Entre 8 et 14 jours (à partir de 1 011 €).

Scanditours – La Maison de la Scandinavie (☎ 01 42 85 64 30 ; www.scanditours.fr ; 36 rue de Saint-Pétersbourg, 75008 Paris). Un week-end à Bergen (à partir de 507 €) et 5 "autotours" dans les fjords, au cap Nord et aux îles Lofoten et entre mer et montagnes ; de 7 à 13 nuits, à partir de 798 €.

Svalbard Nature (☎ 04 72 82 50 15 ; www.80-n.com ; 30, rue Masséna, 69006 Lyon). Cette agence spécialisée dans le Spitzberg (et l'Oman) offre différents séjours nature et aventure. Tarifs sur demande.

Tamera (☎ 04 78 37 88 88 ; www.tamera.fr ; 26 rue du Bœuf, 69005 Lyon). Trois formules en Norvège : ski de fond dans les Alpes scandinaves (8 jours, 1 245 €) et deux randonnées au Spizberg (9 jours à 2 000 € ou 13 jours à 2 400 €).

Zig Zag Paris (☎ 01 42 85 13 93 ; www.zigzag-randonnees.com ; 54 rue de Dunkerque, 75009 Paris ; agences à Nancy et Épinal) ; Bruxelles (SFERA tours ; ☎ 02 223 49 48 ; 22 rue Grétry, 1000 Bruxelles). Quatre randonnées, dans les montagnes de Hallingdal, aux Lofoten, au Spitzberg et sur la banquise ; de 8 à 14 jours (à partir de 1 390 €).

COMMENT CIRCULER

La Norvège possède un excellent réseau de transports publics. Les horaires des trains, des bus et des ferries coïncident souvent afin de permettre les correspondances. Pratique et disponible gratuitement dans la plupart des gares, le guide *NSB Togruter* répertorie les horaires de tous les trains et indique les correspondances possibles avec des bus. Les départs des bateaux et des bus varient en fonction du jour et de la saison. Il y en a relativement peu le samedi, sauf durant la haute saison estivale, où la fréquence tend à augmenter. Vous trouverez les dernières éditions des *ruteplan* (indicateurs horaires) dans les offices du tourisme régionaux.

Le réseau national des chemins de fer s'étend vers le nord jusqu'à Bodø (Narvik est desservie par des trains en provenance de Suède). Au-delà, vous devrez vous rabattre sur les bus et les ferries. Les détenteurs des cartes InterRail et Eurail (voir p. 409) bénéficient de réductions sur certains trajets en Norvège du Nord. Si vous voyagez à deux, sachez que la deuxième place ne vous coûtera que moitié prix dans certains bus et bateaux express. Les ferries côtiers de Hurtigruten, qui desservent tous les ports de quelque importance entre Bergen et Kirkenes, sont une bonne alternative aux trajets par la route.

Que vous voyagiez en bus, en train ou en avion, guettez les billets à tarif réduit minipris, disponibles uniquement sur Internet, pour les réservations effectuées suffisamment longtemps à l'avance (voir l'encadré p. 415).

BATEAU

La Norvège possède un excellent réseau de ferries. Des cars-ferries sillonnent les fjords, desservant des villages qui sans eux resteraient isolés. Des bateaux express relient les îles au continent. La plupart des ferries sont prévus pour transporter des véhicules à moteur ; les express côtiers et les bateaux à vapeur qui circulent sur les lacs n'acceptent habituellement que les piétons et les cyclistes.

Les ferries de ligne, subventionnés, ne sont pas trop chers (pour la Norvège tout du moins). En été, de longues files d'attente et des retards sont possibles sur les trajets les plus fréquentés. Mais ces ferries présentent l'intérêt de circuler jusque tard dans la nuit, voire 24h/24, notamment en période estivale – les départs sont moins fréquents la nuit. Pour connaître les horaires et les tarifs, procurez-vous les indicateurs publiés par l'Office national du tourisme ou le *Rutebok for Norge*. Les offices du tourisme locaux vous renseigneront sur les ferries de la région.

Sur les canaux

Dans le sud de la Norvège, la région du Telemark possède un vaste réseau de canaux, de rivières et de lacs. Il existe des liaisons de ferry régulières et vous pourrez aussi vous déplacer avec votre propre bateau. Pour plus de détails, reportez-vous à l'encadré p. 154.

> **LE FERRY DE HURTIGRUTEN**
>
> Le ferry côtier de Hurtigruten garantit une expérience fabuleuse. Pour autant, il s'agit plus d'un moyen pratique pour passer d'une ville à l'autre que d'un vrai bateau de croisière. En effet, le ferry ne reste en général stationné qu'un quart d'heure à une heure au port et ce délai peut être écourté s'il a pris du retard sur son horaire. L'un de nos lecteurs rapporte que la seule possibilité qui lui a été donnée de visiter une ville en voyageant sur l'un de ces ferries fut à Trondheim, et cela seulement de 6h à 9h30.
>
> Malgré une clientèle principalement composée de touristes, il faut bien garder à l'esprit que la compagnie Hurtigruten exploite des bateaux de ligne, pas de croisière. À ce propos, le même lecteur note qu'il y a peu d'activités à bord et qu'il vaut mieux prévoir un bon livre.

Ferry côtier de Hurtigruten

Depuis plus d'un siècle, le légendaire **ferry côtier de Hurtigruten** (☎ 810 30 000 ; www.hurtigruten.fr) relie les villes et les villages du littoral au reste du monde. C'est aujourd'hui l'un des moyens de transport les plus populaires pour explorer la Norvège. Le bureau français de Hurtigruten (SAS) (☎ 01 58 30 86 86 ; www.hurtigruten.fr ; 2 rue de la Roquette, passage du Cheval-Blanc, 75011 Paris) vous fournira tous les renseignements utiles pour préparer vos déplacements avant le départ. En Norvège, les billets Hurtigruten sont également en vente chez **Fjord Tours** (☎ 81 56 82 22 ; www.fjordtours.no).

Presque toutes les nuits, l'un des onze ferries que compte la flotte appareille de Bergen et se dirige vers le nord à destination de Kirkenes. Au cours de ce voyage de six jours, il fait escale dans 35 ports avant de revenir à son point de départ. L'aller-retour, qui dure 11 jours, couvre une distance de 2 500 miles nautiques (4 630 km). Par beau temps, ce qui est loin d'être toujours le cas, vous pourrez admirer des paysages grandioses entre montagnes et fjords. La plupart des bateaux sont modernes ; d'autres portent des stygmates de leur âge. Les plus vieux datent de 1982. Tous ont été sérieusement rénovés dans les années 1990.

Les voyageurs en salle ont à leur disposition des casiers à bagages, des douches, une cafétéria ouverte 24h/24 qui propose des snacks et des repas légers, et une laverie à pièces. Les repas sont servis dans la salle à manger. La nuit, certains déroulent leur sac de couchage pour dormir à même le sol, mais les allers et venues constantes des autres voyageurs ne favorisent pas le sommeil, en particulier en été lorsque les journées durent 24 heures. Tâchez de vous trouver un petit coin à l'abri si vous voulez vraiment vous reposer.

Les tarifs estivaux (mi-avril à mi-septembre) sont beaucoup plus élevés que ceux du reste de l'année. Les prix d'une traversée sans cabine au départ de Bergen s'élèvent en été/hiver à 1 705/1 194 NOK à destination de Trondheim, à 2 708/1 895 NOK pour Bodø, à 3 499/2 449 NOK pour Tromsø et à 5 426/3 798 pour Kirkenes. Le transport des voitures fait l'objet d'un supplément. Les enfants de 4 à 16 ans, les étudiants et les plus de 67 ans bénéficient du demi-tarif, tout comme les conjoints et les 16-25 ans en compagnie de leurs parents. Par ailleurs, un

FERRIES ENTRE LE DANEMARK ET LA NORVÈGE

Destination	Départ	Prix/pers	Durée	Fréquence/ semaine	Compagnie
Bergen	Hanstholm	20-160 €	18 heures	3	Fjord Line
Bergen	Hirtshals	74-80 €	22 heures 30	3	Color Line
Egersund	Hanstholm	10-160 €	6 heures 45	7	Fjord Line
Haugesund	Hanstholm	20-160 €	13 heures 15	3	Fjord Line
Kristiansand	Hirtshals	54-60 €	4 heures 30	6	Color Line
Larvik	Fredrikshavn	54-60 €	6 heures 15	11	Color Line
Larvik	Hirtshals	54-60 €	5 heures 45	7	Color Line
Oslo	Copenhague	184 €	16 heures	7	DFDS Seaways
Oslo	Fredrikshavn	à partir de 24 €	12 heures	7	Stena Line et Color Line
Oslo	Hirtshals	54-60 €	8 heures 30	4	Color Line
Stavanger	Hirtshals	54-60 €	11 heures	3	Color Line

forfait valable 21 jours permet aux 16-26 ans de voyager 21 jours à prix réduit.

Si vous préférez une cabine avec toilettes et douche, vous devrez payer un supplément compris entre 210 et 3 380 NOK. Il est recommandé de réserver à l'avance, car la demande est forte.

Vous pouvez envisager de rompre la monotonie du voyage par des excursions, surtout si vous faites le trajet en entier, d'un bout à l'autre de la Norvège. Dans ce cas, la compagnie offre plusieurs possibilités, pour les itinéraires du sud vers le nord (N) ou du nord vers le sud (S). En voici quelques-unes : circuit entre Geiranger et Ålesund ou Molde (N ; 3 ou 7 heures) ; courte visite de Trondheim (S ; 2 heures) ; sortie d'une journée à Svartisen (N ; 6 heures) ; tour des Lofoten (S ; 3 heures) et des Vesterålen (S ; 4 heures) ; circuit de Honningsvåg au cap Nord (N ; 4 heures) ; excursion de Honningsvåg à Hammerfest via le cap Nord (S ; 7 heures) ; sortie jusqu'à la frontière russe au départ de Kirkenes, tout au bout de la ligne (2 heures). Ces formules sont avantageuses – la compagnie vous indiquera les tarifs sur demande –, mais elles vous feront parfois manquer certains tronçons des paysages côtiers que l'on admire du bateau.

Yacht

Explorer la côte norvégienne à bord d'un yacht... Voici une expérience des plus agréables, malgré des conditions météorologiques parfois rudes, qui pourront vous empêcher de remonter autant que vous le souhaiteriez en direction du nord. Presque toutes les villes de la côte sud possèdent un port de plaisance (*gjestehavn*) accueillant et équipé au minimum de douches, de toilettes, d'électricité et d'une laverie. Certains offrent même un service de location de vélos et une connexion Wi-Fi. Les taxes portuaires oscillent en général entre 100 et 150 NOK pour 24 heures.

BUS

Le réseau de bus norvégien est très étendu. Les véhicules, confortables, se distinguent par leur ponctualité.

Nor-Way Bussekspress (☎ 82 02 13 00 ; www.norway.no) est la première compagnie de bus express du pays. Ses lignes relient la plupart des agglomérations, de Mandal, à l'extrême sud, jusqu'à Alta, au nord. Plusieurs compagnies indépendantes de bus longue distance offrent des prix et un niveau de service similaires.

La compagnie **Lavprisekspressen** (☎ 67 98 04 80 ; www.lavprisekspressen.no en norvégien) vend des billets à prix réduits sur Internet. Lors de la rédaction de ce guide, elle exploitait uniquement les liaisons Oslo-Bergen et Trondheim-Kristiansand. Espérons qu'elle élargira son réseau à l'avenir et que cette concurrence fera baisser les prix. Pour l'heure, le trajet Oslo-Bergen ne coûte que 149 NOK avec Lavprisekspressen ; le tarif le plus bas affiché par Nor-Way Bussekspress s'élève à 700 NOK.

Vous trouverez quelques itinéraires combinés train-bus (Togbuss) dans le nord de la Norvège et de nombreux bus locaux un peu partout. Pour la plupart, ces derniers ne circulent que dans un périmètre limité à un seul comté (*fylke*). Les services des bus locaux et longue distance sont fortement réduits le week-end et hors-saison (habituellement de mi-août à mi-juin).

Pour obtenir la liste complète des horaires et les tarifs pour les principales destinations, procurez-vous un exemplaire du *Rutehefte*, disponible dans les grandes gares routières et dans certains offices du tourisme. Vous trouverez dans tous les offices du tourisme et les gares des indicateurs réduits consacrés aux bus locaux.

Tarifs et réservations

Il n'est presque jamais nécessaire de réserver en Norvège. D'ailleurs, la compagnie Nor-Way Bussekspress suit une politique de "siège garanti sans réservation" et se vante de pouvoir vous conduire n'importe où, n'importe quand. Cela dit, il vous faudra impérativement réserver pour obtenir des tarifs intéressants.

Le meilleur moyen de bénéficier de tarifs préférentiels est de réserver ses billets sur Internet. Mais vous pouvez aussi les acheter à bord de la plupart des bus et aux guichets des gares routières. Le prix est calculé en fonction de la distance – environ 165 NOK pour les premiers 100 km. Attention, certains billets de bus ne comprennent pas les traversées en ferry, que vous devrez payer en plus.

Sur de nombreuses compagnies de bus, les étudiants, les enfants, les seniors et les familles profitent de réductions allant de 25 à 50% ; n'oubliez pas de vous renseigner au moment de l'achat. Les groupes (à partir de 2 personnes) peuvent également obtenir des réductions, tout comme les détenteurs des cartes InterRail et Eurail (voir p. 409) sur certains trajets en Norvège du Nord.

En été, en réservant bien à l'avance, vous pourrez profiter des billets *minipris* qui sont fréquemment proposés sur des trajets longue distance très fréquentés.

CIRCUITS ORGANISÉS LOCAUX

Si votre temps est compté, sachez qu'il existe d'excellentes agences norvégiennes, qui se chargeront de toute la logistique de votre voyage. Pour trouver votre bonheur, choisissez parmi les nombreuses brochures mises à votre disposition dans les offices du tourisme.

Fjord Tours

NORWAY IN A NUTSHELL

L'un des moyens les plus appréciés de visiter la Norvège est de participer au très populaire circuit Norway in a Nutshell, proposé toute l'année. Il est organisé conjointement par des agences de voyages, la compagnie nationale des chemins de fer (NSB) et des offices du tourisme dans le sud et l'ouest du pays. Pour plus de renseignements, consultez **Fjord Tours** (☎ 81 56 82 22 ; www.fjordtours.no). Les itinéraires varient, mais la plupart comprennent une excursion d'un ou deux jours en train entre Bergen ou Oslo et Myrdal, le trajet sur la voie ferrée Flåmsbana jusqu'à Flåm, une croisière sur le Nærøyfjord jusqu'à Gudvangen, un trajet en bus jusqu'à Voss et des voyages en train de nuit à destination de Bergen ou d'Oslo. Le circuit complet d'Oslo à Bergen coûte 1 165/1 896 NOK pour un aller/aller-retour. Le circuit le plus court et le plus économique va de Bergen à Voss pour 530/820 NOK.

AUTRES CIRCUITS

Fjord Tours offre également des circuits indépendants similaires dans le sud et l'ouest de la Norvège, parmi lesquels le Triangle Tour, qui va d'Oslo à Stavanger et inclut un tronçon du Norway in a Nutshell (1 770 NOK). La Golden Route fait une boucle complète à partir d'Oslo/Trondheim (1 530/1 760 NOK) en passant par les villes d'Otta, de Geiranger, d'Åndalsnes et de Dombås. Le circuit Explore Hardangerfjord décrit une boucle depuis Bergen et passe par Voss, Ulvik, Eidfjord et Norheimsund (645 NOK). Vous trouverez de nombreux circuits de 1 à 5 jours, dont certains incluent des trajets à bord du ferry côtier de Hurtigruten. Chacun de ces circuits peut, comme le Norway in a Nutshell, être réservé en partie ou en totalité. Tous les détails sont disponibles sur le site Internet de Fjord Tours et dans les principaux offices du tourisme.

D'autres compagnies proposent des circuits dans les fjords, parmi lesquelles **Norvège Fjord Cruise** (☎ 57 65 69 99 ; www.fjordcruise.no), dont le programme d'excursions comprend les Lofoten et le Sognefjord, et **Fjord1** (☎ 55 90 70 70 ; www.fjord1.no/fylkesbaatane), qui possède une flotte de ferries.

Pour plus d'informations sur les circuits dans les fjords de l'Ouest, reportez-vous aux encadrés p. 204 et p. 218.

Den Norske Turistforening

Abrégé sous l'acronyme DNT, le Touring Club norvégien de montagne (Den Norske Turistforening DNT ; ☎ 22 82 28 22 ; www.turistforeningen.no ; Storgata 3) organise toute l'année des centaines de sorties en montagne, comprenant toutes sortes d'activités comme le vélo, la pêche, la randonnée, le ski, l'ascension de glaciers, l'escalade, des loisirs destinés aux familles, des trekkings de refuge en refuge, des circuits dans le Svalbard, etc. Vous trouverez tous les renseignements utiles sur son site Internet. Vous pourrez aussi vous procurer la brochure *Norwegian Summer (Été norvégien)*, disponible dans tous les bureaux du DNT.

EN STOP

Faire du stop n'est jamais entièrement sûr et c'est une pratique que nous déconseillons. Les voyageurs qui décident malgré tout de se poster sur le bord de la route doivent savoir qu'ils prennent des risques. Il est recommandé de voyager à deux et d'informer une tierce personne de ses déplacements.

Quoi qu'il en soit, si vous faites du stop, vous constaterez que les automobilistes sont en général aimables et qu'ils comprennent que tous les voyageurs n'ont pas un budget illimité. Vous aurez plus de chances d'arrêter une voiture sur les grandes routes nationales qu'ailleurs, mais il pourra malgré tout vous arriver d'attendre de longues heures sous la pluie. Une approche un peu moins aléatoire est d'accoster les chauffeurs routiers aux terminaux des ferries ou dans les stations-service.

TRAIN

La Norvège possède un excellent réseau ferroviaire, même s'il se révèle parfois limité. **La** compagnie nationale des chemins de fer, la **NSB** (Norges Statsbaner ; NSB ; ☎ 81 50 08 88 ; www.nsb.no), relie Oslo à Stavanger, à Bergen, à Åndalsnes, à Trondheim, à Fauske et à Bodø. Certaines lignes font également la liaison entre la Suède et Oslo, Trondheim et Narvik. La plupart des gares sont équipées de consignes automatiques (20-50 NOK). Beaucoup offrent par ailleurs un service de consigne.

La plupart des trains longue distance possèdent une 1re et une 2e classes ainsi qu'une voiture bar ou un service de vente ambulante. Vous trouverez des téléphones publics dans tous les trains express et dans la plupart des trains interurbains. Les portes sont larges et l'on peut sans problème ranger les bagages les plus volumineux, comme les sacs à dos ou les skis.

Les frais de réservation s'élèvent à 35 NOK ; ils s'appliquent obligatoirement sur un certain nombre de trajets longue distance, et notamment entre Oslo et Bergen.

Classes et tarifs

Les wagons de 2e classe des trains longue distance sont dotés de confortables fauteuils inclinables munis de repose-pieds. La 1re classe offre plus d'espace et, parfois, un service de vente ambulante – ce qui justifie rarement les 50% de majoration sur le prix du billet.

Comme tout en Norvège, le train est cher. Il est souvent moins onéreux de prendre l'avion – ce qui porte un coup sévère au bilan environnemental national, par ailleurs excellent. Toutefois, en tirant parti du système *minipris* (voir l'encadré ci-dessous) ou en optant pour une carte d'abonnement (voir p. 409), il peut être avantageux de voyager en train. Et

MINIPRIS, LE MEILLEUR AMI DU VOYAGEUR

Si vous envisagez de longs trajets en train et que vous connaissez votre itinéraire à l'avance, le *minipris* est fait pour vous. Sur chaque voyage, la Société nationale des chemins de fer norvégiens réserve un certain nombre de billets *minipris*. Les premiers à réserver ne paient que 199 NOK pour n'importe quelle destination. Une fois ces *minipris* épuisés, un second quota de billets est émis à 299 NOK et ainsi de suite. On ne peut acheter les *minipris* que sur Internet (www.nsb.no) ou aux distributeurs automatiques placés dans les gares, au minimum la veille du départ. De mi-juin à mi-août, sur les trajets les plus fréquentés, vous devrez sans doute vous y prendre trois semaines à l'avance pour pouvoir bénéficier du tarif le plus avantageux, ce qui restreint considérablement l'attrait du système. Mais, quoi qu'il en soit, celui-ci permet de faire des économies considérables.

songez aux paysages que ce mode de transport vous permettra d'admirer…

Les plus de 67 ans et les moins de 16 ans bénéficient d'une réduction de 50% sur les voyages en train. Les enfants de moins de 4 ans voyagent gratuitement. Les étudiants ont droit à 40% de réduction en période blanche et à 60% en période verte – ces périodes sont précisées sur les indicateurs.

Les compartiments couchettes de 2e classe sont confortables et économiques. Pour une couchette, vous débourserez 135 NOK dans un compartiment à 3 places et 240/295 NOK dans un compartiment à 2 places d'un wagon ancien/récent.

Cartes de train

Pour des détails sur les cartes de train utilisables en Norvège – à acheter avant l'arrivée dans le pays –, reportez-vous p. 409.

TRANSPORTS URBAINS

Bus

Pratiquement toutes les villes de Norvège possèdent un réseau de bus desservant la ville et sa périphérie. Dans de nombreuses petites municipalités, le terminal se trouve juste à côté de la gare routière ou ferroviaire ou de l'embarcadère des ferries. Le ticket coûte en moyenne 16-25 NOK/trajet. Il existe des cartes à la journée ou valables pour plusieurs trajets.

Taxi

Le plus facile pour trouver un taxi est de se rendre à une borne de stationnement ; vous pouvez aussi en appeler un par téléphone. Dans ce cas, il faut savoir que le compteur démarre dès que l'appel est enregistré. Le tarif de jour s'applique de 6h à 19h en semaine et de 6h à 15h le samedi. Il s'élève à 12-19 NOK/km, plus 31,20 NOK pour la prise en charge. Les prix sont légèrement supérieurs dans les grandes villes. Le tarif est majoré de 22% en semaine de 19h à 6h, de 30% le samedi à partir de 15h et le dimanche. Les jours fériés, vous devrez payer un supplément de 45%. Dans certains endroits, des grands taxis (maxi-taxis) peuvent transporter jusqu'à 8 passagers pour le même prix qu'un véhicule classique.

DISTANCES PAR LA ROUTE (KM)

	Ålesund	Alta	Bergen	Bodø	Florø	Hammerfest	Harstad	Kautokeino	Kirkenes	Kristiansand	Kristiansund	Lillehammer	Narvik	Odda	Oslo	Røros	Stavanger	Tromsø	Trondheim
Ålesund	---																		
Alta	1 701	---																	
Bergen	384	2 071	---																
Bodø	1 008	814	1 378	---															
Florø	201	1 970	248	1 277	---														
Hammerfest	1 845	144	2 215	959	2 114	---													
Harstad	1 186	557	1 556	300	1 455	701	---												
Kautokeino	1 827	131	2 197	941	2 096	276	684	---											
Kirkenes	2 215	519	2 585	1 329	2 484	498	1 072	451	---										
Kristiansand	811	2 226	492	1 533	652	2 370	1 711	2 352	2 740	---									
Kristiansund	142	1 609	517	916	329	1 753	1 094	1 735	2 123	867	---								
Lillehammer	382	1 756	439	1 063	466	1 900	1 241	1 882	2 270	473	396	---							
Narvik	1 190	511	1 560	304	1 459	655	119	637	1 025	1 715	1 098	1 245	---						
Odda	416	2 064	159	1 371	320	2 208	1 549	2 190	2 578	333	549	362	1 553	---					
Oslo	533	1 909	478	1 216	512	2 053	1 394	2 035	2 423	322	562	168	1 398	357	---				
Røros	401	1 569	635	876	535	1 713	1 054	1 695	2 083	704	327	263	1 058	624	382	---			
Stavanger	603	2 251	179	1 558	426	2 395	1 736	2 377	2 765	245	736	587	1 740	187	453	836	---		
Tromsø	1 440	290	1 810	554	1 709	435	296	417	805	1 965	1 348	1 495	250	1 803	1 648	1 308	1 990	---	
Trondheim	287	1 414	657	721	556	1 558	899	1 540	1 928	812	195	342	903	650	495	155	837	1153	---

VÉLO

Compte tenu des distances, du relief et de l'étroitesse des routes, mieux vaut être un cycliste expérimenté pour se lancer dans un grand périple à vélo en Norvège. Toutefois, ceux qui tenteront l'expérience en tireront assurément de grandes satisfactions. La Norvège est un pays de montagnes et les tunnels (voir l'encadré, p. 419), qui se comptent par milliers, se révèlent particulièrement ennuyeux pour les cyclotouristes. La plupart, notamment dans les fjords de l'Ouest, sont en effet interdits aux personnes non motorisées. Vous pourrez souvent emprunter des voies extérieures parallèles, mais celles-ci n'existent pas partout. Vous serez parfois contraint de vous rabattre sur une autre route et de faire un détour de plusieurs jours pour contourner un fjord ou passer par un col.

Il est possible d'embarquer un vélo à bord des bus locaux, des ferries express et des trains (sauf les express), moyennant un supplément d'environ 100 NOK. Les trains express n'autorisent aucun vélo à bord et les trains internationaux les considèrent comme des excédents de bagages (250 NOK). Sur les Bussekspress Nor-Way, vous devrez payer un demi-tarif en plus.

Si vous considérez le vélo plus comme un loisir que comme un moyen de transport,reportez-vous aux itinéraires présentés p. 392. Nos préférés sont regroupés dans l'encadré p. 392.

L'État norvégien, très impliqué, a développé un **plan vélo** (www.sykkelby.no) dont le premier objectif est de développer la pratique du vélo dans les grandes villes.

Location

Vous trouverez peu de loueurs spécialisés en dehors des grandes villes. En revanche, la plupart des offices du tourisme et de nombreux campings et auberges de jeunesse louent des vélos. Vous pourrez aussi vous renseigner auprès des commerces de cycles. Vous débourserez en général environ 50 NOK/heure et rarement plus de 250 NOK/jour. Les prix sont dégressifs pour les locations de plusieurs jours.

VOIE AÉRIENNE

Compagnies aériennes en Norvège

La Norvège compte près de 50 aéroports, de Kristiansand dans le Sud à Longyearbyen et Ny Ålesund (Svalbard) dans le Nord. Pour en obtenir la liste complète, consultez le site www.avinor.no. Les distances sont grandes d'un bout à l'autre de la Norvège et il faut beaucoup de temps pour les parcourir. En conséquence, même les voyageurs les moins fortunés pourront envisager de faire un bout de chemin en avion.

Les compagnies aériennes suivantes exploitent les lignes nationales :

Danish Air Transport (☎ 57 74 67 00 ; www.dat.dk)
Norwegian Air Shuttle (☎ 81 52 18 15 ; www.norwegian.no)
Widerøe (☎ 81 00 12 00 ; www.wideroe.no)
SAS Norge (☎ 91 50 54 00 ; www.sas.no)

Les grandes lignes nationales norvégiennes sont assez concurrentielles. Aussi, en étant suffisamment flexible sur les dates et en réservant bien à l'avance, vous pourrez voyager en avion en déboursant à peine plus qu'en train. Les tarifs varient toutefois énormément. Ainsi, lors de nos recherches, l'aller-retour le moins cher entre Bergen et Oslo revenait à un peu plus de 90 € sur la compagnie à bas prix Norwegian Air Shuttle, alors qu'il fallait débourser près de 1 200 € sur Widerøe (vol assuré par SAS).

Abonnements de compagnies aériennes

Ces dernières années, même pour les allers simples, les tarifs des vols réguliers ont considérablement baissé sur la plupart des compagnies aériennes. Les forfaits aériens présentent donc moins d'intérêt. Comme toujours, gardez un œil sur les allers-retours *minipris*, dont certains coûtent à peine 10% de plus qu'un aller à plein tarif.

Avec certaines promotions, un aller-retour peut même revenir moins cher qu'un aller simple. Le deuxième membre d'un couple (homosexuel ou hétérosexuel), les enfants de 2 à 15 ans et les plus de 67 ans bénéficient de réductions de 50%. Sur Widerøe, les moins de 26 ans et les étudiants de moins de 32 ans profitent de rabais importants.

VOITURE ET MOTO

Il n'y a pas de formalités particulières à accomplir pour venir avec son véhicule en Norvège. Pour des informations sur les services de ferries à destination de la Norvège, reportez-vous p. 409.

ROUTES NATIONALES TOURISTIQUES

D'ici à 2015, l'administration des routes (Statens Vegve) aura terminé l'aménagement du réseau de routes touristiques, qui regroupe 18 trajets différents, pour une distance totale de 1 850 km (www.turistveg.no/index.asp?lang=eng). Chacune de ces routes passe par les plus beaux paysages de Norvège. Le plan prévoit d'aménager des points de vue disposés à intervalles réguliers le long des routes et des points d'information. Cette initiative vise à permettre aux visiteurs d'identifier instantanément les itinéraires les plus intéressants et ainsi de mieux planifier leurs trajets.

Sur les 18 routes que prévoit le plan d'aménagement, quelques-unes sont déjà terminées :

- La route de Sognefjellet (Rv 55 ; p. 187)
- La Rv 86 et la Rv 862 sur l'île de Senja (p. 343)
- La route côtière Kystriksveien entre Stokkvågen, à l'ouest de Mo i Rana, et Storvik, au sud de Bodø (p. 305)
- L'E 10 à travers les Lofoten (p. 313)
- La côte ouest à travers les îles Vesterålen, de Risøyhamn à Andenes (voir l'encadré p. 330)
- La Gamle Strynefjellsvegen entre Grotli, dans l'Oppland, et Videseter, dans le Sogn og Fjordane (Rv 258)
- Deux routes à travers la région de Hardanger, de Halne, à l'est, jusqu'à Steinsdalsfossen (Rv 7) et à Jondal (Rv 550), à l'ouest

Assurance

Il est obligatoire de souscrire une assurance offrant une couverture illimitée pour la responsabilité civile et couvrant les dommages matériels à hauteur d'un million de NOK. Si vous venez avec votre propre voiture, pensez à emporter la carte d'assurance délivrée par votre compagnie. Par ailleurs, vérifiez que votre véhicule est assuré pour les traversées en ferry.

Automobiles-clubs

Par accord réciproque, les membres des automobiles-clubs nationaux affiliés à l'AIT (Alliance internationale de tourisme) bénéficient en cas de panne d'une assistance assurée 24h/24 par le **Norges Automobil-Forbund** (NAF ; ☎ 08505, 22 34 14 00 ; www.naf.no). Les équipes du NAF interviennent sur les routes principales de mi-juin à mi-août. Des bornes d'urgence sont installées le long des routes nationales, dans les tunnels et au niveau de certains cols.

Si vous tombez en panne, contactez **Falken Redningskorps** (☎ 80 03 38 80, 22 95 00 00) ou **Viking Redning-stjeneste** (☎ 80 03 29 00, 22 08 60 00).

FERMETURE DES ROUTES

La plupart des grandes routes nationales, comme l'E 16 d'Oslo à Bergen et l'E 6 d'Oslo à Kirkenes, sont ouvertes toute l'année. Pour le reste du réseau, c'est un peu plus irrégulier. Les petites routes de montagne pittoresques sont en général ouvertes uniquement de juin à septembre et seulement si les conditions d'enneigement le permettent. Vous pouvez vous informer 24h/24 sur les conditions de circulation et les fermetures éventuelles auprès du **Vegmeldingssentralen** (☎ 175), le centre d'information des automobilistes.

Car-ferry

Voyager sur les routes de la côte ouest ponctuées de montagnes et de fjords constitue une expérience spectaculaire. Au fil de vos trajets, il vous faudra souvent prendre le ferry, ce qui peut vous faire perdre pas mal de temps et d'argent. Pour une liste complète des horaires et des tarifs, procurez-vous l'indicateur *Rutebok for Norge* (225 NOK), un guide complet au format d'annuaire en vente en librairie et dans les principaux kiosques Narvesen. Vous pourrez aussi le commander chez **Norsk Reiseinformasjon** (☎ 22 47 73 40 ; www.reiseinfo.no ; Karl Johans gate 12A, 0154 Oslo) ou le télécharger directement sur le site www.rutebok.no.

Code de la route

En Norvège, la priorité à droite est la règle. Le port de la ceinture de sécurité est obligatoire et les enfants de moins de 4 ans doivent voyager dans un siège adapté. Tous les véhicules doivent garder leurs feux de croisement allumés en permanence et contenir un triangle rouge de signalisation, à utiliser en cas de panne. Les conducteurs ont l'obligation de laisser la priorité aux piétons sur les passages protégés. Les véhicules venant de l'étranger doivent porter à l'arrière un autocollant ovale indiquant leur pays d'origine. Les motos ne peuvent se garer sur le trottoir et sont soumises aux mêmes règles de stationnement que les voitures.

La législation sur l'alcool au volant est extrêmement sévère : le taux maximal d'alcool dans le sang est fixé à 0,02 degré et les contrevenants s'exposent à de lourdes amendes et à des peines d'emprisonnement. Les établissements qui vendent de l'alcool peuvent être légalement tenus pour responsables en cas d'accident. En conséquence, on pourra refuser de vous servir même un simple verre de bière si l'on sait que vous conduisez.

Un M blanc sur fond bleu indique une voie d'évitement (*møteplass*) sur les routes à une seule voie. *All Stans Forbudt* signifie arrêt interdit ; *enveiskjøring* indique un sens unique, *kjøring forbudt* un accès interdit, *parkering Forbudt* un stationnement interdit et *rekverk Mangler* l'absence de glissière de sécurité. À ces quelques exceptions près, la plupart des panneaux sont les mêmes qu'ailleurs.

Le site Internet du **Vegdirektoratet** (www.vegvesen.no) permet de télécharger un document en anglais très complet sur le code de la route norvégien, au format PDF. Cliquez sur la rubrique "Road Users", puis sur "Traffic Rules".

Essence

On trouve facilement de l'essence, classique ou sans-plomb, et du gas-oil. En Norvège comme ailleurs, les prix varient considérablement avec le marché du brut. En conséquence, il est pratiquement impossible de donner des indications tarifaires. Les cartes de crédit sont acceptées à peu près partout. En ville, vous trouverez certaines stations-service ouvertes 24h/24, mais la plupart ferment à 22h ou à minuit. Dans les zones rurales, de nombreuses stations arrêtent la distribution en début de soirée et tout le week-end. Il existe des pompes automatiques fonctionnant avec des cartes de crédit 24h/24.

LES TUNNELS NORVÉGIENS

Après six années de travaux ayant coûté la somme de 1 082 millions de NOK, le plus long tunnel du monde (24,51 km de longueur, soit 7,59 km de plus que le tunnel du Saint-Gotthard en Suisse) relie depuis novembre 2000 Lærdal et Aurland sur l'E 16, une voie de communication essentielle entre Oslo et Bergen. Ce tunnel, que l'on franchit en 20 min, remplace avantageusement le long trajet Gudvangen-Lærdal en ferry, notamment quand les conditions météorologiques perturbent la circulation. Il présente un autre avantage : sa construction ayant été prise totalement en charge par l'État, il n'est soumis à aucun péage ! Ce tunnel à deux voies a été creusé dans une roche très dure (gneiss précambrien). Par endroits, il est enfoui à plus de 1 400 m de profondeur. Il est équipé d'un système de traitement pour les particules et le dioxyde d'azote, de 34 énormes bouches de ventilation, de bornes d'urgence tous les 500 m et de trois portions illuminées en bleu intense destinées à soulager le conducteur et à réduire l'anxiété due à l'impression d'enfermement.

Les automobilistes peuvent se brancher sur la radio NRK (p. 386) pendant la traversée du tunnel, afin d'être renseignés en cas d'urgence.

La Norvège compte trois des dix plus longs tunnels du monde. Parmi les grands tunnels norvégiens, citons le Gudvangentunnelen à Sogn og Fjordane (11,43 km, sur l'E 16), le Folgefonntunnelen à Hardanger (11,15 km sur la Rv 551, sous le glacier de Folgefonna), le Steigentunnelen dans le Nordland (8,06 km sur la Rv 835) et le Svartisentunnelen, également dans le Nordland (7,61 km sur la Rv 17, sous le glacier Svartisen).

Il existe plusieurs tunnels sous-marins, creusés à environ 40 m de profondeur sous le plancher océanique. Les plus longs sont l'Oslofjordtunnelen (7,2 km sur la Rv 23 au sud d'Oslo), le Nordkapptunnelen (6,87 km sur l'E 69 entre l'île Magerøya et le continent) et le Byfjordtunnelen (5,86 km sur l'E 39 au nord de Stavanger).

PAS DE PITIÉ POUR LES EXCÈS DE VITESSE !

La vitesse est limitée à 80 km/h sur la route et à 70 km/h (voire à 60 km/h) devant les habitations et les entreprises. Dans les villages, la limitation est fixée à 50 km/h ou à 60 km/h ; elle ne dépasse pas les 30 km/h dans les zones résidentielles. Sur certains tronçons de route, l'on peut pousser jusqu'à 90 km/h, voire jusqu'à 100 km/h sur une petite partie de l'E 6. Pour les véhicules avec caravane ou remorque, la limitation de vitesse est habituellement inférieure de 10 km/h à celle des voitures.

Les Norvégiens respectent scrupuleusement la réglementation routière et les unités de la police mobile veillent sur le bord des routes. L'inscription *Automatisk Trafikkontrol* indique la présence d'un radar automatique un peu plus loin.

Vous serez épinglé même pour un dépassement de 5 km/h. Ne comptez pas sur le laxisme ou l'indulgence de la police. Les amendes vont de 1 000 NOK à plus de 10 000 NOK. Les Norvégiens s'exposent à la confiscation de leur permis de conduire, voire à l'incarcération.

État des routes

Si la Norvège était le Népal... on trouverait des routes au sommet de l'Everest et un tunnel en son cœur ! À certains endroits, le réseau routier norvégien force la plus grande admiration et l'on ne peut que s'émerveiller devant l'expertise technique dont il témoigne. Les tunnels les plus longs relient des vallées, les plus courts coupant des tournants à travers des montagnes de pierre. Si vous voulez vous faire une idée des efforts qui ont été nécessaires pour construire les routes et les tunnels du pays, visitez le musée norvégien des Routes (p. 170), près de Lillehammer.

La plupart des tunnels sont éclairés. Parmi les plus longs, certains sont munis de ventilateurs pour évacuer les gaz d'échappement, tandis que d'autres sont tapissés de matériaux isolants destinés à absorber les gaz et le bruit. Les motards, très exposés à ces gaz, préféreront sans doute passer par l'extérieur.

Les péages sont particulièrement fréquents dans le Sud, où vous devrez toujours avoir une poignée de pièces à portée de main. L'argent collecté sert à financer les entreprises de travaux publics qui rénovent les routes nationales et construisent les ponts et les tunnels. En théorie, les péages sont supprimés dès que les travaux sont remboursés. Toutefois, ils semblent être parfois prolongés plus longtemps que nécessaire. Selon certaines estimations, un quart des travaux routiers seraient financés par les péages. Par ailleurs, vous devrez également acquitter un péage pour entrer dans Oslo, Bergen, Tønsberg, Trondheim, Stavanger, Kristiansand et Evje. Sachez que si vous utilisez la voie réservée aux abonnés, vous devrez payer une amende de 350 NOK. Les motos ne sont pas soumises aux péages.

Location

La location d'une voiture revient très cher en Norvège. En conséquence, ce service est principalement destiné aux hommes d'affaires qui se déplacent dans le cadre de leur travail. Le tarif de base pour une petite voiture s'élève souvent à plus de 1 000 NOK/jour, avec 200 km gratuits. Il inclut la TVA mais pas l'assurance, qui revient à 60 NOK/jour pour les moins onéreuses.

Les prix sont dégressifs en fonction de la durée de la location. En été, de nombreuses agences proposent des offres spéciales. Vous pourrez alors obtenir le plus petit modèle pour une période de 3-5 jours au prix de 500 NOK/jour avec 50 km gratuits, ou 600 NOK/jour avec 200 km. Chaque kilomètre supplémentaire vous reviendra à 2,50 NOK, ce qui peut faire grimper rapidement la facture.

Les principaux organismes de location ont une formule week-end avantageuse à environ 1 200 NOK. Vous récupérerez votre véhicule le vendredi à partir de midi et devrez le retourner le lundi avant 10h. Vérifiez bien que vous disposez du kilométrage illimité.

Les grandes agences de location internationales, comme Hertz, Avis, Budget et Europcar, sont implantées dans les grandes villes et dans les aéroports. Si vous êtes pris en excès de vitesse, elles n'hésiteront pas à ajouter le montant de la contravention à votre facture, en se servant du numéro de votre carte de crédit, et cela jusqu'à plusieurs mois après votre retour. Songez à contrôler vos relevés de comptes.

Les agences locales offrent en général des tarifs plus intéressants que les grandes compagnies, mais un choix de formules plus restreint.

Voici une liste d'agences non exhaustive :
Avis (☎ 81 56 30 44 ; www.avis.fr)
Bislet Bilutleie (☎ 22 60 00 00 ; www.bislet.no)
Budget (☎ 81 56 06 00 ; www.budget.fr)
Europcar (☎ 22 83 12 42 ; www.europcar.fr)
Hertz (☎ 67 16 80 00 ; www.hertz.no)
Rent-a-Wreck (☎ 81 52 20 50 ; www.rent-a-wreck.no)

Si vous avez l'intention d'utiliser une voiture de location pour une période prolongée, vous aurez sans doute intérêt à la prendre en Suède et à la rendre au même endroit, ou bien à vous arranger pour la retourner en Norvège, moyennant un petit supplément. **Auto Europe** (www.autoeurope.com) est l'une des meilleures agences de location en ligne. Ce prestataire de services se charge de vous louer une voiture à des tarifs compétitifs auprès des grandes agences. Il possède un grand nombre de points de retrait et de dépôt en Norvège.

Permis de conduire

Votre permis de conduire national suffit pour louer une voiture. Si vous êtes affilié à un automobile-club, demandez-lui une lettre de recommandation qui vous permettra de bénéficier gratuitement des services de ses homologues norvégiens : cartes, itinéraires, informations, assistance dépannage, conseil technique et juridique, etc.

Sécurité

Les vieilles routes et celles qui sillonnent les montagnes sont souvent étroites, sinueuses et très pentues. La plupart sont accessibles aux voitures et aux bus. Toutefois, certaines voies peu fréquentées, dont le revêtement est abîmé voire inexistant, ne sont praticables qu'en 4x4. Par ailleurs, il arrive qu'une route se retrécisse brusquement à un point donné. Les caravanes et les camping-cars sont interdits dans certaines zones montagneuses. De nombreux axes sont en outre vivement déconseillés aux conducteurs les plus inexpérimentés, car ils imposent parfois d'effectuer une marche arrière pour céder la place à un véhicule venant d'en face. Ces routes à accès restreint sont indiquées sur la carte publiée par le **Vegdirektoratet** (☎ 02030 ; www.vegvesen.no ; Brynsengfaret 6A, 0667 Oslo), qui propose également un indicateur routier très pratique sur www.visveg.no/norguide.

En cas de neige ou de gel, utilisez des pneus à clous ou des chaînes. À Oslo, le magasin **Hakres** (☎ 35 51 48 57 ; fax 35 51 52 50) loue des chaînes pour 1 000 NOK/semaine ou 1 500 NOK/2 semaines. Le changement de pneus est compris dans le prix. Vos pneus ordinaires seront conservés à titre de garantie.

Langues

SOMMAIRE

LANGUES DE NORVÈGE

Bokmål et nynorsk

Quasi similaires, les deux langues officielles de la Norvège, le bokmål (BM) et le nynorsk (NN), sont parlées et comprises par tous les Norvégiens. En revanche, les dialectes régionaux diffèrent fortement et restent difficilement compréhensibles pour les habitants d'une autre partie du pays.

Le bokmål, littéralement "langue des livres" (également appelée riksmål, "langue nationale"), est la version citadine moderne de la langue des anciens dirigeants danois. Employée par plus de 80% de la population, elle prédomine dans les villes, dans les écoles et dans les médias.

Le nynorsk, ou "nouveau norvégien" (par opposition au vieux norvégien, utilisé avant la domination danoise), est pratiqué dans les fjords de l'Ouest et dans certaines régions du centre ; il sert également de *lingua franca* dans les régions où l'on emploie un ou plusieurs dialectes. Avant la Seconde Guerre mondiale, le nynorsk constituait la première langue pour près d'un tiers des écoliers norvégiens, mais l'urbanisation croissante a réduit cette proportion à 15%.

Du fait de cette dichotomie linguistique, de nombreux mots ou noms de lieux possèdent deux ou plusieurs orthographes admises. Le nynorsk est aujourd'hui la langue administrative officielle des comtés de Møre og Romsdal et de Sogn og Fjordane. Le gouvernement national a rendu obligatoire la traduction en nynorsk d'une partie des sous-titres à la télévision.

L'anglais est amplement parlé en Norvège, même dans les campagnes. Connaître quelques phrases en norvégien facilitera vos contacts avec les habitants.

Same

Dans le nord du pays, nombre d'habitants parlent same, une langue qui appartient au groupe finno-ougrien, relié au samoyède (et à d'autres dialectes du nord de la Russie), au finnois, à l'estonien et au hongrois.

Le same compte environ 20 000 locuteurs en Norvège (mais aussi en Finlande, en Suède et en Russie). Si les Samis maîtrisent également le norvégien (voire même l'anglais), les voyageurs qui connaissent quelques mots de leur langue découvriront plus facilement cette culture unique (vous trouverez p. 428 quelques mots et phrases essentiels).

Il existe en Norvège trois dialectes sames distincts : le same du Nord, le same du Centre et le same du Sud. En réalité, pas moins de 10 dialectes différents sont pratiqués dans la région sápmi, dont le same d'Ume, le same de Pite, le same de Lule, le same d'Inari, le same skolt, le same de Kildin et le same de Ter (reportez-vous à la carte p. 43).

NORVÉGIEN

Dans ce guide, nous avons opté pour l'usage du bokmål, l'une des deux langues officielles et de loin celle que les voyageurs entendront le plus souvent.

Le *Scandinavian Phrasebook*, publié par Lonely Planet, offre à ceux qui lisent l'anglais une introduction plus complète au norvégien. Plusieurs manuels de Norvégien sont en vente dans les librairies, souvent accompagnés de supports audio. Les ouvrages *Ny i Norge* et *Bo i Norge*, disponibles dans le pays, vous permettront de parfaire vos connaissances en bokmål.

L'alphabet norvégien comprend 29 lettres : les 26 lettres de l'alphabet français, plus les voyelles **æ**, **ø** et **å** (classées à la fin de l'alphabet). Les consonnes **c**, **q**, **w**, **x** et **z** servent principalement à transcrire les mots étrangers. De nombreux noms géographiques norvégiens renvoient l'article défini "le/la" en fin de mot (masculin *-en*, féminin *-en/-a* ou neutre *-et*) : Jotunheim devient ainsi Jotunheimen et Horningdalsvatn se transforme en Horningdalsvatnet. Le pluriel des noms est habituellement formé par l'ajout du suffixe *-e* ou *-er*.

PRONONCIATION

La prononciation du norvégien est assez complexe. La phonétique de certains mots est indiquée dans ce chapitre, mais c'est surtout en ouvrant grand vos oreilles que vous améliorerez votre accent !

Voyelles

Comme en français, la prononciation d'une même voyelle peut varier. La longueur est un élément important. Dans une syllabe accentuée, chaque voyelle peut être (très) longue ou (très) brève. En principe, la voyelle est brève quand elle est suivie d'une consonne et longue quand elle précède deux consonnes ou plus.

PRONONCIATION

a	**a/â** – bref, "a" de "sac" ; long, comme dans "pâte"
å	**o/ô** – bref, "o" de "pot" ; long, comme dans "port"
e/æ	**è/ê/ə** – bref, "è" ; long, comme dans "ère" ; lorsqu'il n'est pas accentué, "eu" de "feu"
i	**i/î** – très bref ou long
o	**o/ou/ou/or** – bref, "o" de "port" ; long, "ou" ; bref, "ou" ; long, "or"
ø	**eu**
u	**ou**
y	**entre le u et le i** – pincez les lèvres et pronconcez un "i" long

Consonnes et diphtongues

PRONONCIATION

d	**d** – souvent muet en fin de mot ou entre deux voyelles
g	**g/y** – "g" de "gaz" ou "y" de "yaourt" devant **ei**, **i**, **j**, **øy** et **y**
h	**h** – h aspiré ; muet devant **v** et **j**
j	**y** – toujours "y" de "yaourt"
k	**k/ch** – "k" dur de "karaté" ; avant les lettres ou combinaisons **ei**, **i**, **j**, **øy** et **y**, il se prononce généralement "tch" comme dans "tchin tchin", voire, dans certaines régions, "h" aspiré ou encore "ch" comme dans l'allemand "ach"
l	**l/ll** – "l" bref, ou plus épais après "ah", "aa", "o" et "or"
ng	**ng** – "ng" comme dans "camping" la plupart du temps
r	**r** – roulé comme le "r" espagnol ; dans le sud-ouest de la Norvège, le **r** est gutural et proche du "r" français de "rien". Dans les combinaisons **rd**, **rl**, **rn**, **rt**, le "r" est très arrondi et prononcé doucement. La combinaison **rs** se prononce "sh" comme dans "chaud"
s	**s/ch** – "s" de "si" ; suivi de **ei**, **i**, **j**, **øy** et **y**, le **sk** se prononce "ch". Le mot norvégien *ski* se dit donc "chi".
t	**t** – comme dans "thé" ; il est muet dans deux cas : dans le mot *det* (ce, ça), prononcé comme la première syllabe de "derrière" et dans l'article défini singulier – *et*, placé en fin de mot des noms neutres
v	**v** – à mi-chemin de "v" et de "w", sans arrondir les lèvres

HÉBERGEMENT

Je cherche un(e)...
Jeg leter etter... yè le·tər et·tər...

terrain de camping
camping-plass kam·ping plass

pension
gjestehus es·tə·hous

hôtel
hotell hu·tel

auberge de jeunesse
vandrehjem vun·dra·hyem

Où puis-je trouver un hôtel bon marché ?
Hvor er et billig hotell ? vour ar et bil·li hu·tel ?

Quelle est l'adresse ?
Hva er adressen ? vaa ar a·dres·en ?

Pourriez-vous me l'écrire, s'il vous plaît ?
Kan du skrive det ned ? kann do skri·va də ned ?

Avez-vous des chambres libres ?
Har du ledige rom ? har du lè·di·ə rum ?

Je voudrais un(e)...
Jeg vil gjerne ha... yè vil yar·nə haa...

lit
en seng en seng

chambre simple
et enkeltrom et eng·kəlt·rum

lit double	
en dobbeltseng	en dob·elt·seng
chambre	
et rom	et rom
chambre double	
et dobbeltrom	et dob·əlt·rum
chambre avec salle de bains	
et rom med bad	et rom med baad

Je voudrais un lit en dortoir.
Jeg vil gjerne ligge på sovesalen.
yè vil yar·nə lig·gə paw sor·və·saa·lən

Combien cela coûte-t-il... ?	
Hvor mye er det... ?	vor mew·yə kos·tər de...
pour une nuit	
pr dag	par daag
par personne	
pr person	par pa·shoun

Puis-je le voir ?	
Kan jeg få se det ?	kan yè for se de ?
Où sont les toilettes ?	
Hvor er toalettene/wc ?	vour ar tou·a·let·tə·nə/ve·se ?
Je pars maintenant/demain.	
Jeg reiser nå/i morgen.	yè rè·sər nor/i·mo·rn

CONVERSATION ET EXPRESSIONS UTILES

Bonjour.	
Goddag.	gud·daag
Au revoir.	
Ha det.	ha·de
Oui.	
Ja.	yaa
Non.	
Nei.	nè
Merci.	
Takk.	taak
Je vous en prie.	
Ingen årsak.	ing·ən aw·shaak
Excusez-moi.	
Unnskyld.	un·shewl
Désolé(e).	
Beklager.	bek·laga
Quel est votre nom ?	
Hva heter du ?	vaa hè·tə du ?
Je m'appelle...	
Jeg heter...	yè hè·tər...
D'où venez-vous ?	
Hvor er du fra ?	vour ar du fraa ?
Je viens de...	
Jeg er fra...	yè ar fraa...
J'aime...	
Jeg liker...	yè li·kər...
Je n'aime pas...	
Jeg liker ikke...	yè li·kər ik·kə...
Une minute.	
Vent litt ;	vent lit ;
Et øyeblikk.	et ə·yew·blik

CIRCULER

Où se trouve... ?	
Hvor er... ?	vour ar... ?
Allez tout droit.	
Det er rett fram.	de ar ret fraam
Tournez à gauche.	
Ta til venstre.	taa til vens·trə
Tournez à droite.	
Ta til høyre.	taa til hə·yew·rə
au prochain tournant	
ved neste hjørne	ve nes·tə yèr·nə
au prochain feu	
ved lyskrysset	ve lews·krew·sə

derrière	*bak*	bak
devant	*foran*	fo·raan
loin	*langt*	laangt
près (de)	*nær*	nar
en face	*overfor*	or·vər·for

cathédrale	*katedral*	ka·te·draal
château	*slott*	slot
église	*kirke*	chir·kə
île	*øy*	əy
lac	*vann/vatn*	vunn/vutt·en
marché	*torget*	to·rgə
mer	*sjø*	shə
palais	*slott*	slot
place	*torget*	tor·gə
place principale	*(stor)torget*	(stou·r)·to·rgə

plage	*strand*	straan
pont	*bru*	brou
quai	*brygge*	brew·gə
rive	*elvebredd*	el·və bred

PANNEAUX

Inngang	Entrée
Utgang	Sortie
Opplysninger	Information
Åpen	Ouvert
Stengt	Fermé
Forbudt	Interdit
Politistasjon	Poste de police
Toaletter	Toilettes
Herrer	Hommes
Damer	Femmes

LANGUES

ruines	*ruiner*	rou·i·nər
tour	*tårn*	torn
vieille ville (centre)	*gammel by*	gam·məl bew

SANTÉ

Je suis malade.
Jeg er syk. yè ar sewk
J'ai mal ici.
Dette gjør vondt. de yer·r vunt har

Je suis...
Jeg har... yè haar...

asthmatique	*astma*	aast·ma
diabétique	*sukkersyke*	suk·kər·sew·kə
épileptique	*fallesyke*	faal·lə·sew·kə

Je suis allergique à/aux...
Jeg er allergisk mot... yè ar a·ler·gisk mout...

antibiotiques	*antibiotika*	aan·ti·byou·ti·ka
la pénicilline	*penicillin*	pen·ni·si·lin
abeilles	*bier*	bi yər
cacahuètes	*peanøtter*	pi·ya·nə tər
noix	*nøtter*	nə tər

antiseptique
sårsalve so·ar sal·va
aspirine
aspirin/parasett/dispril a·spe·rin/pa·ra·set/dis·pril
contraceptif
prevensjons middel pre ven·syons mi·del
crème solaire
solfaktor soul fak·tor
diarrhée
diare di·ya·rè

URGENCES

Au secours !
Hjelp ! yelp !
C'est une urgence !
Det er en nødsituasjon !
de aa en nərd·si·tyou·è·shon !
Il y a eu un accident !
Det har skjedd en ulykke !
de haar shed en ou·lew·kə !

Je suis perdu(e).
Jeg har gått meg vill. yè haar gawt me vil
Allez-vous en !
Forsvinn ! fo·shvin !

Appelez... !	*Ring... !*	ring... !
un médecin	*ein lege*	èn lè·gə
la police	*politiet*	pu·li·ti·ə

médicament
medisin me·di·sin
nausée
kvalm kvarm
pilule contraceptive
P-Pille peh pil·lə
préservatifs
kondomer kon·dom·ma
tampons/serviette hygiénique
tamponger/bind tam·pon·gər/bind

SE FAIRE COMPRENDRE

Parlez-vous français ?
Snakker du fransk ? sna·kə du fraan·sk ?
Quelqu'un parle-t-il français ?
Er det noen som snakker fransk ?
ar de noun som sna·kər fraan·sk ?
Comment dit-on ... en norvégien ?
Hva heter... på norsk ? vaa hè·tər... por noshk ?
Que signifie... ?
Hva betyr... ? vaa bə·tewr... ?
Je comprends.
Jeg forstår. yè for·shtawr
Je ne comprends pas.
Jeg forstår ikke. yè for·shtawr i·kə
Pouvez-vous parler plus lentement, s'il vous plaît ?
Kan du snakke sakte ? kan du sna·kər sak·tə ?
Pouvez-vous me montrer (sur la carte) ?
Kan du vise meg (på kartet) ?
kan du vi·sə ma (po kaar·tə) ?

CHIFFRES

0	*null*	nul
1	*en*	en
2	*to*	tou
3	*tre*	tre
4	*fire*	fi·rə
5	*fem*	fem
6	*seks*	seks
7	*sju/syv*	shu/sewv
8	*åtte*	ot·tə
9	*ni*	ni
10	*ti*	ti
11	*elleve*	el·və
12	*tolv*	tol
13	*tretten*	tre·ten
14	*fjorten*	fyor·ten
15	*femten*	fem·ten
16	*seksten*	seks·ten
17	*sytten*	sew·ten
18	*atten*	at·ten
19	*nitten*	ni·ten
20	*tjue*	chu·ə

21	*tjueen*	chu·en
30	*tretti/tredve*	tret·te/tred·və
40	*førti*	fer·rti
50	*femti*	fem·ti
60	*seksti*	seks·ti
70	*sytti*	sew·ti
80	*åtti*	ot·ti
90	*nitti*	nit·ti
100	*hundre*	hun·drə
1 000	*tusen*	tus·ən

IDENTITÉ

nom	*navn*	naavn
nationalité	*nasjonalitet*	aa·shu·naa·li·tèt
date de naissance	*fødselsdato*	fert·səls·daa·tu
lieu de naissance	*fødested*	fèr·də·stè
sexe	*kjønn*	chern
passeport	*pass*	paas
visa	*visum*	vi·sum

MOTS INTERROGATIFS

Qui ?	*Hvem ?*	vem ?
Que/quoi ?	*Hva*	vaa ?
Qu'est-ce que c'est ?	*Hva er det ?*	vaa ar de ?
Quand ?	*Når ?*	nor ?
Où ?	*Hvor ?*	vor ?
Quel ?	*Hvilken ?*	vil·ken ?
Pourquoi ?	*Hvorfor ?*	vur·for ?
Comment ?	*Hvordan ?*	vor·dan ?

ACHATS ET SERVICES

Je voudrais acheter...
Jeg kan få... yè kan faw...

C'est combien ?
Hvor mye koster det ? vor mew·yə kos·tər de ?

Je ne l'aime pas.
Det liker jeg ikke. de li·kər yè ik·kə

Puis-je le regarder ?
Kan jeg få se på det ? kan yè for sè po de ?

Je ne fais que regarder.
Jeg bare ser meg rundt. yè ba·rə sèr ma rount

Je le prends.
Jeg tar det. yè taar de

Acceptez-vous... ?
Tar du imot... ? taar du i·mout... ?

les cartes de crédit
kredittkort krè·dit·kort

les chèques de voyage
reise-sjekk rè·se shek

plus	*mer*	mer
moins	*mindre*	min·drə
petit	*liten*	li·tən
grand	*stor*	stour

Je cherche...
Jeg leter etter... yè le·tər et·tər...

une banque	*banken*	baang·kən
l'église	*kirken*	chir·kən
le centre-ville	*sentrum*	sen·trum

l'ambassade...
den... ambassade den... am·ba·saa·də

l'hôpital	*sykehus*	sew·kə·hous
le marché	*torget*	tor·gə
le musée	*museet*	mu·sè·ə
le poste de police	*politiet*	pu·li·ti·ə
la poste	*postkontoret*	post·kun·tou·rə

des toilettes publiques
et offentlig toalett et of·fənt·li tou·a·let

l'office du tourisme
turistinformasjon tu·rist·in·for·ma·shoun

HEURES ET DATES

Quelle heure est-il ?
Hva er klokka ? vaa ar klok·ka ?

Il est ... heure(s).
Klokka er... klok·ka ar...

dans la matinée
om formiddagen um for·mid·daa·gən

dans l'après-midi
om ettermiddagen um et·tər·mid·daa·gən

dans la soirée
om kvelden um kve·lən

quand ?	*Når ?*	nawr ?
aujourd'hui	*i dag*	i·daag
demain	*i morgen*	i·mor·ən
hier	*i går*	i·gawr

lundi	*mandag*	man·daa(g)
mardi	*tirsdag*	tish·daa(g)
mercredi	*onsdag*	uns·daa(g)
jeudi	*torsdag*	toush·daa(g)
vendredi	*fredag*	fre·daa(g)
samedi	*lørdag*	lər·daa(g)
dimanche	*søndag*	sərn·daa(g)

janvier	*januar*	ya·nou·waar
février	*februar*	feb·rou·waar
mars	*mars*	maash
avril	*april*	a·pril
mai	*mai*	maa·i
juin	*juni*	you·ni
juillet	*juli*	you·li
août	*august*	ow·gust
septembre	*september*	sep·tem·bər
octobre	*oktober*	uk·tou·bər
novembre	*november*	no·vem·bər
décembre	*desember*	de·sem·bər

TRANSPORTS

Transports publics

À quelle heure part/arrive... ?
Når går/kommer... ? naw gaw/kom·mər... ?

le bateau	*båten*	baw·tən
le bus (urbain)	*(by)bussen*	(bew)bu·sən
l'avion	*flyet*	flew·yə
le train	*toget*	tor·gə
le tram	*trikken*	trik·kən

Je voudrais ... un billet...
Jeg vil gjerne ha... billett. yè vil ya·rnə haa... billet

aller simple	*enkelt*	en·kelt
aller-retour	*tur-retur*	tou·rə·tour
1re classe	*første klasse*	fərsh·tə klaa·sə
2e classe	*annen klasse*	aan·ən klaa·sə

Je souhaite aller à...
Jeg skal til... yè skaal til...

Le train est retardé/annulé.
Toget er forsinket/innstilt.
tor·gə ar fo·shing·ket/in·stilt

le premier	*første*	fersh·tə
le dernier	*siste*	sis·tə
prochain	*neste*	nes·tə
quai	*perrong*	pə·rong
billetterie	*billettluka*	bi·let·lu·ka
horaire	*tidtabell*	tid·taa·bel
gare ferroviaire	*stasjon*	sta·shoun

Transports privés

Où puis-je louer... ?
Hvor kan jeg leie... ? vour kan yè lè·ə... ?

une voiture	*en bil*	en bil
un 4x4	*firehjulstrekk*	fi·rə·hyouls·trek
une moto	*(motor) sykkel*	(maw·tor·) sew·kel
un vélo	*tråsykkel*	traw·sew·kel

Est-ce la route vers... ?
Er dette veien til... ? ar de·tə vè·yən til... ?

Où se trouve la prochaine station-service ?
Hvor er nærmeste bensinstasjon ?
vour ar nar·məs·tə ben·sin·sta·shoun ?

diesel
diesel di·sel

essence (sans plomb)
blyfri blew·fri

(Combien de temps) Puis-je me garer ici ?
(Hvor lenge) Kan bilen min stå her ?
(vour leng·ə) kan bi·lən min staw har ?

Où dois-je payer ?
Hvor betaler jeg ? vour be·ta·lər yè ?

J'ai besoin d'un garagiste.
Jeg trenger en bilmekaniker.
yè treng·ər en bil·me·kaa·ni·kər

La voiture/moto est en panne à...
Bilen/Sykkelen har fått motorstopp...
bi·lən/sew·ke·lən har fawt mo·tor·stop...

La voiture/moto ne démarre pas.
Bilen/Sykkelen starter ikke.
bi·lən/sew·ke·lən star·tər ik·kə

J'ai un pneu crevé.
Hjulet er punktert. you·lə aar pung·tèrt

Je suis en panne d'essence.
Jeg er tom for bensin. yè ər tom for ben·sin

J'ai eu un accident.
Jeg har vært i en ulykke. yè haar vart i en u·lew·kə

VOYAGER AVEC DES ENFANTS

Y a-t-il (un/une)... ?
Finnes det... ? fin·nes de... ?

J'ai besoin de/d'un(e)...
Jeg trenger... yè tren·ga...

pièce pour changer le bébé
et stellerom et stel·la·roum

siège bébé
et barnesete et bar·na·sè·tə

nourrice
en barnevakt en bar·nə·vaakt

menu enfant
en barnemeny en baar·nə·me·new

couches jetables
bleier blè·yər

lait maternisé
morsmelktillegg mors·melk·til·eg

baby-sitter
en barnevakt en bar·na·vaakt

chaise haute
en høy barnestol en həy bar·na·stoul

pot
en potte en po·tə

poussette
en sportsvogn en spawts·von

PANNEAUX ROUTIERS

Vikeplikt	Cédez le passage
Parkering Forbudt	Interdiction de stationner
Omkjøring	Déviation
Inngang	Entrée
Utgang	Sortie
Selvbetjent	Libre service
Veiarbeid	Travaux

LANGUES

Puis-je donner le sein ici ?
Kan jeg amme her ? — kan yè am·mə haar ?
Les enfants sont-ils admis ?
Er det tillat for barn ? — aar de til·lat faw baarn ?

SAME

Le same du Nord écrit comprend plusieurs lettres accentuées, qui ne correspondent pas toujours à la langue parlée : même certains Samis ont du mal à apprendre la langue écrite. Ainsi, *giitu* (merci) se prononce "*ghiitch*-tou," mais le "h" fortement aspiré n'est pas écrit.

Voici quelques mots en same. Pour apprendre la prononciation correctement, demandez à un Sami de vous les lire à haute voix.

Bonjour. — *Buorre beaivi.*
Bonjour.
(réponse) — *Ipmel atti.*

Au revoir.
(à la personne qui part) — *Mana dearvan.*

Au revoir.
(à la personne qui reste) — *Báze dearvan.*

Merci. — *Giitu.*
Je vous en prie. — *Leage buorre.*
Oui. — *De lea.*
Non. — *Li.*
Comment allez-vous ? — *Mot manna ?*
Je vais bien. — *Buorre dat manna.*

1	*okta*
2	*guokte*
3	*golbma*
4	*njeallje*
5	*vihta*
6	*guhta*
7	*cieza*
8	*gávcci*
9	*ovcci*
10	*logi*

Également disponible en anglais chez Lonely Planet : le guide de conversation *Scandinavian*, qui comprend une section consacrée au norvégien.

Glossaire

Durant votre voyage en Norvège, vous rencontrerez sans doute certains des termes et des abréviations suivants. Reportez-vous p. 63 pour les mots relatifs à la cuisine, et au chapitre *Langue* (p. 422) pour d'autres expressions et phrases utiles. Bien que les lettres ø et å se placent à la fin de l'alphabet norvégien, nous les avons rangées respectivement sous "o" et "a" pour faciliter la recherche des lecteurs non norvégiens.

allemannsretten – "droit de chacun" ; une loi traditionnelle autorisant l'accès universel aux propriétés privées (avec quelques restrictions), aux terrains publics et aux espaces sauvages
apótek – pharmacie
arête – une crête étroite entre deux glaciers d'une vallée
arsamerit – nom donné par les Inuits (Eskimos et Yu'pit) à l'aurore boréale
aurora borealis – aurore boréale
automatisk trafikkontrol – radar routier

bakke – colline
berg – montagne
bibliotek – bibliothèque
billett – billet
bilutleie – agence de location de voitures
blodveien – littéralement "route du sang" ; surnom donné à la route de l'Arctique durant sa construction du fait du nombre élevé d'ouvriers tués
bokhandel – librairie
bru, bro – pont
brygge – quai
bryggeri – brasserie
bukt, bukta – baie
bunad – costume national norvégien ; chaque région possède sa propre version
by – ville

dal – vallée
débâcle –icebergs qui se détachent des glaciers côtiers
DNT – Den Norske Turistforening (Touring club norvégien de montagne)
domkirke – cathédrale
dressin – draisine ; véhicules sur boggies

elg – élan
elv, elva – rivière, fleuve

Fata Morgana – mirage arctique faisant apparaître proches des objets lointains
ferje – ferry
festning – fort, forteresse
fiskeskrue – presse à poissons
fjell, fell, fjall – montagne
fjord – ancienne vallée glaciaire noyée
fonn – champ de glace
forening – club, association
foss – chute d'eau, cascade
friluft – en plein air
Fv – Fylkesvei ; route départementale
fylke – commune
fyr, fyrtårn – phare

galleriet – galerie marchande
gamle, gamla, gammel – vieux
gamlebyen – la "vieille ville"
gamma, gammen – tente ou hutte de tourbe samie, parfois partiellement enterrée
gård, gard – ferme, cour
gate, gata – rue (souvent abrégé g ou gt)
gatekjøkken – littéralement "cuisine de rue" ; étal de restauration
gjestehavn – "port des hôtes" ; marina ou port de plaisance
gjestehus – pension
gravlund, gravplass – cimetière
grønlandssel – phoque du Groenland (*Phoca groenlandica*)
gruve, gruva – mine

hage – jardin
halvøya – péninsule
hav – océan
havn – port
honnør – senior
hulder – créature mythique norvégienne qui dérobe du lait dans les pâturages d'été
Hurtigruten – littéralement "route express" ; réseau de vapeurs côtiers qui font la navette entre Bergen et Kirkenes
hus – maison
husmannskost – cuisine traditionnelle norvégienne ; plat maison
hval – baleine
hvalross – morse
hytte – bungalow, cabane ou chalet
hytteutleie – agence de location de bungalows

iddis – étiquette pittoresque de boîte de sardines ; "étiquette" ou marque en dialecte de Stavanger
isbjørn – ours blanc

jarls – comtes
jernbanestasjon – gare ferroviaire
jerv – glouton (petit mammifère)
joik – "chant des plaines" ; tradition religieuse samie
jul – Noël

kai, kaia – quai
kanoutleie – agence de location de canoës
kappleiker – concours de danse
kart – carte géographique
kirke, kirkja, kirkje, kerk – église
knörr – petit cargo (pluriel *knerrir*)
kort – carte postale
krambua – épicerie
krone – monnaie norvégienne
Kulturhus – centre culturel comprenant des cinémas, une bibliothèque, des musées, etc.
kvadraturen – plan de rues en damier mesurant six longs pâtés de maisons sur neuf plus courts
kyst – côte

landsmål – dialecte norvégien
lavvo, lavvu – tipi, tente samie
legevakten – clinique
leikarringer – danseurs folkloriques
lemen – lemming
libris – livre ; indique une librairie
Ligue hanséatique – association de négociants allemands qui domina le commerce à Bergen du XIIe au XVIe siècle
lufthavn – aéroport
lundefugl – macareux

magasin – grand magasin
marka – collines boisées autour d'Oslo
Menu arctique – réseau de restaurants privilégiant les produits locaux
mil – équivalant à 10 km
minipris – tarifs réduits, généralement dans les transports
MOMS – TVA, taxe sur la valeur ajoutée
moskus-okse – bœuf musqué
M/S – motorskip, bateau à moteur ; suivi du nom du navire
museum, museet – musée
MVA – voir *MOMS*
myntvaskeri – laverie automatique à pièces

nasjonalpark – parc national
naturreservat – réserve naturelle
nordlys – aurore boréale
Norge – Norvège
Norges Turistråd – Office du tourisme norvégien, ancien NORTRA
Norsk – norvégien
Norway in a Nutshell – choix de circuits offrant au voyageur pressé un aperçu du pays en deux ou trois jours
NSB – Norges Statsbaner (Chemins de fer norvégiens)
ny – nouveau
nynorsk – voir *landsmål*

og – et
ølutsalg – magasin de bière
øst – est
oter – loutre
øvre – supérieur
øy – île

pensjonat – pension
plass – place
polarsirkelen – cercle polaire arctique ; latitude 66°33'N
polynya – mot russe désignant une étendue d'eau libre encerclée de banquise ; polynie
Pomor – communauté russe de marchands et de pêcheurs de la mer Blanche, qui prospéra dans le nord de la Norvège au XVIIe siècle
postkontor – bureau de poste

rådhus – hôtel de ville
reinsdyr – renne
reiseliv – office du tourisme local
riksdaler – ancienne monnaie norvégienne
rødruss – voir *russ*
rom – panneaux routiers indiquant des chambres ou des bungalows à louer
rorbu – bungalow/cabane de pêche
rosemaling – motifs floraux peints
russ – "devenir fou" ; les lycéens diplômés se coiffent d'un béret rouge et peuvent jouer les voyous
rutebilstasjon – gare routière
ruteplan – horaires des transports
Rv – Riksvei ; nationale

sæter – laiterie d'été
schøtstue – grande salle où les employés de la Ligue hanséatique se réunissaient et se restauraient
selskap – société
sentrum – centre-ville
siida – petites communautés samies ou groupe de chasseurs et de trappeurs
sild – hareng
sjø – mer
sjøhus – maison de pêcheur sur les quais ; aujourd'hui souvent restaurée pour accueillir les touristes
skalds – œuvres métaphoriques et allitératives de poètes de cour norvégiens des IXe et Xe siècles
skerries – archipel d'îlots rocheux
skog – forêt

slalåm – piste pentue, slalom
slott – château, palais
snø – neige
solarsteim – outil de navigation viking utilisé par temps couvert ou après le coucher du soleil
sør – sud
søyle – colonne, pilier
spekkhogger – orque
stabbur – entrepôt surélevé
stasjon – gare
Statens Kartverk – Agence nationale de cartographie
stavkirke – église en bois debout
steinkobbe – phoque commun, ou veau marin
stige – échelle
Storting – Parlement
strand – plage
stuer – société de négoce
sund – détroit
Svalbard rein – renne du Spitzberg
Sverige – Suède
svømmehall, svømmebad – piscine
sykehus – hôpital
sykkel – vélo
sykkelutleie – agence de location de vélos

tårn – tour
teater – théâtre
telekort – carte téléphonique Telenor
tog – train
togbuss – bus de la NSB dans le Romsdalen et le Nordland reliant les gares ferroviaires à d'autres destinations populaires
torget, torvet – place, parvis
turistkontor – office du tourisme

ulv – loup
utleie – agence de location

vandrerhjem – auberge de jeunesse
vann, vatn, vannet, vatnet – lac
vaskeri – laverie
vei, veg – route (souvent abrégé v ou vn)
vest – ouest
vetter – divinités norvégiennes, gardiennes des côtes sauvages
vidde, vidda – plateau
vinmonopolet – magasin d'État de vins et de spiritueux

yoik – voir *joik*

Les auteurs

ANTHONY HAM

Auteur-coordinateur, Centre, Sud, Bergen, Fjords du Sud-Ouest

Bien qu'on le croise plus souvent en Afrique, au Moyen-Orient ou en Espagne, son pays d'adoption, Anthony a eu le coup de foudre pour la Norvège dès son premier voyage. Comme pour d'autres destinations qu'il fréquente plus souvent, la gentillesse des habitants et la beauté farouche des paysages l'ont incité à revenir maintes fois. Outre plus de 30 guides de Lonely Planet, dont la précédente édition de celui-ci en anglais, Anthony travaille comme photo-journaliste pour des quotidiens et des magazines du monde entier, avec un intérêt particulier pour le voyage et l'environnement.

KARI LUNDGREN **Oslo**

Avec une mère hôtesse de l'air, un père pilote et des racines vikings, Kari a commencé à voyager dès son plus jeune âge, remontant la côte norvégienne jusqu'à 80° de latitude nord à 12 ans et traversant l'Atlantique à 15 ans. Aujourd'hui installée à Londres, elle retourne chez elle dès que possible pour skier, lézarder au soleil de minuit et savourer un ou deux verres d'aquavit. Elle est l'auteur du chapitre *Norvège* du guide *The Europe Book* de Lonely Planet (en anglais).

MILES RODDIS

Fjords de l'Ouest, Trøndelag, Nordland, Grand Nord, Svalbard

Des vacances sous la tente au fin fond des forêts finlandaises, une petite amie suédoise plus inaccessible encore et deux mois dans les vastes terres au nord du cercle arctique pour préparer l'édition précédente de ce guide en anglais : toutes ces raisons ont irrésistiblement poussé Miles à revenir dans ce pays de falaises abruptes, de fjords dentelés et de prairies verdoyantes. Auteur ou co-auteur de 40 guides de voyage et de randonnée de Lonely Planet, Miles arpente plutôt les pays méditerranéens. Cependant, l'air vivifiant de la Scandinavie l'a revigoré en lui rappelant ses racines nord-européennes.

LES AUTEURS DE LONELY PLANET

Lonely Planet réalise ses guides en toute indépendance et n'accepte aucune publicité. Tous les établissements et prestataires mentionnés dans l'ouvrage le sont sur la foi du seul jugement des auteurs, qui ne bénéficient d'aucune rétribution ou réduction de prix en échange de leurs commentaires.

Sillonnant le pays en profondeur, les auteurs de Lonely Planet savent sortir des sentiers battus sans omettre les lieux incontournables. Ils visitent en personne des milliers d'hôtels, restaurants, bars, cafés, monuments et musées, dont ils s'appliquent à faire un compte-rendu précis.

En coulisses

À PROPOS DE CET OUVRAGE

Ce guide a été commandé par le bureau de Londres de Lonely Planet. Il s'agit de la 4e édition du guide anglais *Norway*, traduit pour la première fois en français. Anthony Ham en a assuré la coordination et a également rédigé les chapitres introductifs et les cahiers en couleur, ainsi que les chapitres *Carnet pratique*, *Transports*, *Le Sud*, *Le Centre* et *Bergen et les fjords du Sud-Ouest*. Il a été assisté de Kari Lundgren, auteur du chapitre *Oslo*, et de Miles Roddis, à qui l'on doit *Les Fjords de l'Ouest*, *Le Trøndelag*, *Le Nordland*, *Le Grand Nord* et *Le Svalbard*.

Traduction Jean-Sarane Fusi, Anne-Marie Giudicelli, Dominique Lavigne, Sophie Lechauguette et Mélanie Marx

Crédits
Responsable éditorial Didier Férat
Coordination éditoriale Marie Thureau
Coordination graphique Jean-Noël Doan
Maquette Valérie Police
Cartographie Cartes originales de Jolyon Philcox et Mark Griffiths, adaptées en français par Nicolas Chauveau
Couverture Couverture originale de Marika Mercer, adaptée en français par Pauline Requier et Jean-Noël Doan
Remerciements à Chantal Duquénoy et Marjorie Bensaada pour leur (très) précieuse contribution au texte. Merci également à Nicolas Guérin pour son travail de référencement, à Élodie Bernard pour son travail sur l'index, à Dominique Spaety et à Dominique Bovet pour leur disponibilité, et à toute l'équipe du bureau de Paris. Enfin, merci à Clare Mercer et Becky Rangecroft du bureau de Londres et à Ruth Cosgrove du bureau australien.

UN MOT DES AUTEURS

ANTHONY HAM

Je remercie tout particulièrement Espen Olsen, Henriette Westhrins et Paul Hofseth (du ministère de l'Environnement), Espen Larsen et Bjørn Krag Ingul (d'Innovation Norway), Bernt Erik Pedersen (de Dagsavisen) et Sonja Krantz et Inger Marie Egenberg (du Bryggen Project), qui m'ont tous donné de leur temps et fait bénéficier de leur expertise lors des interviews réalisées pour ce guide. Merci également à Kjetil Svorkmo Bergmann, Jon Berg et Terje Devold. Parmi ceux qui m'ont apporté leur aide, j'aimerais aussi citer Erik Garen, Frode Bjelland, Fredrik Sevheim, Inger-Sigrun Slagstad Vik, Karina Dahlum, Odd Løver, Hege Næss, Anita Tapio, Øistein Saugerud Chit, Johannes Aicher, Kristin G Løcken, Trine Nordkvelle, Jannicke Alvær, Svein Skjøtskift et Helen Siverstøl. Chez Lonely Planet, Ella O'Donnell m'a fait profiter de son bon sens, de sa sagesse et de sa formidable compagnie à Bergen. J'ai eu le privilège de travailler avec mes co-auteurs, Kari et Miles, un compagnon de route de longue date. Merci à Ron, Jan, Lisa, Greg, Alex, Greta, Damien, Marina et Alberto. À Marina : *te quiero, te quiero, te quiero*. Et à ma très chère Carlota, qui a vu le jour pendant la rédaction de ce guide :

LES GUIDES LONELY PLANET

Tout commence par un long voyage : en 1972, Tony et Maureen Wheeler rallient l'Australie après avoir traversé l'Europe et l'Asie. À l'époque, on ne disposait d'aucune information pratique pour mener à bien ce type d'aventure. Pour répondre à une demande croissante, ils rédigent leur premier guide Lonely Planet, écrit sur un coin de table.

Depuis, Lonely Planet est devenu le plus grand éditeur indépendant de guides de voyage dans le monde et dispose de bureaux à Melbourne (Australie), Oakland (États-Unis) et Londres (Royaume-Uni).

La collection couvre désormais le monde entier et ne cesse de s'étoffer. L'information est aujourd'hui présentée sur différents supports, mais notre objectif reste constant : donner des clés au voyageur pour qu'il comprenne mieux le pays qu'il découvre.

L'équipe de Lonely Planet est convaincue que les voyageurs peuvent avoir un impact positif sur les pays qu'ils visitent, pour peu qu'ils fassent preuve d'une attitude responsable. Depuis 1986, nous reversons un pourcentage de nos bénéfices à des actions humanitaires, à des campagnes en faveur des droits de l'homme et, plus récemment, à la défense de l'environnement.

puisses-tu toujours être portée vers l'horizon, puisse ton monde être beau, si beau.

KARI LUNDGREN

Tusen takk à Eyvind Hellstrøm, Geir Lundestad et Ivar Kraglund pour leur expertise sur la gastronomie norvégienne, le prix Nobel et la Seconde Guerre mondiale, aux cousins Morten et Trine pour m'avoir maintes fois accueillie si chaleureusement, et à Sidsel et Torbjørn pour m'avoir fait découvrir l'histoire médiévale d'Oslo. Merci à mes tantes Kate, Kajo et Nusse, à mon oncle Finn et à ma maman, qui sont toujours des guides précieux quand il s'agit de la Norvège. Je n'oublie pas les habitants d'Oslo : Eivind Vad Petersson, Espen Sommerfelt, Julie Lodrup, Magnus Nome, Marte Christensen, Øyvind Gjengaar et Per-Ivar Nikolaisen. Merci à Ella, Anthony, Mark et Miles pour m'avoir servi de guides. Enfin, merci à mon frère Tor pour m'avoir tenu compagnie pendant mes recherches, et pour être tout simplement le meilleur frère dont une petite sœur puisse rêver.

MILES RODDIS

Tous mes chapitres sont dédiés à Caleb, dans l'espoir qu'il apprendra à aimer les montagnes, les étendues sauvages et la verdure comme son Ya Yo les aime. Un très grand merci, comme toujours, à Ingrid pour m'avoir servi de chauffeur sur toute la longueur et une grande partie de la largeur de cette terre longue et fine, pour m'avoir chaque soir préparé à manger, pour prendre soin de moi et pour être une source d'inspiration constante.

Mon ami Anthony Ham a été un collègue formidable, sage et tolérant ; Ella O'Donnell, qui fait preuve d'un formidable enthousiasme et d'une grande capacité à enfreindre les règles quand le bon sens l'impose, reste ma responsable éditoriale préférée.

Merci à nos lecteurs Peter et Thérèse O'Neill pour les commentaires très utiles qu'ils nous ont envoyés par courrier. Je remercie également Anne-Katrin Grube pour ses bons plans dans les confins septentrionaux de la Norvège.

Le personnel des offices du tourisme, extrêmement efficace et d'une fiabilité à toute épreuve, a su me délivrer avec enthousiasme toutes sortes d'informations. Beaucoup étaient d'ailleurs des voyageurs passionnés, lecteurs de Lonely Planet pendant leurs vacances, ce qui nous a permis de nous retrouver sur la même longueur d'onde. Certains ont véritablement été d'une aide formidable. Merci tout particulièrement au pétulant Knut Hansvold (Tromsø), à Nicola Mulryan (Narvik), à Elise Hannaas (Longyearbyen), à Ann-Helen Blakset et à Andreas Bergset (Stryn), à Bente Saxon et à Britt Giske Andersen (Ålesund), à Frode Lindberg (Steinkjer), à Sigrid Haarberg (Sandnessjøen), à Birgitte Bjørkmo (Mo i Rana), à Agata Gasior (Moskenes), à Elisabeth Müller (Finnsnes), à Anders Lauridsen (Vardø) et à Lisbeth Fallan et Monica Selnes (Trondheim).

Toute ma gratitude à Tanna Gjeraker et à Mari Skjerdal Lysne (Lærdal), à Anja-Therese Fardal (Sogndal), à Laura (Fjærland), à toute l'équipe de Florø, à Inger-Marie Aarsheim (Selje), à Tom Christian Nekstad (Åndalsnes), à Helene Ottestad (Molde), à Cathrine Husby (Kristiansund), à Anne Berit Flo (Namsos), à Thomas Gregersen (Bodø), à Tonje Ulriksen (Svolvær), à Gro Dagsvold (Harstad), à Lásse Juhán Helander (Kautakeino), à Olga Polezhaeva (Alta), à Piera Kirstte Jovsset (Karasjok), à Sarah Marie Aronsen (Vadsø), à Ina Heline Olsen (Honningsvåg), à Jill Tingvold et à Ida Ekerhovd (Hammerfest) – et à Tim Dassler de la brasserie Mack à Tromsø, pour son excellente présentation des habitudes norvégiennes en matière de boisson.

VOS RÉACTIONS ?

Vos commentaires nous sont très précieux et nous permettent d'améliorer constamment nos guides. Notre équipe lit toutes vos lettres avec la plus grande attention. Nous ne pouvons pas répondre individuellement à tous ceux qui nous écrivent, mais vos commentaires sont transmis aux auteurs concernés. Tous les lecteurs qui prennent la peine de nous communiquer des informations sont remerciés dans l'édition suivante, et ceux qui nous fournissent les renseignements les plus utiles se voient offrir un guide.

Pour nous faire part de vos réactions, prendre connaissance de notre catalogue et vous abonner à Comète, notre lettre d'information, consultez notre site Internet : **www.lonelyplanet.fr**

Nous reprenons parfois des extraits de notre courrier pour les publier dans nos produits, guides ou sites Internet. Si vous ne souhaitez pas que vos commentaires soient repris ou que votre nom apparaisse, merci de nous le préciser. Pour connaître notre politique en matière de confidentialité, connectez-vous à www.lonelyplanet.fr/confidentialite/index.cfm.

REMERCIEMENTS

Merci à ©Mountain High Maps 1993 Digital Wisdom, Inc. pour nous avoir autorisés à utiliser l'image de la mappemonde sur la page de titre.

Photographies : ©Arco Images/Alamy p. 7 (n°7). Toutes les autres images sont la propriété de l'agence Lonely Planet Images et sont l'œuvre d'Adina Tovy Amsel p. 9 (n°2), d'Anders Blomqvist p. 5, p. 6 (n°2), p. 7 (n°4) et p. 9 (n°4), de Christian Aslund p. 6 (n°6), p. 10 (n°4), p. 11 (n°3) et p. 12, de Craig Pershouse p. 11 (n°1) et de Jan Stromme p. 8.

Sauf mention contraire, les photographes conservent les droits de leurs clichés. La plupart des photos publiées dans ce guide sont disponibles auprès de notre agence photographique Lonely Planet Images : www.lonelplanetimages.com

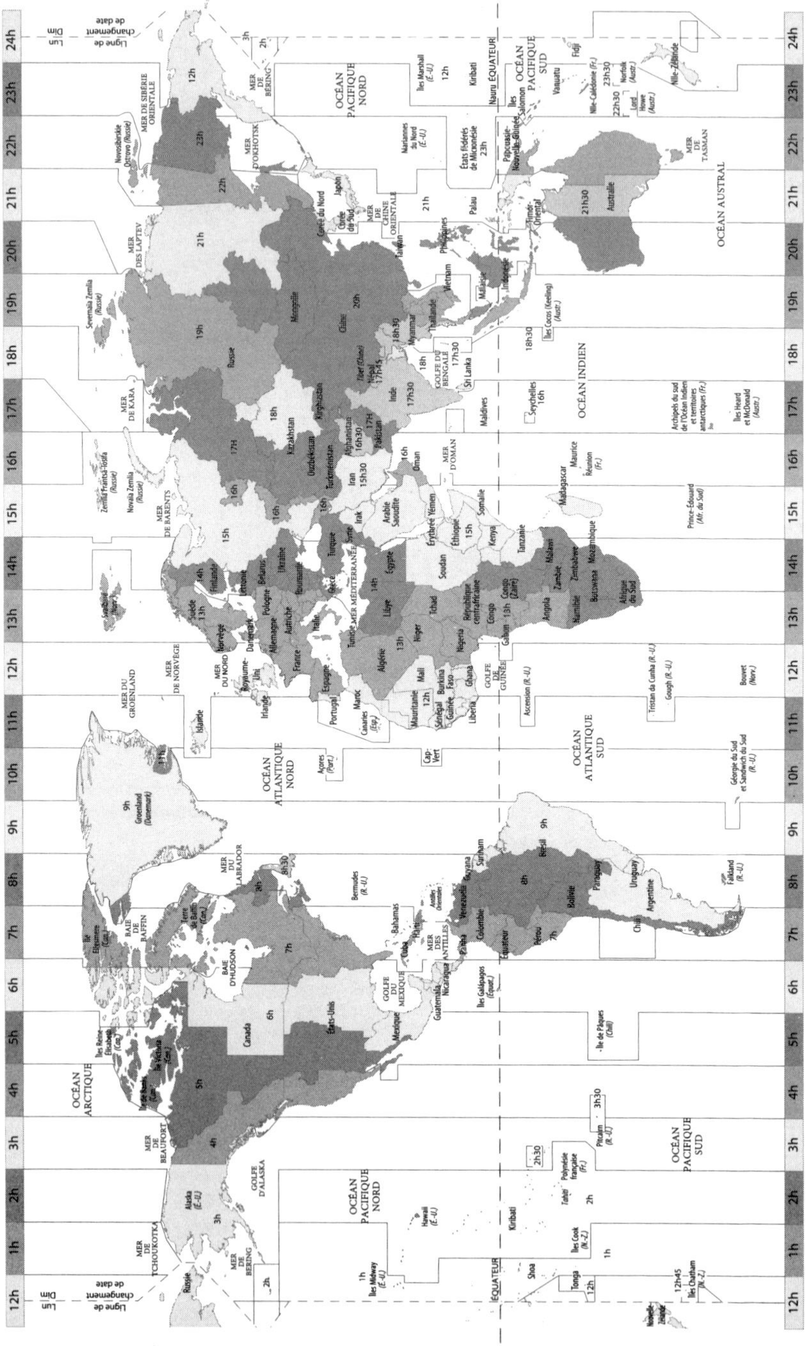
12h
1h
2h
3h
4h
5h
6h
7h
8h
9h
10h
11h
12h
13h
14h
15h
16h
17h
18h
19h
20h
21h
22h
23h
24h
Ligne de changement de date
Lun
Dim
ÉQUATEUR
OCÉAN ARCTIQUE
OCÉAN PACIFIQUE NORD
OCÉAN PACIFIQUE SUD
OCÉAN ATLANTIQUE NORD
OCÉAN ATLANTIQUE SUD
OCÉAN INDIEN
OCÉAN AUSTRAL
MER DE BEAUFORT
MER DE TCHOUKOTKA
MER DE BERING
GOLFE D'ALASKA
BAIE D'HUDSON
BAIE DE BAFFIN
MER DU LABRADOR
GOLFE DU MEXIQUE
MER DES ANTILLES
MER DU GROENLAND
MER DE NORVÈGE
MER DU NORD
MER DE BARENTS
MER DE KARA
MER DES LAPTEV
MER DE SIBÉRIE ORIENTALE
MER D'OKHOTSK
MER DE CHINE ORIENTALE
MER D'OMAN
GOLFE DU BENGALE
GOLFE DE GUINÉE
MER DE TASMAN
Alaska (É.-U.)
Canada
États-Unis
Mexique
Groenland (Danemark)
Islande
Russie
Chine
Mongolie
Inde
Australie
Brésil
Argentine
Chili
Algérie
Libye
Égypte
Soudan
Madagascar
Nlle-Zélande

Index

D

E

Les références des cartes sont indiquées en **gras**.

INDEX

Les références des cartes sont indiquées en **gras**.

Les références des cartes sont indiquées en **gras**.

N

O

Les références des cartes sont indiquées en **gras**.

Les références des cartes sont indiquées en **gras**.

ENCADRÉS

Culture et histoire

Économie et société

Gastronomie

Nature, environnement et activités de plein air

Pratique

Index écotouristique

La Norvège possède des paysages époustouflants, et notamment le plus vaste glacier d'Europe. Conscient de sa responsabilité vis-à-vis de l'environnement, le pays a généralisé le recyclage. La plupart des entreprises ont adopté une position écologiquement responsable. Les enseignes ci-dessous ont été sélectionnées par nos auteurs pour leur implication dans le domaine du développement ou du tourisme durable. Certaines se distinguent par exemple par le soutien qu'elles apportent aux producteurs locaux et par l'emploi de produits de saison biologiques. Vous trouverez aussi des hébergements indépendants et écologiques, privilégiant les énergies renouvelables. Les sites et les associations suivants sont impliqués dans l'éducation à l'écologie ; certains ont même été primés.

Pour des informations sur les activités "vertes" comme la randonnée et le cyclotourisme ou sur des sites comme les parcs nationaux, reportez-vous à l'index général. Pour des conseils sur le tourisme durable, consultez le chapitre *Mise en route*, p. 19.

Nous souhaitons continuer à étoffer notre liste d'adresses écologiques. Si vous pensez que nous avons omis un établissement qui devrait figurer ici, ou si vous désapprouvez nos choix, n'hésitez pas à nous en faire part à : www.lonelyplanet.fr

Où se loger

À voir et à faire

Où se restaurer

LÉGENDE DES CARTES

ROUTES

Autoroute payante · Autoroute · Nationale · Départementale · Cantonale · Petite route · Promenade

Sentier pédestre · Piste carrossable · Rue piétonne · Escalier · Tunnel · Sens unique · Promenade (détour)

TRANSPORTS

Trajet ferry · Métro · Monorail

Rail · Rail (souterrain) · Téléphérique/funiculaire

HYDROGRAPHIES

Rivière · Riv. intermittente · Canal · Glacier · Lac asséché

Lac salé · Laisse de vase · Récif · Marais · Eau

LIMITES ET FRONTIÈRES

Internationale · Provinciale · Régionale

Ancienne enceinte · Falaise/escarpement · Parc marin

POPULATION

CAPITALE · **Capitale régionale**

Ville importante · **Ville moyenne**

Petite ville · Village

TOPOGRAPHIE

Zone touristique · Plage/désert · édifice · Cimetière chrétien · Cimetière · Forêt

Terre · Rue piétonne · Marché · Parc · Terrain de sports · Zone urbaine

SYMBOLES

À VOIR/À FAIRE

Plage · Pagode · Château · Cathédrale · Culte confucéen · Site de plongée · Temple hindouiste · Mosquée · Temple jaïna · Synagogue · Monument · Musée · Pique-nique · Centre d'intérêt · Ruine · Culte shinto · Temple sikh · Ski · Culte taoïste · Vignoble · Zoo, ornithologie

RENSEIGNEMENTS

Banque/distributeur · Ambassade/consulat · Hôpital · Renseignements · Cybercafé · Parking · Station-service · Police · Poste · Téléphone · Toilette

SE LOGER

Hôtel · Camping

SE RESTAURER

Restauration

BOIRE UN VERRE

Bar · Café

SORTIR

Spectacle

ACHATS

Magasins

TRANSPORTS

Aéroport/aérodrome · Poste frontière · Arrêt de bus · Piste cyclable · Transports · Taxi · Chemin de randonnée

TOPOGRAPHIE

Danger · Phare · Point de vue · Montagne, volcan · Parc national · Oasis · Col · Sens du courant · Gîte d'étape · Point culminant · Rapide

Note : tous les symboles ne sont pas utilisés dans cet ouvrage

Norvège
1re édition
Traduit de l'ouvrage *Norway (4th edition), May 2008*

Traduction française :

place des éditeurs

12 avenue d'Italie, 75627 Paris cedex 13
01 44 16 05 00
lonelyplanet@placedesediteurs.com
www.lonelyplanet.fr

Dépôt légal
Janvier 2009
ISBN 978-2-84070-814-8

Photographie de couverture : Vue sur le glacier du Jostedalsbreen depuis le lac Oldevanet, Briksdalsbreen, Sogn og Fjordane, Norvège, Leslie Garland/LGPL/Photolibrary. La plupart des photos publiées dans ce guide sont disponibles auprès de notre agence photographique Lonely Planet Images : www.lonelyplanetimages.com

Imprimé par CPI - Hérissey, Évreux, France

Bien que les auteurs et Lonely Planet aient préparé ce guide avec tout le soin nécessaire, nous ne pouvons garantir l'exhaustivité ni l'exactitude du contenu. Lonely Planet ne pourra être tenu responsable des dommages que pourraient subir les personnes utilisant cet ouvrage.